Werner Georg Kümmel

Vierzig Jahre Jesusforschung (1950–1990)

Herausgegeben von Helmut Merklein

BELTZ
Athenäum

Der Nachdruck der Forschungsberichte aus der Theologischen Rundschau/
Neue Folge geschieht mit freundlicher Genehmigung des Verlags J. C. B. Mohr
(Paul Siebeck) Tübingen.

2. verbesserte und ergänzte Auflage 1994 des unter dem Titel »Dreißig Jahre Jesusforschung
(1950–1980)« erschienenen Bandes 60 der Reihe »Bonner Biblische Beiträge«
© 1985 Peter Hanstein Verlag GmbH, Königstein/Ts. Bonn
Alle Rechte dieser Ausgabe: Beltz Athenäum Verlag, Weinheim
Druck und Bindung: Druckhaus Thomas Müntzer, Bad Langensalza
ISBN 3-89547-011-2

Werner Georg Kümmel

Vierzig Jahre Jesusforschung
(1950–1990)

BONNER BIBLISCHE BEITRÄGE

Herausgegeben von

Frank-Lothar Hossfeld
Helmut Merklein

Professoren der Katholisch-Theologischen Fakultät
der Universität Bonn

Band 91

Inhaltsverzeichnis

Vorwort

Wie andere Bereiche der neutestamentlichen Exegese verzeichnet auch die Jesusforschung in den letzten Jahrzehnten eine derartige Zunahme der Veröffentlichungen, daß es selbst dem Fachwissenschaftler nur mehr schwer möglich ist, die Entwicklung zu überschauen. Um so dringlicher und wichtiger, aber auch verantwortungsvoller wird eine zusammenfassende Berichterstattung. Werner Georg Kümmel hat diese Aufgabe seit 1965 für die „Theologische Rundschau" wahrgenommen und seither 30 Jahre Jesusforschung (1950–1980) dokumentiert. Es liegt in der Natur der Sache, daß man in vielen Einzelfragen auch anders urteilen kann, als dies Kümmel getan hat. Dennoch wird jeder, der die Besprechungen Kümmels im Zusammenhang liest, anerkennend feststellen müssen, daß hier nicht nur ein Fachmann von einzigartiger Sachkompetenz, sondern auch ein unbestechlicher Beobachter zu Wort kommt, der sine ira et studio um größtmögliche Objektivität bemüht ist. Die Forschungsberichte Kümmels sind daher selbst zu einem wichtigen Zeugnis der Jesusforschung der letzten Jahrzehnte geworden. Es ist ihr bleibendes Verdienst, daß Profil und die Konturen einer zunächst flächig erscheinenden Literaturlandschaft aufgedeckt und festgehalten zu haben. Jeder, der sich – zum ersten oder zum wiederholten Male – wissenschaftlich mit der Frage nach dem geschichtlichen Jesus zu beschäftigen hat, wird gut daran tun, sich hier zunächst Orientierung zu verschaffen.

Eine gewisse Schwierigkeit für den Benutzer lag bislang darin, daß die Forschungsberichte unregelmäßig über mehrere Jahrgänge der „Theologischen Rundschau" verteilt waren. Trotz der angezielten systematischen Ordnung waren überdies – schon wegen des langen Besprechungszeitraumes – immer wieder Nachträge erforderlich, so daß eine vollständige Information zu einem bestimmten Sachgebiet oftmals nur nach mühsamem Suchen zu erhalten war. Diese Nachteile werden durch die Zusammenfassung der Berichte in einem Band weitgehend beseitigt. Das vorangestellte Inhaltsverzeichnis läßt rasch eine Übersicht unter sachlichen Gesichtspunkten gewinnen. Darüber hinaus erleichtert das beigefügte Register der besprochenen Autoren die gezielte Suche nach einzelnen Titeln. So könnte der vorliegende Band zu einem willkommenen Nachschlagewerk über 30 Jahre Jesusforschung werden.

Aus Kostengründen erfolgte der Neudruck auf photomechanischem Wege. Doch wurde die Vorlage auf Druckfehler durchgesehen und korrigiert. Titel, die inzwischen neu aufgelegt wurden oder in anderer Form neu erschienen sind, wurden nach Möglichkeit durch Nachträge am Ende des Bandes ergänzt, auf die im Text jeweils durch Sternchen verwiesen wird. Der besseren Benutzbarkeit wegen wurde neben der durchgehenden Paginierung auch die bisherige Seitenzählung (mit Angabe des Erscheinungsjahres und des Jahrgangs) am jeweiligen Innenrand der Seite beibehalten.

Dieser Band kann nicht hinausgehen ohne ein Wort des Dankes. Es gebührt zuallererst Herrn Kollegen Kümmel, der ohne Zögern dem Wiederabdruck seiner Berichterstattung zur Jesusforschung zugestimmt und ein Nachwort dazu verfaßt hat. Daß die Forschungsberichte des renommierten evangelischen Neutestamentlers nunmehr in der katholischen Reihe der „Bonner Biblischen Beiträge" erscheinen, darf man wohl erneut als ein Zeichen dafür werten, daß im Bereich der Bibelwissenschaft die Konfessionsgrenzen nur noch bedingt von Bedeutung sind. Mir als dem neutestamentlichen Herausgeber der genannten Reihe ist es eine besondere Freude, daß der vorliegende Band gerade im Jahr 1985 erscheinen kann, in dem Werner Georg Kümmel seinen 80. Geburtstag begeht. Möge ihn die Sammlung und Wiederveröffentlichung seiner Forschungsberichte in der Gewißheit bestärken, daß seine Arbeit auch weiterhin Früchte trägt.

Zu danken ist ferner dem Verlag Mohr-Siebeck für die freundliche Erlaubnis zum Wiederabdruck der Berichte sowie dem Peter Hanstein Verlag für die sorgfältige Durchführung der Korrekturen und die sonstige verlegerische Betreuung.

Last not least verdienen meine eigenen Mitarbeiterinnen und Mitarbeiter – Frau Marlis Gielen, Frau Doris Krömer, Frau Annette Klose und Herr Olaf Biesenbach – ein herzliches Wort des Dankes für das Lesen der Korrekturen und für das Erstellen des Registers.

Bonn, im März 1985 *Helmut Merklein*

Vorwort zur zweiten Auflage

Das Buch, das in der Erstauflage unter dem Titel „Dreißig Jahre Jesusforschung (1950–1980)" erschienen war, wurde in der zweiten Auflage um die seither erschienenen Berichte ergänzt. Sie umfassen mehr als 150 Seiten und bilden jetzt Teil D des vorliegenden Bandes („Jesusforschung seit 1981"). Die Berichte wurden auf Druckfehler durchgesehen und korrigiert. Das Autorenregister wurde entsprechend ergänzt. Der veränderten Sachlage trägt der Titel der Neuauflage Rechnung: „Vierzig Jahre Jesusforschung (1950–1990)". Damit liegen die Berichte, die Werner Georg Kümmel von 1965 bis 1991 in der „Theologischen Rundschau" geschrieben hat, in vollständiger und abgeschlossener Form vor. Der Band dokumentiert in eindrucksvoller Weise fast die gesamte Jesusforschung seit 1950.

Zu danken ist wiederum dem Verlag Mohr-Siebeck für die Erlaubnis zum Wiederabdruck der Berichte und dem Verlag für die Durchführung der Korrekturen. Zu danken habe ich ferner meinen eigenen Mitarbeiterinnen und Mitarbeitern, allen voran Frau Dr. Marlis Gielen, die die Neuauflage für den Druck vorbereitet haben.

Bonn, im Januar 1994 *Helmut Merklein*

Jesusforschung seit 1950

In der Theologischen Rundschau ist im letzten Jahr der ersten Folge (20, 1917, 18 ff. 305 ff.) zum letztenmal ein Literaturbericht über „Leben und Lehre Jesu" (von H. WINDISCH) erschienen. Als R. Bultmann und H. von Soden 1929 die „Neue Folge" ins Leben riefen, haben zwar gleich zu Anfang J. SCHNIE-WIND und M. DIBELIUS über „Synoptische Exegese" und über „Formge-schichte der Evangelien" (2, 1930, 129 ff.; 1, 1929, 185 ff.) und H. WINDISCH über die außerchristlichen Jesuszeugnisse und über die Bestreitung der Ge-schichtlichkeit Jesu (1, 1929, 266 ff.; 2, 1930, 207 ff.) referiert, und etwas später hat sich R. BULTMANN mit R. Ottos Buch „Reich Gottes und Menschensohn" auseinandergesetzt (9, 1937, 1 ff.), aber dann ist von den Problemen der Jesus-forschung nicht mehr die Rede gewesen, bis 1957/8 (24, 54 ff. 283 ff.) P. BIEHL und G. IBER Berichte „Zur Frage nach dem historischen Jesus" und „Zur Formgeschichte der Evangelien" veröffentlichten. Ein Bericht über Arbeiten zur Geschichte und Verkündigung Jesu ist aber seit der Neubegründung die-ser Zeitschrift überhaupt noch nicht erschienen. Wohl hatte J. SCHNIEWIND geplant, „auch die Frage nach der Jesusforschung ... in besonderem Referat" zu behandeln (2, 1930, 133), ist aber dazu nicht mehr gekommen. Und das hatte zweifellos nicht nur persönliche Gründe. Schniewind hat selber darauf aufmerksam gemacht, daß es durch die Evangelienforschung seit Beginn unseres Jahrhunderts und vor allem durch das Aufkommen der formge-schichtlichen Betrachtung der Evangelien „zur Frage geworden ist, ob „hi-storisch" irgend etwas Sicheres zu ermitteln ist ... über Leben und Lehre Jesu" (2, 1930, 133), und so ist die Jesusforschung in der deutschsprachigen evangelischen Theologie seit dem Ende des 1. Weltkrieges stark zurückgetre-ten, freilich keineswegs ganz aufgegeben worden. Hinzu kam der Einfluß von M. KÄHLERS These, daß der Christ nur am „gepredigten Christus" als dem „geschichtlichen Christus der Bibel" Interesse habe; denn die Aufnahme dieser These Kählers durch R. Bultmann und seine Schüler, durch konser-

vative Theologen und K. BARTH[1]) hat „eine Generation hindurch lähmend
gewirkt", wie E. KÄSEMANN mit Recht feststellte[2]). Aber auch im Rahmen
der deutschsprachigen evangelischen Theologie hat sich die Lage seit dem
Anfang der fünfziger Jahre entscheidend geändert, so daß sich heute die Notwendigkeit aufdrängt, über die neu in Fluß gekommene Jesusforschung im
Zusammenhang zu berichten.

Da es selbstverständlich unmöglich ist, dort anzuknüpfen, wo H. Windisch
1917 aufhörte[3]), soll nur über die Jesusforschung seit 1950 berichtet werden,
weil sich seither die Jesusforschung neu belebt hat und sich dieser Zeitraum
auch noch einigermaßen übersehen läßt. An Vollständigkeit ist freilich auch
für diesen Zeitraum nicht zu denken, doch hoffe ich, nichts Wesentliches beiseite gelassen zu haben.

I. Das methodische Problem der Frage nach dem historischen Jesus

P. ALTHAUS, Der gegenwärtige Stand der Frage nach dem historischen Jesus,
SAM, Phil.-hist. Kl. 1960, 6[4]) - H. ANDERSON, The Historical Jesus and the Origins
of Christianity, SJTh 13 (1960) 113–136 – DERS., Existential Hermeneutics, Featu-
res of the New Quest, Interpretation 16 (1962) 131–155 – DERS., Jesus and Christian
Origins, New York 1964 - R. A. BARTELS, Kerygma or Gospel Tradition. Which
Came First?, Minneapolis 1961 - H. W. BARTSCH, Neuansatz der Leben-Jesu-For-
schung, Kirche in der Zeit 12 (1957) 244–247 – DERS., Das historische Problem des
Lebens Jesu, ThEx 78, 1960 – DERS., Kann man Jesus existential interpretieren?,
Kirche in der Zeit 16 (1961) 48–51 – DERS., Die Bedeutung des Anwendungsbereiches
der existentialen Interpretation innerhalb der Theologie, EvTh 21 (1961) 224–233
– DERS., Der historische Jesus als dogmatisches Problem, „Entmythologisierende Aus-
legung", ThF 26 (1962) 193–209 – G. BORNKAMM, Jesus von Nazareth, Urban-Bücher

---

*   1) S. Belege in meinem unten S. 17f. genannten Bericht (Deutsches Pfarrerblatt 61
(1961) 574 und Anm. 15. 18–22).

    2) E. KÄSEMANN, Das Problem des historischen Jesus, ZThK 51 (1954) 126 (=
Exegetische Versuche und Besinnungen I, Göttingen, 1960, 188).

    3) Auch auf den Neudruck einiger wichtiger älterer Jesusbücher kann nur hin-
gewiesen werden: R. BULTMANN, Jesus, Tübingen 1951, mit Nachwort von W.
Schmithals als Siebenstern-Taschenbuch 17, München und Hamburg 1964;
M. DIBELIUS, Jesus, Samml. Göschen 1130, 3. Aufl. 1960 mit einem Nachtrag von
W. G. KÜMMEL; J. KLAUSNER, Jesus von Nazareth, 3. Aufl. Jerusalem, 1952;
R. OTTO, Reich Gottes und Menschensohn, 3. Aufl. München, 1954; A. SCHWEITZER,
Geschichte der Leben-Jesu-Forschung, 6. Aufl. (mit einer neuen Vorrede), Tübingen
1951.

    4) Abkürzungen nach RGG, 3. Aufl.

19, Stuttgart 1956 – DERS., The Problem of the Historical Jesus and the Kerygmatic Christ, Studia Evangelica III (= T. U. 88), Berlin 1964, 33–44 – R. E. BROWN, After Bultmann-What? An Introduction to the Post-Bultmannians, CBQ 26 (1964) 1–30 – R. BULTMANN, Das Verhältnis der urchristlichen Christusbotschaft zum historischen ∗ Jesus, SAH, Phil.-hist. Kl. 1960, 3 – G. BUTTLER, Das Problem des „historischen Jesus" im theologischen Gespräch der Gegenwart, MPTh 46 (1957) 235–244 – CH. E. CARLSTON, A Positive Criterion of Authenticity?, Biblical Research 7 (1962) 33–44 – H. CONZELMANN, Zur Methode der Leben-Jesu-Forschung, ZThK 56 (1959), ∗ Beiheft 1, 1–13 – G. DELLING, Geprägte Jesustradition im Urchristentum, Communio ∗ Viatorum 4 (1961) 59–71 – H. DIEM, Der irdische Jesus und der Christus des Glaubens, SgV 215, 1957 – O. A. DILSCHNEIDER, Die Geistvergessenheit der Theologie. Epilog zur Diskussion über den historischen Jesus und den kerygmatischen Christus, ThLZ 86 (1961) 255–266 – A. S. DUNSTONE, Ipsissima Verba Christi, Studia Evangelica II, TU 87 (1964) 57–64 – G. EBELING, Jesus und Glaube, ZThK 55 (1958) 64–109 (= Wort und Glaube, Tübingen 1960, 203–254) – DERS., Das Wesen des christlichen Glaubens, Tübingen 1959, 48 ff. 66 ff. – DERS., Die Frage nach dem historischen Jesus und das Problem der Christologie, ZThK 56 (1959) Beih. 1, 14–30 (= Wort und Glaube, Tübingen 1960, 300–318) – DERS., Kerygma und historischer Jesus, „Theologie und Verkündigung", Tübingen 1962, 19–82 – E. FUCHS, Zur Frage nach dem historischen Jesus. Gesammelte Aufsätze II, Tübingen 1960 – H. GERDES, Die durch MARTIN KÄHLERS Kampf gegen den „historischen Jesus" ausgelöste Krise in der evangelischen Theologie und ihre Überwindung, NZSTh 3 (1961) 175–202 – B. GERHARDSSON, Memory and Manuscript. Oral Tradition and Written Transmission in Rabbinic Judaism and Early Christianity, ASNU 22, 1961 – DERS., Tradition and Transmission in Early Christianity, CN 20, 1964 – F. C. GRANT, The Authenticity of Jesus' Sayings, Neutest. Studien für R. BULTMANN, BZNW 21 (1954) 137–143 – F. HAHN, Die Frage nach dem historischen Jesus und die Eigenart der uns zur Verfügung stehenden Quellen, in „Die Frage nach dem historischen Jesus", Evang. Forum 2, Göttingen 1962, 7–40 – G. HAUFE, Zur Methode einer „Leben-Jesu"-Darstellung, FF 34 (1960) 377 f. – V. A. HARVEY und S. M. OGDEN, Wie neu ist die „Neue Frage nach dem historischen Jesus"?, ZThK 59 (1962) 46–87 – F. HERZOG, Possibilities and Limits of the New Quest, JR 43 (1963) 218–233 – Der historische Jesus und der kerygmatische Christus. Beiträge zum Verständnis in Forschung und Verkündigung, hrsg. v. H. Ristow und K. Matthiae, Berlin 1960 (die Beiträge zu diesem Sammelwerk werden im folgenden mit der Abkürzung „HJkChr" angeführt) – J. JERE- ∗ MIAS, Kennzeichen der ipsissima vox Jesu, Synopt. Studien, A. Wikenhauser ... dargebracht, München 1953, 86–93 – DERS., Der gegenwärtige Stand der Debatte um das Problem des historischen Jesus, WZGreifswald, Gesellschafts- und sprachwissenschaftliche Reihe 6 (1956/57) 165–170 (= Das Problem des historischen Jesus, Calwer Hefte 32, 1960) – E. JÜNGEL, Paulus und Jesus. Eine Untersuchung zur Präzisierung der Frage nach dem Ursprung der Christologie, HUTh 2, 1962 – E. KÄSEMANN, Neutest. Fragen von heute, ZThK 54 (1957) 1–21 (= Exegetische Versuche und Besinnungen II, Göttingen 1964, 11 ff.) – DERS., Sackgassen im Streit um den historischen Jesus, ebd. 31–68 – G. KOCH, Dominus praedicans Christum – id est Jesum praedicatum, ZThK 57 (1960) 238–273 – W. G. KÜMMEL, Das Problem des ∗

historischen Jesus in der gegenwärtigen Diskussion, Deutsches Pfarrerblatt 61 (1961) 573–578 – X.Léon-Dufour, Les évangiles et l'histoire de Jésus, Paris 1963 – F.Lieb, Die Geschichte Jesu in Kerygma und Historie, Antwort, K.Barth zum ✻ 70.Geburtstag, Zollikon 1956, 582–595 – E.Lohse, Die Frage nach dem historischen Jesus in der gegenwärtigen neutest. Forschung, ThLZ 87 (1962) 161–174 – U.Luck, Der „historische Jesus" als Problem des Urchristentums, WuD, N. F. 7 (1963) 58 bis 73 – H.K.McArthur, Basic Issues. A Survey of Recent Gospel Research, Interpretation 18 (1964) 39–55 – T.W.Manson, The Life of Jesus: Some Tendencies in Present-Day Research, The Background of the New Testament and Its Eschatology, ed. in Honour of C.H.Dodd, Cambridge 1956, 211–221 – W.Marxsen, Zur Frage nach dem historischen Jesus, ThLZ 87 (1962) 575–580 – O.Michel, Der „historische Jesus" und das theologische Gewißheitsproblem, EvTh 15 (1955) 349–363 – J.L. Moreau, The Historic Value of the Gospel Materials, Bibl. Research 5 (1960), 22–43 – ✻ F.Mussner, Der historische Jesus und der Christus des Glaubens, BZ, N. F. 1 (1957) 224–252 (ergänzt abgedruckt in „Exegese und Dogmatik", hrsg. v. H.Vorgrimler, Mainz 1962, 153–188) – Ders., Der „historische" Jesus, TThZ 69.(1960) 321–337 (ergänzt abgedruckt in „Der historische Jesus und der Christus unseres Glaubens", hrsg. v.K.Schubert, Wien 1962, 103–128) – D.E.Nineham, Eyewitness Testimony and the Gospel Tradition, JThSt, N. S. 9 (1958) 13–25. 243–257; 11 (1960) 253–264 – H.Ott, Die Frage nach dem historischen Jesus und die Ontologie der Geschichte, ThSt (B) 62, 1960 – W.Pannenberg, Heilsgeschehen und Geschichte, KuD 5 (1959) 218–237, 259–288 – O.Piper, Das Problem des Lebens Jesu seit Schweitzer, „Verbum Dei manet in aeternum", Festschrift O.Schmitz, Witten 1953, 73–93 – C.H.Ratschow, Jesusbild der Gegenwart, RGG³ III, 1959, 655–663 – H.Riesenfeld, The Gospel Tradition and Its Beginnings. A Study in the Limits of „Formgeschichte", London 1957 (auch in TU 73, 1959, 43–65) – B.Rigaux, L'historicité de Jésus devant l'exégèse récente, RB 65 (1958) 481–522 – J.M.Robinson, A New Quest of the Historical Jesus, Studies in Biblical Theology 25, 1959 – Ders., Kerygma und historischer Jesus, Zürich 1960 – Ders., The Recent Debate on the „New Quest", JBR 30 (1962) 198–208 – E.Schick, Die Bemühungen der neueren protestantischen Theologie um den Zugang zu dem Jesus der Geschichte, insbesondere zum Faktum seiner Auferstehung, BZ, N. F. 6 (1962) 256–268 – R.Schnackenburg, Jesusforschung und Christusglaube, Catholica 13 (1959) 1–17 – J.Schneider, Die Frage nach dem historischen Jesus in der neutest. Forschung der Gegenwart, Berlin 1958 – Ders., Der Beitrag der Urgemeinde zur Jesusüberlieferung im Lichte der neuesten Forschung, ThLZ 87 (1962) 401–412 – H.Schürmann, Die Sprache des Christus, BZ, N. F. 2 (1958) 54–84 – E.Schweizer, Die historisch-kritische Bibelwissenschaft und die Verkündigungsaufgabe der Kirche, EvTh 23 (1963) 31–42 (= Neotestamentica, Zürich 1963, 136–149) – Ders., Die Frage nach dem historischen Jesus, EvTh 24 (1964) 403–419 – E.Stauffer, Neue Wege der Jesusforschung, WZHalle, Gesellschafts- und sprachwissenschaftliche Reihe 1958, 451–476 (= „Gottes ist der Orient", Festschr. O.Eissfeldt, Berlin 1959, 161–186) – H.E.W.Turner, Historicity and the Gospels. A Sketch of Historic Method and Its Application to the Gospels, London 1963 – J.J.Vincent, Did Jesus Teach His Disciples to Learn by Heart?, Studia Evangelica III (= T. U. 88), Berlin 1964, 105–118 – H.Wenz, Der kerygmatisierte historische Jesus im Kerygma, ThZ 20 (1964) 23–38 – A. Wikgren, Biography and Christology in the Gospels, Studia Evangelica, TU 73 (1959) 115 bis 125 – U. Wilckens, Hellenistisch-christliche Missionsüberlieferung und Jesustradition, ThLZ 89 (1964) 517–520 – H. Zahrnt, Es begann mit Jesus von Nazareth, Stuttgart 1960.

Die gegenwärtige Lage der Jesusforschung ist nicht so sehr durch das Vorhandensein eines neuen Jesus*bildes* als durch das Wiederaufleben der *Frage* nach dem historischen Jesus gekennzeichnet, darum muß in diesem Bericht zuerst auf die neuere methodische Diskussion eingegangen werden, ehe die Jesusforschung im engeren Sinn ins Auge gefaßt werden kann. P. Biehl läßt in seinem schon genannten Bericht die „Frage nach dem historischen Jesus" mit E. Käsemanns 1953 gehaltenen Vortrag über „Das Problem des historischen Jesus"[1]) neu einsetzen[2]). Dabei ist freilich übersehen, daß schon mehrfach zu Beginn der fünfziger Jahre auf die Notwendigkeit der Frage nach dem historischen Jesus hingewiesen worden war[3]), doch steht außer Zweifel, daß erst der Aufsatz E. Käsemanns die lebhafte Diskussion der letzten 10 Jahre ausgelöst hat, auf deren Beginn P. Biehl hinwies. Seither sind außer einigen nicht weiterführenden Berichten (H. W. Bartsch 1957, G. Buttler, B. Rigaux, E. Schick, J. Schneider 1958) fast gleichzeitig drei ausführlichere Referate und kürzlich eine weitere umfangreiche Darstellung erschienen, die den „Richtungssinn" der Diskussion erkennen lassen. Der amerikanische Neutestamentler J. Robinson hatte 1959 aufgrund einer umfassenden Kenntnis der deutschsprachigen Forschung für englischsprachige Leser die „Neue Frage nach dem geschichtlichen Jesus" dargestellt und hat dieses Werk 1960 in erweiterter Form deutsch vorgelegt. Er versteht die mit Käsemann neu einsetzende Frage nach dem historischen Jesus als ein Ereignis innerhalb der Bultmannschule: der Hinweis auf eine „indirekte Christologie" bei Jesus (Conzelmann) konnte nach Robinson an eine „Unterströmung" im Schrifttum Bultmanns anknüpfen. Robinson skizziert darum zuerst die methodischen Äußerungen von E. Fuchs, H. Conzelmann, G. Bornkamm, H. Braun und weist dann ausführlich nach, daß die frühere Frage nach dem „historischen Jesus" als einem Objekt der Vergangenheit, das durch objektive Forschung erkennbar gemacht werden kann, unmöglich und illegitim war, weil man erkannt hat, daß die gesamte Evangelienüberlieferung durch das Ke-

---

1) E. Käsemann, Das Problem des historischen Jesus, ZThK 51 (1954), 125 ff. (= E. K., Exegetische Versuche und Besinnungen I, Göttingen 1960, 187 ff.).

2) S. oben S. 16. Das gleiche Urteil bei J. Robinson, Kerygma und historischer Jesus, 11 und H. Zahrnt, 104.

3) Vgl. z. B. J. Jeremias, Die Gleichnisse Jesu, ²1952, 15; M. Dibelius, Jesus, ²1949, 9; N. A. Dahl, Der historische Jesus als geschichtswissenschaftliches und theologisches Problem, KuD 1 (1955) 105–132 (Vortrag von 1952).

rygma bestimmt ist, und weil darum die „alte" Frage nach dem historischen
Jesus als der illegitime Versuch bezeichnet werden muß, die eigene Existenz
auf etwas zu gründen, das vom Menschen nachprüfbar ist. Die *Möglichkeit*
zur neuen Aufnahme der Frage nach dem historischen Jesus sieht R. nicht
durch die Entdeckung neuer Quellen oder durch eine neue Sicht der Evangelien gegeben, sondern durch das moderne Verständnis der Geschichte als
Hilfe zur Aufhellung der menschlichen Existenz, das die Evangelien auf das
Existenzverständnis Jesu hin befragt, um so der Geschichte und Person Jesu
zu begegnen. Diese *neue* Frage nach dem historischen Jesus ist *legitim*, weil
sie „uns genau so zu einer existentiellen Entscheidung führt, wie das Kerygma
es tut" (S. 95). Weil es dem Kerygma um den Jesus im Fleisch geht, kann der
Nachweis desselben Existenzverständnisses beim historischen Jesus und im
Kerygma zeigen, „daß die existentielle Entscheidung gegenüber dem Kerygma eine existentielle Entscheidung Jesus gegenüber ist" (S. 112). R. versucht
dann abschließend zu zeigen, daß sich der dialektische Charakter der Botschaft Jesu als einer Ansage an die Gegenwart angesichts der eschatologischen
Zukunft an der Form vieler Jesusworte ablesen lasse, und er hat diesen Gedanken in seinem Beitrag zur Piperfestschrift im einzelnen durchzuführen
gesucht. Dieser Versuch der Aufdeckung des Existenzverständnisses Jesu
durch Stilkritik gelingt freilich in keiner Weise und führt nur zur Eliminierung
der echten Eschatologie aus der Verkündigung Jesu. Und so dankenswert die
Konfrontierung der früheren und der heutigen Jesusforschung durch R. auch
ist, so einseitig ist sie auch. Denn einerseits kann schwerlich nur die im Kreise
der Schüler Bultmanns von neuem betriebene Jesusforschung als legitim bezeichnet werden; andererseits ist es falsch, daß nur die konkrete Situation
der geschichtlichen Fragestellung seit der Aufklärung die theologische Notwendigkeit einer Frage nach dem historischen Jesus schafft, weil diese Notwendigkeit primär mit der Tatsache des Gebundenseins des Glaubens an die
geschichtliche Wirklichkeit des Menschen Jesus gegeben ist; und schließlich
führt die Begegnung mit dem durch geschichtliche Forschung gefundenen
Jesus keineswegs in gleicher Weise vor die Entscheidung wie die Begegnung
mit der Anrede des Kerygmas[1]). Vielmehr kann das Wissen um diesen „historischen Jesus" nur dem durch das Kerygma geweckten Glauben zu größerer
Sicherheit und festerem Boden unter den Füßen verhelfen. Das Buch Robin-

---

1) V. A. HARVEY und S. M. OGDEN haben überzeugend nachgewiesen, daß R. Bultmann in der Stellungnahme zur Möglichkeit und Legitimität der Frage nach dem
historischen Jesus entgegen Robinsons Ausführungen seine Meinung nicht geändert
hat und daß die These vom Zugang zur existentiellen Entscheidung gegenüber Jesus
durch historische Jesusforschung in Wirklichkeit zu einer Infragestellung des
Kerygmas führt.

sons ist darum mehr eine stark subjektive Stellungnahme zu der neu aufge-
brochenen Frage nach dem historischen Jesus als eine allseitig und objektiv
informierende Darstellung der Forschungslage[1]).

Einen völlig anderen Charakter trägt die allgemeinverständlich geschriebene Darstellung der heutigen Jesusproblematik von H. ZAHRNT. Er schildert
klar den Gang der methodischen Diskussion im letzten Jahrzehnt und zeigt
dann, daß die Frage nach dem historischen Jesus den Glauben nicht abhängig macht von der historischen Forschung, wohl aber beweist, daß „der
Glaube an Jesus Anhalt an Jesus selbst hat" (S. 156), weil die Botschaft Jesu
unlöslich mit seiner Person verbunden ist (Z. prägt dafür den Begriff „Christologie im Vollzug"). Das ist alles sehr überzeugend, obwohl auch Zahrnt die
Neuheit der Frage nach dem historischen Jesus seit Käsemanns Vortrag von
1954 übertreibt. Schließlich hat H. ANDERSON (1960) den Gang der neueren
Diskussion auf dem Hintergrund der Skepsis gegenüber der liberal-geneti-
schen Jesusforschung auf zwei Hauptströmungen verteilt, die er „the Gos-
pels-as-history emphasis" und „the Gospels-as-‚kerygmatic-history' emphasis" nennt. Obwohl A. deutlich der 2. Anschauung den Vorzug gibt, lehnt er
doch den Verzicht auf die Frage nach dem geschichtlichen Jesus als theologisch unhaltbar ab, weil die geschichtliche Einzigartigkeit der *Person* Jesu
das Christentum begründet. In einem 2. Aufsatz (1962) hat A. dementsprechend die psychologisierende Konstruktion eines „Lebens Jesu" zurückgewiesen zugunsten der Frage nach der Geschichte im Kerygma und nach dem
Kerygma in der Geschichte. Beide Aufsätze sind ein wertvoller Hinweis auf
die Notwendigkeit der Frage nach dem historischen Jesus gerade von der
Einsicht in den kerygmatischen Charakter der Jesustradition aus, ohne daß
allerdings deutlich würde, inwiefern das Kerygma die Person Jesu in ihrer
konkreten geschichtlichen Wirklichkeit zu seiner Voraussetzung hat.

Diesem Mangel hat dann aber das ausgezeichnete, eine reiche Literatur
verarbeitende und sehr lebendig geschriebene Buch ANDERSONS über „Jesus
und die Anfänge des Christentums" abgeholfen. A. weist einleitend darauf
hin, daß die „Neue Frage" nach dem geschichtlichen Jesus keineswegs eine
einheitliche Bewegung darstellt, und setzt es sich zur Aufgabe, die Vielfalt
der Meinungen den englisch-amerikanischen Theologen auf dem Hintergrund
der theologischen Arbeit R. Bultmanns verständlich zu machen. Ein 1. Kapitel („Die Abwendung vom geschichtlichen Jesus") sucht die Gleichgültig-

---

1) ROBINSONS Aufsatz von 1962 ist im wesentlichen eine Auseinandersetzung mit
R. BULTMANNS Akademieabhandlung, die zeigt, daß die Auseinandersetzung zwischen BULTMANNS Bestreitung des theologischen Rechts zur Frage nach dem historischen Jesus und der Verteidigung dieses Rechts weitgehend zu einer spitzfindigen
methodischen Diskussion geworden ist.

keit Bultmanns und der formgeschichtlichen Schule gegenüber der Geschichte
Jesu verständlich zu machen aus der Übernahme von M. Kählers Kerygma-
theologie und aus der Einwirkung des existentialistischen Menschenbildes und
des gnostischen Erlösermythos der Religionsgeschichtlichen Schule, wirft
aber Bultmann „den Mangel an Inhalt des wirklichen Namens und der
Gestalt Jesu" (S. 36) vor. Das 2. Kapitel („Die Ausdehnung der geschichtlichen Betrachtung") stellt dieser Gleichgültigkeit angesichts des geschichtlichen Jesus das sich durchhaltende Interesse am geschichtlichen Jesus bei
Stauffer und in Amerika und England gegenüber, wobei gegen Stauffers
Vernachlässigung der Bedeutsamkeit des Osterglaubens für die Formung der
Evangelientradition darauf verwiesen wird, daß das Neue Testament auch
an Ereignissen interessiert sei, über die der Historiker *als* Historiker nichts
sagen kann; und gegen das englische Interesse am *Ablauf* der Geschichte
Jesu wird festgestellt, daß hier das geschichtliche Interesse der Evangelien
überschätzt und verkannt wird, daß wir „die Geschichte Jesu nicht wirklich
gewinnen können durch das Abschöpfen von Tatsachen aus dem Evangelienbericht" (S. 92). Das 3. Kapitel („Einer Lösung des Problems ‚Geschichtlicher
Jesus – Christus des Glaubens' entgegen") bespricht die Stellung einiger Theologen, die nach A. trotz ihres Ausgehens vom Kerygma die Möglichkeiten
überschätzen, auf historischem Wege dem geschichtlichen Jesus zu begegnen
(vor allem J. Knox, J. Jeremias, R. H. Fuller, O. Cullmann), und bezeichnet als bedeutsam an der Arbeit dieser und verwandter Forscher die „Wiederentdeckung und Erneuerung der Meinung, daß die jüdische Apokalyptik der
große schöpferische Faktor bei der Entstehung der urchristlichen Theologie"
gewesen sei (S. 143). Das 4. Kapitel („Kennzeichen der ‚Neuen Frage'") verzichtet unter Verweis auf J. M. Robinsons Buch auf eine Darstellung der
neueren deutschen Diskussion im einzelnen und setzt sich vor allem mit
G. Bornkamm auseinander, gegen den eingewandt wird, daß Jesus nicht nur
als Wort*träger* verstanden werden dürfe. Gegen die Grundanschauung der
Vertreter der „Neuen Frage" stellt A. fest, daß die Wiederbelebung der Frage
nach dem geschichtlichen Jesus im Kreise der Bultmannschüler „der Tendenz
zu einer doketischen Christologie in Bultmanns Stellung einen höchst notwendigen Zügel anlegte" (S. 183), lehnt aber den Anspruch ab, daß das Problem „Kerygma und Geschichte" durch die Vertreter der „Neuen Frage"
gelöst sei; ganz im Gegenteil „kann die Verbindung von objektiver geschichtlicher Analyse und existentieller Offenheit sehr irreführend sein", weil sie den
Eindruck erweckt, uns „eine *geschichtlich* gut begründete Basis für das Kerygma in den Werken und Lehren Jesu" darzubieten (S. 182). A. hält darum
eine Neubesinnung auf „Die Auferstehung Jesu Christi" (Kap. 5) für unerläßlich. Gegenüber dem verfehlten Versuch, durch Zusammensetzen der
Osterberichte das Ostergeschehen zu rekonstruieren (z. B. H. v. Campen-

HAUSEN), betont A., daß jeder einzelne Osterbericht auf Gottes Handeln am Menschen Jesus hinweist; die Auferstehung Jesu ist in der Weltzeit datierbar, alle Texte betonen die engste Identität zwischen Jesus und dem Auferstandenen, die Ostertradition setzt aber den Glauben voraus, Ostern ist der Anfang des Endes der Geschichte; „die Auferstehung war nicht eine radikale Umbildung, ein radikaler Bruch mit der Vergangenheit Jesu von Nazareth, sondern Gottes Rechtfertigung und Bestätigung *dieses Jesus*" (S. 240). Das letzte Kapitel („Irdisches Leiden und himmlische Herrlichkeit") betont dann, daß nach Ostern die Geschichte Jesu nur noch als kerygmatische Geschichte erzählt werden konnte und daß wir darum kein neutrales wissenschaftliches Bild Jesu geben können. Von dieser Voraussetzung aus skizziert A. dann das Jesusbild der einzelnen Evangelien und der übrigen neutestamentlichen Schriften und bestreitet, daß wir das Historische vom Kerygmatischen in der Evangelientradition trennen können, „der Historiker hat, solange er Historiker bleibt, keine andere Wahl, als so vorurteilslos als möglich den Sachverhalt anzunehmen und in Rechnung zu stellen, daß Geschichte und Kerygma in der neutestamentlichen Jesusdarstellung verbunden sind" (S. 261). Eine Zusammenfassung betont schließlich, daß die Frage nach geschichtlicher Erkenntnis Jesu nicht hoffnungslos ist. A. lobt an den Vertretern der „Neuen Frage", daß sie den geschichtlichen Jesus wieder in den Vordergrund gestellt haben, betont aber ihnen gegenüber, daß sie über das hinausgehen, was der Historiker von Jesus wissen kann, und uns darum keine ausreichend sichere Grundlage für die geschichtliche Jesusforschung bieten. „Der Historiker kann durch seine Arbeit... die Theologie der Kirche davor schützen, in eine unhistorische Spekulation oder in Mythus zurückzufallen..., er kann einiges Licht darauf werfen, wie die Zeitgenossen Jesus verstanden, und sogar bis zu einem gewissen Grade darauf, wie er selbst verstanden werden wollte... Aber der Historiker kann uns Jesus nicht in der Fülle des Geheimnisses seiner Person darbieten..., nur der Jünger kann wissen, wer Jesus war und ist" (S. 316f.).

ANDERSON hat durch diese Ausführungen, die auch auf zahlreiche Einzelfragen lehrreich eingehen, die methodischen Neuansätze der Vertreter der „Neuen Frage" in einen wesentlich breiteren geschichtlichen Zusammenhang gestellt als J.M.ROBINSON, und er hat das Verdienst und die Grenze ihrer Erörterungen m. E. richtig aufgezeigt. Daß die Frage nach dem geschichtlichen Jesus gerade vom Auferstehungsglauben her unerläßlich ist, wird einleuchtend nachgewiesen und ebenso die Unmöglichkeit gezeigt, auf dem Wege historischer Forschung zu einem „neutralen" Jesusbild zu kommen. Freilich fehlt eine direkte Erörterung der Frage, auf welchem Wege und mit welchem Erfolge es gelingen kann, das älteste, dem Wissen um die Geschichte Jesu am nächsten stehende Kerygma aus der Gesamtheit der evangelischen Überlieferung auszusondern, und darum bleibt die Frage nach der richtigen Methode und dem letzten Ziel der Rückfrage nach dem geschichtlichen Jesus auch hier noch eine offene Frage.

Dieses Problem wird nun freilich dort überhaupt nicht gesehen, wo eine Differenz zwischen dem historischen Jesus und dem Jesusbild der Evangelien nicht anerkannt oder dieses Jesusbild auf die Initiative Jesu selbst zurückgeführt wird. So behauptet T.W. MANSON (1956) einfach die Zuverlässigkeit der Reihenfolge des Markusberichtes und den Sitz der Jesusüberlieferung im Leben Jesu und fordert dementsprechend, alle vier Evangelien als historische Dokumente zu benutzen. Und obwohl O. PIPER anerkennt, daß die Evangelien nur in begrenztem Sinne Geschichtsquellen sind, erhebt er die Forderung, die verschiedenen Jesusbilder der Evangelien zu einer persönlich verpflichtenden Gestalt zusammenzufügen. Ganz entsprechend konstatiert R. MARLÉ (HJkChr, 26 ff.) die „Identität des Christusglaubens und des historischen Jesus" und erkennt darin eine Übereinstimmung mit dem Dogma des 1. Vatikanischen Konzils, auf das hin sich die gegenwärtige Kritik zu orientieren scheine; nicht viel anders behauptet B. REICKE (HJkChr, 208 ff.), daß die Einheit von „historisch" und „kerygmatisch" für jede Schicht der evangelischen Überlieferung charakteristisch sei; das Jesusbild der Apostel „stellt nach Gottes eigenem Wort den wirklichen Jesus dar, so wie er war, ist und sein wird". Ignorieren alle diese Forscher die Tatsache der Entwicklung und Veränderung der Jesustradition in den Evangelien völlig, so möchte H. WENZ BULTMANNS Forderung, daß das Kerygma nicht durch die Rückfrage nach der Historie legitimiert werden dürfe, mit dem Festhalten an der Historizität der evangelischen Tradition als ganzer verbinden und postuliert darum, daß die kerygmatisierten Berichte der Evangelien als Aussage über den historischen Jesus Bestandteil des Kerygmas seien, leugnet damit aber die konstatierbare Tatsache der zunehmenden Kerygmatisierung des evangelischen Stoffes innerhalb der Evangelien und damit jede Notwendigkeit einer Evangelienkritik. Und A. S. DUNSTONE weiß gegen das Argument, daß manche überlieferten Jesusworte geschichtliche Schwierigkeiten bieten und mit sicheren Zeugnissen für die Verkündigung Jesu in unausgleichbarem Widerspruch stehen, nur einzuwenden, solche Argumente seien logisch nicht haltbar.

Neben diese dem Quellenbefund gegenüber unhaltbaren methodischen Postulate ist neuerdings die verwandte These getreten, daß das Kerygma darum historisch zuverlässig sei, weil es auf Jesus selber zurückgehe. H. RIESENFELD hat die Annahme, daß die evangelische Überlieferung ihre Formung in der predigenden und lehrenden Gemeinde empfangen habe, durch die These bekämpft, daß die evangelische Tradition von Jesus selber in ihrem wesentlichen Wortlaut geprägt worden sei, der seine Jünger in Analogie zu den Rabbinen diese Tradition auswendig lernen ließ, und daß diese heilige Tradition

im christlichen Gottesdienst rezitiert und so unversehrt weitergegeben worden
sei. RIESENFELD hat mit dieser These einige Zustimmung gefunden (F. MUSS-
NER, 1960; J. SCHNEIDER, 1962; G. DELLING; eingeschränkt H. SCHÜRMANN,
HJkChr, 362f. und J.J. VINCENT), vor allem aber hat B. GERHARDSSON durch
einen Vergleich der evangelischen Tradition mit dem breit geschilderten rabbinischen Traditionsverfahren der talmudischen Zeit zu erweisen gesucht, daß
Jesus, der sich von der vormessianischen jüdischen Tradition abhängig
wußte, seine Jünger die messianische Tora auswendig lernen ließ und daß die
in Jerusalem ansässigen Apostel diese Jesustradition als Aequivalent zur
mündlichen Tora der Rabbinen weitergaben, so daß sowohl Paulus wie die
Evangelisten von einer fixierten Tradition abhängig waren, die als heilig angesehen wurde und von der Abweichungen nur aufgrund von Gedächtnis-
fehlern möglich waren. Daß diese These, von allen Einzelheiten abgesehen,
auf zwei völlig falschen Voraussetzungen beruht und darum unhaltbar ist,
haben eine Reihe von Rezensionen und Aufsätzen nachgewiesen[1]: die Tra-
ditionstechnik des tannaitischen Rabbinismus hat vor der Zerstörung des
Tempels ebensowenig existiert, wie ein einheitliches Judentum mit einer einheitlichen Tradition; und das Urchristentum war eine vom Geist geleitete
Bewegung, in der die 12 Apostel in Jerusalem keineswegs die Rolle einer
verpflichtenden Lehrnorm spielten und in der überhaupt von Schultradition
und deren Technik keine Rede war. Und M. SMITH hat darüber hinaus mit
Recht betont, daß die Lehre Jesu nicht pharisäisch war und darum auch in
der Form nicht pharisäisch zu sein brauchte und daß der unrabbinische
Charakter der Jesusüberlieferung schon daraus hervorgeht, daß man offensichtlich kein Interesse daran hatte, Nachrichten über Jesu Stellung zum
Gesetz festzuhalten. Daß die Überlieferung der Worte und Taten Jesu als
ganze historisch zuverlässig sei, weil diese Überlieferung auf Jesus selber

---

1) Vgl. E. LOHSE, ThZ 18 (1962) 60ff.; C.K. BARRETT, JThSt 14 (1963) 445ff.;
P. WINTER, AThR 45 (1963) 416ff.; E. KÄSEMANN, VuF 1960/62 (1963) 85ff.;
J. SCHMID, BZ, N. F. 8 (1964) 151ff.; A. WILDER, Form-History and the Oldest
Tradition, Neotestamentica et Patristica, Freundesgabe O. Cullmann, 1962, 3ff.;
DERS., Eschatology and the Speech-Modes of the Gospel, Zeit und Geschichte,
Dankesgabe an R. Bultmann, 1964, 26f.; W. D. DAVIES, Reflections on a Scandinavian
Approach to ,,The Gospel Tradition", Freundesgabe Cullmann, 14ff.; M. SMITH,
A Comparison of Early Christian and Early Rabbinic Tradition, JBL 82 (1963)
169ff.; G. WIDENGREN, Tradition and Literature in Early Judaism and in the
Early Church, Numen 10 (1963), 42ff. Die Verteidigung B. GERHARDSSONs gegen
diese Kritiken in der Schrift ,,Tradition and Transmission" zeigt nur, daß G. nicht
imstande ist zu erkennen, daß das Urchristentum keine *Lehr*bewegung war und darum auch nicht die Lehrmethoden seiner Umwelt übernehmen *mußte*.

zurückgehe und unverändert weitergegeben wurde, haben daher diese skandinavischen Forscher nicht nachweisen können[1]).

Auch R. A. BARTELS hat zu beweisen gesucht, daß Jesus selbst der Urheber der synoptischen Tradition sei. Er stellt die Frage, ob das in den Reden der Apostelgeschichte aufgenommene Kerygma oder die Evangelientradition älter sei, und sucht durch einen Vergleich des Lukasevangeliums mit der Apostelgeschichte nachzuweisen, daß Lukas zuerst in Abhängigkeit von den zuverlässigen Quellen Markus und Q das Leben Jesu schilderte und erst dann in den Reden der Apostelgeschichte das aufgrund der Evangelientradition entstandene Kerygma zusammenfaßte; diese Evangelientradition gehe aber auf Jesus zurück und sei im Gottesdienst rezitiert und so bewahrt worden. Diese für den ganzen Beweisgang grundlegende Annahme, daß die Evangelientradition von den Aposteln unversehrt weitergegeben worden sei, wird nun freilich gar nicht bewiesen und kann auch nicht bewiesen werden, und der Sachverhalt, daß Lukas zuerst die Evangelientradition und dann erst das Kerygma wiedergegeben habe, ist so lange ohne Beweiskraft, als es falsch ist, daß die von Lukas benutzten Quellen sogar in der Reihenfolge der Geschehnisse historisch zuverlässig waren und von Lukas als unveränderlich angesehen wurden. Im übrigen widerspricht die Behauptung, daß die Evangelientradition *vor* dem Kerygma dagewesen sei, dem uns erkennbaren Charakter der ältesten Gemeinde, und man hat mit Recht gegen BARTELS' Fragestellung eingewandt, daß es fruchtlos sei darüber zu streiten, ob das Huhn zuerst da war oder das Ei![2])

Eine etwas differenziertere Anschauung vertritt X. LÉON-DUFOUR. Sein umfangreiches Buch will den methodischen Weg aufzeigen, der vom Vierevangelienkanon bis zum geschichtlichen Jesus zurückführt, behandelt dabei aber auch schon eine ganze Reihe eigentlich geschichtlicher Fragen mit. Nach einer summarischen Betrachtung des „Vierfachen Evangeliums", die kurz auf die Entwicklung des Vierevangelienkanons, seine Spannung zur weiterlebenden mündlichen Tradition und auf die vereinzelten Hinweise auf den historischen Jesus im übrigen Neuen Testament eingeht, werden die vier kanonischen Evangelien von einem konservativen Standpunkt aus als vom Glauben beherrschte Geschichtsbücher charakterisiert, denen nicht zwei, sondern mehrere Quellen zu Grunde liegen. L.-D. wendet sich dann den vorliterarischen Einheiten zu, doch geschieht die „formgeschichtliche" Gruppierung nur sehr schematisch, weil ihm der „Sitz im Leben" der Tradition von vornherein feststeht: da Jesus zu seiner eigenen Person rief, *mußten* die Worte Jesu sorgfältig tradiert werden und ist die Tradition der Worte und

---

1) Vgl. zu Riesenfeld auch schon G. IBER, ThR, N. F. 24 (1957/8), 315f.
2) W. KLASSEN, JBL 81 (1962) 96f.

Taten Jesu schon in der vorösterlichen Gemeinde verwurzelt. Aber nicht weil die Tradition nach rabbinischer Weise weitergegeben wurde, ist sie unversehrt geblieben, vielmehr: „C'est dans l'Eglise que la Parole de Jésus ne cesse de retentir telle qu'elle fut prononcée autrefois" (S. 300)! Die evangelische Tradition führt uns also zu Jesus in Person, aber „seule, la Tradition de l'Eglise permet de donner une solution adéquate au problème de l'histoire" (S. 489). Es ist klar, daß von diesen Voraussetzungen aus kein wirklicher Gegensatz zwischen der von der Kirche weitergegebenen kirchlichen Tradition und der Geschichte Jesu entstehen kann, und die umfangreichen „Prolegomena zu einer Geschichte Jesu Christi, unseres Herrn" üben dann trotz vieler kritischer Überlegungen die Methode des Ausgleichs zwischen widersprüchlichen Berichten oder Formulierungen und machen den Wert der Frage nach dem Sinn eines Wortes im Munde Jesu selbst letztlich illusorisch durch die Feststellung, daß die „objektive Wahrheit" der Worte Jesu sich nicht auf das zurückführen lasse, was Jesus tatsächlich vor seinem Tode gesagt hat, sondern mit gleicher Genauigkeit nach seinem Tode bewahrt werde durch den Geist, der den tiefen Sinn der Worte Jesu zu offenbaren den Auftrag hat (S. 334).

Garantiert hier die Kirche die Zuverlässigkeit der evangelischen Jesusüberlieferung, so kommt nach F. MUSSNER (1957, 1960) im Zeugnis der Apostel der interpretierende Gottesgeist zu Gehör, weswegen die Apostel nicht den Christus des Glaubens, sondern den historischen Jesus bezeugen; und ganz entsprechend stellen B. RIGAUX und R. SCHNACKENBURG fest, daß die Evangelisten durch die Autorität der Apostel als gewissenhafte Zeugen erwiesen werden. Aber das ist genauso ein dogmatisches Postulat wie LÉON-DUFOURS Verweis auf die Kirche, und die Schwierigkeit, einen Weg vom Kerygma zurück zum geschichtlichen Jesus zu finden, läßt sich nicht auf diese Weise durch grundsätzliche Erwägungen aus der Welt schaffen.

Andere Forscher haben die Aufgabe, nach dem geschichtlichen Jesus zurückzufragen, durch die Behauptung in Frage gestellt, diese Aufgabe sei unlösbar oder unsachgemäß. H. W. BARTSCH hat in mehreren Aufsätzen (1960–1962), vor allem in Auseinandersetzung mit E. FUCHS, die Anschauung vertreten, daß es wissenschaftlich eine Illusion sei, „die Verkündigung Jesu unabhängig vom Glaubenszeugnis der Urchristenheit in den Griff bekommen zu wollen", weil dies dem Charakter der Überlieferung widerspreche. Wenn es B. dann freilich doch als legitim bezeichnet, „sich ein Bild von dem zu machen, was Verkündigung Jesu genannt werden darf" (EvTh 1961, 230), und sich selber an dieser Bemühung beteiligt, so werden offenbar die beiden Fragen vermischt, ob es eine „vorchristliche" Jesusüberlieferung gibt und ob die Möglichkeit besteht, aus der im ganzen Umfang nur im Zusammenhang des Glaubenszeugnisses der Urchristenheit uns zugänglichen Jesusüberlieferung einen ältesten Bestand auszusondern, der mit guten Gründen als in die Geschichte Jesu zurückreichend angesehen werden kann. In ähnliche Richtungen gehen die Feststellungen von B. REICKE, daß ein objektives, von willkürlichen Thesen unabhängiges Kriterium für die Scheidung von „echt" und „unecht" innerhalb der Jesusüberlieferung nicht angeführt werden könne, und daß die Rede von „echt" und „unecht" darum undiskutabel sei, „weil es uns Menschen wohl kaum gegeben sein kann, die Offenbarung und Wirklichkeit Gottes von uns aus einzuschränken" (HJkChr, 216f.), und von H. J. SCHOEPS, daß der Jesus, wie er wirklich gewesen sei, bei der vorliegenden Quellenlage aus dem uns zugänglichen Evangelienstoff nicht rekonstruiert werden könne (ebd., 88). Auch G. KOCH und H. WENZ wollen auf die Feststellung echter Jesusworte und historischer Berichte aus denselben Gründen verzichten. Die Ablehnung der Frage nach dem historischen Jesus aus Gründen der Quellenbeschaffenheit steht freilich bei allen diesen Forschern ungeklärt neben einem irgendwie gearteten Versuch, doch zu einem Bild des geschichtlichen Jesus zu gelangen.

Viel grundstürzender ist aber die These, daß die Frage nach dem historischen Jesus *theologisch* unsachgemäß sei. R. BULTMANN hatte schon zu Ende der zwanziger Jahre die These aufgestellt, daß man nicht hinter das Kerygma zurückgehen dürfe, weil uns der $X\varrho\iota\sigma\tau\grave{o}\varsigma$ $\varkappa\alpha\tau\grave{\alpha}$ $\sigma\acute{\alpha}\varrho\varkappa\alpha$ nichts angeht[1]). Diese These ist in verschiedener Weise aufgenommen worden. E. FUCHS bezeichnete es 1949 als einen „entscheidenden hermeneutischen Fehler, wenn man Jesus dem Neuen Testament historisch abtrotzen will, indem man die Verkündigung ausklammert" (Aufsätze II, 81); E. HEITSCH erklärte, daß die Zeit bis zur Kreuzigung für den christlichen Glauben nicht unmittelbar konstitutiv sei (HJkChr, 85f.); H. WENZ stellte fest, daß man durch Rückfrage hinter das Kerygma nicht zu dem historischen Jesus kommen könne, der identisch ist mit dem Christus des Glaubens. Und in verschiedenen Aufsätzen hat H. W. BARTSCH (1960–62) die Anschauung vertreten, daß die Rückfrage hinter die Texte nach dem historischen Jesus und vor allem nach dem Selbstbewußtsein Jesu theologisch gänzlich irrelevant sei, da der Glaube als Osterglaube begonnen habe und darum am historischen Jesus durchaus nicht interessiert sei. Vor allem aber hat R. BULTMANN in seinem Akademievortrag von 1960 die neubelebte Frage nach dem Zusammenhang der urchristlichen Christusbotschaft mit dem historischen Jesus als Irrweg bezeichnet. Nach B. ist die Frage nach der historischen Kontinuität zwischen Jesus und dem Christus des Kerygmas falsch gestellt, „denn der Christus des Kerygmas ist keine historische Gestalt, die mit dem historischen Jesus in Kontinuität stehen könnte" (S. 8). Das Kerygma als historisches Phänomen setzt zwar

---

1) R. BULTMANN, Glauben und Verstehen I, 1933, 101. 208; III, 1959, 31; vgl. dazu auch P. BIEHL, ThR, N. F. 24 (1957/8) 57f.

die Gestalt des historischen Jesus voraus, braucht aber nicht mehr als das
Daß seiner Geschichte. Die über die Anerkennung dieses Sachverhalts hinaus-
gehenden beiden Versuche, eine *sachliche* Übereinstimmung zwischen dem
historischen Jesus und dem Kerygma aufzuweisen, werden ebenfalls als falsch
abgewiesen: a) Das Kerygma enthält kein Personenbild des historischen Jesus,
ein solches Bild läßt sich weder aus den Synoptikern gewinnen, noch ist das
Kerygma an einem solchen Bild interessiert; b) In der Verkündigung Jesu
ist die Verkündigung des urchristlichen Kerygmas nicht schon im Kern enthalten, weil dieses Kerygma nicht auf das historische Phänomen des persönlichen Anspruchs Jesu aufmerksam machen, sondern den erhöhten Christus
verkündigen will: „Der Christus des Kerygmas hat den historischen Jesus
sozusagen verdrängt" (S. 17). B. hält eine zutreffende Antwort auf die Frage
nach dem sachlichen Verhältnis der urchristlichen Christusbotschaft zur Verkündigung des historischen Jesus nur dann für möglich, wenn man auf die
objektivierende Betrachtung Jesu verzichtet und statt dessen nach dem
Selbstverständnis Jesu und des Kerygmas fragt. Von diesem Ansatzpunkt
aus ergibt sich, daß nur H. BRAUN eine solche existentiale Interpretation
konsequent durchgeführt hat[1]) und daß eine Begegnung mit dem Jesus, der
einen *absoluten* Anspruch an mich stellt, nur durch das Hören auf das Kerygma möglich ist, in dem mir nicht der vergangene, sondern der präsente
Christus begegnet. Das Kerygma „hat sich an die Stelle des historischen
Jesus gesetzt" (S. 26), weil Jesu Wort den Hörer im Kerygma wirklich trifft.

Dieser erneuten radikalen Bestreitung der theologischen Relevanz der
Frage nach dem historischen Jesus durch R. BULTMANN hat sich (außer
H. W. BARTSCH) J. L. MOREAU in freilich reichlich unklaren methodischen Ausführungen angeschlossen, und K. BARTH hat, etwa gleichzeitig mit BULTMANNS
Vortrag, die maßgebenden Neutestamentler verspottet, „die sich ... aufs
neue, mit Schwertern und Stangen bewehrt, auf die Suche nach dem ‚historischen Jesus' begeben haben"[2]). Auch V. A. HARVEY und S. M. OGDEN haben
in ihrer Kritik an J. M. ROBINSONS Begründung der „neuen Frage" nach dem
historischen Jesus nachzuweisen gesucht, daß auch die neue Frage nach dem
existentiellen Selbstverständnis Jesu eine historische Frage sei, deren Be-
antwortungsmöglichkeit abhängt von der Beschaffenheit der Quellen, die
uns aber über das innerste Leben Jesu nichts lehren, und daß auch diese
„neue Frage" illegitim sei, weil „Historiographie das Kerygma in Frage stel-

---

1) H. BRAUN, Der Sinn der neutestamentlichen Christologie, ZThK 54 (1957)
341 ff. = H. B., Gesammelte Studien zum Neuen Testament und seiner Umwelt,
Tübingen 1962, 243 ff. („Die Anthropologie ist die Konstante, die Christologie dagegen ist die Variable").

2) K. BARTH, How my mind has changed, EvTh 20 (1960) 104.

len könne" (S. 87), und sie haben damit, ohne auf Bultmanns Vortrag direkt einzugehen, im wesentlichen dieselben Gedanken vertreten wie Bultmann. Schließlich hat E. Schweizer in zwei Aufsätzen, ohne auf Bultmanns Vortrag Bezug zu nehmen, festgestellt, daß „die Wiederaufnahme der Frage nach dem historischen Jesus ... als ganzes doch eine sehr merkwürdige Sache ist, die mir nur innerhalb einer sehr begrenzten Fragestellung fruchtbar erscheint"[1]). Weil der Glaube im Urchristentum ebenso wie heute nur durch die Verkündigung geweckt werden konnte, die Verkündigung sich aber auf das Kreuz *Jesu* bezieht, ist der historische Jesus dabei, wo Glaube entsteht; aber von diesem Geheimnis wurde erst dann durch die Abfassung der Evangelien gesprochen, als die Gefahr aufkam, daß die christliche Botschaft gnostisch oder mysterienhaft mißverstanden wurde. Eine Rückkehr zum historischen Jesus ist darum auch heute als Glaubenshilfe nicht möglich, der Blick auf den historischen Jesus kann uns nur helfen, unseren Glauben in der konkreten Existenz der ethischen Entscheidungen zu verwirklichen. Dabei ist freilich völlig übersehen, daß die wissenschaftliche Frage nach dem historischen Jesus zwar durchaus nicht den Zweck haben kann, einen „vorösterlichen" Glauben zu wecken, wohl aber die Berechtigung der Behauptung des Kerygmas zu prüfen vermag, daß in *diesem* Menschen Gott sein eschatologisches Heil gewirkt habe.

Warum diese theologische Zurückweisung der Frage nach dem historischen Jesus durch Bultmann und die ihm folgenden Forscher jedoch im ganzen abgelehnt worden ist, wird am besten dadurch verständlich, daß wir uns denjenigen methodischen Äußerungen der letzten 10 Jahre zuwenden, die sich für eine Neubelebung der Frage nach dem historischen Jesus eingesetzt haben.

Da P. Biehl in seinem schon erwähnten Bericht (ThR, N. F. 24 (1957/8) 54 ff.) auf den Beginn der Diskussion durch E. Käsemann, N. A. Dahl und E. Fuchs hingewiesen hat, soll auf diese Arbeiten hier nicht wieder eingegangen, sondern nur über den Fortgang der Diskussion berichtet werden. E. Käsemann hat 1957 noch einmal die Notwendigkeit der Frage nach „der Bedeutung des historischen Jesus für den Glauben" betont und festgestellt, daß wir nur in der Verkündigung (nicht im Bios) Jesu dem historischen Jesus begegnen können und diese Verkündigung auf ihr Verhältnis zur Verkündigung der Gemeinde hin befragen müssen. G. Bornkamm hat in der Einleitung zu seinem (noch ausführlicher zu besprechenden) Jesusbuch betont, daß gerade der Glaube sich nicht mit der Überlieferung zufrieden geben kann, sondern hinter sie zurückfragen muß, „um der Sache selbst ansichtig zu werden", weil der Glaube von einer vorgegebenen Geschichte lebt und die Evangelien trotz ihres Verkündigungscharakters „die geschichtliche Gestalt Jesu in

---

1) E. Schweizer, Neotestamentica, 145.

unmittelbarer Mächtigkeit vor uns sichtbar werden lassen" (S. 5. 21). Und
in seinem Aufsatz über den historischen Jesus und den kerygmatischen
Christus hat B. hinzugefügt, daß der Glaube daran interessiert ist, daß der
Name Jesu nicht ein bloßes Wort bleibt, und daß zwar historische Forschung
uns nur zeigen kann, daß die evangelische Überlieferung von der Ostererfahrung her gestaltet ist und darum Glauben fordert, daß damit aber der spätere
Hörer Jesus ebenso begegnen kann wie die Zeitgenossen Jesu, womit sich B.
mit den schon erwähnten Gedanken von J. M. ROBINSON berührt. E. FUCHS
aber hat im Anschluß an seinen von P. BIEHL besprochenen Aufsatz von 1956
das methodische Problem der Frage nach dem historischen Jesus in einer
Reihe von weiteren Arbeiten behandelt, die als Sammelband vorliegen. Da
„das größere Gewicht beim historischen Jesus selber nicht in der Osterbot-
schaft liegt, die nicht isoliert werden darf" (S. 218), ist es heute die Aufgabe,
das urchristliche Kerygma mit Hilfe des historischen Jesus zu interpretieren
(S. VII). Bei dieser Rückfrage nach dem historischen Jesus zeigt sich, daß
„Gottes Ja zu uns gerade *in* der Geschichte aus Jesu Mund angeboten, gemacht worden ist" (S. 301) und daß „*Jesu Verhalten* selber der eigentliche
Rahmen seiner Verkündigung war" (S. 155; vgl. 224), weil Jesus „es wagt, an
Gottes Stelle zu handeln" (S. 156). F. behauptet freilich, daß „es sich nicht
einmal sicher entscheiden läßt, ob uns ein unzweifelhaft echtes Jesuswort
überliefert worden ist" (S. 392); da „Q mit Bewußtsein auch solche Worte
gesammelt" habe, „die damals niemand als echte Worte Jesu auffaßte", leitet
er aus diesen durchaus unbeweisbaren Annahmen die Forderung ab, „Jesu
Verkündigung nicht aus unter allen Umständen „echten" Jesusworten zusammensetzen zu wollen" (S. 305). Trotz dieser Skepsis stellt F. dann aber
doch fest, daß weder die Gottesherrschaft noch die Umkehr den Inhalt der
Verkündigung Jesu ausgemacht haben, „sondern vielmehr das Wunder,
welches als Wunder der Berufung in der Gegenwart dem Wunder des Kommens Gottes in der Zukunft entspricht" (S. 350). Die Naherwartung ist aber
der Urgemeinde zuzuschreiben (S. 325), und Jesus darf nicht „zum Geschichts-
theologen der Äonenwende" gemacht werden (S. 306); die richtige Frage sei
vielmehr die, „ob sich Jesus darin getäuscht hat, daß er glaubte, die Zeit *zur*
Liebe sei gekommen" (S. 375). Es ist deutlich, daß die theologische Notwendigkeit der Frage nach dem historischen Jesus hier richtig darin begründet
gesehen wird, daß nach dem apostolischen Zeugnis Gott in der Geschichte
und Verkündigung Jesu eschatologisch gehandelt hat, daß aber die Interpretation dieser Geschichte und Verkündigung nicht nur von einer ungerecht-
fertigten Skepsis, sondern auch von einem die Heilsgeschichte eliminierenden
Apriori aus interpretiert und dadurch verzeichnet wird.

Nicht viel anders steht es bei H. CONZELMANN. Er stellt fest, daß „das
Kerygma selbst zur historischen Darstellung des Auftretens Jesu und seiner

Predigt zwingt", weil die direkte Christologie des Kerygmas die indirekte
Christologie Jesu „als ihre Voraussetzung festzuhalten hat" (S. 13), und will
darum ausdrücklich „die Frage nach Jesu Selbstbewußtsein an die Spitze der
gesamten Rekonstruktion seiner Lehre rücken" (S. 10). Als zuverlässigen
Ausgangspunkt, von dem aus dann die Logien geprüft werden können, bezeichnet C. den Kernbestand der Gleichnisse Jesu; ihnen entnimmt er, daß
Jesus die Frage nach dem Zeitraum bis zum Eschaton ersetzt habe durch das
„Dasein" dessen, der das nahe Reich ansagt und dadurch die Gegenwart als
Heilszeit qualifiziert. Weil diese Lehre Jesu „sein Dabeisein voraussetzte",
konnte sie nach seinem Tode nicht übernommen werden, es wurde vielmehr
„auf Grund der Ostererscheinungen die neue Weise seines Dabeiseins begriffen" (S. 13). So eindeutig damit C. die theologische Notwendigkeit der Frage
nach dem historischen Jesus betont, so wenig überzeugt diese inhaltliche
Ausführung, weil die Reduktion der eschatologischen Verkündigung Jesu auf
die Qualifizierung der Gegenwart Jesu als Heilszeit durch Jesu Dabeisein C.
dazu zwingt, die Übernahme der Lehre Jesu durch die Jünger nach Ostern als
unmöglich zu bezeichnen. Eine Kontinuität zwischen der Verkündigung Jesu
und dem Kerygma der nachösterlichen Gemeinde kommt so nicht zustande,
und darum bleibt die Frage nach dem historischen Jesus letztlich theologisch
irrelevant.

Wesentlich weiter führt G. EBELING. Er wendet sich gegen das „seltsame
Dogma..., man dürfe über die Zeugnisse des Neuen Testaments nicht zurückfragen nach dem historischen Jesus" (S.207)[1]: „Würde die historische Jesusforschung tatsächlich nachweisen, daß der Glaube an Jesus keinen Anhalt
hat an Jesus selbst, so wäre dies das Ende der Christologie" (S. 208). Das ist
aber nach E. nicht der Fall: „Der Defaitismus dieser Aufgabe gegenüber
(nämlich das zur Sprache kommen zu lassen, was in Jesus zur Sprache gekommen ist) ... ist unberechtigt sowohl angesichts der konkreten Quellenlage als auch im Blick auf die Problemlage historischen Verstehens überhaupt"
(S. 307). E. geht darüber noch hinaus und konstatiert, daß „das Jesus-Ver-
ständnis des Glaubens ... sich als Förderung des historischen Verständnisses
Jesu geltend machen muß": „wer glaubt, ist bei dem historischen Jesus"
(S. 311); und daß damit wirklich die *Person* Jesu gemeint ist, betont E. ausdrücklich: „Jesu Wort ist nicht trennbar von seiner Person – seine Person
verstanden in eins mit dem Weg, den er ging"[2]. Damit ist die theologische
Sachgemäßheit und Unerläßlichkeit der Frage nach dem historischen Jesus
und seiner Verkündigung überzeugend begründet. Wenn dann E. aber feststellt, daß die sachgemäße Frage nach dem Geschehenen nicht einfach laute:

---

1) Zitate nach „Wort und Glaube".
2) Das Wesen des christlichen Glaubens, 64.

„Was ist passiert? ... oder dergleichen, sondern: Was ist zur Sprache gekommen?" und abschließend formuliert: „Die Frage nach dem historischen Jesus ist die Frage nach diesem Sprachgeschehen, das der Grund des Glaubensgeschehens ist" (S. 307. 318), so treten die Bedeutung der *Person* Jesu und des in Jesus nach seinem Anspruch sich vollziehenden Heilshandelns Gottes so ungebührlich zurück, daß die Frage nach dem historischen Jesus doch nicht wirklich die Frage nach diesem geschichtlichen Menschen und seiner Geschichte bleibt.

E. hat dann die Frage 1962 noch einmal in Auseinandersetzung mit BULTMANNS Akademieabhandlung aufgenommen und mit aller Energie betont, daß gerade das Kerygma die Frage nach dem historischen Jesus aus zwei Gründen notwendig macht: a) Die Tatsache, daß das Kerygma von Jesus spricht, fordert das historische Ernstnehmen dieser Person, und b) Das Kerygma stellt durch seine Konzentration auf den Namen Jesus vor die Frage, welchen Anhalt die kerygmatische Aussage über Jesus an Jesus selbst habe. E. weist in diesem Zusammenhang nicht nur nach, daß im Gegensatz zu diesem Sachverhalt von den Voraussetzungen Bultmanns aus kein theologischer Anlaß zur Frage nach dem historischen Jesus besteht, sondern wendet sich zugleich mit Recht gegen die Behauptung Bultmanns, daß man über das „Daß" nicht hinauszukommen brauche. Freilich wird dann auch hier gesagt: „Begegnung mit dem Menschen Jesus heißt: Begegnung mit dem, was in ihm zur Sprache gekommen ist" (S. 81), und damit wird erneut die Geschichte und die menschliche Gestalt des Jesus, auf den sich das Kerygma zurückbezieht, nicht ausreichend ernst genommen.

Auch G. KOCH betont, daß die Frage nach dem historischen Jesus „unbedingt um des Glaubens willen in Angriff genommen werden muß, damit der christliche Glaube geschichtlicher Glaube bleiben kann" (S. 251), es sei jedoch statt nach dem Selbstbewußtsein nach dem „Verhalten" Jesu als dem „eigentlichen Rahmen seiner Verkündigung" zu fragen und auf diese Weise festzustellen: „Was ist in Jesus zur Sprache gekommen?". Zur Beantwortung dieser Frage sei es nicht unerläßlich," eine Menge authentischer Jesusworte herbeizuschaffen", es könne vielmehr „aus den biblischen Stellen, selbst wenn sie keine direkten Jesusworte sein sollten, dennoch auf Jesus zurückgegangen werden" (S. 254f.). Das ist alles eine Wiederholung von Gedanken EBELINGS und FUCHS', und der abschließend gebotene Hinweis auf die Auferstehung Jesu als Begründung von Glaube und Verkündigung hilft in der methodischen Frage nach dem historischen Jesus nicht weiter. Und die Feststellung von W. MARXSEN, daß die Sachgemäßheit des Christuskerygmas am Jesuskerygma geprüft werden müsse, trifft durchaus zu, führt aber ebensowenig weiter. Und wenn H. OTT betont, daß, wie bei allem geschichtlichen Geschehen, auch bei Jesus das Tatsächliche nur ein Fragment sei, das von seiner Bedeutsamkeit

nicht künstlich getrennt werden dürfe, weil es zwar Tatsachen, aber keine
nackten Tatsachen gebe, so ist das richtig, hilft aber auch nicht weiter; denn
gerade das ist ja das Problem bei der Frage nach dem historischen Jesus, ob
und auf welchem Wege man Tatsachen feststellen könne und ob solche Feststellung theologische Relevanz habe oder unwesentlich sei. Auch E. Lohse
bezeichnet, ohne auf das methodische Problem weiter einzugehen, die Frage
nach dem historischen Jesus als theologische Aufgabe, weil das Bekenntnis zum
Auferstandenen die Identität des Auferstandenen mit dem historischen Jesus
betont, und sucht zu zeigen, daß die Gemeinde für den keine Würdeprädikate
verwendenden Entscheidungsruf Jesu keinen angemesseneren Titel als
„Messias" finden konnte. Und F. Hahn skizziert gut das Problem der Quellen
und der Methode bei der Frage nach dem historischen Jesus und stellt mit
Recht abschließend fest, daß die entscheidende Frage die ist, inwieweit Jesu
eigene Geschichte und Verkündigung das urchristliche Kerygma impliziert
und begründet.

Schließlich hat E. Käsemann, der die Neubesinnung auf die Notwendigkeit
der Frage nach dem historischen Jesus eingeleitet hatte, 1964 erneut das Wort
ergriffen und sich mit den noch zu erwähnenden methodischen Gedanken von
J. Jeremias, vor allem aber mit der Akademieabhandlung R. Bultmanns
auseinandergesetzt. Gegen Jeremias' theologisch zentral verstandene Frage
nach den *ipsissima verba Jesu* wendet K. ein, daß hier der Glaube von der
wissenschaftlich vermittelten Einsicht abhängig gemacht werde, während
es doch keinen Zugang zu Gott auf dem Wege der historischen Methode gebe.
Bedenkenswert ist auch der Hinweis Käsemanns, daß zwar im Anschluß an
Gedanken der Aufklärung der irdische Jesus als solcher zum Gegenstand des
Glaubens gemacht werde, daß J. sich aber letztlich dessen sicher sei, „daß
Jesu Verkündigung sich im wesentlichen mit der kirchlichen deckt", so daß
„der radikale Historismus der Apologetik dient" (S. 41). So richtig das ist,
so ist doch vor allem die leidenschaftliche Auseinandersetzung Käsemanns
mit den Anschauungen seines Lehrers Bultmann bedeutsam. Hier wird vor
allem betont, daß wir über das „Daß" hinauskommen und prüfen müssen,
ob nicht das Kerygma *in nuce* in Wort und Tat Jesu enthalten ist. K. zeigt
richtig, daß die verschiedenen Formen des neutestamentlichen eschatologischen Kerygmas sich an die unvertretbare Gestalt des historischen Jesus
halten, und weist darauf hin, daß von Bultmanns Position aus die Evange-
lienschriftstellerei letztlich unbegreiflich bleibt. In Wirklichkeit rechnet aber
„das Kerygma des Neuen Testamentes den irdischen Jesus zu den Kriterien
seiner selbst" (S. 53), und darum kommt es gerade von der Doxologie des
Verkündigten her im Rahmen des Kerygmas zur Erzählung vom Verkündiger:
„Der Rückgriff auf die Form des Evangelienberichts, ... auf historisierende
Darstellung im Rahmen des Kerygmas und nicht zuletzt auf den durch

Palästina wandernden Jesus erfolgte als eine theologisch relevante ... Reaktion, in der es um die Unverfügbarkeit des Christus, des Geistes, des Glaubens ging... Die Vorordnung des Herrn vor seiner Gemeinde und seinen Gläubigen kann und muß eben auch zeitlich zum Ausdruck gebracht werden" (S. 66). Ist damit die theologische Sachgemäßheit und Unerläßlichkeit der Frage nach dem historischen Jesus gerade aus der Situation der evangelischen Tradition und ihrer Niederschrift einsichtig gemacht, so kann K. abschließend feststellen, daß „die Historie eschatologische Funktion [bekam]. Die Vergangenheit gab der Gegenwart die Kriterien zur Prüfung der Geister" (S. 67). Damit dürfte in der Tat Wesentliches zur Begründung der geschichtlichen *und* theologischen Notwendigkeit der Frage nach dem historischen Jesus gesagt sein, obwohl natürlich offen gelassen ist, *in welcher Weise* wir als heutige Theologen die von der Urchristenheit vorgenommene Rückfrage nachvollziehen können und müssen.

Alle diese Forscher suchen die Notwendigkeit der Frage nach dem historischen Jesus in Auseinandersetzung mit R. BULTMANN, aber auch in verschiedenartiger Übernahme seiner kritischen Position und seiner methodischen Vorbehalte zu begründen. Daneben stehen aber nun zahlreiche Forscher, die diese Notwendigkeit wesentlich uneingeschränkter und mit wesentlich anderen Argumenten begründen wollen, und auf deren methodische Überlegungen muß im folgenden hingewiesen werden.

Einige Arbeiten freilich, die sich der Frage nach dem historischen Jesus methodologisch zuwenden, ohne dabei primär in die Diskussion mit Rudolf Bultmann einzutreten, führen keineswegs weiter. So muß die theologische Notwendigkeit der geschichtswissenschaftlichen Frage nach dem historischen Jesus natürlich überhaupt nicht erst begründet werden, „wenn die Offenbarungsbedeutung in den Begebenheiten selbst beschlossen ist". Denn in diesem Falle „wird man es auch nicht *prinzipiell* von der Hand weisen dürfen, daß eine historische Erforschung dieses Geschehens auch seine Besonderheit, seinen Offenbarungscharakter, entdecken könnte und müßte" (W. PANNENBERG, 275). Obwohl P. dann doch offenläßt, ob „historische Forschung *faktisch* dazu kommt, den Charakter des Geschickes Jesu von Nazareth als Offenbarung Gottes zu entdecken", möchte er „dem Historiker die Beweislast zumuten dafür, daß in Jesus von Nazareth Gott sich offenbart hat" (S. 278). Von diesen Voraussetzungen aus ist die Frage nach dem historischen Jesus nicht nur unerläßlich, sondern verschafft auch einen direkten Zugang zur eschatologischen Heilstat Gottes. Freilich hat P. nicht gezeigt und konnte auch nicht zeigen, *wie* der Historiker die ihm zugemutete Beweislast tragen soll, und überdies ist die Problematik übersprungen, auf welchem Wege bzw. ob überhaupt der Historiker die Rückfrage nach dem historischen Jesus beantworten kann. Läßt sich also die Berechtigung und Möglichkeit der Frage

nach dem historischen Jesus nicht einfach auf diese dogmatische Weise dekre-
tieren, so führt auch O. A. DILSCHNEIDERS Behauptung eines „pneumatischen
Identitätsverhältnisses zwischen dem historischen und kerygmatischen Jesus
bzw. Christus", in das „auch der Kerygmatiker hineingenommen ist, wenn er
bezeugt, daß der historische Jesus der Kyrios Christos ist" (Sp. 263f.), methodisch nicht weiter, weil sich aus diesem Glaubensurteil ja keineswegs die Notwendigkeit ergibt, auf den *Unterschied* zwischen dem historischen Jesus und
dem kerygmatischen Christus gerade im Interesse des Kerygmas zu achten.
Und J. SCHNEIDER (1962) verkennt ebenso das eigentliche Problem, wenn er
die Gemeinde nur als die Empfängerin der Jesusüberlieferung der Augenzeugen verstehen will und die Beachtung des Zeugnisses des Heiligen Geistes
bei der Traditionsbildung fordert; denn von diesen sehr mehrdeutigen Prämissen aus ergibt sich im Grunde überhaupt keine Notwendigkeit, zwischen
der Gemeindetradition und der ihr zugrunde liegenden geschichtlichen Überlieferung zu sondern, ganz abgesehen davon, daß unverständlich bleibt, wie
der Historiker das Zeugnis des Heiligen Geistes bei der Traditionsbildung
beachten soll. Schließlich ist hier noch auf H. DIEMS These zu verweisen, daß
„die Verkündigungsgeschichte der ... allein legitime Gegenstand der historischen Forschung am Neuen Testament" sei, weil man „den ganzen Inhalt der
neutestamentlichen Verkündigung zusammenfassen kann: die Verkündigung
von Jesus Christus, der sich selber verkündigt" (S. 9). Aus dieser These ergibt
sich natürlich „die Identität des sich selbst (in der Verkündigungsgeschichte)
verkündigenden Jesus Christus"; aber damit ist die historische Frage nach
der Kontinuität zwischen dem historischen Jesus und der Verkündigung der
Gemeinde *a priori* positiv beantwortet, und die Frage nach der Erkennbar-
keit der mit der Predigt Jesu identischen *ältesten* Verkündigung wird überhaupt nicht mehr gestellt.

Förderlicher ist schon F. HERZOGS Auseinandersetzung mit der „Neuen
Frage" nach dem historischen Jesus; denn bei aller Anerkennung der Wendung von der existentialen Interpretation zur Frage nach dem geschichtlichen Jesus wird mit Recht gegen die „Neue Frage" eingewandt, daß bei
ihren Vertretern die Gefahr besteht, daß die existentialen Voraussetzungen der
Fragestellung bei Jesus wiedergefunden werden, während eine wirklich *geschichtliche* Fragestellung uns darüber belehren kann, was es bedeutet, daß
Gott in niedriger Gestalt erschienen ist. Ähnlich betont O. MICHEL gegenüber
M. Kählers alleinigem Verweis auf den „geschichtlichen Christus der Bibel",
daß wir den historischen Jesus und das Bild der Gemeinde in ihrer Verschiedenheit sehen müssen, weil nur die strenge Identität des Auferstandenen mit
dem historischen Jesus vor Schwärmerei schützt (vgl. auch C. H. RATSCHOWS
ähnliche Kritik am Jesusbild der neutestamentlichen Wissenschaft). Freilich
geht Michel auf die damit gegebene methodische Schwierigkeit nicht ein. Das

tut auch F. Lieb nicht, wenn er mit Recht feststellt, daß das Kreuz Jesu seine
Bedeutung nur bekommt durch den, der am Kreuz gestorben ist, und daß das
Kerygma von Anfang bis Ende auf ein historisches Geschehen bezogen ist,
dem aus diesem Grunde sich die historische Forschung zuzuwenden hat. Und
auch A. Wikgren begnügt sich mit dem Hinweis darauf, daß die Evangelien
ebenso über den Eindruck Jesu auf seine Hörer wie über die Antwort des
Glaubens auf ihn berichten und daß biographische Fakten für das christologische Kerygma wichtig sind, so daß es unnatürlich wäre, für solche Fakten
kein Interesse zu zeigen. H. Gerdes aber weiß M. Kählers Kampf gegen den
„historischen Jesus" in seinen wenig klaren Ausführungen nur entgegenzustel-
len, daß Geschichtsforschung uns helfen müsse, uns ein Bild von Jesus zu
machen, um so zu einer Begegnung mit Jesus zu kommen.

Während die zuletzt genannten Arbeiten im Grunde nur auf die Notwendigkeit der Frage nach dem historischen Jesus hinweisen, ohne methodische
Hilfe dazu zu bieten, haben sich mit dem methodischen Problem eine Reihe
von Aufsätzen eingehender befaßt, die ebenfalls nicht in direktem Zusammenhang mit der Position R. Bultmanns stehen. Hier ist zunächst auf den zuerst
1956 erschienenen und jetzt in den „Calwer Heften" leicht zugänglich gemachten Aufsatz von J. Jeremias[1]) einzugehen. J. betont zunächst, daß die
Unterscheidung zwischen dem Jesus der Geschichte und dem Christus der
Verkündigung mit Reimarus beginnt[2]), also ein Kind der Aufklärung ist, daß
die Abwehr gegen die damit eingeleitete Befreiung Jesu vom Dogma zuerst
apologetisch und erst durch M. Kähler aggressiv geschah und daß Bultmann
sich in Aufnahme der Position Kählers auf das Kerygma zurückzog und den
historischen Jesus im wesentlichen preisgab. J. sieht darin eine Gefährdung
der vollen Menschlichkeit Jesu, möchte aber nicht zu einer (unmöglichen)
Biographie Jesu zurückkehren, wohl aber zur Verkündigung des historischen
Jesus, weil der Ursprung des Christentums das historische Ereignis des Menschen Jesus von Nazareth ist: „Welche Aussagen des Kerygmas wir auch immer ins Auge fassen, stets liegen die Anfänge in der Verkündigung Jesu"
(S. 15). Der Weg zum historischen Jesus aber kann gewagt werden, weil wir
heute Schutzwälle gegen eine willkürliche Modernisierung Jesu haben: Literarkritik, Formgeschichte, Abgrenzung Jesu gegen seine Umwelt, Rückfrage
nach dem aramäischen Urwortlaut der *ipsissima vox* Jesu, die Entdeckung
des eschatologischen Charakters der Botschaft Jesu. Auf dem Wege solcher
Rückfrage nach dem historischen Jesus stoßen wir auf den Glaubensanspruch

---

1) Der Aufsatz ist auch abgedruckt in HJkChr, 12 ff.

2) Reimarus ist freilich seinerseits weitgehend abhängig von Gedanken der englischen Deisten, vgl. die Auszüge aus Th. Chubb bei W. G. Kümmel, Das Neue Testament. Geschichte der Erforschung seiner Probleme, 1958, 60 ff. und die Literatur
dort in Anm. 120.

Jesu, der dem Anspruch des Kerygmas entspricht, und wir werden so bei der
Bemühung um den historischen Jesus „vor Gott gestellt." „Darum ist die
Bemühung um den historischen Jesus und seine Botschaft ... *die* zentrale
Aufgabe der neutestamentlichen Forschung" (S. 21). Abschließend weist J.
dann noch darauf hin, daß das Zeugnis der Urkirche die Antwort auf Gottes
Ruf in Jesus ist und daß darum „das vielfältige Glaubenszeugnis der Ur-
gemeinde, des Paulus, des Johannes, des Hebräerbriefs zu messen ist an der
Verkündigung Jesu" (S. 23). Es leidet nun keinen Zweifel, daß J. mit vollem
Recht darauf verwiesen hat, daß das Kerygma die Rückfrage nach dem historischen Jesus fordert, und er hat auch mit Recht auf die Möglichkeiten eines
methodischen Rückgangs zu der ältesten, bis in die vorösterliche Zeit zurückreichenden Überlieferungsschicht verwiesen. Freilich ist die weitergehende
Behauptung, daß jede Aussage des Kerygmas ihre Anfänge in der Verkündigung Jesu habe, nicht das Resultat kritischer Forschung, sondern ein dogmatisches Postulat; und daß die Bemühung um den historischen Jesus vor Gott
selbst stellt, ist falsch, weil so der Glaube von den notwendigerweise revisions-
bedürftigen Resultaten der Geschichtsforschung abhängig gemacht wird.
Darüber hinaus hat E. KÄSEMANN, wie schon erwähnt, mit Recht darauf verwiesen, daß der Rückgang auf den historischen Jesus bei J. Jeremias im letzten
der Apologetik dient. Und angesichts der Unsicherheit der Entscheidung in
vielen Fällen bei der Bestimmung der ältesten Überlieferung ist das von J.
geforderte Messen des Glaubenszeugnisses der Urkirche an der Verkündigung
Jesu keineswegs in allen wesentlichen Fällen möglich. Doch ist trotz dieser
Einwände die Begründung der Notwendigkeit der Rückfrage nach dem historischen Jesus durch J. Jeremias ein wichtiger Beitrag zu der methodischen
Diskussion.

   Auch P. ALTHAUS fordert die Unterscheidung zwischen Jesu Verkündigung
und der Gemeindetheologie, weil die christliche Verkündigung nur dann nicht
nur von der Phantasie gestaltet ist, „wenn es sich zeigen läßt, daß das Kerygma nichts anderes ist als Antwort auf wirklich Geschehenes. Dessen sich zu
vergewissern, darauf kann auch der Glaube und gerade er nicht verzichten"
(S. 14). A. fährt dann aber richtiger als J. Jeremias fort: „Der christliche
Glaube ist seinem Wesen nach wohl brennend interessiert an dem, was die
Historie über Jesus zu erkennen vermag. Er kann nicht leben ohne ein gutes
historisches Gewissen. Aber ihn zu begründen vermag die Historie nicht"
(S. 19). Auch darin hat A. Recht, daß „die Gestalt Jesu unverkennbar, un-
verwechselbar-eigen innerhalb der Überlieferung sichtbar wird", aber das
bedeutet gerade nicht, daß „durch alle Schichten der Überlieferung hindurch
das eine und selbe Bild Jesu ... sich durchgehalten hat" (S. 14f.). Dieses Urteil ist schon durch die neuere redaktionsgeschichtliche Erforschung der Evangelien als falsch erwiesen, und es ist gerade die nicht nur fortbildende, sondern

auch verfälschende Art des Traditionswandels, die die Auffindung der ältesten
Überlieferung im Einzelfall so schwierig und darum umstritten macht.
H. E. W. Turner hat darum mit Recht in einer sorgfältigen Besinnung auf
den methodischen Charakter der Jesusforschung festgestellt, daß der Schritt
von hoher Wahrscheinlichkeit zu Sicherheit beim Rückgang auf die Verkündigung des geschichtlichen Jesus schwer zu machen ist, betont aber ebenso, daß
das Christentum ernstlich gefährdet wäre, wenn keine historischen Aussagen
über das Leben und die Lehre Jesu mehr gemacht werden könnten. Er weist
ferner mit Recht darauf hin, daß im ganzen Verlauf der Evangelienschreibung
die Bewahrung einer Tatsachentradition und die Interpretation der Person
Jesu nebeneinander bestanden. Darum bleibt das, was einst geschah, in lebendiger Gegenwärtigkeit normativ: ,,In anderen Worten, der Jesus als Historie
muß als Stütze für den Jesus als Geschichte gebraucht werden, wenn dessen
Bedeutung nicht in der Schwebe verbleiben und in der Tat in der Luft auf-
gehängt werden soll" (S. 65). Ähnlich hat auch J. R. Geiselmann kürzlich[1]) die
Frage nach dem historischen Jesus als legitim bezeichnet, weil ,,das Evangelium Jesu und das Kerygma von Christus beide zusammengehören" (S. 35).
Aber er schließt sich dann J. Jeremias an, wenn er hinzufügt: ,,Dabei liegt
aber der Schwerpunkt auf ,Jesus', dem historischen Jesus, denn nur dieser
bewahrt den verkündigten Christus vor der Verflüchtigung in den bloßen
Mythos oder in den Doketismus". Soweit könnte man G. ja im ganzen noch
folgen, und die an diese Grundbesinnung angeschlossene Schilderung der
Behandlung der Frage nach dem historischen Jesus in der neueren protestantischen und katholischen Theologie bietet eine gute Information. Aber was
dann in einem 5. Kapitel unter der Überschrift ,,Die Voraussetzungen für die
dogmatischen Jesusaussagen der katholischen Theologie" geboten wird, ist
eine Skizze des historischen Jesus, die ernsthaft geschichtliche Überlegungen
über das Herrentum des geschichtlichen Jesus hinauslaufen läßt auf die Feststellung, daß Jesus den Anspruch erhob, Gottes Sohn zu sein, und auf die
dogmatische Reflexion, wie sich damit Jesu Nichtwissen über den Termin der
Parusie vereinbaren läßt. D. h. die Frage nach dem historischen Jesus, die zunächst so energisch verteidigt wird, ist schließlich doch nicht wirklich ernst
genommen.

Zu diesen ausführlicheren Erörterungen der Frage nach dem historischen
Jesus außerhalb des Umkreises der Schüler R. Bultmanns sind nun noch ein
paar Arbeiten zu stellen, die das Problem unter einem besonderen Gesichts-
winkel betrachten. E. Schott (HJkCh, 102 ff.) weist richtig darauf hin, daß

---

1) J. R. Geiselmann, Jesus der Christus. 1. Teil: Die Frage nach dem historischen
Jesus, München 1965. Das Buch erschien erst nach der Drucklegung des Literatur-
verzeichnisses zu diesem Bericht; es handelt sich um den 1. Teil der 2., völlig neu
bearbeiteten Auflage des Buches ,,Jesus der Christus" (1951).

der Glaube sich auf den richtet, „der damals Fleisch wurde, damals starb und
auferstand", und daß wir uns darum „gerade auch aus Glauben dem Problem
der Historie stellen müssen" (S. 108). Aber damit ist nicht geklärt, inwiefern
dieser Sachverhalt historische Forschung unausweichlich macht. Durchaus
sachgemäß hat darum H. GOLLWITZER (HJkCh, 110 ff.) festgestellt, daß der
christliche Glaube damit rechnen muß, daß die historische Forschung diejenigen Tatsachen bestätigt, „deren Feststellung oder Bestreitung durch
historische Wissenschaft dem Glauben nicht gleichgültig ist", daß die Rückfrage hinter die Quellen aber den Glauben nicht weckt und daß der Historiker
die neutrale Frage nach dem historischen Jesus nicht stellen darf „in der Meinung, mit dem Ergebnis seiner historischen Arbeit der Jesusverkündigung
des Neuen Testaments entgegentreten, ihr ausweichen oder sie ersetzen zu
können". So richtig diese Einsicht ist, so irrig ist die daraus gezogene Schlußfolgerung: was von Jesu Wirklichkeit „allgemein zugänglich (= historisch
erfaßbar) ist, verhält sich zur Wirklichkeit Jesu Christi wie Verheißung zur
Erfüllung". Denn hier wird die Frage des historischen Zugangs zum geschichtlichen Jesus mit der Frage nach dem sachlichen Verhältnis Jesu zum auferstandenen Herrn vermischt: der auf dem Wege historischer Forschung zugäng-
liche Jesus kann nicht als „Verheißung" erkannt werden, weil dem Historiker
die „Erfüllung" in der Auferstehung Jesu Christi nicht zugänglich ist; und
der Glaubende begegnet, wenn er als historisch Forschender nach dem geschichtlichen Jesus fragt, nicht einer „Verheißung" Gottes, sondern dem „geheimen" Messias und damit bereits der begonnenen „Erfüllung".

Auch U. LUCK hat betont, daß das Kerygma auf Jesus verweist, er stützt
aber diese Behauptung dankenswerterweise mit dem überzeugenden Hinweis,
daß die Aufnahme der Wortverkündigung Jesu in das Kerygma „immer
schon die Kontinuität zwischen Jesus und der Verkündigung von ihm aussprechen wollte" (S. 65) und daß auch bei Paulus „die Verkündigung des gekreuzigten und erhöhten Herrn entscheidenden Wert auf den Weg dieses
Ἰησοῦς legt" (S. 67). Die heutige Bemühung um den historischen Jesus greift
also nur ein Problem auf, „das den Glauben von Anfang an bewegt, insofern
er ständig die Geschichte Jesu zu seiner Voraussetzung hat" (S. 68). R. SCHIP-
PERS[1]) hat darum ebenfalls betont, daß auch die neutestamentlichen Schriften außerhalb der Evangelien die Identität von Jesus und Christus annehmen,
und in dieser Richtung wird weiter gefragt werden müssen[2]). Schließlich kann
noch verwiesen werden auf den Bericht von R. E. BROWN über die neueste
methodische Diskussion zur Frage nach dem historischen Jesus. B. betont

---

1) R. SCHIPPERS, De geschiedenis van Jezus en de apocalyptiek, Rektoratsrede,
Kampen 1964.

2) Vgl. auch W. G. KÜMMEL, NTSt 10 (1963/4), 175 f. (= W. G. K., Heilsgeschehen
und Geschichte, 1965, 451 f.).

einerseits mit vollem Recht, daß gerade von der Voraussetzung aus, daß „voller christlicher Glaube nur nach Ostern möglich ist, die *via historica* ... nicht auf die gleiche Ebene gestellt werden kann mit der *via kerygmatica*"; historische Forschung befähigt uns nur, „den Jesus deutlicher zu kennen, von dem wir *glauben,* daß er der Christus, der Herr, ist" (S. 24). Freilich nimmt B. dann doch die Radikalität der geschichtlichen Fragestellung nicht wirklich ernst, wenn er dekretiert, daß „geschichtliche Forschung einer Glaubenswahrheit nicht widersprechen kann"; denn nur dann ist die Rückfrage nach dem historischen Jesus für den Glauben existentiell unerläßlich, wenn ihr Resultat auch die Voraussetzungen des Glaubens ernstlich in Frage stellen *könnte.*

Einen völlig neuen Weg in der Jesusforschung möchte aber E. STAUFFER zeigen. Er hat einerseits in einem Aufsatz mit dem kämpferischen Titel „Irrelevant?" (HJkChr, 54 ff.) die These vertreten, daß „die Urbotschaft Jesu das Kriterium aller kirchlichen Legitimität ist" und daß darum „die kritische Erforschung dieses geschichtlichen Ereignisses der relevanteste Dienst, den die Wissenschaft der Kirche leisten kann", sei (S. 59); an diesem Punkte berührt sich St. mit der schon besprochenen Anschauung von J. Jeremias. Er hat andererseits in seinem Aufsatz über „Neue Wege der Jesusforschung" nicht nur die (auch in anderen Arbeiten proklamierte)[1]) Feststellung gemacht: der historische Jesus ist das Maß aller Dinge, „das Maß des neutestamentlichen Kanons, das Maß der paulinischen und johanneischen Theologie, das Maß der synoptischen Evangelien, das Maß aller Jesustradition und Christusverkündigung" (S. 453), sondern vor allen Dingen gefordert, zur Gewinnung eines wirklich historischen Jesusbildes neue Quellen heranzuziehen, nämlich die indirekten Jesuszeugnisse der Gegner. Bei der Heranziehung des rabbinischen, apokalyptischen und qumranischen Materials ergibt sich nach St. „die Urheimat zahlloser thorafrommer Logien, die uns in der christlichen Jesustradition begegnen und bestimmt nichts zu tun haben mit jenem Jesus, der als Thorabrecher und Abfallprediger zum Tode verurteilt worden ist" (S. 476). Da unsere Evangelien „die Produkte und Marksteine eines Rejudaisierungsprozesses sind" (S. 476), ist es die Aufgabe einer streng positivistischen Jesusforschung, durch Quellenkritik (aber keine Sachkritik!) den wirklichen Jesus wiederzufinden, der „mit dem vollen Hoheitsanspruch Gottes an die Öffentlichkeit" trat und dessen antimosaische Kampfworte und Kampfhandlungen „die Urkirche im antihalachischen Sinn umgedeutet und dadurch vermittlungstheologisch entschärft" hat (S. 475). Es wird bei der Besprechung der Jesusbücher Stauffers eingehender über diese methodischen Forderungen zu sprechen sein, hier kann nur an einem Beispiel die Fragwürdigkeit

---

1) S. die Aufzählung bei W. G. KÜMMEL, NTSt 10 (1963/4), 167 f. (= Heilsgeschehen und Geschichte, 443).

dieser Methode aufgezeigt werden. St. möchte nachweisen, daß sich in der evangelischen Jesusüberlieferung „allenthalben ein juristischer Präzisions- verlust bemerklich" macht (S. 474), und sucht das z. B. an Mk. 2, 1 ff. zu exemplifizieren. Er dekretiert, da in Mk. 2, 1 ff. in Galiläa „Thorajuristen" anwesend sind, die dort nichts zu tun haben, daß der Konflikt von Joh. 5, 1 ff. zeitlich vorangegangen sein müsse und daß darum in Mk. 2, 6 die Thorajuri- sten als „Hinterhaltszeugen" im Sinn der Halacha anwesend gewesen sein müssen, die Jesus als Gotteslästerer erweisen sollten. Weil aber zur Zeit dieses Vorkommnisses das Synedrium das *ius gladii* verloren hatte, mußten diese Zeugen stumm bleiben; doch ist diese juristische Vorgeschichte des Ereig- nisses in dem Bericht bereits verdeckt, und in Mk. 2, 8 und 2, 10 sind die Pneumatheologie und die Menschensohntheologie des Markuskreises in den Bericht eingetragen. Der juristische Pragmatismus muß also wiedergewonnen werden. Es ist nun aber leicht zu sehen, daß trotz der gegenteiligen Behaup- tung Stauffers die Sachkritik hier die Quellenkritik vergewaltigt und daß die aus dem Text auf keine Weise zu entnehmende Deutung des Vorfalles auf ein Ereignis im Verlauf der planmäßigen Überführung Jesu als Gotteslästerer zur unbegründeten Eliminierung eines Teiles der Textaussagen und zur Eintra- gung anderer Tatbestände in den Text führt. Auf diesem Wege kommt aber keine „streng positivistische Jesusforschung" zustande, sondern eine phanta- stische und durch das Vorurteil eines radikal antijüdischen Jesus vorbelastete Konstruktion.

Damit aber zeigt sich, daß für das methodische Problem der Frage nach dem historischen Jesus neben den hier nicht zu erörternden Fragen nach der sachgemäßen Literarkritik und Formgeschichte vor allem das Problem der Kriterien für die Aussonderung der ältesten Überlieferungsschicht grund- legend ist. Auf die methodischen Äußerungen zu dieser Frage muß darum in diesem Zusammenhang noch eingegangen werden. D. E. NINEHAM hat noch einmal überzeugend nachgewiesen, daß wir weder für die vorevangelische Zusammenordnung des evangelischen Traditionsstoffes noch für die Evange- lienschreibung und ihre Weiterentwicklung die Einwirkung des Zeugnisses von Augenzeugen nachweisen können und daß die ältere Urchristenheit nur in bezug auf die Auferstehungsüberlieferung auf Augenzeugenberichte ver- wiesen hat. Die Überlieferung der Einzelstücke der Tradition begegnet uns vielmehr ausschließlich als Teil der Gemeindeüberlieferung und im Zusam- menhang der kerygmatischen oder theologischen Tendenzen der Gemeinde. Weil wir deshalb grundsätzlich die Einwirkung dieser Tendenzen auf die Tra- dition kritisch in Rechnung stellen müssen, hat sich in den letzten Jahren als ein kaum angezweifeltes kritisches Dogma die methodische These durch- gesetzt: „Einigermaßen sicheren Boden haben wir nur in einem einzigen Fall unter den Füßen, wenn nämlich Tradition aus irgendwelchem Grunde weder aus dem Judentum abgeleitet noch der Urchristenheit zugeschrieben werden kann"[1]). Nun wird man gegen die Richtigkeit dieses Kriteriums an sich sicher nichts einwenden können, aber wenn es von der Voraussetzung aus angewandt wird, daß „nicht mehr die Unechtheit, sondern, was weit schwieriger ist, die Echtheit zu erweisen" ist[2]), wird dieses Kriterium falsch. Denn nicht schon die Übereinstimmung mit jüdischen oder christlichen Gedanken oder Tendenzen macht die Zugehörigkeit eines Überlieferungsstückes zur ältesten Jesusüberlieferung fraglich, sondern der Gegensatz eines derartigen Überlieferungsstückes zum Gesamtcharakter der als sicher alt erwiesenen Jesustradition[3]). Und überdies liegt, auch wenn wir der Jesustradition ohne Zweifel primär nur in der kerygmatischen Formung der Gemeinde begegnen, die Beweislast gegen das höhere Alter eines Überlieferungsstückes bei denen, die die „Unechtheit" behaupten, weil wir ja in der synoptischen Tradition das Kerygma in Gestalt einer in das Leben Jesu zurückreichenden Überlieferung der Worte und Taten Jesu vor uns haben[4]).

Man hat darum versucht, zuverlässigere Kriterien für die Zugehörigkeit eines Überlieferungsstückes zur ältesten Jesustradition aufzuzeigen. F. C. GRANTs Hinweis, daß es eindeutige Anwendungen von Jesusworten auf eine veränderte Situation gibt, aber auch Worte Jesu, die zweifellos echten gleichwertig sind, trifft zwar zu, hilft aber nicht weiter. CH. E. CARLSTON möchte das obengenannte negative Kriterium durch ein positives ergänzen (er argumentiert nur an den Gleichnissen Jesu): ein echtes Gleichnis muß in den Zusammenhang der eschatologischen Bußforderung Jesu und in die äußere Situation Jesu passen. Das stimmt natürlich auch, ist aber keineswegs ein objektives Kriterium, weil wir nicht eindeutig wissen, was in die Situation Jesu paßt (das Gleichnis vom Unkraut unter dem Weizen wird darum auch mit keineswegs ausreichenden Gründen von C. als Produkt der Urgemeinde hingestellt). H. K. MACARTHUR führt vier Echtheitskriterien an: 1) Mehrfache Bezeugung, 2) Ausschaltung der Tendenzen der Traditionsentwicklung, 3) Bezeugung in verschiedenen literarischen Formen, 4) Beseitigung alles Jüdischen und Urchristlichen. Er weist auch auf die Problematik jedes dieser Kriterien hin und

---

1) E. KÄSEMANN, Exegetische Versuche und Besinnungen I, 205; ähnlich W. GRUNDMANN, Die Geschichte Jesu Christi, 1956, 16 f.; P. BIEHL, ThR, N.F. 24, 1957/8, 56; J. M. ROBINSON, Kerygma und historischer Jesus, 126; H. ZAHRNT, 119; H. CONZELMANN, RGG 3, 3. Aufl., 623; P. ALTHAUS, 9: F. HAHN, 38; E. LOHSE, 168; H. E. W. TURNER, 73; E. JÜNGEL, 85.

2) H. ZAHRNT, 118; ähnlich E. KÄSEMANN, aaO, 203; J. M. ROBINSON, aaO, 51 f.; E. JÜNGEL, 85.

3) Vgl. die ähnlichen Einwände bei P. ALTHAUS, 9 Anm. 1 und O. CULLMANN, HJkChr, 227 f.

4) Vgl. R. E. BROWN, 27 f.

meint, nur das 1. Kriterium sei wirklich objektiv. So richtig das alles ist, so
deutlich zeigt sich auch, daß nicht für jeden Text alle diese Kriterien anwendbar sind und daß darum offensichtlich keine methodische Anweisung gegeben
werden kann, die für alle Texte in gleicher Weise gilt. E. Fuchs und E. Jüngel
wollen zu dem oben genannten negativen Kriterium als positives hinzufügen
das aus den Parabeln erkennbare Verhalten Jesu, der es wagt, an Gottes Stelle
zu handeln und dessen Worte als Worte der Liebe verstanden werden wollen.
„Das ist, jedenfalls innerhalb der synoptischen Tradition, ihr ‚Echtheits-
zeichen‘ “[1]). Aber so richtig es ist, daß das Verhalten Jesu der Rahmen seiner
Verkündigung war, so ist doch auch dieses Verhalten erst kritisch wiederzugewinnen, und man kann die Gesamtheit der Wortüberlieferung Jesu an diesem Kriterium nicht prüfen. N. A. Dahl[2]), H. W. Bartsch (1960), G. Haufe
haben darum gefordert, man müsse von dem historisch sichersten Sachverhalt ausgehen, der Kreuzigung Jesu, und nach *den* Worten und Taten Jesu
zurückfragen, die dieses Ereignis erklären; Bartsch weist in diesem Zusammenhang darauf hin, daß alle Überlieferungen, die von der Zweideutigkeit des
Eindrucks Jesu berichten, auf relativ sicheren Boden führen. Auch das trifft
natürlich zu, daß die Rückfrage von der sicheren Tatsache des gewaltsamen
Todes Jesu aus einen Teil der Überlieferung als Voraussetzung dieses Geschehens und damit als geschichtlich erweisen kann. Aber auch hier wird nur
ein sehr geringer Teil der Überlieferung durch dieses Kriterium erfaßt, und zu
einem in sich verständlichen allseitigen Bild der Verkündigung Jesu kommt
man auf diese Weise nicht.

 J. Jeremias (1953) hat darum den Versuch gemacht, auf philologischem
Wege zur *ipsissima vox* Jesu vorzudringen. Er weist nach, daß Jesu Gebrauch
von „abba“ als Gebetsanrede Gott gegenüber ebenso wie sein Gebrauch von
ἀμήν als Selbstbestätigung so völlig von dem gleichzeitigen aramäischen
Sprachgebrauch der Juden abweichen, daß wir hier der eigensten Sprache
Jesu begegnen müssen. Beide Beweise scheinen mir geglückt[3]), und dieser
Nachweis hellt zweifellos das Wesen des persönlichen Anspruchs Jesu auf; so
wichtig das ist, auf den Hauptteil der Überlieferung von der Verkündigung
Jesu fällt von hier aus kein Licht. In eine verwandte Richtung führt die
Argumentation F. Mussners (1957), der aus der Tatsache der bloßen Anein-
anderreihung von Jesussprüchen in den Evangelien (als Beispiele werden
Mk. 9, 1 und 9, 33–37 genannt) die Ehrfurcht der Überlieferung erschließt,
die sich scheut, an den überlieferten Sprüchen Jesu etwas zu ändern; aber
selbst wenn das zuträfe (daß Mk. 9, 1 unversehrt überliefert sei, wird ja ge-

---

 1) E. Fuchs, 155 f.; E. Jüngel, 84 ff.

 2) N. A. Dahl, Kerygma und Dogma 1 (1955) 105 ff.

 3) Zu abba vergleiche jetzt ausführlicher: J. Jeremias, The Central Message of
the New Testament, London 1965, 9 ff.

rade vielfach angezweifelt), beträfe es wieder nur einen sehr geringen Teil des Überlieferungsstoffes. Schließlich hat H. SCHÜRMANN den Versuch gemacht, diejenigen sprachlichen Erscheinungen und Worte aus der synoptischen Überlieferung auszusondern, die sich nur oder fast nur in Jesusworten finden; aber er muß selber zugeben, daß sich die so gefundenen Spracheigentümlichkeiten durchaus nicht alle ausnahmslos in Jesusworten finden, und wo das der Fall ist, ergibt sich mehrfach, daß innerhalb der synoptischen Überlieferung diese Ausdrucksweise überhaupt nur im Munde Jesu vorkommen *konnte* (etwa ἐλεύσονται ἡμέραι, ἀκολούθει). Für die Auffindung der Jesus ausschließlich kennzeichnenden Sprache ist darum auf diesem Wege kaum etwas Wesentliches zu gewinnen. Und die Argumentation von R. H. GUNDRY[1]), die neueren archäologischen Funde bewiesen, daß auch Griechisch zur Zeit Jesu eine in Palästina verbreitete Sprache war und daß darum manche der Griechisch überlieferten Worte Jesu in ihrem ursprünglichen Wortlaut erhalten sein könnten, ist eine unwahrscheinliche Spekulation ohne konkreten Nutzen. Die neueren Arbeiten zu der Frage nach den Kriterien für die Verkündigung und Person des geschichtlichen Jesus haben vielmehr gezeigt, daß alle Kriterien nur einen beschränkten Wert haben, was keineswegs bedeutet, daß sie nicht angewandt werden sollten. Doch kann nur ihre Anwendung in Verbindung mit formgeschichtlicher Analyse der Überlieferung, religionsgeschichtlicher Einordnung der Überlieferungsstücke und der Probe einer geschichtlich überzeugenden Zusammenordnung der als alt erwiesenen Texte zu einer einigermaßen sicheren Ausgangsposition für die Bemühung um das Verständnis der Geschichte und Verkündigung Jesu führen[2]).

Zum Abschluß dieser Besprechung der methodischen Arbeiten zur Jesusforschung sollen noch zwei Arbeiten erwähnt werden, die die Frage nach den Quellen für die Darstellung des historischen Jesus am Rande berühren. U. WILCKENS beschäftigt sich mit der auffälligen Tatsache, daß in den urchristlichen Schriften des 1. Jahrhunderts außerhalb der Evangelien keine Jesuserzählungen und fast keine Jesusworte begegnen. Entgegen der unbeweisbaren These von W. SCHMITHALS, daß die Jesusüberlieferung in galiläischen Jüngergemeinden bewahrt wurde[3]), möchte W. die Tradition über die Worte und Taten Jesu in der nachösterlichen Jerusalemer Gemeinde bewahrt und fortgebildet sehen; die hellenistische Urgemeinde aber (und in Abhängigkeit von ihr Paulus) habe mit dieser Jerusalemer Gemeinde der ehemaligen

---

1) R. H. GUNDRY, The Language Milieu of First Century Palestine. Its Bearing on the Authenticity of the Gospel Tradition, JBL 83 (1964) 404–408.

2) Vgl. W. G. KÜMMEL, HJkChr, 50 f. (= W. G. K., Heilsgeschehen und Geschichte, 1965, 402 f.).

3) W. SCHMITHALS, Paulus und der historische Jesus, ZNW 53 (1962) 160; DERS., Paulus und Jakobus, 1963, 26. 97 f.

Jünger Jesu kaum Beziehungen gehabt und darum zwar die kerygmatische Tradition von Tod und Auferstehung Jesu, nicht aber die Tradition über die Taten und die Verkündigung Jesu übernommen. Diese Erklärung ist nun freilich ebensowenig überzeugend; denn daß Paulus keine Kenntnis der Jesustradition gehabt habe, ist angesichts von 1. Kor. 11, 23 ff. sehr unwahrscheinlich; und daß die spätere hellenistische Christenheit nicht ohne jeden Kontakt mit der Jerusalemer Jesustradition geblieben ist, zeigt die Hellenisierung des Stoffes der synoptischen Redenquelle *vor* seiner Aufnahme in Matthäus und Lukas. Die geringe Einwirkung der in die synoptischen Evangelien aufgenommenen Jesustradition auf große Teile der urchristlichen Literatur des 1. Jahrhunderts bleibt nach wie vor ein nicht wirklich erklärter Sachverhalt.

Beschäftigt sich Wilckens mit der geschichtlichen Stellung der synoptischen Jesustradition im Urchristentum, so J. JEREMIAS mit der geschichtlichen Bedeutung der außerkanonischen Jesustradition. Er hat sich in der 3. Auflage seines bekannten Buches über die unbekannten Jesusworte[1]) nach einem lehrreichen Überblick über die Erforschung der außerkanonischen Jesusworte nunmehr eindeutig auf die Frage konzentriert, ob die 18 von ihm aus der großen Zahl solcher Worte ausgewählten Texte als geschichtliche Jesusworte in Anspruch genommen werden können. Jeremias ist in dieser Hinsicht sehr zuversichtlich, zumal er die Zahl der als geschichtlich wertvoll zu bezeichnenden Worte gegen die 2. Auflage etwas reduziert hat, und manche dieser Jesusworte wird man durchaus auf die älteste Jesusüberlieferung zurückführen können. Doch bleibt das bei andern sehr fraglich (etwa bei dem Wort in 1. Thess. 4, 16 f.), und der eigentliche Wert dieser sorgfältigen und hilfreichen Untersuchung, die auch die in Frage kommenden Sprüche aus dem koptischen Thomasevangelium mit berücksichtigt, liegt in dem Resultat, daß die außerkanonischen Jesusworte das aus den Synoptikern zu erschließende Bild der Verkündigung Jesu gelegentlich zu verlebendigen, nicht aber zu verändern vermögen.

---

1) J. JEREMIAS, Unbekannte Jesusworte. 3., unter Mitwirkung von OTFRIED HOFIUS völlig neu bearbeitete Ausgabe, Gütersloh 1963.

II. Gesamtdarstellungen Jesu

H. ACKERMANN, Jesus. Seine Botschaft und ihre Aufnahme im Abendland, Göttingen 1952 – R. ARON, Die verborgenen Jahre Jesu, Frankfurt 1962 – E. BARNIKOL, Das Leben Jesu der Heilsgeschichte, Halle 1958 – W. BEILNER, Christus und die Pharisäer. Exegetische Untersuchung über Grund und Verlauf der Auseinandersetzungen, Wien 1959 – O. BETZ, Was wissen wir von Jesus?, Stuttgart-Berlin 1965 – G. BORNKAMM, Jesus von Nazareth, Urban-Bücher 19, Stuttgart 1956 – S. G. F. BRANDON, Jesus and the Zealots, The Annual of the Leeds University Oriental Society 2 (1959/61) 11–25 – J. CARMICHAEL, Leben und Tod des Jesus von Nazareth. Deutsch von C. Dietlmeier, München 1965 – H. CONZELMANN, Art. Jesus Christus, RGG 3, 3. Aufl. 1959, 619–653 – M. S. ENSLIN, The Prophet from Nazareth, New York 1961 – A. FINKEL, The Pharisees and the Teacher of Nazareth, Arbeiten zur Geschichte des Spätjudentums und Urchristentums 4, Leiden-Köln 1964 – R. H. FULLER, The Mission and Achievement of Jesus, Studies in Biblical Theology 12, London ²1956 – G. GLOEGE, Aller Tage Tag. Unsere Zeit im Neuen Testament, Stuttgart 1960 – F. C. GRANT, Art. Jesus Christ, The Interpreter's Dictionary of the Bible 2 (1962) 869–896 – R. M. GRANT, A Historical Introduction to the New Testament, New York and Evanston 1963, 284–377 – W. GRUNDMANN, Die Geschichte Jesu Christi, Berlin 1956, Ergänzungsheft 1959 – B. HJERL-HANSEN, Did Christ know the Qumran Sect?, Revue de Qumran 1 (1958/59) 495–508 – G. JEREMIAS, Der Lehrer der Gerechtigkeit, Göttingen 1963, 319–353 – S. E. JOHNSON, Jesus in His Own Times, London 1958 – T. W. MANSON, The Servant-Messiah. A Study of the Public Ministry of Jesus, Cambridge 1953 – W. NEIL, The Life and Teaching of Jesus, London 1965 – D. F. ROBINSON, Jesus, Son of Joseph. A Re-Examination of the New Testament Record, Boston 1964 – B. SALOMONSON, Einige kritische Bemerkungen zu Stauffers Darstellung der spätjüdischen Ketzergesetzgebung, StTh 18 (1964) 91–118 – E. STAUFFER, Jerusalem und Rom im Zeitalter Jesu Christi, Dalp Taschenbücher 331, Bern 1957 – DERS., Jesus. Gestalt und Geschichte, Dalp Taschenbücher 332, Bern 1957 – DERS., Die Botschaft Jesu damals und heute, Dalp Taschenbücher 333, Bern 1959 – V. TAYLOR, The Life and Ministry of Jesus, London 1955 – A. VÖGTLE, Das öffentliche Auftreten Jesu auf dem Hintergrund der Qumranbewegung, Veröffentlichungen der Albert-Ludwigs-Universität und der wissenschaftlichen Gesellschaft in Freiburg, N. F. 27, 1958 – DERS., Art. Jesus Christus, LThK 5, 2. Aufl. 1960, 922–932.

A. Harnacks berühmte These zur Habilitationsdisputation „*Vita Jesu Christi scribi nequit*" ist durch die Arbeit der Formgeschichte an der Evangelientradition und durch A. Schweitzers Bankrotterklärung angesichts der vor ihm liegenden Leben-Jesu-Forschung so sehr in ihrer Richtigkeit bestärkt worden, daß die Mehrzahl der neueren wissenschaftlichen Darstellungen Jesu ausdrücklich darauf verzichten, eine Biographie Jesu zu bieten. Trotzdem sind auch in den letzten Jahren einige Jesusbücher erschienen, die mehr oder weniger ausgesprochen biographischen Charakter tragen. Hier ist zunächst V. TAYLOR zu nennen. Er lehnt sich ausdrücklich an den Rahmen des Markusevangeliums an, in den er andere Texte einfügt, und gliedert darum seine Schilderung des Lebens Jesu in die Periode vor der galiläischen Wirksamkeit, die galiläische Wirksamkeit, den Rückzug aus Galiläa, die Wirksamkeit und das Leiden in Jerusalem. Dieses Vorgehen ist aber nur möglich, weil nicht nur der Markusrahmen von T. als geschichtlich zuverlässig anerkannt wird, sondern weil auch durch Einfügungen und psychologische Überlegungen die so festgestellten Perioden des Lebens Jesu miteinander in Verbindung gesetzt werden (zwischen der Versuchungsgeschichte und dem Beginn der Wirksamkeit Jesu in Galiläa nach Mk 1 ist eine Tätigkeit Jesu in Judäa gemäß Joh 1 und 3 anzusetzen; bald nach der Wahl der Zwölf ist die Bergpredigt einzufügen; nach der Aussendung der Zwölf weisen Äußerungen Jesu auf eine tiefe Enttäuschung Jesu über seine wachsende Popularität hin, der bei der Menge keine Buße und kein Glaube entsprach, und daraus ergab sich der Rückzug Jesu aus Galiläa nach Tyrus und Sidon, während dessen bei Jesus die Idee des messianischen Leidens herrschend wurde; die Jerusalemer Zeit Jesu endete gemäß Joh 11, 54 mit einem Rückzug nach Peräa, der wieder durch das messianische Mißverständnis Jesus gegenüber bei der Menge veranlaßt wurde). Es bedarf wohl nicht vieler Worte, um deutlich zu machen, daß hier psychologisierende Phantasie die Quelle historischer Urteile ist, ganz abgesehen von der willkürlichen Ergänzung des Markusberichtes durch andere Quellenstücke. Die psychologisierende Phantasie versucht aber auch, in das Innere Jesu einzudringen (zu dem Ruf am Kreuz: „Mein Gott, warum hast du mich verlassen?" sagt Taylor: „Jesus fühlte das Grauen der Sünde so tief, daß eine Zeitlang seine enge Gemeinschaft mit dem Vater verdunkelt wurde", S. 218), und so kann das Urteil über diese Darstellung Jesu aus der Feder eines bedeutenden Neutestamentlers nur lauten, daß die angeblich historische Schilderung des Lebens Jesu nicht wiedergibt, was die Quellen uns erkennen lassen, sondern was der Forscher sich als geschehen ausdenkt.

Und ganz ähnlich steht es mit dem vor kurzem erschienenen, allgemein verständlichen „Leben Jesu" von W. NEIL. Er bietet eine ausführliche Darstellung des Lebens Jesu, dem eine äußerst knappe Skizze der Lehre Jesu folgt. N. geht dabei von der Überzeugung aus, daß das Bild Jesu in den Evangelien im wesentlichen zuverlässig ist, und die Abweichungen des Johannes von den Synoptikern werden nur als scheinbar bezeichnet. Zunächst folgt N. Matthäus und Lukas: die Berichte von der Geburt aus der Jungfrau (Mt und Lk widersprechen sich nicht wesentlich), dem Kindermord und der Flucht nach Ägypten werden als geschichtlich wahrscheinlich bezeichnet; dann schließt sich die Schilderung dem Ablauf des Markusevangeliums an, dessen chronologischer Aufriß zwar als historisch fragwürdig bezeichnet, aber dann doch als zuverlässig verwendet wird. Auf die „galiläische Wirksamkeit", deren Wendepunkt das Messiasbekenntnis von Caesarea Philippi war (Jesus hatte von Anfang an das Bewußtsein eines einzigartigen Sohnesverhältnisses zu Gott), folgt die mehrere Monate umfassende Reise nach Jerusalem; vor Caesarea Philippi hatte Jesus an eine weite Ausbreitung des begonnenen Gottesreiches gedacht, danach konzentrierte er sich auf die kleine Gruppe der Jünger. Neben diese Eintragungen in den Markustext treten Feststellungen, die überhaupt keinerlei Anhalt an den Quellen haben (Jesus muß schon vor seinem öffentlichen Auftreten seine ungewöhnliche Kraft gespürt haben; er muß nach seiner anfänglichen Versuchung noch oft versucht worden sein; er zog sich aus Galiläa zurück, um die zwölf Jünger weiter zu schulen), und bei der (an den Anfang gestellten) Erörterung der Auferstehung wird behauptet, daß der geschichtliche Beweis für die Auferstehung Jesu äußerst stark sei. Von der Zukunftsverheißung Jesu erfährt aber der Leser ebenso wenig etwas wie von Jesu Opposition gegen die unbedingte Geltung des alttestamentlichen Gesetzes. So muß auch diese im Gewande einer geschichtlichen Darstellung auftretende Darstellung Jesu als willkürlicher Konstruktion entsprungen und darum als unhaltbar bezeichnet werden.

Eine völlig neue chronologische Schilderung des Lebens Jesu will E. STAUFFER in seinen drei Taschenbüchern geben, die Stauffers Forderung einer „streng positivistischen" Jesusforschung (s. o. S. 41) in die Tat umgesetzt haben. Der 1. Band behandelt die Umwelt Jesu, in diesem Zusammenhang aber auch Johannes den Täufer, der 2. Band das Leben Jesu in chronologischer Abfolge und das Selbstzeugnis Jesu, der 3. Band die ethische Verkündigung Jesu. Obwohl es sich um Taschenbücher handelt, sind ausführliche Anmerkungen mit Quellen- und Literaturangaben und Einzeldiskussionen angefügt. Nach dem Vorwort zum 1. Band war Jesu Geschichte „von seiner Geburt bis zu seinem Tode schicksalhaft bestimmt vom jeweiligen Stand der politischen Machtverhältnisse" (S. 6), und darum sucht St. im Zusammenhang einer Schilderung der römischen Weltpolitik und der jüdischen Strömungen in

Palästina vor allem diejenigen Tatsachen herauszustellen, die für das Leben Jesu von besonderer Bedeutung waren: 7 v. Chr. fand in Palästina ein Zensus unter Quirinius statt; Pilatus ist eine Kreatur Sejans, des Günstlings des Tiberius, er provoziert im Auftrag Sejans die Juden und entzieht ihnen im Jahre 30 die Blutgerichtsbarkeit; als dann Sejan im Jahre 31 hingerichtet wurde, mußten sich Pilatus und Kaiphas umstellen und die jüdische Freundschaft suchen. Prüft man die Belege für diese Angaben nach, so ergibt sich aus ihnen weder die Abhängigkeit des Pilatus von Sejan noch seine Wandlung im Verhalten den Juden gegenüber nach dem Sturz des Sejan, und für den „virtuosen Taktiker Kaiphas" gibt es überhaupt keine Quelle. Das Jahr 30 „ist das Jahr der unheimlichen Ereignisse und Vorzeichen" (S. 82), aber die dafür angeführte Stelle jJoma 6,43c,61 datiert Omina auf 40 Jahre vor die Tempelzerstörung und kann schwerlich für chronologische Zwecke benutzt werden. Und ebensowenig besteht eine Möglichkeit, die Tötung der galiläischen Festpilger durch Pilatus (Lk 13,1) als „messiaspolitische Palastrevolte" zu erweisen und in das Jahr 31 zu datieren (ebd.). Gelingt es schon keineswegs in diesen und ähnlichen Ausführungen die weltgeschichtlichen Voraussetzungen der Geschichte Jesu einsichtig zu machen, so sind auch gegen die beiden Kapitel des Buches, die für die weiteren Bände von besonderer Wichtigkeit sind, erhebliche Einwände zu machen. Das 8. Kapitel schildert Johannes den Täufer: er ist von seinem Vater in die Wüste gebracht und den Qumranleuten zur Erziehung übergeben worden, und dort hat er sich „vielleicht …einer besonders rigoristischen, vor allem ehefeindlichen Ordensfraktion angeschlossen" (S. 89). Er verkündet denn auch „im Sinne der Wüstentexte" „das Kommen des Kriegsgesalbten aus Israel" (S. 91); das Wort von der Geisttaufe durch den Stärkeren aber bezieht sich auf den hohepriesterlichen Messias aus Aaron, also auf eine andere Gestalt als den kriegerischen Messias; die Radikalisierung des Gesetzes durch den Täufer geht ebenfalls auf „die Sondertradition der Wüstenleute" zurück, und „vermutlich sind zahlreiche Täuferlogien dieser Art in die Jesusüberlieferung eingedrungen" (S. 151). Das Martyrium des Täufers (die Geschichtlichkeit des Tanzes der Salome wird ausführlich verteidigt!) aber fiel gerade in das Jahr 31, das St. als ein Jahr „höchsten eschatologischen Fiebers" ansieht (S. 97), und Jesus zieht auf die Kunde vom Tod des Täufers hin in die Wüste, hält dort mit seinen Anhängern das apokalyptische Festmahl und wird „einige Wochen lang als der endgeschichtliche Testamentsvollstrecker des Täufers" angesehen (S. 98). Es braucht kaum gezeigt zu werden, daß hier eine Vermutung der anderen folgt und im Handumdrehen zur geschichtlichen Wirklichkeit wird, die dann als Voraussetzung für die Darstellung der Geschichte Jesu verwendet werden kann. Ebenso wichtig ist auch das 10. Kapitel, in dem St. in 123 Paragraphen „die jüdischen Ketzergesetze" zusammenstellt, die man kennen müsse, um die Verfolgung Jesu zu begreifen. St. stellt selber fest, daß diese Strafbestimmungen „noch niemals systematisch zusammengestellt worden" sind (S. 113), und diese Zusammenstellung bietet denn auch sehr disparaten Stoff, für den Belege aus den verschiedensten Zeiten als gleichwertig verwendet werden, ohne daß gefragt würde, ob es eine *solche* Rechtssystematik bei den Rabbinen überhaupt je gegeben hat. Überdies hat B. Salomonsen an vielen Beispielen gezeigt, daß die Belege nur allzuoft nicht beweisen, was sie belegen sollen[1]). Die von St. rekonstruierte jüdische Ketzergesetzgebung hat es darum schwerlich jemals und sicher nicht schon zur Zeit Jesu in dieser Form gegeben, und auch mit dieser Konstruktion ist keine tragfähige Grundlage für die Schilderung des Lebens Jesu gelegt.

Denn das ist nun der Anspruch Stauffers, in seinem 2. Band als „Pionierarbeit" durch Auswertung der jüdischen Ketzergesetze „die eherne Logik" aufzuweisen, „die die Strafverfolgung Jesu von den ersten geheimen Aktionen bis zum großen Ketzerprozeß beherrscht", weil „die rechtsgeschichtliche Durchleuchtung der Evangelien das historische Röntgenbild liefert, in dem das allen vier Evangelien gemeinsame Urgerüst der Vita Jesu sichtbar wird" (S. 9). St. geht aus von der chronologischen Voraussetzung, daß Jesus gemäß dem Rahmen des Johannesevangeliums vier Jahre gewirkt und daß man die synoptischen Berichte in den johanneischen Rahmen einzufügen habe; von da aus beansprucht er, die erkennbaren Abschnitte dieses Wirkens auf die Jahre 28–32 genau verteilen zu können. Aus Mk 6,3 („Ist das nicht der Sohn der Maria?") wird das historische Faktum abgeleitet, daß Jesus „der Sohn der Maria war, nicht Josephs" (S. 24), ohne daß die durchaus fragliche Richtigkeit *dieser* Form des Markustextes erörtert würde; die bekannten Schwierigkeiten der differierenden Angaben über die Geburt Jesu unter Herodes und zur Zeit des Census unter Quirinius werden mit der Theorie gelöst, daß der Census von 7 v. Chr. bis 7 n. Chr. gedauert habe[2]), die von den Historikern schwerlich als haltbar angenommen werden wird; der Kindermord des Herodes ist historisch, weil in der „Himmelfahrt des Moses"

---

1) Ein weiteres Beispiel sei hier genannt: Nach § 63 ist das Scheltwort gegen Jesus „Fresser und Weinsäufer" „eine Anspielung auf illegitime Geburt" Jesu; dafür wird als Beleg Dt 21,20 angeführt, wo aber nur von einem störrischen Sohn die Rede ist, und Targum Jer. I zu Dt 21,20 = M. Ginsburger, Pseudo-Jonathan, 1903, 337, deutsch bei Billerbeck, Kommentar II, 529; aber da sagen die Eltern des widerspenstigen Sohnes: „Wir haben das Gebot des Memra Jahwes übertreten", und das weist keineswegs eindeutig oder auch nur wahrscheinlich auf illegitime Zeugung.

2) Die Theorie ist weiter ausgeführt bei E. Stauffer, Die Dauer des Census Augusti, Studien zum Neuen Testament und zur Patristik, E. Klostermann zum 90. Geburtstag dargebracht = TU 77, 1961, 9–34.

6,2 ff. von Herodes *ex eventu* geweissagt wird: „Er wird die Alten und die Jungen schonungslos töten", wobei freilich übersehen ist, daß diese Voraussage innerhalb einer ganzen Reihe von Grausamkeitstaten steht und so wenig ein einzelnes Ereignis meint wie die umgebenden Schreckenstaten.

Das 3. Kapitel „Die Frühzeit Jesu" enthält so seltsame Feststellungen wie die, daß Jesus sich schon als Junge mit den Legionären lateinisch verständigen konnte und „zumindest die jüdische Normalgröße" hatte. Im 4. Kapitel („Jesus und die Täuferbewegung") aber begegnen wir einer biographischen Feststellung, die für Stauffers Darstellung des Lebens Jesu entscheidend ist. Es ist nämlich zunächst von einer Frühzeit Jesu im Täuferkreis die Rede, während deren Jesus ein „ungetrübtes Verhältnis zur Tora und Torafrömmigkeit" hatte (S. 166) und unerkannt bleiben wollte (Joh. 2,24); dann aber hören wir nach St. 10 Monate lang nichts von Jesus: „von diesen stillen Monaten .. ist in keinem Evangelium ausdrücklich etwas gesagt". „Aber erst wenn man die große Cäsur und Pause in der öffentlichen Wirksamkeit Jesu erkannt hat", gelangt man nach St. zu einer sicheren Chronologie Jesu: nach dieser Zeit „hat Jesus offiziell mit der Tora gebrochen" (S. 61 f.), und mit dem ersten Torakonflikt von Joh 5 beginnt die genau nach den Ketzergesetzen vor sich gehende Verfolgung Jesu als eines Torabrechers und Abfallpredigers. Die Tatsache dieser „stillen Monate" ist aber von St. ausschließlich aus der chronologischen Lücke zwischen den „vier Monaten bis zur Ernte" (Joh. 4,53 f.) und dem „Fest der Juden" (Joh. 5,1) erschlossen, wobei weder das chronologische Hintereinander dieser beiden Textangaben noch gar die Deutung von „ein Fest der Juden" in Joh. 5,1 auf das Laubhüttenfest irgendwie zu sichern sind. Aber noch gravierender ist, daß nun aus dem als erstmalig behaupteten Sabbatbruch in Joh. 5,1 ff. und der im Anschluß daran berichteten Tötungsabsicht der Juden in Joh. 5,18 einerseits die Wandlung im Verhalten Jesu gegenüber der Tora, andererseits der Beginn der Strafverfolgung Jesu als Ketzer abgeleitet werden. Das alles schwebt völlig in der Luft (selbst wenn man das Johannesevangelium in dieser Weise als Geschichtsquelle verwenden *könnte*, wie es St. tut), und so ist bereits an diesem entscheidenden Punkt erkennbar, daß Stauffers genetische und chronologische Darstellung des Wirkens Jesu ohne Halt an den Quellen ist.

Stauffer beschreibt in den folgenden Kapiteln die galiläische und die letzte Jerusalemer Wirksamkeit Jesu und das Todespassa. Auch hier ergibt sich ihm der Ablauf der Geschehnisse aus der (auf keine Weise zu begründenden) Ineinanderfügung des johanneischen und des synoptischen Berichtes, doch kann hier nur auf ein paar Beispiele verwiesen werden. So wird aus Joh. 6,60 f. + Mk 2,13 ff.; 3,1 ff. erschlossen, daß Jesus von offiziellen Hinterhaltszeugen belauert wird, die aber Jesus noch nicht beseitigen können „wegen der wohlwollenden Zurückhaltung des Herodes" (Mk 6,14 ff.); gegenüber dieser

Gefahr „kommt seine (d. h. Jesu) Mutter auf den verzweifelten Gedanken, Jesus als unzurechnungsfähig zu erklären, um ihn und gleichzeitig alle seine Verwandten und Freunde zu retten" (Mk 3,21; S. 69f.). Am Vorabend der Laubhüttenwoche erscheint Jesus auf dem Berg Tabor „seinen Jüngern im schneeweißen Himmelsgewand des Menschensohnes" (Mk 9,2ff.). Inzwischen ist Sejan gestürzt worden, und nun mußte Kaiphas Jesus beseitigen, ehe es zu spät war. Judas aber hatte sich zu dem Verrat durch ein religiöses Gelübde verpflichtet, weil er die Auslieferung des Gotteslästerers nach dem hohepriesterlichen Edikt von Joh 11, 57 für seine religionsgesetzliche Pflicht hielt. Und weil Jesus ein steckbrieflich verfolgter Abfallsprediger war, mußte er bei seinem letzten Mahl auf das Passalamm verzichten. Nach der Kreuzigung Jesu „gehen die Priester geschlossen zum Gottesdienst" (S. 104). Diese wenigen Beispiele dürften genügen, um die Behauptung zu rechtfertigen, daß hier durch Kombination und leider auch durch freie Erfindungen[1] ein Bericht entstanden ist, der auf geschichtswissenschaftliche Haltbarkeit keinen Anspruch erheben kann.

Doch muß nun noch auf das abschließende Kapitel über „das Selbstzeugnis Jesu" eingegangen werden, weil hier bereits Entscheidendes zum Verständnis der *Verkündigung* Jesu gesagt wird. Hier wird zunächst behauptet, daß Jesus nicht vom nahen Weltende geredet und den Messiastitel für sich abgelehnt habe. In diesen (mir sehr fraglichen) Thesen trifft sich St. mit anderen Forschern, und so wird in späteren Zusammenhängen auf diese Fragen zurückzukommen sein. St. möchte nun aber die These von der Ablehnung des Messiastitels durch Jesus sichern durch den Nachweis, daß Jesus sich mit der Theophanieformel „*ani hu*" als den epiphanen Gott bezeichnet habe. Aus Deutero-Jesaja und jüdischen liturgischen Texten soll sich ergeben, daß „*ani*" = ich und „hu" = er und die Verbindung beider

---

1) Nur 2 Beispiele: 1. Für die Annahme, daß sich Judas durch ein Gelübde zum Verrat verpflichtet habe, werden S. 158, Anm. 5 als Belege angegeben: Lk 22,6 καὶ ἐξωμολόγησεν, dazu Nu 30,2ff.; Apg 23,14; Dittenberger Or. Gr. Inscr. Sel. Nr. 532,28ff.; aber in Lk 22,6 ist das καὶ ἐξωμολόγησεν ein deutlicher Zusatz des Lukas zu Mk 14,11 im Sinne von „versprechen"; in Nu 30,2ff., Apg. 23,14 begegnet das Verbum ἐξομολογέω nicht und ist nur die Rede von der Notwendigkeit, ein Gelübde zu halten; in der Inschrift ist von Selbstverfluchung die Rede und das Verbum ἐξομολογέω begegnet auch nicht, das überhaupt niemals im Sinne von „geloben" vorkommt. 2. S. 99 heißt es: „Pilatus hatte schon vorher den Theologensohn und Widerstandskämpfer Barabbas auffallend dilatorisch behandelt"; die dafür angeführten Stellen Mk 15,7 vgl. mit Lk 13,1 beweisen aber nur, daß in einem Fall Pilatus eine opfernde Menge niederhauen ließ, während im anderen Fall der politische Aufrührer auf seine Aburteilung *wartete,* aber von „dilatorischer Behandlung" des Barabbas ist absolut nicht die Rede.

Worte beliebte jüdische Gottesbezeichnungen gewesen seien; eine Nachprüfung der zahlreichen Belege zeigt freilich, daß von einem Titelcharakter
dieser Pronomina keine Rede sein kann. St. sucht nun weiter zu zeigen, daß
das ἐγώ εἰμι von Mk 6,50 gemäß Joh 6,4 zur Passazeit gesprochen und darum göttliche Offenbarungsformel sei und daß in Mk 14,62 Jesus ebenfalls zur
Passazeit dieses gotteslästerliche Bekenntnis ausspreche. Dasselbe Bekenntnis bezeuge Joh. 4,26 und die unabhängige Überlieferung Apk Jes 4,6. Aber
in keinem dieser Texte ist das ἐγώ εἰμι absolut gebraucht, und diese Deutung
wäre überhaupt erst diskutabel, wenn dieser absolute Gebrauch für das
Judentum nachgewiesen wäre. Von einem irgendwie überzeugenden Nachweis, daß Jesus diese Theophanieformel gebraucht habe, kann daher keine
Rede sein, und alle aus diesem Nachweis abgeleiteten Folgerungen sind hinfällig. Und es bleibt leider nur das Urteil möglich, daß mittels der von
Stauffer angewandten Methode nicht „positivistische Jesusforschung", sondern phantastische Konstruktion dargeboten wird.

Im 3. Band wendet sich Stauffer nun der Verkündigung Jesu zu und wählt
als Ausschnitt „Die Botschaft von der neuen Moral". Für diese Darstellung
ist ein Doppeltes charakteristisch: es wird als gegenwärtig wichtigste Aufgabe der Jesusforschung die „Entjudaisierung der Jesusüberlieferung"
(S. 10) gefordert, und es wird die neue Moral Jesu durch eine Fülle von Zitaten mit den Ereignissen der jüngsten Vergangenheit und mit der modernen
Literatur konfrontiert. Diese zweite Seite des Buches, die schwerlich immer
die Grenzen des in einem wissenschaftlichen Buch Erträglichen einhält, muß
in diesem Zusammenhang außer Betracht bleiben; wohl aber ist hier zu fragen, ob die zuerst genannte methodische Forderung und das mit ihrer Hilfe
sich ergebende Bild der neuen Moral Jesu den Quellen angemessen sind.
St. geht von der Feststellung aus, daß Jesus im Gegensatz zum Judentum,
Paulus und zahllosen anderen Gestalten der Weltgeschichte eine „Moral ohne
Gehorsam" gelehrt habe, widerspricht sich freilich sofort mit der Feststellung,
daß Jesus „für sein Befehlswort den selben unbedingten Respekt wie der
Gott des Ersten Gebots" fordere (S. 29)[1]. Die These von der „Moral ohne
Gehorsam" wird dann belegt mit der Feststellung, daß Jesus "die Extrafröm-
migkeit" der Qumranleute, Pharisäer usw. scharf abgelehnt habe. Das
stimmt sicher, aber St. meint, daß diese Extrafrömmigkeit in der Form
eines „Superpharisäismus" in die Jesusüberlieferung zurückgekehrt sei: denn
die Antithesen Mt 5,21–48 stammten „in der Substanz allermeist aus dem
Matthäuskreis", und auch Mt 6,1–9 seien „ein perfektionistischer Sonderko-

---

1) R. DEICHGRÄBER, Gehorsam und Gehorchen in der Verkündigung Jesu, ZNW
52 (1961) 119–122 hat darauf hingewiesen, daß das Semitische kein Wort für „gehorchen" hat, daß sich aber der Sachverhalt der Gehorsamsforderung bei Jesus in
Gleichnissen und Befehlen erkennen läßt.

dex für eine judenchristliche Sondergruppe, frei nach dem Modell der Qumranleute oder der Pharisäer. Jedenfalls aber kann die Rejudaisierung des Christentums gar nicht triumphaler in Erscheinung treten als hier" (S. 39). Den gleichen Sachverhalt sieht St. beim Gebot der Nächstenliebe, die Jesus als Idee verkündigt und für die er die moralischen Kräfte der Menschen mobil macht (Mk 12,29-31), während Mk 12,32–34 und die Parallelen dazu bei Matthäus und Lukas, ebenso Johannes und Paulus die Nächstenliebe zur Vollendung des Gesetzes verfälschen. Mit Hilfe der Unechterklärung aller Texte, die nicht ausgesprochen polemisch dem Judentum gegenüberstehen, entsteht so ein Bild der Verkündigung Jesu, die dem Judentum in jeder Hinsicht entgegengesetzt ist. Dieselbe Methode wird in allen folgenden Kapiteln angewandt: alle Worte über den Lohn, alle Verbote, das Streitgespräch über die Ehescheidung Mk 10,2 ff., die Verschärfung des Begehrens nach einer fremden Frau Mt 5,28 usw. entstammen der Rejudaisierung der Botschaft Jesu; die positive Goldene Regel „ist das dynamische Prinzip der neuen Menschlichkeit, die Jesus verkündet" (S. 58); „der Gott Jesu liebt nicht die Gerechtigkeit, sondern die Moral" (S. 64); die Botschaft Jesu über Liebe und Ehe ist heute nicht mehr in ihrer ursprünglichen Geschlossenheit feststellbar, „aber der revolutionäre Zentralsatz .. ist auch heute noch erkennbar, der Satz vom monolithischen Charakter der biologisch vollzogenen Ehe" (S. 84); „Mk 12,17 bedeutet die grundsätzliche Aechtung der politischen Autorität" (S. 108). Mit Hilfe konsequent antijüdischer Unechtheitserklärungen und ebenso radikaler Eliminierung aller eschatologischen und christologischen (trotz Band 2, Kap. 8!) Bestandteile der Überlieferung von der Verkündigung Jesu ergibt sich so das Resultat: „Die Epiphanie der Menschlichkeit Gottes gipfelt in der Proklamation einer autonomen und vorbehaltslosen Humanitas" (S. 134). Jeder Leser dieser Darstellung der „Botschaft Jesu damals", der die beiden ersten Bände dieser Trilogie sorgfältig gelesen hat, wird verblüfft sein über die Tatsache, daß an die Stelle der apologetischen Haltung gegenüber den Berichten über die geschichtlichen Ereignisse des Lebens Jesu in diesem 3. Band eine kritische Haltung getreten ist, die erhebliche Teile der Überlieferung der Worte Jesu sekundärer Verfälschung zuschreibt. Aber im Grunde ist Stauffer von seinen Voraussetzungen aus nur konsequent: was er „streng positivistische Jesusforschung" nennt, ist hier wie dort das Resultat einer an die Texte herangetragenen und sie konstruktiv und athetierend umgestaltenden vorgefaßten Meinung, die die Texte überhaupt nicht mehr frei zum Worte kommen lassen kann. Diese Behauptung kann freilich besonders angesichts des reichen Stoffes des 3. Bandes, hier nicht im einzelnen begründet werden[1]),

1) Für einzelne Punkte habe ich eine solche Begründung früher gegeben, s. W. G. Kümmel, Heilsgeschichte und Geschichte, 1965, 358f. 368ff. 453f. Vgl. zu den

aber das abschließende Urteil muß auch diesem 3. Band gegenüber lauten, daß uns hier kein haltbares geschichtliches Bild der ethischen Verkündigung Jesu dargeboten wird, trotz der riesigen hier investierten Arbeit und Gelehrsamkeit und trotz der überall spürbaren Leidenschaft des Verfassers der Person Jesu gegenüber.

Auch E. BARNIKOL will die „volle Geschichtlichkeit und geschichtliche Glaubwürdigkeit des Lebens Jesu" wiederherstellen, das nach seiner Behauptung „die meisten Theologen nicht hören, nicht wissen und nicht studieren sollen oder wollen" (S. 525). Zu diesem Zweck wird in einem umfangreichen „Theologiegeschichtlichen Teil" zuerst aufgezeigt, wie von den vorsynoptischen Quellen der Apostelgeschichte bis zu Stauffer und Bornkamm das Leben Jesu immer verfälscht worden ist, während Barnikols Darstellung „endlich das einmal geschehene Ganze aus den echten Zeugnissen selbst sprechen lassen" will (S. 242). Ein „Kritischer Teil" bemüht sich darum, einen Ur-Markus auszuscheiden, den nach 100 der Markusevangelist im Sinne seiner Messiasdogmatik bearbeitet und „alttestamentarisiert" habe (S. 266; eine Liste der Zusätze zum Ur-Markus auf S. 289 zeigt, daß z.B. alle Menschensohnstellen, Judasstellen, Passastellen Zusätze sind). Daraus ergibt sich, daß Jesus aus Chorazin stammte, als Bauhandwerker allgemeinverständlich redete, im Jahr 36 auftrat und starb, und so wird schließlich in einem „Darstellenden Teil" „das Leben Jesu der Heilsgeschichte in den 158 Geschichts-Perikopen" dargeboten und erläutert. Das alles wird mit einer offenbar keinen Zweifel erlaubenden Sicherheit vorgetragen in der Überzeugung, daß „die Tage der Markusdogmatik wie des altkatholischen Dogmas überhaupt gezählt" sind (S. 527), und andersdenkenden Forschern wird „Begriffsspalterei der Verzweiflungsexegese" (S. 221), „eschatologische Gefangenschaft" (S. 204) oder „wissenschaftliche Untreue gegenüber der sonst nebenbei gewußten ältesten Gemeindeverkündigung" (S. 216) vorgeworfen. Solche überhebliche Willkür führt nicht zu geschichtswissenschaftlich kontrollierbaren und darum haltbaren Ergebnissen.

Ohne geschichtswissenschaftlichen Wert sind auch zwei Bücher, die im Zusammenhang der „Leben-Jesu" -Arbeiten noch genannt werden müssen. Das aus dem Französischen übersetzte Buch von R. ARON will die in den Evangelien übergangene Periode des Lebens Jesu zwischen seiner Kindheit in Nazareth und seiner Taufe, die „keine Anzeichen des Übernatürlichen" aufweise und darum von einem jüdischen Schriftsteller ohne Anstoß studiert werden könne (S.9), durch Schilderung der frommen jüdischen Sitte aufhellen, wobei die Zeit vor und die nach dem Besuch Jesu in Jerusalem (Lk 2,41 ff.)

---

drei Bänden auch E. HAENCHEN, Gn 32 (1960) 552–556 und zum 3. Band W. MARXSEN, ThLZ 86 (1961) 38–41.

unterschieden werden. Da der Verf. aber ohne weiteres voraussetzt, daß die
jüdische religiöse Sitte zur Zeit Jesu genau dieselbe gewesen sei wie heute, und
seine Vermutungen darüber anstellt, wie diese Sitte und etwa auch der
Jerusalemer Tempel Jesus beeindruckt haben, entsteht ein frommer Roman,
aber keine geschichtliche Erkenntnis (auch die beigegebenen Bilder setzen
unkritisch voraus, daß moderne jüdische Kultgeräte das Judentum zur Zeit
Jesu charakterisieren können).

Wesentlich bedenklicher ist das Jesusbuch von H. ACKERMANN. Hier wird
unter reicher Heranziehung der wissenschaftlichen Literatur der Nachweis
versucht, daß der Galiläer Jesus „in einigen entscheidenden Zügen vom
Judentum abweicht und sich dem hellenischen Geiste nähert" (S. 33). Daneben wird ausdrücklich betont, daß Jesus rassemäßig ein Jude gewesen
sei und „mit seinem zu vermutenden menschlichen Wesen ganz überwiegend
dem Geistes- und Glaubensleben seines Volkes und seines morgenländischen
Völkerkreises angehört" (S. 139) und „im Bereiche semitischen Glaubens-
lebens und Geistes verbleibt" (S. 136). Ist die religionsgeschichtliche Einordnung Jesu bei A. also widerspruchsvoll, so wird doch der wissenschaftliche Mythos von „indogermanischer" und „semitischer" Religion uneingeschränkt übernommen und Jesus als „verehrungswürdiger, nicht aber einzigartiger und gänzlich unvergleichlicher Mensch" geschildert (S. 129), dessen
Botschaft von der Vaterliebe Gottes, der unmittelbaren Gotteskindschaft
des Menschen und der Nächstenliebe (S. 134) sich nach Lösung von der
Enderwartung „in den Bereich der von Zeit und Raum absehenden Glau-
bensbotschaften der Völker indogermanischer Sprache, in den Bereich
des Unvergänglichen" erhoben hat (S. 142). Mit dieser reichlich unklaren
Darstellung eines von den Indogermanen assimilierbaren Jesus verbindet A.
im letzten Teil die Behauptung, daß das Urchristentum, vor allem Paulus
Jesu Gottesbild jüdisch entstellt habe, und das Buch schließt mit der Feststellung, daß die Botschaft Jesu nur wirklich zur Frohbotschaft des Abend-
landes werden könne, wenn „ein neuer Protestantismus anstelle von Jesu
außerweltlichem Gott den innerweltlichen der Völker indogermanischer
Sprache anerkennt, wodurch die Gotteskindschaft als Menschenwürde begriffen wäre" (S. 227). Es ist leicht zu sehen, daß hier nicht nur ein dilettan-
tischer Liberalismus fröhliche Urständ feiert[1]), sondern daß hier auch ein
Mann schreibt, der es zwar nicht mehr wagt, Jesus als Arier zu erklären, sich
dafür aber große Mühe gibt, den Juden Jesus „indogermanischem" Empfinden erträglich zu machen. Das wäre freilich dann nicht erstaunlich, wenn
sich das Gerücht bestätigen ließe, daß sich hinter dem Pseudonym Ackermann ein bekannter nationalsozialistischer Rassentheoretiker verstecke;

---

1) G. DELLING, ThLZ 79 (1954) 149ff. hat zahlreiche Fehler und Ungereimtheiten
des Buches zusammengestellt.

leider weigert sich der Verlag aber, das Pseudonym zu lüften, und man kann
darum nur bedauern, daß ein guter Verlag sich auf die Herausgabe eines solchen Machwerkes eingelassen hat.

Der Blick auf die in den letzten 15 Jahren erschienenen Jesusbiographien zeigt somit eindeutig, daß der Verzicht auf ein „Leben Jesu" eine wissenschaftliche Notwendigkeit ist, und so beschränken sich denn auch die im
Folgenden zu besprechenden Jesusbücher mehr oder weniger auf eine Darstellung der Gestalt und der Verkündigung Jesu. Auf der Grenze zwischen
beiden Gruppen steht *W. Grundmanns* „Geschichte Jesu Christi". Zwar
stellt G. einleitend fest, daß Harnacks These „*Vita Jesu Christi scribi nequit*"
zu recht besteht und wir als Material „nur die im Leben der Gemeinde geformten Einzelperikopen" haben (S. 15), er findet diese These sogar durch
die „Leben Jesu" von Stauffer und Barnikol bestätigt. Aber er versucht dann
doch, unter Herbeiziehung des Johannesevangeliums eine Chronologie des
Wirkens Jesu, auf mehrere Jahre verteilt, zu geben (Nachtrag zu S. 24),
und schließt sich den unhaltbaren Hypothesen Stauffers über die Rolle der
jüdischen Ketzergesetzgebung und über das wechselnde Verhalten des Pilatus gegenüber Jesus an. In der Hauptsache beschränkt sich G. allerdings
auf eine nach sachlichen Gesichtspunkten gegliederte Darstellung der Verkündigung Jesu, die durch Kapitel über die Passion und Auferstehung und
über die (als jüngste Schicht der Überlieferung bezeichneten) Kindheitserzählungen abgeschlossen wird. Diese Darstellung, die die neuere Literatur
reichlich heranzieht und zahlreiche exegetische Einzelerörterungen bietet,
geht von den zwei Voraussetzungen aus, daß die von den Aposteln weitergegebene Überlieferung „aus inneren Gründen nicht schlecht sein kann"
(S. 20) und daß die „Annahme, die Gemeinde habe die Jesusüberlieferung
umgebogen und zum größeren Teil erst geschaffen, im Widerspruch zu dem
diese Gemeinde führenden Geist" steht (S. 24). Mit dieser konservativen Grundhaltung den Quellen gegenüber, die mit der zuletzt zitierten Feststellung
sogar die Grenze des dem Historiker Erkennbaren eindeutig überschreitet,
verbindet G. eine starke Bereitschaft zu biographischen Hypothesen: Jesus
wurde bei der Taufe nach essenischen Vorstellungen zum messianischen
Hohepriester und damit zum Sohne Gottes geweiht und wußte sich von da
an als der Anfänger einer neuen Menschheit; er suchte zuerst die Pharisäer zu
gewinnen und erst allmählich kam es zur vollen Trennung von ihnen; Jüngerlehre und Volkspredigt werden unterschieden; Jesus treibt bei seinen Heilungen nicht Psychotherapie, sondern Logotherapie; das Gleichnis von den
anvertrauten Pfunden will die zurückgezogenen Essener angreifen; durch
willkürliche Textkritik wird aus Mt 11,25ff. entnommen, daß die Gnadenwahl Gottes „auf Jesus gefallen ist, weil er der vor Gott Unmündige geblieben ist" (S. 80) usw. Im übrigen aber wird die Verkündigung Jesu unter

starker Rückbeziehung auf A. Schlatter und R. Otto als Rückgriff über das Judentum auf das Alte Testament geschildert, wobei die präsentische Gotteskindschaft, die Vorausnahme des Gottesreiches als des Vaterhauses in der Gemeinschaft der Jünger mit Jesus, die Schaffung des eschatologischen Gottesvolkes aus Juden und Heiden, Jesu Weg durch Leiden zur himmlischen Hohepriesterwürde stark betont werden und futurische Eschatologie, Gerichtsgedanke und radikale Forderung in der Verkündigung Jesu zurücktreten oder verschwinden. Trotz dieser nicht unwesentlichen Einseitigkeiten ist die Darstellung der Verkündigung Jesu sorgfältig und lehrreich. Peinlich ist freilich, daß Grundmann von seinen früheren Arbeiten nur seine 1932 erschienene Dissertation ,,Der Begriff der Kraft in der neutestamentlichen Gedankenwelt" erwähnt und verschweigt, daß er in den Jahren 1939–1941 in mehreren Publikationen eine Darstellung Jesu gegeben hatte, die von einem dezidiert ,,deutsch-christlichen" Standpunkt aus Jesus als Galiläer und Nichtjuden und in radikalem Gegensatz zum Judentum stehend schilderte und für viele Texte eine völlig andere Auslegung als in dem hier anzuzeigenden Buch vortrug[1]). So wenig sich G. im einzelnen mit seinen von ihm inzwischen als verfehlt erkannten früheren Anschauungen auseinanderzusetzen brauchte (das Vorwort spricht nur summarisch von ,,früheren Arbeiten des Verf.", die sich z. T. als irrtümlich erwiesen haben), so wenig durfte er dem nicht informierten Leser gegenüber den Eindruck erwecken, als habe er nie eine grundlegend andere Auffassung als die jetzt veröffentlichte vertreten.

M. S. ENSLIN lehnt ebenfalls ein ,,Leben Jesu" ab, seine Darstellung Jesu kann aber nur als Nachklang der liberalen Jesusforschung bezeichnet werden: Jesus war ein Prophet des baldigen Weltendes, der eine Individualethik verkündete, seine Jünger durch seine Persönlichkeit beeindruckte und an Gott verzweifelnd am Kreuz starb. Die Jünger aber sahen nach seinem Tode den Jesus, den sie zu Lebzeiten gekannt hatten. Daß weder die methodische formgeschichtliche Frage nach den ältesten Überlieferungsstücken noch die religionsgeschichtliche Frage nach der Besonderheit der Verkündigung Jesu im Gegensatz zu seiner jüdischen Umwelt zu diesem Bild Jesu geführt haben, sondern theologisches Wunschdenken, das vor allem der Jesusforschung des ausgehenden 19. Jahrhunderts verpflichtet ist, leidet keinen Zweifel. Und ähnlich ist zu urteilen über das kürzlich erschienene Jesusbuch von D. F. ROBINSON. Zwar geht R. von der grundsätzlich richtigen methodischen Einsicht aus, daß die geschichtliche Gestalt Jesu als Voraussetzung der Auf-

---

1) S. die wichtigsten Titel bei W. G. Kümmel, ThR, N. F. 17 (1948/9) 104 ff. Ich habe die Jesusdarstellung Grundmanns damals in der Neuen Zürcher Zeitung als unhaltbar zurückgewiesen (s. die Angaben in W. G. K., Heilsgeschehen und Geschichte, 1965, 475 f.). Auch P. WINTER hat Grundmanns heutige Jesusdarstellung mit seiner früheren konfrontiert (ZRGG 11 (1959) 165 ff.).

erstehungserfahrungen der ersten Christen verständlich gemacht werden muß, und sucht darum zunächst die Auferstehungserfahrung als die Wahrnehmung eines wirklichen, von einem irdischen Menschen verschiedenen Wesens verständlich zu machen. Aus dieser Einsicht zieht er aber dann in den folgenden Kapiteln keinerlei wirkliche Konsequenzen, sondern sucht durch völlig subjektive und auf jede Traditionskritik und Überlieferungsgeschichte verzichtende historische Kritik festzustellen, was wir vom geschichtlichen Jesus wissen können: der Glaube an Jesus als Messias, die meisten Wundergeschichten, ein sehr großer Teil der Jesus zugeschriebenen Verkündigung, vor allem die Erwartung des nahen Endes, sind Folgen des Auferstehungsglaubens; als geschichtlich zuverlässig sind anzusehen die Geburt Jesu als Sohn Josephs in Nazareth, Jesu Predigt der bedingungslosen Liebe und des im Menschen wachsenden Gottesreiches, schließlich der Tod Jesu am Kreuz (die Leidensgeschichte wird durch Wiederherstellung zweier älterer Quellen aus dem Markusevangelium, die auch abgedruckt werden, rekonstruiert). Die ,,Naturwunder" sind allegorisch zu erklären, Jesu Erfahrung der Gotteskindschaft wurde von den Jüngern geteilt und führte nach dem Tod Jesu zum Glauben, daß Jesus noch am Leben sei, und dieser Glaube schlug sich in den Auferstehungserscheinungen nieder. Um zu diesem Bild Jesu zu kommen, muß ein sehr großer Teil der Überlieferung der Urgemeinde zugeschrieben werden, und an gewaltsamen Auslegungen und Hypothesen ist auch kein Mangel. Daß man auf diese Weise das Jesusbild der ältesten Überlieferung oder gar die geschichtliche Wirklichkeit Jesu wiedergewinnen könne, ist freilich eindeutig zu bestreiten.

Schließlich ist in diesem Zusammenhang noch T. W. MANSONS Büchlein über den ,,Gottesknecht-Messias" zu nennen, das sich ebenfalls von biographischen Konstruktionen nicht frei hält. Zwar kann man ernsthaft über Mansons Annahme diskutieren, daß Jesus von Anfang an den politischen Messianismus von dem Bewußtsein aus abgelehnt habe, der Messias solle der ,,Gottesknecht" sein (freilich steht die von vielen Forschern geteilte Annahme, Jesus habe sich für den Gottesknecht gehalten, auf sehr schwachen Füßen); und die Behauptung ist sicher richtig, daß Jesu Freundschaft mit den Verworfenen als Konkretisierung des Verhaltens Gottes ihn den Führern seines Volkes verhaßt machen mußte. Aber wenn M. dann versucht, diese Einsichten am Nacheinander der Ereignisse des letzten Lebensjahres Jesu von der Speisung der Fünftausend bis zur Kreuzigung als richtig aufzuweisen, so fällt dieser Nachweis schon mit der vorausgesetzten Zuverlässigkeit der Reihenfolge des Markusberichts; und wenn M. behauptet, daß das Nebeneinander von Erzählung und Lehre, wie es sich aus Markus und der Redenquelle ergibt, dem (im wesentlichen echten!) Zeugnis des Josephus über Jesus und den rabbinischen Nachrichten über Jesus entspreche, so kann man angesichts der historischen Wertlosigkeit oder Unergiebigkeit dieser Texte diese Behauptung nur mit Erstaunen zur Kenntnis nehmen. Auch in Mansons Darstellung tritt uns darum schwerlich das geschichtliche Bild Jesu entgegen.

Dagegen kann nun auch auf eine Reihe von neueren Jesusdarstellungen hingewiesen werden, die wirkliche Hilfen für unsere Erkenntnis des geschichtlichen Jesus bieten (sie werden hier in der Reihenfolge ihrer Veröffentlichung besprochen). G. BORNKAMM hat seinen (inzwischen in mehreren Auflagen erschienenen) Beitrag zur wissenschaftlichen Taschenbuchreihe der ,,Urban-Bücher'' ausdrücklich von der Überzeugung aus geschrieben, daß gerade der Glaube nach der geschichtlichen Wirklichkeit hinter der Überlieferung zurückfragen müsse (s. o. S. 30 f.); weil ,,die Evangelien bekunden, daß der Glaube von einer vorgegebenen Geschichte lebt'', können wir zwar die Geschichte Jesu nicht nachzeichnen, wohl aber aus den einzelnen Überlieferungsstücken ,,Jesu Gestalt und Wirken in ihrer unverwechselbaren Einmaligkeit und Besonderheit'' erkennen (S. 20. 23). B. stellt darum nach einer Skizze des Judentums zur Zeit Jesu und Johannes des Täufers vor die Wiedergabe der Verkündigung Jesu eine kurze Schilderung dessen, was wir über die *Person* Jesu erkennen können: Jesus tritt zwar als Prophet und Rabbi auf, aber in einer auch dem Historiker erkennbaren ,,Vollmacht'', die in seinem Handeln ebenso wie in seinem Lehren sichtbar wird: ,,Jede von den Evangelien erzählte Szene schildert die erstaunliche Souveränität Jesu, mit der er je nach den Menschen, die ihm begegnen, die Situation meistert'' (S. 53). In den folgenden zwei umfangreichen Kapiteln wird die Verkündigung Jesu vom Anbruch der Gottesherrschaft und vom Willen Gottes dargestellt: Jesus rechnet mit dem baldigen Kommen der Gottesherrschaft, sieht aber ihren Anbruch auch schon in der Gegenwart und bezieht Zukunfts- und Gegenwartsaussagen eng aufeinander; die Forderung der Umkehr, der Gottes- und Nächstenliebe, die Verkündigung von Gottes Vatersein und Gottes Lohn, die Heilungen Jesu, alles ist ,,ganz in die Botschaft von der kommenden und schon anbrechenden Gottesherrschaft hineingenommen'' (S. 130). Auch die Berufung eines weiteren Jüngerkreises und die Einsetzung der Zwölf gehören in diesen Zusammenhang: ,,schon der irdische Jesus gab seinen Jüngern Anteil an seiner Vollmacht'' (S. 138). B. läßt dann zunächst das Kapitel über ,,Jesu Weg nach Jerusalem. Leiden und Tod'' folgen: Jesus hat sich der Entscheidung in Jerusalem gestellt, wir wissen aber nicht, von wann an diese Bereitschaft ,,zur Gewißheit seines bevorstehenden Endes wurde'' (S. 142); der Ablauf der Leidensgeschichte ist im Markusevangelium in der Hauptsache zuverlässig berichtet (auch die Person des Barabbas ist historisch!), doch werden die Gethsemaneszene als ,,Geschichtszeugnis höherer Art'' und die Verurteilung Jesu durch das Synedrium als unhistorisch be-

zeichnet. Und von den drei Berichten über das Sterben Jesu bei Markus,
Lukas und Johannes heißt es ausweichend, daß sie alle „trotz ihrer Verschiedenheit das Geheimnis der Person, der Sendung und des Todes Jesu aussprechen" (S. 154). „Mit Bedacht" folgt erst jetzt das Kapitel über „Die
Messiasfrage", weil es nach der Meinung von B. „zu der Eigenart der Botschaft Jesu und seines Tuns gehört, daß Jesus *in* seinem Wort und seinem Tun
aufgeht und nicht seine Würde zu einem eigenen Thema seiner Botschaft vor
allen andern macht" (S. 155). B. ist nämlich der Meinung, daß „es tatsächlich keinen einzigen sicheren Beweis gibt, daß Jesus einen der messianischen
Titel, die ihm die Tradition anbot, für sich in Anspruch nahm" (S. 158),
und in einem Exkurs sucht er nachzuweisen, daß sämtliche messianischen
Hoheitsnamen erst aufgrund des Osterglaubens in die evangelische Überlieferung eingedrungen sind. Aber das hat einen positiven Sinn: „Kein gängi-
ger und geläufiger Begriff, kein Titel und Amt, welche jüdische Tradition und
Erwartung bereit hielten, dient der Legitimation seiner Sendung und erschöpft
das Geheimnis seines Wesens" (S. 163). Eine kritische Erörterung der Überlieferung von der Auferstehung Jesu, die nach B. in der inneren Beschaffenheit der Jünger nicht ihre zureichende Voraussetzung hat, schließt das Buch
ab.

   Es leidet keinen Zweifel, daß B. eine gute und weithin überzeugende Darstellung dessen gegeben hat, was wir bei kritischer Verwertung der Quellen
der Geschichte Jesu über Jesu Verkündigung vom Kommen der Gottesherrschaft und vom Willen Gottes und über Jesu Tod wissen können. Trotz der
notwendigen Kürze hätte man ein etwas gründlicheres Eingehen auf die verschiedenen Formen der evangelischen Überlieferung, eine kurze Erörterung
des Jesusberichtes des Josephus und eindeutigere geschichtliche Urteile bei
der Darstellung der Leidensgeschichte gewünscht; doch sind das unwesentliche Einwände. Nicht zustimmen kann ich freilich der Abschiebung der Frage
nach dem persönlichen Anspruch Jesu hinter die Leidensgeschichte und der
darin sich zeigenden Anschauung, daß wir über diesen Anspruch nichts erkennen können außer dem, was sich „*in* Jesu Wort und seiner Tat und der
Unmittelbarkeit seiner geschichtlichen Erscheinung" kundgibt. Es scheint
mir sicher, daß eine unvoreingenommene Untersuchung der „Menschensohn"-
Worte der Überlieferung und ein Achten auf die Aufnahme „messianischer"
Verheißungen durch Jesus zeigt, daß Jesus durchaus in verdeckter und doch
deutlich erkennbarer Weise seinen Anspruch, als der endzeitliche Heilsbringer schon in der Gegenwart zu wirken, zu erkennen gegeben hat und
daß die dogmatische Vorentscheidung, daß keiner der traditionellen „messianischen" Prädikate diesen Anspruch sachgemäß wiedergeben konnte, das
kritische Urteil Bornkamms trübt. Wird infolge dieser kritischen Ausscheidung der innere Zusammenhang der Verkündigung Jesu nicht mehr voll er-

kennbar, so bleibt doch das Urteil bestehen, daß Bornkamms Jesusbuch weitgehend eine kritisch zuverlässige Darstellung der Geschichte und Person Jesu bietet.

R. H. FULLER möchte ausdrücklich (im Gegensatz zu R. Bultmanns Stellungnahme zu Beginn seiner „Theologie des Neuen Testaments") nachweisen, daß die Botschaft Jesu nicht die Voraussetzung, sondern der Ausgangspunkt der neutestamentlichen Verkündigung ist. Zu diesem Zweck wird zunächst überzeugend gezeigt, daß Jesus mit dem Kommen der Gottesherrschaft in der nahen Zukunft rechnete, die Aussagen über die Gegenwart der Gottesherrschaft werden aber auf das Vorauswirken der Kräfte der kommenden Gottesherrschaft in Jesus reduziert. Im folgenden Kapitel sucht F. nachzuweisen, daß Bultmann von dieser aus Mk 1,1–8,26 richtig entnommenen Interpretation der Verkündigung Jesu aus zu Unrecht die in der 2. Hälfte des Markusevangeliums sich zeigende Verkündigung Jesu in Frage gestellt habe, daß vielmehr entgegen der Annahme der Formgeschichte die Markus-Reihenfolge im wesentlichen zuverlässig sei und der Bericht vom Messiasbekenntnis bei Caesarea Philippi in der Tat den Wendepunkt in der Geschichte Jesu darstelle. Dieses Messiasbekenntnis aber bedeute die Einweihung der Jünger in den kommenden Tod Jesu, und schon die Leidensweissagungen in ihrer ältesten Schicht ebenso wie die Voraussage des Todes Jesu als eines Propheten (Lk 13,32f.) zeigten deutlich Jesu Zeugnis für die „Wissenden", daß er die Rolle des leidenden Gottesknechts zu übernehmen bereit sei, was durch die Abendmahlsworte bestätigt werde (selbst das Entsagungsgelübde Mk 14,25 soll ein zusätzlicher Beweis dafür sein, daß „Jesus seinen Tod als das entscheidende Ereignis ansieht, in dem und durch das Gott das Ende einleiten will", S. 76f.). In einem weiteren Kapitel über „Das Rohmaterial der Christologie" wird dann anhand der christologischen Prädikate gezeigt, daß Jesus Voraussetzungen für die spätere Christologie legte, die in Übereinstimmung mit seinem Verständnis seiner Sendung stünden: er nannte sich nicht Gottessohn, aber „es scheint nicht unvernünftig zu sein zu schließen, daß Jesus sich als den Sohn Gottes in einem einzigartigen Sinn wußte", und „das Sohnsein ist die Basis seines Messiastums" (S. 84f.); „dieser Gehorsam sollte seinen ganz konkreten Ausdruck in der Erfüllung der Rolle des leidenden Gottesknechtes finden" (S. 95); Jesus will zunächst der leidende Gottesknecht und dann nach seiner Auferstehung der Menschensohn sein, aber er ist proleptisch auch schon der Menschensohn; den Messiastitel nimmt Jesus nur in Mk 14,62, eingeschränkt durch den Menschensohntitel, in Anspruch, das Leben Jesu war nicht unmessianisch, sondern vormessianisch. In einem allzu kurzen Epilog wird dann unter Hinweis auf Jesu Erwartung eines zeitlichen Abstandes zwischen seinem Tod und der Endvollendung ohne Belege gefolgert, daß Jesus die Entstehung der Kirche als Folgeerscheinung

seines Werkes angenommen habe. Fuller hat in dieser Untersuchung zweifellos ernstzunehmende Einwände gegen Bultmanns Jesusdarstellung erhoben,
und seine exegetischen Ausführungen zu Jesu Predigt von der Gottesherrschaft und zu den Menschensohnworten sind sehr wertvoll (die Polemik gegen
Bultmann ist freilich mehrfach ungerecht). Aber kann man schon gegen
seinen Nachweis der Bedeutung der ,,Gottesknechts''-Vorstellung für Jesu
Selbstbewußtsein erhebliche Einwände erheben, so sind seine Bewertung
des Berichts über das Messiasbekenntnis von Caesarea Philippi im Zusammenhang des Markusevangeliums und erst recht seine Hintereinander-
ordnung von Gottesknecht- und Menschensohnwürde Jesu biographische
Konstruktionen, die dem Charakter der Quellen widersp'rechen. Auch wenn
F. darin recht haben dürfte, daß Jesu Interpretation seiner Sendung im
Zusammenhang seiner Predigt von der in ihm vorauswirkenden kommenden
Gottesherrschaft eine wesentliche Voraussetzung der urgemeindlichen Christusverkündigung ist, so ist Fullers Versuch, diesen Sachverhalt biographisch
zu konkretisieren, zweifellos nicht gelungen.

    S. E. JOHNSON hat sich die Aufgabe gestellt, für einen weiteren Leserkreis
die Stellung Jesu im Judentum seiner Zeit darzustellen. Er schildert zu diesem Zweck zunächst die verschiedenen jüdischen Gruppen der Zeit Jesu
und stellt fest, daß Jesus von keiner dieser Gruppen in besonderer Weise beeinflußt sei, sondern wie die Pharisäer aus dem Hauptstrom des Judentums
stamme. Es kam aber zum Streit mit den Juden, weil Jesus mit Vollmacht
Gottes Willen und Gottes Stellungnahme für die Sünder verkündete und die
besonderen Vorrechte der Juden vor Gott aufhob. Jesu Zukunftshoffnung
wird als in Übereinstimmung mit der alttestamentlichen Tradition stehend
beschrieben, dabei aber die Frage offen gelassen, ob Jesus mit einem nahen
Weltende rechnete oder nicht. Persönlich beanspruchte Jesus Autorität, aber
nicht Anerkennung einer bestimmten Würde, und der gelegentliche Gebrauch
der Titel Prophet oder Menschensohn durch Jesus wollte nicht eine Definition seines Wesens geben. Seine völlige Einheit mit Gott führte zu seinem
Tod, den ,,Jesus als ein Opfer betrachtete, das zur Erfüllung der Passahoff-
nung führen sollte'' (S. 162). J. verzichtet konsequent auf alle biographischen und psychologischen Konstruktionen und bestimmt die Stellung Jesu
im Judentum und die Gründe für die Gegnerschaft der jüdischen Lehrer
gegen Jesus durchaus überzeugend. Die eschatologische Verkündigung und
der persönliche Anspruch Jesu lassen sich aber zweifellos schärfer zeichnen,
als es J. tut, und da auch die theologische Gemeinsamkeit hinter den verschiedenen jüdischen Gruppen nicht dargestellt wird, kommt der Gegensatz
zwischen Jesus und der jüdischen Religion seiner Zeit nicht in seiner letzten
Tiefe in den Blick. Aber im ganzen gibt die Darstellung Johnsons ein zuverlässiges Bild der Stellung Jesu im Judentum seiner Zeit.

Fast gleichzeitig sind in den letzten Jahren die Jesusartikel in drei größeren theologischen Nachschlagewerken erschienen. H. CONZELMANN bespricht lehrreich die Quellen, die Umwelt, die Chronologie Jesu und stellt dann mit scharfer Kritik dar, was wir über Jesu Person und Predigt wissen können. Dabei wird jeder direkte persönliche Anspruch Jesu ebenso bestritten wie die Geschichtlichkeit der Berufung des Zwölferkreises und der Todeserwartung im Zusammenhang des Wirkens Jesu. Jesus versteht sich nur als den letzten Rufer, auf den das Gottesreich selber folgen soll, seine Christologie ist eine indirekte. Für den Glauben aber „ist in der Tat das nackte Daß des Dagewesenseins Jesu der einzige historische Fixpunkt" (Sp. 651). Es ist deutlich, daß C. in seiner radikal kritischen Beurteilung der Überlieferung wie in der theologischen Bewertung der Frage nach dem historischen Jesus weitgehend R. Bultmann folgt. Dabei kann man aus Conzelmanns Ausführungen über die äußere Geschichte Jesu und aus seiner Darstellung der Gottesverkündigung und der ethischen Forderung Jesu viel lernen, aber der innere Zusammenhang der Verkündigung Jesu und die Bedeutung seiner Person innerhalb seiner Verkündigung werden infolge der extremen Reduktion des historisch brauchbaren Überlieferungsstoffes nicht verständlich, und die Frage nach der konkreten *Person* Jesu wird so theologisch letztlich irrelevant.

Demgegenüber zeichnet sich A. VÖGTLES Artikel durch besonnene Kritik aus, ist aber allzu komprimiert und darum nicht immer ganz ausreichend. V. verzichtet konsequent auf jede Rekonstruktion des Ablaufs der Wirksamkeit Jesu, erkennt die Bedeutung des Ineinanders von Zukunfts- und Gegenwartsaussagen, der Absicht Jesu, ganz Israel zu gewinnen, der Forderung persönlicher Nachfolge und des Heilbringeranspruchs Jesu, vertritt aber auch die vorbereitende Kirchenstiftung und das Bewußtsein Jesu, sühnender Gottesknecht und Gottessohn zu sein, und bejaht die Frage, ob „dieses Selbstbewußtsein Jesu, soweit es historisch greifbar ist, die apostolische und kirchliche Aussage von Jesu metaphysischer Sohnschaft begründet" (Sp. 931). Wird man die zuletzt genannten Behauptungen schwerlich als haltbar ansehen können, so ist doch Vögtles Jesusbild im ganzen überzeugend. Auch F. C. GRANT verzichtet auf jede biographische Konstruktion und bietet ein gutes kritisches Bild der Verkündigung Jesu, das die Naherwartung festhält und bestreitet, daß Jesus mehr als ein Prophet sein wollte, beides Anschauungen, die in der angelsächsischen Jesusforschung ungewöhnlich sind.

G. GLOEGE hat eine für weitere Kreise bestimmte Schilderung des Wirkens und Lehrens Jesu geschrieben, die die Evangelien „existentiell-nicht existential-auszulegen" versucht (S. 7). Der aus sich selbst nicht verständliche Titel „Aller Tage Tag" möchte dem Glauben Ausdruck geben, daß Jesu „Ge-

schick das Ziel der Zeit – der ‚Tag aller Tage' ist" (S. 10), und mit diesem
Bild spielen die Überschriften des Buches weiter: Jesus ist „Aller Tage Abend",
und die Darstellung der Person Jesu steht unter der Überschrift „Der Abend
der Welt". Diesen verschwommenen Kennzeichnungen und der gelegentlich
etwas gewollt wirkenden Sprache entspricht aber der Inhalt des Buches
keineswegs, G. bietet vielmehr eine im guten Sinn kritische und doch immer
auf die bleibende Bedeutung des Geschichtlichen achtende Schilderung der
Umwelt, der Lehre und der Person Jesu. Er vermeidet eine biographische
Konstruktion der Entwicklung Jesu, läßt sich aber gelegentlich zu psychologischen Konstruktionen verführen (die Taufe ist „das gewichtigste Geschehen
im Geschick Jesu von Nazareth überhaupt… Daß Gott ihn selbst anredete
und zu seinem Sohn, seinem Knechte, zum Träger des Geistes erwählen würde
– das überraschte ihn mit elementarer Gewalt" S. 117. 120; der Versucher
ist für Jesus „der Inbegriff der reinen, der absoluten Möglichkeit" S. 123;
obwohl gesagt wird, daß der Jubelruf Mt 11,25–27 nicht in die Sprache des
synoptischen Jesus paßt, heißt es dann, es spreche aus diesem Wort „die Stimme Jesu, des Pneumatikers" und er rede „von einer besonderen Pfingst-
erfahrung Jesu" S. 129). Die doppelseitige eschatologische Verkündigung
Jesu, Jesu Zurückhaltung gegenüber den traditionellen Würdeprädikaten,
seine paradoxe Stellung zum Gesetz usw. werden richtig geschildert, bei
andern kritischen Entscheidungen wird man ein Fragezeichen setzen müssen
(beim Lösegeldwort Mk 10,45 „spricht die Unmittelbarkeit und Kühnheit"
für seine Echtheit, S. 223; „mit der Urgegebenheit der Erwählung Jesu war
auch die Mission gegeben, und zwar die universale Mission" S. 237). Kann
man Gloeges Darstellung insoweit mit mehr oder weniger Zustimmung
folgen, so ist doch ein grundsätzlicher Einwand nicht zu umgehen: mehrfach
wird die Grenze des dem Historiker zu sagen Möglichen überschritten, ohne
daß der Leser auf diese Grenzüberschreitung aufmerksam gemacht würde
(die Sturmstillung und der Seewandel greifen nach G. „weit hinaus über das
rein Historische, dessen Einzelheiten wir nicht mehr zu rekonstruieren vermögen" S. 145; es gibt zwischen Gott und Jesus „nur ein unmittelbares
Sprechen und Hören, ein Reden und Antworten ‚im Geist'" S. 211), und man
kann gewiß *bekennen*, daß wir in Jesus Gott begegnen, aber man kann schwerlich sagen: „Indem wir zum historischen Jesus durchbrechen, begegnen
wir Gott" (S. 213). Hier ist offensichtlich das zu tun beabsichtigt, wogegen
sich die theologische Kritik an der Berechtigung der Frage nach dem
historischen Jesus mit Recht gewandt hat, nämlich auf dem Wege einer
(selbstverständlich subjektiven und darum wissenschaftlich diskutierbaren)
historischen Rückfrage nach Jesus Gott in diesem Jesus zu begegnen.
Das ist nicht nur historisch unmöglich, sondern auch theologisch falsch,
und man kann nur bedauern, daß die historisch-kritische Darstellung Jesu

durch Gloege auf diese Weise eine ihre methodische Sachgemäßheit gefähr-
dende Unschärfe erhält.

    R. M. Grant hat seiner „Einleitung in das Neue Testament" ein umfang-
reiches Kapitel über „Das Problem Jesu" eingefügt[1]). Er erörtert darin
sowohl die Quellenfrage wie die Nachrichten über Anfang und Ende der
Wirksamkeit Jesu wie die Verkündigung Jesu überzeugend und verzichtet
konsequent auf jede biographische Schilderung. Daß die kritische Beurteilung der Überlieferung gelegentlich vor unvermeidlichen Schlüssen zurückschreckt (etwa bei der Jungfrauengeburt, den Naturwundern, dem Menschensohnanspruch Jesu werden keine klaren Entscheidungen gefällt) und
daß vereinzelt auch unbegründbare Vermutungen geäußert werden (Lk 2,21 ff.
können aus der Erinnerung der Maria stammen; Johannes der Täufer kann
ein Glied der Qumransekte gewesen sein), kann das Urteil nicht abschwächen,
daß Grants Einführung in die Probleme der Geschichte und Verkündigung
Jesu zuverlässig und hilfreich ist.

    Schließlich hat *O. Betz* in einer für weitere Kreise bestimmten und darum
leider nur mit wenigen Nachweisen versehenen Schrift eine sehr beachtliche
Darstellung dessen geboten, was wir von Jesus geschichtlich wissen können.
Sein Interesse ist dabei ein doppeltes: er will einerseits zeigen, daß die Scheu
vor der Frage nach dem geschichtlichen Jesus und die Skepsis gegenüber
der Möglichkeit, diese Frage zu beantworten (vor allem bei Bultmann und
seinen Schülern), unbegründet sind; er will andererseits nachweisen, daß die
Gestalt Jesu auf dem Hintergrund der Qumrantexte schärfer erkannt werden
kann als bisher. Da B. aber trotz seiner manchmal einseitigen Heranziehung
der Qumrantexte zur Zeichnung des Hintergrundes der Geschichte Jesu
nicht in den Fehler verfällt, Jesus in Abhängigkeit von Qumran oder in
direkter Auseinandersetzung mit Qumran zu sehen, dürfte es berechtigt sein,
diese Darstellung Jesu schon an dieser Stelle einzuordnen. B. verzichtet trotz
seiner Skepsis gegen die formgeschichtliche Methode (daß „*der formgeschichtliche Nachweis allein* die einwandfreie Scheidung zwischen echtem
Jesuswort und späterer Gemeindebildung *nicht ermöglicht*", S. 17, trifft
natürlich zu, beweist aber nichts gegen die Notwendigkeit, die Überlieferungsstücke zunächst nach literar- und formgeschichtlichen Gesichtspunkten zu
gruppieren) völlig auf eine biographische Schilderung des Lebens Jesu und
beschränkt sich fast ganz auf die Darstellung der Verkündigung Jesu. Das
hat zur Folge, daß auf die Wunder Jesu und die Frage ihrer Geschichtlichkeit
viel zu kurz eingegangen wird und die Leidensgeschichte überhaupt nicht
zur Darstellung kommt, was zweifellos eine Lücke bedeutet. Die Gottes-
reichsverkündung Jesu wird in ihrer Gegenwärtigkeit und Zukünftigkeit

---

    1) Zu dem Gesamtcharakter dieses den Stoff einer traditionellen „Einleitung"
weit übergreifenden Werkes s. meine Besprechung in Theology Today 21 (1964) 234 ff.

richtig dargestellt, ebenso der Zusammenhang von Zukunftserwartung und Gehorsamsforderung und das Fehlen der Vorstellung von einer fest begrenzten Gruppe von „Heiligen" zugunsten der persönlichen Nachfolge der Jünger. Kann man so die Schilderung von „Jesu Botschaft vom kommenden Gottesreich" weithin als richtig bezeichnen, so sind gegen den 2. Hauptteil „Die Frage nach dem Grund der Christusbotschaft" erhebliche Einwände zu erheben. Zwar ist die Annahme durchaus diskutabel, daß Jesus aufgrund des von ihm anerkannten Vorwurfs, er wolle der Messias sein, verurteilt wurde; aber der Versuch, aufgrund eines Qumrantextes (4 Q flor I; s. *E. Lohse,* Die Texte aus Qumran, 1964, 256 ff.) Jesus den Messias- und Gottessohnanspruch zuzuschreiben, in diesem Anspruch des schwachen Menschen Jesus aber eine klare Gotteslästerung und eine politische Gefahr vom Standpunkt des Hohepriesters aus nachzuweisen, die zur notwendigen Anklage gegen Jesus bei Pilatus führen mußte, ist schwerlich haltbar. Und die Methode wird dann direkt paradox, wenn für den Sprachgebrauch Jesu aus der breiten Überlieferung von Menschensohnworten höchstens der Gebrauch von „Menschensohn" als einer Niedrigkeitsaussage und als einer eschatologischen *Deutung* der Messiasvorstellung belassen wird, dagegen der im Munde Jesu in der Überlieferung niemals begegnende Messiastitel zum sicheren Kennzeichen des persönlichen Anspruchs Jesu erklärt wird. So berechtigt daher m. E. der Versuch von Betz ist nachzuweisen, daß zwischen dem persönlichen Anspruch Jesu und dem Christusbekenntnis der Urgemeinde ein echter geschichtlicher und sachlicher Zusammenhang besteht, so wenig überzeugend ist die Ausführung dieses Zusammenhangs im einzelnen. Aber der Widerspruch gegen diesen Teil der Darstellung soll das Urteil nicht aufheben, daß die Arbeit von Betz eine beachtliche Förderung der Jesusforschung bedeutet.

Zu Ende dieses Berichts über Gesamtdarstellungen Jesu soll noch auf einige Untersuchungen eingegangen werden, die die Person Jesu von einer begrenzten Fragestellung aus ins Auge fassen. W. BEILNER möchte auf exegetischem Wege die Auseinandersetzung Jesu mit den Pharisäern klären und behandelt darum zunächst die in Frage kommenden Perikopen der Synoptiker nach der Reihenfolge des Markusevangeliums und nach dem Schema: Die Pharisäer nehmen Ärgernis – Worte Christi über und gegen die Pharisäer – Die Pharisäer versuchen den Herrn, läßt dann einen Abschnitt über den Konflikt bei Johannes folgen und schließt mit den „letzten Auseinandersetzungen". Das *könnte* zu einem geschichtlich brauchbaren Resultat führen, wenn nicht eine wirklich geschichtliche Fragestellung ständig durch Besinnungen über die Irrtumslosigkeit der inspirierten Schriftsteller und durch eine ausgesprochen apologetische Haltung aller historischen Kritik gegenüber verhindert würde. Auch fehlt jede formgeschichtliche Frage nach der ältesten Überlieferung der einzelnen Perikopen und jede religionsgeschichtliche Frage nach der Be-

sonderheit der pharisäischen Lehre als Voraussetzung für Jesu Auseinandersetzung mit den Pharisäern. Infolgedessen kann der Verf. aus der exegetischen Untersuchung der einzelnen Streitgespräche, Kampfworte und Berichte
kein geschichtlich gesichertes Bild gewinnen, und seine immer wieder vorgetragene These, daß der Anstoß der Pharisäer an Jesus dessen persönlichem
Anspruch und nicht halachischen Fragen galt, trifft nur die halbe Wahrheit,
weil die Überlieferung ja deutlich zeigt, daß Jesus mit seinem persönlichen
Anspruch eine autoritative Interpretation des Willens Gottes verband, die
ebensosehr den Widerstand der Vertreter der traditionellen jüdischen
Offenbarungslehre weckte wie dieser Anspruch. Aus diesen Gründen ist daher
aus Beilners Buch für das Verständnis des Konflikts Jesu mit den geistigen
Führern seines Volkes kaum etwas zu lernen.

Und leider kann auch über das Buch von A. FINKEL zum gleichen Gegenstand nicht wesentlich anders geurteilt werden. Zwar kann der Verf. aufgrund
seiner rabbinischen Kenntnisse zunächst eine einleuchtende Darstellung der
halachischen Gegensätze zwischen Pharisäern und Sadduzäern geben, doch
bietet diese Darstellung kaum etwas Neues über das aus den Werken von
G. F. Moore, L. Finkelstein, A. Büchler u. a. Bekannte hinaus, und schon hier
findet sich weder Quellenkritik noch chronologische Ordnung der Quellen.
Das in unserem Zusammenhang besonders interessierende letzte Kapitel über
,,Die Botschaft Jesu im Lichte der pharisäischen Lehren" sucht dann nachzuweisen, daß Jesus in allen wesentlichen Fragen den pharisäischen Standpunkt teilte und auch essenische Lehren aufnahm (,,er besaß die Kenntnis
des Heilens und der medizinischen Behandlung, die den Essenern zugeschrieben wurde", S. 133, und dafür wird gar auf K. F. BAHRDT, Ausführung
des Plans und Zwecks Jesu, 1784/92 verwiesen!). Wo aber Jesus gegen die
Pharisäer polemisiert, kritisiert er nur die Anschauungen der Richtung
Schammais, und nur durch seine Berührung mit den Kranken, Armen und
Unreinen ergab sich eine Abweichung Jesu von dem traditionellen pharisäischen Wege. Das alles wird vorgetragen ohne jede Literar- und Sachkritik,
auch unter Beiseitelassung wesentlicher Untersuchungen zu dieser Frage aus
neuerer Zeit, und da von dem persönlichen Anspruch Jesu so wenig wie von
seiner grundsätzlichen Kritik an der Tora die Rede ist, entsteht ein völlig
schiefes und ungeschichtliches Bild, das trotz des vielen aufgehäuften Materials unsere Kenntnis der Auseinandersetzung Jesu mit seinen pharisäischen Gegnern nicht fördert[1]).

---

1) Drei weitere Arbeiten zum Thema ,,Jesus und die Pharisäer" tragen zum geschichtlichen Verständnis darum nichts bei, weil sie apologetisch entweder die Übereinstimmung Jesu mit den Pharisäern zu demonstrieren oder ebenso dogmatisch
den Gegensatz zu beweisen versuchen, dabei aber eine echte Quellenkritik vermissen
lassen: S. UMEN, Pharisaism and Jesus, New York 1963; A. MICHEL et J. Le MOYNE,

S. G. F. Brandon möchte nachweisen, daß Jesus dem politischen Widerstand der Zeloten zum mindesten sympathisch gegenüberstand und daß er
darum nicht ohne Grund als politischer Aufrührer angeklagt und hingerichtet
worden ist. Als Beleg für diese (ja nicht ganz neue!) These begegnet freilich
nur Lk 22,25–28 und 23,2, aber B. kann weder einleuchtend machen, daß an
diesen Stellen ein Hinweis auf eine geheime Bewaffnung der Jünger analog
der der Zeloten vorliegt, noch die Behauptung beweisen, daß die Evangelisten
aus apologetischen Gründen nach der Zerstörung Jerusalems im Jahre 70
diesen Sachverhalt im übrigen totschwiegen. Und auf die seiner These entgegenstehenden zahlreichen Texte geht er überhaupt nicht ein. In die gleiche
Richtung geht das (aus dem Amerikanischen schlecht übersetzte) Buch von
J. Carmichael, der den Anspruch erhebt, für die Grausamkeit der Verurteilung Jesu „endlich eine Erklärung gefunden" zu haben (S. 168). Das für
einen weiteren Leserkreis geschriebene Buch, das sich die Auseinandersetzung
mit sonstiger Jesusliteratur völlig erspart (das Literaturverzeichnis enthält
nur 9 Namen), vertritt die These, daß Jesus zunächst ein jüdischer Lehrer
war, der das nahe Kommen des Gottesreichs verkündigte und sich von den
pharisäischen Lehrern seiner Zeit höchstens durch die „Betonung der Religion des Herzens" (S. 130f.) unterschied. Alle Bibelstellen aber, „die nicht
in das Bild eines ganz im Judentum stehenden Jesus passen, .. gehen
auf den stückweisen Aufbau der Evangelien zurück" (S. 124). Neben dieser
Behauptung von der Wirksamkeit Jesu als eines völlig mit dem zeitgenössischen Judentum übereinstimmenden Lehrers steht freilich die damit nicht in
Übereinstimmung stehende Annahme, daß Jesus ein Anhänger Johannes des
Täufers war, der seinen Anhängern „Anweisungen zur Durchführung einer
Guerillakampagne gab" und dessen „Taufe in der neuen Armee Gottes tatsächlich ein Soldateneid" war (S. 178f.). Die Behauptung der Evangelien
aber, „die Verbindung Jesu mit dem Täufer sei von kurzer Dauer gewesen, ist
eindeutig konstruiert und steht im Widerspruch zum gesunden Menschenverstand" (S. 88). Jesus muß sich aber „später mit dem Täufer überworfen haben, vermutlich wegen einer strategischen Frage" (S. 181). Freilich wird für
diese Annahme eines Zerwürfnisses mit dem Täufer kein Beleg gegeben; für
die damit in Konkurrenz stehende Annahme, daß „Jesus aufgrund seines
Scheiterns in Galiläa versuchte, in Jerusalem eine Entscheidung herbeizuführen" (S. 140), führt C. als Beleg nur die Feststellung an, daß in dem Jesuswort: „Aber jetzt, wer nichts hat, verkaufe seinen Mantel und kaufe ein
Schwert" (Lk 22,36) „das ‚aber jetzt' nach einer gründlichen Änderung klingt"
(S. 190)! Das eigentliche Interesse des Verfassers liegt dann aber darauf nachzuweisen, daß Jesus nach diesem „eindeutigen Wendepunkt in der Laufbahn"
_____

Jésus et les Pharisiens, Supplement au Dictionnaire da la Bible, Lief. 40 (Bd. 7),
Paris 1965, 1068–1100; C. Gruber-Magitot, Jésus et les Pharisiens, Paris 1964.

(S. 137) der Anführer einer Gruppe von Bewaffneten wurde, die sich mit Waffengewalt des Tempels bemächtigten, der darum von den Römern belagert und erobert werden mußte, was zur Verhaftung und Hinrichtung Jesu als eines politischen Aufrührers führte. Die Beweise für diese These sind phantastisch: der Christenverfolger Hierokles (Ende des 4. Jahrh.) spricht von 900 Männern, mit denen Jesus Raubüberfälle begangen habe; in den mittelalterlichen jüdischen „Tōledōth Ješū" ist gar von 2000 Bewaffneten um Jesus die Rede; die Texte, die davon sprechen, daß Jünger Jesu ein Schwert besitzen, beweisen ebenso, daß die Jünger Jesu bewaffnet waren, wie der Bericht von der „Besetzung" des Tempels durch Jesus, die nur mit bewaffneter Gewalt vorgenommen werden konnte; der Einsturz des Turms von Siloa und das Blutbad des Pilatus unter Galiläern im Tempel (Lk 13,1 ff.) lassen sich nur im Zusammenhang einer Belagerung des Tempels durch die Römer nach einer Besetzung des Tempels durch Jesus erklären; die Institution der Jünger „an sich scheint in der Luft zu hängen, es fehlt ihr jede faßbare Funktion", es sei denn, daß die Jünger „in der Tat die Hauptleute Jesu waren" (S. 159). Es lohnt sich nicht, weitere Belege für die unmethodische Quellenbenutzung und die blühende Phantasie Carmichaels anzuführen, aber eines muß doch in aller Deutlichkeit gesagt werden: alle diese „Belege" samt ihrer Interpretation sind nicht neu, sondern stammen, wie auch zahlreiche sprachliche Übereinstimmungen beweisen, aus dem zweibändigen, 1930 erschienenen Werk „Ἰησοῦς βασιλεὺς οὐ βασιλεύσας" von R. EISLER, dessen methodenlose Phantastik seinerzeit ausreichend nachgewiesen worden ist[1]). Es kann nur als Irreführung des Lesers bezeichnet werden, wenn C. zwar die englische Übersetzung des Eislerschen Buches in seinem Literaturverzeichnis nennt, aber trotzdem den Anspruch erhebt, „dem Problem des Lebens Jesu, das in den vergangenen 150 Jahren mit ängstlicher Zurückhaltung behandelt worden ist, von einem andern, dem Geist unserer Zeit entsprechenden Standpunkt aus sich nähern" zu können (S. 8), ohne mit einem Wort zu erwähnen, daß seine „neuen" Belege einfach aus Eisler übernommen sind. Das völlig methodenlose und willkürliche Buch verdient das Aufsehen nicht, das es im In- und Ausland erregt hat.

Selbstverständlich hat man Jesus seit der Entdeckung der Qumrantexte auch mit Qumran in Verbindung gebracht. *H. Braun* hat sich in der ThR, N. F. 28, 1962, 97 ff. mit den Erörterungen dieses Zusammenhangs in der allgemeinen Qumranliteratur auseinandergesetzt, und ich kann mich darum hier darauf beschränken, auf drei Arbeiten hinzuweisen, die das persönliche

---

1) S. meine Ausführungen in der Christl. Welt 44, 1930, 890 ff. und das Literaturverzeichnis bei W. BIENERT, Der älteste nichtchristliche Jesusbericht des Josephus über Jesus, 1936, 300 ff.

Verhältnis Jesu zur Qumrangruppe thematisch behandeln. Nach *B.Hjerl-Hansen* ist es ,,unmöglich auszuschließen", das Jesus während seines Wüsten-aufenthalts die Qumranleute besucht hat, und die Warnung in Mt 24,26–28, den Messias in der Wüste und in den Gräbern zu suchen, wird als Warnung Jesu an die Jünger verstanden, der Häresie am Toten Meer zum Opfer zu fallen. H. hat freilich völlig unterlassen, die Parallele Lk 17,24 zu vergleichen, die ihn belehrt hätte, daß der Hinweis auf Wüste und Gräber bei Matthäus offensichtlich ein Zusatz ist, und überdies ist die Warnung vor dem Messias in der Wüste nur mit einer völlig unmethodischen Phantasie als Beleg für Jesu frühere Berührung mit den Qumranleuten zu verwenden. *A. Vögtle* hält da-gegen in seiner Rektoratsrede nur für wahrscheinlich, daß Jesus etwas von den Qumranleuten gehört hatte, und betont, daß Jesu Ablehnung einer heili-gen Restgemeinde und sein Sünderverkehr auch die Grundgedanken von Qum-ran treffen mußten. Das ist zweifellos richtig, zeigt aber nur, daß wir über irgend einen direkten Zusammenhang oder eine direkte Auseinandersetzung Jesu mit Qumran schlechterdings nichts wissen.

Schließlich hat *G.Jeremias* seiner umfassenden Untersuchung über den ,,Lehrer der Gerechtigkeit", eine der entscheidenden Persönlichkeiten der Qumrangruppe, ein Schlußkapitel ,,Der Lehrer der Gerechtigkeit und der historische Jesus. Versuch eines Vergleichs" angefügt, das sehr förderlich ist. Jeremias vergleicht unter der (nicht allgemein anerkannten) Voraus-setzung, daß ein Teil der Psalmen aus den Lobliedern von Qumran (1QH) den ,,Lehrer der Gerechtigkeit" zum Verfasser haben, diesen prophetischen Lehrer mit Jesus und findet Übereinstimmungen in der Forderung auf un-bedingten Gehorsam für ihre eschatologische Lehre, in der Umkehrforderung und der Radikalisierung der göttlichen Forderung, schließlich in ihrem ex-klusiven Sendungsbewußtsein und folgert daraus: ,,So ist der Lehrer in der Tat die einzige uns bekannte Gestalt des Spätjudentums, deren Hoheits-bewußtsein mit dem Jesu zu vergleichen wäre" (S. 335). Dem stellt J. dann freilich die wesentlichen Punkte gegenüber, die beide Gestalten scheiden: Jesus hat ein messianisches Selbstbewußtsein und stellt sein Wort über die Tora, er realisiert Gottes Liebe und bringt dadurch die Heilszeit; für Jesus ist Gott der den Sünder liebende Vater, Jesus macht von der Kasuistik frei und ruft ganz Israel, während in allen diesen Punkten der ,,Lehrer der Ge-rechtigkeit" das Gegenteil vertritt. ,,Das Gegenüber Jesus-Lehrer ist das Gegenüber des Verkünders des Evangeliums zu dem schärfsten Vertreter des Gesetzes" (S. 340). Damit scheint mir sehr Wesentliches auch zum Verständ-nis Jesu auf dem Hintergrund des zeitgenössischen Judentums gesagt zu sein, und man wird fragen müssen, ob J. nicht noch zu viel Übereinstim-mungen zwischen dem Lehrer und Jesus festgestellt hat. Jedenfalls wird hier deutlich, daß der Vergleich Jesu mit Qumran die Gestalt Jesu **nur** noch schärfer in ihrer Selbständigkeit und Anstößigkeit für das jüdische Denken seiner Zeit erkennen läßt.

Diese Frage wird bei der Besprechung der Arbeiten zur Verkündigung Jesu erneut zur Sprache kommen müssen. Zuvor muß jedoch auf die Untersuchungen zum Leiden und Sterben Jesu eingegangen werden.

Ein Jahrzehnt Jesusforschung (1965–1975)

Am Schluß des zweiten Teils meines Berichts über „Jesusforschung seit 1950" habe ich vor 10 Jahren (ThR, N.F. 31, 1965/6, 315) angekündigt, daß zwei weitere Teile dieses Berichts folgen würden, die von Untersuchungen zum Leiden und Sterben Jesu und zur Verkündigung Jesu handeln sollten. Persönliche Gründe haben damals die Ausführung dieser Absicht verhindert, und wenn ich jetzt die Berichterstattung über Jesusforschung wieder aufgreife, scheint es mir unzweckmäßig zu sein, einfach dort fortzufahren, wo ich damals aufhörte. Denn in dem vergangenen Jahrzehnt hat sich die Beschäftigung mit Jesus innerhalb und außerhalb der neutestamentlichen Fachwissenschaft so stark belebt, ist aber auch so unübersichtlich geworden, daß es mir geboten erscheint, mit der Berichterstattung neu einzusetzen und den hiermit begonnenen Bericht auf die im letzten Jahrzehnt erschienenen Arbeiten zu beschränken. Da aber in den letzten Jahren so viele Jesusbücher aus der Feder von Nicht-Fachleuten erschienen sind, die weithin Aufsehen erregt haben, scheint es mir unerläßlich, auch auf diesen Bereich einzugehen, und so beabsichtigt der hiermit begonnene Bericht, Jesusliteratur des vergangenen Jahrzehnts aus allen wesentlichen Bereichen vorzuführen: absolute Vollständigkeit ist dabei nicht erstrebt und auch nicht erreichbar.

Ein 1. Teil wird sich mit den Forschungsübersichten, den außerevangelischen Quellen und der Methodenfrage beschäftigen, der 2. Teil die nicht-wissenschaftlichen und die wissenschaftlichen Gesamtdarstellungen, der 3. Teil die Lehre Jesu (einschließlich der Arbeiten über einzelne Texte) behandeln. Einem besonderen 4. Abschnitt sind Arbeiten über die Gleichnisse, die Bergpredigt und die Wunderberichte vorbehalten; die umfangreiche Diskussion über den persönlichen Anspruch Jesu (Messias, Menschensohn usw.) soll in einem 5. Teil besprochen werden, während Arbeiten über das Leiden und Sterben und über den Prozeß Jesu als 6. Teil den Abschluß dieses Berichts bilden sollen.

I

FORSCHUNGSBERICHTE, AUSSEREVANGELISCHE QUELLEN, METHODENFRAGE

E. L. ABEL, The Psychology of Memory and Rumor Transmission and Their Bearing on
Theories of Oral Transmission in Early Christianity, JR 51, 1971, 270–281[1]) – CH. C.
ANDERSON, The Historical Jesus: A Continuing Quest, Grand Rapids, 1972 –
J. A. BAIRD, Audience Criticism and the Historical Jesus, Philadelphia 1969 –
E. BAMMEL, A New Variant Form of the *Testimonium Flavianum*, ET 85, 1973/4,
145–147 – DERS., Zum *Testimonium Flavianum* (JosAnt 18, 63–64), Josephus-Stu-
dien, Festschr. O. Michel, Göttingen 1974, 9–22 – R. S. BARBOUR, Traditio-historical
Criticism of the Gospels, SCC 4, 1972 – C. K. BARRETT, Jesus and the Gospel Tradi-
tion, London 1967 – H.-W. BARTSCH, Theologie und Geschichte in der Überlieferung
vom Leben Jesu, EvTh 32, 1973, 128–143 – A. BEA, Die Geschichtlichkeit der
Evangelien. Anhang I. Dogmatische Konstitution über die göttliche Offenbarung.
Anhang II. Instruktion über die historische Wahrheit der Evangelien, Paderborn
1966 – F. W. BEARE, Sayings of the Risen Jesus in the Synoptic Tradition: An In-
quiry into their Origin and Significance, Christian History and Interpretation:
Studies Presented to John Knox, Cambridge 1967, 161–181 – DERS., Concerning
Jesus of Nazareth, JBL 87, 1968, 125–135 – TH. BOMAN, Die Jesus-Überlieferung im
Lichte der neueren Volkskunde, Göttingen 1967 – M. E. BORING, How May We
Identify Oracles of Christian Prophets in the Synoptic Tradition? Mark 3: 28–29 as
a Test Case, JBL 91, 1972, 501–521 – M. BOUTTIER, Du Christ de l'histoire au Jésus
des évangiles, Avenir de la théologie 7, Paris 1969 – R. E. BROWN, The Relation of
„The Secret Gospel of Mark" to the Fourth Gospel, CBQ 36, 1974, 467–486 –
F. F. BRUCE, The „Secret" Gospel of Mark, Wood L 1974 – D. G. A. CALVERT, An
Examination of the Criteria for Distinguishing the Authentic Words of Jesus, NTS
18, 1971/2, 209–219 – H. CONZELMANN, Ergebnisse wissenschaftlich-theologischer
Forschung? Neue Taschenbücher über Jesus, EvErz 23, 1971, 452–462 – A. W. CRA-
MER, ‚In all the Prophets I Awaited Thee', Placita Pleiadia, Festschr. G. Sevenster,
1966, 95–110 – W. DANTINE, Jesus von Nazareth in der gegenwärtigen Diskussion,
Gütersloher Taschenbücher 85, 1974 – J. D. M. DERRETT, Jesus's Audience. The
Social and Psychological Environment in which He Worked. Prolegomena to a Re-
statement of the Teaching of Jesus, London 1973 – F. G. DOWNING, The Church and
Jesus. A Study in History, Philosophy and Theology, SBT II, 10, 1968 – A.-M. DU-
BARLE, Le témoignage de Josèphe sur Jésus d'après la tradition indirecte, RB 80,
1973, 481–513 – J. ERNST, Die Anfänge der Christologie, SBS 57, 1972 – W. R. FAR-
MER, An Historical Essay on the Humanity of Jesus Christ, Christian History and
Interpretation: Studies Presented to J. Knox, Cambridge 1967, 101–126 – P. FIED-
LER-L. OBERLINNER, Jesus von Nazareth. Ein Literaturbericht, BiLe 13, 1972,
52–74 – J. A. FITZMYER, Die Wahrheit der Evangelien. Die „*Instructio de historica
Evangeliorum veritate*" der Päpstlichen Bibelkommission vom 21. April 1964: Ein-

---

1) Abkürzungen nach S. SCHWERTNER, Internationales Abkürzungsverzeichnis für
Theologie und Grenzgebiete, Berlin 1974.

führung, Kommentar, Text, Übersetzung und Bibliographie, SBS 1, 1965 – R. H. FULLER, A Critical Introduction into the New Testament, London 1966, 94–103 – J. GNILKA, Neue Jesusliteratur, ThRv 67, 1971, 249–256 – E. GRÄSSER, Motive und Methoden der neueren Jesusliteratur. An Beispielen dargestellt, VF 1973, Heft 2, 1–54 – DERS., Der Mensch Jesus als Thema der Theologie. Jesus und Paulus, Festschr. W. G. Kümmel, Göttingen 1975, 129–150 – P. GRECH, Recent Developments in the Jesus of History Controversy, BTB 1, 1971, 190–213 – F. HAHN, Die Frage nach dem historischen Jesus, TThZ 82, 1973, 193–205 – V. A. HARVEY, The Historian and the Believer, London 1966, 265 ff. – A. HANSON, The Quandary of Historical Scepticism. Vindications, Essays on the Historical Basis of Christianity, London 1966, 74–102 – R. P. C. HANSON, The Enterprise of Emancipating Christian Belief from History, ebd., 74–102 – M. HENGEL, Kerygma oder Geschichte? Zur Problematik einer falschen Alternative in der neutestamentlichen Forschung aufgezeigt an Hand einiger neuer Monographien, ThQ 151, 1971, 323–336 – R. H. HIERS, The Historical Jesus and the Historians, Dialog 11, 1972, 95–100 – A. J. B. HIGGINS, The Source of the Tradition about Jesus, The Tradition about Jesus. Three Studies, SJTh. OP 15, 1969, 1–17 – D. HILL, On the Evidence for the Creative Role of Christian Prophets, NTS 20, 1973/4, 262–274 – M. D. HOOKER, Christology and Methodology, NTS 17, 1970/1, 480–487 – H. HÜBNER, Politische Theologie und existentiale Interpretation, Witten 1973 – H. JELLOUSCHEK, Zur christologischen Bedeutung der Frage nach dem historischen Jesus, ThQ 152, 1972, 112–123 – *Jésus aux origines de la christologie,* hg. v. J. DUPONT, BEThL 40, 1975 – *Jesus in den Evangelien.* Ein Symposion mit J. Blinzler, H. Geist, P. Hoffmann, H. Leroy, F. Mussner, R. Pesch und G. Voss, hg. v. W. PESCH, SBS 45, 1970 – *Jesus von Nazareth,* hg. v. F. J. SCHIERSE, Grünewald Materialbücher, Mainz 1972 – *Jesusbilder in theologischer Sicht,* hg. v. K. DESCHNER unter Mitarbeit von C. Schneider, U. Neuenschwander, Emil Fuchs, O. Wolff, F. Pzillas, J. R. Geiselmann, A. U. Peters, H. Landau, H. Raschke, München 1966 – L. E. KECK, A Future for the Historical Jesus. The Place of Jesus in Preaching and Theology, Nashville/New York 1971 – H. C. KEE, Jesus in History. An Approach to the Study of the Gospels, New York–Chicago–San Francisco–Atlanta 1970 – H. KOESTER, The Historical Jesus: Some Comments and Thoughts on Norman Perrin's Rediscovering the Teaching of Jesus, in: Christology and a Modern Pilgrimage: A Discussion with Norman Perrin, hg. v. H. D. Betz, Claremont 1971, 123–136 – O. KUSS, „Bruder Jesus". Zur „Heimholung" des Jesus von Nazareth in das Judentum, MThZ 22, 1971, 284–296 – W. G. Kümmel, Jesu Antwort an Jo- ⁎ hannes den Täufer. Ein Beispiel zum Methoden-Problem in der Jesusforschung, Sitzungsberichte der Wissenschaftlichen Gesellschaft an der Johann Wolfgang Goethe-Universität Frankfurt/Main XI, 4, Wiesbaden 1974. – R. LATOURELLE, Critères d'authenticité historique des Évangiles, Gr. 55, 1974, 609–637 – M. LEHMANN, Synoptische Quellenanalyse und die Frage nach dem historischen Jesus. Kriterien der Jesusforschung untersucht in Auseinandersetzung mit Em. Hirschs Frühgeschichte des Evangeliums, Beih. ZNW 38, 1970, 163–205 – G. LINDESKOG, Empirie und Glaube im Neuen Testament, *Verborum Veritas,* Festschr. G. Stählin, Wuppertal 1970, 279–301 – TH. LORENZMEIER, Zum Thema: Historischer Jesus, EK 3, 1970, 296–298 – D. LÜHRMANN, Liebet eure Feinde (Lk 6, 27–36/Mt 5, 39–48),

ZThK 69, 1972, 412–438 – L. MALEVEZ, Jésus de l'histoire et interprétation du
kérygme, NRTh 101, 1969, 785–808 – I. H. MARSHALL, Luke: Historian and Theolo-
gian, Exeter 1970, 21–52 – H. K. MCARTHUR, From the Historical Jesus to Christo-
logy, Interp. 23, 1969, 190–206 – DERS., The Burden of Proof in Historical Jesus
Research, ET 82, 1970/1, 116–119 – N. J. MCELENEY, Authenticating Criteria and
Mark 7:1–23, CBQ 34, 1972, 431–460 – H. MERKEL, Auf den Spuren des Urmarkus?
Ein neuer Fund und seine Beurteilung, ZThK 71, 1974, 123–144 – P. S. MINEAR,
Audience Criticism and Markan Ecclesiology, Neues Testament und Geschichte,
Festschr. O. Cullmann, Zürich und Tübingen 1972, 79–89 – DERS., The Disciples and
the Crowds in the Gospel of Matthew, AThR, Suppl. Ser. 3, 1974, 28 ff.; DERS., Jesus'
Audiences, According to Luke, NT 16, 1974, 81 ff. – C. F. D. MOULE, Jesus in
New Testament Kerygma, Verborum Veritas, Festschr. G. Stählin, Wuppertal 1970,
15–26 – F. MUSSNER, Wege zum Selbstbewußtsein Jesu. Ein Versuch, BZ, N.F. 12,
1968, 161–173 – DERS., Gab es eine „galiläische Krise?", Orientierung an Jesus. Zur
Theologie der Synoptiker, Festschr. J. Schmid, Freiburg–Basel–Wien 1973, 238–
252 – D. E. NINEHAM, Some Reflections on the Present Position with Regard to the
Jesus of History, in: History and Chronology in the New Testament, TCSPCK 6,
1965, 1–18 – R. PESCH und H. A. ZWERGEL, Kontinuität in Jesus. Zugänge zu Leben,
Tod und Auferstehung, Freiburg–Basel–Wien 1974 – J. PETER, Finding the Histori-
cal Jesus. A Statement of the Principles Involved, London 1965 – Q. QUESNELL, The
Mar Saba Clementine: A Question of Evidence, CBQ 37, 1975, 48–67 – A. M. RAMSEY,
History and the Gospel, StEv IV, TU 102, 1968, 75–85 – J. REUMANN, ,Lives of
Jesus' During the Great Quest for the historical Jesus, ITT 23, 1974, 33–59 –
J. M. Robinson, Kerygma und historischer Jesus, Zürich–Stuttgart ²1967 – J. RO-
LOFF, Das Kerygma und der irdische Jesus, Historische Motive in den Jesuserzäh-
lungen der Evangelien, Göttingen 1970 – DERS., Auf der Suche nach einem neuen
Jesusbild. Tendenzen und Aspekte der gegenwärtigen Diskussion, ThLZ 98, 1973,
561–572 – Rückfrage nach Jesus. Zur Methodik und Bedeutung der Frage nach dem
historischen Jesus, F. Hahn, K. Kertelge, F. Lentzen-Deis, F. Mussner, R. Pesch,
R. Schnackenburg, hg. v. K. KERTELGE, QD 63, 1974 – G. SCHILLE, Prolegomena zur
Jesusfrage, ThLZ 93, 1968, 481–488 – W. SCHMITHALS, Das Bekenntnis zu Jesus
Christus, in: W. Sch., Jesus Christus in der Verkündigung der Kirche. Aktuelle Beiträge zum notwendigen Streit um Jesus, Neukirchen 1972, 60–79 – DERS., Noch
einmal: Historischer und biblischer Jesus, ebd., 80–90 – L. SCHOTTROFF, Der Mensch
Jesus im Spannungsfeld von politischer Theologie und Aufklärung, ThPr 8, 1973,
243–257 – S. SCHULZ, Die neue Frage nach dem historischen Jesus, Neues Testament
und Geschichte, Festschr. O. Cullmann, Zürich und Tübingen 1972, 33–42 – R.
SLENCZKA, Geschichtlichkeit und Personsein Jesu Christi. Studien zur christologischen Problematik der historischen Jesusfrage, Göttingen 1967 – M. SMITH, Clement
of Alexandria and a Secret Gospel of Mark, Cambridge/Mass. 1973 – DERS., Merkel
on the Longer Text of Mark, ZThK 72, 1975, 133–150 – H. SPAEMANN (Hsg.), Wer
ist Jesus von Nazareth für mich? 100 zeitgenössische Zeugnisse, München 1973 –
G. N. STANTON, Jesus of Nazareth in New Testament Preaching, MSSNTS 27, 1974 –
G. STRECKER, Die historische und theologische Problematik der Jesusfrage, EvTh
29, 1969, 453–476 – A. STROBEL, Die moderne Jesusforschung, CwH 83, 1966 – Wer

war Jesus von Nazareth? Die Erforschung einer historischen Gestalt, hg. v. G. STRU-
BE, München 1972 – P. STUHLMACHER, Kritische Marginalien zum gegenwärtigen
Stand der Frage nach Jesus, *Fides et communicatio*, Festschr. M. Doerne, Göttingen
1970, 341–361 – DERS., Thesen zur Methodologie gegenwärtiger Exegese, ZNW 63, *
1972, 18–26 – H.-M. TEEPLE, The Oral Tradition That never Existed, JBL 89, 1970,
56–68 – G. THEISSEN, Wanderradikalismus. Literatursoziologische Aspekte der Über- *
lieferung von Worten Jesu im Urchristentum, ZThK 90, 1973, 245–271 – É. TROCMÉ,
Quelques travaux récents sur le Jésus de l'histoire, RHPhR 52, 1972, 489–498 –
F. WAGNER, Systematisch-theologische Erwägungen zur neuen Frage nach dem
historischen Jesus, KuD 19, 1973, 287–304 – W. O. WALKER, The Quest for the
Historical Jesus: A Discussion of Methodology, AThR 51, 1969, 38–56 – G. A. WELLS,
The Jesus of the Early Christians. A Study in Christian Origins, London 1971 –
W. WIEFEL, Vätersprüche und Herrenworte. Ein Beitrag zur Frage der Bewahrung
mündlicher Traditionssätze, NT 11, 1969, 105–119 – U. WILCKENS, Jesusüberliefe-
rung und Christuskerygma – Zwei Wege urchristlicher Überlieferungsgeschichte,
ThViat 10, 1966, 310–330 – P. WINTER, Josephus on Jesus, JHSt 1, 1967/8, 289–302.

Angesichts der kaum noch zu übersehenden Fülle der Publikationen zur
Jesusfrage ist es verständlich, daß in den letzten Jahren zahlreiche Literaturberichte über einen kleineren oder größeren Teil der Veröffentlichungen kritisch zu informieren sich bemühten. Wenig hilfreich ist freilich die von
G. STRUBE herausgegebene Sammlung „Wer war Jesus von Nazareth?", die
Textauszüge aus Jesusbüchern von D. F. Strauss bis zur Gegenwart bietet,
weil die Auswahl recht willkürlich und keineswegs typisch ist (R. Bultmann
und J. Jeremias fehlen z. B. ebenso wie jüdische Forscher) und die Einleitung
zu dieser Auswahl nur ganz flüchtig informiert. Und erst recht helfen die von
H. SPAEMANN gesammelten Äußerungen von Zeitgenossen zur Person Jesu
nicht weiter, weil sie als rein persönliche Zeugnisse allzu subjektiv sind und
negative oder skeptische Stimmen fast garnicht begegnen. Dagegen ist die von
K. DESCHNER herausgegebene Sammlung „Jesusbilder in theologischer Sicht"
lehrreich, weil hier außer kurzen Übersichten über das historisch-kritische
(C. SCHNEIDER), das „konsequent-eschatologische" (U. NEUENSCHWANDER),
das katholische und Luthers Jesusbild (J. R. GEISELMANN, A. U. PETERS)
interessante Darstellungen des sozialistischen (EMIL FUCHS), pazifistischen
(O. WOLFF), revolutionären (F. PZILLAS), jüdischen (H. LANDAU) und ungeschichtlichen (H. RASCHKE) Jesusbildes geboten werden, was freilich durch
den Buchtitel („in theologischer Sicht") nicht gedeckt wird. Zu dieser zweiten Gruppe von Beiträgen kann hier nur gesagt werden, daß die (methodisch
unreflektierte) Darstellung von Fuchs ein bewegendes, wenn auch natürlich
sehr einseitiges Bekenntnis darstellt, daß O. Wolff den Pazifismus verteidigt,
aber kaum von Jesus redet, Pzillas R. Eislers Phantasien erneuert, H. Landau
in einer methodenlosen Geschichtsklitterung den „Essener" Jesus rekonstruiert und H. Raschke in völlig willkürlicher Weise Jesus als die mythische

Fassung des Logosbegriffs erweisen möchte (der Herausgeber neigt diesem Beitrag am meisten zu). Dagegen muß betont werden, daß C. Schneider nicht „das Bild der historisch-kritischen Theologie", sondern einen willkürlich von jüdischen Zügen gereinigten Jesus zeichnet, der nicht das zukünftige Gottesreich verkündigt hat, für den vielmehr „in der echt griechisch empfundenen Seelenruhe das Heil" liegt (S. 28f.). Dem entspricht, daß J. Leipoldt, „vielleicht der letzte echte Polyhistor" (S. 20), als derjenige Forscher erscheint, über dessen „standhaltendes historisch-kritisches Jesusbild" niemand hinausgelangen kann (S. 21). Nun ist aber das durch Eliminierung zustande gekommene Jesusbild Leipoldts und Schneiders unhaltbar, wie E. Dinkler und ich schon früher gezeigt haben[1]), und stellt auf keinen Fall „das Jesusbild der historisch-kritischen Theologie" dar; dieser Titel des Aufsatzes ist darum irreführend. Ebenso irreführend ist aber der Titel „Das katholische Jesusbild" für den Beitrag von J. R. Geiselmann zu diesem Sammelwerk; denn G. setzt voraus, daß man ein Leben Jesu im Stile des heutigen Historikers schreiben könne, und stellt ohne Einschränkung fest: „Das Gemeingeschichtliche und das Übergeschichtliche stellen in Jesus-Christus ein Ganzes dar" (S. 237) und: „Jesus erhebt den Anspruch, Gottes Sohn zu sein", bestreitet aber jede Naherwartung Jesu. Daß diese unkritische, historische und dogmatische Aussagen vermischende Darstellung nicht „*das* katholische Jesusbild" von heute wiedergibt, wird sich im Folgenden immer wieder zeigen.

Als Information ist auch die von F. J. Schierse herausgegebene Sammlung „Jesus von Nazareth" von Interesse. Der Vergleich Jesu mit Mohammed, Zarathustra, Buddha und Konfuzius durch G. Mensching, die Darstellung des Verständnisses Jesu im heutigen Judentum (W. P. Eckert), im modernen Atheismus und Marxismus (W. Post), in heutigen Protestbewegungen (H. G. Link) und im zeitgenössischen Roman (P. K. Kurz) bieten interessante Übersichten, leider fast immer ohne klare Stellungnahme; F. J. Schierse zeigt einleuchtend, wie die frühchristliche Christologie sich an den persönlichen Anspruch Jesu anschließen konnte, und W. Trilling skizziert sachkundig die Geschichte der modernen historisch-kritischen Jesusforschung, die „eine Geschichte der deutschen evangelischen Theologie ist, von wenigen Ausnahmen abgesehen", während „die katholische Exegese gelähmt und bedeutungslos geworden war, bis sie um die Jahrhundertwende wieder langsam genas" (S. 208). Die übrigen Beiträge des Bandes, die sich mit christologischen und kirchlichen Themen, vor allem im katholischen Raum, auch mit der Auswertung der dargebotenen Information für die Erwachsenenbildung und den Religionsunterricht befassen, müssen hier außer Betracht bleiben.

---

1) E. Dinkler, Eras. 19, 1967, 529f.; W. G. Kümmel, ThR, N.F. 22, 1954, 140f., 158f.

Zwei kürzere Literaturberichte behandeln lehrreich und sachlich wissenschaftliche *und* nicht-wissenschaftliche Jesusbücher (FIEDLER-OBERLINNER
und GNILKA), wobei Fiedler und Oberlinner einleitend auch auf die methodischen Probleme der Jesusforschung eingehen, während O. KUSS' Aufsatz über
die Jesusbücher der jüdischen Autoren Sch. Ben-Chorin und D. Flusser leider
sehr polemischen Charakter trägt. Umfassend und vorzüglich informiert dagegen über Jesusdarstellungen wissenschaftlicher und nicht-wissenschaft-
licher Art der (leider an entlegener Stelle veröffentlichte) Aufsatz von
J. REUMANN. Die ,,Alte Frage'' nach dem historischen Jesus von S. Reimarus
bis M. Kähler, die Kritik daran durch die Formgeschichte und die Wort-
Gottes-Theologie, die ,,Neue Frage'' seit Käsemanns Aufsatz von 1953 und
ihre Auflösung in verschiedene Gruppen, die Fülle der heute vertretenen
Jesusbilder bis hin zu den Phantasien über Jesus als den ,,heiligen Pilz''
(J. ALLEGRO) oder den verheirateten Jesus (W. PHIPPS) werden zuverlässig
und mit klaren Stellungnahmen referiert, wobei Reumann selbst für eine
,,traditionsgeschichtliche'' Darstellung Jesu plädiert.

Neben diesen auch die nicht-wissenschaftliche Jesusliteratur berücksichtigenden Berichten sind mehrere Darstellungen zu nennen, die sich nur mit der
wissenschaftlichen Literatur befassen. A. STROBELS Büchlein referiert klar
über die Standpunkte von A. Schweitzer bis J. Jeremias und betont richtig,
daß ,,eine Klärung der historischen Jesusfrage ... offenbar nur möglich ist über
eine Antwort auf die Frage nach der Eschatologie Jesu'' (S. 44) und daß
,,Jesus das Erhoffte mit seiner Person verband'' (S. 31). Der Sammelband
,,Jesus in den Evangelien'' enthält einen vorzüglich informierenden Überblick von R. PESCH über ,,Christliche und jüdische Jesusforschung'' von
S. Reimarus an, der klare Bewertungen von der Voraussetzung aus vornimmt,
daß ,,ein neues, am Zeugnis orientiertes geschichtliches Verstehen die alte
Frage nach Jesus neu stellen muß'' (S. 27). H. CONZELMANNS Besprechung
einiger Taschenbücher ist darum beachtlich, weil auf die weltanschaulichen
oder ideologischen Voreingenommenheiten einiger Bücher (besonders von
H. Braun und H. W. Bartsch) aufmerksam gemacht wird. Auch E. TROCMÉS
Referat über eine größere Zahl von Jesusbüchern ist durch die Aufdeckung
methodischer Unzulänglichkeiten (etwa bei D. Flusser, C. H. Dodd und
J. Jeremias) beachtlich, während R. H. HIERS die von ihm besprochenen, fast
durchweg englischsprachigen Bücher ausschließlich daran prüft, ob sie seinem
,,konsequent-eschatologischen'' Jesusbild entsprechen oder nicht.

Als besonders beachtlich sind schließlich noch die beiden ausführlichen
Literaturberichte von E. Grässer und W. Dantine hervorzuheben. E. GRÄS-
SER[1]) prüft zuerst ,,Die theologisch-wissenschaftliche Jesus-Literatur'' an der

---

1) Das vorangestellte Literaturverzeichnis umfaßt freilich seltsamerweise viel

Frage, inwieweit in den Jesusbüchern seit G. Bornkamm die „exklusive Methode für jede Betrachtung des irdischen Jesus", nämlich „der ständige hermeneutische Zirkelschlag vom Jesus der Geschichte zum Christus des Kerygmas und zurück" sachgemäß angewandt wird, und erhebt von da aus vor allem gegen H. Braun und H. W. Bartsch erhebliche Einwände. Im folgenden Abschnitt wird unter der Überschrift „Die kirchenkritische Jesus-Literatur" die Darstellung Jesu als politischer Revolutionär nur kurz berührt, ausführlich aber werden die populär wirksamen Geschichtsklitterungen von J. Lehmann, A. Holl und R. Augstein in ihrer methodischen Fragwürdigkeit aufgezeigt. Den jüdischen Jesusdarstellungen gegenüber stellt G. dann richtig fest, daß sie es nur mit dem toten Jesus von Nazareth zu tun haben und sich darin mit der marxistischen Jesusliteratur berühren, deren „Neoliberalismus ... zugleich die eigentliche Problematik beinahe der gesamten Jesusliteratur aufdeckt" (S. 40). Bedauerlich ist, daß G. sich zu einigen besonders markanten Veröffentlichungen nicht äußert (etwa J. Jeremias, F. Koppelmann, N. Perrin), sehr beachtlich sind aber seine Schlußausführungen (S. 40–45), in denen die Notwendigkeit einer „kritischen Methodenlehre" betont und gezeigt wird, daß die „Stichworte ‚authentisches Beispiel‘, ‚Memoria‘, ‚Sache Jesu‘ Wegweiser in eine Sackgasse sind, in der alle Wege enden mit der Aufforderung, das gute Beispiel Jesu nachzuahmen", während Jesus in Vollmacht „in die Lebens- und Schicksalsgemeinschaft mit ihm selber ruft und ... beauftragt und sendet zum Dienst an der Sache des nahen Gottesreiches". Gilt das durchaus „historisch", so gewinnt Jesus seine gegenwärtige „Aktualität als der verkündigte Christus – oder er hat sie überhaupt nicht".

Während Grässer so trotz seiner auswählenden Methode einen breiten und theologisch fundierten Überblick über die gegenwärtige Jesusliteratur bietet, entspricht die Auswahl der behandelten Aspekte in W. Dantines Taschenbuch über „Jesus von Nazareth in der gegenwärtigen Diskussion" keineswegs diesem Titel. Denn auch wenn im Interesse „einer offenen Diskussion über die Bedeutung Jesu von Nazareth in der Gegenwart" „kein Unterschied zwischen christlichen und nichtchristlichen Stimmen" gemacht werden soll (S. 9), so befremdet es doch, daß die theologisch-wissenschaftliche Jesusliteratur, von geringen Ausnahmen abgesehen (K. Niederwimmer, H. Braun, J. Blank), weder besprochen noch auch nur erwähnt wird. Vielmehr referiert D. nur zuverlässig in Auswahl über die „sogenannte Jesuswelle", über Jesus als politischen Messias, über „die Stimme der Enttäuschung" (R. Augstein), das jüdische und das atheistische Jesusbild, um dann diese Stimmen als „Anfragen an die christliche Theologie" zu werten. Er vertritt dabei die These, daß das

---

mehr, als was dann, in Übereinstimmung mit dem Untertitel, „an Beispielen dargestellt" wird.

Bild eines „entkirchlichten" und „entreligionisierten" Jesus, wie es heute
von Außenstehenden gezeichnet wird, von den Christen als Anlaß zur Selbstkritik gehört werden sollte; A. Holls Bild des Außenseiters Jesu sei eine bedeutsame Korrektur des üblichen christlichen Jesusbildes, und eine Kritik
der im Neuen Testament nur ganz vereinzelt begegnenden Vorstellung von
Jesus als dem *vere deus* zeigt nach D., daß man ganz im Gegenteil „an diesen
‚Menschen' Jesus gewiesen ist; und zwar an ihn in seiner ganzen ‚Geschichtlichkeit'", „will man es mit ‚Gott' zu tun haben" (S. 118); „der theistische
Gott wird von der kritischen Reflexion als Konstrukt menschlicher Selbst-
verabsolutierung durchschaut" (S. 115); „daß dieser ‚Mensch' zugleich ‚Gott'
ist, kann dann nur so verstanden werden, daß er, Jesus von Nazareth, zur
letzten, entscheidenden Autorität wird" (S. 118f.). Solchen Sätzen gegenüber
ist ernstlich zu fragen, ob diese Eliminierung Gottes mit der Botschaft Jesu
auch nur entfernt in Einklang zu bringen ist, und überdies ist auf den erschreckenden Tatbestand hinzuweisen, daß D. unter souveräner Mißachtung
der modernen Jesus*forschung aller* Richtungen die Frage überhaupt nicht
stellt, was wir denn von Jesus überhaupt wissen *können*, geschweige denn,
wie wir zu dem Wissen kommen, das er unreflektiert voraussetzt (die wenigen
Sätze auf S. 73 mit ihrer Entgegensetzung des „historischen" und des „geschichtlichen" Jesus sind völlig schief). Was D. über „Jesus von Nazareth in
der heutigen Diskussion" sagt, kann aus diesen Gründen nicht als zureichend
bezeichnet werden, und die systematischen Reflexionen des Verfassers haben
mit dem wirklichen Jesus von Nazareth kaum etwas zu tun.

   **Ehe wir uns der in den genannten Berichten auswahlweise besprochenen
Jesusliteratur selbst zuwenden können, muß aber zunächst auf die Arbeiten hingewiesen werden, die sich mit den Quellen für die Erkenntnis Jesu und mit
der methodischen Problematik der Jesusforschung beschäftigt haben.** Da
über die Evangelienforschung in dieser Zeitschrift von anderer Seite ausführlich berichtet worden ist und wird[1]), soll an dieser Stelle nur von nichtchristlichen Quellen und einem angeblichen neuen Evangelientext die Rede
sein. Auffälligerweise ist freilich in den zahlreichen in diesem Bericht zu erwähnenden Jesusbüchern kaum einmal ausführlicher von den nichtchrist-

---

1) H. Conzelmann, Literaturbericht zu den Synoptischen Evangelien, ThR, N.F.
37, 1972, 220ff.; H. Thyen, Aus der Literatur zum Johannesevangelium, ebd. 39,
1974, 1ff. 222ff. 289ff. (wird fortgesetzt). Es sei hier nur darauf verwiesen, daß in
der hier zu besprechenden Literatur der Sammelband „Jesus in den Evangelien"
kurze Darstellungen der Jesusverkündigung in der Logienquelle (P. Hoffmann), im
Markusevangelium (J. Blinzler), im Matthäusevangelium (H. Geist), im Lukasevangelium (G. Voss), im Johannesevangelium (H. Leroy) enthält; auch H. C. Kee behandelt die Jesusbilder der vier Evangelien und der Logienquelle.

lichen Texten die Rede, die Jesus erwähnen[1]) und über die früher im Zusammenhang der Frage nach der Geschichtlichkeit Jesu so viel geschrieben worden ist[2]). Nur über die berühmte Äußerung des Josephus über Jesus in den „Jüdischen Altertümern" (das sog. *Testimonium Flavianum*, Jos. Ant. XVIII, 63f.) ist neuerdings wieder diskutiert worden. P. WINTER macht darauf aufmerksam, daß die schwerlich mit ausreichenden Gründen anfechtbare gelegentliche Erwähnung Jesu durch Josephus im Zusammenhang seines Berichts über den gewaltsamen Tod des Herrenbruders Jakobus („der Bruder Jesu, der Christus genannt wurde, er hieß Jakobus", Ant. XX, 200) vermuten lasse, daß Josephus an einer früheren Stelle seines Werkes schon einmal von Jesus gesprochen hatte. W. versucht darum, aus dem in der Tat dieser kurzen Erwähnung vorhergehenden Text des *Testimonium Flavianum* mit einem Minimum an Streichungen einen Text zu rekonstruieren, den Josephus geschrieben haben *könnte*, indem er die einzelnen Ausdrücke des Textes unter der Fragestellung betrachtet, ob ein Ausdruck von einem Christen stammen könne oder sicher christlich sei oder auch ebenso gut von Josephus wie von einem Christen geschrieben sein könne. Diese Argumentation ist durchaus beachtlich, und Winter hat es zum mindesten wahrscheinlicher gemacht, daß Josephus ausführlicher von Jesus gesprochen hat, aber der von W. rekonstruierte Text bleibt selbstverständlich hypothetisch, zumal man ja nicht wissen kann, was W. selber betont, ob der angenommene christliche Bearbeiter des zu rekonstruierenden echten Josephus-Textes nicht auch Bestandteile dieses ursprünglichen Josephustextes *gestrichen* hat.

Ähnliches ist zu E. BAMMELS Beitrag zur Michel-Festschrift zu sagen. Auch B. sucht zu zeigen, daß sich mit einem Minimum an Änderungen ein Text gewinnen läßt, der von Josephus stammen könnte, und unterstreicht diese Annahme durch den Versuch, den Standort des rekonstruierten Textes im *Zusammenhang* von der Absicht des Josephus her verständlich zu machen; den so gewonnenen Text des Josephus bezeichnet er als „die älteste erhaltene literarische Denunziation der Christen" (S. 21f.). Auch diese von B. vorgeschlagene Rekonstruktion ist diskutabel, aber ebenfalls nur als eine *Möglichkeit*, und so haben auch diese beiden Untersuchungen dem Geschichtsforscher keinen sicheren Text der zu vermutenden Äußerung des Josephus über Jesus zur Verfügung stellen können. Und daran ändert auch die Heranziehung bisher wenig oder kaum benutzter indirekter Zeugnisse für den Wortlaut des Josephustextes an dieser Stelle nichts. A.-M. DUBARLE und E. BAMMEL (A New Variant...) weisen auf den durch einen christlich-arabischen

---

1) Ausnahmen sind W. TRILLING, Fragen zur Geschichtlichkeit Jesu, 1966, 50ff.; H. C. KEE, 29f.; G. A. WELLS, 185ff.

2) S. den Bericht von H. WINDISCH in ThR, N.F. 1, 1929, 266ff.

Historiker des 10. Jahrhunderts zitierten Josephus-Text hin, den S. PINES
kürzlich der Vergessenheit entrissen hat[1]) und der nach dessen Meinung dem
ursprünglichen Text des Josephus näher steht als der überlieferte griechische
Text. Bammel sucht demgegenüber durchaus einleuchtend zu zeigen, daß sich
die bei dem arabischen christlichen Historiker findende Textform durchaus
aus der Absicht antiislamischer Polemik erklären lasse, also keineswegs eine
ursprünglichere Überlieferung des Josephustextes darzustellen brauche.
Dubarle dagegen stellt die bei dem arabischen Historiker erhaltene Textform
neben eine größere Zahl weiterer indirekter Zeugen des Josephustextes (die
Texte erscheinen im Anhang im vollen Wortlaut) und versucht, ähnlich wie es
P. Winter und E. Bammel ohne Heranziehung dieser Textzeugen getan hatten,
mit Hilfe der jeweiligen Mehrheit der Textzeugen für eine bestimmte Aussage des Textes ebenfalls einen für Josephus denkbaren Text zu rekonstruieren, wobei auch auf diese Weise nicht bewiesen werden kann, daß der rekonstruierte Text als ganzer je existiert hat und in allen Punkten wirklich im
Munde des Josephus möglich ist. Auch die Heranziehung weiterer Textzeugen kommt darum über die Wahrscheinlichkeit nicht hinaus, daß Josephus
von Jesus gesprochen hat und daß dem in griechischer Sprache und in christlicher Bearbeitung erhaltenen Text ein Jesus ablehnender Josephustext zu
Grunde liegen dürfte, den wir aber nicht mit ausreichender Sicherheit rekonstruieren können.

Haben somit die neueren Arbeiten zu den außerchristlichen Nachrichten
über Jesus keine weiterführenden Erkenntnisse erbracht, so erhebt M. SMITH,
Professor der Geschichte an der Columbia University in New York, in seinem
Buch über Clemens von Alexandrien und ein geheimes Markusevangelium den
Anspruch, daß ein von ihm gefundenes Fragment eines angeblichen Briefes
von Clemens mit zwei Evangelienzitaten „revolutionäre Folgen für die Geschichte der frühen christlichen Kirche und die neutestamentliche Kritik" (S.
IX) habe. Smith hatte im Jahre 1958 im Kloster Mar Saba (südlich von Jerusalem) auf den freien letzten Seiten einer gedruckten Ausgabe der Briefe des Igna-
tius von Antiochien von 1646 2 ½ Seiten eines griechischen Textes in einer
Handschrift etwa des 18. Jahrhunderts gefunden, doch hat er die wissenschaftliche Ausgabe dieses Textes nach sorgfältigen Vorarbeiten erst 1973 vorgelegt[2]). Der nach Smiths Vermutung von einem gelehrten Schreibermönch abge-

---

1) S. PINES, An Arabic Version of the Testimonium Flavianum and its Implications, Jerusalem 1971 (war mir nicht zugänglich).

2) Eine populäre Darstellung von Smith mit dem Titel „The Secret Gospel: The
Discovery and Interpretation of the Secret Gospel According to Mark", New York
1973 lag mir nicht zur Besprechung vor.

schriebene fragmentarische Text[1]) will aus einer Sammlung der Briefe des
Clemens Alexandrinus stammen; der an einen unbekannten Theodoros gerichtete Brief lobt den Adressaten wegen seines Widerstandes gegen die ver-
abscheuenswerte Irrlehre der Karpokratianer[2]), die Lügen über das Markusevangelium verbreiten. Markus habe vielmehr in Rom die Taten des Herrn
aufgeschrieben, mit Ausnahme der „mystischen Taten"; nach dem Tode des
Petrus sei Markus nach Alexandrien übergesiedelt und habe dort aus eigenen
und des Petrus Aufzeichnungen sein in Rom verfaßtes Evangelium zu einem
„geistlicheren Evangelium zum Gebrauch der Eingeweihten" erweitert, ohne
jedoch „die Dinge zu verbreiten, die nicht geäußert werden sollten", und
ohne „die hierophantische Lehre des Herrn" niederzuschreiben. Dieses erweiterte Evangelium habe Markus der alexandrinischen Gemeinde hinterlassen, die es sicher aufbewahrt und nur den „in die großen Mysterien Eingeweihten" zugänglich gemacht habe. Mit Hilfe der Dämonen habe aber Karpokrates einen Presbyter der Gemeinde in Alexandrien dazu gebracht, ihm eine
Abschrift dieses geheimen Evangeliums zu verschaffen, und Karpokrates
habe diesem Text „ganz unverschämte Lügen" beigemischt. Wenn nun die
Karpokratianer behaupten, Markus sei der Verfasser des mystischen Evangeliums, solle man dies nicht zugeben, „ja sogar mit einem Eid ableugnen". Zur
Widerlegung der Lügen des von Karpokrates erweiterten „geheimen Evangeliums" wird dann von Clemens aus dem unverfälschten„ geheimen Evangelium" ein Zusatz zwischen Mk 10, 34 und 10, 35 wörtlich zitiert[3]): „Und sie
kommen nach Bethanien. Und dort war eine Frau, deren Bruder gestorben
war. Und sie kam und fiel vor Jesus nieder und spricht zu ihm: Sohn Davids,
erbarme dich meiner! Die Jünger aber tadelten sie. Und erzürnt ging Jesus
mit ihr weg in den Garten, wo das Grabmal war, und sogleich hörte man aus
dem Grab eine laute Stimme; und Jesus trat hinzu und wälzte den Stein von
der Tür des Grabmals weg. Und sogleich ging er hinein, wo der Jüngling war,
streckte die Hand aus und richtete ihn auf, indem er ihn an der Hand faßte.
Der Jüngling aber blickte auf zu ihm und liebte ihn und begann ihn zu bitten,
er möge bei ihm bleiben. Und als sie herausgegangen waren aus dem Grabe,
gingen sie in das Haus des Jünglings; denn er war reich. Und nach sechs Tagen
beauftragte ihn Jesus, und am Abend kommt der Jüngling zu ihm, nur mit
einem Hemd auf dem bloßen Leib bekleidet. Und er blieb bei ihm jene Nacht,

---

1) Die Ausgabe bietet am Schluß des Bandes englische Übersetzung, Photogra-
phie und Umschrift des Textes; der griechische Text mit einer wörtlichen deutschen
Übersetzung bei H. MERKEL, 125 ff.

2) Smith bietet im Anhang alle Zeugnisse und S. 266 ff. eine Erörterung dieser
Zeugnisse über die libertinistische Gruppe.

3) Übersetzung von H. MERKEL.

denn es lehrte ihn Jesus das Geheimnis des Gottesreichs. Und von dort ging
er weg und kehrte an das andere Ufer des Jordans zurück". Clemens fügt dann
zu diesem Zitat hinzu: ,,Aber das ,ein Nackter mit einem Nackten' und die
andern Sachen, von denen du geschrieben hast, finden sich nicht". Der Brief
des Clemens zitiert dann noch als weiteren Zusatz des ,,geheimen Evangeliums" hinter Mk 10, 46a: ,,Und es waren dort die Schwester des Jünglings,
den Jesus liebte, und seine Mutter und Salome; und Jesus nahm sie (plur.
fem.) nicht auf" und bemerkt: ,,Die vielen andern Dinge aber, die du geschrieben hast, scheinen Lügen zu sein und sind es auch", womit der Text mitten
im Satz abbricht.

Smith hat es sich mit der Untersuchung dieses Textes nicht leicht gemacht.
Er hat nicht nur den Sprachgebrauch des Briefes und der darin enthaltenen
Evangelienzitate sorgfältig mit dem Sprachgebrauch des Clemens und der
kanonischen Evangelien verglichen, er hat auch zahlreiche Fachleute um
ihre Meinung befragt und gibt deren Meinung wieder, auch wenn sie von der
seinigen abweichen. Das Resultat seiner Beweisführung ist zunächst, daß der
Brief mit größter Wahrscheinlichkeit von Clemens stammt (,,Die völlige Vernachlässigung des Briefes durch 17 Jahrhunderte spricht für seine Echtheit"!
S. 287); daneben stellt er die beiden Behauptungen, daß der von Clemens in
zwei Beispielen zitierte längere Text des Markusevangeliums möglicherweise
,,der ursprüngliche Text des Markus war und das kanonische Markusevangelium durch Abkürzung hergestellt wurde" (S. 193), daß aber andere Beobachtungen den Schluß nahelegten, ,,der längere Text sei eine Erweiterung
des Markusevangeliums durch Zufügung von weiterem Material aus der Markustradition" (S. 145), woraus sich schließlich die Feststellung ergibt, daß
der längere Text des Markusevangeliums, wie ihn der Brief des Clemens überliefert, in der Hauptsache durch Erweiterung des kanonischen Markusevangeliums entstanden ist, aber auch Stücke enthält, die ursprünglich im
Markusevangelium standen und dort gestrichen worden sind (S. 194). Die
somit als Werk des Verfassers des Markusevangeliums beurteilten Fragmente
werden von Smith nun dahin interpretiert, daß Jesus dem aus dem Grab ge-
holten Jüngling befohlen habe, zur Taufe zu ihm zu kommen, denn ,,das
Geheimnis des Gottesreichs" war ,,eine Taufe, die von Jesus gegenüber auserwählten Jüngern gehandhabt wurde, einzeln und bei Nacht. In dieser Taufe
wurde der Jünger mit Jesus vereinigt. Die Vereinigung kann körperlich gewesen sein..., aber entscheidend war, daß der Jünger durch Jesu Geist besessen wurde" (S. 251). Denn Jesus war ein von einem Geist besessener Magier, wofür S. z. B. den Todesschrei Jesu ,,Mein Gott, mein Gott, warum hast
du mich verlassen?" anführt (Mk 15, 34, S. 222), und die Verhaftung Jesu
fand statt, als Jesus einen Taufritus an einem Jüngling vollziehen wollte, der
dann nackt floh (Mk 14, 51f., S. 237). Die Konsequenz der Taufpraxis Jesu

aber war Libertinismus, wofür z. B. Jesu Verheißung des Gottesreichs an die
Sünder als Beleg angeführt wird (S. 258). In der Tat: die Folgerungen, die
M. Smith aus dem von ihm veröffentlichten Text zieht, sind revolutionär!
Aber sind sie haltbar?

Smith meint bewiesen zu haben, daß das von ihm veröffentlichte Brief-
fragment in der Tat von Clemens Alexandrinus stammt, und die meisten der
von ihm befragten Fachleute haben dem zugestimmt. Allerdings hat Q. QUES-
NELL in einer sorgfältigen Prüfung der Argumentation Smiths darauf aufmerksam gemacht, daß bisher nicht mit den heute möglichen Methoden einwandfrei nachgewiesen ist, daß die Handschrift, die Smith gefunden hat,
überhaupt älter ist als 1936 und daß es sich bei dem Text nicht um eine
Mystifikation handelt. Auch haben, wie Smith selber berichtet, die hervor-
ragenden Sachkenner W. Völker, A. D. Nock und J. Munck erhebliche Einwände gegen die Echtheit des Textes erhoben, und der amerikanische
Patristiker H. MUSURILLO hat darauf hingewiesen[1]), daß es äußerst unwahrscheinlich sei, daß ein Brief des Clemens nur auf den Schlußseiten eines modernen Buches erhalten geblieben sein sollte, während eine antike Fälschung
ebenso denkbar sei wie eine moderne. Und in der Tat ist die Herkunft dieses
Textes von Clemens alles andere als wahrscheinlich oder gar bewiesen, wie
mir auch H. VON CAMPENHAUSEN schriftlich bestätigt hat. Nicht nur die Art
der Überlieferung spricht dagegen, sondern auch die Beschreibung eines
geheime Schriften enthaltenden Kirchenarchivs, die Empfehlung einer durch
einen Falscheid zu verstärkenden Lüge aus polemischen Gründen, die Vorstellung von zwei Stufen geheimer Lehre Jesu und die Nachricht von der
Übersiedlung des Markus nach Alexandrien widersprechen allem, was wir
von Clemens wissen. Ist darum bereits die Herkunft des ganzen Briefes von
Clemens alles andere als wahrscheinlich, so kann Smiths Urteil über den literarischen Charakter und den geschichtlichen Wert der in dem Brief zitierten Evangelienfragmente nur als auf alle Fälle unhaltbar bezeichnet werden.
H. MERKEL, R. E. BROWN und F. F. BRUCE haben in sorgfältigen Untersuchungen nachgewiesen, daß die angeblichen Fragmente eines teils erweiterten, teils verkürzten Markusevangeliums in Wirklichkeit alle vier kanonischen Evangelien voraussetzen (und nicht nur evangelische Traditionen!),
wie das auch für andere apokryphe Texte des 2. Jahrhunderts gilt (z. B. das
sog. ,,Unknown Gospel"). Und Smith hat in seiner Replik auf den Aufsatz
von H. Merkel diesem nur ganz vereinzelt ein Versehen nachweisen können,
im übrigen aber nur die keineswegs überzeugenden Argumente für das hohe
Alter der von ihm veröffentlichten Evangelienfragmente wiederholt. Das
phantastische Zitat aus dem ,,geheimen Evangelium" innerhalb des angeb-

---

1) In der Zeitschrift Thought 1973, 327 ff.

lichen Briefes des Clemens ist darum auf alle Fälle eine Fälschung frühestens aus dem Ende des 2. Jahrhunderts, und die aus diesem Text abgeleitete Interpretation Smiths, daß Jesus einen magischen Taufritus vollzogen habe, der möglicherweise homosexuellen Charakter trug, ergibt sich aus dem Text nur durch gänzlich unhaltbare Manipulationen[1]) und steht zu der gesamten evangelischen Jesusüberlieferung in völligem Widerspruch. Doch läßt sich die methodische Unhaltbarkeit der literarischen Beurteilung des neuen Textes und der daraus gezogenen geschichtlichen Folgerungen durch Smith nur durch eine sorgfältige Einzelkritik seiner gesamten Argumentation überzeugend nachweisen, und diese Aufgabe ist bisher nur in Ansätzen geleistet[2]). Daß der von Smith veröffentlichte Text als neue oder gar als die kanonischen Evangelien an geschichtlichem Wert übertreffende Quelle für das Verständnis Jesu nicht in Betracht kommt, steht m. E. außer Zweifel, und man kann nur bedauern, daß ein so kenntnisreicher und verdienstvoller Forscher wie M. Smith dem von ihm gefundenen Text eine so willkürliche und phantastische Deutung hat angedeihen lassen.

Haben so die neueren Arbeiten zu den Nachrichten über Jesus außerhalb des Neuen Testament keine wirklich neuen Erkenntnisse zu Tage gefördert, so darf doch gesagt werden, daß diese Untersuchungen die Einsicht bestätigt haben, daß schon auf Grund dieser Nachrichten die Behauptung unhaltbar ist, es habe keine historische Person Jesus von Nazareth gegeben, und die Überlieferung der kanonischen Evangelien in ihrer Entwicklung machen ebenso wie die Frühgeschichte des Urchristentums diese Behauptung erst recht unhaltbar. Es genügt darum, hier nur kurz auf die beiden Arbeiten

---

1) Dafür nur 2 Beispiele: Smith gibt zu, daß gegen eine Deutung des „Geheimnisses des Gottesreiches", das nach dem Fragment Jesus den jungen Mann lehrte, auf eine Taufhandlung die Tatsache spricht, daß von „lehren" die Rede ist (ἐδίδασκε γὰρ αὐτὸν ὁ Ἰησοῦς τὸ μυστήριον τῆς βασιλείας τοῦ θεοῦ), erklärt dann aber: „In the light of the evidence reviewed above, I think this a corruption of an original ἔδωκεν" (S. 183; daß dann der Casus des Objekts auch verdorben sein muß, wird nicht erwähnt). – ἦν γὰρ πλούσιος sagt das Evangelienfragment von dem auferweckten Jüngling (III, 6); da bei Markus πλούσιος selten begegnet, bei Lukas aber häufig, und da Lukas 18, 23 (anders als Mk 10, 22) in der Parallele zur Erzählung vom reichen Jüngling in Mk 10 ἦν γὰρ πλούσιος σφόδρα bietet, ist nach Smith die Notiz „er war nämlich reich" in dem Fragment vermutlich dem Fehler eines Abschreibers zu verdanken (S. 114; vgl. zur methodischen Voraussetzung dieser Argumentation S. 98).

2) Vgl. vorläufig außer den Aufsätzen von R. E. Brown und H. Merkel die Rezensionen von R. M. Grant und A. Parker (AThR 55, 1973, 53 ff. 58 ff.), P. Achtemeier (JBL 93, 1974, 625 ff.) und besonders die methodische Kritik von W. Wink, Jesus as Magician, USQR 30, 1974/5, 3 ff. – F. F. Bruce hält die Entstehung des erweiterten Markustextes in karpokratianischen Kreisen für möglich.

hinzuweisen, die die These von der Ungeschichtlichkeit Jesu auch neuerdings wieder verteidigt haben. H. RASCHKE (s. o. 293 f.) trägt nur unbeweisbare Phantasien über die Entstehung der Personen Johannes der Täufer, Jesus, Paulus usw. durch Namensdeutungen und Personifizierungen alttestamentlicher Vorlagen vor, während G. A. WELLS in einer ernster zu nehmenden Argumentation nachzuweisen sucht, daß die christlichen Anfänge ohne den Rückgriff auf einen Menschen Jesus erklärt werden können, doch spielen dabei bloße Möglichkeiten und Interpolationshypothesen die entscheidende Rolle, und gegenüber den Evangelien fehlt jede Traditionskritik, ganz zu schweigen davon, daß die Behauptung über die Entstehung der Gestalt Jesu aus der Vorstellung von sterbenden und auferstehenden Göttern und die Vermutungen über den Grund für die Versetzung dieser Gestalt in die Zeit des Pilatus völlig unhaltbar sind. Daß das Urchristentum seine Wurzel in dem Menschen Jesus hat, ist vielmehr ein unbestreitbarer Sachverhalt.

Die damit gestellte Aufgabe, aufgrund der Evangelien die geschichtliche Gestalt und die Verkündigung dieses Jesus auf wissenschaftlichem Wege wiederzugewinnen, ist freilich so schwierig, daß über die Möglichkeit und die Wege solcher Forschung auch im vergangenen Jahrzehnt eine breite Diskussion geführt worden ist. Allerdings würden zwei grundsätzliche Anschauungen diese Diskussion als überflüssig erscheinen lassen. R. BULTMANNS These, daß die Frage nach dem historischen Jesus unsachgemäß sei (s. ThR, N.F. 31, 1965/6, 28–30) ist von W. SCHMITHALS mit scharfer Ablehnung Andersdenkender fortgebildet worden. Er stellt zwei Thesen auf: a) Der historische Jesus als geschichtliche Größe kann prinzipiell durch eine andere geschichtliche Größe ersetzt werden, und darum ist „der Weg von der theologischen Orientierung am historischen Jesus zum Verzicht auf Jesus durchaus konsequent" (S. 64) und b) „Traditionen vom sogenannten historischen Jesus finden sich nur in einem relativ schmalen urchristlichen Überlieferungszweig" (S. 67). Aus der 1. These zieht er die Konsequenz: „Mag die Frage nach dem historischen Jesus auch historisch möglich und erlaubt sein, so ist sie theologisch doch verboten" (S. 75); die 2. These unterbaut er mit der Behauptung, daß die vom Osterkerygma nicht beeinflußte Spruchüberlieferung von der nachösterlichen Gemeinde nicht weitergegeben worden sein kann, ihre Trägerin kann nur „eine Gemeinde gewesen sein, die vom Ostergeschehen ... keine Notiz genommen hat, ... die nach dem Tode Jesu ... Jesu Wirken in seinem ‚historischen' Sinne fortsetzte und dazu seine Worte überlieferte" (S. 71f.); zur Zeit des Markus muß „die Gemeinde des Markus mit Gliedern der vorösterlichen Jesus-Gemeinden intensiv zusammen getroffen sein. Das Markusevangelium ist der missionarische Versuch, diese Jesusgemeinden für das biblische Kerygma zu gewinnen" (S. 73). Nun kann die 2. These von der Bewahrung der vom Osterkerygma nicht beeinflußten Spruchüberlieferung in einer galiläischen „Jesus-Gemeinde" freilich keineswegs mit irgendwelchen konkreten Nachrichten begründet werden (die S. 72 behauptete „mannigfache" Bezeugung durch die Kirchenväter ist eine Fehlinterpretation), und Schmithals' Bestimmung des literarischen Charakters des Markusevangeliums ist völlig aus der Luft gegriffen. Doch ist die These von einer besonderen geschichtlichen Heimat der Überlieferung vom geschichtlichen Jesus in anderer Form auch sonst vertreten worden: nach U. WILCKENS haben bis zur Mitte des 1. Jahrhunderts „zwei bis dahin unterschiedene urchristliche Überlieferungsbereiche" bestanden, „Jesus-Überlieferung und Christus-Predigt" (S. 318). Die in der Jerusalemer Urgemeinde tradierte Jesus-Überlieferung „ist durch eine darin festgehaltene Kontinuität mit dem ‚Sitz im Leben' vorösterlicher Jesustradition bestimmt", „der Sitz im Leben für die gesamte Logienüberlieferung war der Lehrbetrieb der ... christlichen Synagoge", für die auf Grund der Erfahrung der Auferstehung Jesu „auch seine *Lehre*, wie sie vor Ostern tradiert worden war, ... eschatologische Autorität empfangen hatte" (S. 325f.). Die missionskerygmatische Überlieferung aber entstand im Stephanuskreis; diese „Jerusalemer ‚Hellenisten' sind eine gesonderte Gruppe von Christen gewesen, die allesamt keinerlei biographischen Anhalt an Jesus und so auch keinerlei persönliche Beziehung zu der Tradition über den vorösterlichen Jesus gehabt haben" (S. 333). Beide Überlieferungsbereiche haben sich dann in der 2. Hälfte des 1. Jahrhunderts im Markusevangelium und seinen literarischen Nachfolgern „miteinander verfilzt" (S. 318). Auch S. SCHULZ behauptet, daß die „Leben-Jesus-Tradition" und die „Kerygma-Tradition" „verschiedene Gemeinden repräsentieren und ihre eigene Geschichte gehabt haben", postuliert aber für die „Leben-Jesus-Tradition" drei verschiedene Gemeinden (Q-Gemeinde, vormarkinische Gemeinde der Dekapolis, Gemeinde des Matthäus- und des Lukas-Sondergutes, S. 34f.). Nur diese drei Gemeinden „verkündigten die Jesusbotschaft weiter", während die vorpaulinische und die vorjohanneische Gemeinde „das Christuskerygma ohne den Rückgriff auf den historischen Jesus ausformulierten" (S. 37). Aber auch von den Traditionen, die die Gemeinden der Leben-Jesus-Tradition weitergaben, dürften nur „die ältesten Q-Stoffe auf die Verkündigung des historischen Jesus zurückgehen" (S. 39). Wenn auch Wilckens und Schulz, anders als Schmithals, damit rechnen, daß die von ihnen angenommene Gemeinde der Jesus-Tradition den Osterglauben teilte (Schmithals' Annahme einer galiläischen Jesus-Gemeinde, die vom Osterkerygma keine Notiz genommen hatte, kann ich nur als phantastisch bezeichnen), so schwebt die allen drei Forschern gemeinsame Konstruktion einer besonderen „Jesus-Gemeinde" als Tradentin der Tradition vom geschichtlichen Jesus völlig in der Luft, wie man sich die geschichtliche Existenz dieser Gemeinde oder dieser Gemeinden auch im einzelnen vorstellen mag. Es scheint mir aber überhaupt fraglich, ob ein ausreichender Grund zu der Annahme besteht, daß zwischen der Aramäisch sprechenden und der Griechisch sprechenden Christengemeinde Jerusalems kein Austausch bestanden hat, und ob zur Erklärung der Entstehung der Redenquelle der Synoptiker die Existenz einer besonderen Q-Gemeinde postuliert werden muß[1]). Auf alle Fälle ist die These Schmithals' von einer besonderen Christengemeinde als Trägerin der Jesus-Überlieferung, die vom Missions-Kerygma nicht beeinflußt war, ebenso unbewiesen und unwahrscheinlich wie die verwandten Hypothesen von Wilckens und Schulz; doch scheint mir dieses Problem in der neueren Diskussion noch nicht ausreichend geklärt worden zu sein.

Die erste These Schmithals' von der Austauschbarkeit der historischen Person Jesu und die daraus gezogene Folgerung, daß die Frage nach dem historischen Jesus theologisch verboten sei[2]), ist nur eine extreme Fortbildung von R. Bultmanns These, daß die Frage nach dem historischen Jesus theologisch unsachgemäß sei, wogegen sich bekanntlich die „Neue Frage" nach dem historischen Jesus gewandt hat (s. ThR, N.F. 31, 1965/6, 30 ff.). Nun beruht die Behauptung, „daß Jesus als *historischer* prinzipiell durch andere historische Größen ersetzt werden kann und daß ... solche Ersetzung angesichts der historischen Ferne Jesu und der Problematik eines gesicherten Jesusbildes unvermeidlich wird" (SCHMITHALS, 64), auf einer begrifflichen Verwechslung. F. HAHN[3]) hat darauf aufmerksam gemacht, daß weithin der Begriff „historischer Jesus" sowohl für den „vorösterlichen Jesus" wie für den „Jesus, wie er bei strenger historischer Methode zur Erkenntnis kommt", gebraucht wird, und schlägt darum vor, einerseits vom „vorösterlichen" oder „irdischen" Jesus, andererseits von der „historischen Jesusfrage" zu sprechen. Der Satz von Schmithals trifft auf alle Fälle nur dann in einem gewissen Maße zu, wenn damit die historische Jesusfrage gemeint ist, weil ein wissenschaftlich gewonnenes Jesusbild immer durch ein anderes ersetzt werden kann (freilich ist auch dann die Behauptung falsch, dieser Jesus sei „durch andere historische Größen" ersetzbar). Dagegen ist die These von Schmithals auf alle Fälle falsch, wenn an den „irdischen Jesus" gedacht ist, der als konkrete Person weder für die Urchristen noch für den modernen Historiker oder Theologen durch eine andere historische Größe ersetzt werden kann, weil es zum Wesen des christlichen Glaubens gehört, daß Gott den Tag des Gerichts für den Erdkreis festgesetzt hat „durch einen *Mann*, den er bestimmt hat;

---

1) Vgl. meine Bemerkungen in „Einleitung in das Neue Testament", [17]1973, 46 f. und M. HENGEL, Zwischen Jesus und Paulus, ZThK 72, 1975, 180. 199 und DERS., Der Sohn Gottes, 1975, 117 Anm. 132.

2) Ähnlich auch G. STRECKER, Jesusfrage, 471.

3) F. HAHN in „Rückfrage nach Jesus", 60 ff.

und er hat allen die Möglichkeit des Glaubens geboten dadurch, daß er ihn
von den Toten auferstehen ließ" (Apg 17, 31). Weder der irdische Jesus noch
der durch historische Arbeit erfragte Jesus ist darum austauschbar, und mit
diesem Argument kann daher die historische Frage nach dem vorösterlichen
Jesus nicht als theologisch verboten bezeichnet werden. Auf die Diskussion
darüber, warum diese Rückfrage vielmehr unerläßlich ist, muß vielmehr im
Folgenden ausführlich eingegangen werden.

Diese Diskussion wäre freilich auch überflüssig, wenn die andere Grundanschauung recht hätte, daß es nämlich unmöglich sei, ein sicheres Bild des
irdischen Jesus zu gewinnen. F. W. BEARE (JBL 1968) stellt in einer Untersuchung des Quellenwertes des Matthäusevangeliums fest, daß der irdische
Jesus uns in der Hauptsache verborgen bleibt, G. SCHILLE erklärt angesichts
der uneinheitlichen nachösterlichen Traditionsgeschichte und der „Kom-
plexität des Urdatums Jesus", daß sich das Jesuanische nicht mit großer
Sicherheit zurückgewinnen lasse, und H. M. TEEPLE bestreitet, daß es überhaupt eine authentische mündliche Jesustradition gegeben habe. Vor allem
hat G. STRECKER unter Hinweis auf verschiedenartige heute vertretene Jesusbilder und die Unmöglichkeit der Feststellung einer authentischen ältesten
Tradition erklärt, daß „der Historiker zur weitgehenden Skepsis in Bezug
auf die gegenwärtigen Möglichkeiten genötigt" sei, „das historische Phänomen Jesus zu erkennen" (S. 468), und nach L. SCHOTTROFF ist „Jesusforschung
am Nullpunkt angelangt, sie kann keine sinnvolle Aufgabe mehr sein", weil
der Rückschluß aus den Synoptikern „auf den historischen Jesus … absolut
fragwürdig bleibt", Jesusdarstellungen seien nur „Selbstdarstellungen von
Theologie des jeweiligen Autors in Form einer Jesusdarstellung" (S. 243f. 246).
Sie verlangt darum, keine Bücher über den „historischen" Jesus mehr zu
schreiben, „‚Jesus' muß anders begriffen werden als eine historische Gestalt"
(S. 247). Gegenüber dieser „nun wirklich törichten These"[1]) ist auf V. A. HAR-
VEY hinzuweisen, der im Schlußkapitel seines Buches über den Historiker
und den Glaubenden[2]) darauf verweist, daß uns im Neuen Testament ein
„perspektivisches Bild" Jesu begegnet, das auswählt, innerhalb dessen aber
„viele Elemente unverständlich sind, wenn wir nicht annehmen, daß sie eine
authentische Tradition repräsentieren" (S. 268). Darum ist „die ausgreifende
Behauptung, man könne nicht hinter das biblische Bild Christi" gelangen,
falsch, und wenn es auch keine uninterpretierten Bilder gibt, so kann der
Historiker doch „das perspektivische Bild prüfen, um zu sehen, in welchem
Umfang es etwas aussagt, was der Historiker als wahr, d. h. als den geschicht-

---

1) So E. GRÄSSER, Jesusfrage, 149 zu L. Schottroff.

2) Das Buch handelt vom historischen Wissen und christlichen Glauben und ist
als ganzes hier nicht zu besprechen.

lichen Jesus annehmen kann" (S. 276f.). Auch A. HANSON weist darauf hin, daß die skeptische Methode die Zuverlässigkeit *jedes* Geschichtsdokumentes in Frage stellen müsse und daß es bei der Annahme, das Markusevangelium berichte zum größten Teil ungeschichtliche Tatbestände, „ein verzweifelter Ausweg [sei], auf das Argument zurückzugreifen, daß wir trotzdem ... dem Zeugnis und der Erfahrung der Kirche trauen sollten" (S. 100). H. K. MC ARTHUR (Interp. 1969) hat dann auf dem Hintergrund eines klaren Überblicks über die verschiedenen modernen Grundpositionen in der Frage nach dem historischen Jesus als seine Position vertreten, daß durch die Anwendung verschiedener Kriterien ein wesentliches Bild Jesu wahrscheinlich gemacht werden kann, das freilich nicht als Grundlage für eine Christologie dienen könne. Und A. J. B. HIGGINS hat zur gleichen Zeit in Abgrenzung von radikalen kritischen und konservativen methodischen Standpunkten die These vertreten, daß es methodisch möglich sei, zu einem ausgewogeneren Jesusbild zu gelangen, als es der alte Liberalismus vermochte. Schließlich ist noch auf P. STUHLMACHERS „Thesen zur Methodologie gegenwärtiger Exegese" hinzuweisen, in denen er die pauschale Skepsis gegenüber der synoptischen Tradition und damit die Forderung, im Einzelfall die Echtheit glaubhaft zu machen, zurückweist zugunsten der Forderung, es müsse jeweils die angenommene sekundäre Traditionsbildung überlieferungs- und zeitgeschichtlich wahrscheinlich gemacht werden können.

Ist demnach die Frage nach dem irdischen Jesus theologisch keineswegs verboten und „war die historische Skepsis, mit der der *gesamte* Bestand an überlieferten Jesus-Worten betrachtet wird, zu keiner Zeit und ist heute erst recht nicht gerechtfertigt"[1]), so erweist die Weiterführung der Debatte über die Unentbehrlichkeit, über die theologische Bedeutung und vor allem über die Methode der Rückfrage nach dem irdischen Jesus diese Rückfrage als unausweichliche Aufgabe. Da ist zunächst auf die Arbeiten hinzuweisen, die sich vornehmlich mit der Notwendigkeit dieser Rückfrage befassen. D. E. NINEHAM weist darauf hin, daß die totale Unrichtigkeit der historischen Angaben im Kerygma das Kerygma wertlos machen würde und daß darum die Frage nach dem irdischen Jesus notwendig ist, auch wenn der Glaube nicht auf die Unsicherheit historischer Fragestellung begründet werden kann. J. M. ROBINSON hat in der Neuauflage seines die „Neue Frage" einleitenden

---

1) So E. GRÄSSER, Zum Verständnis der Gottesherrschaft, ZNW 65, 1974, 8. Vgl. auch die bei W. G. KÜMMEL, Jesu Antwort..., 142 Anm. 43 genannten Autoren, ferner E. KÄSEMANN, Die neue Jesus-Frage, in: Jésus aux origines..., 50. Ich darf wohl auch darauf hinweisen, daß meine eben genannte Abhandlung ebenfalls dem beispielhaften Nachweis dienen will, daß nicht grundsätzliche Skepsis, sondern nur „kritische Sympathie" in der Jesusforschung methodisch berechtigt ist.

Buches „Kerygma und historischer Jesus" (s. ThR, N.F. 31, 1965/6, 19 ff.)
sich vor allem mit R. BULTMANNS Heidelberger Vortrag von 1960 (s. ebd.,
28 f.) und der Kritik von V. A. HARVEY und S. M. OGDEN an Robinson (s. zu
beiden ebd., 29 f.) auseinandergesetzt und unter Heranziehung weiterer
Literatur erneut betont, daß die „Neue Frage" nicht das Christuskerygma
ersetzen, sondern in seinem Verweis auf Jesus verständlich machen wolle.
A. M. RAMSEY verweist darauf, daß der Osterglaube nicht ohne Beziehung
zur nachweisbaren Geschichte war, führt aber in seinen methodischen Hinweisen nicht weiter. I. H. MARSHALL betont einerseits, daß der objektiv sein
wollende Historiker sich seiner Voraussetzungen bewußt sein müsse und daß
der christliche Historiker die Möglichkeit übernatürlichen Geschehens nicht
grundsätzlich ausschließen könne, vor allem aber, daß der Glaube unverant-
wortlich wäre, wenn er seine eigenen geschichtlichen Unterlagen nicht prüfen
würde. Da die ursprüngliche Verkündigung geschichtliche Bezugnahmen enthielt, können sich Verkündigung und Geschichtsschreibung nicht ausschließen. Damit stimmt M. HENGEL überein, der im Zusammenhang der Besprechung einiger Arbeiten zur Redaktionsgeschichte mit Recht darauf verweist,
daß diese Untersuchungen „kaum weniger mit Hypothesen und Unwägbar-
keiten belastet sind als die Frage nach der Geschichte und Verkündigung Jesu
selbst"; er lehnt darum „die Alternative Kerygma *oder* Geschichte grundsätzlich als irreführend ab" und betont, daß die neutestamentliche Disziplin
sich selbst aufgibt, wenn sie meint, auf die Rückfrage nach der Geschichte
Jesu verzichten zu können (S. 336). Schließlich hat TH. LORENZMEIER in Auseinandersetzung mit Schmithals betont, daß es unmöglich ist, an historisch-
kritischer Theologie festzuhalten und zugleich die Frage nach dem historischen Jesus abzulehnen. „Die Theologie bedarf der Frage nach dem historischen Jesus", weil es „das Eigentliche des christlichen Glaubens ist, daß alles
an Jesus von Nazareth hängt" (S. 298).

So nützlich und dankenswert diese Äußerungen zur Berechtigung der Frage
nach dem historischen Jesus auch sind, die weiterführende theologische Diskussion hat doch in den zahlreichen Arbeiten stattgefunden, die sich mit dem
Problem des Verhältnisses von historischem Jesus und Christus des Glaubens
beschäftigen. P. GRECH skizziert die Diskussion der letzten 20 Jahre klar und
hält den Annahmen der „Bultmann-Schule" die beiden Feststellungen entgegen, daß ohne das Was und Wie Jesu in der Geschichte von Offenbarung
Gottes nicht die Rede sein kann und daß die Evangelien durchaus informieren wollen, auch wenn sie dadurch zur Glaubensentscheidung führen wollen.
R. SLENCZKA bietet im ersten Teil seines im ganzen systematisch ausgerichte-
ten Buches, der hier allein in Betracht kommt, eine interessante Geschichte
der „historischen Jesusfrage", unter welchem Begriff sowohl die „Leben-
Jesu-Forschung" des 19. Jahrhunderts wie die „Neue Frage" nach dem histo-

rischen Jesus zusammengefaßt werden sollen; dabei interessieren ihn nicht die
Resultate der Forschung, sondern deren Motivation. Mit Recht wird einerseits darauf aufmerksam gemacht, daß nicht erst seit M. Kähler und R. Bultmann, sondern schon seit der Aufklärung in der Geschichte der historischen
Jesusfrage „die Indifferenz gegenüber dem Historischen", d.h. der „Verzicht
auf eine bleibende Bedeutung des historischen Jesus für den Glauben" begegnet (S. 43), andererseits wird gezeigt, daß die verschiedensten Formen
„positiver" Jesusdarstellungen „den Zusammenhang zwischen der geschichtlichen Person und dem Glauben nachweisen" wollen und daß darum „die
Frage nach dem Selbstbewußtsein Jesu" im weitesten Sinn zum „Zentral-
problem" wird, auch innerhalb der „Neuen Frage nach dem historischen
Jesus" (S. 90f.). Das alles stimmt, und *forschungsgeschichtlich* trifft auch in
weitem Maße zu, daß sich „die historische Jesusforschung eindeutig im Bereich der theologischen Arbeit abspielt" (S. 136) und daß darum die „historische Motivation nicht ... von dem Interesse an dem ‚historischen Jesus' bestimmt ist, sondern von dem Zweifel an der [so wohl zu lesen statt ‚dem'] in
den neutestamentlichen Quellen und darüber hinaus in der Christusverkündigung und im Christusglauben vorliegenden Deutung des Geschichtszusammen-
hangs. Das Interesse ist also nicht auf bloße Faktizität, sondern auf die Legitimität gerichtet" (S. 134). Daß sich Jesusforschung durchaus legitim auch
im nichttheologischen Bereich abspielen kann und abgespielt hat, wird dabei
aber überhaupt nicht ins Auge gefaßt, und die anmerkungsweise ein-
gefügte Bemerkung: „Bei aller sachlichen Nähe zeigen sich doch etwa in der
jüdischen Jesusforschung ganz andere Momente" (S. 136 Anm. 27) zeigt, daß
die *geschichtsmethodische* Problematik der Rückfrage nach dem vorösterlichen
Jesus bei dieser Erörterung überhaupt nicht gesehen wird. D.h. es ist aus
Slenczkas Erörterung der Geschichte der historischen Jesusfrage forschungsgeschichtlich mancherlei zu lernen; die heute brennende Frage nach dem
Recht und der Möglichkeit der wissenschaftlichen Bemühung um den irdischen Jesus bleibt aber unerörtert, und darum ist dieses Buch für den an diesen Fragen Interessierten enttäuschend.

Auch J. PETERS Buch über die Auffindung des historischen Jesus führt
nicht wirklich weiter. Der 1. Teil, der einige Hauptstandpunkte in der Jesusforschung der letzten 100 Jahre kritisch vorführt, und der 4. Teil, der eine
Auseinandersetzung mit der Entmythologisierungsthese bietet, wollen gar
nicht mehr, als zuverlässig informieren. Aber der 2. und 3. Teil wollen klären,
was Geschichtsschreibung im Falle Jesu ist und wie sich der Glaube zu den
Ergebnissen der geschichtlichen Frage nach Jesus verhält, und das ist
schwerlich ausreichend gelungen. Die Klärung der Rolle, die der Historiker
selber bei der Feststellung historischer Tatbestände spielt, ist sicher wichtig,
und die Feststellung, es sei nötig, einen „Geschichtstypus zu postulieren, der

frei ist von den gewöhnlichen Kriterien der Geschichtsschreibung, um die christliche Überzeugung festzuhalten, daß der Glaube eine geschichtliche Basis hat" (S. 120), wird man gerne billigen; und daß Jesus einzigartig gewesen sein *kann*, auch wenn er ein Mensch war wie wir (S. 123), muß selbstverständlich zugestanden werden. Wenn dann aber einerseits die Vorstellungen der „Erfüllung" und der „centrality" herangezogen werden, um zu verstehen, „welchen Platz Jesus *in der Geschichte* hat" (S. 124f.; Unterstreichung von mir), andererseits die Anerkennung der Einzigartigkeit Jesu vom Glauben abhängig gemacht wird, zeigt sich, daß das Interesse des Verfassers letztlich gar nicht auf das Problem der wissenschaftlichen Bemühung um den irdischen Jesus ausgerichtet ist, sondern auf den Nachweis, daß „geschichtswissenschaftliche Untersuchung weder schädlich noch unwesentlich für den christlichen Glauben ist" (S. 211), und darum trägt auch Peters Buch nichts Wesentliches zur Klärung der methodischen Frage nach dem irdischen Jesus bei.

Wirklich weitergeführt wurde die Diskussion über die Notwendigkeit und den Sinn der Rückfrage nach dem irdischen Jesus dagegen in zahlreichen Arbeiten, die man auf vier Themenkreise verteilen kann, die sich freilich überschneiden. a) Aus der Einsicht, daß alle urchristliche Überlieferung von glaubenden Christen geformt und weitergegeben worden ist, hat man in der neueren Diskussion mehrfach gefolgert, daß die frühere Urchristenheit überhaupt keinerlei Nachrichten oder Worte Jesu im Interesse der Erinnerung an geschichtliche Vergangenheit bewahrt und weitergegeben habe[1]). Dagegen hat C. K. Barrett im 1. Kapitel seines Buches über „Jesus und die evangelische Tradition"[2]) trotz der Feststellung, daß durch Analyse „keine Einheit der evangelischen Überlieferung gefunden werden kann, die nicht wesentlich theologischen Charakter aufweist" (S. 7), mit Recht erklärt, daß die Mischung von geschichtlicher Erinnerung und theologischer Überzeugung in der evangelischen Tradition zeigt, daß „die geschichtliche Gestalt Jesu von Nazareth von so überwältigender Bedeutung war, daß, auch wenn Menschen von Jesus primär als von dem himmlischen Herrn dachten, sie sich doch entschlossen, die Tradition lieber zu interpretieren, zu variieren, abzuändern, statt sie im Interesse einer rein übernatürlichen Gestalt völlig aufzugeben" (S. 16). Er weist dann darauf hin, daß das, was Jesus nach der evangelischen Tradition über das Gottesreich sagt, eng parallel zu dem ist, was er über den Menschensohn sagt, und daß dieser Parallelismus „ein starkes Argument darstellt, daß

---

1) Vgl. etwa F. W. Beare, Sayings..., 178; N. Perrin, Rediscovering the Teaching of Jesus, 1967, 16 (deutsch: Was lehrte Jesus wirklich?, 1972, 10).

2) Das 2. Kapitel behandelt die Entwicklung der Tradition über den Tod Jesu, das 3. Kapitel das Verhältnis von Auferstehungserwartung und Parusiehoffnung bei Jesus; auf beides kann hier nicht eingegangen werden.

sowohl Gottesreich wie Menschensohn zur ältesten Traditionsschicht gehören" (S. 31). Da die älteste Tradition „messianic hints" enthielt, „*mußte* die
geschichtliche Jesustradition über die Geschichte hinausgehen, gelegentlich
sogar die Geschichte verfälschen, gerade deswegen, weil sie geschichtlich war.
Dieser Tatbestand stellt das Problem des geschichtlichen Jesus dar" (S. 34).

Auch C. F. D. MOULE hat in seinem Aufsatz über Jesus im neutestamentlichen Kerygma nicht nur, wie mir scheint überzeugend, nachgewiesen, daß
das Dogma, Paulus habe kein Interesse am irdischen Jesus gehabt, auf sehr
schwachen Füßen steht, sondern auch kurz darauf hingewiesen, daß die
Evangelisten zwar zu Glauben und Entscheidung rufen, aber ebenso „oft
Feststellungen machten und Geschichten erzählten über Jesu Wirksamkeit
vor der Auferstehung in der Absicht, einen Eindruck von seiner Person und
seiner Botschaft zu vermitteln und zu erklären, wie er mit den Behörden
zusammenstieß" (S. 24). Ausführlich hat sich dann J. ROLOFF in seinem Buch
„Das Kerygma und der irdische Jesus" mit der Frage nach den „historischen
Motiven in den Jesus-Erzählungen der Evangelien" befaßt. Er zeigt zunächst
an einem Überblick über die Jesusfrage von M. Kähler bis zur „Redaktionsgeschichte", daß zunehmend problematisch geworden ist, ob „das Interesse
an ,objektiver Geschichtlichkeit' mit dem Wesen des Kerygmas unvereinbar
sei" (S. 30), und bezeichnet es über die Feststellung historisierender Züge bei
den Evangelisten hinaus als die entscheidende Frage, „ob die Historisierung
erst Folge eines Bruches im urchristlichen Denken war, oder ob damit zu rechnen ist, daß der Rückblick auf die Erdentage Jesu ein die Traditionsbildung
wesentlich bestimmender Faktor von Anfang an gewesen ist" (S. 47). Von
dieser m. E. richtigen Fragestellung aus unterwirft R. dann die Jesu*erzählungen* der Markustradition der Fragestellung, ob in diesem Zweig der Tradition „Züge, die das Erdenwirken Jesu als eigenen, von der jeweiligen kirchlichen Gegenwart gesonderten Sinnzusammenhang kennzeichnen, bewußt festgehalten worden sind" (S. 47 f.). Die Frage wird zunächst beispielhaft an zwei
Themenkreisen untersucht. Die Sabbatkonflikte Mk 2, 23 – 3, 6 zeigen nach R.
„in allen Schichten der evangelischen Tradition", d. h. bis hin zum Johannesevangelium, „daß sie ihre Überlieferung und Ausgestaltung dem Interesse
der Gemeinde verdanken, Antwort auf die Frage nach dem Ausgang Jesu zu
erhalten", um „den Weg Jesu zum Kreuz von einer vertiefenden Deutung
seines Erdenwirkens her begreiflich zu machen" (S. 85). Voraussetzung dieser
verblüffenden Feststellung ist die keineswegs einleuchtende Annahme, daß die
abschließende Notiz Mk 3, 6 über den gemeinsamen Vernichtungsplan der
Pharisäer und Herodianer gegen Jesus auch ursprünglich zur vorhergehenden
Perikope gehörte (S. 64), d. h. die richtige Beobachtung, daß die beiden
Sabbatperikopen Mk 2, 23 – 3, 5 „ein verhülltes Selbstzeugnis Jesu" enthalten,
wird dadurch verfälscht, daß aufgrund des zweifellos sekundär angefügten

Verses 3, 6 eine Deutung des Todes Jesu in die älteste Überlieferung eingetragen wird. Ähnlich wird auch für die Erzählung von der Tempelreinigung
Mk 11, 15–18 angenommen, daß „die Überlieferungsintention dieses Traditionsstückes allein in der geschichtlichen Begründung des Weges Jesu zum
Kreuz gelegen haben dürfte" (S. 98), was wiederum nur darum möglich ist,
weil die redaktionelle Bemerkung über den Tötungsplan der Hohepriester
und Schriftgelehrten Mk 11, 18a zur ursprünglichen Überlieferung gerechnet
wird. Ein weiterer Abschnitt untersucht dann einige Berichte von Taten Jesu
auf ihr Interesse an der Vergangenheit, wobei sich der Bericht über die Heilung der Schwiegermutter des Petrus als eindeutig biographisch interessiert
erweist, während bei den andern Beispielen mehr das Problem der Geschichtlichkeit des Berichteten als das Interesse der Berichte an vergangenem Geschehen zur Sprache kommt. Recht beachtlich ist dagegen der Nachweis im
letzten Abschnitt des Buches, daß manche Berichte über das Verhältnis Jesu
zu seinen Jüngern deutlich „vom Bewußtsein des historischen Abstands her
gestaltet" sind (S. 210), obwohl es auch hier an Überinterpretationen, vor
allem im Hinblick auf die Mahltradition, nicht fehlt. Wenn Roloff abschlie
ßend feststellt, daß „historisierende Motive innerhalb des … Gestaltungsund Tradierungsprozesses der Jesusgeschichte von den Anfängen an eine weit
größere Rolle gespielt haben, als vielfach angenommen worden ist" (S. 270),
so ist dieser Nachweis an einzelnen Punkten zweifellos gelungen; aber zur
vollen Sicherung dieses Resultats bedarf es keineswegs des unbeweisbaren
Postulats „bestimmter autorisierter Überlieferungsträger" (S. 271), wohl aber
der Heranziehung einer umfassenderen Stoffauswahl und der konsequenteren
Frage nach dem Überlieferungsinteresse der *einzelnen* Traditionsstücke, als
das in Roloffs zwar richtungweisender, aber methodisch noch zu unsicherer
Untersuchung der Fall ist.

Auch einige weitere Arbeiten haben diese Aufgabe mehr gestellt als gelöst.
G. Lindeskog weist in seinem beachtlichen Aufsatz mit dem unverständlichen
Titel „Empirie und Glaube im Neuen Testament" richtig darauf hin, daß
„die Grundlage des neutestamentlichen Kerygmas die *Erzählung*" ist und daß
durch die Auferstehungserfahrung „das Interesse für den historischen Jesus
nicht abnahm, sondern allmählich verstärkt wurde" (S. 288. 295), macht auch
mit Recht darauf aufmerksam, daß „die Autoren der *historia Jesu* mit dem
einleitenden Kapitel über den Täufer diese *historia* mit der des zeitgenössischen Judentums fest verbinden" (S. 292), doch werden diese und weitere
wichtige Hinweise nicht wirklich ausgeführt. Auch L. E. Keck macht in seinem Buch über „Eine Zukunft für den historischen Jesus" darauf aufmerksam, daß „Kerygma ohne Erzählung bloße kirchliche Behauptung ist"
(S. 134), und betont, daß derjenige Jesus mißversteht, „der sich nur auf
Jesu *Worte* stützt" (S. 30; Unterstreichung von mir); doch dient das für einen

weiteren Leserkreis bestimmte Buch im übrigen dem Hinweis auf die Notwendigkeit echter Geschichtskritik gegenüber der Jesusüberlieferung gerade
im Interesse des Glaubenden. Und H. HÜBNER lehnt im 2. Kapitel seines – im
übrigen den Problemen der existentialen Interpretation und der politischen
Theologie gewidmeten – Buches nicht nur mit Recht das Axiom ab, ,,nur das
aus dem Osterglauben formulierte bzw. umformulierte Wort [Jesu] könne in
die eigentliche Entscheidung vor Gott stellen'', weil ,,das Heilsgeschehen als
Wort auch die authentischen Jesusworte impliziert'' (S. 59), sondern betont
auch ebenso mit Recht, daß ,,die Auffassung vom Desinteresse der frühen
Christenheit und im besonderen der Jerusalemer Urgemeinde am historischen
Jesus'' nicht überzeugend sei (S. 69). Doch führen auch diese an sich richtigen
Feststellungen nicht wirklich weiter.

Förderlich sind aber mehrere Arbeiten der beiden letzten Jahre gewesen.
Der Sammelband ,,Rückfrage nach Jesus'', der auf Vorträge bei einer Tagung
der deutschsprachigen katholischen Neutestamentler von 1973 zurückgeht,
enthält außer Aufsätzen über Themen, auf die in diesem Zusammenhang
nicht einzugehen ist[1]), und zwei Untersuchungen zu den Kriterien in der
Jesusforschung, von denen später die Rede sein wird, einen sehr förderlichen
Aufsatz von F. HAHN über ,,Methodische Überlegungen zur Rückfrage nach
Jesus''[2]). Hahn weist zunächst auf die Schwierigkeit der Rückfrage nach dem
vorösterlichen Jesus hin, die darin begründet ist, daß die Tradition ebenso
ausgewählt wie zugefügt hat, obwohl ,,die eigentliche Tendenz der Überlieferung unbestritten die des Sammelns und Bewahrens war'' (S. 19), und daß
,,die gesamte vorösterliche Tradition übernommen, weitergeführt, aber auch
verstanden worden ist im Licht der Auferweckung Jesu und des damit gesetzten Neubeginns'' (S. 26). Infolgedessen ist ,,die historische Frage nach
dem vorösterlichen Jesus … ein methodisch eigenständiges Verfahren, das in
seiner Besonderheit klar erkannt sein will'' (S. 27). Diese historische Frage
kommt aber zu der Einsicht, daß ,,trotz der österlichen Erkenntnis … an
Jesu eigenem Wort und seiner Geschichte festgehalten wurde … Die Jünger
haben Jesu eigene Botschaft weiterverkündigt … im doppelten Sinne, indem
sie Jesu Wort und Handeln bewahrten und indem sie Wort und Wirken deu-
teten. Ohne die Grundlage der *ipsissima verba* und der *ipsissima facta* wäre
das undenkbar gewesen'' (S. 28). Für die Methode der Rückfrage nach dem

---

1) R. PESCH, Die Überlieferung der Passion Jesu; K. KERTELGE, Die Überliefe-
rung der Wunder Jesu und die Frage nach dem historischen Jesus; R. SCHNACKEN-
BURG, Der geschichtliche Jesus in seiner ständigen Bedeutung für Theologie und
Kirche.

2) Hahns früherer Aufsatz (TThZ 1972) vertritt kürzer dieselben Gedanken und
kann darum hier übergangen werden.

vorösterlichen Jesus bespricht H. kurz die vorgeschlagenen Kriterien, betont aber dann mit Recht, daß „Einzelbeobachtungen und Gesamtbild in einem ständigen Wechselverhältnis stehen" müssen (S. 37); er mißt dabei den Konflikten Jesu und dem Phänomen des „Neuen", das mit Jesu Auftreten erkennbar wurde, besondere Bedeutung zu, und mit Recht wird betont, daß diese beiden Überlieferungskomplexe auf „die Frage nach Stellung und Bedeutung der *Person* Jesu" zulaufen, weswegen es unerläßlich ist, „nach dem Sendungs-*anspruch* Jesu [zu] fragen, ... der in seiner Verkündigung, in seinen Taten und in seiner Bereitschaft, den Tod auf sich zu nehmen, zum Ausdruck kommt" (S. 49). Besonders wichtig ist, daß H. schließlich auch auf die „Relevanz der Rückfrage" eingeht und zunächst betont, daß wir mit der „historischen Jesusfrage" (H. übernimmt diese Formulierung von R. Slenczka) „einen ‚Schritt zurück' vollziehen, den die Urchristenheit so nicht kennt, ... weil es ihr um den entscheidenden Schritt vom irdischen Jesus zum auferstandenen Jesus, also um den ‚Schritt nach vorn', geht" (S. 63f.). H. betont aber ebenso, daß das Neue Testament durchaus einen „Blick zurück vom erhöhten zum irdischen Jesus kennt" und damit ein „Interesse an der Geschichte Jesu zeigt" (S. 64). Die Jesusüberlieferung bringt konkrete Einzelberichte über den irdischen Jesus und ist dadurch „im Unterschied zur Bekenntnistradition nicht nur an dem ‚Daß', sondern auch an dem ‚Wie' der Geschichte Jesu interessiert", um „die gegenwärtige Bedeutung dieser Geschichte zu verdeutlichen" (S. 65). Außerdem „ist das urchristliche Interesse an der Geschichte des irdischen Jesus dadurch gekennzeichnet, daß deren *Einmaligkeit* festgehalten werden soll, und zwar im Sinne des Ein-für allemal" (S. 66), und infolge des so beschaffenen urchristlichen Interesses an der Geschichte Jesu ist „der Ruf zu Glaube und Nachfolge in Jesu ursprünglicher Botschaft genau so gestellt wie bei der Verkündigung der nachösterlichen Zeit" (S. 68).

Diese wichtigen Ausführungen über den theologischen Sinn und die Möglichkeit der Rückfrage nach dem vorösterlichen Jesus werden ergänzt durch die drei ersten Beiträge des Berichtes über die Löwener Journées Bibliques von 1973, die unter dem Thema „Jésus aux origines de la christologie" standen[1]). Nachdem J. Dupont einleitend den sachlichen Zusammenhang der verschiedenen Vorträge aufgezeigt und dabei mit hilfreichen Literaturangaben auf die wesentlichen Punkte der neueren Jesusforschung hingewiesen hat, erörtert A.-L. Descamps die „Christologische Tragweite der historischen Jesusforschung" und betont einerseits, daß der von den Jüngern gekannte

---

1) Der Band enthält außer den jetzt zu besprechenden drei Aufsätzen und zwei Arbeiten zur Methode der Jesusforschung, von denen noch die Rede sein wird, eine größere Zahl von Untersuchungen spezieller Aspekte der Verkündigung und Geschichte Jesu, die hier nicht aufgezählt werden können.

irdische Jesus „einander folgende Bilder hervorgebracht hat, deren jedes das
Bild *eines* Christus des Glaubens ist" (S. 31), und weist andererseits darauf
hin, daß „die Bemühung der Evangelisten um die Vergangenheit im Kern die
wissenschaftliche Rekonstruktion dieser Vergangenheit enthält, wie man sie
heute versteht" (S. 41). Vor allem aber hat E. KÄSEMANN in seinem Aufsatz
über „Die neue Jesus-Frage" darauf verwiesen, daß man „nicht einmal bei einem Gespenst die Faktizität des Kommens von den Modalitäten der Erscheinung trennen kann" und daß sich dementsprechend das, was die urchristliche
Verkündigung von Jesus berichtet, „schlechterdings nicht auf ein *punctum
mathematicum* reduzieren läßt" (S. 50). Vielmehr „steht mit dem Problem des
‚historischen' Jesus die gesamte Christologie auf dem Spiel", und deswegen
„kann man ohne historische Forschung des irdischen Jesus im Medium der
kirchlichen Verkündigung nicht mehr glaubwürdig ansichtig werden" (S. 52 f.).
Mit Recht fügt K. aber dann hinzu, daß dieser für uns geltende Sachverhalt
durch das eigene Verständnis der Synoptiker unterstützt wird: „Offensichtlich war für die Synoptiker, wie stark sie immer durch den Osterglauben geprägt worden sind, … der irdische Jesus nicht theologisch irrelevant … Das
Evangelium berichtet von einer Geschichte des Christus, innerhalb deren auf
sein irdisches Sagen, Tun und Leiden nicht verzichtet werden kann" (S. 54).
Und darum „hat uns Theologen die Einsicht zu bewegen, daß gerade auch der
Glaube nicht darauf verzichten darf, sich Rechenschaft über die Worte, Taten
und das Geschick des irdischen Jesus zu geben" (S. 55).

Neben diese wichtigen grundsätzlichen Feststellungen ist G. N. STANTONS
Untersuchung der Rolle zu stellen, die die konkrete Person Jesu im Zusammenhang der neutestamentlichen Predigt spielt. Die aus der Schule C. F.
D. Moules hervorgegangene ehemalige Dissertation untersucht zunächst Jesus
in der Missionspredigt nach der Anschauung der Reden in der Apostelgeschichte, die Darstellung Jesu im Lukasevangelium und die von Lukas aufgenommene Jesustradition in den Reden der Apostelgeschichte. St. betont
zunächst mit Recht, daß, „zum mindesten zur Zeit des Lukas, eine Bezugnahme auf das Leben und die Gestalt Jesu ein wesentlicher Teil der Predigt
der frühen Kirche war"; „einführende Missionspredigt schloß, soweit Lukas
in Frage kommt, eine Bezugnahme auf Jesus ein" (S. 26 f.). Wenn diese richtige Feststellung dann unterbaut werden soll durch den Nachweis, daß die
Stellung des Lukas zur Geschichte Jesu keine andere theologische Anschauung verrät als die des Markus und Matthäus, so zeigt sich darin eine
einseitige Bekämpfung der sicherlich fraglichen These von dem „biographischen" Interesse des Lukas; auch der Versuch, die vorlukanische Tradition
über Jesus in den Reden der Apostelgeschichte zu rekonstruieren, ist z. T.
recht gewaltsam. Dagegen ist der Nachweis des paulinischen Interesses an der
konkreten Person Jesu überzeugend („Es gibt eine Reihe von Anzeichen da-

für, daß ... Paulus sich des Unterschiedes zwischen der ‚Vergangenheit' und
der ‚Gegenwart' Jesu Christi bewußt war", S. 98), und der interessante Vergleich der Evangelien mit griechischen und römischen Biographien zeigt, daß
die Differenz zwischen diesen beiden literarischen Formen weniger groß ist,
als oftmals angenommen wird. Besonders bedenkenswert ist das letzte Kapitel über „Jesus in der Evangelientradition" mit dem Nachweis des Interesses
der evangelischen Tradition an bestimmten Zügen der Person und des Wirkens Jesu: „Interesse an der Vergangenheit Jesu ist tief verwurzelt in den
Traditionen, aus denen die Evangelisten schöpften" (S. 156). Abschließend
betont St., daß „die kerygmatische Rolle der Tradition das Interesse am
Leben und der Gestalt Jesu nicht erstickt hat" (S. 172); und wenn wir über
die „Persönlichkeit" Jesu nichts wissen, so doch mancherlei über seine geschichtliche Gestalt *(character)*, denn wenn auch die Behauptungen der evangelischen Botschaft durch den Historiker nicht bestätigt werden können, so
ist das Evangelium doch insofern an der Geschichte interessiert, „daß es hinfällig wird, wenn die Hauptlinien des Porträts Jesu in der frühen Kirche durch
historische Forschung als falsch erwiesen würden" (S. 189). Auch wenn
Stantons Ausführungen noch skizzenhaft sind, stellen sie doch einen beachtlichen ersten Schritt in der Richtung auf eine Klärung des urchristlichen
Interesses an der Geschichte des vorösterlichen Jesus dar.

Mit diesem Interesse haben sich in kürzerer Form schließlich noch zwei
Aufsätze der letzten Zeit beschäftigt. R. PESCH weist im 1. Aufsatz der zusammen mit H. A. Zwergel herausgegebenen Aufsatzsammlung über das
Thema: „‚Christus dem Fleische nach kennen' (2 Kor 5, 16)? Zur theologischen Bedeutung der Frage nach dem historischen Jesus" nach, daß Paulus
entgegen einer weit verbreiteten These durchaus nicht am geschichtlichen
Jesus uninteressiert ist, „Paulus bezieht seinen Glauben auf den irdischen
Jesus, welcher der Erhöhte ist" (S. 30). Infolgedessen muß derjenige, der
„nach dem historischen Jesus fragt, das paulinische Christentum nicht verabschieden", vielmehr „muß sich der Glaube konkret auf ihn [den irdischen
Jesus] beziehen können und darf die Chance der Konkretion, die historische
Rekonstruktion bietet, nicht außer acht lassen" (S. 33f.). Und D. LÜHRMANN
hat in einem Aufsatz (in dem Sammelband „Jésus aux origines..."), der in
der Hauptsache die Kriterienfrage in der Jesusforschung behandelt und insoweit später zu besprechen sein wird, darauf hingewiesen, daß sich „in der
synoptischen Tradition ein Interesse am irdischen Jesus nicht erst auf der
Stufe der Evangelisten erkennen läßt...:, vielmehr liegt ein solches Interesse
bereits in der Überlieferung selbst. Hierfür läßt sich die Logienquelle anführen, die von Jesus berichtet, weil sie von *Jesus* berichten will" (S. 67). Wenn
also „der Anfang der Überlieferung der Worte Jesu *vor* Ostern in der Verkündigung *Jesu* liegt" (S. 68), ist „an einzelnen Texten überlieferungsgeschicht-

lich von dem Text, den wir in den Evangelien vor uns haben, zurückzufragen
bis zu der Stufe der Überlieferung, an dem er seinen Ursprung hat", sodaß
„derjenige die Beweislast zu tragen hat, der Unechtheit behauptet" (S. 70).

b) Eng verwandt mit diesen Arbeiten, die sich mit dem Interesse der Urchristenheit an der Geschichte Jesu beschäftigen, sind Untersuchungen über
den Zusammenhang der vorösterlichen und der nachösterlichen Verkündigung. L. MALEVEZ hat in einem Aufsatz über den geschichtlichen Jesus und
die Interpretation des Kerygmas der These von der theologischen Unwesent-
lichkeit des historischen Jesus einerseits entgegen gehalten, daß „das Kerygma schon in dem Maße, in dem es sich für die Faktizität Jesu einsetzt, die
Frage nach dem Was stellt, auf die wir antworten müssen in dem vollen Maße,
das uns die Zeugnisse erlauben" (S. 799), besonders aber betont, daß „es sich
mit dem apostolischen Kerygma wie mit jeder Interpretation... verhält: es
gibt keine Interpretation ohne die Schlußfolgerung aus den interpretierten
Begriffen... Der Jesus der Geschichte ist so notwendig für das Verständnis
des apostolischen Kerygmas, daß wir ohne ihn nicht mehr die Möglichkeit
hätten, das paulinische Kerygma zu verstehen" (S. 804). M. BOUTTIER hat im
Schlußkapitel eines Büchleins, das im übrigen ein weiteres Publikum klar
über die neuere Jesusdebatte informiert, einerseits darauf hingewiesen, daß
„die theologischen Texte [des Neuen Testaments]... in ihrer tiefsten Absicht
von einer Geschichte Rechenschaft geben wollen" (S. 70) und daß „wir darum
immer von Jesus zu den Aposteln, von den Aposteln zu Jesus gehen müssen,
ohne sie trennen zu können" (S. 77), andererseits betont, daß die Jünger Jesu
„die Zeugen einer Kontinuität zwischen der geschichtlichen Wirksamkeit
Jesu und der Verkündigung des Auferstandenen sind, der sich in ihr Leben
eingegraben hat. Die apostolische Botschaft ist keine *creatio ex nihilo*" (S. 91).
P. STUHLMACHER („Kritische Marginalien...") hat in einer sehr beachtlichen
Auseinandersetzung mit G. Strecker (s. o. S. 307) und mit H. Brauns noch zu
besprechendem Jesusbuch aufmerksam darauf gemacht, daß „in den Evangelien der ... Versuch gemacht worden ist, das Evangelium und die Christologie vor Doketismus und Verflüchtigung in eine selbständig zu handhabende
Heilsidee zu schützen", weswegen „Geschichte berichtet und doxologisch ausgestaltet wird, weil sie als Vorausdarstellung eschatologischen Heils angesehen und als Grund von Hoffnung verstanden wird" (S. 348); er fragt mit
Recht: wie läßt sich von der Wahrheit Jesu Christi „verbindlich und ver-
sammelnd sprechen, wenn wir nicht einmal mehr glaubwürdig von Jesus erzählen können?" (S. 349), und verlangt, daß wir der kerygmatischen Christus-
geschichte des Neuen Testaments „wirklich vom Standpunkt ihrer Doxologie
her, also in der Bereitschaft begegnen müssen, daß sich u. U. gerade das
kerygmatische Christuszeugnis als das zumindest im Ansatz auch historisch zutreffende erweist (S. 361)". Ähnlich hat F. MUSSNER in seinem Aufsatz „Der

historische Jesus" (in dem Sammelband „Jesus in den Evangelien") nicht nur
auf die Züge innerhalb der synoptischen Überlieferung hingewiesen, die „die
einmalige und unwiederholbare Situation noch erkennen lassen, in der sich
Jesus vor Ostern Israel gegenüber befand" (S. 43), sondern auch betont, daß
„eine sachgemäße Untersuchung der evangelischen Überlieferung des Neuen
Testaments zeigt", daß die neue Sehweise der Apostel und Jünger nach
Ostern „den ‚historischen' Jesus nicht verschwinden ließ, sondern ihn der
nachösterlichen Kirche durchaus erhalten hat", sodaß „in den synoptischen
Evangelien die Wege vom ‚Christus des Glaubens' zurück zum vorösterlichen
Jesus führen" (S. 49). Schließlich hat J. ROLOFF in seinem Aufsatz „Auf der
Suche nach einem neuen Jesusbild" auf die Fragen hingewiesen, die durch die
methodischen Debatten und aus populärtheologischen und nichtchristlichen
Jesusbildern der wissenschaftlichen Rückfrage nach dem historischen Jesus
gestellt werden, und daraus die Aufgabe abgeleitet, die in Auseinandersetzung
mit seiner Umwelt sich formende gedankliche Struktur der Botschaft Jesu
nachzuzeichnen und die entscheidenden Züge des Verhaltens Jesu und die
Formen des gemeinschaftlichen Lebens um ihn zu erkennen, wobei als wichtige und bisher noch nicht gelöste Aufgabe die Frage genannt wird, „ob nicht
Teile des Logienmaterials auf bestimmte Lebensfunktionen des vorösterlichen Jüngerkreises zurückverweisen" (Sp. 569).

c) Wenn Roloff dabei mit Recht auch die Einsicht betont, „daß es nicht
angeht, die komplexe Struktur der Verkündigung Jesu abgelöst von der Person ihres Trägers zu betrachten" (Sp. 565), so führt das hinüber zu den Arbeiten, die auf die Relevanz der Person Jesu im Zusammenhang der Frage nach
dem vorösterlichen Jesus hingewiesen haben. Auch hier hat F. MUSSNER
einen wichtigen Hinweis gegeben. Er geht in dem Aufsatz „Wege zum Selbstbewußtsein Jesu" von der m. E. richtigen, aber sehr umstrittenen Feststellung aus, „daß die Christologie ‚in der Luft hängt', wenn sie nicht ihren
Grund im Selbstbewußtsein Jesu hat" (S. 161), weist darauf hin, daß Logien,
„die christologisch offen und vage sind", das genuine Selbstbewußtsein Jesu
spiegeln können (S. 164), und belegt diese Behauptung recht einleuchtend
mit einer Untersuchung der Worte Mt 10, 34 par., 11, 25f. par., 12, 41f. par.
Daraus ergibt sich, daß es sich durchaus zeigen läßt, „daß die nachösterliche
Christologie mit ihren Würdenamen für Jesus von Nazareth nicht zu einer
völligen ‚Verfremdung' seines genuinen Selbstbewußtseins geführt hat"
(S. 171). Ähnlich weist J. ERNST in seiner Untersuchung der „Anfänge der
Christologie" darauf hin, daß bei dem Versuch eines „Brückenschlages" vom
Christus des Glaubens zurück zum historischen Jesus die Berichte über die
Jüngerschaft ein Beziehungsverhältnis erkennen lassen, das etwas von der
Autorität Jesu verrät, und daß Jesu nonkonformistische Haltung gegenüber
dem Gesetz nur verständlich wird „unter der Voraussetzung der absoluten

Einmaligkeit und Einzigartigkeit dessen, der hier spricht". Das macht nicht nur „die Rückfrage nach der Person Jesu unumgänglich", sondern zeigt auch, daß „alle Jesusdeutungen, welche Sache und Person voneinander trennen, völlig unrealistisch sind" (S. 159). „Ostern hat freigegeben, was implizit schon vorher vorhanden war" (S. 160). Auch H. JELLOUSCHEK macht darauf aufmerksam, daß im Neuen Testament „die in ‚Christus‘ beanspruchte eschatologische ... Bedeutung an die historische Person Jesu gebunden bleibt" (S. 113) und daß darum „die historische Rückfrage nach dem Anhalt, den das Kerygma an Jesus hat, ... notwendig ist zum Verständnis dessen, was die Ausdrücke Auferstehung, ‚Christus‘, Kyrios, Gottessohn usw. überhaupt bedeuten" (S. 118). „Wort und Verhalten Jesu gilt es ... zusammenzusehen mit seinem Tod, und auf beides zusammen bezieht sich dann die eschatologische Qualifikation des Kerygmas" (S. 121). Auch F. WAGNER meint wohl das Gleiche, wenn er in seinem in reichlich komplizierter Sprache abgefaßten Aufsatz über die neue Frage nach dem historischen Jesus in Auseinandersetzung mit R. Bultmann und der „Neuen Frage" darauf hinweist, daß „Jesu Selbstbewußtsein und Person als implizites christologisches Kerygma in einem das explizite christologische Kerygma und den Glauben an das Kerygma konstituiert" (S. 295) und daß darum durch die Rückfrage auf die Person Jesu „das Voraussein Jesu vor dem Kerygma dahingehend entfaltet wird, daß Jesus als Subjekt des Glaubens sich als Objekt des Glaubens selber hervorbringt" (S. 302).

d) Schon in diesen die historische Fragestellung bedenkenden Untersuchungen zeigt sich somit die Unerläßlichkeit der Frage nach der Bedeutung der *Person* Jesu im Zusammenhang der Frage nach dem vorösterlichen Jesus. Auf die theologischen Implikationen dieser Frage nach der Rolle der *Person* Jesu sind in dem vierten hier zu nennenden Themenkreis vor allem zwei Arbeiten eingegangen. F. HAHN hat am Ende des oben schon ausführlich erwähnten Aufsatzes „Methodische Überlegungen zur Rückfrage nach Jesus" darauf aufmerksam gemacht, daß wir zwar „die urchristliche Bezugnahme auf die Geschichte Jesu mit unseren Problemen nicht gleichsetzen dürfen", daß wir aber als Theologen vor der Aufgabe stehen, den „inneren Zusammenhang zwischen dem vorösterlichen Jesus und der nachösterlichen Verkündigung aufzuzeigen", weil sich „nur in diesem Rahmen die historische Rückfrage angemessen durchführen läßt" (S. 74f.). H. betont aber darüber hinaus mit Recht: „Ich kann den vorösterlichen Jesus ... letztlich nicht verstehen, wenn ich von diesem Jesus, der der Christus und der lebendige Herr ist, nicht im Glauben erfaßt bin" (S. 76), und macht durch diesen Hinweis darauf aufmerksam, daß gerade bei der Rückfrage nach dem irdischen Jesus „Theologie eine auf Glauben bezogene und der Glaubensgemeinschaft verpflichtete Aufgabe ist" (S. 76f.), was nicht vergessen oder scheu verschwiegen werden sollte.

Besonders eindringlich hat aber E. GRÄSSER diese theologische Frage in seinem Aufsatz „Der Mensch Jesus als Thema der Theologie" behandelt. Er
wendet sich in Auseinandersetzung vor allem mit dem oben besprochenen
Aufsatz von L. Schottroff und dem später zu besprechenden Jesusbuch von
H. Braun gegen die rationalistische Behauptung von „der Identität Jesu mit
jedem Menschenbruder" (S. 142), während „dem Neuen Testament alles an
der *Einmaligkeit Jesu* liegt" (S. 132). Das besagt aber: „Theologisch zum
Thema wird der Mensch Jesus allein dort, wo das *vere homo* als *Glaubenssatz*
erscheint" (S. 133), was an Paulus und den Synoptikern exemplifiziert wird.
Und darum kann man den „Jesus der Historie" und den „Christus des Glaubens" nicht durch „eine eindeutige Gegenüberstellung von Glauben und Historie" unterscheiden, denn „das Geheimnis der *Person* Jesu, seine nicht
ausweisbare Einmaligkeit, als Phänomen auf der historischen Ebene vom
Historiker" lediglich konstatierbar, als Wahrheit in der Begegnung dem Glauben verstehbar, ist schon auf der Seite des gelebten Lebens Jesu σκάνδαλον,
das sich dem verstehenden Glauben erschließt nicht anders, als der Christus
des Kerygmas auf der Seite des beendeten Lebens Jesu" (S. 150).

Alle diese Untersuchungen haben gezeigt, daß die Rückfrage nach dem
vorösterlichen Jesus notwendig und sinnvoll ist. Damit ist aber die Frage
nach der Möglichkeit und dem richtigen Weg solcher Rückfrage gestellt, und
auf die Arbeiten zu diesem Problem ist am Schluß des 1. Teiles dieses Litera-
turberichtes nun noch einzugehen. Die Frage nach der Möglichkeit der Rückfrage nach dem irdischen Jesus wäre freilich überflüssig, wenn diejenigen
Forscher recht hätten, die die Evangelien noch immer als zuverlässige Darstellungen des geschichtlichen Geschehens beurteilen. Im Jahre 1964 veröffentlichte die Päpstliche Bibelkommission eine „*Instructio de historica
evangeliorum veritate*", die unter Rückgriff auf frühere päpstliche Verlaut-
barungen[1]) den katholischen Exegeten die Anwendung der historischen
Methode, die Beachtung der literarischen Gattungen und der „*sana elementa*"
innerhalb der „formgeschichtlichen Methode" und die Berücksichtigung der
drei Überlieferungsphasen (Worte und Taten Christi; Verkündigung der
Apostel in verschiedenen Redeformen; schriftstellerische Arbeit der Evangelisten) empfiehlt, zugleich aber erinnert an die Inspiration der Evangelisten
durch den Heiligen Geist, „*qui eorum* [d.h. der Evangelien] *autores ob omni
errore praeservabat*". Zu dieser *Instructio*, zugleich aber auch zu der 1965 vom
2. Vatikanischen Konzil beschlossenen „Dogmatischen Konstitution über die
göttliche Offenbarung" hat Kardinal A. BEA einen Kommentar verfaßt[2]),

---

1) Vgl. dazu W. BAUMGARTNER, Römisch-katholische Bibelwissenschaft im Wan-
del, ThR, N.F. 31, 1965/6, 1 ff.

2) Im Anhang finden sich deutsche Übersetzungen beider Dokumente.

in dem zwar die methodischen Anweisungen der *Instructio* bekräftigt werden,
in dem aber vor allem die Zuverlässigkeit der Evangelien betont wird: da der
„literarische Hauptverfasser" der Evangelien „Gott selbst" ist, besitzen die
Evangelien „jene Vollkommenheit, die man Irrtumslosigkeit nennt" (S. 43),
und „da alle Evangelien Gottes Wort sind, kann zwischen ihnen kein echter
Widerspruch bestehen" (S. 57). Und da die Apostel „die Absicht getreuer
Berichterstattung" hatten (S. 22), „verstößt gegen die Irrtumslosigkeit der
Evangelien", wer in Zweifel ziehen will, „daß Jesus jemals, selbst mit anderen
Worten und in anderem Zusammenhang, den ihm von den Evangelien zugeschriebenen Gedanken zum Ausdruck gebracht habe" (S. 64). Daß solche
Anschauung sich mit den Einsichten kritischer Evangelienforschung nicht
in Einklang bringen läßt, braucht kaum betont zu werden, doch muß zugleich gesagt werden, daß diese Interpretation der *Instructio* der Bibelkommission offensichtlich auch im Rahmen der katholischen Kirche nicht
die einzig mögliche ist. Der amerikanische Jesuit J. A. FITZMYER hat fast
gleichzeitig mit der Schrift Beas einen Kommentar über die *Instructio* veröffentlicht [1]), der auf „die dunkle Wolke von reaktionärem Konservativismus"
hinwies, die als Folge der Dekrete des Päpstlichen Bibelinstituts „in der ersten Hälfte unseres Jahrhunderts fast die ganze katholische Bibelwissenschaft überschattete" (S. 11), und diesem Dunkel die neue *Instructio* gegen-
überstellte, die „von positiver Haltung getragen ist" (S. 14). Er betont, daß die
Wendung „*historica veritas*" der Überschrift der *Instructio* im Text selber
nicht noch einmal begegnet (S. 16), daß vielmehr nach der Meinung der Bibelkommission „die Wahrheit der Evangelien nicht etwas ist, was an fundamentalistisches Buchstabenverständnis gebunden wäre" (S. 26); als das
Wichtigste erscheint ihm, daß die Bibelkommission zugibt, daß die Evangelien die Worte und Taten Jesu nicht in der 1. und 2. Überlieferungsphase, sondern „in der Gestalt bieten, in der die Evangelisten sie zusammengestellt und
ediert haben" (S. 33). Und F. interpretiert die Irrtumslosigkeit, die die *Instructio* für die Evangelien in Anspruch nimmt, als „Freiheit von formalem
Irrtum in der intendierten Aussage" (S. 33), die ebenso dichterische Wahrheit
wie historische Wahrheit sein könne. Der nicht-katholische Leser wird solcher
Interpretation der *Instructio* etwas ratlos gegenüber stehen, er wird aber er-
freut feststellen, daß offensichtlich der katholische Exeget Fitzmyer sich aufgrund dieser *Instructio* im Gegensatz zu Kardinal Bea nicht mehr verpflichtet
fühlt, die Geschichtlichkeit der gesamten Berichte der Evangelien a priori
anzunehmen.

---

1) Im Anhang findet sich der lateinische und deutsche Text der *Instructio* und eine
Liste der dazu erschienenen Kommentare.

Eine Reihe von Arbeiten des letzten Jahrzehnts bemühen sich allerdings
ebenfalls, die evangelische Überlieferung in weitem Umfang als historisch
zuverlässig zu erweisen. TH. BOMAN beruft sich auf die „neuere Volkskunde"
zur Begründung der Behauptung, daß die Vorstellung von einer kollektiven
Tradierung der Jesusworte aufgegeben werden müsse, daß vielmehr die Jesusüberlieferung von Anfang an als Einheit komponiert und von eigenen Tradenten vorgetragen wurde. Es gab in der Urchristenheit die beiden voneinander
unterschiedenen Traditionsströme der kerygmatischen Überlieferung und der
Überlieferung der Erzähler; da aber die Erzähler untergeordnete Helfer in
der Verkündigung waren, ist es leicht erklärlich, daß das Neue Testament sie
nicht erwähnt! Das Markusevangelium ist eine amtliche Darstellung der
öffentlichen Tätigkeit Jesu, die Urapostel haben es wenige Jahre nach dem
Tod Jesu für die Erzählung der Geschichte Jesu an einem Abend ausarbeiten
lassen, und für die Redequelle gilt Analoges. Der bestimmende Faktor der
Tradierung ist also der Volkserzähler, der die Tradition auswendig gelernt hat,
und die Annahme der Entstehung von Jesusworten und der Berichte von
Jesustaten in der christlichen Gemeinde ist ausgeschlossen. Es braucht kaum
gesagt zu werden, daß sich diese Theorie mit den unbestreitbaren Tatbeständen der Evangelienüberlieferung in keiner Weise in Einklang bringen läßt,
von der Erfindung des Standes der „Erzähler" ganz zu schweigen, und überdies kann, wie der Volkskundler W. BRÜCKNER[1]) in einer sorgfältigen Besprechung des Buches von Boman festgestellt hat, die Volkskunde die ihr
zugemutete Beweislast nicht tragen, „weil die zu Rate gezogene Hilfswissen-
schaft ihm [dem Verfasser] nicht die sicheren Hilfen zu geben vermag, die er
von ihr erhalten zu haben vermeint". Im übrigen kann Boman seine eigene
These, daß es nur mißverstandene, aber keine neu gebildeten Jesusworte geben könne, selber nicht durchhalten; denn nach seiner Annahme sind nur die
Herrenworte vom auf Erden wandelnden und vom leidenden Menschensohn
ursprünglich, die apokalyptischen Menschensohnworte dagegen sekundär
(S. 161)! So trägt dieses Buch zum Verständnis der Tradierung der Jesusüberlieferung schwerlich etwas bei.

Auch J. A. BAIRD hält „die Annahme, daß die ursprüngliche Periode der
Evangelienentstehung in ‚rein mündlicher' Entwicklung des Evangelien-
stoffes in der frühen Kirche bestand", für „eines der albernsten Beispiele un-
sachlicher Beweisführung ..., das in die Rumpelkammer *(limbo)* verbannt
werden sollte, die für nicht wissenschaftliche Methodologie bestimmt ist";
er meint vielmehr nachgewiesen zu haben, daß „das deutlichste Motiv der
Evangelisten darin bestand, mit sklavischer Sorgfalt die Einzelheiten ihrer

---

1) W. BRÜCKNER, HBVK 60, 1969, 214–218. Vgl. auch die Kritik von J. ROLOFF,
LMH 7, 1968, 366.

Quellen zu bewahren", das deutlichste Motiv der frühen Gemeinde aber
darin, „die Worte und Vorstellungen Jesu mit erstaunlicher Kontinuität wiederzugeben" (S. 165f.). Während „eine Art von ‚Historiophobie' für das
deutsche Luthertum charakteristisch ist"[1]) (S. 156), kann christliche Theologie nur gesund bleiben, wenn „intellektuelle Erfassung Jesu als Historie und
existentielle Begegnung mit ihm als Geschichte" verbunden werden, und
Baird will gezeigt haben, daß „wir die *ipsissima verba Jesu* ... in wenigstens
13% aller Logien feststellen können" (S. 172). Diese erstaunlichen Behauptungen finden sich im abschließenden Kapitel seines Buches „Hörerkritik
und der geschichtliche Jesus", dessen erste sieben Kapitel nachweisen wollen,
daß „die Synoptiker uns ein unerwartet und ungewöhnlich genaues Bild der
Beziehung zwischen Form und Hörerschaft geben" (S. 148), was sich nur
daraus erklären lasse, daß die Tradenten „glaubten, daß die Botschaft der
Logien an die Hörerschaft gebunden (*audience-centered*) war" (S. 134). Dieser
Nachweis wird mit Hilfe einer Statistik geführt, die sich auch des Computers
bedient und zeigen will, daß nicht nur die Evangelisten, sondern auch Jesus
selber sich in ihrer Formulierung streng nach der jeweiligen Hörerschaft richte-
ten, woraus sich eben die Zuverlässigkeit der Überlieferung ergibt. B. macht es
freilich dem Leser äußerst schwer, seiner Beweisführung zu folgen, geschweige
denn sie nachzuprüfen, weil er mit einer großen Zahl eigener Abkürzungen arbeitet, die der Leser sämtlich im Kopf haben müßte, wenn er der Argumentation
folgen will; überdies hängt die Beweiskraft der Argumentation entscheidend
davon ab, ob die Unterscheidung zwischen den angenommenen vier Hörergruppen (die zwölf Jünger, die Jüngermenge, die Gegnermenge, die Gegner)
jeweils eindeutig feststellbar ist. Daß dies aber nicht der Fall ist, zeigt sich
schon daran, daß B. zugeben muß, daß „die Evangelisten oft Mühe haben",
die Zwölf von der Jüngermenge zu unterscheiden (S. 37), und ebenso feststellt, daß „die Evangelisten einfach nicht immer konsequent sind" (S. 44).
Wie kann er dann behaupten, daß „die Evangelisten angestrengt darauf aus
waren, die Hörerschaft festzulegen, die Jesus in jedem berichteten Augenblick umgab" (S. 32)? Und was soll man dazu sagen, daß B. z.B. als charakteristisch für die Redeweise der Zwölf drei Worte anführt (S. 36), von denen
eines (διασαφεῖν) *nur* Mt 13, 36 im Munde der μαθηταί (!) begegnet, das
zweite (ἐπιστάτης) ein Lieblingswort des Lukas ist und das dritte (ποταπός)
in Mt 8, 27 für ein τίς des Markus eingesetzt ist, während es in den Parallelen
zu Mk 13, 1 von Matthäus und Lukas fortgelassen wird, dagegen Lk 7, 39 im
Munde eines Pharisäers begegnet? Schon diese beiden Beispiele zeigen, auf
wie schwachen Füßen die Beweisführung Bairds steht. Viel bedeutsamer ist,

---

1) Groteskerweise erscheint in diesem Zusammenhang E. Brunner als Lutheraner
(S. 157)!

daß P.S.Minear, der Bairds Forderung begrüßt, auf die Hörerschaft bei
der Interpretation der synoptischen Perikopen mehr zu achten, in drei Aufsätzen nachgewiesen hat, daß alle drei Synoptiker die Begriffe μαϑηταί,
ὄχλος usw. in je besonderer Weise zur redaktionellen Interpretation der aufgenommenen Traditionen verwenden, woraus sich, ob man im einzelnen
Minears Deutungen zustimmt oder nicht, zwingend ergibt, daß wir durch Beobachtung der Hörerschaft wohl den Intentionen der Evangelisten näher
kommen, nicht aber die Zuverlässigkeit der Überlieferung der Worte Jesu
nachweisen können[1]).
      Diese Zuverlässigkeit der mündlichen Überlieferung über Jesus läßt sich
auch nicht dadurch grundsätzlich sichern, daß man wie E.L.Abel die allgemeine Annahme vertritt, entgegen der Hypothese der formgeschichtlichen
Schule seien Änderungen innerhalb der mündlichen Überlieferungen keineswegs den in der schriftlichen Überlieferung zu beobachtenden Änderungen
analog, vielmehr zeige die Untersuchung der mündlichen Überlieferung von
Gerüchten, daß der Grundbestand einer Nachricht in der Regel erhalten
bleibt. Auch W.Wiefel muß bei der Parallelisierung der nach seiner Meinung
im wesentlichen zuverlässigen Überlieferung der Rabbinensprüche am Anfang des Traktats Aboth der Mischna mit der Evangelientradition feststellen,
daß die Unterschiede im Wesen der Überlieferung bei den frühen Rabbinen
und in der Urkirche die Gemeinsamkeiten überwiegen, sodaß dieser Vergleich
nicht weiter führt als zu der allgemeinen Feststellung, daß die Frühphase der
Jesusüberlieferung dafür genügt haben dürfte, ,,um originales Jesusgut in
ausreichendem Umfang für die spätere Überlieferung zu retten" (S. 120).
Erst recht wird Ch.C.Andersons Verteidigung der Zuverlässigkeit der Evangelien im ganzen und im einzelnen von der Voraussetzung der Inspirations-
lehre aus (,,Vom Gesichtspunkt der Quellen aus besteht kein logischer Grund,
etwas vom Leben Jesu anzunehmen und den Rest zu verwerfen", S. 68) den
historisch Denkenden ebensowenig überzeugen wie seine Wegerklärung der
Widersprüche zwischen den Evangelien mit dem Hinweis auf verschiedene
Gesichtspunkte der Berichterstatter oder auf Wiederholungen der Aussagen
Jesu.
      Da ist die Diskussion über die Rolle der glaubenden Gemeinde bei der
Formulierung und Weitergabe der Jesustradition schon beachtlicher. Einerseits wird die schöpferische Rolle der tradierenden Gemeinde recht hoch ver-
anschlagt. F.W.Beare weist (in der Festschrift für J.Knox) auf Jesusworte
hin, die erst nach der Auferstehung entstanden sein können (z.B. Mt 7, 21
und 18, 20), und stellt fest, daß solche Worte verschiedenen Ursprung haben

---

1) Vgl. auch die kritischen Einwände von H.K.McArthur in Interp. 24, 1970,
270f.

können: bewußte Schöpfung der Evangelisten, volkstümliche Erzählungen, Prophetensprüche; doch wird „die ganze Tradition, wie sie überliefert ist, von den Evangelisten als Lehre an und für die Kirche verstanden, als Übermittlung des Willens des auferstandenen Jesus für die Gemeinde seiner Anhänger" (S. 178). Und er bestreitet darum, daß für den Christen eine wesentliche Differenz bestehe in der Autorität von Worten, deren Echtheit äußerst unbestreitbar ist, und solchen, die durch Apostel, Propheten oder Evangelisten nach der Auferstehung gebildet wurden (S. 181). Abweichend von solchen allzu allgemeinen Ausführungen hat M. E. BORING die Frage, ob die Annahme des Vorhandenseins von Worten christlicher Propheten in der evangelischen Tradition haltbar sei oder nicht, einerseits dadurch zu beantworten gesucht, daß er aus den Nachrichten über die Wirksamkeit christlicher Propheten in den hellenistischen Gemeinden auf die Wirksamkeit von Propheten in der palästinisch-christlichen Gemeinde zurückschließt, indem er andererseits an dem Beispiel von Mk 3, 28f. exemplifiziert. Das Wort von der Lästerung des Geistes bzw. des Menschensohnes, das von mehreren Forschern als ein Prophetenwort bezeichnet worden ist, enthält nach Boring mehrere Kennzeichen christlicher Prophetenrede, was durchaus diskutabel, wenn auch keineswegs zwingend ist. Wenn B. dann aber weiter diesen Spruch als prophetische Interpretation des Textes Jes 63, 3–11 zu erklären und Mk 3, 28f. auch aus dem Kontext des Markusevangeliums als Prophetenspruch zu erklären versucht, wird seine Interpretation willkürlich, und es zeigt sich, daß es äußerst schwierig ist, für ein bestimmtes Jesuswort den konkreten Nachweis der Entstehung als Wort eines christlichen Propheten zu führen. Ähnlich ist über G. THEISSENS Untersuchung über „Wanderradikalismus" zu urteilen. Er geht von der aus der Folkloristik übernommenen These aus: „Überlieferungen werden nur solange tradiert, wie sie Hörer finden. Was deren Interesse und Einstellung widerspricht, wird ausgeschieden oder modifiziert" (S. 247 Anm. 8), ohne zu fragen, ob die durch die Autorität Jesu als des Auferstandenen geleitete christliche Tradition nicht andern Gesetzen unterliegt. Da es nun Jesusworte gibt, die „ein Ethos der Heimatlosigkeit" vertreten, schließt Th., daß solche ethische Weisungen nur „von Charismatikern der Heimatlosigkeit" (S. 252) tradiert sein können; „als Tradent der Jesusworte kann sich der urchristliche Wanderprophet mit Jesus identifizieren und im Ich-Stil sprechen" und „wird durch seine Rede zum Stellvertreter Jesu" (S. 254). Dieser Wanderradikalismus geht auf Jesus zurück und hatte in Palästina sein Zentrum. Es ist nun leicht zu sehen, daß in diesen Ausführungen weitgehend mit Postulaten gearbeitet wird, die Th. freilich selber nicht durchhalten kann. Nach seiner Prämisse wird das, „was innerhalb mündlicher Überlieferung von einer Gemeinschaft nicht akzeptiert werden kann, durch die ‚Präventivzensur' dieser Gemeinschaft abgestoßen" (S. 269); wenn Th. daneben aber die

Behauptung stellt: ,,Daß uns die Wortüberlieferung in relativ ursprünglichem Geiste erhalten blieb, verdanken wir ihrer schriftlichen Fixierung in Logienquelle und Evangelien" (S. 270), so ist das zweifellos ein Widerspruch, der zeigt, daß die Prämisse einfach nicht stimmt, daß in der evangelischen Überlieferung ausgeschieden wird, was dem Interesse der Tradenten widerspricht. Selbst wenn, was keineswegs bewiesen ist, urchristlicher Wanderradikalismus eine Rolle bei der Überlieferung eines Teiles der Jesusworte gespielt haben sollte, so erklärt diese Hypothese die Formung und Umformung der Wortüberlieferung in ihrer Gesamtheit keineswegs, und die Behauptung von der Identifizierung solcher Propheten mit Jesus ist erst recht unbewiesen.

Die These von der schöpferischen Rolle der tradierenden Gemeinde und ihrer Propheten wird daher auf der anderen Seite mehr oder weniger scharf abgelehnt. R. P. C. Hanson wendet gegen die Annahme einer starken Abwandlung der Tradition in der mündlichen Überlieferung ,,die bemerkenswert kurze Zeit [ein], in der nach dieser Voraussetzung eine so radikale Verderbnis des mündlich umlaufenden Stoffes stattgefunden haben müßte" (S. 58), und bestreitet, daß die Evangelisten als antike Historiker sich ,,ihren Quellen gegenüber zügellose Freiheiten" erlaubten (S. 35)[1]). Während diese Bemerkungen allzu summarisch sind, um weiter helfen zu können, hat D. Hill sich die dankenswerte Aufgabe gestellt, die Argumente für die These nachzuprüfen, daß ,,christliche Propheten in der frühen Kirche eine schöpferische Rolle spielten bei Worten, die die Evangelientradition als Herrenworte überliefert" (S. 262). Er zeigt, daß die für diese These angeführten Belege nicht beweiskräftig sind und daß weder Paulus noch die Apokalypse erkennen lassen, daß prophetische Ich-Worte als Herrenworte in die Tradition eingedrungen sind. Auch die Zuschreibung von ,,Sätzen heiligen Rechts" an christliche Propheten ist unbewiesen, und H. zieht aus seinen Untersuchungen die Folgerung, daß die These der ,,Zuschreibung einer schöpferischen Rolle gegenüber den logia Jesu an christliche Propheten der Sicherung durch neue und überzeugende Argumente" bedürfte, sollte sie weiterhin anerkannt werden wollen (S. 274). Das zeigt zum mindesten, daß das Problem der gestaltenden Rolle der christlichen Gemeinde bei der Weitergabe der Jesusüberlieferung neuer Besinnung bedarf, doch helfen solche allgemeinen Argumentationen *pro* und *contra* nicht wirklich weiter, und das methodische Problem der Rückfrage nach dem irdischen Jesus ist konkret nur gefördert worden durch die Untersuchungen über die Kriterien, die bei der Jesusforschung anzuwenden sind, und auf diese Untersuchungen ist nun noch hinzuweisen.

---

1) Auch hier begegnet die törichte Behauptung, daß ,,das stärkste Motiv für historische Skepsis bei neutestamentlichen Gelehrten das lutherische Mißtrauen gegen die Suche nach einer objektiven Begründung für den Glauben" gewesen sei (S. 64)!

In meinem letzten Bericht über Jesusforschung habe ich bereits auf einige
Arbeiten zur Frage nach den Kriterien hingewiesen (ThR, N.F. 31, 1965/6,
42–44), und seither ist darüber viel geschrieben worden. Da es sich in diesem
Literaturbericht aber nicht darum handeln kann, die Problematik der Kriterien als solche zu erörtern, soll in diesem Zusammenhang nur auf die wichti-
geren seit 1966 zu diesem Thema erschienenen Arbeiten hingewiesen werden[1]).
Da hat zunächst A. W. CRAMER in einem recht unklaren Aufsatz neben überzeugenden Argumenten gegen R. Bultmanns These von der theologischen
Bedeutungslosigkeit des historischen Jesus und gegen das oft vertretene Kri-
terium, auf Echtheit habe nur Anspruch, was Jesus vom Judentum oder frühen Christentum unterscheidet, vor allem darin einen Beweis für zuverlässige
Überlieferung sehen wollen, daß ein Text oder ein Tatbestand in mehreren
Quellen oder literarischen Formen begegnet, ohne zu bedenken, daß eine
sekundäre Überlieferung schon früh in mehrere Quellen oder literarische
Formen eingedrungen sein kann. Auch F. G. DOWNINGS Buch über „Die
Kirche und Jesus" hilft schwerlich weiter. Zwar wird mit reicher Literaturbenutzung die Schwierigkeit geschildert, Jesus und das Urchristentum auf
historischem Wege aufzufinden, und die These, das Jesus vom Judentum und
frühen Christentum Unterscheidende habe den größten Anspruch auf Ursprünglichkeit, wird mit dem richtigen Hinweis darauf bekämpft, daß die
Voraussetzung „Jesus ist einzigartig" in Wirklichkeit ein christliches apolo-
getisches Motiv sei. Aber das Resultat der breiten Erörterung der Kriterien
für die Rückfrage nach Jesus ist dann nur, daß „in unseren Darstellungen
über Jesus und die frühe Kirche noch Unsicherheit besteht und [daß das]
wahrscheinlich so bleiben wird", sodaß es „nur möglich ist, sich bei der Frage
nach Jesus und der Kirche als einer fortgehenden Debatte zu engagieren, was
unendlich lohnend ist" (S. 190f.). W. O. WALKERS Erörterung der bisher vorgeschlagenen Kriterien ist zwar objektiv, doch mit weitgehend negativem
Resultat, er schlägt stattdessen die Rückkehr zu einer „nüchternen Form
der Alten Frage" vor, weist auch auf die Schwierigkeiten bei diesem Vorhaben hin, hält aber sichere Resultate für möglich, wenn das gewonnene Bild
Jesu an drei Kriterien geprüft wird: Jesus muß danach fest im palästinischen
Judentum des 1. Jahrhunderts stehen, seine Hinrichtung durch die Römer

---

1) Ich habe das Problem der Kriterien unter Einbeziehung der Literatur bis 1973
zusammenfassend behandelt in meinem Aufsatz „Jesu Antwort...", 143 ff. Zu der
dort S. 144 Anm. 50 genannten Literatur sind nachzutragen: M. BOUTTIER, Du
Christ..., 72 ff.; H. C. KEE, Jesus in History..., 263 ff.; D. LÜHRMANN, Liebet eure
Feinde..., 427 ff. – Auf folgende drei in der Bibliographie genannten Arbeiten kann
hier auch nur summarisch hingewiesen werden: R. H. FULLER, A Critical Introduction...; M. LEHMANN, Synoptische Quellenanalyse...; H. K. MCARTHUR, The
Burden of Proof...

und die Entstehung der christlichen Gemeinde müssen von diesem Bild aus
verständlich gemacht werden können (S. 54f.). Das ist alles durchaus einleuchtend, aber da jeder Nachweis fehlt, wie man diese Methode anwenden
soll, bleiben die Ausführungen bloße Theorie.

Wesentlich förderlicher ist schon W. R. FARMERS „Geschichtlicher Versuch
über die Menschheit Jesu Christi". F. macht einerseits auf die Voraussetzungen aufmerksam, von denen aus eine Rückfrage nach dem irdischen Jesus
überhaupt sinnvoll ist (Jesus hat existiert, war geistig gesund, es gab Erinnerungen an ihn in der Urkirche, und man kann zwischen solcher Erinnerung
und Zufügungen dazu unterscheiden), andererseits auf die enge Verwandtschaft der lukanischen Gleichnisse und der paulinischen Theologie und sucht
dann die Frage, ob die lukanischen Gleichnisse unter paulinischem Einfluß
entstanden oder weiterentwickelt worden sind, durch den Vergleich dieser
Gleichnisse mit sicher nicht paulinisch beeinflußten Gleichnissen des Matthäus
zu beantworten. Da die Kritik an der Ablehnung der göttlichen Gnade gegenüber umkehrenden Sündern in Mt 20, 1 ff. ebenso begegnet wie in Lk 15, 11 ff.
und 18, 9 ff., die Lehre dieser Gleichnisse aber nicht aus rabbinischer Quelle
stammen kann, „ergibt sich für den Historiker nicht nur der starke Eindruck,
daß dies echte Gleichnisse Jesu sind, sondern auch daß Jesus diese Gleichnisse bewußt formulierte, um sich mit der Lage auseinanderzusetzen, die
durch seinen Entschluß entstanden war, die Zöllner und Sünder in seine Gemeinschaft aufzunehmen, und durch die negative Antwort darauf vonseiten
der Pharisäer und Schriftgelehrten" (S. 121). F. prüft dann dieses Resultat an
einem „größeren *corpus* von Jesus zugeschriebenen Lehren" und stellt mit
Recht eine Übereinstimmung fest, sodaß geschlossen werden kann, daß „die
in diesen Stoffen dargestellte Lehre als ganze einen stark einheitlichen und
organischen Charakter hat, also in sich zusammenhängend ist" (S. 124). „Wir
können also ohne Zögern behaupten, daß Jesus Selbstgerechtigkeit zurückwies und diejenigen schalt, die sich über Gottes Erbarmen gegenüber den
Zöllnern und Sündern ärgerten" (S. 125). Das ist alles sehr einleuchtend, und
Farmer hat damit zweifellos einen wichtigen Hinweis auf die Methode gegeben, bestimmte Bereiche der Jesustradition durch reflektierte Quervergleiche
historisch zu sichern.

Auch M. HOOKER wehrt sich mit Recht gegen die Vorherrschaft des Kriteriums der Abweichung Jesu vom Judentum und frühen Christentum, fordert
die Anwendung verschiedener Kriterien und besonders den Nachweis eines
vernünftigen „Stammbaums", d. h. einer einleuchtenden Traditionsgeschichte
der einzelnen Überlieferung. Das überzeugt, ist aber noch allzu allgemein.
Ebenso erhebt H. KOESTER gegen das beherrschende Kriterium der Abweichung Jesu vom Judentum und frühen Christentum den richtigen Einwand,
daß damit alle Weisheitssprüche aus der Lehre Jesu ausgeschlossen, ja im

Grunde alle Wundergeschichten geschichtlich fraglich werden, weil auch die
Jünger Weisheit lehrten und Wunder taten. Und da Jesus ein Mensch war, ist
historisch und theologisch nicht weniger wichtig, was ihn von andern Menschen *nicht* unterscheidet! Auch diese Gedanken sollten im Zusammenhang
der Kriterienfrage beachtet werden. Das gilt erst recht für das einleitende
Kapitel von J. JEREMIAS' Darstellung der Verkündigung Jesu[1]), von der als
ganzer in späterem Zusammenhang ausführlicher die Rede sein muß. J. nennt
zunächst von der Voraussetzung aus, daß Jesus galiläisches Westaramäisch
gesprochen hat, als „von Jesus bevorzugte Redeweisen" das *Passivum divinum*, den antithetischen Parallelismus, Rhythmus und Alliteration, Assonanz
und Paronomasie, wobei die Frage der Rückübersetzbarkeit mit verblüffender Sicherheit beantwortet wird. Ich muß gestehen, daß mir von diesen Nachweisen nur die Ausführungen über das *Passivum divinum* einigermaßen überzeugende heuristische Bedeutung zu haben scheinen. Als „Kennzeichen der
ipsissima vox" werden dann Gleichnisse, Rätselsprüche, die Rede von der
Königsherrschaft Gottes und der Gebrauch von *Amen* und *Abba* aufgeführt,
wobei die beiden ersten Punkte viel zu allgemein sind, die drei letzten aber in
der Tat beachtliche Hinweise auf die Redeweise Jesu darstellen. D. h. auch
wenn diesen Ausführungen von Jeremias gegenüber kritische Vorsicht notwendig ist, so stellen seine Zusammenstellungen doch ein wirklich weiterführendes und immer zu beachtendes Hilfsmittel bei der Rückfrage nach der
Verkündigung des vorösterlichen Jesus dar.

Unter Aufnahme dieser und früherer Überlegungen über die Kriterien in der
Jesusforschung sind nun in den letzten Jahren mehrere zusammenfassende
Untersuchungen dieser Frage erschienen. D. G. A. CALVERT stellt in Auseinandersetzung mit den bisher vertretenen negativen Kriterien die Forderung
auf, daß „nur positive Kriterien gebraucht werden sollten" (S. 218), wobei er,
ähnlich wie A. W. Cramer, die Bezeugung in mehreren Traditionen irrtüm-
licherweise für besonders beweiskräftig hält. In ähnlicher Weise prüft J. ERNST
(s. oben S. 319 f.) die wichtigsten der vorgeschlagenen Kriterien mit dem Resultat, daß es „im Grunde keinen sicheren ‚hermeneutischen Zauberschlüssel'
gibt, mit dessen Hilfe es möglich ist, hinter die Überlieferung zurückzugreifen" (S. 113). Nur mit Verblüffung kann man dann freilich weiter lesen, daß
„der Komplex ‚Jüngerschaft–Nachfolge' einen Zugang zum Verständnis der
Person Jesu eröffnet" (S. 125) und daß „christologisches Urgestein greifbar
wird vor allem in den Worten Jesu, die von der frühen Gemeinde gesammelt
worden sind", ja daß „jene harten, skandalösen Forderungen zur Nachfolge

---

1) J. JEREMIAS, Neutestamentliche Theologie. 1. Teil: Die Verkündigung Jesu,
Gütersloh 1971 (Kap. I: „Zur Frage nach der Zuverlässigkeit der Überlieferung der
Worte Jesu").

und der Rigorismus der ethischen Verkündigung den Weg frei machen für ein
vertieftes Verständnis der Person Jesu" (S. 160). D. h. die zunächst begegnenden skeptischen Äußerungen werden dann vom Verf. selber nicht ernst genommen, und sicherlich mit Recht, aber darum sind diese methodischen
Überlegungen auch nicht wirklich brauchbar. R. S. BARBOUR untersucht dagegen in klarer Weise formale und materiale Kriterien und weist vor allem
nach, daß das immer wieder genannte Kriterium der Abweichung vom
Judentum und frühen Christentum dazu führen muß, daß Jesus seine Menschlichkeit verliert. Doch beschränken sich diese drei Untersuchungen noch zu
sehr auf eine kleine Auswahl möglicher Kriterien.

Dagegen gibt N. J. McELENEY nicht nur einen Überblick über eine sehr
große Zahl der bisher vorgeschlagenen oder angewandten Kriterien, sondern
zeigt auch in Auseinandersetzung mit der Literatur sehr besonnen den Wert
und die Grenze jedes Kriteriums auf. Als die entscheidende Frage bezeichnet
er, mit allen nötigen Einschränkungen, die Frage nach der „historischen
Wahrscheinlichkeit" (historical presumption), was an Mk 7, 1 ff exemplifiziert
wird und zum mindesten als eine oft zu Unrecht übergangene Frage bezeichnet werden muß. Ähnlich, aber weniger kritisch geht R. LATOURELLE vor, der
als neues und besonders bedeutsames Kriterium den Nachweis ansehen
möchte, daß eine bestimmte Anschauung die meisten Tatbestände zu erklären
imstande ist (critère d'explication nécessaire); doch läuft dieses Kriterium
letztlich auf die auch sonst vertretene Überlegung hinaus, daß sich aus den
als ursprünglich angenommenen Überlieferungen ein in sich verständliches
Gesamtbild ergeben muß, und darum ist dieses Kriterium nur als Gegen-
kontrolle brauchbar. F. LENTZEN-DEIS stellt in seinem Beitrag zu dem
Sammelband „Rückfrage nach Jesus" (mit dem Titel „Kriterien für die
historische Beurteilung der Jesusüberlieferung in den Evangelien") die kritische Musterung der heute vertretenen Kriterien interessanterweise vor den
Hintergrund der Argumente der Begründer der historisch-kritischen Bibelforschung und empfiehlt seinerseits eine „Konvergenz der Einzelergebnisse
und Methoden", was von Latourelles Empfehlung kaum abweichen dürfte,
bleibt aber bei alledem so allgemein, daß der für die konkrete Arbeit Hilfe
suchende Forscher damit wenig anfangen kann.

Dagegen bietet F. MUSSNER (mit Mitarbeitern) im gleichen Band unter der
Überschrift „Methodologie der Frage nach dem historischen Jesus" methodische Überlegungen, die zwar leider durch den Gebrauch der linguistischen
Geheimsprache gelegentlich schwer verständlich, im ganzen aber sehr anre-
gend und förderlich sind. M. geht von der Tatsache aus, daß das Werden der
Texte nicht nur durch den Bruch zwischen der Wirksamkeit Jesu vor Ostern
und der Zeit nach Ostern bestimmt ist, sondern auch durch einen Bruch innerhalb der Wirksamkeit Jesu zwischen der „Zeit des Angebots" und der „Zeit

der Ablehnung"[1]), und stellt fest, daß man bisher den Rückgang von schriftlichen Texten zum Stadium der Mündlichkeit zu unreflektiert vollzogen habe, während die eigentliche Aufgabe die Antwort auf die Frage sei: „Wie gelingt es, in methodisch richtiger Weise aus dem Text zurück in die Geschichte zu springen?" (S. 122). Er sucht dann weiter unter Heranziehung linguistischer und geschichtsmethodischer Literatur zu zeigen, „daß der Traditionsprozeß hinsichtlich der Logienüberlieferung und hinsichtlich der Tatüberlieferung verschieden verlief" (S. 122) und daß „die Beziehung zwischen Ereignis und erzähltem Ereignis je nach Erzählform verschieden ist" (S. 126), stellt sehr erwägenswerte Kriterien für die geschichtliche Beurteilung von Tatüberlieferungen und für die rechte Anwendung von Wort- und Stilstatistik gegenüber der evangelischen Tradition auf (S. 127–131), äußert sich auch kurz über einige wichtige der bisher vor allem angewandten Kriterien. Besonders wichtig ist dann noch die Überlegung über die verschiedene Verwendung des Begriffes „Sitz im Leben" in der Jesusforschung und über die Schwierigkeit, „den primären Sitz im Leben bei Jesus noch zu finden" (S. 140). Schließlich wird darauf aufmerksam gemacht, daß bei dem religionsgeschichtlichen Analogievergleich in der Jesusforschung das „Gesamtgefüge" zu beachten und „bei der Annahme von ‚Übertragungen' nach der hinter der Übertragung liegenden Absicht zu fragen ist" (S. 143). Das alles ist freilich weitgehend noch nicht mehr als ein „Hinweis auf Probleme", wie M. selber sagt, aber die Jesusforschung wird gut daran tun, bei der dringend notwendigen konkreten Weiterarbeit an der Frage nach den Kriterien diese Hinweise sorgfältig zu bedenken.

Zuletzt hat D. LÜHRMANN über „Die Frage nach Kriterien für ursprüngliche Jesusworte – eine Problemskizze" (in dem Sammelband „Jésus aux origines ...") geschrieben. Er weist auf die Vorgeschichte der heutigen Fragestellung seit D. F. Strauss hin, um dann festzustellen, daß „sich in der synoptischen Tradition ein Interesse am irdischen Jesus nicht erst auf der Stufe der Evangelisten erkennen" läßt, „vielmehr liegt ein solches Interesse bereits in der Überlieferung selbst" (S. 67), „der Anfang der Überlieferung der Worte Jesu vor Ostern liegt in der Verkündigung Jesu" (S. 68). Darum muß der Arbeitsweg sein, „an einzelnen Texten überlieferungsgeschichtlich von dem Text, den wir in den Evangelien vor uns haben, zurückzufragen bis zur Stufe der Überlieferung, an der (sic!) er seinen Ursprung hat"[2]), weswegen „derjenige die Beweislast zu tragen" hat, „der Unechtheit behauptet" (S. 70). Zwischen diesen gewiß nicht neuen, aber zweifellos wichtigen und richtigen

---

1) Davon wird unten S. 334 noch ausführlicher die Rede sein.
2) Lührmann hat selber ein gutes Beispiel solcher Rückfrage in dem Aufsatz „Liebet eure Feinde ..." gegeben, auf das hingewiesen sei.

Gedanken geht L. dann kurz auf das hier schon mehrfach erwähnte „Differenzkriterium" ein und zeigt richtig, daß dieses Kriterium darum nur begrenzten Wert für die Bestimmung der ursprünglichen Jesusüberlieferung hat, weil es „religionsgeschichtlich, nicht formgeschichtlich orientiert" ist und „unausgesprochen auf die Überlieferung der Taten Jesu verzichtet" (S. 64). Doch ist dieser Aufsatz leider nicht mehr als eine unvollständige „Problemskizze"[1]), und zeigt darum ungewollt, wie offen hier noch alle Fragen sind und wie notwendig es wäre, unter Berücksichtigung der hier genannten Arbeiten und anhand einer erheblich größeren Auswahl von Texten eine umfassende Untersuchung über die Methoden und Kriterien der Rückfrage nach dem irdischen Jesus vorzunehmen.

Ehe wir uns in einem 2. Teil dieses Berichts den neueren Gesamtdarstellungen Jesu zuwenden können, soll zum Abschluß dieses Referats über die Diskussion der Methodenfrage noch auf vier Arbeiten zu speziellen Problemen dieser Frage eingegangen werden. Da ist zunächst darauf hinzuweisen, daß der vorzügliche Kenner der aramäischen Sprache und Texte zur Zeit Jesu, J. A. FITZMYER, in einem sehr instruktiven Aufsatz über „Methodologie beim Studium des aramäischen Untergrunds der Jesusworte im Neuen Testament" (in dem Sammelband „Jésus aux origines...") von der Voraussetzung aus, daß Jesus in der Regel aramäisch gesprochen hat, davor warnt, späteres Material als die Qumrantexte[2]) für die Rekonstruktion des aramäischen Wortlauts von Worten Jesu zu verwenden und bei der Annahme von Falschübersetzungen und von Vorhandensein poetischer Formen in aramäischer Sprache zu wenig vorsichtig zu sein. Dann ist H.-W. BARTSCH zu nennen, der vorschlägt, aus der geschichtlichen Wirkung des Wirkens Jesu im Leben der ersten Gemeinde auf das Handeln Jesu zurückzuschließen, das diese Wirkung hatte; er nennt als so zu erschließende Kennzeichen des Wirkens Jesu seine Mahlgemeinschaft mit den Vielen, seine Vorwegnahme des Reichtums des erwarteten Gottesreiches im Wunder der Brotvermehrung und die vorwegnehmende Proklamation des Gottesreiches durch Jesus im Tempelvorhof. Nun ist es sicher berechtigt, auf die Nachwirkung des Handelns Jesu in der Urgemeinde zu achten, und man wird der Feststellung zustimmen müssen, daß das Leben und die Verkündigung der Urchristenheit als historische Wirkung des historischen Jesus zu verstehen sind. Aber daß es kaum möglich ist, von dieser generellen Feststellung zu einer konkreten Sicherung von Tatbeständen im

---

1) Gleiches ist von den kurzen Ausführungen von A. GEORGE zu sagen in seinem Aufsatz „Paroles de Jésus sur les miracles" (in „Jésus aux origines...", 284–286).

2) Vgl. auch die interessanten Zusammenstellungen in J. A. FITZMYERS Aufsatz: The Contribution of Qumran-Aramaic to the Study of the New Testament, NTSt 20, 1973/4, 382 ff.

Wirken oder Lehren des irdischen Jesus durch Rückschluß aus der Wirklichkeit der Urgemeinde zu gelangen, zeigen die von B. angeführten Beispiele:
gewiß läßt sich die Rolle der Mahlgemeinschaft in der Urgemeinde als Fort-
setzung der Mahlgemeinschaft Jesu mit seinen Jüngern verstehen, aber
Jesu Mahlgemeinschaft mit Zöllnern und Sündern läßt sich auf diesem Wege
geschichtlich nicht sichern, und Analoges gilt in noch stärkerem Maße für
die beiden andern Beispiele.

    Bedenkenswert ist dagegen F. MUSSNERS Aufsatz ,,Gab es eine ‚galiläische
Krise'?''. M. greift die Anschauung der liberalen Jesusforschung von einem
,,galiläischen Frühling'' auf und stellt die Frage, ob die im Markusevangelium
sichtbare Differenz zwischen der gewaltigen Bewegung um Jesus in Kap. 1–6
und der deutlichen Verringerung der Erfolgsmeldungen von Kap. 7 an ,,auch
der historischen Kritik standhält'' (S. 242), und führt zur Begründung einer
positiven Antwort auf diese Frage dreierlei an: Jesu Angebot der Gottesherrschaft wird abgelehnt, und da diese Ablehnung in den Wehesprüchen Mt 11,
20–24 par. mit Orten in der Nähe des Sees Genezareth verbunden ist, führt
das auf eine ,,galiläische Krise''; da die Aussendung der Jünger ,,am besten
gegen Ende der galiläischen Tätigkeit Jesu situiert werden kann'' (S. 246)
und die Ablehnung der Jünger ,,als vollendete Tatsache von Jesus konstatiert
wird'' (S. 246f.), kam es zur Umfunktionierung des Jüngerkreises zum Kern
der kommenden Heilsgemeinde und zum ersten Träger der Jesusüberlieferung;
Jesus wandert erst als der die eschatologische Gottesherrschaft Anbietende,
nach der Ablehnung des Angebots ,,als der mit der Ablehnung des Angebots
selbst Abgelehnte'' (S. 249f.), was eine Entwicklung im vorösterlichen Bewußtsein Jesu impliziert. Prüft man diese drei Argumente aber nach, so zeigt sich,
daß weder die Aussendung der Jünger am Ende der galiläischen Wirksamkeit
Jesu noch die Umfunktionierung des Jüngerkreises belegbar sind und daß die
an sich richtig beobachtete ,,galiläische Krise'' und das immerhin sehr umstrittene (m. E. allerdings schwerlich zu leugnende) Leidensbewußtsein Jesu
sich chronologisch fixieren lassen. So bedenkenswert daher die Frage ist, ob
sich nicht für manche Überlieferungsstücke über das Wirken Jesu die Zugehörigkeit zu einer späteren Periode der Wirksamkeit Jesu vermuten läßt,
so wenig scheint mir diese Frage durch Mussners Ausführungen positiv entschieden zu sein, und die Wahrscheinlichkeit, daß wir mit einem Bruch innerhalb der Wirksamkeit Jesu als mit einer ,,biographischen'' Tatsache rechnen
können (s. o. S. 331 f.), scheint mir noch nicht erwiesen.

    Das letzte hier noch zu nennende Buch versetzt den Berichterstatter in er-
hebliche Verlegenheit. J. D. M. DERRETT, Professor für Orientalisches Recht
an der Universität London und Spezialist für indisches Recht, zugleich ein
profunder Kenner des Neuen Testaments, der frühjüdischen Literatur und
der modernen Forschung zu beidem, ist dem Fachmann durch zahlreiche

durch rechtsgeschichtliche Erklärungen sehr eigenwillige Interpretationen neutestamentlicher Texte, vor allem von Gleichnissen, bekannt[1]). Er hat nun ein
Buch über die Hörerschaft Jesu vorgelegt, das schon auf dem Titelblatt den
Anspruch erhebt, zu einer Neuformulierung der Lehre Jesu die Vorarbeit zu
leisten. Er beansprucht, im Gegensatz zu den meisten, die sich bisher zu Jesus geäußert haben, „die Lehre Jesu ohne Voreingenommenheit, vorgefaßte Absichten oder unbewußte Untertanentreue" in Angriff nehmen zu
können; und „weil die meisten Gelehrten westlicher Herkunft sind, letztlich
Schüler der Griechen, Bewunderer scharfen, logischen, genauen Denkens,
haben wenige bemerkt, daß die Evangelien sehr viel mehr sagen, als ihre
Oberfläche verrät, und diejenigen, die es bemerkt haben ..., gaben davon
krampfhaft und unsystematisch Kenntnis"; und „nur Leben unter Asiaten
kann einen deren Vorurteile, deren Aberglauben, deren Stärken und Schwächen lehren, und wenn man nicht den aufnahmefähigen Teil seiner Jugend
mit ihnen verbringen kann, wie ich es tat", wird man dem Schock nicht standhalten können, der sich bei Kenntnisnahme asiatischer und afrikanischer
Gesellschaft ergibt (S. 11. 26. 23). Derrett will darum Jesus „von unserer
Welt lösen, um zu unserer Welt mit einem authentischen Bild von ihm und
seiner Lehre zurückzukehren", und er will das in drei Stufen tun: 1) durch
Beschreibung der Hörerschaft Jesu, 2) durch Neuformulierung der Lehre
Jesu, wie seine Zeitgenossen sie verstanden, 3) durch Neuformulierung dieser
Lehre in einer Sprache, die heute verständlich ist; das vorliegende Buch ist
nur „Stufe eins", eine Aufgabe, die „qualifizierte Leute bisher nicht versucht
haben" (S. 17). Betrachtet man nun „unvoreingenommen" (der Verf. wird
diese Tugend freilich einem Theologen schwerlich zugestehen!), was D. in
drei Kapiteln über „die soziale Szene", „die wirtschaftliche und politische
Szene" und „die geistige und intellektuelle Szene" in der Hauptsache anhand
von Evangelientexten sagt, so gerät man in der Tat von einer Verwunderung
in die andere. Denn entweder werden aus vereinzelten oder anders gemeinten
Texten allgemeingültige Aussagen abgeleitet, oder es werden Erfahrungen
aus der dem Verf. geläufigen indischen Szene ohne Beleg auf das Palästina der
Zeit Jesu übertragen. Dafür nur ein paar Beispiele. Die Feststellung: „Satire
war anerkannter polemischer Stil" (S. 67) wird mit Mk 12, 38 belegt („David
nennt ihn [den Messias] ‚Herrn', inwiefern ist er dann sein Sohn?"), wo nicht
Satire, sondern rationale Argumentation vorliegt; der Satz: „Je angesehener
die Diener eines Königs waren, desto mehr wurde seine Königsherrschaft anerkannt" (S. 97) wird abgeleitet aus Mt 5, 16 („Laßt euer Licht vor den
Menschen leuchten, damit sie eure schönen Werke sehen und eurem himm-

---

1) Vgl. die umfangreiche Aufsatzsammlung unter dem Titel „Law in the New
Testament", London 1970.

lischen Vater Ehre geben"), wo von weltlichem Königtum wirklich nicht die
Rede ist; daß man nach jüdischer Anschauung von ,,einem zum Judentum
Bekehrten erwartete, daß er sozial und wirtschaftlich unterlegen sei" (S. 47),
wird außer mit jüdischen Texten, die das auch nicht begründen (Tob 1, 8;
Mischna Hor 3, 8), mit 1 Tim 3, 6 belegt, wo vom christlichen Bischof und
nicht von sozialen und wirtschaftlichen Verhältnissen die Rede ist; daß
,,individuelle Meinungen selten waren, geschweige denn geäußert wurden
(S. 48), soll sich aus Mk 13, 12, der Voraussage eschatologischer Feindschaft
zwischen Familienmitgliedern, ergeben; und der Satz: ,,Das Fehlen von Ekel,
die Gleichgültigkeit gegenüber Schmerzen, es seien denn die eines geschätzten
oder engverbundenen Menschen, war allgemein" (S. 69) wird belegt mit
Mt 14, 11 (Salome bringt ihrer Mutter den Kopf des Täufers auf einem Teller)
und Beschreibungen von Grausamkeiten heidnischer (!) Feldherrn bei Josephus; für den Satz: ,,Unfruchtbarkeit wurde nicht tadelnd gegen den Ehemann vorgebracht" (S. 34) fehlt jeder Beleg. Diese Beispiele mögen genügen,
um die Feststellung als begründet erscheinen zu lassen, daß Derrett keine
neue Methode aufgezeigt hat, mit der es gelingen könnte, ein unvoreingenom-
meneres und zutreffenderes Bild des irdischen Jesus zu zeichnen, und Derretts
Drohungen mit einem weiteren Band seines Werkes (,,*if it is to be done, done
it will be*", S. 17) wird man gelassen zur Kenntnis nehmen. Und man kann
nur hinzufügen: Schade um so viel fehl angewandte Gelehrsamkeit!

II.

NICHT-WISSENSCHAFTLICHE UND WISSENSCHAFTLICHE GESAMTDARSTELLUNGEN

R. AUGSTEIN, Jesus Menschensohn, München–Gütersloh–Wien 1972 (dazu: Augsteins Jesus, Eine Dokumentation, hrsg. v. R. PESCH und G. STACHEL, Zürich–Einsiedeln–Köln, ²1973) – H. W. BARTSCH, Jesus, Prophet und Messias in Galiläa, Frankfurt/Main, 1970 – G. BAUMBACH, Jesus von Nazareth im Lichte der jüdischen Gruppenbildung, AVTRW 54, 1971 – J. BECKER, Johannes der Täufer und Jesus von Nazareth, BSt 63, 1972 – SCH. BEN-CHORIN, Bruder Jesus. Der Nazarener in jüdischer Sicht, München 1967- DERS., Mutter Mirjam. Maria in jüdischer Sicht, München 1971 – J. BLANK, Jesus von Nazareth. Geschichte und Relevanz, Theologisches Seminar, Freiburg–Basel–Wien 1972 – *Die Botschaft Jesus*. In Bildern dargestellt von E. LESSING, Basel–Wien 1972 – H. BRAUN, Jesus. Der Mann aus Nazareth und seine Zeit, ThTh 1, 1969 – S. G. F. BRANDON, Jesus and the Zealots. A Study of the Political Factor in Primitive Christianity, Manchester 1967 – DERS., Jesus and the Zealots: Aftermath, BJRL 54, 1971, 47–66 – CHR. BURCHARD, Jesus, in: Der kleine Pauly. Lexikon der Antike II, 1967, 1344 bis 1354 – K. BUCHHEIM, Der historische Christus. Geschichtswissenschaftliche Untersuchungen zum Neuen Testament, München 1974 – L. CERFAUX, Jésus aux origines de la Tradition. Matériaux pour l'histoire évangélique, Pour une historie de Jésus III, Louvain 1968 – H. CONZELMANN, A. LINDEMANN, Arbeitsbuch zum Neuen Testament, Tübingen 1975, Vierter Teil: Jesus von Nazareth, S. 325–381 – F. CORNELIUS, Jesus der Mensch in seinem religionsgeschichtlichen Zusammenhang, Aalen 1973 – M. CRAVERI, Das Leben des Jesus von Nazareth, Aus dem Italienischen übersetzt von M. Obermayer, Stuttgart 1970 – O. CULLMANN, Jesus und die Revolutionären seiner Zeit, Tübingen 1970 – C. H. DODD, The Founder of Christianity, London 1971 – G. R. EDWARDS, Jesus and the Politics of Violence, New York, Evanston, San Francisco, London 1972 – M. S. ENSLIN, John and Jesus, ZNW 66, 1975, 1–18 – F. L. FISHER, Jesus and His Teachings, Nashville 1972 – D. FLUSSER, Jesus in Selbstzeugnissen und Bilddokumenten, Rowohlts Monographien, Hamburg 1968 – E. FUCHS, Jesus. Wort und Tat, Vorlesungen zum Neuen Testament I, Tübingen

1971 – J. GUILLET, Jésus devant sa vie et sa mort, Collection Intelligence de la foi, Paris 1971 – M. HENGEL, War Jesus Revolutionär?, CwH 110, 1970 – A. HOLL, Jesus in schlechter Gesellschaft, Stuttgart 1971 – F. KOPPELMANN, Jesus nicht Christus. Doch Wunder und Gegenwart der Gotteswelt, Berlin 1973 – P. LAPIDE, Der Rabbi von Nazareth. Wandlungen des jüdischen Jesusbildes, Trier 1974 – J. LEHMANN, Jesus-Report. Protokoll einer Verfälschung, Düsseldorf–Wien 1970 (dazu: Rabbi J. Eine Auseinandersetzung mit Johannes Lehmanns Jesus-Report von R. SCHNACKENBURG, K. MÜLLER, G. DAUTZENBERG, hrsg. v. K. Müller, Würzburg 1970) – M. MACHOVEČ, Jesus für Atheisten, Stuttgart, 1972 – *Der Mann aus Galiläa*. In Bildern dargestellt von E. Lessing. Einführung von K. KERÉNYI, Freiburg–Basel–Wien 1971 – H. MERKEL, Jesus und die Pharisäer, NTSt 14, 1967/8, 194–208 – C. L. MITTON, Jesus. The Fact Behind the Faith, Grand Rapids, 1974 – K. MÜLLER, Jesus und die Sadduzäer, Biblische Randbemerkungen. Schülerfestschrift für R. Schnackenburg, Würzburg 1974, 3–24 – K. NIEDERWIMMER, Jesus, Göttingen 1968 – R. PESCH, Jesus, ein freier Mann, Conc (D) 10, 1974, 182–188 – J. REUMANN, Jesus in the Church's Gospels: Modern Scholarship and the Earliest Sources, Philadelphia 1968 – E. W. SAUNDERS, Jesus in the Gospels, Englewood Cliffs 1967 – E. SCHILLEBEECKX, Jesus, die Geschichte von einem Lebenden, Freiburg–Basel–Wien, 1975 – H. J. SCHONFIELD, Planziel Golgatha. Neue Erkenntnisse der Leben-Jesu-Forschung, aus dem Englischen übersetzt von W. Haller, Aldingen Kr. Tuttlingen, 1969 – K. SCHUBERT, Jesus im Lichte der Religionsgeschichte des Judentums, Wien–München 1973 – G. SCHWARZ, Was Jesus *wirklich* sagte, Wien–München–Zürich 1971 – E. SCHWEIZER, Jesus Christus im vielstimmigen Zeugnis des Neuen Testaments, Siebenstern Taschenbuch, München–Hamburg 1968 – G. SPEICHER, Doch sie können ihn nicht töten. Forscher und Theologen auf den Spuren Jesu, Düsseldorf–Wien 1966 – E. STAUFFER, Jesus war ganz anders, Hamburg 1967 – A. STROBEL, Wer war Jesus? Wer ist Jesus?, CwH 127, 1973 – W. TRILLING, Fragen zur Geschichtlichkeit Jesu, Patmos Paperbacks, Düsseldorf 1966 – E. TROCMÉ, Jésus de Nazareth vu par les témoins de sa vie, BT (N), 1971 – A. VÖGTLE, Jesus von Nazareth, in: R. Kottje und B. Moeller, Oekumenische Kirchengeschichte I, Mainz–München 1970, 3–24 – H. WOLFF, Jesus der Mann. Die Gestalt Jesu in tiefenpsychologischer Sicht, Stuttgart 1975 – H. A. ZWERGEL, Die Bedeutung von Leben und Tod Jesu in tiefenpsychologischer Sicht, in: R. Pesch und H. A. Zwergel, Kontinuität in Jesus. Zugänge zu Leben, Tod und Auferstehung, Freiburg–Basel–Wien 1974, 95–124. 140–144[1]).

Unter den Jesusdarstellungen des vergangenen Jahrzehnts findet sich eine ungewöhnlich große Anzahl von Büchern, die im strengen Sinn als außerhalb der heutigen Wissenschaft stehend bezeichnet werden müssen, die aber z. T. erhebliches Aufsehen erregt haben. Wenn ich diese Darstellungen vor den-

---

* 1) Da der Verlag kein Besprechungsexemplar zur Verfügung stellte, kann hier nicht berücksichtigt werden: G. VERMES, Jesus the Jew. A Historian's Reading of the Gospels, New York 1973 (vgl. die Besprechungen von F. H. BORSCH, AThR 57, 1975, 232f. und D. FLUSSER, FrRu 26, 1974, 95f.).

jenigen Arbeiten bespreche, die von den Voraussetzungen der modernen theologischen und historischen Wissenschaft aus entweder für ein breiteres Publikum oder nur für wissenschaftlich Vorgebildete geschrieben sind, so übersehe ich die Härte dieser Einteilung keineswegs, halte sie aber für unvermeidlich, auch wenn die Entscheidung, zu welcher Gruppe eine einzelne Darstellung zu rechnen ist, in einzelnen Fällen nur subjektiv gefällt werden
konnte.

Wende ich mich darum zunächst – in chronologischer Reihenfolge – denjenigen Werken zu, die m. E. als „nicht-wissenschaftlich" bezeichnet werden
müssen, so gilt dieses Urteil zweifellos für G. SPEICHERs journalistische Schilderung des „Weges der Leben-Jesu-Forschung ... und des Punktes, an dem
wir heute stehen" (S. 6) unter dem mehrdeutigen Titel „Doch sie können ihn
nicht töten" – gemeint sind mit diesem Titel offenbar die Leben-Jesu-For-
scher. SP. beginnt im ersten Abschnitt seines Buches damit, die kritische
Destruktion der Jesusüberlieferung von H. S. Reimarus bis J. Carmichael
nicht ohne Kritik vorzuführen, freilich erfährt der Leser von den positiven
Leistungen der Evangelienkritik gar nichts. Der 2. Abschnitt zeigt dann
richtig, daß die Jesusforschung fast ausschließlich auf die Evangelien angewiesen ist und daß die außerchristlichen Nachrichten kaum Bedeutung
haben; allerdings werden dabei auf Grund völlig apokrypher Texte unsinnige
Behauptungen über die Auswahl der kanonischen Evangelien aufgestellt
(S. 142 ff.). Der umfangreichste 3. Abschnitt dient dann mit teilweise durchaus sachlicher Kritik und Bezugnahme auf einzelne heutige Forscher dem
Nachweis, daß es „in der christlichen Überlieferung nicht ein einziges Wort
Jesu [gibt], dessen Echtheit über jeden Zweifel erhaben ist ..., und keinen
Bericht in den Evangelien, für den der historische Beweis angetreten werden
kann" (S. 344). Auch wenn man über die zahlreichen Fehler hinwegsieht, die
das Buch enthält (Niederschrift von Talmudtexten „erstmals um etwa 200
v. Chr., S. 123; Quirinus, S. 200 f.; nicht Billerbeck, sondern Strack ist der
Verfasser des „Kommentars aus Talmud und Midrasch, S. 355; ständig begegnet „alttestamentarisch"), so führt die unter stark eklektischer Bezugnahme auf Br. Bauer, D. F. Strauß, G. Volkmar, vor allem aber auf R. Bultmann, G. Bornkamm und E. Stauffer vorgetragene Anzweiflung der gesamten
Jesusüberlieferung unter Umgehung jeder methodischen Quellenbenutzung
zu keiner brauchbaren geschichtlichen Einsicht, und es bleibt Speichers Geheimnis, inwiefern aufgrund seiner Einsichten dann doch „der Weg zum
‚historischen' Jesus noch immer offen" (S. 6) sein soll. Ein auch noch so
schemenhaftes Bild Jesu entsteht auf diese Weise freilich nicht.

Ein sehr konkretes Bild Jesu stellt uns dagegen H. J. SCHONFIELD mit
seinem zuerst 1965 unter dem Titel „The Passover Plot" erschienenen Buch
vor Augen, das nach den Angaben auf dem Schutzumschlag der deutschen

Übersetzung das Resultat einer vierzigjährigen Forschungsarbeit des liberalen Juden Sch. darstellt und von dem der deutsche Herausgeber H. Müller sagt, daß es „eines der bedeutendsten Bücher unseres Jahrhunderts" zu werden verspreche und „uns Christen … Jesu Leben und Sterben und sein unvergängliches menschliches wie göttliches Bild in einem ganz neuen und … auch ungleich tieferen und größeren Licht als bisher nahe zu bringen" berufen sei. Die grundlegende These Schonfields ist, daß Jesus „durch vorhergehende messianische Forschung" und „als Ergebnis seiner geistigen ‚Salbung'" bei der Taufe sich berufen fühlte, „das Werk des Messias durchzuführen". Aufgrund „essenischer Auslegungstradition" war Jesus zu der Einsicht gekommen, „daß der Gerechte leiden müsse, aber überleben werde". Jesus konnte zunächst wegen der „verheerenden Folgen" nicht „durchblicken lassen, er sei der Messias", und schützte sich nach außen durch die Selbstbezeichnung als „Menschensohn", versammelte aber „eine kleine Schar von Jüngern um sich, denen er vertrauen konnte", und zeigte sich darin „als geschickter, wachsamer und findiger Stratege". Als der Täufer hingerichtet war, „mußte er sich offen als Messias zu erkennen geben" und ging daran, in Jerusalem „den Schauplatz für seine Offenbarung als Messias und die Erfüllung seines Schicksals vorzubereiten" („Die syn. Evangelien verschweigen die Tätigkeit Jesu in Jerusalem in den letzten Wochen des Jahres vor seinem Tod"!). Er wollte sich „am kommenden Passahfest öffentlich vor Israel als der Messias zu erkennen geben", erhielt auch bei dem offenen Einzug nach Jerusalem den Beifall der jüdischen Menge, wodurch er planmäßig „die jüdischen Machthaber zwang, gegen ihn vorzugehen". Freilich „mußte er alle Vorkehrungen für sein Überleben treffen" und „hat offensichtlich darauf hin gearbeitet, nicht länger als drei oder vier Stunden am Kreuz zu hängen … und schon vor der Zeit der üblichen Abnahme … den Anschein des Todes zu erwecken", was durch Eingabe eines Mittels erreicht werden sollte, „durch das der Eindruck eines frühzeitigen Todes entstand". Er wurde „behutsam in das naheliegende Grab getragen", „ganz einfach, um ihn wieder zu beleben", und „wir sind zu der Annahme berechtigt, daß Jesus das Bewußtsein wieder erlangte", er ist jedoch „schließlich gestorben", freilich „durch seine Planung über Grab und Kreuz hinaus, durch sein schrankenloses Vertrauen in das Kommen des Königtums Gottes, in dem er herrschen sollte, hat Jesus den Sieg erkämpft"[1]). Es dürfte ohne weiteres deutlich sein, daß wir es hier trotz aller gegenteiligen Ansprüche des Verfassers und Herausgebers mit einer romanhaften Konstruktion zu tun haben, die uns nicht „den wahren Jesus sehen" läßt (S. 197). Nicht einzelne Fehler

---

1) H. J. SCHONFIELD, Planziel Golgatha, S. 51. 85. 102. 88. 91. 99. 117f. 125. 133. 176. 180. 182. 186f. 195.

(„Hochzeit von Kanaan", S. 66) und nicht antichristliche Polemik (obwohl der Verf. das Johannesevangelium als den Synoptikern gleichwertige Quelle benutzt, sagt er :„Es gereicht der Kirche kaum zum Ruhm, daß sie dieses Bild eines pathologischen Egoisten als den wahren Jesus gehegt und gepflegt hat", S. 111), auch nicht einzelne Phantasien („Es ist aus den Evangelien ersichtlich, daß Jesus oft in sich verschlossen war ... Wir können annehmen, daß er auch als Kind so war", S. 63) zwingen zu diesem Urteil, sondern das Fehlen jeglicher kritischer Quellenbenutzung in Verbindung mit willkürlichen Kombinationen, die ohne jeden Anhalt an den Quellen sind. Es ist darum verständlich, wenn auch schwerlich sachgemäß, daß offensichtlich keines der führenden theologischen Rezensionsorgane von der englischen oder deutschen Ausgabe des Buches Kenntnis genommen haben.

Großes Aufsehen hat dagegen J. LEHMANNS „Jesusreport. Protokoll einer Verfälschung" erregt. Nach Lehmann ist das, „was wir fast 2000 Jahre lang für die Lehre des Rabbi J. (so nennt L. Jesus „neutral"!) gehalten haben, vor seiner Geburt schon niedergeschrieben" worden, nämlich in den Schriftrollen von Qumran, und „die Evangelien haben alles getan, um die historischen Zugänge zu verdunkeln". Beseitigt man diesen „ersten Filter", dann erkennt man, „daß Rabbi J. bestenfalls die Lehre von Qumran auf sich bezog, veränderte und in sich konzentrierte, aber daß er nicht der Schöpfer dieser Lehre ist, die wir ihm zuschreiben", daß er „in oder um Qumran in einer der Höhlen gelebt hat" (die Engel der Versuchungsgeschichte waren in Wirklichkeit „Verbindungsleute von Qumran"!) und eine „bedingungslose Verschärfung des mosaischen Gesetzes bis hin zur Gedankensünde" vertrat, daß er z.B. keineswegs den Sabbat brach, da er nach der Lehre der Essener an einem andern Tag als die Pharisäer den Sabbat hielt, und daß „mindestens sechs der zwölf Jünger Zeloten, also Widerstandskämpfer waren". Die Evangelisten „wollten nicht berichten, sondern berichtigen, ... aber seit Qumran ist alles anders", doch ist „die Theologie bestrebt, immer von einer anderen Ebene aus zu argumentieren als es der tatsächlichen jeweiligen Erkenntnis entspricht". Zwischen dem Tod Jesu und den Briefen des Paulus liegt der zweite Filter, mittels dessen Paulus „aus dem gescheiterten jüdischen Messias den Sieger Christus macht ..., aus dem Menschensohn den Gottessohn". Und so besteht „zwischen dem historischen Jesus und dem gepredigten Christus tatsächlich ein unüberbrückbarer Gegensatz", aber den Kirchen „geht es gar nicht um die historische ,Wahrheit', sondern um ihr Prestige und ihre Existenz", sie „benutzen Rabbi J. als Ausrede für einen ganz anderen Glauben"[1]. Es ist leicht zu sehen, daß hier neben einer völlig unkriti-

---

1) J. LEHMANN, Jesusreport. S. 10. 115. 119. 147. 72. 76. 98f. 112. 126. 138. 148f. 156. 187. 192.

schen Benutzung evangelischer Nachrichten eine aus der Luft gegriffene Diffamierung der Evangelien steht und daß beides mit viel Phantasie und unter eklektischer Heranziehung moderner Literatur zu einem völlig unhaltbaren Wunschgebilde zusammengemischt wird. Es lohnt sich aber nicht, die zahlreichen Fehler und Ungereimtheiten dieser „Beweisführung" hier auch nur beispielhaft zu kennzeichnen, da diese Aufgabe von R. SCHNACKENBURG, K. MÜLLER und G. DAUTZENBERG in dem Büchlein „Rabbi J. "vorzüglich erledigt worden ist[1]), man muß nur feststellen, daß dieses Machwerk keine historischen Kenntnisse vermittelt.

Einen ganz anderen Charakter trägt das „Leben des Jesus von Nazareth" von M. CRAVERI. Das aus dem Italienischen übersetzte Buch (1966 erschienen)[2]) setzt sich zur Aufgabe, Jesus in seiner ganz bestimmten Umwelt zu sehen und „seine Ideen und sein Verhalten als Auswirkungen einer besonderen Kultur und besonderer historischer Notwendigkeiten zu verstehen". Der Verf. legt seiner Schilderung der Geschichte Jesu das Markusevangelium zu Grunde, aus dessen Reihenfolge immer wieder historische Schlüsse gezogen werden (etwa S. 146. 215. 236); er kritisiert die Kindheitsgeschichten, verteidigt aber die Erzählung vom zwölfjährigen Jesus als historisch und vermutet, daß Jesus in seiner Jugend Glied einer Essenergemeinde war. Die Taufstimme lautete nach Craveris Vermutung „Du bist mein Hochgeliebter, in dem ich mich geoffenbart habe" (*edokesa* statt *eudokesa*, eine völlig willkürliche Änderung!), und trotz der Polemik gegen die „Rationalisten" werden laufend rationalistische Wundererklärungen vorgetragen (die „verdorrte" Hand Mk 3, 1 ff. hat Jesus massiert, wobei sich der Verf. auf den Rationalisten K. H. Venturini beruft; die Schweineherde Mk 5, 1 ff. flieht vor dem Geschrei eines von der Lykanthropie befallenen Menschen). Jesus floh wegen des Abfalls einiger Jünger nach Caesarea Philippi, ist dann aber „neuerlich von glühender Begeisterung erfüllt". Das letzte Abendmahl sollte Ausdruck einer Hoffnung sein und den Zustand des Glückes im Reich Gottes vorwegnehmen, die überlieferten Einsetzungsworte hat Paulus „mit großer Schamlosigkeit" auf Jesus selbst zurückgeführt; Jesus starb von allen, auch von Gott verlassen. Jegliche Quellenkritik fehlt bei dieser Schilderung, und weder die Konstruktion eines Handlungszusammenhangs noch die rationalistische

---

1) Weitere Kritiken sind genannt in: Jesus von Nazareth, hrg. v. F. J. Schierse, Grünewald-Materialbücher 1972, 115 Anm. 9.

2) Sprachliche Seltsamkeiten wie „der Apolog" (S. 108), „antonomasisch" (S. 110), „Symbologie" (S. 367) gehen wohl auf den Übersetzer zurück; in den Anmerkungen begegnet hauptsächlich ältere Literatur, zahlreiche englische und französische Bücher werden nur in italienischer Übersetzung zitiert.

Interpretation der Wunderberichte führen zu haltbaren geschichtlichen Resultaten[1]).

Großes Aufsehen hat das Buch des Wiener Kaplans und Universitätsdozenten A. HOLL über „Jesus in schlechter Gesellschaft" schon darum erregt, weil Holl von kirchlicher Seite deswegen die Lehrbefugnis entzogen worden ist. Das sprunghaft geschriebene Buch, das ausdrücklich jeden theologischen Standpunkt ausschließt und sich nur mit Hilfe der „soziologischen Methode" „auf Tatsachen berufen [will], die historisch außer Streit sind", vertritt im Grunde nur die einzige These, daß Jesus ein „gesellschaftlicher Außenseiter" war, der „die Rechtsnormen der Gesellschaft verletzt hat" und sich nach diesen Normen „kriminell verhielt". Jesus spricht „die untersten sozialen Schichten" an, „sein sozialer Ort, gemessen an den Kriterien von Besitz und Bildung, ist ganz unten gewesen", „den sogenannten Sozialaufstieg bewertet Jesus nirgendwo positiv", Jesu „Denken von der andern Seite der Gesellschaft her widerspricht dem gesamten Fundus der menschlichen Sozialgeschichte, es steht konträr zur gesamten gesellschaftlichen Erfahrung aller Kulturen und Zeiten". Läßt sich für dieses Bild Jesu als „Unmutserreger und Provokateur, Stein des Anstoßes und Skandalmacher" immerhin anhand der Evangelien einiges anführen, so fehlt für die Behauptungen, daß Jesus „durch Gewalt (Tempelreinigung, Volksbewegung) die Gewalt gegen sich aufrief", „daß er selbst bereits jede Subordination gegenüber dem Allmächtigen ... verabschiedet hat", daß er „das entwicklungsgeschichtlich sehr alte Positionsdenken unterläuft" und so „an der Menschwerdung des Menschen fortarbeitet", jeder Beleg; von der Gottesverkündigung Jesu, von seiner Forderung des Gehorsams gegen Gottes Willen, von Jesu persönlichem Anspruch ist überhaupt nicht die Rede, und solche verzerrende Lücke kann mit der Feststellung: „Was in diesem Buch fehlt an Inhalten, die vielleicht vielen als wesentlich erscheinen, wurde mit Bedacht ausgelassen" nicht als wissenschaftliches Vorgehen verteidigt werden[2]). Auf diese Weise wird nicht der „reale Jesus" an die Stelle des „heutigen kirchlichen Jesus" gestellt, und man kann schwerlich behaupten, daß Holls Buch „eine bedeutsame Korrektur des üblichen Jesus-Bildes darstellt"[3]).

Ein ungewöhnlich großes Aufsehen hat um seines Verfassers willen das Buch des Herausgebers des Magazins „Der Spiegel", R. AUGSTEIN, mit dem

---

1) M. CRAVERI, Leben des Jesus, S. 9. 84. 10. 137f. 112. 234. 236. 370. 372. 404. Vgl. auch die Kritik von H. W. BARTSCH, ThLZ 97, 1972, 32ff. („Die deutsche Übersetzung erscheint ... kaum als notwendig").

2) A. HOLL, Jesus..., S. 23. 19. 29. 103. 105. 110. 117. 165f. 136. 167. 159.

3) So W. DANTINE, Jesus von Nazareth in der gegenwärtigen Diskussion, 1974, 78.

Titel „Jesus Menschensohn" erregt. Denn wäre nicht R. Augstein der Verfasser dieses Buches, so wäre schwerlich, zum mindesten eine Zeitlang, ein
solcher Wirbel um dieses Buch entstanden. A. will ja keine „Erkenntnis verbreiten, die nicht öffentlich zu haben wäre, sei es seit 120 oder seit 2 Jahren",
sondern zeigen, daß die Evangelien „ein Selbstbedienungsladen" sind, in
dem „jeder finden kann, was er zu brauchen meint", und daß die Kirchen
nicht überleben könnten, „wenn sie zugeben, was sie nicht zugeben dürfen,
daß sie nämlich auf uralten Fiktionen gründen", weil, je tiefer man in die
Evangelien eindringt, „in Fließfarben zerflimmert, was einst geleuchtet hat".
Freilich weiß der Leser dieses Buches nicht, ob es von einer geschichtlichen
Person oder von einer Fiktion handelt. Einerseits heißt es: „Jesus hat schwerlich die Worte gesprochen, die ihm in den Mund gelegt, und kaum eine der
Taten getan, die ihm zugeschrieben worden sind", „Jesus kennen wir nicht.
Wir wissen nicht, was Jesus ‚gewollt' hat", „nur Spuren gibt es von ihm in
den Evangelien", „eine Lehre, die Jesus mit einem Anschein von Zuverlässigkeit zugeschrieben werden kann, gibt es nicht", und dementsprechend begegnen immer wieder skeptische Bemerkungen wie „Jesus, wenn er denn auffindbar ist", „wenn es ihn denn gegeben hat", „wir wissen nicht, ob er verurteilt wurde, wissen nicht, wer ihn verurteilt hat", und dem Leser wird nicht
nur die Annahme als wahrscheinlich nahe gelegt, „daß Jesus gar nicht der
Autor der bekanntesten Gleichnisse sein könnte", sondern es wird auch erklärt: „Ein Narr muß nicht sein, wer die gesamte Jesusfigur für einen Mythos hält". Aber andererseits heißt es dann auch: auch wenn wir (so im Anschluß an eine bekannte Formulierung von R. Bultmann) „vom Leben und
von der Persönlichkeit Jesu so gut wie nichts mehr wissen können, so muß
doch ein personaler Kern angenommen werden, der die ungeheure Motorik
der frühchristlichen Bewegung verständlich macht", „uns scheint seine
[Jesu] zumindest ambivalente Haltung zum Gesetz in Wort und Praxis …
geradezu das wichtigste Indiz dafür, daß er gelebt und sich geregt hat", und
„wir glauben schon, daß es ihn, Jesus, gab, nicht nur als irgendeinen". Aber
wenn dann nun unter reichlicher Anführung moderner, vor allem geschichtskritischer Literatur[1]), nicht nur festgestellt wird: „Wir wissen nicht, für
was Jesus sich gehalten hat, wir können und werden es nie wissen", sondern
auch: „Die Evangelien enthalten die Lehren der Evangelisten, nichts sonst,
und diese wiederum enthalten die Lehre der Essener, der Qumraner, der

---

1) „Er bringt herzlich wenig an fundamentaler Kritik des historischen Jesus und
der frühen Christologie, das Bultmann nicht schon längst aufgearbeitet und theologisch beantwortet hätte. Die Grundlagen seines Buches verdankt A. dem Marburger
Kronzeugen, ohne ihn wäre es nie entstanden" (M. HENGEL, Augstein und der
Menschensohn, EK 5, 1972, 668).

Apokalyptiker, der liberalen Pharisäer, der strengen Pharisäer, der Judenchristen, der Hellenisten, nichts sonst", so ist man, wenigstens in der Sach-
aussage, nicht erstaunt, wenn man am Ende des Kapitels „Seine Lehre –
seine Lehre?" liest: „Alles war schon einmal da. Von Jesus sing' und Maria".
Aber dieser Mischmasch von Bestreitungen und Zugeständnissen ist nun gar-
niert mit einer Fülle von z.T. grimmigem Spott nicht nur über die Theologen
(„Der Philologe Jeremias ist der Blinde, der den lahmen Logiker Jeremias
in die Grube plumpsen läßt, freilich merken die beiden nichts davon"; bei
U.Wilckens „fehlt erbaulicher Schmonzes nicht ganz"), die christliche Kunst
(bei A.Dürer „umschweben die Engel wie stillstehende Hubschrauber den
Gekreuzigten") und Dichtung („Die deutsche Kirchenlieddichtung hat sich
von den Malen [Jesu] zu einem süßen Schmack inspirieren lassen"), sondern
auch über das Alte Testament („Kraftwerk zur Erziehung von Schuldgefüh-
len, unablässig arbeitende Emotionsmaschine"), die von der modernen Forschung erkannten oder auch angezweifelten Anschauungen Jesu („Dieser
Jesus der Enderwartung, uns wortgetreu und schriftgerecht von Jeremias
skizziert, ist ein bornierter ... Schwärmer"; „Jener Jude, der sich für den
Messias-Menschensohn des Henoch gehalten hätte, müßte ... einen Sparren
gehabt haben"; „die erste Antithese der Bergpredigt enthält blanken, un-
barmherzigen Unfug"), die Evangelien („Die Evangelien enthalten vielerlei
Widersprüche, aber auch Eindeutigkeiten wie: ‚Und willst du nicht ein Christ
sein, so schlag ich dir den Schädel ein'") oder das Christentum im allgemeinen („Das Christentum stieg auf wie eine Rakete mit dreistufigem Triebsatz,
jede Stufe ein explosiver Irrtum"). Wenn ich nun noch darauf hinweise, daß
A. ständig mit der quellenkritisch haltlosen Behauptung argumentiert, daß
Nachrichten oder Texte schon darum geschichtlich unhaltbar seien, weil sie
„nicht bei Markus stehen" und darum „eben nicht zur ältesten Tradition
gehören"[1]), ja daß bei ihm überhaupt jegliche Traditionskritik fehlt, so
dürfte das Urteil nicht als leichtfertig erscheinen, daß wir es in Augsteins
Buch nicht mit einer falschen Darstellung, sondern mit einer völlig metho-
denlosen „Anklageschrift" zu tun haben, die „nicht von der Biographie des
Galiläers her zu verstehen ist, sondern von der des Autors"[2]). Im übrigen
kann, auch für den Nachweis von zahlreichen Fehlern, auf die ausführlichen
Kritiken verwiesen werden, von denen mehrere in der Sammlung „Augsteins
Jesus" (hrg. v. R.Pesch und G.Stachel) gesammelt sind[3]).

1) R.Augstein, Jesus Menschensohn, S. 7, 11f. 67. 165. 130. 259. 69. 186f. 300.
47. 27. 149. 159. 91. 164. 166. 345. 63. 226f. 258. 99. 83. 154. 335. 114. 304 u. oft.

2) So M. Hengel, s. S. 204, Anm. I, 667.

3) Vgl. dort besonders R. Pesch, E. Schweizer und G. Stachel, außerdem M.
Hengel, s. S. 204, Anm. I, 666 ff; H. Zahrnt, LM 12, 1972, 638 ff; K. Schubert,
BiLi 45, 1972, 256 ff. Der Aufsatz von W. Schmidt, Zwischen Bewunderung und

Im Gegensatz zu Augstein steht P.E. LAPIDE dem „Jesus des Judentums"
mit deutlicher Sympathie gegenüber, aber das Bild Jesu, das er zeichnet,
muß trotzdem als wissenschaftlich nicht begründet und unhaltbar bezeichnet werden. Ohne jede historische Kritik, aber mit tendenziöser Auswahl
aus den Quellen möchte L. zwei Thesen nachweisen: a) „In die schier endlose
Flutwelle der ‚Messianitis', an der ganz Israel seit über 21 Jahrhunderten
krankt, ... gehört auch die tragische Lebens- und Leidensgeschichte Jesu
des Nazareners"; „Um diesen messianischen Zionismus zu verwirklichen ...,
mußte Jesus ... politische Mittel anwenden, die unvermeidlich ... auch zu
militärischen Schritten führen mußten"; „Ihn zum weltfremden Prediger
oder apolitischen Theologen umzufunktionieren, zur Zeit da Tausende von
Patrioten am Kreuz verendeten ..., ist eine Schmähung, die an Antisemitismus grenzt". Vielmehr „besagt die neutestamentliche Tatsache, die anscheinend bis heute das bestbewahrte Geheimnis der christlichen Bibelforschung
ist, daß Jesus ein thoratreuer Jude war und blieb, der nie und nirgends ...
gegen die mosaische und rabbinische Gesetzgebung verstieß". b) Auch die
Urgemeinde „war eine gesetzestreue Schule innerhalb des Judentums". Dagegen lautet das paulinische Evangelium: „Jesus ist tot, es lebe Christus!",
und „um seinem Heidenpublikum den neuen Glauben schmackhafter zu
machen, wurde ... der tote Jesus sowohl in den Himmel entrückt als auch
auf Altären in greifbarer Nähe vergötzt – Lichtjahre entfernt von dem galiläischen Thoraprediger". Nicht nur war „der Paulinismus für das apostolische
Zeitalter eine Heterodoxie", sondern auch die Evangelien „sind vier tendenziöse Schwarzweißmalereien ..., in denen Jesus progressiv göttlicher, ‚die
Juden' immer bösartiger, die Apostel dümmer, die Römer aber schrittweise
sympathischer werden"[1]). Auf dem Hintergrund dieser beiden Thesen wird
dann eine Geschichte der Ablehnung und der allmählichen positiveren Wertung von jüdischer Seite durch die Jahrhunderte geboten und zum Schluß
festgestellt, daß die neueste „Akzentverschiebung in der liberalen Theologie
(Braun, Blank, Bultmann, Sölle etc.) vom himmlischen Christus zurück zum
irdischen Jesus als Prototyp des kämpfenden, leidenden und dennoch zutiefst gläubigen Menschen merklich dem Jesusbild zahlreicher jüdischer Autoren näherkommt" und daß in jüdischen Werken über Jesus „seit den sech-
ziger Jahren ... die Sympathie für den Juden Jesus wächst" (S. 133f.). Nun
soll hier über die Möglichkeit einer positiven Stellung zu Jesus von jüdischer
Seite nicht gesprochen werden (von anderen Jesusbüchern jüdischer Autoren

---

Beleidigung. Reaktionen auf Augsteins Jesusbuch, Theologie und Wirklichkeit,
Festschr. W. Trillhaas, 1974, 155 ff ist eine oberflächliche Verteidigung Augsteins
gegen einige seiner Kritiker.
   1) P.E. LAPIDE, Der Rabbi..., S. 134. 25. 33f. 52. 69. 75. 77f.

wird im Folgenden noch die Rede sein). Aber was die geschichtswissenschaftliche Haltbarkeit des von Lapide vertretenen Jesusbildes anbetrifft, so muß
doch gesagt werden, daß sich weder der politische oder gar militärische Charakter des Auftretens Jesu noch die ausnahmslos thoratreue Haltung Jesu
angesichts der Gesamtheit der evangelischen Texte halten lassen, daß die
Verurteilung des Paulus und der Evangelien aber nicht historisch, sondern
religiös-konfessionell begründet ist und daß die Weglassung der Zeugnisse
für einen persönlichen Anspruch Jesu in Opposition zum gleichzeitigen offiziellen Judentum und für die bleibend jüdische Haltung des Paulus trotz
seines Bewußtseins der Beauftragung mit der Heidenmission zu einer völligen
Verzerrung Jesu und des Paulus führen, und darum kann auch Lapides Buch
nicht als eine Förderung geschichtlicher Erkenntnis anerkannt werden.

Nur zögernd erwähne ich abschließend in der Gruppe der als nicht wissenschaftlich begründet zu nennenden Arbeiten zwei (bzw. drei) Bücher, die
durch das positive Engagement ihrer Verfasser angenehm berühren, aber
trotzdem m. E. in diesem Zusammenhang genannt werden müssen. Der bekannte Vorkämpfer einer jüdisch-christlichen Verständigung, SCH. BEN-
CHORIN, hat zwei Bücher über Jesus und über Maria geschrieben, von denen
uns zunächst das Jesusbuch beschäftigen soll. Jesus ist für B. im Sinne M.
Bubers „mein jüdischer Bruder", B. fühlt sich angefaßt von Jesu „brüder-
licher Hand, die mich faßt, damit ich ihm nachfolge", „es ist die Hand eines
großen Glaubenszeugen in Israel", ja er fügt hinzu: „Ich stehe nicht an zu
erklären, daß ich in Jesus von Nazareth eine *dritte Autorität* sehe, die neben
die Auffassungen von Hillel und Schammai zu stellen ist". Diese anerkennende Haltung Jesus gegenüber kann B. aber (ähnlich wie Lapide und D.
Flusser, s. u. S. 214 ff.) nur einnehmen, weil er es als abwegig erklärt, in Jesu
vollmächtiger Lehre („ich aber sage euch") „einen Bruch mit der Tradition
des Judentums sehen zu wollen, wie es christliche Theologen bis auf den
heutigen Tag taten und tun, in dem offenbaren Bestreben, die Gestalt Jesu
zu isolieren, um dadurch doch wieder zum Begriff des ‚erhöhten Herrn' zu
gelangen". Daß „christliche Theologen" (ganz abgesehen von dem ihnen zugeschriebenen angeblichen „Bestreben") für ihre Behauptung eines Bruches
Jesu mit der Tradition des Judentums konkrete Texte anführen können,
wird verschwiegen, und Jesu Worte gegen das Recht zur Ehescheidung
(Mk 10, 1 ff. par.; Mt 5,32f. par.) und gegen die Verunreinigung durch Dinge
(Mk 7, 15 par.) begegnen so wenig wie der Bericht über Jesu (gemäß der
Halacha unerlaubten) Sabbatbruch (Mr 3,1 ff. par.). Daß Jesus einen autoritativen Anspruch für seine Interpretation des Gotteswillens erhoben hat,
wird ebenso wenig erwähnt, und der Bericht über Jesu Frage an die Jünger
nach der Beurteilung seiner Person Mk 8, 27 ff. par. wird ohne jeden Anhalt
am Text dahin gedeutet, daß sich hier „der verwirrte Mensch kundtut, der

dem Geheimnis seiner eigenen Existenz begegnet, ohne es entschlüsseln zu können", „der fragende Jesus ist unser Bruder"; „das Wort Menschensohn" aber, das nach B. „zum Selbstverständnis Jesu gehört", meint „den Menschen schlechthin"; als „diesen Menschen, der in seiner Menschlichkeit exemplarisch lebt, unbehaust und dem Leiden ausgesetzt, hat sich Jesus verstanden", wofür freilich die Texte erst recht keinen Anhaltspunkt bieten. Schon bei diesen grundlegenden Anschauungen zeigt sich somit, daß B. gegenüber der Jesusüberlieferung zwar die Phantasie ausdrücklich ablehnt, an ihre Stelle aber nicht eine die gesamte Evangelienüberlieferung kritisch verwertende geschichtliche Zusammenschau stellt, sondern „die Intuition", die „aus einer lebenslangen Vertrautheit mit dem Text erwächst, der hier subjektiv interpretiert wird. Gewiß, subjektiv, aber das heißt nicht zügellos". Von diesem gewiß sehr anfechtbaren methodischen Ausgangspunkt aus kommt B. sicherlich auch zu mancherlei richtigen Feststellungen („Jesus durchbricht die Mauer, die durch die Gesetzesfrömmigkeit der Schriftgelehrten aufgerichtet worden war"; „Die radikale Haltung Jesu ist nur im Licht seiner Naherwartung verständlich"; im Gleichnis vom Barmherzigen Samariter „ist bewußt die volksmäßige Begrenzung aufgehoben"; „In der Hinwendung zu den Sündern ... zeigt sich der verborgene messianische Impuls Jesu"), aber daneben finden sich nicht nur zahlreiche unkritische Konstruktionen (das Gespräch mit Nikodemus „führt ..., wenn es auch späteres Kerygma sein mag, in die Gedankenwelt der Wiedergeburt im Sinne Jesu ein"; Jesus „legitimiert sich nicht durch Weissagungen, sondern zunächst durch seine Wunderheilungen", Jesus „bedient sich der Kräfte, die im Akte der Wiedergeburt [bei der Taufe] in ihm erwacht sind"; Jesus „hält an dem rabbinischen Grundsatz fest, ... daß auch das scheinbar kleinste Gesetz unlösbar ist"; „Das erste Wunder ist die Verwandlung von Wasser in Wein auf der Hochzeit zu Kana", Jesus zieht „offenbar durch sein seltsames Gebahren hier bereits die Aufmerksamkeit aller auf sich, was in der Gemeindetradition ... zum Weinwunder geworden ist"; „Jesus selbst war von den Vorbehalten gegenüber den Samaritanern ursprünglich keineswegs frei ..., muß aber dann offenbar seine Vorurteile revidiert haben, und so dürfen wir annehmen, daß sein Gleichnis vom Barmherzigen Samariter *nach* der Begegnung am Jakobsbrunnen [Joh 4] gesprochen wurde"; „Durch den Zug [Jesu] ... nach Jerusalem sollte das Tempo der Heilsgeschichte sozusagen beschleunigt werden" u.s.w.). Viel schlimmer aber ist, daß B. immer wieder nicht seine Intuition, sondern seine auf nichts begründete Phantasie Tatbestände schaffen läßt: in dem „differenzierten Verhältnis Jesu zu seiner Mutter ... mag sich etwas von dem peinlichen Bewußtsein einer illegitimen Abkunft spiegeln. Jesus ehrt seine Mutter nicht und negiert seinen leiblichen Vater, da er offenbar um seine uneheliche und fremde (nicht jüdische) Herkunft wußte"; in der

Erzählung von der Ehebrecherin (Joh 7, 53 ff.) schreibt Jesus nicht auf den
Boden, er zieht vielmehr „offenbar eine Art Kreis um die in die Mitte gestellte Frau ... und sichert die Sünderin damit gleichsam (magisch?) vor
ihren Anklägern ab"; „Ich bin der Ansicht, daß Jesus von Nazareth ... verheiratet war. Seine Jünger und seine Gegner hätten ihn gefragt, wenn er von
diesem allgemeinen Brauche abgewichen wäre"[1]); „Im Kusse des Judas ist
etwas von der Vorstellung des Todes im Kusse, der den Gerechten vorbehalten ist, angedeutet"[2]). Angesichts dieser nur an Beispielen gekennzeichneten
Methodenlosigkeit und Phantastik kann Ben Chorins Jesusbuch trotz seiner
Verehrung für Jesus nicht als wissenschaftlich haltbar[3]) und darum auch
nicht als Förderung unserer Kenntnis Jesu bezeichnet werden.

Nun hat Sch. Ben Chorin aber auch ein Buch über „Maria in jüdischer
Sicht" geschrieben. Er will „das jüdische Antlitz einer jungen Mutter aus
Galiläa wieder deutlich machen", weiß aber, daß „das Wenige, das wir über
Maria aus dem Neuen Testament wissen – und eine andere Quelle gibt es
nicht ... –, nicht ausreicht, um eine Biographie dieser Frau zu schreiben".
Aber dann weiß er doch unter völlig unkritischer Verwendung der lukanischen Vorgeschichte und von Joh 2. 7. 9 Erstaunliches über Maria zu berichten: die Tradition von der vorehelichen Empfängnis Jesu „legt den Schluß
nahe, daß nicht Joseph der Erzeuger war"; „Das Wenige, was wir von Joseph
wissen, besteht vor allem in seinem außerordentlich regen Traumleben";
„Die Mutter Mirjam war es wohl, die ihrem Erstgeborenen die Braut aus-
suchte" (für die These vom verheiratetem Jesus führt B. anhangsweise
S. 198 f. noch einmal 6 Punkte an); bei der Hochzeit zu Kana weist Maria
das Personal an, „dem gereizten Rabbi [Jesus] willfährig zu sein"; die Mutter ist „in der tragischen Stunde seines unbeschreiblich qualvollen Todes
noch einmal in seiner Nähe", Jesu Anrede „Weib" in dieser Stunde zeigt,
daß Jesus „sich von ihr lossagt" u. s. w. Wenn B. zum Abschluß seines Buches
sagt, es sei das Grundanliegen dieses Buches, der Verfremdung Marias im
Sinne der Madonna entgegenzuwirken, und wenn er gegen den Vorwurf unkritischer Quellenbenutzung den Anspruch erhebt, die Texte so zu nehmen,
wie sie sind", und sie „immer in ihrem jüdischen Kontext" zu sehen, so übergeht er bewußt die Einsicht, daß man Glaubenstexte nicht einfach „wie sie

---

1) Die These vom verheirateten Jesus ist auch in dem mir unzugänglichen Buch
von W. E. Phipps, Was Jesus Married?, New York 1970 vertreten worden, vgl.
dazu R. M. Grant, AThR 54, 1972, 39 f.

2) Sch. Ben Chorin, Bruder Jesus..., S. 12. 17. 16 f. 136. 139. 134. 9. 11. 63. 79.
110. 123. 31. 59. 62. 76. 84. 88. 107. 146. 43. 128 f. 188.

3) Vgl. auch die ausführliche Besprechung von W. Diezinger, ThRv 65, 1969,
367 ff.

sind" als historische Zeugnisse verwenden kann, und verfälscht die neutestamentlichen Texte obendrein durch die Einbeziehung völlig apokrypher Texte
und durch phantastische Konstruktionen[1]). So erscheint in diesem Buch nicht
das geschichtliche Antlitz einer jungen jüdischen Mutter aus Galiläa, sondern
ein Phantasiebild, auf das ich, im Hinblick auf den Verfasser und auch im
Vergleich mit seinem Jesusbuch, nur mit Befremden hinweisen kann.

Völlig anderer Art ist das letzte hier zu nennende Buch. F. KOPPELMANN,
Professor der Elektrotechnik an der Technischen Universität Berlin, hat sich
als „nicht berufsmäßiger Theologe" nicht nur in die Evangelien, sondern auch
in die moderne theologische Literatur in großem Umfang eingearbeitet und
dabei die Anschauung gewonnen, daß wir vom historischen Jesus durchaus
etwas wissen können; er möchte ein Bild Jesu zeichnen, „wie es sich aus
den Evangelien ergibt, wenn man die Verzerrung durch die Tradition aus-
scheidet, die vor allem darin besteht, daß er als göttliches Wesen dargestellt
wird" (Vorwort). „Jesus war ein natürlicher Mensch ... mit Einsichten und
Fähigkeiten, wie sie jeder von uns haben könnte", aber seine „Wunder sind
zu gut bezeugt, als daß man sie, von Ausnahmen abgesehen, für unhistorisch
halten kann", und es ist die eigentliche Absicht des Buches zu zeigen, daß
„das Verständnis der Botschaft Jesu ohne Verständnis für seine Wunder
blockiert" ist. Nach K. ist „das orthodoxe Jesusbild unglaubwürdig, das
liberale bläßlich, das apokalyptische pathologisch, das streng kritische ...
nur ein Knochengerüst", es bleibt vielmehr, „damit nicht alles unter den
Händen zerfließt, nichts anderes übrig, als die Dinge, die nach eigenem Urteil
echt zu sein scheinen, als echt zu behandeln", und nach seinem Urteil muß
alles als unecht ausgeschieden werden, „was Jesus engstirnig und pathologisch erscheinen läßt", darum alles, „was ihn als Apokalyptiker erscheinen
läßt, der einen Termin für das Weltende voraussagte oder sich selbst für den
künftigen Weltrichter hielt", während „andererseits nur wenige Wunderberichte auszuscheiden sind, vor allem nicht der Bericht vom leeren Grab".
Von diesen bewußt subjektiven Voraussetzungen aus wird etwa die Jungfrauengeburt abgelehnt, weil sie „unserer Auffassung widerspricht, daß Jesus
ein natürlicher Mensch war", während dem Weinwunder von Kana „ein
historischer Kern zugrunde liegen muß", „aber die Beschaffung des Weins
könnte sich weniger wunderhaft abgespielt haben, als der Evangelist beschreibt. Was wirklich geschehen ist, wissen wir nicht". Doch hält K. es für
möglich, daß das ursprünglich Berichtete war, daß Jesus „einen abseits stehenden Krug" herbeibringen ließ, „und hier könnte man festgestellt haben,
daß er Wein enthielt ... Ein durch eine derartig banale Deutungsmöglichkeit
verschleiertes Wunder trauen wir Jesus wohl zu", zumal „die Beschaffung

---

1) SCH. BEN CHORIN, Mutter Mirjam, S. 7. 16. 67. 72. 111. 134. 195. 197.

von Wein" keineswegs „ein zu Jesu Botschaft beziehungsloses Wunder …
sein würde". Überdies ist nach K. die Annahme durchaus mit den Naturgesetzen verträglich, daß „die uns umgebende Wirklichkeit sich uns gegenüber so verhält, als ob sie suggestibel wäre, das heißt sie ist durch Willens-
kräfte ohne Vermittlung unserer Muskeln direkt beeinflußbar"[1]), und Jesus
verfügte über die Möglichkeit „der suggestiven Beeinflussung des materiellen
Geschehens", wobei K. die Annahme ausdrücklich ablehnt, „daß Gott es ist,
der den Willen des Wundertäters verwirklicht": der bei Markus angegebene
Inhalt des Gethsemanegebets „trifft auf Jesus nicht zu. Der historische Jesus
war nicht im üblichen Sinn gottergeben, sondern selbständig und willens-
stark". Freilich kann K. für diese Behauptung keinerlei Beleg angeben, und
daß das auch für zahlreiche seiner Wundererklärungen zutrifft, mag *ein* weiteres Beispiel illustrieren: der „von der Kritik allgemein für eine unhistorische Legende gehaltenen" Erzählung von der Erweckung des Jünglings
zu Nain „muß etwas Historisches zugrunde liegen … Und den Christen
trauen wir in der ersten Generation … nicht zu, daß sie ihrem ‚auferstandenen' Herrn zu seiner Verherrlichung Totenauferweckungen andichteten";
daß Lk 7, 11 ff. so kurz berichtete, „ist nicht anders zu erklären als durch die
Annahme, daß Jesus sich nicht in Begleitung seiner eigentlichen Jünger befand, die später ausführlich darüber hätten berichten können"; „im vorliegenden Fall steht … jedem frei, … Scheintod als Fügung prästabilierter
Harmonie oder suggestive Einwirkung des Machtwortes Jesu auf den Toten
anzunehmen", doch „bleibt … auch die Möglichkeit, daß es sich tatsächlich
gar nicht um eine Totenerweckung, sondern um die Heilung eines Schwer-
kranken gehandelt hat". Auch „an der Tatsache des leeren Grabes kann
nicht gezweifelt werden, wenn man sich von dem Vorurteil frei gemacht hat,
daß etwas Derartiges unmöglich ist", das leere Grab „war ein Wunder des
Glaubens Jesu", „Jesu Passion war nicht passives Erdulden, sondern eine
Machttat, die das leere Grab erzwang", Jesus hat das Leerwerden seines
Grabes gewollt und vorausgesehen, aber nur, wie man etwas voraussieht,
das man durch Glauben verwirklicht", „Auferstehung Jesu ist nicht mehr
als die Tatsache des leeren Grabes". Während K. also meint, einen sehr großen Teil der Erzählungen von Jesu Taten als geschichtlich zuverlässig überliefert erweisen zu können, dürfen „die in den Evangelien von ihm [Jesus]
überlieferten Worte nicht ohne weiteres als authentisch angesehen werden".
Und so müssen wir denn nach K. „damit rechnen, daß in der tatsächlichen
Predigt Jesu die Gegenwart der Gotteswelt … noch deutlicher hervorge-

---

1) Koppelmann hat diese Anschauung kürzlich noch einmal vertreten in dem
Aufsatz „Plädoyer für Wunder. Grenzen der Naturwissenschaft", EK 8, 1975,
620 ff.

treten ist als es nach den Evangelien erscheint", während „Jesu Rede vom plötzllchen Erscheinen der Gotteswelt und vom Jüngsten Gericht Bildersprache und Zugeständnisse an die Vorstellungen seiner Zeit war" und wir „Jesus nicht ... als wenig gebildeten Weltuntergangsdümmling ansehen dürfen. Jesu Botschaft von der Gegenwart der Gotteswelt aber wird dahin interpretiert, daß „die Gotteswelt überall da gegenwärtig ist, wo der Glaube eines Menschen Macht über die Übel des Lebens hat", und der andere Teil dieser Botschaft „fordert in immer neuen Zusammenhängen rechtschaffene Gesinnung". Was zu dieser Interpretation nicht paßt, wird als unecht erklärt (wie die Rede vom plötzlichen Erscheinen der Gotteswelt oder die Warnung vor dem begehrlichen Blick auf eine fremde Ehefrau) oder umgedeutet („Lohn" und „Strafe" Gottes bedeuten „gesetzmäßige Folgen des menschlichen Verhaltens"; „der Sinn der Aussage Jesu über Gott" ist, daß „die uns umgebende Wirklichkeit ... sich verhält, als ob sie väterliches Wohlwollen in bezug auf uns hätte")[1]). Niemand wird bezweifeln wollen, daß dieses durch seine Ernsthaftigkeit eindrückliche Buch „seine Entstehung dem Suchen nach einem Schutz vor den Übeln und Notsituationen des Lebens" verdankt (so auf dem Schutzumschlag), aber ebenso wird auch niemand, der die Texte und ihre geschichtlichen und theologischen Probleme kennt, bestreiten können, daß von den methodischen Voraussetzungen Koppelmanns aus kein geschichtlich haltbares Bild des irdischen Jesus gewonnen werden konnte, daß außerdem weltanschauliche Barrieren die Anerkennung entscheidender Teile der Überlieferung ausschließen und daß darum auch dieses Buch unsere Kenntnis Jesu nicht gefördert hat.

Wenn ich mich nun den Büchern zuwende, die zwar von den Voraussetzungen moderner Jesusforschung ausgehen, deren Resultate aber nicht so sehr fördern, als einem weiteren Leserkreis allgemeinverständlich darbieten wollen, so ist zunächst auf E. STAUFFERS ursprünglich in einer illustrierten Zeitschrift erschienene Aufsätze hinzuweisen, die dann unter dem Titel „Jesus war ganz anders" in Buchform veröffentlicht worden sind. Sehen wir einmal von den reißerischen Kapitelüberschriften („Ein halbes Fuder Spitzenwein", „Die Spürhunde Gottes", „Das Finanzamt und der Davidstern") und auch davon ab, daß St. nur eigene Publikationen zitiert, so ist zweierlei an diesem Buch besonders auffällig: einerseits der Anspruch, die antiken Nachrichten über den Secret Service in Palästina entdeckt zu haben, dessen Existenz „auch studierte Leute ganz naiv in Abrede stellen, von denen man eigentlich erwarten dürfte, daß sie Bescheid wissen. Aber sie haben anscheinend keine Ahnung", und dazu die verwandte Tatsache, daß

---

1) F. KOPPELMANN, Jesus nicht Christus, S. 2. 1. 11. 16. 12. 41. 119–121. 96f. 151. 126–130. 158. 168. 177. 166. 6. 68. 56. 60. 66. 285. 315. 235.

St. über zahlreiche geschichtliche Tatbestände genaue Angaben machen zu
können meint, für die wir schlechterdings keine Nachrichten haben (Jesus
wurde nach der Reinigung des Tempels „mit der Binsenpeitsche" nicht verhaftet, weil er „um das politische Doppelspiel des Hohen Rats und seine
geheimen Verbindungsdrähte zur Widerstandsbewegung und allen möglichen
Mordfilialen wußte"; „Jesus trug einen Bart, weil ein antiker Palästinajude
einen Bart trug, aber er machte aus der Barttracht kein Programm"; „Jesus
trägt ein nahtlos durchwebtes Untergewand, eine Kostbarkeit ... – vielleicht
ein Geschenk von zarter Hand"; Maria Magdalena war „eine faszinierende
Frau", Jesus hat „die hübsche Galiläerin in seine ständige Gefolgschaft aufgenommen, um sie vor erneuten Rückfällen in ihren früheren Lebensstil zu
bewahren" u.s.w.). Besonders auffallend an diesem Buch ist andererseits
der versuchte Nachweis, daß „die Rejudaisierung nicht der einzige, aber doch
wohl der mächtigste Faktor ist, der die Entstehung, Gestalt und Geschichte
der Urkirche bestimmt hat", was sich nach St. z. B. daran zeigte, daß „Jesus
die Religion der Bibel entmythologisiert hat", während „die Urgemeinde
wieder zu den mythologischen Vorstellungen der Väter zurückgekehrt" ist,
oder daran, daß Jesus„ die Zeitkrankheit der hektischen Erwartung des nahen
Weltendes nach Kräften bekämpft hat, während an und nach Ostern das
apokalyptische Fieber von neuem ausbrach"[1]). Es ist leicht zu sehen, daß
St. die Grundanschauungen, die er in seinen Jesus-Taschenbüchern ein Jahrzehnt vorher vertreten hatte und deren Unhaltbarkeit ich früher dargelegt
habe[2]), in diesem neuen Buch durch romanhafte Ausführungen (S. 194 ff.),
Schauergeschichten (S. 139 ff. 207 ff.), Sentimentalität (S. 95) und Phantasie
bereichert hat, wodurch der historische Erkenntniswert noch weiter ge-
schmälert, die Lektüre des Buches aber zur Qual wird.

Demgegenüber ist die Lektüre des Buches von E. W. SAUNDERS durchaus
erfreulich. S. schreibt primär für College-Studenten, damit für gebildete
Laien, aber er belegt jede Aussage und führt häufig weiterführende (fast
ausschließlich englischsprachige) Literatur an. Von der Voraussetzung aus,
daß diejenigen, die Jesus kannten, eine ausreichende Kenntnis der Verkündigung Jesu hatten, schildert S. die eschatologische ebenso wie die ethische Verkündigung Jesu mit vorsichtiger Kritik, wobei der Anstoß, den
Jesu Verkündigung vom Anbruch der Gottesherrschaft in seinen Worten
und Taten bereitet haben muß, mit Recht ebenso betont wird wie die Tatsache,
daß Jesus sich in Mk 7, 15 gegen die Thora selbst stellt und „sich an Gottes
Stelle setzt und so seinen Kritikern einen Anstoß bietet, so daß sie sein Blut

---

1) E. STAUFFER, Jesus war ganz anders, S. 110. 103f. 105f. 193. 195. 205. 271.
263f.
2) ThR, N.F. 31, 1965/6, 41 f. 291 ff.

fordern". Gewiß begegnen auch unkritische Urteile oder geschichtlich problematische Interpretationen (das Lösegeldwort Mk 10, 45 ist vermutlich historisch zuverlässig; das Modell vom leidenden Gottesknecht hat Jesus selbst gewählt")[1]), aber im ganzen bietet S. eine klare und überzeugende Darstellung dessen, was man mit guten Gründen über Jesus und seine Verkündigung wissen kann (die beigefügten Illustrationen sind freilich nur z.T. hilfreich).

Auch E. SCHWEIZER bietet (im Zusammenhang einer allgemeinverständlichen Darstellung der verschiedenen neutestamentlichen Christuszeugnisse) einen kurzen, aber sehr gehaltvollen Abriß dessen, was wir über Jesu Lehren und Handeln wissen können, weil „das, was der Glaube der nachösterlichen Gemeinde sagt, sofort mißverstanden würde, wenn es nicht als Aussage über diesen Menschen Jesus verstanden würde". Mit Recht wird der unerhörte Anspruch Jesu betont und darauf verwiesen, daß Jesu Zeitgenossen nicht verstehen konnten, daß „in seinem Reden und Handeln die Königsherrschaft Gottes über die Menschen komme, und er doch ... die entscheidenden Wunder nicht tat", und ebenso wird mit Recht festgestellt, daß „Jesus tatsächlich nicht nur die jüdische Auslegung, sondern das alttestamentliche Gesetz aufhebt" und daß „Jesus so auf der Seite Gottes steht, daß er für die Wahrheit seiner Gleichnisse stirbt". Den Gedanken, daß Jesus durch Meidung jedes Würdetitels gerade „das Herz des Menschen, der ihm begegnet, frei hält"[2]), kann ich freilich nur für ein modernes wissenschaftliches Dogma halten. Aber abgesehen von dieser Einzelheit kann Schweizers Skizze uneingeschränkt als vorzüglich und überzeugend bezeichnet werden.

Ganz anders müßte Jesus gesehen werden, wenn D. FLUSSER, Professor für frühchristliche Religionsgeschichte an der Hebräischen Universität in Jerusalem, in seinem Taschenbuch Jesus richtig dargestellt haben sollte. Ich meine damit nicht in erster Linie seine Absicht „zu zeigen, daß es möglich ist, eine Lebensgeschichte Jesu zu schreiben", sondern das von Flusser entworfene Bild „des gesetzestreuen Juden Jesus". Was zunächst Flussers biographische Absicht anbetrifft, so beschränkt sie sich im Grunde auf ein starkes Zutrauen zur Überlieferung („Die urchristlichen Berichte über Jesus sind nicht so unglaubwürdig, wie man heute vielfach annimmt"), die man nur psychologisierend und in Kenntnis der jüdischen Umwelt interpretieren muß, um zur geschichtlichen Wirklichkeit vorzustoßen: durch die Hallstimme bei der Taufe „erfuhr Jesus, daß er erwählt, berufen und auserkoren war"; in Übereinstimmung mit der Vision bei der Verklärung „verbindet Jesus sein Bewußtsein der Sohnschaft, seine Bestimmung als prophetischer

---

1) E. W. SAUNDERS, Jesus..., S. 218. 124. 242. 67.
2) E. SCHWEIZER, Jesus Christus..., S. 6. 29. 36. 33. 26.

Künder und das Wissen um sein tragisches Ende ... in dem Gleichnis von
den Weingärtnern"; Jesus „hat vorerst auf einen anderen gewartet [den
Menschensohn], aber schließlich mußte er sich mehr und mehr überzeugt
haben, daß er selbst der kommende Menschensohn sei. Sonst wären das Gespräch bei Caesarea Philippi, die Worte Jesu an Petrus und Jesu Antwort
an den Hohepriester unverständlich"; „Die Vertreibung der Händler und
das offenbar dabei gesagte Tempelwort war der Gipfel seiner prophetischen
Sendung in Jerusalem". Insoweit muß Flussers Darstellung als „vorform-
geschichtliche"[1]) Konstruktion einer inneren Entwicklung Jesu bezeichnet
werden, die angesichts des literarischen Charakters der Evangelien als methodisch verfehlt anzusehen ist, aber darin trifft sich F. mit manchen anderen
„biographisch" vorgehenden Jesusdarstellungen. Wesentlicher ist dagegen
die Frage, ob das „Bild des gesetzestreuen Juden Jesus" der geschichtlichen
Wirklichkeit entspricht. Nach F. „ist kaum bekannt, daß der synoptische
Jesus nie gegen die damalige Gesetzespraxis verstößt – mit der einzigen Ausnahme, nämlich dem Ährenraufen am Sabbat", aber hier hat der „mit den
Sitten des Volkes nicht vertraute griechische Übersetzer des Urberichts ...
das Abreißen der Ähren hinzugefügt, nicht ahnend, daß er dadurch den einzigen Verstoß gegen das Gesetz in die synoptische Tradition eingefügt hat".
Das Wort Mk 7, 15 („Nicht was in den Mund kommt, macht den Menschen
unrein ...") hat „mit einer vermeintlichen Aufhebung der Gebote des Judentums nichts zu tun, sondern gehört zu der Kritik Jesu gegenüber den Pharisäern"; Jesus hat sich bei seinen Sabbatheilungen immer daran gehalten,
nur mit Worten zu heilen, „dieser klare Tatbestand wurde durch Markus
(3, 1 ff.) sinnlos verzerrt"; „Eine wahre Feindschaft der ‚Pharisäer und Schriftgelehrten' gegen Jesus ... wäre sehr schwer verständlich", die Pharisäer
„haben schon in der Auslieferung Jesu an die Römer einen Akt hohepriester-
licher Willkür gesehen", die Evangelisten „konnten die Tatsache des pharisäischen Protestes aber nicht bringen, weil sie die frühere Geschichte Jesu
antipharisäisch stilisiert hatten". Ist aber schon Flussers Deutung von Mk
3, 1 ff. und 7, 15 völlig unhaltbar, so zeigt sich die Willkür seiner Quellenbenutzung noch deutlicher an folgenden Beispielen: die Behauptung, „Jesu
Spruch von dem Doppelgebot der Liebe ... [sei] offenbar schon vor Jesus
entstanden", wird mit der Feststellung begründet: daß das Doppelgebot
„sich nicht auch in den Quellen ... erhalten hat, wird wahrscheinlich auf
einem Zufall beruhen"; „Wenn auch Jesus das Ende Roms vorausgesehen
hat, durften die Evangelisten dies nicht erwähnen, um den Begründer ihrer
Religion nicht noch verdächtiger zu machen"; die These, „daß Jesus nicht
vom Synedrion zum Tode verurteilt wurde", wird mit der Annahme ge-

---

1) H. CONZELMANN, EvErz 23, 1971, 459.

stützt, „daß der Hohepriester zwar die genügende Anzahl von Mitgliedern versammelt hat, doch sie zählten alle zu seinen sadduzäischen Freunden, und nur sie wurden verständigt"; nach F. wird „nirgendwo in den Quellen ein Todesurteil des Pilatus erwähnt", doch widerspricht das eindeutig Mk 15, 15. Alle diese Willkürlichkeiten entsprechen der Tatsache, daß F. zu Beginn seines Buches als die Hauptquelle, auf die er sich stützen will, einen „alten Bericht, der sich hinter Markus verbirgt", postuliert und immer wieder mit diesem „alten Bericht" operiert, obwohl er nirgendwo sagt, auf welche methodische Weise die Scheidung zwischen diesem „alten Bericht" und dem überlieferten Markusevangelium vorgenommen werden kann[1]). Macht man sich noch klar, daß F. die Worte Jesu, in denen Jesus seine Interpretation der Thora der traditionellen Interpretation entgegenstellt, ebensowenig erwähnt wie den Anstoß, den die Führer des damaligen Judentums an Jesu betontem Verkehr mit „Sündern" nahmen, dann muß man bei aller Hochachtung für die große Schätzung, die F. Jesus entgegenbringt, feststellen, daß dieses Bild Jesu nicht nur methodisch unhaltbar ist, sondern eine Verzerrung der geschichtlichen Wirklichkeit im Interesse der völligen Einfügung Jesu in das Judentum darstellt[2]).

Auch H. BRAUNS Aufsehen erregendes Jesusbuch erhebt den Anspruch, „Ergebnisse fachlicher Forschung allgemein verständlich darzustellen", aber der Leser erfährt in diesem mit Leidenschaft geschriebenen Buch nicht, daß es auch andere Verständnismöglichkeiten gibt (das kurze Literaturverzeichnis bietet eine ganz einseitige Auswahl), obwohl B. alles andere als ein herkömmliches Jesusverständnis vertritt. Zwar will er „ein Stück der Vergangenheit" darstellen, jedoch nicht aus historischem Interesse, sondern weil „der wirkliche Mensch Jesus die eindeutige Basis des Neuen Testamentes ist", während der Glaube an die Auferstehung Jesu nur „eine umweltbedingte Ausdrucksform für die Autorität ist, die Jesus über jene Menschen gewonnen hat". Bekommt so die Frage nach dem geschichtlichen Jesus absolute Relevanz unter bewußtem Absehen von der Tatsache, daß das Neue Testament von dem Menschen Jesus nur berichtet, weil er nach dem Glauben der Urchristen der Auferstandene ist – „insofern kommt Brauns Jesus-Buch der liberalen Leben-Jesu-Forschung wieder außerordentlich nahe"[3]) –, so be-

---

1) D. FLUSSER, Jesus, S. 7 f. 28. 94. 98–102. 111. 44 f. 48. 56. 70. 83. 117. 126. 10 f.

2) F. hat seine Anschauungen auch kurz zusammengefaßt in einem Beitrag zu dem noch zu besprechenden Band „Der Mann aus Galiläa". Vgl. auch die ausführlichen Kritiken des Jesusbuches von P. BENOIT, RB 77, 1970, 445 ff.; A. JAUBERT, Esprit 39, 404, 1971, 1264 ff; J. HADOT, RHR 172, 1972, 181 ff. – Die Illustrationen des Jesusbuches sind sachgemäß, aber mit dem Text nicht in Verbindung gesetzt.

3) So mit Recht E. GRÄSSER, VF 18, 2, 1973, 14.

gegnet doch die *Person* Jesu nicht eigentlich dem Interesse Brauns. Zwar referiert Braun kurz über die wenigen Tatbestände, die wir nach seiner Meinung über Jesus wissen können (die Taufe Jesu, seine Krankenheilungen, sein Anhängerkreis, sein Kreuzestod mit einem wortlosen Schrei), aber „auf der Ebene des historischen Lebens Jesu … gab es für die Autorität Jesu keine außergewöhnlichen Titel … und Vorstellungsreihen. Da war einfach einer da, der lehrte ‚mit Vollmacht‘ ‘. Das besagt aber im Sinne Brauns nicht nur, daß Jesus keinerlei Würdeprädikate für sich in Anspruch genommen hat (das ist ja heute ein weit verbreitetes wissenschaftliches Dogma geworden), es besagt vielmehr von der Voraussetzung aus, daß Autorität ausschließlich „von dem Inhalt lebt, den sie vertritt“, vor allem, daß die Autorität Jesu „eine Autorität im Dialog, eine Autorität mit Auswahl“ ist. Daß somit nach B. Jesus nur durch „das, was er zu sagen hat, und was sein Tun ausmacht“, bedeutsam ist, hat aber seinen letzten Grund darin, daß das für Jesu Verkündigung und Jesu persönlichen Anspruch entscheidende Gegenüber Gottes zum Menschen und damit auch zu Jesus für Braun nicht existiert[1]). Gott ist nach B. „nicht die Begründung der Autorität Jesu“, Gott ist vielmehr „das Geschehen, das sich vollzieht …, wo ich mich selber annehme“, und darum ist Bekehrung das „Ja des Menschen zu dem ‚Ich soll‘ und ‚Ich darf‘, das von Jesus her ihm entgegentritt“. Daß von dieser existenz-theologischen Wegerklärung Gottes aus weder der Sinn der Verkündigung Jesu von Zukunft und Gegenwart der Gottesherrschaft noch Jesu Botschaft der Vergebung der Sünden verständlich gemacht werden kann, braucht kaum betont zu werden; und die damit im Einklang stehenden Behauptungen, daß im Sinne Jesu „das Nebeneinander der beiden Hauptgebote, der Gottesliebe und der Nächstenliebe, nur ein scheinbares Nebeneinander“ sei und daß „der Mensch sich verfehlt oder nicht verfehlt, je nachdem, was er in seinen eigenen Augen ist und wie er von diesem Selbstverständnis aus handelt“[2]), kann ich nur als grobe Mißdeutung der uns erkennbaren Verkündigung Jesu bezeichnen. Daß B. in den der ethischen Verkündigung Jesu gewidmeten Kapiteln Richtiges und Beachtenswertes sagt (Jesu Umgang mit den religiös Deklassierten, sein Desinteresse an kultischer Reinheit, seine unkasuistische Lehre, das grenzenlose Ja zu dem mich einengenden Nächsten u. s. w.), soll nicht ge-

---

1) P. STUHLMACHER sagt dazu richtig: „Ich sehe nicht, wie man Jesus anders als einen ‚Erzieher des Judengeschlechts‘ ohne bleibende personale Funktion oder Würdestellung verstehen kann, wenn man Brauns Linienführung konsequent auszieht“ (Festschr. M. Doerne, 1970, 354), und H. PETRI stellt fest: „Die Reduktion der Bedeutsamkeit Jesu auf den Inhalt, das ‚Was‘ seiner Botschaft, erweist sich hier als Eliminierung des Handelns Gottes als eines echten Gegenüber des Menschen“ (Cath[M] 25, 1971, 66).

2) H. BRAUN, Jesus, S. 9. 11. 154. 150. 147f. 171. 168f. 71. 164. 61.

leugnet werden, aber angesichts der grundlegenden Falschinterpretation Jesu in seinem zentralen Anliegen kann ich mich nur dem Urteil anschließen, daß „das Buch von H. Braun keinen weiterführenden Weg markiert, sondern die Auswegslosigkeit des Menschen (bzw. der Menschheit), die auf sich selbst gestellt ist"[1]), ja daß „solche Aspektbeschränkung ... in einem allgemein verständlich gehaltenen Buch ... gefährlich irreführend ist"[2]).

Angesichts der Tatsache, daß Jesus neuerdings mehrfach ebenso in der wissenschaftlichen Diskussion (das Buch von S. F. G. Brandon wird unten ausführlich zu besprechen sein) wie in politischen Zusammenhängen als Vertreter revolutionärer Gedanken in Anspruch genommen worden ist, haben unabhängig von einander im gleichen Jahr O. Cullmann und M. Hengel diese These in allgemein verständlicher Form als falsch zurückgewiesen. O. CULLMANNs Büchlein weist sowohl auf die Züge hin, die Jesus mit den politischen Widerstandskämpfern seiner Tage verbinden, wie auf diejenigen, die ihn von ihnen trennen, und zeigt dann im einzelnen überzeugend auf, daß Jesus bei der Behandlung gottesdienstlicher, sozialer und politischer Fragen immer von der eschatologischen Naherwartung ausgeht, aber die sich daraus ergebenden radikalen Forderungen nicht zu einem revolutionären Programm ausgestaltet. M. HENGEL wendet sich stärker der Besprechung der zu Unrecht für eine revolutionäre Haltung Jesu angeführten Texte unter breiter Berücksichtigung der Literatur zu und weist eindringlich nach, daß die Inanspruchnahme Jesu zur „Rechtfertigung revolutionärer Gewalt ... den Weg Jesu verleugnet", daß Jesus aber „noch weniger ein Rechtfertiger des jeweils Bestehenden" gewesen ist (S. 23f.).

Mit dieser Anschauung Hengels scheint H.-W. BARTSCH in seinem Jesus-Buch übereinzustimmen, wenn er feststellt, daß „Jesus das Kommen des Gottesreiches ausschließlich durch Gottes Tat erwartete", und bestreitet, daß wir von der „messianischen Demonstration" der Tempelreinigung „auf eine gewaltsame Besetzung des Tempelareals schließen und damit aus der Demonstration eine Minirevolte werden lassen" dürfen. Aber dieser Schein der Übereinstimmung trügt offensichtlich, wenn es andererseits heißt: „Jesus proklamiert das Kommen des Gottesreiches als jetzt zu verwirklichende Utopie" und wenn von der Tempelreinigung auch gesagt wird: „Jesus stoppt eindeutig den gesamten Opferkult" und wenn diese demnach doch gewaltsame Handlung Jesu aufgrund einer willkürlichen Verbindung von Mk 11, 18 und Lk 22, 2 als „die konkrete Begründung des Todesbeschlusses" des Syn-

---

1) M. HENGEL, EK 3, 1970, 112f.

2) P. STUHLMACHER, s. S. 217, Anm. 1, 356. Vgl. überhaupt die Besprechungen von P. Stuhlmacher, H. Petri und M. Hengel, a. a. O., ferner L. GOPPELT, ThLZ 95, 1970, 744ff.

edriums in Anspruch genommen wird. Solche Widersprüche sind aber überhaupt für dieses Buch kennzeichnend. Da heißt es einerseits: „Jesus verkündigte das kommende Gottesreich, sonst nichts", „Jesu Wirken trug von seinem ersten Auftreten bis zu seiner Verhaftung den Charakter einer Demonstration für das unmittelbare Kommen des Gottesreichs"; dem aber steht die Behauptung entgegen, daß „Jesus ... das Gottesreich inhaltlich und seinem Wesen nach als eine Umwandlung der sozialen Struktur verkündigt"; da wird einerseits als unwahrscheinlich bezeichnet, „daß Jesus seine eigene Person in seinem Wirken und Predigen ... in den Mittelpunkt gestellt hat", andererseits aber festgestellt, daß Jesus „die Zukunft nicht nur als unmittelbar bevorstehend proklamiert, sondern sie beispielhaft in seinem eigenen Verhalten verwirklicht"; da wird einerseits der Anspruch abgelehnt, „die Predigt des historischen Jesus unmittelbar in den Griff zu bekommen", dann aber werden andererseits ohne jede methodische Begründung Jesusworte zusammengestellt, „die sicher zur ältesten Schicht der Überlieferung gehören". Neben solchen Widersprüchen stehen Feststellungen, die sich eindeutig als politisierende Verzeichnungen des historischen Tatbestandes erweisen: die Umwelt Jesu (abgesehen von Israel) „war eine Sklavenhaltergesellschaft"; „das Wunder der Brotvermehrung ... ist eine Demonstration gegen das zu jener Zeit in Israel wie heute in der Christenheit pervertierte Eigentumsrecht"; die Sündenvergebung ist „ein Vorgang, der sich weder zuerst zwischen Gott und Mensch noch zwischen Einzelpersonen vollzieht. Sündenvergebung ist viel mehr als ein Prozeß der Sozialisierung – wie wir heute sagen würden, der Resozialisierung – zu verstehen; der Bericht über die Gefangennahme Jesu „läßt Jesus die Gegenwehr verurteilen, um zu betonen, daß er nicht mit den ... aufständischen Zeloten gleichzusetzen ist", aber „es wäre nicht richtig, in Jesus einen Prediger der Gewaltlosigkeit als eines ethischen Ideals zu sehen"[1]). Solche Widersprüche und Verzeichnungen machen die Darstellung Bartschs gerade für den Nicht-Fachmann derartig fragwürdig, daß das Buch als ganzes trotz mancher beachtlicher Gedanken (etwa über die Möglichkeit, vom Ende Jesu her eine bessere Einsicht in Jesu Wirksamkeit zu gewinnen) als in die Irre führend bezeichnet werden muß.

Dagegen erfüllt die Schilderung unseres Wissens über den irdischen Jesus durch A. VÖGTLE in dem einleitenden Kapitel einer „Ökumenischen Kirchengeschichte" alle Ansprüche, die man billigerweise an eine solche Darstellung stellen kann. V. zeigt einerseits in nüchterner Kritik, was wir über die Herkunft, die Anfänge der Wirksamkeit Jesu und seinen Tod wissen können,

---

1) H. W. BARTSCH, Jesus..., S. 73. 48f. 116. 47. 43. 58. 72. 124. 84. 106. 117. 94. 21. 69. 97. 51. 73.

beschreibt andererseits in überzeugender Weise die entscheidenden Züge der
Verkündigung Jesu: seine Stellungnahme gegen bestimmte Forderungen des
Gesetzes auf Grund eigener Autorität, das Gegenwärtigwerden der kommenden Gottesherrschaft, den Ruf in die Nachfolge und die Bildung des Zwölferkreises; „der Gedanke der *heilsmittlerischen Bedeutung* der Person Jesu ist
das wesentliche Kontinuum, das den verkündenden und den nachösterlich
verkündeten Jesus verbindet" (S. 18); es gibt „keine eindeutigen Belege dafür, daß Jesus sozusagen vorgängig ein erlösendes Sterben als abschließende
Lebensaufgabe für sich erwartete", aber es besteht auch kein Zweifel, daß
Jesus „das von ihm erwartete Sterben ... als gottgewolltes Geschehen auf
sich nahm" (S. 21. 24). Es ist schade, daß diese ausgezeichnete Darstellung
Jesu nur im Zusammenhang einer „Kirchengeschichte" zugänglich ist.

Selten hat ein Jesusbuch solch begeisterte Aufnahme gefunden wie das für
weitere Kreise geschriebene Buch des 85jährigen Altmeisters der englischen
neutestamentlichen Wissenschaft C. H. DODD. Schon in seinem Vorwort zu
diesem Buch nennt J. A. T. ROBINSON das Buch nicht nur „*beautiful*", sondern
auch „*breathtaking*", und in Besprechungen heißt es z. B.: „Ein wissenschaftlich fundiertes, wenig anfechtbares Bild Jesu, das an Lebendigkeit und An-
ziehungskraft kaum Wünsche übrig läßt"[1]; D. erzählt die Geschichte Jesu
„mit einer Sicherheit des Urteils und einer sparsamen Redeweise, die ebenso
atemberaubend wie meisterhaft ist ... Zwischen so vielem, das bewunderns-
wert ist, fällt es schwer, dem Buch einen Vorwurf zu machen"[2]. Leider
kann ich mir solch uneingeschränktes Lob nicht zu eigen machen. Daß dieses
Buch, das ohne Nennung fremder Literatur aufgrund einer sicheren Beherrschung der Quellen und in einer jedermann verständlichen Sprache geschrieben ist, den „Extrakt" des Doddschen Lebenswerks darstellt (so J. A. T. Robinson), steht außer Zweifel. Und wer Dodds Lebenswerk kennt, wird sich
auch nicht wundern, daß Dodd nur von der Verkündigung der *Gegenwart*
der Gottesherrschaft durch Jesus redet (die „apokalyptische Bildsprache ...
ist für Jesus nicht charakteristisch", und Jesu Zukunftsaussagen stehen „als
Symbole ... für das Gottesreich ..., das jenseits der Geschichte liegt") und
daß die Aussagen Jesu über das Kommen des Menschensohnes als „Visionen
des endgültigen Sieges der Sache Gottes über alle Mächte im Universum"
interpretiert werden. Auch die Anschauung, daß Jesus „seinen Auftrag angedeutet sah in der Idealgestalt des Gottesknechts", der das neue Gottesvolk
mit in sich begreift, ist eine nicht nur im angelsächsischen Sprachbereich
weit verbreitete, wenn auch angesichts der Quellen sehr problematische Behauptung. Was das von Dodd entworfene Bild der Verkündigung Jesu und

1) M. BROCKE, FrRu 23, 1971, 57.
2) A. M. HUNTER, SJTh 24, 1971, 364f.

seine Darstellung der wesentlichen Züge der Geschichte Jesu (das Buch bietet
diese Reihenfolge) m. E. methodisch und geschichtlich erst wirklich fragwürdig macht, ist vielmehr ein Doppeltes. a) Obwohl Dodd „kritischen Takt"
bei der Heranziehung des 4. Evangeliums für die Darstellung der Verkündigung Jesu fordert, benutzt er dieses Evangelium immer wieder ohne jede
kritische Begründung als Quelle für die Geschichte Jesu: daß Jesus „in Galiläa einer nach Tausenden zählenden Menge begegnet, die auf Revolution
aus war und ihn zu ihrem Anführer machen wollte" und daß Jesus „diese
Menschen dazu brachte, friedlich auseinander zu gehen", ist eine aus dem
Zusammenhang von Joh 6, 4–15 erschlossene Kombination; daß zwischen
Jesu erster Leidensankündigung und dem Todespassa „der Abstand zwischen
Oktober und April" lag, ergibt sich nur aus der Kombination von Joh 7, 14
mit Mk 10. 32 und mit der Passadatierung der Leidensgeschichte in den
Synoptikern; und die Gleichsetzung der Entscheidungsforderung Jesus gegenüber mit dem gegenwärtigen Gericht hat die Zusammenschau von Lk 6, 20
mit Joh 12, 31 zur Grundlage u. s. w. Diese Kombination synoptischer und
johanneischer Texte führt zu historisch völlig problematischen Schlüssen,
von deren Unsicherheit der Leser aber nichts erfährt. b) Wiederholt werden
Jesu Aussagen über Gottes Handeln in der Geschichte und in der Zukunft
zu innerlichen Vorgängen umgedeutet: Jesu Aussage: „Wenn ich mit dem
Finger Gottes die Dämonen austreibe, ist die Gottesherrschaft zu euch gekommen" (Lk 11, 20) ist bildlich zu verstehen: „In der Gegenwart Jesu wurden die dunklen Kräfte im Inneren, welche die Seelen und Leiber der Menschen verwüsten, überwunden"; auf die symbolische Deutung des zukünftigen Gottesreichs und auf die Umdeutung der Ansage des Kommens des
Menschensohnes in eine Vision von Gottes Sieg über die Mächte habe ich
schon hingewiesen. Dieser Spiritualisierung der konkreten Heilsverkündigung Jesu entspricht die Psychologisierung des persönlichen Anspruchs Jesu:
der ohne weiteres als Jesuswort angesehene Spruch vom Kennen des Sohnes
durch den Vater und umgekehrt (Mt 11, 27 par.) wird als Hinweis auf „die
Quelle der Kraft für eine beinahe unmögliche Aufgabe" verstanden[1]. Das
alles zeigt, daß sich in Dodds Buch mit einer konservativen, darin mehrfach
durchaus überzeugenden Beschreibung des Verhaltens und Lehrens Jesu
(Jesus erklärt, daß nichts von außen her den Menschen beflecken kann; die
Tempelreinigung muß eine Kundgebung gewesen sein und hatte keine politische Absicht) eine unkritische Quellenbenutzung und eine Spiritualisierung
der Texte so unentwirrbar verbindet, daß dieses Bild Jesu schwerlich den
uns erreichbaren historischen Einsichten entspricht.

---

1) C. H. DODD, The Founder..., S. 43. 115. 117. 106. 23. 47 = 134. 140f. 116. 57.
52. 73. 145.

„Daß wir über die Lehre Jesu und ihren Sinn mehr wissen als die Evangelisten, von denen keiner Augenzeuge der Ereignisse war", möchte nach der
Angabe auf dem Umschlag das Buch des Philosophen G. SCHWARZ mit dem
Titel „Was Jesus wirklich sagte" nachweisen. Obwohl der Verf. der Meinung
ist, daß wir „heute nicht mehr ohne kritische Exegese auskommen" und „daß
der Versuch, durch eine genaue Analyse der Texte … zu den Worten vorzustoßen, die Jesus selber gesagt hat, nicht nur unmöglich ist, sondern auch
gar nicht sinnvoll wäre", behauptet er dann doch, daß „überhaupt kein Unterschied zwischen den Evangelisten" besteht: „Von der Menschwerdung,
dem Leben und Tod des Jesus von Nazareth handeln alle vier Evangelien
in ungefähr gleicher Weise". „Das Modell von echt und unecht erweist sich
ausdrücklich als eine Abstraktion vom Inhalt des Gesamten", und „die sogenannten Echtheitskriterien erweisen sich größtenteils als Tautologien,
Zirkelschlüsse oder willkürliche Annahmen". Erwartet man nun aber von
dieser „methodischen" Voraussetzung aus einen biblizistischen Bericht aufgrund der Aussagen der vier Evangelisten, so wird man enttäuscht. Es ist
nach Sch. nämlich „völlig gleichgültig, ob Jesus sich selbst" als Menschensohn, Gottessohn, Erlöser u.s.w. „bezeichnet hat oder andere ihn später so
genannt haben", vielmehr „heißt es Jesus absichtlich mißverstehen, ihm
einen solchen Titel vorher [d.h. vor Ostern] beizulegen", obwohl doch unbestreitbar ist, daß nach dem Bericht aller vier Evangelisten sich der irdische
Jesus diese Titel eindeutig beigelegt hat oder sie ihm wenigstens zu Lebzeiten
beigelegt worden sind. Und obwohl Jesus nach den Evangelien unzweifelhaft von dem baldigen Kommen des Menschensohns gesprochen hat, liest
man bei Sch., daß „die Ankunft und Gegenwart des Menschensohns nicht
ein bestimmtes historisches Ereignis darstellt", vielmehr wird „das Gericht
jetzt und immer sein, es ist nicht möglich, einen geschichtlichen Stunden-
fresser bis zum Jüngsten Gericht zu konstruieren, denn es handelt sich gar
nicht um ein zeitlich lokalisierbares Ereignis … Das Reich Gottes ist nicht
am Ende eines Zeitabschnitts …, es ist auch nicht identisch mit den Handlungen oder den Ereignissen, sondern es ist deren Sinn". Scheint solche willkürliche Spiritualisierung konsequent fortgesetzt in der Behauptung, daß
Jesus „an die Stelle einer bloß abstrakten Gottesverehrung die Liebe zum
Nächsten und an die Stelle eines jenseitigen Gottes den Menschen Jesus von
Nazareth" setzt, so liest man zu seiner Verblüffung wenige Seiten weiter:
„Als wahrer Mensch ist Jesus wahrer Gott, in allem uns gleich außer der
Sünde" und: „Ohne Bezug auf Jesus als wahren Menschen und wahren Gott
kann die Selbstbestimmung der Freiheit nicht zugleich die Anwesenheit des
Heiligen Geistes sein"[1]). Aus dieser Mischung von grundsätzlichem Zutrauen

---

1) G. SCHWARZ, Was Jesus…, S. 9f. 58. 68. 123. 39. 143. 162. 173. 181.

zur Zuverlässigkeit der Berichte aller vier Evangelien, Spiritualisierung und orthodoxer Dogmatik kann wirklich niemand lernen, „was Jesus *wirklich* sagte"[1])!

Erfreulicherweise kann das Gegenteil gesagt werden von der Jesusdarstellung von J. Blank, die zuerst in einem großformatigen Bildband „Der Mann aus Galiläa" erschienen ist. In diesem Band werden prachtvolle, durch eine Evangelienharmonie erläuterte Aufnahmen von Landschaften, archäologischen Funden und frühchristlicher Kunst des Photographen E. Lessing eingeleitet durch ziemlich nebelhafte Reflexionen von K. Kerényi über den Zusammenhang der Geschichte Jesu mit der Landschaft und ausgeleitet durch interessante, aber hier nicht weiter zu berücksichtigende Abhandlungen von H. Lützeler über „Christliche Kunst" und von P. P. Kahane über „Kunst und Kultur der herodianischen Zeit" und eine kurze, aber ausreichende Erläuterung der Abbildungen (manche der photographierten Objekte sind freilich so stark vergrößert, daß das Dargestellte kaum noch zu erkennen ist). Mir scheint es freilich fraglich, ob diese luxuriösen Tafeln wirklich zum Verständnis Jesu etwas beitragen und für wen ein solcher Luxusband eigentlich bestimmt ist (diese Fragen gelten ebenso für den gleich noch zu besprechenden Bildband). Mit diesem so erläuterten Tafelband sind nun aber zwei wissenschaftlich fundierte Jesusaufsätze verbunden, einerseits die oben schon erwähnte zusammenfassende Darstellung von D. Flusser über „Jesus und die Synagoge" und der hier zu besprechende Aufsatz von J. Blank über den Christus des Glaubens und den historischen Jesus, der zusammen mit zwei weiteren Aufsätzen Blanks in seinem Buch „Jesus von Nazareth. Geschichte und Relevanz" wieder abgedruckt ist. B. bietet zunächst gute Überblicke über Quellen und Methode, über die Umwelt und die wenigen einigermaßen sicheren Tatbestände der äußeren Geschichte Jesu und schildert dann in mehreren Kapiteln in klarer Weise die Verkündigung Jesu: Gegenwart und Zukunft der Gottesherrschaft, die Verkoppelung von Gottes- und Nächstenliebe, Jesu Emanzipation vom jüdischen Gesetz, seine Erfahrung der Nähe Gottes und sein Essen zusammen mit den Unreinen, die zeichenhafte Darstellung des verkündeten Heils in den Wundern Jesu. Das überzeugt alles, und nur gegenüber dem abschließenden Kapitel „Wer ist Jesus?" bleiben Wünsche offen, weil hier unklar bleibt, inwieweit Jesus selber bei der Übernahme der Menschensohn-Christologie beteiligt war, dagegen die „Annahme, daß Jesus sich als ‚Gottessohn' verstanden hat, weil etwas anderes der Vernunft widerspricht" (S. 85), ein bloßes Postulat darstellt. Aber davon abgesehen kann diese Schilderung des irdischen Jesus nur als vorzüglich be-

---

1) Vgl. auch die ausführliche Besprechung „Kritik an der Bibelkritik" von K. Schubert, BiLi 44, 1971, 252–261.

zeichnet werden, und die in dem Aufsatzband folgenden Aufsätze über die
an die Person Jesu gebundene Ethik Jesu und über die fehlende Absicht
Jesu, eine Kirche zu gründen, sind ebenso überzeugende Ergänzungen dieser
Schilderung.

Auch der ein Jahr später erschienene kostspielige Bildband mit dem offenbar als Nominalsatz gemeinten, aber im Deutschen unverständlichen Titel
,,Die Botschaft Jesus" enthält in der Hauptsache vorzügliche Aufnahmen
E. Lessings von Landschaften, archäologischen und frühchristlichen Denk-
mälern, dazu die Wiedergabe von Holzschnitten, Zeichnungen und Radie-
rungen von Dürer, Wolf Huber, Rembrandt u. s. w. mit einer Abhandlung
von W. Stadler über Möglichkeiten und Grenzen christlicher Kunst. Daneben aber enthält der Band einen ausgezeichneten Aufsatz von B. Paal,
,,Er ist die Botschaft". Die kritischen Ausführungen über die Quellenlage,
die Schilderung der Verkündigung Jesu, seiner Taten und seines freiwilligen
Endes sind weitgehend überzeugend und informativ, und es ist bedauerlich,
daß dieser gute Aufsatz durch die Veröffentlichung in einem Luxusband für
einen weiteren Leserkreis unzugänglich bleibt. Kritisch ist gegen Paals Darstellung nur das völlige Fehlen der Naherwartung in der Verkündigung
Jesu und die Eintragung des Opfergedankens in das Geschehen des letzten
Mahles einzuwenden.

Sehr beachtlich ist auch die Darstellung Jesu durch den tschechischen
Marxisten M. Machovec[1]), die zuerst in deutscher Übersetzung erscheinen
konnte. M. bekennt sich ausdrücklich zum Marxismus, schreibt aber nach
seiner eigenen Aussage ,,zugleich über Jesus mit einer positiven Leidenschaft". Er geht von der richtigen Feststellung aus, daß ,,der Jesus der Tradition ... vom Standpunkt der ganzen menschlichen Geschichte eine unver-
gleichlich gewichtigere und lebendigere Wirklichkeit ist als der historische
Jesus", daß die Frage aber völlig legitim sei, ,,bis zu welchem Grade jenem
kerygmatischen Jesus ... das wirkliche Leben des Jesus von Nazareth entspricht". Trotz aller Schwierigkeiten, die die Quellen bereiten, ,,läßt sich
doch" nach seiner Meinung ,,durch das Studium der Schichten der synoptischen Tradition die grundlegende Tendenz des Denkens Jesu mit einem hohen Grad der Wahrscheinlichkeit rekonstruieren". Auf eine sachliche Schilderung der ,,jüdischen Religion vor Jesus" folgt zunächst das umfangreiche
Kapitel über ,,Jesu Botschaft". Übergehen wir die mit nüchterner Kritik
zu Beginn dieses Kapitels behandelten Tatbestände des Lebens und Sterbens
Jesu, so kann die Darstellung der Verkündigung Jesu nur als weithin überzeugend bezeichnet werden: Jesu Verkündigung ist von Anfang bis Ende

---

1) Vgl. H. Grass, ThR, N.F. 36, 1972, 32 f. zu der radikal ablehnenden Haltung
Machovecs gegenüber dem Christentum in einer älteren Veröffentlichung.

eschatologisch, dem künftigen Umbruch zugekehrt, aber Jesus war nicht
vor allem ein Verkündiger des zukünftigen Zeitalters, er war auch „ein mit-
reißender Verkünder des augenblicklichen Anspruchs an den Menschen vom
Standpunkt dieses ‚künftigen Zeitalters'", der Hauptsinn seiner Botschaft
ist „der Anspruch auf innere Wandlung". Jesus riß seine Schüler mit, „weil
er diese gelebte Zukunft mit seinem ganzen Wesen verkörperte", er fordert
„eine gewaltlose Aktivität", „Jesu Botschaft ist nicht widersprüchlich, sondern absolut eindeutig: maximaler … Anspruch an sich selbst, *deshalb* gleichzeitig maximale Nachsicht und Geduld für andere". Wenn man dieser Darstellung in der Hauptsache zustimmen kann, so zeigt sich die Problematik
in dem Augenblick, wo es zur Interpretation von Jesu Anspruch auf innere
Wandlung heißt: „Jesus hat die Zukunft von den himmlischen Wolken her-
untergeholt und sie zur Angelegenheit der täglichen Gegenwart gemacht …
Die Zukunft ist unsere Sache …, sie ist der Anspruch der Gegenwart, ist
Herausforderung der menschlichen Fähigkeit, jeden Augenblick möglichst
… anspruchsvoll auszunützen". M. empfindet freilich, daß diese „Humani-
sierung" der Botschaft Jesu mit den eindeutigen Ankündigungen Jesu im
Widerspruch steht, und fügt darum verbessernd hinzu: „Man kann sagen,
daß der Anbruch der ersehnten Änderung von zwei Faktoren abhängig war:
vom Eingriff Gottes selbst und gleichzeitig auch von der Haltung des Menschen", aber dieses Zugeständnis ändert nichts daran, daß der theozentrische
Charakter der Verkündigung Jesu eliminiert wird. Und Ähnliches gilt nun
auch für das nun folgende große Kapitel „Christus". Hier ist einerseits von
der Entstehung des messianischen Bewußtseins Jesu im Dialog mit Petrus
die Rede (was nach M. nicht bedeutet, daß Jesus „identisch sei mit dem geheimnisvollen ‚Menschensohn'"), M. ist sogar der Meinung, daß „zumindest
gewisse Grundlagen" für die Ansicht von der Messianität Jesu „schon zu
Jesu Lebzeiten entstanden sein mußten, weil sonst einige weitere Tatsachen
kaum zu erklären wären"; da wird andererseits als die „zweite markante
mythologische Vorstellung im Denken Jesu" die „Vorstellung vom meta-
physischen Wert des eigenen Leidens und des eigenen Todes als notwendiger
Voraussetzung für die volle physische Realisierung des ‚Königreiches Gottes'"
bezeichnet, wobei ausdrücklich offen bleibt, ob Jesus später auch eine Identifizierung mit dem Menschensohn vorgenommen hat; gänzlich unerörtert
aber bleibt, daß dieser persönliche Anspruch von Jesus selber mit der Gegenwart der Gottesherrschaft und mit der Sinndeutung seiner Taten in Verbindung gesetzt worden ist, d. h. der eschatologische Heilscharakter der Verkündigung Jesu kommt nicht in den Blick. M. ist davon überzeugt, mit
diesem Bild Jesu, „zu dem wir gelangt sind, ohne im mindesten mit der
Hypothese des ‚Übernatürlichen' und Wunderbaren zu arbeiten", „die weit-
reichende Bedeutung der Botschaft Jesu" aufgezeigt zu haben, in der es nicht

um Weltanschauung, sondern „um den Menschen selbst, um seine Zukunft und Gegenwart" geht[1]). So unzweifelhaft damit das zentrale Anliegen Jesu mißdeutet wird, so bedeutsam ist doch das Bild Jesu, das M. von dieser Voraussetzung aus gewonnen hat, und ein sorgfältiges Studium dieser Untersuchung der Botschaft Jesu ist zweifellos sehr instruktiv.

Zuletzt sind noch vier für einen weiteren Leserkreis bestimmte wissenschaftlich fundierte Jesusbücher zu nennen. Bei dem Buch von F. L. FISHER handelt es sich um eine stark apologetische Untersuchung der „Zuverlässigkeit der Evangelien" mit der These: „Die Evangelien überliefern die Hauptsache (*substance*) des Lebens und der Lehre Jesu zuverlässig" (S. 66). Das wird unter Heranziehung der modernen Literatur für die Wortüberlieferung, aber auch für Jesu Selbstverständnis bis hin zu dem „Bewußtsein einzigartiger Sohnschaft" (S. 90) aufgezeigt, wobei die Anzweiflung der Ursprünglichkeit des Offenbarungswortes Mt 11, 25-27 par. nach F. „eher Voreingenommenheit als geschichtliches Urteil verrät" (S. 91); auch der Gebrauch des Menschensohntitels durch Jesus wird als sicher bezeichnet, während nach F. „die Bedeutung des Titels wie sein Hintergrund so hoffnungslos dunkel ist, daß wir wenig davon ableiten können" (S. 93). Dieser Verzicht auf echte Geschichtskritik gilt auch für die den 2. Teil des Buches bildende Darstellung der Lehre Jesu, ist hier aber weniger problematisch, so daß sich aus dem ganzen Buch doch ein in vieler Hinsicht brauchbares Bild Jesu ergibt, sofern man es mit der nötigen kritischen Vorsicht liest.

A. STROBEL bietet in seinem einen Vortrag wiedergebenden Büchlein in der Hauptsache eine sorgfältige, mit starker Beteiligung verfaßte Skizze der Botschaft Jesu von der Voraussetzung aus, daß „die Frage, wer Jesus war, durchaus zum konstitutiven Aufgabenkreis der theologischen Wissenschaft gehört". Sein Hauptanliegen ist die These, daß „Jesus die Wirklichkeit Gottes neu gezeigt hat", indem er „nicht nur der Zeuge Gottes sein wollte, sondern mehr noch der Garant seiner Offenbarung". St. schildert darum vor allem Jesu „ebenso verbindlichen wie weitherzigen Gottesbegriff" auf dem Hintergrund des allerdings allzu negativ gesehenen Judentums und Jesu mit seiner Verkündigung im Einklang stehendes Verhalten: Jesus handelt „in völliger Unmittelbarkeit zu Gott, ja eben selbst an seiner Stelle". Allzu kurz ist schließlich von dem Selbstverständnis Jesu und der Realität seines Todes die Rede. Das alles wird weitgehend überzeugend dargestellt, und mir ist nur unverständlich, warum St. gegenüber der Feststellung mancher Exegeten (zu denen ich auch gehöre), „daß sich Jesus in seiner hochgespannten Ansage des Reiches Gottes getäuscht habe", erklärt, daß diese Exegeten „nicht wissen, was sie tun oder sehr leichtfertig ein Kardinalproblem historisch-theo-

---

1) M. MACHOVEČ, Jesus..., S. 1. 34. 43. 99. 101. 103. 135. 102. 101 f. 108. 163. 269.

logischer Jesusforschung überspielen"[1]). Denn wenn man Worte wie Mt 10, 23 und Mk 9, 1 Jesus nicht abspricht (und davon sagt St. zum mindesten nichts), läßt sich doch der Irrtum Jesu an diesem Punkt nur aus vorgefaßter Meinung leugnen. Aber im übrigen ist die kleine Schrift lehrreich und kann dem interessierten Laien durchaus empfohlen werden.

Der Wiener Judaist K. SCHUBERT schreibt primär für „die durch die kritische Bibelwissenschaft irritierten Christen, die ... einen Ausgleich zwischen Tradition und kritischer Erkenntnis suchen", möchte diese apologetische Zielsetzung aber nicht einfach dadurch erreichen, daß er die Resultate der Form-, Traditions- und Redaktionsgeschichte in Frage stellt, sondern indem er grundsätzlich alle Traditionen für geschichtlich erachtet, die „auf dem Hintergrund der religiösen Vorstellungen des Judentums der Zeit Jesu" möglich sind. Diese aufgrund genauer Kenntnis des frühen Judentums durchgeführte Fragestellung geht freilich zu Anfang in die Irre; denn der Nachweis, daß gemäß nachexilischer jüdischer Anschauung „der endzeitliche messianische Sohn Davids Adoptivsohn Gottes sein sollte" und daß „das Motiv der Jungfrauengeburt auch rein in jüdischen Quellen bekannt ist", ist schwerlich gelungen, auch der Gedanke, daß das Motiv der jungfräulichen Geburt Jesu dem Anspruch des Herrenbruders Jakobus auf Führung Vorschub geleistet habe („Wenn an dieser Familie ein derart auffälliges göttliches Wunder geschehen ist, dann haben die Angehörigen dieser Familie auch besondere Rechte und Pflichten"), ist reine Phantasie. Sehr lehrreich ist dann aber das materialreiche Kapitel über „Jesus und die jüdischen Religionsparteien seiner Zeit" mit den gelungenen Nachweisen, daß Jesu Anschauung, daß „das Gesetz nicht der immer und überall gültige Maßstab für das ... menschliche Handeln ist", ihn „in polemische Konfrontation mit ... den Pharisäern brachte", daß „Jesu Konfrontation mit der sadduzäischen Tempelaristokratie" erst „im Rahmen der Passionsgeschichte erfolgte", daß schließlich Jesus den apokalyptischen Gruppen nahestand, jedoch unter Ablehnung jedes Konventikelgeistes (schwerlich trifft allerdings zu, daß Jesus den leidenden Gottesknecht auf sich bezogen und „durch die Auswahl eines Zwölferkreises eine Kirchengründung vorweggenommen hat"). Das folgende Kapitel über „Verhör und Prozeß Jesu" dient fast ausschließlich dem Nachweis, daß „die *religionsgeschichtlichen Argumente*, die für die Geschichtlichkeit des Berichts vom Verhör Jesu vor dem Synedrion nach Markus sprechen, alle traditionsgeschichtlichen Bedenken überwiegen", und im wesentlichen scheint mir der Nachweis richtig zu sein, daß „in Mk 14, 55—64 eine alte vormarkinische Tradition zu sehen ist, die die entscheidenden Elemente des Verhörs Jesu vor dem Synedrium in der richtigen Aufeinanderfolge auf-

---

1) A.STROBEL, Wer war Jesus?..., S. 9. 11. 21. 16. 33. 20f.

bewahrt hat"; doch überschätzt Sch. die Beweiskraft seiner religionsgeschichtlichen Argumentation, wenn er auch die Frage des Hohepriesters
nach dem „Sohn des Hochgelobten" als wörtliche Wiedergabe erweisen
möchte und die „Kombination von Menschensohn-Vorstellungen mit solchen aus der davidischen Königsideologie" in der Antwort Jesu als schon
vorchristlich-jüdisch in Anspruch nimmt. Und auch im abschließenden Abschnitt über „Auferstehung und leeres Grab" kann Sch. nicht durch den
Hinweis auf die Religionsgeschichte die Behauptung sichern, daß „sich die
Botschaft von der Auferstehung Jesu in Jerusalem keinen Tag lang hätte
halten können, wenn nicht tatsächlich ein leeres Grab Jesu gezeigt worden
wäre, das auch allgemein als das Grab Jesu anerkannt worden wäre", wohl
aber ist sein Nachweis richtig, daß sich „die Aussage ‚Christus ist auferstanden' nicht aus den Voraussetzungen der jüdischen Religionsgeschichte
allein erklären läßt" und daß „Jesu Auferstehung von allem Anfang an für
die Osterzeugen einen endgültigen Charakter hatte"[1]). D. h. die Vermischung
von religionsgeschichtlicher Fragestellung und apologetischer Absicht läßt
Sch. mehrfach über das Ziel hinausschießen, aber im übrigen ist das Buch
eine förderliche und manche Fehleinschätzung korrigierende Arbeit, die auch
dem Nicht-Theologen schwierige historische Tatbestände verständlich dar-
legt.

Ähnliches ist schließlich auch von C. L. MITTONS Jesusbuch zu sagen. Es
handelt sich in der Hauptsache nicht um eine Darstellung der Person und
Lehre Jesu, sondern um eine sorgfältige Erörterung der Frage, ob man wirklich
nichts Sicheres über Jesus wissen könne. Angesichts moderner skeptischer
Äußerungen in dieser Hinsicht zeigt M. zunächst, warum der Glaube daran
interessiert ist, etwas über Jesus zu wissen, macht weiter darauf aufmerksam,
daß der Bericht des Markus über Jesus der geschichtlichen Wahrscheinlichkeit
viel näher steht als die apokryphen Evangelien und das Johannesevangelium,
und stellt fest, daß „das Fehlen in den synoptischen Evangelien von Worten
und Interessen, die in der frühen Kirche beherrschend waren, und der durchgehende Gebrauch anderer [Worte und Interessen], die in der Tat innerhalb
von 30 Jahren nach dem Tod Jesu außer Gebrauch gekommen waren, deutlich
zu der Überzeugung führen, daß die Verfasser der synoptischen Evangelien
sich in der Tat keineswegs sorglos über die geschichtlichen Tatsachen im Interesse des späteren Glaubens hinweggesetzt haben" (S. 79). M. weist dann
auf die Kriterien hin, die man zur Feststellung des geschichtlich zuverlässigen
Überlieferungsstoffes anwenden kann, und sucht mit Hilfe dieser methodi-

---

1) K. SCHUBERT, Jesus ..., S. 98. 39. 69 f. 78. 104. 120. 135. 152. 162. 159. 161. 183. 176.
Vgl. auch die Besprechungen von E. L. EHRLICH und D. FLUSSER, FrRu 26, 1974, 120 ff.
120 ff.

schen Voraussetzungen sehr überzeugend festzustellen, welche Züge der Person und des Wirkens Jesu sich mit sehr großer Wahrscheinlichkeit als zuverlässig überliefert erkennen lassen (die Zusammenfassung S. 102–104 gibt eine sehr beachtliche und einleuchtende Zusammenstellung des so gewonnenen Materials). Und in ähnlicher Weise behandelt auch das letzte Kapitel die Lehre Jesu, wobei die nachprüfenswerte Feststellung gemacht wird, daß für Jesus eine dreifache Form des Ausdrucks charakteristisch sei (S. 137 ff.); freilich entsteht so noch keine zusammenhängende und in sich verständliche Darstellung der Lehre Jesu. Doch ist dieses Buch insoweit wirklich hilfreich und verdient trotz seines populären Charakters auch die Beachtung der Forschung. Leider hat M. aber dazwischen nun einen Abschnitt gestellt (Kap. 8), in dem er die petrinische Augenzeugenschaft hinter dem Markusevangelium aufgrund der bekannten Papiasnotiz und weiterer nicht überzeugender Argumente nachweisen möchte, doch ist das keineswegs einleuchtend, und diese Beweisführung steht nicht auf der Höhe der sonstigen vorsichtig kritischen Haltung des Verfassers. Läßt man aber dieses Kapitel beiseite, so kann das Buch nur empfohlen werden.

Damit kann ich mich denjenigen Jesusarbeiten zuwenden, die sich primär an wissenschaftlich vorgebildete Leser wenden. Da ist zunächst auf W. TRILLINGS „Fragen zur Geschichtlichkeit Jesu "hinzuweisen. Das Buch möchte unter Heranziehung der wissenschaftlichen Diskussion eine Hilfe für die Frage bieten: „Was kann man überhaupt noch für sicher halten?" und dabei eine „Position in der Mitte zwischen einer radikalen Skepsis und einem naiven Fundamentalismus" einnehmen. Da eine Jesus-Biographie unmöglich ist, „soll versucht werden, an einigen entscheidenden Stellen echte Geschichtlichkeit zu ermitteln", wofür der Kreuzestod Jesu, Jesu äußerer Mißerfolg, seine Herkunft aus Nazareth und seine Taufe im Jordan angeführt werden. Auch die außerchristlichen Zeugnisse über Jesus beweisen, daß Jesus gelebt hat, und „ein eigenartig hoheitsvolles ‚Bewußtsein' gehört zu Jesu ‚Stil' in einem sehr anspruchsvollen Sinn und ist ohne Parallele". Von diesem Fundament aus bespricht T. dann in recht kritischer Weise Fragen der Chronologie („Kein einziges Datum der Geschichte Jesu steht mit Sicherheit fest"), Jesus und das Gesetz („Man kann sagen, daß es kaum gelingen dürfte, die Stellung des ‚geschichtlichen Jesus' zum Gesetz einigermaßen genau zu erfassen"), die Frage der Wunder („Die Wunder Jesu sind für die Deutung und den Glauben ‚offen'"), das Ende der Welt („Auch Jesus selbst steht in einer Spannung ... zwischen dem Anbruch der Gottesherrschaft und seiner noch ausstehenden Vollendung"), das Abendmahl und den Prozeß Jesu („Der Prozeßbericht ist bis zum heutigen Tage für mehrere Deutungen offen"), schließlich die Auferstehung Jesu. Das alles wird sehr lehrreich, wenn auch manchmal allzu kritisch, erörtert und verdient sorgfältiges Studium. Frei-

lich ist der Leser dann verblüfft, wenn er in den „Zusammenfassenden Erwägungen" liest: „Weil der Glaube an den gegenwärtigen erhöhten Herrn
[von den urchristlichen Zeugen] zugleich als Glaube an den vergangenen geschichtlichen Jesus verkündet wird, deshalb verdient alles, was von dieser
jüngsten Vergangenheit erzählt wird, von vornherein Vertrauen und grundsätzliche Glaubwürdigkeit" und: „Auch von der *subjektiven Glaubwürdigkeit*
der Zeugen und ihrer geschichtlichen Nähe zu den Ereignissen legt sich ein
allgemeines Vertrauen in die Überlieferung nahe"[1]). Diese Proklamation der
Glaubwürdigkeit der Zeugen verträgt sich schwerlich mit den Ausführungen
im Hauptteil des Buches; es zeigt sich in dieser unerwarteten Proklamation
vielmehr, daß der Verf. das Verhältnis von geschichtlicher Fragestellung,
wie er sie selber handhabt, und glaubender Haltung des geschichtlich Fragenden nicht ausreichend geklärt hat, aber diese Kritik ändert nichts an dem
Urteil, daß Trillings Buch im übrigen eine wirkliche Hilfe für die Frage nach
dem irdischen Jesus bedeutet.

Auch der Lexikonartikel von Ch. Burchard ist im besten Sinn informativ.
Er informiert über die Quellen und ihren Geschichtswert („meist ist nur Sach-,
nicht Formalauthentizität beweisbar", Sp. 1346), über die wenigen bekannten äußeren Tatbestände des Lebens Jesu, gibt eine Skizze der eschatologischen Verkündigung Jesu, des ihn treffenden Widerstandes und der Probleme des Todes Jesu und schließt mit der Feststellung, daß die Visionen des
Auferstandenen „insofern noch zu Jesu Leben und Werk gehören, als er nur
durch sie geschichtlich wirksam geworden ist" (Sp. 1351); der Hinweis auf
einige ungelöste Probleme bildet den Abschluß. Fraglich scheint mir die
Behauptung, daß vor der Reise Jesu nach Jerusalem „eine innere Wende
stehen" müsse, wofür es keinen Beleg gibt (Sp. 1350).

Eine starke Diskussion hat S.G.F. Brandon mit seinem Buch über Jesus
und die Zeloten ausgelöst. Der (inzwischen verstorbene) Religionshistoriker
von Manchester hatte schon 1951 in einem Buch über den Fall Jerusalems
die Anschauung geäußert, daß Jesus den Zeloten nahe gestanden habe und
seine Jünger bewaffnet gewesen seien[2]); und auch das neue mit viel Gelehrsamkeit und Literaturkenntnis geschriebene und gut illustrierte Buch gibt
auf die Frage: „Warum entschied sich der römische Statthalter von Judaea
dazu, Jesus wegen Aufruhrs hinzurichten?" die Antwort: „Die von Jesus begonnene revolutionäre Handlung im Tempel veranlaßte die jüdischen Führer, Jesus festzunehmen", denn „keine der zelotischen Grundanschauungen
würde Jesus nach unserer Kenntnis zurückgewiesen haben". Zum Beweis

---

1) W. Trilling, Fragen..., S. 9. 20. 45. 64. 94. 105. 122. 138. 162f.
2) Vgl. meine Besprechung in ThR, N.F. 22, 1954, 151ff.

dieser These geht B. davon aus, daß „es die sicherste Tatsache ist, die wir von Jesus von Nazareth wissen, daß er von den Römern als Rebell gegen ihre Herrschaft in Judäa gekreuzigt worden ist". Dem ist nach Brandons Meinung gegenüberzustellen, daß das Markusevangelium als ‚*Apologia ad Christianos Romanos*‘ unter dem Eindruck des Sieges des Titus über die Juden im Jahre 71 in Rom entstanden ist mit der Absicht zu zeigen, daß die Christen mit der Erhebung der Juden gegen Rom nichts zu tun hatten; Markus stellt Jesus vielmehr als „römerfreundlichen Pazifisten" dar, der nur auf Druck der jüdischen Führer von den Römern als Anführer hingerichtet worden ist. Zur Durchführung dieser Absicht erzählt Markus den römischen Christen, daß zur Zeit des Todes Jesu der Tempelvorhang zerriß, womit er andeuten wollte, daß der Tod Jesu die Zerstörung des Jerusalemer Tempels bereits um 40 Jahre vorweggenommen hatte[1]). In dieser Absicht nennt Markus ferner den Jünger Simon $Καναναῖος$ (Mk 3, 18) und nicht $ζηλωτής$ wie Lk 6, 15, weil zur Zeit der Abfassung des Markus „der Name ‚Zelot‘ einen häßlichen und gefährlichen Klang für römische Ohren hatte", und der Versuch des Markus zu zeigen, warum die Römer Jesus als Revolutionär hinrichteten, ist „so linkisch und naiv, daß es sich offensichtlich um eine erstmalige Bemühung handelte und das Markusevangelium nicht den Vorteil hatte, eine ältere Tradition zu vervollkommnen". Matthäus und Lukas vollendeten die Umbildung „des markinischen Porträts Jesu zu dem vom friedlichen Christus, das die feste Tradition des Christentums geworden ist". Was steht nun aber hinter diesem so planmäßig veränderten Bild Jesu in den Evangelien? B. fragt zu Beginn seines Buches aufgrund der Widersprüche im Markusevangelium, ob Jesus nicht „in Wirklichkeit darum als Messias angesehen worden ist, weil seine Worte und Taten wesentlich mit den geläufigen Erwartungen übereinstimmten", schildert dann ausführlich die Entstehung und die Vorstellung der Zeloten und den Widerstand der Juden gegen die Römer von 6 n. Chr. an und sucht weiter zu zeigen, daß „die Haltung der Judenchristen gegenüber den Römern kaum von der der Zeloten abgewichen sein kann", ja daß Jesu Jünger Simon der Kananaios sich auch als Jünger „durch seine Zugehörigkeit zum Zelotismus" auszeichnete und „daß manche der Jünger Jesu gewohnt waren, mit verborgenen Waffen herumzulaufen" (Lk 22, 38). Aus diesen Feststellungen zusammen mit den schon erwähnten Ausführungen über den Charakter der Evangelien zieht dann B. im letzten Kapitel folgende Konsequenzen: wir müssen annehmen,

---

1) BRANDON fragt sogar, ob die Legende vom Zerreißen des Tempelvorhangs nicht durch die Risse veranlaßt worden sei, die man in Rom an den beim Triumphzug des Titus zu sehenden Vorhängen erkennen konnte (S. 230 Anm. 1)!

daß Pilatus von Jesu Schuld überzeugt war, und auch die jüdischen Behörden müssen Jesus als so gefährlich angesehen haben, daß sie ihn den Römern übergaben. Der unmittelbare Grund für die Übergabe war die „Tempelreinigung", ein revolutionärer Akt, und „es ist wahrscheinlich, daß dieser Vorgang mit Hilfe einer erregten Menge seiner Anhänger erreicht wurde und von Gewalt und Plünderung begleitet war". Auch Jesu Ankündigung der Gottesherrschaft muß die Beseitigung der Römerherrschaft gemeint haben, wie auch das Zinsgroschenwort Jesu das Recht des Kaisers auf Tributzahlung bestritt. Dieser Beseitigung der Römerherrschaft stand nach Jesu Meinung die höhere Priesterschaft im Wege, darin „muß Jesus den Zeloten ganz nahe gestanden haben", auch Judas muß mit bewaffnetem Widerstand der Anhänger Jesu gerechnet haben. Nur in einem Punkt unterschied sich Jesus von den Zeloten: er war mehr am Angriff gegen die priesterliche Aristokratie interessiert als an dem Streit mit den Römern, aber schließlich fiel Jesu Angriff auf die Tempelhierarchie mit einem zelotischen Aufruhr in der Stadt zeitlich zusammen, und so wurde Jesus mit zwei Zeloten zusammen gekreuzigt[1]).

Ich habe schon oben (S. 218) darauf hingewiesen, daß sich O. CULLMANN und M. HENGEL mit Brandons Thesen ausführlich auseinandergesetzt haben, und zahlreiche Besprechungen des Brandonschen Buches, auf die für Einzelauseinandersetzungen hier verwiesen werden muß[2]), haben gezeigt, daß Brandon Hypothesen auf Hypothesen baut, die dann durch Wiederholung zu Tatsachen werden, daß er ganz wesentliche Textbereiche wegläßt und das Markusevangelium ebenso wie die von ihm als Hauptbelege verwendeten Texte willkürlich und falsch interpretiert. Ohne auf Einzelheiten eingehen zu können, seien hier nur drei Punkte kurz erwähnt. a) Die These, daß das Markusevangelium als „Apologie an die römischen Christen" in der Situation der politischen Verdächtigung nach dem Fall Jerusalems die Gestalt Jesu bewußt verfälscht habe, ist völlig eingetragen und zwingt B. zu unhaltbaren Interpretationen (etwa des Beinamens Καναναῖος oder der Zinsgroschenperikope). b) B. übergeht nicht nur die Tatsache, daß die aus Palästina stam-

---

1) S. G. F. BRANDON, Jesus..., S. XI. 334. 355. 1. 262. 230. 256. 285. 10. 199. 201. 333. 338. 356.

2) S. vor allem M. HENGEL, JSSt 14, 1969, 231 ff und M. DE JONGE, VigChr 23, 1969, 228 ff. Weitere wichtige Besprechungen: K. WEISS, ThLZ 94, 1969, 912 ff; K. MÜLLER, BZ 13, 1969, 126 ff; D. RYAN, ThRv 66, 1970, 20 ff; vgl. auch J. G. GRIFFITHS, Zealot and Para-Zealot, NTSt 19, 1972/3, 483 ff. Das Buch von G. R. EDWARDS stellt zwar Brandons Beurteilung der Evangelien richtig, geht aber auf die Haltung Jesu selber nicht wirklich ein und ist darum als ganzes enttäuschend.

mende Redenquelle bereits das Bild eines Versöhnung und Friedehalten
fordernden Jesus zeigt, es werden ebenso wenig Jesu positives Verhältnis
zu den Zöllnern und Sündern und der unpolitische Charakter seiner Botschaft
von der nahenden und angebrochenen Gottesherrschaft erwähnt. c) Das
Postulat, daß Jesus sich mit der Gewaltanwendung gegen die Römerherrschaft verkündenden Lehre der Zeloten identifiziert haben *müsse*, ist aus zwei
Gründen falsch: Einerseits ist es durchaus fraglich, ob in der Zeit vor etwa
40 n. Chr. diese Lehre überhaupt schon eine entscheidende Rolle im Leben
der palästinischen Juden gespielt hat, zumal in diesen Jahrzehnten, von
vereinzelten Zwischenfällen abgesehen, die Lage in Palästina weitgehend
ruhig gewesen zu sein scheint[1]); andererseits ist die Interpretation der ,,Tem-
pelreinigung'' als ein militärischer Gewaltakt ebenso unhaltbar[2]) wie die
Behauptung, Jesus habe für eine Bewaffnung seiner Jünger in Gethsemane
gesorgt, und andere Belege für seine Behauptung von der sachlichen Übereinstimmung Jesu mit den Zeloten kann B. nicht beibringen[3]). Das von B.
gezeichnete Bild Jesu (und auch des Urchristentums) muß darum als unhaltbar abgelehnt werden.

Einen interessanten Beitrag zum geschichtlichen Verständnis Jesu hat dagegen H. Merkel in seinem Aufsatz über Jesus und die Pharisäer geleistet.
Denn hier wird auf dem Hintergrund des Nachweises, daß die These von dem
pharisäerfreundlichen Jesus falsch ist und daß hinter dieser These das unkritisch übernommene Jesusbild des Matthäus steht, auf die Tatbestände
hingewiesen (Verhalten Jesu zum Sabbat, Stellungnahme Jesu gegen den
Kanon in Mk 7, 15 und in der Frage der Ehescheidung), die zeigen, daß
,,Jesus nicht gegen einzelne Entartungserscheinungen im Pharisäismus, sondern gegen den Pharisäismus an sich kämpft'', und zwar ohne Berufung auf
irgend eine fremde Autorität (S. 207 f.). Das ist sicher im wesentlichen richtig
und als Korrektur der noch zu erwähnenden Arbeiten von G. Baumbach
und K. Müller zu beachten; doch ist diese Untersuchung nicht mehr als eine
Skizze und bedürfte zu ihrer Sicherung einer ausführlicheren Begründung.

---

1) Auf diesen Tatbestand haben überzeugend hingewiesen J. Giblet, Un mouve-
ment de résistance armée au temps de Jésus?, RTL 5, 1974, 409 ff und P. W. Bar-
nett, 'Under Tiberius all was Quiet', NTSt 21, 1974/5, 564 ff.

2) Zur Tempelreinigung als ,,prophetischer Demonstration'' vgl. z. B. M. Hengel,
War Jesus Revolutionär?, 15 f. 33 f.; K. Schubert, Jesus im Lichte der Religionsgeschichte..., 115 f.; H. Patsch, Abendmahl und historischer Jesus, CThM, A 1,
1972, 43 f; E. Schillebeeckx, Jesus..., 215 ff.

3) Brandons Auseinandersetzung mit seinen Kritikern in BJRL 54, 1971, 47 ff.
bringt, jedenfalls für die Interpretation der Geschichte Jesu, keine neuen Gedanken.

Ein merkwürdig zwiespältiges Jesusbuch hat K. NIEDERWIMMER geschrieben. Er fragt einerseits nach dem „Jesus der *Geschichte*", weil „der christliche Glaube um der Wahrhaftigkeit willen die Konfrontation mit dem Jesus der Geschichte nicht vermeiden kann", und sucht deswegen, da die nichtchristlichen Quellen nichts ergeben, in den Evangelien, die „in erster Linie Quellen der urchristlichen Dogmengeschichte sind", nach den „für Jesus spezifischen" „analogielosen Elementen", vor allem nach „jenen Elementen seiner Verkündigung und seines Verhaltens, um deretwillen es zum Konflikt mit religiösen Autoritäten seiner Zeit kam". Von dieser methodischen Voraussetzung aus, die bewußt über Bultmanns Kritik hinausgeht (so sind z. B. nach N. alle Streitgespräche und die Antithesen der Bergpredigt Gemeindebildungen), wird kurz gesagt, was wir allgemein von Jesus wissen, und etwas ausführlicher, aber durchaus überzeugend, Jesu Widerstand gegen die Gesetzlichkeit zugunsten des Unbedingten beschrieben („Jesus kam ins jüdische Volk, aber er kann nicht ins jüdische Gesetz und die Gesetzesfrömmigkeit heimgeholt werden"); auch die sehr kritischen Ausführungen über Jesu Verurteilung und Sterben sind bedenkenswert. Aber mit diesem historisch-kritischen Bild des geschichtlichen Jesus ist andererseits der Versuch verbunden, von den „gesicherten Ergebnissen tiefenpsychologischer Forschung" aus (so auf dem Einband) mit Hilfe der Frage nach dem geschichtlichen Jesus „nach dem Ursprung unseres eigenen Glaubens, nach der Wurzel unserer eigenen Existenz zu fragen". Es soll nicht „in die persönliche Psyche Jesu eingedrungen "werden, „was bei der Art unserer Quellen ja auch unmöglich wäre" („Über Jesu Selbstbewußtsein wissen wir gar nichts, und es erforschen zu wollen, ist gerade *schlechte* Psychologie"), es soll vielmehr nach der „psychologischen Relevanz der von Jesus hervorgerufenen Bewegung" gefragt werden. Von dieser Voraussetzung aus wird festgestellt, daß Jesus „verstanden wird in dem Maße, als wir uns selber verstehen", daß die Mythologisierung Jesu in der nachösterlichen Tradition nur darum möglich war, weil „die entscheidenden Daten des Schicksals Jesu für das Bewußtsein der Christen ... keineswegs bloß einmalig historischen, sondern ‚archetypischen' Charakter hatten", und daß Jesu Aufnahme des illusionären Mythos von der baldigen Ankunft des Gottesreiches „signalisiert, daß das Unbewußte unmittelbar vor einem Wandlungsprozeß steht, daß eine neue Einstellung des Bewußtseins ... bevorsteht". Aus diesen Feststellungen ergibt sich dann abschließend, daß Jesus in seiner Passion „zum Symbol für die menschliche Existenz wurde, die im Kampf um die Erfüllung des Sinnes unterliegt"; „Jesus wollte das Unendliche, in dem alle Konflikte aufgehoben sind, aber er wollte es hier, unter den Bedingungen der Endlichkeit; daran ist er gescheitert"; aber weil Jesus „zuletzt als Gerechtfertigter erschien", ist er „zum Bürgen dafür geworden, daß der Mensch – trotz allem – auf dem Weg zu sich selbst ist. Alle fragmentarische Selbstverwirklichung weist hin auf die endgültige Selbstverwirklichung des Menschen"[1]). Mit diesen Ausführungen aber wird deutlich, daß die Heranziehung der Tiefenpsychologie dazu führt, daß Jesu Botschaft vom beginnenden Endzeitheil ebenso wie der Autoritätsanspruch des geschichtlichen Jesus völlig verschwinden hinter dem Versuch, durch den Rückgriff auf ein geschichtswissenschaftlich gesuchtes Jesusbild zu einer abstrakten Interpretation der menschlichen Existenz und der Zukunft des Menschen zu gelangen, die mit dem von Niederwimmer selber erarbeiteten historisch-kritischen Jesusbild nicht nur nichts zu tun hat, die vielmehr den Blick auf diesen Jesus völlig verstellt.

Auch H.A. ZWERGEL hat in seinem Aufsatz über „Die Bedeutung von Leben und Tod Jesu von Nazareth in tiefenpsychologischer Sicht" – ich nenne diesen Aufsatz und das Buch von H. Wolff zweckmäßigerweise gleich hier anschließend – an Niederwimmers Arbeit kritisiert, daß bei ihm „das Interesse an dem konkreten, historischen Menschen Jesus zurücktritt" und daß Niederwimmer mit seiner These von der getäuschten Illusion der Naherwartung bei Jesus die Überbietung des „nahen Richtergottes" durch den „präsenten Gott der Güte" bei Jesus übersehen habe, weil Niederwimmer nicht ausgewiesene Vorentscheidungen der Freudschen Psychoanalyse unkritisch übernommen habe. Freilich will Zwergel damit nur die besondere Art der Heranziehung der Tiefenpsychologie durch Niederwimmer anfechten, nicht diese Heranziehung überhaupt; denn auch nach seiner Meinung „bedarf Exegese zur Aufdeckung des Sinnes der überlieferten Texte der Tiefenpsychologie". Nach seiner Meinung „bedeutet das Zurücktreten apokalyptischer Symbole" bei Jesus „einen Fortschritt der Bewußtseinsentwicklung" in dem Sinn, daß „die Überwindung der entfremdenden Realität ..., die radikale Zuwendung zum Nächsten, angesichts eines schon angefangenen Reiches Gottes eine Form des Weltverhaltens ist, die von einer Einheit der Person getragen ist"; der Mensch ist der entfremdenden Realität „nicht mehr ausgeliefert, er vermag sie umzugestalten und sich hierin zu befreien". Wenn Z. auf diese Weise mit Hilfe der „Analyse als Tiefenhermeneutik den historischen Jesus erschließen helfen" möchte[2]), so ist diese Absicht gewiß lobenswert, aber auch hier verschwindet die konkrete Gegenwart Jesu als Heilszeit und die autoritative Rolle der Person Jesu im Rahmen dieser Heilsverkündigung völlig hinter einer abstrakten Interpretation der durch die Begegnung mit Jesus veränderten menschlichen Existenz, und das Verständnis der geschichtlichen Person Jesu wird auf diese Weise keineswegs gefördert.

---

1) K. NIEDERWIMMER, Jesus, S. 10f. 23. 25f. 89. 75. 11. 79f. 21. 24. 51. 73. 84. 87.
2) H.A. ZWERGEL, Die Bedeutung..., S. 97. 110f. 102. 109f. 124.

Diesen Vorwurf der Vernachlässigung der geschichtlichen Person Jesu kann
man der dritten hier zu nennenden Untersuchung Jesu „in tiefenpsychologischer Sicht", dem Buch der Theologin und Psychotherapeutin H. WOLFF,
freilich nicht machen. Sie will gerade zeigen, daß „bei Jesus die lebendige
Verbundenheit zur Tiefe da ist, zum ersten Mal nicht nur in Israel, sondern
in der gesamten Religionsgeschichte", „die heile Ordnung im Gottesbild Jesu
... bezeichnet den Höhepunkt der Religionsgeschichte überhaupt", Jesu
„Gottesbild ist zum ersten Male ‚heil'". Sie beansprucht, aufgrund „einer
Wahrnehmung, die jeder wissenschaftlich nachprüfen kann, der über die
nötigen tiefenpsychologischen und theologischen Voraussetzungen verfügt",
das Urteil fällen zu können, daß „Jesus ein wahrer Mann war ..., exemplarisch für alle Zeit, der hominine Anruf zur nicht destruktiven, sondern
schöpferischen Männlichkeit jeder Zukunft". Da es ihr eindeutig fern liegt,
„Christus auf den bloßen Jesus, das Göttliche auf das bloß Menschliche zurückzuführen", und sie „nichts mit einer Tiefenpsychologie zu tun haben"
wünscht, „die sich unkritisch ... zu religiösen Zwecken mißbrauchen läßt",
möchte sie ihre Untersuchung „methodisch nur auf ‚Jesus, den Menschen'
beziehen", weil die Tiefenpsychologie „einen wesentlichen Beitrag zu einem ...
den elementaren Existenzproblemen der heutigen Menschheit besser entsprechenden Jesusbild" leisten kann. Nach einem kurzen Hinweis auf die
Rolle Jesu in modernen Bewegungen stellt sie fest, da es „Menschsein an sich
... nicht gibt": „Jesus war Mensch, das heißt er lebte seine Menschlichkeit
im Seinsmodus der Männlichkeit", darum „muß die Frage nach dem Mann
Jesus" gestellt werden, die „grundsätzlich ... keineswegs mit der nach der
männlichen Sexualität identisch ist". Da nach ihrer Meinung C. G. Jungs
„Animus-Anima-Konzeption die genialste Einsicht der Neuzeit in das Wesen des Menschseins" ist und Jesus bisher „im Bann des patriarchalischen
Mißverständnisses" oder „unter der Vorherrschaft des Mutter-Archetyps"
mißdeutet worden ist, kommt es darauf an, „den integrierten Mann Jesus,
den wahren Menschen" zu sehen, was nur „mehr oder weniger integrierte
Männer und Frauen" vermögen, bei denen „der gegengeschlechtliche Seelen-
anteil existentiell integriert ist". Wer unter dieser Voraussetzung ins Neue
Testament schaut, erkennt den „unverwechselbaren" Jesus, „der die Andro-
zentrik der antiken Welt durchbrochen hat", „der erste Mann, der keinerlei
Animosität dem Weiblichen gegenüber zeigt", der „in verantwortlicher Be-
wußtheit gelebt hat", „die aller Infantilismen bar ist" und darum „die klare
Absage an das Familienkollektiv vollzieht". Der Gesamtvollzug der Existenz
Jesu verrät „differenziertes Gefühl", das dem Männlichkeits- und Weiblich-
keitswahn absagt; sein Gottesbild ist darum „heil", weil „es ebenso von
männlichen wie von weiblichen Werten bestimmt ist", es ist das Gottesbild
„eines Mannes mit integrierter Anima". Jesus ist auch frei von „Vater- und

Mutterbindung", er „wollte bindungsfreie, voll entscheidungsfähige, selbst-
verantwortliche Männer und Frauen". Da aber „ein Mensch ohne Schatten
kein Mensch wäre", „kann kein Zweifel daran bestehen, daß nach dem persönlichen Schatten Jesu gefragt werden muß", und die Verf. weiß Folgendes
zu nennen: Jesus bleibt hinsichtlich des Zukunftsproblems unbestimmt, weil
bei ihm „Denken nicht im bestimmenden Mittelpunkt, vielmehr im Bei-
läufigen, im Schatten steht"; weil Jesus eine „introvertierte Empfindungs-
funktion" hat, trifft er nach außen keine Vorkehrungen; auch seine Intuition
ist „nur sekundär auf die Außenwelt bezogen", darum hat er anfänglich
einen Partikularismus vertreten (Mt 10, 5f.), diesen dann aber überwunden
(Joh 4, 21. 23f.), dagegen schließt er in den Begriff des Nächsten die „Mitwesen" nicht ein, und das ist ein „nicht überwundenes Schattenmoment".
Abschließend stellt die Verf. fest, daß Jesus gegenüber „integriertes Verstehen
gefordert werden muß", und das kann nur ein Mensch leisten, der selber den
„gegengeschlechtlichen Seelenanteil" integriert hat.

Es liegt nun sicherlich nahe, gegen diese Darstellung Jesu die Vorwürfe
der Psychologisierung und der Einseitigkeit zu erheben, und so hat die Verf.
solche Vorwürfe schon im voraus abgewiesen: es gehe ihr „gerade umgekehrt
um Entpsychologisierung", und „dogmatische Vollständigkeit hat die Ver-
fasserin zu bieten überhaupt nicht im Sinn". Ich glaube nun freilich nicht,
daß man diese Einwände *so* leicht abwehren kann; bei den Reflexionen über
den „persönlichen Schatten" Jesu etwa müssen psychologische Begriffe wie
introvertiert und extravertiert die unerläßliche Besinnung auf die *sachlichen*
Gründe für die genannten Schwierigkeiten und Spannungen in der Verkündigung Jesu ersetzen, ganz abgesehen davon, daß die Klage über die „All-
gemeinheit" der Zukunftserwartung Jesu die Eliminierung der konkreten
Naherwartung aus der Verkündigung Jesu (unter Berufung auf das im 3. Teil
dieses Berichts zu besprechende Buch von N. Perrin) zur Voraussetzung hat
und daß die Nichtberücksichtigung der „Mitwesen" durch Jesus religionsgeschichtliche und nicht psychologische Gründe haben dürfte. Und wenn die
Verf. ein *geschichtliches* Bild bieten will, ist sicherlich „dogmatische Vollständigkeit" nicht erfordert, wohl aber verzerrt die Beiseitelassung des, wie
immer verstandenen, persönlichen Anspruchs Jesu gerade das Bild des *Menschen* Jesus erheblich. Lassen sich die beiden genannten Vorwürfe also keineswegs so leicht abwehren, so dürfte andererseits der konzentrierte Überblick über dieses Buch gezeigt haben, daß die Verf. wesentliche Züge der Person und Verkündigung Jesu richtig gesehen hat (etwa seine Stellung zur Frau
oder sein Gottesbild); nur haben das andere vor ihr ohne Heranziehung der
Tiefenpsychologie auch schon gesehen, und der Anspruch, daß nur „integrierte" Männer und Frauen den „integrierten Mann" Jesus wirklich verstehen können, führt bis zu der anmaßenden Behauptung, daß „nur der

tiefenpsychologisch geschärfte Blick" Jesu Wort Mt 10, 35f. von der notwendigen Trennung von Vater, Mutter u.s.w. „voll verstehen" könne. Und
die (hier im einzelnen nicht referierte) Schilderung der Mißdeutung Jesu im
Laufe der Kirchengeschichte, bis „die Linie der Entwicklung ... eindeutig
auf C.G. Jung und seine Analytische Psychologie" führe, kann man nur mit
Staunen über derartig blindes Zutrauen zur eigenen Methode zur Kenntnis
nehmen. Dazu kommt, daß die Verf. zwar auf dem Boden der modernen
kritischen Jesusforschung steht, aber trotzdem immer wieder Jesusworte
des Johannesevangeliums zitiert, wenn sie in ihr Konzept passen (vgl. die
erwähnte Annahme von der Wandlung in Jesu Stellung zum Partikularismus), obwohl sie dann plötzlich gegen Ende des Buches Johannes „als den viel
späteren" bezeichnet. Und schließlich wird der Leser dieses Buches, das eine
historische Untersuchung sein will, immer wieder durch seltsame Spekulationen überrascht: Jesus schlägt in dem Wort von den Menschenfischern
„einen tiefenpsychologisch bedeutsamen Hintergrund" an, weil das Fisch-
symbol „auf Ganzheit, Integration, schöpferische Sinnbezogenheit u. s. w.
hinweist", oder: das Baumsymbol zeigt bei Jesus an, daß „Leisten und Sein,
... männlicher und weiblicher Existenzmodus, als spannungsvolle Gegensätz-
lichkeiten, die mit der einen Spannung Leisten–Rezeptivität angezeigt sind,
eingegangen sind in einen einigenden Wachstums- oder Werdeprozeß"; die
Zahl zwei spielt bei Jesus eine wichtige Rolle (Ich und der Vater!), während
bald die Kirche sich für die Drei, die „typisch männliche Zahl", entscheidet;
die Zinsgroschenperikope spricht böswillige Menschen „auf die Wahrheit
ihres Menschseins" an; „jede innerpsychische Bewußtseinslage steht in dy-
namischer Relation zu Menschen und Dingen der Umwelt"[1]). Das alles kann
ich nur als phantastisch bezeichnen, doch wird mir die Verf. sicher bescheinigen, daß ich eben nicht „Anima-integriert" sei. Kurz: dieses mit starker
innerer Beteiligung geschriebene Buch hat manches richtig gesehen und
sollte darum Beachtung finden; daß aber erst in diesem Buch das wirkliche
Bild Jesu in den Blick gekommen sei, kann man m.E. schwerlich zugestehen.
    Kehren wir zur chronologischen Reihenfolge zurück, so begegnet uns in
L. CERFAUX' Buch über die Materialien für die evangelische Geschichte eine
stark apologetische Darstellung. Von der doppelten Voraussetzung aus, daß
die apostolische Tradition „nicht von null, sondern von der Lehre Jesu und
seinen erinnerten Taten ausgeht" und daß „die ganze Gemeinde an der genauen Bewahrung der Worte des Meisters interessiert war und daß die Erinnerungen sich gegenseitig kontrollierten", schildert C. einerseits „die gali-

---

1) H. WOLFF, Jesus der Mann, S. 115. 125. 7. 174. 101. 7f. 19. 22. 24f. 71. 80. 82.
101. 115. 122. 161f. 140f. 146. 149. 154. 172. 24. 8. 162. 160. 67. 123. 35. 98. 171.

läische Tradition", andererseits „die Jerusalemer Tradition". Die galiläische
Tradition enthält sowohl die Botschaft Jesu, daß „die Gottesherrschaft in
seinem Wort, in seiner Lehre und in seinen Wundern gegenwärtig ist" („In
dem Augenblick, in dem die Hörer der guten Botschaft sie aufnehmen ...,
beginnt die Herrschaft in ihnen"), als auch die nur für die Jünger bestimmten
Gleichnisse, die Texte zum Auswendiglernen waren und die Botschaft zum
Inhalt haben, daß „die Jünger, die kleine Gruppe, die künftig allein das
Reich darstellt, zugleich Same des Reiches und wachsende Saat ist". Zur
galiläischen Tradition gehören schließlich die Berufungsgeschichten, Wunderberichte und Streitgespräche, deren Ursprünglichkeit durch die Zuverlässigkeit der mündlichen Tradition gesichert wird: „Die Tradition ... konnte
nur entstehen und sich festigen in den allerersten Jahren der Jerusalemer
Gemeinde, als sie durch die Apostelgruppe geleitet wurde". Für die Berichte
vom Heraufzug nach Jerusalem sind zahlreiche genaue Angaben kennzeichnend, darum ist es „die einfachste Annahme", daß Jesu in diesem Zusammenhang berichtete messianische Ansprüche in Wirklichkeit so geäußert worden
sind, „wie die volkstümliche Tradition sie offen erzählte". Auch gegenüber
dem weiteren Bericht über die Jerusalemer Ereignisse, etwa der zweiten
Leidensweissagung, ist „das Mißtrauen der Kritiker, das nicht hinter die
Situation der Gemeinde zurückgehen will, nicht gerechtfertigt". Jesus verheißt vor dem Hohepriester das Kommen des Menschensohns, aber nicht
die sehr nahe Parusie, und wer die Realität der Hingabe Jesu im Abendmahl
leugnet („Das ‚geweihte' Brot und der ‚geweihte' Wein tragen in sich die
Wirkmächtigkeit der Gegenwart Christi"), leugnet das nicht „aufgrund der
ursprünglichen Tradition, sondern hat vielmehr beschlossen, sich dieser zu
entziehen". Abschließend heißt es dann unter Rückblick auf die beiden behandelten Traditionen, daß Jesu „wörtlich auswendig gelerntes Wort die
erste, unauswechselbare Quelle der evangelischen Tradition" ist, während
„die Hypothese einer späteren Umarbeitung der Aussagen Jesu ... völlig
willkürlich ist"[1]). Es ist leicht zu sehen, daß hier eine globale Verteidigung
der geschichtlichen Zuverlässigkeit der Jesustradition unter Aufnahme der
Argumente von H. Riesenfeld und B. Gerhardsson und Einbeziehung kon-
fessioneller Exegese unternommen wird, die dadurch noch unhaltbarer wird,
daß immer wieder einzelne Texte als echt erwiesen werden sollen durch Hinweis auf den nie definierten *style oral* oder *style imagé* (z.B. S. 92, 111.
270), der für Jesus charakteristisch sei. Trotz des Fehlens jeder Traditions-
und Quellenkritik wird dann aber die Naherwartung eliminiert und die Pre-

---

1) L. CERFAUX, Jésus aux origines..., S. 37. 40. 65. 67. 112f. 141. 151. 186. 275.
259.

digt von der Gottesherrschaft gegen die Quellen rein präsentisch und auf
die Jüngergemeinschaft und das innere Wachstum gedeutet. So wird dieses letzte Buch des verdienten Exegeten leider weder der Problematik der
Quellen noch den Aussagen der als prinzipiell zuverlässig angesehenen Überlieferung gerecht und muß als Rückschritt bezeichnet werden.

Ganz anders das im selben Jahr erschienene Buch von J. REUMANN. Das
Buch will unter breiter Heranziehung vor allem englischsprachiger wissenschaftlicher Literatur zeigen, daß es nicht mehr möglich ist, im Stil der traditionellen „Leben Jesu" von Jesus zu handeln, wie man aber durch kritische
Scheidung der Überlieferung herausfinden kann, was wir wirklich von Jesus
aufgrund der ältesten Quellen wissen können. Diese Absicht wird zunächst
nach einer Besprechung der Quellen an den Berichten über Jesu Leiden und
über seine Aussagen über das Gebet mit vorsichtiger Kritik sehr instruktiv
durchgeführt, woraus sich die Folgerung ergibt: „Wir können *etwas* über den
Jesus der Geschichte wissen (nicht trotz, sondern wegen der modernen Forschung). Wir können *einige Ereignisse* seines Lebens Gestalt annehmen sehen,
wir können *einige Dinge*, die er sagte, hören", aber „wir können nicht erwarten, daß wir das, was Jesus sagte oder tat, mit absoluter Genauigkeit wiedergewinnen" (S. 108 f.). Von diesem Ausgangspunkt aus bespricht R. dann in
lehrreicher und m. E. weitgehend überzeugender Weise die Tradition von
der Auferweckung Jesu, die Predigt von der Gottesherrschaft und die Gleichnisse, die machtvollen Taten der Gottesherrschaft, den neuen Lebensweg
unter der Gottesherrschaft, schließlich den Anspruch Jesu und sein Verhältnis zu den ihm Nachfolgenden, und er schließt mit der Feststellung: „Es ist
möglich, geschichtlich etwas über Jesus zu wissen — aber niemals ohne das
Evangelium ... Wir haben Evangelienberichte, in denen wir forschen können
über Jesus, ‚wie er war‘, aber noch mehr finden wir in diesen selben Dokumenten Christus als uns Verkündigten" (S. 334). So ist aus diesem Buch viel
zu lernen, und es gibt m. W. gegenwärtig nichts Gleichwertiges in deutscher
Sprache; doch wäre eine Übersetzung angesichts der Orientierung an der
Forschungslage im angelsächsischen Bereich schwerlich sinnvoll.

Während Reumann im besten Sinn eine gut begründete kritische Durch-
schnittsmeinung vertritt, begegnet uns in E. TROCMÉS Buch eine völlig neue
Sicht der Dinge. T. möchte zeigen, daß „die Texte, die uns Jesus kennen leh-
ren, viel unterschiedlicher und schwieriger zu analysieren sind, als man im
allgemeinen annimmt", und „warum sie sich nicht zu einer befriedigenden
Synthese darbieten, von der man sagen könnte, daß sie *die* Wahrheit über
Jesus ist". Während die herkömmlichen, entweder dem Typus von D. F.
Strauß oder von E. Renan folgenden „Leben Jesu" sämtlich nicht befrie-
digen, kann „kein ernster Fortschritt in den Forschungen betreffs des Lebens
Jesu erreicht werden" ohne stärkere Berücksichtigung der Fragen der Re-

daktions- und Überlieferungsgeschichte. Da „der Ursprung derjenigen Tradition, deren Weitergabe in systematischer Weise geordnet gewesen zu sein
scheint, in den Initiativen des geschichtlichen Jesus zu suchen ist, der seinen
Jüngern das Memorieren dieser Tradition auferlegt hat", weswegen „diese
Texte im Prinzip ausgezeichnete Quellen für die Kenntnis Jesu sind", muß
man „ein Inventar der ‚Bilder' Jesu aufstellen, die uns durch die den Evangelien zu Grunde liegende Tradition dargeboten werden", und dann „eine
teilweise Synthese dieser verschiedenen Bilder versuchen, um ein zusammenhängendes Porträt Jesu vorzulegen". Von dieser Voraussetzung aus sucht T.
nun die Jesusbilder der verschiedenen Traditionen nachzuzeichnen: a) Die
isolierten Jesusworte bilden „eine enge Mischung zwischen dem, was auf
den geschichtlichen Jesus zurückgeht, und was nicht von ihm stammt, eine
Mischung, die wir nicht rückgängig machen können"; trotzdem läßt sich aus
dieser Überlieferung „der Gesamteindruck" erkennen, „den der Meister auf
die Jünger machte, die die privilegierten Hörer dieser zum Memorieren bestimmten Worte waren". Dieser Gesamteindruck läßt eindeutig die Autorität
erkennen, die Jesus seinen Jüngern gegenüber ausübte, doch bleibt dieses
Bild „frei von eigentlich messianischen Zügen und enthält keine christologischen Titel für den Meister". b) Der Erzählungsstoff der Apophthegmata
(nach dem Sprachgebrauch R. Bultmanns) geht in der Mehrzahl „auf die
Lehre Jesu an seine Jünger zurück, obwohl er nicht zu so genauem Memorieren
bestimmt war wie die Worte". Auch hier kann man nur die Tradition als
ganze annehmen, „ohne den Anspruch zu erheben, daraus mehr als das Bild
zu entnehmen, das sich die Jünger von Jesus machten"; hier erscheint Jesus
„als der befehlende und fordernde Meister, … als der Freund der Geringen …,
als ein Abgelehnter, … besonders aber mit den Zügen eines Propheten, was
seine autoritativen Handlungen erklärt", und aufs Ganze gesehen zeigt sich
in den Apophthegmata derselbe Jesus wie in den Jesusworten, weil beide
Überlieferungen „den Eindruck wiedergeben, den der Nazarener auf die
Jünger machte". c) Die biographischen Berichte vor der Leidensgeschichte
(die Berichte über das Bekenntnis von Caesarea Philippi, die Taufe, Verklärung und Versuchung Jesu sind ein Echo von geschichtlichen Ereignissen)
stellen keine von den Apophthegmata zu unterscheidende besondere Überlieferung dar, während die nicht auf einen kurzen Urbericht zu reduzierende
älteste Leidensgeschichte den „Text einer Liturgie des christlichen Passa
darstellt, die sehr früh in Jerusalem gefeiert wurde" und „den Erinnerungen
der wichtigsten Zeugen der Ereignisse entspricht" und uns darum „wenigstens eine Vorstellung vom Ablauf der Geschehnisse in den letzten Tagen des
Lebens Jesu darbietet". Und obwohl „die völlige Echtheit oder Unechtheit
[der Abendmahlsworte] unbeweisbar ist", haben diese Worte „gute Chance,
das einigermaßen treue Echo dessen zu sein, was der Jesus der Geschichte

erklärt hat". Aus dem Passionsbericht ergibt sich auch, „daß die Jünger
auf Grund dessen, was sie von ihrem Meister gelernt hatten, die Überzeugung
hegten, daß er in der schlimmsten Not die Gewißheit festgehalten hat, daß
Gott ihm Gerechtigkeit widerfahren lasse, sogar über den Tod hinaus".
d) Die Gleichnisse aber, die keine volkstümlichen Lehren waren, sondern
als Hörer Kleinbürger voraussetzten, besonders bei Gastmählern, sind von
diesem Hörerkreis und nicht von den Jüngern weitergegeben worden, man
kann Jesus „keine Initiative zuschreiben zur Sicherung der fehlerlosen Überlieferung dieser Bilder und Erzählungen, auch wenn man ihm die Vaterschaft
für ihre größte Zahl zuerkennt". Jesus hat sich hier „an die Hörer der Mittel-
klasse angepaßt", diese Hörer und dann später die Jünger haben an diesen
Texten „ernsthafte Veränderungen" angebracht, so daß „das Bild Jesu, das
sich in diesen Texten erkennen läßt, in Gefahr ist umgeformt zu sein"; das
Bild eines „ein wenig blassen Jesus, das die Hörer der Gleichnisse gesehen
haben", ist „dieselbe Person wie der Meister der Herrenworte, aber durch
verschiedene Augen wahrgenommen". e) Wir haben keine Kriterien, bei den
Wundergeschichten ursprüngliche und sekundäre Berichte zu unterscheiden,
aber „das Bild des mehr oder weniger göttlichen Magiers, das die Wunderberichte bieten, ist auch eine Dimension des Jesus der Geschichte". f) Unter
der Überschrift „Jesus, Mensch der Öffentlichkeit" handelt T. dann von Jesu
Handstreich gegenüber den Händlern im Tempel und von der von Jesus
nicht völlig abgelehnten, aber auch nicht völlig angenommenen enthusiasti-
schen Einschätzung Jesu durch die Volksstimmung. Abschließend wird dann
festgestellt, daß alle diese Jesusbilder „auf eine Initiative Jesu" zurückgehen,
daß Jesus einen erheblichen Eindruck erweckt und daß Jesus jedes dieser
Bilder mehr oder weniger aktiv akzeptiert hat: „Das Bild des Meisters, das
die Tradition hervorruft, die den verschiedenen Gruppen entstammt, spiegelt
die unauflösliche Einheit zwischen dem Werk und seinem Urheber wieder ...
Das ‚Geheimnis Jesu' ist daher nicht die mehr oder weniger künstliche
Schöpfung späterer Generationen, es ist verwurzelt im Verhalten des Nazareners"[1].

Dieser ausführliche Hinweis auf die Ausführungen Trocmés dürfte gezeigt
haben, daß wir es hier mit einem ungewöhnlich selbständigen und beachtlichen Versuch zu tun haben, sich der geschichtlichen Wirklichkeit Jesu auf
neue Weise zu nähern, und die abschließende Beobachtung von der in der
Tradition verwurzelten Einheit von Person und Werk Jesu verdient auf alle
Fälle volle Zustimmung. Im übrigen aber sind gegen die Konstruktion Trocmés drei wesentliche Einwände zu erheben. 1) Die von der skandinavischen

---

[1] E. TROCMÉ, Jésus..., S. 8. 22. 35f. 45. 47. 59. 62f. 69. 79. 81. 85. 90. 103. 105f.
110. 124. 139. 141.

Schule übernommene Voraussetzung, daß Jesus seine Jünger seine Worte und die Berichte über seine Taten habe memorieren lassen, ist nach wie vor völlig unbewiesen und wird durch die Wandelbarkeit der Wort- und Tat-Überlieferung widerlegt; es ist darum von hier aus unmöglich, für die Gleichnisse eine andere Art der Überlieferung zu postulieren. 2) Die von der formgeschichtlichen Forschung vorgenommene Gliederung des Traditionsstoffes erlaubt nicht, die Jesusworte, die Apophthegmata und biographischen Berichte, die Wunderberichte und Gleichnisse als verschiedene Überlieferungsgruppen nebeneinanderzustellen und dementsprechend verschieden zu beurteilen; damit entfällt aber erst recht die Möglichkeit, die Überlieferung der Gleichnisse einer anderen Gruppe von Überlieferern zuzuschreiben, zumal die Vorstellung von den kleinbürgerlichen Hörern der Gleichnisse völlig aus der Luft gegriffen ist. 3) Es ist schwer verständlich, daß T. trotz seiner Annahme einer auf Jesu Initiative zurückgehenden und z.T. durch Memorierung gesicherten Überlieferung immer wieder betont, daß eine Scheidung zwischen geschichtlich zuverlässigen und problematischen Überlieferungsstücken nicht möglich sei, daß er es dann aber trotzdem wagt, diesem unscheidbaren Miteinander von geschichtlich primären und sekundären Stoffen ein durchaus eindrucksvolles Bild Jesu zu entnehmen (vgl. nur die erwähnte Ambivalenz in der Beurteilung der Abendmahlsworte!). Mir scheint das eine Methode zu sein, die nicht zu haltbaren Resultaten führen *kann*. So sehr darum Trocmés Ausführungen sorgfältige Beachtung verdienen, so wenig kann doch diese Verbindung von globalem Vertrauen zur Tradition und prinzipieller Leugnung der Möglichkeit geschichtskritischer Scheidung innerhalb der Tradition der Besonderheit der Quellen wirklich gerecht werden und ein einigermaßen gesichertes Bild des irdischen Jesus ermöglichen.

Das gilt in anderer Weise auch für das Buch von J. GUILLET. Denn in dieser Schilderung der Person und Verkündigung Jesu wird z.B. einerseits darauf hingewiesen, daß sich in der Reihenfolge des Itinerars Jesu in den Evangelien die Einwirkung bewußter Motive von Anfang bis Ende nicht verkennen läßt, daneben aber die Behauptung gestellt, daß die Evangelisten „von der Existenz, der Erfahrung, der Lebensführung und Lebensanleitung Jesu einen so zutreffenden, zusammenstimmenden und trotzdem in seinem Fortgang so natürlichen Abriß zeichnen, daß es hart wäre, ihn zu verachten, und daß es sicher der Mühe wert ist, ihn näher zu prüfen und von innen heraus zu verstehen zu suchen" (S. 31). Zu diesem ungeklärten Nebeneinander von kritischer und grundsätzlich vertrauensvoller Haltung den Quellen gegenüber kommt hinzu, daß eine Glaubenshaltung Jesus gegenüber sich immer wieder in die historischen Urteile mischt, so daß etwa die Spannung zwischen der eschatologischen Verkündigung und der ethischen Forderung Jesu mit der Feststellung gelöst wird: „Weil Jesus der Sohn Gottes ist und es weiß, kann er sagen, was der Vater vom Menschen, seinem Kind, erwartet; weil Jesus in die Welt gekommen ist, um die Wirklichkeit dieser väterlichen Gegenwart und die radikale Umschaffung des Menschen zu bringen, verkündet Jesus das Kommen des Gottesreiches als höchstes und entscheidendes Ereignis der menschlichen Geschichte" (S. 107). Angesichts dieser methodisch ungeklärten Mischung kritischer, konservativer und gläubiger Urteile kommt G. zwar zu manchen überzeugenden Feststellungen (,,Wenn die Evangelien die Botschaft des Täufers dem Zeugnis eingegliedert haben, das sie über Jesus ablegen, ist diese Kontinuität nicht ihre Erfindung, sie geht sicherlich auf Jesus selbst zurück", S. 39; ,,Zwischen dem Reich und Jesus besteht ein Abstand ... in der Zeit, denn Jesus ist schon da, während das Reich erst vor der Türe steht", S. 64f.), aber er kommt ebenso zu geschichtswissenschaftlich nicht haltbaren Feststellungen (,,Wenn Jesus nur vom Reich spricht [und nicht auch vom Menschensohn], ist er doch nur ein Prophet, außerhalb des Reiches, von dem er spricht", S. 157; ,,Es ist sehr schwierig, ohne den Texten Gewalt anzutun, aus den Einsetzungsworten die eindeutigen Hinweise zu entfernen, die aus der Handlung Jesu ein Opfer und einen Bund machen", S. 212), und infolgedessen läßt sich aus diesem Buch kein geschichtswissenschaftlich haltbares Bild Jesu entnehmen.

Eine geschichtswissenschaftlich haltbare Darstellung Jesu zu geben beansprucht vermutlich E. Fuchs mit der Veröffentlichung seiner Vorlesung von 1963 nicht, er möchte vielmehr ,,das Geheimnis des historischen Jesus zum Thema machen", wobei ,,die Glaubenden als Adressaten der Verkündigung Jesu mitgedacht werden müssen, wenn Jesu Verkündigung verstanden werden soll". Das geschieht denn auch nicht durch systematische Erörterung der Überlieferung, vielmehr soll die Besprechung ausgewählter Texte, vor allem aus den Gleichnissen, unter Heranziehung einer sehr einseitig ausgewählten Literatur nachweisen, daß ,,die historische Verkündigung des historischen Jesus *hermeneutische* Bedeutung hat. Sie gibt eine Verständnisbedingung her für den Glauben an Jesus". In unerkennbarer Reihenfolge und in einer oftmals kaum verständlichen Sprache (,,Jesu *Verhalten* ist der Rahmen seiner Verkündigung, obwohl sie an sich ohne Rahmen ist"; ,,Jesus objektiviert das Sein Gottes, indem er mit seinem Sprechen vorwegnimmt, daß Gott in uns, uns zugut, bereits am Werke ist"; ,,Die Gleichnisse sprechen ... die Zeit selbst aus, indem sie Zeit des *Glaubens* zusprechen") werden in immer neuen Gedankengängen die Thesen begründet, daß ,,Jesus als *Stellvertreter* Gottes das Wort Gottes unmißverständlich neu spricht", daß ,,Jesus selber Gott dafür in Anspruch genommen hat, daß die Verlorenen durch ihn zu dem Glauben kommen, ihnen gelte Gottes Liebe vor den Gerechten", und daß ,,die Gleichnisse die eschatologische Zeit selber aussprechen". Kann man dem mehr oder weniger zustimmen, so finden sich daneben zahlreiche Ge-

danken, die nur als falsch oder zum mindesten als seltsame Formulierungen
bezeichnet werden können (etwa: „Jesus hat die Geschichtlichkeit Gottes
entdeckt"; „Die Anwesenheit Gottes ist in allen Antithesen als Wunder
vorausgesetzt"; „Jesus muß als Verkündiger jede *Selbstbezeichnung* ablehnen,
nicht nur, weil die Bezeichnungen nicht zureichen, sondern weil er Verkündiger *ist*"; „Das Gleichnis ist ein Geschenk. Es reicht dar ... Verlangt ist
also eine *sakramentale* Interpretation der Verkündigung Jesu" u.s.w.)[1]).
Angesichts dieser „gewissen Unschärfe, die der ganzen Konzeption methodisch und inhaltlich anhaftet"[2]), aber auch angesichts des Fehlens großer
Bereiche der Verkündigung Jesu (futurische Eschatologie, Umkehrforderung,
Gerichtspredigt, Vergebungsbitte u.s.w.) läßt uns Fuchs nicht den Jesus
sehen, den historische Forschung aufgrund der gesamten Tradition erkennen
läßt, das Buch kann vielmehr nur als die Wiedergabe einer subjektiven
Interpretation bezeichnet werden.

G. BAUMBACH dagegen stellt Jesus bewußt in seine Zeit hinein, indem er
nach dem Verhältnis Jesu zu den verschiedenen jüdischen Gruppen fragt,
wobei mit Recht betont wird, daß sich aus der wichtigen Frage nach dem
Grund für Jesu Kreuzestod „die Notwendigkeit der Fragestellung nach den
eigentlichen Gegnern Jesu ergibt, die auf seine Verurteilung drängten". B.
beginnt dabei ungewöhnlicherweise mit den „Zeloten und Sikariern" (wegen
„der in jüngster Zeit außerordentlich dringend gewordenen Frage nach dem
revolutionären Charakter der Botschaft Jesu"), wodurch unbeabsichtigter-
weise der falsche Eindruck entsteht, als ob diese Gruppen für Jesus eine besondere Rolle gespielt hätten. B. ist ganz im Gegenteil der Meinung, daß
Zeloten und Sikarier (nach B. von Anfang an zwei verschiedene Gruppen,
was m.E. nicht eindeutig bewiesen ist) für Jesus keinerlei Bedeutung hatten,
da „der in der Tempelreinigung zum Ausdruck kommende Protest Jesu
keinen gewalttätigen Aufstand einschloß und darum nicht zelotischer Art
war", da ferner der radikale Unterschied Jesu zu Zeloten und Sikariern
„in seinem Verhalten gegenüber Zöllnern, Dirnen und Sündern ... besonders
deutlich in Erscheinung trat" und Jesus „durch die Zugehörigkeit eines
Zeloten zu seinem Jüngerkreis nicht selber zum Zeloten geworden ist". Das
ist zweifellos ebenso richtig wie die Feststellung im folgenden Kapitel, daß
die Gemeinschaft Jesu „mit den outsiders" ebenfalls zeigt, daß er „unmöglich Essener gewesen sein kann" und man darum „von Qumran als der
‚Wurzel des Christentums' nicht reden sollte". Anders aber steht es nach
B. mit Jesu Verhältnis zu den Sadduzäern und Pharisäern. Nach seiner
Meinung „war der sadduzäische Priesteradel maßgebend an Jesu Lebens-

---

1) E. FUCHS, Jesus, S. 9. 105. 43. 105. 40. 80. 70. 122. 84. 8. 71. 104f. 106.
2) G. HAUFE, ThLZ 97, 1972, 593 (vgl. die ganze Besprechung!).

ausgang beteiligt", und darum muß es scharfe und harte Auseinandersetzungen zwischen Jesus und dieser herrschenden Gruppe gegeben haben"; ihre Ursache sieht B. in Jesu Absage an Reinheitsgebote und Opferwesen, und es ist „sehr wahrscheinlich, daß Jesus angesichts des Tempels in Jerusalem ein ... tempelkritisches Wort gesprochen hat, das die jüdische Obrigkeit endgültig zum Eingreifen bewog". Die Pharisäer dagegen fehlen in der Passionsüberlieferung, „woraus der Schluß zu ziehen ist, daß die eigentlichen Akteure bei der Beseitigung Jesu nicht die Pharisäer waren", „die Pharisäer scheinen mehr in die erste Phase von Jesu Leben ... zu gehören", Jesus hat sich „nicht prinzipiell gegen die Pharisäer als Mitglieder dieser bestimmten jüdischen Religionspartei gewandt", „nur im Blick auf das im Anbruch befindliche Eschaton wird Jesu scharfes Nein zu dem Pharisäer und seiner Frömmigkeit verständlich"[1]. Diese sorgfältig begründete These hat sicherlich darin recht, daß im Verlauf der Verhaftung und Verurteilung Jesu die Pharisäer deshalb keine Rolle spielten, weil sie ja keine „Behörde" waren und darum gar nicht öffentlich handeln konnten; dagegen scheint es mir fraglich zu sein (obwohl B. sich darin mit der oben besprochenen Anschauung D. Flussers trifft), ob man den Gegensatz Jesu zu den Pharisäern entgegen der evangelischen Tradition so stark bagatellisieren kann, weil Jesu grundsätzliche Stellung zum Gesetz ebenso wie seine Gemeinschaft mit den „outsiders" und sein persönlicher Anspruch den Widerspruch der Pharisäer nicht nur finden mußten, sondern offensichtlich auch gefunden haben. Aber wenn man darum auch aus den von B. vorgeführten Überlieferungen z. T. andere Schlüsse wird ziehen müssen, so bedeutet diese Schrift doch eine sorgfältig zu beachtende Förderung unseres Verständnisses der Auseinandersetzung Jesu mit seinen jüdischen Gegnern.

Ganz ähnlich hat K. MÜLLER in seinem hier zweckmäßigerweise gleich anzuschließenden Aufsatz über „Jesus und die Sadduzäer" die Anschauung vertreten, daß sich Jesus in wesentlich stärkerem Maße, als es die direkten Erwähnungen der Evangelien nahelegen, mit den Sadduzäern in Auseinandersetzung befunden habe, und er nennt dafür neben den nicht beweiskräftigen Stellen Mt 5, 38 (da ist nicht erkennbar, daß eine *wörtliche* Befolgung des Gebots der *talio* vorausgesetzt ist!) und Mk 7, 1–8 (hier handelt es sich schwerlich um eine ursprünglich „priesterliche Sitte") die Jesusworte Mk 7, 15 und Mt 23, 16–22, vor allem aber die Tempelreinigung und folgert daraus, daß „die tempelkritische Prophetie Jesu die sadduzäische Obrigkeit zum Eingreifen bewegen mußte" (S. 18). Das ist zweifellos ein zu beachtender Sachverhalt, aber auch M. schiebt Jesu Gegensatz zu den Pharisäern ebenso beiseite, wie er den Anstoß an Jesu persönlichem Anspruch und die darin lie-

---

1) G. BAUMBACH, Jesus..., S. 8. 11. 27. 31. 46. 48. 62. 67. 92f.

gende Möglichkeit zu politischer Mißdeutung unterschätzt, so daß auch seine Ausführungen ein einseitiges Bild ergeben.

Ein sehr wesentliches und wenig behandeltes Thema hat J. Becker in Angriff genommen in seiner Schrift über Johannes den Täufer und Jesus[1]). B. gibt zunächst eine weitgehend überzeugende Darstellung der Täuferpredigt: Verkündigung und Verhalten des Täufers sind „unmittelbar an der nahen *Zukunft* orientiert", Heilserwartung fehlt fast ganz, „ihm ist die Geistverheißung nicht zuzutrauen", „Johannes ist wohl in der Tat der dunkelste Bußprediger des Judentums gewesen, den die Überlieferung kennt". Die Ansage der Feuertaufe ist real gemeint, für den vom Täufer angesagten Stärkeren bleibt „der Menschensohn die brauchbarste Auslegung". Johannes hat die Taufe selber an den Täuflingen vollzogen als die „allerletzte, einzige und einmalige Möglichkeit, durch die Vermittlung des Täufers den Menschen vom Anlaß des Zorns zu befreien und ihm so die Möglichkeit zu eröffnen, eventuell vor dem Feuer bewahrt zu werden". Auf dem Hintergrund einer interessanten Typologie prophetischer Gestalten stellt B. abschließend fest, daß Johannes zu dem Typ „eines von Gott als letzten gesandten Propheten mit mittlerischer Funktion im Gegensatz zu Israels Heilsanspruch" gehört, der nur einen offenen Jüngerkreis, nicht eine geschlossene Gemeinschaft um sich scharte. Mit dieser Gestalt des Täufers vergleicht B. dann die Person und Verkündigung Jesu. Da zeigt sich zunächst einmal, daß bei Jesus wie beim Täufer „um der Zukunft willen der Bruch mit allem Bisherigen in radikaler ... Kompromißlosigkeit vollzogen wird", aber „Jesu Inhaltsbestimmung der Zukunft trennt ihn vom Täufer und macht auch diesen zur Vergangenheit". Denn in Jesu Aussage über die Gottesherrschaft und das Gericht kommt „eine *expressis verbis* vollzogene Terminbestimmung nirgends in Sicht". Jesus „hat die Terminfrage aus der Ankündigung der Gerichtsereignisse ausgespart", alle in diese Richtung führenden Jesusworte sind unecht. Jesus hat vielmehr „die Erwartung des Johannes noch überboten, indem er schon die Gegenwart selbst zum ‚Ort' der Zukunft machte"; in diesem „präsentisch-eschatologischen Situationsbewußtsein" zeigt sich die spezifische Differenz Jesu zum Täufer. Diese Eliminierung der zeitlich terminierten Naherwartung aus der Verkündigung Jesu scheint mir freilich nur mit Gewalt gegenüber den Texten durchführbar zu sein, so beliebt sie auch ist, richtig ist aber, daß bei Jesus „die Heilsmöglichkeit viel deutlicher ins

---

1) Leider kann ich nur anmerkungsweise unter Verweis auf eine Besprechung von anderer Seite auf zwei zur Besprechung vorgelegte Bücher über Johannes den Täufer hinweisen, von denen das erste als förderlich, das zweite als starken Bedenken unterliegend zu bezeichnen ist: Ch. H. H. Scobie, John the Baptist, London 1964 (vgl. T. Holtz, ThLZ 90, 1965, 910f) und R. Schütz, Johannes der Täufer, AThANT 50, 1967 (vgl. H. F. Weiss, ThLZ 93, 1968, 920f).

Auge gefaßt ist" als beim Täufer und daß „der fundamentale Unterschied zum Täufer" in Jesu „Verkündigung ... der Gottesherrschaft als jetziger Heilsgabe mit zukünftiger Lebensfolge" besteht[1]). Das wird alles unter sorgfältiger Berücksichtigung der Forschungssituation klar ausgeführt, so daß Beckers Arbeit eine wirkliche Förderung unseres Verständnisses der Beziehung zwischen Jesus und dem Täufer darstellt.

Leider kann man das von dem hier gleich anzuschließenden Aufsatz von M. S. ENSLIN nicht sagen. Nach seiner Meinung „gibt es wesentliche Gründe, um die Hypothese in Frage zu stellen, daß Jesus in seiner Wirksamkeit vom Täufer ausging, sich von ihm taufen ließ, eine Zeitlang sein Schüler war und seine Botschaft wiederholte. Eher ist die völlig entgegengesetzte Hypothese erwägenswert, daß sich die Wege des Johannes und Jesu nicht kreuzten und daß der Grund für diese erfundene Einfügung des Johannes in das christliche Bild ein doppelter war": „Die christliche Vereinnahmung einer rivalisierenden Gruppe [d. h. der Täuferjünger] kann wohl erklären, warum der johanneische Taufritus ... solche Bedeutung in der christlichen Praxis gewann", und „es ist wahrscheinlich, daß Johannes, ursprünglich ein unabhängiger ... Wüstenprediger, von christlicher Seite in einen göttlich gesandten Herold für die Ankunft seines größeren Nachfolgers umgestaltet wurde" (S. 9 f. 12), wobei die Erzählung von der Taufe Jesu ebenso eine Erfindung ist wie die vom Tod des Täufers. Das ist freilich alles aus der Luft gegriffen, und wenn E. die Behauptung, Jesus und Johannes hätten sich niemals getroffen, genauso eine Hypothese nennt wie die Annahme, Jesus sei vom Täufer ausgegangen, so hat er einfach übersehen, daß die letztere „Annahme" in den Quellen bezeugt, die erstere aber ohne Anhalt an den Quellen ist. Und wenn E. schließlich die Vermutung aufstellt, der Tod des Täufers könne für Jesus der Anlaß gewesen sein, sich als von Gott beauftragt zu wissen, so ist das erst recht eine unbegründete Hypothese, und so ist aus dem Aufsatz des verdienten Forschers leider keinerlei geschichtliche Erkenntnis zu gewinnen.

Auch das Buch von F. CORNELIUS über Jesus den Menschen kann ich nicht anders beurteilen. Von der Überzeugung aus, „daß erst derjenige Zusammenhang, der geschichtlich vollkommen aufgeklärt ist, für eine theologische Deutung zugänglich wird", möchte C. „als Geschichtsforscher den Anfängen des Christentums nachgehen", indem er „versucht, die menschlichen psychologischen Zusammenhänge bis ins visionäre Erleben hinein aufzudecken", um durch solche „Einsicht in die geschichtlichen Zusammenhänge den Glauben" nicht zu zerstören, „sondern ihn im Gegenteil aus undurchsichtig gewordenen Hüllen der Vergangenheit zu befreien" und so „dem Erkennenden Mut "zu

---

1) J. BECKER, Johannes der Täufer..., S. 17. 23. 25. 36. 40. 60. 73. 76. 80. 104. 84 f. 96.

machen, ,,den vorbildlichen Gestalten zu folgen, die den christlichen Glauben zuerst vorgelebt haben". Er beschreibt zu diesem Zweck in einem ersten Teil, der etwa die Hälfte des Buches umfaßt, ,,Die Umwelt" des Urchristentums (Israel, persische und griechische Religion, hellenistischen Synkretismus einschließlich des Judentums) kenntnisreich, aber in einer Weise, die die entferntesten Erscheinungen methodenlos miteinander in Verbindung setzt und die vor allem durch zwei Besonderheiten auffällt. a) Obwohl C. die griechische und die iranische Religion als Vorstufen des Christentums sehr hoch einschätzt (,,Die Griechen waren mindestens in demselben Grade Monotheisten, als es die heutigen Katholiken sind"; ,,Geschichtlich war der Mithrasdienst in Kleinasien wie in Deutschland nur ein Wegbereiter des Christentums"), sieht er im Eindringen des orientalischen Dualismus in die griechische Philosophie und der dadurch gegebenen ,,Teilung des Selbst in eine unsterbliche Seele und einen sterblichen Leib" einen Trugschluß, ,,und der Hauptinhalt der Geistesgeschichte von Alexander bis auf Jesus ist es, wie sich die Menschen allmählich in diesem Irrtum eingelebt haben"; ,,Befreiung von diesem falschen Dualismus wäre die Aufgabe der christlichen Denker von morgen". b) Das Judentum der letzten Jahrhunderte vor Christus war gegenüber dem Israel des Alten Testaments durch ,,ein Nachlassen der geistigen Hochspannung" gekennzeichnet, wofür neben anderem der Übergang vom knappen Hebräischen zum Aramäischen kennzeichnend sein soll. Infolge der Polarisierung der Gottesauffassung auf die Gesetzeserfüllung ,,mußte sich alles wirtschaftliche Streben auf den Handel richten"; aus der Abgrenzung gegen die Heiden entstand der Antisemitismus, ,,er wird immer wieder entstehen, solange es diesen Glauben gibt"; ,,der Judäer sah in der sexuellen Begierde den Ursprung des Bösen überhaupt ..., aus solcher Sicht hat sich unter den Judäern eine Flucht vor dem Weib entwickelt und auf das Christentum vererbt, die bis heute ihre unseligen Folgen hat"; die Ausmalung des messianischen Reiches als Schlaraffenland zeigt ,,ein Ideal der Arbeitsscheu". Wenn man mit dieser negativen Bewertung des vorchristlichen Judentums nun aber die Vorstellungen verbunden sieht, daß das Vorkommen blonder Menschen unter den Juden auf die Vermischung mit im Lande ansässigen ,,Familien aus iranischem Geschlecht" zurückgeht, daß sich in dem Propheten Maleachi ,,der Mischling zum Worte meldet (und zwar gemischt aus zwei geistig hoch, aber gegensätzlich entwickelten Rassen)", daß die Ablehnung des Wohnens Gottes in einem Haus durch Stephanus ,,arisch, nicht judäisch gedacht war", so läßt sich das Nachwirken nationalsozialistischer Vorstellungen von einer höherwertigen ,,arischen Rasse" und eine unsachliche Animosität gegen das nachalttestamentliche Judentum schwerlich verkennen[1]).

---

1) Über die mir unbekannte Gesinnung des inzwischen verstorbenen Verfassers

Auf diesem Hintergrund wird nun Jesus geschildert von der Überzeugung aus, daß aufgrund des Lukas- und des Markusevangeliums ein wissenschaftlich gesichertes Leben Jesu geschrieben werden könne, während Matthäus Jesus „vieles in den Mund legt, was erst aus einer späteren Stufe der Gemeinde-Entwicklung stammen kann" (das Jesusbild des Matthäus soll aus dem Kreise des Jakobus stammen). Der Bericht des Markus und Lukas aber wird von C. weitgehend als zuverlässig angesehen (Maria erzählte von dem Erlebnis mit dem zwölfjährigen Jesus, „und ich glaube es ihr"; „der Bericht über die Versuchungen scheint mir auf Erzählungen von Jesus selbst zurückzugehen"; das „Machtgefühl des Jesus über die belebte und unbelebte Natur ist der Weltansicht der indischen Yogins verwandt"; „es ist kein Zufall, daß wir über die letzten Tage und die Reden, die Jesus damals führte, genauer als über sein ganzes früheres Leben unterrichtet sind"). Aber neben diesem jeweils sehr subjektiv begründeten Vertrauen zur Überlieferung des Markus und Lukas zeigen sich in der Schilderung Jesu durch C. nun drei auffällige Züge. a) Es wird einerseits festgestellt, daß Jesus rabbinischen Unterricht genossen haben müsse, daß ihn aber „die juristischen Haarspaltereien der Pharisäer abstoßen mußten" und sich „der weitere Schluß" aufdränge, „daß er ohne Abschluß aus der Lehre weggelaufen sei"; es wird andererseits aber behauptet, „daß Jesus vom Griechentum nicht unberührt geblieben ist", daß er wohl in Ägypten die „suggestive Heilkunst" lernte, und so heißt es dann weiter, daß bei Jesus „der Gott des Alten Testaments unvermerkt in den Vater-Gott der Griechen" verwandelt worden sei, daß Jesu Wertlegen auf die Seele und ihre Beschaffenheit „durch die griechische Weisheit vorgegeben war", daß Jesus die Form, in der er am letzten Abend seinen Jüngern das Andenken an seine Lehre einprägen wollte, „den griechischen Kulten entlehnte". b) Nach Jesu Lehre „ist die Endzeit schon angebrochen", „das Leben selbst, wie Jesus es vorschreibt, im vollen Vertrauen zu Gott und deswegen ohne Angst und Sorge und Selbstsucht – dies Leben ist selber das Gottesreich", „das Gottesreich ist inwendig in euch", und „es ist einfach ein Sprachschnitzer, wenn man versucht hat zu übersetzen: das Reich Gottes ist mitten unter euch", denn „das Reich Gottes ist für Jesus eine innere Beschaffenheit", obwohl Jesus „auch zu andern Zeiten das Kommen des Gottesreichs in volkstümlichen Wunderbildern beschreiben kann". c) Obwohl nach C. Jesu Heilungen „ein wundersamer Beweis seiner Kraft, aber keine Wunder" sind, ist vom Scheintod der Tochter des Jairus die Rede, der Jesus darum „Ruhe als die wichtigste Hilfe verordnet" („es ist

---

soll damit keine Aussage gemacht werden. Auf die zahlreichen Fehler in den Angaben über das Judentum kann ich nicht eingehen (nur *ein* Beispiel: nach S. 56 ist das Buch Esther „nicht mehr in die eigentliche Sammlung der Heiligen Schriften aufgenommen worden"!).

typisch, daß die Theologie bis in unsere Tage den Klageweibern mehr glaubt, als den Worten des Jesus"!); den Bericht über die Austreibung der Dämonen in die Schweine in der Nähe der Griechenstadt Gerasa deutet C. dahin, daß Jesus selbst „von einer Legion von bösen Geistern sprach, die er dort austreiben müsse, und die Griechen dort als Schweine bezeichnete …, die sich selbst, von Teufeln besessen, in den Abgrund stürzten", Jesu Umgebung habe daraus die Geschichte von dem Besessenen mit einer Legion von bösen Geistern gemacht, denen Jesus gestattete, in die Schweine zu fahren[1]). D.h. nicht nur das Fehlen jeglicher methodischer Quellenkritik, sondern erst recht die haltlose Behauptung eines entscheidenden griechischen Einflusses auf Jesus, die völlige Eliminierung der Eschatologie und die rationalistische Wunderdeutung führen zu dem Urteil, daß auch dieses mit persönlicher Wärme geschriebene Jesusbuch kein geschichtlich begründetes Bild Jesu zu zeichnen vermag.

Auf einen wesentlichen Zug im Bilde Jesu weist dagegen R. PESCH in seinem Aufsatz „Jesus, ein freier Mann" hin. Er macht darauf aufmerksam, daß trotz des Fehlens der Vokabel „Freiheit" im Munde Jesu „die Befreiung des Menschen ein grundlegendes Thema der Verkündigung Jesu" ist. Das zeigt sich in seinen Heilungen und Exorzismen, in seinem Umgang mit „Sündern", in seiner Durchbrechung der Heteronomie der herrschenden Religion, vor allem aber in seiner eigenen Freiheit, die sich in seinem Sendungsbewußtsein äußert: „Jesu Gehorsam ist die Annahme seiner Freiheit" (S. 187). Mit Recht betont P. dann aber auch, daß dieser „freie Mensch" „nicht beschnitten war in den Möglichkeiten menschlicher Passion" und daß „Spekulationen über seine Allwissenheit und Irrtumslosigkeit" abwegig sind (S. 187). Diese richtigen Gedanken werden in einleuchtender Weise begründet, nur an zwei Punkten scheinen mir Peschs Ausführungen problematisch zu sein: Die Aussage, daß in Jesus „das formelle ‚Mensch-sein' verwirklicht ist auf eine übernatürliche, übermenschliche, gottmenschliche Weise" (S. 187), fällt aus dem Rahmen der historischen Feststellung heraus, ohne daß darauf hingewiesen würde, und die Forderung, man solle Jesus seine Naherwartung „nicht als Irrtum anlasten" (S. 187), geht von der m.E. falschen Voraussetzung aus, daß Jesu Naherwartung nicht im strengen Sinn „zeitlich" gemeint war. Aber diese Einwände ändern nichts an dem Urteil, daß dieser kurze Aufsatz für das Verständnis des Menschen Jesus wirklich erhellend ist.

Den Jesusabschnitt in dem „Arbeitsbuch zum Neuen Testament" von H. CONZELMANN und A. LINDEMANN[2]) kann ich dagegen wegen seiner Hyper-

---

1) F. CORNELIUS, Jesus der Mensch …, 7. 221. 30. 70. 47. 51. 74. 96. 76/82. 80. 189. 122f. 126. 130. 137. 168. 126f. 143. 149. 171. 141. 147f. 150f. 133. 161f.

²) Vgl. meine Kurzanzeige des ganzen Werkes, ThR, N.F. 41, 1976, 95f.

kritik nur als unzureichend bezeichnen. Zwar sind die Angaben über die Fragen der äußeren Geschichte Jesu und über Johannes den Täufer klar und ausreichend; bei der Darstellung der Lehre Jesu (§ 52–56) werden hingegen ohne weitere Begründung so viele Jesusworte und ganze Bereiche („Die Frage nach dem Selbstbewußtsein Jesu gehört nicht mehr unmittelbar in den Bereich des Problems der Lehre Jesu", S. 348) aus den geschichtlich brauchbaren Quellen ausgeschlossen, daß zwar einige Gedankenkreise Jesu (Das Verhältnis des Menschen zum Schöpfer, das künftige Gottesreich, der radikale Gotteswille unter Vorangehen des Geschenkes der Vergebung) in dieser Darstellung begegnen, ein in sich zusammenhängendes und allseitiges Bild der Verkündigung Jesu oder gar seiner Person aber nicht entstehen kann. Darum muß diese in Einzelheiten durchaus zutreffende Schilderung Jesu als ganze als fragmentarisch und darum als irreführend bezeichnet werden.

So bleiben noch zwei Jesusbücher der beiden letzten Jahre zu besprechen, deren Verschiedenheit schlaglichtartig zeigt, wie weit wir von einer allgemein anerkannten wissenschaftlichen Methode und damit auch von einem allseitig anerkannten Bild des irdischen Jesus noch entfernt sind. Da ist zunächst auf das Buch des bekannten Historikers K. BUCHHEIM hinzuweisen, das „eine geschichtswissenschaftliche Arbeit", aber „auch ... persönliches Bekenntnis" sein will, das der Verf. „in hohem Alter ... als ein Vermächtnis" betrachtet wissen möchte, „das er hinterlassen will". Da der Verf. demnach „eine geschichtswissenschaftliche Arbeit" schreiben will, kann der Rezensent bei allem Respekt vor einem persönlichen Vermächtnis nur die Frage stellen, wie es mit der geschichtlichen Haltbarkeit des vom Verf. entworfenen Jesusbildes steht, durch das er das „falsche Jesusbild" überwinden will, das „verbreitet worden ist, das Bild eines ‚historischen Jesus', der kein Christus und kein Kyrios war, sondern ein utopischer Rabbi". Nach Buchheims Meinung „ist man nur aus einer unverkennbaren Befangenheit heraus zur einseitigen Bevorzugung der Synoptiker vor dem Johannesevangelium, zur Verabsolutierung der ‚Markushypothese' ... gekommen". In Wirklichkeit war die aramäische „Matthäusschrift ... vor dem Markusevangelium da" („um 44 geschrieben"), „in erster Linie war nicht Markus, sondern die aramäische Urschrift des Apostels [Matthäus] die Vorlage des Matthäusevangeliums"; unser Matthäusevangelium setzt aber dann „als Vorlage nicht nur Markus, sondern auch Lukas voraus", eine „Redenquelle Q hat es nie gegeben". Vor allem aber hat Johannes, „der ‚älteste Zeuge' vom Grabe Jesu", „die ganze Tragweite dessen, was Jesus unternahm, ... wohl besser begriffen als alle anderen", „das Johannesevangelium widerstreitet jedem Versuch, Jesus als einen ethisch zwar rigorosen, politisch aber bedeutungslosen Rabbi hinzustellen", und „wir haben ... allen Grund, vornehmlich vom Johannesevangelium auszugehen", dessen Bericht „von einem gut informierten Zeugen stammt". Von

dieser Beurteilung der Quellen aus stellt B. nun das Bild des „geschichtlichen
Christus" an die Stelle des „eschatologischen Jesus", der „nur eine speku-
lative Gestalt ist". Während „aller Protestantismus daran festhält, daß Jesus
die katholische Kirche nicht gestiftet haben könne", und „die theologische
These, die zwischen dem Leben Jesu und der Kirche eine Kluft aufreißt, ...
auf befangener Interpretation der Quellen und auf Blindheit gegenüber der
Evidenz der Zusammenhänge beruht", „gehört das berühmte Logion des
Matthäusevangeliums von dem Felsen, auf den er seine Kirche erbauen will,
in Jesu eigenen Mund", und es „verschwindet alle Schwierigkeit der Gelehrten, sobald man zugibt, daß Jesus eben selbst schon vorösterlich die Kirche
gestiftet hat"; und während „unter den evangelischen Theologen unseres
Jahrhunderts" nur wenige sind, die „so unterstrichen haben, wie notwendig
ist", daß Jesus „nicht auf den Rang eines Lehrers, Moralpredigers oder privaten Seelsorgers" reduziert werden darf, ist „Jesus in seinem Anspruch,
der Messias ... zu sein, auch geschichtswissenschaftlich ernst zu nehmen";
und während „die Exegese der Aufklärungstheologie des historischen Finger-
spitzengefühls entbehrt, wenn sie sich sträubt, die Perikope Joh 20, 1–20
ernst zu nehmen", gründet sich nach dem Zeugnis des Paulus (!) „der Auf-
erstehungsglaube ... auf Jesu Tod und den Befund des Grabes am Oster-
morgen, also auf Tatbestände, die unter Umständen historisch datierbar
sind". Aber geht man über diese konfessionell gefärbte Polemik hinweg, so
weiß B. auch sonst aus den Texten Erstaunliches als sichere geschichtliche
Tatbestände zu entnehmen: Jesus „fordert den Glauben an seine Sendung.
Das ist der Sinn seiner Proklamation, seines Aufrufs ‚Metanoeite'"; Jesus
benutzte die Passamahlzeit, „um sich selber anstelle des Passahlammes zum
Opfer eines neuen Bundes einzusetzen", und „daß Jesus selbst das Opfertier,
das ‚Lamm' des neuen Bundes, darstellen wollte, darüber kann der Priester
Johannes während des letzten Mahles nicht mehr im unklaren geblieben sein";
daß Jesus „die ‚Stunde des Christentums' unter der Regierung des Kaisers
Tiberius erkannt hat, wird durch die Zinsgroschenperikope ... bewiesen".
Ja, nicht nur „die Erzählung von den ‚Magiern aus dem Morgenland' hat
allen Anspruch darauf, ernst genommen zu werden", weil die Wissenschaft
„über die wesenhafte Qualität des Raumes und der Zeit ... viel zu wenig
weiß, als daß sie die Vorstellung von der Existenz lebendiger Kräftezonen
im Tierkreis als unmöglich ganz ausschließen könnte"; nicht nur „der Blut-
befehl zum Kindermord in Bethlehem ist ... als historische Tatsache anzuerkennen" und „nicht zu bezweifeln, daß Jesus mehrere Jahre seiner Kindheit ... in Ägypten verlebt hat"; nicht nur ist „an der Tatsächlichkeit" der
Übergabe seiner Mutter an den Lieblingsjünger durch Jesus gemäß Joh 19
„nicht zu zweifeln", sondern dieser Vorgang kann auch „zum Beweis dienen,
daß Maria keinen andern leiblichen Sohn hatte" – man kann nach B. auch

„schwerlich bezweifeln", „daß die Nachrichten über das leere Grab und die nachfolgenden Erscheinungen Jesu dem Prokurator [Pilatus] bemerkenswert genug erschienen sein müssen, sie nach Rom zu berichten", und „warum will man da für unbeachtlich halten ‚daß der Kaiser möglicherweise von einem Bericht seines Statthalters in Judaea beeindruckt war, daß sich dort ‚die Wahrheit der wirklich reinen Gottheit offenbart' habe?" Der Verf. ist sogar der Meinung, daß die heilsgeschichtliche Zielsetzung in die Weltgeschichte nicht bloß von den Theologen hineininterpretiert wird, sie kann auch dem Profanhistoriker, wenn er nicht befangen ist, erkennbar werden". Buchheim erklärt zu Beginn seines Buches, daß die Theologen „nicht allein zuständig sind", „historische Urteile [über Fragen des Neuen Testaments] zu fällen" – darin hat er selbstverständlich recht[1]). Ich meine freilich, daß die genannten Beispiele, die sich leicht vervielfachen ließen, nicht nur dem Theologen, sondern auch dem Historiker zeigen müßten, daß dieses Buch keine „geschichtswissenschaftliche Arbeit" ist, nicht weil der Verf. konservativ und konfessionalistisch urteilt, sondern weil bei ihm auffälligerweise jede geschichtskritische Methode fehlt. Aus diesem Buch ist nichts über Jesus von Nazareth zu lernen.

Das genaue Gegenteil gilt von dem hier zuletzt zu nennenden Jesusbuch des bekannten katholischen Systematikers E. SCHILLEBEECKX. Das Buch will „eine christliche Jesus-Interpretation – eine Christologie" sein, und dementsprechend handelt die hier nicht zu besprechende zweite Hälfte des Buches von der „Christlichen Geschichte nach dem Tode Jesu" und von der „Christlichen Interpretation des auferstandenen Gekreuzigten" und stellt dann die Frage: „Für wen halten wir ihn?"[1]). Die erste Hälfte des Buches aber behandelt die „Fragen nach der Methode, Hermeneutik und Kriterien" des „historischen Zugangs zu Jesus von Nazareth" und „Das Evangelium Jesu Christi", und hier erweist sich der Verf. als ein vorzüglich informierter und selbständiger Exeget, der sich freilich, wie mir scheint, an einigen Punkten allzu unkritisch auf problematische Hypothesen von K. Berger und S. Schulz als auf sichere Tatbestände stützt. Sch. weist zunächst einleitend darauf hin, daß sich heute „nicht nur kirchliche Menschen für Jesus von Nazareth interessieren" und daß diese „außerkirchliche ‚Jesus-Interpreta-

---

1) K. BUCHHEIM, Der historische Christus..., S. 1. 11f. 170. 149. 170. 207. 64. 73. 75. 35. 18. 11. 29f. 21. 18. 28. 51f. 37. 44. 84. 122. 158. 161. 167. 87. 119. 41f. 13.

1) Die Übersetzung aus dem Niederländischen liest sich gut; der Titel „Jesus. Die Geschichte von einem Lebenden" ist freilich unklar, da der Verf. nach den letzten Worten des Buches einen „Bericht über Jesus, einen Lebenden" geben will. Aber an dieser Unklarheit ist offensichtlich nicht der Übersetzer schuld, da auch der niederländische Titel, wie mir W.C. van Unnik freundlicherweise bestätigte, ebenso unklar ist.

tion' für den christlichen Theologen eine Herausforderung ist", zumal „auch
innerkirchlich die traditionelle Christologie in unserer Zeit auseinandergefal-
len ist". Da man nach der Meinung des Verf. „Christ ist, wenn man davon
überzeugt ist, daß endgültiges Heil von Gott her in der Person Jesu erschlossen wird und daß diese Grundüberzeugung Gnadengemeinschaft stif-
tet", kommt es für den Theologen darauf an aufzuzeigen, „daß wir es in
diesem Menschen, Jesus von Nazareth, wirklich mit dem freimachenden,
aber darin zugleich ... letztlich definitiv sinngebenden ‚Schöpfer Himmels
und der Erde' zu tun haben". Da ich aber, wenn „ich über meinen Glauben
spreche", „verletzbar werde für die Forderungen der kritischen Rationalität", hat der Verf. „dieses Buch geschrieben: in Ehrfurcht vor der Besonderheit und unreduzierbaren Ursprünglichkeit des Gläubigseins und in Ehrfurcht vor den Forderungen der kritischen Rationalität". Er weiß dabei als
kritisch Glaubender ganz genau, daß „das wissenschaftlich begründete Ergebnis ... nur ein Jesus-*Bild*, nie den wahren Jesus von Nazareth erbringen
kann", aber „ohne Exegese hängt alles Theologisieren in der Luft", darum
setzt „‚Systematische Theologie' ... die *theologische* Exegese voraus, die das
Neue Testament unter dem Aspekt des endgültigen Heilshandelns Gottes in
der Entstehungsgeschichte der jüdisch-christlichen Religion erforscht". Von
dieser m. E. voll zu bejahenden existentiellen Voraussetzung aus stellt Sch.
nun im ersten Teil die Frage nach der Methode und den Kriterien heutiger
Jesusforschung. Da sich „Kerygma und Interesse für Jesus von Nazareth
von Anfang an gleichmäßig gebildet haben" und „das kirchliche *Kerygma*
zugleich eine *Erinnerung* an den irdischen Jesus ist, an das, was er gesagt
und getan hat", ist „Jesus von Nazareth ... das absolute ‚Gegenüber' der
Christus bekennenden Kirche", und „dann hat eine historisch-kritische Erforschung Jesu wesentlich eine *theologische* Bedeutung". Fragt man nun nach
der Möglichkeit und dem Weg solcher Forschung, so ist Sch. einerseits davon
überzeugt, „daß die Ansätze der Tradition über Jesus in der Gemeinschaft
liegen, die Jesus während seines Lebens mit seinen Jüngern hatte", und daß
darum „der Jesus, den die Evangelien präsentieren, zwar keineswegs buch-
stäblich, aber doch substantiell der historischen Wirklichkeit entspricht,
trotz aller kirchlichen Aktualisierungen"; Sch. schließt sich andererseits der
Meinung an, „daß verschiedene christologische Projekte [gemeint: Projek-
tionen?] vorkanonischer und neutestamentlicher Jesustradition verschiedenen ... Gruppen von Traditionsträgern, vor allem verschiedenen christlichen
Gemeinden entsprechen" und daß wir „nicht mehr ... von dem einen Glau-
benskerygma einer sogenannten Jerusalemer Mutterkirche ausgehen können,
das sich später differenziert haben soll". Angesichts der so interpretierten
Überlieferungslage fragt Sch. weiter anhand der modernen Diskussion nach
den „*Kriterien*, aufgrund deren das historisch ‚Jesus-Echte' von den nach-

österlichen, kerygmatischen Übermalungen differenziert werden kann", lehnt
alle negativen Kriterien ab, hält dagegen die Kriterien der Berücksichtigung
der Evangelisten-Besonderheiten (Redaktionsgeschichte), des Vorkommens
in mehreren Überlieferungen und der inhaltlichen Zusammenschau der als
alt erkannten Überlieferungsstücke für ausreichend, um durch „kritisch
konstruierte Details ... ein Gesamtbild vom irdischen Jesus zu gewinnen".
Von diesen weithin überzeugenden methodischen Voraussetzungen aus (die
Aufteilung der Tradition auf verschiedene Gemeinden ist mir freilich äußerst
fraglich) fragt nun der zweite Teil nach dem „Evangelium Jesu Christi".
Im Anschluß an eine Darstellung des Täufers, der „nicht ein damaliger
modernistischer Apokalyptiker ..., sondern ein durch Israels alte Propheten
motivierter Bußprediger war", wird Jesu Taufe als eine „enthüllende Ur-
offenbarung" beschrieben und als „das erste prophetische Auftreten Jesu",
durch das Jesus „zu erkennen gibt, daß in der Tat ganz Israel der Umkehr
bedarf". Für Jesus ist die Ankündigung der baldigen Gottesherrschaft „im
Gegensatz zu Johannes erfreuliche Nachricht von Gott", „in erster Linie
eine Erfahrungswirklichkeit", „Jesus bringt Gott als Heil für den Menschen
zur Sprache". Doch bestreitet Sch., daß das Kommen der Gottesherrschaft
bei Jesus „die apokalyptische Bedeutung einer ‚Wende der Zeiten‘ durch
eine baldige Tat Gottes" gehabt habe. Die „Konsistenz" der Gleichnisse,
nämlich „der immer wieder erfolgende Hinweis auf drei Grundelemente des
Erbarmens der Gottesherrschaft und auf die Forderung nach entsprechender
Lebenspraxis, jedoch ‚ohne Anspruch auf Lohn‘, zeugt von ‚Jesus-Echtheit‘",
in ihnen „finden wir Jesu Gott der auf Menschlichkeit bedachten Gottesherrschaft wieder", die Gleichnisse „haben in ihrem profanen oberflächlichen
Inhalt ... unverkennbar eine theo-logische Bedeutung ..., aber im Hinblick
auf den Kontext des ganzen Auftretens und der Praxis Jesu ... sind sie trotzdem *auch* Ausdruck des Selbstbewußtseins Jesu und stellen uns daher eine
‚christologische Frage‘". Die Tatsache, daß Jesu Handeln damals sowohl
wohlwollend als auch nicht wohlgesinnt interpretiert wurde, legt „Zeugnis
ab von Jesu ‚staunenerregender Erscheinung‘"; die Eigenart der in den
Evangelien berichteten Wunder Jesu setzt „die *Identifizierung* Jesu mit dem
‚messianischen‘ eschatologischen Propheten voraus", wobei „sich die Grenzen vor und nach Jesu Tod kaum scharf ziehen lassen", „die Absicht der
Machterweise Jesu ist: den Mitmenschen rettende *Gemeinschaft mit Gott* anzubieten". Auch das „Nicht-Fasten der Jünger ... verrät etwas von der Be-
zauberung und Kraft, die von dem lebendigen Jesus von Nazareth auf sie
ausgegangen war", ebenso ist die sicher überlieferte Tischgemeinschaft Jesu
mit „Sündern" „ein präsentisches Angebot eschatologischen Heils". „In dem
Ruf Jesu, ‚ihm nachzufolgen‘, liegt vielleicht der deutlichste Beweis seines
Auftretens als eschatologischer Prophet der nahen Gottesherrschaft" (auch

die Tempelreinigung ist eine „prophetische Tat"), „die vorösterliche Nachfolge hatte [jedoch] eine soteriologische, noch keine anerkannt christologische
Bedeutung".

So weit wird man dieser Darstellung der Verkündigung Jesu völlig beistimmen können, wenn man von Einzelheiten absieht (etwa: die Unechterklärungen von Lk 16, 16; Mt 11, 2ff.; Mk 7, 15; des Doppelgebots der
Liebe; des Hinweises auf das kommende Mahl [S. 130. 165. 214. 222. 274]
sind unzureichend begründet; fraglich sind die Bestreitung der Gleichsetzung
des Kommens der Gottesherrschaft mit dem Weltende durch Jesus [S. 135f.]
und die präsentische Deutung der 1. Seligpreisung [S. 153]). Auch der vorsichtig gewonnene Nachweis, daß Jesus, „wenn er kein Schwärmer war, ...
von einem bestimmten Augenblick seines Auftretens an vernünftigerweise
selbst mit der Möglichkeit, auf die Dauer Wahrscheinlichkeit und schließlich
sogar Sicherheit eines verhängnisvollen Verlaufs gerechnet haben muß", daß
„Jesus seinen Tod als (irgendwie) *in* das Heil-von-Gott-her *einbezogen*, als
historische Konsequenz seines sorgenden Liebesdienstes an den Menschen
und seiner Solidarität mit den Menschen erfahren hat" und daß „der Hinweis, daß die Gemeinschaft [der Jünger] mit Jesus stärker ist als der Tod,
als historischer Hinweis Jesu kaum aus diesen neutestamentlichen Berichten
beseitigt werden kann", während „sich ... kein sicheres Logion Jesu finden
läßt, in dem Jesus selbst seinem Tod Heilsbedeutung zuschreiben würde", –
dieser Nachweis ist m.E. überzeugend gelungen. Nur an zwei Punkten scheint
mir die Darstellung der Verkündigung Jesu durch Sch. problematisch zu sein.
a) Von der Voraussetzung aus, „daß die Gesetzesauffassung der Griechisch
sprechenden Diaspora-Juden von der palästinischen, aramäischen Auffassung
gründlich verschieden war", wird behauptet, daß Jesus in seiner gesetzeskritischen Haltung „völlig jüdisch [sei] und keineswegs die jüdischen Möglichkeiten jener Zeit überschreitet"; hier scheint mir sowohl die Voraussetzung wie die daraus abgeleitete Folgerung für das Verständnis Jesu falsch
zu sein. b) Nur an einer Stelle im Zusammenhang der Darstellung der Verkündigung Jesu durch Sch. ist vom persönlichen Anspruch Jesu die Rede
(abgesehen von der Interpretation Jesu als des eschatologischen Propheten,
wohl nach Sch. auch durch ihn selbst): aufgrund der Kombination der religionsgeschichtlichen Behauptung, daß „der absolute Gebrauch von ‚der Vater' und ‚der Sohn' ... auf der Linie des allgemein-sapientalen Begriffs vom
Boten" der Weisheit liege, mit dem Hinweis auf das „Abba-Erlebnis Jesu"
wird geschlossen, daß Mt 11, 27 („Alles ist mir von meinem Vater übergeben ...") „zumindest dem Kern nach ... als jesus-echt zu bezeichnen" sei;
aber trotz dieser komplizierten Argumentation bleibt dann unklar, ob Jesus
nach Sch. von sich als „dem Sohn" gesprochen hat oder nicht (S. 235 legt
das nahe, S. 228 bestreitet es). Diese ganze Argumentation scheint mir aber

sehr fraglich zu sein, obwohl ich dem Satz völlig zustimme: „Der Versuch, die besondere ‚Beziehung zu Gott' aus dem Leben Jesu wegzunehmen, ist zugleich die Zerstörung seiner Botschaft und des Sinnes seiner Lebenspraxis". Aber gerade wenn das zutrifft, ist es mir unverständlich, warum Sch. die Frage nach dem persönlichen Anspruch Jesu im Zusammenhang seiner Behandlung der Verkündigung Jesu im übrigen nicht anschneidet und nur an einer späteren Stelle seines Buches, nämlich im Zusammenhang der Besprechung der in der Urkirche Jesus zugeschriebenen Heilsprädikate, feststellt, daß Jesus die Verkündigung des Täufers „vom kommenden Menschensohn" „auf der Linie seiner eigenen Botschaft weiterführt". Auch wenn sich Sch. offensichtlich der heute so verbreiteten Anschauung anschließt, daß Jesus zum Ausdruck seines persönlichen Anspruchs keines der traditionellen jüdischen Heilsbringerprädikate gebraucht habe, mußte er sich zu der in eine andere Richtung führenden Überlieferung in den synoptischen Jesusworten äußern, wenn auch mit negativem Resultat. Dieses Fehlen des sich direkt äußernden eschatologischen Heilbringeranspruchs Jesu macht m. E. das von Sch. im übrigen richtig beschriebene Angebot des eschatologischen Heils durch Jesus letztlich unverständlich. Sieht man aber von den beiden genannten problematischen Problemkreisen ab, so ist die sorgfältige, manchmal fast etwas umständliche Darstellung des historisch zu gewinnenden Bildes Jesu und seiner Verkündigung durch Schillebeeckx eine wirklich förderliche Leistung, deren sorgfältiges Studium dringend empfohlen werden kann, zumal Sch. nie vergißt, daß er die geschichtswissenschaftliche Frage nach Jesus von Nazareth darum stellt, weil er überzeugt ist, daß „endgültiges Heil von Gott her in der Person Jesu erschlossen wird"[1]). So kann ich erfreulicherweise zum Schluß dieses Teiles meines Berichts über 10 Jahre Jesusforschung ein wirklich bedeutendes Buch nennen, das im übrigen ja, wie schon gesagt, auch noch in beachtlicher Weise von der Entstehung und Entwicklung des urchristlichen Christusglaubens und von dem heutigen Sinn dieses Glaubens handelt, worauf aber hier nicht einzugehen ist.

Der dritte Teil dieses Berichts soll Arbeiten über die Lehre Jesu (einschließlich von Arbeiten über einzelne Texte) behandeln und wird damit eine notwendige Ergänzung des hiermit abgeschlossenen Teiles dieses Berichtes bieten.

---

1) E. SCHILLEBEECKX, Jesus..., S. 3. 21–23. 25f. 28. 32. 71. 40. 63. 62. 71. 73. 76. 83. 115. 121. 123f. 126. 136. 149. 143. 151. 163. 165. 173. 181. 193. 196. 216. 201. 267. 275. 204. 206. 234f. 232. 235. 238. 418. 25.

III

DIE LEHRE JESU (EINSCHLIESSLICH DER ARBEITEN ÜBER EINZELTEXTE)[1]

Die Aktion Jesu und die Re-Aktion der Kirche, hrsg. v. K.MÜLLER, Würzburg–Gütersloh–Innsbruck, 1972. – R.BANKS, Jesus and the Law in the Synoptic Tradition, MSSNTS 28, 1975. – C.K.BARRETT, Jesus and the Gospel Tradition, London 1967, Kap. 3: Christ to Come (S. 68–102). – J.BECKER, Das Gottesbild Jesu und die älteste Auslegung von Ostern, FS Conz., 105–126. – W.BEILNER, Jesus ohne Retuschen, Graz–Wien–Köln 1974. – K.BERGER, Die Gesetzesauslegung Jesu. Ihr historischer Hintergrund im Judentum und im Alten Testament, Teil I: Mk und Parallelen, WMANT 40, 1972. – H.-D.BETZ, Eine judenchristliche Kultdidache in Mk 6, 1–18. Überlegungen und Fragen im Blick auf das Problem des historischen Jesus, FS Conz., 445–457. – J.BLANK, Was Jesus heute will. Überlegungen zur Ethik Jesu, ThQ 151, 1971, 300–320. – CH.BURCHARD, Das doppelte Liebesgebot in der frühen christlichen Überlieferung, in: Der Ruf Jesu und die Antwort der Gemeinde, Festschr. J.Jeremias, Göttingen 1970, 39–62. – J.CARMIGNAC, Recherches sur le ,,Notre Père", Paris 1969. – G.DAUTZENBERG, Sein Leben bewahren. Ψυχή in den Herrenworten der Evangelien, StANT 14, 1966. – J.DUPONT, Les béatitudes. Tome II: La bonne nouvelle, Nouvelle édition entièrement refondue, Paris 1969. – J.ECKERT, Wesen und Funktion der Radikalismen in der Botschaft Jesu, MThZ 24, 1973, 301–325 – H.FLENDER, Die Botschaft Jesu von der Herrschaft Gottes, München 1968 – R.H. FULLER, Das Doppelgebot der Liebe. Ein Testfall für die Echtheitskriterien der Worte Jesu, FS Conz., 317–329. – J.G.GAGER, The Gospels and Jesus: Some Doubts about Method, JR 54, 1974, 244–272. – L.GASTON, No Stone on Another. Studies

---

1) Im folgenden Literaturverzeichnis benutze ich über das IATG hinaus zwei zusätzliche Abkürzungen: FS Conz. = Jesus Christus in Historie und Theologie, Festschr. H.Conzelmann, Tübingen 1975 und: GukR = Gegenwart und kommendes Reich, Schülergabe A.Vögtle, SBB 6, 1975 (beide Festschriften werden als ganze am Ende dieses Teiles besprochen).

in the Significance of the Fall of Jerusalem in the Synoptic Gospels, NT. S 23, 1970.
– L. GOPPELT, Theologie des Neuen Testaments. 1. Teil: Jesu Wirken in seiner theologischen Bedeutung, hg. v. J. Roloff, Göttingen 1975. – E. GRÄSSER, Die Naherwar-
tung Jesu, SBS 61, 1973. – DERS., Zum Verständnis der Gottesherrschaft, ZNW 65,
1974, 3–26. – DERS., Jesus und das Heil Gottes, Bemerkungen zur sog. „Individuali-
sierung des Heils", FS Conz., 167–184. – W. GRUNDMANN, Die Entscheidung Jesu.
Zur geschichtlichen Bedeutung der Gestalt Jesu von Nazareth, Berlin 1972. –
V. HASLER, AMEN. Redaktionsgeschichtliche Untersuchung zur Einführungsformel der
Herrenworte „Wahrlich ich sage euch", Zürich und Stuttgart 1969. – M. HENGEL,
Nachfolge und Charisma. Eine exegetisch-religionsgeschichtliche Studie zu Mt 8, 21 f.
und Jesu Ruf in die Nachfolge, BZNW 34, 1968. – R. H. HIERS, The Historical Jesus
and the Kingdom of God. Present and Future in the Message and Ministry of Jesus,
University of Florida Humanities Monographs 38, Gainesville 1973. – P. HOFFMANN –
V. EID, Jesus von Nazareth und eine christliche Moral. Sittliche Perspektiven der Verkün-
digung Jesu, QD 66, 1975. – H. HÜBNER, Das Gesetz in der synoptischen
Tradition. Studien zur These einer progressiven Qumranisierung und Judaisierung
innerhalb der synoptischen Tradition, Witten 1973. – DERS., Mark. VII. 1–23 und
das „jüdisch-hellenistische" Gesetzesverständnis, NTSt 22, 1975/6, 319–345. – J. JE-
REMIAS, Neutestamentliche Theologie. 1. Teil: Die Verkündigung Jesu, Gütersloh
1971. – J. KALLAS, Jesus and the Power of Satan, Philadelphia 1968. – G. KLEIN,
„Reich Gottes" als biblischer Zentralbegriff, EvTh, N. F. 25, 1970, 642–670. – W. G.
KÜMMEL, Die Theologie des Neuen Testaments nach seinen Hauptzeugen: Jesus –
Paulus – Johannes, Grundrisse zum Neuen Testament 3, Göttingen 1969 (= ³1976),
20–85. – H. KÜNG, Christ sein, München–Zürich 1974. – H. KÜNG–P. LAPIDE, Jesus
im Widerstreit. Ein jüdisch-christlicher Dialog, Stuttgart/München 1976. – M. KÜNZI,
Das Naherwartungslogion Matthäus 10, 23. Geschichte seiner Auslegung, BGBE 9,
1970. – H.-W. KUHN, Enderwartung und gegenwärtiges Heil. Untersuchungen zu
den Gemeindeliedern von Qumran mit einem Anhang über Eschatologie und Gegenwart in der Verkündigung Jesu, StUNT 4, 1966, 189–204. – G. E. LADD, Jesus and
the Kingdom. The Eschatology of Biblical Realism, New York, Evanston, London
1964. – DERS., The Presence of the Future, Grand Rapids, 1974 .– P. LAPIDE, Ist das
nicht Josephs Sohn? Jesus im heutigen Judentum, Stuttgart/München 1976. –
M. LATTKE, Zur jüdischen Vorgeschichte des synoptischen Begriffs der „Königsherrschaft
Gottes", GukR, 9–25. – A. LINDEMANN, Jesus in der Theologie des Neuen
Testaments, FS Conz., 27–57. – E. LINNEMANN, Zeitansage und Zeitvorstellung in
der Verkündigung Jesu, FS Conz., 237–263. – E. LOHSE, Grundriß der neutestamentlichen Theologie, ThW 5, 1974, 18–50. – D. LÜHRMANN, Der Verweis auf die Erfahrung und die Frage nach der Gerechtigkeit, FS Conz., 185–196. – U. LUZ, Einige
Erwägungen zur Auslegung Gottes in der ethischen Verkündigung Jesu, EKK. V 2,
1970, 119–130. – F.-W. MAIER, Jesus – Lehrer der Gottesherrschaft, Würzburg 1965.
– I. MAISCH, Die Botschaft Jesu von der Gottesherrschaft, GukR, 27–41. – J. MOLI-
TOR, Grundbegriffe der Jesusüberlieferung im Lichte ihrer orientalischen Sprachgeschichte, Düsseldorf 1968. – L. OBERLINNER, Die Stellung der „Terminworte" in
der eschatologischen Verkündigung des Neuen Testaments, GukR, 51–66. –
H. PATSCH, Abendmahl und historischer Jesus, CThMA 1, 1972. – N. PERRIN, Re-

discovering the Teaching of Jesus, London 1967 = Was lehrte Jesus wirklich? Rekonstruktion und Deutung, Göttingen 1972. – G.PETZKE, Der historische Jesus in der sozialethischen Diskussion. Mk 12, 13–17 par, FS Conz. 223–235 – H.G.PÖHLMANN, Wer war Jesus von Nazareth?, Gütersloher Taschenbücher 109, 1976. – W.SCHMITHALS, Jesus und die Weltlichkeit des Reiches Gottes, in: W.Sch., Jesus Christus in der Verkündigung der Kirche, 1972, 91–117. – DERS., Jesus und die Apokalyptik, FS Conz., 59–85. – W.SCHRAGE, Theologie und Christologie bei Paulus und Jesus auf dem Hintergrund der modernen Gottesfrage, EvTh 36, 1976, 121–154. – H.SCHÜRMANN, Das hermeneutische Hauptproblem der Verkündigung Jesu. Eschato-logie und Theo-logie im gegenseitigen Verhältnis, Gott in Welt, Festschr. K.Rahner, 1964, 579–607 = H.Sch., Traditionsgeschichtliche Untersuchungen zu den synoptischen Evangelien, Düsseldorf 1968, 13–35. – DERS., Eschatologie und Liebesdienst in der Verkündigung Jesu, in: Vom Messias zum Christus, hrsg. v. K.Schubert, Wien–Freiburg–Basel 1964, 203–232 = H.Sch., Ursprung und Gestalt. Erörterungen und Besinnungen zum Neuen Testament, Düsseldorf 1970, 279–298. – DERS., Wie hat Jesus seinen Tod bestanden und verstanden? Eine methodenkriti- ⁜ sche Besinnung, Orientierung an Jesus, Festschr. J.Schmid, 1973, 325–363. – S.SCHULZ, Der historische Jesus. Bilanz der Fragen und Lösungen, FS Conz., 3–25. – M.SMITH, Auf der Suche nach dem historischen Jesus. Entdeckung und Deutung des geheimen Evangeliums im Wüstenkloster Mar Saba, Berlin 1974. – A.STROBEL, Kerygma und Apokalyptik. Ein religionsgeschichtlicher und theologischer Beitrag zur Christusfrage, Göttingen 1967. – P.STUHLMACHER, Jesus als Versöhner. Über- ⁜ legungen zum Problem der Darstellung Jesu im Rahmen einer Biblischen Theologie des Neuen Testaments, FS Conz., 87–104. – H.THYEN, Der irdische Jesus und die Kirche, FS Conz., 127–141. – A.VÖGTLE, ,,Theo-logie'' und ,,Eschato-logie'' in der Verkündigung Jesu?, Neues Testament und Kirche, Festschr. R.Schnackenburg, Freiburg–Basel–Wien 1974, 371–398. – N.WALTER, ,,Historischer Jesus'' und Osterglaube. Ein Diskussionsbeitrag zur Christologie, ThLZ 101, 1976, 321–338 –. H.WENZ, Theologie und Reich Gottes. Hat Jesus sich geirrt?, EZS 73, 1975. – P.WOLF, Gericht und Reich Gottes bei Johannes und Jesus, GukR, 43–49. – W.H. WUELLNER, The Meaning of ,,Fishers of Men'', NTLi 1967.¹)

Da sich zwischen den im 2. Teil dieses Berichts besprochenen Darstellungen Jesu und den Untersuchungen über die Lehre Jesu keine scharfe Grenze ziehen läßt, hätten manche in diesem 3. Teil zu besprechende Arbeiten auch schon im 2. Teil besprochen werden können, so daß dieser 3. Teil, wie am Ende des 2. Teiles bemerkt, eine notwendige Ergänzung des 2. Teiles darstellt. Es sollen hier zunächst Gesamtdarstellungen der Lehre Jesu einschließlich einiger

---

1) Da vom Verlag kein Besprechungsexemplar zur Verfügung gestellt wurde, konnte nicht berücksichtigt werden: K.BERGER, Die Amen-Worte Jesu. Eine Untersuchung zum Problem der Legitimation in apokalyptischer Rede, BZNW 39, 1970 (vgl. dazu G.-CH.KÄHLER, ThLZ 97, 200ff.; G.RICHTER, Bib. 53, 1972, 290ff; G.SCHNEIDER, BZ 16, 1972, 152f.; J.DUPONT, RHE 66, 1971, 695ff.).

grundsätzlicher Untersuchungen behandelt werden, danach Arbeiten, die sich besonders mit Jesu eschatologischer Verkündigung befassen, zum Schluß soll über einige Untersuchungen berichtet werden, die sich mit Einzeltexten und Einzelthemen befassen (Arbeiten über die Bergpredigt, die Gleichnisse und die Wunderberichte sind dem 4. Teil vorbehalten). Vollständigkeit ist in diesem Teil noch weniger erreichbar als bei den beiden ersten Teilen dieses Berichts, doch hoffe ich, daß keine wichtige Arbeit fehlt. Auch hier werde ich von der im allgemeinen befolgten chronologischen Reihenfolge nur zugunsten der Zusammenstellung einiger sachlich zusammengehöriger Arbeiten abweichen.

Bei den Gesamtdarstellungen der Verkündigung Jesu ist zunächst auf die aus dem Nachlaß veröffentlichten Vorlesungen des 1957 verstorbenen katholischen Exegeten F. W. MAIER hinzuweisen. In drei Teilen (Die Predigt vom Gottesreich – Die Forderung der Gottesherrschaft – Selbstoffenbarung des Menschensohns) wird hier unter sporadischer Heranziehung fremder Literatur ein Bild der Verkündigung Jesu geboten, das ohne jede Rückfrage nach der ältesten Überlieferung der Worte Jesu eine im wesentlichen uneschatologische, aber stark von der liberalen Theologie beeinflußte Schilderung der Reich-Gottes-Verkündigung Jesu mit einer jede Kritik vermeidenden Darstellung des messianischen Anspruchs Jesu und seiner soteriologischen Deutung seines Todes verbindet („Evangelium vom unendlichen, unersetzlichen, unvergänglichen Wert des Menschenlebens; Die Basileia Gottes ... ist für den Menschen selbst Gegenwartsaufgabe geworden; Die überwiegende Mehrheit auch der kritischen Forscher rechnet das Messiasbewußtsein zu den geschichtlichen Tatsachen des Lebens Jesu; Jesus hat in seinem Tod eine ihm als Messias und Gottessohn von Gott, seinem Vater, auferlegte Notwendigkeit erkannt"; „Daß Jesus damit gerechnet hat, noch einmal auf die Erde zu kommen im Triumph des messianischen Menschensohn-Richter-Königs ..., steht somit außer Frage")[1]). Daß aus diesem Buch, das weder traditionskritische noch formgeschichtliche Erkenntnisse berücksichtigt und durch die Vermischung von synoptischen und johanneischen Jesusworten eine völlig ungeschichtliche Konstruktion bietet, für das Verständnis des geschichtlichen Jesus nichts zu lernen ist, muß kaum betont werden, und es ist unbegreiflich, daß der Herausgeber dieser (überdies am Schluß unvollständigen) Vorlesungen meinen konnte, dem Andenken seines verehrten Lehrers einen guten Dienst zu erweisen. Leider ist das Gegenteil der Fall.

Sehr beachtlich sind dagegen zwei Aufsätze, in denen H. SCHÜRMANN die Frage nach dem Zentrum der Verkündigung Jesu gestellt hat. In einem Auf-

---

1) F. W. MAIER, Jesus ..., S. 31. 46. 147. 164. 175. Vgl. auch die Besprechung von G. STRECKER, ThLZ 92, 1967, 821 f.

satz über „Eschatologie und Liebesdienst in der Verkündigung Jesu" (1964 in endgültiger Form veröffentlicht) hatte Sch. die These vertreten, daß „Jesu Eschatologie, bevor sie ‚Zukunftseschatologie' ist, primär ‚Gegenwartseschatologie'" sei, daß aber „diese ‚Gegenwartseschatologie' schließlich ein christologisches Faktum" sei, weshalb „die ‚Nähe' des Eschatons ... nicht einmal primär ein zeitliches Phänomen [sei], sosehr sie das zweifellos auch sein will, sondern ein ‚Offenbarungsphänomen', in dem Gott selbst – in Christus – nahekommt"[1]). Diese Gedanken hat Sch. dann in dem Aufsatz über „Das hermeneutische Hauptproblem der Verkündigung Jesu" dahin präzisiert, daß „sich im Worte Jesu die Eschatologie und Theo-logie bekundet, da es Mitteilung vom Kommen der Basileia und solche von Gott macht"; „Der Jünger Jesu sieht sich nicht nur dem Gott gegenüber, der nunmehr in seinem Königtum *kommen* will, sondern immer auch dem Gott, der sein ‚Vater' *ist*". Da sich aber „in der Gottesoffenbarung Jesu ..., daß Gott der absolute Herr und gnädige Vater sei, das eigene Sohnesbewußtsein Jesu auslegt ..., haben wir im Sohnes-Bewußtsein Jesu den Einheitspunkt gefunden, der die beiden Aussagenreihen der Verkündigung Jesu [d.h. Basileia-Verkündigung und Botschaft von Gott dem Vater] von einer Mitte her zusammenhält und psychologisch verständlich macht". Daraus ergibt sich, daß „nur eine Theologie, die Gottes Herr- und Vater-Sein seinem ‚Kommen' und ‚Gekommensein' radikal vorzuordnen wagt und dieses von jenem her versteht, den im Worte Jesu aufleuchtenden Tatbeständen gerecht wird"; „Im Da-Sein des Sohnes sind alle eschato-logischen wie alle theologischen Aussagen ... zusammengehalten"[2]). In diesen Ausführungen ist richtig festgestellt, daß Jesu Verkündigung von der Gottesherrschaft zentral von Gottes eschatologischem Heilshandeln, das sich in Jesus anbahnt, Kunde gibt. Aber A. VÖGTLE hat in seiner (im ganzen doch wohl etwas zu scharfen) Auseinandersetzung mit Schürmann zunächst richtig bemerkt, daß Sch. zu Unrecht bestreitet, daß „das Moment der Nähe der Basileia ein wesentliches, nicht wegzuinterpretierendes Moment der Basileia-Erwartung Jesu ist" und daß man darum „bei der Deutung der Verkündigung Jesu von der eschatologischen Ausrichtung derselben unter gar keinen Umständen abstrahieren darf"; er hat ferner darauf verwiesen, daß man Basileia- und Gottes-Verkündigung Jesu nicht von einander trennen kann, weil „Jesus das Sich-Einlassen des Einzelnen auf den gnädig zuvorkommenden, gütig vergebenden wie heilig fordernden Gott als Bedingung des Eingehens in das Gottesreich ... verstanden hat". Vor allem aber hat Vögtle

---

1) H. SCHÜRMANN, Eschatologie und Liebesdienst ..., S. 55 = 287. 58 = 289. 69 = 295.

2) H. SCHÜRMANN, Das hermeneutische Hauptproblem ..., S. 589 = 21. 593 = 24. 601 = 30. 603 = 32. 606 = 34.

darauf aufmerksam gemacht, daß sich Jesus nicht „zur Begründung seines
Sendungsanspruchs auf seine Gottessohnschaft berufen hat" und daß darum
die Annahme nicht berechtigt sei, „Jesus habe seine Gottes- und Gottesreichs-
Verkündigung mit seiner Gottessohnschaft ... begründet"[1]). Mit diesen Feststellungen hat V. zweifellos die problematischen Punkte in Schürmanns Ausführungen aufgezeigt, aber das ändert nichts daran, daß diese Aufsätze in
beachtlicher Weise auf das Zentrum der Verkündigung Jesu hingewiesen
haben und eine sorgfältige Beachtung verdienen.

Zwei völlig entgegengesetzte Gesamtdarstellungen der Verkündigung Jesu
sind im gleichen Jahr 1967 erschienen. N. PERRIN möchte zeigen, wie es zu
einer „Wiederentdeckung der Lehre Jesu"[2]) durch die Auffindung der authentischen Elemente in der Evangelientradition kommen kann, und zwar von
der Voraussetzung aus, daß „die Beweislast immer beim Anspruch auf Echtheit liegt", daß aber durch diese Methode „ein nicht reduzierbares Minimum
an historischem Wissen" gewonnen werden kann (so im englischen Vorwort,
S. 12). Ein einleitendes methodisches Kapitel behauptet, daß es „keine einzige Perikope in den Evangelien gibt, die so, wie sie dasteht, den Zweck hat,
eine historische Erinnerung an den irdischen Jesus festzuhalten, obwohl faktisch einige Perikopen dies doch beinahe tun"; und aus dem Nachweis, daß
der Spruch Mk 9, 1 („Einige stehen hier, die den Tod nicht schmecken werden,
bis sie die Gottesherrschaft in Kraft haben kommen sehen") und seine Parallelen „meines Erachtens alle Schöpfungen der Evangelisten sind, von denen
jeder ein besonderes Wort formuliert", wird die Folgerung abgeleitet: „Wenn
das aber für Mk 9, 1 und seine Parallelen zutrifft, dann kann es ebensogut für
jedes andere Wort in den Evangelien zutreffen". Um trotzdem das gesuchte
„Minimum an historischem Wissen" zu finden, fordert P., nach den Worten
Jesu zu fragen, die „von charakteristischen Eigentümlichkeiten sowohl des
antiken Judentums als auch der jungen Kirche unterschieden" sind („Kriterium der Unähnlichkeit"; P. nennt in diesem Zusammenhang vor allem im
Anschluß an J. Jeremias die Rede von Gott im Passiv und die Anrede Gottes
als abba), und „die Verkündigung Jesu immer in den Rahmen der Umstände
und der Situation seines Wirkens einzufügen". Mit Hilfe dieser methodischen
Voraussetzungen und anhand der Exegese einiger Jesusworte und Gleichnisse
ergibt sich dann im 2. Kapitel, daß Jesus „das Wort ‚Gottesherrschaft' in

---

1) A. VÖGTLE, Theologie und Eschatologie ..., S. 396. 388. 384. 391.

2) Dieser bezeichnende englische Titel ist in der sonst guten deutschen Übersetzung verwässert zu „Was lehrte Jesus wirklich?". In der Übersetzung fehlt außer
dem ursprünglichen Vorwort mit Recht die nur für englischsprachige Leser sinnvolle
(recht einseitige) kommentierte Bibliographie. – Ich zitiere zuerst die englischen, dann
die deutschen Seitenzahlen und übernehme die deutsche Übersetzung.

zweifacher Weise verwendete: ... erstens um damit Gottes entscheidende
Intervention in der Geschichte und der menschlichen Erfahrung auszudrük-
ken, und zweitens, um den Zustand zu beschreiben, den diese Intervention
für die Erlösten herbeiführen würde". Für Jesus, der die apokalyptische Geschichtsauffassung leugnet und zur prophetischen Geschichtsauffassung zu-
rückkehrt, ist „die Gottesherrschaft eine Sache menschlicher Erfahrung"; bei
„den meisten [Gleichnissen] geht es um das Widerfahrnis der Gottesherrschaft und bzw. oder um das Handeln der Menschen die der so sich ereignen-
den Gottesherrschaft begegnen... So geht es mit der Gottesherrschaft. Ein
Mensch kann plötzlich Gott begegnen und die dadurch ausgelöste Freude
überwältigend und allbeherrschend finden"; „Das wichtigste Moment in der
Verkündigung Jesu ist das Angebot der Sündenvergebung und einer neuen
Beziehung zu Gott und untereinander. Das wurde zeichenhaft dargestellt
durch eine Tischgemeinschaft". Daraus ergibt sich im dritten Kapitel („Anerkennung und Antwort"), „daß der entscheidende Punkt in der ‚ethischen'
Verkündigung Jesu die Antwort auf die Wirklichkeit Gottes ist", doch kommt
alles darauf an, „die Gleichzeitigkeit des Handelns" des antwortenden Menschen mit der Erfahrung der Wirksamkeit Gottes als König zu erkennen. Das
4. Kapitel stellt dann fest, daß „kein Teil der Verkündigung Jesu schwerer
zu rekonstruieren und zu interpretieren ist als seine Aussage über die Zukunft".
Doch weiß P. eine eindeutige Antwort zu geben: gewiß ist nach P. „in der zeitgenössischen Forschung nicht bestritten, daß die Gottesherrschaft in der Verkündigung Jesu Zukunftserwartung ist", aber das bedeutet: „Aus der gegenwärtigen Erfahrung mit Gott [ist] Vertrauen auf Gottes Zukunft [zu] lernen".
Da es keine apokalyptische Erwartung vom kommenden Menschensohn im
antiken Judentum gegeben hat, „hat Jesus nicht vom Kommen des Menschensohns sprechen können", sondern nur „von einer zukünftigen Bestätigung seines Wirkens und der rechten Reaktion der Menschen auf dasselbe...
Nichts aber wird uns über das Wie dieses Vorgangs ausgesagt noch über das
darin implizierte Zeitelement, abgesehen davon, daß es um die Zukunft geht".
Von Naherwartung kann in der Verkündigung Jesu schon darum keine Rede
sein weil „wir es nicht mit einer Lehre zu tun haben, die in die Begriffe einer
modernen abendländischen Konzeption von einem linearen Zeitbegriff gefaßt
ist", „der Tenor der Verkündigung Jesu ... liegt darin, daß die Erfahrung der
Gegenwart eine Vorwegnahme der Zukunft ist", Jesus gab seiner Zukunftserwartung weder eine spezifische Form noch brachte er sie mit einem spezifischen Zeitelement zum Ausdruck"[1]. Ein 5. Kapitel erörtert dann unerwar-

---

1) N. PERRIN, Rediscovering ... bzw. Was lehrte ..., S. 16 = 12. 20 = 16. 39 = 32 f.
52 = 49. 60 = 59. 74 = 77. 83 = 88. 89 = 96. 107 = 118 f. 151 = 166. 152 = 168.
154 = 170. 159 f. = 176 f. 198 = 226 f. 204 = 233 f.

teterweise die Frage: „Warum müssen wir den historischen Jesus und seine
Verkündigung kennen?" anhand der modernen Diskussion und in weitgehen-
der Anlehnung an die Position R. Bultmanns, doch ist dieses Kapitel in erster
Linie für englischsprachige Leser von Interesse und kann darum hier außer
Betracht bleiben.

Es ist leicht zu sehen, daß wir es in Perrins Buch mit einer sehr selbständigen
und ebenso konsequenten wie einseitigen Untersuchung zu tun haben. Ohne
auf Einzelheiten eingehen zu können[1]), sei nur auf dreierlei hingewiesen.
a) Das „Kriterium der Unähnlichkeit" und die Voraussetzung der Beweislast
auf seiten des Anspruchs auf Echtheit führen in der Tat zu einem „Minimum
an historischem Wissen", das die Verkündigung Jesu entgegen der Absicht
des Verfassers aus dem Zusammenhang des zeitgenössischen Judentums her-
ausnimmt und damit verzerrt; wesentliche Teile der Jesusüberlieferung kommen so überhaupt nicht zur Diskussion (Mt 11, 2ff. 25ff. 13,16f. Lk 10, 18.
Mk 3, 27. 13, 32 werden überhaupt nicht erörtert!).

b) Eine besonders gravierende Konsequenz dieser methodischen Voraussetzungen ist die völlige Eliminierung der echten Zukünftigkeit und der Naherwartung aus der Verkündigung Jesu. Auch wenn man die beliebte Bestreitung einer jüdischen Menschensohnerwartung und als Konsequenz daraus der
Ansage des baldigen Kommens des Menschensohns durch Jesus als diskutabel
anzuerkennen bereit ist (wozu ich mich keinesfalls bereit finden kann), so muß
man doch auf alle Fälle sagen, daß die Interpretation der Zukunftserwartung
Jesu als zeitlose Ansage der zukünftigen Bestätigung des Wirkens Jesu ohne
jede formale Aussage nicht nur den Texten nicht entspricht, sondern daß
eine solche Abstraktion nicht in die geschichtliche Wirklichkeit der Umwelt
Jesu paßt. c) Die Person Jesu spielt in Perrins „Wiederentdeckung" der Verkündigung Jesu überhaupt keine Rolle; er bestreitet nicht nur jeden Hoheitstitel im Munde Jesu, sondern es fehlt auch völlig der Tatbestand, daß Jesus
die Gegenwart der Gottesherrschaft an seine Person bindet und Menschen
autoritativ in seine Nachfolge ruft. Perrins angebliche „Wiederentdeckung"
der Lehre Jesu zeigt daher nicht, „was Jesus wirklich lehrte", sondern ist eine
Verkürzung und Verzeichnung der Verkündigung Jesu, die der geschichtlichen
Wirklichkeit schwerlich entspricht.

Ganz im Gegensatz zu Perrin vertritt A. STROBEL die Meinung, daß die
bisherige Forschung, über die er stark kritisch referiert, „dem Sachverhalt
einer möglichen apokalyptischen Prägung Jesu nur ungenügend gerecht
wird". „Eine religionsgeschichtlich adäquate" „Einordnung der Botschaft
Jesu als sog. ‚eschatologische' Verkündigung bleibt ausgeschlossen, weil der

---

1) Ich habe mich mit Perrins Buch ausführlicher auseinandergesetzt in einer Besprechung in JR 49, 1969, 59ff.

Begriff der ‚Eschatologie' alles oder nichts besagt"; auch die „altprophetische
Perspektive ist ihrer wesentlichen Struktur nach bei Jesus nicht wiederzufinden". Jesus „dachte die Enthüllung der Basileia Gottes in himmlischer
Größe und Herrlichkeit als unmittelbar bevorstehend", er „dachte hinsichtlich des Zeitpunkts in der streng theonomen Kategorie einer pazifistisch-
quietistischen Apokalyptik", auch „die wenigen Aussagen Jesu über den unbekannten Termin sind ... gerade apokalyptisch und nicht unapokalyptisch"
und „sollen die Naherwartung gerade *ver*schärfen". D.h. „Jesu Erwartung
war ... letztlich auch termingerichtet", er dachte ganz ähnlich wie die Jünger
gemäß Lk 19, 11 („Sie meinten, die Gottesherrschaft solle sogleich kommen"):
„Der hohe Aussagewert von Lk 19, 11 ist bis jetzt unbeachtet geblieben"! Da
Jesus demnach „schwerlich aus der verbreiteten Strömung einer termin-
bestimmten Apokalyptik ausgeklammert werden kann", muß er auch „von
sich als dem gegenwärtigen Menschensohn-Messias oder Menschensohn-Ge-
rechten gedacht" und „die Erhöhung des Menschensohns zur eschatologischen
‚Stunde'" erwartet haben: „Die hocheschatologische Reichsverkündigung
Jesu verlangt auch ein eigenes hocheschatologisches (und das ist: apokalyptisches) Sendungsbewußtsein". So weit läßt sich diese Interpretation der Verkündigung als konservative Wiedergabe der synoptischen Überlieferung
durchaus verstehen, und wenn man von der ungeordneten Art der Darstellung
und der vielfach überspitzten Polemik absieht, auch durchaus als beachtlich
akzeptieren. Strobel geht nun aber noch einen Schritt weiter und behauptet,
teilweise aufgrund merkwürdiger Rechnung mit Jobeljahren, daß der von
Jesus „insgeheim oder offen anvisierte Endtermin allem Anschein nach zusammenfiel mit dem der Kreuzigung", „Jesus hegte die Hoffnung, die Herrschaft Gottes würde sich noch während seines Lebens und Handelns verwirklichen", „bei der primären Sachlage einer Reichsverkündigung ... kann Jesus
nur erhofft haben, in die nahe Gottesherrschaft hinein *entrückt,* wir sagen
richtiger: *erhöht* zu werden". Das sind nun freilich völlig unbeweisbare Postulate, gegen die schon Mk 2, 19; 14, 25; Mt 10, 23b sprechen, und für die Behauptung, „daß sich mit dem spontanen Aufkommen des Osterglaubens eine
ursprüngliche Erhöhungserwartung in eine Erhöhungsgewißheit über Jesus
und in die Überzeugung von seiner überdies nahen Parusie spaltete", gibt es
überhaupt keinen Beleg[1]). So richtig und wichtig der Nachweis Strobels ist,
daß Jesu Verkündigung in den Zusammenhang der zeitgenössischen jüdischen
Naherwartungspredigt gehört und grundlegend futurisch-eschatologisch interpretiert werden muß, so werden doch Jesu Aussagen über die Gegenwart

---

1) A. STROBEL, Kerygma und Apokalyptik ..., S. 31. 35. 37. 39. 41. 85. 42. 39f.
103. 60. 55. 71. 87. 152. 57. Vgl. auch die Besprechung von J. GNILKA, ThRv 64, 1968,
298.

der Gottesherrschaft völlig beiseite geschoben, und Jesu Zukunftserwartung
wird fälschlich auf den Termin des Todes Jesu bezogen. Strobels Buch muß
darum trotz wichtiger Einsichten mit Kritik gelesen werden.

Wesentlich radikaler muß freilich die Kritik gegenüber dem Buch von
J. KALLAS über Jesus und die Macht des Satans sein. Auch wenn ich die extreme Form der Polemik[1]) und den Anspruch, als erster Jesus wirklich verstanden zu haben[2]), übergehe, bietet dieses Buch eines Theologieprofessors
Anlaß genug, den Kopf zu schütteln. K. ist der Überzeugung, daß „die Flucht
vor der Dämonologie-Eschatologie die biblischen Studien von mal zu mal
verwirrt und kompliziert hat" und daß sich zeigen läßt, „daß jede Facette
des Lebens Jesu beherrscht war von seinem Glauben an die Realität dämoni-
scher Kräfte". Dem Nachweis dieser Behauptung dienen eine Fülle von erstaunlichen Feststellungen: „Der Glaube, göttlich zu sein, liegt hinter Jesu
Handeln und Predigt; er ist die Quelle seiner Konflikte, der Grund für seinen
Tod, das Motiv alles dessen, was er tat", „die Jungfrauengeburt bekommt nur
Sinn, wenn der Blick auf Satan ernsthaft angenommen wird, der Blick, der
Gott in Christus sieht, Jesus als göttlich, in die menschliche Geschichte ein-
tretend, um den Teufel und all seine Werke zu zerstören". Jesus ließ sich
taufen, „um den Schutzmantel, die Befreiung von dem Ausgeliefertsein Satan
gegenüber zu erhalten"; aber Satan ist stärker als die Taufe und greift Jesus
unmittelbar danach an, Jesus aber hat den Mut, auf Gott und den Satan zu
blicken, „die Wunder Jesu sind primär gegen den Satan gerichtet", „mit
seinen Taten zerstörte Jesus die Herrschaft Satans und brachte Gottes Herrschaft zurück", auch die Zwölf werden zu einem Blitzkrieg gegen Satan ausgesandt. Mit diesen und anderen erstaunlichen Feststellungen verbindet K.
nun aber die Behauptung einer Entwicklung: Jesus sah sich zunächst „als
göttlich dem Satan überlegen, Satans Angriffen nicht ausgesetzt", aber dann
entdeckte er in Taufe und Versuchung, „daß Satan stärker war, als er ursprünglich geglaubt hatte", er erwartete aber nicht, leiden und sterben zu
müssen. Dann aber mußte er einsehen, „daß das Reich nur durch große Gewalt kommen werde", er erkannte in Caesarea Philippi, daß er durch seinen
Tod Satan besiegen müsse, und dieser Sieg sollte bei der Auferstehung geschehen. „Jesus ist überzeugt, daß er nicht nur sterben, sondern auch wieder
auferstehen werde, und er sagt so eindeutig"[3]). Es ist leicht zu sehen, daß in

---

1) „W. G. Kümmel, Promise and Fulfilment shows much promise but little fulfilment (S. 173 Anm. 4); „The phrase that made Dodd famous, 'Realized eschatology',
is in itself utter nonsense ... In any other area of professional scholarship ... such a
use of language would be laughed out of court" (S. 207 f.).

2) „No one has yet argued in a sustained and cohesive presentation until now that
demonology is at the very core of all that Jesus said and did" (S. 205).

3) J. KALLAS, Jesus ..., S. 80. 202. 89. 100. 114. 152. 157. 169 f. 173. 175.

diesen Ausführungen nicht nur aus kritiklos übernommenen Einzeltexten willkürliche Folgerungen gezogen werden, sondern daß auch die von K. angenommene Entwicklung in Jesu Verständnis der Wirksamkeit des Satans und damit auch seiner eignen Aufgabe dem Satan gegenüber völlig aus der Luft gegriffen ist; und so berechtigt es ist daran zu erinnern, daß Jesus sich im Kampf mit den Dämonen gewußt und von seinem Sieg über den Satan und die Dämonen gesprochen hat (man denke nur an Mt 12, 28; Lk 10, 18), so wenig ist es möglich, darin den einzigen Schlüssel zum Verständnis Jesu zu sehen (von der Botschaft der Sündenvergebung, von der Gemeinschaft Jesu mit den *outcasts*, von seiner Verkündigung des wahren Gotteswillens ist überhaupt nicht die Rede). Das Buch von Kallas kann darum nur als völlig verfehlt bezeichnet werden.

Sehr hilfreich sind dagegen zwei jetzt zu nennende Arbeiten, die anhand eines Einzeltextes Wesentliches zum Verständnis der Verkündigung Jesu beigetragen haben. M. Hengel will durch eine Auslegung der Perikope Mt 8, 21 f. (auf die Bitte eines sich anbietenden Jüngers, zuerst seinen Vater beerdigen zu dürfen, antwortet Jesus: „Folge mir, und lasse die Toten ihre Toten begraben!") und eine darauf aufbauende Untersuchung des Problems von Jesu Ruf in die Nachfolge „gewissermaßen paradigmatisch für alle anderen [Perikopen]" einen „Diskussionsbeitrag zur Frage nach dem historischen Jesus und in besonderer Weise zum Problem der Nachfolge und Jüngerschaft" leisten. Die Exegese der kleinen Perikope ergibt, daß Jesus durch die Beiseiteschiebung der Totenbestattung „ein Herzstück der jüdischen Frömmigkeit mißachtete: die Liebeswerke" und damit „die Inkommensurabilität der Nachfolge gegenüber allen menschlichen 'Wertordnungen' und Vorstellungen zeigt". „Es gibt kaum ein Jesuslogion, das in schärferer Weise gegen Gesetz, Frömmigkeit und Sitte in einem verstößt als Mt 8, 22 = Lk 9, 60a", und „die Vermutung liegt nahe, daß diese unerbittliche Härte Jesu im Blick auf die Unbedingtheit der Nachfolge ... nur aus Jesu einzigartiger Vollmacht als Verkündiger des nahen Gottesreiches zu erklären ist". Es ergibt sich aus diesen Feststellungen, daß es „unwahrscheinlich [ist], daß der Ruf in die Nachfolge primär als Herstellung eines Lehrer- und Schülerverhältnisses zwischen Jesus und seinen Jüngern in Analogie zum rabbinischen Schulbetrieb zu verstehen sei". H. stellt darum in einem 2. Kapitel die Frage nach dem religionsgeschichtlichen Hintergrund des Nachfolgerufs Jesu und stellt fest, daß sich im Alten Testament solche „gehorsame Folge" nur „auf den Ruf des von Gott in höchster Not gesandten charismatischen Führers und seiner Boten" findet, daß überhaupt in der gesamten Umwelt Jesu „'Nachfolge' und 'Jüngerschaft' ... kaum auf dem Boden fest geordneter Institutionen zu finden sind", sondern nur „im religiösen Bereich" in Abhängigkeit „von der Persönlichkeit des prophetischen Lehrers und Heilbringers", wobei die Täuferjünger „die nächste Analogie darstellen". Von da aus kann nun im 3. Kapitel nach der „charismatisch-eschatologischen Eigenart des Rufes Jesu in die Nachfolge" gefragt werden, und es ergeben sich dabei folgende Einsichten: Die Verurteilung Jesu als eines falschen Propheten zeigt, „daß Jesus für seine Zeitgenossen keinesfalls als Schriftgelehrter rabbinischer Prägung erschien", daß er vielmehr „in den Augen seiner Zeitgenossen, seiner Anhänger und ... auch seiner Gegner in erster Linie als ... eschatologischer Charismatiker erschien"; es ist darum „äußerst unwahrscheinlich, daß das ... Phänomen der Nachfolge und Jüngerschaft aus dem Vorbild der rabbinischen Schriftgelehrten ... abgeleitet werden könnte", „gerade im Blick auf Jesu Ruf in die Nachfolge liegen die wesentlichen Parallelen doch wohl eher auf der Seite jenes apokalyptisch-zelotischen Prophetentums, das vermutlich ... in Galiläa einen stärkeren Rückhalt besaß als etwa der Pharisäismus". Doch hat Jesus „immer nur ausgewählte Einzelne in seine ‚Nachfolge' gerufen und zu seinen μαϑηταί gemacht" und „blieb offen für ganz Israel". Freilich ist Jesu Ruf in die Nachfolge letztlich „unableitbar; nach der Darstellung der Synoptiker geschieht er kraft eigener – messianischer – Vollmacht", „seine letzte Zuspitzung erhält Jesu Autoritätsanspruch durch die schlechterdings souveräne Stellung zur Tora Moses", und H. folgert daraus mit Recht: „Es scheint mir doch sehr fraglich, ob man in Anbetracht der einzigartigen ‚Vollmacht' Jesu ... an der heute so beliebten These von der völligen Titellosigkeit Jesu noch grundsätzlich festhalten kann"[1]). Das alles scheint mir völlig überzeugend, wenn damit natürlich auch nur ein sehr wesentlicher *Teil* der Verkündigung Jesu in den Blick genommen ist; es zeigt sich aber, daß die gründliche Analyse und religions- und traditionsgeschichtliche Einordnung eines derartigen Einzeltextes mittels einer unvoreingenommenen und doch kritischen Methode entscheidend zum Verständnis der Verkündigung Jesu beitragen kann.

Ähnliches ist von dem umfangreichen 2. Band des dreibändigen Werkes über die Seligpreisungen von J. DUPONT zu sagen[2]). D. stellt in diesem Band

---

1) M. HENGEL, Nachfolge und Charisma ..., 3. Vorwort. 9. 7. 16. 15. 20. 37. 40. 46. 48. 55. 63. 66f. 19. 78f. Vgl. auch in Zustimmung und Kritik die Besprechungen von G. DAUTZENBERG, ThRv 66, 1970, 19f. und E. GRÄSSER, ThLZ 95, 1970, 275ff. – Die Polemik gegen Hengel von A. HOLL und H. KNIENIEDER, Der politische Jesus. Zur Sanftlebigkeit der kritisch abwägenden Wissenschaft, in: Marxismus – Christentum, hrsg. v. H. Rolfes, Grünewald-Materialbücher 1974, 232–244 verdient angesichts ihres Tones nur mit Schweigen übergangen zu werden.

2) Der 1. Band (2. Aufl. 1958) dient der Rekonstruktion der den Fassungen bei Matthäus und Lukas gemeinsamen ursprünglichen vier Seligpreisungen, die dann der 2. Band untersucht; der 3. Band (1973) dient der Darstellung der Botschaft der

die Frage nach der Bedeutung der den Evangelien des Matthäus und Lukas
gemeinsamen vier Seligpreisungen im Rahmen der Wirksamkeit Jesu unter
der Voraussetzung, daß das beste Argument für die Echtheit dieser Jesusworte der Nachweis ist, „daß sie der Ausdruck der zentralen Botschaft Jesu
sind, wie sie uns unsere sichersten Nachrichten erkennen lassen". Die äußerst
gründliche und eine breite Literatur auswertende Exegese der vier zur ältesten Überlieferung gehörigen Seligpreisungen der Armen, Trauernden, Hun-
gernden und Verfolgten führt zu einer Reihe wichtiger Einsichten in das
grundlegende Verständnis der Verkündigung Jesu. „Die drei ersten Seligpreisungen haben fast dieselben Adressaten im Auge", „das Versprechen
göttlichen Heils und göttlicher Hilfe betrifft alle Unglücklichen"; aber „der
Vorteil der Armen bei der Aufrichtung der Gottesherrschaft findet seine Erklärung nicht in der Gerechtigkeit oder Frömmigkeit dieser Bevorzugten,
sondern in der Gerechtigkeit Gottes, die Gott kundtun will, indem er sich zu
ihrem Verteidiger und Retter macht". Wenn Jesus in diesem Zusammenhang
in einer den Juden nicht geläufigen Weise vom „Nahekommen" der Gottesherrschaft redet, so „betont er den streng eschatologischen Charakter dieser
Basileia", aber er sieht zugleich in seinem Wirken „ein erstes Kundwerden
dieser Herrschaft, eine Vorwegnahme der Machtentfaltung, die ihr Kommen
kennzeichnen soll". „Gottes Liebe zu den Sündern, deren Heil er will, erfährt
ihre volle Offenbarung in dem genauen Augenblick der entscheidenden Wendung der Heilsgeschichte, die mit der Sendung Jesu zusammenfällt". D. verstärkt diese richtigen Feststellungen mit dem Nachweis, daß diese drei ersten
Seligpreisungen abhängig sind von Jes 61, 1f.; indem Jesus die Nähe der
Gottesherrschaft verkündigt, „stellt er seine Botschaft in die Verlängerung
der Trostvoraussage des zweiten Jesaia" und „stellt sich so auf indirekte Weise
als der mebaśśēr, der Bote der frohen Botschaft, hin, dessen prophetisches
Amt die unmittelbare Vorbereitung des Kommens der Gottesherrschaft darstellt". Die Seligpreisung der Verfolgten aber, der die 2. Hälfte des Buches
gewidmet ist, hat „nur einen sehr oberflächlichen Zusammenhang mit den
vorausgehenden Seligpreisungen". Doch erklärt die frühe Bezeugung dieses
Themas und seine paradoxe Formulierung sich „besser aus einer Lehre Jesu";
freilich „scheint es kaum möglich, die Klausel der letzten Seligpreisung (d.h.
‚um meinetwillen'), so wie sie dasteht, auf Jesus selbst zurückzuführen"[1]).
Auch Dupont zeigt in diesen sorgfältig begründeten und weithin überzeugenden Ausführungen, daß es im Zusammenhang der Exegese eines kurzen, aber

---

in den beiden Evangelien sich findenden Fassungen der Seligpreisungen. Auf beides
ist hier nicht einzugehen.

1) J. Dupont, Les Béatitudes II, S. 7. 49f. 89. 108. 111. 277. 104. 139. 283. 378.

zentralen Textes der ältesten Jesusüberlieferung möglich ist, einen Einblick in die Grundstruktur der Verkündigung Jesu zu gewinnen, und darum verdienen seine Ausführungen sorgfältige Beachtung.

Nachdem mehr als zwei Jahrzehnte R. Bultmanns „Theologie des Neuen Testaments" ([1]1953) in keiner Sprache eine Nachfolge gefunden hatte, sind seit 1967 allein in deutscher Sprache sechs neue Bearbeitungen dieser Disziplin erschienen, von denen freilich nur vier eine ausführliche und zusammenhängende Darstellung der Verkündigung Jesu enthalten[1]), und es dürfte zweckmäßig sein, diese vier Darstellungen hier zusammen zu besprechen. Auf das nach der chronologischen Reihenfolge zuerst zu nennende Kapitel „Die Verkündigung Jesu nach den drei ersten Evangelien" in meiner „Theologie des Neuen Testaments nach seinen Hauptzeugen" kann ich freilich nur hinweisen und zur Kennzeichnung dieser Arbeit eine im wesentlichen zustimmende und eine stark kritische Rezension nennen[2]). Während meine Darstellung, dem Charakter der Reihe entsprechend, für ein breiteres Publikum bestimmt ist und darum auf fachwissenschaftliche Nachweise und Auseinandersetzungen verzichtet, ist der erste Band einer „Neutestamentlichen Theologie" von J. JEREMIAS ein streng fachwissenschaftliches Buch, das jede Behauptung minutiös, teilweise mit umfangreichen Listen, zu belegen sucht und in großem Umfang sprachliche Argumente heranzieht, sich dagegen mit abweichenden wissenschaftlichen Meinungen nur relativ selten auseinandersetzt und vor jedem Paragraphen eine etwas willkürliche Auswahl von Literaturangaben bietet. Merkwürdigerweise sagt J. zu Beginn seines Buches kein Wort darüber, warum und in welchem Sinn nach seiner Meinung eine „Neutestamentliche Theologie" mit einer Darstellung der Verkündigung Jesu zu beginnen habe – man hat dies angesichts der heutigen Diskussionslage mit Grund als einen schwer verständlichen Mangel des Buches bezeichnet[3]) –, sondern fragt im 1. Kapitel sofort nach der „Zuverlässigkeit der Überlieferung der Worte Jesu". Da ich auf dieses Kapitel früher schon kurz eingegangen bin[4]), genügt hier der Hinweis darauf, daß J. der Überzeugung ist, daß die von ihm genannten, vor allem sprachlichen Kriterien für die Feststellung der auf Jesus zurückgehenden Überlieferung die Einsicht ergeben, „daß der methodische Grund-

---

1) Außer Betracht bleiben müssen hier H. CONZELMANN, Grundriß der Theologie des Neuen Testaments, 1967 und K. H. SCHELKLE, Theologie des Neuen Testaments I–IV, 2, 1968–1976, weil beide Werke aus unterschiedlichen Gründen keine zusammenfassende Darstellung der Verkündigung Jesu enthalten.

2) G. HAUFE, ThLZ 96, 1971, 108 ff.; W. SCHMITHALS, RKZ 111, 1970, 2f.

3) G. HAUFE, ThLZ 97, 1972, 121; L. E. KECK, Interp. 26, 1972, 347; R. H. FULLER, AThR 54, 1972, 125; J. BECKER, EK 10, 1971, 528.

4) ThR, N. F. 40, 1975, 330.

satz berechtigt erscheint: Bei der synoptischen Überlieferung der Worte Jesu muß nicht die Echtheit, sondern die Unechtheit bewiesen werden". Seltsamerweise hält sich J. aber selber keineswegs an diese methodische Regel, der ich grundsätzlich zustimme, sondern sucht durch das ganze Buch hindurch z. T. recht problematische Beweise für die Echtheit einzelner Jesusworte beizubringen. Ein Anhang zum 1. Kapitel skizziert die von J. vertretene Lösung des synoptischen Problems: „Das ganze Markusevangelium besteht aus Überlieferungszusammenhängen", es „erheben sich Zweifel, ob die Logienquelle Q je existiert hat", Lk hat seine Stoffe in Blöcken aus Markus und einer Sonderquelle übernommen; mir sind diese Annahmen sehr fraglich, doch kann ich darauf hier nicht weiter eingehen. Wichtig ist aber, daß J. aus seiner Ablehnung der Quelle Q die Folgerung zieht, es sei nicht erlaubt, die Abweichungen zwischen Matthäus und Lukas im gemeinsamen Stoff „ohne sprachlichen Nachweis den beiden Evangelisten zuzuschreiben". Das 2. Kapitel („Die Sendung") gilt anhand der Berichte von der Taufe, von der Versuchung und anhand des Offenbarungswortes Mt 11, 27 einem doppelten Nachweis: a) „Als Jesus sich der Johannestaufe unterzog, erlebte er seine Berufung"; die nur auf Jes 42, 1 zurückgehende Taufstimme beweist, daß „Jesus sich bei der Taufe vom Geist ergriffen weiß", und „nichts schließt die Möglichkeit aus, daß der Gedanke an diese Schriftstelle … schon Jesus gegenwärtig war und daß er sich seit der Taufe als der von Jesaia verheißene Knecht Gottes wußte"; Mt 11, 27 ist aber nach seinem ursprünglichen Wortlaut zu übersetzen: „Alles ist mir von meinem Vater überliefert, und wie nur ein Vater seinen Sohn (wirklich) kennt, so kennt nur ein Sohn seinen Vater wirklich, und wem es der Sohn offenbaren will" und ist somit „eine zentrale Aussage über Jesu Sendung. Sein Vater hat ihm die Offenbarung seiner selbst geschenkt, so völlig, wie nur ein Vater sich seinem Sohn gegenüber erschließt. Darum kann nur er, Jesus, anderen die wirkliche Erkenntnis Gottes erschließen"; da aber von dem Empfang dieser Offenbarung im Aorist ($\pi\alpha\varrho\varepsilon\delta\acute{o}\vartheta\eta$) die Rede ist, „liegt es nahe, den Aorist auf die Taufe zu beziehen". b) Da nur zu Jesu Lebzeiten die Versuchung des Hervortretens als politischer Messias brennend war, „geht die Versuchungsgeschichte in ihrem Kern auf *vorösterliche* Überlieferung zurück" und beweist, daß Jesus die Abwehr der Anfechtung, als politischer Messias hervorzutreten, als „Sieg über den Satan deutete"; „Jesus wird den Jüngern von seiner eigenen Erfahrung und von seiner Überwindung der Versuchung erzählt haben". Dieser Versuch von Jeremias, „einige sehr bestimmte und klare Aussagen zu machen, die uns einen Anhalt geben über das, was *vor* Jesu Auftreten steht, über seine Sendung", beruht nun freilich auf einer Reihe von m. E. höchst problematischen Hypothesen: die (von J. schon früher mehrfach vertretene) Ansicht, daß die Taufstimme nur auf Jes 42, 1 zurückgehe und daß „$\acute{o}$ $\upsilon\acute{i}\acute{o}\varsigma$ $\mu o\upsilon$" der Taufstimme die christologische

Überhöhung eines ursprünglichen ό παῖς μου darstellt“, ist so wenig gesichert, daß man daraus das Bewußtsein Jesu, zum Knecht Gottes berufen und vom Geist ergriffen zu sein, unmöglich ableiten kann; die generische Interpretation der Begriffe „der Sohn“ und „der Vater“ in Mt 11, 27 aufgrund angenommenen semitischen Sprachgebrauchs, so daß hier nur ein „dem Alltag entnommenes“ Bild vorläge, ist ebenso willkürlich wie die Beziehung des Aorists παρεδόϑη auf die Taufe Jesu; und wenn es auch zutrifft, daß die Urkirche nicht daran „gedacht hat, eine Bewegung mit politischem Ziel zu sein“, so bestand doch in der Urkirche zweifellos das Bedürfnis, den von den Römern als politischer Verbrecher verurteilten Gekreuzigten von diesem politischen Verdacht zu befreien, die Geschichtlichkeit der Versuchungsgeschichte läßt sich darum mit diesem Argument nicht erweisen, ganz abgesehen davon, ob in dieser haggadischen Erzählung *nur* ein politisches Mißverständnis der Sendung Jesu bekämpft wird. D. h. die Konstruktion der Voraussetzungen für das Sendungsbewußtsein Jesu durch J. beruht auf so vielen unwahrscheinlichen oder unhaltbaren Hypothesen, daß sie als verfehlt bezeichnet werden muß.

Das 3. Kapitel („Anbruch der Heilszeit“) beschreibt Jesus als Charismatiker, der den Anbruch der Heilszeit gerade auch für die Diffamierten verkündet und in seinen Taten die einheitlich gesehene Welt des Bösen schon jetzt überwindet; „der in der Tischgemeinschaft vollzogene Einschluß der Sünder in die Heilsgemeinde ist der sinnfälligste Ausdruck der Botschaft von der rettenden Liebe Gottes“, Jesus rechtfertigt in seinen Gleichnissen diese Frohbotschaft. Das ist weitgehend einleuchtend, erstaunlich scheint mir nur, mit welch seltsam rationalistischen Argumenten J. die Zahl der überlieferten Wundergeschichten auf die historisch wahrscheinlichen reduziert (S. 91 f.). Das 4. Kapitel („Die Gnadenfrist“) beschreibt überzeugend die Naherwartung Jesu („Wir haben kein Wort Jesu, das das Ende in die weite Ferne hinausschöbe“) und die damit verbundene „Forderung der Stunde“ („Umkehren heißt, wieder *Abba* sagen lernen“), während auffälligerweise die inhaltliche Füllung dieser Forderung („Gelebte Jüngerschaft“, § 19) erst im Zusammenhang des 5. Kapitels („Das neue Gottesvolk“) folgt. In diesem Kapitel ist zunächst vom Glauben die Rede („Glaube ist ein Vertrauen, das sich nicht beirren läßt“), dann von der Sammlung der Heilsgemeinde. Nach J. ist „der *einzige* Sinn der gesamten Wirksamkeit Jesu die Sammlung des endzeitlichen Gottesvolkes“, das freilich nicht als „Restgemeinde“ verstanden wird. Wichtigstes Kennzeichen des dem Gottesvolk geschenkten Lebens ist das neue Verhältnis zu Gott, zu dem die Kinder '*abba* sagen dürfen. Das leuchtet weithin ein, auch wenn der Gedanke des endzeitlichen Gottesvolks unkritisch aus verschiedenen Bildern abgeleitet wird. Sehr fragwürdig sind dann aber die weiteren Behauptungen, daß Jesus seinen Jüngern das Vaterunser „als For-

mular, ja als Erkennungszeichen" gelehrt habe und daß Jesus bei der Aussendung der Jünger „mit der Bevollmächtigung ... eine Art Geistausgießung"
vollzogen habe; und bei der Abgrenzung der ethischen Weisungen Jesu von
denen des gleichzeitigen Judentums entsteht weithin ein ungerechtfertigt
negatives Bild dieses Judentums („Das pharisäische Judentum ist eine *Lei-
stungsreligion*")[1]).

Das die Schilderung Jesu abschließende 6. Kapitel behandelt „Das Hoheits-
bewußtsein Jesu"[2]). Daß Jesus „sich als Heilbringer wußte", ergibt sich nach
J. aus Jesu Gebrauch der „Bilder der Symbolberufe des Erlösers" und des
emphatischen ἐγώ, das „die ganze Überlieferung der Worte Jesu durchzieht",
ferner aus den auf Jesus zurückgehenden *futurischen* Menschensohnworten,
die jedoch nur der esoterischen Verkündigung Jesu angehören (Jesus erwartet
die Auslieferung des Menschensohns, wobei er „nicht zwischen Parusie, Auferstehung, Vollendung und Tempelneubau unterschieden hat"). J. sucht
schließlich zu zeigen, „daß nicht daran zu zweifeln ist, daß Jesus sein Leiden
und Sterben erwartet und angekündigt hat", ja daß Jesus in den Abendmahlsworten „seinem Sterben unbegrenzte Sühnkraft" zugeschrieben hat.
Aber so richtig m. E. die Anerkennung des Heilbringeranspruchs für das Verständnis Jesu ist, so sehr muß man sagen, daß die Heranziehung der Bilder
für die Symbolberufe des Erlösers und die Behauptungen von dem die ganze
Überlieferung durchziehenden emphatischen ἐγώ, von der Gleichsetzung von
Auferstehung und Parusie und von Jesu Deutung seines Todes als sühnend
bei einer kritischen Prüfung der Texte nicht bestehen können, und so müssen
gegen dieses letzte Kapitel ebenso starke Vorbehalte erhoben werden wie
gegen das einleitende über die Vorgeschichte der Sendung Jesu.

Im Zusammenhang dieser Argumentationen finden sich nun zweifellos
zahlreiche wichtige Beobachtungen und Einzelexegesen, so etwa: Jesus war
kein Rabbi, „seine Kritik an der Thora, verbunden mit der Ankündigung des
Endes des Kultus, seine Ablehnung der Halaka und sein Anspruch, den abschließenden Gotteswillen zu verkündigen, sind der entscheidende Anlaß gewesen für das Vorgehen der Führer des Volkes gegen ihn"; „Jesus hat es gewagt, *'Abba* als Gottesanrede zu gebrauchen. Dieses *'Abba* ist *ipsissima vox
Jesu*", und dem entspricht, daß in der Botschaft Jesu „an die Stelle des na-
tionalen Partikularismus der Universalismus der Gnade tritt". J. gibt „un-
umwunden" zu, daß Jesus das Ende in Bälde erwartet und daß das „eine
unerfüllt gebliebene Erwartung Jesu gewesen ist", er fügt aber hinzu, daß
Gott die Gnadenfrist verlängern kann (Lk 13, 6–9); er betont weiter, daß
„nirgendwo der Bezug des Glaubens auf die Person Jesu ausdrücklich gemacht

---

1) Vgl. zur Kritik M. BROCKE, FrRu 23, 1971, 51 f.
2) Das 7. Kapitel handelt von „Ostern" und muß hier außer Betracht bleiben.

wird", stellt aber ebenso fest, daß die verbreitete Anschauung unmöglich sei, daß Jesus im Menschensohn eine von ihm verschiedene Person gesehen habe, denn „daß Jesus den Erfülleranspruch erhob, schließt es aus, daß außer ihm noch einer kommt". Aber leider stehen neben solchen überzeugenden oder zum mindesten ernstlich zu erwägenden Anschauungen manche fragwürdige, ja seltsame Interpretationen, so z. B.: das „prophetische Sendungsbewußtsein Jesu" soll sich „an der ausgiebigen Verwendung des Parallelismus und des Rhythmus" zeigen; das bekannte Logion „Einige der hier Stehenden werden den Tod nicht schmecken ..." (Mk 9, 1) will „schwerlich sagen, daß sie einer nach dem andern eines friedlichen Todes sterben werden. Vielmehr wird Jesus ... das Martyrium vor Augen haben"; das Schlafen der Jünger in Gethsemane „will schwerlich sagen, daß alle Begleiter Jesu gleichzeitig in einen Tiefschlaf versunken seien, ja es ist nicht einmal undenkbar, daß das Schlafen der Jünger überhaupt nur aus einem Mißverständnis ... des Imperativs γϱηγοϱεῖτε erwachsen ist"; in der im Alten Testament nicht nachweisbaren Maxime „Du sollst deinen Nächsten lieben und deinen Feind hassen" hat das dem griechischen Futurum „zugrunde liegende aramäische Imperfekt nur selten rein futurische, meist virtuelle Bedeutung", „es muß also übersetzt werden: ‚Du sollst deinen Volksgenossen lieben, deinen Widersacher brauchst du (allerdings) nicht zu lieben'"[1]). Diese leicht zu vermehrenden Beispiele dürften zeigen, daß der 1. Band der Neutestamentlichen Theologie von J. Jeremias, wie zu erwarten war, unzweifelhaft eine durch ihren Materialreichtum und die Fülle der Beobachtungen bedeutende und weiterführende Darstellung der Verkündigung Jesu bietet, daß J. aber in seine Darstellung so viele problematische, jedoch als unbezweifelbar hingestellte Hypothesen eingefügt hat, daß die Lektüre und Benutzung dieser umfassenden Darstellung der Verkündigung Jesu nicht ohne eine ständige kritische Nachprüfung der einzelnen Argumente und Interpretationen möglich ist, was ich nur mit Bedauern feststellen kann.

E. Lohse bietet einen „Grundriß" der Verkündigung Jesu, dementsprechend nur wenige Literaturangaben und keine Auseinandersetzung mit anderen Forschern. Er geht von dem Hinweis auf das im urchristlichen Kerygma selbst sich zeigende Interesse an der Geschichte Jesu aus, schildert den Anschluß Jesu an den Täufer, Jesu Predigt von der Herrschaft, dem Willen und dem Erbarmen Gottes, um mit Jesu Gedanken über das Volk Gottes und der Frage nach dem persönlichen Anspruch Jesu zu schließen. Das alles wird in vorsichtig kritischer Weise, in vieler Hinsicht in Übereinstimmung mit J. Je-

---

1) J. Jeremias, Neutestamentliche Theologie I, S. 45–47. 56. 62. 64. 67. 80. 50. 61. 76. 117. 139. 154. 160. 167. 191. 208. 239. 242. 271 f. 284. 204. 237. 139 f. 159. 262 f. 84. 231 f. 138. 206.

remias, jedoch unter Verzicht auf dessen zahlreiche Hypothesen, überzeugend geschildert und verdient durchaus Zustimmung. Manches wird freilich allzu kurz oder garnicht erörtert, so Jesu Stellung zum Gesetz, die Berichte von der Tempelreinigung und vom Abendmahl, auch das Problem der Leidensvoraussage Jesu fehlt; und die allzu rasche Unechterklärung etwa des Doppelgebots der Liebe und aller Menschensohnworte Jesu scheint mir ungerechtfertigt. Aber im ganzen ist Lohses kurze Darstellung der Verkündigung Jesu durchaus zu begrüßen.

Eine umfassende wissenschaftliche Darstellung der Verkündigung Jesu bietet schließlich L. GOPPELT im 1. Band seiner aus dem Nachlaß von J. Roloff sorgfältig herausgegebenen „Theologie des Neuen Testaments". Nach einer Einleitung, die „Geschichte und Problemfeld der Disziplin" behandelt und hier außer Betracht bleiben muß, zeigt das 1. Kapitel, daß zwar „das Osterkerygma … der Ansatz der Neutestamentlichen Theologie ist", daß aber „die Evangelienüberlieferung primär Jesu Erdenwirken als Unterbau in das Kerygma hereinholen will", weswegen „die Neutestamentliche Theologie nach Jesus fragt, wie er sich den Nachfolgenden in den Erdentagen darbot", d. h. nach dem „Jesus, der geschichtlich weiterwirkte"; weil die entscheidende Frage lauten muß: „Ist das Erdenwirken … der sachliche … Grund des Osterkerygmas?", folgert G. mit vollem Recht, daß es „auch aus historischen Gründen angemessen ist, die Darstellung der Neutestamentlichen Theologie mit der des Wirkens und Weges Jesu zu beginnen". Nach einer kurzen Besprechung der Quellen, des historischen Rahmens des Auftretens Jesu und seiner Anknüpfung an den Täufer behandelt das 2. Kapitel „Das Kommen der Gottesherrschaft": „Das Schlüsselproblem, das Jesu Worte von der *basileia* stellen", ist die Frage: „Wie kann das Reich gegenwärtig und zukünftig zugleich kommen?", wobei die Antwort lautet: „Die Frage nach dem gegenwärtigen Kommen des Reiches ist … letztlich die Frage nach der Person Jesu"; „daß Jesus eine zeitliche Nähe von Gottes endzeitlichem Hervortreten … ankündigte, ist eindeutig", G. gesteht auch zu, daß Jesus „vielleicht unmittelbar von einem Kommen des Weltendes in seiner Person gesprochen hat", doch „ist das Kommen der Gottesherrschaft für Jesus nicht dem Weltgeschehen ein- und untergeordnet, wohl aber *gibt* es umgekehrt *der zukünftigen wie der gegenwärtigen Welt das Gesicht"*. Das ist alles durchaus überzeugend, aber gerade dann scheint es mir nicht verständlich, wie G. *auch* sagen kann, daß „Jesus alles, was den Menschen vom Kommen Gottes distanziert, auch Raum und Zeit, hinwegnimmt" und daß „die Worte vom gegenwärtigen Kommen des Reiches … sachlich viel zentraler [sind] als die vom zukünftigen Kommen".

Das 3. und 4. Kapitel („Die Umkehr als Forderung", „Die Umkehr als Geschenk der Gottesherrschaft") behandeln Jesu Forderung, Jesu Stellung zum Gesetz und Jesu Heilszusage an die Sünder, wobei mir besonders zwei

Feststellungen beachtlich erscheinen: a) Nach Jesu Botschaft „gehen Menschen, wie sie die Seligpreisungen und die Forderungen der Bergpredigt wollen, ... erst aus Jesu Heilswirken hervor; es sind die Nachfolgenden und Glaubenden"; „denn „*in Jesu Person wendet sich Gott selbst,* der jetzt seine endzeitliche Herrschaft aufrichtet, *den Menschen* zu. Das ist die Basis der neutestamentlichen Christologie!" b) „Jesus *diskutiert* mit seiner Umwelt *nicht über die Auslegung des Gesetzes,* – er *verändert vielmehr das Verhältnis des Menschen zum Gesetz selber* ... Das Liebesgebot nimmt ... neuen Sinn an. Es hebt das alttestamentliche Gebot überbietend auf", weil Jesus „die Existenz auf eine neue Basis stellt, nämlich auf die in seinem Wirken kommende endzeitliche Herrschaft Gottes, auf die Nachfolge". Das 5. Kapitel handelt dann sachgemäß von „Jesu Heilswirken als Ausdruck der eschatologischen Erneuerung" („Historisch steht auf alle Fälle fest, daß Jesus in erheblichem Umfang Heilungen vollzogen hat", doch ist „das leibliche Heilwerden ... in Jesu Erdenwirken nur *ein verborgenes Zeichen des Neuen",* weil „in Jesu Zuwendung zu ‚Sündern' und Kranken der vergebende und helfende Liebeserweis Gottes in endgültiger Weise widerfährt" und „diese Zuwendung Gottes dem Menschen die Zuwendung zu ihm abgewinnt, die Jesus Glauben nennt"), und im 6. Kapitel ist vom „Selbstverständnis Jesu" die Rede. Hier wird zunächst festgestellt, daß Jesus primär „als der Lehrende hervortritt, nicht ... als geisterfüllter Charismatiker" (was wohl eine falsche Alternative ist), dann aber richtig „das historische Wahrscheinlichkeitsurteil" betont: „Anzunehmen, daß Jesus der Verheißene war, ohne daß er selbst es wußte und es seinen nächsten Jüngern erschloß, erscheint mehr als unwahrscheinlich. Genau so wenig liegt es nahe, daß die Jünger nach Ostern das Bekenntnis formulierten, er sei durch die Auferstehung Messias geworden, wenn der Gedanke an eine Messianität vorher ... nie von ihm selbst angeregt worden war", weswegen das Bekenntnis des Petrus bei Caesarea Philippi „als Bekenntnis in den Erdentagen denkbar ist, freilich *nur als aktuelles Bekennen,* das von fortschreitender Erkenntnis wie auch von Anfechtungen überholt wird". Diese Erwägungen werden dann mit dem Nachweis konkretisiert, daß „Jesus sehr wahrscheinlich selbst die Menschensohnvorstellung als Modell aufgegriffen und sie so gefüllt hat, daß sie zentraler Ausdruck seiner Sendung wurde", wobei Jesus sich nicht nur „verhüllt mit dem kommenden Weltrichter in eins setzt", sondern auch in den Aussagen über das gegenwärtige Wirken des Menschensohns „in verhüllender Mehrdeutigkeit" „selbst zur Sprache gebracht" hat, „was zweifellos durch ihn selbst geschah"; was die Ansage des Leidens des Menschensohns anbetrifft, ist G. unsicherer, nimmt aber doch auch an, daß „die Verbindung der Leidensankündigung mit dem Menschensohn wahrscheinlich durch Jesus selbst ... hergestellt wurde". Fraglich wird die Argumentation dann allerdings, wenn auch die Sühneaussagen auf Jesus selbst zurückgeführt werden und gar behauptet wird, daß „Jesus als der Sühnende auf der Seite des Menschen Gott gegenüber steht". Dagegen überzeugen wieder völlig die Feststellungen, daß „das Jesus eigene bildliche Reden von Gott als Vater" bei Jesus nicht zur Bezeichnung seiner selbst als „Sohn Gottes" geführt hat, und vor allem der Nachweis im 7. Kapitel („Jesus und die Kirche"), daß Jesus „keine Gruppenbildung in die Wege leitete" und „in den Erdentagen keine Gemeinde sammelte", daß darum „das Petruswort in Mt 16, 17–19 nicht von Jesus stammen kann". Und obwohl sicherlich richtig ist, daß sich aus der Sinngebung des letzten Mahls ergab, „daß Jesu Handeln wiederholt werden sollte", zumal „auf eine Zwischenzeit … sein gesamtes Wirken sachlich abzielte", scheint mir Goppelts Deutung der Abendmahlsworte: „Jesus selbst reicht sich dar" schwerlich haltbar zu sein. Da das abschließende Kapitel über das Ostergeschehen hier nicht zu besprechen ist, kann abschließend über Goppelts Darstellung der Verkündigung Jesu gesagt werden, daß wir es hier mit einer sehr sorgfältigen Arbeit zu tun haben, die auch in ausreichender Weise die jeweilige Forschungslage charakterisiert und sich in sachlicher Form mit abweichenden Meinungen auseinandersetzt (wobei die Polemik gegen J. Jeremias wohl etwas zu sehr im Vordergrund steht), auch die Literatur in genügendem und nicht einseitig ausgewähltem Umfang anführt. Auch wenn ich, über die oben genannten Einwände hinaus, dann und wann den Argumenten Goppelts nicht zustimmen kann (die Auskunft daß die Vorgeschichte in Matthäus und Lukas „historisch weder zu erweisen noch zu widerlegen sei", weicht einer eindeutigen Entscheidung aus; das Wort von der Erfüllung des Gesetzes durch Jesus Mt 5, 17 f. wird schwerlich „der Weisung Jesu zumindest sachlich gerecht"; und das Wort über die Verstockungsabsicht der Gleichnisse Jesu Mk 4, 11 deckt sich sicher nicht „mit einem zentralen Strukturelement der Jesusüberlieferung")[1]), so stehe ich doch nicht an festzustellen, daß Goppelts Buch zur Zeit die beste und zuverlässigste wissenschaftliche Darstellung der Verkündigung und Wirksamkeit Jesu ist.

Wenn ich damit zur chronologischen Reihenfolge zurückkehre, so ist zunächst auf die für einen weiteren Leserkreis bestimmte Sammlung von Aufsätzen katholischer Exegeten mit dem Titel „*Die Aktion Jesu und die Re-Aktion der Kirche*" hinzuweisen, die dem Mangel abhelfen möchte, daß in der gegenwärtigen „*Jesus*literatur die Frage nach den Anfängen der *Kirche* fast ganz außer Betracht bleibt". K. MÜLLER zeigt zunächst, daß Jesus trotz seiner Naherwartung („Die Möglichkeit, daß Jesus mit dem definitiven Eintritt der endzeitlichen Geschehnisse noch in seiner Generation rechnete", wird

---

1) L. GOPPELT, Theologie des Neuen Testaments I, S. 56–58. 62. 101. 113. 106. 108. 122. 108. 111. 177. 182. 154. 135. 193. 203. 212. 220. 219. 233 f. 241. 247. 255. 260. 269. 264. 74. 156. 223.

zugegeben) „einen zeitlichen Abstand zwischen Jesu Tod und der vollendeten eschatologischen Gottesherrschaft voraussetzt" und darum „an einem Fortbestand der Gemeinde von Heilsanwärtern interessiert" ist, wobei der Zwölferkreis im Sinne Jesu als „*Kern* jener eschatologischen Heilsgemeinde fungieren sollte". Wird hier allzu eindeutig vom „Kern der Heilsgemeinde" und von Jesu Interesse an dem Fortbestand der Gemeinde nach seinem Tode gesprochen, so erklärt H. GEIST wesentlich vorsichtiger, daß es fraglich bleibe, ob der vorösterliche Jüngerkreis „vom Verständnis Jesu her gleichzeitig als Kern eines neuen Gottesvolkes angesehen werden darf", auch wenn Jesu Absicht, „die endzeitliche Sammlung Israels zu betreiben", nicht bestritten werden kann. Nach H. MERKLEIN ist die souveräne Jüngerberufung Jesu nur befriedigend zu erklären, wenn Jesus „mit derselben Autorität, mit der einst der alttestamentliche Gott Propheten berufen hat, Jünger für sich in Beschlag nimmt"; doch ist es fraglich, ob man dann so ungebrochen die Wiederaufnahme der Verkündigung Jesu durch die nachösterliche Gemeinde als eine Fortführung des Sendungsauftrags Jesu bezeichnen kann. K. KERTELGE spricht eindeutiger von den Jüngern als der offenen „Gemeinde der Reich-Gottes-Anwärter", während „die urchristliche Gemeinde die Gründung des Auferstandenen" ist und „die Gruppe der Zwölf mit Ostern einen grundlegenden Funktionswandel erfahren hat"[1]). Die vier genannten Aufsätze stimmen also in der Frage nach einer kirchengründenden Absicht Jesu und in der Beurteilung der Spannung zwischen der Naherwartung Jesu und der Entstehung der Kirche nicht völlig überein, doch werden die Probleme klar gesehen und weitgehend überzeugend gelöst, so daß dieses Taschenbuch zum Verständnis des behandelten Problemkreises wirkliche Hilfe bietet.

Das gilt aber für den Vortrag von U. LUZ über „Die Auslegung Gottes in der ethischen Verkündigung Jesu" m. E. nicht[2]). Es wird im Grunde nur *eine* These vertreten: es gibt für Jesus „keinen andern Raum abgesehen von den zwischenmenschlichen Beziehungen, der für die Erfüllung des Willens Gottes vorbehalten sein könnte", „Liebe zu Gott kommt gerade in der Liebe zum Nächsten zum Ausdruck", „Mitmenschlichkeit ist der einzige Ort, an dem sich die Frage nach Gott und damit nach Heil und Unheil entscheidet". Daß diese „,Demokratisierung' der Beziehung zu Gott" eine Eliminierung nicht nur des Gegenübers des Menschen (auch Jesu selber) zu Gott bedeutet, sondern ebenso des von Jesus verkündeten eschatologischen Heilsgeschehens, wird nicht da-

---

1) *Die Aktion Jesu* ..., S. 7. 16. 23 f. 22. 62. 89. 98. 108 f. 110 f. – Die beiden abschließenden Aufsätze von R. Schnackenburg (Die nachösterliche Gemeinde und Jesus) und K. Müller (Die Kirche in der modernen Gesellschaft) müssen hier außer Betracht bleiben.

2) Ich habe auf diesen Aufsatz schon kurz hingewiesen in ThR, N. F. 38, 1973, 173 f.

durch aufgehoben, daß L. erklärt: „Jesu Person gehört zu seiner Verkündigung unabdingbar hinzu", weil nach L. die Verkündigung Jesu des Wortes
„‚Gott' bedarf, um ... dem Menschen die Eigentlichkeit seiner Existenz und
das heißt: die Begegnung mit dem Mitmenschen zu *schenken*". Hier wird, so
sehr sich Luz dagegen auch wehrt, „Gott in die Mitmenschlichkeit aufgelöst"[1]),
und damit ist ein Verständnis von Jesu zentraler Botschaft von Gottes eschatologischem Heilshandeln völlig unmöglich geworden.

Eine sehr beachtliche Hilfe zum Verständnis der Verkündigung Jesu bietet
dagegen das aus der Zusammenarbeit eines Neutestamentlers und eines Mo-
raltheologen entstandene Buch von P. Hoffmann und V. Eid über die sittlichen Perspektiven der Verkündigung Jesu, von dem uns hier aber nur die
exegetischen Abschnitte von P. Hoffmann beschäftigen können. Die Autoren
stellen die Rückfrage nach der Verkündigung Jesu unter den Begriff der „Perspektive", der „geeignet ist, beidem, sowohl dem historischen Befund über
Jesus von Nazareth als auch seiner Wirkgeschichte gerecht zu werden" und
damit „die Bedeutung des ‚Jesuanischen' für die spätere und auch für unsere
Jesusauslegung anzugeben". Eine Vorbemerkung geht davon aus, daß „die
Neuheitsverkündigung Jesu sittlichen Anspruch beinhaltet" und „daß dieser
sittliche Anspruch in beispielgebendem und kritischem Verhalten Jesu zum
Vorschein kam und im Neuen Testament deut- und verstehbar enthalten ist",
und dementsprechend fragt der 1. Teil („Grundperspektiven") zunächst nach
der Basileia-Verkündigung Jesu: Jesus vertritt eine „gesteigerte Naherwartung" wie der Täufer, aber Jesus sagt zugleich die Gegenwart der Basileia an,
und „für Jesus ist diese Gegenwart der Basileia von der vorbehaltslosen Heils-
zuwendung Gottes zu jedem Menschen bestimmt", „Gegenwartsaussage ...
bildet ... das Zentrum des Basileia-Verständnisses Jesu". Daß Hoffmann trotz
dieser gelegentlich zu einseitigen Betonung des Gegenwartscharakters der
Basileia-Verkündigung Jesu den futurischen Charakter dieser Verkündigung
nicht vergessen hat, zeigen die Feststellungen, daß „die Relativierung menschlicher Macht durch die Konfrontation mit dem bevorstehenden Anbruch der
Gottesherrschaft ... ein Politikum ersten Ranges" und daß „die Spannung
von gegenwärtigem und zukünftigem Reich ... nicht aufhebbar ist". In diesen
Rahmen stellt H. nun die entscheidenden Züge der Reich-Gottes-Verkündigung Jesu: die ersten drei Seligpreisungen zeigen, daß Jesu Zusage des Reichs
an die Armen bereits Endzeitgeschehen ist", weil für Jesus „jene Gegenwart
der Basileia ... von der *Vorgabe* der Güte Gottes bestimmt ist" durch Jesu
„ständige Grenzüberschreitung auf den Menschen in Not, in der Isolation, in
der Diffamierung" hin. Angesichts dieser Grundstruktur der Verkündigung
Jesu ist „nicht mehr die Forderung des Gesetzes, sondern die zuvorkommende

---

1) U. Luz, Einige Erwägungen ..., S. 123. 127. 124. 130. 129. 126.

Vergebung die Grundlage menschlicher Existenz", in den Antithesen „richtet
sich Jesu Wort gegen die Thora samt ihrer schriftgelehrten Auslegung", und
„es kommt zur praktischen Aufhebung der Thora ... z.B. in Jesu Kritik an
der mosaischen Regelung der Ehescheidung ... oder aber auch in seiner Einstellung zum Sabbat", „dieses Neue wird mit eigener prophetischer Autorität
... von Jesus vorgetragen". Damit ist einerseits gegeben, daß der Mensch „in
seiner Gesamteinstellung zum anderen ... unter dem Anspruch Gottes steht"
und Jesus „die alten gesetzlichen Sprachformen ... verwendet, um die hinter
dem Gesetz stehende und durch ein gesetzliches Verständnis gerade verstellte
Wirklichkeit aufzudecken"; damit ist andererseits aber auch gegeben, daß
„der Superlativ Jesu, um nicht zu einem Alibi ... für die Erhaltung des Status
quo zu werden, einer Übersetzung in konkrete Verhaltensmuster und Hand-
lungsanweisungen bedarf, in denen der jeweiligen gesellschaftlichen und individuellen Situation Rechnung getragen wird". Von diesen Grundperspektiven aus werden dann in einem 2. Teil als Beispiele Jesu Äußerungen zur
Ehescheidung, zur Feindesliebe und zum Herrschaftsverzicht besprochen.
Ohne daß auf diese lesenswerten Ausführungen hier im einzelnen eingegangen
werden kann, soll nur auf drei wichtige Gedanken hingewiesen werden: a)
Durch Jesu „Verdikt über die Ehescheidung" wird „jener Treueanspruch,
den nach jüdischer Auffassung der Ehemann auf seine Frau besaß, umgekehrt
zum Treueanspruch der Frau auf ihren Mann", „die *einseitige* Bindung der
Frau an ihren Mann wird zur *gegenseitigen* Bindung der beiden Gatten"; weil
Jesu Stellungnahme aber „die Wirklichkeit der Ehe zur Sprache bringt, kann
sie nicht gesetzhaft verstanden werden". b) Jesu Gebot der Feindesliebe „er-
setzt den Begriff des Nächsten durch den des Feindes ...; dadurch wird der
Begriff des Nächsten ... ins ‚Unendliche' ausgeweitet", „in der Perspektive
Jesu geht es allein um die Frage, ob der Christ bereit ist, den Gewalttäter als
Mitmenschen anzuerkennen und ihm umfassend zu helfen". c) Jesus stellt „die
allgemeinmenschliche Einstellung zu Vormacht, Macht und Prestige in Frage"
als „Realisation der in der Zeit der Gegenwart der Basileia ermöglichten neuen
Existenz". Das alles wird im einzelnen und unter Berücksichtigung der neueren Forschung klar begründet; und wenn ich auch gelegentlich den Ausführungen Hoffmanns nicht folgen kann (ich bezweifle z.B. das von ihm angenommene „spezifische hebräische Raum- und Zeitverständnis" und die Behauptung, daß „Jesus die Scheidung nicht schlechthin verbot")[1]), so sind sie doch
in allem Wesentlichen überzeugend und bedeuten eine wirkliche Erhellung
der ethischen Verkündigung Jesu und der damit gestellten Frage nach ihrer
konkreten Bedeutung für uns.

---

1) P. HOFFMANN – V. EID, Jesus von Nazareth ..., S. 15. 23. 42–44. 57f. 35. 39. 52.
75. 88. 85. 77. 93f. 119–121. 153. 161. 196. 202. 48. 138.

Neben den Arbeiten, die die Verkündigung Jesu als ganze ins Auge fassen, ist nun eine Gruppe von Untersuchungen zu nennen, die sich zwar direkt nur mit der eschatologischen Verkündigung Jesu, aber damit doch zugleich mit dem Zentrum seiner Verkündigung befassen. Da ist zunächst auf das Buch von G. E. LADD über „Jesus und das Reich" hinzuweisen, das zuerst 1964 erschienen ist[1]), weil es die gesamte neuere Forschung bis zu diesem Zeitpunkt verarbeitet und durch seine klare Fragestellung und Antwort die in diesem Zusammenhang zu erörternden Probleme gut erkennen läßt. L. geht von der methodischen Voraussetzung aus, daß „der ‚historische Jesus' eine Schöpfung moderner Gelehrsamkeit ist und daß der Jesus, der wirklich in der Geschichte lebte, der in den Evangelien dargestellte biblische Christus ist" (er nennt diese methodische Voraussetzung „Biblical Realism"). Damit ist gegeben, daß nicht nach der ältesten Jesusüberlieferung gefragt zu werden braucht (obwohl die „Echtheit" umstrittener Einzeltexte dann doch immer noch wieder besonders begründet wird), sondern daß es nur die Aufgabe der Interpretation ist, scheinbar widersprüchliche Züge der Überlieferung auf ihre Übereinstimmung zu befragen. Auf dem Hintergrund eines 1. Teils, der für alttestamentliche Prophetie und jüdische Apokalyptik nachweist, daß beide „den Anbruch des Gottesreichs nur begreifen können als ein Einbrechen Gottes", wobei die Apokalyptiker an der Geschichte verzweifelten und ihre Hoffnung nur in die Zukunft setzten, zeigt der eigentliche Hauptteil des Buches („Die Erfüllung des Versprechens"), daß Jesus „nicht, wie Johannes, die unmittelbare Nähe des göttlichen Eingreifens verkündigte, er erklärte vielmehr, daß dieser Eingriff in wirklichem Ablauf war, daß Gott sein Volk schon besuchte, daß die Hoffnung der Propheten erfüllt war". L. grenzt sich dann aber scharf von einem rein präsentischen Verständnis der Verkündigung Jesu ab: „Die Botschaft der Erfüllung ist begleitet von einer futurischen und eschatologischen Anschauung des Gottesreichs", wobei L. auf zwei Feststellungen besonderen Wert legt: a) Die Lösung des Problems, wie das Gottesreich futurisch *und* präsentisch sein kann, „ist zu finden in der dynamischen Bedeutung *(meaning)* des Gottesreiches". b) „Der kommende Aeon, die eschatologische Vollendung, lag [für Jesus] noch in der Zukunft. Aber inzwischen hatte eine neue Ordnung begonnen, die den Menschen im alten Aeon die Segnungen der messianischen Rettung brachte". Ladds zentrale These lautet daher: „Vor dem eschatologischen Erscheinen des Gottesreichs am Ende der Tage ist Gottes Reich dy-

---

1) Die unter dem neuen Titel „The Presence of the Future" erschienene 2. Auflage hat zwar ein neues Vorwort, und die Einleitung ist um 4 Seiten (hauptsächlich Auseinandersetzung mit N. Perrin) erweitert, wodurch sich alle Seitenzahlen verschieben, auch die Bibliographie ist ein wenig, aber keineswegs umfassend, ergänzt, im übrigen aber ist das Buch völlig unverändert.

namisch aktiv geworden unter den Menschen in Jesu Person und Sendung".
Insoweit kann man, wie mir scheint, L. durchaus zustimmen, wenn nicht die
weiteren Ausführungen zeigten, daß L. den Beginn dieser „neuen Ordnung"
in sehr problematischer Weise versteht: „Die Anwesenheit Jesu bietet den
Segen des Gottesreiches schon *jetzt* an", die Menschen müssen es „aktiv, offen-
siv, gewaltsam ergreifen", das Gottesreich „wirkt in und durch Jesu Jünger",
die „das wahre Israel, der gläubige Rest" sind; die „Gabe der Vaterschaft ist
auch eine gegenwärtige Gabe", und ebenso begegnet „das Gericht als die Ablehnung des Reiches ebenso in der Geschichte wie am eschatologischen Tag".
Die eschatologische Vollendung aber, von der der 3. Teil dann nur ganz kurz
aufgrund von Mk 13 handelt, „beschreibt Jesus in halb poetischer Sprache
und gleichnishaften Bildern, die nicht wörtlich genommen werden sollen,
sondern eschatologische Ereignisse und eine Existenzordnung beschreiben, die
gegenwärtige geschichtliche Erfahrung transzendieren", und wenn Jesus in
Mk 9, 1 von der zeitlich begrenzten Nähe der Gottesherrschaft spricht, so
bedeutet das, daß „die Vollendung noch in der unbestimmten Zukunft liegt"
(ähnlich wird Mk 13, 30 wegerklärt, während Mt 10, 23 übergangen wird)[1]).
Es ist leicht zu sehen, daß L. in diesen Ausführungen trotz aller gegenteiligen
Versicherungen doch die Gleichwertigkeit der futurischen Eschatologie mit
den Gegenwartsaussagen in Jesu Verkündigung durch die Unterscheidung von
„fulfilment" und *„consummation"* beseitigt und die Naherwartung durch exegetische Kunststücke eliminiert. Überdies fehlt aufgrund des methodischen
Ausgangspunktes jede Scheidung zwischen ursprünglichen und sekundären
Überlieferungen (nicht nur Mk 13, auch Mk 4, 11 f.; 10, 33 f. werden wörtlich
auf Jesus zurückgeführt), und so ist aus diesem Buch neben der Auseinandersetzung mit der Forschung in vielen Einzelpunkten die Notwendigkeit zu lernen, das Miteinander futurischer und präsentischer Aussagen in Jesu Verkündigung über die Gottesherrschaft ernst zu nehmen, dagegen keine Einsicht
in die Besonderheit der eschatologischen Verkündigung Jesu zu gewinnen[2]).

Richtig ist dagegen, was *H.-W. Kuhn* in einem kurzen Anhang zu seiner
Untersuchung über einige Gemeindelieder aus Qumran über „Eschatologie
und Gegenwart in der Verkündigung Jesu" sagt: „Daß Jesus von einem
eschatologisch-zukünftigen Kommen der Gottesherrschaft spricht, ist sicher"
und „Jesus konnte die Gegenwart, d. h. die Zeit seines Wirkens, als die Freu-
denzeit kat'exochen verstehen", doch hat Jesus „die Gegenwart der Gottes-

---

1) G. E. LADD, Jesus ... bzw. The Presence ..., S. XIII. 97 = 101. 107 = 111. 110 =
114. 117 = 121. 200 = 204. 135 = 139. 173 = 177. 160 = 164. 253= 257. 246 = 250.
182 = 186. 313 = 317. 319 = 323.

2) Vgl. auch die Kritiken von N. PERRIN, Interp. 19, 1965, 228 ff. und E. GRÄSSER,
ThLZ 92, 1967, 665 ff.

herrschaft nur in seiner Person und in seinem Wirken gesehen". Das ist, so
lehrreich es ist, keineswegs neu, und die darüber hinausgehende These des
Verf., daß wir „in den Gemeindeliedern von Qumran zum ersten Mal eine
solche Vorstellung [von der in der Gegenwart schon wirksam werdenden zukünftigen Vollendung] im palästinischen Raum deutlich bezeugt haben"[1]),
scheint mir in dieser Form keineswegs sicher erwiesen[2]); doch kann ich darauf
hier nicht näher eingehen.

    C. K. BARRETT behandelt in der dritten seiner Vorlesungen über „Jesus und
die Evangelientradition" die Zukunftserwartung Jesu. Ausgehend von der
Feststellung, daß die Anschauung nicht bewiesen sei, „daß Jesus eine Zwischenzeit zwischen seinem Tod und seiner Auferstehung auf der einen Seite
und der Aufrichtung der Gottesherrschaft in Macht oder dem Kommen des
Menschensohns auf der anderen Seite erwartete", stellt er die These auf, daß
Jesus sowohl von der Auferstehung wie von der Parusie des Menschensohns
gesprochen habe (was erst später sorgfältig auseinandergehalten wurde) und
mit dem Hinweis auf diese beiden zukünftigen Ereignisse „die Überzeugung
ausdrückte, daß der Menschensohn gerechtfertigt *(vindicated)* werden würde".
Dieses „Ereignis der Rechtfertigung", das mit dem „Kommen der Gottesherrschaft in Macht gleichzusetzen ist", erwartete Jesus „zu einem frühen Zeitpunkt", d.h.: „Die älteste Schicht der Überlieferung zeigt Jesus als den, der
seinen Tod voraussieht ... und ihn mit Gottes Plan in Einklang bringt durch
die Überzeugung, daß ihm schnellstens ein göttlicher Akt der Rechtfertigung
folgen sollte, der zusammenfiel mit, vielleicht auch Teil der Vollendung der
Gottesherrschaft und ihrer Aufrichtung in Macht war". Die Rechtfertigung des
geschichtlichen Jesus aber sollte „zugleich die Rehabilitierung der geschichtlichen Gruppe der Jünger sein"[3]). Diese Interpretation der eschatologischen
Erwartung Jesu wird zweifellos mit guter exegetischer Begründung vorgetragen, sie scheint mir trotzdem dem Befund der Quellen nicht zu entsprechen,
besonders die (ja auch sonst gelegentlich vertretene) Gleichsetzung der von
Jesus erwarteten Auferstehung mit der erwarteten Gottesherrschaft scheint
mir nirgendwo bezeugt zu sein, ganz abgesehen davon, daß mir die (z.B. auch
von mir vertretene) Annahme nicht widerlegt zu sein scheint, daß Jesus eine
Zwischenzeit zwischen seinem Tod und der Parusie erwartet hat. Doch sollten
Barretts exegetische Überlegungen zur eschatologischen Erwartung Jesu bei
der weiteren Diskussion nicht übersehen werden.

---

    1) H.-W. KUHN, Enderwartung ..., S. 189. 199. 204. 203.

    2) E. GRÄSSER spricht in seiner Besprechung des Buches von „Überinterpretation,
die den Verdacht erweckt, es werde vom Neuen Testament aus interpretiert" (DtPfrBl
67, 1967, 608).

    3) C. K. BARRETT, Jesus ..., S. 76. 82. 84f. 86. 89.

Trotz seiner Absicht, „durch eine Analyse synoptischer Texte den ursprünglichen Auftrag Jesu herauszuarbeiten", verfährt dagegen H. FLENDER
in dem Kapitel über den „irdischen Auftrag Jesu" seiner Schrift über „Die
Botschaft Jesu von der Gottesherrschaft" nicht exegetisch, sondern systematisch. Da gezeigt werden soll, daß „der ‚Humanismus' Jesu keine weltfremde
Angelegenheit, sondern eine für die Gegenwart unentbehrliche Wirklichkeit
ist", sucht F. entgegen dem, „was in der deutschen Forschung als ausgemacht
gilt", nachzuweisen, daß das Bild Jesu „sich verzerrt, wenn man in die Botschaft Jesu apokalyptisch-transzendente Begriffe einführt, wie sie die urchristliche Theologie ... benutzt hat". Jesus steht vielmehr „einer weltver-
neinenden Apokalyptik ganz fern", seine Gleichnisse zeigen „Weltzugewandt-
heit ... in krassem Gegensatz zu apokalyptischem Denken", „Jesus proklamiert die Heilsvollendung dieser Welt unter der Gottesherrschaft"; „die
Diesseitsbezogenheit der Reichsbotschaft des irdischen Jesus bewahrt die
Basileia vor transzendenter Verflüchtigung", und so heißt es denn auch: „*Die
Vaterunserbitte Jesu* um das Kommen des Reiches muß nach unserer Darstellung entsprechend der jüdischen Erwartung das Königtum Gottes über
die gesamte Menschheit dieser Welt meinen", und „das Wort von der *Nähe*
des Gottesreichs ... schließt eine diesseitige Auffassung Jesu nicht aus"[1]).
Daß in diesen Ausführungen die Texte um der genannten systematischen
These willen vergewaltigt werden und dabei ein wesentlicher Teil der Überlieferung a priori als sekundär beiseite geschoben wird (die Aussagen von
Mk 9, 1; 13, 28–30; 14, 25; Mt 10, 23 etwa werden umgedeutet oder übergangen), liegt auf der Hand, und darum können die Ausführungen Flenders
nicht als ein brauchbarer Beitrag zum Verständnis der Verkündigung Jesu
angesehen werden.

Ein äußerst seltsames Buch hat L. GASTON unter dem Titel „Kein Stein auf
dem andern" geschrieben (ein amerikanischer Rezensent spricht von einem
„*labyrinthine book*" und von „*a reviewer's nightmare*"!)[2]). Das umfangreiche
Werk (fast 500 S. Text), aus einer Basler Dissertation erwachsen, will eigentlich nur die Bedeutung der Erwartung des Falles Jerusalems in den Synoptikern untersuchen, aber behandelt ebenso ausführlich auch Mk 13, die Stellung zum Tempel im Urchristentum und Qumran, das Problem eines Proto-
lukas, den Zusammenhang zwischen dem Fall Jerusalems und der Eschatologie usw., und es wird nicht immer deutlich, warum ein weiteres Thema aufgegriffen wird. So kann denn hier auch nicht über das Buch als ganzes referiert
werden, sondern nur über die Schilderung der eschatologischen Anschauungen
Jesu innerhalb des Buches. G. geht von den Feststellungen aus, daß Jesus in

---

1) H. FLENDER, Die Botschaft Jesu ..., S. 22. 107. 30. 25. 35. 40. 47.
2) H. K. MCARTHUR, Interp. 26. 1972, 80.

dem Wort Mk 7, 15 („Nichts, was von außen in den Menschen hineingeht, kann ihn unrein machen ...") „die ganze Vorstellung vom Kult als veraltet bezeichnet", sich aber „nicht für oder gegen den Tempel als Kultort aussprach, sondern ihn einfach nicht beachtete". G. folgert daraus, daß die erste Hälfte des in der markinischen Leidensgeschichte als angebliche Äußerung Jesu anklagend vorgebrachten Wortes „Ich will diesen Tempel zerstören" (Mk 14, 58 a) nicht von Jesus stammen kann (das Wort könne nicht vor dem Hintergrund einer angeblichen apokalyptischen Tradition erklärt werden, „denn eine solche Tradition hat nie existiert", es ist vielmehr aufgrund der Feindschaft des Stephanus gegen den Tempel entstanden). Um die Frage zu klären, ob die zweite Hälfte dieses angeblichen Jesuswortes („in drei Tagen werde ich einen andern Tempel bauen", Mk 14, 58 b) von Jesus stammen kann, untersucht G. die Frage, „ob Jesus von der Gemeinde als Tempel sprach oder nicht". Da Jesu Rede vom „Eingehen in die Gottesherrschaft" „kein zeitliches, sondern ein räumliches Bild" gebrauche und da nach Jesu grundlegender Vorstellung „das Gottesreich ein Haus, kein Herrschaftsbereich und keine Herrschaft" ist und Jesus dem Kultus gegenüber sich uninteressiert zeigte, ist zu schließen, daß „alle Funktionen des Jerusalemer Tempels für Jesus ... in dem neuen Tempel erfüllt waren, den zu gründen er gekommen war. Dabei ist wichtig zu betonen, daß für Jesus die Gemeinde der neue Tempel ist, nicht er selbst". Jesu Sendung „war·es nicht nur, das Gottesreich anzukündigen, sondern zu bauen... Dieser neue Tempel, diese neue Gemeinde sollte das eschatologische Israel sein, das auch die Heiden einschloß". Von diesen Voraussetzungen aus ist nach Gastons Meinung nicht nur Mt 16, 18 echt im Sinne von „auf diesen (Gründungs-)felsen will ich meine Gemeinde (= den neuen Tempel) bauen", sondern auch die oben genannte zweite Hälfte des im Prozeß gegen Jesus vorgebrachten Wortes Mk 14, 58 b. Nach G. waren auch „Menschensohn und Gottesreich sozusagen synonyme Ausdrücke in der Lehre Jesu" („Jesus gebrauchte den Ausdruck ‚Menschensohn' ... für die Gemeinde, die er ins Leben rufen wollte"), und das Fazit aus allen diesen Feststellungen lautet dann: „Die Erwartung Jesu ist völlig eschatologisch, aber keineswegs apokalyptisch", und wenn „wir es zu tun haben nicht mit apokalyptischer Voraussage, sondern mit eschatologischer Ermahnung und Drohung, gibt es keinen Gegensatz zwischen Jesu Verkündigung des Gottesreiches und seiner Drohung mit geschichtlichem Unglück", und ebenso wenig besteht ein Widerspruch zwischen den Voraussagen des Leidens des Menschensohns „und Jesu Erwartung des Triumphs des Menschensohns, der Erbauung des neuen Tempels, des endgültigen Kommens des Gottesreichs"[1]. Nun wird man Gastons

---

1) L. GASTON, No Stone ..., S. 93. 102. 161. 229. 233. 236. 240. 417. 241. 409. 393. 419. 428. 421.

Untersuchungen über Jesu Stellung zum Tempel und den Sinn der Voraussage der Tempelzerstörung sehr wohl zu beachten haben, dagegen kann ich seine Ausführungen über Jesu eschatologische Anschauungen nur als völlig unhaltbar bezeichnen: die völlige Ausschaltung futurischer Eschatologie, die Gleichsetzung von Gottesreich und Gemeinde, die kollektive Deutung des Begriffs „Menschensohn" und seine Gleichsetzung mit der von Jesus zu bauenden Gemeinde – das alles widerspricht den eindeutigen Quellenaussagen, und darum kann uns Gastons Buch nichts über die eschatologische Verkündigung Jesu lehren.

Seit H. S. Reimarus die Naherwartung Jesu entdeckte, hat in der Diskussion der Zukunftserwartung Jesu das Wort Jesu an die Jünger: „Ihr werdet mit den Städten Israels nicht zu Ende kommen, bis der Menschensohn kommt" (Mt 10, 23) eine zentrale Rolle gespielt. Es scheint darum hilfreich zu sein, daß sich M. Künzi mit der Auslegungsgeschichte dieses Wortes befaßt hat, aber die Durchführung dieser Aufgabe ist enttäuschend. Zwar wird die bunte Reihe der Auslegungen von der Alten Kirche bis zur Gegenwart zuverlässig dargestellt (S. 160–177 bieten sogar noch eine Zusammenfassung), aber über die hermeneutischen oder philologischen Gründe für die großen Differenzen zwischen diesen Auslegungen erfährt der Leser nichts; und nachdem der Verf. schließlich sein durchaus diskutables eigenes Verständnis des Verses entwickelt hat (S. 177–180), schneidet er auf der vorletzten Seite das Problem des Irrtums Jesu in der Frage der Naherwartung an und erledigt es mit der Behauptung, daß sich dieses Problem nur für denjenigen löst, „der die Auferstehung Jesu und die Sendung des Heiligen Geistes als heilsgeschichtliche Ereignisse ernst nimmt" (S. 182); hier wird also plötzlich die historische Fragestellung zugunsten einer dogmatischen Behauptung aufgegeben, und so kann dieses Buch zwar als Repertorium der Auslegungen dieses umstrittenen Jesuswortes dienen, trägt aber weder zum geschichtlichen Verständnis noch zur Lösung der theologischen Problematik des Wortes etwas bei.

Daß für Jesu Zukunftserwartung die Botschaft von der Nähe der Gottesherrschaft grundlegend war, berichten alle drei synoptischen Evangelien, und so ist über die Vorstellung von der Gottesherrschaft seit jeher viel diskutiert worden. Angesichts des Mißbrauchs, der mit diesem Begriff heute vielfach betrieben wird, hat G. Klein sich mit Recht die Aufgabe gestellt, „den biblischen Befund (in seinen Hauptzügen) als solchen zu erheben zu suchen", und hat sachgemäß vor allem nach dem Thema der Gottesherrschaft bei Jesus gefragt. Er betont mit Recht, daß angesichts des vielfältigen, aber im ganzen nicht zentralen Gebrauchs dieses Begriffs im Judentum zur Zeit Jesu „unerlaubt pauschal urteilt, wer meint, das Was und Wie der Gottesherrschaft sei zwischen Jesus und dem zeitgenössischen Judentum nicht strittig". Denn bei Jesus „rückt die Erwartung der Gottesherrschaft von der Peripherie ins

Zentrum des Zukunftsdenkens", doch ist für Jesus „das Kommen der Gottesherrschaft ... der Aktivität des Menschen grundsätzlich entzogen. ‚Von selbst'
bricht die Gottesherrschaft an"; „ihr Einbruch steht unmittelbar bevor ...,
andererseits ist die Gottesherrschaft aber auch schon da, nämlich in Jesu Werken", und beide Aussagen „gehören sachlich zusammen". Mit Recht fügt K.
hinzu, daß „gerade die chronologische Spannung in den Aussagen Jesu über
die Gottesherrschaft" zeigt, daß „die Gottesherrschaft Jesus als eine ge-
schichtssprengende Macht gilt", nicht „als eine bloße Gegebenheit der Weltgeschichte", und so scheint mir auch die Feststellung unbestreitbar, daß „sich
Jesus hinsichtlich der zeitlichen Nähe der Gottesherrschaft verrechnet hat".
Da K. die *konkrete* Zeitgebundenheit der Zukunfts- und Gegenwartsaussagen
Jesu nicht wegdeutet, ergibt sich ihm die Folgerung, „daß auch die Aussagen
über das Da-Sein der Gottesherrschaft in seinem Wirken für uns nur noch
Aussagen über die Vergangenheit sein können", stellt aber sofort auch fest,
daß sich der christliche Glaube nicht „auf die Verkündigung des irdischen
Jesus gründet", sondern „auf die Botschaft, daß Jesus als der Gekreuzigte
lebt". Das ist in der Tat richtig, da aber K. energisch bestreitet, daß Jesus
sich „als Messias verkündigt" oder auch nur „auf das Kommen eines mit ihm
nicht identischen Messias (bzw. Menschensohnes) vorausverweist", kann er
die Tatsache nicht sehen, die m. E. auch bei *kritischer* Beurteilung der Überlieferung erkennbar ist, daß Jesu persönlicher Anspruch, daß sich in seinem
Wirken das eschatologische Heil der Gottesherrschaft bereits verwirklicht, in
der Auferstehungserfahrung der Osterzeugen seine weiterwirkende Bestätigung findet. Aber im übrigen hat Klein überzeugend nachgewiesen, daß nicht
nur für Jesus, sondern auch „für die urchristliche Verkündigung das Reich
Gottes eine jenseitige und gegenwärtige Größe ist"[1]), und so trägt dieser Aufsatz zu einem sachgemäßen geschichtlichen Verständnis der Verkündigung
Jesu von der Gottesherrschaft Wesentliches bei.

Etwa zur gleichen Zeit hat auch W. SCHMITHALS die Frage nach dem Sinn
der Reich-Gottes-Verkündigung Jesu aufgegriffen. In seinem Aufsatz über
„Jesus und die Weltlichkeit Gottes" geht er von der Feststellung aus, daß trotz
des Fehlens sicherer Kriterien zur Aussonderung der Verkündigung des irdischen Jesus „daran kein Zweifel besteht: das Reich Gottes war wesentlicher
Gegenstand der Predigt Jesu"; die Gottesherrschaft kommt nach der Verkündigung Jesu „ohne Zutun des Menschen und verändert die Gestalt der
Welt, und sie kommt plötzlich", doch läßt sich so wenig „das apokalyptische
‚Jetzt' der Zeit Jesu ... jederzeit wiederholen", wie man Jesus aus dem Zusammenhang mit der „apokalyptischen Täuferpredigt" und dem „extrem
apokalyptischen Osterglauben" lösen kann. Neben diese in der Hauptsache

---

1) G. KLEIN, Reich Gottes ..., S. 648. 654 f. 658 f. 655. 670.

richtige Beschreibung der Grundhaltung Jesu stellt Sch. aber nun die Behauptung: nach dem Glauben der ersten Gemeinde „wurde mit Ostern das apokalyptische Hoffnungsziel *erreicht"*, und wegen dieser „entscheidenden Differenz zwischen der Predigt Jesu einerseits und dem Kerygma der Urgemeinde ... andererseits" hat „die frühe Christenheit ... die Worte des irdischen Jesus ursprünglich überhaupt nicht ... und später nicht als solche, sondern nur als Teil des Kerygmas weitergegeben". Sch. hat diese Gedanken später in dem Aufsatz über „Jesus und die Apokalyptik" (den ich zweckmäßigerweise schon hier heranziehe) noch präzisiert: „Das Auftreten Jesu ist so eng wie nur denkbar von apokalyptischen Motiven umschlossen", und „es ist ein exegetischer Verzweiflungsakt, Jesus aus diesem Zusammenhang herauszulösen" (was sehr überzeugend begründet wird); alle „frühchristlichen Glaubensformeln" aber *„enthalten keine apokalyptischen Vorstellungen"*, und darin zeigt sich „eine auffallende Diskontinuität zwischen der Botschaft Jesu und der Christusverkündigung seiner Gemeinde. Solche Diskontinuität beruht offenbar auf einem sehr grundsätzlich vollzogenen Bruch". Und wie nach Sch. „die Überwindung der Apokalyptik in der Erfüllung der apokalyptischen Erwartung des bevorstehenden Handelns Gottes die Mutter aller christlichen Theologie" ist, so hat nach Sch. „die österliche Gemeinde des Christus Jesus" das in der alten Schicht der Spruchüberlieferung enthaltene apokalyptische „Gut anfänglich nicht tradiert", „erst Markus und die Spruchquelle Q integrieren diese Jesusüberlieferung, und zwar so, daß diese Überlieferung ... nun selbst Teil des Kerygmas wird und kerygmatisch verstanden werden muß"[1]. Ich habe schon in einem früheren Bericht[2] darauf hingewiesen, daß Schmithals' These von einer besonderen Christengemeinde als Trägerin der Überlieferung der Verkündigung Jesu völlig unbewiesen ist, und ich muß die These, daß die älteste Gemeinde die Verkündigung Jesu wegen ihres Glaubens an die Erfüllung der apokalyptischen Erwartung anfänglich nicht tradiert habe, für ebenso unbewiesen halten. Vor allem aber: einerseits beseitigt Sch. aus der Verkündigung Jesu die eindeutigen Aussagen über das Gekommensein der zukünftigen Gottesherrschaft in der Person Jesu, andererseits bestreitet er unberechtigterweise das Vorhandensein „apokalyptischer Vorstellungen", d.h. eschatologischer Zukunftserwartung, im ältesten Glauben der christlichen Gemeinde (vgl. dagegen nur Apg 3, 20; 1 Thess 1, 10; 4, 15f.; 1 Kor 11, 26). Die Anschauung von einem sehr grundsätzlichen Bruch mit der Botschaft Jesu in der ältesten Gemeinde kann ich daher nicht nur als unwahrscheinlich, sondern als eindeutig falsch bezeichnen, so zutreffend die Charakterisierung der Ver-

---

1) W. SCHMITHALS, Jesus und die Weltlichkeit ..., S. 91. 94f. 100–102; DERS. Jesus und die Apokalyptik, S. 68. 70. 72. 84.
2) ThR, N.F. 40, 1975, 304ff.

kündigung Jesu als „apokalyptisch" auch ist, wenn man darunter, wie offensichtlich Schmithals, die eschatologische Naherwartung der jenseitigen Gottesherrschaft versteht.

Auch H. PATSCH behandelt im 3. Hauptteil seiner Untersuchung des letzten
Mahles Jesu ausführlich die Naherwartung Jesu. Von den Voraussetzungen
aus, „daß die futurische Erwartung den selbstverständlichen, oft nicht thematisierten Hintergrund der Verkündigung Jesu darstellt" und daß Jesus
erwartete, „daß zwischen dem Sterben Jesu und dem Kommen der Gottesherrschaft eine gewisse Zeitspanne liegt" (wofür sowohl der eschatologische
Ausblick beim letzten Mahl wie die 2. Vaterunserbitte angeführt werden),
ergibt sich ihm, daß Jesus „auf ein ... relativ nahes Geschehen vorausblickt,
er setzt dieses Geschehen in Beziehung zur Gegenwart, und er verkoppelt in
einzigartigem Vollmachtsanspruch den Ausgang dieses Geschehens mit seiner
Person". Die umstrittenen „Terminlogien fügen sich in diesen Horizont
durchaus ein, insofern sie die eschatologische Erwartung im Sinn der Naherwartung zeitlich spezifizieren", und obwohl Jesu „zeitlich strukturierte
Erwartung" demnach „apokalyptisch ist", hebt „die Verknüpfung des zukünftigen Geschehens mit seiner Person" Jesu Erwartung „aus der durch
apokalyptische Texte bezeichneten Weltsicht heraus". Das wird alles sehr
überzeugend ausgeführt, aber was P. darüber hinaus in den übrigen Haupt-
teilen seines Buches behauptet, ist nicht nur widerspruchsvoll (trotz der Warnung, bei der Interpretation des Abendmahlsberichts nicht von der Passah-
situation auszugehen, und der Feststellung, daß es „nicht möglich [sei], die
Abendmahlsworte als *ipsissima vox Jesu* zu behaupten", wird dann doch der
Zusammenhang von Passahrahmen und eschatologischem Ausblick bei Lukas
als „historisch ursprünglich" in Anspruch genommen und werden die *verba
testamenti* auf „die heilvolle Selbstdarbietung Jesu für die Jüngergruppe" gedeutet), sondern auch exegetisch und kritisch problematisch (das Wort
Mk 10, 45 „Der Menschensohn ist gekommen, um sein Leben als Lösegeld für
viele zu geben" „muß auf ein echtes Jesuslogion zurückgehen"; nach den
Abendmahlsworten „gibt sich Jesus als Person ... in einem sakramentalen
Essen seinen Jüngern zu eigen")[1]), so daß ich gegen diese Teile des Buches
starke Bedenken erheben muß.

R. H. HIERS möchte noch einmal nachweisen, „daß Jesus das Kommen der
Gottesherrschaft als das entscheidende und zukünftige Ereignis erwartete und
verkündete", während die Worte über die Gegenwart der Gottesherrschaft
entweder überhaupt übergangen oder umgedeutet werden (Lk 11, 20 „Wenn
ich mit dem Finger Gottes die Dämonen austreibe, ist die Gottesherrschaft
zu euch gekommen" besagt: „Die Besiegung der Dämonen bedeutet ..., daß

---

1) H. PATSCH, Abendmahl ..., S. 109. 106. 110. 122. 129. 40. 88. 95. 180. 229.

die Zeit für die Aufrichtung der Gottesherrschaft nahe gekommen ist"). Darüber hinaus aber sucht H., über seine Hauptgewährsmänner J. Weiss und A. Schweitzer hinaus, ohne jede Frage nach dem Alter der einzelnen Jesusworte weitere Texte seiner These einzugliedern: die Speisung der Fünftausend ist nicht nur ein vorausgenommenes messianisches Mahl, vielmehr: „könnte es [nicht] sein, daß Jesus versuchte, das Kommen der Gottesherrschaft durch teilnehmenden *(participatory)* oder ‚sympathetischen Zauber' herbeizuführen?"; das Wort vom „bergeversetzenden" Glauben ist vielleicht „eine Erinnerung an ein Wort Jesu über Gebet um das Kommen der Gottesherrschaft"[1] usw. Diese und ähnliche gewaltsame Interpretationen können schwerlich überzeugen, und so ist es H. sicherlich nicht gelungen, die einseitigen Interpretationen der Verkündigung Jesu durch J. Weiss und A. Schweitzer durch zusätzliche Argumente überzeugender zu machen.

In den letzten drei Jahren ist im deutschen Sprachbereich eine besonders lebhafte Diskussion über die eschatologische Verkündigung Jesu geführt worden. Mehrfach hat sich E. GRÄSSER diesem Thema zugewandt. Sein Buch über „Die Naherwartung Jesu" geht von der Feststellung aus, „daß Jesus mit seiner Verkündigung der *nahen* Gottesherrschaft die Wurzel des urchristlichen Geschichtsbewußtseins war" und daß Jesu „eschatologische Blickrichtung wesentlich die nahe Zukunft war, oder vorsichtiger formuliert: die durch die *Zukunft* qualifizierte Gegenwart", „die Zukunft wird nur mit ihren Zeichen, das ist Jesu anstößige Gegenwart, schon wirksam". Von da aus wendet er sich gegen alle Versuche, „die Bedeutung der Zukunft zugunsten der Gegenwart zu relativieren", und stellt fest, daß „für die Verkündigung Jesu die Parusieverzögerung als Problem nicht nachweisbar ist". Mit diesen m. E. weithin zutreffenden Feststellungen (von der Gegenwart nur der *Zeichen* der Gottesherrschaft reden die Texte freilich nicht!) verbindet G. aber zwei weitere Thesen: a) Zwar wird „durch das *Nebeneinander* von Zukünftigkeit und Gegenwärtigkeit die Gewißheit der (zeitlich) nahe gekommenen Gottesherrschaft in einer so bisher noch nie autorisierten Weise gepredigt", aber die Jesusworte, die das Kommen der Gottesherrschaft *in dieser Generation* ankündigen, stammen nicht von Jesus, sondern sind Trostworte der Gemeinde, die zeigen wollen: „Wenn der Herr auch verzieht, so kommt er doch wenigstens noch in dieser Generation". b) Wenn Jesus auch möglicherweise „über seinen Tod reflektiert hat", so ist die „Annahme, Jesus habe erwartet, zwischen seinem Tod und der innerhalb seiner Generation erwarteten Parusie werde noch *einige* Zeit verstreichen", aus exegetischen und „grundsätzlichen Erwägungen" unhaltbar. Diese Thesen scheinen mir nach wie vor auf einem Ausweichen vor dem eindeutigen Zeugnis der Texte zu beruhen, und ihre Konsequenz ist die falsche

---

1) R. H. HIERS, The Historical Jesus ..., S. 13. 63. 67. 77 f.

Alternative: ,,Paulus blickt auf die entscheidende Aeonenwende zurück; Jesus sieht sie in der nahen Zukunft", bei der die Gegenwart der Zukunft in der Verkündigung Jesu ebenso wenig zu ihrem Recht kommt wie die Zukünftigkeit des begonnenen Heils bei Paulus. Aber wenn ich auch gegen diese Thesen erhebliche Einwände erheben muß, so bleibt Grässers Nachweis der zentralen Rolle der an seine konkrete Gegenwart gebundenen Naherwartung in der Verkündigung Jesu sehr wichtig, und der Aufsatz ,,Zum Verständnis der Gottesherrschaft", der natürlich von den gleichen Anschauungen ausgeht, ergänzt die Ausführungen des Buches über die Naherwartung in drei wichtigen Punkten[1]): ,,Vom breiteren Kontext her ist die Struktur der von Jesus angesagten Basileia als Entscheidungskampf zwischen Gottesherrschaft und Satansherrschaft zu beschreiben", ferner: ,,Daß Menschen durch sittliches Tun oder sozialrevolutionäre Praxis an der Realisierung der Gottesherrschaft arbeiten könnten, ... ist eine für die Predigt Jesu unmögliche Vorstellung", schließlich: ,,Ziel dieses göttlichen Einsatzes [beim Kommen der Gottesherrschaft] ist die Wiederherstellung des einzelnen Menschen in seiner Ganzheit, nicht eines Kollektivs, einer Gruppe oder eines Volkes". Diesen letzten Gedanken hat G. dann in seinem Beitrag zur Conzelmann-Festschrift noch weiter ausgeführt: Durch Jesu Predigt von dem ,,Nebeneinander von Gegenwart und Zukunft des Reiches" ,,ist der einzelne aufgerufen, für sich zu entscheiden", und das besagt, daß für Jesus ,,die Zugehörigkeit zum jüdischen Volk keinen Anspruch begründet", ,,der einzelne ist durch die Zugehörigkeit zum auserwählten Volk nicht gesichert, sondern gefordert". Das trifft sicher zu, aber ich kann die daraus gezogene Folgerung nicht anerkennen, daß ,,Jesus den Gedanken des neuen Bundes nicht aufgegriffen hat" (die Beiseiteschiebung des Kelchwortes in der Fassung von 1 Kor 11, 25 scheint mir unerlaubt), und die Alternative ,,kollektiv" oder ,,individualistisch" scheint mir angesichts von Lk 12, 32 und der Rolle der ,,Zwölf" im Wirken Jesu falsch zu sein[2]). Aber trotz dieser Einwände bedeuten diese drei Untersuchungen Grässers eine wirkliche Förderung unseres Verständnisses der eschatologischen Verkündigung Jesu.

Dieser Interpretation hat nun freilich bald darauf E. LINNEMANN heftig widersprochen. In einer Verunglimpfungen nicht scheuenden Polemik, vor allem gegen J. Becker, E. Grässer, J. Jeremias und mich, sucht sie die These zu erweisen: ,,Es gibt kein einziges Jesuswort, das ausdrücklich von der Nähe der Gottesherrschaft oder des Gerichts redet, dessen Echtheit hinreichend

---

1) Auf Grässers wichtige Ausführungen zum Problem der Echtheitskriterien in der Jesusforschung zu Beginn dieses Aufsatzes sei nur zustimmend hingewiesen.

2) E. GRÄSSER, Die Naherwartung..., S. 13. 55. 65. 81. 124. 52. 22. 94. 121. 5; Zum Verständnis ..., S. 11. 20. 23; Jesus und das Heil ..., S. 172. 174. 177f. 180. 182.

gesichert wäre", ja die Zahl der echten Jesusworte, die die Gottesherrschaft
als zukünftig voraussetzen, „scheint nicht so groß zu sein, wie zumeist unter-
stellt wird". Wenn sie dann freilich die nach ihrer Meinung echten Jesusworte
zusammenstellt, die „eindeutig ... eine eschatologische Präsenz der Basileia
voraussetzen", wird auf die geringe Zahl *dieser* Worte nicht hingewiesen. Und
wieder werden mit scharfer Polemik diejenigen Forscher angegriffen, die nach
Linnemanns Meinung eine „Einschränkung der Präsenz der Gottesherrschaft"
vertreten, weiter werden die Versuche abgelehnt, das „unvermittelte Nebeneinander von Gegenwart und Zukunft in der Verkündigung Jesu" durch Eliminierung der Zeitvorstellung verständlich zu machen; nach L. ist dieses
Nebeneinander vom „traditionellen Zeitbegriff ... einer fort-laufenden Zeit"
aus nicht „*denk*-bar", im Anschluß an Heidegger und E. Fuchs wird vielmehr
festgestellt, Zeit müsse „erfaßt werden in ihrem ursprünglichen Charakter als
Zeit *zu*", d. h.: nach Jesus ist die eschatologische Gottesherrschaft „nicht vorhanden", sondern „zuhanden"; Jesus fand den eschatologischen Begriff der
Gottesherrschaft im Vorstellungsrahmen des „vulgären uneigentlichen Zeit-
begriffs" vor „und bezog ihn auf ein Zeitverständnis, das Zeit ursprünglicher
faßt als Zeit zu". Zwar wehrt sich L. ausdrücklich gegen den Einwand, „daß
Jesus mit seiner Zeitansage an seinen Hörern vorbei redete", aber wenn sie
ihren Gegnern gegenüber „die Verstehensmöglichkeiten von Jesu Hörern und
damit die Sprachmöglichkeiten Jesu" ins Feld führt[1]), so muß sie sich dieses
Kriterium auch in bezug auf ihre Interpretation gefallen lassen. Dann aber
muß eindeutig gesagt werden, daß Jesu Worte durch garnichts etwas davon
verraten, daß er einen andern Zeitbegriff verwendet als seine Hörer, und in
Wirklichkeit entsteht das von L. statuierte Problem nur dadurch, daß sie in
unmethodischer Weise die Ansage der nahen Gottesherrschaft aus der Verkündigung Jesu eliminiert und die nach ihrer Meinung wenigen Zukunftsaussagen überhaupt nicht ernst nimmt. Auf dem von L. eingeschlagenen Weg
läßt sich darum ein Verständnis der eschatologischen Verkündigung Jesu nicht
gewinnen.

Vier Aufsätze der Schülergabe für A. Vögtle befassen sich mit der eschatologischen Verkündigung Jesu als ganzer. M. LATTKE bietet eine nützliche Zusammenstellung des Vorkommens oder Fehlens der Vorstellung der „Königsherrschaft" Gottes in den verschiedenen frühjüdischen Quellen, ohne eine
dieses Material interpretierende Zusammenfassung zu bieten. I. MAISCH weist
ohne exegetische Auseinandersetzungen auf die Zukunfts- und Gegenwartsaussagen bei Jesus hin und interpretiert dann, mit z. T. etwas willkürlicher
Rekonstruktion einer ältesten Überlieferungsform, einige Gleichnisse aus
Mt 13 und Mk 4, ohne wirklich Neues zu bieten. P. WOLF beschreibt Überein-

---

1) E. LINNEMANN, Zeitansage ..., S. 246. 249. 252. 254. 257 f. 260. 262 f. 250.

stimmung und Gegensatz zwischen dem Täufer und Jesus in der Predigt von
Gericht und Heil und sieht richtig „das entscheidend Unterscheidende" in
der „Vorordnung des Heilsangebotes vor das Gericht durch einen Gott, der
Sünder liebt und sucht" (S. 49). Während diese drei Arbeiten nicht eigentlich
als Beiträge zur Forschung bezeichnet werden können, sucht L. OBERLINNER
in Auseinandersetzung mit der Forschungslage die These zu erweisen, daß die
viel diskutierten Jesusworte, die einen nahen *Termin* für das Kommen der
Gottesherrschaft ankündigen, sich „besser und passender aus der Situation
der Urgemeinde erklären lassen" (S. 59), d.h. diese Worte werden (ähnlich
wie bei E. Grässer) als Antwort der Gemeinde „auf eine gewisse Enttäuschung"
und „ein Nachlassen der Hoffnung" interpretiert. Mir scheint diese Erklärung
weder geboten noch wahrscheinlich zu sein, aber der Aufsatz ist eine selbständige und beachtenswerte Begründung dieser These.

Mit den durch die Naherwartung Jesu gestellten Fragen befaßt sich auch
die Schrift von H. WENZ über die „Theologie des Reiches Gottes". Er will der
falschen These, „wonach über Jesu Ankündigung des Kommens des Reiches
Gottes weiter nichts zu sagen wäre, als daß Jesus sich hierin geirrt habe", die
richtige These entgegenstellen, „daß das Reich Gottes sowohl eine gegenwärtige bzw. gekommene als auch eine zukünftige bzw. kommende Größe ist",
und bekämpft die Rede vom bloßen „Anbruch" der Gottesherrschaft, da
„Jesu Botschaft vom Reich ... die volle Präsenz des Reiches Gottes beinhal-
tete". Dem ist durchaus zuzustimmen. Wenn W. dann aber darüber hinaus
einerseits feststellt, daß „Jesus sich insofern nicht über das Kommen des Reiches Gottes geirrt hat, als es mit seinen Machttaten bereits in die Welt gekommen ist", andererseits aber nach einer Besprechung der „Terminaussagen"
Jesu erklärt, daß „bei der gegebenen Quellenlage kein Wissenschaftler beweisen kann, daß Jesus sich geirrt haben muß", so dürfte das eine falsche
Alternative sein: wer Jesu Aussagen über die Gegenwart der Gottesherrschaft
in der Person Jesu als gut bezeugt anerkennt (was ich tue), kann doch damit
exegetisch nicht beweisen, daß sich Jesus mit diesen Aussagen nicht geirrt hat;
und wer sich aufgrund exegetischer Einsicht dazu veranlaßt sieht anzuerkennen, daß Jesus offensichtlich mit einem Kommen der Gottesherrschaft in seiner Generation gerechnet hat (was W. als *mögliche* Feststellung gelten läßt),
kommt um die Tatsache nicht herum, daß hier ein Irrtum Jesu vorliegt, und
sollte dieser Tatsache nicht mit der Behauptung ausweichen, Jesus habe sich
„insofern nicht geirrt bzw. getäuscht, als er von der Nähe des Gottesreiches
sprach", als „das Reich Gottes zu allen Zeiten dem Menschen nahe ist, der die
Gebote der Gottes- und Nächstenliebe am höchsten einschätzt und auch
praktiziert". Und wenn W. die nach seiner Meinung falsche Behauptung,
Jesus habe sich in seiner Naherwartung geirrt, denen in die Schuhe schiebt,
„die in individualistischer Sicht nur den einzelnen sehen", während Jesus

„den einzelnen und die Gemeinschaft angesichts des gekommenen und kommenden Gottesreiches zur Umkehr gerufen habe", so ist das schlicht falsch, wie (ohne Bezugnahme auf Wenz) E. GRÄSSER in seinem oben besprochenen Beitrag zur Conzelmann-Festschrift gezeigt hat. Und wenn schließlich nach W. „Gott mit und durch den Menschen in dieser Welt sein Reich errichtet"[1]), so hat E. GRÄSSER auch diese Behauptung (ohne Bezugnahme auf Wenz) in seinem Aufsatz über das Verständnis der Gottesherrschaft als exegetisch falsch erwiesen. So anerkennenswert daher das Bemühen von Wenz ist, die Doppelseitigkeit der Verkündigung Jesu von der Gottesherrschaft zu verteidigen, so hat er aus dieser Einsicht doch unhaltbare Folgerungen gezogen, so daß sein Buch mit kritischer Vorsicht gelesen werden muß.

Wenden wir uns nun Untersuchungen zur sittlichen Verkündigung Jesu und der damit verbundenen Frage nach Jesu Stellung zum jüdischen Gesetz zu, so ist zunächst auf J. BLANKs Überlegungen zur Ethik Jesu hinzuweisen. Mit der befreienden Botschaft von der Gottesherrschaft hat Jesus den Appell verbunden, „bereits jetzt, inmitten einer von Unheil gezeichneten Welt, aus einer letzten zuversichtlichen Heilsgewißheit heraus zu denken, zu leben und zu handeln". „Jesus hat nicht einfach neue Forderungen aufgestellt und gesagt, man müsse sie erfüllen", „am Anfang steht nicht die Forderung ..., sondern das Geschenk, die Gabe, die bedingungslose Zusage des Heils für jeden, der daran interessiert ist", „die Metanoia wird so zur offenen grundsätzlichen Bereitschaft, auf das verheißene Endheil hin zu leben". Von diesen Voraussetzungen aus hat „Jesus die jüdische Gesetzesfrömmigkeit radikal vereinfacht... Ernsthaft verbindlich war für Jesus nur der ethische Inhalt der Thora", „der radikale Heils- und Liebeswille Gottes in seiner unmittelbaren Dringlichkeit wird zum entscheidenden Anstoß für die radikale Thorarevision Jesu", und diese „radikale Thorakritik, wie Jesus sie zuerst geübt hat, bedeutet der Sache nach das Ende des Gesetzes als einer vorgegebenen absoluten Herrschaftsstruktur". Besonders wichtig ist die abschließende Ablehnung der Behauptung, „daß bei Jesus Gott durch Mitmenschlichkeit interpretiert wurde", vielmehr „wird man am *Doppelgebot der Gottes- und Nächstenliebe* festhalten müssen"[2]). Das alles scheint mir richtig zu sein, und es ist nur schade, daß diese Gedanken ohne exegetische Nachweise vorgetragen werden.

Es bleibt daher auch unklar, ob nach Blanks Meinung das in Mk 12, 28–34 par. berichtete Gespräch über das Doppelgebot der Liebe auf Jesus zurückgeht oder nicht. Das hat etwa zur gleichen Zeit CH. BURCHARD in seinem Aufsatz über das doppelte Liebesgebot bestritten. Nach B. setzt die älteste der

---

1) H. WENZ, Theologie ..., S. 32. 46. 50. 39. 65. 89. 77. 90.
2) J. BLANK, Was Jesus ..., S. 309. 312. 315. 310. 314–317.

Überlieferungen des Gesprächs über das erste Gebot, nämlich Mk 12, 28 ff., „ein hellenistisch-jüdisches, nicht das rabbinische Gesetzesverständnis voraus"; daß die beiden Sätze über Gottes- und Nächstenliebe „das erste und zweite aller Gebote sind, charakterisiert doch wohl den Diasporajuden", der ganze Text des Markusberichts ist „in hellenistisch-jüdischem Geist geformt". Aber auch „das doppelte Liebesgebot ist kaum von Jesus geschaffen worden", es ist „wohl Erbstück aus dem hellenistischen Judentum", das man allerdings – das wird konzediert – Jesus „nicht ohne historisches Recht ... in den Mund gelegt hat"[1]): Diese nicht ohne Vorgänger vorgetragene These[2]) scheint mir freilich sehr problematisch zu sein, da m.E. weder die vorausgesetzte Unterscheidung eines rabbinischen und eines jüdisch-hellenistischen Gesetzesverständnisses richtig ist noch die *exklusive* Isolierung der beiden Liebesgebote irgendwo im Judentum begegnet[3]) (daß die beiden in Mk 12, 28 ff. angeführten alttestamentlichen Zitate sonst nirgendwo zusammengestellt sind, räumt B. ein). Daß man in dieser m.E. wichtigen Frage auch anders urteilen kann, zeigt der etwas spätere Aufsatz von R.H.FULLER, der zweckmäßigerweise hier gleich genannt wird. F. rekonstruiert aus der von ihm angenommenen gemeinsamen Überlieferung des Berichts bei Matthäus und Lukas zusammen mit der Markusfassung einen ursprünglichen Text der Perikope, den er aufgrund von Semitismen in die Aramäisch sprechende Gemeinde zurückführt. F. hält es ferner für unwahrscheinlich, daß das auf diese Weise als sehr alt erwiesene Doppelgebot eine Bildung der frühen Gemeinde sei, weil in der frühen Katechese immer *nur* die Liebe zum Nächsten gefordert wird. Da das Doppelgebot aber in den Testamenten der 12 Patriarchen vorkomme, die nicht eindeutig ins *hellenistische* Judentum gehörten, und dort mit der Weisheit in Verbindung gebracht werde, bestehe die Möglichkeit, daß diese Weisheitstradition schon zur Zeit Jesu in Palästina bekannt war und daß bei Jesu Verwendung des Doppelgebots der Liebe ein impliziter Gebrauch dieser Weisheitstradition anzunehmen sei. Das ist freilich eine reichlich komplizierte Argumentation; denn auch wenn Fullers Rekonstruktion einer ältesten Fassung des Berichts über die Frage nach dem ersten Gebot überzeugend wäre (was ich bezweifle), so trifft es einfach nicht zu, daß in den Testamenten der 12 Patriarchen die beiden Liebes*gebote* zusammen begegnen, und schon garnicht in bewußter Isolierung und unter Berufung auf zwei nicht zusammengehörige Thorastellen. D.h. obwohl ich die Zurückführung des Berichtes auf

---

1) CH. BURCHARD, Das doppelte Liebesgebot ..., S. 51. 55. 61. 57. 62.

2) Vgl. auch das unten zu besprechende Buch von K. BERGER.

3) Daß sie überhaupt schwerlich begegnen *konnte,* hat m.E. A.NISSEN, Gott und der Nächste im antiken Judentum. Untersuchungen zum Doppelgebot der Liebe, WUNT 15, 1974 gezeigt.

Jesus für äußerst wahrscheinlich halte, gelingt ihre Sicherung auf dem von
F. begangenen Wege schwerlich, zu diesem Zweck müßte die *sachliche* Stellung dieses Berichts im Gesamtzusammenhang der Verkündigung Jesu und
das Fehlen einer *wirklichen* Parallele im gesamten frühen Judentum berücksichtigt und dem Bericht von vorneherein mit kritischer *Sympathie* begegnet
werden.

Kehren wir zur chronologischen Reihenfolge zurück, so ist zunächst auf
den Aufsatz von J. ECKERT über die Radikalismen in der Botschaft Jesu
hinzuweisen. Unter Bezugnahme auf eine breite Literatur wird gezeigt, daß
Jesus durch ,,einige verblüffende Beispiele ein neues Denken und Handeln
demonstrieren'' will, um ,,jedes Entweichen durch etwaige Zaunlücken des
Gesetzes, aber auch jede Überheblichkeit aufgrund erfüllter Gesetze unmöglich zu machen''. Der ,,eigentliche Grund der ... provozierenden Verkündigung
Jesu'' ist, daß ,,die hereinbrechende Gottesherrschaft die bisherigen Wert-
maßstäbe ... des alten Aeons in Frage stellt''. Dabei ,,fehlt jede Kasuistik'',
und ,,die Frage der Realisierbarkeit ist kein Problem des prophetischen Um-
kehrrufes''. E. vergißt aber nicht, darauf hinzuweisen, daß ,,das Evangelium
zu einem Leben aus der Vergebung Gottes aufruft'', ,,den radikalen sittlichen
Weisungen entspricht ... die radikale Gnade''[1]). Das ist alles durchaus richtig, aber keineswegs neu, und die eigentlich bedrängende Frage, die die Radikalismen Jesu stellen, nämlich ihr Verhältnis zum gleichzeitigen radikalisier-
ten jüdischen Gesetzesverständnis und das Wie ihrer Verknüpfung mit Jesu
Predigt von der nahen Gottesherrschaft, kommt nicht in Sicht.

Daß dagegen K. BERGER die Frage nach der Stellung Jesu zum gleichzeitigen jüdischen Gesetzesverständnis in seinem umfangreichen Buch über ,,Die
Gesetzesauslegung Jesu. Teil I: Markus und Parallelen'' (590 S. Text) in umfassender Weise in Angriff genommen habe, erwartet der Leser aufgrund des
Titels. Er wird sich in dieser Erwartung aber bald enttäuscht sehen. Ich meine
damit nicht die im Vorwort berichtete Tatsache, daß erst der noch ausstehende
2. Band die Behandlung der Antithesen der Bergpredigt (und merkwürdigerweise einen Anhang ,,Jesus und der Sabbat nach den Evangelien'') bringen
wird, ich meine vielmehr den Sachverhalt, daß in diesem dicken Buch im
Widerspruch zum Titel von *Jesu* Stellung zum Gesetz nur im Vorbeigehen
die Rede ist, weil nach Bergers Meinung ,,ein Schluß auf die Gesetzesauslegung Jesu selbst von den hier behandelten Texten aus nur schwer möglich
war'', ja weil ein solcher Schluß nach seiner Meinung überhaupt nur möglich
wäre, ,,wenn man literarisch sekundäre oder hellenistisch einzuordnende
Schichten dennoch für historisch primär hält'', was B. natürlich ablehnt.
Trotz dieser Skepsis erklärt freilich B. die Anschauung, daß die religiösen

---

1) J. ECKERT, Wesen und Funktion ..., S. 312. 314. 318. 323. 325. 320.

Autoritäten des damaligen Judentums „Jesus wegen seiner freien Stellung
dem Gesetz gegenüber beseitigen und töten wollten, ist ... genau verkehrt:
die Gegner Jesu sind die Gesetzlosen, Jesus ist der wahre Lehrer des Gesetzes";
„Jesus hat weder den jüdischen Traditionsgedanken noch das Ritualgesetz
noch die Autorität des Kanons oder die gesamte heilige Überlieferung seines
Volkes von sich aus oder erstmalig aus den Angeln heben wollen"; „es ist
wahrscheinlich, daß sich Jesu Predigt gegen die Nichtbeachtung des Gesetzes
richtete"; „man wird für das Leben Jesu annehmen müssen, daß Jesus Um-
kehr- und Gesetzesprediger gewesen ist". Was dem Verf. trotz seiner methodischen Feststellungen diesen Rückschluß auf die Stellungnahme Jesu selber
ermöglicht, erfährt der Leser freilich nicht, denn die mit erdrückender Mate-
rialfülle breit und nicht ohne Wiederholungen vorgetragene Argumentation
dient ausschließlich dem Nachweis zweier Thesen. a) „Im hellenistischen Judentum ... ist Gesetz in zunehmendem Maß der Inbegriff alles dessen geworden, was man als Gesamtheit der jüdischen Lebensordnung und der jüdischen
Religion bezeichnen könnte", und dementsprechend „ist für bestimmte Bereiche spätjüdischer Tradition und des Neuen Testaments der Inhalt von
‚Gesetz' relativ variabel, er ist außer auf die Forderung nach dem Glauben
an den einen Gott meist nur auf den sozialen Bereich bezogen und hat oft im
Alten Testament nur im Dekalog einen Rückhalt", ja, „möglicherweise hat
es eine Gruppe hellenistischer Juden gegeben, die bereits vorchristlich die
Leugnung umfassender Geltung des Gesetzes mit Hilfe der Theorie von der
Gesetzgebung auf Grund von Herzenshärte der Juden vorgenommen hat".
b) „Die Nebeneinanderordnung" von Nächstenliebe und Hauptgebot (der
Gottesliebe) „als zweier Hauptgebote ... ist nur aus dem hellenistischen Judentum verständlich", „zwischen Traditionen des hellenistischen Judentums
und der ... Jesus in den Mund gelegten Erzählung [vom Barmherzigen Sa-
mariter] besteht in der Tendenz keinerlei Differenz", „eine Sentenz wie
Mk 7, 15 [„Nichts, was von außerhalb des Menschen in ihn eingeht, kann ihn
unrein machen ..."] war sehr wohl zu dieser Zeit innerhalb des Judentums
möglich"; „da das frühe Christentum sich [aber] faktisch ... im Gegensatz
zum palästinensischen Judentum befand, wurde die (überkommene) jüdisch-
hellenistische Position gegenüber der ebenso ‚jüdischen' anderen nunmehr als
christlich bezeichnet und Jesus in den Mund gelegt". D. h. anhand der Analyse und religionsgeschichtlichen Einordnung der bei Markus berichteten
Diskussionen über die beiden Hauptgebote, über das Gebot des Gehorsams
gegen die Eltern und die Qorbanpraxis (Mk 7, 1 ff.) und über Ehescheidung
und Ehebruch möchte B. zeigen, daß „am Anfang die hellenistische Gemeinde
in den Markus zugrunde liegenden Traditionen einen Gesetzesbegriff hat, der
mit dem des hellenistischen Judentums identisch ist", und daß von diesem
hellenistischen Gesetzesbegriff aus in den genannten Diskussionen „den Ju-

den nachgewiesen wird, daß sie Gottes Gesetz verlassen haben", durch den
Rahmen aber, in den Markus diesen Nachweis stellt, werden diese Sätze
„biographisiert und im Leben Jesu verankert"[1]).

Um die Unrichtigkeit dieser m.E. völlig verfehlten Konstruktion nachzuweisen, müßte man freilich nicht nur die atomisierende Analyse der evangelischen Berichte, sondern auch die Konstruktion eines vom palästinisch-jüdi-
schen grundsätzlich verschiedenen hellenistisch-jüdischen Gesetzesverständnisses als unhaltbar erweisen und zeigen, daß auch im hellenistischen Judentum von der in der Jesusüberlieferung berichteten Infragestellung etwa der
kultischen Reinheit keine Rede sein kann, daß Berichte wie die Fragen nach
dem ersten Gebot und nach der Notwendigkeit kultischer Reinheit sehr wohl
als Berichte aus der Geschichte Jesu verstanden werden können oder gar
müssen und daß die Bestreitung des in diesen kritischen Äußerungen sich
zeigenden unjüdischen Autoritätsanspruchs Jesu durch Berger nur darum
möglich ist, weil er als Folge seiner atomisierenden Analyse der Berichte nur
Fragmente und keine Zusammenhänge mehr in Händen behält. Das alles kann
hier aber nicht geschehen. Ich kann über diese allgemeinen Bemerkungen
hinaus nur einerseits darauf hinweisen, daß H. HÜBNER in seinem Aufsatz
über Mk 7, 1–23 überzeugend nachgewiesen hat, daß Bergers Analyse dieses
Textes unhaltbar ist, daß Jesus nicht am Opfer, sondern an der kultischen
Unreinheit Kritik übt, ja daß bei Jesus „sogar grundsätzliche Toraabroga-
tion begegnet" (S. 343) und daß bei allem anzunehmenden Zusammenhang
Jesu mit dem „auch und gerade in Palästina beheimateten … jüdisch-hellenistischen Denken über die Tora" „die *Aufhebung* der Vorstellung von kultischer Reinheit und Unreinheit *sein* [d.h. Jesu] Werk ist" (S. 345)[2]). Ich
kann andererseits nur dagegen protestieren, daß Berger *seine* Ansichten als
auf „methodischem Wege" gewonnen bezeichnet, während er die von ihm
erwartete Kritik daran auf den „Widerstand der Exegese" zurückführt, „die
den Unterschied zum Judentum betont" (S. 581). Wer, wie etwa H. Hübner
und ich, Bergers „umgreifendere traditionsgeschichtliche Methode" als verfehlt ablehnt und sich aufgrund der Beobachtung der Texte dazu veranlaßt
sieht, Jesu autoritäre Kritik am traditionellen jüdischen Gesetz als sicher
überliefert anzunehmen, beabsichtigt nicht, den Unterschied Jesu zum Ju-

---

1) K. BERGER, Die Gesetzesauslegung …, 587. 13. 590. 15. 26. 37. 53. 20. 136. 241.
467. 176. 173. 556. 577.

* 2) Ich darf vielleicht für diese Anschauung auf meinen Aufsatz „Äußere und
innere Reinheit des Menschen bei Jesus" (in: Das Wort und die Wörter, Festschr.
G. Friedrich, 1973, 35–46) verweisen. – Vgl. zur Kritik an Bergers Methode vorläufig
auch A. NISSEN, s.o. S. 333 Anm. 3, 229, Anm. 589 und J. BECKER, Das Gottesbild
Jesu (s. Lit.), 114 Anm. 8.

dentum zu betonen, sondern kommt, ebenfalls auf „methodischem Wege",
aber eben aufgrund einer anderen Methode, zu diesem von Bergers Resultat
abweichenden Resultat. Man kann über die Richtigkeit dieser oder jener
Methode und ihrer Resultate selbstverständlich diskutieren, aber man sollte
den wissenschaftlichen Gegner nicht ohne Grund unlauterer Absichten zeihen!

Im Gegensatz zu Bergers Buch bedeutet H. HÜBNERs Untersuchung über
„Das Gesetz in der synoptischen Tradition" eine wirkliche Förderung unseres
Verständnisses der Stellung Jesu zum Gesetz. Ursprünglich mit dem Ziel
begonnen, die vor allem von E. Stauffer vertretene These von einer durch-
greifenden Rejudaisierung des Jesusbildes in den Evangelien nachzuprüfen,
hat sich die Arbeit zu einer Rekonstruktion der Stellung Jesu zum Gesetz
und der Wiedergabe dieser Stellung in den synoptischen Evangelien aus-
gewachsen. Die Untersuchung der Antithesen in der Bergpredigt zeigt für
die Ehescheidung, daß „Jesus nicht so sehr Schrift gegen Schrift stellen ...,
sondern den Willen Gottes *über* die Schrift" stellen will, daß Jesus also in
diesem Fall „die Thora angreift und aufhebt", während er in der Warnung
vor Ehebruch die Thora „positiv aufgreift und verschärft". Schon daran zeigt
sich, daß für Jesus „die Thora nicht als solche Autorität" ist, „grundsätzlich
ist vielmehr der Wille des Vaters Autorität"; auch die „Entschränkung des
Liebesgebots" in der Forderung der Feindesliebe geht „essentiell über das
mosaische Gesetz hinaus". Die Untersuchung der Sabbatberichte zeigt, daß
„der Sabbat als von der Thora angeordnete Institution [nicht] beseitigt",
wohl aber „jenes Denken zutiefst getroffen wird, das in so starkem Maße u. a.
den Mischna-Traktat Schabbat prägt". Die besonders sorgfältige Erörterung
der Diskussion über Rein und Unrein in Mk 7, 1 ff. par. zeigt, daß „Jesus da
und nur da alttestamentliche Gebote positiv aufgreift, wo sie Ausdruck des
göttlichen Willens sind", und so ergibt sich abschließend, daß Jesus nach
dem übereinstimmenden Bericht von Q, Markus und Matthäussondergut
„wesentliche Teile des mosaischen Gesetzes außer Kraft gesetzt hat" und daß
alles dafür spricht, „daß dies der historischen Wirklichkeit entspricht", während „sich für die nicht in solch breiter Streuung vorfindlichen thorabejahen-
den Aussagen Jesu leicht eine glaubhafte Erklärung für ein Entstehen im
Verlauf der ersten Jahrzehnte des Urchristentums finden läßt"[1]). Das scheint
mir alles gut begründet und überzeugend zu sein (auf die Ausführungen über
die Stellung der einzelnen Evangelisten zu dieser Jesustradition kann ich hier
nicht eingehen), und wenn auch nicht die gesamte Überlieferung verarbeitet
und die Einordnung dieser Gedanken in die Gesamtverkündigung Jesu nur
angedeutet ist, so ist doch eine wesentliche Vorarbeit und Klärung für diese
weitergehenden Fragen geleistet.

---

1) H. HÜBNER, Das Gesetz ..., S. 62. 78f. 107. 135. 154. 226.

R. BANKS, der in seiner bereits 1973 abgeschlossenen Arbeit über „Jesus und das Gesetz in der synoptischen Tradition" zwar noch Bergers Buch, nicht aber Hübner benutzen konnte, hat sich dagegen die Aufgabe gestellt, alle für diesen Fragenkomplex in Betracht kommenden synoptischen Texte unter Heranziehung der gesamten neueren Literatur zum Thema zu erörtern, und die Berücksichtigung der neueren Forschung ist ihm auf alle Fälle in erfreulichem Umfang gelungen. Aber auch die Behandlung der in Betracht kommenden Texte geschieht, jedenfalls auf den ersten Blick, in einer methodisch vorbildlichen Weise. Ein 1. Teil behandelt die Rolle des Gesetzes im Alten Testament, der zwischentestamentlichen und der späteren jüdischen Literatur unter den Fragestellungen: wird das Gesetz als Mittel zur Leistung oder als Antwort auf Gottes Tat verstanden? Gilt das Gesetz als unveränderlich oder wandelbar, als ewig oder vorläufig? Der 2. Teil erörtert Jesu Stellung zum Gesetz in der synoptischen Tradition anhand gelegentlicher Äußerungen, anhand von Streitgesprächen und Diskussionen und anhand der umfangreicheren Erörterungen in der Rede gegen die Pharisäer und in der Bergpredigt, um mit einer Zusammenfassung zu schließen. Das Bedauerliche ist bei genauer Lektüre nur, daß der Verf. in diesem Rahmen ein klassisches Beispiel dessen bietet, was man in seiner Sprache *„special pleading"* nennt, d. h. er sucht eine von vorneherein feststehende These durchzuführen, auch wenn die Texte sich ihr widersetzen. Er sucht einerseits im 1. Teil nachzuweisen, daß zwar im Alten Testament die Gebote „sowohl den Charakter der Gabe als auch der Verpflichtung haben" und „weit davon entfernt sind, erschöpfende Gesetzbücher zu sein, die jede Seite des Lebens umgreifen", daß sich auch „nirgendwo ein Beleg für eine vorchristliche Spekulation über die Rückkehr des Mose und eine Erneuerung seiner Funktion" am Ende der Tage findet, während in der späteren jüdischen Literatur, „abgesehen von einigen weniger legalistischen Texten, die Betonung der Werke das beherrschende Motiv ist" und „für die Rabbinen ... die ganze Schrift als Thora gilt ... und die Überzeugung entsteht, daß jede menschliche Handlung ihre Entsprechung in einem göttlichen Gebot haben muß". Aus dem allem ergibt sich, daß „im Alten Testament und der apokryphen Weisheitsliteratur und einigen der apokalyptischen Werke ... wichtiges Vergleichsmaterial vorliegt für das Studium der Grundlage und Autorität der Worte Jesu über das Gesetz", nicht aber in der rabbinischen Literatur und bei den theologischen Gruppen der Zeit Jesu. Der 2. Teil aber dient dem Nachweis, daß für Jesus „nicht die Frage des Gesetzes, sondern die Autorität Jesu selbst" der entscheidende Punkt war, daß Jesu Lehre der „prophetischen Konzentration auf Gerechtigkeit näher steht" als der Kasuistik in den geschichtlichen und gesetzlichen Traditionen des Alten Testaments und der späteren jüdischen Literatur, daß Jesus „weder vom Gesetz ausgeht bei der Darstellung seiner Forderungen noch diese Forderungen, positiv oder negativ, auf das Gesetz zurückbezieht", das Gesetz aber auch nicht zurückweist oder ablehnt, daß Jesu Lehre vielmehr „auf einer ganz neuen Ebene über dem Gesetz steht", weil Jesus von einer „neuen Schöpfung" ausgeht, „die durch die Gegenwart Gottes in seiner eigenen Wirksamkeit sich ereignet". Eindeutig erklärt B. aber, daß Jesus „in seinem Handeln und seiner Lehre eine Haltung gegen die Traditionen der Pharisäer einnimmt".Um diese halb richtigen und halb falschen Thesen durchführen zu können, muß B. Jesu Übereinstimmung mit Geboten der mündlichen Lehre als bloße Befolgung frommer Sitten erklären und jeden Gesetzesbruch Jesu und jede grundsätzliche Stellungnahme Jesu gegen gesetzliche Weisungen bestreiten (der Gesetzesbruch Mk 3, 1 ff. „ist von Jesus nicht beabsichtigt ... als programmatische Beiseitesetzung des Sabbatgesetzes, sondern als ... Ruf zur Entscheidung gegenüber seiner eigenen Person und Tat"; die Erklärung Jesu, daß nichts von außen her den Menschen verunreinigen könne [Mk 7, 15], „greift das Gesetz nicht an und bestätigt es auch nicht ..., sondern drückt ein völlig neues Verständnis dessen aus, was ‚Verunreinigung' bedeutet oder nicht ... Das Wort kann nur durch seine Originalität Aufmerksamkeit auf den lenken, der es geäußert hat"); ja, B. kann behaupten, daß sich die (als Wort Jesu angenommene) Warnung vor der „Auflösung" der kleinsten Gebote (Mt 5, 19) „nicht auf die mosaische Gesetzgebung bezieht, sondern auf Christi eigene Lehre"[1]). D. h. so richtig es ist, daß Jesus kein „neues Gesetz" lehren wollte und eine die prophetische Autorität weit übertreffende Autorität für seine Interpretation des Gotteswillens in Anspruch nahm, so wenig läßt sich durch die genannten und ähnliche gewaltsame Exegesen von Banks erweisen, daß Jesus seine Lehre grundsätzlich als „Erfüllung" des Gesetzes, aber nicht in konkreter Auseinandersetzung mit dem Gesetz vertreten habe und daß sich in der Jesusüberlieferung keine „legalistischen" Worte aus der Urgemeinde fänden, während Jesus grundsätzlich jedes pharisäische Verständnis der Überlieferung abgelehnt habe. Überdies ist ja oft genug gezeigt worden, daß sich das rabbinische Gesetzesverständnis nicht so geradlinig wie bei B. als eine Depravierung der alttestamentlichen Gesetzesanschauung erklären lasse. Man wird darum das Buch von Banks bei der Exegese von Einzeltexten mit Nutzen kritisch heranziehen können, als ganzes muß ich es als verfehlt ansehen; eine wirklich vorurteilsfreie und umfassende kritische Untersuchung der Stellung Jesu zum Gesetz und der jüdischen Tradition steht noch immer aus.

Sachgemäß weise ich im Anschluß an die Arbeiten über Jesu sittliche Forderung und über seine Stellung zum Gesetz auf drei kürzlich erschienene Aufsätze hin, die sich mit der Gottesverkündigung Jesu befassen. D. LÜHR-

---

1) R. BANKS, Jesus ..., S. 18. 42. 77. 37. 58. 85. 255. 203. 259. 238. 125. 223.

MANN verweist darauf, daß Jesus durch Gleichnisse, sprichwortartige Senten-
zen und Verweise auf alttestamentliche Geschichte auf Erfahrungen hinweist,
„die den Hörer zu Eingeständnissen zwingt, zu denen er nicht von sich aus
bereit ist", vor allem aber darauf, daß Jesus „nicht auf die andere Welt verweist", daß vielmehr „das Reich Gottes im Tun wie im Reden Jesu wieder
konkret erfahrbar wird auch in *dieser* Welt" und daß dies Jesu „eigentliche
Rede von Gott ist, die ernstzunehmen ist, wie sie gesagt wird" (S. 188. 195 f.).
Das ist sicherlich richtig, aber doch nicht mehr als eine Skizze und führt darum
nicht wirklich weiter. J. BECKER hat dagegen in seinem Aufsatz über das
Gottesbild Jesu auf die Frage, ob sich „aufgrund der ältesten Interpretation
von Ostern ... feststellen läßt, wie sich wahrscheinlich die früheste Aneignung
des Jesus von Nazareth im Urchristentum vollzog", die Antwort gegeben:
„Die älteste Auslegung von ‚Ostern' besagt, daß der Gott, der Jesus aufer-
weckte, sich nach der Meinung der Jünger, die sich zu dieser Auslegung von
Ostern bekannten, durch sein auferweckendes Handeln mit dem Gottesbild
identifizierte, für das Jesus von Nazareth eingetreten war". Da nun unbe-
streitbar „die kommende Gottesherrschaft der zentrale Verkündigungsgehalt
Jesu ist und sein Verhalten in sinnvoller Korrespondenz zu ihr steht", muß
Jesu „Gottesbild ... als seine eigentliche, allem Einzelnen zutiefst inhärente
Todesursache gelten". Von dieser Voraussetzung aus fragt B. nun nach dem
Gottesbild Jesu: während „die hauptsächlichen jüdischen Gruppen zur Zeit
Jesu die Erwählung Israels, also: Abrahamskindschaft, Bundesschluß und
Gesetz zum theologischen Ansatz erheben", waren bei Jesus „das Erzväter-
thema und der Bundesgedanke allenfalls ... Randphänomene" und hat Jesus
„am Gesetz selbst in freier Form offen Kritik geübt". D.h. „Jesu Gottesbild
lag quer zum Judentum und kollidierte mit der Verwurzelung des Judentums
in Israels Heilsgeschichte, weil die konstitutive Funktion des Futurums in
der Verkündigung Jesu die jüdische Heilsgeschichte außer Kurs setzt". Das
bedeutet konkret, daß „Jesus seinen Gott darstellte als den Gott, dessen Güte
allein vor dem drohenden Gerichtstod noch Leben gewähren konnte", und so
„setzte Jesus die Autorität seines Gottes auch gegen das Gesetz ein ..., und
der Tod Jesu ist schwerlich anders motivierbar als durch Jesu Kollisionskurs
mit dem Gesetz". So kann zusammenfassend festgestellt werden: „Das Gottesverhältnis ist nun nicht mehr konstituiert durch das Halten von Gesetzen ..., sondern durch einen Gott, der als Schöpfer schon immer das Wohl
aller Menschen wollte ... und der nun mit dem Gott, der seine nahende Herrschaft der Güte antritt, identisch ist". B. fragt dann weiter nach der frühesten
Auferstehungsaussage und findet sie in dem Lobpreis des „Gottes, der Jesus
von den Toten auferweckte", während eine direkte christologische Aussage
später sei. Aus dieser Feststellung ergibt sich aber, daß „die primäre Gottes-
aussage der nachösterlichen frühesten Gemeinde ... den von Jesus her ihr

bekannten Gott nunmehr mit dem Gott identifizierte, der den wegen seines Gottesbildes gekreuzigten Jesus auferweckt hatte"[1]). Diese mit großer gedanklicher Konsequenz vorgetragene Anschauung ist zweifellos darum beachtlich, weil sie den Gegensatz zwischen der am Schöpfungsgedanken und der eschatologischen Heilsansage orientierten Gottesverkündigung Jesu und der am Gesetz und der Erwählung orientierten Gottesvorstellung des Judentums in der Umwelt Jesu richtig aufzeigt. Scharf protestieren muß ich freilich gegen die Bestreitung der „heilsgeschichtlichen" Orientierung der Verkündigung Jesu[2]), und ebenso scheint mir die alternative Entgegensetzung von einem zunächst *theo*logischen und erst sekundär *christo*logischen Osterverständnis der frühesten Gemeinde eine unhaltbare Konstruktion zu sein[3]). Aber diese Einwände ändern nichts an der Feststellung, daß B. auf sehr wesentliche Züge des Gottesbildes Jesu aufmerksam gemacht und damit auch auf eine wesentliche Voraussetzung des Todesurteils über Jesus hingewiesen hat.

Was die Frage des angeblichen Nacheinanders von theologischen und christologischen Aussagen der frühesten Gemeinde anbetrifft, so geht W. SCHRAGE in seinem etwa gleichzeitig erschienenen Aufsatz über Theologie und Christologie bei Paulus und Jesus von der m. E. richtigeren Feststellung aus, daß in der ältesten Aussage über Tod und Aufweckung Jesu Gott und Christus so „in Relation zu einander gestellt werden", daß einmal Gott und einmal Christus Subjekt ist, was „nur der Einheit entspricht, die zwischen dem Tun Gottes und der Tat Christi besteht". Da Schrage in Auseinandersetzung mit modernen Strömungen nachweisen will, daß „eine Christologie ohne Gott weder etwas mit Jesus noch mit Paulus zu tun hat", behandelt er zunächst „das Verhältnis von Gottesglaube und Christusglaube bei Paulus" mit dem (sicher richtigen) Resultat, „daß eine Christologie mit Preisgabe des Gottesgedankens ohne Sachkontinuität zu Paulus wäre", doch kann ich darauf hier nicht eingehen. Was Jesu Gottesbild anbetrifft, so macht Sch. zunächst darauf aufmerksam, daß „die Bevorzugung der eschatologischen Basileia-Botschaft" durch Jesus ihren tieferen Grund in dem „*theozentrischen* Zug von Jesu Verkündigung" hat und daß nach Jesu Botschaft „in der Person Jesu ... Gottes Herrschaft befreiend präsent ist", so daß Jesus „als Person Gott repräsen-

1) J. BECKER, Das Gottesbild ..., S. 105f. 107–111. 114f. 117. 120. 123.

2) Ich darf dazu auf die Literaturangaben in meinem Aufsatz „Heilsgeschichte im Neuen Testament?", Neues Testament und Kirche, Festschr. R. Schnackenburg, 1974, 457 Anm. 97 verweisen.

3) Angesichts der Fragwürdigkeit der Annahme, das älteste christliche Osterzeugnis habe noch keine direkte Christologie enthalten, ist die daraus abgeleitete Verstärkung der (so beliebten!) Annahme, „Jesus habe selbst keine messianischen Ansprüche erhoben" (S. 124), mehr als brüchig.

tiert". Für Jesus ist Gott aber „kein Es, sondern ein Du, das zum Menschen in Beziehung tritt", und so sehr „Gott als der barmherzige Vater ... nur dann erfahren wird, wenn man sich selbst von der Barmherzigkeit Gottes anstecken läßt", so sehr bleibt es doch „bei dem Gegenüber von Gott und Mensch", und „jede Identifizierung Gottes mit dem Mitmenschen oder der Mitmenschlichkeit wäre illusionär, absurd, ja blasphemisch". Denn daß Jesus „in Gott auch den Schöpfer gesehen hat", daran ist „ebenso wenig zu zweifeln wie daran, daß für Jesus Gott ,der Gott Abrahams, Isaaks und Jakobs' ist". Und auch Sch. betont, daß in den „den Widerspruch der Frommen provozierenden Worten und Taten Jesu immer auch die Gottesfrage auf dem Spiel stand" und daß darum Jesus „im Namen *des* Gottes gekreuzigt worden ist, der als Garant jener religiös-sittlichen Gesetzesordnung galt, die Jesus auf konkreten Problemfeldern in Frage gestellt hatte"[1]). Das alles scheint mir überzeugend zu sein, Schrages Aufsatz ist darum eine wirkliche Förderung unseres Verständnisses der Gottesverkündigung Jesu.

Damit kann ich mich zum Abschluß dieses Berichtes über die Literatur zur Verkündigung Jesu noch einigen Arbeiten zu speziellen Fragen zuwenden und schließlich anhangsweise einige Nachträge zu den beiden früheren Teilen dieses Berichtes bringen.

G. DAUTZENBERG hat sämtliche Stellen untersucht, an denen das Wort Ψυχή in Herrenworten der Synoptiker vorkommt, und dabei in einleuchtender Weise festgestellt, daß sich überall der Sprachgebrauch des palästinischen Judentums erkennen läßt, nach dem Ψυχή die konkrete menschliche Existenz im Diesseits bezeichnet, nicht aber den inneren Menschen im Gegensatz zum Leib (nur in der Zusammenfassung am Schluß wird den Texten mehr entnommen, als sie hergeben). W.H. WUELLNER gibt zur Klärung des Rufes Jesu zu „Menschenfischern" zunächst eine breite Schilderung dessen, was wir über Fischen im realen und im übertragenen Sinn und über die soziale Lage der Fischer in Galiläa wissen, um dann in reichlich dunkler Sprache den Sinn der Mission der Jünger Jesu gegenüber Israel zu erörtern („Jesus und seine menschenfischenden Partner repräsentieren innerhalb Israels, was das wahre, das neue Israel, das Israel Gottes sein sollte und immer war: das Mittel, durch das ,Heilswissen', Licht und Leben, zu allen verbreitet werden sollte", S. 157). Dabei fallen mancherlei lehrreiche Informationen ab, da aber das konkrete Verständnis Jesu von der Beauftragung der Jünger nicht erörtert wird, gewinnt der Leser kein wirkliches Verständnis dessen, was im Sinne Jesu „Menschenfischen" bedeutet. Auch die Schrift von J. MOLITOR über „Grundbegriffe der Jesusüberlieferung im Lichte ihrer orientalischen Sprachgeschichte"

---

1) W. SCHRAGE, Theologie und Christologie ..., S. 123. 152. 122. 135f. 138. 141f. 146f. 151f.

führt nicht wirklich weiter. Denn die Behauptung, daß sich die vom griechischen Text abweichende Wiedergabe einer Reihe neutestamentlicher Grundbegriffe in der syrischen Übersetzung durchgehalten habe in den vom syrischen Text abhängigen altarmenischen und altgeorgischen Übersetzungen und
daß infolgedessen von diesen Tochterübersetzungen auf den ursprünglichen
aramäischen Sinn dieser Begriffe in der Sprache Jesu zurückgeschlossen werden könne, geht von den beiden Voraussetzungen aus, daß die (doch aus *grie-
chischem* Text geflossenen!) syrischen Übersetzungen der Evangelien zu dem
aramäischen Wortlaut der Begriffe zurückgekehrt seien, der dem griechischen
Text zugrunde gelegen hat, und daß die syrischen Begriffe durch ihr Vorkommen auch in den aus ihnen geflossenen Tochterübersetzungen ,,bestätigt"
würden. Die erste Voraussetzung aber ist unbewiesen, und die zweite Voraussetzung ist entweder eine Selbstverständlichkeit oder eine Irreführung. Die
vom Verf. aufgewandte große philologische Gelehrsamkeit ist darum ganz
nutzlos angewendet worden, von dem Fehlen jeglicher historischer Kritik an
der Überlieferung der Jesusworte ganz zu schweigen[1]).

Ein seltsames Buch hat J. CARMIGNAC mit seinen umfangreichen ,,For-
schungen über das Unservater" vorgelegt. Unter Heranziehung der gesamten
Auslegungsgeschichte von den Kirchenvätern an (die Bibliographie umfaßt
85 S.!) erörtert er die Frage des Urtextes und alle wesentlichen exegetischen
Einzelprobleme des Herrengebets, um mit einer ,,Synthetischen Studie" zu
schließen, und insoweit kann das Buch durchaus als ein Kompendium für alle
mit dem Vaterunser zusammenhängenden Fragen benutzt werden. Die Thesen, die der Verf. selber vertritt, sind freilich erstaunlich: da Lukas auch sonst
öfters etwas ausgelassen hat, hat er es auch in diesem Fall getan, d.h. der
siebenzeilige Text des Matthäus ist die ursprünglichere Überlieferung; dahinter aber steht, wie hinter dem gesamten Matthäusevangelium, ein hebräischer
Urtext Jesu. Die Anrede Gottes als ,,Unser Vater in den Himmeln" hat Lukas
als zu semitisch gekürzt, wobei er von Paulus beeinflußt gewesen sein kann
(Rm 8, 15!); das erbetene Brot bezeichnet das Manna, das speziell für die
Übersetzung dieses Gebets gebildete Wort ἐπιούσιος heißt ,,vor dem morgigen
Tag", und die richtige Übersetzung *,,notre manne jusqu'au lendemain"* würde
dieser Bitte ,,ihren ganzen Umfang wiedergeben, indem sie unseren himmli-
schen Vater um die dreifache Nahrung bittet, die besteht aus den körperlichen
Nahrungsmitteln, aus dem göttlichen Wort und aus dem Christus in der
Eucharistie" (S. 221); ein uneschatologisches Verständnis des Gebets vertritt
die ganze patristische und exegetische Tradition bis zum Aufblühen des
Eschatologismus in der neuesten Zeit, und ,,diese Tradition war nicht blind
und nicht ungetreu" (S. 347). Ich kann das alles nur als falsch bezeichnen,

---

1) Vgl. auch die konkreten Einwände von O. BETZ, ThLZ 95, 1970, 502f.

so ungern ich ein solches Urteil angesichts des vom Verf. aufgewandten Fleißes und Scharfsinns und seiner inneren Beteiligung an seinem Gegenstand auch fälle. Das Buch kann m.E. nur auf die Auslegungsgeschichte aufmerksam machen und Veranlassung dazu sein, die Thesen des Verfassers kritisch nachzuprüfen[1]).

J.Jeremias hat seit 1953 wiederholt die These vertreten, daß zu den sprachlichen Besonderheiten Jesu der Gebrauch von ἀμήν am Satzanfang zur Betonung der Autorität der eigenen Aussage gehöre[2]). V. HASLER hat dieser These widersprochen mit dem ausführlichen Nachweis, daß in sämtlichen Belegstellen bei den Synoptikern dieser Sprachgebrauch entweder redaktionell ist oder, bei isoliert überlieferten Sprüchen, das Amen „als Stilmittel innerhalb von bestimmten Spruchreihen verwendet wird, die ihren Sitz im Leben jener hellenistischen Gemeinden haben, in deren Bereich auch die Evangelien entstanden sind"; und aus dem bei Paulus bezeugten kultischen Gebrauch von ἀμήν leitet er die Vermutung ab, „daß im charismatisch bestimmten Gottesdienst der hellenistischen Gemeinden das bestätigende ... Amen sich affirmativ mit der Einführung einer durch die christlichen Propheten geoffenbarten Weissagung des erhöhten Christus verbunden hat". Außerdem begegne dieser Sprachgebrauch auch in rabbinischen Texten und in Apokalypsen. H. sagt darum abschließend: „Die Funktion, welche unsere Formel innerhalb der Tradition der Herrenworte ausgeübt hat, ist eine sekundäre und spätere"[3]). Nun kann Haslers Analyse der evangelischen Texte nur als sehr willkürlich bezeichnet und die Behauptung keineswegs immer als überzeugend angesehen werden, das ἀμήν sei redaktionell, ganz abgesehen davon, daß die Behauptung aus der Luft gegriffen ist, man habe charismatische Äußerungen christlicher Propheten durch das vorangestellte ἀμήν als Christusworte autorisiert; und die angeblichen Belege für einen affirmativen Gebrauch von ἀμήν im Judentum treffen nicht zu, wie J.JEREMIAS gegen Hasler gezeigt hat[4]). Hasler hat darum schwerlich die These von der hellenistischen Entstehung des nur im Munde Jesu begegnenden affirmativen ἀμήν erhärten können.

---

1) Vgl. die sorgfältige und vorsichtige Kritik von H.-F.WEISS, ThLZ 96, 1971, 506ff.

2) S. zuletzt ausführlich bei J.JEREMIAS, Neutestamentliche Theologie I, 43ff.

3) V.HASLER, Amen ..., S. 167. 173f. 187.

4) J.JEREMIAS, Neutestamentliche Theologie I, 44 Anm. 38 und DERS., Zum nicht-responsorischen Amen, ZNW 64, 1973, 122f. Auch J.STRUGNELL, „Amen I Say Unto You" in the Sayings of Jesus and in Early Christian Literature, HThR 67, 1974, 177ff. hat m.E. nicht nachgewiesen, daß es einen affirmativen Gebrauch von ἀμήν im Judentum zur Zeit Jesu gegeben hat (auch der von ihm angeführte Beleg aus dem 7. Jh. v.Chr. ist keineswegs sicher). – Zu K.Bergers Buch zu dieser Frage s.o. S. 297 Anm. 1.

Sehr förderlich scheint mir dagegen H. Schürmanns Versuch zu sein, aufgrund der Vermeidung eines „Methodenmonismus" die Frage zu beantworten: Wie hat Jesus seinen Tod bestanden und verstanden? Er will dabei die in ihrer Echtheit umstrittenen Jesusworte über seinen bevorstehenden Tod bewußt beiseite lassen (zumindest zunächst) und zeigt als erstes, daß „politische Mißdeutung seines [d. h. Jesu] Wirkens nicht außerhalb aller Möglichkeiten in seiner galiläischen Umwelt lagen" und daß Jesu Auslegung des Willens Gottes und sein Gnadenangebot an die Sünder „ihn wohl ... in Gegensatz zu beiden maßgeblichen Gruppen des damaligen Judentums brachten, besonders tief zu den Pharisäern, am Ende ausschlaggebend aber zu den Sadduzäern", so daß „Jesu Tod in der Konsequenz seines Wirkens lag". Sch. betont dann zweitens, daß die Weitergabe von Jesu radikaler sittlicher Forderung „nachösterlich gewiß nicht weitergegangen wäre, wenn die ersten Zeugen darum gewußt hätten, daß Jesus in seinem Todesschicksal sittlich gescheitert wäre", daß überdies „das Wissen um einen sittlichen Zusammenbruch Jesu im Todesgeschehen einer nachösterlichen Überlieferung" der Forderung Jesu zur Martyriumsbereitschaft und zum „Vertrauen auf die Vorsehung des Vaters" „den Boden entzogen hätte". Sch. macht drittens darauf aufmerksam, daß Jesus nicht ohne „nüchternes Wissen des Risikos" nach Jerusalem gegangen sein kann und „mit der Tempelreinigung seinen Gegnern den Anlaß bot zu seiner Festnahme", was alles zeigt, daß Jesus „sich nicht nur passiv in dieses ihm zukommende Geschick gefügt hat". Das alles scheint mir eine sehr beachtliche Argumentation zu sein; wenn Sch. dann freilich nicht nur erklärt, daß „die *Möglichkeit,* daß Jesus seinen Tod und diesen sogar als Heilstod mit seiner Basileiaverkündigung zusammendenken *konnte,* schwerlich in Abrede gestellt werden kann" (worüber man diskutieren könnte!), sondern auch die *Wahrscheinlichkeit* nachzuweisen sucht, „daß Jesus seinem vorausgesehenen Tod Heilsbedeutung zugeschrieben" und davon „im Abendmahlssaal gesprochen hat"[2]), so dürfte das über die Möglichkeit geschichtlicher Erkenntnis hinausgehen. Aber trotz dieses Vorbehalts bieten m. E. die Ausführungen Schürmanns eine wichtige Klärung unseres Verständnisses der ganz persönlichen Haltung Jesu.

Wie versprochen, sollen zum Abschluß dieses Berichtsteiles in Form eines Anhangs noch einige Arbeiten besprochen werden, die sachgemäß im Zusammenhang des 1. oder 2. Teils des Berichts hätten erwähnt werden müssen, aber erst nach Drucklegung dieser Teile erschienen oder mir zugänglich geworden sind. Da ist zunächst auf die beiden S. 295 Anm. 1 genannten Festschriften hinzuweisen, deren Aufsätze in Teil III bereits insoweit besprochen worden sind, als sie die Lehre Jesu betreffen (s. aus der Schülergabe für

---

2) H. Schürmann, Wie hat Jesus ..., S. 331. 334. 336 f. 338. 340–342. 345. 351. 355.

A. Vögtle die Arbeiten von M. Lattke, I. Maisch, L. Oberlinner, P. Wolf und aus der Festschrift für H. Conzelmann die Aufsätze von J. Becker, R. Fuller, E. Grässer, E. Linnemann, D. Lührmann, W. Schmithals). Auf die sonstigen Beiträge zur *Schülergabe für A. Vögtle* kann ich freilich nur hinweisen, da sie redaktionsgeschichtliche Probleme behandeln und daher nicht zu dem hier behandelten Problemkreis gehören: D. ZELLER stellt die an der Naherwartung orientierte Eschatologie der Jesusworte in der Logienquelle zusammen, J. M. NÜTZEL beschreibt die Eschatologie des Markus als nur teilweise von der Naherwartung bestimmt, P. FIEDLER stellt im Matthäusevangelium eine Christologisierung, Ethisierung und Periodisierung der Basileia-Vorstellung fest, H. J. MICHAEL ist der Meinung, daß sich die eschatologischen Aussagenreihen des Lukas nicht völlig auf einen gemeinsamen Nenner bringen lassen, und betont den pastoralen Aspekt der lukanischen Theologie. Am ausführlichsten handelt der kurz nach Fertigstellung seines Aufsatzes verstorbene G. RICHTER über ,,Präsentische und futurische Eschatologie im 4. Evangelium", wobei er in großem Umfang zwischen dem Evangelisten und einem ,,antidoketistischen Redaktor" unterscheidet. Zwei abschließende Beiträge behandeln systematische (D. ZELLER, Exegese als Anstoß für Systematische Theologie) bzw. praktisch-theologische (H. GOLLINGER, Reich/Herrschaft Gottes als Thema des Religionsunterrichts?) Fragen.

Auch die *Festschrift für H. Conzelmann* enthält außer den sechs schon besprochenen Arbeiten eine Reihe von Aufsätzen, die hier nur genannt werden können: J. ROLOFF möchte ein dezidiertes theologisches Interesse am irdischen Jesus für den Hebräerbrief erweisen, L. SCHOTTROFF versucht eine ,,politische" Deutung der nach ihrer Meinung kaum auf Jesus rückführbaren Forderungen * der Feindesliebe und des Gewaltverzichts, J. A. FITZMYER bringt in einem materialreichen Aufsatz neue (und m. E. überzeugende) Belege für den palä- * stinisch-semitischen Ursprung des Titels κύριος für Jesus bei, E. E. ELLIS möchte vorösterliche schriftliche Texte und Midraschformen in der Lehre des irdischen Jesus nachweisen, J. DUPONT zeigt die Wahrscheinlichkeit ursprünglicher Zusammengehörigkeit der Gleichnisse vom Senfkorn und vom Sauerteig, U. LUZ ist der Überzeugung, ,,das Jesusbild der vormarkinischen Jesustradition" in Abgrenzung zu dem Jesusbild von Q rekonstruieren zu können, P. VON DER OSTEN-SACKEN sucht aus den Formen des Streitgesprächs und der Parabel die markinische Anschauung von dem Gegensatz zwischen Jesus und seinen jüdischen Gegnern zu erkennen, D.-A. KOCH will in Mk 8, 27–9, 1 die eschatologischen Aussagen von Mk 13 als bereits vorausgenommen sehen, * CH. BURCHARD sucht unter Ausschaltung der Frage nach echten Jesusworten das matthäische Thema und die Gliederung der Bergpredigt zu bestimmen, * M. J. SUGGS möchte die Antithesen der Bergpredigt auf den Evangelisten zurückführen, F. LANG skizziert die Probleme, die die Überlieferung über Johannes den Täufer bietet, E. Lohse beschreibt die sich wandelnden Vorstellungen des Urchristentums von Christus als dem Weltrichter, E. Schweizer fragt mit reichen religionsgeschichtlichen Belegen nach dem Sinn der Vorstellung von der Versöhnung des Alls im Kolosserbrief, G. Strecker schließlich untersucht die (relativ späte) Entstehung und den jeweiligen Sprachgebrauch des Nomens „Frohbotschaft" und des dazu gehörigen Verbums in den neutestamentlichen Schriften; den Abschluß der Festschrift bildet eine Bibliographie der Veröffentlichungen von H. Conzelmann.

Aber neben den schon besprochenen und diesen hier nur zu nennenden Beiträgen enthält diese Festschrift auch noch eine Anzahl von Aufsätzen zu Themenbereichen des 1. und 2. Teils dieses Berichts, von denen darum hier noch die Rede sein soll. Da sind zunächst zwei Arbeiten zu nennen, die sich mit dem Problem des historischen Jesus als ganzem beschäftigen. S. Schulz geht von der Feststellung aus, daß die „Kriterien für die Eruierung echten Jesusgutes aufgrund der bisherigen form- und redaktionsgeschichtlichen Ergebnisse problematisch geblieben sind", während „die *konsequent traditionsgeschichtliche Frage* nach dem historischen Jesus ... einen Schritt weiter zu führen" vermöge. Er ist der Meinung, die älteste mündliche Gemeindeüberlieferung auf verschiedene Gemeinden verteilen zu können (älteste und jüngere Q-Tradition, vormarkinische Tradition und Sondergut des Matthäus und des Lukas), die „sämtlich hellenistisch-judenchristliche Gemeinden sind, die in Syrien und nicht in Palästina beheimatet sind". „Die Leben-Jesu-Traditionen" dieses „konservativen apokalyptischen Urchristentums sind traditionsgeschichtlich uneinheitlich", „die ältesten Q-Stoffe dürften auf die Botschaft des historischen Jesus zurückgehen", während „die übrigen Leben-Jesu-Stoffe christologisch-kerygmatische Konsequenzen der Jesusbotschaft" darstellen, was zur Folge hat, „daß echte Jesusworte kaum gleichzeitig in den Q-, Markus- und Sondergut-Traditionen vorkommen". Trotzdem heißt es dann, daß „grundsätzlich die sachliche und fundamentale Einheit aller Leben-Jesu-Stoffe mit Nachdruck festgehalten werden" müsse, ja, „daß die Botschaft des irdischen Jesus in der Sache letztlich deckungsgleich mit derjenigen der konservativen apokalyptischen Urchristenheit war" und daß es darum keineswegs unmöglich sei, „zum historischen Jesus vorzustoßen". Dagegen wurden nach Sch. in den „Kerygma-Traditionen des radikalen apokalyptischen Urchristentums (Stephanuskreis, vorpaulinische Gemeindetraditionen und Paulus) ... Leben und Taten des historischen Jesus ersetzt durch die exklusiv christologisch bestimmte Verkündigung seines Todes und seiner Auferstehung ... sowie seiner Sendung und Menschwerdung ... als Heilsereignisse", „bereits der Stephanuskreis und die westsyrische Judenchristenheit haben die Lehre Jesu nicht wiederholt, sondern bewußt zurückgewiesen, vernachlässigt und ignoriert". Aufgrund der ältesten Q-Stoffe aber läßt sich erkennen, daß Jesus

„als Endzeitprophet zugleich Apokalyptiker, … vor allem aber charismatischer Gesetzesprediger und -ausleger" war, der „die gesamte Mosetora" anerkannte, aber „in schneidendem Gegensatz zu den Pharisäern das Sozial-
und nicht das Kultgesetz verschärfte"; „selbst seine prophetische Polemik
gegen die Pharisäer gehört sachlich in die große antipharisäische Kritik seitens der Apokalyptik innerhalb Israels", und „die viel zitierte Universalität,
Radikalität und Einzigartigkeit Jesu und seiner Botschaft sind deshalb nur
scheinbar". Nun besteht allerdings für die Behauptung der verschiedenen
judenchristlichen Gemeinden als Träger verschiedener Jesustraditionen, für
die Ausscheidung der Tradition der ältesten Q-Gemeinde und für die radikale
Unterscheidung zwischen einem konservativen und einem radikalen apokalyptischen Urchristentum keinerlei irgendwie zu sichernde Nachweismöglichkeit[1]), und darum steht das auf dieser Grundlage gezeichnete Jesusbild
auf sehr schwachen Füßen, zumal von dieser Voraussetzung aus sehr wesentliche und m. E. unanfechtbare Bestandteile der Jesusüberlieferung völlig beiseite geschoben werden, und der Versuch, von diesem Jesusbild aus die Kreuzigung Jesu zu begründen („Diese provokative antipharisäische Auslegung
des Mosegesetzes wie der damit verbundene apokalyptische Fluch über die
pharisäisch geführte Synagoge waren aufrührerisch und Grund des Kreuzes-
todes Jesu"), scheint mir völlig mißlungen. Aber Sch. geht nun noch einen
Schritt weiter und stellt fest, daß „dieses historisch-kritische Ergebnis *die
theologische Sachkritik der Botschaft des historischen Jesus* geradezu heraus-
fordert"; denn „der historische Jesus gehört historisch wie sachlich ins Spätjudentum und nicht ins Christentum", „seine Lehre ist theologisch-sachkri-
tisch beurteilt Gesetz und nicht Evangelium und kann schon garnicht der
kritische Maßstab von Theologie, Ethik und Verkündigung sein". Muß die
Darstellung des geschichtlichen Jesus durch Sch. aus historischen Gründen
als unbegründet und verfehlt abgelehnt werden, so kann gegen diese weitergehenden Ausführungen von Schulz historisch *und* theologisch nur aufs
schärfste protestiert werden. Die Behauptung, daß die Lehre Jesu „Gesetz"
sei, ist eine totale Mißdeutung aufgrund einer unhaltbaren kritischen Methode;
daß das paulinische Evangelium „die Mitte der Schrift" sei, gilt historisch
und theologisch nur dann, *wenn* Jesus und seine Botschaft „Evangelium"
und nicht „Gesetz" sind; und den Paulus, den „Nachahmer Christi", den
„Sklaven [der Korinther] um Christi willen" (1 Kor 11, 1; 2 Kor 4, 5) zum
Maßstab für die Botschaft Jesu zu machen, ist nicht nur historisch und theologisch grotesk, sondern das Ende jeder christlichen Theologie. Hier gibt es
nur „klipp und klar"[2]) ein „*quod non*"!

---

1) Ich habe darauf schon ThR, N. F. 40, 1975, 305 f. hingewiesen.
2) S. SCHULZ, Der historische Jesus …, S. 5 f. 10 f. 12. 14 f. 16. 18. 16. 20 f. – Wie

Auch H.-D. Betz stellt anhand des konkreten Beispiels von Mt 6, 1–18 die Frage nach dem historischen Jesus. Aufgrund einer atomisierenden Gliederung des Textes und der Feststellung, daß diese „Kultdidache durchaus jüdischer Theologie und Frömmigkeit entspricht" und „an keiner Stelle sich ‚christlicher' Einfluß verrät", ergibt sich ihm, daß man „bei Anwendung der bisher üblichen Kriterien wird sagen müssen, daß die Perikope nicht für eine Rekonstruktion der Verkündigung Jesu in Anspruch genommen werden kann". Freilich, „da Jesus Jude war, kann er ‚grundsätzlich gesehen' Autor aller Abschnitte [dieses Textes] gewesen sein"; da jedoch „der Abschnitt in der synoptischen Tradition singulär dasteht", „muß das Gesamturteil dahin gehen, daß der Abschnitt 6, 1–18 (vielleicht mit Ausnahme des Unser-Vater) nicht auf Jesus zurückgeführt werden kann". Da jedoch „die judenchristlichen Tradenten [dieses Textes] Jesus zeitlich und theologisch mindestens nahegestanden haben müssen" und den Anspruch erheben, „daß Jesus zu dieser Ausprägung jüdischen Denkens den Anstoß gegeben hat", „muß die Möglichkeit und sogar Wahrscheinlichkeit offen gehalten werden für ein Jesusbild, das von dem der synoptischen Tradition und ihrer heidenchristlichen Redaktion ganz und gar verschieden gewesen ist". An diesem Aufsatz ist schlaglichtartig zu erkennen, welche Folgen die kritische Voraussetzung hat, daß die Echtheit jedes Jesustextes bewiesen werden muß! Wenn, wie B. selber feststellt, „die meisten Forscher die Perikope dem historischen Jesus zuschreiben", so deswegen, weil angesichts der Tatsache, daß der Text als Jesuswort überliefert ist, nichts gegen diese Herkunft spricht, und die von B. behauptete Singularität des Textes in der Jesusüberlieferung trifft nur für die konkreten kultischen Fragen, nicht aber für das in der Weisung Jesu sich zeigende Gottesbild zu. Daß „nur der radikale Skeptizismus übrigbleibt"[1], stimmt eben nur, wenn man die Kriterien für die Feststellung des auf Jesus zurückgehenden Überlieferungsstoffes von der Voraussetzung aus anwendet, daß sich der Text gegen das Mißtrauen des Forschers zu verteidigen habe.

Zwei Aufsätze dieser Festschrift erörtern mit entgegengesetztem Resultat das Problem der Zugehörigkeit der Verkündigung des historischen Jesus zu einer „Theologie des Neuen Testaments". A. Lindemann zeigt zunächst in instruktiver Weise, ob bzw. aus welchen Gründen die Verkündigung Jesu in den Darstellungen der Neutestamentlichen Theologie seit W. Wrede begegnet, stellt im Anschluß an diesen Überblick fest, daß „die Frage, ob Jesu Verkündigung im Rahmen einer NT-Theologie darzustellen sei oder nicht, unmittelbar

---

der Herausgeber die im Ton nur als unverschämt zu bezeichnende Invektive von Schulz gegen G. Klein (der ich *sachlich* z. T. zustimme) in eine Festschrift hat aufnehmen können, ist mir unbegreiflich.

1) H.-D. Betz, Eine judenchristliche …, S. 450. 453–457. 453. 445.

abhängt vom jeweiligen systematisch-theologischen Urteil über Jesus", und fragt dann weiter, ob das Neue Testament nicht „selbst Kriterien dafür gibt, welche Rolle Jesu Verkündigung in der NT-Theologie einnehmen soll". Die Antwort lautet: „Da der Glaube der frühen Kirche sich nicht an der Verkündigung des historischen Jesus entzündet hat, sondern an den Erscheinungen des Auferstandenen" und „christliche Theologie Auslegung des Osterbekenntnisses und nicht Interpretation oder gar Wiederholung der Lehre ... Jesu ist", kann „die authentische Verkündigung des historischen Jesus in ihr [der NT-Theologie] kein selbständiger Gegenstand sein"[1]). Das scheint mir freilich eine verfehlte Argumentation zu sein; denn die Entstehung und Begründung des Glaubens der frühen Kirche kann so wenig wie die Tatsache, daß christliche Theologie nicht Wiederholung der Lehre Jesu ist, darüber entscheiden, ob zu einer vom modernen historischen Bewußtsein aus verfaßten „Theologie des Neuen Testaments" die historische Darstellung der Verkündigung Jesu sachgemäß hinzugehört oder nicht; darüber entscheidet allein, ob eine solche Darstellung historisch unerläßlich und bzw. oder theologisch notwendig ist oder nicht, und auf *diese* Frage gibt der an sich beachtliche Aufsatz Lindemanns keine Antwort. Auf diese Frage antwortet dagegen P. STUHL-MACHER, indem er nachzuweisen sucht, daß „die Darstellung von Sendung, Werk, Tod und Auferweckung Jesu als des messianischen Versöhners" an den Beginn einer Darstellung der Biblischen Theologie des Neuen Testaments gehöre, „damit man erkennen und nachvollziehen kann, wie das Kerygma zu dem wurde, was es ist, zum Versöhnungsevangelium". St. zeigt zunächst, daß gemäß den in die Urgemeinde zurückführenden Texten 1Kor 15, 3b–5 und Apg 10, 34 ff. die Urgemeinde „Jesus als den Messias verkündigt und bekennt, dessen Sendung und Werk, gipfelnd im stellvertretenden Sterben am Kreuz, den Sinn hatte, den von Gott verheißenen ‚Frieden' zwischen Gott und den Menschen ... heraufzuführen". Fragen wir dann zurück zu Jesus selbst, so ergibt sich, auch „wenn man der synoptischen Tradition historisch äußerst kritisch gegenübersteht", „das Bild eines prophetischen Gotteszeugen, der über dem Tatzeugnis von Gottes Nähe, von Gottes Vergebungsbereitschaft selbst gegenüber den *outcasts* ... mit allen maßgeblichen jüdischen Gruppen seiner Zeit in Konflikt geraten mußte ... um seiner ureigensten Sache willen, der Verkündigung und Manifestation der durch ihn selbst von Gott den Menschen eröffneten messianischen Versöhnung". St. macht weiter darauf aufmerksam, „daß die Frage, in welcher Weise Jesus der Messias sei, den Nazarener bis hin zu seinem Tode begleitet hat" und daß darum „das Kerygma mit seiner Rede von Jesus als dem in Verfolg seiner Sendung in den Tod gehenden Messias auf Jesu tatsächlichem Vollmachtsanspruch aufruht". Und da „Jesu

---

1) A. LINDEMANN, Jesus ..., S. 52. 56.

Tod in der Konsequenz seiner Sendung und seines messianischen Wirkens liegt, „laufen historische Rekonstruktion und kerygmatische Aussage über Jesu Wirken als messianischer Versöhner genau auf einander zu", und darum „sind Jesu Wirken in Wort und Tat in eine Theologie des Neuen Testaments einzubeziehen als Darstellung seiner Sendung als des messianischen Versöhners, der er selbst sein wollte"[1]). Das scheint mir im wesentlichen richtig zu sein, dürfte aber wegen seines skizzenhaften Charakters die Skeptiker nicht überzeugen; und zu fragen scheint mir auch, ob es sachgemäß und zweckmäßig ist, den im Neuen Testament keineswegs zentralen Begriff des „Versöhners" so pronconciert für die Interpretation des Selbstverständnisses Jesu und des Kerygmas der ältesten Gemeinde zu gebrauchen.

Zwei weitere Beiträge der Festschrift Conzelmann behandeln schließlich Einzelfragen des Verständnisses der Botschaft Jesu. H. THYEN stellt von der Voraussetzung aus, daß das kirchengründende Wort an Petrus Mt 16, 17–19 eine nachösterliche Gemeindebildung ist, die Frage: „Hat Matthäus ein historisches und sachliches Recht dazu, die Kirchengründung auf den irdischen Jesus zurückzuführen?"; denn „um der vom Kerygma selbst behaupteten Identität des Erhöhten mit dem Irdischen willen kann unter den Bedingungen des historischen Bewußtseins der Gegenwart auf die Frage nach der historischen Kontinuität von Jüngerschaft und Kirche [nicht] verzichtet werden". Da „der Osterglaube kein zusätzliches Credendum ist, sondern Ausdruck des rechten Verstehens des irdischen Jesus, … so ist auch die Kirche nichts anderes als die Wiederholung der Jüngerschaft unter den Bedingungen der Abwesenheit Jesu". Wenn das richtig ist – und das scheint mir der Fall zu sein –, dann ist es freilich ein unbegründetes Postulat, daß „die Frage nach Jesu ‚eigenem Glauben', nach seinem ‚Selbstbewußtsein' …, nach seinem ‚Vollmachtsanspruch' und dergleichen den Glauben … nichts angeht"[2]); denn wenn aufgrund der Überlieferung ein (wie auch immer gearteter) „Vollmachtsanspruch" Jesu zum „rechten Verstehen des irdischen Jesus" einfach hinzugehören sollte (was m. E. der Fall ist), dann kann weder die historische Rückfrage noch der an dieser Rückfrage interessierte Glaube der Frage nach diesem „Vollmachtsanspruch" ausweichen; und daß der Osterglaube nichts als „Ausdruck des rechten Verstehens des irdischen Jesus" ist, trifft m. E. einfach nicht zu.

G. PETZKE geht zwar von der Feststellung aus, daß sich die These nicht erhärten lasse, „daß Jesus ein Revolutionär gewesen sei", behauptet aber im gleichen Atemzug: hinter der Behauptung eines *un*politischen Jesus „steht selbstverständlich ebenfalls ein ganz offenkundliches Interesse: von diesem

---

1) P. STUHLMACHER, Jesus …, S. 104. 94. 97. 100 f. 99. 104.
2) H. THYEN, Der irdische Jesus …, S. 129. 133. 136 f. 138.

Jesusbild wird das Verständnis einer unpolitischen Kirche in der Gegenwart abgeleitet". Um nun die Annahme eines unpolitischen Jesus exegetisch in Frage zu stellen, zieht P. das Gespräch über den Zinsgroschen (Mk 12, 13–17) heran und behauptet, diesem Text gegenüber werde „die historische Frage ... überraschenderweise kaum ernsthaft gestellt"; der Sinn dieses Textes könne nur durch genaue Betrachtung des *Kontextes* dieses Streitgesprächs erkannt werden, und nach diesem Kontext sei „Jesus nach der Absicht des Erzählers ... garnicht an einer positiven Antwort interessiert, sondern nur daran, die Gegner bei ihrer Frage behaften und beschämen zu können", die Aufforderung Jesu zum Zahlen der Kaisersteuer („Gebt dem Kaiser, was dem Kaiser gehört!") habe daher nur den Sinn „der Zurückweisung des Überlistungsversuchs der Gegner". Der dann folgende Versteil „Gebt Gott, was Gott gehört" sei aber durch den Kontext „in keiner Weise abgedeckt", doch ist P. dann im weiteren der Meinung, daß „eine Historizität für das Gespräch wahrscheinlicher ist als für den *gesamten* V. 17", d. h. die vieldiskutierte Antwort Jesu über die Verpflichtung dem Kaiser und Gott gegenüber ist ein sekundärer Zusatz zu dem historischen Gespräch! Und damit ist das Ziel der Argumentation erreicht: „Nicht nur der revolutionäre Jesus, sondern gerade auch der unpolitische Jesus lassen sich nicht verifizieren"[1]). Es ist nun allerdings schwer begreiflich, wie P. meinen kann, aufgrund des (noch dazu sehr willkürlich interpretierten) Kontexts eines Berichtes *im Markusevangelium* den ursprünglichen Sinn eines Berichtes, eben der Zinsgroschenperikope, feststellen zu können, und es ist erst recht reine Willkür, die abschließende Antwort Jesu als traditionsgeschichtlich später zu erklären, weil Jesus etwas Anderes zur Antwort gibt, als die Frager und der Exeget erwarteten. Wenn P. den Forschern, die eine unpolitische Haltung Jesu annehmen, „ein ganz offenkundiges Interesse" vorwirft, so fällt dieser Vorwurf auf alle Fälle uneingeschränkt auf ihn zurück: diese Exegese tut dem Text um des zu erreichenden Resultats willen Gewalt an und führt darum zu keinem haltbaren historischen Resultat.

Es bleibt mir nun noch übrig, auf einige Arbeiten aus den letzten 10 Jahren hinzuweisen, die zu spät in meine Hände kamen, um in dem ihnen zukommenden Zusammenhang in den beiden vorangegangenen Teilen dieses Berichts genannt zu werden. Da ist zunächst auf den Versuch von J. G. GAGER hinzuweisen, die Methodenfrage in der Jesusforschung erneut aufzurollen. Er behauptet eingangs, daß der kanonische Status der Synoptiker dazu geführt habe, außerkanonische Quellen bei der Jesusforschung nicht gleichberechtigt heranzuziehen und nicht darauf zu verzichten, die Synoptiker einfach als Norm zu verwenden, statt die geschichtliche Zuverlässigkeit der synoptischen

---

1) G. PETZKE, Der historische Jesus ..., S. 224f. 227. 229. 231. 232–234.

Tradition nachzuprüfen. Er behauptet weiter, daß die Berücksichtigung der
Erforschung mündlicher Traditionen, etwa in Afrika, und der Forschungen
über die Verbreitung von Gerüchten zeige, daß man aus schriftlicher Überlieferung nicht auf Änderungen innerhalb der mündlichen Überlieferung zu-
rückschließen könne und daß Augenzeugenberichte keine Gewähr für zuverlässige Überlieferung böten, und er schließt aus diesen Feststellungen, daß
„alle bisherigen Versuche [in der Frage nach dem geschichtlichen Jesus] von
schlecht begründeten und irreführenden Annahmen über die mündliche Tradition ausgegangen sind" (S. 256). Bei der Frage nach der Echtheit einzelner
Jesusworte will er nur das „Kriterium der Verschiedenheit", und dies nur in
bezug auf frühchristliche Vorstellungen, gelten lassen, doch finden von den
unter dieser Voraussetzung beispielhaft geprüften Jesusworten nur die Worte
über den kommenden Menschensohn vor seinem kritischen Urteil Gnade.
Wenn G. aber dann abschließend, nach einer Kritik der „Neuen Frage" nach
dem historischen Jesus, feststellt: „Es ist klar geworden, daß es keine Frage
nach dem historischen Jesus in irgend einem bedeutungsvollen Sinn des Ausdrucks geben kann", so hätte der Verf. zu diesem (sicherlich falschen) Resultat wesentlich rascher kommen können!

Bei der Besprechung der Thesen von M. SMITH über einen von ihm entdeckten angeblichen Brief des Clemens von Alexandrien hatte ich erwähnt[1]), daß
mir eine populäre Darstellung von Smith über seinen Fund zur Besprechung
nicht vorgelegen habe. Erst jetzt ist mir die inzwischen erschienene deutsche
Übersetzung dieses für einen breiteren Leserkreis bestimmten Buches von
Smith zugänglich geworden. S. berichtet darin ausführlicher als in seiner
wissenschaftlichen Bearbeitung des von ihm gefundenen Textes über die Auffindung und seinen persönlichen Weg zu seiner Erklärung des Textes, auch
über seine Gefühle in diesem Zusammenhang; im übrigen aber entspricht die
Darstellung der geschichtlichen Beurteilung des Textes und der sich daraus
ergebenden Erkenntnisse begreiflicherweise völlig dem wissenschaftlichen
Werk, so daß dieses allgemeinverständliche Buch nur zu einer ersten Orientierung über Smiths Anschauungen dienen kann, zur Erkenntnis der Sache
selbst aber nichts beiträgt. Auch das Büchlein von W. GRUNDMANN über „Die
Entscheidung Jesu" ist mir erst jetzt bekannt geworden, ich weise aber gerne
darauf hin, weil G. darin eine von Einseitigkeiten zwar nicht ganz freie (die
futurische Eschatologie und der konkreten Ausdruck findende persönliche
Anspruch Jesu werden übergangen) und gelegentlich auch konstruierende
(biographische Verwendung von Taufe und Versuchung Jesu), im übrigen aber
gute und allgemeinverständliche Darstellung der Verkündigung und des Han-

---

1) ThR, N.F. 40, 1975, 299 Anm. 2.

delns Jesu gibt, die die Willkürlichkeiten seines älteren Jesusbuches[1]) nicht
wiederholt und in klarer und innerlich beteiligter Sprache Jesu Gegensatz zu
den einzelnen jüdischen Gruppen, seine Offenheit zu Gott und zu den Menschen
hin und seine Verkündigung „des Willens Gottes, der den Menschen gut ist
und will, daß sie einander gut werden" (S. 58), so darstellt, daß ein geschichtlich haltbares und doch nicht bloß mit kühlem Abstand gezeichnetes Bild
Jesu vor dem Leser entsteht.

W. BEILNER hat sich in seinem Buch mit dem Titel „Jesus ohne Retuschen"
als „eigentliche Zielrichtung ... die einer Integration der ernstzunehmenden
alten Jesuszeugnisse" gesetzt, und zwar aufgrund der „allgemeinen Aus-
legungsprinzipien dieses Buches, die Texte als im Prinzip von Jesus herkom-
mend oder jedenfalls als Antwort auf ihn zu verstehen". Gegen eine solche
methodische Voraussetzung wäre m. E. grundsätzlich nichts einzuwenden,
wenn nicht der Verf. aus der Not eine Tugend machte. Er referiert große Teile
der synoptischen (gelegentlich auch der johanneischen) Überlieferung mit Hilfe
von „soll", „es wird erzählt" oder einfach in indirekter Rede oder mit der
scheinbaren Einschränkung: „falls es sich um eine historische Angabe handelt"; ja, er möchte versuchen, „Jesus aus der Spannung einander scheinbar
entgegenlaufender Tendenzen, wie sie die Jesusüberlieferung immer wieder
neben einander stellt, zu verstehen", und zieht sich darauf zurück, „daß Jesus
kaum auf einen Nenner zu bringen ist". In allen diesen Fällen erfährt der
Leser also nicht, welche Gründe für oder gegen die Zuverlässigkeit einer
Überlieferung sprechen, es wird ihm vielmehr überlassen, sich selber und
womöglich *für* die Überlieferung zu entscheiden. Bewirkt schon diese Methode,
daß der Leser weder eine konservative noch eine kritisch begründete Darstellung der Person und Verkündigung Jesu erhält, so läßt der Verf. den geschichtlich fragenden Leser an besonders kritischen Punkten erst recht völlig im
Stich: zu der umstrittenen Voraussage Jesu, daß einige Dastehende den Tod
nicht schmecken werden, bis sie Gottesherrschaft in Kraft haben kommen
sehen (Mk 9, 1 par.), heißt es einerseits, daß die Überlieferung das Ende erst
nach einer Generation erwarte, andererseits: „man sollte immerhin auch mit
der Möglichkeit rechnen, daß Jesus für sich selber darauf verzichtet hat, das
Hereinbrechen des Gottesreiches zu erleben"; und ähnlich heißt es: „es ist
nicht auszumachen, ob nach dem Hereinbrechen des Reiches Gottes diese
Welt noch weitergeht oder ob an ein Jenseits gedacht ist". Bleibt also sehr
Vieles in der Schwebe, so fehlt es doch auch nicht an historisierenden Vermutungen („Man sollte zumindest mit der Möglichkeit rechnen, daß diese Formulierungen [der Versuchungsgeschichte bei Matthäus und Lukas] auf Jesusworte zurückgehen können"; in der Mitteilung der wunderbaren Zeugung

---

1) S. dazu ThR. N. F. 31, 1965/6, 300f.

Jesu an Maria „könnte ein Indiz dafür gegeben sein, daß auch die Mutter Jesu
visionär begabt war"; „man sollte vielleicht beachten, daß das ... noble
Verhalten Jesu gegenüber Frauen, und gerade angeschlagenen Frauen, auch
ein Zeugnis für seine Mutter sein wird"). Es begegnen auch konfessionalistisch
gefärbte Vorstellungen („Hinsichtlich der Verwandtschaftsverhältnisse zwischen Jesus und seinen ‚Brüdern' ... sprechen ... Indizien dafür, daß Jesus
ihr Vetter war"; „man muß sicher mit der Möglichkeit rechnen, daß das
eigentliche Anliegen Jesu in den konkreten Überlieferungsstücken der Kirche
tatsächlich zum Tragen kommt"), doch mangelt es auch nicht an guten und
überzeugenden Interpretationen („Freilich kann kein Zweifel darüber bestehen, daß Jesus eindeutig für die Deklassierten optiert hat. Auch reputierliche
Menschen sind ihm durchaus willkommen, aber sie müssen bereit sein, diese
Option Jesu auch mitzumachen"; „Gott Gott sein lassen, das scheint das
eigentliche ‚Programm' Jesu gewesen zu sein"). Gelegentlich begegnet eine
kritische Feststellung („Unsere Möglichkeiten reichen nicht hin, eine Entwicklung der Verkündigung Jesu aufzuzeigen"; „man muß doch mit der
Möglichkeit rechnen, daß Lukas dieses typische Motiv seiner Theologie [die
Kritik am Reichtum] zum überlieferten Anlaß hinzugestellt hat"), aber ebenso
wird der Leser auch bei kritischen Fragen völlig im Stich gelassen (nach der
Darstellung der Überlieferung über die wunderbare Empfängnis Jesu heißt
es: „Der Historiker kann ... keine Schlafzimmergeheimnisse aufdecken ...
Man soll jedenfalls die Angaben so stehen lassen, wie sie in den Evangelien
geboten werden ... So steht wohl schon seit dem ersten Jahrhundert das
Werden Jesu im Zwielicht")[1]). Es ist leicht zu sehen, daß bei diesem methodischen Durcheinander eine geschichtlich gesicherte Darstellung Jesu nicht
zustande kommen kann; und wenn Beilner auch die apologetische Haltung
seines 15 Jahre früher erschienenen Buches über „Jesus und die Pharisäer"[2])
aufgegeben hat, so ist es ihm auch in diesem neuen Buch schwerlich gelungen,
einen „Jesus ohne Retuschen" darzustellen.

Ein wirklich zuverläßliches und überzeugendes Bild Jesu bietet dagegen
H. KÜNG im Rahmen seines Buches „Christ sein", was der Titel nicht erwarten läßt. K. möchte in diesem Buch, das „für alle geschrieben ist, die sich,
aus welchen Gründen auch immer, ehrlich und aufrichtig informieren wollen,
um was es im Christentum, im Christsein eigentlich geht", das Besondere
des Christentums aufzeigen, das darin besteht, „diesen Jesus als letztlich entscheidend, ausschlaggebend, *maßgebend* zu betrachten für den Menschen in
seinen verschiedenen Dimensionen". Er stellt darum vor dem immer wieder

---

1) W. BEILNER, Jesus..., S. 16. 44. 129. 37. 249. 41f. 46. 82. 129. 132. 135. 172. 104.
223. 36. 158. 125f.
2) S. dazu ThR, N.F. 31, 1965/6, 310f.

vergleichend herangezogenen Hintergrund der modernen Humanismen und der großen Weltreligionen die Frage nach dem „wirklichen Christus", der „eine ganz konkrete, menschliche, geschichtliche Person" ist, und weil „der glaubende Mensch ... wissen möchte, ob und wiefern sein Glaube in einer Illusion oder in der geschichtlichen Wirklichkeit gründet", hält er es für angemessen, „eine dem heutigen Menschen mehr entsprechende geschichtliche Christologie ... vom konkreten geschichtlichen Jesus her" zu entwickeln. Auch „wenn die Evangelien primär Quellen des nachösterlichen Christusglaubens der christlichen Gemeinde sind", so enthalten sie doch „ebenso zweifellos auch historische Information", und „überprüft man die neutestamentliche Quellenlage unvoreingenommen, so wird man die *Jesusüberlieferung* historisch als *relativ zuverlässig* bezeichnen", und infolgedessen können „die charakteristischen Grundzüge und Umrisse von Jesu Verkündigung, Verhalten, Geschick" „durch Rückfrage wissenschaftlich rekonstruiert werden". An solcher historischen Forschung ist aber „heute verstehender, verantworteter Glaube" interessiert. Von diesen Voraussetzungen aus grenzt nun K. im 3. Hauptteil seines Buches („Das Programm") zunächst Jesus von den zeitgenössischen Strömungen im Judentum ab: Jesus war „kein Anhänger oder Sympathisant der liberal-konservativen Regierungspartei", „kein sozialpolitischer Revolutionär", er hatte keine „direkte Verbindung mit den Essenern im allgemeinen und mit Qumran im besonderen", er war aber auch „kein Gesetzesfrommer" wie die Pharisäer. Jesus erwartet vielmehr in „einer intensiven Enderwartung" („die klassischen Texte für eine ... ‚Naherwartung' – gerade wegen ihrer Anstößigkeit für die folgende Generation zweifellos ursprünglich – trotzen jeder verharmlosenden Interpretation") „die gewaltlos zu erwartende uneingeschränkte, unmittelbare Weltherrschaft Gottes selbst"; „die Sache Jesu ist die Sache Gottes in der Welt", und so wird für Jesus „Gottes Reich zum Kennwort für die Sache Gottes". Ebenso gilt, daß „Jesus selber der Anfang vom Ende ist", und „Zukunfts- *und* Gegenwartsaussagen ... sind ernstzunehmen und differenziert auf einander zu beziehen". Indem Jesus nun aber „Gottes Sache vertreten" wollte, „hat er sich in befremdender Selbständigkeit und Freiheit über das Gesetz hinweggesetzt, wann und wo es ihm richtig schien", und sein Gebrauch der Formel „ich aber sage euch" und des „am Anfang der Sätze gebrauchten ‚Amen'" „läßt die Frage nach der Autorität aufkommen, die hier in Anspruch genommen wird". Sieht man weiter, daß Jesus einen Gott verkündet, „der die Sünder mehr liebt als die Gerechten" und „entgegen allen gesellschaftlichen Vorurteilen und Schranken *jede soziale Disqualifizierung* bestimmter Gruppen oder unglücklicher Minderheiten *ablehnt*", daß überdies „seiner Verkündigung sein ganzes Verhalten entspricht" und „er es gewagt hat ..., die Vergebung direkt dem einzelnen Schuldiggewordenen zuzusprechen", so „wird hier eindeutig an den Funda-

menten der Religion gerüttelt", und es ist begreiflich, daß „die Frommen ...
Jesu ärgste Feinde geworden sind". K. zeigt dann weiter, daß „Jesus nicht
mehr und nicht weniger als eine grundsätzliche, ganzheitliche Ausrichtung
des Menschenlebens auf Gott erwartet", „aber Jesus geht es ganz und gar um
den Menschen, weil es ihm zunächst ganz und gar um Gott geht", „*Gott* hat
für Jesus gerade im Interesse des Menschen *den unbedingten Primat*". Für das
Kommen des Reiches Gottes wollte Jesus „zweifellos nicht eine von Israel
unterschiedene Sondergemeinschaft", „Jesus hat zu seinen Lebzeiten keine
Kirche gegründet", er hat „sich selber keinen einzigen messianischen Würde-
titel ... zugelegt", „möglicherweise auch nicht ... Menschensohn", jedoch „in
seiner ganzen Existenz stellte er vor die Entscheidung: sich für oder gegen
seine Botschaft, sein Wirken, ja seine Person zu entscheiden". Angesichts
dieser Verkündigung und dieses Verhaltens Jesu lag „Jesu gewaltsames Ende
in der Logik seiner Verkündigung und seines Verhaltens", Jesus hat den Tod
nicht provoziert, „aber er lebte angesichts des Todes. Und er hat den Tod frei
auf sich genommen, weil er darin Gottes Willen erkannte". K. sucht dann
vorsichtig die Rolle der jüdischen und der römischen Behörden bei der Verurteilung Jesu zu bestimmen („Der politische Konflikt mit der römischen
Autorität ist nur ... eine Konsequenz des religiösen Konflikts mit der jüdischen
Hierarchie"), beschreibt realistisch den Tod Jesu („Das ist das Besondere des
Sterbens Jesu: Jesu starb nicht nur in Menschenverlassenheit, sondern in uneingeschränkter Gottverlassenheit") und betont dann, daß es „nach neutesta-
mentlichem Glauben in der Auferweckung [Jesu] ... um ein im tiefsten Sinn
. *wirkliches* Geschehen geht", „ein Geschehen primär für Jesus selbst; Jesus
lebt neu *durch Gott* – für ihren Glauben". Bei der Grabesgeschichte aber „handelt es sich um legendäre Ausgestaltungen der Botschaft von der Auferweckung". Und weil „die Sache Jesu, die weitergeht, die Person Jesu ist",
muß im Zusammenhang der Darstellung des geschichtlichen Jesus auch vom
Auferweckungsglauben der Urgemeinde die Rede sein; denn „wäre das Ende
seiner Verkündigung, seines Verhaltens, seiner Person einfach das Fiasko, das
Nichts und nicht Gott, so wäre sein Tod die Desavouierung seiner Sache ...
Ist aber sein Ende das ewige Leben mit Gott, so ist und bleibt er selber in
Person das lebendige Zeichen dafür, daß auch seine Sache Zukunft hat". Auf
Küngs sehr selbständige Ausführungen über Jesu Gottesverkündigung, die
Wunderfrage, die Geburtsgeschichten, die Jungfrauengeburt („In den ... nicht
historisch, sondern theologisch orientierten evangelischen Geburtsgeschichten
muß die Jungfrauengeburt offensichtlich von der Gottessohnschaft her verstanden werden und nicht umgekehrt"), die Brüder und Schwestern Jesu und
Petrus kann ich nicht im einzelnen eingehen, nur darauf sei noch verwiesen,
daß K. zusammenfassend ebenso sehr betont, daß sich „dieser Jesus nicht als
der Auferweckte, Erhöhte, Lebendige, Göttliche, sondern als der Gekreuzigte

unverwechselbar von den vielen ... Göttern und ... Religionsstiftern unterscheidet", wie er ausdrücklich daran festhält, daß „das entscheidend Christliche das *Ganze* in seiner Einheit ist, dieser *Christus Jesus selbst* als der Verkündigende und Verkündigte, als der Gekreuzigte und Lebendige".

Die im besten Sinn aktualisierende Zielsetzung des Buches bringt es mit sich, daß das hier skizzierte Bild der Verkündigung, des Verhaltens und des Schicksals Jesu nicht in geschlossenem Zusammenhang, sondern sukzessive im Verlauf der argumentierenden Antwort auf die Frage nach dem Wesen des Christseins entwickelt wird, und da das Buch kein Bibelstellenverzeichnis und überhaupt kein Register enthält, ist es nicht immer leicht, die Erörterung einer bestimmten Frage wiederzufinden. Aber wenn man diese Form der Darstellung als wohl unvermeidlich in Kauf nimmt, kann Küngs Darstellung des geschichtlichen Jesus in diesem Buch nur als vorzüglich und weitestgehend überzeugend bezeichnet werden. Natürlich fehlt in der Regel die Auseinandersetzung mit möglichen anderen Interpretationen einzelner Texte, doch sind die Quellen mit vorsichtiger Kritik benutzt und wird die Fachliteratur in großem Umfang herangezogen und selbständig kritisiert[1]). Natürlich kann man da und dort verschiedener Meinung sein (wenn man wie Küng mit Recht Jesu Worte über die *terminbegrenzte* Naherwartung des Gottesreiches als ursprünglich festhält, wird man kaum statt von „Irrtum" nur von „zeitgebundener Weltanschauung" sprechen können; es scheint mir verwunderlich, daß auch K. die mit nichts belegbare modische Anschauung wiederholt, daß „keiner der gängigen Titel offensichtlich geeignet war, um Jesu Anspruch Ausdruck zu verleihen"; und angesichts der eigenen Ausführungen Küngs scheint mir der Satz falsch zu sein, Himmelfahrt sei „als ein besonders herausgehobener Aspekt des einen Ostergeschehens" zu verstehen und zu feiern). Aber solche Einwände betreffen nur Einzelheiten am Rande, die an dem genannten Gesamturteil nichts ändern. Nur auf einen zentralen Punkt sei noch kurz eingegangen. Man hat K. vorgehalten, „daß die Ergebnisse der historisch-kritischen Forschung weithin nur hypothetischen Charakter haben und niemals absolute Gültigkeit beanspruchen können", daß deswegen „für den Christen das mehr oder minder sichere Ergebnis historisch-kritischer Untersuchung nicht Fundament und Norm seines Glaubens sein" könne und daß darum in der Bibelwissenschaft „die Beantwortung der historischen Frage ‚Wer *war* Jesus?' im Vergleich mit der Frage ‚Wer *ist* Jesus Christus nach Aussage des ganzen Neuen Testaments?' eine untergeordnete Rolle einneh-

---

1) Es sind mir nur zwei unbedeutende Versehen aufgefallen: „Skandalon" ist nicht „ein kleiner Stein, über den man fallen kann", sondern das Stellholz in einer Tierfalle (S. 268); und Gal 4, 4 ist nicht zu übersetzen „geboren aus der Frau", sondern „aus einer Frau" (S. 441).

me"; infolgedessen sei Küng zu fragen, „inwieweit es erlaubt ist, sich für das Christsein in der Welt von heute einseitig auf Worte Jesu vor seinem Tod und auf sein durch die damalige konkrete Situation und die Naherwartung geprägtes Verhalten zu berufen"[1]). Diese Küng gegenüber gestellte Frage scheint mir ebenso unberechtigt zu sein, wie die sie veranlassende Behauptung falsch ist. Denn K. hat, wie die oben abschließend angeführten Zitate deutlich zeigen, nie behauptet, daß sich der Christ von heute einseitig auf die Worte und das Verhalten des von seiner konkreten geschichtlichen Situation bestimmten geschichtlichen Jesu zu berufen habe, da er genau weiß, daß nur der verkündigende *und* der verkündigte Jesus zusammen den Glauben des Christen begründen können. Aber K. würde schwerlich der Behauptung zustimmen, daß die Frage ‚Wer war Jesus?' gegenüber der Frage ‚Wer ist Jesus Christus?' nur eine untergeordnete Bedeutung habe, sowenig er den Glauben auf die selbstverständlich hypothetischen Ergebnisse historisch-kritischer Forschung begründet; denn er betont mit Recht, daß „Christentum wesentlich in Geschichte gründet" und daß darum theologische *Wissenschaft* die Aufgabe hat, „die Glaubensüberlieferung zu überprüfen" und „den Glauben vor sich selbst und anderen zu verantworten". Es ist gerade die Stärke der Position Küngs, daß er immer wieder festzustellen imstande ist, „wie richtig es war, in der Bestimmung des Christlichen von diesem konkreten Jesus Christus auszugehen"[2]), und das ist heutzutage nun einmal nicht anders möglich als mit Hilfe der geschichtswissenschaftlichen Frage nach dem Jesus von Nazareth der Geschichte!

Zum Schluß sei noch auf einen Aufsatz und drei Bücher hingewiesen, die erst vor kurzem erschienen sind. N. WALTER hat die Frage nach der Berechtigung und theologischen Relevanz der Rückfrage nach dem historischen Jesus erneut aufgegriffen. Gegenüber der Bestreitung dieser Relevanz betont er, daß zwar „das Ergebnis historisch-kritischer Jesus-Forschung nicht den christlichen Glauben fundieren kann und soll", daß aber „das nachösterliche Kerygma … sich prüfen lassen muß an dem, was wir heute von Jesus von Nazareth wissen können, und sich in solcher sachkritischen Rückkoppelung

---

1) So J. KREMER, Marginalien eines Neutestamentlers. Zum Umgang mit den Ergebnissen der neueren Exegese, in: Diskussion über Hans Küngs „Christ sein", 1976, 47. 49. 53. Es soll nicht verschwiegen werden, daß nach Kremers Meinung Küngs Ausführung über die Situation zur Zeit Jesu und die Eigenart von Jesu Verhalten und Lehre „zum Besten gezählt werden darf, was in letzter Zeit über Jesus von Nazaret dargelegt worden ist" (S. 45).

2) H. KÜNG, Christ sein, S. 13. 115. 138. 408. 125. 146. 149. 151. 157. 171. 179. 186. 197. 173. 207. 179. 205 f. 212. 198. 232. 263. 262. 255. 266. 263. 202. 239. 204. 245. 274 f. 278. 280. 284. 325. 311 f. 326. 330. 339. 341. 354. 374. 535. 445. 399 f. 541. 210. 280. 343. 138. 153. 535.

als Jesuskerygma verifizieren lassen muß". Denn „wo diese Rückfrage theologisch belanglos oder gar bedenklich erklärt wird, da droht der Name Jesus ... zum bloßen Namen zu werden, der sich eigentlich auch gegen andere austauschen ließe". Gilt so einerseits, daß „die Osterwiderfahrnisse der Rückfrage zum historischen Jesus nicht nur nicht wehren", sondern „sie sogar erfordern", so gilt andererseits ebenso, daß „nicht Ostern, nicht das Kerygma der nachösterlichen Gemeinde der Grund christlichen Glaubens ist, sondern er, Jesus selbst". Dem kann man nur uneingeschränkt zustimmen. W. meint nun aber weiter, daß bei solcher Rückfrage „im Mittelpunkt der Darstellung des ‚historischen Jesus' nicht so sehr die ‚Person' Jesu als vielmehr seine Funktion, und das heißt zuerst: seine Verkündigung stehen muß"; „denn Verkündigung (der nachösterlichen Gemeinde) kann sinnvoll nur an Verkündigung (des vorösterlichen Jesus) gemessen werden, wenn Kontinuität erfragt ist". Das scheint mir eine falsche Alternative zu sein, die W. denn auch selber nicht durchhalten kann. Er betont nämlich, daß „Gottes menschenfreundliche Liebe kein ‚Sachverhalt' ist, ... sondern ein ‚willkürlicher Akt' Gottes und die Botschaft von ihr eine heilvolle Neuigkeit ... – eine Botschaft, die eben deshalb nur auf die Weise persönlicher Übermittlung und persönlichen Einsatzes des Übermittelnden ‚wahr' und das heißt: für uns wirksam wird"; und er stellt ebenso fest: „Der Eine, Einzige in der Einzigartigkeit Gottes selbst ist Jesus nur als der, der ‚Vollmacht hat, auf Erden Sünden zu vergeben'", ja man kann sogar nach seiner Meinung „historisch verifizieren, daß die Kreuzigung Jesu ... die Konsequenz aus seiner Botschaft bzw. seinem Verhalten als Bote eben dieser Botschaft war"[1]. Walters eigene Ausführungen zeigen daher, daß man Jesu Botschaft und Jesu Person bzw. Verhalten nicht in der von ihm behaupteten Weise von einander trennen kann, und es rächt sich auch hier, daß die im Zusammenhang der überlieferten Botschaft Jesu direkt und indirekt immer wieder begegnenden Äußerungen Jesu über die Rolle seiner Person und Sendung völlig übergangen werden. Aber abgesehen von dieser nicht durchgehaltenen Einseitigkeit sind die Ausführungen Walters lehrreich und förderlich.

P. LAPIDE berichtet in seinem Buch über Jesus im heutigen Judentum über die Beurteilung Jesu in Hebräisch geschriebenen Büchern und Aufsätzen, vor allem seit der Staatsgründung von 1948 (inkonsequenterweise wird in diesem Zusammenhang auch über D. Flussers deutschsprachiges, in Teil II dieses Berichts besprochenes Jesusbuch referiert), 2) über die Behandlung Jesu in heutigen israelischen Schulbüchern und 3) über die Beurteilung Jesu durch Rabbinen von der Zeit des Talmuds bis heute. Während der 2. Teil anhand

---

1) N. WALTER, Historischer Jesus ..., S. 328. 331. 335. 328 f. 332. 330.

einer Durchsicht von 10 israelischen Schulbüchern und der Anweisungen in
amtlichen Lehrplänen eindrücklich zeigt, daß „die heutigen Schulbücher
Israels zweifelsohne das sympathischste Jesusbild beinhalten, das je einer
Generation von jüdischen Kindern durch ihre Lehrerschaft geboten wurde",
können die beiden andern Teile auf ca. 130 Seiten natürlich nur Beispiele bieten, die im 1. Teil nur aus den letzten Jahrzehnten stammen, im 3. Teil aber
auch ältere Meinungen umfassen. In der großen Mehrzahl dieser jüdischen
Jesusbilder zeigt sich das Bemühen um „Enthellenisierung und Rückhebrai-
sierung" Jesu, den die Kirche „mit unjüdischen Zügen ausstattete, um dann
seinen Namen zum Werkzeug eines unchristlichen Antijudaismus zu machen".
Nur mit Beschämung kann der christliche Leser die wiederholten Hinweise
Lapides auf die unchristliche Bekämpfung der Juden im Namen Christi durch
die Jahrhunderte hindurch zur Kenntnis nehmen, und nur mit Freude sieht
man, „daß in der freien Atmosphäre Israels sich eine neue Einstellung zu
Jesus ... schrittweise entfaltet"[1]). Aber da das alles in diesem Buch sehr unsystematisch und auswahlweise dargeboten wird, kann das Buch nur ein erster
Hinweis auf eine uns noch wenig bekannte geistige (nicht religiöse!) Wende
in der jüdischen Stellungnahme zu Jesus sein, den man nicht ohne innere
Bewegung lesen wird. Wenn L. zum Schluß im Blick auf die christliche und
die jüdische Beurteilung Jesu erklärt: „Nachdem fast zwei Jahrtausende alles
Trennende überbetont wurde, ist es an der Zeit, nun auch gemeinsame Wurzeln zur Sprache kommen zu lassen" (S. 163), so wird man dem gerne zustimmen.

Freilich zeigt sich die Schwierigkeit solchen Bemühens sofort an einem 1975
mit H. KÜNG geführten Dialog Lapides, der im Druck vorliegt. L. betont hier,
daß ihn die geschichtliche Umwelt, die Sprache, das Bibelverständnis, die
orientalische Phantasie und die Sorge um Israel mehr als manchen christlichen
Theologen in Europa mit Jesus verbinden und daß es „erst nach Auschwitz
zu einer ... Wiedermenschwerdung Jesu bei den Christen kommt", während
bei den Juden Jesus „zurückkommt zum Judentum seiner Heimat". Jesus
hat nämlich nach den Synoptikern „nie und nirgends ... die Thora des Moses

---

1) P. LAPIDE, Ist das nicht Josephs Sohn? ..., S. 79. 129. 84. 165. – Leider sind
dem Verfasser bei der Bezugnahme auf das frühe Christentum einige Fehler unterlaufen: Das von den Kirchenvätern bezeugte „Hebräerevangelium" hat nichts mit
einem etwaigen hebräischen Urevangelium zu tun, S. 13; aus dem Zitat unbekannter
Herkunft „Er wird Nazoräer genannt werden" (Mt 2, 23) kann man nicht erschließen,
daß Jesus das Nasiräergelöbnis auf sich genommen habe, S. 82; daß der Verf. des
angeblichen „Urmarkus" ein Rabbi war, ist völlig unbewiesen, S. 82; der „umstrittene Menschensohntitel" will sicher nicht Jesu „eindeutiges Menschentum" betonen,
S. 83; und die Pseudoklementinischen Homilien sind nicht identisch mit dem „Kle-
mensbrief", S. 83.

gebrochen oder irgendwie zu ihrem Bruch aufgefordert ... Ich habe den Verdacht, daß Jesus thoratreuer war als ich, ein orthodoxer Jude, es bin". Jesus wurde nur „wegen versuchter Rebellion oder wegen Anmaßung des Königstitels verurteilt", schon das Einreiten nach Jerusalem auf einem Esel „und ein Dutzend anderer Hinweise und Anspielungen ... zielten so klar auf eine Messianität Jesu hin, daß das für Pilatus mehr als genügen mußte"[1]). H. Küng wendet dagegen ein, daß „nicht erst am Ende ein Unterschied zwischen Jesus und seinen Zeitgenossen offenbar geworden ist", sondern daß es „letztlich ... um die Geltung des Gesetzes" ging, daß Jesus „doch auch die Thora selber ... angetastet" hat und nicht ohne Grund „keiner der Rabbinen solche Schwierigkeiten mit dem jüdischen Establishment bekommen hat wie Jesus von Nazareth", und daß „diese Haltung zum Gesetz" und Jesu Anschauung, „daß der Tempel nicht ewig ist und der Kult Gottes nach dem Dienst am Menschen in zweiter Linie kommt", „die eigentlichen Gründe sind, weswegen Jesus verurteilt wurde". D. h., „die Frage der Todesursache müßte doch nicht nur politisch, sondern eigentlich religiös gesehen werden". Dem kann ich nur voll und ganz zustimmen, auch wenn einige christliche Theologen (s. oben zu S. Schulz und K. Berger) Jesu Stellung zum Gesetz ähnlich wie Lapide, aber m. E. im Gegensatz zum Zeugnis der Quellen, beschrieben haben, und wenn auch in dieser Diskussion zwischen Lapide und Küng die Frage der von Jesus beanspruchten Autorität praktisch nicht zur Sprache kommt. Wenn L. erklärt: die „Perspektive ‚von unten' ... würde es ermöglichen, mit den Juden doch eine lange Strecke des Weges gemeinsam zu gehen, weil auch sie von sich aus fragen können: ‚Wer war er denn eigentlich?'", so trifft das grundsätzlich sicher zu; wenn L. aber ebenso recht haben wird mit der Feststellung: „Das Christentum ist eine Wer-Religion, das Judentum ist eine Was-Religion"[2]), so ist damit auf einen Unterschied im existentiellen Ausgangspunkt bei der historischen Fragestellung Jesus gegenüber hüben und drüben aufmerksam gemacht, der den Willen zur Objektivität auf *beiden* Seiten unausweichlich behindert. Doch ist diese Diskussion ein Zeichen dafür, daß die divergierenden Standpunkte in fairer Weise einander gegenüber gestellt werden können und daß jede Seite von der anderen nicht nur in Frage gestellt werden, sondern auch etwas lernen kann.

Zuletzt ist noch auf ein Taschenbuch hinzuweisen, das durch einen Überblick über die Fülle der heutigen Jesusbilder zur „Überwindung des taktvollen

---

1) Nur mit Verwunderung kann ich feststellen, daß von der politisch-militärischen Interpretation Jesu, die Lapide in seinem früheren Buch über den „Rabbi von Nazareth" vertreten hat (s. ThR, N. F. 41, 1976, 206 f.), in den hier zu besprechenden Büchern nicht (mehr?) die Rede ist.

2) H. Küng–P. Lapide, Jesus im Widerstreit ..., S. 8 f. 13. 25 f. 36. 40. 22. 28. 34. 38. 21. 43.

Schweigens über das Wichtigste" beitragen möchte. H. G. Pöhlmann schildert
an gut ausgewählten Beispielen in einer im besten Sinn allgemeinverständlichen Form das jüdische, das humanistische, das marxistische und das Jesus-
Bild der Pop-Generation, um mit dem kirchlichen Jesusbild zu schließen. Zwei
kurz referierten Beispielen läßt der Verf. jeweils eine Erörterung folgen, die
sowohl alle relevanten Fragen der modernen Jesusforschung wie der dogma-
tisch-existentiellen Auseinandersetzung mit Jesus aufgreift und zu beantworten sucht. Dabei zeigt sich, daß die geschichtliche Wirklichkeit Jesu mit
den zutreffenden Feststellungen, daß Jesus Jude, voller Mensch, Sozialrevo-
lutionär und unbürgerlicher Mensch war, nur zum Teil erfaßt wird, daß auch
die divergierenden Jesusbilder des Neuen Testaments einen gemeinsamen
Grundton haben („Gott hat in Christus uns zum Heil gehandelt, und zwar in
Christus allein") und daß das altkirchliche Christusdogma mit seinen komplizierten Spekulationen ebenfalls nichts Anderes ausdrücken will als die Wahrheit: „Jesus Christus und er allein ist unser Heilbringer". Das ist weitgehend
überzeugend, wenn man sich auch gelegentlich über die unkritische Übernahme verfehlter Anschauungen wundert (etwa E. Stauffers Phantasien über
Jesu Aussehen und die Charakterisierung der jüdischen Religion als „Religion
der Angst"); und ob man so uneingeschränkt wie P. sagen kann, daß „Das
Dreieinigkeitsdogma ... einen biblischen Sachverhalt zum Ausdruck bringt",
möchte ich in Frage stellen. Nur in *einer* Hinsicht scheint mir P. gerade für
theologisch nicht vorgebildete Leser nicht sorgfältig genug zu argumentieren:
er geht wiederholt von der historischen Frage „Wer war Jesus?" allzu plötzlich zu der dogmatischen Frage „Wer ist Jesus?" weiter, ohne diesen Wechsel
der Fragestellung deutlich zu machen (etwa wenn die historische Feststellung,
daß Jesus ein Mensch wie wir war, ohne weiteres übergeht zu der *auch* neutestamentlichen Aussage: „Mehr als bloß ein Mensch war Jesus, weil er nach dem
Zeugnis der Evangelien an Gottes Stelle spricht und handelt"[1]), wo doch der
Leser erfahren müßte, ob damit entweder ein in seiner *Richtigkeit* historisch
nicht verifizierbarer Anspruch Jesu selbst oder ein nachträgliches Urteil über
Jesus gemeint ist, in keinem Fall aber noch eine historische Aussage). Aber
dieser Einwand soll nichts an dem Urteil ändern, daß Pöhlmann eine wirklich
gute Hinführung zur heutigen Jesus-Problematik bietet, die auch theologisch
nicht informierten Menschen unbedenklich empfohlen werden kann.

---

1) H. G. Pöhlmann, Wer war Jesus ..., S. 15. 120. 25. 97. 124. 49.

IV

Bergpredigt – Gleichnisse – Wunderberichte
(mit Nachträgen) *

F. ANNEN, Heil für die Heiden. Zur Bedeutung und Geschichte der Tradition vom besessenen Gerasener (Mk 5, 1–20 parr.), FTS 20, 1976 – DERS., Die Dämonenaustreibungen Jesu in den synoptischen Evangelien, in: Theologische Berichte 5, hrsg. v. J. Pfammatter u. F. Furger, Zürich – Einsiedeln – Köln, 1976, 107–146 – P. J. ACHTEMEIER, Gospel Miracle and the Divine Man, Interp. 26, 1972, 174–197 – DERS., Miracles and the Historical Jesus: A Study of Mark 9:14–29, CBQ 37, 1975, 471–491 – G. AULÉN, Jesus in Contemporary Historical Research, Philadelphia 1976 – J. B. BAUER, Gleichnisse Jesu und Gleichnisse der Rabbinen, ThPQ 119, 1971, 297–307 – G. BAUMBACH, Fragen der modernen jüdischen Jesusforschung an die christliche Theologie, ThLZ 102, 1977, 625–636 – K. BERGER, Materialien zur Form- und Ueberlieferungsgeschichte neutestamentlicher Gleichnisse, NT 15, 1973, 1–37 – DERS., Zur Frage des traditionsgeschichtlichen Wertes apokrypher Gleichnisse, NT 17, 1975, 58–76 – E. BISER, Die Gleichnisse Jesu. Versuch einer Deutung, München 1965 – M. BOUCHER, The Mysterious Parable. A Literary Study, CBQ.S 6, 1977 – I. BROER, Die Antithesen und der Evangelist Matthäus. Versuch, eine alte These zu revidieren, BZ, N. F. 19, 1975, 50–63 – CHR. BURCHARD, Versuch, das Thema der Bergpredigt zu finden, in: Jesus Christus in Historie und Theologie, Festschr. H. Conzelmann, 1975, 409–432 – D. CAIRNS, The Motives and Scope of Historical Inquiry about Jesus, SJTh 29, 1976, 335–355 – C. E. CARLSTON, The Parables of the Triple Tradition, Philadelphia 1975 – J. M. COURT, The Philosophy of the Synoptic Miracles, JThS 23, 1972, 1–15 – J. D. CROSSAN, Parable and Example in the Teaching of Jesus, NTS 18, 1971/2, 285–307 (= Semeia I, 1974, 63–104) – DERS., Parable as Religious and Poetic Experience, JR 53, 1973, 330–358 – DERS., The Seed Parables of Jesus, JBL 92, 1973, 244–266 – W. D. DAVIES, The Setting of the Sermon on the Mount, Cambridge 1964 – DERS., Die Bergpredigt. Exegetische Untersuchung ihrer jüdischen und frühchristlichen Elemente, München 1970 – CHR. DIETZFELBINGER, Die Antithesen der Bergpredigt, TEH 186, 1975 – J. D. G. DUNN, Prophetic 'I'-Sayings and the Jesus tradition: the importance of testing prophetic utterances within early Chri-

---

* Abkürzungen nach dem IATG.

stianity, NTS 24, 1978, 175–198 – J. Dupont, Pourquoi des paraboles? La méthode parabolique de Jésus, Paris 1977 – W. P. Eckert u. H. H. Henrix (Hrsg.), Jesu Jude-Sein als Zugang zum Judentum. Eine Handreichung für Religionsunterricht und Erwachsenenbildung, Aachener Beiträge zu Pastoral- und Bildungsfragen, 6, 1976 (darin: W. P. Eckert, Jesus und das heutige Judentum, S. 15–34; E. L. Ehrlich, Eine jüdische Auffassung von Jesus, S. 35–49; F. J. Schierse, Jesus und das Judentum seiner Zeit. Aus der Sicht eines katholischen Exegeten, S. 50–68; J. Maier, Jesus von Nazaret und sein Verhältnis zum Judentum. Aus der Sicht eines Judaisten, S. 69–113) – G. Eichholz, Auslegung der Bergpredigt, BSt 46, 1965 – Ders., Gleichnisse der Evangelien. Form, Ueberlieferung, Auslegung, Neukirchen-Vluyn 1971 – C. F. Evans, Parable and Dogma, WoodL 1976, London 1977 – P. Fiedler, Jesus und die Sünder, Beiträge zur biblischen Exegese und Theologie 3, Frankfurt/Bern 1976 – H. Frankemölle, Hat Jesus sich selbst verkündigt? Christologische Implikationen in den vormarkinischen Parabeln, BiLe 13, 1972, 184 bis 207 – R. H. Fuller, Die Wunder Jesu in Exegese und Verkündigung, Düsseldorf 1967 – R. W. Funk, Language, Hermeneutic and Word of God. The Problem of Language in the New Testament and Contemporary Theology (darin: Part Two: Language as it Occurs in the New Testament: Parable), New York, Evanston, London 1966, 124–222 – B. Gerhardsson, Die Anfänge der Evangelientradition, ABCteam, Glauben und Denken 919, Wuppertal 1977 – L. Goppelt, Das Problem der Bergpredigt. Jesu Gebot und die Wirklichkeit dieser Welt, in: L. G., Christologie und Ethik. Aufsätze zum Neuen Testament, Göttingen 1968, 27–43 – M. D. Goulder, Characteristics of the Parables in the Several Gospels, JThS 19, 1968, 51–69 – E. Grässer, Das Problem der Parusieverzögerung in den synoptischen Evangelien und in der Apostelgeschichte, 3. durch eine ausführliche Einleitung und ein Literaturverzeichnis ergänzte Auflage, BZNW 22, 1977, IX–XXXII – W. Grimm, Weil Ich dich liebe. Die Verkündigung Jesu und Deuterojesaja, Arbeiten zum Neuen Testament und Judentum 1, Bern/Frankfurt/M. 1976 – R. A. Guelich, The Antitheses of Matthew V. 21–48: Traditional and/or Redactional?, NTS 22, 1976, 444–457 – H. Günther, Die Gerechtigkeit des Himmelreichs in der Bergpredigt, KuD 17, 1971, 113–126 – E. Güttgemanns, Die linguistisch-didaktische Methodik der Gleichnisse Jesu, in: E. G., Studia linguistica neotestamentica, München 1971, 99–183 – O. Hanssen, Zum Verständnis der Bergpredigt. Eine missionstheologische Studie zu Mt 5, 17–18, in: Der Ruf Jesu und die Antwort der Gemeinde, Festschr. J. Jeremias, 1970, 94–111 – W. Harnisch, Die Ironie als Stilmittel in Gleichnissen Jesu, EvTh 32, 1972, 421–436 – Ders., Die Sprachkraft der Analogie. Zur These vom »argumentativen Charakter« der Gleichnisse Jesu, StTh 28, 1974, 1–20 – W. J. Harrington, The Parables in Recent Study (1960–1971), BTB 2, 1972, 219–241 – D. Hill, Is the Search for the Historical Jesus Religiously Irrelevant?, ET 88, 1976/7, 82–85 – T. Holtz, Grundzüge einer Auslegung der Bergpredigt, ZDZ 31, 1977, 8–16 – V. Howard, Did Jesus Speak about his Own Death?, CBQ 39, 1977, 515–527 – M. Hubaut, Jésus et la loi de

Moïse, RTL 7, 1976, 401–425 – K.-P. Jörns, Die Gleichnisverkündigung
Jesu. Rede von Gott als Wort Gottes, in: Der Ruf Jesu und die Antwort der
Gemeinde, Festschr. J. Jeremias, 1970, 157–178 – G. V. Jones, The Art and
Truth of the Parables. A Study in their Literary Form and Modern Interpre-
tation, London 1964 – K. Kertelge, Zur Interpretation der Wunder Jesu.
Ein Literaturbericht, BiLe 9, 1968, 140–153 – Ders., Die Wunder Jesu im
Markusevangelium, StANT 23, 1970 – Ders., Die Ueberlieferung der Wunder
Jesu und die Frage nach dem historischen Jesus, in: Rückfrage nach Jesus,
hrsg. v. K. Kertelge, QD 63, 1974, 174–193 – Ders., Die Wunder Jesu in
der neueren Exegese, in: Theologische Berichte 5, hrsg. v. J. Pfammatter u. F.
Burger, Zürich-Einsiedeln-Köln 1976, 71–105 – J. D. Kingsbury, Major
Trends in Parable Interpretation, CTM 42, 1971, 579–596 – W. S. Kissinger,
The Sermon on the Mount: A History of Interpretation And Bibliography,
American Theological Library Association Bibliography Series, Nr. 3, Metu-
chen, N. J. and The A.T.L.A., 1975 – H.-J. Klauck, Neue Beiträge zur
Gleichnisforschung, BiLe 13, 1972, 214–230 – H. G. Klemm, Die Gleichnisauslegung Ad. Jülichers im Bannkreis der Fabeltheorie Lessings, ZNW 60, 1969,
153–174 – H. Klug, Das Evangelium als Geschichtsquelle und Glaubensver-
kündigung. Zugang zum historischen Jesus und zur göttlichen Offenbarung,
Stein am Rhein, o. J. (1976) – W. Knörzer, Die Bergpredigt. Modell einer
* neuen Welt, Biblisches Forum 2, Stuttgart 1968 – W. G. Kümmel, Noch
einmal: Das Gleichnis von der selbstwachsenden Saat. Bemerkungen zur neuesten Diskussion um die Auslegung der Gleichnisse Jesu, in: Orientierung an
Jesus, Festschr. J. Schmid, Freiburg-Basel-Wien 1973, 220–237 – M. Künzi,
Das Naherwartungslogion Markus 9,1 par. Geschichte seiner Auslegung mit
einem Nachwort zur Auslegungsgeschichte von Markus 13, 30 par, BGBE 21,
1977 – J. Lambrecht, Jesus and the Law. An Investigation of Mk 7, 1–23,
EThL 53, 1977, 24–82 (= ALBO V, 24) – R. Latourelle, Authenticité
historique des miracles de Jésus, Gr. 54, 1973, 225–261 – S. Légasse, Jésus
et les prostituées, RTL 7, 1976, 137–154 – F. Lentzen-Deis, Die Wunder Jesu. Zur neueren Literatur und zur Frage nach der Historizität, ThPh
43, 1968, 392–402 – E. Linnemann, Gleichnisse Jesu. Einführung und Auslegung, Göttingen ⁵1969 – J. C. Little, Parable Research in the Twentieth
Century. I. The Predecessors of J. Jeremias; II. The Contribution of J. Jeremias; III. Developments since J. Jeremias, ET 87, 1975/6, 356–360; 88, 1976/7,
40–43. 71–75 – G. Lohfink, Zur Möglichkeit christlicher Naherwartung,
in: G. Greshake und G. Lohfink, Naherwartung-Auferstehung-Unsterblichkeit.
* Untersuchungen zur christlichen Eschatologie, QD 71, 1975, 38–81 – E.
Lohse, »Ich aber sage euch«, in: Der Ruf Jesu und die Antwort der Gemeinde,
Festschr. J. Jeremias, 1970, 189–203 – R. N. Longenecker, Literary Criteria
in Life of Jesus Research. An Evaluation and Proposal, in: Current Issues in
Biblical Interpretation, Festschr. M. C. Tenney, 1975, 217–229 – U. Luck,
Die Vollkommenheitsforderung der Bergpredigt, TEH 150, 1968 – J. Maier,
Gewundene Wege der Rezeption. Zur neueren jüdischen Jesusforschung. Her
Korr 30, 1976, 313–319 – I. Maisch, Die Heilung des Gelähmten. Eine

exegetisch-traditionsgeschichtliche Untersuchung zu Mk 2, 1–22, SBS 52, 1971
– M. Müller, Der Jesus der Historiker, der historische Jesus und die Christusverkündigung der Kirche, KuD 22, 1976, 277–298 – U. B. Müller, Vision
und Botschaft. Erwägungen zur prophetischen Struktur der Verkündigung
Jesu, ZThK 74, 1977, 416–448 – F. Mussner, Die Wunder Jesu. Eine Einführung, SK 10, 1967 – Ders., Ipsissima facta Jesu?, ThRv 68, 1972, 177–184 – L.
Oberlinner, Historische Ueberlieferung und christologische Aussage. Zur Frage
der »Brüder Jesu« in der Synopse, Forschung zur Bibel 19, Stuttgart
1975 – N. Perrin, The Modern Interpretation of the Parables of Jesus and
the Problem of Hermeneutics, Interp. 25, 1971, 131–148 – Ders., Jesus and
the Language of the Kingdom. Symbol and Metaphor in New Testament
Interpretation, Philadelphia 1976 – R. Pesch, Jesu ureigene Taten? Ein Beitrag zur Wunderfrage, QD 52, 1970 – Ders., Der Besessene von Gerasa. Entstehung und Ueberlieferung einer Wundergeschichte, SBS 56, 1972 – Ders.,
Zur theologischen Bedeutung der »Machttaten« Jesu. Reflexionen eines Exegeten, ThQ 152, 1972, 203–213 – Ders., Zur Exegese Gottes durch Jesus
von Nazareth. Eine Auslegung des Gleichnisses vom Vater und den beiden
Söhnen (Lk 15, 11–32), in: Jesus, Ort der Erfahrung Gottes, Festschr. B.
Welte, Freiburg 1976, 140–189 – G. Petzke, Historizität und Bedeutsamkeit
von Wunderberichten. Möglichkeit und Grenzen des religionsgeschichtlichen
Vergleichs, in: Neues Testament und christliche Existenz, Festschr. H. Braun,
Tübingen 1973, 367–385 – Ders., Die historische Frage nach den Wunder-
taten Jesu, dargestellt am Beispiel des Exorzismus Mark. IX. 14–29par, NTS
22, 1976, 180–204 – J. M. Robinson, Jesus' Parables as God Happening, in:
Jesus and the Historian, Festschr. E. C. Colwell, Philadelphia 1968, 134–150
– H. Röhr, Buddha und Jesus in ihren Gleichnissen, NZSTh 15, 1973, 65–86
– L. Sabourin, The Miracles of Jesus (I). Preliminary Study, BTB 1, 1971,
59–80 – Ders., Hellenistic and Rabbinic »Miracles«, ebd. 2, 1972, 281–307
– Ders., The Miracles of Jesus (II). Jesus and the Evil Powers, ebd. 4, 1974,
115–175 – Ders., The Miracles of Jesus (III). Healings, Resuscitations,
Nature Miracles, ebd. 5, 1975, 146–200 – Ders., The Parables of the King-
dom, ebd. 6, 1976, 115–160 – L. Schenke, Die Wundererzählungen des
Markusevangeliums, SBB, o. J. (1974) – W. Schmithals, Wunder und Glaube.
Eine Auslegung von Markus 4, 35–6, 6a, BSt 59, 1970 – Ders., Die Heilung
des Epileptischen (Mk. 9, 14–29). Ein Beitrag zur notwendigen Revision der
Formgeschichte, ThViat 13, 1975/6, 211–233 – H. Schürmann, Jesu ureigener Tod. Exegetische Besinnungen und Ausblick, Freiburg/Basel/Wien 1975
– W. Schulze, Vom Kerygma zurück zu Jesus. Die Frage nach dem historischen Jesus in der Bultmannschule, AVTRW 68, 1977 – G. Sellin, Lukas
als Gleichniserzähler: Die Erzählung vom barmherzigen Samariter (Lk 10,
25–37), ZNW 65, 1974, 166–189; 66, 1975, 19–60 – Semeia I: A Struc-
turalist Approach to the Parables, hrsg. v. R. W. Funk, Missoula 1974
(Bibliogr. S. 236–256) – M. J. Suggs, The Antitheses as Redactional Prod-
ucts, in: Jesus Christus in Historie und Theologie, Festschr. H. Conzelmann,
1975, 433–444 – A. Suhl, Die Wunder Jesu. Ereignis und Ueberlieferung,

Gütersloh, o. J. (1968?) – G. Theissen, Urchristliche Wundergeschichten. Ein Beitrag zur formgeschichtlichen Erforschung der synoptischen Evangelien, StNT 8, 1974 – E. J. Tinsley, Parable, Allegory and Mysticism, in: Vindications. Essays on the Historical Basis of Christianity, London 1966, 153–192 – *Der Tod Jesu*. Deutungen im Neuen Testament, hrsg. v. K. .Kertelge, Freiburg/Basel/Wien 1976 (darin: J. Gnilka, Wie urteilte Jesus über seinen Tod?; A. Vögtle, Todesankündigungen und Todesverständnis Jesu; R. Pesch, Das Abendmahl und Jesu Todesverständnis) – D. O. Via, Die Gleichnisse Jesu. Ihre literarische und existenziale Dimension. Mit einem Nachwort von E. Güttgemanns, BEvTh 57, 1970 – A. Vögtle, Der verkündigende und verkündigte Jesus »Christus«, in: Wer ist Jesus Christus?, hrsg. v. J. Sauer, Freiburg-Basel-Wien 1977, 27–91 – A. Weiser, Die Knechtsgleichnisse der Synoptischen Evangelien, StANT 29, 1971 – A. N. Wilder, The Language of the Gospel. Early Christian Rhetoric (Kap. V: The Parable), New York, Evanston, 1964, 79–96 – M. Winkelmann, Biblische Wunder. Kritik, Chance, Deutung, München 1977 – D. Zeller, Die weisheitlichen Mahnsprüche bei den Synoptikern, Forschung zur Bibel 17, Würzburg 1977; Ders., Prophetisches Wissen um die Zukunft in synoptischen Jesusworten, ThPh 52, 1977, 258–271.

Wie in ThR 41, 1976, 298 versprochen, sollen in diesem vierten Teil meines Berichtes über Jesusforschung seit 1965 Arbeiten über die Bergpredigt, die Gleichnisse und die Wunderberichte besprochen und anhangsweise seither erschienene Arbeiten zu den Themen der Teile 1–3 dieses Berichts behandelt werden.

Wenden wir uns zunächst der *Bergpredigt* zu, so ist zuerst auf die Forschungsgeschichte und Bibliographie zur Bergpredigt (im folgenden: Bp.) von W. S. Kissinger hinzuweisen. Das Buch basiert auf einer privaten amerikanischen Sammlung von Büchern über die Bp., deren Bestand durch eine systematische Zusammenstellung von Aufsätzen zur Bp. ergänzt worden ist. Mehr als die Hälfte des Buches enthält daher eine alphabetische Aufzählung von selbständig veröffentlichten Übersetzungen der Bp. in zahlreiche Sprachen, dann von Arbeiten zur Bp. in vielen Sprachen und schließlich von Arbeiten, die nur die Seligpreisungen behandeln. Während die Liste der Übersetzungen der Bp. und ein gesondertes Verzeichnis der Wiedergabe des Wortes »Bergpredigt« in zahlreichen Sprachen schwerlich von Nutzen sind, sind die beiden Bibliographien zur Bp. und zu den Seligpreisungen (mit gelegentlichen Inhaltsangaben) sehr nützlich (eine Kontrolle hat ergeben, daß nur ganz vereinzelt eine Arbeit aus den letzten vier Jahrzehnten bis 1973 fehlt)[1]. Kissinger hat vor diese Bibliographien eine »Geschichte der Auslegung« gestellt, die von den Kirchenvätern bis zur Gegenwart reicht und über die Anschauungen der einzelnen besprochenen Autoren getrennt referiert. Das geschieht in sachlicher Weise, wenn auch die Wiedertäufer und der amerikanische Dispensationalismus unverhältnismäßig viel Raum erhalten, während einzelne beachtliche Arbeiten (etwa von C. F. G. Heinrici, K. Bornhäuser, Th. Soiron, J. Staudinger) nicht besprochen werden. Da die Autoren nicht zu sachlichen Gruppen zusammengestellt, sondern je für sich behandelt werden, entsteht aber keine wirkliche *Geschichte* der Interpretation der Bp., immerhin wird der Leser zuverlässig, auch über weniger bekannte Ansichten, informiert, und so ist dieses Buch als ganzes ein nützliches Hilfsmittel, um sich mit den Problemen und der Literatur im Zusammenhang mit der Bp. vertraut zu machen.

Die Berichterstattung über die Untersuchungen zur Bp. seit 1965 muß mit dem schon 1964 erschienenen umfangreichen und gelehrten Werk von W. D. Davies über den »Sitz im Leben« der Bp. beginnen. Freilich geht D. nur in dem sehr kurzen letzten (6.) Abschnitt seines Buches (»Der Sitz in der Wirksamkeit Jesu«) auf die Frage nach dem Zusammenhang der Bp. mit dem geschichtlichen Jesus ein, aber die redaktionsgeschichtlichen und religionsgeschichtlichen Zusammenhänge der Darbietung des Stoffes in der Bp. werden in den vorhergehenden Kapiteln so ausführlich erörtert, daß auch das Verständnis des Stoffes der Bp. im Munde Jesu dadurch gefördert wird. D. zeigt zunächst, daß sich eine fortlaufende Gedankenfolge in der Bp. nicht erkennen läßt; er lehnt zwar die Einteilung des ganzen Matthäusevangeliums in fünf Bücher nach Analogie des Pentateuchs mit Recht ab, meint aber doch, daß möglicherweise diejenigen Recht haben, nach deren Meinung »es die Absicht des Matthäus ist, einen neuen Pentateuch darzubieten«; doch wolle Matthäus die Lehre Jesu »als die wahre Interpretation des Gesetzes des Judentums« darbieten, als »die messianische Thora«. Das ist diskutabel, doch wenn D. dann zeigen möchte, daß Matthäus die ihm überkommene Überlieferung von Jesusworten, die »einen Dialog zwischen Jesus, den Jüngern und Qumran betrafen«, zu einem Dialog »der Kirche seiner Tage zwischen Pharisäismus und Christentum« verwendet habe, so daß die Bp. als »die christliche Antwort auf Jamnia«, d. h. auf das sich formierende Judentum vom Ende des 1. Jh., anzusehen wäre, so scheint mir das keineswegs bewiesen zu sein. Richtig ist dagegen, daß »die Bp. nicht als Reaktion gegen den Paulinismus« erklärt werden kann. In dem abschließenden 6. Kapitel betont D. dann mit Recht, daß nach

---

¹ Ich nenne, ohne die Titel der Aufsätze beizufügen, als fehlend: E. Fascher, RGG³ II, 1047 ff.; H. Schürmann, BZ 4, 1960, 238 ff. (zu Mt 5, 19); A. Sand, MThZ 20, 1969, 118 ff. (zu Mt 5, 31 f.); S. Agourides, Festschr. B. Rigaux, 1970, 9 ff. (zu den Seligpreisungen); L. Sabourin, Biblical Theology Bulletin 2, 1972, 80 ff. (zu Mt 5, 32).

der Bp. Jesu Autorität sich von der der Rabbinen unterscheidet, »seine
Autorität war nicht abgeleitet, sondern autonom«, und wenn Jesus
auch ein »Lehrer« wie die Rabbinen war, für den »das Gesetz und die
Propheten als Ausdruck des Willens Gottes gültig blieben«, so zeigen
die Berichte über Jesu Verhalten doch »eine Haltung souveräner Freiheit gegenüber dem Gesetz«, »er selbst in seinem intuitiven Kennen des
Willens Gottes ist die Quelle der radikalen Ethik«, »die Worte der Bp.
führen letztlich zurück zu dem, der sie äußerte«[2]. Das ist durchaus einleuchtend, aber den m. E. entscheidenden Einwand gegen die Behandlung der Bp. durch D. hat ein jüdischer Kritiker vorgebracht: »Entweder
sprechen die Worte der Bp. oder sie tun es nicht, und von einer Auslegung der Bp. Abstand zu nehmen und sich stattdessen auf ihren Sitz
im Leben (*setting*) zu konzentrieren, bedeutet, äußere Umstände und
Form über den Inhalt zu stellen. Das scheint mir die Tragödie in dem
Buch, denn ein außergewöhnlich großer Gelehrter hat mit immenser
Gelehrsamkeit ein Buch geschrieben, das aufgrund eigener Entscheidung
sich am Rand bewegt und zur zentralen Bedeutung [des Gegenstandes]
nicht vorstößt«[3]. Dem ist leider nichts hinzuzufügen.

Mit dem Inhalt der Bp. befaßt sich dagegen ernsthaft der Kurzkom-
mentar von G. EICHHOLZ. Diese Auslegung, die bewußt häufig auf andere
Ausleger, besonders A. Schlatter und J. Schniewind, Bezug nimmt, setzt
sich zur Aufgabe, »die Bp. *als Bergpredigt des Matthäus* auszulegen,
ohne Matthäus sofort an Paulus zu messen«, d. h. sie »als Komposition
des ersten Evangelisten« zu verstehen und »in den theologischen Rahmen seines Evangeliums« zu stellen. Da Matthäus in der Bp. »*Thora,
wie Jesus sie ausgelegt hat*«, darbieten will, ist »die Bp. *christologisch*
zu verstehen«. Daß von dieser Voraussetzung aus die Frage nach der
etwaigen geschichtlichen Differenz zwischen der durch Matthäus wiedergegebenen Thoraauslegung Jesu und der zu erschließenden Verkündigung
Jesu selbst nur selten berührt wird, ist nicht verwunderlich, doch wird
diese Frage, etwa bei den grundsätzlichen Aussagen über die Geltung des
Gesetzes Mt 5, 17–20 und bei der sog. Unzuchtsklausel 5, 32, auch

---

[2] W. D. DAVIES, The Setting . . ., 21.107.255.315.420.428.432.435. Vgl. zur Charakterisierung des in seinen übrigen Kapiteln hier nicht im einzelnen zu besprechenden Werkes etwa: P. BENOIT, RB 72, 1965, 595 ff.; G. STRECKER, NTSt
13, 1966/67, 105 ff.; P. WINTER, Gn. 38, 1966, 102 f. – Die abgekürzte Fassung des Buches, die in deutscher Übersetzung vorliegt, kann zwar zu einer
ersten Bekanntschaft mit den Gedanken des Verf. verhelfen, ist aber für wissenschaftliche Zwecke unzureichend und in der Übersetzung unbefriedigend
(s. K. NIEDERWIMMER, ThLZ 96, 1971, 686 ff.).
[3] S. SANDMEL, ThTo 23, 1966, 294 (zustimmend W. S. KISSINGER, The
Sermon . . ., 115).

nicht grundsätzlich umgangen. Die Auslegung selber ist sehr besonnen und kommt immer wieder zu überzeugenden Formulierungen (»Die Makarismen haben von Anfang an und auf der ganzen Linie *auch paränetischen* Charakter«; »Matthäus *versteht* Jesu Auslegung der Thora als das Geltendmachen ihrer *eigentlichen Intention*«; »Das ›Ich aber sage euch‹ muß in seinem singulären Charakter erkannt werden«; »mit diesem ›Ich aber sage euch‹ ist [in Mt 5, 32] die Stellung *der Frau verändert*«; »Ohne die Zusage Gottes kommt es nach der Bibel nicht zum Beten«)[4]. Auch ohne daß die historische Frage im engeren Sinn immer wieder gestellt wird, kann darum dieser gut lesbare Kommentar eine wirkliche Hinführung zu der in der Bp. gesammelten Verkündigung Jesu sein.

Auch W. KNÖRZER bietet einen kurzen Kommentar zur Bp. Er zeichnet sich dadurch aus, daß die historisch-kritische Frage nach der ursprünglichen Verkündigung Jesu und der matthäischen Bearbeitung des Stoffes nicht ausgeklammert wird. So zeigt sich z. B., daß Jesus in den Seligpreisungen »die Menschen selig pries, denen ohne eigenes Verdienst das Geschenk des Gottesreiches in leere Hände gelegt wurde«, während bei Matthäus »zugleich aus Indikativen Imperative werden«; so erscheinen Mt 5, 18.19 »als judenchristliche *Halacha*,« die der Evangelist durch die Verse 5, 17.20 »umrahmt und damit relativiert«; und so spricht nach K. auch »alles dafür, daß in der Matthäusgemeinde ein ursprünglich keine Ausnahme kennendes Jesuswort im Sinn der Lehre des Rabbi Schammai entschärft wurde« (durch die sog. Unzuchtsklausel 5, 32). Und wie die historisch-kritische Frage ernst genommen wird, so auch die Zugehörigkeit der Einzelforderung zur Gesamtverkündigung Jesu: der »Horizont ist für Jesus und die Evangelisten gleichermaßen die Botschaft vom angebrochenen Gottesreich«, »das Reich Gottes ist gegenwärtig und zukünftig zugleich«, »bei aller äußeren Ähnlichkeit fällt der große Unterschied zwischen den jüdischen Gebeten und dem Gebet Jesu auf«; für Jesus ist die Welt »in der Tiefe überwunden durch den Anbruch des Reiches Gottes ... Weil in Jesus Christus das Neue angebrochen ist, gilt auch schon die Bp.«. Gewiß kann man nicht allem zustimmen, was der Vf. sagt: es fehlt nicht nur die Naherwartung, sondern auch eine Erklärung der Vollkommenheitsforderung Mt 5, 48; schwerlich kann man die »Goldene Regel« (7, 12) »als Zusammenfassung der ganzen Bp. ansehen«, und die Reflexion über die »Irrtumslosigkeit« der

---

[4] G. EICHHOLZ, Auslegung ..., 11.18.164.45.66.70.83.113. – Daß diese Schrift offenbar (nach dem eigentlich immer zuverlässigen Zeugnis des Elenchus Bibliographicus Biblicus) nirgendwo besprochen worden ist, hat sie wirklich nicht verdient.

»ganzen Schrift im Zueinander und Miteinander der verschiedenen Texte«[5] kann ich nicht billigen. Aber das ist unwesentlich neben der Feststellung, daß K. nicht nur den Text der Bp. sorgfältig und historisch differenzierend auslegt, sondern auch hilfreiche Überlegungen über »die Erfüllbarkeit der Bp.« bietet (etwa zum »Modellcharakter« der Bp. oder zur Frage nach der Möglichkeit der Anerkennung von Ehescheidung bei Christen). Das Buch verdient volle Empfehlung.

Mehrere Arbeiten befassen sich mit den grundsätzlichen Problemen des Verständnisses der Bp. L. GOPPELT, der mit Recht als die Aufgabe der Interpretation der Bp. den Versuch bezeichnet, »die Worte der Bp. aus der Situation Jesu sachlich zu verstehen und in unsere Situation zu übertragen«, exemplifiziert solchen Versuch an den Antithesen Mt 5, 21–48: Jesu Gebot tritt der alttestamentlichen Weisung, die vollstreckbares Recht bedeutet, antithetisch gegenüber durch die Forderung der »totalen Umkehr auf die demnächst anbrechende Gottesherrschaft hin«. Daß diese radikale Entgegensetzung von Recht und Umkehr Jesus eine falsche Alternative zuschreibt, zeigt sich freilich sofort daran, daß G. dann doch feststellen muß: »Das neue Verhalten bleibt auf die Dauer antithetisch bezogen auf *die rechtliche Ordnung* der mitmenschlichen Verhältnisse«, und nur so kann er die Forderungen Jesu abschließend »als Ruf zu einem Verhalten aus Glauben« verstehen, »das immer angefochten und bruchstückhaft bleibt«. So zeigen Goppelts Überlegungen mit Recht, daß Matthäus die Worte Jesu in der Bp. »bewußt berichtend« zusammengestellt hat, aber doch zugleich auch in der Absicht, daß diese Worte »unmittelbar in der Gemeinde gelehrt werden« sollen[6], doch verhindert die falsche Alternative von Recht und totaler Umkehr ein wirkliches Erfassen der dadurch gegebenen Problematik.

U. LUCK möchte die Frage, ob die Bp. so sehr »mit der apokalyptischen Krisensituation verbunden ist, daß sie streng genommen unter ihren geschichtlichen Voraussetzungen nur noch ein Dokument der Vergangenheit ist«, von der Voraussetzung aus zu beantworten versuchen, daß die Bp. »eine historische Größe ist« und »deshalb auch historisch verstanden und ausgelegt werden muß«. Er zeigt darum zunächst einmal richtig, daß »hinter der Bp. nicht nur das Wort Jesu, sondern auch die Überlieferungsgeschichte dieses Wortes in der christlichen Gemeinde steht«, verbindet damit aber die Behauptung, daß von Matthäus »die Worte Jesu, die als Proklamation des Gottesrechts gesprochen wurden und mit der Ankündigung dieses Reiches unauflöslich verbunden waren,

---

[5] W. KNÖRZER, Die Bergpredigt, 27.40.52.19 f.81.102.92.
[6] L. GOPPELT, Das Problem . . ., 28.38.40.43.42.

nun mehr oder weniger bewußt in eine Situation umgesetzt werden mußten, in der die apokalyptische Erwartung abgeklungen war«. Diese
Umsetzung aber vollzieht sich dadurch, daß Matthäus »die ursprünglich
eschatologisch begründete Proklamation des Gottesrechtes in seinen durch
die weisheitliche Denkstruktur geprägten Horizont überführt, indem er
ihn mit der Forderung nach ›Vollkommenheit‹ auslegt«. Diese These
wird untermauert mit dem Nachweis, daß der in Mt 5, 48 begegnende
Vollkommenheitsbegriff in der Weisheitsliteratur und in Qumran begegnet und so »das Matthäusevangelium mit der Vollkommenheitsforderung in einem festen Zusammenhang mit dem Spätjudentum steht, in
dem Gesetzeserfüllung und Frömmigkeit zunehmend durch das weisheitliche Welt- und Gottesverständnis bestimmt wurden«. Diese Umsetzung
bedeutet aber keine Verfälschung, weil »auch die Apokalyptik mit ihrer
Erwartung des hereinbrechenden Weltendes und der damit verbundenen
Zeitwende ... in der Grundstruktur weisheitlichen Denkens angelegt
ist«, so daß bei Matthäus »trotz der weisheitlichen Grundstruktur auch
Elemente der Apokalyptik von Gewicht sind«. Das ist alles durchaus
diskutabel, obwohl mir die *bewußte* Umsetzung apokalyptischer in weisheitliche Struktur bei Matthäus ebenso wenig erwiesen zu sein scheint
wie die weisheitliche Grundstruktur apokalyptischen Denkens. Und so
scheinen mir auch die »Folgerungen« aus diesen Ausführungen durchaus
erwägenswert, daß »das Wort Jesu ... die persönliche Veränderung des
Menschen auf das Ziel hin fordert und verbürgt, das er mit seinem Wort
setzt«, auch wenn dem Menschen »das, was bei der Gehorsamstat herauskommt, was der Mensch auf das Wort Jesu hin tatsächlich tut, entzogen
ist«. Völlig aus diesem Rahmen fällt aber der zwischen diese Ausführungen gestellte Abschnitt über »Das theologische Ziel des Evangelisten
Matthäus« mit der These: »Deshalb kann der Mensch, wo er als voll-
kommener handeln will, nur im Verborgenen wirken in der Hoffnung,
daß Gott selbst, wann und wo er will, seine Tat als Gerechtigkeit in
Kraft setzt«; dieses Resultat beruht nämlich auf dem nicht einmal näher
begründeten Festhalten an ἐν τῷ φανερῷ im Text von Mt 6, 4.6.18
und auf dem Verständnis von ἀποδώσει ἐν τῷ φανερῷ als »das macht
Gott offenbar«[7], was beides schwerlich haltbar ist. Sieht man aber von
diesem Abschnitt ab, so können die Ausführungen Lucks durchaus dazu
dienen, die Frage nach der den Forderungen Jesu in der Bp. zu Grunde
liegenden Denkstruktur und damit auch die Frage nach der »Ausführ-
barkeit« dieser Forderungen neu zu durchdenken, auch wenn vor allem

---

[7] U. Luck, Die Vollkommenheitsforderung ..., 13.25.28. 38.33.51.49.59.58.
47.45.

die religionsgeschichtlichen Überlegungen nicht mehr als eine Anregung darstellen.

T. Holtz schließlich erörtert in Kürze die entscheidenden Auslegungsprobleme der Bp. Er weist zunächst durch einen Blick auf die Stellung der Bp. im Zusammenhang des Matthäusevangeliums und durch den Vergleich mit der »Feldrede« des Lukas darauf hin, daß der beiden Evangelisten gemeinsame Stoff offenbar schon in der Überlieferung »als grundlegende und gültige Zusammenfassung der Verkündigung Jesu« zusammengestellt war und »primär Evangelium verkünden« sollte. Diese Einsicht wird dann an dem Text der Bp. konkretisiert durch die Analyse der Seligpreisungen und der Antithesen: »Die Makarismen in ihrer Gesamtheit verheißen das eschatologische Heil denen, die sie als solche anreden, die in der Gegenwart des Heils entbehren, und sprechen es ihnen zugleich gerade als solchen gültig zu«, und der in seinem tragenden Gerüst echte Kern der Antithesen überbietet die Thora dadurch, daß der Gotteswille »auf den ganzen Menschen in allem seinem Tun« bezogen wird, »solche Neuauslegung bedeutet die messianische Erfüllung der Thora«. Daraus ergibt sich, »daß die Bp./Feldrede nicht ohne Jesus den Christus zu lesen und zu verstehen ist«, weil »die Zeit der letzten, eschatologischen Erfüllung« in der Person Jesu angebrochen ist, »schon gemäß dem Anspruch, den Jesus für sich erhob«. Dementsprechend wird in Mt 6, 1 ff. betont, daß »rechter Gottesdienst wirklich und rein auf Gott gerichtet sein« muß, und im Schlußgleichnis Mt 7, 24 ff. tritt »der eigentlich eschatologische Horizont in den Blick« und damit »die unauflösbare Verbindung von Sein und Tun«[7a]. Das alles ist sehr überzeugend, aber natürlich nicht mehr, als was es zu sein beansprucht, »Grundzüge einer Auslegung«.

Nur der Vollständigkeit halber seien hier noch drei Aufsätze genannt, die zum Verständnis der Verkündigung *Jesu* im Rahmen der Bp. kaum etwas beitragen. Nach O. Hanssen ist es nicht nur »methodisch äußerst problematisch, die Bp. unter Umgehung der Theologie des Matthäus direkt von Jesus her verstehen zu wollen« (»Die Frage nach der ursprünglichen Bedeutung der Sprüche und Logien Jesu im ganzen seiner eigenen Botschaft ist eine Aufgabe für sich«), sein Interesse richtet sich überhaupt nur auf die literarkritische Analyse der Bp. und ihre Gliederung einerseits, auf den Abschnitt 5, 17–20 andererseits, »in dem der Evangelist theologisch in besonderer Weise zur Sprache kommt«. Die Antwort auf die erste Frage lautet, daß der Evangelist die Bp. »als eine Auslegung des Doppelgebots der Liebe versteht«; aus 5, 17–20 erschließt

---

[7a] T. Holtz, Grundzüge . . ., 10.11.13 f.16.

der Verf. sodann, daß der Evangelist »die... Verbindung zwischen Gesetz und Doppelgebot der Liebe aufgelöst hat«, durch die Bp. wird »jedes Gesetz relativiert«, und »damit ist nun auch der Weg für eine christliche Heidenmission geöffnet«[8]. Ich gestehe, daß ich die exegetische Berechtigung zu diesen Feststellungen nicht zu erkennen vermag, aber das mag in diesem Zusammenhang auf sich beruhen – daß Matthäus die Worte Jesu in der Bp. »bewußt berichtend zusammenstellt« (so L. GOPPELT, s. o.), davon erfährt der Leser in diesem Aufsatz kein Wort. Und das gilt ähnlich auch für H. GÜNTHERS Aufsatz über »Die Gerechtigkeit des Himmelreichs in der Bp.«. Denn G. hat nicht nur ausschließlich die Absicht festzustellen«, was *der Evangelist* unter Gerechtigkeit« versteht, sein Resultat, daß »›dikaiosyne‹ im Matthäusevangelium als Verhältnisbegriff gebraucht ist« und daß »die Gegenwart Gottes zum Heil beim Menschen kräftig gedacht wird« (S. 124. 122), ist zwar richtig, wird aber weder mit dem ganzen Evangelium konfrontiert noch auf seine Stellung in der Verkündigung *Jesu* befragt, und so ist auch aus diesem Aufsatz für die Botschaft Jesu in der Bp. kaum etwas zu lernen.

Auch CHR. BURCHARD geht von der Festellung aus: »Die Bp. ist von Matthäus, nicht von Jesus« mit der Konsequenz, daß »zum historischen Jesus auch von der Bp. nur der mühsame methodische Weg führt«, beschäftigt sich dann freilich nur mit der Frage, was die Komposition der Bp. bestimmt. Nach B. ist die Bp. »keine ›Zusammenfassung der öffentlichen Predigt Jesu‹«, vielmehr »ist 5, 16 (»so soll euer Licht leuchten...«) so etwas wie das Thema der Bp.«, und »die Bp. hat es bis zum Schluß mit der missionarischen Wirkung der Jünger Jesu zu tun«. Dieser »Versuch, das Thema der Bp. zu finden«, ist durchaus beachtlich und erwägenswert, und die daraus abgeleitete Gliederung »könnte etwa so aussehen«[9], wie B. vorschlägt, aber das ist eben, wie er selber sagt, nur eine gut begründete Hypothese, und da von den inhaltlichen Fragen der Bp. nicht die Rede ist, kommt auch in diesem Aufsatz die Bp. als *Bericht* überhaupt nicht zur Sprache, so daß unser Verständnis der Verkündigung Jesu nicht gefördert wird.

Sehr wesentlich für das inhaltliche Verständnis der Bp. ist dagegen die Diskussion gewesen, die in den letzten Jahren über einen der wichtigsten Abschnitte der Bp. geführt worden ist, über die Antithesen Mt 5, 21–48. E. LOHSE geht von der weit verbreiteten Anschauung aus, daß bei der 1., 2. und 4. Antithese, die keine Parallelen bei Lukas haben

---

[8] O. HANSSEN, Zum Verständnis..., 98.104.103.109.
[9] CHR. BURCHARD, Versuch..., 409.411.415.420.430.

(Töten, Ehebruch, Schwören), »das Wort Jesu ohne die eingangs angeführte These nicht verständlich ist, da es das Gebot des Gesetzes unge-
mein verschärft«, weswegen »die antithetische Gestalt dieser drei Sätze
als ursprünglich anzusehen ist«, während die restlichen drei Antithesen
ihre antithetische Form »erst durch die Redaktion erhalten haben«. L.
vergleicht von dieser Voraussetzung aus die antithetische Formulierung
»Ihr habt gehört, daß zu den Alten gesagt wurde« und »Ich aber sage
euch« mit jüdischen Parallelen und stellt fest, daß in diesen Jesusworten,
abweichend von der Redeweise der Rabbinen, durch die Formel »Ihr
habt gehört« nicht eine andere Ansicht der eigenen Meinung gegenübergestellt, »sondern vielmehr auf das den Hörern vertraute Gebot des
Gesetzes Bezug genommen wird«, während mit »Ich aber sage euch« bei
Jesus ebenso wie im zeitgenössischen Judentum eine eigene abweichende
Meinung wiedergegeben werde. Da sich nun auch für den Inhalt der drei
ursprünglich antithetisch formulierten Texte jüdische Parallelen finden,
ergibt sich die Folgerung, »daß Form und Inhalt der drei ursprünglichen
Antithesen nicht zu der Annahme berechtigen, in dem Gebrauch der
Wendung ἐγὼ δὲ λέγω ὑμῖν sei der Ausdruck ... des Anspruchs zu erkennen, der Gesalbte Gottes zu sein«. Da Jesus, anders als seine jüdischen Zeitgenossen, »sein Wort dem gegenüber stellt, was den ἀρχαῖοι
gesagt war«, erfolgt die Zuspitzung des göttlichen Willens »unmittelbar
in der Verkündigung Jesu«, und die vollmächtig vorgetragene »Radikalisierung des göttlichen Gebotes ... führt faktisch zur Sprengung der Thora«[10]. Auch wenn m. E. nur die *isolierte* Vergleichung der beiden Hälften der
antithetischen Formulierung mit jüdischen Parallelen zu dem Urteil führen
kann, daß die Formel »Ich aber sage euch« der Redeweise der Rabbinen
entspreche, so ist Lohses Argumentation doch im übrigen sehr überzeugend
und für das Verständnis der Bp. als Verkündigung *Jesu* weiterführend[11].

Dieser Beurteilung der Antithesen ist nun freilich stark widersprochen
worden. M. J. Suggs sucht nachzuweisen, daß das Argument, die drei
üblicherweise als ursprünglich angesehenen Antithesen seien nur als Gegensatz zu einer These verständlich, nicht zutreffe, alle diese Sätze seien
vielmehr auch allein verständlich; wenn Matthäus die 3., 5. und 6. Antithese geschaffen habe, bestehe kein Grund, ihm die Verantwortung für
die drei anderen Antithesen abzusprechen, und es gebe auch keine Grün-

---

[10] E. Lohse, Ich aber sage euch . . ., 189 f.192.197–200.
[11] H. Hübner, Das Gesetz in der synoptischen Tradition, 1973, 40 f.231
(s. ThR 41, 1976, 337 f.) möchte auch die 5. Antithese für ursprünglich halten
und mit den auch von Lohse für ursprünglich angesehenen Antithesen (1., 2.
und 4.) zusammen auf Jesus zurückführen.

de zur Rechtfertigung der Annahme, daß Matthäus die antithetische
Form in seiner Überlieferung der Jesusworte vorgefunden habe; »die
Form ist seine eigene« (S. 441). Nun kann S. freilich nicht begründen,
warum Matthäus diese Form erfunden und nur auf diese Texte angewandt haben sollte, und weder ist seine Behauptung überzeugend, daß
die Formulierungen der 1., 2. und 4. Antithese unabhängig von einer
ihnen vorangestellten These verständlich seien, noch wird die Frage nach
der sprachlichen Besonderheit dieser antithetischen Formulierung überhaupt gestellt, und darum führt dieser Aufsatz nicht weiter. Auch I.
BROER bestreitet, daß die verbreiteten Begründungen für die Unterscheidung zwischen ursprünglich antithetisch überlieferten und sekundär zur
Antithese gemachten Texten überzeugend seien, und stellt dem zwei
Behauptungen gegenüber: a) Formal gehören die 1.–3. und die 4.–6.
Antithese zusammen, d. h. die Antithesen sind in zwei einander folgenden Reihen bewußt kombiniert; b) »Der Autor dieser Antithesen muß
an der Abgrenzung Jesu vom Judentum einerseits ein besonderes Interesse gehabt haben . . ., er muß aber gleichzeitig am *Zusammenhang* der
Jesusbestimmungen mit dem Alten Testament und dem Judentum interessiert gewesen sein«, »genau dieses dialektische Verhältnis zum jüdischen
Gesetz ist aber das des ersten Evangelisten«. »Die Antithesen waren . . .
geeignet, das Ungewöhnliche der Lehre Jesu herauszustellen«. Nun
bedeutet freilich die von B. betonte *formale* Ähnlichkeit der beiden
Dreiergruppen von Antithesen nichts Wesentliches gegenüber der *sachlichen* Zusammengehörigkeit der beiden herkömmlicherweise unterschiedenen Gruppen, und die Tatsache, daß »auch Jesu Verhalten zum Gesetz
dialektisch war«[12], schiebt B. einfach beiseite, ohne zu fragen, ob *diese
Art* der Antithesen nicht so ungewöhnlich war, daß schon sehr zwingende Gründe vorhanden sein müßten, um Matthäus zum Autor dieser
Redeform zu machen (sie sind aber keineswegs vorhanden!). D. h. auch
Broer hat die zunächst einmal ernsthaft zu prüfende Annahme nicht
widerlegen können, daß *diese* antithetische Redeform auf Jesus zurückgeht bzw. für ihn charakteristisch ist.

In einer sorgfältigen Untersuchung hat dagegen R. A. GUELICH erneut
gezeigt, daß zwar alles dafür spricht, daß die 3., 5. und 6. Antithese,
deren Stoffe bei Lukas ohne die antithetische Form begegnen, durch
Matthäus zu Antithesen gestaltet worden sind, daß dagegen mit Sicherheit die 4. und mit großer Wahrscheinlichkeit die 1. und 2. Antithese

---

[12] I. BROER, Die Antithesen . . . 59.63.59 Anm. 38. – Auch K. BERGER, Die Gesetzesauslegung Jesu I, 1972, 582.585 ff. (s. ThR 41, 1976, 334 ff.) setzt voraus, daß alle
Antithesen auf den Evangelisten zurückgehen.

schon in dieser Form dem Matthäus überliefert waren. Vor allem aber
hat er betont, daß man beim Vergleich der Antithesen des Matthäus mit
jüdischen Parallelen *beide* Seiten der antithetischen Einleitungen *und*
zugleich den Inhalt betrachten muß und daß dann gilt, daß die dem
Matthäus überlieferten Antithesen *keine* jüdische Parallele haben und
daß sich in ihnen nicht ein neues Gesetz zeigt, sondern »Forderungen
für das Verhalten, die aus der Gegenwart der Heilszeit erwachsen sind
und zu dieser Gegenwart passen« (S. 457)[13]. Vor allem aber hat CHR.
DIETZFELBINGER in seiner Schrift über die Antithesen dreierlei gezeigt:
a) »Am Anfang der gemeindlichen Traditionsbildung waren vermutlich
nur drei der sechs überlieferten Worte in antithetischer Form vorhanden«, »das Judentum hat weder in Qumran noch in der rabbinischen
Diskussion jemals eine Lehrmeinung gegen die Thora selbst ins Feld
geführt«, und somit ist »die Formel als ganze im jüdischen Schrifttum
ohne Parallelen. Mit gutem Grund kann man von da aus schließen, daß
Jesus selbst sie benutzt hat«. b) Eine sorgfältige kritische Erörterung
der ursprünglich antithetisch und der ursprünglich ohne diese Einleitung
überlieferten ältesten Texte aus Mt 5, 21–48 ergibt, daß der Kern aller
dieser Texte auf Jesus zurückgeht, wobei durch das apodiktische Verbot
der Ehescheidung und des Schwörens und den grundsätzlichen Widerspruch gegen das *ius talionis* »ein Teil der Thora aufgehoben« wird und
Jesus immer wieder »ein ethisches Gefüge zerbricht, innerhalb dessen
man sein Verhalten regeln kann, ... ohne ein anderes dafür anzubieten«.
c) »Offenbar hat Jesus Mögliches, Realisierbares zu fordern gemeint«,
er hat an eine Aufteilung zwischen öffentlichem und privatem Bereich
nicht gedacht, und man kann »der Erkenntnis nicht ausweichen, daß der
Versuch, sie [die Antithesen] in der Ganzheit ihres Sinnes in menschliche Wirklichkeit umzusetzen, den Menschen und die menschliche Gesellschaft hoffnungslos überfordern muß«. Jesus hat aber in den Antithesen
solche Überforderung darum nicht gesehen, weil er sie »nicht nur als
Forderung an den Menschen versteht; er versteht sie als von Gott ermöglichte Forderung«. »Alle Forderungen Jesu an den Menschen sind vom Anspruch der Gottesherrschaft her motiviert«, »die aufs äußerste gesteigerte ethische Forderung hat ihren Grund ... in dem Verhalten Gottes,
das ein neues Verhalten des Menschen intendiert und impliziert«. »Jesus
verkörpert nicht nur inhaltlich, was er fordert, sondern er empfängt

---

[13] Ähnlich urteilt, unabhängig von Guelich, auch V. HOWARD in dem im
5. Teil dieses Berichts noch ausführlicher zu besprechenden Buch: Das Ego
Jesu in den synoptischen Evangelien, MThSt 14, 1975, 185 ff. (dort S. 188
Anm. 5 eine Übersicht über die verschiedene Beurteilung der Antithesen in
der neueren Literatur).

auch das Geforderte von dem Gott, dessen Kommen er ankündigt und in seinem Schicksal darstellt«. Daraus ergibt sich konkret: »Indem die Antithesen die Vorläufigkeit der Welt statuieren, rufen sie zur Hoffnung auf Änderung der Welt«, und »der von den Antithesen angeredete Mensch« wird »mit einigen Schritten in der Richtung auf das Menschliche ... nicht aufhören«; »indem ein Mensch solche Schritte hin zur Freiheit als von Gott ermöglichte Schritte tut, bewegt er sich im Horizont des anbrechenden Reiches«[14]. Das ist alles nicht nur sehr überzeugend, sondern auch gut begründet, so daß die Schrift von Chr. Dietzfelbinger als eine wirkliche Förderung des Verständnisses eines entscheidenden Abschnitts der Bp. und damit der Bp. überhaupt bezeichnet werden darf[15].

Wenden wir uns der Literatur zu den *Gleichnissen Jesu* zu, so ist zunächst auf mehrere Literaturübersichten hinzuweisen[15a]. J. D. KINGSBURY bietet einen klaren Überblick über die Gleichnisforschung seit A. Jülicher, weist einerseits auf die Modifizierung der extremen Entgegensetzung von Gleichnis und Allegorie durch Jülicher und auf die Rückversetzung der Gleichnisse in die Kampfsituation Jesu durch A. T. Cadoux, C. H. Dodd und J. Jeremias hin, schildert andererseits breit und klar die existential-hermeneutische Gleichnisauslegung, vor allem bei E. Fuchs. Bietet so J. D. Kingsbury eine vorzügliche Information, so vertritt N. PERRIN in seinem Aufsatz über die moderne Gleichnisauslegung leidenschaftlich die These, daß in der neuesten Gleichnisforschung »die Umrisse einer haltbaren hermeneutischen Methode zur Anwendung auf die Gleichnisse sichtbar zu werden beginnen«. So sehr nach Perrins Meinung A. Jülicher und J. Jeremias die Grundlagen der modernen Gleichnisinterpretation gelegt haben, so haben doch erst E. Fuchs und A. Wilder »eine neue Dimension in der Diskussion der Gleichnisse eingeführt: die Dimension des Gleichnisses, das in sich selbst weitergehendes Leben und Lebendigkeit hat«. Aber erst bei R. W. Funk, der das Gleichnis als offene Metapher versteht, die den Hörer zwingt, sich mit der Person und Situation im Gleichnis zu identifizieren, erkennt P. »das Morgenrot eines neuen Tages in der Erklärung der erzählenden

---

[14] CHR. DIETZFELBINGER, Die Antithesen ..., 12. 10 f. 34. 23. 58. 67. 71. 73. 75. 81. 85 f.

[15] Wichtig für das Verständnis der Bp. ist auch der Kommentar von E. SCHWEIZER zum Matthäusevangelium (NTD, 1973), auf den ich hier nur verweisen kann, da die Kommentarliteratur von anderer Seite besprochen wird.

[15a] Eine Skizze der neueren Gleichnisforschung bietet auch die Einleitung zu meinem Aufsatz »Noch einmal ...«, 220–225.

Gleichnisse«, und bei D. O. Via empfindet er »einen Durchbruch, weil
er bewußt die Gleichnisse als ästhetische Objekte behandelt, die aus eigenem Recht existieren«. D. h. in der Betonung der Wechselwirkung zwischen
Text und Ausleger und in der Beachtung der Selbständigkeit der literarischen Form durch diese Forscher liegt für P. der entscheidende Schritt
voran in der Gleichnisauslegung[16]. W. J. HARRINGTON bietet eine gut
informierende Übersicht über die zwischen 1960 und 1971 erschienenen
Gleichnisbücher, ohne im einzelnen Stellung zu nehmen, während der
ebenfalls zuverlässige Überblick von J. C. LITTLE mit der Gleichnisforschung zwischen A. Jülicher und J. Jeremias einsetzt, dann gegen die
im übrigen als epochemachend bezeichnete Leistung von J. Jeremias
geringe Einwände erhebt und schließlich auf die Bedeutsamkeit der
Beachtung der literarischen Form und der Redaktionsgeschichte in der
neuesten Gleichnisforschung hinweist. H.-J. KLAUCK schließlich zeichnet sehr engagiert den forschungsgeschichtlichen Hintergrund für die
ausführlicher besprochenen Bücher von G. Eichholz, A. Weiser und D.
O. Via und die Aufsätze von K.-P. Jörns und E. Güttgemanns, wobei
Eichholz und Weiser besonders hervorgehoben werden und trotz Kritik
an der Einseitigkeit ihrer Methoden die Wichtigkeit der neuen Ansätze
von Via und Güttgemanns betont wird.

Was die Arbeiten zur Gleichnisauslegung selbst betrifft, so sollen
zunächst die Gleichnisbücher im engeren Sinn besprochen werden, die
natürlich fast alle auch methodische Fragen behandeln, dem sollen die
zahlreichen Untersuchungen zur Methodenfrage folgen, um mit einigen
wichtigen Arbeiten über einzelne Gleichnisse oder Gleichnisgruppen zu
schließen.

E. BISER will in seinem unnötig verschwenderisch gedruckten Buch
»den Blick für das Einmalige und Unerhörte der Gleichnisse schärfen«,
aber seine mehr meditativen als argumentierenden Ausführungen lassen
nicht wirklich erkennen, wie nach seiner Meinung die sachgemäße Auslegung der Gleichnisse aussehen muß. Ausgehend von der Ablehnung der
Allegorie und von der (nicht bewiesenen) These, daß »die Gleichnisse
Jesu allesamt, ausdrücklich oder unausdrücklich, vom immer erst kommenden und doch schon gegenwärtigen Reich Gottes sprechen«, sucht B.
zu zeigen, daß die Gleichnisse »schon durch ihre Sprachgestalt, nicht erst
durch ihren Stoff und seine Dramatik«, bewirken, daß der Hörer, der
sich dem nicht entzieht, »sich sowohl an seiner Welt wie an sich selbst
irre gemacht sieht«, weil die Gleichnisse ihm »an Hand von Verglei-

---

[16] N. PERRIN, The Modern Interpretation ..., 148.139.141 f. Perrin hat diese
Gedanken dann in seinem Buch von 1976 weiter ausgeführt (s. dazu unten
S. 136 f.).

chen . . . den Sinn für das Gottesreich, für seine wirkliche Präsenz ebenso
wie für seine verborgene Herrlichkeit, erschließen wollen«. Ein Gleichnis hören bedeutet darum, »in und mit ihm jenes Reich ›entgegennehmen‹,
das den Auserwählten . . . am Ende der Zeiten endgültig übergeben
wird«. Auf dem Hintergrund dieser ziemlich nebelhaften Grundlegung
sucht B. dann einer Reihe von Gleichnissen die Botschaft vom »Reich und
seiner Gerechtigkeit« (Kap. 3) zu entnehmen; aber da sich nach seiner
Meinung die Entstehungsbedingungen der Gleichnisse »nicht eindeutig
ausmachen« lassen, tritt die etwaige Differenz zwischen dem Sinn eines
Gleichnisses im Munde Jesu und seiner Umdeutung im Zusammenhang
der Überlieferung oder der Evangelienredaktion nur selten in den Blick,
und der Leser weiß nicht, ob z. B. Jesus oder die Überlieferung im
Gleichnis vom betrügerischen Verwalter (Lk 16, 1 ff.) »die freie Selbst-
verfügung als die dem Gottesreich allein gemäße Haltung herausstellt«
(eine m. E. sehr problematische Interpretation!). Darum ist die Behauptung des 4. Kapitels (»Der Sohn und seine Sendung«), daß »die durch
die Leitfigur des Sohnes gekennzeichnete Gleichnisgruppe« die Tendenz
zeige, »das Gottesreich, das sie wie alle übrigen [Gleichnisse] künden,
auf seinen personalen Sinngrund hin durchsichtig zu machen«, exegetisch völlig ungesichert, ja m. E. sehr fraglich. Der Leser hat so zum
Schluß weder eindeutig erfahren, wie es zu einer geschichtlich zuverlässigen Auslegung der Gleichnisse kommen kann, noch ist er davon überzeugt worden (was an sich eine diskutable These sein kann), daß man
»dem Phänomen der Gleichnisse ohne den Schlüssel des Reich-Gottes-
Gedankens« nicht beikommen kann[17].
  Eine eindeutige These verteidigt dagegen das Buch von D. O. Via[18].
Es ist Vias ausdrückliche Absicht, »abzurücken von einer Methodik, die
die Gleichnisse in strenger Verbindung mit Jesu historischer Situation
interpretiert«, ohne dadurch zur Allegorisierung zurückzukehren, und
zwar deswegen, weil »die streng historische Auslegung den ästhetischen
Charakter der Gleichnisse ignoriert und ihre ästhetische Funktion annu-
liert«. Es soll darum nachgewiesen werden, daß »eine Anzahl von
Gleichnissen Jesu im strengen Sinn ›literarisch‹ ist und sie deswegen
nicht nur Illustration von Ideen sind und nicht die unmittelbare Beziehung zu Jesu historischer Situation haben können, die ihnen gewöhnlich

---

[17] E. BISER, Die Gleichnisse Jesu . . ., 10.28.44.42.29.58.111.108.128 f.157.
[18] Das amerikanische Original von 1967 hat E. GÜTTGEMANNS übersetzt
und mit einem Nachwort versehen; ich zitiere hier nach dieser Übersetzung
(sie ist freilich nicht frei von Fehlern: S. 21 f. »*familiar*« = »familiär« statt
»vertraut«; S. 98 »*romance*« = »romantische Form« statt »Roman, Erzählungs-
form«).

beigelegt wird«. Die die Hälfte des Buches einnehmenden »methodologischen Überlegungen« wenden sich zunächst mit Recht gegen die starre
Anwendung der These von dem einzigen Vergleichspunkt, ziehen aber
daraus die keinesfalls zwingende Folgerung, daß »die Auslegung vom
tertium comparationis aus ... den inneren Zusammenhang der Geschichte« zerbreche; die Auslegung müsse vielmehr »ihre Aufmerksamkeit auf
die gesamte Konfiguration richten, auf die Art der wechselnden Bezüge
und auf das in ihnen implizit enthaltene Verständnis«. Doch liegt das
eigentliche Interesse des Verf. nicht auf diesen keineswegs neuen und
immerhin diskutablen Feststellungen, sondern auf zwei miteinander verwandten Thesen. a) »Als autonomes ist das literarische Werk unabhängig von seinem Autor«, »und besonders im ästhetischen Gebrauch der
Sprache – also in den Gleichnissen – befähigt die Sprache selbst den
Autor, mehr zu sagen, als er weiß«. b) Die Frage einem Text gegenüber
nach seinem »Verständnis der Möglichkeit menschlicher Existenz ist in
hohem Maße sachgerecht gegenüber den Gleichnissen«; die Hörer wurden durch die Gleichnisse »nicht nur gebeten, das Existenzverständnis
in einem Gleichnis zu sehen, sondern auch, ihm zuzustimmen«. Weil die
Gleichnisse »ein Sprachereignis in seinen [Jesu] Tagen waren«, ist es »der
Zweck ihrer Interpretation, daß sich in der Auslegung noch einmal das
Sprachereignis einstellt«, und so ist »es letztlich nicht der Text, der interpretiert und erklärt wird, vielmehr werden der Interpret und seine
Situation erhellt«. Von dieser methodischen Voraussetzung aus interpretiert nun V. eine Anzahl von Gleichnissen mit auffällig abstrakten Resultaten: das Gleichnis von den anvertrauten Geldern z. B. soll zeigen, »daß
derjenige Mann keine Gegenwart besitzen wird, der sich selbst so versteht, daß er eher eine risikoreiche Tat zu vermeiden sucht, als Gott für
das Glück seiner Existenz zu vertrauen, obwohl er chronologisch lange
leben kann. Seine Zeit wird ihres Inhalts verlustig gehen«, oder das
Gleichnis von den zehn Jungfrauen lehrt: »Die Gegenwart nur als Geschenk zu sehen – die Torheit der fünf – ist der absolute Verlust der
Gegenwart durch die Zukunft«. Erst ganz zum Schluß wird dann die
Frage nach der »Verbindung der Gleichnisse mit Jesu Geschichte« gestellt und mit der Feststellung beantwortet: »Die Gleichnisse sind der
reichste Ausdruck des Glaubens, zu dem Jesus die Menschen rief, und,
unter der Voraussetzung, daß seine eigene Entscheidung hinter der Entscheidung stand, zu der er andere aufforderte, ein wichtiger Schlüssel
für den Inhalt von Jesu Glauben«[19].

---

[19] D. O. VIA, Die Gleichnisse Jesu, 9.33.9 f.34.94.78.40.45.57.56.60.119.124.
178.194 f.

N. PERRIN hat Vias Buch sofort nach seinem Erscheinen enthusia-
stisch begrüßt: »Das ist ein aufregendes Buch...«, eine völlig neue und
charakteristisch amerikanische Art biblischer Wissenschaft«[20], und nach
E. GÜTTGEMANNS Meinung »eröffnet Vias Buch ohne Zweifel eine neue
Epoche der Gleichnisforschung«[21]. Nun mag das letztere zutreffen, die Frage ist aber, ob dieser Neubeginn auch einen Fortschritt bedeutet, und
das scheint mir sehr fraglich. Denn einmal hat Via seine Behauptung,
daß es sich bei den Gleichnissen der Synoptiker um ästhetische Objekte
handelt, die unabhängig von ihrem Autor ein eigenes Leben haben und
dementsprechend zu interpretieren sind, keineswegs bewiesen, und ebenso
ist es falsch, die Gleichnisse ohne den Zusammenhang mit der geschichtlichen Situation Jesu interpretieren zu wollen, weil die Gleichnisse unzweifelhaft nur im Zusammenhang mit der gesamten Predigt Jesu im
Sinne ihres Autors und damit verpflichtend und richtig interpretiert werden können. Andererseits ist aber zum allermindesten problematisch,
wenn nicht irreführend, an die Gleichnisse ausschließlich die Frage nach
der in ihnen zur Sprache kommenden Möglichkeit menschlicher Existenz
zu stellen, und die dabei sich konkret ergebenden Antworten sind denn
auch so abstrakt, daß selbst N. PERRIN sich zu der Feststellung gedrängt
sah: »Es ist gelegentlich schwierig zu sehen, wo die Botschaft, die Via
einem Gleichnis entnimmt, von derjenigen sich unterscheidet, die Jülicher
dem Gleichnis entnimmt, wenn man davon absieht, daß diese Botschaft
[bei Via] mit den Begriffen existentialistischen Selbstverständnisses ausgedrückt wird«[22]. Die Loslösung der Gleichnisse von ihrem geschichtlichen Boden und vor allem von der Person Jesu (oder auch der bekennenden Gemeinde) und die Heranziehung eines umfangreichen literatur-
wissenschaftlichen Apparats unterwirft die Gleichnisse der (schulmäßig
gebundenen) Subjektivität des Exegeten und beraubt sie ihres kerygmatischen Charakters, darum kann ich in dieser angeblichen »neuen Epoche«
der Gleichnisforschung nur einen Rückschritt und eine Gefahr für die
Zuverlässigkeit bibelwissenschaftlicher Arbeit sehen.

E. LINNEMANN geht in der 5. Auflage ihres bekannten Gleichnisbuches von den beiden Thesen aus: »Gleichnisse wollen Beweismittel
sein. Damit hängt es zusammen, daß sie *nur einen Vergleichspunkt*
haben. Man kann schlecht mehreres auf einmal erweisen«, und »Die Entsprechungen zwischen Bild und Sache beruhen darauf, daß der Erzähler
in der Parabel den Wertungen seiner Zuhörer Raum gibt... In der

---

[20] N. PERRIN, Besprechung von Vias Buch, JR 21, 1967, 465.
[21] Nachwort des Übersetzers zur deutschen Übersetzung von Vias Buch, 202.
[22] A. Anm. 20 a. O.

Parabel verschränkt sich das Urteil des Erzählers über die fragliche Situation mit dem des Hörenden«. Damit ist gegeben, daß die Gleichnisse »in ihrem Bezug auf ihre geschichtliche Ursprungssituation erkannt werden wollen«, wobei sich zeigt, daß »Jesu Worte einen tiefgreifenden Gegensatz zu überbrücken hatten, der zwischen ihm und seinen Zuhörern bestand«. Es ist leicht zu sehen, daß L. mit dieser methodischen Grundlegung in entscheidender Hinsicht A. Jülicher und J. Jeremias folgt und ein streng geschichtlich gebundenes Verständnis zu gewinnen sucht. Freilich scheint es mir fraglich, ob man die Gleichnisse als Beweismittel ansehen darf und ob die These von dem *einen* Vergleichspunkt in dieser Strenge zutrifft; und der Begriff der »Verschränkung« ist schwerlich eine »wegweisende Entdeckung«[23], weil die Provozierung der Zustimmung oder Ablehnung des Hörers immer als *eine* der Zielsetzungen der Gleichnisrede Jesu angesehen worden ist. Die den Hauptteil des Buches füllenden Auslegungen von 11 Gleichnissen fragen bewußt und lehrreich und in Auseinandersetzung mit der vorhandenen Literatur »nach dem ursprünglichen Sinn der Gleichnisse« und sind darum hilfreich und lesenswert. Mein energischer Einspruch richtet sich aber gegen die gerade von E. Linnemanns methodischen Voraussetzungen aus für die Auslegung der Gleichnisse wesentlichen Erörterungen über Jesu Naherwartung; denn nach der Meinung der Verf. gibt es »kein einziges Jesuswort, das ausdrücklich von der Nähe der Gottesherrschaft redet, dessen Echtheit nicht zum mindesten umstritten ist«; es scheint ihr vielmehr »denkbar, daß sich die Naherwartung des Täufers ... bei Jesus umsetzte in die Gewißheit, daß Gottes Herrschaft jetzt im Anbruch ist«[24]. Da ich mich mit den Argumenten von E. Linnemann für diese Wegerklärung der Naherwartung Jesu im dritten Teil dieses Berichts bereits auseinandergesetzt habe[25], kann ich darauf verweisen und hier nur betonen, daß ihre Gleichnisauslegung, soweit sie auf diesen m. E. falschen Prämissen beruht, schwerlich Jesu Meinung richtig widergibt.

Auch G. EICHHOLZ schickt der Auslegung eine methodische Erörterung voraus und »verklammert ständig Hermeneutik und Exegese«. Er betont einerseits, daß die Gleichnisse »um ihrer Aussage willen inszeniert zu

---

[23] So E. FUCHS im Vorwort zu Linnemanns Buch.
[24] E. LINNEMANN, Gleichnisse Jesu, 32.35.41.54.138.142.
[25] ThR 41, 1976, 329 f.
[26] Dieser wesentliche Gedanke findet sich schon in Eichholz' Aufsatz »Das Gleichnis als Spiel« von 1961 (abgedruckt in G. EICHHOLZ, Tradition und Interpretation. Studien zum Neuen Testament und zur Hermeneutik, TB 29, 1965, 57–77).

nennen sind« und »weithin die Form eines Spiels haben«[26], ferner, daß
der Hörer des Gleichnisses »nie wegzudenken ist – daß das Gleichnis
Zug um Zug *um seinetwillen* erzählt ist, ja daß er nicht selten *selbst im
Gleichnis vorkommt*« (»in der Schlußszene [des Gleichnisses vom Verlorenen Sohn] kommt der Hörer ›ins Spiel‹«), schließlich, daß »das
synoptische Gleichnis das Gefälle einer Geschichte hat«, weil »*die Sache,
die zur Sprache kommt, primär ein Geschehen* ist – weil Gott in der
Verkündigung Jesu immer der handelnde Gott ist und weil der Mensch
in ihr zum Handeln gerufen wird«. Das scheint mir alles richtig zu sein,
und auch der Hinweis darauf, daß die Überlieferungsgeschichte der
Gleichnisse »*nicht zur Verlegenheit* werden darf«, sondern »als *Versuch*
immer neuer Interpretation aufgenommen und bejaht werden will«[27], ist
eine wichtige Erinnerung daran, daß auch in der Gleichnisforschung die
Fragen nach dem ursprünglichen Jesuswort und die nach Überliefe-
rungs- und Redaktionsgeschichte und damit nach der Umbildung dieses
Wortes exegetisch gleich bedeutsam sind. Von diesen Voraussetzungen
aus behandelt E. beispielhaft 10 Gleichnisse sorgfältig und mit reicher
Literaturbenutzung, sein Buch kann daher, von Formalien abgesehen, als
hilfreich und weiterführend bezeichnet werden[28].

In diesem Zusammenhang ist schließlich noch das Buch von C. E.
CARLSTON über die im Markusevangelium überlieferten Gleichnisse und
ihre Bearbeitung durch Matthäus und Lukas zu nennen. Das Buch
behandelt ausführlich die matthäische und lukanische Redaktion der bei
Markus begegnenden Gleichnisse, und auch bei der Behandlung der
markinischen Gleichnisse interessiert den Verf. primär die markinische
Redaktion; davon kann hier nicht die Rede sein. In seinem dritten Teil
stellt der Verf. aber auch die Frage nach der Herkunft der einzelnen
Gleichnisse und Bildworte von Jesus und im Falle der Echtheit nach
dem Sinn dieser Gleichnisse im Munde Jesu. Da der Verf. von der Voraussetzung ausgeht, daß die Echtheit in jedem Fall bewiesen werden
müsse, bleibt die Frage nach der Herkunft von Jesus in den meisten
Fällen offen oder wird negativ beantwortet, und der kerygmatische
Sinn der für Jesus in Anspruch genommenen Texte kommt kaum zur
Sprache. Trotz sorgfältiger Exegese und reicher Auseinandersetzung mit
der Literatur (das Buch enthält auch ein gutes Literaturverzeichnis!) ist

---

[27] G. EICHHOLZ, Gleichnisse . . ., 5.27.26.12.219.19 f.48.

[28] Leider fehlt ein Literaturverzeichnis, und die Literaturangaben sind nicht
immer ausreichend; dieser zutreffende Hinweis E. LINNEMANNS (ThLZ 97,
1972, 910 f.) rechtfertigt freilich nicht ihre völlig negative Beurteilung des
Buches.

darum der Ertrag dieses Buches für das Verständnis der Gleichnisrede Jesu enttäuschend gering[29]).

Der relativ geringen Zahl der seit 1965 erschienenen Gleichnisbücher im engeren Sinn steht nun eine sehr große Zahl von im wesentlichen methodischen Arbeiten gegenüber. Dabei müssen zunächst zwei schon 1964 erschienene Arbeiten genannt werden, weil sich spätere Untersuchungen immer wieder auf sie zurückbeziehen. G. V. JONES entwickelt nach einer Darstellung der Gleichnisforschung seit A. Jülicher in der Hauptsache *einen* Gedanken: die Gleichnisse der Evangelien haben ihre nächsten literarischen Verwandten nicht im Alten Testament oder bei den Rabbinen, sondern in den Fabeln des Aesop, denn Jesus war ein »schöpferischer Künstler«, das synoptische Gleichnis als Mittel der schöpferischen Einbildung »hat seinen Gestalten die Qualität einer Transzendenz gegenüber Raum und Zeit verliehen, die für alle großen erzählerischen Schöpfungen charakteristisch ist«, so daß diese literarischen Figuren eine von den konkreten Umständen ihrer Entstehung unabhängige Existenz erhalten haben. Freilich ist Jones bei der Anwendung dieser Feststellung auf die Gleichnisse der Synoptiker sehr vorsichtig: Er gibt zu, daß manche Gleichnisse ihren Sinn nur im Zusammenhang ihres geschichtlichen »Sitzes im Leben« haben oder eine bestimmte Lehre illustrieren; aber diejenigen, die eine existentiale Anwendung erlauben (als Beispiele werden neben anderen genannt der Verlorene Sohn und die Anvertrauten Talente), sind wir mit der Tendenz zu lesen berechtigt, ihre Botschaft über Gott und die menschliche Existenz zu entdecken. Und so kann J. dann ganz allgemein formulieren: »Nur wenn das Gleichnis als Kunst und nicht in erster Linie als ein Instrument oder eine Waffe kriegerischer Auseinandersetzung behandelt wird, hat es zu andern Generationen als der, an die es gerichtet war, ein Wort zu sagen«[30]. Und das besagt nach J. konsequenterweise, daß der geschichtliche »Sitz im Leben« nicht unbedingt von grundlegender Bedeutung für das moderne Bemühen um das Verständnis des Gleichnisses ist. Es ist leicht zu sehen, daß von dieser Voraussetzung aus eine Anzahl von Gleichnissen, deren Abgrenzung von den anderen freilich sehr unklar ist, ihren Sinn völlig unabhängig von der Person und sonstigen Verkündigung Jesu erhält, wodurch die Frage nach den Gleichnissen als Ausdruck der Verkündigung *Jesu* natürlich unwesentlich wird, und daß überdies die Frage nach der modernen Anwendung der Gleichnisse die Frage nach dem

---

[29] »Obwohl vorzüglich in seinen Analysen, zeigt dieses Werk eine bedauerliche Enthaltsamkeit im Blick auf die Synthese« (J. DUPONT, Bib. 57, 1976, 441).

[30] G. V. JONES, Art and Truth . . ., 113.125.165.

geschichtlichen Sinn dieser Texte überdeckt. Im gleichen Jahr wie Jones sprach auch A. N. WILDER in einem kurzen Kapitel seines Buchs über frühchristliche Rhetorik von der künstlerischen Form der Gleichnisse Jesu, doch betonte er, anders als Jones, sehr eindeutig, daß die Gleichnisse Jesu in Beziehung zum Redner Jesus und zur geschichtlichen Situation gesehen werden müssen. Jesus gebraucht nach W. von der Annahme aus, daß alles Leben den Charakter von Geschehen und Handeln hat, »ausgedehnte Bilder . . ., um Wirklichkeit und Leben, . . . um seine eigenen Visionen und seinen eigenen Glauben zu vermitteln« (S. 80). Die Gleichnisse sind »ausgeweitete Metaphern«, in denen Jesus in Alltagssprache das Gottesreich und dadurch prophetische Offenbarung verkündet. Da W. die Gleichnisse eindeutig aus ihrer geschichtlichen Situation und im Zusammenhang mit der eschatologischen Verkündigung Jesu verstehen will, ist sein Hinweis auf ihre künstlerische Form durchaus diskutabel; doch kann ich in seinen Ausführungen keine Veranlassung für die Behauptung Perrins sehen, daß seit Wilder »die Auslegung der Gleichnisse niemals wieder dieselbe war«[31].

Auch R. W. FUNK hat in einem Kapitel seines Buches über »Sprache, Hermeneutik und das Wort Gottes« gefordert, die Gleichnisse unter Einbeziehung literaturwissenschaftlicher Fragestellungen als literarischen Gegenstand zu betrachten. Er vertritt in einer zuweilen recht komplizierten Sprache zwei Thesen. 1. »Die Gleichnisse sind Sprachereignisse, in denen der Hörer zwischen Welten zu wählen hat. Wählt er die Welt des Gleichnisses, wird er eingeladen, sich der konkreten Wirklichkeit hinzugeben, die im Gleichnis dargestellt wird, und sich, ohne die Hilfe eines Wegweisers, aber auf Grund der Autorität des Gleichnisses, auf die Zukunft wagend einzulassen«. D. h. »im Gleichnis bezeugt Jesus das Kommen der Gottesherrschaft und bringt sie nahe«, das Gleichnis ist als Metapher die für die Inkarnation geeignete Sprache, und darum ist das Gleichnis »nicht abgeschlossen, bis der Hörer als Teilnehmer in das Gleichnis hineingezogen ist«, »die Alltäglichkeit der Gleichnisse ist durchsichtig für die Grundlagen der menschlichen Existenz«. Charakterisieren diese sich mit den Vorstellungen von E. Fuchs und E. Linnemann berührenden Gedanken immerhin bestimmte Seiten der Gleichnisse Jesu richtig, so unterliegt die andere These Funks m. E. erheblichen Bedenken. 2. Das Gleichnis als Metapher verträgt keine »Anwendung«, es *ist* dadurch Deutung, daß es den Hörer selber deutet, darum »hat das Gleichnis als Metapher viele Gesichter, so daß eine ›geschichtliche‹ Auslegung in Form einer führenden ›Idee‹ das Gleichnis verstümmelt, sogar

---

[31] So N. PERRIN, Interpr. 25, 1971, 137.

für seine ursprünglichen Hörer«[32]. Man kann darum nach F. nicht ein für alle Mal sagen, was ein Gleichnis besagen will, weil Metaphern im wechselnden Licht der geschichtlichen Situation stets neu gebrochen werden. Damit wird aber auch von F. der grundlegende Zusammenhang zwischen Jesus und dem Gleichnis als unwesentlich beiseite geschoben und nicht mehr das Gleichnis im Sinne Jesu und im Zusammenhang mit der geschichtlichen Wirklichkeit Jesu, sondern als eine zeitlose literarische Größe und damit ungeschichtlich interpretiert. Doch soll nicht verschwiegen werden, daß die zur Illustration angefügte Auslegung der Gleichnisse vom Großen Abendmahl und vom Barmherzigen Samariter diese theoretischen Prinzipien erfreulicherweise nicht konsequent zur Anwendung bringt.

Als einen Schritt zurück muß ich die ebenfalls 1966 erschienenen Ausführungen von E. J. TINSLEY über »Gleichnis und Allegorie in den Evangelien« ansehen. Nach seiner Meinung ist die allegorische Form »alles andere als die trockene, altmodische und leblose Form«, die »so viele neutestamentliche Gelehrte voraussetzen«, vielmehr beruhen die Gleichnisse zwar sicherlich auf scharf beobachtetem Leben, aber sie sind weiter als das Leben, sind kunstvolle Verzerrungen der Wirklichkeit aufgrund eines künstlerischen Zweckes. »Erfolgreiche Allegorie steht in der Mitte zwischen räsonierender [discursive] Rede oder Schriftstellerei einerseits und realistischem Bericht andererseits«, und so müssen Jesu Gleichnisse gemäß dem Refrain »Wer Ohren hat zu hören, der höre!« »dechiffriert« werden, »die entscheidende Frage wäre nicht, ob irgend eines oder viele der Gleichnisse Jesu allegorisch sind oder nicht, sondern wofür sie Allegorien sind«, doch ist »erfolgreiche Allegorie für eine endgültige autoritative Umschreibung nicht empfänglich«. Diese mit mancherlei exegetischen Beispielen durchsetzten Ausführungen sind nicht nur unkritisch (die Deutung des Gleichnisses vom Sämann ist »authentisch«!), sondern unscharf (was ist eine »typologische Allegorie«?)[33] und zeigen eine einem falschen christologischen Interesse entsprungene irrtümliche Beurteilung der Überlieferung und des literarischen Sachverhalts.

Eine völlig neue Theorie über die Entwicklung der Gleichnisüberlieferung trägt M. D. GOULDER vor. Er sucht zunächst zu zeigen, daß bei Markus die Naturgleichnisse vorherrschen, während alle zusätzlichen Gleichnisse des Matthäus nur von Menschen handeln und die Gleichnisse des Lukas fast ausnahmslos städtische Umgebung voraussetzen. Auch in der Art und Weise, wie Matthäus und Lukas gegensätzliche Züge und

---

[32] R. W. FUNK, Language . . ., 162.197.133.155.149.
[33] E. J. TINSLEY, Parable . . ., 156.172.175.164.179.167 f.179.

Allegorisierung innerhalb der Gleichnisse zufügen oder weglassen, unterscheiden sie sich deutlich von Markus. Aus allen diesen Beobachtungen zieht G. zwei Folgerungen: »Wo bleibt Platz für eine Wirksamkeit der schöpferischen Kirche *vor* den Evangelisten?« und: »Unser Werkzeug für die Wiederherstellung der ursprünglichen Gleichnisse ist zerbrochen.« Dann scheinen ihm nur drei Möglichkeiten übrig zu bleiben. 1. Jesus lehrte alle Arten von Gleichnissen, die wir haben, Natur- und Menschengleichnisse, allegorische und nicht allegorische, eschatologische und mahnende usw. Die drei Evangelisten *wählten* diejenigen Gleichnisse *aus*, die zu ihrer eigenen Denkweise und ihren eigenen Glaubenslehren paßten ... Das ist höchst unwahrscheinlich«; 2. »Jesus lehrte *eine* Art von Gleichnissen, oder mehrere, aber wir wissen nicht, welche«, doch scheint G. diese Hypothese schwerlich empfehlenswert. 3. Seine eigene Hypothese lautet: »Jesus lehrte die markinischen Gleichnisse mit ihrem dörflichen Milieu und ihrer eschatologischen Botschaft, und auch mit ihrem ziemlich hohen allegorischen Gehalt«, Matthäus und Lukas aber »waren nicht Herausgeber, sondern Midraschisten. Zum mindesten die Gleichnisse des Matthäus und Lukas stammen von Matthäus und Lukas, nicht anders, als die johanneischen Gleichnisse von Johannes stammen« (S. 66 f. 69). An diesen Ausführungen sind zweifellos die Beobachtungen über die Tendenzen bei der Umformung der Markusgleichnisse durch Matthäus und Lukas und über die mehr oder weniger große Neigung der Evangelisten zur Allegorisierung interessant und bei der Frage nach der ältesten Gleichnisüberlieferung zu beachten. Im übrigen aber unterschätzt G. nicht nur die redaktionelle Tätigkeit des Markus, er konstruiert auch einen durchaus nicht bestehenden grundsätzlichen Unterschied zwischen Naturgleichnissen und Gleichnissen aus menschlichem Milieu, vor allem aber spricht *alles* gegen seine Annahme, daß nicht nur die uns erkennbaren Änderungen an den Markusgleichnissen dem Matthäus und Lukas zu verdanken sind, sondern daß auch die Bildung des gesamten diesen beiden Evangelien gemeinsamen Gleichnisstoffes und ihres Sondergutes an Gleichnissen auf diese Evangelisten zurückgeht. Die vom Verf. mit einer Handbewegung verworfene Annahme, daß Jesus verschiedene Arten von Gleichnissen lehrte, ist ganz im Gegenteil ebenso wahrscheinlich wie die Behauptung falsch ist, daß wir keine Möglichkeit mehr besitzen, im Einzelfall zu einer ursprünglichen (und damit der ältesten Überlieferungsschicht angehörenden) Gleichnisüberlieferung zurückzugelangen. Auch diese Spielform der Skepsis ist haltlos.

J. M. ROBINSONS Reflexionen, daß Jesu Gleichnisse »Welt oder Sein (in Jesu Fall die Gottesherrschaft) zur Sprache bringen«, daß »im Ereignis der Sprache Jesu Gottes Herrschaft als die wahre Möglichkeit der Wirklichkeit sich ereignet« und daß darum »der Hörer zusammen mit seiner Situation in die Geschichte hineingenommen werden muß«[34], helfen schwerlich zu einem besseren Verständnis der Gleichnisse Jesu. Und H. G. KLEMMS Hinweis auf die Beeinflussung der Gleichnisforschung A. Jülichers durch die Fabeltheorie G. Lessings ist zwar lehrreich für die Entstehung der Gleichnisdeutung Jülichers und korrigiert einige falsche Urteile über dessen Gleichnistheorie (»Das Pauschalurteil über Ad. Jülicher, er habe die Gleichnisse nicht im Zusammenhang mit der jeweiligen konkreten Situation des Lebens Jesu betrachtet, ist falsch«, S. 167), aber betrifft naturgemäß mehr die Forschungsgeschichte als die Gleichnisforschung selbst. Dagegen hat K.-P. JÖRNS in seinem reichlich kompliziert formulierten Aufsatz über die Gleichnisverkündigung Jesu auf zwei zusammenhängende Tatbestände aufmerksam gemacht, die für das Verständnis der Gleichnisse Jesu wesentlich sind: a) In den Gleichnissen Jesu »kommt Gott zur Sprache«, und Jesu »den Gleichnissen zuvorgekommenes Handeln als das geschichtliche Sich-Ereignen Gottes legitimiert Jesu Gleichnisverkündigung«; b) Gott aber »läßt sich nicht existential interpretieren«, das Besondere der Gleichnisrede Jesu würde daher »verwischt, würden die Gleichnisse Jesu radikal existential interpretiert«[35]. Das sind wichtige Feststellungen, die bei der Gleichnisdeutung ernsthafte Berücksichtigung verdienen.

J. B. BAUERS Vergleich der Gleichnisse Jesu mit den Gleichnissen der Rabbinen dagegen weist zwar richtig auf die formale Verwandtschaft zwischen beiden Textgruppen und ebenso auf den Unterschied zwischen der Verkündigung der Gottesherrschaft in den Gleichnissen Jesu und der Begründung schriftgelehrter Sätze durch die rabbinischen Gleichnisse hin, doch sind das weitgehend nur Wiederholungen von Beobachtungen P. Fiebigs aus dem Beginn unseres Jahrhunderts. Und H. RÖHRS Nebeneinanderstellung von Gleichnissen bei Buddha und Jesus betrifft fast nur Bildworte, nicht die umfangreicheren Gleichnisse Jesu, reproduziert weitgehend Feststellungen von R. Bultmann und J. Jeremias und arbeitet überdies bei den indischen Texten aus zweiter Hand, so daß die teilweise richtige Abgrenzung des Gleichnisgebrauchs hier und dort wenig förderlich ist.

Einige weitere Aufsätze der letzten Jahre sind dagegen beachtlich. H. FRANKEMÖLLE geht von der Feststellung aus, daß die von Jülicher eingeführte Unterscheidung zwischen Parabeln, Gleichnissen und Beispielerzählungen bei der Auslegung ungenügend berücksichtigt worden

---

[34] J. M. ROBINSON, Jesus' Parables . . ., 141.145.142.
[35] K.-P. JÖRNS, Gleichnisverkündigung . . ., 159.172 f.165.177.

ist, und vertritt im Blick auf das Markusevangelium die These: »Die Gleichnisse im Markusevangelium haben die Gottesherrschaft zum Inhalt, die Parabeln die Person Jesu und sein Wirken.« Infolgedessen ist bei der Gleichnisauslegung nicht nach konkreten Situationen im Leben Jesu zu fragen, »wohl aber nach dem durch die echatologische Verkündigung Jesu bestimmten typischen Kontext«. Bei den Gleichnissen Mk 4, 26 ff.30 ff. »wird das Gottesreich bzw. die Gottesherrschaft explizit jeweils thematisiert, bei den beiden Parabeln aber ist nach der ursprünglichen vormarkinischen Sprachgestalt zu fragen: die Parabel vom Sämann Mk 4, 3 ff. »mußte etwas zur Erhellung der Tätigkeit Jesu als des Sprechers sagen ... Jesus vergleicht seine Verkündigung in Wort und Tat mit der Arbeit eines Sämanns, die mit Gewißheit überreiche Frucht bringt«; und für die Parabel von den Bösen Weingärtnern 12, 1 ff. läßt sich »aufgrund von literarkritischen und gattungsgeschichtlichen Momenten eine ... *ursprüngliche Gestalt* der Allegorie gewinnen ... In der distanzierten und auf die Verfremdung der Hörer angelegten Form der parabolischen Erzählung, wie sie Mk 12, 1–12 zugrunde liegt, bringt Jesus seine Person und seinen Anspruch zur Sprache«. »Die Selbstidentifizierung Jesu mit dem ... Sämann oder mit dem einzigen Sohn des Weinbergbesitzers ... steht ›christologisch‹ auf einer Stufe mit dem Bildwort vom Bräutigam oder vom Stärkeren oder vom zukünftigen Menschensohn.«[36] Diese »christologische« Deutung der beiden Parabeln in Mk 4 und 12 scheint mir freilich die Texte zu überfordern (so sehr ich den Vollmachtsanspruch Jesu in den zum Vergleich mit den Parabeln herangezogenen Jesusworten anerkenne), und die Entgegensetzung von konkreter Situation im Leben Jesu und von eschatologischer Verkündigung Jesu scheint mir falsch zu sein. Doch ist der Nachdruck zu begrüßen, den F. bei der Gleichnisinterpretation auf die Frage nach der Selbstverkündigung Jesu legen möchte.

W. Harnisch hat zwei verschiedene Argumente zur Gleichnisinterpretation vorgetragen. Er möchte einerseits »die Ironie als Stilmittel in Gleichnissen Jesu« aufzeigen: Wenn in Jesu Gleichniserzählungen »nicht selten das Alltägliche innerhalb der Erzählung ... unvermittelt das Gepräge des Unwahrscheinlichen, Ungewohnten, ganz und gar nicht Normalen annimmt«, dann spiegelt die Bildhälfte »eine durch Zuspitzungen, Verschiebungen und Übertreibungen bereits *verfremdete Wirklichkeit*« wider, und H. will darin »ironische Stilelemente« erblicken, was durch Beispiele illustriert wird (die Figur des Richters in Lk 18, 1ff. soll z.B. »lächerlich gemacht werden«). Freilich »muß der Hörer an Jesu Situa-

---

[36] H. Frankemölle, Hat Jesus ..., 186 f.190.195.198.203.206.

tion schon beteiligt sein, soll sich ihm das Ironische der Parabel zu erkennen geben«[37]. Es scheint mir freilich sehr problematisch, die durch den Blick auf die gemeinte *Sache* begründeten »Verfremdungen« in den Bildhälften der Gleichnisse Jesu als »ironisch« und damit als lächerlich zu interpretieren, und H. gibt ungewollt zu, daß solche Interpretation nur subjektiv begründet sein kann, wenn er eine derartige Interpretation von der ja objektiv nicht herstellbaren Beteiligung des Hörers an der Situation Jesu abhängig macht. H. hat andererseits in seinem Aufsatz über »Die Sprachkraft der Analogie« zwei keineswegs notwendigerweise verbundene Gedanken geäußert. Er wendet sich gegen die seit A. Jülicher oft vertretene Ansicht, Jesu Gleichnissen komme ein argumentativer Charakter zu, und stellt fest, daß »die Parabel ... das Einverständnis des Hörers zu gewinnen sucht«, weswegen »alles davon abhängt, ob der Hörer der sprachlichen Herausforderung entspricht und seine Existenz tatsächlich in Bewegung bringen läßt«. Mit dieser zweifellos richtigen Feststellung verbindet H. aber die Behauptung, der »Rekurs auf die Ursprungssituation eines Gleichnisses erweise sich als unerfüllbares Desiderat der Exegese«, und darum sei die »Tendenz ..., einzig den Verstehenshorizont der ursprünglichen Hörer als Interpretationskriterium gelten zu lassen«, fragwürdig[38]. Diese Behauptung übersieht aber, daß ein Verständnis der Gleichnisse *im Sinne Jesu* auf keinem anderen Wege als dem der Orientierung an den ersten Hörern gewonnen werden kann und daß darum das Verständnis *dieser* Gleichnisse nicht von ihrer geschichtlichen Situation gelöst werden darf.

Auch K. BERGER behandelt die synoptischen Gleichnisse als geschichtslose literarische Größen. In zwei materialreichen Aufsätzen sucht er zu zeigen, in welchem literarischen Milieu bestimmte Gleichnisstoffe zu Hause sind (etwa: Gleichnisse, die mit »Wer ...?« beginnen, »gehören einer breiteren hellenistischen Tradition an«; »Das Motiv des unverschämten Betens ist in apokalyptischer Tradition beheimatet«), um daraus zu folgern, daß »bestimmte Gleichnisstoffe, in denen der Ort der Pointe vorgezeichnet war«, aus einer allgemeinen Schultradition stammen, was durchaus *möglich*, wenn auch angesichts der Disparatheit der benutzten Quellen nicht wirklich bewiesen ist. Wenn B. abschließend hinzufügt, daß die christlichen Gleichnisse »ihre Funktion im Kontext der von Jesus überlieferten Verkündigung erhalten«[39], so besagt diese

---

[37] W. HARNISCH, Die Ironie ..., 426 f.433.436.
[38] W. HARNISCH, Sprachkraft ..., 18.13 f.
[39] K. BERGER, Zur Frage ..., 61; DERS., Materialien ..., 35.37 (es ist m. E. völlig unbegründet, diesen Aufsatz Bergers als »bahnbrechend« zu bezeichnen, so G. SELLIN, ZNW 65, 1974, 168 Anm. 0).

nachträgliche Bemerkung wenig, weil der Zusammenhang der behandelten Gleichnisse mit der Verkündigung des Jesus der Geschichte bei B. völlig offen bleibt und die sachliche Veränderung des *möglicherweise* traditionellen Gleichnisstoffes durch Jesus im Zusammenhang seiner Verkündigung überhaupt nicht erörtert wird. So führen auch diese Untersuchungen bei der Frage nach dem Sinn der Gleichnisverkündigung Jesu nicht weiter.

Diesen Anspruch erheben nun freilich mehrere Arbeiten der letzten Jahre ausdrücklich, die die von D. O. Via, G. V. Jones, A. N. Wilder, R. W. Funk und J. M. Robinson eingeschlagene Forschungsrichtung fortsetzen. Über E. GÜTTGEMANNS' Ausführungen über »Die linguistisch-didaktische Methodik der Gleichnisse Jesu« unter breiter Heranziehung linguistischer Spezialliteratur kann ich freilich nicht referieren, da ich diese anspruchsvolle »Fachsprache« zu verstehen außerstande bin, ich kann nur darauf hinweisen, daß einzig Vias Betrachtung der Gleichnisse Jesu vor Güttgemanns Augen Gnade findet und daß die von G. in Angriff genommene »Generative Poetik«, deren Charakter freilich noch im dunkeln bleibt, über Via hinausführen soll. J. D. CROSSAN hat in mehreren Aufsätzen[40] eine grundsätzlich neue Interpretation der Gleichnisse Jesu vorgetragen. In seinem 1. Aufsatz über »Gleichnis und Beispielerzählung in der Lehre Jesu« sucht er zu zeigen, daß das Gleichnis vom Barmherzigen Samariter im Zusammenhang von Lk 10, 25–37 ein nachahmenswertes Beispiel sein will, während das ursprünglich von diesem Kontext freie Gleichnis Jesu Lk 10, 30–36 ein *Gleichnis* war; denn (und das ist die Hauptthese) »jede Beispielerzählung ... ist in Wirklichkeit ein Gleichnis, dessen wörtliche Ebene als moralisches Gebot verstanden und dessen metaphorische Herausforderung nicht beachtet worden ist«. C. sucht diese These zunächst am Gleichnis vom Barmherzigen Samariter zu verifizieren: Nicht die gute Tat des Samaritaners ist der entscheidende Punkt, sondern »die *Güte* des *Samaritaners*«; wenn der jüdische Hörer imstande ist, vom »guten Samaritaner« zu reden, »dann ist die Gottesherrschaft in dieser Erfahrung über ihn gekommen« und er hat begriffen, daß »*gerade so* die Gottesherrschaft unversehens in das Bewußtsein einer Person einbricht und die Umkehr früherer Werte, fester Anschauungen, unbeirrbarer Urteile und anerkannter Folgerungen for-

---

[40] Zu den drei im Literaturverzeichnis genannten Aufsätzen kommt noch hinzu »The Servant Parables of Jesus« in Semeia I, 1974, 17–62. Nach N. PERRIN, Jesus and the Language of the Kingdom, 191 Anm. 192 finden sich diese vier Aufsätze in leicht veränderter Form auch in J. D. CROSSAN, In Parables: The Challenge of the Historical Jesus, 1973. Da mir dieses Buch nicht zugänglich ist, zitiere ich nach den angegebenen Fundorten.

dert«; »der ursprüngliche Vergleichspunkt war die Ankunft der Gottesherrschaft bei den Hörern in und mit der Forderung, das Unsagbare zu
äußern und dadurch eine andere Welt anzuerkennen, die gerade in diesem Augenblick die Welt der Hörer unter radikales Gericht stellte«.
Diese verblüffende Interpretation der Beispielerzählung als »uneigentli-
che Rede« wird in ebenso verblüffender Weise an den übrigen lukanischen Beispielerzählungen durchgeführt, um dann festzustellen: »Die Beurteilung von Gleichnissen als Beispielerzählungen ... zeigt ein sehr
grundlegendes Mißverständnis des Gleichnisses als dichterischer Kunst
und entschärft in wirksamster Weise die dauernde Herausforderung des
Gleichnisses.«[41] Hinter dieser Interpretation der Beispielerzählungen als
Gleichnisse steht die im zweiten Aufsatz Crossans (»Gleichnis als religiöse
und dichterische Erfahrung«) zum Ausdruck kommende Überzeugung,
daß »die Metapher« wie das dichterische Symbol »zur Teilnahme an
ihrer Aussage und nicht zur Information über etwas drängt«, daß darum
»die spezifische Sprache der Religion ... die Sprache der dichterischen
Metapher ist«, daß dementsprechend »Jesu Gleichnisse ausgeweitete
Metaphern sind ..., die seiner eigenen Erfahrung der Ankunft Gottes so
eindringlich wie möglich Ausdruck geben sollten«; »Die Gleichnisse
schaffen und begründen die geschichtliche Situation Jesu selbst.« An
zahlreichen Gleichnissen wird dann gezeigt, daß die Gleichnisse die
Gotteserfahrung Jesu (als Offenbarung, Umwendung und Anschluß) zum
Ausdruck bringen und daß »der Hörer oder Leser in die Teilhabe an
dieser Erfahrung hineingezogen, herausgefordert und befähigt wird, seine
eigene Geschichtlichkeit darin zu begründen«[42]. Ist schon in diesen beiden Aufsätzen spürbar, daß Crossans Gleichnisinterpretation zwar sehr
bewußt nach der Verkündigung *Jesu* fragt, diese aber in einem zeitlos
existentialistischen Sinn verstehen möchte, so zeigt sich dieser Sachverhalt unübersehbar in den beiden noch zu erwähnenden Aufsätzen. Da
wird einerseits anläßlich der Erörterung der Knechtsgleichnisse festgestellt, daß es immer fraglicher geworden sei, ob Jesusworte mit eindeutig futuristischer Orientierung Jesus mit Recht zugeschrieben werden, Jesus habe »nicht angekündigt, daß Gott demnächst der Welt ein
Ende setzen werde, er verkündigte vielmehr Gott als den, der die Welt
wiederholt und stets erschüttert«[43]. Da werden andererseits aus den
Saatgleichnissen die Hinweise auf Zeit und Wachstum als Zusätze des
Evangelisten eliminiert, um dann festzustellen, daß »die Gleichnisse

---

[41] J. D. CROSSAN, Parable and Example ..., 293 f.296.295.306 (bzw. 74 f.77.
76.88).

[42] J. D. CROSSAN, Parable as ... Experience, 339 f.349.351.358.

[43] J. D. CROSSAN, Semeia I, 45.

weder ethisch noch eschatologisch, sondern ontologisch-poetisch sind
und als solche an eine weit grundlegendere Schicht rühren als die genannten Alternativen«. Jesu Gleichnisse sind Ausdruck für die Erfahrung
»des Einbruchs der Gottesherrschaft auf ihn selber«, und so enthalten
die Saatgleichnisse »die Offenbarung der Gegenwart des Gottesreichs
und die Entschlossenheit, die diese Gegenwart erfordert«[44]. Dieses Verständnis der eschatologischen Verkündigung Jesu ist freilich nur mit
Hilfe willkürlicher kritischer Eliminierungen möglich, und die auf dieser
Grundlage aufbauende Deutung der Gleichnisse und vor allem der Beispielerzählungen als Gleichnisse ist nicht nur gewaltsam, sondern ohne
jeden Anhalt an den Texten[45].

Diesem Urteil steht freilich das von N. PERRIN radikal gegenüber.
Der früh verstorbene amerikanische Neutestamentler vertritt in diesem
m. W. letzten Buch mit großem Nachdruck die These, daß in der Gleichnisforschung von A. Jülicher bis J. Jeremias die literarische Kritik zu
kurz gekommen sei, daß aber seit A. N. Wilder »in Amerika die Schwäche
der europäischen Fragestellung erkannt worden ist und Versuche unternommen wurden, diese Schwäche zu heilen«. Nach Perrins Meinung leisten D. O. Via und J. D. Crossan »heute die bedeutendste Arbeit an den
Gleichnissen«, »es kann kein Zweifel an der Tatsache herrschen, daß die
Methode, die Crossan entwickelt, ein bedeutender Fortschritt ist gegenüber allem, was vor ihm geschah«, und »erst bei Funk und Crossan finden wir die technische Fähigkeit, die zur Wiedergewinnung der Umstände nötig ist, unter denen die Texte reden können, zusammen mit der
Bereitschaft, den Texten einfach das Reden zu gestatten«. Aus dieser, wie
mir scheint unzutreffenden, Verabsolutierung der Gleichnisforschung von
Wilder, Funk, Via und Crossan leitet nun Perrin die Anschauung ab,
daß »Gleichnisse als ›Gleichnisse‹ keine ›Botschaft‹ haben, sondern den
Geist zu immer neuen Vorstellungen der Wirklichkeit reizen; sie setzen
die Vorstellungskraft in Bewegung, sie funktionieren wie Symbole, indem
sie ›zum Denken Anlaß geben‹«. Das besagt konkret, daß das Gleichnis

---

[44] J. D. CROSSAN, Seed Parables . . ., 265 f.
[45] So auch J. DUPONT, Pourquoi des paraboles, 62 Anm. O: »Diese Theorien haben den Übelstand, daß sie nicht mit dem Zeugnis der Texte rechnen.«
Die Bestreitung des Vorhandenseins von Beispielerzählungen lehnt auch D. O.
VIA ab in seinem mir im übrigen unverständlichen Aufsatz »Gleichnis und
Beispielerzählung: eine literarisch-strukturalistische Betrachtungsweise« in
Semeia I, 105–134. Dieser Band enthält außer weiteren Diskussionen zwischen
den verschiedenen Vertretern einer strukturalistischen Gleichnisdeutung auch
eine nützliche »Grundlegende Bibliographie zur Gleichnisforschung (S. 236 bis
273).

als literarisches Objekt »eine ursprüngliche Bedeutung hat, die es besaß,
als es in seiner ursprünglichen geschichtlichen Situation gesprochen wurde, und dann eine Reihe weiterer möglicher Bedeutungen, die es erhält,
wenn es in eine Reihe neuer und verschiedener Situationen gesprochen
wird«, d. h. »die moderne amerikanische Auslegung [der Gleichnisse] hat
versucht, das Gleichnis für sich selbst sprechen zu lassen . . . Wenn wir
das Gleichnis als Metapher verstehen können, wenn wir das Gleichnis
als eine Erzählung verstehen können, dann kann die Metapher der Träger von Wirklichkeit für uns sein, dann kann die Erzählung direkt zu
uns sprechen«. Und Perrin schließt mit der Feststellung, daß die auf
diese Weise erklärten Gleichnisse »an die Grenze menschlicher Existenz
in der Welt« führen. D. h. Perrins Absicht, die Gleichnisse »auf der
Ebene der Hermeneutik« zu betrachten[46], führt zu einer radikalen
Lösung der Gleichnisse von der konkreten geschichtlichen Wirklichkeit
der Verkündigung Jesu und macht sie aus Bestandteilen einer geschichtlichen Verkündigung, deren heutige Botschaft erst in einem zweiten
Schritt erfragt werden kann, zu zeitlosen literarischen Größen, denen der
Interpret jeden Sinn zuschreiben kann, den er ihnen zu geben wünscht.
Zu einer Interpretation der Gleichnisse *Jesu* kann es auf diesem Wege
nicht kommen, und ich kann daher diese Gleichnisdeutung nur als einen
Irrweg ansehen.

Nicht anders kann ich auch über die Untersuchung von M. BOUCHER
über »Das geheimnisvolle Gleichnis« urteilen. Die Verf. will als »radikale Kritikerin« der Gleichnistheorie A. Jülichers nachweisen, daß »der
grundlegende Irrtum Jülichers« seine Behauptung sei, »daß die Gleichnisse Jesu keine Allegorien« sind. Zur Durchführung dieses Nachweises
sollen »eine gesunde Definition und Beschreibung des Gleichnisses als
Wortkonstruktion«, »eine Definition, die erklärt, wie es möglich war,
daß das Gleichnis berechtigterweise in semitischer Tradition als geheimnisvolle Rede verstanden wurde«, und der Nachweis dienen, »inwiefern
das Gleichnis der Ausgangspunkt für die markinische Geheimnistheorie
sein konnte«. Die Verf. behauptet, daß Jülichers Entgegensetzung von
Gleichnis und Allegorie ein »Fehler in der Logik« gewesen sei, vielmehr
sei »jedes Gleichnis, das eine wörtliche und eine übertragene Bedeutung
hat, eine Allegorie«. Weil so »jedes Gleichnis zwei Bedeutungsebenen
hat, ist jedes Gleichnis als ganzes ›tropisch‹«, und die »doppelsinnige
Wirkung ist ein *sine qua non* des Gleichnisses«. Weil aber das Gleichnis

---

[46] N. PERRIN, Jesus . . ., 127.141.166.201.106.137.181.201.1. – Auf Perrins
im 1. Teil des Buches vorgetragene (mir sehr fragliche) These, daß »Reich
Gottes« nicht eine Idee oder Vorstellung sei, sondern ein Symbol, kann ich
hier nicht eingehen.

die »tropische Bedeutungsart verwendet, macht diese Struktur doppelter Bedeutung, die sich in jedem Gleichnis findet, es möglich, daß das Gleichnis als geheimnisvolle Rede wirkt«. Der geheimnisvolle Charakter des Gleichnisses besteht »ganz einfach in der Unfähigkeit oder Unwilligkeit des Hörers, die indirekte oder tropische Bedeutung des Gleichnisses zu verstehen«[47]. Von diesen Voraussetzungen aus ergibt sich dann, daß die allegorischen Gleichnisdeutungen des Markusevangeliums und des Matthäusevangeliums durchaus ursprünglich sein können, vor allem aber, daß sich die markinische Anschauung vom Geheimnis der Rede und des Handelns Jesu aus diesem überlieferten Geheimnischarakter der Gleichnisse erklärt. Auf diese m. E. äußerst fragwürdigen Ausführungen über die markinische Vorstellung vom geheimen Sinn des Redens und Handelns Jesu kann ich hier nicht eingehen, aber zu den Ausführungen der Verf. über das Wesen und Verständnis der Gleichnisse ist zweierlei zu sagen. a) Die Ausführungen betreffen fast ausschließlich das Verständnis der Gleichnisse bei *Markus* und ergeben schon darum keine brauchbare Einsicht in das Wesen der Gleichnisrede *Jesu* (die vermutlich von der Verf. unreflektiert mit der Anschauung des Markus gleichgesetzt wird). b) Der Vorwurf, Jülichers These, die Gleichnisse seien keine Allegorien, beruhe auf einem logischen Fehler, entspringt vielmehr einem Denkfehler der Verf.: Weder Jülicher noch irgendeiner seiner Nachfolger haben je angenommen, die Gleichnisse Jesu hätten nur *eine* Bedeutung; Jülichers These bezieht sich ausdrücklich auf die *Sachhälfte* der Gleichnisse, deren »*eigentlicher*« Sinn behauptet wird, und der Gebrauch des Begriffs »tropisch« durch die Verf. dient nur dazu, ihren Denkfehler zu verdecken. D. h. die Verf. hat nicht nur Jülicher und seine Anhänger radikal mißverstanden, sie verkennt auch gerade den *literarischen* Unterschied zwischen »eigentlicher« und »uneigentlicher« Rede, der Jülichers Anschauung zu Grunde liegt, und darum können ihre Ausführungen zum Verständnis der Gleichnisrede Jesu nichts beitragen. Auch der Vortrag von C. F. EVANS über »Gleichnis und Dogma« trägt zum Verständnis der Gleichnisse schwerlich etwas bei. Der Verf. will offenbar zeigen, daß die Sprache des Gleichnisses analogisch und suggestiv, die der Theologie konkret und feststellend ist, daß darum bei Jesus Gleichnis und Verkündigung nebeneinander stehen und nicht einfach aus einander erklärt werden dürfen; aber da der Verf. nicht zeigt, wie man aufgrund dieser Einsicht die Gleichnisse erklären soll, bleibt unklar, welche konkreten Folgerungen man aus der an sich problematischen These des Verf. ziehen sollte.

---

[47] M. BOUCHER, Mysterious Parable, 1 f.24.21 f.24.

Angesichts der sich in vielen der zuletzt genannten Arbeiten findenden methodischen Verwirrung ist es erfreulich, am Ende der Übersicht über die im wesentlichen methodischen Arbeiten zur Gleichnisforschung auf eine Schrift hinweisen zu können, die auf den Weg zu einer methodisch gesunden Exegese zurückweist. J. Dupont, der in den letzten Jahren eine größere Zahl von wichtigen Aufsätzen zum Verständnis einzelner Gleichnisse vorgelegt hat, will angesichts der Tatsache, daß »seit 20 Jahren alle Prinzipien der historisch-kritischen Methode [der Gleichnisauslegung] in Frage gestellt worden sind«, diejenigen Züge zusammenstellen, »die die Gleichnismethode Jesu zu charakterisieren scheinen«. Er weist 1. darauf hin, daß die Gleichnisse in der Regel einen Vorgang beschreiben, der »entweder das Verhalten der Hörer oder das Verhalten Jesu oder Gottes betrifft«, wobei das besondere Interesse des Verf. den Gleichnissen gilt, in denen Jesus seine Hörer auffordert, »in seinem Verhalten die konkrete Form zu erkennen, die das Heilshandeln Gottes zugunsten der Sünder im Augenblick des Kommens seiner Herrschaft annimmt«. Er zeigt 2., daß die Gleichnisse für Jesus das Mittel sind, »den Dialog unter Vermeidung der Hemmungen durch die Auseinandersetzung fortzusetzen«; der Hörer wird aufgefordert, Partei zu ergreifen, und weil die Gleichnisse ein Dialog sind, der den Hörer »dazu führen möchte, sich über den Grund Rechenschaft zu geben, um dessentwillen ein anderer Gesichtspunkt vorzuziehen ist, offensichtlich der des Gleichnisredners«, muß der Ausleger die Gleichnisse »in die Situation zurückversetzen, aus der sie entstanden sind«. Er macht 3. darauf aufmerksam, daß die Gleichnisse ihre überzeugende Kraft der Erfahrung der Hörer, aber gelegentlich auch der Erfahrung Jesu verdanken, und weil so manche Gleichnisse ihre Gewißheit »nur in einer persönlichen Überzeugung Jesu« finden, »müssen diese Gleichnisse für uns... ein Mittel des Zugangs zu Jesus sein, zu seiner Person, zu seinem Geheimnis«. So kann D. abschließend sagen: »Indem die Gleichnisse der Evangelien uns lehren, wie Jesus seine Hörer zu einer anderen Schau der Lage zu führen suchte, in der sie lebten, müssen sie uns lehren, unsere eigene Lage mit *seinem* Blick zu sehen.«[48] Da alle diese Ausführungen auch sorgfältig und mit Verweis auf die neueste Literatur begründet werden, bedeuten Duponts Ausführungen eine wirkliche Hilfe zum geschichtlichen *und* existentiellen Verständnis der Gleichnisse Jesu, und die Lektüre dieses Buches kann nur warm empfohlen werden.

Zum Schluß des Referates über neuere Gleichnisforschung soll noch

---

[48] J. Dupont, Pourquoi des paraboles?, 11.15.25 f.36.49.74.97.103.109. Eine Übersetzung des Buches wäre sehr zu wünschen.

auf einige Einzelarbeiten hingewiesen werden, die über die Behandlung von Einzelgleichnissen hinausgreifen. Zwei Arbeiten sind Gleichnisgruppen gewidmet. A. WEISER untersucht in einem äußerst umsichtigen und die bisherige Forschung sorgfältig und breit einbeziehenden Buch die Gleichnisse, in denen ein Knecht oder Sklave eine entscheidende Rolle spielt. Es zeigt sich dabei zunächst, daß das Wort »Knecht« im Alten Testament, im Judentum und in jüdischen Gleichnissen in sehr vielfältiger Weise verwendet wurde und daß darum »sein Vorkommen in einem Gleichnis nicht schon von vornherein die Aussage desselben festlegt«. Die Untersuchung der synoptischen Gleichnisse zeigt dann weiter, daß sich aufgrund der Verwendung von δοῦλος für »Mensch« in einem Gleichnis »das folgende Gleichnis nicht zu einer Allegorie entfaltet« und daß es dementsprechend auch bei dem Gleichnis von den Anvertrauten Geldern Mt 24, 14 ff. par »nicht nötig ist, die Gestalt Jesu allegorisierend in das ursprüngliche Gleichnis einzuzeichnen«. Infolge dieser vielfältigen Verwertung des Bildes vom Knecht »behandeln in der Verkündigung Jesu die Knechtsgleichnisse weder eine einheitlich polemisch ausgerichtete Thematik, noch lassen sie sich einheitlich als ›Jüngergleichnisse‹ einordnen«[49]. Das ist alles sehr überzeugend, besonders was die Herausstellung des Sinnes der behandelten Gleichnisse bei Jesus selbst betrifft, während der Verf. bei der Erörterung der Entwicklung der Tradition dieser Gleichnisse innerhalb der Evangelien doch wohl manchmal mehr meint wissen zu können, als es mit einiger Sicherheit möglich ist. Als ganzes ist das Buch aber ein wirklich förderlicher und der sorgfältigen Beachtung werter Beitrag zur Gleichnisforschung. Trägt Weisers Buch so wesentlich zu einem besseren Verständnis einer Gruppe der Gleichnisse Jesu bei, so kann man das von dem umfangreichen Aufsatz von L. SABOURIN über die Reich-Gottes-Gleichnisse nicht sagen. Denn diese Auslegung der Gleichnisse in Mt 13 par. wiederholt nur das übliche Verständnis dieser Texte, ohne neue Gedanken zu bieten.

Zwei Aufsätze über ein einzelnes Gleichnis haben schließlich methodische Bedeutung. G. SELLIN geht in seinem Aufsatz über »Lukas als Gleichniserzähler: Die Erzählung vom Barmherzigen Samariter«, dem 1. Teil seiner Dissertation über »Studien zu den großen Gleichniserzählungen des Lukas-Sondergutes«, von den beiden Thesen aus, daß »formgeschichtlich, nicht historisch, die Gleichnisse der Evangelien an den irdischen Jesus gebunden sind« und daß »die Kategorie der ›Situation‹ für die Auslegung der Gleichnisse ungeeignet ist«, vielmehr habe die Gleichnisforschung »bei den Strukturen der Texte einzusetzen«, und da-

---

[49] A. WEISER, Knechtsgleichnisse . . ., 40 f.76.266.273.

bei zeige sich, daß Lukas »die dramatische Struktur der Gleichniserzählung bevorzugte, für die sich das Drei-Personen-Schema besonders eignet«. S. leitet aus diesen Feststellungen das Recht zu dem Versuch ab, »eine bestimmte Gruppe von Lukas-Sondergut-Gleichnissen redaktionsgeschichtlich zu erklären«, und der Hauptteil der Arbeit dient dann dem Nachweis, daß »Lk 10, 25–37 als ganzes eine lukanische Komposition ist«. S. meint nachweisen zu können, daß der Rahmen gegenüber dem Gleichnis als »primär und damit sachlich dem Paradigma übergeordnet« anzusehen sei, daß »die Erzählung [vom Barmherzigen Samariter] im Hauptmotiv nur aus redaktionsgeschichtlich erhebbaren lukanischen Intentionen erklärbar ist«, daß »zur Zeit Jesu nicht Priester und Levit repräsentativ für jüdische Frömmigkeit waren, sondern Pharisäer und Schriftgelehrte«, so daß »der zeitgeschichtliche Hintergrund von Lk 10, 30 ff. nicht aus der Jesuszeit zu erheben ist«, daß vielmehr »die Erzählung beinahe völlig im Rahmen hellenistisch-jüdischer Gesetzestheologie zu erklären« sei. Ich kann diese ganze Argumentation nur als völlig verfehlt ansehen. Der Verf. rechnet von vorneherein nicht mit der schöpferischen Kraft des Gleichniserzählers Jesus, sondern nur mit der dichterischen Kraft des Evangelisten, er unterschützt völlig die Bedingtheit der Gleichnisdichtung durch die jeweilige konkrete Situation des Dichters, konstruiert eine willkürliche religionsgeschichtliche Alternative und verkennt die für das zeitgenössische Judentum anstößige Rolle gerade des Samaritaners in diesem Gleichnis. Das Recht, statt nach dem »Sitz im Leben« des irdischen Jesus zu fragen, nur die Möglichkeit redaktionsgeschichtlicher Erklärung der Entstehung des Gleichnisses ins Auge zu fassen, wird unbewiesen vorausgesetzt, und die Bedeutung des Lehrers Jesus für die Entstehung der synoptischen Tradition wird völlig beiseite geschoben. Diese solipsistische Stellungnahme gegen »nahezu die ganze Gleichnisforschung«[50] führt darum trotz aller aufgebotenen Gelehrsamkeit völlig in die Irre, und es ist mir unverständlich, wie eine derartige verfehlte Argumentation als Teil einer Dissertation angenommen werden konnte.

R. PESCH hat dagegen in seinem Aufsatz über das Gleichnis vom Verlorenen Sohn in methodisch vorbildlicher Weise gezeigt, wie die Exegese eines Gleichnisses das Verständnis der Verkündigung Jesu entscheidend fördern kann. Er weist einerseits nach, daß dieses Gleichnis

---

[50] G. SELLIN Lukas als Gleichniserzähler, 167.170.174.188.31 f.37.40.60.32. Es mutet angesichts solcher Hypothesenfreundlichkeit seltsam an, daß der Verf. sich anderswo über unsere Zeit ereifert, »wo neutestamentliche Forschung wieder ins Stadium des Wagnisses hypothetischer Rekonstruktion von Quellen und Traditionen zu treten scheint« (ThLZ 102, 1977, 438)!

weder als ganzes noch teilweise eine lukanische Bildung ist, daß es sich
vielmehr um »ein authentisches Gleichnis Jesu« handelt, wobei vor allem
betont wird, daß »der Konflikt mit den Anwälten der Gesetzesobser-
vanz, der sich in der zweiten Gleichnishälfte spiegelt, eine typische
Situation des Lebens Jesu ist«. Er weist andererseits ebenso darauf hin,
daß »das Gleichnis als ganzes die Zusage ist, die den Hörer zur Umkehr
einlädt« und daß »der offene Schluß... Hörer zu überzeugen sucht, die
sich mit dem älteren Sohn, mit seiner Position identifiziert haben«, wie
er auch darauf aufmerksam macht, daß »das Erbarmen des Vaters, das
die Umkehr und das neue Leben des Verlorenen ermöglicht, das thema-
tische Zentrum unserer Erzählung – und auch der Verkündigung Jesu
ist«. »Das Gleichnis verweist, das bleibt zu bedenken, auf Gott, indem es
die Praxis Jesu rechtfertigt«, und es erweist sich so, daß »die Kompetenz des Sprechers des Gleichnisses sein Glaube, seine Freiheit, seine
unableitbare Gottesgewißheit ist«. Das ist alles sehr überzeugend, und
wenn der Verf. etwas umständlich argumentiert und gelegentlich etwas
mißverständlich formuliert (daß »*das* Gleichnis grundsätzlich allegorischen Charakter hat«, ist gerade vom Standpunkt des Verf. eine problematische Formulierung)[51], so ist dieser Aufsatz als ganzer ein gutes
Beispiel methodisch weiterführender Gleichnisforschung.

Wenden wir uns nun den Untersuchungen zu den *Wunderberichten*
zu, so ist zunächst auf zwei Literaturberichte aus dem Jahre 1968 zu
verweisen (von K. KERTELGE und F. LENTZEN-DEIS), die beide vor
allem das Buch von R. H. Fuller als besonders förderlich bezeichnen
und darauf verweisen, daß die Taten Jesu zum Bild des geschichtlichen
Jesus untrennbar hinzugehören (Lentzen-Deis beschäftigt sich daneben
auch in allzu kurzer Form mit den Kriterien für die Geschichtlichkeit
der Wunder Jesu). Sehr gut hat dann K. KERTELGE in seinem Ende 1975
abgeschlossenen Bericht über »Die Wunder Jesu in der neueren Exegese«
über Forschungen zur Form- und Traditionsgeschichte, zur religionsgeschichtlichen Problematik und zur Redaktionsgeschichte der Wunderberichte informiert, wobei vor allem die Arbeiten von G. Theissen und
G. Petzke kritisch beleuchtet werden. Wichtig sind seine Feststellungen,
daß »die historisch interessierte Frage nach den Wundern Jesu nach wie
vor auch für den Exegeten unabweisbar bleibt« (S. 81) und daß »die
Wundererzählungen [schon] im Stadium ihrer Überlieferung vor der
Endredaktion eine christologische Interpretation erkennen lassen, die in
der redaktionellen Bearbeitung der Evangelisten in verdichteter Form
zutage tritt« (S. 95). K. beschäftigt sich auch mit einer Anzahl von

---

[51] R. PESCH, Zur Exegese Gottes..., 150.148.173.178.182 f.

Arbeiten zur religionsgeschichtlichen Problematik und zur Bearbeitung der Wunderberichte durch die Evangelisten, auf die in diesem Bericht nicht eingegangen werden kann, und so bietet der Aufsatz als ganzer einen vorzüglichen (aber bewußt ausgewählten) Überblick über die Hauptprobleme der neuesten Erforschung der Wunderberichte[51a].

Die Mehrzahl der zu besprechenden Arbeiten seit 1965 trägt grundsätzlichen oder methodischen Charakter[52]. Die kleine Schrift von A. SUHL möchte an dem Beispiel des Berichts von der Auferweckung der Tochter des Jairus zeigen, daß »hier nicht ein wunderbares Ereignis einer fernen Jesus-Vergangenheit berichtet werden soll. Vielmehr soll der Hörer mit hineingenommen werden in ein Geschehen, in dem ein begrenzter Glaube ... entschränkt wird zu einem grenzenlosen Vertrauen«. Zu diesem Zweck wird zunächst festgestellt, daß in den Synoptikern auch »die Gegner die Tatsächlichkeit der Wunder nicht bestreiten«, daß aber Wunder nur »Menschen geschehen, die ... sich auf Jesus ganz einlassen«, daß darum die Wunder »keineswegs eine besondere Bedeutung neben seinem [Jesu] Wort hatten, so daß sie seine Verkündigung hätten legitimieren können«. Dann aber wird behauptet, daß in dem konkreten Fall der Jairusgeschichte erst durch den Einschub der Erzählung von der blutflüssigen Frau »aus einer Geschichte, die als Heilungsgeschichte begann, eine Totenauferweckungsgeschichte wird« und daß die in dieser Form erzählte Geschichte »nicht auf das vergangene Ereignis, sondern auf den gegenwärtigen Hörer zielt«, weswegen es »letztlich müßig« sei, »darüber zu streiten, was im einzelnen tatsächlich geschehen ist«, die Erfahrung, die durch die Geschichte vermittelt werden soll, »ist die Nähe Gottes in der Gegenwart«[53]. Nun sind zwar Suhls Ausführungen über die Bewertung der Wunder in den Synoptikern durchaus richtig, aber die Behauptung, daß erst durch die Einschiebung der Erzählung

---

[51a] Unklar ist mir freilich, woher der Verf. die Sicherheit für die Behauptung nimmt, daß »man die Verwendung des Glaubensmotivs in den Wundererzählungen wohl nicht unmittelbar auf den historischen Jesus zurückführen können wird« (S. 103). – Der Sammelband »Theologische Berichte 5«, in dem sich Kertelges Aufsatz findet, bringt außer dem noch zu besprechenden Aufsatz von F. Annen über die Dämonenaustreibungen noch vier weitere Aufsätze, auf die ich hier nur verweisen kann: J. SIEVI, Wunder und Zeichen in der Exodustradition; V. HUONDER, Daniel: Geschichte der Herausforderung an den Glauben; J. TRÜTSCH, Wunder: mit oder ohne Durchbrechung der Naturgesetze?; E. SCHWEIZER, Zur neueren Kolosserforschung (seit 1970).

[52] Das umfangreichste Werk: H. VAN DER LOOS, The Miracles of Jesus, NT. S 8, 1965 wurde nicht zur Besprechung zur Verfügung gestellt und kann daher hier nicht angezeigt werden (vgl. die Besprechungen von G. DELLING, ThLZ 92, 1967, 31 ff. und K. KERTELGE, ThRv 62, 1966, 229 f.).

[53] A. SUHL, Die Wunder Jesu, 18.39 f.35.42.51.53 f.

von der Blutflüssigen in die Jairusgeschichte aus einer Heilungsgeschichte eine Auferweckungsgeschichte geworden sei, ist ebenso willkürlich wie die Behauptung, daß der so durch den Glauben veränderte Bericht nicht auf das vergangene Ereignis, sondern nur auf den gegenwärtigen Hörer ziele. An diesen unbewiesenen Behauptungen zeigt sich, daß der Verf. nicht sieht, daß auch die von ihm behandelte Erzählung auf ein Geschehen zurückweisen will und nur als solcher Rückweis den gegenwärtigen Hörer anspricht, daß darum für den heutigen Exegeten die (vielleicht nicht beantwortbare) Frage nach dem Geschehenen ebenso unerläßlich ist wie die Beachtung des Verkündigungssinnes des Berichts. Zu einem sachgemäßen Verständnis der Berichte über Wundertaten Jesu kann diese Schrift darum nicht verhelfen.

In eine völlig andere Richtung führt die etwa zur gleichen Zeit erschienene Schrift von F. Mussner. M. möchte in kurzer, allgemein verständlicher Form die Frage beantworten, ob Jesus überhaupt Wunder gewirkt hat und ob die evangelischen Wunderberichte trotz ihres nachösterlichen Ursprungs den historischen Vorgang zu erkennen erlauben. Nach einem Hinweis darauf, daß, wie im Alten Testament, so auch »im Heilshandeln *des Messias Jesus* . . . die Einheit von Wort und Tat begegnet«, und daß Jesus eigene Aussagen ebenso wie Hinweise der jüdischen Überlieferung »an der Historizität einer Wundertätigkeit Jesu keinen Zweifel aufkommen lassen«, stellt M. die Frage, ob es nicht »analog zur *ipsissima vox Jesu* auch so etwas wie *ipsissima facta Jesu*« gebe, und antwortet darauf: »Als *ipsissima facta Jesu* sind zu bezeichnen jene Wunder, die . . . deutlich eine *antipharisäische Front* aufweisen.« Im Bericht über die Heilung eines Aussätzigen Mk 1, 40 ff. hat »das Tun Jesu deutlich antirabbinische Bedeutung«, so daß »man in dieser Tat Jesu . . . ein *ipsissimum factum Jesu* erkennt«, und ebenso sind alle Sabbatheilungen *ipsissima facta*. Daraus ergibt sich, daß »sich das Heil der Gottesherrschaft, die in Jesus schon gewaltig hereinbricht, *gerade auch in seinen Wundern* anzeigt« und daß »die Wunder Jesu *ein Werk der Gnade* sind und *zur Heilsgeschichte* gehören«, und so kann M. abschließend feststellen: »Ohne die Wunder, die die Evangelien Jesus zuschreiben, ist er gar nicht der Christus, der Heilbringer Israels und der Völker.«[54] Nun läßt sich schwerlich bestreiten, daß zur geschichtlichen Wirklichkeit Jesu als »Wunder« angesehene Taten hinzugehören, aber weder für die Aussätzigenheilung Mk 1, 40 ff. noch für die Sabbatheilungen ganz allgemein läßt sich eine »antipharisäische Front« erkennen, und die Kriterien, die es erlauben, einzelnen Redeformen oder Äußerungen Jesu

---

[54] F. Mussner, Die Wunder Jesu, 22.32–34.41 f.52.77.82.

den Charakter einer unableitbaren und darum nur für Jesus kennzeichnenden Aussage zuzuerkennen, lassen sich auf Berichte nicht anwenden;
die Behauptung schließlich, daß Jesus ohne die Wunder nicht der Heilbringer sei, ist als historische Aussage ein unbeweisbares Postulat. Es ist
darum begreiflich, daß R. PESCH in einer sehr streitbaren Schrift mit
dem Titel »Jesu ureigene Taten?« Mussner entgegengetreten ist. P. weist
einerseits darauf hin, daß »Jesu Exorzismen . . . seine ureigenen Taten
sind nur im Zusammenhang des Anspruchs, den Jesus damit verbindet«,
und daß ebenso Jesu Heilungen »ohne Jesu deutendes Wort . . . nicht als
für Jesus allein charakteristische Taten, als seine ›ipsissima facta‹ verstanden werden können«, vielmehr: nur »als soteriologisch-christologisch
gedeutete Taten sind Jesu Machttaten ›ipsissima facta Jesu‹«. Insoweit
hat P. sicher recht (wenn es auch der Klarheit gedient hätte, den Begriff
des ›ipsissimum factum‹ ganz beiseite zu lassen). Aber P. geht noch
einen Schritt weiter und sucht gegen Mussner die Frage »Hat Jesus Aus-
sätzige geheilt?« mit den beiden Feststellungen zu beantworten, daß es
kein Wort Jesu gebe, »das dazu angetan wäre, unter Jesu Machttaten . . .
auch Aussätzigenheilungen glaubwürdig zu verbürgen«, und daß die
Erzählung Mk 1, 40 ff. »keine Aussage über das Heilungswirken des
historischen Jesus erlaubt« (der Bericht über die Heilung von 10 Aussätzigen Lk 17, 1 ff. sei erst recht »keine eigenständige Quelle für solche
Heiltätigkeit«). Diese radikale Bestreitung des geschichtlichen Wertes
der Nachrichten über Jesu Heilung von Aussätzen beruht nun freilich
auf den beiden Grundsätzen: »Die Historizität des Erzählten . . . muß
erwiesen werden« und »ausnahmslos schildern die Wundergeschichten
keinen historischen Verlauf von so oder so Passiertem«[55], die ich nur als
Umkehr des richtigen methodischen Weges ansehen kann[56], auch wenn
P. für die Anwendung seiner Methode in diesem Fall mehrfach Lob
erhalten hat[57]. F. MUSSNER hatte darum recht, wenn er in seiner Besprechung des Buches von Pesch feststellte: »Der Nachweis, hinter Mk 1,
40–45 stehe nichts im Leben Jesu wirklich Geschehenes, sondern nur
nachösterliche Christologie, ist Pesch nicht gelungen« (Th Rv 1972, 180),
aber Unrecht, wenn er erneut eine Frontstellung Jesu gegen die Pharisäer in diesen Bericht einträgt und mit dem Hinweis auf diese »Umwelt-
referenz« diesen Bericht als ipsissimum factum Jesu in Anspruch nimmt.
R. PESCH hat dann in einem Aufsatz über die »theologische Bedeutung

---

[55] R. PESCH, Jesu ureigene Taten?, 22.27 f.158.48.80.143.
[56] S. ThR 40, 1975, 328 ff. und meine dort genannte Arbeit »Jesu Antwort
an Johannes den Täufer . . .«, 139 ff.
[57] Etwa von J. GNILKA, Bib. 52, 1971, 456 und W. SCHMITHALS, ThLZ 96,
1971, 683 f.

der Machttaten Jesu« einerseits seine (m. E. falsche) Beurteilung des historischen Wertes der Wunderberichte im allgemeinen wiederholt, dem aber eine weiterführende Besinnung über die Interpretation der Machttaten durch Jesus und über ihre theologische Bedeutung angefügt. Er zeigt da, daß sich keine »›Absicht‹ Jesu bei seiner charismatischen, heilenden und exorzistischen Tätigkeit erkennen läßt«, Jesu Machttaten sollen vielmehr »seine Bekehrungspredigt... von der Nähe der Gottesherrschaft verstärken«, indem sie »Glauben wecken... an Gottes Herrschaft und ihre Nähe«, denn »Jesus in seinem gesamten Wirken ist Ort und Träger der Offenbarung Gottes«[58]. Das ist durchaus einleuchtend und verdiente eine genauere Ausführung.

Wendet man sich von R. Pesch zu L. Sabourin, so bietet sich ein völlig anderes Bild. In vier teilweise sehr umfangreichen Aufsätzen sucht S. einerseits zu zeigen, »daß keine der ›wunderhaften‹ Taten der hellenistischen und rabbinischen Berichterstattung eine ausreichende Garantie der Echtheit bietet, so daß die Kennzeichen eines einzelnen wahren Wunders in ihnen erkannt werden könnten«, andererseits, daß die Abweichungen der Evangelisten voneinander in ihren *interpretierten* Berichten über die Wunder Jesu »ihr Zeugnis mit Bezug auf den Grundbestand der Tatsachen nicht schwächen«, daß vielmehr die Anwendung von »Echtheitskriterien auf die Wunder der Evangelien zeigt, daß sie das Zutrauen verdienen, das ihnen herkömmlicherweise zugebilligt wird, obwohl es heute leichter ist, zwischen dem Grundbestand der Tatsachen und ihrer literarischen Darbietung zu unterscheiden«. Von diesen Voraussetzungen aus stellt S. nicht nur allgemein fest, daß »Jesus kommt, um die Menschen in ihrer konkreten Umgebung, mit der Gesamtheit der Schöpfung zu erretten« und daß es darum kaum möglich sei zu leugnen, daß »die sogenannten Naturwunder geschehen sind, wenn man nicht den weltumspannenden Bereich der christlichen Erlösung in Frage stellen will«, S. folgert aus der Besprechung der einzelnen Wunderberichte auch immer wieder, um nur das eine Beispiel des Weinwunders von Kana zu zitieren, daß »die Erzählung ihre Bedeutung verliert, wenn, wie manche behaupten, kein wunderbares Ereignis stattfand«. Solche Feststellungen beruhen nicht nur auf der Überzeugung, daß der Nicht-Gläubige dazu neigt, seine Stellungnahme »zu rechtfertigen, indem er die Folgerungen aus dem Befund zurückweist«, während »der Gläubige ihm gegenüber den Vorteil hat, nicht voreingenommen zu sein·durch die Leugnung der Möglichkeit

---

[58] R. Pesch, Zur theologischen Bedeutung..., 207 f.211 f. Der Ton der Polemik gegen F. Mussners Kritik an Peschs Buch in Anm. 21 ist freilich bedauerlich.

von Wundern«[59], sie beruhen ebenso auf einer unhaltbaren Methode, nämlich beim Vergleich der Abweichungen der Evangelienberichte über dasselbe Ereignis diejenige Form herauszusuchen, die dem heutigen Menschen am wenigsten Anstöße bietet. Aus dieser Vermischung historischer und dogmatischer Feststellungen kann keine brauchbare Einsicht in die geschichtliche, ja nicht einmal in die theologische Problematik der Wunderberichte entstehen. In dem Aufsatz von J. M. Court finden sich dagegen bedenkenswerte Überlegungen über die theologische Problematik; er macht darauf aufmerksam, daß nach der Anschauung der Synoptiker »die Gegenwart von Wundern als solche nichts über das Gottesreich und über Jesus *beweisen* konnte«, daß die Wunder aber »angesehen werden als Gottes Herrschaft wirklich im Geschehen darstellend«, »die wahre Bedeutung der Wundergeschichte für den synoptischen Evangelisten liegt darin, was sie ... von der ausschlaggebenden und noch nie dagewesenen Wirksamkeit Gottes im Wirken Jesu enthüllt« (S. 10 f.). Das ist richtig, doch wird die Frage, inwieweit das *Jesu* Anschauung entspricht, nicht gestellt.

Dagegen sind zwei Aufsätze von P. J. Achtemeier für das Verständnis des Wunderhandelns im Zusammenhang der Geschichte Jesu sehr beachtlich. Im ersten Aufsatz zeigt A. am Vergleich der Berichte über Wundertaten Jesu mit denen der Umwelt, daß »volkstümliche [Wunder-]Motive auch ihren Weg in die Geschichten über Jesus gefunden haben« und daß sich da vieles findet, »das Jesus als einen mehr oder weniger konventionellen hellenistischen Wundertäter erkennen ließe«, doch zeigen sich »sehr wenige Züge magischer Praktiken in der Wirksamkeit Jesu«, und »der deutlichste Unterschied ist die eschatologische Deutung und die Indienststellung der Wunderberichte für die Verkündigung«. Noch wichtiger als diese richtigen Feststellungen ist die Beobachtung, daß sich die bei der Schilderung der Taten der Apostel von der Apostelgeschichte an erkennbare Tendenz, »die Apostel in volkstümlich hellenistischer Weise als ›göttliche Menschen‹ zu schildern«, bei der Schilderung der Taten des erwachsenen Jesus in der Zeit nach der Abfassung der kanonischen Evangelien nicht erkennen läßt. Das vereinzelte Vorhandensein solcher Züge in den Berichten der kanonischen Evangelien hat sich also nicht fortgesetzt, ohne daß der Grund oder die Gründe dafür sicher zu erkennen wären, so daß A. mit der sicher richtigen Fest-

---

[59] L. Sabourin, The Miracles ..., Biblical Theology Bulletin 2, 1972, 305; 1, 1971, 79; 4, 1974, 175; 1, 1971, 73; 5, 1975, 185; 4, 1974, 122 f. Warum der Verf. die Berichte über den Seewandel des Petrus und über die Münze im Fischmaul dann doch plötzlich für ungeschichtlich erklärt (5, 1975, 193.198), ist unerfindlich.

stellung schließen kann: »Einfache Lösungen für das Problem ›Jesus und die Vorstellung vom *theios aner*‹ werden nach aller Wahrscheinlichkeit unzutreffend sein.« In seinem zweiten Aufsatz geht A. von den sicherlich richtigen methodischen Voraussetzungen aus, daß man über den Geschichtswert einer evangelischen Wundergeschichte erst urteilen kann, wenn »das Material zurückverfolgt worden ist durch die Ebenen der Redaktion und Tradition«, und daß die durch formgeschichtliche Untersuchungen festgestellten formalen Züge einer Wundergeschichte als »das für eine solche Erzählung unerläßliche Minimalmodell« vorausgesetzt werden müssen. Von diesen Voraussetzungen aus analysiert A. nun den Bericht von der Heilung eines besessenen Knaben Mk 9, 14 ff. mit dem doppelten Resultat, daß bereits vor Markus zwei Geschichten kombiniert worden seien, die beide ursprünglich »ohne spezifische theologische Interpretation zirkulierten«. Ich gestehe, daß mir diese Analyse, die im ganzen nicht neu ist, nicht einleuchtet, aber das kann hier auf sich beruhen, weil das eigentlich Weiterführende sich m. E. erst in der zweiten Hälfte dieser Untersuchung findet, wo A. die Frage beantwortet: »Können wir bestimmen, bis zu welchem Umfang die älteste erreichbare Form der Tradition eine wirklich geschichtliche Begebenheit widerspiegelt?« Zu diesem Zweck betont er einmal, daß wir danach zu fragen haben, »was als Wirklichkeit in einer konkreten geschichtlichen Periode wirksam ist *(functions)*«, daß darum »die Frage nach der ›Wirklichkeit‹ von Wundern nicht gelöst werden kann aufgrund einer in den Kriterien des 20. Jahrhunderts begründeten apriorischen Bestreitung«; wir haben darum kein Recht, aufgrund der christlichen Deutung der Wunder Jesu, wie sie schon die Evangelien enthalten, »ein anderes geschichtliches Urteil über die Wunder Jesu zu fällen als etwa über die Wunder des Apollonios von Tyana«, und A. weist mit Recht darauf hin, daß die Evangelien auch Wunder anderer Wundertäter als geschichtlich gelten ließen und »daß Schlüsse über Jesu Bedeutung aus anderem Beweismaterial gezogen wurden als aus der geschichtlichen Wirklichkeit seiner Machttaten«. A. schließt mit der Feststellung, daß die in Mk 9, 14 ff. kombinierte Tradition in Jesu Wirken ihren geschichtlichen Grund habe, daß kein zwingender Grund zur Bestreitung der Annahme bestehe, daß diese Tradition den geschichtlichen Tatbestand der Heilung eines Knaben widerspiegele und daß darum »jedes geschichtliche Bild Jesu, das seine Tätigkeit als Exorzist nicht einschließt, eine Verzerrung darstellt« [60]. Beide Aufsätze Achtemeiers verdienen sorgfältige Beachtung.

---

[60] P. J. ACHTEMEIER, Gospel Miracle Tradition . . ., 183.185.196 f.; Miracles . . ., 472.482.488–491.

Daß man auch heute noch ganz anders urteilen kann, zeigen in radikal gegensätzlicher Weise die Arbeiten von R. Latourelle und G. Petzke. R. Latourelle meint, mit Hilfe der für die Jesusforschung entwickelten Kriterien[61] nachweisen zu können, daß »jedes der Echtheitskriterien ... an den Wunderberichten unserer Evangelien ein ebenso bemerkenswertes Anwendungsbeispiel findet«, was »einen schwer zurückzuweisenden Beweis geschichtlicher Zuverlässigkeit darstellt«, zumal »eine Konvergenz der Kriterien« besteht: »Sehr wenige der Logia der Evangelien befinden sich in einer so vorteilhaften Lage.« Diese erstaunliche Feststellung wird durch Argumente wie die folgenden begründet: »Der Gebrauch, den die Kirchen des 2. Jahrhunderts von den Evangelien in der Liturgie und im Kampf gegen die Ketzer machen, wie auch die feste und allgemeine Überzeugung dieser Kirche, daß wir durch die Evangelien wirklichen Zugang zu Jesu Leben und Lehre haben, ... berechtigen zu der Annahme, daß die Überlieferung der Worte und Taten Jesu sich unter dem Zeichen der Zuverlässigkeit vollzogen hat«; die stärker mit Einzelheiten ausgestatteten Berichte des Markus »zeigen den direkteren Einfluß eines Augenzeugen«; »die Übereinstimmung in den grundlegenden Tatsachen in Verbindung mit dem Wechsel in den Einzelheiten [im Verhältnis der Evangelien zueinander bei den Berichten über dasselbe Wundergeschehen] stellen ein solides Anzeichen der Geschichtlichkeit dar«. Diese und ähnliche Argumente zeigen, daß der Verf. wirkliche historische Kritik nicht kennt und historische Urteile auf dogmatische Postulate begründet. Da ihm erst recht jede ernsthafte religionsgeschichtliche Fragestellung fremd ist (»Drei Seiten mit den vollständigen Berichten der griechischen Wunder würden ausreichen, um durch einen vollständigen Nachweis zu zeigen, daß die evangelischen Berichte von den griechischen Berichten so weit entfernt sind wie zwei Milchstraßen voneinander!«)[62], bedeuten seine Ausführungen keine Förderung unserer historischen Erkenntnis.

Das gilt m. E. in analoger Weise von den beiden Aufsätzen von G. Petzke. Nach P. hat die Diskussion über die Kriterien für die Frage nach dem historischen Jesus zu dem Resultat geführt, daß »wir mit einiger Sicherheit nur Jesusbilder von Trägerkreisen erkennen«, weswegen es »beim gegenwärtigen Stand der neutestamentlichen Forschung nicht möglich ist, die Frage nach dem historischen Jesus bezüglich irgendeiner Tradition positiv zu beantworten«. Von dieser methodischen Vor-

---

[61] Latourelle hat in einem späteren Aufsatz auch über die Bedeutung der Kriterien für die gesamte Jesusforschung gehandelt, s. ThR 40, 1975, 291, 331.

[62] R. Latourelle, Authenticité ..., 260.233.242.227.

aussetzung aus ergibt der Vergleich des Berichts von der Auferweckung
des Jünglings zu Nain mit dem bekannten Bericht über eine ähnliche Tat
des Apollonios von Tyana, daß »diese Erzählungen, solange man sie
nicht durch den weiteren theologischen Kontext belastet, ... ohne
Schwierigkeit vertauschbar sind«, und religionsgeschichtlich »waren keine wesentlichen Unterschiede zwischen der christlichen und außerchristlichen Wundertradition feststellbar«. Ebenso lehrt nach P. die
Analyse des Berichts über die Heilung des besessenen Knaben (Mk 9,
14 ff.; anders als Achtemeier nimmt P. an, daß *eine* Erzählung mehrfach
erweitert worden sei), daß hier ursprünglich nur »von der Heilung eines
sehr schweren epileptischen Falles« die Rede war und daß der älteste
Bericht »keinen direkten Bezug zur Lehre Jesu hatte, sondern nur die
Wundermacht des Wundertäters herausstellen« sollte. Und da keine der
Traditionen über Jesus als Wundertäter »im Interesse der historischen
Information formuliert worden« ist und angesichts der »Topik der Wun-
dertexte ... Einzelzüge nicht als historische Beobachtungen« gewertet
werden dürfen, erlauben diese Berichte von Wundertaten Jesu ebenso
wie andere antike Wunderberichte nur die Aussage, »daß der Glaube an
die Wundertäter bzw. an deren Wunder der Erfahrungswelt des antiken
Menschen entsprach«. Wenn P. schließlich die Wundertradition noch als
charakteristisch für charismatische Bewegungen bezeichnet, deren historische Situation immer »eine Situation der Fremdherrschaft und der
Unterdrückung« sei, wobei »der Exorzismus der charismatischen Legitimation des Verkünders einer solchen Bewegung dient«[63], so erspare ich
mir Bemerkungen zu solchen Behauptungen und stelle angesichts der
übrigen Ausführungen nur ein Doppeltes fest: a) Die von P. vertretene
Skepsis ist bei unvoreingenommener kritischer Betrachtung der Quellen
völlig unhaltbar, worauf ich wiederholt aufmerksam gemacht habe, und
es ist einfach falsch, daß die Berichte über Wunder Jesu keinerlei Hinweise auf konkrete Taten enthalten (daß die Berichte nicht »historisch
informieren wollen«, brauchte der Verf. ja wohl nicht erst nachzuweisen!). b) Die Reduktion sämtlicher neutestamentlicher wie sonstiger
Wunderberichte auf von Deutungen freie bloße Nachrichten ist methodisch ebenso unhaltbar wie die Mißachtung der Unterschiede zwischen
verschiedenen neutestamentlichen Berichten (vgl. etwa Mk 3, 1 ff. und
8, 22 ff.!). Daß solche negativen dogmatischen Ausgangspunkte nicht zu
brauchbaren geschichtlichen Einsichten führen können, läßt sich schwerlich bestreiten.

---

[63] G. Petzke, Die historische Frage ..., 183.185; Historizität ..., 376.381;
Die historische Frage ..., 196.199.201 f.204.

Weiterführend ist dagegen der Aufsatz von K. KERTELGE in dem Sammelband »Rückfrage nach Jesus«, auf dessen methodische Beiträge ich schon früher hingewiesen habe[64]. K. betont, daß sachgemäß »die Frage nach dem historischen Jesus nicht unter dem Gesichtspunkt der *ipsissima facta Jesu*, sondern unter dem der ›Erinnerungen‹, die an den Einzelüberlieferungen der Evangelien haften«, zu stellen ist. Infolgedessen ist »für die Wundererzählungen grundsätzlich vorauszusetzen, daß sie in *sachlicher Treue* zum irdischen Jesus gestaltet und überliefert worden sind«, daß »aber eben diese sachliche Treue auf dem Wege der Überlieferungsgeschichte auch im Urteil der historischen Kritik überprüfbar sein muß«, wobei die Bezugnahme der Wunderberichte »auf das konkrete Wirken Jesu ... sich nicht einfach nur aus der *Überlieferung* von Wundern Jesu, sondern auch und vor allem aus einer in der nachösterlichen Jesusüberlieferung noch lange wirksamen lebendigen Erinnerung erklärt«. Das scheint mir alles sehr überzeugend zu sein, nur verstehe ich nicht, warum K. dann als Ziel der beispielhaft angefügten konkreten Untersuchung des Berichts von der Dämonenaustreibung Mk 1, 23 ff. nur angibt, »die Einzelerzählung 1, 23–28 nicht nur auf einen Einzelfall hin zu befragen, sondern auf die Zuverlässigkeit der Erinnerung an das dämonenaustreibende Wirken Jesu überhaupt in der urchristlichen Überlieferung«[65]. Auf alle Fälle aber verdienen die grundsätzlichen Überlegungen Kertelges sorgfältige Beachtung.

Eine umfassende grundsätzliche Erörterung hat dann G. THEISSEN in seinem Buch über »Urchristliche Wundergeschichten« vorgelegt. Er will in Fortführung der »Methoden klassischer Formgeschichte« unter den Voraussetzungen und mit den Begriffen der strukturalen Sprachwissenschaft und der Soziologie die urchristlichen Wundergeschichten unter drei Aspekten untersuchen: in synchronischer Betrachtungsweise soll nach den »strukturierten Formen« der Wunderberichte, in diachronischer Betrachtungsweise soll nach den Wundergeschichten als reproduzierten Erzählungen, in funktionaler Betrachtungsweise nach den »Wundergeschichten als symbolischen Handlungen« gefragt werden. Die Aufgabe des 1. Teiles ist es darum, »Personen, Motive und Themen möglichst vollständig zu inventarisieren«, dementsprechend werden unter Anführung zahlreicher Belege aus dem Neuen Testament und seiner Umwelt bis zu 7 Personen (S. 53–56), 33 Motive und ihre Verbindung (S. 57–93) und 6 Themen und ihre Komposition (S. 94–125) aufgezählt. Der 2. Teil beschäftigt sich mit der Komposition der im 1. Teil

---

[64] ThR 40, 1975, 314 f.331 f.
[65] K. KERTELGE, Die Überlieferung der Wunder ..., 176.182.188.191.

inventarisierten Personen, Motive und Themen zu Erzählungen und mit
deren Wandlungen, wobei als Beispiele besonders »Motive, die am Anfang und Schluß der Wundergeschichte stehen«, das Glaubensmotiv und
das Schweigegebot untersucht werden. Das Hauptinteresse des Verf. in
diesem Teil liegt auf den Nachweisen, daß bei der Analyse von Wundergeschichten »eine scharfe Alternative von ›traditionell‹ und ›redaktionell‹ unsachgemäß« ist und daß »alle Wundergeschichten eine Stellungnahme zum Wundertäter provozieren wollen; sie sprechen damit Hörer
und Leser an«. Der 3. Teil vertritt die These: »Das entscheidende Kriterium zur Differenzierung wunderhafter Tätigkeiten ist soziologisch:
Entscheidend ist die soziale Stellung von Mantik und Wunderpraxis,
ihre Legitimation und die verschiedenen Rollen ihrer Träger.« Aufgrund
dieser Fragestellung ergibt sich dem Verf., daß die urchristlichen Wundergeschichten »ihre Prägung in ländlichem Milieu erhalten haben . . .,
daß sie dieses Milieu aber bald verlassen haben«, »urchristliche Wundergeschichten sind kollektive symbolische Handlungen unterer Schichten,
in denen traditionell legitimierte Lebensformen verlassen werden« oder
auch: »Urchristliche Wundergeschichten sind symbolische Handlungen,
in denen durch Berufung auf eine Offenbarung des Heiligen die konkrete Negativität menschlichen Daseins überwunden wird.« Innerhalb
dieser soziologischen Ausführungen begegnet dann ein Abschnitt über
»Die geschichtliche Intention urchristlicher Wundergeschichten« (S. 273
bis 282); hier finden sich beachtliche geschichtliche Feststellungen: »Als
apokalyptischer Wundercharismatiker steht Jesus singulär in der Religionsgeschichte«, auch bei den gleichzeitig mit Jesus wirkenden messianischen Propheten »gibt es keine gegenwärtigen Wunder als anfäng-
liche Realisierungen der zukünftigen Wende«; freilich »begegnet dieses
Verständnis der Wunder Jesu nur in der Logienüberlieferung«, während
bei den Wundergeschichten »das völlige Zurücktreten der eschatologischen Interpretation der Wunder auffallen muß«. Daraus ergibt sich:
»So sehr der eschatologische Rahmen verblaßt ist, so ist der historische
Hintergrund der Wundergeschichten nicht zu leugnen«, und »es lassen
sich noch Vermutungen darüber anstellen, wo Historisches nachklingt«[66].
Diese wenigen Seiten sind sehr beachtliche Ausführungen (wobei es freilich nicht zutrifft, daß sich das eschatologische Verständnis der Wunder
Jesu nur in der Logienüberlieferung findet: in Mk 1, 21 ff. 2, 1 ff.
10, 46 ff. ist dieses Verständnis deutlich auch vorausgesetzt). Im übrigen

---

[66] G. THEISSEN, Urchristliche Wundergeschichten, 11.18.129.133.168.231.247.
256.295.274–277.279. Im Literaturverzeichnis ist S. 309 seltsamerweise aus
»Walter, N.« geworden »Nikolaus, W.«!

aber stehe ich dem Buch etwas ratlos gegenüber: Ich kann nicht erkennen, daß die Anwendung linguistischer und soziologischer Terminologien
und Fragestellungen und die langatmigen Inventare von Themen, Motiven und deren Kombinationen zu Erkenntnissen führen, die unser Verständnis der Entstehung, des Sinnes und der geschichtlichen Hintergründe der urchristlichen Wundergeschichten ganz allgemein und der
Berichte über die Wundertätigkeit Jesu im besonderen irgendwie wesentlich gefördert haben, und die soziologische Differenzierung der Wunderberichte und ihre Charakterisierung als »symbolische Handlungen« kann
ich nur als verfehlt ansehen. So kann ich dem Urteil: »Die Anzeige dieses
Bandes bereitet ebenso wie seine Lektüre eitel Freude. Wir haben es
ohne Zweifel mit einem der bedeutendsten Werke deutschsprachiger
neutestamentlicher Forschung der letzten Jahre zu tun«[67] keineswegs beipflichten, m. E. ist der geschichtliche und theologische Ertrag dieser sicher
sorgfältigen und selbständigen Untersuchung sehr gering, auf alle Fälle
für die Frage des Verständnisses der Wunder *Jesu,* und die Lektüre dieses
Buches scheint mir qualvoll.

Neben diesen in der Hauptsache methodischen Arbeiten sind einige
Gesamtdarstellungen zu den Wundern Jesu zu nennen. R. H. Fullers
1963 erschienenes Buch »Interpreting the Miracles« hat F. J. Schierse
unter dem Titel »Die Wunder Jesu in Exegese und Verkündigung«
übersetzt und mit Vor- und Nachwort versehen[68]. F. erörtert zunächst
den biblischen Wunderbegriff: Es handelt sich um »außergewöhnliche
Eingriffe Gottes in die menschliche Geschichte«, die Wunder Jesu wollen
nicht »*Beweise* seiner Göttlichkeit« sein, aber auch nicht Auswirkungen
»humanitären Mitleids«, sie sind »der unmittelbare Ausdruck göttlichen

---

[67] Besprechung von U. Luz, ThZ 32, 1976, 173 f.; zu der linguistischen
Methode des Buches vgl. auch die sowohl anerkennenden wie kritischen
Besprechungen von H. Frankemölle, ThRv 71, 1975, 8 ff. und K. Kertelge,
Die Wunder Jesu in der neueren Exegese, 77 f.

[68] Die Übersetzung ist nicht frei von willkürlichen Auslassungen (z. B.
auf S. 38.40) und Verfälschungen (aus dem Satz des englischen Originals »Das
Q-Material formuliert andere Jesusworte neu, um seine eigene Botschaft zu
vermitteln« wird S. 54 »wie überhaupt manche Logien und Redestücke ein
starkes christologisches Interesse verraten«). Die Literaturangaben in den Anmerkungen sind völlig neu zusammengestellt, ohne daß darauf aufmerksam
gemacht würde, und der Verweis Fullers auf eigene Werke ist fast immer
gestrichen. Die Insinuation im Vorwort: »Wir wissen nicht, was den angelsächsischen Verfasser bewogen hat, auf eine Behandlung der Begleitwunder des
Lebens Jesu zu verzichten. Vielleicht fürchtet er negative Reaktionen von
seiten seiner methodistischen Kirchenleitung« ist nicht nur häßlich, sie beruht
auch auf Unkenntnis: R. H. Fuller ist Anglikaner, wie sogar auf dem Einband
richtig zu lesen ist!

Erbarmens«. Auf diesem Hintergrund kann F. dann feststellen, daß »wir mit Recht annehmen dürfen, daß Jesus die Fähigkeit besaß, Kranke auf wunderbare Weise gesund zu machen«, freilich lasse sich »keine einzige Wundergeschichte der Evangelien mit Sicherheit als authentisch nachweisen«, doch brauche »man ihnen nicht jede faktische Grundlage abzusprechen«. Dagegen ist F. der Meinung, daß gegenüber den »Naturwundern« »ernste Zweifel aufkommen, ob sie sich wirklich so ereignet haben, wie es die Evangelien darstellen«. Während Jesus seine Exorzismen und Krankenheilungen »als Zeichen für das Hereinbrechen der endzeitlichen Gottesherrschaft« verstand, sah die Urkirche »in ihnen Zeichen, daß der *Messias* gekommen sei«. F. beschäftigt sich dann auch mit der Wunderdeutung der Evangelien und skizziert an Beispielen, wie man Jesu Wunder heute verkündigen kann (»Es ist durchaus im Sinne der Evangelien, wenn der Prediger die Wundergeschichten zu aktualisieren sucht«). Ohne jeden Anhalt am Text scheint mir freilich die gelegentlich begegnende »symbolische« Deutung einzelner Wundergeschichten (die Fernheilung beim Hauptmann von Kapernaum soll lehren, daß Jesus »jetzt aus der Ferne, vom Himmel her, durch seine irdischen Boten« zu den Heiden geht; die Heilung des blinden Bartimäus »versinnbildlicht«, daß die Augen der Jünger »nun geöffnet sind«)[69]. Im übrigen aber sind Fullers Ausführungen klar und einleuchtend, das Buch ist als Einführung in die Problematik der Berichte über Jesu Wundertun gut brauchbar.

Zwei umfangreiche Bücher, die sich mit der Wiedergabe der Wunder Jesu durch den Markusevangelisten befassen, sind hier nur kurz zu nennen, weil sie nebenbei auch die Frage nach den Wundern *Jesu* berühren. Das gilt für K. KERTELGES sorgfältige Untersuchung über »Die Wunder Jesu im Markusevangelium« in sehr beschränktem Maße, weil das eigentliche Interesse des Verf. darin besteht, »der Frage nach dem theologischen Interesse des Evangelisten Markus an den Wundern Jesu nachzugehen«[70]. Weil man »im großen und ganzen wird urteilen können«, daß Markus die Wundererzählungen als geschlossene Einheiten aus der Tradition übernommen hat«, stellt K. bei der Besprechung der einzelnen Berichte auch die Frage nach der Entstehung der einzelnen Traditionen und nimmt dabei meistens (m. E. zu häufig) eine »Entstehung dieser Erzählung in der missionierenden Urchristenheit« an; doch möchte er für die Heilung der Schwiegermutter des Petrus vermuten, daß es sich in

---

[69] R. H. FULLER, Die Wunder Jesu ..., 16.18.20.30.46.39 f.46.75.122.55.83. Eine gute eingehendere Inhaltsangabe des Buches bietet G. HAUFE, ThLZ 94, 1969, 120 f.

[70] Zu der redaktionsgeschichtlichen Bedeutung des Buches vgl. J. ROHDE, ThLZ 96, 1971, 503 ff.

diesem Stück tatsächlich um eine *Erinnerung* aus dem Leben Jesu handelt«, und beim Bericht von der Sturmstillung ist nach seiner Meinung »die Äußerung der Furcht und ihre Entlarvung als Unglaube geschichtlich und nicht nur legendär zu deuten«. Auch seine zusammenfassende Feststellung ist wichtig, daß »schon der einzelnen Wundererzählung selbst ein elementares Interesse am geschilderten geschichtlichen Vorgang zugrunde liegt«[71]. Doch begegnen solche Bemerkungen nur sporadisch, so daß dieses Buch für das Verständnis der Tradition vom Wunderhandeln *Jesu* nur wenig beiträgt. Und das gilt auch für das ebenfalls sehr sorgfältige Buch L. SCHENKES über »Die Wundererzählungen im Markusevangelium«, obwohl der Verf. »ausdrücklich nach der Vorgeschichte der Wundertradition« fragen will. Denn auch nach seiner Meinung ist über fast jeden Bericht ähnlich wie über die ausführlich behandelte Erzählung von der Sturmstillung zu urteilen: »Die ursprüngliche Tradition ... erweist sich als Bestandteil ursprünglicher urchristlicher Überlieferung«, »der ›Epiphaniecharakter‹ der Seesturmerzählung« spricht für »ihre Bildung in griechischsprechenden judenchristlichen Kreisen«. Wenn ich recht sehe, vermutet der Verf. nur hinter der »Erzählung über die Heilung der Schwiegermutter des Petrus ... historische Erinnerung« und hält es für die Erzählung von der Heilung des blinden Bartimäus »für möglich, daß sie von geschichtlicher Erinnerung geprägt ist«. M. E. ist der Verf. mit dem Urteil »Entstehung in der christlichen Gemeinde« allzu rasch bei der Hand (warum z. B. »dürfte die Nennung des Namens Jairus weniger auf geschichtlicher Erinnerung als auf erzählerischer Phantasie beruhen?«)[72], und so trägt auch dieses Buch zum Verständnis des Wunderhandelns Jesu nur wenig bei.

Zuletzt ist unter den Gesamtdarstellungen zu den Wundern Jesu das kürzliche erschienene Taschenbuch von M. WINKELMANN zu nennen. Der Verf. möchte »den Zwang, an Wunder glauben zu müssen, ›ad absurdum‹ führen und an seine Stelle die Freiheit setzen, sich von der Sprache der Wundererzählungen in die Wahrheit des Glaubens einführen zu lassen«. Er zeigt darum zunächst an Beispielen, wie man sich von Augustin bis zu modernen kirchlichen Definitionen mit der Frage des Wunderverständnisses abgemüht hat, weist dann auf die Selbstverständlichkeit des Wunderglaubens in der Antike hin, skizziert die Entstehung der historisch-kritischen Evangelienforschung, um schließlich vier neutestamentliche Wundergeschichten auf ihre Entstehung und ihre Veränderung innerhalb der Evangelien zu befragen und daraus zu folgern,

---

[71] K. KERTELGE, Die Wunder Jesu . . ., 19.47.55.61.97.187.
[72] L. SCHENKE, Die Wundererzählungen . . ., Vorwort. 52.72.120.363.

daß »Wundererzählungen in ihrer funktionalen Bedeutung gesehen werden müssen« und daß, so gesehen, die Wunder Jesu »etwas von seiner Mentalität zeigen und sein Bild von Gott und den Menschen offenbaren«; Jesus »verkündet in seinen Worten das kommende Reich Gottes und zeigt durch seine Taten und Wunder, daß jeder Mensch – auch der verachtete, der ausgestoßene, der sündige – von Gott angenommen ist«. Das ist alles weithin richtig, und als allgemeinverständliche Einführung in die geschichtliche Problematik der Wunderberichte und ihren Verkündigungssinn innerhalb der evangelischen Überlieferung und zugleich als Warnung vor der Diskussion, »ob Wunder als Durchbrechung von Naturgesetzen möglich sind«, ist dieses Büchlein durchaus hilfreich. Aber ein Doppeltes fehlt ihm: es sieht alle Wundergeschichten der Evangelien auf *einer* Ebene und zeigt so nichts von dem Unterschied zwischen etwa der Heilung der verdorrten Hand (Mk 3, 1 ff.) und der Münze im Fischmaul (Mt 17, 24 ff.) oder zwischen den synoptischen Paradigmen und den johanneischen »Zeichen«, und es begnügt sich mit einer kurzen Notiz über die Frage der »Historizität der Wunder Jesu«[73] und geht auf die Möglichkeit, in einzelnen Wunderberichten konkrete Überlieferung über ein Handeln Jesu zu erkennen, so wenig ein wie auf die eschatologische Deutung seines Handelns durch Jesus selber. Darum ist dieses Buch unzureichend und kann nicht mehr sein als ein erster Hinweis auf die historische und theologische Problematik der Wunderüberlieferung Jesu.

Zum Schluß des Berichtes über die Literatur zu den Problemen der Wunder Jesu soll noch auf einige Arbeiten zu Einzeltexten hingewiesen werden, die mir grundsätzlichere Bedeutung zu haben scheinen. W. SCHMITHALS vertritt in zwei sachlich zusammengehörigen Arbeiten anhand von Auslegungen der Wunderberichte Mk 4, 35–6, 6a und 9, 14 bis 29 die Anschauung, daß »die neutestamentlichen Wunderberichte nur scheinbar von merkwürdigen Ereignissen aus dem Leben des irdischen Jesus berichten. In Wirklichkeit verkündigen sie, was Gott durch Jesus als den Christus, das heißt durch den gekreuzigten und auferstandenen Herrn der Gemeinde, tat und an der Welt tun will«. Diese Vorausset-

---

[73] M. WINKELMANN, Biblische Wunder..., 171.160.165.161.166 f. Es begegnen einige störende Fehler: Eine weitere Entwicklung der kritischen Exegese ist »der ev. Theologie zu verdanken«, nicht »zu verdenken« (S. 68); Pausanias lebte im 2. Jh. *nach*, nicht *vor* Christus (S. 79); die ältesten Textstücke neutestamentlicher Handschriften stammen aus dem 2., nicht aus dem 4. Jahrhundert (S. 117); die Urevangeliumshypothese vertrat 1794 Eichhorn, nicht Eichholz; die Art, wie Luther zitiert wird, ist mehr als dilettantisch. Ein den interessierten Leser weiterweisendes Literaturverzeichnis wäre wünschenswert gewesen.

zung impliziert, daß »die Wundergeschichte für den Christen [der An-
tike] nur eine Sprechweise seines Glaubens und seiner Verkündigung
von Jesus Christus war, die um der Verständlichkeit der Glaubensspra-
che [sic!] gewählt wurde«, sie impliziert aber auch, daß der Rekurs der
klassischen Formgeschichte »auf einfache Überlieferungsformen der
mündlichen Tradition mit entsprechenden ›Sitzen‹ im Leben der Gemeinde« verfehlt ist, weil »die Apophthegmen und Wundergeschichten,
die Markus überliefert, ebenso wie das Erzählgut des Markusevangeliums ... primär nicht Reste mündlicher Überlieferung darstellen, sondern
theologische Kunstprodukte sind, die von Anfang an literarisch konzi-
piert wurden«. Dementsprechend ist nach Schmithals' Meinung die Erzählung von der Heilung des Epileptischen (Mk 9, 14–29) »eine funda-
mental kerygmatische, von Kreuz und Auferstehung her konzipierte
Erzählung«, die »die totale Verfallenheit des Menschen an das Böse«
beschreibt und die Heilung des Epileptischen »unter Bezug auf das im
Bekenntnis ergriffene Christusereignis als Exempel des christlichen
Hauptgeschehens überhaupt verstanden« wissen will. Ähnlich ist nach
Sch. der Besessene von Mk 5, 1 ff. »ein Musterbeispiel dessen, den die
Bibel den ›Sünder‹ nennt ..., der mit Gott nichts zu tun haben will«,
und es geht in dieser Geschichte »weder um Dämonen noch um Wunder,
noch um Schweine, sondern um uns«. Die Geschichte von der Sturmstillung (Mk 4, 35 ff.) aber ist »eine Erzählung des Glaubens, die das
Bekenntnis zu dem gekreuzigten und auferstandenen Herrn in eine zeitgemäße Sprache faßt«, und die Erzählung von der Auferweckung der
Tochter des Jairus (Mk 5, 21 ff. 35 ff.) zeigt, daß »wahres Leben immer
aus dem Tod erwächst«, und aus dem Bericht von der Heilung der blutflüssigen Frau (Mk 5, 24 ff.) hört der »aufmerksame Leser jener Zeit«
nicht nur, daß »der Mensch überhaupt das fliehende Leben nicht halten
kann«, sondern auch, daß »der Glaube«, der »es wagt, Gott für sich in
Anspruch zu nehmen«, »rettet, den Menschen Heil schenkt und Zukunft
eröffnet«. Dieses Verständnis der behandelten Wunderberichte ist nicht
nur »zweifellos ungewöhnlich«[74], sondern m. E. schlechthin unannehmbar. Selbst wenn es zuträfe (was m. E. unbeweisbare, ja irrige Postulate
sind), daß alle Wunderberichte »theologische Kunstprodukte« sind und
daß der Rekurs auf mündliche Überlieferung als verfehlt zu bezeichnen
ist, bedeutet die von Sch. vorgetragene Auslegung eine durch die Texte
nicht gedeckte Eintragung urchristlicher Dogmatik in die evangelischen
Berichte und eine völlige Verkennung der Tatsache, daß diese Texte pri-

---

[74] W. Schmithals, Wunder ..., 25.16; Die Heilung ..., 230.232.227.217.227;
Wunder ..., 36.38.78.84.89; Die Heilung ..., 230.

mär auf Jesus (oder auch, wenn man das für richtiger hält, auf Jesus Christus) und auf die in ihm anbrechende Gottesherrschaft zurückweisen, und überdies wird bei dieser Art von willkürlicher Interpretation der Tatbestand völlig beiseite geschoben, daß es sehr erhebliche *sachliche* Unterschiede zwischen den verschiedenen Wunderberichten gibt. So muß diese Art der Interpretation von Wunderberichten als historischer und theologischer Irrweg bezeichnet werden.

Auch I. MAISCH stellt in ihrer Untersuchung der Erzählung von der Heilung des Gelähmten (Mk 2, 1 ff.) überhaupt nicht die Frage, ob der Bericht auf ein Ereignis im Leben Jesu zurückgeht (»Diese Interpretation geht von der Voraussetzung [!] aus, daß die christliche Gemeinde als gestaltender Faktor der Überlieferung in Rechnung gestellt wird«), die Verf. will nur »den geschichtlichen Werdegang der Perikope vom ersten Erzähler bis zu ihrem Eintritt in ein Evangelium nachzeichnen«. Sie sucht darum zunächst die seit langem als sicher geltende Annahme erneut zu begründen, daß »sich bei der Herausnahme der Verse 5b–10 auch die formalen sowie die inhaltlichen und theologischen Probleme lösen«, und interpretiert die dann übrig bleibende Heilungsgeschichte als »eine Beispielerzählung vom wahren Glauben«, die durch die sekundäre Einfügung der Diskussion über das Recht zur Sündenvergebung »den Charakter eines Lehrstücks«[75] erhalten habe. Aber selbst wenn die Annahme der sekundären Einfügung von V. 5b–10 zu Recht bestehen sollte (mich haben auch die hier vorgetragenen Argumente davon nicht überzeug⁻), ist die Interpretation der angeblich reinen Heilungsgeschichte als einer Beispielerzählung vom wahren Glauben fraglich, weil der grundlegende Hinweis auf die Person Jesu in diesem Bericht dabei zu kurz kommt, ganz abgesehen davon, daß es schwerlich angeht, bei der Betrachtung einer evangelischen Erzählung von der *Voraussetzung* einer Gemeindebildung auszugehen.

Zwei Bücher beschäftigen sich mit einer der rätselhaftesten Wundergeschichten, der Erzählung vom besessenen Gerasener und der Austreibung der Dämonen in die Schweine (Mk 5, 1 ff.). R. PESCH möchte, »zumal ein *cantus firmus* von Ratlosigkeit die Geschichte der Erforschung unseres Textes durchzieht«, durch form- und motivgeschichtliche Analyse zeigen, »wie der Text nach dem Stand gegenwärtiger Einsicht aufgrund historisch-kritischer Bemühung verstanden werden kann und ausgelegt werden muß«. Er stellt fest, daß »das Schema der Austreibungserzählung durch Züge aus der Topik der Heilungswundererzählungen« angereichert worden ist, woraus sich ergibt, daß »die Geschichte mit den

---

[75] I. MAISCH, Die Heilung . . ., 75 Anm. 59.9.48.75.85.

Schweinen erst in einem weiteren Stadium der Überlieferung hinzuge-
wachsen« wäre (so im Anschluß an andere Forscher). Die ursprüngliche
»stilechte Wundergeschichte« »ist lokalisiert und enthält einige konkret-
anschauliche Details«, freilich sei auch diese Geschichte »nicht aus unmittelbarer Anschauung gestaltet« und habe ihren Sitz im Leben wohl »in
der galiläischen judenchristlich-hellenistischen Mission«. Erst »auf der
zweiten Stufe der Überlieferung wird unsere Erzählung zu einer Demonstration der Überlegenheit Jesu über das heidnische Un-Wesen ausge-
baut«, und auf einer 3. Stufe der Erzählung wird dann »über die Mission
im Heidenland reflektiert«[76]. Das ist eine zum mindesten diskutable
Vermutung über die Entwicklung der bei Markus uns zuerst begegnenden Erzählung, aber natürlich nicht mehr, und die Frage, ob die Erzählung in der ältesten vermuteten Form auf einen Erlebnisbericht zurückgeht, wird so wenig gestellt, wie der Leser eine Antwort auf die Frage
erhält, welchen kerygmatischen Sinn die älteste Erzählung gehabt haben
mag und wie sie sich in die sonstige alte Jesusüberlieferung eingliedern
läßt.

In einer umfangreichen Untersuchung hat dann F. ANNEN mit umfassender Literaturverarbeitung und unter Berücksichtigung der modernen
Forschungsgeschichte zunächst festzustellen gesucht, inwieweit der in
Mk 5, 1 ff. sich findende Bericht von einer Besessenenheilung redaktionelle Eingriffe des Evangelisten erkennen läßt, und dann diese vormarkinische Tradition nach Form und Inhalt untersucht. Dabei ergibt
sich zunächst, daß der Bericht »eine einheitliche, einfach gegliederte
Erzählung« ist, innerhalb deren »die sog. ›Schweine-Episode‹ in V. 11
bis 13 ganz und gar nicht ein Fremdkörper, sondern vielmehr ein inte-
grierender Teil der vormarkinischen Gerasenererzählung ist«. Bei der
Frage nach der Gattung zeigt sich, daß sich außer »den für die Wundergeschichte allgemein gültigen Zügen« »für die Dämonenaustreibungen . . .
charakteristische Elemente« hinzukommen. Wirklich weiterführend für
das geschichtliche Verständnis des Berichts ist aber erst die Frage nach
dem »Anschauungshorizont«, d. h. nach dem »Komplex von Anschauungen, die einen bestimmten Bereich des geistigen, kulturellen, religiösen
Lebens der betreffenden Gesellschaft umfassen und von denen aus ein
bestimmter Text verfaßt und daher auch zu verstehen ist«. Bei der sorgfältigen Prüfung dieser Frage zeigt sich, daß sich »die einzelnen Elemente der vormarkinischen Gerasener-Erzählung zu einem guten Teil
aus dem Anschauungshorizont der Dämonologie erklären lassen, »aber
es bleibt doch ein guter Rest, der auf diesem Hintergrund nicht recht
seinen Sinn findet (bes. die Betonung der Schweine, sowie die voraus-

---

[76] R. PESCH, Der Besessene . . ., 11.39.43.45.47.

gesetzte Nacktheit des Besessenen)«. Die Untersuchung der Rolle des
Schweins und der Nacktheit im jüdischen Vorstellungsbereich ergibt,
daß »das Schwein … im Verlauf der Entwicklung des jüdischen Denkens und Glaubens … immer mehr Sinnbild des Heidentums und des
Götzenkultes wird«, und ebenso, daß im Judentum »immer mehr die
Entblößung und Nacktheit … als Ausdruck des Götzendienstes verpönt
wird«. Aufgrund dieser Einsicht hält es der Verf. »für sicher, daß der
Besessene mit den Farben jüdischer Anschauungen als Heide gemalt
werden soll«, daß also mittels der Einführung der Motive von den
Schweinen und von der Nacktheit die Perikope verstanden wurde »als
die frohe Botschaft von der barmherzigen Tat Gottes, der durch Jesus
die Götter entmachtet und dadurch den Heiden das Heil geschenkt hat«.
Und der Verf. »wagt die Hypothese«, daß der Sitz im Leben des so
interpretierten Berichts die Auseinandersetzung um die Heidenmission
im Judenchristentum war: es soll gezeigt werden, »daß Jesus selber die
Heiden heimgesucht und von ihrer Unreinheit gereinigt habe«. Für die
historische Frage, der der Verf. bewußt nicht ausweicht, ist dann natürlich diese Neuinterpretation der Perikope auszuscheiden, d. h. »alles,
was auf das Thema ›Heil für die Heiden‹ hinweist«, wobei von diesen
als sekundäre anzusehenden Zügen »historisch unwahrscheinlich eigentlich nur die Schweine-Episode ist«. Nach der Meinung des Verf. liegt es
nahe, »daß die Hellenisten diese Erzählung nicht frei erfunden haben«,
aber was »nach Ausschluß der markinischen und der judenchristlichen
Interpretation übrig bleibt, ist eine Besessenenheilung Jesu, die in irgendeiner Weise mit dem Namen ›Gerasa‹ … zusammenhängt«, doch hält
es der Verf. für möglich, daß der eschatologische Sinn der Exorzismen
Jesu »auch im ursprünglichen, vorösterlichen Bericht der Heilung des
Geraseners schon vorhanden war«. Und er schließt mit der Feststellung:
»Daß der Name Gerasa, bzw. Gerasener in historischem Zusammenhang
mit einem Exorzismus Jesu steht, ist zwar nicht sicher zu behaupten, ist
aber recht wahrscheinlich.«[77] Es ist leicht zu sehen, daß sich die Analyse
der vormarkinischen Erzählung durch Annen stark mit den Ausführungen Peschs berührt, aber seine Ausführungen führen dadurch weiter, daß
die *sachliche*, nicht nur die erzählerische Fremdheit der Züge von der
Austreibung der Dämonen in die Schweine und von der Betonung der
Nacktheit des Kranken nachgewiesen und daß die historische Frage ausdrücklich gestellt wird. Freilich ist die Annahme, daß diese beiden Züge
in die Erzählung erst sekundär eingefügt wurden, um den Bericht zu
einer Demonstration des durch Jesus auch den Heiden gebrachten Heils

---

[77] F. ANNEN, Heil für die Heiden…, 106.115.133.162.180.182.186.190.192.
191.193.197.

zu machen, nicht nur hypothetisch, sie ist auch nicht aus den direkten Aussagen des Textes, sondern aus dem herangezogenen »Anschauungshorizont« *erschlossen* und darum exegetisch keineswegs sicher. Aber ich gestehe, daß die Argumente für eine den überlieferten Bericht begründende geschichtliche Nachricht von einer Besessenenheilung Jesu in der Nähe von Gerasa sehr erwägenswert sind, und so viel auch in Annens Ausführungen hypothetisch bleiben mag, seine Untersuchung hat gezeigt, daß man bei methodischem Vorgehen in der Frage nach der geschichtlichen Wurzel und dem ursprünglichen Sinn eines Wunderberichts durchaus zu nützlichen Ergebnissen kommen *kann*.

F. ANNEN hat im gleichen Jahr dann auch einen zusammenfassenden Aufsatz über die Dämonenaustreibungen Jesu veröffentlicht, in dem er zeigen möchte, daß »die Dämonenaustreibungen deutlicher als andere Wundertaten den großen Horizont sichtbar machen, auf dem sein [Jesu] Wirken und seine Botschaft zu sehen sind«. Er betont, daß »das Faktum, daß Jesus Besessene heilte, in *Kohärenz mit der Umwelt* steht« und daß die Konvergenz sämtlicher Kriterien der Historizität »jeden vernünftigen Zweifel daran unmöglich macht, daß Jesus tatsächlich als Exorzist gewirkt hat«, und er bestreitet mit Recht die pauschale Behauptung, daß in »keiner der erzählten Exorzismen Jesu ... historische Erinnerungen, in diesem Sinn ›Authentisches‹ enthalten sei«. Obwohl »zu den für die Wundergeschichten allgemein gültigen Zügen für die Dämonenaustreibungen weitere charakteristische Elemente dazukommen«, ist zu »beachten, daß keine Erzählung nur gattungsspezifische, topische Elemente enthält«. Es zeigt sich an den Berichten über die Exorzismen, daß es »Gott ist, der letztlich in den Exorzismen Jesu wirkt« und daß darum »Jesus zum vornherein und ganz selbstverständlich der Überlegene ist«. Und obwohl es bestritten wurde, stellt A. fest, daß Satan und die Dämonen »als zusammengehörende Macht verstanden werden« und daß »sich kaum Gründe anführen lassen, welche ausschließen, daß Jesus selber diese Sicht hatte«. Die (nicht immer ganz klare) abschließende Erörterung über »die Existenz der Dämonen« schließt dann mit der überzeugenden Feststellung, daß die Botschaft der Exorzismen darin besteht zu zeigen, daß »der Mensch in seiner Existenz durch Kräfte bedroht wird, denen er sich aus eigener Kraft nicht erwehren kann, über die ihn Gott aber Herr werden läßt«[78]. Das ist alles so überzeugend dargestellt, daß der Aufsatz, wenn auch nur in Ansätzen, zur Aufhellung des Problems der Exorzismen Jesu wirklich beiträgt.

---

[78] F. ANNEN, Die Dämonenaustreibungen ..., 107.115.117.120.124.127 f.144 (das letzte Zitat im Anschluß an J. KREMER).

IV

Bergpredigt – Gleichnisse – Wunderberichte
(mit Nachträgen)
(Schluß)

Es bleibt mir abschließend noch die Aufgabe, auf einige Arbeiten zu den Sachgebieten der drei ersten Teile dieses Berichts hinzuweisen, die seit der Drucklegung dieser Teile erschienen sind. Zwei *Forschungsberichte* befassen sich mit der modernen jüdischen Jesusforschung. J. Maier, der keinen geschlossenen Überblick geben, sondern nur auf Schwerpunkte und Lücken hinweisen will (so der redaktionelle Vorspann), verweist auf die nur in hebräischer Sprache vorliegenden und darum bei uns fast unbekannten Anschauungen von Y. Baer, der die Auseinandersetzung Jesu mit den Pharisäern in den Evangelien in die Zeit nach 70 verlegt und (sicher zu Unrecht) ein einheitliches Bild des Frühjudentums zeichnet, befaßt sich dann mit Forschungen zum Prozeß Jesu, vor allem mit den bei uns kaum bekannten des israelischen Juristen H. H. Cohn und mit der Möglichkeit, »es habe sich um einen Prozeß nach sadduzäischem Recht gehandelt« (S. 316), lokalisiert schließlich die Inanspruchnahme Jesu »als Repräsentant des Judentums« durch D. Flusser im Zusammenhang der heutigen »religionspolitischen Szenerie in Israel« und warnt davor, sich durch »die manchmal geradezu enthusiastische Rezeption des jüdischen Jesus-Jüngers Flusser in christlichen Kreisen ... den Blick für die jüdische Realität etwas verstellen« zu lassen (S. 317 f.). Auch zu den Jesusbildern von Ben-Chorin und P. E. Lapide finden sich interessante Anmerkungen, aber ein wirklicher Überblick über die heutige jüdische Jesusforschung entsteht so in der Tat nicht. Umfassender ist der Bericht von G. Baumbach, der auf die »in der jüdischen Jesusforschung der Gegenwart vorherrschende Intention, Jesus ins Judentum heimzuholen und das auf hellenistische Einflüsse zurückgeführte Christentum, das in Paulus seinen Schöpfer hat, als Abfall von Jesus zu verstehen«, hinweist und darum von J. Klausner ausgeht, der weiter auf das durch die Pilgerfahrt von Papst Paul VI.

nach Israel (1964) erweckte neue Interesse an Jesus und dem Neuen
Testament verweist und dann auf vier Formen des heutigen jüdischen
Jesusverständnisses Bezug nimmt: a) »Das zionistisch orientierte Verständnis Jesu als eines antirömisch eingestellten Freiheitskämpfers«, wozu
bemerkt wird, daß »eine wissenschaftliche Auseinandersetzung mit Vertretern eines solchen Jesusbildes wenig Sinn« habe; b) Darstellungen,
»die Jesu Besonderheit auf religiös sittlichem Gebiet erblicken und ihn
deshalb . . . als Pharisäer oder Essener . . . verstehen wollen«, wofür als
Hauptzeuge D. Flusser genannt wird, für den »echt jesuanisch das
typisch Jüdische ist«, wogegen B. einwendet, daß angesichts der heutigen
religionsgeschichtlichen Erkenntnisse »sich die Entgegensetzung von pro-
jüdisch und antijüdisch« schwerlich »so prinzipiell für die Lösung von
Historizitätsfragen in den Evangelien benutzen« lasse; c) das liberale
Jesusbild Ben Chorins, der Jesus als scheiternden und Jesu Kreuz als
Gleichnis für das Leiden seines ganzen Volkes verstehen möchte; d) das
skeptische Jesusbild, vor allem bei E. L. Ehrlich (s. im Folgenden). B.
zieht aus diesem lehrreichen, aber natürlich auch nur auswählenden
Bericht die richtige Folgerung, daß gerade im Gegenüber zur jüdischen
Jesusforschung sich die christliche Jesusforschung »anregen lassen muß,
sich rückhaltlos der Frage nach dem vorösterlichen Jesus als dem Juden
Jesus von Nazareth zu stellen« und »das Phänomen des ›Neuen‹, das
Jesu Auftreten und Verkündigung nach neutestamentlicher Sicht geprägt
hat, zu erhellen«[79].

Eine ganze Reihe von Arbeiten befassen sich weiter mit der *Methodenproblematik in der Jesusforschung*. Leider ist das umfangreiche Buch
von H. KLUG über »Das Evangelium als Geschichtsquelle und Glaubens-
verkündigung« ohne jeden wissenschaftlichen Wert. Um die These: »Das
Evangelium bietet uns einen zuverlässigen Zugang zu dem historischen
Jesus« zu beweisen, wird nämlich hingewiesen auf den »apostolischen
Ursprung der vier Evangelien«, auf »die Verkündigung der Heilstat-
sachen zur Zeit der Urkirche . . . unter der organisierten Überwachung
des Wahrheitsgehaltes durch qualifizierte Augen- und Ohrenzeugen«,
schließlich darauf, daß »Christus der Kirche die Unfehlbarkeit versprochen hat« und »die Wesensgleichheit der drei göttlichen Personen in der
einen Gottesnatur« im Taufbefehl lehrte. Daß von diesen Voraussetzungen aus die historische Tatsächlichkeit des Wunders von der Münze im
Fischmaul und von der Verfluchung des Feigenbaums ebenso feststeht,
wie vom Brief die Rede ist, »den Papst Clemens um das Jahr 95 von

---

[79] G. BAUMBACH, Fragen der modernen jüdischen Jesusforschung . . ., 627
bis 629, 631 f.634.

Rom an die Gemeinde von Korinth schrieb«, erstaunt nicht mehr. Die
umfangreich verzeichnete Literatur wird nur dann direkt zitiert, wenn
ein Autor einmal zufällig dieselbe Meinung wie der Verf. vertritt, während im übrigen bei der Polemik »der Name des Andersdenkenden nicht
genannt wird, weil »es eben nicht um die Person, sondern um die Sache
geht«[80]. Man kann nur wünschen, daß sich die Hoffnung des Verf. auf
»weitere Auflagen« nicht erfüllt.

R. N. LONGENECKER zählt die fünf wichtigsten Kriterien auf, die in
den letzten Jahrzehnten für die Ausgliederung alter Überlieferungsstücke innerhalb der synoptischen Tradition verwendet worden sind,
betont richtig, daß diese Kriterien für die »Feststellung eines kritisch
gesicherten Minimums an authentischem Material in den Evangelien
dienen« können (S. 225), daß diese Kriterien aber nicht als ausschließliche Argumente gebraucht werden dürfen, und er möchte diese Kriterien
durch ein weiteres Kriterium ergänzen, das er »Kriterium der abweichenden Gedanken- und Ausdrucksmuster« nennt (S. 227), d. h. die
Beobachtung von Zügen, bei denen ein Evangelist keine Angleichung an
von ihm sonst bevorzugte Ausdrucksweisen vorgenommen hat und wo
darum echte Überlieferung zu vermuten ist. Das für dieses Kriterium
angeführte Beispiel scheint mir freilich wenig überzeugend zu sein, und
so führt dieser Aufsatz kaum weiter.

Der Problematik der historischen Zuverlässigkeit der Jesusüberlieferung gelten auch zwei weitere Arbeiten. Ich habe früher (ThR 31,
1965/6, 25) auf die Problematik der These von H. Riesenfeld und B.
Gerhardsson hingewiesen, daß Jesus seine Jünger die messianische Thora
auswendig lernen ließ und daß die Jerusalemer Apostel diese Tradition
in fester Form weitergaben, so daß die Evangelisten von einer fixierten
Tradition abhängig gewesen seien, von der Abweichungen nur versehentlich möglich waren. B. GERHARDSSON hat nun in vier Vorlesungen
vor der Pfarrer-Gebets-Bruderschaft seine Anschauungen in deutscher
Sprache zusammengefaßt, und K. Haacker und O. Michel bezeichnen
diese Ausführungen in ihrem Vorwort als »wichtigen Versuch, in der
Erforschung der Evangelien über die Grenzen und Mängel der formgeschichtlichen Methode hinauszukommen«, und warnen zugleich davor,
»diese Theorie der Entstehung und Formung der Jesustradition als konservativen Verzicht auf historische Kritik mißzuverstehen«. Nun liegt
es mir fern zu behaupten, solcher Verzicht sei die *Absicht* Gerhardssons
(»ich denke das Thema rein profangeschichtlich anzugreifen«, sagt er
gleich zu Beginn), und wenn er feststellt, »daß das Urchristentum Erin-

---

[80] H. KLUG, Das Evangelium . . ., 7.22.321.357.183.197.28.14.

nerungen aus der Vergangenheit bewahrte und daß es das Gefühl der
Distanz zur Vergangenheit besaß«, daß »die Probleme und Bedürfnisse
der nachösterlichen Gemeinde den Stoff gefärbt, aber nicht geschaffen
haben«, »daß sich das ›Rohmaterial‹ zur Hoheitschristologie ... bereits
in den Traditionen von Jesu irdischer Wirksamkeit vorfindet«, daß die
Art des Vorkommens des Menschensohntitels in den Evangelien zeigt:
»Auch ein unbequemer Wortlaut ist bewahrt worden«, so sind das alles
m. E. bedenkenswerte Feststellungen. Aber im übrigen hat G. auch in
dieser klaren und etwas vorsichtigeren Zusammenfassung seiner Anschauungen nicht nachweisen können, daß »der primäre Sitz im Leben für die
urchristliche Überlieferung der Jesustradition ... die Überlieferung selbst
ist ... als ein bewußter, technischer Unterrichtsakt«, so daß »von Jesu
Unterricht ... eine ununterbrochene Linie zum methodischen Überliefern
der Jesustexte in der Urkirche führt« und »der synoptische Stoff im
Prinzip auf den irdischen Jesus und seine Jünger zurückgeht«. Auch
wenn G. zugesteht, »daß die Jesustradition auf dem Wege von Jesus zu
den verschiedenen Evangelisten gewisse Veränderungen erfahren haben
müsse«[81], werden doch die erheblichen Differenzen in der Wiedergabe
auch der Jesusworte, von den Erzählungen ganz zu schweigen, überspielt
und wird Jesus zu einem rabbinischen Schulhaupt, als den ihn die Überlieferung einfach nicht zeigt, so daß es bei G. eben doch zu einem durch
religionsgeschichtliche Gelehrsamkeit verbrämten »konservativen Verzicht auf historische Kritik« kommt.

Konkreter sind die Ausführungen von J. D. G. Dunn. Er will R. Bultmanns oft wiederholte These, daß die Gemeinde einen »Unterschied
zwischen Worten christlicher Propheten«, die man Jesus in den Mund
legte, »und den überlieferten Jesusworten nicht empfand, da für sie ja
auch die überlieferten Jesusworte nicht Aussagen einer Autorität der
Vergangenheit waren, sondern Worte des Auferstandenen«[82], durch eine
Untersuchung der Frage nachprüfen, »was wir von prophetischer Tätigkeit in den frühen Kirchen wissen«. Er zählt zunächst die Argumente
auf, die für und gegen Bultmanns These sprechen, und betont dabei mit
Recht, daß trotz der Hochschätzung von Propheten im Urchristentum
»unter den ersten Christen ein sehr aktives Interesse bestand, die Worte
des irdischen Jesus zu bewahren und weiterzugeben«, und daß »die Annahme ..., daß eine *wesentliche* Einfügung von prophetischen ›Ich‹-
Worten in die Jesustradition stattgefunden hat, dem uns zugänglichen
Befund widerspricht«. D. wendet sich dann aber vor allem dem Nach-

---

[81] B. Gerhardsson, Die Anfänge ..., 9.33.38.41.30.54.63.56.
[82] R. Bultmann, Die Geschichte der synoptischen Tradition, ²1933, 135.

weis zu, daß überall im frühen Christentum und seiner Umwelt, »wo wir dem Bewußtsein der Inspiration durch den Gottesgeist begegnen, wir auch dem Bewußtsein begegnen, daß keine Inspiration ... sich selbst beglaubigt«, »alle Prophetie mußte einer Prüfung unterworfen werden«. Das wird beim Täufer, bei Jesus, in den paulinischen Gemeinden nachgewiesen, und daraus wird der Schluß gezogen, »daß nicht jedes prophetische ›Ich‹-Wort, das in einer frühchristlichen Versammlung geäußert wurde, als Wort des auferstandenen Jesus anerkannt worden ist«, »prophetische ›Ich‹-Worte und Worte des erhöhten Christus waren für die ersten Christen keineswegs synonyme Kategorien«. Das scheint mir alles überzeugend zu sein, und ich würde auch der Schlußfolgerung zustimmen, daß »die frühe Kirche den Zusammenhang zwischen sich und dem Jesus, dessen sie sich erinnerte ..., betonte und das zur Prüfung der Ursprünglichkeit machte«. Wenn freilich D. von diesen Voraussetzungen aus wahrscheinlich zu machen sucht, daß das Wort von der Lästerung des Heiligen Geistes Mk 3, 28 f. »von Anfang an zur Jesustradition gehörte«[83], so scheint mir seine Beweisführung nicht überzeugend zu sein[84], aber diese Feststellung ändert nichts an dem Urteil, daß Dunn erhebliche und bedenkenswerte Einwände gegen ein oft angewandtes kritisches Prinzip in der Jesusforschung vorgebracht hat.

Vier Aufsätze betreffen das Problem der sachlichen Berechtigung der Frage nach dem geschichtlichen Jesus im theologischen Zusammenhang. M. MÜLLER geht von Lessings »Unterscheidung zwischen Jesu Religion oder Lehre und der Verkündigung der Apostel« aus und zeigt, daß N. F. S. Grundtvig diese Position mit dem Hinweis darauf bekämpft, »daß es schon aufgrund der Beschaffenheit der Quellen nicht möglich ist, von Jesu Glauben als einem von dem der Apostel unterschiedenen Glauben zu sprechen«, und daß S. Kierkegaard gegen Lessing einwendet, daß »man überhaupt nichts von ›Christus‹ wissen kann«, weil »er der Gegenstand des Glaubens, nur für den Glauben da ist«. M. folgert daraus, »daß es in einem theologischen Kontext illegitim ist, zwischen Jesu Religion oder Glauben und der Religion oder dem Glauben der Apostel ... zu unterscheiden. Der Ausdruck ›historischer Jesus‹ kann deshalb in einem theologischen Zusammenhang nur Jesus während seines irdischen Lebens meinen, so wie wir von ihm in der Verkündigung der Evangelien

---

[83] J. D. G. DUNN, Prophetic Utterances ..., 176. 183. 181. 183. 188. 193. 198. 196.

[84] Dunn kommt damit zu dem entgegengesetzten Urteil betreffs dieses Logions als der ebenfalls die Frage der christlichen Prophetenworte in der synoptischen Tradition behandelnde Aufsatz von M. E. BORING, JBL 91, 1972, 501 ff. (s. ThR 40, 1975, 326).

hören«[85]. Warum dieser Standpunkt falsch ist, habe ich in Auseinandersetzung vor allem mit W. Schmithals früher ausgeführt[86], und die drei jetzt zu besprechenden Aufsätze behandeln dieses Thema ebenfalls.

D. HILL freilich stellt in Auseinandersetzung mit einer in England erschienenen Polemik gegen Jesusforschung nur fest, daß »wir uns mit der Suche nach dem geschichtlichen Jesus beschäftigen müssen..., weil die Gültigkeit, ja in Wirklichkeit der Wahrheitsanspruch der neutestamentlichen Christologie religiös und theologisch davon abhängt« (S. 85), ohne diese Feststellung weiter auszuführen. D. CAIRNS aber stellt ausdrücklich die Frage, ob »die Bereitschaft, die Bedeutsamkeit geschichtlicher Untersuchung an umstrittenen Punkten [betreffs geschichtlicher Fakten] zuzugestehen, eine Preisgabe der Ansprüche des christlichen Glaubens bedeutet, indem sie zu Unrecht eine Legitimation für die Forderungen des Glaubens sucht«, und stellt nach einem Hinweis auf die Anschauungen M. Kählers und R. Bultmanns zunächst fest, daß eine Jesusforschung, die Kählers Einwendungen Rechnung trägt, zwei Fehler vermeiden muß: a) Sie darf »nicht *voraussetzen*, daß Jesus nur ein Mensch wie wir war und nicht mehr, und sie darf nicht versuchen, eine Entwicklungsgeschichte Jesu zu schreiben«; b) sie darf nicht den Anspruch erheben, »als rivalisierende Begründung für den Glauben dem Kerygma gegenüberzutreten«. C. wendet dann gegen Bultmann ein, »daß der Glaube wesentlich an bestimmten Geschichtstatsachen interessiert ist, Tatsachen über die bloße Existenz Jesu und seines Todes hinaus, und zwar in der Weise interessiert, daß ihr Gegenteil mit ihm unverträglich wäre«, und daß darum »Glaube gegenüber historischen Untersuchungen über diese Tatsachen nicht gleichgültig sein kann«. C. macht weiter darauf aufmerksam, daß »historische Untersuchung vorgenommen wird, ob wir wollen oder nicht«, und auch wenn der Glaubende »Jesus aus dem Kerygma kennt«, bleibt es die Aufgabe des Historikers »festzustellen, wie viel von Jesus gewußt werden kann mit Hilfe historisch-kritischer Methoden gegenüber den Quellen, Methoden, die die Einsichten nicht einschließen, die allein dem Glauben gegeben sind«. Und C. weist schließlich darauf hin, daß »zu einem guten Teil durch die Diskussion zwischen dem Historiker und dem Glaubenden – und die beiden stecken oft in derselben Haut! – es schrittweise deutlich wird, wer [die Grenzen] überschreitet, und wo [das geschieht]«; wenn auch die geschichtliche Frage nach dem irdischen Jesus dazu hilft, »ideologische Bilder [Jesu] als das herauszustellen, was sie sind«, so »ist doch

---

[85] M. MÜLLER, Der Jesus der Historiker..., 281.286.294.296 f.
[86] ThR 40, 1975, 306 ff.

die Hauptwaffe, durch die die Kirche gezwungen wird, ihre eigenen
Ideologien zu überwinden, eine Rückkehr zum Kerygma des Neuen
Testaments gewesen und wird es bleiben«[87]. Das ist alles klar und überzeugend ausgeführt, der Aufsatz kann darum zur Klärung der Frage
nach dem Recht und der Notwendigkeit der Frage nach dem historischen Jesus Entscheidendes beitragen.

Das scheint mir dagegen von dem letzten hier zu nennenden Aufsatz,
W. SCHULZES Untersuchung der Frage nach dem historischen Jesus in
der Bultmannschule, nicht zu gelten. Der Verf. schildert zwar in seinen
Ausführungen, dem 1. Teil einer praktisch-theologischen Dissertation der
Humboldt-Universität von 1972, die Positionen in dieser Frage bei R.
Bultmann und seinen Schülern E. Käsemann, E. Fuchs, G. Ebeling und
H. Braun klar und richtig, so daß das Heft für jeden, der die Arbeiten
der besprochenen Theologen nicht kennt, zu einer ersten Information gut
geeignet ist. Das Problem selber kommt aber nur in *der* Form zur Sprache, daß der Verf. seine Übereinstimmung mit dem von E. Fuchs »entworfenen *Bild Jesu*« und mit H. Brauns Begriff der »Mitmenschlichkeit«
zur Charakterisierung von »Jesu Verhalten und Verkünden« (S. 23.41 f.)
erklärt und feststellt: »Wir kommen über die Ansätze der Braunschen
Theologie weit besser als mit Ebelings und Fuchs' »apolitischer Sprach-
ereignis-Theologie« mitten in unsere sozialistische Wirklichkeit hinein,
in der wir unseren Glauben zu bezeugen haben« (S. 43 f.). Eine wirkliche
Erörterung und Klärung der durch Bultmanns Abwertung der Frage
nach dem historischen Jesus gestellten Problematik findet so nicht statt,
und auf W. Schmithals' radikale Fortbildung der Position Bultmanns
wird nur gerade hingewiesen. So kann das Heft nur zur Information
gute Dienste leisten.

Auch das Buch von L. OBERLINNER über »Historische Überlieferung
und christologische Aussage« ist der Intention nach eine methodologi-
sche Untersuchung, auch wenn es darin vordergründig um die »Frage
der ›Brüder Jesu‹ in der Synopse« geht. Mit einem ungeheuren, gelegentlich auch völlig Unnötiges heranziehenden Aufwand an Literatur sucht
O. nämlich auf fast 400 Seiten nachzuweisen, daß die bisherige Erörterung der Frage, wer die »Brüder Jesu« in den Evangelien waren, sowohl
bei der traditionellen katholischen Deutung auf »Vettern« wie bei der
protestantischen Deutung auf leibliche Brüder Jesu an derselben falschen
Voraussetzung leide, »daß die Herrenbrüder-Frage als *historisches Problem* mit den zur Verfügung stehenden Quellen gelöst werden könne«,
und damit verbunden an einem »beinahe grenzenlosen Vertrauen«, das

---

[87] D. CAIRNS, The Motives . . ., 336 f.344.348.351.354 f.

den neutestamentlichen Texten, die von Geschwistern Jesu reden, »im
einzelnen als *historischen* Reminiszenzen entgegengebracht wird«. Weil
»stillschweigend vorausgesetzt wird, daß die urchristliche Tradition und
ihre uns in den Evv begegnenden Exponenten zum mindesten für die
Familie Jesu *als solche* gesteigertes Interesse an den Tag legen«, statt daß
zuerst gefragt wird, »wie sich denn die Darstellung des Evangelisten zur
Geschichte verhält«, könne man überall »höchstens von einem unkon-
trollierten und unreflektierten Stolpern vom Ev in den Raum der historischen und biographischen Fakten sprechen«. Der Beweis für diesen
sich gegen *alle* Seiten richtenden Angriff wird in zwei Teilen geführt.
Der 1. Teil dient einerseits dem Nachweis, daß »die *Möglichkeit* einer
weiteren Bestimmung von ἀδελφός ganz allgemein auch für das Neue
Testament zugestanden werden muß«, daß sich aber die Anwendbarkeit
dieser Feststellung auf das Problem der »Brüder Jesu« nicht nachweisen
läßt; andererseits wird die Forderung erhoben, auch angesichts dieses
Problems mit der Einsicht ernst zu machen, daß »die Evv als Glaubenszeugnisse... nicht historisch-biographisch genaue Schilderung dieser
Person, seines Lebens und Wirkens sein wollen«. Da somit »die bisherigen
Lösungsversuche zur Herrenbrüder-Frage an entscheidenden methodischen und exegetischen Mängeln leiden«, muß sich die Untersuchung
»zuerst dem Evangelisten [Markus] und seiner ›Meinung‹ zuwenden«,
»die ›Brüder Jesu‹ interessieren uns in erster Linie *im Zusammenhang
der sie erwähnenden Perikopen*«. Der 2. Teil (»Die Brüder Jesu im
Markusevangelium«) untersucht darum ausführlich mit redaktionsgeschichtlicher Fragestellung die beiden als älteste Erwähnung der »Brüder
Jesu« in Frage kommenden Texte Mk 3, 20 f. 31–35 und 6, 1–6 a mit
folgenden Resultaten: »Vom Sprachlichen her stellen sich der Annahme,
daß auch V. 21 [die Angehörigen Jesu sagen, er sei von Sinnen] erst
von Markus gebildet wurde, keine gewichtigen Hindernisse in den Weg«,
und: »Der Annahme, daß es sich in der Perikope Mk 3, 31–35 [von
den wahren Verwandten] im gesamten um den Niederschlag einer
urchristlichen, aus der Erfahrung der Sammlung des neubundlichen Gottesvolkes erwachsenen Darstellung des Selbstverständnisses der Gemeinde... als ›*familia Dei*‹ handelt, stellen sich vom Inhaltlichen her keine
Hindernisse in den Weg«. Der von Markus erweiterte Bericht von der
Verwerfung Jesu in Nazareth aber (6, 1–6a) handelt von der »Menschlichkeit« Jesu, und »man muß sich... für die Möglichkeit offen halten,
daß für die Liste der ›Brüder‹ Jesu in V. 3 auch andere als einzig am
Biographischen interessierte Absichten mit in Betracht zu ziehen sind«;
d. h. wenn für die »Glieder der ersten christlichen Gemeinden das Bewußtsein voller Menschlichkeit Jesu auch in der Existenz leiblicher Ge-

schwister sich manifestierte«, so »darf zumindest das Wissen um leibliche
Brüder Jesu zugrunde gelegt werden«, dagegen »kann man die Existenz
von leiblichen Schwestern Jesu als möglich, vielleicht sogar als wahrscheinlich begründen, kaum jedoch mit der bisher vertretenen Sicherheit
als selbstverständlich voraussetzen«. Erleichtert liest man dann als Resultat der langen und mühsamen Ausführungen, daß »die Tatsache der
Existenz leiblicher Brüder Jesu offenbar in der urchristlichen Überlieferung fest verankert war und auch ohne Bedenken tradiert wurde«, und
freut sich des Zugeständnisses, »daß Markus bei der Erzählung 3, 31–35,
da er vom Kommen der Brüder berichtet, ... an kaum jemand anders
gedacht hat als an leibliche Brüder Jesu«. Daß der Verf. aber zu diesem
sicherlich richtigen Resultat[88] nur auf so gewundenen Wegen gelangt,
liegt daran, daß er die evangelischen Texte *primär* nur als Werk des
Evangelisten betrachtet und nur, wenn es gar nicht anders geht (immer
wieder ist davon die Rede, daß der Annahme redaktioneller Bildung
»kein Hindernis im Wege« stehe!), eine Tradition anzuerkennen bereit
ist. So wird sogar Mk 3, 21 trotz des abweichenden Sprachgebrauchs auf
den Evangelisten zurückgeführt, Mk 3, 31–35 als Niederschlag urchristlichen Selbstverständnisses gedeutet und in Mk 6, 3 die Überlieferung über Schwestern Jesu als unsicher bezeichnet. Weil nicht die Frage
nach dem »*Wie* der historischen Verwendbarkeit einer Evangelienperi-
kope«, sondern die »Rechenschaft über das *Ob*«[89] zum leitenden Prinzip
gemacht und gar nicht in Rechnung gestellt wird, daß auch in den Evangelien eine Überlieferung einfach darum vorhanden sein *kann,* weil der
geschichtliche Tatbestand selbstverständlich war (vgl. den Ausdruck »die
Herrenbrüder« bei Paulus!), benötigt der Verf. einen solchen Aufwand
an Gelehrsamkeit, um zu einem wirklich an sich selbstverständlichen
Resultat zu kommen (für die Schwestern Jesu gelingt es ihm nicht einmal auf diese Weise!).

Nur wenige Gesamtdarstellungen Jesu sind in den letzten zwei Jahren
erschienen. Der bekannte schwedische Systematiker G. AULÉN hat im
hohen Alter von 94 Jahren ein Jesusbuch geschrieben, dessen Absicht es
ist, »einige Folgerungen aufzuzeigen, die die zeitgenössische historisch-
kritische Forschung betreffs des irdischen Jesus erreicht hat«. Darum
dienen nach einer sehr summarischen Skizze der Jesusforschung im 20.
Jahrhundert drei Kapitel dem Nachweis, daß betreffs der Verkündigung

---

[88] Vgl. R. PESCH, Das Markusevangelium, 1. Teil, HThK II, 1, 1976, 322 ff.
[89] L. OBERLINNER, Historische Überlieferung..., 4 f.6.14.81.11.79.147 f.174.
202.325.336.338.355.239.

Jesu über das kommende Gottesreich, betreffs seiner ethischen Verkündigung und betreffs wesentlicher Züge seines Verhaltens unter den Forschern seit etwa 1960 eine weitgehende Übereinstimmung bestehe, während betreffs des »Reiches Gottes und seines Repräsentanten ... größere Unterschiede zwischen den Gelehrten bestehen«. Dies für den Kenner der modernen Jesusliteratur erstaunliche Urteil erklärt sich bei näherem Zusehen leicht durch die beschränkte Auswahl der berücksichtigten Forscher, wie beispielhaft an dem 2. Kapitel (»Zwei Betrachtungsweisen«) illustriert sei. A. stellt hier H. Brauns Versuch, das »Unjüdische« an Jesus herauszufinden, W. D. Davies und B. Gerhardsson gegenüber, die »an der Kontinuität zwischen Jesus und dem Alten Testament interessiert sind«. Nach A. stimmen alle drei Forscher darin überein, daß »Jesu Verkündigung völlig beherrscht wird durch eine radikale Interpretation des Liebesgebots«, daß »der Radikalismus in Jesu ethischer Verkündigung erweicht und verändert wurde ... durch die Tradition der Urkirche« und daß »Jesus, wenn er zeigt, wie Gott ein Leben in Übereinstimmung mit dem Liebesgebot fordert, seine Worte nicht durch Bezugnahme auf irgendeinen autoritativen Ehrentitel unterstützt«. Das stimmt sicherlich im wesentlichen, aber hätte A. die Anschauungen von J. Jeremias, J. Roloff, N. Perrin (die er in anderen Kapiteln zitiert), und von E. Grässer, Ch. Burchard, M. Hengel, G. E. Ladd oder führender katholischer oder jüdischer Forscher (die er nirgends zitiert) ebenfalls herangezogen, wäre die Übereinstimmung stark zusammengeschmolzen. Und die im Zusammenhang solcher Vergleiche aufgestellten Behauptungen: »Es kann kaum bezweifelt werden, daß die Stellen in Jes [53] große Bedeutung für Jesus hatten, als er über sein eigenes Leiden und dessen Bedeutung meditierte«, »Jesus verknüpft seine ethische Forderung mit seiner Verkündigung der kommenden Gottesherrschaft und spricht von beiden mit souveräner Selbstgewißheit, aber ohne Bezugnahme auf irgendeine Autorität«, »Für Jesus gab es keinen grundlegenden Unterschied zwischen Gegenwart und Zukunft« – alle diese Behauptungen geben keinesfalls allgemein anerkannte Anschauungen wieder. Und wie A. sagen kann: »Für Braun ist Jesus der Mittelpunkt und eine bleibende Autorität«, ist mir unverständlich. So ist das im letzten Kapitel dargebotene Bild Jesu von Aulén selber das Beachtlichste an diesem Buch. Hier sind überzeugende Feststellungen zu finden (»Jesus verkündigte nicht nur die kommende Gottesherrschaft, er band auch ihr Kommen an seine eigene Person und sein Wirken«; »Nichts ist charakteristischer für den von der Forschung entdeckten Jesus, als daß er selbst der Träger des Evangeliums war, das er predigte«; »Ich behaupte, daß die Forschung, indem sie uns ein zuverlässiges und eindeutiges Bild Jesu gab,

dazu beitragen kann, verschlossene Türen zu öffnen und neue Zugänge
zur Welt der Bibel zu schaffen«), aber ebenso auch zum mindesten miß-
verständliche Formulierungen (»Der wirkliche Grund für die autoritative Macht in der Verkündigung Jesu liegt im Inhalt der Botschaft und
ihrer Überzeugungskraft«; »Das Reich Gottes ... liegt jenseits der Grenzen der Zeit«)[90]. Wenn so A. doch wohl ein zu sehr vereinheitlichendes
Bild der heutigen Jesusforschung zeichnet, ist seine Bemühung, die Bedeutung moderner Jesusforschung für die Theologie aufzuzeigen, dankenswert und sind seine eigenen Äußerungen zur Frage nach dem geschichtlichen Jesus beachtlich.

Auch die Forscher, die von verschiedenen Standpunkten aus im Blick
auf unterrichtliche Anwendung sich zu »Jesu Jude-Sein als Zugang zum
Judentum« äußern, wollen jeweils ein Gesamtbild des irdischen Jesus
zeichnen[91]. E. L. EHRLICH geht von der Feststellung aus, daß »nichts die
Juden nötigt, von Jesus und den Evangelien Kenntnis zu nehmen«, hält
es aber für einen »Dienst, den Juden ihren christlichen Mitbürgern erweisen, wenn sie betonen, daß Jesus von christlicher Theologie und Spekulation rein gar nichts gewußt hat, sondern völlig im Judentum seiner
Zeit lebte«. Das wird freilich ein heutiger wissenschaftlich arbeitender
christlicher Theologe so wenig anzweifeln wie die Feststellung, daß es
»zwischen dem Christusbild der Kirche ... und dem Jesusbild eines
Juden, welcher Zeit und welcher Richtung dieser auch immer angehören mag, keine Brücke gibt«. Beachtlich ist aber, daß E. trotzdem zugesteht, daß Jesu »apokalyptische Gestimmtheit zur Folge hatte, daß Jesus
gesetzeskritisch war«, daß Jesus trotz seiner Berührung mit den Anschauungen verschiedener jüdischer Gruppen seiner Zeit »dennoch seine Un-
einreihbarkeit auszeichnet, denn als bestimmter Typus einer religiösen
Persönlichkeit läßt er sich nicht festlegen«, daß »provokativ vor allem
Jesu Verkündigung des Reiches Gottes und damit verbunden die Forderung, den Willen Gottes zu erfüllen«, gewesen ist. Und auch dem wird
man zustimmen, daß Jesu »Tod durch Pilatus ... auf einem Mißverständnis beruhte« und daß »Juden ihren Mitjuden Jesus als *Heilsgestalt*
nicht brauchen«. Aber so richtig das alles ist – worin sich Jesus dennoch
vom Judentum unterscheidet und warum er bei der Mehrzahl seiner

---

[90] G. AULÉN, Jesus ..., 1.99.17.48.50.80.92.104.130.142.160.162.140.147.

[91] Der den Band einleitende Aufsatz von W. P. ECKERT über »Jesus und
das heutige Judentum« ist aus dem 1972 von F. J. SCHIERSE herausgegebenen Sammelband »Jesus von Nazareth« übernommen und bereits in ThR 40, 1975, 294 angezeigt
worden. – Auf die Frage, inwieweit die hier anzuzeigenden Aufsätze dazu dienen
können, Jesu Jude-Sein »als Brücke zum Judentum« begreiflich zu machen, gehe ich
nicht ein.

jüdischen Zeitgenossen keine Anerkennung fand, darüber erfährt der
Leser nichts. Diese Frage stellt sich aber als katholischer Exeget F. J.
SCHIERSE und antwortet: »Was Jesus von den Pharisäern trennte und
ihren Zorn herausforderte, war seine ›Liberalität‹, oder ... seine Relativierung des Gesetzes ... Das Anstoßerregende der Botschaft Jesu und
seines Verhaltens lag aber darin, daß er dem Gesetzesbrecher die Vergebung Gottes bedingungslos anbot, während er die Selbstsicherheit der
Gerechten in Frage stellte«. Sch. wendet sich darum gegen die »harmoni-
sierende Jesusdeutung« D. Flussers und weist darauf hin, daß »es sehr
unwahrscheinlich ist, daß die pharisäischen Schriftgelehrten überhaupt
keinen aktiven Anteil an der Verurteilung Jesu genommen haben sollten«. Dem widerspricht nun wieder »aus der Sicht eines Judaisten« J.
MAIER. Nach ihm »wirken wenig überzeugend in den Augen eines Judaisten jene Thesen, nach denen Jesus wegen der Tora in einen grundsätzlichen Konflikt mit ›dem Judentum‹ ... geraten sein soll«; »eine grundsätzliche Ablehnung der rituellen Reinheitspraxis« könne man aus Jesu
Auseinandersetzung um das Händewaschen nicht ableiten (Mk 7, 15
wird allerdings nicht herangezogen!). Und auch Jesu Selbstbewußtsein,
über das alle Vermutungen unsicher bleiben, »bot keinen Anlaß zu einem
grundsätzlichen Konflikt mit ›dem Judentum‹«. Freilich bleibt dann
völlig unklar, wie es zur »Verurteilung [Jesu] wegen Aufruhrs« kommen konnte und warum »die akut-eschatologische Note der Verkündigung Jesu das entscheidende Kriterium für die Beurteilung ... der neutestamentlichen Auseinandersetzung mit jüdischen Zeitgenossen gewesen
ist«. Doch sieht M. richtig, daß sich Jesu »Hinwendung zum Volk ...
auch vom Gruppenverhalten der Pharisäer« unterscheidet und daß Jesus
»der Gruppensolidarität die Forderung der Feindesliebe entgegensetz-
te«[92]. Wer die drei in diesem Band hintereinander stehenden Aufsätze
zusammen liest, die alle von einem bestimmten Standpunkt aus geschrieben sind, kommt schwerlich um den Eindruck herum, daß wir, auch auf
dem Boden der Wissenschaft, von einem einheitlichen Verständnis des
irdischen Jesus noch weit entfernt sind[93].

A. VÖGTLE, über dessen vorzügliche Jesusdarstellung im Rahmen einer

---

[92] (W. P. Eckert), Jesu Jude-Sein ..., 36 f.47.42 f.45.44.48.61.64.66.95.97.105 f.
94.96.101.

[93] Die ständige Polemik J. Maiers gegen »die neutestamentliche Wissenschaft«
(etwa S. 85.90) wird den Neutestamentler schwerlich davon überzeugen, daß nur
»der Judaist« eine »solide Kenntnis des Judentums zur Zeit Jesu« aufzubringen
und darum eine »untendenziöse Beschäftigung mit dem historischen Jesus« zu
garantieren vermag.

»Ökumenischen Kirchengeschichte« ich früher berichtet habe[94], hat sich
noch einmal mit einer Darstellung des verkündigenden Jesus in einem
Sammelband »Wer ist Jesus Christus?« zu Worte gemeldet, die bei aller
strengen Kritik ein überzeugendes Bild des geschichtlichen Jesus zeichnet.
Ohne den Inhalt dieser Darstellung referieren zu wollen, sei nur auf
einige wichtige Punkte hingewiesen, die dieses Jesusbild kennzeichnen:
»Kennzeichnend für Jesus ist eine nach damaligen Maßstäben unerhört
souveräne Freiheit hinsichtlich des Verständnisses der Schrift . . . Er stellt
sich mit seiner Interpretation des Gotteswillens sogar gegen gewisse Bestimmungen des geschriebenen Gesetzes«; Jesus hat sich »als den letzten
Gottesboten betrachtet, mit dessen Auftreten die . . . Gottesherrschaft
eine vorgreifende Verwirklichung erfährt«; Jesu »Sendungsanspruch
paßt in keine Schablone eschatologischer Erwartung«; »es darf als die
am besten begründete These gelten, daß die für das nachösterliche
Kerygma konstitutive Bindung der Offenbarung und Erlangung des
eschatologischen Heils an die Person Jesu durch diesen selbst grund-
gelegt wurde«; die von manchen Forschern für das letzte Mahl Jesu
angenommene »Konzeption des Heilstodes hätte eine einschneidende
Revision seiner [Jesu] bisherigen Vergebungsbotschaft bedeutet«. Natürlich wird nicht jeder Leser mit allen Punkten dieser Jesusdarstellung
einverstanden sein (daß die Parusielogien »nicht sicher stellen«, daß nach
Jesu Anspruch »er selbst der Menschensohn sein wird«[95], kann ich z. B.
nicht für richtig halten), aber als ganze kann diese mit äußerster Sorgfalt argumentierende Darstellung Jesu warm empfohlen werden.

Am zahlreichsten sind in den letzten beiden Jahren die Untersuchungen zur *Verkündigung Jesu* gewesen. In seiner mit einem riesigen wissenschaftlichen Apparat untermauerten Habilitationsschrift über »Jesus
und die Sünder« möchte P. FIEDLER die Frage nach dem nicht auf seinen bevorstehenden Tod begründeten Verhältnis Jesu zu Sünden und
Sündern als geschichtliches und theologisches Problem klären. Ein 1. Teil
behandelt »Gott und die Sünder nach alttestamentlich-frühjüdischen
Anschauungen« (nicht ohne apologetische Tendenzen) mit dem Resultat,
daß »sich kein Grund einsichtig machen läßt, der es erlaubte, das Zusammen von Gottes Gnade und Forderung zu irgendeinem Zeitpunkt der
Geschichte des nachexilischen Judentums in ein Neben- oder gar Gegenein-
ander von ›Gesetz‹ und ›Evangelium‹ aufzulösen«, weil »man
in der Tora (die auch der Schöpfungsordnung zugrunde liegt) dem Heil
gewährenden und Heiligkeit fordernden Gott begegnet«, wobei Sünden

[94] ThR 41, 1976, 219 f.
[95] A. VÖGTLE, Der verkündigende . . . Jesus »Christus« 37 f.40.46.63.51.

zu vergeben ... für den Israeliten ... in Gegenwart ... und endgültiger
Zukunft Reservat der Hoheit Jahwes ist«. Auf diesem Hintergrund
befaßt sich der 2. Teil (»Jesus und die Sünder«) zunächst mit den beiden
Texten, die Jesus einem bestimmten Menschen Sündenvergebung zusagen
lassen, und stellt gegenüber Mk 2, 1 ff. fest, daß »es von den religiösen
Voraussetzungen her ganz unwahrscheinlich, ja geradezu ausgeschlossen
ist, daß Jesus ... Sünden vergeben hat«, die Erzählung enthalte vielmehr »Hinweise auf ihre nachösterliche Konzipierung«; und dieser prin-
zipielle Einwand, der der Annahme einer sündenvergebenden Tätigkeit
Jesu entgegensteht, verbietet es nach der Meinung des Verf. auch gegenüber Lk 7, 36 ff., »mit einer historisch zuverlässigen Überlieferung zu
rechnen«[96]. Haben wir also »keine historisch zuverlässige Überlieferung
über Jesu Verhalten gegenüber Sündern, sofern die Perikopen ein explizit sündenvergebendes Handeln Jesu behaupten wollen«, so ergibt sich
ebenso, daß die Texte, die von Jesu Verkehr mit Zöllnern und Sündern
sprechen (Mk 2, 13 ff.; Lk 19, 1 ff.; Mt 11, 19), auf zuverlässige geschichtliche Überlieferung keinen Anspruch erheben können: »nur τελωνῶν
φίλος hat tatsächlich den gegen den irdischen Jesu erhobenen Vorwurf bewahrt«, »die Beifügung ›und die Sünder‹ wurde sicher nicht
dem irdischen Jesus zur Zöllnerfreundschaft als ›Zugabe‹ vorgehalten«.
F. zeigt weiter, wie Jesus, um seinen »Umgang mit Menschen, die nicht
nur nach pharisäischer Auffassung verunreinigten, sondern auch sonst im
Volk gemieden waren«, zu begründen, durch die Gleichnisse vom Verlorenen Sohn, von den Arbeitern im Weinberg und vom Schalksknecht
darauf hinweist, »welche Folgerungen aus der unbezweifelten Vergebungsbereitschaft Gottes zu ziehen seien«, nämlich daß »der Mensch
nicht mehr die ... Vorbehalte gegen den Mitmenschen aufrecht erhalten
kann« und »an der Berechtigung, an der Gottgewolltheit der Schranken
gegenüber ›Sündern‹ zu zweifeln beginnen müßte«. Für eine Antwort
auf die sich anschließende Frage: »Heil nur für Sünder?« kommen freilich nach F. Lk 15, 7 (mehr Freude im Himmel über einen Sünder ...)
und die Gleichnisse vom Verlorenen Groschen, vom Pharisäer und Zöllner und von den beiden Söhnen (Mt 21, 28 ff.) darum nicht in Frage,
weil sich für Lk 15, 7 wegen »einer negativen Färbung des Begriffs
›Gerechte‹« »eine Rückführung auf Jesus verbietet«, weil die Rückführung der Thematisierung des Appells zur Freude im Gleichnis vom Verlorenen Groschen auf Jesus ausgeschlossen werden muß und weil das

---

[96] Die von F. anhangsweise vertretene Verlegung der Erzählung von der
Ehebrecherin (Joh 7, 53 ff.) in eine spätere Zeit wird durch die kürzlich von
H. v. CAMPENHAUSEN vorgetragenen Argumente (Zur Perikope von der Ehe-
brecherin, ZNW 68, 1977, 164 ff.) unterstützt.

Gleichnis vom Pharisäer und Zöllner wegen der »Karikatur« des Pharisäers »nicht von Jesus stammt« (»Jesus hätte zwei Pharisäer nebeneinanderstellen müssen«!), schließlich weil »nichts dagegen und vieles
für eine Bildung des Gleichnisses [von den beiden Söhnen] durch den
Evangelisten spricht«. So bleiben zur Beantwortung der Frage »Heil nur
für Sünder?« nur zwei Texte übrig: das Gleichnis vom Verlorenen Schaf
zeigt, daß »Jesus Sünder annimmt, ... weil ihm gewiß ist, daß Gott die
Sünder angenommen hat und daß es deswegen ... darauf ankommt, auf
die Sünder zuzugehen und sie so Gottes Liebe erfahren zu lassen«, und
das kleine Gleichnis von den zwei Schuldnern Lk 7, 41 f. lädt die Hörer
dazu ein, »die ›Solidarität‹ in der Vergebung« anzuerkennen, aber beide
Texte zeigen »keine Bevorzugung der Sünder«. Abschließend wird dann
festgestellt, daß »Jesus ... den Akzent vom Richtergott ... ganz auf den
Heil schenkenden Gott verlagert«, wer Jesu »Botschaft vom seinem Volk
in völliger Liebe zugewandten, deshalb auch den letzten Sünder nicht
aufgebenden Gott annahm, mußte sich zugleich für den entscheiden, der
diese Botschaft brachte«; daß Jesus diese Botschaft von der »bedingungslosen Vergebungsbereitschaft Gottes« daneben oder später noch mit
dem »Gedanken eines erst noch für die Vergebung notwendigen Sterbens« Jesu verbunden haben sollte, ist aber ausgeschlossen, »Jesu Gottesbild müßte sich [dadurch] grundlegend, tatsächlich ›qualitativ‹ geändert haben«[97].
Diese zusammenfassenden Äußerungen sind zweifellos überzeugend,
aber der Verf. gelangt dazu auf einem Wege, den ich nur als methodisch
bedenklich bezeichnen kann. Jeder Text wird nicht zunächst als das
genommen, was er zu sein vorgibt, nämlich die Wiedergabe eines geschichtlichen Sachverhalts, sondern erst wenn durch kritische Befragung
sich zeigt, daß nicht eine ganz und gar den Gemeindeglauben wieder-
gebende Überlieferung vorliegt, wird das Vorhandensein einer möglicherweise auf Jesus zurückgehenden Überlieferung zugestanden. So wird mit
dem »prinzipiellen Einwand«, daß »von den religiösen Voraussetzungen
her« sich diese Annahme verbiete, als ausgeschlossen bezeichnet, Jesus
habe in einzelnen Fällen Sündenvergebung zugesprochen (warum darf
Jesus sich solches Recht nicht »angemaßt« haben?), so wird die Benennung Jesu als »Freund der Sünder« als christliche Formulierung bezeichnet, so werden mehrere Gleichnisse mit m. E. weit hergeholten Gründen
Jesus abgesprochen, sogar das vom Pharisäer und Zöllner. D. h. der Verf.
reduziert das nach seiner Meinung zur Beschreibung der Anschauung

---

[97] P. FIEDLER, Jesus und die Sünder, 91.94 f.112.119.143.272.168.184.204.
217.222.228.231 f.234.227.247 f.264.277.281.

Jesu brauchbare Material auf ein Minimum, das er dann allerdings theologisch so befrachtet, daß doch ein im Entscheidenden der geschichtlichen Wirklichkeit stark angenähertes Bild entsteht. Daß diese Methode den Quellen Gewalt antut und unberechtigterweise einen erheblichen Teil der ältesten Überlieferung eliminiert, läßt sich leider m. E. nicht leugnen.

Der thematisch mit Fiedlers Buch verwandte Aufsatz von S. LÉGASSE über »Jesus und die Dirnen« behandelt naturgemäß zwei der von Fiedler besprochenen Texte. Nach L. bewegt sich die Prostitution bei den Juden zur Zeit Jesu »am Rande der gesetzlichen Ordnung und liefert die Tätigkeit der Dirne ... der öffentlichen Verachtung aus«. Für Jesus sind, wie L. dem als Jesuswort anerkannten Logion Mt 21, 31b entnimmt, »Zöllner und Dirnen Typen des Sünders, der sich auf Jesu Ruf hin bekehrt«, und die nur am Schluß erweiterte alte Erzählung von der großen »Sünderin« bezeichnet mit diesem Begriff »ohne Zweifel eine Dirne« (warum ist das eigentlich »ohne Zweifel«?), aber Jesus hält nicht die Prostitution für ein »notwendiges Übel«, sondern »die Dirne erhält, wie alle anderen ›Sünder‹, ihr Heil nur durch die Bekehrung«, und »die Zuneigung, die Jesus Zöllnern, Dirnen und ›Sündern‹ jeder Art entgegenbringt, hat kein anderes Ziel, als sie zu diesem entscheidenden Akt zu veranlassen«[98]. Das scheint mir alles völlig richtig zu sein.

Kommt man von P. Fiedler zu der im gleichen Jahr erschienenen Untersuchung über »Die Verkündigung Jesu und Deuterojesaja« von W. GRIMM, fühlt man sich wie in ein völlig anderes Land versetzt. Zwar will auch G. von den synoptischen Jesusworten ausgehen und »nach Möglichkeit seine älteste Form eruieren«, doch steht ihm aufgrund des »faszinierenden exegetischen Fundes: Jes. 43, 4 die alttestamentliche Grundstelle von Mk. 10, 45« von vornherein fest, daß »Jesus nicht, oder nicht nur, als Theologe die Schrift auslegt, sondern sie erfüllt als einer, der sie von einem eschatologischen Standpunkt aus gedeutet hat«, und so ist das Resultat der umfang- und kenntnisreichen, in der Benutzung der Spezialliteratur freilich lückenhaften »Analyse synoptischer Jesusworte«, daß »die Verbindung verschiedener alt. Traditionen im Bewußtsein Jesu nichts Wunderliches an sich hat« und daß »sich viele Jesusworte zu Dtjes wie die Erfüllung zur Verheißung verhalten«, wobei »die Erfüllung entweder im Jesuswort geschieht ... oder als im Handeln Jesu sich vollziehende konstatiert wird«. Und zusammenfassend stellt G. fest: »Der uneingeschränkte Heilscharakter der Botschaft Jesu erklärt sich daraus, daß Jesus die dtjes. Texte als verbindlich für die Aufgabe des endzeitlichen Gesandten Gottes erachtet und in ihnen Heil, und nur Heil, ange-

---

[98] S. LÉGASSE, Jésus et les prostituées, 141.146.152.154.

kündigt sah«; denn »Jesus wußte sich als endzeitlichen Gesandten Gottes und Heilbringer ... Kriterium war ihm die Heilsbotschaft Dtjes's und der von Dtjes geheimnisvoll angekündigte Erlöser«[99]. Es ist nun unmöglich, die mittels der Exegese zahlreicher synoptischer Jesusworte vorgeführte Begründung dieser Thesen in Kürze vorzuführen, ich muß mich auf fünf m. E. typische Beispiele beschränken. a) Im Gleichnis vom Großen Abendmahl »soll der Knecht nach Lk 14, 21b die Armen, Blinden und Lahmen zum Freudenmahl hereinführen. Dabei wird kaum an beliebige Notleidende gedacht sein, ... Lk 14, 21 will die Erfüllung prophetischer Verheißungen, vor allem Jes 35, 3 ff. und 61, 1 f. signalisieren. Wir kommen zu dem interessanten Ergebnis, daß Jesus in seiner Mahlgemeinschaft mit den Sündern und den levitisch Unreinen auf eine priesterliche Tradition des AT's ... zurückweist, offenbar mit der Vollmacht des Gesandten Jahwes (Jes. 61, 1 f.) und in der Erfüllung von Jes. 35, 3.5 f.; 61, 1 f.«. b) »Warum ist [nach Mt 12, 28] die *Gottesherrschaft* im Anbruch, wenn der Gesandte Gottes Dämonen austreibt? Am besten nimmt man an, daß Jesus Jes. 61, 1 f. und 52, 7 in eins geschaut und sich darin mit der jüdischen Exegese eins gewußt hat«. c) Mt 11, 28 (»Kommt her zu mir alle Mühseligen ...«) »dürfte – für sich genommen – nicht ... weisheitliche Rede, sondern *messianischer Ruf* sein ... Da Jesus vielleicht Jes. 55, 1–3 als Ruf des Gottesknechts verstand und jedenfalls auch Jes 50, 4 in Mt 11, 28 anklingt, spricht einiges dafür, daß für ihn davidische Messianität und Gottesknechtfunktion zusammengehören«. d) Das Kreuzeswort Lk 23, 34a »Vater, vergib ihnen, denn sie wissen nicht, was sie tun« »ist einerseits mit jüdischem Denken und jüdischen Bräuchen eng vertraut, andererseits ist es gerade als Antithese dazu am besten verständlich. M. W. spricht so der historische Jesus. Ein Schriftbeweis liegt nicht vor ..., eher ein Wort Jesu, das seinem Wissen um die Aufgabe des Gottesknechts (Jes. 53, 12) entsprang«. e) »In Mk 10, 45 [»Der Menschensohn ist nicht gekommen, daß er sich dienen lasse ...«] liegt der hebr. Text von Jes. 43, 3 ff. zugrunde. Die totale Umkehrung der jüdischen Theologumena wird kaum erst in der Urgemeinde formuliert worden sein. Man wird Mk 10, 42–45 gerade wegen seiner zahlreichen gegen Frömmigkeit und Sitte der Umwelt polemisierenden Antithesen in seiner Gesamtheit [!] für ein Jesuswort halten müssen«. Gewiß sind alle diese Sätze mit philologischen und exegetischen Argumenten unterbaut und klingen darum im Zusammenhang nicht ganz so konstruiert wie in dieser Exzerptform. Aber was gegen die Schlüssigkeit dieser

---

[99] Vgl. M. HENGEL, Nachfolge und Charisma, 1968 und dazu ThR 41, 1976, 305 f.

Argumentation spricht, ist viererlei. 1. G. *setzt* aufgrund seines exegetischen Fundes *voraus*, daß Deuterojesaja in großem Umfang dem Denken und den Worten Jesu zugrunde liegt, und der Nachweis für diese Voraussetzung wird dann, gelegentlich gegen den anerkannten Widerstand des Textes (»Nachweis eines unmittelbaren Einflusses von Jes. 49, 24.25a auf Mk 3, 27 ist nicht so leicht zu erbringen«), den Texten abgetrotzt. 2. G. *setzt* ebenso *voraus*, daß Jesus ein »Theologe« war, was nicht nur Joh 7, 15 bestreitet, sondern auch dem Gesamteindruck, den das Werk Jesu, seine Verkündigungsform und seine Stellung zum Alten Testament erwekken, widerspricht. 3. Bei G. fehlt die Bereitschaft zu historischer Kritik zwar nicht völlig; wo ein Text seinen exegetischen *Voraussetzungen* widerspricht (»Logien wie Mk 11, 25 und Mt 6, 14 ff. [»Wenn ihr vergebt . . ., wird euer himmlischer Vater auch vergeben . . .«] dürften kaum auf Jesus selbst zurückgehen«, weil »der historische Jesus . . . grenzenlos und bedingungslos die Vergebung Gottes proklamierte«), aber im ganzen wird weder die formgeschichtliche noch die redaktionskritische Aufgabe bei der Analyse eines synoptischen Textes ernst genommen. 4. Der Verf. läßt von seiner vorgefaßten Meinung aus seiner Phantasie bei der Interpretation der Texte allzu freien Lauf (»Viele Propheten und Könige wollten sehen, was ihr seht . . .« Lk 10, 24 ist unmöglich, weil nur an heidnische Könige gedacht sein kann, »Könige« muß »als Rudiment einer ursprünglich anders lautenden Fassung . . . verstanden werden«, und weil in Jes 52, 15 »Völker« mit »viele« verbunden ist, ist »hier des Rätsels Lösung zu suchen. Die ursprüngliche Wendung dürfte ›viele Völker und Könige‹ gelautet haben«)[100]. D. h. so wenig bestritten werden soll, daß bestimmte jesajanische Texte von Jesus im Sinne der »Erfüllung« aufgenommen worden sind, so wenig hat der Verf. m. E. bewiesen, daß die gesamte Verkündigung und das Verhalten Jesu bis hin zur Deutung seines Todes von Bezugnahmen auf Deuterojesaja bestimmt sind, und schon gar nicht ist erwiesen, daß Jesu grundlegende Botschaft durch Deuterojesaja veranlaßt worden ist. Mit Hilfe der vom Verf. gehandhabten Methode können keine geschichtlich gesicherten Einsichten über den geschichtlichen Jesus gewonnen werden.

Kommt man von W. Grimm zu D. ZELLERs Habilitationsschrift über »Die weisheitlichen Mahnsprüche bei den Synoptikern«, so begegnet man erneut der schon bei P. Fiedler angetroffenen Methode. Z. ist der Meinung, daß »die bisherige Forschung zu sehr Inhalte der Verkündigung Jesu nebeneinanderstellte, aber zu wenig die Verschiedenheit der Rede-

---

[100] W. GRIMM, Die Verkündigung Jesu . . ., 64. Vorwort. 57.291.304.308. 312.78.80.97.108 f.148.258.89.151.116.

funktionen beachtete«. Er möchte darum die weisheitlichen Mahnsprüche
in der Verkündigung Jesu danach befragen, »ob sie vielleicht auch inhaltlich durch Tradition und Motive der Weisheitsliteratur bestimmt sind«.
Ein erster Teil behandelt »Form und Geschichte des weisheitlichen
Mahnspruchs« im Alten Testament und frühen Judentum mit dem Resultat, »daß die Form des begründeten Mahnspruchs jener weisheitlichen
Belehrung zugeordnet bleibt, die den Einzelnen direkt anredet ... und
auf eine vernünftige Aneignung des allgemein-menschlichen Ethos zielt«.
Der zweite Teil untersucht dann den »Synoptischen Befund«, geordnet
nach Mahnungen an den Einzelnen und an eine Mehrzahl, mit dem
Interesse »an der Verwendung der Gattung im Munde Jesu«, und so ist
die Untersuchung von 26 Mahnsprüchen der synoptischen Tradition
sowohl an der Zugehörigkeit zum Typus weisheitlicher Mahnung wie an
der Frage der Herkunft von Jesus interessiert. Dabei ergibt sich dem
Verf. ein Doppeltes: Einerseits »hebt sich bei den synoptischen Jesus-
worten eine Gruppe von Mahnsprüchen heraus, die dem Einzelnen
Anleitung zu einem bestimmten Verhalten in alltäglichen Lagen gibt«,
von denen nur wenige sich zuversichtlich oder wahrscheinlich als von
Jesus stammend erkennen lassen, während »die übrigen Mahnworte dem
Fundus der jüdischen Spruchweisheit entstammen«; andererseits ist »die
Zahl der Mahnworte, die sich an die 2. Pl. wenden, größer«, die Motive
stammen mit geringen Ausnahmen aus der alttestamentlichen jüdischen
Weisheit, »das Gros der von Jesus stammenden Mahnsprüche scheint in
dieser Gruppe vertreten zu sein«, aber auch hier ist ein erheblicher Teil
judenchristlicher Herkunft. Sieht man sich nun die Gründe für die Bestreitung der Herkunft eines so erheblichen Teils der Überlieferung von
Jesus näher an, so lauten einige Argumente: »Das Mahnwort [zur Versöhnung mit dem Gegner vor dem Opfer, Mt 5, 23 f.] ist nicht allein
schon wegen seiner Originalität jesuanisch, ... doch im Munde Jesu
möglich«; »das einigermaßen paradoxe Wort [»Seid klug wie die Schlan-
gen ...«, Mt 10, 16b] läßt sich nicht unstreitig für Jesus sichern«; Mt 6,
7 f. (nicht plappern wie die Heiden) »könnte ohne weiteres von Jesus
sein«, aber wegen der negativen Zeichnung der »Heiden« sollten wir das
Wort »lieber [einer] judenchristlichen Schicht zuteilen«; der Spruch
Mt 6, 33 (»Trachtet zuerst nach Gottes Reich ...«) »paßt seinem Tenor
nach ausgezeichnet in die sichere Jesusüberlieferung. Allein literar- und
überlieferungskritische Gesichtspunkte bewogen uns aber, ihn einer frühen judenchristlichen Bearbeitung zuzuschreiben«; Mk 11, 25 (»Wenn
ihr betet, seht, ob ihr etwas gegen jemand habt ...«) »kommt sicher der
Intention Jesu entgegen, dürfte [aber] wegen der angedeuteten Gemein-
desituation erst im frühen Judenchristentum geprägt worden sein« usw.

D. h. auch Zeller geht nicht von der m. E. allein sachgemäßen Voraussetzung aus, daß der Text zunächst als das genommen werden muß, was er zu sein vorgibt, nämlich ein Wort des irdischen Jesus, er spöttelt vielmehr über »das Gerangel, wer die Beweislast zu tragen hat«, als »unsinnig«, »da es apriorische Behauptungen der Echtheit bzw. der Unechtheit in der wissenschaftlichen Exegese nicht geben darf«, und gesteht nur in sehr wenigen Fällen zu, »daß wir es mit einem Wort Jesu zu tun haben« (so zum Schwurverbot Mt 5, 37 in der Fassung von Jak 5, 12).

Freilich entnimmt Z. dieser kleinen Zahl von Weisheitssprüchen, die nach seiner Meinung auf Jesus zurückgehen, dann in seiner »Synthetischen Auswertung« sehr viel: im Gegensatz zu der »zeitgenössischen Weisheit« wird bei Jesus »die Beschäftigung mit dem Gesetz nirgends zum Gegenstand der Belehrung«, weil »das Gesetz als solches für Jesu ethische Unterweisung nicht die zentrale und absolute Autorität war«; »als wesentlichen Faktor dafür, daß die Mahnworte Jesu keine grundlegende Neuordnung menschlicher Verhältnisse in Angriff nehmen, wird man auch ihre weisheitliche Bindung nennen müssen«; im Munde »eines Mannes, der in prophetischer Vollmacht das Kommen des Reiches Gottes ansagt, ... kommen Jesu Mahnungen ... den Einlaßbedingungen ins Reich Gottes gleich«; die mehrheitlich im Plural formulierten Mahnsprüche »waren nicht einfach für die Volksmenge bestimmt, sondern für die Israeliten, die sich bereits für die von Jesus verkündete Gottesherrschaft entschieden hatten«, freilich »können von ihrer literarischen Art her die Mahnworte das Moment der drängenden Zeit kaum zum Ausdruck bringen«, und so dient bei Jesus »Weisheit nicht mehr der Erkenntnis weltimmanenter Gesetzmäßigkeiten, sondern legt die durch die Nähe der Gottesherrschaft geschaffene Situation aus, in der alle von Menschen aufgestellten Regeln übereinander geworfen werden«[101]. Es ist leicht zu sehen, daß der Verf. in dieser zusammenfassenden Darstellung die von ihm Jesus zuerkannten Weisheitssprüche in die aus der sonstigen Jesusüberlieferung bekannte Verkündigung Jesu hineinstellt und von daher interpretiert. D. h. er vermeidet es, anders als es einst H. Windisch in seinem Buch über den »Sinn der Bergpredigt« (das der Verf. seltsamerweise in der 1. Auflage zitiert) getan hatte, die durch formgeschichtliche und religionsgeschichtliche Analyse als »weisheitlich« erkannten Bestandteile der Jesusüberlieferung in einen Gegensatz zur eschatologischen Verkündigung Jesu zu stellen, und erkennt die Notwendigkeit, diese Texte *im Sinne Jesu* vom Zentrum der Botschaft Jesu her zu interpretieren.

---

[101] D. ZELLER, Die weisheitlichen Mahnsprüche ..., 11 f.48.54.76 f.142 f.63 f. 136.135.93.133.54 Anm. 10.126.149.151.159.172.180.182.

Aber gerade wenn das so ist, fragt man sich vergebens, welchen Erkenntniswert die vorherige Isolierung der weisheitlichen Mahnsprüche gehabt
hat und ob es nicht sachgemäßer gewesen wäre, nicht nur einen erheblich größeren Teil der behandelten Texte zur ältesten Jesusüberlieferung
zu zählen, sondern von vorneherein zuzugestehen, daß es sich bei diesen
Texten nur traditionsgeschichtlich, nicht aber sachlich um »weisheitliche«
Texte handelt. Und so scheidet man von diesem Buch mit dem Eindruck,
daß eine unzureichende Methode eindeutig begründete Erkenntnisse verhindert hat.

Zuletzt hat sich mit der Verkündigung Jesu als ganzer der Aufsatz
von U. B. MÜLLER über die prophetische Struktur der Verkündigung
Jesu befaßt. M. stellt die Frage nach dem »Besonderen bei Jesus auf dem
Hintergrund seiner traditionsgeschichtlichen Verwurzelung im Judentum« und möchte es »nicht in seinen Aussagen über ... die zukünftige
Gottesherrschaft, sondern in den Worten, die den gegenwärtigen Anbruch
der Gottesherrschaft verkünden«, sehen. Diese »Neuheitserfahrung« aber
ist nach M. begründet in dem durch den »Visionsbericht« Lk 10, 18
(»Ich sah den Satan wie einen Blitz vom Himmel fallen«) berichteten
Geschehen; dieser Bericht »meint ein Geschehen, das in der Sphäre Gottes als Realität bereits gesetzt ist und sich zum Durchbruch auf der Erde
anschickt«. Wie bei den alttestamentlichen Propheten die Vision »das
Medium ist, durch das dem Propheten der Grundtenor seiner Botschaft
bewußt wird«, so »hat die Vision Lk 10, 18 die besondere Akzentuierung
in der eschatologischen Anschauung Jesu bewirkt«, »die Vision vom
Satanssturz scheint die Ablösung des Schülers vom Lehrer provoziert zu
haben«, und es liegt »mindestens nahe, den Visionsbericht Lk 10, 18 mit
dem Beginn der selbständigen Verkündigungstätigkeit Jesu in Verbindung zu bringen«. Auf diesem »biographischen« Hintergrund skizziert
dann M. die Grundzüge der sich daraus ergebenden Verkündigung Jesu:
»Der Gegensatz der sich voneinander abhebenden Offenbarungszeiten
ist charakteristisch für die Verkündigung des historischen Jesus«, das
»›Ich aber sage euch‹ der neuen Weisung Jesu leitet sich von der Überzeugung ab, nicht mehr zu der Offenbarungszeit des Mose und der Propheten zu gehören, sondern zur Zeit, da aufgrund des Satanssturzes
Gottes Herrschaft als gegenwärtige Macht verkündet werden kann«.
»Aufgrund der *neuen* Erfahrung von *Gottes Kommen*« ist der Univer-
salismus des Liebesgebots verständlich, so kam es bei Jesus »zur bewuß-
ten Unterscheidung von ursprünglichem Schöpferwillen, der ... allen
Geschöpfen sich zuwendet, und dem Gesetz«; daß »Jesus sich ... an der
Schöpfungstheologie orientierte, bei der Gott ohne Einschränkung allen
Geschöpfen seine Gnade zuwendet, ... ist durch die prophetische Erfah-

rung ermöglicht«. Nun ist diese Beschreibung der Verkündigung Jesu
m. E. weitgehend richtig, und auch das Ernstnehmen des »Visions-
berichts« Lk 10, 18 ist zu billigen. Wenn M. aber diese Nachricht zum
Schlüssel für das Gesamtverständnis der Verkündigung Jesu machen will
und es als fraglich erklärt, »ob man für die Predigt von der gegenwärtig
anbrechenden Gottesherrschaft ... eine *unableitbare* Vollmacht bemühen
muß, die diese allererst ermöglicht«, da doch »die Bedeutung der Vision
Lk 10, 18 für die Verkündigung Jesu aufgrund der israelitischen Parallelen erkannt ist, wenn also Vergleichbares zur Verfügung steht«[102], ja,
wenn der Beginn der Verkündigung Jesu mit dieser Vision in Verbindung gebracht wird, so scheint mir die »biographische« Bedeutung dieser
Nachricht weit überschätzt zu sein, so daß ohne sachliches Recht auf
angeblich rein historischem Wege die Besonderheit Jesu eingeebnet wird.

Mehrere Arbeiten befassen sich mit dem Verständnis des *eschatologi-*
schen Charakters der Verkündigung Jesu. G. LOHFINK gibt eine vorzügliche exegetische Begründung für die These: »Jesus hat die unmittelbare *zeitliche* Nähe der Gottesherrschaft verkündet, und zwar in dem
Sinn, daß sich die Gottesherrschaft schon jetzt kundtut und noch in der
gegenwärtigen Generation endgültig anbricht.« Er betont richtig, daß
»die Motive der Plötzlichkeit wie der Wachsamkeit die Erwartung der
Endereignisse für die allernächste Zukunft voraussetzen«, daß dann aber
»später in der frühchristlichen Paränese das Motiv der Plötzlichkeit ...
die Aufgabe erhält, der Kirche die eschatologische Spannung zu erhalten«, und er stellt fest: »Die Ansicht, Jesus habe eine Art nicht-zeitlicher
Nähe der Gottesherrschaft im Auge gehabt, erscheint mir absurd«. Wen
diese klare Beweisführung nicht überzeugt, der ist wohl zur Anerkennung
exegetischer Tatbestände unfähig. L. wendet sich dann aber von der
grundlegenden Feststellung aus, daß »die Ebene des historischen Befunds
und die Ebene einer sachgerechten theologischen Auslegung dieses Befunds sauber unterschieden werden« müssen, der »Interpretation der
Naherwartung Jesu« zu und lehnt drei grundlegende Modelle zur Lösung
des »mit der Naherwartung gestellten theologischen Problems ab: das
Nebeneinander von Naherwartung und Rechnen mit einer Zwischenzeit
(das »auf die Dauer keine Lösung sein kann«); die Reduktion der Naherwartung auf reine Ethik (aber: »das futurum läßt sich aus der Botschaft Jesu nicht eliminieren«); die Relativierung des Zeitfaktors (aber
bei dieser Interpretation ist »diese Zukünftigkeit nichts Anderes als ein
offener Horizont«). L. selber stellt diesen Versuchen seine eigene Lösung

---

[102] U. B. MÜLLER, Vision und Botschaft ..., 416 f.420.425.427.428 f.432.
434 f.444 f.447.

des Problems gegenüber: »Man kann nicht die Raumvorstellungen der Apokalyptik verabschieden und gleichzeitig an ihrer Zeitvorstellung und ihrem Geschichtsbild festhalten«, infolgedessen kann eine Neuinterpretation der Eschatologie »nicht mehr von dem Zeit- und Geschichtsschema der Apokalyptik« ausgehen, »Gott ist jedem Punkt irdischer Geschichte gleich fern oder besser: gleich nah«, »Parusie gibt es nur in dem Sinn, daß derjenige, der durch den Tod hindurchgegangen ist, vor Gott erscheint, beziehungsweise, daß Gott vor ihm erscheint ... Das Kommen Gottes ist beim Tod aller Menschen anzusetzen«, und »ihre Auferstehung von den Toten geschieht ... ›gleichzeitig‹, denn in der Ewigkeit gibt es keine zeitlichen Intervalle mehr«. L. betont selber, daß er mit dieser Lösung sich stark an Denkansätze protestantischer Eschatologie nach dem 1. Weltkrieg anschließt, meint aber, daß bei dieser Lösung entgegen häufigen Vorwürfen dann »noch Platz für ein echtes *futurum* der Geschichte« bleibt, falls man, mittelalterlichem Denken folgend, den Begriff des *aevum* einführt, das »kein Früher und kein Später kennt«, eine »verklärte Zeitlichkeit, die zwar keine Zeit mehr ist, in die aber doch im Tode alle Zeit und alle Geschichte einmündet«. Ich gestehe, daß ich die dieser These dienenden breiten Ausführungen nicht verstehe, vor allem nicht sehen kann, inwiefern diese Spekulation über eine »verklärte Zeitlichkeit« das *futurum*, und zwar ein für die ganze Welt geltendes *futurum*, nicht doch eliminiert und inwiefern mit dieser Interpretation »die Naherwartung als christliche Möglichkeit«[103] festgehalten werden kann. So überzeugend die exegetischen Ausführungen des Verf. sind, so problematisch scheint mir diese »Interpretation« zu sein, und es ist zu wünschen, daß die auf alle Fälle »subjektive« Interpretation im zweiten Teil des Aufsatzes niemand davon abhält, die exegetischen Feststellungen des ersten Teils zur Kenntnis zu nehmen und sich dadurch überzeugen oder bestätigen zu lassen.

E. Grässer, dessen Untersuchung der »Naherwartung Jesu« ich schon besprochen habe[104], hat sich in einer ausführlichen »Einleitung zur 3. [!] Auflage seiner im übrigen unverändert abgedruckten Dissertation über »Das Problem der Parusieverzögerung ...« (das 1956 zuerst erschienene Buch ist m. W. in der ThR nicht besprochen worden) zwar auch mit der neueren Diskussion über das eigentliche redaktionsgeschichtliche Thema seines Buches beschäftigt (davon ist hier nicht zu reden), vor allem aber mit der gesamten neuesten Diskussion über »Die Eschatologie Jesu«, die der 1. Teil seines Buches behandelt. Er zeigt hier, daß das Ausgehen von

---

[103] G. Lohfink, Zur Möglichkeit ..., 38.46.50.40.52.54.58.61 f.63.70.75.
[104] ThR 41, 1976, 328 f.

einem »Zusammenhang der eschatologischen Verkündigung Jesu mit der Apokalyptik« heute *begründet* werden muß, da »Zwei gegenläufige Tendenzen« bestehen: »Jesus Überwinder der apokalyptischen Frömmigkeit und das urchristliche Kerygma die kontinuierliche Weiterbildung der so bestimmten Botschaft« und: »Jesus als Apokalyptiker« im »Zusammenhang der zeitgenössischen jüdischen Naherwartungspredigt«, dazwischen »eine breite Forschungsrichtung«, »die Jesus grundsätzlich im Rahmen der Apokalyptik beläßt«, »aber in dem heilsgeschichtlichen Miteinander von wirklichem Da-Sein der *basileia in der Person Jesu* und von zeitlicher Ausständigkeit der vollen Heilsverwirklichung in der nahen Zukunft das *Proprium* der eschatologischen Verkündigung Jesu sieht«. Nach Grässers Meinung ist »an der Naherwartung Jesu festzuhalten«, Jesus hat aber diese Naherwartung »intensiviert dadurch, daß er die Zeichen der kommenden Gottesherrschaft in seiner Person und Aktion bereits in die Gegenwart hineinreichen ließ«, wobei ihm Nähe »die Nähe im Sinn zeitlicher Verlaufszeit ist«; »eine nicht-zeitlich vorgestellte Nähe der Gottesherrschaft würde der Predigt Jesu ihren Ernst und ihre klare Kontur nehmen«. Dem kann ich in allem wesentlichen zustimmen (die Formulierung »*Zeichen* der kommenden Herrschaft« und die Bestreitung der Erwartung einer »Zwischenzeit zwischen Auferstehung und Parusie« bei Jesus kann ich freilich nach wie vor nicht für richtig halten). G. hat überzeugend gezeigt, daß »für Jesus... keine andere Form als Naherwartung nachzuweisen ist«[105], und seine Verteidigung dieser These gegen ihre moderne Ablehnung ist sehr lehrreich.

M. KÜNZI hat seiner früher besprochenen[106] Auslegungsgeschichte des Naherwartungslogions Mt 10, 23 eine ebenso angelegte Geschichte der Auslegung von Mk 9, 1 (»Einige von den hier Stehenden werden den Tod nicht schmecken...«) und anhangsweise von Mk 13, 30 (»Dieses Geschlecht wird nicht vergehen...«) folgen lassen, über die nicht anders zu urteilen ist, als über das erste Buch: es handelt sich um ein Repertorium der Auslegungen, aber keine *Geschichte* der Auslegung, wobei aus der neueren Forschung eine große Zahl wichtiger Autoren fehlt[107]; die eigene Auslegung der beiden Worte durch den Verf., der sie auf die Naherwartung bezieht, ist zutreffend, aber nicht neu. Fraglich ist mir allerdings, ob der Verf. mit seiner Behauptung recht hat, daß es »sachlich gar

[105] E. GRÄSSER, Das Problem der Parusieverzögerung..., VII.IX.XIII.XVI. XVIII.XXVI.
[106] ThR 41, 1976, 324.
[107] Ich nenne, ohne Vollständigkeit zu erstreben: E. Grässer, E. Linnemann (nach 1961), G. Delling, A. Strobel, H. Flender, G. Klein, W. Schmithals, H. Patsch, K. Berger, R. H. Hiers, G. E. Ladd.

nicht gerechtfertigt ist, aufgrund von Worten wie Mk 9, 1 par auf einen Irrtum Jesu zu schließen« (S. 212).

Schließlich ist in diesem Zusammenhang noch auf den Aufsatz von D. ZELLER über »Prophetisches Wissen um die Zukunft in synoptischen Jesusworten« hinzuweisen. Z. betont einerseits, daß Jesus wie die Propheten von einer »Grundgewißheit«, der Nähe der Gottesherrschaft, ausgeht und daß »sich die meisten futurischen Sprüche Jesu als Aktualisierungen seines fundamentalen Wissens um die Nähe der Gottesherrschaft verstehen lassen«, daß Jesus aber andererseits »die Anwesenheit der Gottesherrschaft voraussetzt«, wobei »dies, daß er sozusagen die Endereignisse selbst einleitet, ihn über alle prophetische Vorwegnahme hinaushebt«. Z. stellt als Drittes fest, daß »die größten Chancen, ein echtes Jesuswort zu sein, Mk 14, 25 parr« hat (»Ich werde nicht mehr von dem Gewächs des Weinstocks trinken . . .«), leitet aber aus diesem Text die doppelte Folgerung ab, daß die Jesusworte, die für das Kommen der Gottesherrschaft einen Termin setzen, »urchristliche Prophetensprüche« seien und daß das Wort Mk 14, 25 »vielleicht eine . . . Offenheit bei Jesus« für die Möglichkeit andeute, daß Gott sich »in der Erfüllung als der Größere zeigt«[108]. Das scheint mir beides sehr fraglich, im übrigen aber sind Zellers Ausführungen überzeugend, ohne eigentlich Neues zu bieten.

Zwei Arbeiten befassen sich mit *Jesu Haltung zum Gesetz.* M. HUBAUT betont zunächst, daß »Jesus sich nicht scharf gegen die mündliche Tradition gewandt zu haben scheint« und »das Problem der Toratreue nicht abstrakt gestellt hat«; auch durch die Radikalisierung des Gesetzes in den Antithesen »geht Jesus nicht über die Grenzen des jüdischen Denkens seiner Zeit hinaus«. Anders steht es aber nach H. mit der Diskussion um die Reinheit von Speisen: »Die unreduzierbare Neuheit von Mk 7, 14–23 ist, daß die Aufforderung zur Reinheit des Herzens . . . begleitet ist von der Aufhebung eines Teiles des Gesetzes«, und H. ist der Meinung, daß die Frage nach der Geschichtlichkeit dieser Jesus zugeschriebenen Haltung nur durch »die Prüfung der ersten christlichen Stellungnahmen in dieser Sache« beantwortet werden kann. Während die Hellenisten schon ganz früh eine Kritik des Gesetzes verteidigen und »jede Chance haben, auf die Lehre Jesu selber zu verweisen«, »verteidigen die aramäischen Christen mit ebenso großer Überzeugung die Unversehrtheit ihres Judenchristentums«. »Diese widersprüchlichen Haltungen können nur erklärt werden durch die Hypothese einer spürbaren Entwicklung im Denken Jesu«: Jesus vertrat erst die Forderung eines

---

[108] D. ZELLER, Prophetisches Wissen . . ., 260.262 f.264.268.270.

Maximums an Reinheit im Tempelkult (vgl. die Tempelreinigung), gelangte dann aber durch die Berührung mit Zöllnern, Sündern und Samaritanern zu der Überzeugung, daß Gott nicht in einem Haus wohnen
kann; Jesus wollte erst die Mission auf das Judentum beschränken, dann
verkehrte er mit Heiden und Samaritanern, und »sein Wille, die Schranken zwischen Wohlmeinenden und Sündern, zwischen Juden und Samaritanern zu übersteigen, mußte ihn am Ende seiner öffentlichen Wirksamkeit dazu führen, die Speisevorschriften der Tora lächerlich zu finden«. So »sind die Hellenisten im wesentlichen den letzten Gedanken
Jesu treu, während die Judenchristen eher Neigung haben werden, das
Bild eines traditionelleren Jesus zu bewahren«[109]. Diese Hypothese scheint
mir freilich das Pferd vom Schwanz her aufzuzäumen; denn es ist
methodisch unmöglich, die Differenz in der Haltung zum Gesetz zwischen den ersten Judenchristen und den frühen Hellenisten durch die
nirgendwo bezeugte Annahme einer Entwicklung in der Grundeinstellung Jesu zu erklären, statt entweder die Möglichkeit der Eintragung
einer der beiden Haltungen in die Jesustradition (was m. E. immer noch
das meiste für sich hat) oder die Möglichkeit der sachlichen *Zusammengehörigkeit* beider Einstellungen in der Verkündigung Jesu zu prüfen.

J. LAMBRECHT geht die Frage »Jesus und das Gesetz« von der Analyse *eines* Textes her an (Mk 7, 1–23), von der Diskussion über die
Unreinheit der Hände und der Speisen. Aufgrund einer sorgfältigen, im
einzelnen hier nicht zu referierenden Analyse kommt er zu dem Resultat,
daß »die Perikope als ganze« von Markus aufgrund traditioneller Elemente als »Diskussion über Befleckung« komponiert worden sei, daß
aber der zentrale Spruch 7, 15 (»Nichts, was von außen in den Menschen eingeht, kann ihn unrein machen ...«) nicht von Markus geschaffen und schon in der Tradition »Jesu Antwort auf die Frage der Pharisäer: warum essen deine Jünger mit unreinen Händen?« gewesen sei.
Obwohl sich der genaue ursprüngliche Wortlaut des Spruches nicht mehr
erkennen lasse, »akzeptieren wir die wesentliche Echtheit von Mk 7, 15«,
doch darf der Spruch »nicht zur Kritik aller Reinheitsgesetze ausgeweitet« werden. Aus diesen exegetischen Feststellungen folgert L.: »Der
geschichtliche Jesus war in Wirklichkeit sowohl gegen die Halacha wie
gegen die Tora«, er war bewußt »gegenüber einer ganzen Reihe von Vorschriften des jüdischen Gesetzes kritisch«, seine »einzigartige Gotteserfahrung ... kann nur eine Kritik des alten Gesetzes mit sich bringen«;
das Wort Mk 7, 15 »offenbart einen Jesus, der mit Autorität lehrt ...,

---

[109] M. HUBAUT, Jésus et la Loi ..., 409.411.414 f.417 f.421.423.

Mk 7, 15 ist in der Tat ein authentisches christologisches Wort«[110]. Diesen abschließenden Feststellungen kann ich nur voll zustimmen, die Beschränkung des Spruches Mk 7, 15 auf die Frage der Befleckung von Speisen durch ungewaschene Hände halte ich nach wie vor für unrichtig[111]. Aber auch wenn man der Analyse Lambrechts im einzelnen nicht zustimmt, darf dieser Aufsatz als förderlicher Beitrag zu der Frage nach Jesu Stellung zum Gesetz angesehen werden.

Zum Schluß bleiben mir noch einige Untersuchungen über Jesu Stellung zu seinem bevorstehenden Tod zu besprechen. H. SCHÜRMANN hatte in einem wichtigen, von mir bereits besprochenen Aufsatz[112] 1973 gezeigt, daß die Frage, wie Jesus seinen bevorstehenden Tod verstanden habe, entgegen einer oft zitierten skeptischen Bemerkung R. Bultmanns, durchaus methodisch gestellt und bis zu einem gewissen Grad beantwortet werden kann. Er hat diesen Aufsatz in seinem Buch »Jesu ureigener Tod« 1975 mit einer Einleitung und sachlich unwesentlichen Ergänzungen wieder abgedruckt und einen Aufsatz mit dem Thema »Das Weiterleben der Sache Jesu im nachösterlichen Herrenmahl« angefügt, in dem die Frage nach Jesu Deutung seines Todes erneut aufgenommen wird[113]. »Da der Zugang zu den *ipsissima verba et facta Jesu* methodisch nicht geringe Schwierigkeiten macht«, möchte Sch. »mit mehr Aussicht auf Erfolg nach dem ›Richtungssinn‹ des Wirkens (und Redens) . . . nach der ›ureigenen Intention‹ Jesu« fragen. Dementsprechend fragt er »vor allem nach dem Abendmahlverhalten Jesu, die übliche Frage nach den Abendmahlsworten zunächst einmal aus dem Spiele lassend«. Da nach seiner Meinung die beim jüdischen Mahl voneinander getrennten Gesten des »Brotbrechens« und der »Bechereucharistie« im urchristlichen Gemeindemahl als »eucharistische Doppelhandlung mit Brot und Weinbecher« zusammengefügt waren, »kommen wir nicht um die Frage herum, ob nicht in den beiden zusammengehörigen Mahlgesten Erinnerungen an das letzte Abendmahl Jesu erhalten sein können«; da »die Akzentuierung dieser Gesten . . . im jüdischen Raum ohne Analogie ist, bleibt die wahrscheinlichste Lösung, daß sie auf bedeutsame individuelle Mahlgesten Jesu zurückgeht«. »Brot und Becher werden gereicht als *Nahrungsmittel:* als heilsame Speise und erfreuender Trank«, und »wer als Sterbender in solchem Hingabegestus noch das Heil Gottes zuspricht –

---

[110] J. LAMBRECHT, Jesus and the Law, 72.60.75 f.77–79.
[111] Vgl. meine ThR 41, 1976, 336 Anm. 2 zitierte Arbeit.
[112] ThR 41, 1976, 345.
[113] Der Band enthält noch einen dritten Aufsatz »»Das Gesetz des Christus‹ (Gal 6, 2)« und einen meditativen »Ausblick«, was beides hier nicht zu berücksichtigen ist.

gibt er sich nicht sterbend ... mit hinein in diese Darbietung?« Da nach
dem eschatologischen Wort Mk 14, 25 (»Nicht mehr werde ich trinken
vom Gewächs des Weinstocks ...«) »die Basileia trotz der Todeskata-
strophe kommt«, ist die Annahme wahrscheinlich, daß »hier der Tod als
Mittel gesehen ist, der diese eschatologische Gabe [des Anteils am Eschaton]
ermöglicht, so daß das eschatologische Heil als Frucht dieses
Todes verstehbar wäre«. »Tod und Eschaton werden also in den Abend-
mahlshandlungen Jesu eng zusammengedacht werden müssen, wie es die
überlieferten Abendmahlsworte ... auch eindeutig tun«. »Das in seinem
Tode für die Sünder hereinbrechende eschatologische Heil – das ist
letztlich die ›Sache Jesu‹, die sich im letzten Abendmahl zeichenhaft
aussprach«.

Nun wäre der Versuch, sich dem Sinn des letzten Mahles Jesu durch
bloßes Achten auf die von Jesus berichteten Gesten zu nähern, methodisch durchaus beachtlich, und Sch. hat die Annahme, daß der Bericht
über zwei zusammengehörige Mahlgesten Jesu beim letzten Abendmahl
auf eine Erinnerung der Jünger zurückgeht, durchaus wahrscheinlich
gemacht (wenn mir freilich die auch von Sch. wiederholte Behauptung,
beim paulinischen Herrenmahl *folge* die »eucharistische Doppelhandlung ... einem Sättigungsmahl«[114], nach wie vor unbewiesen zu sein
scheint). Wenn aber Sch. dann diese Gesten Jesu unabhängig von den
für diese Gelegenheit überlieferten Worten Jesu zu deuten sich bemüht,
unterliegt er einer Selbsttäuschung: nicht nur das von Sch. selbst heran-
gezogene eschatologische Wort Mk 14, 25, sondern auch die allgemeine
Tendenz der von ihm nicht herangezogenen Einsetzungsworte ermöglichen letztlich erst die von Sch. den Gesten entnommene Deutung des
letzten Mahles Jesu als Vermittlung der Heilswirkung seines Todes, und
damit bleibt diese Interpretation der nur scheinbar ausgesparten Problematik der geschichtlichen Anwendbarkeit dieser Jesusworte zum Verständnis des »ureigenen Todes« Jesu verhaftet.

Diese Frage der Anwendbarkeit der in den Abendmahlsberichten überlieferten Jesusworte wird aber nach wie vor völlig gegensätzlich beantwortet, wie die in dem Sammelband »Der Tod Jesu. Deutungen im
Neuen Testament« veröffentlichten Aufsätze zeigen, die Referate bei
einer Tagung katholischer Neutestamentler des Jahres 1975 wiedergeben[115]. J. GNILKA fragt: »Wie urteilte Jesus über seinen Tod?« und

---

[114] H. SCHÜRMANN, Jesu ureigener Tod ..., 11.67.74.69.75.78.81.88.87.89.94.
96.69.

[115] Der Band enthält außer den drei hier zu besprechenden Aufsätzen noch
folgende Beiträge, die hier nicht berücksichtigt werden können: K. KERTELGE,
Das Verständnis des Todes Jesu bei Paulus; J. BEUTLER, Die Heilsbedeutung des

antwortet darauf zunächst, man könne davon ausgehen, »daß das gewaltsame Todesgeschick Jesu nicht überraschend auf ihn zukam«; wenn man sich aber zur weiteren Antwort auf seine Frage der Abendmahlsüberlieferung zuwendet, solle man den nicht eindeutig als ursprünglich zu sichernden »Passabezug [nicht] zum Angelpunkt der Rekonstruktion machen«; dagegen »bestätige« das eschatologische Wort Mk 14, 25, falls es authentisch ist, »die Todesbereitschaft Jesu, allerdings noch nicht die Heilsbedeutung seines Sterbens«. Obwohl G. der Meinung ist, daß nach Schürmanns Ausführungen »man es sich nicht mehr ohne weiteres leisten könne zu behaupten, es habe als sicher zu gelten, daß Jesus keine Heilsgedanken mit seinem Tode gedacht habe«, meint er doch, daß »bezüglich der . . . Zeichenhandlungen Jesu im Abendmahlsgeschehen eine halbdunkle Stelle bleibt, solange diese Handlungen aus sich selbst reden ohne dazu gehörige Worte«, stellt dann aber selber fest, »daß das ›Sterben für‹ als Deutung von Jesu Tod seinen Ursprung in der Abendmahlstradition besitzt«, »alle diese Überlegungen vermögen uns aber nur bis in die Abendmahlsfeier der nachösterlichen Gemeinde zurückzuführen«, wenn auch diese Deutung des Todes Jesu in Jesu »Denkrichtung« steht[116].

Dieser aus gutem Grund vorsichtigen Beschränkung der Aussagen schließen sich die eher noch vorsichtigeren Ausführungen von A. VÖGTLE über »Todesankündigungen und Todesverständnis Jesu« an. Auch V. geht von der Tatsache aus, »die moralische Gewißheit Jesu, er werde getötet werden, lasse sich am ehesten . . . für die Situation des letzten Mahles voraussetzen«, und »wenn auch nur Mk 14, 25a [»Ich werde von diesem Gewächs des Weinstocks nicht mehr trinken«] ein von Jesus selbst beim letzten Mahl gesprochenes Wort wiedergibt, würde die Gewißheit seines gewaltsamen Todes von Jesus selbst ausgesprochen«. Fragt man aber »nach der vorgängigen Todesgewißheit Jesu«, so ist »die starke Reserve hinsichtlich der Annahme, Jesus habe seinen sicheren Tod erwartet, . . . nicht unbegründet«, denn: »Läßt man Jesus im Wissen um sein kommendes Sühnesterben seine bisherige Heilsbotschaft weiter verkünden, bleibt . . . eine unwürdige, geradezu an Täuschung grenzende Spannung zwischen dem, was Jesus weiterhin sagt, und dem, was er jetzt schon weiß, aber verschweigt.« Beim Versuch eines Verständnisses »der Zeichenhandlungen Jesu im Abendmahlsgeschehen« aber bleibt »eine

---

Todes Jesu im Johannesevangelium nach Joh 13, 1–20; R. SCHNACKENBURG (mit Teilbeiträgen von O. KNOCH und W. BREUNING), Ist der Gedanke des Sühnetodes Jesu der einzige Zugang zum Verständnis unserer Erlösung durch Jesus Christus?.

[116] J. GNILKA, Wie urteilte Jesus . . ., 24.32.34.40 f.48–50.

halbdunkle Stelle, solange diese Handlungen aus sich selbst, ohne dazu-
gehörige Worte, reden sollen«, und die Einsetzungsworte können diese
halbdunkle Stelle nicht erhellen, weil sich auf keine Weise verständlich
machen läßt, daß Jesus mit diesen Worten »seinen Jüngern nicht nur die
universale Sühnewirkung seines Sterbens eröffnet, sondern ihnen auch
dieselbe appliziert hätte«. So bleibt nur die Feststellung: »Eine Auskunft
über seinen Tod, und zwar eine höchst situationsgemäße und vielsagende
Auskunft, hätte Jesus und hat er auch höchstwahrscheinlich mit dem
Worte Mk 14, 25 gegeben. Denn dieses Wort läßt Jesus seinen Tod voraussagen und seinen Jüngern die Erneuerung der Tischgemeinschaft in
der Gottesherrschaft ansagen, also versichern, daß sein gewaltsames Ende
das Kommen der Gottesherrschaft nicht hindern können wird.« »Wenn
[also] die Erkenntnis des Heilssinnes des Sterbens Jesu erst nachösterlich
gewonnen wurde, hätten sich . . . die Fragen nach dem Verhältnis des
heilsmittlerischen Todesverständnisses Jesu zu seiner vorausgehenden
Verkündigung nicht zu stellen und aufzudrängen brauchen«. Das alles
ist m. E. überzeugend, wenn ich auch der Möglichkeit, ein der geschichtlichen Situation des letzten Mahles Jesu gemäßes Verständnis der »Einsetzungsworte« zu finden, weniger skeptisch gegenüberstehe. Und auch
den abschließenden Gedanken Vögtles kann ich bejahen, daß nämlich,
»auch wenn Jesus selbst die heilseffiziente Wirkung [seines Todes] weder
explizit noch implizit ausgesprochen hätte, die Offenbarungsqualität . . .
der erst nachösterlichen Erkenntnis des Heilssinnes des Todes Jesu außer
Zweifel steht«, wenn »der Osterglaube der Jünger in einem zu ihren
bisherigen Erfahrungen mit Jesus hinzukommenden neuen offenbarenden
Impuls begründet war«[117].

Kommt man nun von diesen vorsichtigen, aber keineswegs skeptischen
Ausführungen Gnilkas und Vögtles zu dem Aufsatz von R. PESCH
über »das Abendmahl und Jesu Todesverständnis«, kann man kaum
glauben, daß diese drei Vorträge bei derselben Tagung vorgetragen wurden. P. will angesichts der Forschungssituation 1. »klären, ob die Abendmahlstradition überhaupt historisch zuverlässig Auskunft über Jesu
Todesverständnis gibt; 2. . . . erörtern, ob das . . . Todesverständnis Jesu
mit seiner Gottesreichverkündigung vereinbar ist«. Seine ausführliche
Antwort auf beide Fragen kann ich nur skizzieren: »Für die Rückfrage
nach der ältesten [Abendmahls-]Tradition genügt der Mk-Pls-Ver-
gleich«, dabei zeigt sich: »Der Einzelvergleich erweist die bei Paulus
überlieferte Fassung der Abendmahlsworte und den zugehörigen Erzähl-
rahmen als von der bei Markus tradierten Fassung ableitbar, sekundär,

---

[117] A. VÖGTLE, Todesankündigung . . ., 55.79 f.56.60.75 f.92.97.88 f.107.113.

jünger«; liegt in der Mk-Tradition eine *berichtende Erzählung* vor, so in der Pls-Tradition eine *Kultätiologie.*« Dementsprechend »bietet sich für die Rückfrage nach dem Todesverständnis Jesu allein ... Mk 14, 22–25 als Ausgangspunkt an«. Dieser Markustext »gehört als ganzer in den Zusammenhang der vormarkinischen Passionsgeschichte«, »Jesu Brot- und Becherhandlung mit den Deuteworten und dem abschließenden Amen-Spruch ... gehört im Rahmen der vormarkinischen Passionsge- schichte eindeutig in den Kontext eines Paschamahls«, »eine Auslegung von Mk 14, 22–25 als Todesdeutung Jesu ist durch Text und Kontext angezeigt und gerechtfertigt«. Von da aus ergibt sich: »Jesus deutet die Mazza auf sich selbst«, und da die Jünger Jesus »für den Messias hiel- ten«, »konnte der Brotgestus von ihnen kaum anders denn als messiani- sche Selbstdeutung Jesu und Teilgabe an der Gemeinschaft mit ihm als dem Messias verstanden werden«. »Durch den Wein deutet [Jesus] sich selbst: der Messias wird sterben«, die Bindung von Gottes Bund »an Jesu Blut, den Tod des Messias, erfordert eine sühnetheologische Deu- tung des ›Bundesbluts‹«, »Jesus hat die ... Spitzenaussage der deutero- jesajanischen Prophetie vom Leiden des Gottesknechts auf sich selbst, auf seine Sendung, auf seinen kommenden Tod bezogen«, »Jesu Tod ist das Sühnemittel, dessen sich Gott für seinen ›Bund‹ bedient«, »die Übereig- nung des Bechers ist proleptische Übereignung der Heilskraft seines Todes«. Die Frage schließlich, ob das aus der markinischen Abendmahls- tradition erhobene Todesverständnis Jesu mit seiner Gottesreichverkün- digung vereinbar sei«, beantwortet P. dann mit der Feststellung: »Den Konflikt zwischen der unbedingten Heilszusage, die Jesus als letzter Bote Gottes Israel überbringt, und der Verweigerung Israels ... löst Jesus, indem er *seine Sendung als Heilssendung bis in den Tod* durchhält und seinen Tod als den Tod des eschatologischen Heilsboten als Heils = Sühne-Tod für Israel versteht«; »Jesu Sühnetod konkurriert nicht mit seiner Gottesreich-Verkündigung, sondern ist deren sie selbst aufgipfeln- de ... Konsequenz: die Stiftung des Neuen Bundes«[118].

Es ist völlig unmöglich, sich in Kürze mit diesen sehr sicher vorgetra- genen und umfänglich begründeten Ausführungen ausreichend ausein- anderzusetzen. Ich beschränke mich daher auf drei Bemerkungen. a) Daß durchweg, auch beim Becherwort, die Markusüberlieferung der Paulus- überlieferung vorzuziehen sei, halte ich aus mehreren Gründen für nicht überzeugend erwiesen. b) Daß der Markustext des Abendmahlsberichts bei Markus in den Zusammenhang eines Passamahls eingefügt ist, ist

---

[118] R. Pesch, Das Abendmahl ..., 140. 151 f. 155. 163 f. 168. 171 f. 175 f. 185. 178 f. 179. 181. 184 f.

unbestreitbar; daß der Bericht selber aber von diesem Passacharakter des
Mahles gar nichts verrät, scheint mir ebenso unbestreitbar, die Interpretation der Deuteworte von diesem Passakontext her ist darum keineswegs überzeugend; ebensowenig ist die Heranziehung der deuterojesajani-
schen Vorstellung vom Leiden des Gottesknechts als dem Text gemäß
erwiesen, damit auch nicht die Konstruktion vom Tod Jesu als Sühnemittel, dessen sich Gott bedient. c) Am wenigsten überzeugend sind m. E.
Peschs Ausführungen zur Frage der Spannung zwischen der Gottesreichsverkündigung Jesu und der Deutung des Todes Jesu als heilswirkend
durch Jesus selbst. Die von P. Fiedler und A. Vögtle dagegen erhobenen
Einwände sind keineswegs widerlegt, und die These, daß Jesus mit dem
von P. entwickelten Verständnis seines Todes den Konflikt zwischen
Gottes Heilszusage und Israels Heilsverweigerung gelöst habe, ist eine
unbewiesene und m. E. unbeweisbare Konstruktion. Ich kann darum
Peschs Ausführungen nur als geschichtlich und theologisch problematisch
ansehen, man darf auf die sicher zu erwartenden Auseinandersetzungen
seiner Freunde mit ihm gespannt sein.

Zuletzt soll noch auf den vor kurzem erschienenen Aufsatz von V.
Howard verwiesen werden. H. geht von der Feststellung aus, daß die
kritische Verbindung der Kriterien der Abweichung vom Jüdischen und
Frühchristlichen und der Übereinstimmung mit anderen gesicherten
Überlieferungen eine Antwort auf die Frage geben kann, »ob und in
welcher Weise Jesus über seinen gewaltsamen Tod gesprochen haben
kann«. Zu diesem Zweck weist er darauf hin, daß einige »verdeckte«
Leidensvoraussagen Jesu, die bei einer »dogmatischen« Anwendung des
Kriteriums der Abweichung ausgeschieden werden, eine erneute Prüfung
verlangen, und untersucht, in Weiterführung von Aussagen seines Buches
über »Das Ego Jesu«[119] die beiden parallelen Worte Mk 10, 38b.39, die
Voraussagen des Kelchtrinkens und Getauftwerdens für Jesus und die
Jünger. Die Analyse des Zusammenhangs ergibt, daß die beiden Logien
»ursprünglich für einen anderen Kontext bestimmt waren«; beide Bilder
vom Kelch und der Taufe sind »Metaphern für die gesamte Erfahrung
des Leidens«, aber »gerade dieser Mangel an Bestimmtheit und Besonderheit setzt diese Verse ab von der großen Mehrheit anderer Texte, die
vom Leiden Jesu sprechen«, »auch zwischen Leiden und Tod Jesu einerseits und dem der Jünger andererseits wird kein Unterschied gemacht«.
D. h. es besteht »ein beachtlicher Grad der Abweichung« von anderen
frühchristlichen Leidensvoraussagungen, aber ebenso eine Übereinstim-

---

[119] V. Howards Buch »Das Ego Jesu in den synoptischen Evangelien«, MThSt
14, 1975 ist im 5. Teil dieses Berichts ausführlicher zu würdigen.

mung mit der sicheren Tatsache, daß Jesus »mit der Möglichkeit seines
gewaltsamen Todes rechnete« und »von seinen Jüngern eine Bereitschaft
forderte, Leiden und möglicherweise Martyrium als wesentlichen Teil der
Jüngerschaft auf sich zu nehmen«. Aus diesen Feststellungen schließt H.,
daß die Kriterien der Abweichung und der Übereinstimmung die Ursprünglichkeit dieser beiden Logien wahrscheinlich machen, so daß »Mk 10,
38b39 als hilfreiche, ja notwendige ›Brücke‹ dienen kann zwischen
dem Jesus, der sich der Wahrscheinlichkeit seines eigenen gewaltsamen
Todes bewußt war, ... und den Formulierungen der frühen Kirche nach
Passion und Auferstehung [Jesu], etwa über die Heilsbedeutung des
Todes Jesu«[120]. Das ist recht überzeugend und methodisch vorbildlich;
freilich bedarf diese Argumentation noch der Einordnung in das, was wir
sonst über das Bewußtsein Jesu von seiner Sendung wissen.

Von den Untersuchungen zu diesem persönlichen Anspruch Jesu und
denen zum Prozeß und Leiden Jesu bleibt noch in den beiden letzten
Teilen dieses Berichtes zu reden.

[120] V. Howard, Did Jesus Speak . . ., 517.521.524 f.526.

V

Der persönliche Anspruch Jesu

E. ARENS, The HΛΘON-Sayings in the Synoptic Tradition. A historicocritical investigation, OBO 10, 1976. – H. U. VON BALTHASAR, Das Selbstbewußtsein Jesu, IKaZ 8, 1979, 30–39 – M. BLACK, The Throne-Theophany Prophetic Commission and the »Son of Man«. A Study in Tradition-History, Jews, Greeks and Christians, FS W. D. Davies, SJLA 21, 1976, 57–73 – DERS., Jesus and the Son of Man, Journal for the Study of the New Testament 1, 1978, 4–18 – F. H. BORSCH, The Son of Man in Myth and History, NTLi 1967 – DERS., The Christian and the Gnostic Son of Man, SBT II, 14, 1970 – J. BOWKER, The Son of Man, JThSt 28, 1977, 19–48 – J. P. BROWN, The Son of Man: »This Fellow«, Bib. 58, 1977, 361–387 – CH. BURGER, Jesus als Davidssohn. Eine traditionsgeschichtliche Untersuchung, FRLANT 98, 1970 – P. M. CASEY, The Son of Man Problem, ZNW 67, 1976, 147–154 – DERS., The Use of the Term »Son of Man« in the Similitudes of Henoch, JSJ 7, 1976, 11–29 – C. COLPE, Art. ὁ υἱὸς τοῦ ἀνθρώπου, ThWNT 8, 1969, 403–481 – DERS., Der Begriff »Menschensohn« und die Methode der Erforschung messianischer Prototypen, Kairos 11, 1969, 241–263; 12, 1970, 81–112; 13, 1971, 1–17 – DERS., Traditionsüberschreitende Argumentation zu Aussagen Jesu über sich selbst, Tradition und Glaube, FS K. G. Kuhn, Göttingen 1971, 230–245 – J. COPPENS, Le Fils de l'Homme dans les Livres apocryphes und Le Fils de l'Homme dans les évangiles, in: J. C. et L. Dequeker, Le Fils de l'homme et les Saints du Très-Haut en Daniel, VII, dans les Apocryphes et dans le Nouveau Testament, ALBO III, 23, 1961, 73–101 – DERS., Le Fils d'Homme dans le judaïsme de l'époque néotestamentaire, OLoP 6/7, 1975/6, 59–73 – J. B. CORTÉS and F. M. GATTI, The Son of Man or the Son of Adam, Bib. 49, 1968, 457–502 – R. A. EDWARDS, The Eschatological Correlative as a *Gattung* in the New Testament, ZNW 60, 1969, 9–20 – W. FENEBERG, Die Frage nach Bewußtsein und Entwicklung des historischen Jesus, ZKTh 97, 1975, 104–116 – J. A. FITZMYER, The New Testment Title »Son of Man« Philologically Considered, in: J. A. F., A Wandering Aramean. Collected Aramaic Essays, SBLMS 25, 1979, 143–160 – J. M. FORD, »The Son of Man« – a Euphemism?, JBL 87, 1968, 257–266 – R. E. C. FORMESYN, Was There a Pronominal Connection for the »Bar Nasha« Selfdesignation?, NT 8, 1966, 1–35 – R. H. FULLER, The Foundations of New Testament Christology, LuttL 1965, Kap. V: The Historical Jesus: His Selfunderstanding, S. 102–141 – J. C. GREENFIELD and M. E. STONE, The Enochic Pentateuch and the Date of the Similitudes, HThR 70, 1977, 51–66 – J. C. G. GREIG,

Abba and Amen: Their Relevance to Christology, StEv 5 = TU 103, 1968, 3–13
– P. Grelot, L'espérance juive à l'heure de Jésus, Collection »Jésus et Jésus
Christ« 6, Paris 1978 – G. Haufe, Das Menschensohnproblem in der gegenwär-
tigen wissenschaftlichen Diskussion, EvTh 26, 1966, 130–141 – A. J. B. Higgins,
Jesus and the Son of Man, LuttL 1964 – Ders., The Son of Man Concept and the
Historical Jesus, StEv 5 = TU 103, 1968, 14–20 – Ders., Is the Son of Man
Problem Insoluble?, Neotestamentica et Semitica, FS M. Black, Edinburgh 1969,
70–87 – M. D. Hooker, The Son of Man in Mark. A Study of the background
of the term »Son of Man« and its use in St. Mark's Gospel, London 1967 – Dies.,
Is the Son of Man problem really insoluble?, Text and Interpretation, FS M.
Black, Cambridge 1978, 155–168 – V. Howard, Das Ego Jesu in den synoptischen Evangelien. Untersuchungen zum Sprachgebrauch Jesu, MThSt 14, 1975 –
J. Jeremias, Die älteste Schicht der Menschensohn-Logien, ZNW 58, 1967, 159–
172 – R. Kearns, Vorfragen zur Christologie I. Morphologische und semasiologische Studie zur Vorgeschichte eines eschatologischen Hoheitstitels, Tübingen
1978 – M. A. Knibb, The Date of the Parables of Enoch: A Critical Review,
NTS 25, 1979, 345–359 – W. G. Kümmel, Das Verhalten Jesus gegenüber und
das Verhalten des Menschensohnes, Jesus und der Menschensohn, FS A. Vögtle,
Freiburg/Basel/Wien 1975, 210–224 = W. G. K. Heilsgeschehen und Geschichte
Band 2, MThSt 16, 1978, 201–214 – S. Légasse, Jésus historique et le Fils de
l'Homme. Aperçu sur les opinions contemporaines, in: Apocalypses et théologie
de l'espérance, LeDiv 95, 1977, 271–298 – R. Leivestadt, Der apokalyptische
Menschensohn ein theologisches Phantom, ASTI 6, 1968, 49–105 – Ders., Exit
the Apocalyptic Son of Man, NTS 18, 1972, 243–267 – B. Lindars, Re-enter
the Apocalyptic Son of Man, NTS 22, 1976, 52–72 – G. Lindeskog, Das Rätsel
des Menschensohnes, StTh 22, 1968, 149–175 – R. Maddox, The Function of the
Son of Man according to the Synoptic Gospels, NTS 15, 1968/9, 45–74 – Ders.,
Methodenfragen in der Menschensohnforschung, EvTh 32, 1972, 143–160 – I. H.
Marshall, The Synoptic Son of Man Sayings in Recent Discussion, NTS 12,
1965/6, 327–351 – Ders., The Son of Man in Contemporary Debate, EvQ 42,
1970, 67–87 – J. M. McDermott, Luke XII, 8–9: Stone of Scandal, RB 84
1977, 523–537 – Ch. L. Mearns, The Parables of Enoch-Origin and Date, ET 89,
1978, 118 f. – Ders., Dating the Similitudes of Enoch, NTS 25, 1979, 360–369 –
O. Michel, Der Menschensohn. Die eschatologische Hinweisung. Die apokalyptische Aussage. Bemerkungen zum Menschensohn-Verständnis des Neuen Testaments, ThZ 27, 1971, 81–104 – J. T. Milik, Problèmes de la littérature hénochique
à la lumière des fragments araméens de Qumrân, HThR 64, 1971 333–378 – C. F.
D. Moule, Neglected Features in the Problem of the »Son of Man«, Neues Testament und Kirche, FS R. Schnackenburg, Freiburg/Basel/Wien, 1974, 413–428 –
K. Müller, Menschensohn und Messias. Religionsgeschichtliche Vorüberlegun-
gen zum Menschensohnproblem in den synoptischen Evangelien, BZ 16, 1972,
159–187; 17, 1973, 52–66 – M. Müller, Über den Ausdruck »Menschensohn«
in den Evangelien, StTh 31, 1977, 65–82 – U. B. Müller, Messias und Menschensohn in jüdischen Apokalypsen und in der Offenbarung des Johannes, StNT

6, 1972 – F. NEUGEBAUER, Jesus und der Menschensohn. Ein Beitrag zur Klärung der Wege historischer Wahrheitsfindung im Bereich der Evangelien, AzTh I, 50, 1972 – J. C. O'NEILL, The Silence of Jesus, NTS 15, 1968/9, 153–167 – N. PERRIN, The Son of Man in Ancient Judaism and Primitive Christianity: A Suggestion, BR 11, 1966, 17–28 – DERS., The Son of Man in the Synoptic Tradition, BR 13, 1968, 1–25 – R. PESCH, Das Messiasbekenntnis des Petrus (Mk 8, 27–30). Neuverhandlung einer alten Frage, BZ 17, 1973, 178–195; 18, 1974, 20–31 – DERS., Über die Autorität Jesu. Eine Rückfrage anhand des Bekenner- und Verleugnerspruchs Lk 12, 8 f. par., Die Kirche des Anfangs, FS H. Schürmann, Freiburg/Basel/Wien 1978, 25–55 – W. SCHMITHALS, Die Worte vom leidenden Menschensohn. Ein Schlüssel zur Lösung des Menschensohn-Problems, Theologia
* Crucis-Signum Crucis, FS E. Dinkler, Tübingen 1979, 417–445 – E. SCHWEIZER, Menschensohn und eschatologischer Mensch im Frühjudentum, Jesus und der Menschensohn, FS A. Vögtle, Freiburg/Basel/Wien 1975, 100–116 – O. J. F. SEITZ, The Future Coming of the Son of Man: Three Midrashic Formulations in the Gospel of Mark, StEv 6 = TU 112, 1973, 478–494 – G. STRECKER, Die Antithesen der Bergpredigt (Mt 5, 21–48 par.), ZNW 69, 1978, 36–72 – H. M. TEEPLE, The Origin of the Son of Man Christology, JBL 84, 1965, 213–250 – J. THEISOHN, Der auserwählte Richter. Untersuchungen zum traditionsgeschichtlichen Ort der Bilderreden de Äthiopischen Henoch, StUNT 12, 1975 – H. E. TÖDT, Der Menschensohn in der synoptischen Überlieferung, Gütersloh 1959 – I. TÖDT, Der »Menschensohn« und die Folgen, Schöpferische Nachfolge, FS H. E. Tödt, Heidelberg 1978, 541–560 – G. VERMES, The Use of בר נשא/בר נש in Jewish Aramaic, Appendix E in: M. Black, An Aramaic Approach to the Gospels and Acts, Oxford ³1967, 310–330 (= G. V., Postbiblical Jewish Studies, Leiden 1975, 147–165) – DERS., The Present State of the »Son of Man« Debate, JJS 29, 1978, 123–134 – W. O. WALKER, The Origin of the Son of Man Concept as Applied to Jesus, JBL 91, 1972, 428–490 – F. M. WILSON, The Son of Man in Jewish Apocalyptic Literature, SBTh 8, 1978, 28–52.

Die in den vier ersten Teilen dieses Berichts besprochenen Darstellungen von Person und Verkündigung Jesu in der Forschung der letzten 1¹/₂ Jahrzehnte zeigten immer wieder, daß sich in den verschiedensten Zusammenhängen die Frage nach dem Selbstverständnis oder dem persönlichen Anspruch Jesu unausweichlich aufdrängte, allerdings auch die widersprüchlichsten Antworten erhielt. So haben sich natürlicherweise auch zahlreiche Spezialuntersuchungen dieser Frage im besonderen zugewandt, und darum muß sich der 5. Teil dieses Forschungsberichts der umfangreichen Diskussion über diesen Fragenkomplex zuwenden. Dabei zeigt sich, daß nur ein relativ kleiner Teil dieser Arbeiten die Frage nach Jesu persönlichem Anspruch allgemein erörtert, während der weitaus größere Teil allein das Menschensohnproblem behandelt, so daß sich eine Einteilung dieses Berichts in diese beiden Abschnitte von selber nahelegt.

Grundsätzliche und allgemeine Erörterungen

Einen guten Überblick über die Problematik zu Beginn unseres Berichtszeitraums bietet das Kapitel »Der historische Jesus: sein Selbstverständnis« in der 1965 erschienenen bedeutenden Untersuchung über die Grundlagen der neutestamentlichen Christologie von R. H. FULLER [1]. Fuller
geht von der Feststellung aus, daß selbst bei Anerkennung der Echtheit
aller Jesus in den Mund gelegten Selbstaussagen in den Synoptikern deren geringe Zahl zeige: »*Wenn* Jesus irgendwelche Lehre über seine Person in christologischen Begriffen mitteilte, so war solche Lehre im besten
Fall eine Randerscheinung seiner öffentlichen Wirksamkeit«. Aber da
»Jesu Taten wie seine Verkündigung gegenwärtige Verwirklichungen der
futurischen Gottesherrschaft sind«, zwingt sich der Schluß auf, daß »Jesu
Wort und Tat eine implizite Christologie zu Grunde liegt«. Und da
Jesus seinen Tod »als Teil seines eschatologischen Auftrags auf sich
nimmt«, schließt auch »Jesu Tod, wie seine Worte und Taten, eine Christologie ein«. Aber obwohl »es unbestreitbar ist, daß Jesus als messianischer
Anwärter gekreuzigt wurde«, kann auch das Bekenntnis vor dem Hohepriester Mk 14, 62 »nicht als Beleg für Jesu eigene Übernahme des Messiastitels gebraucht werden«, und »obwohl es kein unzweifelhaft echtes
Logion gibt, in dem Jesus sich 'der Sohn' nennt, nannte er sicher Gott
in einem einzigartigen Sinn seinen Vater«; doch beweist die ursprüngliche
Taufgeschichte nicht, »daß Jesus sich als den Gottesknecht im Sinne von
Jes 42, 1 verstand«. Wohl aber bringt Jesus sich und den kommenden
Menschensohn »so eng zusammen, wie das im Rahmen der jüdischen
Apokalyptik möglich war«, während die Gegenwartsaussagen über den
Menschensohn »in der vorhandenen Form als kirchliche Bildungen angesehen werden müssen«. Abschließend stellt F. dann fest: »Die unausgesprochene, implizite Gestalt des eschatologischen Propheten gibt Einheit
der gesamten geschichtlichen Wirklichkeit Jesu, seiner Verkündigung,
seiner Lehre in Vollmacht, seinen Heilungen und Exorzismen, seinem
Verhalten im Essen mit den Ausgestoßenen und schließlich seinem Tod
in Erfüllung seiner prophetischen Sendung« [2].

Neben diese vorsichtig kritische Durchschnittsmeinung, die freilich mit
den Aussagen über den gegenwärtigen Menschensohn allzu rasch fertig
wird und die Annahme eines besonderen Sohnesbewußtseins Jesu nicht
wirklich begründet, ist mit J. C. O'NEILLS Aufsatz eine sehr selbständige

---

[1] Soweit ich sehe, ist dieses Buch auffallenderweise in keinem der größeren
deutschsprachigen Rezensionsorgane besprochen worden. Vgl. aber N. PERRIN,
JR 46, 1966, 491 ff.

[2] R. H. FULLER, Foundations..., 103. 105–108. 110. 115. 117. 123. 125. 130.

Äußerung zu stellen. Angesichts der Tatsachen, daß es »in der Tat sehr
wenige – und noch dazu in ihrer Echtheit zweifelhafte – Stellen gibt, in
denen Jesus irgend einen messianischen Titel beansprucht oder von andern annimmt«, daß Jesus aber »unausweichlich seine eigene Interpretation des Messiastums vorzubringen hatte, weil keine Standardinterpre-
tation bestand, die er annehmen oder zurückweisen konnte«, müssen wir
zwischen zwei extremen Positionen wählen: »Jesus hielt sich nicht für
den Gesalbten, oder er hielt sich für den Gesalbten«. Nun ist aber eindeutig, »daß Jesus keinen ausdrücklichen Anspruch erhob, der Messias zu
sein, und keine eindeutige Erklärung annahm, er sei der Messias«, und
darum »ist unser Problem das Schweigen Jesu«. O'Neill wendet sich nun
den Menschensohnworten zu mit dem Resultat: »Jesus gebrauchte den
Ausdruck 'Menschensohn', um das 'Ich' in besonders feierlichen Äußerungen zu vermeiden«, und erst »die frühe Kirche begann, 'Menschensohn' als einen Titel Jesu zu verstehen«. Aber während »Jesu Schweigen
über sein Messiastum .. absolut ist«, hatten die Taufe ohne Anschluß an
den Täufer, das Mahl mit der Menge in der Wüste und die Reise nach
Jerusalem für Jesus messianische Bedeutung, er schwieg jedoch über diesen
Anspruch, weil nach jüdischer Anschauung »der Messias nicht imstande war,
Messiastum für sich in Anspruch zu nehmen, sondern darauf warten
mußte, daß Gott ihn auf den Thron setzte«, Jesu Schweigen »ist Teil seiner Rolle als Messias«, und so gelang es auch den Synoptikern nicht, Jesus
nachzuweisen, »daß er selbst der Messias zu sein beanpruchte« [3]. Es ist
leicht zu sehen, daß in dieser Theorie nicht nur die umstrittenen Texte
über Jesu Stellung zum Messiastitel, sondern auch sämtliche Menschensohntexte sehr rasch weginterpretiert werden und daß an deren Stelle
eine Begründung des »Schweigens« Jesu tritt, die keinerlei Anhalt an den
Quellen hat. So läßt sich weder der messianische Anspruch Jesu noch gar
das Verborgenbleibensollen dieses Anspruchs geschichtlich wahrscheinlich
machen [4].

Ausdrücklich hat C. COLPE in seinem Aufsatz von 1971 nach »Aussagen
Jesu über sich selbst« gefragt, und das Resultat der beiden Teile dieser
Untersuchung lautet (wenn ich es recht verstehe): Jesus hat den »Men-
schensohn«-Begriff in wechselnder, aber nicht durch die apokalyptische
Tradition festgelegter Weise gebraucht; und: Jesus hat mit seinem Leiden
gerechnet und dabei auch vom kommenden Menschensohn gesprochen.
Diese (an sich diskutablen) exegetischen Ausführungen sind aber in einen

---

[3] J. C. O'NEILL, Silence . . ., 155 f., 158. 161 f., 165.
[4] Auf den ebenfalls 1968 erschienenen wichtigen Aufsatz von F. MUSSNER über
»Wege zum Selbstbewußtsein Jesu« habe ich schon ThR 40, 1975, 319 hingewiesen.

theoretischen Rahmen gestellt, den ich trotz wiederholter Lektüre nicht zu verstehen und über den ich darum auch nicht zu referieren vermag. Auch W. Feneberg fragt nach »Bewußtsein und Entwicklung des historischen Jesus« von der Feststellung aus, daß heute »die historisch-kritische Rückfrage nach Jesus sich dadurch charakterisieren« lasse, »daß in doppelter Weise, nämlich durch Unerhörtheitskriterium und Erfahrungsprinzip die Frage nach Bewußtsein und Entwicklung des historischen Jesus verboten wird«. Die methodische »Beschränkung auf die soziologische Differenz zwischen dem historischen Jesus und der nachösterlichen Gemeinde« aber sei bedenklich, A. Schweitzer stehe »zu dieser Prämisse in scharfem Gegensatz«, da nach dessen Meinung Jesus »ein Dogmatiker war« und sich in seinem Gottesverhältnis »entwickelt« hat. Mit dieser »treibenden Kraft der liberalen Leben-Jesu-Forschung und A. Schweitzer« gilt es sich auseinanderzusetzen. Denn wenn es – so Fenebergs Meinung – nach Jesu Tod keine »Urgemeinde gegeben hat«, die »aus dem Juden Jesus den gepredigten Christus, den methaphysischen (sic!) Gottessohn machen« konnte, bleibe »garnichts Anderes übrig, als auf die psychologische Differenz, d. h. auf das Interesse der Jünger an Bewußtsein und Entwicklung des historischen Jesus zurückzukommen«. Von diesen Voraussetzungen aus ergibt sich für F., »daß Jesus bei seinem öffentlichen Auftreten um seine Messiasrolle wußte, ohne eine Möglichkeit zu sehen, den Jüngern oder andern im verbalen Sinn davon Mitteilung machen zu können«, ferner »daß der historische Jesus ein *Lernender* war, daß es gerade ihm aufgetragen war, in seiner öffentlichen Tätigkeit den Weg der Verwandlung des Messiasbildes durchzuleiden und durchzutragen«, schließlich »daß der historische Jesus zu diesem Gottesbild [nämlich der Abba-Aussage] erst kommen konnte und kommen mußte durch einen Weg der Widerfahrnisse und des Lernens«. Nun kann man selbstverständlich »Bultmanns 'Graben' zwischen dem historischen Jesus und der nachösterlichen Gemeinde«[5] in Frage stellen, aber die Leugnung einer die Jesustradition wesentlich bestimmenden Urgemeinde und die Behauptung des Jüngerinteresses an der *Entwicklung* Jesu bleiben völlig hypothetisch, solange diese Thesen nicht am Gesamtstoff nachgewiesen werden, und das geschieht durch die bloße Feststellung eines nicht geäußerten Messiasbewußtseins und das Postulat eines Lernprozesses Jesu nicht, so daß auch dieser Aufsatz nicht zu haltbaren Resultaten führen kann.

Wichtig ist dagegen, was R. Pesch anhand einer sorgfältigen Analyse des bei Markus und in der Redenquelle verschieden überlieferten Spruches vom Bekennen und Verleugnen Jesu und der daraus sich ergebenden

[5] W. Feneberg, Die Frage . . ., 105 f., 107. 109. 113–115. 107.

Reaktion des Menschensohnes (Lk 12, 8 f. par; Mk 8, 38 par) ausführt. Nach Peschs Meinung ist »die Q-Fassung .. die älteste Fassung«, die ursprünglich »mit ἀμὴν λέγω ὑμῖν eingeleitet war«. Nun kann man über die Rekonstruktion der ältesten Fassung des Spruches sicher verschiedener Meinung sein [6], aber die Folgerungen, die Pesch aus dieser Rekonstruktion zieht, sind auf alle Fälle weiterführend: »Geht man nicht von dem unbewiesenen und unbeweisbaren Vorurteil aus, Jesus habe nicht oder könne nicht vom 'Menschensohn' gesprochen haben, so kann der Doppelspruch nur als authentisches Jesuswort angesehen werden«, »Jesus mißt sich nicht nur Offenbarer-, sondern zugleich Heilsmittlerqualität, eschatologische Autorität zu«, »Jesus identifiziert sich nicht direkt mit dem 'Menschensohn' .., er beläßt dem *reflektierenden* Hörer aber auch nicht die Möglichkeit, zwischen Jesus und dem Menschensohn zu unterscheiden«, »Jesus beansprucht .. die Autorität des von Gott *ganz* gedeckten Gesandten .., eschatologische, bei Gott selbst gültige Autorität« [7]. M. E. sind diese Feststellungen überzeugend, auch wenn ich die am Schluß des Aufsatzes angefügte, sogar mit Strichzeichnungen illustrierte abstrakte »Auslegung der Autorität Jesu« nicht für nützlich ansehen kann.

Zuletzt hat H. U. VON BALTHASAR in einem kurzen Aufsatz nach dem »Selbstbewußtsein Jesu« gefragt. Er geht von dem wissenschaftlichen Dogma aus, »daß Jesus vermutlich alle Hoheitstitel (gerade auch den Messias) für seine Person abgelehnt hat«, konstatiert dann, »daß in der 'impliziten Christologie', wie Jesus sie darlebte, mehr und Stärkeres vorhanden gewesen sein muß, als was alle explizite nachösterliche und kirchengeschichtliche Christologie ins Wort bringen kann«, und daß Jesus selber »die Synthese zwischen seiner Heilslehre .. und seiner Person gemacht hat«, und findet in diesen Tatbeständen »Bestärkungen für unsere These von der Einzigartigkeit des Wirkens und damit auch des Selbstbewußtseins Jesu«. Aber werden schon diese Behauptungen ohne exegetische Nachweise aufgestellt, so fehlen für die nun folgenden Feststellungen, daß »von Anfang an das gleiche Selbstbewußtsein, das er später bekundet, ersichtlich ist«, daß »Jesus sich identisch wußte mit einer den Heilsratschluß des dreieinigen Gottes abrundenden Sendung«, daß »Jesus mit seiner Sendung, in der seine göttliche Sohnschaft liegt, identisch ist« [8],

---

[6] Ich habe in meinem Aufsatz über diesen Spruch m. E. gute Argumente für das größere Alter der Markusfassung vorgebracht, und das Postulat einer (nicht bezeugten!) ursprünglichen Einleitung des Spruches mit ἀμήν durch Pesch ist willkürlich. Die Folgerungen meiner Ausführungen decken sich aber sachlich weithin mit denen von Pesch.

[7] R. PESCH, Über die Autorität Jesu ..., 39. 35. 39. 44. 48 f.

[8] H. U. VON BALTHASAR, Das Selbstbewußtsein Jesu, 31 f., 35. 37–39.

nicht nur die exegetischen Begründungen, sondern es handelt sich eindeutig um dogmatische Aussagen, und die *geschichtliche* Frage nach dem
Selbstbewußtsein Jesu wird auf diese Weise nicht beantwortet.

Wesentlicher sind im Rahmen allgemeiner Erörterungen über den persönlichen Anspruch Jesu einige Untersuchungen zu bestimmten Begriffen.
Was freilich J. C. G. Greig in Auseinandersetzung mit J. Jeremias (s.
dazu ThR 40, 1975, 330; 41, 1976, 344) zu der Frage sagt, ob der Gebrauch von Abba und Amen für Jesus charakteristisch und ein Hinweis
auf einen Autoritätsanspruch Jesu sind, ist wenig greifbar. Denn allgemeine Überlegungen ohne konkrete Erörterungen der Texte und der Argumente der gegnerischen Seite können zwar die *Möglichkeit* begründen,
»daß nichts von dem 'abba/'amen-Material direkt auf Jesus in dem Sinn
zurückgeht, in dem es endgültig gebraucht ist« (S. 13), aber damit sind
die triftigen Argumente für die These, daß vor allem der ungewöhnliche
Gebrauch von ἀμήν zur Autorisierung *eigener* Rede einen Hinweis auf
den autoritären Anspruch Jesu darstellt, keineswegs erledigt. CH. Burger
hat sich in seinem Buch »Jesus als Davidssohn« zwar in der Hauptsache
die Aufgabe gestellt, »die Geschichte der Davidssohnschaft Jesu in der ältesten Christenheit nachzuzeichnen«, kommt aber dabei um die Frage
nicht herum, ob die Bezeichnung Jesu als Davidssohn schon in das Leben
Jesu gehört. Seine Besprechung der dafür in Betracht kommenden Markus-Texte ergibt: die Anrede Jesu als Davidsohn durch den Blinden von
Jericho (Mk 10, 47 f.) »geht auf eine christliche Bearbeitung der ursprünglich schlichteren Wundergeschichte zurück«, die Anrede als Davidssohn
hat »bereits christologischen Klang«; in der Erzählung vom Einzug Jesu
nach Jerusalem begegnet »nicht mehr als eine indirekte Erwähnung seiner [Jesu] Davidssohnschaft«; und die Streitfrage über die Davidssohnschaft des Messias (12,35 ff.) »hat nicht Jesus erörtert, sondern die christliche Gemeinde«, so daß sich ergibt: »Im gesamten Stoff der Evangelien
findet sich keine Überlieferung zum Thema Davidsohn, die mit einiger Sicherheit auf Jesus selbst zurückgeführt werden könnte«, »die Rede von
Jesu davidischer Abkunft« ist »ein Moment der Rückschau auf den Irdischen« [9]. Nun ist die schon in Röm 1, 3 in einem vorpaulinischen Text
vorausgesetzte Überlieferung der Zugehörigkeit der Familie Jesu zur
Davidnachkommenschaft schwerlich eine christliche Erfindung, und die
Streitfrage über die Davidssohnschaft des Messias scheint mir, trotz Burger, am ehesten auf Jesus zurückzuführen zu sein [10]. Da aber auch unter
dieser Voraussetzung Jesus die Davidsohnschaft als unwesentlich für das

---

[9] Сн. Burger, Jesus als Davidssohn, 15. 45 f. 52. 58. 165. 167.
[10] S. zu beidem R. E. Brown, The Birth of the Messiah, 1977, 505 ff.

Verständnis seiner Person beiseite schiebt, betrifft das überkritische Resultat der Untersuchung Burgers das Verständnis des persönlichen Anspruchs Jesu nicht.

Die Frage, ob Jesus den Messiastitel für sich gebrauchte oder gelten ließ, ist dagegen wesentlich für das Verständnis Jesu, ist aber nur einmal gesondert behandelt worden. R. PESCH hat (1973/4) der weit verbreiteten Anschauung, daß der Bericht über das Messiasbekenntnis des Petrus (Mk 8, 27–30) eine Gemeindebildung sei, die These gegenübergestellt: »Die Volksmeinungen weisen in vorösterliche Zeit, das Messias-Bekenntnis des Petrus wird auch hierhin gehören«, weil es »unannehmbar« sei, »daß den Volksmeinungen kein Selbstverständnis Jesu und seiner Jünger ent- bzw. unterscheidend widersprochen haben sollte« (S. 194. 23). Das wird mit einer m. E. sehr beachtlichen Argumentation wahrscheinlich gemacht, wenn auch das den Bericht abschließende Schweigegebot schwerlich ursprünglich ist und »die Erzähleinheit Mk 8, 27–30 vorzüglich abschließt« (S. 184). Betrifft dieser Aufsatz nur einen Einzeltext, so haben die jetzt zu nennenden Arbeiten das Verständnis zweier Begriffe der Jesusüberlieferung umfassend im Auge. K. L. SCHMIDT und J. JEREMIAS hatten, unabhängig von einander, die These vertreten, daß ein »emphatisches ἐγώ die ganze Überlieferung der Worte Jesu durchzieht; es ist literarkritisch nicht auszumerzen und ist ohne Parallele in der Umwelt Jesu« [11]. V. HOWARD hat diese These in einer sorgfältigen Untersuchung nachgeprüft. Er zeigt zunächst, daß ein zusätzliches »ich« sowohl in griechischen wie in hebräisch-aramäischen Texten mit oder ohne erkennbare Betonung vorkommt, daß »grammatische Überlegungen allein als Erklärung für jedes Erscheinen des Personalpronomens nicht ausreichen«, und daß sich auch von dem alttestamentlichen ἐγώ εἰμι keine Brücke zu dem synoptischen Sprachgebrauch schlagen läßt. Die Untersuchung der synoptischen Texte ergibt dann, daß »das abundierende ἐγώ keineswegs für die Rede Jesu reserviert ist, sondern von den verschiedensten Menschen gebraucht wird, und zwar *verhältnismäßig* genau so häufig, wenn nicht noch häufiger, wie es bei Jesus selbst der Fall ist«. Eine Ausnahme bilden aber die Antithesen in Mt 5, 21 ff., und »es gibt keinen einigermaßen zwingenden Grund, Jesus die erste, zweite und vierte Antithese abzusprechen«. In dem »Ich aber sage euch« dieser Antithesen »ist ein Absolutheitsanspruch Jesu enthalten, der in seiner Tiefe und Radikalität seine nächste Analogie in dem jüdischen Messiasgedanken hat«. In diesen Jesusworten »wird deutlich, wer Jesus ist, nämlich der, der sich von Gott

---

[11] K. L. SCHMIDT, Jésus de Nazareth, Messie et Fils de l'Homme, in: Le problème du Christianisme primitif, Paris 1938, 30 ff.; J. JEREMIAS, Neutestamentliche Theologie I, 1971, 239 ff. (s. ThR 41, 1976, 311; das Zitat aus S. 242).

beauftragt weiß, die Botschaft von der Herrschaft – *und vom Willen* – Gottes zu verkünden«[12]. D. h. die sprachliche Untersuchung Howards zeigt, daß zwar von einem für die Sprache Jesu kennzeichnenden emphatischen »Ich« nicht die Rede sein kann, daß aber die Antithesen der Bergpredigt in ihrem ursprünglichen Umfang den Autoritätsanspruch Jesu eindeutig erkennen lassen. In diesem letzten Punkt trifft Howard mit den früher besprochenen Untersuchungen von E. Lohse, R. A. Guelich und Ch. Dietzfelbinger (s. ThR 43, 1978, 116 ff.) zusammen, und neuerdings hat G. STRECKER in einer äußerst kritischen Untersuchung der Antithesen die Ansicht vertreten, daß die erste, zweite und vierte Antithese »in ihrem Kern ... auf sehr alte Tradition zurückreichen« und daß ihr »Sprecher seine Weisungen grundsätzlich der Überlieferung der ‚Alten‘ gegenüberstellt«, woraus sich ergibt, daß »zweifellos ein hervorragendes ἐξουσία-Bewußtsein für Jesus vorauszusetzen ist, ohne daß es sich als ‚messianisch‘ bezeichnen ließe«. Man wird die Richtigkeit der letzten einschränkenden Bemerkung in Frage stellen können, wichtig aber ist, daß durch die Arbeiten von Howard und Strecker, unabhängig voneinander, die Einsicht gestärkt worden ist, daß der Kern der Antithesen der Bergpredigt den radikalen Autoritätsanspruch Jesu erkennen läßt, ohne daß er dadurch schon in seiner Besonderheit deutlich würde.

Diese Einsicht wird weiter gestärkt durch die Untersuchung von E. ARENS. Er prüft sorgfältig jedes einzelne der mit »Ich bin gekommen«, »Der Menschensohn kam« und ähnlich eingeleiteten Jesusworte der synoptischen Tradition mit folgendem Resultat: »Ich bin nicht gekommen, Gerechte zu rufen, sondern Sünder« (Mk 2, 17 b) ist ein sehr altes Logion, die darin ausgedrückte Vorstellung stammt von Jesus selbst«, die Formulierung aber »ist eher der alten Kirche zu verdanken, d.h. wir haben die *ipsissima vox*, aber nicht die *ipsissima verba* Jesu«; »Feuer auf Erden zu werfen bin ich gekommen ..« (Lk 12, 49) hat »sehr hohe Chancen, *ipsissimum verbum* Jesu zu sein, und kann als echt angesehen werden«; »Denkt nicht, daß ich gekommen bin, das Gesetz aufzulösen ...« (Mt 5, 17) »ist wahrscheinlicher ein Produkt der frühen Kirche, das allerdings Jesu Gesinnung wiedergibt, als ein *ipsissimum verbum* Jesu«; »Der Menschensohn ist nicht gekommen, sich dienen zu lassen ..« (Mk 10, 45 a) »war ursprünglich in der 1. Person formuliert«, denn »es ist allgemein anerkannt, daß überall, wo dem Gebrauch von Menschensohn in einem Text eine Parallele ohne diesen Begriff entspricht, die Parallele ohne den Begriff ursprünglich ist«; dementsprechend ist es auch wahrscheinlich, daß in dem Spruch »Der Menschensohn kam essend und trinkend« (Mt 11, 19)

---

[12] V. HOWARD, Das Ego Jesu ..., 27. 245. 197. 247–249.

»Menschensohn auf die Griechisch sprechende Gemeinde zurückgeht«, aber der »Inhalt des Spruchs .. hat sehr hohe Chancen, auf eine Äußerung Jesu zurückzugehen, d. h. eine *ipsissima vox Jesu* zu sein«. Die Prüfung sprachlicher Parallelen ergibt dann, daß »ἦλθον + Infinitiv die griechische Wiedergabe einer palästinischen Ausdruckweise ist« mit der »Bedeutung: die Absicht haben« oder »die Aufgabe, die Sendung haben«. So kann das Schlußurteil lauten: »Keines der ἦλθον-Logia offenbart ein messianisches *Wissen* bei Jesus selbst .. In Form und Inhalt entspringen diese Logia aus einem mehr als einfach prophetischen Bewußtsein; in ihnen ist ein Bewußtsein der Endgültigkeit .. Schon in den authentischen Logia ist ἦλθον eine *autoritative* Redeweise und .. offenbart Jesus mehr als prophetisches Bewußtsein seiner Berufung« [13]. Man wird das Urteil über die einzelnen Logia nicht immer überzeugend zu finden brauchen (die Unterscheidung zwischen *ipsissimum verbum* und *ipsissima vox* ist m. E. kaum durchführbar), und daß der Begriff »Menschensohn« bei Fehlen in einer Parallele immer sekundär sei, ist keineswegs »allgemein anerkannt« (s. u. S. 56); auch die Abwehr eines »messianischen Anspruchs« ergibt sich keineswegs zwingend aus den Resultaten dieser Untersuchung. Aber die methodisch vorzügliche und im ganzen weithin überzeugende Arbeit hat nicht nur den untersuchten Sprachgebrauch geklärt, sondern auch einen wichtigen Beitrag zur Erkenntnis des absoluten persönlichen Anspruchs Jesu geleistet.

Die Menschensohnfrage

Die große Mehrzahl der dem persönlichen Anspruch Jesu gewidmeten Arbeiten befaßt sich, wie schon gesagt, mit der Menschensohnfrage [14]. Da die Meinungen auf diesem Gebiet in verwirrender Weise auseinander gehen, hat man auch in unserm Berichtszeitraum mehrfach versucht, durch einen Forschungsüberblick mehr Klarheit in die Meinungsvielfalt zu bringen [15]. Der sehr klare und hilfreiche Aufsatz von I. H. MARSHALL von 1965/6 ist zwar kein bloßer Forschungsbericht, bezieht sich aber auf die

---

[13] E. ARENS, The HΛΘON-Sayings..., 51. 83. 113. 135. 141. 233. 237. 270. 338. 346.

[14] Von dieser Frage war nicht nur schon auf den unmittelbar vorhergehenden Seiten, sondern auch in früheren Teilen dieses Berichts mehrfach die Rede (s. 41, 1976, 208. 301–303. 311–314. 323. 325. 356; 43, 1978, 245).

[15] Einen guten Überblick über den Forschungsstand am Ende der fünfziger Jahre bietet A. J. B. HIGGINS, Son of Man-Forschung since »The Teaching of Jesus«, New Testament Essays. Studies in Memory of Th. W. Manson, Manchester 1959, 119–135. Ausführliche Literaturverzeichnisse zur religionsgeschicht-

gesamte damals vorhandene Literatur zur Beantwortung der Frage, ob die in
der angelsächsischen Forschung weithin anerkannte Anschauung, daß »echte
Jesusworte in jeder der drei Kategorien der Menschensohnworte
[Gegenwarts-, Zukunfts- und Leidensaussagen] zu finden sind«, zu halten
ist oder modifiziert werden muß angesichts »starker Kritik in der deutschsprachigen Welt«, »die in den letzten Jahren einen verbreiteten Einfluß in
England auszuüben begonnen hat«. Er stellt demgegenüber fest, daß die
Tatbestände »verbieten, a priori die Möglichkeit auszuschließen, daß
Jesus diesen Titel mit Bezug auf sich selbst habe benutzen können«, daß
Jesus, »wenn er in irgend einem Sinne ein schöpferischer Denker war,
leicht die Denkkategorien seiner Zeit überschreiten, neue Gedankenverbindungen knüpfen und alte Vorstellungen mit neuer Bedeutung füllen
konnte«, und die Prüfung der gegen die Echtheit der Menschenworte im
Munde Jesu vorgebrachten Argumente ergibt ihm schließlich, daß »kein
guter Grund besteht zu leugnen, daß Jesus den Menschensohntitel gebraucht haben kann, um seine gegenwärtige Autorität und seine zukünftige himmlische Herrlichkeit zu beschreiben«, ja daß »auch die starke
Wahrscheinlichkeit besteht, daß Jesus den Begriff Menschensohn mit
Bezug auf das Leiden gebraucht hat«. Da Jesus »eine offene Gleichsetzung seiner Person mit dem Menschensohn vermied und so ein gewisses
Geheimnis mit Bezug auf sich selbst zu wahren suchte«, war dieser Begriff
»wunderbar geeignet, Jesu Vorstellung über sich selbst auszudrücken, da
er sich auf eine Person bezog, die eng mit Gott verbunden und himmlischen Ursprungs war«[16]. Das scheint mir weitgehend überzeugend zu
sein und bietet auf alle Fälle eine gute Orientierung über die Problematik
zu Beginn unseres Berichtszeitraums. MARSHALL hat sich dann wenige
Jahre später erneut über die seither erschienene Literatur in gut referie-
render Weise geäußert, sich dabei aber vor allem gegen eine radikale Bestreitung des Gebrauchs von Menschensohn durch Jesus gewandt und mit
dem Resultat geschlossen: »Es bleibt die Möglichkeit, daß Jesus, indem er
den Begriff aus dem Alten Testament und besonders aus Daniel übernahm,
ihn zu seiner Selbstbezeichnung in einer quasi-titularen Weise machte«
(S. 81).

Einen gut informierenden Bericht bietet zur selben Zeit wie Marshalls
erster Bericht G. HAUFE. Er unterscheidet vier verschiedene Lösungen des

---

lichen und neutestamentlichen Problematik bei C. COLPE, Kairos 11, 241 Anm. 1
und 13, 2 Anm. 212 und in dem Literaturnachtrag von G. FRIEDRICH, ThWNT
X, 2, 1283 ff.

[16] I. H. MARSHALL, The Synoptic Son of Man Sayings . . ., 327. 329. 337. 341.
349 f.

Menschensohnproblems: nach der konservativen Lösung »hat Jesus sich selbst als der endzeitliche Menschensohn verstanden; alle drei Spruchgruppen [vom kommenden, gegenwärtigen und leidenden Menschensohn] gehen zum mindesten teilweise auf seine eigene Verkündigung zurück«; nach der radikalkritischen Lösung hat »der historische Jesus vom endzeitlichen Menschensohn überhaupt nicht gesprochen«; die konservativ-vermittelnde Lösung vertritt die These: »Der historische Jesus hat sich in einem geheimnisvollen Sinn als Menschensohn gewußt und bezeichnet.. Echt sind gerade die Sprüche vom Erdenwirken des Menschensohnes«; die kritisch-vermittelnde Lösung schließlich, deren »Ahnherr kein geringerer als R. Bultmann ist«, läßt »auf den historischen Jesus lediglich die vom kommenden Menschensohn handelnde Spruchgruppe zurückgehen, wobei Jesus in dem kommenden Menschensohn .. eine von ihm unterschiedene Erlöser- und Richtergestalt gesehen hat« [17]. Haufe tendiert selber zu der zuletzt genannten Lösung, doch behindert diese Stellungnahme die Zuverlässigkeit seiner Berichterstattung nicht.

Einige Jahre später hat R. MADDOX einen Überblick über die Problemlage gegeben, indem er sich mit vier im Jahre 1967 erschienenen Arbeiten (den Büchern von M. Hooker und F. H. Borsch, dem Wörterbuchartikel von C. Colpe und N. Perrins Buch über die Lehre Jesu) auseinandersetzt. Dabei ergibt sich ihm, daß für die Frage der Herkunft des Titels die Ausführungen von Colpe am überzeugendsten sind, daß die völlige Bestreitung des Gebrauchs von Menschensohn durch Jesus (Perrin) unhaltbar ist und daß »in der Frage, ob die Menschensohnworte der Lehre Jesu als authentisch zugeordnet werden dürfen, die Weigerung von Borsch und Hooker, irgend eine Kategorie der Menschensohnworte als nicht authentisch zu betrachten, wohl begründet scheint« (S. 157). Das ist klar, bietet aber keinen umfassenden Überblick, während der Aufsatz von S. LÉGASSE einen gut geordneten Überblick über die in den letzten 30 Jahren vertretenen Anschauungen ermöglicht, ohne deutlich eine eigene Position zu beziehen (nur der Bestreitung vorchristlicher Herkunft der Bilderreden der Henochapokalypse stimmt L. eindeutig zu).

Wenden wir uns der Forschung selbst über die Frage zu, ob und gegebenenfalls in welchem Sinn Jesus vom kommenden »Menschensohn« gesprochen hat, so dürfte es unzweckmäßig sein, auch bei diesem Gegenstand chronologisch vorzugehen, es scheint mir zweckmäßiger zu sein, drei Gesamtdarstellungen vorauszustellen und die übrigen Arbeiten nach sachlicher Zusammengehörigkeit (und dann in diesem Rahmen chronologisch) zu ordnen. Von den drei Gesamtdarstellungen sind freilich zwei

---

[17] G. HAUFE, Das Menschensohnproblem ..., 131. 134. 136. 138 f.

vor 1965 erschienen, können aber wegen ihrer zentralen Bedeutung für
die Diskussion der letzten 15 Jahre nicht übergangen werden. H. E. TÖDT
stellt sich die Frage, »welche Bedeutung die heute erreichbare Rekonstruktion des geschichtlichen Wirkens Jesu für die Auslegung der Menschensohnworte haben könne«. Er untersucht darum sorgfältig die Sprüche
vom kommenden, vom irdischen und vom leidenden und auferstehenden
Menschensohn, jeweils nach ihrem Vorkommen bei Markus, in der Logienquelle, bei Matthäus und Lukas mit folgendem Resultat: »Sprüche
vom kommenden Menschensohn finden sich schon in den Schichten der
synoptischen Tradition, deren hohes Alter nicht zu bezweifeln ist«, wobei
»weitgehende Übereinstimmung in dem Urteil besteht, daß etliche von
ihnen mit hoher Wahrscheinlichkeit auf authentische Aussprüche Jesu zurückgehen«; doch ist es sicher, daß »Jesus vom kommenden Menschensohn
wie von einem Anderen, Zukünftigen gesprochen hat«, und »die Gemeinde hat bei der Neubildung eines Menschensohnspruches die differen-
zierende Form der authentischen Jesussprüche festgehalten«. Die Annahme
aber, »Jesus habe in einer anderen Gruppe von Worten offen von seinem
eigenen Tun als vom Wirken des Menschensohnes gesprochen, ist abzulehnen«, und »es bleibt schlechterdings unverständlich, wie innerhalb der
synoptischen Tradition die Spruchgruppen vom kommenden und vom leidenden Menschensohn so streng geschieden bleiben konnten, wenn Jesus
selbst der Urheber der Grundworte in beiden Gruppen gewesen wäre« [18].
D. h. Tödt bestreitet die Zugehörigkeit sowohl der Gegenwarts- wie der
Leidensaussagen innerhalb der Menschensohnworte zur ältesten Jesusüberlieferung und ebenso die verhüllte Gleichsetzung des redenden Jesus
mit dem kommenden Menschensohn in den auf Jesus zurückgehenden
Zukunftsaussagen und bietet mit alledem nichts Anderes als eine auf
wenige als echt anerkannte Jesusworte sich stützende exegetische Begründung der vor allem von R. Bultmann vertretenen Anschauung über die
synoptischen Menschensohnworte. Trotz des diesem Buch reichlich zuteil
gewordenen Lobes [19] bedeutet darum m. E. Tödts Arbeit, jedenfalls für
die Frage nach dem persönlichen Anspruch Jesu, keinen exegetischen Fortschritt, sondern nur die Sicherung einer oft vertretenen These.
    Auch A. J. B. HIGGINS, der sich in seinem Buch über »Jesus und der
Menschensohn« die Aufgabe stellt, »die Beziehung zwischen Jesu eigener
Lehre über den Menschensohn und der Neuinterpretation dieser Seite
seiner Lehre vonseiten der frühen Gemeinde erneut zu prüfen«, kommt

---

[18] H. E. TÖDT, Der Menschensohn . . ., 17. 29. 116. 60. 116. 133 f.
[19] S. etwa die Besprechungen von W. GRUNDMANN, ThLZ 86, 1961, 427 ff. und
A. VÖGTLE, BZ 6, 1962, 135 ff. Der Aufsatz von I. TÖDT dient nur biographischen Interessen.

zu dem Resultat, daß »die Unterscheidung zwischen Jesus und dem Menschensohn .. unmöglich von Christen erfunden worden sein kann, sondern
von Jesus selbst stammen muß«, daß Jesus »nur von der *eschatologischen*
Rolle des Menschensohns sprach«, wobei an keiner Stelle »eine ausdrückliche Gleichsetzung zwischen Jesus und dem Menschensohn stattfindet, obwohl eine gewisse Beziehung zwischen ihnen besteht«, daß aber »nicht
ein einziges Wort über die irdische Wirksamkeit des Menschensohns als
authentische Äußerung Jesu in Anspruch genommen werden kann«. Higgins versteigt sich sogar zu der Behauptung ‚daß »Jesus sich schwerlich,
als Mensch auf Erden, als Menschensohn betrachtet haben und doch geistig
gesund gewesen sein könnte«. Diese für einen Historiker unmögliche
Feststellung geht ebenso über die Resultate Tödts, mit denen Higgins
sonst übereinstimmt, hinaus wie die weiteren sehr problematischen Behauptungen, daß Jesus sich schon seit seiner Taufe »seiner Sendung als der
[jesajanische] Gottesknecht bewußt war«, vor allem aber, daß Jesus die
Menschensohnvorstellung aufgegriffen habe, »um sich selber als der Gottessohn zu kennzeichnen, als den er sich schon selbst wußte, der in seine
himmlische Stellung wieder eingesetzt werden sollte«[20]. Higgins hat wenige Jahre später in einem Aufsatz diese Anschauungen erneut in Kürze
vertreten, dabei aber deutlicher als in seinem Buch erklärt: »In den am
wahrscheinlichsten auf ihn zurückgehenden Worten hat Jesus sich nicht
auf eine andere Person als den Menschensohn bezogen, sondern indirekt
auf seine eigene eschatologische Wirksamkeit als Richter oder Fürsprecher«
(S. 19). Higgins hat schließlich (1969) in Auseinandersetzung mit drei
inzwischen erschienenen und sich widersprechenden Arbeiten auf die Frage,
ob das Menschensohnproblem unlösbar sei, geantwortet: »Es wäre in
diesem Stadium zu früh zu folgern, das Problem sei unlösbar«, freilich
hinzugefügt: »Es kann indessen gut sein, daß eine Übereinstimmung niemals erreicht werden wird .. Aber das wäre kein einzigartiger Vorgang
in der Welt der biblischen Forschung« (S. 87). Beachtlich ist an diesem
sonst kaum Neues bietenden Aufsatz nur die methodische Feststellung:
»Die Tatsache, daß in den Synoptikern Menschensohn der einzige Titel
ist, dessen Gebrauch Jesus zugeschrieben wird, ist ebenso bedeutsam wie
die andere Tatsache, .. daß nach den Evangelien niemand außer Jesus
ihn gebraucht. Kein Versuch einer Lösung der Frage ist befriedigend, der
nicht diese beiden miteinander in Beziehung stehenden Tatbestände zu erklären sucht« (S. 84)!

    F. H. BORSCH geht denn auch in dem dritten hier zu nennenden umfassen-
den Buch zum Menschensohnproblem von der Feststellung aus, daß

---

[20] A. J. B. HIGGINS, Jesus and the Son of Man, 14. 189. 95. 185 f. 199. 202.

die Evangelien uns diesen Titel »nicht als einen Titel unter vielen darbieten; sie stellen deutlich fest, daß dies die Bezeichnung ist, von der
Jesus durchgehend als von derjenigen sprach, die für seine Aufgabe am
kennzeichnendsten ist«. Im Zusammenhang eines sehr klaren Überblicks
über die Forschungslage (bis 1967) lehnt er die These, Jesus habe diesen
Begriff überhaupt nicht gebraucht, ebenso ab (»Die Menschensohnworte
haben einen äußerst legitimen Anspruch auf Echtheit«) wie die Behauptung eines Mißverständnisss des Ausdrucks in der Urgemeinde (»Es ist
schwer sich vorzustellen, daß alle vier Evangelisten die Redeweise völlig
mißverstehen konnten, wenn noch ein paar Ohrenzeugen vorhanden gewesen sein müssen, die den Irrtum aufklären konnten«). Er wendet sich
dann in mehreren Kapiteln den Vorstellungen der Umwelt von einem
Urmenschen und einem himmlischen König zu, dabei ergibt sich, daß
diese beiden Figuren »für eine lange Zeit eng zueinander in Beziehung
standen«, daß im »Spätjudentum Menschensohn, Urmensch und Messias
gemeinsame Wurzeln haben« (so im Anschluß an A. Bentzen) und daß
sowohl im Danielbuch wie in den Bilderreden der Henochapokalypse
»der Menschensohn als eine messianische Gestalt gedacht worden ist«, ja
er behauptet sogar in angeblichem Anschluß an jüdisch-häretische Vorstellungen, daß »die Vorstellung vom Leiden des 'Menschen' von Jesus
zuerst im Zusammenhang ·des täuferischen Sektentums aufgenommen
worden« sei. Erst nach Kapiteln über den »zweiten Menschen« bei Paulus und den johanneischen Menschensohn wendet sich B. dann dem
»Synoptischen Menschensohn« zu und gewinnt bei der Untersuchung der
synoptischen Menschensohnworte folgende Resultate: »Die große Mehrheit der synoptischen Menschensohnlogien hat einen erheblichen Anspruch
auf Echtheit«: »die Menschensohnworte bleiben in beachtlicher Weise
frei von der Sprache und der Einstellung der frühen Gemeinde«; »nirgendwo wird von Jesus berichtet, daß er den unzweideutigen Anspruch
erhoben habe, daß er selbst der eine und einzige Menschensohn sei. Es
spricht für die Glaubwürdigkeit der Synoptiker, daß sie kein Wort erfunden haben, um diese Lücke zu füllen«; Jesus sprach nicht nur von
der gegenwärtigen Wirksamkeit des Menschensohns, »Jesus kann langsam mehr und mehr dessen sicher geworden sein . ., daß sein Auftrag
ein Leben und ein Tod wie beim Menschensohn war«; »obwohl wir nicht
genau feststellen können, wie Jesus über diesen Gegenstand [die Auferstehung des Menschensohns] gesprochen haben mag, halten wir es für
mehr als unwahrscheinlich, daß er, der Vorstellungen kannte, die vom
vorherbestimmten Tod des Menschensohns sprachen, wußte, daß dies
[der Tod] nicht das Ende der Geschichte sei«; »Jesus hielt sich selbst für
den Menschensohn, der auf Erden wirkte, aber er wußte nicht genau,

welcher Art die Beziehung zum Menschensohn in Herrlichkeit war, während er anerkannte, daß eine Beziehung bestand«[21].

Es ist leicht zu sehen, daß Borsch das Menschensohnproblem in einen breiten religionsgeschichtlichen Rahmen stellt und im ganzen eine konservative Stellung zur Frage nach der Herkunft der synoptischen Menschensohnworte von Jesus einnimmt, und seine kenntnisreiche kritische Distanzierung von manchen radikalen Lösungen ist dankenswert und förderlich. Doch sind gegen Borschs Ausführungen drei gewichtige Einwände zu erheben. 1) Es gelingt B. trotz der Heranziehung eines umfangreichen Materials nicht, die sehr verschiedenen Vorstellungen über Urmensch und himmlischen König in der weit verstandenen Umwelt des Neuen Testaments überzeugend auf eine gemeinsame Wurzel zurückzuführen und so die Frage nach dem jüdischen Hintergrund der von ihm anerkannten Rede Jesu über den Menschensohn schlüssig zu beantworten. 2) Die Behandlung der synoptischen Texte läßt jede traditionsgeschichtliche Betrachtung der Texte und damit auch eine Einsicht in die Umbildung der Tradition innerhalb der Evangelien und die unerläßliche Prüfung des Alters der einzelnen Überlieferungen vermissen. Die Verteidigung der Zuverlässigkeit fast der gesamten Überlieferung steht damit auf einem sehr unsicheren Boden. 3) Die Menschensohnworte werden nicht, wie es zum Verständnis der Menschensohntradition unerläßlich wäre, in den Zusammenhang der Verkündigung Jesu von der bald kommenden und der gekommenen Gottesherrschaft hineingestellt und verlieren dadurch ihren radikalen Charakter. Überdies sind die Behauptungen einer Vorstellung vom Leiden des »Menschen« im täuferischen Sektentum und von der Unsicherheit Jesu gegenüber der Identität zwischen seiner Person und dem Menschensohn völlig aus der Luft gegriffen. Das Buch von Borsch muß darum mit Kritik gelesen werden, bietet aber als ganzes einen beachtlichen Beitrag zur Klärung der Menschensohnproblematik. Borsch hat dann wenig später im 1. Kapitel seiner Schrift über den christlichen und den gnostischen Menschensohn[22] gegen J. Jeremias (s. u. S. 74 f.) den überzeugenden und wichtigen Nachweis der »Priorität der Menschensohnbezeichnung dort in der Tradition [geführt], wo wahrscheinliche Parallelen ohne Menschensohn begegnen«, während umgekehrt später sich Tendenzen zeigen, »diese Bezeichnung zu beseitigen, zu ergänzen, zu interpretieren oder zu ersetzen« (S. 27 f.).

---

[21] F. H. BORSCH, The Son of Man..., 16. 32. 24. 89. 132 f. 155. 230. 314. 316. 320. 330. 352. 360.

[22] Auf den Wert der hier nicht zu besprechenden Darstellung des Menschensohnbegriffs in gnostischen Quellen in diesem Buch hat K. RUDOLPH in ThR 37, 1972, 317 Anm. 1 hingewiesen.

Schon bei diesen drei Forschern zeigte sich immer wieder, daß für die geschichtliche Beurteilung der synoptischen Menschensohnüberlieferung die vorherige Klärung der Frage unerläßlich ist, ob es im Frühjudentum die Vorstellung von einer »Menschensohn« genannten Gestalt gegeben hat, und die Besprechung der weiteren Arbeiten zur Menschensohnfrage wird außerdem zeigen, daß dort immer wieder die Frage nach dem sprachlichen Sinn der Rede vom »Menschensohn« im zeitgenössischen Judentum bzw. im jüdischen Aramäisch entscheidend ist, und darum muß auf diese beiden Vorfragen hier zunächst eingegangen werden. Die sprachliche Frage ist dabei die grundlegende; denn wenn der nur im Munde Jesu überlieferte Gebrauch von ὁ υἱὸς τοῦ ἀνθρώπου in der aramäischen Sprache entweder keinen titularen Sinn hatte oder haben konnte, oder wenn die griechischen Evangelien nur irrtümlich einen entsprechenden aramäischen Ausdruck im Sinne eines Hoheitsanspruchs verstanden haben, erübrigt sich die Frage nach dem Vorkommen und der Herkunft eines solchen Hoheitstitels in der Umwelt Jesu für das Verständnis der Verkündigung Jesu. R. E. C. Formesyn stimmt mit H. E. Tödt darin überein, daß Jesus den Begriff Menschensohn zwar verwendet, aber nicht auf sich bezogen habe, und will nur dem Einwand den Boden entziehen, daß in diesem Falle unerklärlich wäre, daß der Begriff nur im Munde Jesu begegnet; er sucht nachzuweisen, daß der Begriff nur im Munde Jesu begegnen konnte »wegen seiner Austauschbarkeit im Aramäischen mit der 1. Person des Personalpronomens«. Denn »der Titel erscheint ausschließlich an der Stelle des Personalpronomens« und »kann immer durch 'ich' oder eine andere Form der 1. Person ersetzt werden«, »dafür gibt es keine einzige Ausnahme«. Der Grund dafür ist, daß »in aller Wahrscheinlichkeit eine Wortbeziehung zwischen den aramäischen Worten für 'ich' und 'Menschensohn' bestand«. Um diese These zu beweisen, muß F. freilich das *Postulat* der »wahrscheinlichen Existenz der Ausdrucksweise 'dieser Menschensohn'« aufstellen, jedoch zugeben, daß »bis jetzt kein Beispiel mit diesem Wort [Menschensohn] in aramäischen Texten gefunden worden ist«. Er findet allerdings diesen Tatbestand nicht »fatal« und meint, daß in den auf Jesus zurückgehenden futurischen Menschensohnworten, in denen Jesus von einem nicht mit ihm identischen Menschensohn spricht, eine »mögliche Pronominalisierung« [23] dieses Titels vorliege, die dazu führte, daß auch diese Worte nur im Munde Jesu begegnen. Das ist nun freilich eine aus der Luft gegriffene Behauptung, und mit der ohne Belege aufgestellten These der Austauschbarkeit von

---

[23] R. E. C. Formesyn, Was there . . ., 25. 27 f. 32. 26.

»Menschensohn« und »ich« läßt sich das Vorkommen des Titels in den futurischen Menschensohnworten schwerlich erklären, diese sprachliche Unterstützung der These von Tödt ist darum unhaltbar.

Freilich haben andere Forscher ähnliche Thesen vertreten. G. Vermes hat in einem 1967 veröffentlichten Aufsatz über den Gebrauch von barnāš im jüdischen Aramäisch zu zeigen gesucht, daß im galiläischen Aramäisch der Ausdruck bar-nāš in gleicher Weise wie die »definierte« Form bar-nāšā nicht nur im Sinn von »irgendjemand«, »ein menschliches Wesen« vorkommt, sondern auch als Umschreibung für »ich« gebraucht werden kann, daß es dagegen keinen Beleg für bar-nāšā als messianischen Titel gibt. Er folgert daraus: der neutestamentliche Forscher steht vor dem »Dilemma: entweder ist der griechische Ausdruck aus dem Aramä-ischen abgeleitet, dann ergibt sich die Frage nach seiner ursprünglichen Bedeutung, da 'Menschensohn' etwas anderes als ein Titel sein muß; oder es handelt sich nicht um eine Übersetzung, sondern um eine originale Bil-dung, dann muß erklärt werden, warum eine hellenistisch so fremdartige Wort-Bildung erfunden sein sollte, warum diese Bildung so rasch von den Verfassern der griechischen Evangelien aufgenommen und warum sie trotzdem nachher von der Griechisch sprechenden Kirche vernachläs-sigt wurde« (S. 328). Vermes hat dann kürzlich in Auseinandersetzung mit der neuesten Debatte betont, daß »die Argumente für einen um-schreibenden Gebrauch von bar nāš/bar nāšā im Sinn einer indirekten Be-zugnahme auf den Redenden allen bis jetzt vorgebrachten Kritiken ge-genüber standhalte« (S. 130) und daß nirgends im Judentum ein titularer Gebrauch von 'Menschensohn' begegne, weswegen »eine völlige Neuinter-pretation aller neutestamentlichen Stellen erforderlich ist« (S. 132).

Auch P. M. Casey hat in seinem Aufsatz über das Menschensohn-problem, in dem er sich ausdrücklich an Vermes anschließt, die Ansicht vertreten, daß »im Aramäischen ein Redner eine allgemeine Feststellung, bei der der Ausdruck für 'Mensch' bar'enāš war, anwenden konnte, um etwas über sich selbst zu sagen« (S. 147); die scheinbare Unterscheidung zwischen Jesus und dem Menschensohn in einigen Jesusworten »ist ein falscher Eindruck, der sich aus der Übersetzung dieses aramäischen Sprach-gebrauchs ins Griechische ergibt« (S. 152). »Wenn Jesus also keinen Titel 'Menschensohn' gebrauchte, hat er von christologischen Titeln keinen großen Gebrauch gemacht.. Er betrachtete sich als weniger einzigartig, als christliche Wissenschaft im Ganzen annimmt« (S. 154) Basiert diese Erklärung immerhin auf einer, freilich problematischen, sprachgeschicht-lichen Grundlage, wie gleich zu zeigen sein wird, so vertreten die vier hier gleich anzuschließenden Aufsätze ähnliche, aber sprachlich überhaupt nicht gesicherte Thesen. J. P. Brown möchte nachweisen, daß »die Vor-

stellung von dem apokalyptischen Menschensohn sich innerhalb der
Evangelientradition aus etwas Anderem entwickelt hat« (S. 367); da
es keine Vorstellung von einem erwarteten Menschensohn im Judentum
zur Zeit Jesu gab, bleibt die einzige »Möglichkeit, daß 'Menschensohn'
der Name ist, den andere Menschen Jesus gaben« (S. 374). Jesus nimmt
die vorwurfsvolle Redeweise seiner Gegner 'der Menschensohn' im Sinne
von 'this fellow' auf, und so konnten dann auch die Jünger von ihm in
dieser Weise reden, und nach der Auferstehung ist »die Theologie des
Menschensohns die erste Stufe in der Umarbeitung von Jesu ironischer
Selbstbezeichnung durch die Kirche« (S. 384). Freilich ist völlig unbewiesen, daß die Gegner Jesus in einer betonten Weise »dieser Mensch« genannt haben und daß Jesus diese Bezeichnung in ironischem Sinn übernehmen und damit verstanden werden konnte, und die futurischen
Menschensohnworte müssen dann natürlich samt und sonders als Gemeindebildung erklärt werden. Erst recht problematisch ist die verwandte
These von M. MÜLLER. Da es auch nach seiner Meinung keine apokalyptisch geprägte Menschensohnvorstellung gab, »liegt es nahe anzunehmen,
daß der Ausdruck Menschensohn ausschießlich von dem Kontext her,
in dem er auftritt, verstanden werden muß« (S. 76); »Wo das Personalpronomen nach einer Akzentuierung verlangt, die noch zusätzlich unterstreicht, von wem hier die Rede ist, da scheint die Evangelienüberlieferung die Neigung zu besitzen, den auffallenden Ausdruck 'Menschensohn'
zu verwenden« (S. 79 f.); »Man wird nicht rundweg zurückweisen können, daß der griechische Ausdruck bei den Evangelisten .. seinen Ursprung in einer .. Redeweise des historischen Jesus gehabt haben kann.
Doch wird es nicht möglich sein, daraus irgendwelche Schlüsse auf das
Selbstverständnis Jesu zu ziehen« (S. 81). Freilich bleibt bei dieser These
völlig unerklärt, wie es zu der Ausdrucksweise Jesu kam, warum die
Christen sie in einer so ungriechischen Form wiedergegeben haben und
welches Interesse sie überhaupt an dieser Wiedergabe haben konnten,
wenn der Ausdruck nichts über das Selbstverständnis Jesu aussagt. Auch
der dritte hier zu nennende Aufatz, derjenige von J. BOWKER, geht davon
aus, daß durch Vermes erwiesen sei, daß »Menschensohn generische Bedeutung haben und daß ein Redender sich selbst in diesen Hinweis einbe-
ziehen konnte« (S. 32), sucht aber darüber hinaus zu zeigen, daß im
zeitgenössischen Judentum »eine starke Tendenz bestand, bar nāš in solchen Fällen zu wählen, wo die Bedeutung hinweist auf 'Mensch, zum
sterben geboren, Mensch im Gegensatz zu Gott'« (S. 37), und daß von
dieser Bedeutung aus alle Stellen mit 'Menschensohn' im Markusevangelium erklärt werden können: Jesus wirkt »als ein Mensch unter Menschen, als der Menschensohn..., der sterben muß, .. der aber auch ge-

rechtfertigt werden wird über einen unvermeidlichen und ganz wirklichen
Tod hinaus« (S. 46); »keine andere Selbstbeschreibung hätte so wirksam
betont, daß Jesus *nicht* eine außerordentliche Gestalt war« (S. 47 f.). Es
ist nun freilich erst recht unbewiesen, daß bar nāš im jüdischen Bereich
vor allem die von Bowker behauptete Bedeutung hatte (auch die Zustimmung zu dieser Interpretation von M. BLACK in seinem Aufsatz von 1978,
S. 16, hat keinen besseren Beweis erbracht), und die futurischen Menschensohnworte lassen sich von dieser Voraussetzung aus überhaupt nicht
verständlich machen. Der von J. B. CORTÉS und F. M. GATTI gemeinsam
verfaßte Aufsatz schließlich geht zwar von der (nicht ganz zutreffenden)
Voraussetzung aus: »Es gibt heute kaum Zweifel daran, daß Jesus tatsächlich den Ausdruck 'Menschensohn' gebrauchte«, hält es dann aber
doch für »sozusagen unmöglich, mit Sicherheit in einem konkreten Beispiel festzustellen, ob der Sitz im Leben Jesu und der bei den Evangelisten im wesentlichen identisch ist«. Bei der Frage nach dem Sinn des
Ausdrucks im griechischen Text der Evangelien halten sie aber dann für
»nicht unwahrscheinlich, daß Jesus selbst den Ausdruck 'der Sohn des
Menschen' in Griechisch gebraucht hat, so daß die Übersetzung, die die
Evangelisten bieten, von Jesus selber stammen könnte«; der griechische
Ausdruck könne nun nicht einfach »Mensch« bedeuten, »der Mensch *par
excellence,* dessen Sohn Jesus war, kann sicherlich Adam sein«, »da Jesus
der Sohn Adams ist und alle Menschen in sich befaßt, ist er zu gleicher
Zeit einer und viele«. Trotz dieser Deutung des griechischen Ausdrucks
aus der »originalen« Sprache Jesu fragen die Verf. weiter nach der Bedeutung des Begriffs in der Muttersprache Jesu und kommen zu der Lösung:
»Der hebräische Ausdruck 'ben-ha'ādām' kann sicherlich den 'Sohn Adams'
bezeichnen«, während das aramäische bar-nāšā zweideutig ist, aber auch
eine Übersetzung aus dem Hebräischen sein kann, darum »scheint die
Übersetzung von 'der Sohn des Menschen' durch 'der Sohn Adams' vorzuziehen zu sein«, »Jesus ist nicht *ein* Sohn Adams, er ist *der* Sohn Adams
par excellence, er ist menschlich, aber einzigartig, so wie der erste Adam«.
Diese Argumentation leidet nun freilich an so vielen Ungereimtheiten
(der griechische Ausdruck Jesu eigene Übersetzung; die Deutung des griechischen Ausdrucks aus dem als Eigenname verstandenen *hebräischen*
ben-hā'adām; die sprachlich nicht erkennbare emphatische Deutung '*der*
Sohn Adams' usw.), daß diese Hypothese als unhaltbar bezeichnet werden muß [25].

---

[24] J. B. CORTÉS-F. M. GATTI, The Son of Man . . ., 459 f. 465. 470. 477. 486 f.
[25] J. A. FITZMYER, The New Testament Title . . ., 145 spricht von einer »tour
de force«.

Die verschiedenen Versuche, den Terminus »der Sohn des Menschen«
auf eine nicht titulare Selbstbezeichnung Jesu zurückzuführen, müssen
so als verfehlt bezeichnet werden. Die Annahme, der in den griechischen
Evangelien als »der Sohn des Menschen« wiedergegebene Ausdruck gehe
auf eine aramäische nicht titulare Selbstbezeichnung Jesu zurück, ist aber
wahrscheinlich sprachlich überhaupt nicht haltbar, wenn der kürzlich
erschienene Aufsatz von J. A. FITZMYER recht hat. F. hatte schon in einer
Besprechung des Aufsatzes von Vermes aus dem Jahre 1967 [26] bestritten,
daß der Gebrauch von bar nāš(ā) als Ersatz für »ich« für das palästinische Aramäisch des 1. Jahrhunderts nachweisbar sei, er hat diesen
Nachweis jetzt in einer gründlichen Beweisführung verstärkt. Da er auch
der Meinung ist, daß »Menschensohn« nicht »als Titel für eine erwartete
oder apokalyptische Gestalt, geschweige denn für einen Messias oder
einen Gesalbten« (S. 153) in aramäischen Texten vor der Abfassung des
Neuen Testaments belegt sei, kann er nur vermuten, daß »die griechische
Audrucksweise mit zwei Artikeln .. absichtlich gebildet worden ist, um
einen Titel anzudeuten« (S. 154), hält aber das Mittelglied zum aramäischen Sprachgebrauch etwa Jesu (die Frage bleibt offen) für noch nicht
gefunden. Wird somit durch diese Untersuchungen allen Hypothesen der
Boden entzogen, die den Gebrauch eines angeblichen Titels »der Sohn
des Menschen« durch Jesus mittels der Annahme eines Mißverständnisses
einer Redeweise für »ich« erklären wollen, so zeigt sich zugleich, daß zur
Lösung der Menschensohnfrage die religionsgeschichtliche Problematik
entscheidend ist, ob es im zeitgenössischen Judentum die Erwartung einer
»Mensch« genannten Gestalt gegeben hat oder nicht.

Doch muß, ehe ich auf die religionsgeschichtliche Problematik eingehen
kann, noch auf ein kürzlich erschienenes Buch hingewiesen werden; denn
wäre R. KEARNS mit seiner sprachlichen Untersuchung im Recht, müßte
nicht nur die sprachliche Problematik der Menschensohnfrage in einem
völlig neuen Licht gesehen werden. K. vertritt in dem 1. Band seines
Werkes »Vorfragen zur Christologie«, der eine »morphologische« und eine
»semasiologische« Studie enthält (»überlieferungsgeschichtliche, rezeptionsgeschichtliche, traditionsgeschichtliche und übersetzungsgeschichtliche«
Studien werden vorangezeigt) folgende These: Der als aramäische Voraussetzung des griechischen »der Sohn des Menschen« allgemein angenommene aramäische Ausdruck bar nāšā wird seit Jahrhunderten angesehen als »inneraramäische« Zusammensetzung aus den beiden Worten
bar (Sohn) und nāš (Mensch), »eben dies Ergebnis ist aber fraglich«. K.

---

[26] J. A. FITZMYER, CBQ 30, 1968, 424 ff. Unabhängig von ihm ebenso R. LE
DÉAUT, Bib. 49, 1968, 397 ff.

sucht nun zu zeigen, daß dieses Wort mit seinen vier Radikalen brnš nur
in westaramäischen Sprachen einschließlich des Jüdisch-Palästinischen »als
Bestandteil der Umgangssprache heimisch gewesen ist«, stellt aber daneben
die Tatsache, daß in der für das 15.–13. Jahrhundert v. Chr. bekannten
Sprache des nordsyrischen Stadtstaats Ugarit ein dreiradikaliges Wort
bnš belegt ist, das nach seiner Vermutung dort aus dem Hurritischen als
Fachwort des Lehnswesens übernommen worden war. Dieses Wort habe
sich im Aramäischen eingebürgert, und hier entstand durch Dissimilation
aus bnš: brnš = barnāš, das dann »pseudoetymologisch« als »Sohn des
Menschen« interpretiert wurde. K. sucht dann durch eine Häufung von
Belegen aus der jüdisch-aramäischen Literatur nachzuweisen, daß dieses
mit der Bedeutung »Vasall« übernommene Wort im Jüdisch-Aramäischen
eine Fülle von verschiedenen Bedeutungen (z. B. Gutsherr, Kapitaleigner
usw.) angenommen hat. Vermutlich erst in seleukidischer Zeit sei dann
das ostaramäische brnš = »Mensch« nach Palästina eingeführt worden,
»wo es mit dem westaramäischen brnš in seiner ausgebildeten Bedeutungs-
vielfalt zusammentraf« [26a]. Ich weiß nicht, ob ich mich angesichts dieser
Ausführungen mehr über die Phantasie oder über die beängstigende Häufung von Quellenbelegen oder über die Sicherheit des Verfassers seinen Ein-
fällen gegenüber wundern soll [26b]. Denn die Annahme, daß ein aus einer
nicht semitischen Sprache übernommenes ugaritisches Wort ins Aramäische
übernommen und dort durch Dissimilation dem genuin aramäischen brnš
gleichgestaltet wurde, ist völlig unbeweisbar, »es läßt sich m. E. nicht der ge-
ringste Beweis für eine Kontinuität dieses Begriffs vom Ugaritischen bis in
das zeitlich um einige Jahrhunderte später einsetzende Aramäische erbringen« (W. W. MÜLLER). Und die Durchsicht der mit bemerkenswertem Sam-
meleifer zusammengetragenen Belege für die angeblich so verschiedenen Bedeutungen dieses übernommenen Wortes im Aramäischen zeigt nicht nur,
daß in sämtlichen Fällen die Bedeutung »Mensch« ebenso gut paßt, sie
läßt auch erkennen, daß die Belege für diese angeblichen Bedeutungen
um viele Jahrhunderte später sind als die Zeit, zu der nach der eigenen
Angabe des Verf. bereits das gleichlautende ostaramäische Wort bar nāš
= Mensch ins Jüdisch-Aramäische eingedrungen war. Die hier aufgebo-
tene Gelehrsamkeit kann daher nicht davon überzeugen, daß zur Zeit
des Urchristentums im palästinischen Aramäisch die dort gebrauchte
Wortverbindung barnāš etwas Anderes als »Mensch« bedeutete; in welchem Sinn der Verf. seine Untersuchungen als »Studien zur Vorgeschichte
eines christologischen Hoheitstitels« verstanden wissen will, bleibt über-

---

[26a] R. KEARNS, Vorfragen zur Christologie I, 5. 15. 29. 165.
[26b] Der Marburger Semitist W. W. MÜLLER hat mich freundlicherweise als
Sprachenkenner beraten und in meinem Urteil bestätigt.

dies noch im Dunkel. Für das Verständnis des sprachlichen Hintergrunds für den synoptischen Gebrauch des Ausdrucks »der Sohn des Menschen« trägt daher diese Arbeit schwerlich etwas bei.

Wenden wir uns nun der religionsgeschichtlichen Vorfrage zu, so läßt sich die *communis opinio* zu Beginn unseres Berichtzeitraums am besten aus dem Aufsatz von J. COPPENS aus dem Jahr 1961 erkennen. Danach ist die äthiopische Henochapokalypse, die einschließlich der hier allein in Betracht kommenden »Bilderreden« (Kap. 37–71) bis etwa 63 v. Chr. abgeschlossen war, »die Hauptquelle für die Geschichte des Titels [Menschensohn] während der nachdanielischen Periode«; »in den Bilderreden des Henoch haben sich der Erwählte und der Menschensohn eine bedeutende Zahl von Funktionen angeeignet, die in andern Texten Erbteil des Messias sind«, und »während in Dan 7 die Person [des Menschensohns] in erster Linie eine Symbolgestalt darstellt für eine Mehrheit, die Heiligen des Höchsten, haben wir es in den Bilderreden des Henoch mit einem Individuum zu tun«; und »während in Daniel und den Bilderreden des Henoch sich der Menschensohn mit engelhaften, himmlischen Zügen darstellt, beschreibt uns 4. Esra deutlich einen Menschen«; was dann die Evangelien anbetrifft, so »wäre es schwierig, .. den Gebrauch des Titels Jesus zu bestreiten«, »Jesus individualisierte die Gestalt des Daniel, so wie die Bilderreden des Henoch und 4. Esra .., man muß aber keine Abhängigkeit Jesu von der henochischen Tradition postulieren, nichts spricht dagegen, daß er sich selber auf die geheimnisvolle Gestalt des Daniel bezogen hat« [27].

Diese von Coppens wiedergegebene *communis opinio* ist seither energisch in Frage gestellt worden. N. PERRIN bestreitet in seinem Aufsatz von 1966, daß bei Henoch und im 4. Esra ein selbständiger Titel »Menschensohn« vorliege, es handle sich nur um verschiedenartige Bezugnahmen auf Dan 7; wenn Daniel seinerseits mit der Hilfe einer aus kanaanäischer Mythologie übernommenen himmlischen Gestalt die makkabäischen Märtyrer zu trösten sucht, so »ist es wahrscheinlich ein bloßer Zufall, daß diese Gestalt 'einer wie ein Menschensohn' ist« (S. 21); innerhalb der Henochtradition erhält der Menschensohn dann die Rolle des eschatologischen Richters, während im 4. Esra »Menschensohn« überhaupt nicht als Titel gebraucht wird. Das Facit lautet dann: »Wenn die von mir vorgetragene Hypothese zutrifft, folgt notwendigerweise, daß es kein apokalyptisches Menschensohnwort in der Lehre Jesu geben kann« (S. 27). Ganz ähnlich ist die von R. LEIVESTADT in zwei im wesentlichen überein-

---

[27] J. COPPENS, Le Fils de l'Homme ... (1961), 75 f. 81. 84. 86. 91. Der Aufsatz Coppens' von 1975/6 bietet nur eine Würdigung der Arbeiten von U. B. Müller und K. Müller ohne neue Gedanken.

stimmenden Aufsätzen ausgeführte These: »Der apokalyptische Menschensohn ist eine Erfindung der modernen Theologie«. »Die Bilderreden
sind in dem urchristlichen Milieu vollständig unbekannt gewesen, wahrscheinlich weil sie zu dieser Zeit noch garnicht existiert haben«, »ʿder Menschensohn' ist als jüdische Messiasbezeichnung unbekannt«, und in den
Evangelien »setzt keine Menschensohnaussage eine ursprünglich titulare,
messianische Bedeutung voraus«; »wir können [aber] der Tradition,
Jesus habe sich der Menschensohn genannt, ohne Bedenken Glauben
schenken. Das Warum vermögen wir nicht zu beantworten«. D. h. »der
einzige Sitz im Leben dieses ungewöhnlichen Ausdrucks ist in den Worten Jesu«, »es ist möglich, 'Menschensohn' in jedem Beispiel durch das
Personalpronomen (oder Jesus) zu ersetzen.. Wir haben es ursprünglich mit einer einfachen Umschreibung für 'ich' und 'mich' zu tun«, »Jesus
hat möglicherweise den Ausdruck 'Menschensohn' in Analogie und als
Gegensatz zu 'Davidsohn' gewählt«[28]. Es ist deutlich, daß Leivestadt
(darin in Übereinstimmung mit Perrin) das Vorhandensein einer vorchristlichen jüdischen Erwartung eines 'Menschensohns' bestreitet und
darüber hinaus diesen Terminus in den Evangelien als eine von Jesus erfundene Selbstbezeichnung interpretiert; er muß freilich zugeben, daß wir
nicht wissen, wie diese Selbstbezeichnung zu erklären ist (die Analogie
zu 'Davidsohn' ist aus der Luft gegriffen).

Diese Bestreitung eines vorchristlichen jüdischen Titels »Mensch« für
eine himmlische eschatologische Gestalt ist dann vor allem durch eine
Bestreitung der vorchristlichen Entstehung der Bilderreden des Henochbuchs unterstützt worden. Hier haben besonders die Ausführungen des
Herausgebers der in Qumran gefundenen aramäischen Fragmente der
Henochapokalypse, J. T. MILIK, Eindruck gemacht. In einem Aufsatz von
1971[29] verweist er auf das völlige Fehlen von Fragmenten der Bilderreden
(äthHen 37–71) in Qumran, während für alle andern Teile dieser Sam-
melschrift zahlreiche Fragmente vorliegen, er verweist weiter auf die
späte Bezeugung dieser Schrift (9. Jahrhundert), auf den angeblichen
Einfluß des Neuen Testaments auf diese Schrift, vor allem in den Mes-
siastiteln, auf die literarische Verwandtschaft mit den christlichen
Sibyllinen und möchte die Bilderreden aufgrund einer zeitgeschichtlichen
Anspielung um 270 n. Chr. datieren. Auch E. SCHWEIZER hat in seinem
Beitrag zur Vögtle-Festschrift erklärt, daß die Bilderreden »vielleicht überhaupt erst in der ersten Hälfte des 2. Jahrhunderts n. Chr. entstan-

---

[28] R. LEIVESTADT, Der apokalyptische Menschensohn..., 50. 53. 55. 67. 101;
Exit..., 255 f., 267.
[29] Die Resultate werden in der Textausgabe von J. T. MILIK, The Books of
Enoch. Aramaic Fragments of Qumrân Cave 4, Oxford 1976, 89 ff. wiederholt.

den sind« (S. 101), und es als »wahrscheinlich« bezeichnet, »daß Jesus zum erstenmal einen nur bildhaft gebrauchten Ausdruck aufgegriffen und ihm neue Bedeutung gegeben hat« (S. 102), doch geht Schweizer auf Jesu Gebrauch des Titels hier nicht weiter ein. M. CASEY hat seine Ansicht über den Sinn von »Menschensohn« als Selbstbezeichnung Jesu (s. o. S. 58) noch durch die These unterstützt, der Verfasser der Bilderreden (die C. freilich in das 1. Jh. v. Chr. datiert) habe den Ausdruck »Mensch« aus Dan 7, 13 »zur Beschreibung seines himmlischen Helden« aufgenommen, er leugnet darum »die Existenz einer besonderen 'Menschensohn'-Vorstellung im Judentum«, so daß »von den Bilderreden als Beleg für die Existenz einer besonderen 'Menschensohn'-Vorstellung im Judentum abgesehen werden sollte« (S. 28 f.). P. GRELOT schließlich hat in seinem (als ganzes durchaus beachtlichen) Buch über die jüdische Hoffnung zur Zeit Jesu die Anschauung vertreten: »Man kann die Bilderreden des Henochbuchs . . kaum als jüdische Texte lesen, die dem Neuen Testament voraufgehen, aus denen das Urchristentum Themen und für seine christologische Spekulation geeignete Ausdrücke entnommen hätte.. In den Bilderreden ist die Dichte der Kombination so groß, daß man sie besser als Resultat eines neuen Überdenkens [apokalyptischer Vorstellungen] ansehen sollte, für das das Neue Testament als Katalysator gedient hat« (S. 157). Trotz des Fehlens des Hinweises auf das Kreuz in den Bilderreden »wäre es sehr unklug, auf die Bilderreden zurückzugreifen, um die jüdischen Glaubensvorstellungen zur Zeit Jesu und der Apostel erkennbar werden zu lassen, indem man sie als Zwischenglied zwischen dem Danielbuch und der christlichen Menschensohnvorstellung hinstellte« (S. 165).

Gegen diese Spätdatierung der Bilderreden und die damit in der Regel verbundene Bestreitung einer jüdischen »Mensch« genannten eschatologischen Gestalt sind nun freilich erhebliche Einwände erhoben worden. K. MÜLLER sucht eine Entwicklung der Menschensohngestalt im Frühjudentum zu zeichnen: das in der ältesten Schicht der Bilderreden (äthHen 46. 47. 48, 2–7) erkennbare »Bild eines himmlischen Individuums, welches von Gott vor Erschaffung der Welt zum eschatologischen Richter .. berufen wurde und bis zum Augenblick des anhebenden Endgerichts in einem verborgenen Dasein .. vor Gott existiert«, ist in 62, 5. 7. 9. 14; 63, 11; 69, 26–29 mit der Gestalt des »Auserwählten«, der »keine präexistente himmlische Größe« darstellt und »dem irdisch-nationalen Messiasbild des Judentums ungleich näher steht«, kombiniert worden, und in 48, 10; 52, 4 wird dann dem »,Menschensohn' der Name ›Gesalbter‹ zugelegt"; das Nachtragskapitel 71 schließlich »ist bemüht, in Henoch selbst den Menschensohn zu erkennen«. In der Menschensohnvision von Dan 7 ist

dann »der Trend erkennbar, den genuin transzendenten Menschensohn
mit den Prärogativen des irdischen Ben David auszustatten«, und in
4. Esra 13 hat schließlich »der präexistente, himmlische . . Menschensohn . .
weitgehend die klassische Funktion des irdisch-nationalen Befreiers Israels, des Messias, angenommen«. Müller entnimmt dieser Konstruktion
einer Entwicklung der Menschensohnvorstellung den »eindeutigen Befund, daß spätestens seit der ersten Hälfte des zweiten vorchristlichen
Jahrhunderts innerhalb der jüdischen Literatur das zunehmend Platz
greifende Bestreben beobachtet werden kann, die ursprünglich präexistente
und transzendente eschatologische Richterfigur des Menschensohns in den
Horizont innerweltlicher Erwartung zu integrieren«, und leitet daraus
»die zwingende Folgerung ab, daß der Menschensohn zur Zeit Jesu gar
nicht mehr jenes 'präexistente Himmelswesen' gewesen sein kann, von
dem aus man allein zu jenen synoptischen Sprüchen eine direkte Brücke
zu finden wähnte, die vom zukünftigen Wirken des Menschensohnes
reden. Unter religionsgeschichtlichem Aspekt stehen die synoptischen
Worte vom Erdenwirken des Menschensohnes der . . skizzierten Entwick-
lungsrichtung ungleich näher und haben erheblich begründeteren Anspruch
auf Ursprünglichkeit« [30]. Nun ist freilich die von K. Müller gebotene
literarkritische Analyse der Bilderreden und die daraus abgeleitete Zeichnung einer Entwicklung der Menschensohnvorstellung ebenso wenig eindeutig erwiesen wie die Behauptung, auf dem Hintergrund dieser Entwicklung seien die Jesusworte vom gegenwärtigen Menschensohn als ursprünglicher anzusehen als die futurischen Menschensohnworte. So muß
ein endgültiges Urteil über diese religionsgeschichtliche Konstruktion offen
bleiben, bis die literarkritschen Voraussetzungen nachgeprüft sind, und
es genügt in unserm Zusammenhang der Hinweis darauf, daß K. Müller
die vorchristliche Entstehung der frühjüdischen Menschensohnvorstellung
auf Grund der Bilderreden nicht in Frage stellt.

Darin trifft sich K. Müller mit dem gleichzeitig erschienenen Buch von
U. B. Müller über »Messias und Menschensohn«. Der Verf. hat die
Absicht, »das Belegmaterial für die Messias- und Menschensohnidee zu
vergrößern« und »das religionsgeschichtliche Problem der apokalyptischen
Menschensohnvorstellung zu erörtern«. Dabei ergibt sich ihm, daß im
Danielbuch »die apokalyptische Bezeichnung [,wie ein Mensch'] durchaus
noch nicht auf eine religionsgeschichtliche Größe namens ,Mensch' hin-
weist. Der Ausdruck ,wie ein Mensch' hat den Charakter apokalyptischer
Bildrede und ist kein Titel noch Name«, so daß »Dan 7 nicht im strengen
Sinn zur jüdischen Menschensohnvorstellung gehört, sondern zu ihrer

---

[30] K. Müller, Menschensohn und Messias . . ., 167. 169. 172. 179. 186. 65 f.

Vorgeschichte«. Im Henochbuch »heißt die eschatologische Gestalt zunächst der 'Auserwählte'«, seine Bezeichnung als Menschensohn »scheint
nur durch interpretierenden Anschluß an Dan 7, 13 entstanden zu sein«,
und dieser »Menschensohn« wurde dann »sekundär mit der Messiasgestalt
der jüdischen Apokalyptik identifiziert«, und »für den Autor von äthHen
71 gewinnt die Heilsgestalt der Bilderreden nur dadurch eindeutige Konturen, daß er sagt, Henoch ist dieser Menschensohn«. Im 4. Esra aber
liegt »eine Verbindung von Messias- und Menschensohnvorstellung« vor,
bei der »der Messias nur ganz bestimmte Menschensohnzüge angenommen hat«, »die Gestalt eines himmlischen Wesens, des Menschensohnes,
scheint doch für bestimmte Kreise eine feste Erwartung gewesen zu sein«,
doch »wird man nicht von einem eigentlich titularen Gebrauch der Bezeichnung 'Mensch' sprechen können« [31]. Es ist deutlich, daß U. B. Müller
unabhängig von seinem Namensvetter eine ähnliche Entwicklung der
Wechselwirkung von Menschensohn- und Messiasvorstellung annimmt,
freilich unter Vermeidung literarkritischer Hypothesen. Sicherlich kann
man fragen, ob die Erklärung der Menschensohngestalt in den Bilderreden aus bloßer Interpretation von Dan 7, 13 überzeugend ist, aber auf
alle Fälle ist festzustellen, daß auch U. B. Müller an der vorchristlichen
Entstehung der Bilderreden und an dem Vorhandensein einer Menschensohnvorstellung in bestimmten Kreisen des vorchristlichen Judentums festhält.

Besonders wichtig ist in unserm Zusammenhang die Untersuchung von
J. Theisohn über den traditionsgeschichtlichen Ort der Bilderreden. Ein
Vergleich der Bilderreden mit Daniel ergibt zunächst, »daß die Bilderreden .. das Danielbuch in seiner redaktionellen Fassung voraussetzen«,
und das »läßt es als unwahrscheinlich erscheinen, daß sich in den Bilderreden ursprüngliche Züge der Menschensohnvorstellung erhalten haben«;
doch »hat der Verf. der Bilderreden anscheinend die Überlagerung der
Menschensohngestalt der 'Daniel-Vorlagen' durch die symbolische Deutung
[des Menschensohns auf die Heiligen des Höchsten] wieder weggeräumt;
analog zur 'Daniel-Vorlage' sieht er den Menschensohn wieder als endzeitliche Einzelgestalt«, »die Interpretation des Menschenähnlichen von
Dan 7 geschieht durch seine Identifikation mit dem Erwählten, einer
eschatologischen Richtergestalt.., die Bilderreden füllen den Menschensohntitel also mit einer völlig neuen Vorstellung und konstituieren dadurch eine eigene, völlig neue Menschensohntradition«. Unter ausdrücklicher Beiseiteschiebung »des diffizilen Problems der Authentizität synoptischer Menschensohnworte« und bei Ablehnung der Annahme eines »pau-

---

[31] U. B. Müller, Messias und Menschensohn . . ., 13. 32 f. 38. 40. 53. 59. 122.
Vgl. die Besprechung des Buches durch H. Kraft in ThR 38, 1974, 87 f.

schalen Einflusses einer jüdischen Menschensohn-Konzeption auf die synoptische Überlieferung« untersucht Th. dann noch den Einfluß einzelner in den Menschensohntexten der Bilderreden sich findenden Züge auf die synoptische Tradition mit dem Resultat, daß die Aussage über das Sitzen des Menschensohns auf dem Thron der Herrlichkeit und die Deutung des Gleichnisses vom Unkraut unter dem Weizen (Mt 19, 28; 25, 31; 13, 27–43) den »Einfluß der Bilderreden auf die Schicht der matthäischen Redaktion zeigen«, wodurch »die in jüngster Zeit wieder beliebter werdende Spätdatierung [der Bilderreden] ins 2. nachchristliche Jahrhundert ausgeschlossen ist« [32]. Auch Theisohn vertritt also die Anschauung, daß die Gestalt des Menschensohns in den Bilderreden aus der Interpretation von Dan 7 entstanden ist, ohne auf diese Weise die widersprüchliche Schilderung dieser Gestalt in den Bilderreden verständlich machen zu können. Und der Versuch, die unausweichliche Frage nach den geschichtlichen Voraussetzungen der im Munde Jesu in den Evangelien begegnenden Gestalt des Menschensohns an Hand von zwei Texten auf die Frage nach der Einwirkung der Bilderreden auf die matthäische Redaktion zu reduzieren, ist ein methodisch unmögliches Ausweichen vor dem eigentlichen geschichtlichen Problem. Wenn darum auch die Frage nach der Bedeutung der Menschensohngestalt in den Bilderreden für das Verständnis des Menschensohns in der Verkündigung Jesu oder wenigstens in der Jesus in den Mund gelegten Verkündigung durch Theisohn schwerlich geklärt worden ist, so bleibt doch die auch durch ihn vertretene Annahme einer vorchristlichen Entstehung der Bilderreden und ihrer Menschensohngestalt wichtig.

Der Klärung dieser Frage haben sich in den letzten drei Jahren aber noch einige Aufsätze zugewandt. B. LINDARS wendet sich gegen die Leugnung einer apokalyptischen Menschensohnfigur im Frühjudentum durch R. Leivestadt; er hält es für »möglich, daß ein im Himmel Wirkender ins Auge gefaßt ist mit der Menschensohnfigur in Dan 7, 13«, räumt ein, daß im 4. Esra »der 'Mensch' messianische Charakterstica und Funktionen hat«, und betont, daß in den Bilderreden, die »nicht vor der Zeit Christi abgefaßt«, aber keinesfalls christlich sind, der »Erwählte« im Anschluß an Dan 7 beschrieben und dann »dieser Menschensohn« benannt wird; »das bestätigt, daß es nicht so etwas wie einen Menschensohntitel .. gibt, der Ausdruck bedeutet einfach 'der Mensch in der Vision des Daniel'«. Da aber Henoch selbst schließlich als Menschensohn angesprochen wird, »ist es erlaubt, die Bilderreden als Beleg für die Gleichsetzung einer geschichtlichen Person mit dem in messianischen Farben geschilderten Wir-

---

[32] J. THEISOHN, Der auserwählte Richter . . ., 29 f. 47. 51. 251. 151. 204. 253.

ker von Gottes endzeitlichem Handeln anzuführen, und zwar um den
Beginn der christlichen Zeitrechnung«. Jesus »dachte von sich als dazu
bestimmt, die Funktion des Wirkers Gottes auszuführen, und gebrauchte
die Bezeichnung »'Menschensohn' als versteckte Art, diese Bestimmung
anzudeuten«. In der Antwort an den Hohepriester bezeichnet sich Jesus
als Menschensohn im Sinne von 'Ihr werdet mich, den Menschen, der ich
in Wirklichkeit bin, sitzen sehen zur Rechten der Kraft..', und da »Menschensohn« auf die Jesusworte beschränkt ist, »ist es vernünftig zu folgern,
daß das für seine Redeweise charakteristisch war.., Jesus gebrauchte
den Ausdruck in Zusammenhängen, wo er auf seine persönliche Stellung
und Bestimmung anspielen mußte« [33]. Nun fragt es sich, ob man wohl bei
den Bilderreden wie erst recht bei Jesus mit der Annahme durchkommt,
Menschensohn werde hier nicht als Titel gebraucht; aber der Nachweis
von Lindars, daß es im Frühjudentum eine eschatologische Gestalt gab,
die »Mensch« genannt wurde, ist dankenswert. Im gleichen Jahr (1976)
hat M. BLACK einerseits betont, daß die Bilderreden »eine jüdische, nicht
eine christliche Apokalypse sind; denn wäre sie christlich, wäre es überraschend, wie wenige – wenn überhaupt! – charakteristisch christliche Züge
überlebt haben«, er hat andererseits betont: »es ist noch immer unbewiesen, daß der angeblich messianische Menschensohn [der Bilderreden] eine
christliche Entwicklung ist, christliche 'Tupfen' mögen vorhanden sein«.
B. hat weiter darauf verwiesen, daß nach dem Zeugnis des 4. Esra »die
messianische Interpretation von Dan 7 im Judentum des 1. oder 2. Jahrhunderts sehr lebendig war«, er fragt darum: »Wer kann sagen, daß
diese 'individualisierende' Interpretation von Dan 7 *nicht* gedacht oder
mündlich oder sonstwie geäußert worden ist *vor* den Evangelien?« [34].
Auch hier wird also, wenn auch vorsichtig, daran festgehalten, daß es
eine apokalyptische Menschensohnerwartung im vorchristlichen Judentum
gegeben haben kann.

Zuletzt haben sich noch mehrere Autoren zur Frage des Alters der Bilderreden geäußert. J. C. GREENFIELD und M. E. STONE bringen gegen die
Datierung der Bilderreden in nachurchristliche Zeit eine Reihe von wichtigen Argumenten vor: Das Fehlen der Bilderreden in Qumran beweist
nichts für oder gegen ihr Alter (so wenig wie das Fehlen des Buches
Esther in Qumran!); das Fehlen aller christlichen Züge an der Gestalt
des Menschensohnes und vor allem seine Identifizierung mit Henoch sind
in einer christlichen Schrift äußerst unwahrscheinlich; im 4. Esra am Ende
des 1. Jahrhunderts n. Chr. ist dagegen »die Rolle des Menschensohns
schon unterdrückt und umgedeutet« (S. 57). Auf Grund dieser Argumente

---

[33] B. LINDARS, Reenter..., 55. 57–59. 65. 67. 71 f.
[34] M. BLACK, The... Commission, 66. 71–73.

und durch Auswertung historischer Anspielungen vertreten die beiden Autoren die Anschauung, daß die Endfassung der Bilderreden »irgendwann während des 1. Jahrhunderts n. Chr. . . . zur gleichen Zeit mit den Qumrantexten« (S. 60) entstanden ist. Ähnlich hat M. A. KNIBB, der neueste Herausgeber des äthiopischen Textes der Henochapokalypse, in einem kritischen Überblick über die moderne Henochforschung betont, daß die christliche Abfassung der Bilderreden unwahrscheinlich sei und »die Belege für die Anschauung, daß die Bilderreden eher eine jüdische als eine christliche Schrift sind, überwältigend« (S. 350) sind. K. möchte wegen der Ähnlichkeit im Messiasbild mit 4. Esra die Bilderreden auf das Ende des 1. christlichen Jahrhunderts datieren. Das ist weniger wichtig als die gut begründete Einsicht in den jüdischen Charakter der Bilderreden und m. E. einleuchtender als die These von CH. L. MEARNS, nach dem die Bilderreden ein sehr frühes jüdisch-christliches Werk sind, das einer frühen Phase eschatologischer Vorstellungen bei Paulus (etwa Ende der 40er Jahre) entsprechen soll (eine auch für Paulus höchst fragwürdige Behauptung). Aber auch M. setzt voraus, daß die Menschensohnvorstellung der Bilderreden vorchristlich ist, und so darf gesagt werden, daß diese neuesten Untersuchungen zu den Bilderreden der Henochapokalypse die Annahme stützen, daß die Bilderreden und das 4. Esrabuch in verschiedener Form die in bestimmten jüdischen Kreisen gehegte Erwartung einer »Mensch« genannten und Gottes Handeln ausführenden himmlischen Gestalt kennen. F. M. WILSON kann darum in seinem gut zusammenfassenden Aufsatz über den Menschensohn in jüdischer apokalyptischer Literatur mit Recht feststellen, daß die Bilderreden »ein Zeugnis für wenigstens *eine* Richtung jüdischer Menschensohnvorstellungen in neutestamentlicher Zeit darstellen« (S. 40) und daß trotz starker Unterschiede zwischen dem »Menschensohn« bei Henoch und dem »Menschen« im 4. Esra »grundlegende Ähnlichkeit«, eine »Identität in der Funktion« besteht (S. 49 f.).

Auf dem Hintergrund dieser Arbeiten zur sprachlichen und religionsgeschichtlichen Problematik der Menschensohnvorstellung können nun die zahlreichen Einzeluntersuchungen zur Frage des Menschensohntitels bei Jesus und seiner Bedeutung für Jesu Selbstverständnis ins Auge gefaßt werden. Freilich wären alle diese Untersuchungen für das Verständnis Jesu selbst ohne Nutzen, wenn diejenigen Forscher recht hätten, die eine Verwendung dieses Titels durch Jesus völlig bestreiten; auf diese Arbeiten muß darum zunächst eingegangen werden. H. M. TEEPLE möchte die Frage klären, ob die Menschensohnchristologie »auf Jesus selbst zurückgeht oder in der frühen Kirche ihren Ursprung hat«, er erörtert zu diesem Zweck zunächst die Kriterien zur Bestimmung der Echtheit oder Unechtheit eines den Menschensohntitel enthaltenden Jesuswortes und kommt zu folgenden Resultaten: »Wenn ein Wort eine menschliche Art des Messias mit dem Menschensohn identifiziert, kann es schwerlich authentisch sein«; »Wenn ein Jesuswort, explizit oder implizit, Jesus als den Menschensohn-Messias ansieht, kann es schwerlich ein echtes Jesuswort sein. Jesus wird sich sicher nicht selbst mit dem Menschensohn identifiziert haben, weil dieser nicht zu seiner menschlichen Wirksamkeit paßt«; »Wenn Jesus jüdische messianische Hoffnungen abänderte, mit sich selbst als Menschensohn, würde er eine ganz unjüdische Methode gebrauchen«; »Wenn ein Wort das Heil abhängig macht von der Anhängerschaft der Person Jesu gegenüber, kann es schwerlich ein echtes Jesuswort sein«. Die Anwendung dieser Kriterien auf die Jesusüberlieferung ergibt dann: die Aussagen über den kommenden, den leidenden und den gegenwärtigen Menschensohn sind sämtlich unecht, »vielleicht entstand diese radikale Christologie unter hellenistischen Christen in Syrien«[35]. Es ist leicht zu sehen, daß der Verfasser seine »Kriterien« auf unbewiesene und z. T. völlig willkürliche apriorische Postulate aufbaut und daß dann die Unechterklärung aller Menschensohnworte die logische Folge dieser falschen Prämissen ist; wie und warum die Menschensohnchristologie in der hellenistischen Gemeinde entstand, wird überhaupt nicht erklärt.

N. Perrin hat seiner Bestreitung einer apokalyptischen Menschensohnfigur im Frühjudentum (s. o. S. 63) eine Erörterung der synoptischen Menschensohnworte folgen lassen, nach der wir in keinem der Menschensohnworte »die authentische Stimme Jesu haben«, vielmehr »existierte für die christliche Kirche auch die apokalyptische Verheißung früher als und unabhängig vom Gebrauch von Menschensohn in Verbindung mit ihr«; »ehe man zu Markus kommt, scheinen die Menschensohnworte mit einer Gegenwartsbeziehung verschiedenartigen Ursprung zu haben«, »der Evangelist Markus ist die Hauptfigur im schöpferischen Gebrauch von Menschensohntradition in der neutestamentlichen Zeit«[36]. Hier ist die Absicht allzu deutlich spürbar, die schon feststehende Anschauung von der Entstehung der Menschensohnchristologie im Urchristentum aus der Kombination mehrerer Bibelstellen (Ps 110, 1; Dan 7, 13; Sach 12, 10 ff.) durch eine kritische Interpretation der Menschensohnworte Jesu zu verifizieren. W. O. Walker fügt zu dieser Kombination von Bibelstellen noch Ps 8, 6 in griechischer Sprache hinzu und sieht dadurch die (angesichts des ungriechischen Charakters des Ausdrucks »der Sohn des Menschen« sehr seltsame!) Ansicht bestätigt, »daß es die Griechisch, nicht die Aramäisch sprechende Kirche war, welche zuerst Jesus in apokalyptischen Begriffen als Menschensohn auffaßte« (S. 489).

---

[35] H. M. Teeple, The Origin . . ., 215. 219 f. 222. 249.
[36] N. Perrin, The Son of Man in the Synoptic Tradition, 11. 8. 17. 20.

Diesen m. E. frei konstruierten Argumenten fügt R. A. EDWARDS noch ein formgeschichtliches Argument hinzu. Er möchte die durch Tödt und seine Nachfolger vertretene Anschauung widerlegen, daß die futurischen Menschensohnworte Anspruch auf Echtheit im Munde Jesu haben, indem er die Mehrzahl dieser Worte auf *eine* Gattung zurückführt: im »eschatologischen Korrelativ« (d.h. Worten nach dem Schema: 'wie etwas ist oder war . ., so wird der Menschensohn sein', das »viermal in Q (Lk 11, 30; 17, 24. 26. 28. 30), einmal in Mt 13, 40 f. und niemals im Mk begegnet«) »wird das Kommen des Menschensohns wegen des bei seiner Ankunft zu erwartenden Gerichts verkündet . . Darum würde ich als wahrscheinlichsten Sitz im Leben für das eschatologische Korrelativ die Feier der Eucharistie vermuten«. Das einzige andere futurische Menschensohnwort, Lk 12, 8 f. par (»Wer mich bekennt vor den Menschen, den wird der Menschensohn bekennen . .«) ist dadurch entstanden, daß »die Menschensohntheologie die Form des eschatologischen Korrelativs verlassen hat, um in ähnlicher Weise in einer anderen Gerichts-Gattung zu wirken« [37]. Diese ganze Argumentation basiert ausschließlich auf der keineswegs überzeugenden Annahme einer Gattung »eschatologisches Korrelativ« und übernimmt im übrigen einfach Perrins Anschauung, die Menschensohnchristologie sei aus der Kombination mehrerer alttestamentlicher Stellen in der ältesten Kirche entstanden, und fällt darum mit der Fragwürdigkeit dieser Hypothese. Noch willkürlicher ist der Versuch von O. J. F. SEITZ, die Antwort Jesu an den Hohepriester Mk 14, 62 als Endprodukt einer Entwicklung zu erklären, bei der mehrere alttestamentliche Texte Pate standen, und für das Wort vom Verhalten gegenüber Jesus und der Reaktion des Menschensohns Mk 8, 38 par ohne klare Argumente festzustellen, dieses Wort biete keinen zuverlässigen Beleg für die Behauptung, Jesus habe das Kommen eines von ihm unterschiedenen Menschensohns erwartet. Seltsamerweise läßt S. dann abschließend die Frage offen, »ob unter den zahlreichen andern Worten über den Menschensohn in der synoptischen Tradition einige sein mögen, die anzeigen, daß Jesus gelegentlich so auf sich selbst verwies« (S. 494).

Zuletzt hat W. SCHMITHALS sich zum Alter der Menschensohnbezeichnung mit einer ähnlichen Zielrichtung geäußert. Er sucht zu zeigen, daß »es weder *vor* noch *neben* noch außerhalb der von Markus selbst herkommenden Tradition (bei Mt/Lk) *nach* Markus irgend eine Rede vom leidenden *Menschensohn* gibt«, alle diese Menschensohnworte bei Markus sind redaktionell, und das gilt ebenso für »die beiden redaktionellen Sprüche vom gegenwärtig wirkenden Menschensohn« (Mk 2, 10. 28). Aus der Spruchüberlieferung hat dagegen Markus die Worte vom kommenden

---

[37] R. A. EDWARDS, The Eschatological Correlative . . ., 11. 13. 15. 20.

Menschensohn 8, 38 (»Wer sich meiner schämt..«) und 13, 26 (»Dann werden sie den Menschensohn kommen sehen..«) übernommen, diese Worte »entstammen einer noch unchristologischen Überlieferungsschicht«, in der Logienüberlieferung findet sich nämlich »die Masse der apokalyptischen Worte vom kommenden bzw. richtenden Menschensohn. Diese Worte aus dem Munde Jesu – ob authentisch oder nicht, sei dahingestellt – reden ausnahmslos vom Menschensohn in der dritten Person und identifizieren ihn .. *nicht* mit dem Sprecher«. Während »die vom Passions- und Osterkerygma geleitete christliche Gemeinde .. den Titel 'Menschensohn' überhaupt nicht kannte bzw. benutzte«, »gehört die Gestalt des Menschensohns der frühen Spruchüberlieferung an, die auf Jesu Verkündigung zurückgeht«, die Träger dieser Tradition »sind außerhalb der *christlichen* Gemeinde zu suchen«, d. h. »vor Markus .. gab es in der 'kirchlichen' Tradition den Menschensohnbegriff überhaupt nicht«. »Nach 70 begegnet Markus diesen Traditionen und ihren Trägern« und führt den Menschensohntitel »in Übernahme der Spruchüberlieferung ein, und zwar als zunächst verborgenen.., in 14, 62 [Antwort Jesu an den Hohepriester] dann auch offenen christologischen Hoheitstitel; als solcher begegnete er in der Spruchüberlieferung nicht« [38]. Hier wird nicht nur die Vorstellung vom leidenden Menschensohn, sondern überhaupt von Jesus als dem Menschensohn auf den Markusevangelisten zurückgeführt, während die Worte vom zukünftigen Menschensohn (ohne Bezugnahme auf Jesus) einer Überlieferung entstammen sollen, die von Leiden und Auferstehung Jesu nichts wußte und erst von Markus mit diesem kerygmatischen Christentum verbunden wurde. Diese phantastische Konstruktion entspricht einerseits der schon früher als unhaltbar bezeichneten Anschauung Schmithals' von einer zwar die Worte Jesu überliefernden, aber vom Kerygma der frühen Kirche unbeeinflußten Gruppe von galiläischen Jesusjüngern, die neben der an Ostern entstandenen »Kirche« bestand [39]; diese Konstruktion kann andererseits keineswegs überzeugend nachweisen, daß sämtliche Menschensohnworte des Markusevangeliums, von den beiden aus der Spruchüberlieferung übernommenen Worten abgesehen, rein redaktionellen Charakter tragen, und sie läßt schließlich offen, ob der in der Spruchüberlieferung begegnende Menschensohn irgend etwas mit der Verkündigung Jesu selber zu tun hat. Auch diese Arbeit hat darum schwerlich etwas zur Beantwortung der Frage beigetragen, ob und inwieweit der Gebrauch des Menschensohntitels etwas über Jesu Selbstverständnis erkennen läßt.

---

[38] W. Schmithals, Die Worte vom leidenden Menschensohn..., 424. 431. 438 f. 441. 443 f. 442. 444.

[39] S. meine Bemerkungen ThR 40, 1975, 304 ff.; 41, 1976, 326.

Wenden wir uns nun den Arbeiten zu, die den Gebrauch des Menschensohntitels durch Jesus voraussetzen, so sei eine These vorangestellt, die
m. E. völlig in die Irre geht. J. M. FORD möchte nachweisen, daß »der
Titel, mit dem Jesus sich selbst bezeichnete, 'Menschensohn', ein Euphemis-
mus für 'Gottessohn' sein könnte«. Zu diesem Zweck stellt sie fest, daß
»die einzigen Leute, die den Ausdruck ὁ υἱὸς τοῦ θεοῦ mit Bezug auf Jesus
gebrauchen, diejenigen sind, die keine Bedenken oder Furcht vor Gotteslästerung haben, indem sie den göttlichen Namen aussprechen«; die einzige Ausnahme, das Messiasbekenntnis des Petrus in der Fassung des Matthäusevangeliums (16, 16), führt sie zurück auf »eine einmalige Erlaubnis, den Namen des Lehrers auszusprechen, oder eine Ausnahmesituation,
bei der Jesus den Petrus lehrte, den Namen Jahwes auszusprechen«, und
in dem Verhörsbericht des Matthäus, in dem der Hohepriester Jesus
fragt: »Bist du der Messias, der Sohn Gottes?« (26, 63) »'lästert' Jesus selbst
nicht, denn er ersetzt 'Sohn Gottes' durch 'Menschensohn'«. »'Der Sohn
des Menschen' entstammt [also] der Sprache Jesu, .. Jesus betonte öffentlich den göttlichen Charakter und die göttliche Wirkungsweise dieser
Person« [40]. Diese These hängt freilich schon darum in der Luft, weil auch
die Verf. nicht nachweisen kann, daß irgendwo Jesus »Menschensohn«
sagte, wo er »Gottessohn« meinte, und die gequälte Erklärung von Mt
16, 16 zeigt deutlich, daß die Theorie nicht zu den Texten paßt.

Unter den Forschern, die Jesus den Gebrauch des Menschensohntitels
zuschreiben, ist am häufigsten die Meinung vertreten worden, Jesus habe
nur von dem in Zukunft kommenden Menschensohn gesprochen. Hier ist
zunächst auf den Aufsatz von J. JEREMIAS von 1967 hinzuweisen, dessen
Resultate selbstverständlich in seine Neutestamentliche Theologie übernommen worden sind [41]. Jeremias geht von der an Hand einer Parallelenliste demonstrierten Feststellung aus, daß »die Mehrzahl der Menschensohnworte eine Parallelüberlieferung ohne den Terminus Menschensohn
neben sich hat«: es sei falsch, »daß wiederholt der Terminus Menschensohn aus dogmatischen Gründen ausgemerzt und durch 'ich' oder ein anderes Äquivalent ersetzt worden sei«, ganz im Gegenteil »ergibt sich, daß
der Titel Menschensohn wiederholt nachweislich sekundär in die Überlieferung eingedrungen ist«. Die Untersuchung aller Menschensohnworte
mit einer Parallelüberlieferung ohne diesen Terminus ergibt: »Wo die
Fassung eines Logions mit Menschensohn mit einer solchen ohne Menschensohn konkurriert, hat die letztere den größeren Anspruch auf Ursprünglichkeit«; die ohne »'Rivalen' überlieferten Menschensohnworte [aber] ..
bieten keine entsprechende Handhabe für den Verdacht, daß der Titel se-

---

[40] J. M. FORD, The Son of Man . . ., 257. 260 f. 264.
[41] S. dazu ThR 41, 1975, 308 ff.

kundär sei«, bei ihnen »handelt es sich überwiegend um futurische Menschensohnworte«, sie sind »der älteste Kern der Menschensohnlogien«[42]. Nun zeigt eine Durchsicht der von J. aufgestellten Parallelenliste, daß die Parallelen, soweit es sich nicht einfach um die parallele Fassung desselben Logions bei Markus und seinen Parallelen oder in Q handelt, in vielen Fällen gewaltsam konstruiert sind (nur zwei Beispiele: Mk 2, 10 neben Mt 9, 8; Lk 19, 10 neben Mt 15, 24), vor allem aber ist die Traditionsentwicklung keineswegs so einlinig verlaufen, es ist durchaus auch ein ursprünglicher Menschensohntitel in zahlreichen Fällen sekundär gestrichen worden, wie vor allem F. H. Borsch nachgewiesen hat (s. o. S. 56). Dem Aufsatz von Jeremias ist darum nicht mehr zu entnehmen, als daß es zuverlässig überlieferte Menschensohnworte gibt, die vom zukünftigen Menschensohn reden.

Die wichtigste in diesem Zusammenhang zu nennende Untersuchung ist der Wörterbuchartikel von C. Colpe, der in Verbindung mit seinem Aufsatz über den Begriff Menschensohn zu sehen ist. Beide umfangreichen und die Literatur umfassend berücksichtigenden Arbeiten enthalten breite Ausführungen über die Vorgeschichte und Nachgeschichte des Menschensohnbegriffs in der Überlieferung der Jesusworte und auch geschichtlich-methodische Erörterungen, auf die hier nicht eingegangen werden kann, wo es nur um die Frage nach dem Menschensohntitel in der Verkündigung Jesu geht. C. weist zunächst den alltäglichen Gebrauch des aramäischen Begriffs in determinierter und undeterminierter Form in der Bedeutung »der Mensch, ein Mensch, jemand« nach und betont, daß die »Umschreibung für *ich* sich nicht nachweisen läßt«; »der besondere messianische Sinn konnte sich primär nur in bestimmten apokalyptischen Zusammenhängen ergeben und sich nur hier annähernd titular verfestigen .., ohne daß die hier festgehaltene determinierte Bedeutung vor einem Mißverständnis im alltäglichen Sinn geschützt war«. »Die jüdische Apokalyptik war in der Ausbildung der Menschensohngestalt selbst produktiv«, aber »das jüdisch-apokalyptische Material erlaubt keine Antwort auf die entscheidende Frage, wie die Präformation zur neutestamentlichen Menschensohnvorstellung zwischen 50 vor und 50 n. Chr. im Judentum aussah«, C. meint sogar, daß »die älteste Schicht der synoptischen Überlieferung als Indiz für eine jüdische Menschensohn-Tradition angesehen werden muß, die für uns neben den genannten [Daniel, äthHenoch, 4. Esra] bis auf weiteres eine vierte ist«. Bei der Besprechung der Menschensohnworte Jesu schließt sich C. zunächst der oft vertretenen Anschauung an, daß in drei Worten vom gegenwärtigen Menschensohn (Mk 2, 10; Mt

---

[42] J. Jeremias, Die älteste Schicht ..., 159. 164 f. 169 f. 172.

8, 20; 11, 19) »Jesus wahrscheinlich .. von sich als *Menschen* gesprochen
hat, wo sentenziöse Gegenüberstellung seiner Person zu Gott, einem andern Menschen und zu den Tieren dies ermöglichte«, und stellt dann fest,
daß »8 Jesusworte vom kommenden Menschensohn, die ein geschlossenes
apokalyptisches Bild ergeben, der Traditionskritik standzuhalten scheinen«. »Angesichts der Tatsache, daß sich der Menschensohntitel .. ausschließlich im Munde Jesu findet, muß man annehmen, daß wenigstens
dieser Grundstock von Worten authentisch ist. Nur von da aus kann sich
der Gebrauch des Titels in Jesusworten so vermehrt haben«. C. ist freilich der Meinung, »daß Jesus vor dem Bekenntnis [vor dem Hoheprie-
ster] Lk 22, 69 nur in esoterischer Rede den Menschensohn ankündigte,
aber »keine Theologie eines verborgenen Menschensohns auf sich anwen-
dete«. Es zeigt sich in den futurischen Menschensohnsprüchen also »die besondere Beziehung zwischen Jesus mit seiner Verkündigung und dem
Kommen des Endes deutlich«, doch bleibt die Frage nach dem persönlichen Zusammenhang zwischen dem Verkündiger und dem kommenden
Menschensohn offen, der Menschensohn wird nur verstanden als »Symbol
der Vollendungsgewißheit Jesu«[43]. Obwohl also C. in förderlicher Weise
eine größere Zahl von futurischen Menschensohnworten als sicher auf
Jesus zurückzuführend erweist, werden die Gegenwartsaussagen mit dem
schwerlich haltbaren Argument einer Falschübersetzung weginterpretiert
und bleibt der Zusammenhang der futurischen Menschensohnworte mit
der Person Jesu offen, so daß auch die im übrigen beachtlichen Ausführungen Colpes die Frage nicht beantwortet haben, ob und inwiefern die
Aufnahme des Menschensohntitels durch Jesus seinen persönlichen Anspruch erkennbar macht. Hier führt auch der Aufsatz von O. MICHEL nicht
weiter, der sich an diese Unterscheidung Colpes zwischen der Rede Jesu
von »diesem Menschen« und vom kommenden Menschensohn anschließt
und darum zwischen »eschatologischer Hinweisung« und »apokalyptischer
Menschensohntradition« unterscheiden will (S. 93).

Wichtig scheinen mir aber zwei Untersuchungen zu Mk 8, 38 par und
Lk 12, 8 f. par, dem schon mehrfach berührten Doppelspruch vom Bekennen oder Verleugnen Jesus gegenüber und dem entsprechenden Urteil des kommenden Menschensohns, zu sein[44], da dieser Spruch »in der
Diskussion über die Menschensohnchristologie selbstverständlich eine
Schlüsselstellung behauptet«. G. LINDESKOG kommt bei dem Vergleich
der fünf verschiedenen Fassungen des Spruchs zu der Einsicht, daß die

---

[43] C. COLPE, ThWNT 8, 406 f. 422. 431–433. 435. 440. 443; Kairos 13, 1971, 8.
16.

[44] S. auch die Bemerkungen zu dem denselben Text behandelnden Aufsatz von
R. Pesch o. S. 45 f.

»sowohl in Markus wie auch in Q« begegnende »klare Unterscheidung zwischen Jesus und dem Menschensohn . . ursprünglich ist«, daß sich »aus rein formalen Gründen« die Frage aber nicht beantworten läßt, ob »tatsächlich von zwei Personen« die Rede ist. Freilich ist nach L. nur der Spruch vom »sich schämen« »als authentisch zu betrachten«, »'Menschensohn' ist ein rätselhaftes Gleichniswort«, das »einer völlig anderen Konzeption entstammt als der der jüdischen Apokalyptik«, »die Menschensohnchristologie der synoptischen Evangelien ist eine originale, selbständige Schöpfung«, Jesus ist »hier der Anstoß, die *prima causa,* gewesen, und zwar durch sein Leben und Wirken«. Das Nebeneinander von Jesus und dem Menschensohn ist »ein echt jesuanisches Rätselwort«, Jesus redet nicht von zwei Personen, »aber er hat sein Rätsel nie gelöst«[45]. Das scheint mir weitgehend richtig zu sein, ich meine freilich in meinem Beitrag zur Vögtle-Festschrift, der demselben Jesuswort gilt, gezeigt zu haben, daß sich nicht nur die ursprüngliche Gestalt des *Doppel*spruchs, sondern auch seine Zugehörigkeit zur ältesten Jesusüberlieferung mit großer Wahrscheinlichkeit feststellen läßt und daß dieser Jesusspruch »eine wie immer geartete personale Beziehung zwischen dem jetzt redenden Jesus und dem erwarteten Menschensohn voraussetzt« (S. 221 bzw. 211). J. M. McDermott hat schließlich ebenfalls gezeigt, daß »die strukturelle Einzigartigkeit . . ein sprechender Beweis für die Echtheit des Logions ist« (S. 533), wie darauf verwiesen, daß jede Auslegung, die »Jesu Beziehung zum Menschensohn angemessen zu erklären hofft, die Unterscheidung zwischen Ich und Menschensohn erklären muß« (S. 537).

Will man diese Unterscheidung aber erklären, so kommt man um das Problem der in den Evangelien auch vorhandenen Worte vom gegenwärtigen Menschensohn nicht herum, das in den zuletzt besprochenen Untersuchungen (außer bei Colpe) ausdrücklich beiseite geschoben oder einfach nicht berücksichtigt wird[46]. Dieses Problem ist selbständig in unserm Berichtzeitraum nur von zwei Autoren erörtert worden, die eine miteinander verwandte Anschauung vertreten. M. Hooker will sich zwar gemäß dem Titel ihres Buches »primär mit dem Menschensohn, wie ihn Markus selbst verstand (oder teilweise verstand), beschäftigen«, doch verrät der Untertitel, daß es ihr letztlich doch um den Gebrauch des Ausdrucks »Menschensohn« bei Jesus selber geht, der anhand seiner Verwendung im Markusevangelium geklärt werden soll. Sie fragt zunächst

---

[45] G. Lindeskog, Das Rätsel . . ., 149. 160. 157. 169. 171. 173.

[46] Anders in den oben besprochenen Literaturberichten von I. H. Marshall und S. Légasse, in dem Aufsatz von K. Müller und in den Gesamtdarstellungen der Menschensohnfrage.

nach dem religionsgeschichtlichen Hintergrund mit dem Resultat, daß im
äthiopischen Henoch und im 4. Esra »die in Dan 7 gebrauchten Vorstel-
ungen weiterhin eine bedeutende Rolle in apokalyptischen Gedanken
spielen«, wobei in den Bilderreden die dem Menschensohn zugeteilten
Titel »auch der Gemeinde gegeben werden, die bei ihm weilt«, während
im 4. Esra der Menschensohn später individualisiert, zuerst aber »auf
Israel bezogen wird«. Die Besprechung der Menschensohnlogien im Markusevangelium geht von der Voraussetzung aus: »Die Beweise dafür, daß
der Begriff von Jesus selbst gebraucht wurde, scheinen überwältigend zu
sein: es gibt keine andere vernünftige Erklärung für die Art seiner Verteilung im Neuen Testament«. Gleich bei der Besprechung des ersten
Vorkommens des Ausdrucks in Mk 2, 10 (»Damit ihr seht, daß der Menschensohn auf Erden Vollmacht hat, Sünden zu vergeben«) stellt sie
fest, »daß der Ausdruck 'Menschensohn' hier in einem gewissen Maß mit
der Gemeinde verbunden ist: die Autorität Jesu als Menschensohn ist auf
seine Anhänger ausgedehnt«, Menschensohn ist hier »kein 'messianischer
Begriff'«, »Vergebung .. ist der Ausdruck einer Beziehung zwischen dem
Menschensohn und anderen Menschen«. Ähnliches wird dann bei der Besprechung der weiteren Belege im Markusevangelium festgestellt, wobei
auf zwei Texte besonders hingewiesen werden soll: a) In dem sehr gewaltsam durch die Verbindung mit 8, 34 und den plötzlichen (durch die
Fragestellung eigentlich verbotenen) Rückgriff auf die Parallele Lk 12, 8 f.
par verkürzten Spruch Mk 8, 38 (s. o. S. 76 f.) spricht Jesus nicht von der
Parusie, sondern »von seiner zukünftigen Tätigkeit mit dem Ausdruck
'Menschensohn',weil dann seine Autorität als Menschensohn allgemein
anerkannt sein wird.. Trotzdem spricht Jesus schon vom Menschensohn, dem Autorität gehört«, aber für die Menge »war der Satz zweideutig«; b) Angesichts der Antwort Jesu auf die Frage des Hohepriesters
(14, 62, »Ihr werdet den Menschensohn sitzen sehen zur Rechten der
Kraft..«) »haben viele Gelehrte neuerdings starke Gründe dafür vorgebracht, daß diese Worte sich ursprünglich auf die Erhöhung Jesu und
nicht auf die Parusie bezogen haben«. Aus der Besprechung aller Menschensohnworte bei Markus ergibt sich dann, daß »es kein Zeichen einer
schöpferischen 'Menschensohn'-Theologie in der Kirche gibt«, daß »der
'ursprüngliche' Menschensohn in der Evangelientradition in Wirklichkeit
weniger übernatürlich gewesen sein kann, als es der Anschein jetzt nahelegt« und daß »nichts in den Markusworten nahelegt, daß Jesus glaubte,
er sei dazu bestimmt, der Menschensohn zu 'werden'«. »Es ist so weit
leichter, den Ursprung vieler Menschensohnworte innerhalb der Tätigkeit
Jesu zu erklären, als im Leben und Glauben der frühen Kirche«; »Jesus
gebrauchte den Ausdruck 'Menschensohn' für sich selbst, aber nicht als

einen passenden 'messianischen' Begriff, .. sondern als Ausdruck für Grund und Bedeutung seiner Person«, »die scheinbare Unterscheidung zwischen Jesus und dem Menschensohn in Mk 8, 38 ist erklärt, wenn, wie in Dan 7, 13, das 'Kommen' des Menschensohns in Herrlichkeit symbolisch ist für die Rechtfertigung dessen, der in Wirklichkeit schon immer Menschensohn war«; »Jesus ist der *eine* wahre Israelit, der imstande ist, den Auftrag und die Bestimmung seines Volkes anzunehmen, aber .. er ist eng verbunden mit denen, die bereit sind, sich mit ihm zu verbinden«. Abschließend wird dann festgestellt, daß »die drei Gruppen von Worten in der Markustradition zusammengehören und uns eine zusammenpassende Interpretation des 'Menschensohns' bieten, die gut auf Jesus zurückgehen kann«, und daß »sich diese Vorstellungsreihe am klarsten bei Markus findet, aber ihre Spuren auch in andern Quellen hat« [47]).

Diese eindrückliche Darstellung leidet an zwei wesentlichen methodischen Fehlern: a) Die Verf. untersucht vordergründig den Menschensohnbegriff bei Markus, um auf diese Weise zur Anschauung Jesu zu gelangen. Aber statt zu diesem Zwecke an die Markustexte die Frage nach der von Markus aufgenommenen Tradition und nach der redaktionellen Bearbeitung der Tradition zu stellen, springt sie direkt vom Markustext in die Verkündigung Jesu zurück, ohne die traditionskritische und redaktionskritische Frage überhaupt zu stellen. Auf diese Weise läßt sich keine sichere historische Erkenntnis gewinnen. Überdies kann man die Verkündigung Jesu nicht *nur* anhand des Markusevangenliums rekonstruieren, und die wenigen Bemerkungen am Schluß des Buches über die Übereinstimmung der anderen Quellen mit Markus machen diesen Mangel nicht wett. b) Die Verf. bestreitet nicht nur das Vorhandensein eines Menschensohn*titels* in der frühjüdischen Literatur, worüber man ja in der Tat verschiedener Meinung ist, sondern interpretiert in die jüdischen Texte und dann ebenso in die evangelischen Texte die Verbindung des Menschensohns mit der zu ihm gehörenden Gemeinde unter Verwendung der Vorstellung von der »*corporate personality*« hinein, was nicht nur den Texten, z. T. gewaltsam, aufgezwungen wird, sondern auch der Jesustradition (etwa in Mk 2, 10; 8, 38; 14, 62) völlig unangemessen ist. Sie leugnet überdies jede eschatologische Beziehung der Menschensohnworte bei Markus, was auch z. B. bei 8, 38 und 14, 62 nur durch Bearbeitung oder Umdeutung möglich ist. D. h. das von M. Hooker gezeichnete Bild des Gebrauchs von Menschensohn durch Jesus ist schwerlich haltbar; dankenswert ist aber der doppelte Nachweis, daß die Gegenwartsaussagen von den Zukunftsaussagen nicht getrennt werden können, ohne

---

[47] M. D. HOOKER, The Son of Man in Mark . . ., 8. 71. 46. 77. 90. 93. 121. 167. 183. 186. 188. 191–194.

beide unverständlich zu machen, und daß es sich bei der Aufnahme dieses Terminus durch Jesus um eine für sein eigenes Verständnis seiner Person und Aufgabe entscheidende Vorstellung handelt.

M. HOOKER ist dann kürzlich unter der Fragestellung »Ist das Menschensohnproblem wirklich unlösbar?« auf den ganzen Fragenkomplex in Auseinandersetzung mit der seit ihrem Buch erschienenen Literatur noch einmal eingegangen. Sie wiederholt die Ablehnung einer jüdischen Erwartung eines himmlischen Menschensohnes, weswegen »der Ausdruck schwerlich durch Jesu Hörer als messianischer Titel verstanden worden ist«, erneuert die Annahme einer Entwicklung »vom Verständnis des Menschensohns als einer Gestalt, die erwartete, gerechtfertigt zu werden, zu dem Glauben, daß der Menschensohn derjenige ist, der als Richter Autorität ausüben wird«, wobei ihre Behauptung, daß »beinahe alle sogenannten 'eschatologischen' Worte bei Matthäus und/oder Lukas begegnen«, nur darum möglich ist, weil die entsprechenden Markusworte, wie oben betont, umgedeutet werden. Sie wiederholt schließlich die Feststellungen, daß Jesus »von sich nicht als von irgend einem Menschen redet«, sondern von »dem Menschen, wie er in Begriffen der Vision Daniels verstanden ist«, und daß »der synoptische Menschensohn – wenn er nicht als Richter der Menschheit gegenübersteht –, eng mit anderen Menschen verbunden ist und als das Haupt einer Gemeinschaft verstanden worden zu sein scheint«. Zu dem allem ist nichts Neues zu sagen. Neu scheint mir die Feststellung zu sein: »Der Ausdruck ist in Zusammenhängen gebraucht, wo es deutlich war, daß der 'Mensch', auf den Bezug genommen wird, niemand anderes als Jesus selbst war, und der Grund, warum Jesus diese etwas ungewöhnliche Art wählt, um auf sich selbst Bezug zu nehmen, war der, daß die Worte, in denen dieser Ausdruck begegnet, Ansprüche erhoben, die nicht durch ein gewöhnliches »ich« gerechtfertigt werden konnten, weil sie auf Jesu Gleichsetzung mit der Sendung des Gottesvolkes begründet sind, das von dem 'Menschengleichen' von Dan 7 symbolisiert wird«. Auch wenn diese Bezugnahme auf die Idee des Gottesvolkes, wie betont, schwerlich zutrifft, deutet diese Feststellung doch auf die wichtige Tatsache hin, daß Jesus von sich als dem 'Menschen' redet, um damit in einer verdeckten Weise den Anspruch auf absolute göttliche Sendung zu erheben. M.Hooker meint abschließend, daß das Menschensohnproblem schwerlich in naher Zukunft durch ein »anerkanntes Resultat« gelöst werden wird, die verschiedenen Anschauungen können »Teile der Wahrheit vermitteln, die verzerrt werden, wenn sie je für sich genommen werden, die aber ihre Rolle in dem ganzen Gedankenzusammenhang *(pattern)* spielen« [48]. Diese Relativierung des eigenen

---

[48] M. D. HOOKER, Is the Son of Man Problem . . ., 158. 164. 168. 167. 168.

Standpunktes mutet etwas merkwürdig an, nachdem die Verf. gerade
gegen zahlreiche neuere Arbeiten ihre Meinung verteidigt hat, wozu sie
selbstverständlich das volle Recht hat. Ich kann mich solcher Relativierung
nicht anschließen, da die Gegensätze zwischen den heute vertretenen
Meinungen zu groß sind, als daß man die geschichtliche Wahrheit hinter
ihnen allen suchen könnte.

Mit Hookers Anschauung berührt sich eng die These von C. F. D.
MOULE. Er geht davon aus, daß es »unwissenschaftlich ist, ein frühes Alter für die Bilderreden des Henochbuches anzunehmen« und daß 4. Esra
sowieso zu spät ist, »um von den Evangelisten, geschweige denn von Jesus,
benutzt worden zu sein«, und daß darum »'die menschliche Gestalt' von
Dan 7, 13 von Jesus nicht als eine mindestens in der Hauptsache übernatürliche Gestalt verstanden worden sein muß«. Er macht weiter darauf
aufmerksam, daß »nicht so oft, wie es sein müßte, beachtet worden ist, daß
ὁ υἱὸς τοῦ ἀνθρώπου (mit dem bestimmten Artikel) ein beinahe ausschließlich christlicher Ausdruck ist«, und folgert daraus, daß »es zum mindesten
denkbar ist, daß der sehr ungewöhnliche griechische Ausdruck in den
Evangelien etwas in der Tradition der Jesusworte bewahrt, das auffälliger
ist als ein bloßes aramäisches 'ein Mensch' oder 'irgend jemand' oder sogar 'ich'«, und leitet daraus weiterhin die Vermutung ab, daß diese Ausdrucksweise Jesu »eine *Beziehung zu* dem Ausdruck bei Daniel darstellt«,
auf den sich Jesus als auf »die menschliche Gestalt« bezog. M. hält es
darum für vorstellbar, daß Jesus diesen Begriff »gelegentlich als einen
kollektiven Begriff gebrauchte .. und so als Symbol für die Aufgabe, an
der er seine Jünger teilzunehmen berief, aber gelegentlich auch für sich
selbst als Herz und Kern und leuchtender Brennpunkt und allein voll re-
präsentativer Teil dieser kollektiven Einheit«, und daß er diesen Begriff
»sogar gelegentlich gebrauchte, *als ob* er von jemand anderem als von
sich selbst handele«. So verstanden ist Jesu Gebrauch des Ausdrucks
Menschensohn »ein bemerkenswertes Beispiel für Jesu Schriftauslegung«,
der Terminus »faßt die Berufung Jesu zusammen, Israel (oder Haupt- und
Mittelpunkt Israels) zu sein, das seine Bestimmung treu erfüllt«, und »alle
Menschensohnworte in den Synoptikern sind derselben Interpretation
zugänglich, von denen abgesehen, die einer redaktionellen Einfügung als
bloßer Titel zu verdanken sind« [49].

Es ist leicht zu sehen, daß diese besonders engagierte Interpretation
des Ausdrucks »Menschensohn« im Munde Jesu nicht nur von den Voraussetzungen ausgeht, daß kein jüdischer Titel »Menschensohn« vorhanden war und daß die Auffälligkeit der griechischen Form erklärt werden
muß, daß sie vielmehr auch aus der Annahme, Jesus habe Dan 7, 13 ganz

---

[49] C. F. D. MOULE, Neglected Features . . ., 461. 414. 419. 421 f. 427. 424.

persönlich interpretiert, die kollektive Deutung von Menschensohn auf
das durch Jesus repräsentierte wahre Israel ableitet. Nun ist es aber, wie
ich anhand mehrerer Untersuchungen betont habe, durchaus wahrscheinlich, daß es im apokalyptischen Judentum die Erwartung eines himmlischen »Menschen« gegeben habe, und die auffällige griechische Form
des Ausdrucks kann sehr wohl »ein Versuch sein, den emphatischen *status*
im Aramäischen zu übersetzen; sie kann aber auch etwas mehr sein, ich
vermute, sie ist bewußt geprägt, um die Nuance eines Titels anklingen
zu lassen«, wie J. A. FITZMYER in seiner sprachlichen Untersuchung des
Ausdrucks bemerkte [50]. Und selbst wenn Jesus den Ausdruck als Interpretation von Dan 7, 13 selbst neu geprägt *hätte,* enthalten die Menschensohnworte der Synoptiker keinerlei Hinweis darauf, daß dieser Ausdruck
das wahre Israel bezeichnen oder gar kollektiv verstanden werden wolle
(die Interpretation der einzelnen Texte von diesen Voraussetzungen aus,
auf die ich hier nicht eingehen kann, ist denn auch sehr gewaltsam). So
richtig Moules Bemühen ist, den Gebrauch des Ausdrucks Menschensohn
durch Jesus als Ausdruck seines Selbstverständnisses zu interpretieren, so
wenig kann ich aus den genannten Gründen diese Interpretation als überzeugend anerkennen.

So ist schließlich noch auf zwei Arbeiten hinzuweisen, die ebenfalls
auf den Gebrauch von »Menschensohn« für die gegenwärtige Person
Jesu den Nachdruck legen, aber auch den Gebrauch im futurischen Sinn
festhalten. R. MADDOX geht in seinem Aufsatz über die Funktion des
Menschensohns von der Feststellung aus, daß »die Gründe gegen die Echtheit einer ganzen Gruppe von Menschensohnworten [Gegenwart, Zukunft, Leiden] unbewiesen bleiben«, und erhebt die Forderung, daß dann
Jesus »sicherlich nicht drei verschiedene Dinge« mit dem Ausdruck gemeint haben kann; er setzt ferner voraus, daß im Judentum »der Menschensohn eine himmlische, übernatürliche Gestalt ist, deren Hauptaufgabe
es mit dem eschatologischen Gericht zu tun hat«. Die Besprechung der
futurischen Menschensohnworte zeigt, daß »die Verbindung zwischen dem
Titel 'Menschensohn' und dem Gerichtsthema am deutlichsten ist bei den
Worten über das zukünftige Kommen in Herrlichkeit, daß dasselbe Thema
aber zum mindesten in einige Worte über das irdische Leben Jesu über-
greift«, doch ist der Nachweis an den Worten über das irdische Leben Jesu
teilweise »zugegebenermaßen etwas gesucht«, wie M. selber zugibt. Nach
seiner Meinung fallen auch die Worte über das Leiden und die Auferstehung des Menschensohns »in den normalen Zyklus von Menschensohnworten, auch wenn sie Gericht oder Rettung nicht ausdrücklich erwähnen«.
D. h. »in allen Stellen der synoptischen Evangelien, in denen Jesus sich

---

[50] J. A. FITZMYER, The New Testament Title . . ., 154, s. o. S. 61.

Menschensohn nennt, findet sich, mit nur ein oder zwei möglichen Ausnahmen, ein durchgehendes Thema: der Menschensohn ist derjenige, der
das letzte Gericht vollzieht«, aber im Gegensatz zu Henoch »wird nicht
nur erklärt, daß der Menschensohn bald sein allgemeines Gericht abhalten wird, sondern auch, daß er schon auf der Bühne menschlicher Geschichte
erschienen ist und daß der Ablauf des eschatologischen Gerichts schon begonnen hat«. Und »es kann kaum zweifelhaft sein, daß die Lehre über
den Menschensohn in allen drei traditionellen Gruppen der Synoptiker
im wesentlichen die Lehre Jesu selber ist und im Zentrum seiner Deutung
seiner Sendung steht« [51]. Nun läßt sich wohl nicht leugnen, daß die Einbeziehung fast der ganzen Menschensohnüberlieferung in die Vorstellung
vom künftigen Gericht mehrfach nicht nur »gesucht«, sondern schlicht unmöglich ist, und es ist ja nicht nur das schon *gegenwärtige* Wirken des
kommenden »Menschen« in der Person Jesu, sondern diese Gegenwart
in dem schwachen Menschen Jesus und die Ansage der Vergebung durch
diesen Jesus, worin sich eine radikale Differenz zu dem Menschensohn
des Henochbuches zeigt. Müssen darum die Ausführungen von Maddox
im einzelnen kritisch betrachtet werden, so ist doch sein Versuch, die
Menschensohnworte Jesu in ihrem inneren Zusammenhang als Zeugnis
für das Selbstverständnis und den Anspruch Jesu verständlich zu machen,
beachtlich und förderlich.

Leider kann das von der letzten hier zu nennenden Schrift nicht auch
gesagt werden. F. NEUGEBAUER hat seiner Arbeit über »Jesus und der
Menschensohn« zwar umfangreiche polemische Erörterungen über Ge-
schichtsmethodik und Geschichtskritik eingefügt, die sich mit guten Gründen gegen eine zum Prinzip erhobene Skepsis wenden, hier aber nicht
besprochen werden können, läßt aber dann in seinen Ausführungen über
»Menschensohnhoffnung und Jesu Erfüllung« jede Traditions- und Re-
daktionskritik fehlen. Er betont richtig: »Wenn Jesu Gewißheit letzt-
gültiger Sendung überhaupt verständlich auszusagen war, dann niemals
so, daß die Sprache der Hoffnung vermieden werden konnte«, und: »Wenn
Jesus vom Menschensohn spricht und darin den Erfüller der Hoffnung,
des Heils und des Gerichts meint, so wird .. offensichtlich vorausgesetzt,
daß der Menschensohn als messianischer Name bekannt gewesen ist«.
Auch das ist richtig, daß »es nicht gelingt, .. das Rätsel der Niedrigkeit
des Menschensohns vorzudatieren und in die Zeit vor Jesus zu legen«.
Aber N. unterläßt es dann zu fragen, ob diese Aussagen über die Niedrigkeit
des Menschensohnes und sein Leiden sich als vorösterliche Überlieferung
wahrscheinlich machen lassen oder nicht, sondern er dekretiert ein-

---

[51] R. MADDOX, The Function..., 46 f. 52. 68. 69 f. 73 f.

fach: »Allein der Menschensohn hat die Vollmacht von ihm zu reden ..
Nur der redet autoritativ vom Menschensohn, der es ist oder es wird«
und ebenso: »Indem der Menschensohn leiden muß und Jesus diesem
Leiden folgt, ist und bleibt er auch der Menschensohn«[52]. Das sind aber
keine geschichtswissenschaftlichen Aussagen, und so werden durch diese
Arbeit trotz mancher richtigen Feststellungen weder die Geschichtlichkeit
der Rückführung der Menschensohnaussagen auf Jesus noch der innere
Zusammenhang der ihm zugeschriebenen Aussagen geklärt.

Am Ende dieses Überblicks über die Forschung zum persönlichen Anspruch Jesu und besonders zur Menschensohnfrage in den letzten einein-
halb Jahrzehnten ist man versucht, die von A. J. B. Higgins und M. Hooker gestellte Frage: »Ist das Menschensohnproblem unlösbar?« zu wiederholen und mit ja zu beantworten. Ich kann mich freilich zu solcher Resigna-
tion nicht bereit finden, und zwar nicht in erster Linie, weil ich selber
eine geschichtswissenschaftlich haltbare Antwort auf diese Fragen geben
zu können meine, die aber hier nicht zur Debatte steht[53], sondern vor
allem darum, weil sich trotz der verschlungenen und gelegentlich wirklich
als wirr erscheinenden Pfade der Forschung immer wieder eine Korrektur
eindeutig falscher Wege findet und weil ich als Christ die Hoffnung nicht
aufgeben kann, daß sich die Wahrheit über Jesus, auch die geschichtliche
Wahrheit, schließlich doch, auf welchem Wege auch immer, durchsetzen
wird, trotz aller *confusio hominum*, der wir alle unterworfen sind.

Es bleibt mir nun noch die Aufgabe, in einem 6. Teil dieses Forschung-
berichts die Arbeiten zum Prozeß und zum Tode Jesu zu behandeln und
abschließend die in den letzten beiden Jahren erschienene Jesusliteratur
in einem Nachtrag zu besprechen.

---

[52] F. NEUGEBAUER, Jesus der Menschensohn . . ., 33. 36. 47. 41. 51.

[53] S. außer meinem oben genannten Aufsatz über »Das Verhalten Jesus gegenüber . . .« meine »Theologie des Neuen Testaments nach seinen Hauptzeugen«,
GNT 3³, 1976, 68 ff.

VI

Der Prozeß und der Kreuzestod Jesu

F. Altheim und R. Stiehl, Jesus der Galiläer, in: Die Araber in der Alten Welt III, Kap. 5, Berlin 1966, 74–97. – A. Bajsič, Pilatus, Jesus und Barabbas, Bib. 48, 1967, 7–28. – E. Bammel, Die Blutgerichtsbarkeit in der römischen Provinz Judäa vor dem ersten jüdischen Aufstand, JJS 25, 1974, 35–49. – J. Blinzler, Der Prozeß Jesu, Regensburg ⁴1969. – F. Bovon, Les derniers jours de Jésus. Textes et événement, Collection Flèches, Neuchâtel 1974. – E. Brandenburger, Σταυρός. Kreuzigung Jesu und Kreuzestheologie, WuD 10, 1969, 17–43. – S. G. F. Brandon, The Trial of Jesus of Nazareth, London 1968. – I. Broer, Die Urgemeinde und das Grab Jesu. Eine Analyse der Grablegungsgeschichte im Neuen Testament, StANT 31, 1972. – T. A. Burkill, The Condemnation of Jesus: A Critique of Sherwin-White's Thesis, NT 12, 1970, 321–342. – D. R. Catchpole, The Trial of Jesus. A Study in the Gospels and Jewish Historiography from 1770 to the Present Day, StPB 18, 1971. – M. B. Chambers, Was Jesus Really Obedient unto Death?, JR 50, 1970, 121–138. – H. H. Cohn, Reflections on the Trial and Death of Jesus, Israel Law Review 2, 1967, 332 bis 379. – H. Conzelmann, Historie und Geschichte in den synoptischen Passionsberichten, in: Zur Bedeutung des Todes Jesu, STAEKU 1976. – E. Dabrowski, The Trial of Christ in Recent Research, StEv 4 = TU 102, 1968, 21–27. – P. E. Davies, Did Jesus Die as a Martyr-Prophet?, BR 19, 1974, 37–47. – J. D. M. Derrett, An Oriental Lawyer Looks at the Trial of Jesus and the Doctrine of the Redemption, London 1966. – C. H. Dodd, The Historical Problem of the Death of Jesus, in: C. H. D., More New Testament Studies, Manchester 1968, 84–101. – J. A. Fitzmyer, Crucifixion in Ancient Palestine, Qumran Literature and the New Testament, CBQ 40, 1978, 493–513. – J. M. Ford, »Crucify him, crucify him« and the Temple Scroll, ET 87, 1975/76, 275–278. – C.-I. Foulon-Piganiol, Le rôle du peuple dans le procès de Jésus. Une hypothèse juridique et théologique, NRTh 108, 1976, 627–637. – J. Gnilka, Das Evangelium nach Markus, 2. Teilband, Mk 8, 27–16, 20, EKK II, 2, 1979, Exkurse: Der Prozeß Jesu und das jüdische Prozeßrecht, Die Kreuzigung, Jüdische Beerdigungsbräuche, S. 284–289, 318–320, 334–336. – G. Haufe, Der Prozeß Jesu im Lichte der gegenwärtigen Forschung, ZdZ 22, 1968, 93–101. – M. Hengel, Mors turpissima crucis. Die Kreuzigung in der antiken Welt und die »Torheit« des »Wortes vom Kreuz«, in: Rechtfertigung, Fschr. f. E. Käsemann, Tübingen – Göttingen 1976,

125–184. – Ders., Crucifixion, London – Philadelphia 1977. – Ders., Der stellvertretende Sühnetod Jesu. Ein Beitrag zur Entstehung des urchristlichen Kerygmas, IKaZ 9, 1980, 1–25. 135–147. – T. Horvath, Why Was Jesus Brought
to Pilate?, NT 11, 1969, 174–184. – W. Horbury, The Passion Narratives and
Historical Criticism, Theol. 75, 1972, 58–71. – W. Koch, Der Prozeß Jesu.
Versuch eines Tatsachenberichts, Köln – Berlin 1966. – Ders., Zum Prozeß Jesu,
mit Beiträgen von J. Blinzler, G. Klein, P. Winter, Arbeiten der Melanchthon-
Akademie Köln 3, Weiden 1967. – H.-W. Kuhn, Der Gekreuzigte von Giv'at
ha-Mirtar. Bilanz einer Entdeckung, in: Theologia crucis - signum crucis, Fschr.
E. Dinkler, Tübingen 1979, 303–334. – S. Légasse, Jésus devant le Sanhédrin.
Recherche sur les traditions évangéliques, RTL 5, 1974, 170–197. – X. Léon-
Dufour, Jésus face à la mort menaçante, NRTh 110, 1978, 802–821. – E. Lohse,
Die Geschichte des Leidens und Sterbens Jesu Christi, Gütersloher Taschenbücher
Siebenstern 316, 1979. – H. Z. Maccoby, Jesus and Barabbas, NTS 16, 1969/70,
55–60. – F. E. Meyer, Einige Bemerkungen zur Bedeutung des Terminus »Syn-
hedrion« in den Schriften des Neuen Testaments, NTS 14, 1967/8, 545–551. –
F. Mussner, Traktat über die Juden, München 1979, Kap. 5. 4: »Wer trägt die
Schuld am gewaltsamen Tod Jesu?«, S. 293–305. – R. Pesch, Das Markusevangelium II. Teil, Kommentar zu Kap. 8, 27–16, 20, HThK II, 2, 1977, Exkurse:
Die vormarkinische Passionsgeschichte, Zur Chronologie der Passion Jesu, Die
Abendmahlsüberlieferung, Der Prozeß Jesu, S. 1–27, 323–328, 364–377, 404 bis
424. – Ders., Wie Jesus das Abendmahl hielt. Der Grund der Eucharistie, Freiburg – Basel – Wien 1977. – E. Rivkin, Beth Din, Boulé, Sanhedrin: A Tragedy
of Errors, HUCA 46, 1975, 181–199. – J. G. Sabosan, The Trial of Jesus, JES
10, 1973, 70–91. – G. Schneider, Gab es eine vorsynoptische Szene »Jesus vor
dem Synedrium«?, NT 12, 1970, 22–39. – H. Schürmann, Jesu ureigenes Todesverständnis. Bemerkungen zur »impliziten Soteriologie« Jesu, in: Begegnung mit
dem Wort, Fschr. H. Zimmermann, BBB 53, 1980, 273–309. – A. N. Sherwin-
White, The Trial of Jesus, in: Historicity and Chronology in the New Testament, SPCK Theological Collections 6, 1965, 97–116. – G. S. Sloyan, Jesus on
Trial. The Development of the Passion Narratives and Their Historical and
Ecumenical Implications, Philadelphia 1973. – A. Steinwenter, Bibel und
Rechtsgeschichte, JJP 15, 1965, 1–19. – P. Stuhlmacher, Existenzstellvertretung
für die Vielen: Mk 10, 45 (Mt 20, 28), in: Werden und Wirken des Alten Testa-
ments, Fschr. C. Westermann, Göttingen – Neukirchen-Vluyn 1980, 412–427. –
G. Theissen, Die Tempelweissagung Jesu. Prophetie im Spannungsfeld von
Stadt und Land, ThZ 32, 1976, 144–158 = G. Th., Studien zur Soziologie des
Urchristentums, WUNT 19, 1979, 142–159. – The Trial of Jesus. Cambridge
Studies in honour of C. F. D. Moule, ed. by E. Bammel, SBT II, 13, 1970. –
P. Valentin, Les comparutions de Jésus devant le Sanhédrin, RSR 59, 1971,
230–236. – H.-R. Weber, Kreuz. Überlieferung und Deutung der Kreuzigung
Jesu im neutestamentlichen Kulturraum, ThTh ErgBd, 1975. – W. R. Wilson,
The Execution of Jesus. A Judicial, Literary and Historical Investigation, New
York 1970. – P. Winter, On the Trial of Jesus, Second edition revised and
edited by T. A. Burkill and G. Vermes, SJ 1, 1974.

Die geschichtliche Frage nach den Vorgängen beim Prozeß und bei der
Kreuzigung Jesu ist seit jeher über die allgemeinen methodischen und
theologischen Probleme bei der Rückfrage nach dem Jesus der Geschichte
hinaus mit der häufig polemisch oder apologetisch gestellten Frage nach
der »Schuld« an diesem Geschehen belastet gewesen, und diese Belastung
hat oftmals die Objektivität der Fragestellung und Urteilsfindung ge-
trübt. Das zeigt sich auch in der neuesten Forschung über diesen Fragen-
kreis immer wieder, und es ist darum bei der Beurteilung dieser Forschung besonders darauf zu achten, daß theologische oder konfessionelle
Vorurteile so weit wie möglich ausgeschaltet bleiben. Die große Zahl
der hier zu besprechenden Arbeiten sollen dabei, nach dem Hinweis auf
zwei Forschungsberichte, geordnet werden nach 1) Gesamtdarstellungen, 2) Spezialuntersuchungen zum Prozeß Jesu, 3) Spezialuntersuchungen zur Kreuzigung Jesu, 4) Arbeiten zur Stellung Jesu zu seinem bevorstehenden Tod.

E. Dabrowskis Forschungsbericht enthält nicht viel mehr als die an
Hand weniger Literaturhinweise sich ergebenden Feststellungen, daß die
Entwicklung der Tradition über den Prozeß Jesu und seine Kreuzigung
sich vollzog »unter der unmittelbaren Kontrolle der Apostel als autorisierter Repräsentanten Christi, damit die Kontinuität und Unveränder-
lichkeit der Botschaft gewährleistet bleiben« (S. 24), und daß in Übereinstimmung damit J. Blinzlers »Rekonstruktion des Prozesses Christi
aufgrund der vier Erzählungen ... ihre Bestätigung in nichtbiblischen
Dokumenten findet« (S. 27). Während dieser Bericht darum nicht weiterführt, gibt G. Haufe anhand der bis 1968 vorliegenden Literatur
einen guten Überblick über die Problematik des Prozesses Jesu: »Zumindest während der hohen Festtage konnte der Hohe Rat unmöglich
einen Kapitalprozeß in eigener Regie durchführen«; auf Grund der
historischen Unwahrscheinlichkeiten ist zu schließen, daß der Bericht
über die Verhandlung vor dem Synedrium »Bildung der nachösterlichen
Gemeinde im Rahmen ihrer Auseinandersetzung mit der Synagoge unter
Zuhilfenahme von Schriftbeweis, Bekenntnis und einem Jesuslogion darstellt«, und ebenso gilt, »daß wir historisch zuverlässige Nachrichten
vom Verlauf des Pilatusverhörs nicht besitzen«. Trotzdem ist die Verhaftung Jesu durch die jüdische Behörde und deren politische Verdächtigung gegenüber Pilatus sehr wahrscheinlich, so daß sich die Folgerung
ergibt: »Will man historisch überhaupt von Schuld sprechen, dann trifft
sie die jüdische und die römische Behörde. Besser aber wird man tun, ...
in historischer Sicht überhaupt nicht mehr von ›Schuld‹ zu reden«[1]. Trotz
der allzu radikalen Urteile über den Quellenwert der Evangelien ist das

---

[1] G. Haufe, Der Prozeß Jesu ..., 95. 98. 97. 101.

eine gute Zusammenfassung der Forschungslage, doch verhindert die Kürze des Berichts naturgemäß eine ausreichende Begründung der vertretenen Anschauung.

Gesamtdarstellungen

Hier müssen zunächst zwei Bücher genannt werden, die ursprünglich vor 1965 erschienen, seither aber in neuer Auflage herausgekommen sind und deren entgegengesetzte Positionen die gesamte weitere Diskussion beeinflußt haben. J. BLINZLERs 1951 zuerst erschienene, 1969 in 4. Auflage stark erweiterte Untersuchung des Prozesses Jesu ist gekennzeichnet einerseits durch die Erörterung aller denkbaren Einzelheiten der Berichte und des geschichtlichen Vorgangs unter vollständiger Heranziehung der vorhandenen Literatur, andererseits durch die mit großem Scharfsinn, aber auch nicht ohne apologetische Phantasie unternommene Bemühung, aus den vier Evangelienberichten eine historisch und juristisch unanfechtbare fortlaufende Darstellung der geschichtlichen Vorgänge zu geben und auf diese Weise sowohl alle Widersprüche zu beseitigen als auch die Schuldfrage eindeutig zu klären. Die Aufzählung von fünf Gruppen von Meinungen über die Frage, »ob und inwieweit neben den Römern auch Juden an der Beseitigung Jesu beteiligt waren«, und die Prüfung der (historisch unergiebigen) nichtevangelischen Nachrichten über den Prozeß Jesu führen zu der Feststellung, daß zur »Rekonstruktion der wesentlichen Prozeßvorgänge ... vom Bericht des Markus ausgegangen werden muß«. Nachdem Judas »auf den amtlichen Steckbrief reagiert« und der jüdischen Behörde den Aufenthaltsort Jesu bekannt gegeben hatte, wurde Jesus durch Gerichtsorgane des Synedriums verhaftet, während »die Teilnahme römischen Militärs an der Verhaftung Jesu höchst unwahrscheinlich ist« (das soll nicht einmal in Joh 18, 12 gemeint sein!): »An der formalen Legalität der Verhaftung ist nicht zu zweifeln«. Nach einer »nicht offiziellen Voruntersuchung durch Hannas« fand die Verhandlung vor dem »obersten jüdischen Gerichtshof« unter dem Vorsitz des »amtierenden Hohepriesters« Kaiphas statt, die der 4. Evangelist »übergehen konnte, weil die heidenchristlichen Leser ... für die jüdische Prozeßverhandlung wenig Interesse gehabt hätten«. Gemäß Mk 14, 55 steht schon bei Beginn der Verhandlung »fest, daß ein Todesurteil gefällt werden soll; dagegen steht nicht fest, womit es begründet werden soll«. Aber nicht »das Tempelwort bildete die Grundlage für das Todesurteil«, die Synhedristen waren vielmehr »entschlossen, Jesus im Falle einer bejahenden Antwort« auf die Frage nach seinem Messiasanspruch »für überführt zu halten; sie beabsichtigten, die offene

und klare Beanspruchung der Messiaswürde durch Jesus als Kapitalverbrechen zu behandeln«. »Die Synhedristen sprachen sich geschlossen
für ein Todesurteil aus«; da aber »zur Zeit Jesu ein Todesurteil von den
Juden nicht vollzogen werden konnte«, faßten sie »den Beschluß,
Jesus ... dem römischen Prokurator zu übergeben«. Weil die »Voraussetzung unbeweisbar ist, daß die in der Mischna enthaltenen Vorschriften für das Synedrium der Zeit Jesu verbindlich waren«, alle berichteten
Vorgänge dagegen »in vollem Einklang mit dem damals geltenden Recht
standen, das ein sadduzäisches Recht war«, handelt es sich bei dem Bericht des Markus über die Verhandlung vor dem Synedrium »um eine
hervorragend zuverlässige Überlieferung«, und dementsprechend »haben
wir zwei selbständige Prozesse zu unterscheiden, einen Religionsprozeß
vor dem Synedrium und einen politischen Prozeß vor dem Statthalter«.
Wenn die Synedristen vor Pilatus vorbrachten, »Jesus beanspruche der
König der Juden zu sein«, »haben sie mit dieser Umbeugung der Anklage eine grobe und bewußte Täuschung begangen«. Auf Grund der im
Johannesevangelium erhaltenen Antwort Jesu auf die Frage des Pilatus
nach dem Königtum Jesu gewinnt Pilatus »die Überzeugung, daß dieser
Mann kein politischer Verbrecher ist«; damit, daß er Jesus trotzdem
nicht freigab, »beginnt seine Schuld«, und daß er von sich aus Jesus als
Amnestiekandidaten vorschlug, war eine außerordentliche Ungeschick-
lichkeit«, durch die er sich »in eine Lage hineinmanövriert hat, der er
nicht mehr gewachsen war« (die Episoden vom Händewaschen und von
der Warnung durch die Frau des Pilatus »enthalten kaum etwas, was
geschichtlich undenkbar wäre«): Pilatus hat »tatsächlich ein richterliches
Urteil gefällt«. Die Kreuzesinschrift war »in drei Sprachen abgefaßt«
(B. übersetzt den griechischen Wortlaut von Joh 19, 19 ins Aramäische
und Lateinische!), »die vier (!) Soldaten teilten Jesu Kleider unter sich
auf« (das Untergewand war »möglicherweise eine Arbeit der Mutter
Jesu«!). Auf Grund der »festen und exakten topographischen Vorstellungen über das Grab Jesu »muß man annehmen, die denkwürdige Stätte
sei schon im ersten Jahrhundert von den Christen besucht und verehrt
worden«. Aus dem allen ergibt sich einerseits, daß »zu den schuldig
gewordenen Juden zwei Gruppen gehören: die Mitglieder des Synedriums und die gegen Jesus demonstrierende Volksmenge«, andererseits,
daß »neben den Juden der römische Prokurator Pilatus für die Hinrichtung Jesu verantwortlich ist«. Freilich schließt B. dann doch mit der
Feststellung, daß »im Lichte des Erlösungsglaubens ... die Frage nach
der Schuld zu einer Frage an das eigene Gewissen wird«[2].

---

[2] J. BLINZLER, Der Prozeß Jesu, 22. 70. 84. 92. 99. 138. 136. 145. 148. 151 f.
162. 207. 227. 248. 279. 283 f. 306 f. 315. 341. 368 f. 401. 448 f. 452.

Zweierlei fällt bei der Beurteilung dieses ob seiner Gründlichkeit bewundernswerten und für Einzelfragen bleibend bedeutsamen Buches sofort in die Augen: B. bemüht sich, die Berichte der vier Evangelien zu einem gegen alle Einwände gesicherten zusammenhängenden Bericht über das geschichtliche Geschehen zu kombinieren, und die beherrschende Fragestellung bei dieser Rekonstruktion ist die Frage nach der »Schuld« am Tode Jesu. Nun ist diese Frage, wie B. auf der letzten Seite seiner Ausführungen selbst zu bemerken scheint, zweifellos falsch gestellt: gewiß ist es richtig, daß Jesus auf Grund einer sachlich falschen Anklage zum Tode verurteilt und hingerichtet worden ist, aber bei einer »rein historischen Betrachtungsweise«, die B. anzuwenden beansprucht, kann man nicht nach Schuld oder Unschuld, sondern nur nach Ursachen und Gründen für das zu rekonstruierende Geschehen fragen. Die Rekonstruktion des geschichtlichen Ablaufs aber geschieht bei B. ohne eine ausreichende Analyse der Berichte und mit Hilfe einer alle geschichtlichen Schwierigkeiten durch Beseitigung aller Widersprüche einebnenden Kombinatorik. Ich kann hier nicht auf die zahlreichen auf diese Weise mit großer Sicherheit vertretenen Unwahrscheinlichkeiten oder Unmöglichkeiten eingehen, doch soll auf zwei als einleuchtend festzuhaltende Einsichten Blinzlers hingewiesen werden: er hat mit guten Gründen darauf aufmerksam gemacht, daß die Einwände gegen den Bericht über die Verhandlung vor dem Synedrium auf Grund der Prozeßbestimmungen der Mischna darum nicht überzeugend sind, weil wir keine Kenntnis darüber haben, inwieweit diese Bestimmungen schon zur Zeit Jesu vorhanden und gültig waren (daß sich das Synedrium an das sadduzäische Recht gehalten habe, ist aber unbewiesen, da wir darüber noch weniger wissen), und die Bestreitung jeder Beteiligung jüdischer Instanzen an der Anklage gegen Jesus ist unhaltbar. Im übrigen haben die im folgenden zu besprechenden neueren Darstellungen des Prozesses Jesu die Problematik der Gesamtdarstellung Blinzlers in vielen Einzelheiten nachgewiesen.

Eine völlig andere Methode verfolgt P. WINTER. Als sein Buch über den Prozeß Jesu 1961 zuerst erschien, konnte man W. aus zahlreichen Aufsätzen und Rezensionen als vorzüglichen Kenner des Neuen Testaments und des zeitgenössischen Judentums kennen und auch aus der Widmung des Buches (»Den Toten in Auschwitz, Izbica, Majdanek, Treblinka, zu denen diejenigen gehören, die mir die liebsten waren«) erschließen, daß der Verfasser dieses Buches ein Jude sei. Nach dem Tode Winters im Jahre 1969 haben zwei seiner Freunde das Werk erneut herausgegeben, und ihre dem Buch vorangestellte »Biographische Anmerkung« zeigt nun die Tragödie dieses aus Mähren stammenden jüdischen Juristen, der, aus seiner Heimat 1939 geflohen, den Belastungen eines wechselreichen Lebens und schließlich auch bitterer Armut 1969 im Alter von 65 Jahren erlegen ist. Winter verfolgt in seinem Buch über den Prozeß Jesu[3] (die dem Buch vorangestellten Zitate aus Origenes und Thomas von Aquin über die bleibende Schuld der *Juden* am Tode Jesu lassen das sofort erkennen) die Absicht nachzuweisen, daß *nicht die Juden*, sondern die Römer für die Hinrichtung Jesu die Verantwortung tragen. Anders als Blinzler versucht W. darum nicht, den Ablauf der Geschehnisse beim Prozeß und der Hinrichtung Jesu zu rekonstruieren (»Es ist unmöglich, alle unzusammenhängenden Tatsachen in einen harmonisierten Bericht des Prozesses Jesu zusammenzuweben … Die Autoren, die für jede Szene und jede Einzelheit in den verschiedenen Schilderungen einen Platz zu schaffen suchten, handeln unter Absehen von den Absichten der Evangelisten«), er erörtert vielmehr nur diejenigen Problemkreise, die s. E. zur Klärung der Schuldfrage beitragen. Er stellt darum zunächst fest, daß »sich bei Markus nichts davon findet, daß die oberste jüdische Behörde keine Befugnis hatte, das in Mk 14, 64 b ausgesprochene Urteil zu vollstrecken« und »daß sogar in der Periode *nach* dem Tod Jesu die oberste jüdische Behörde die Funktion eines Gerichtshofs ausübte, indem sie Juden in solchen Fällen den Prozeß machte, in denen eine Todesstrafe in Betracht kam, und die Todesstrafe verhängte«; die Erörterung der verschiedenen jüdischen Todesstrafen führt zu dem Schluß: »Vor dem Jahr 70 hatte der Sanhedrin die volle Gerichtsbarkeit über Juden, die wegen Vergehen gegen das jüdische Religionsgesetz angeklagt waren, und er hatte die Berechtigung, Todesurteile offen auszusprechen und in Übereinstimmung mit der jüdischen Gesetzgebung zu vollstrecken«; auch die von der Apostelgeschichte als Möglichkeit geschilderte Aburteilung des Paulus durch den Sanhedrin »in einem Fall, der Todesstrafe einschloß«, zeigt, daß der johanneische Satz: »Uns ist es nicht gestattet, jemand hinzurichten« (Joh 18, 31 b) »keinerlei Hinweis auf geschichtliche Wirklichkeit bietet – die Behauptung, die die Zuständigkeit jüdischer Gerichtshöfe leugnet, die Todesstrafe zu vollziehen, hat ihren Grund in der theologischen Absicht des vierten Evan-

---

[3] Die neue Auflage, die S. XXI f. die wichtigsten Besprechungen des Buches aus den Jahren 1961/65 verzeichnet (weitere Rezensionen sind in Biblica 43–47, 1962–1966 aufgeführt) und auch eine Bibliographie der Veröffentlichungen Winters bietet, hat dankenswerterweise die Anmerkungen aus dem Anhang unter den Text versetzt, wodurch die Seitenzählung verändert wurde, bietet aber im übrigen nur unwesentliche Zusätze aus dem Handexemplar des Verfassers und einige ergänzende Anmerkungen der Herausgeber. Leider sind die Korrekturen so schlecht gelesen, daß der Ausfall ganzer Zeilen auf den S. 50 und 72 unbemerkt geblieben ist.

gelisten«. Nun ist Jesus aber *gekreuzigt* worden, und »Kreuzigung war keine Strafmaßnahme, von der sich zeigen läßt, daß sie von Juden während oder nach der Lebenszeit Jesu gebraucht worden ist«. »Dagegen ist nichts Unglaubliches in dem Bericht von Joh 18, 12–13 a. 28, der feststellt, daß ein römischer militärischer Kommandant, nachdem er Jesus verhaftet hatte, ihn zu einem lokalen jüdischen Behördenvertreter brachte mit dem Auftrag, die gerichtlichen Unterlagen für das Gericht des Statthalters vorzubereiten und ihn danach der kaiserlichen Autorität wieder auszuhändigen«. Daß »Pilatus am Morgen zu Verfügung stand, bereit zur Verhandlung gegen Jesus, zeigt, daß er vorher über das informiert war, was in der Nacht stattfand«; und »daß es notwendig war, die Erlaubnis des Statthalters für das Begräbnis Jesu zu erhalten«, zeigt ebenfalls, »daß Urteil und Ausführung in jüdischen Händen waren«, andernfalls »wäre eine Erlaubnis überflüssig gewesen«. Da die älteste Tradition von der Beteiligung »sowohl römischer Soldaten als auch der Tempelpolizei« bei der Verhaftung Jesu berichtet und sich aus Mk 14, 48 b. 49 (καθ' ἡμέραν heißt »während des Tages«!) erschließen läßt, daß Jesus »wie ein Guerillakämpfer ... verhaftet wurde als Vorsichtsmaßnahme gegen etwaige aufständische Tätigkeit« (obwohl »Jesus kein Revolutionär war«), da Jesus schließlich »niemals durch Kreuzigung hätte getötet werden können, ohne daß eine Verurteilung zu dieser Strafe durch einen römischen Beamten gefällt worden war«, ergeben sich für Winter als *sichere* Tatsachen: Jesus wurde »durch römisches militärisches Personal aus politischen Gründen verhaftet und dann zu einem lokalen jüdischen Verwaltungsbeamten während der Nacht gebracht. Am kommenden Morgen, nach kurzer Beratung der jüdischen Behörde, wurde er den Römern zum Prozeß zurückgegeben, der Statthalter verurteilte Jesus zum Tod durch Kreuzigung, die in Übereinstimmung mit römischem Strafvollzug erfolgte«. Darüber hinaus ist ein nächtliches Verhör durch ein Mitglied des hohepriesterlichen Stabes und Erstellung einer Anklageschrift wahrscheinlich, die am folgenden Morgen gebilligt wurde, schließlich eine Mißhandlung Jesu durch Soldaten nach seiner Verurteilung durch Pilatus. Diese positiven Feststellungen über das geschichtliche Geschehen werden nun von Winter in der Hauptsache durch zwei Argumentationsreihen abgesichert: a) Der Bericht über die Verhandlung vor dem Synedrium Mk 14, 53 b. 55–64 hat »seinen Sitz im Leben in der Geschichte der frühen Kirche, nicht im Leben Jesu«, »die ursprüngliche Tradition kann berichtet haben, daß Jesus nach seiner Verhaftung in der Residenz des Hohenpriesters durch irgendeinen jüdischen Behördenvertreter verhört wurde, der zweite Evangelist machte daraus eine nächtliche Sitzung des Synedriums«. Auch finden wir in jüdischen Quellen nirgendwo »einen

Hinweis darauf, daß der Sanhedrin sich jemals in der Residenz des
Hohenpriesters versammelte«, und »das Fehlen jeden frühen Interesses
an der Identität des Hohenpriesters verstärkt erheblich den Schluß, daß
die wirkliche Beteiligung des Hierarchen an dem Vorgehen gegen Jesus
weit weniger beherrschend war, als die Evangelisten nahelegen«, ferner
sind bei der Aufzählung der bei der morgendlichen Beratung der Behörde
Anwesenden »die Worte ›und das ganze Synedrium‹ [Mk 15, 1] wahrscheinlich eine Zufügung des zweiten Evangelisten zur benutzten Quelle«,
Markus »will die Schuldhaftigkeit der jüdischen Nation am Tode Jesu,
besonders ihrer Führer, betonen: sie, nicht die Römer, sind für die
Kreuzigung verantwortlich«. b) »Die ethische Lehre Jesu ist pharisäisch«,
»Jesus war in geschichtlicher Wirklichkeit ein Pharisäer«, die Tatsache,
daß »die Evangelisten auf die Gegner Jesu durch Gruppenbezeichnungen
verweisen, macht es fraglich, ob wir irgendwo außer in Mk 14, 1 b ...
eine Darstellung von Gelegenheiten haben, bei denen Feindschaft gegen
Jesus zum Ausdruck kam«; in der ältesten christlichen Tradition »begegnen nur Priester, Älteste und Schriftgelehrte als Gegner Jesu«, »die
älteste synoptische Tradition ... schließt die Pharisäer überhaupt nicht
unter die Feinde Jesu ein«, »die Gründe für Jesu Verhaftung hatten
nichts zu tun mit persönlichen und religiösen Unterschieden zwischen
Jesus und irgendeinem seiner Volksgenossen. Nicht der Inhalt seiner
Lehre, sondern primär die Wirkung, die seine Lehre auf gewisse Teile
der Bevölkerung hatte, veranlaßte die Behörden, gegen ihn tätig zu
werden«. W. schließt dann mit der Feststellung, daß mit der Hinrich-
tung Jesu »nicht alles zu Ende war: vor Gericht gestellt von der Welt,
verurteilt durch die Behörde, begraben von den Kirchen, die seinen
Namen bekennen, steht er immer wieder auf, heute und morgen, in den
Herzen der Menschen, die ihn lieben und fühlen, daß er nahe ist. Die
Seele eines Juden ist unruhig ...« (das letzte Sätzchen in hebräischer
Sprache)[4].
  Dieses ausführliche Referat, das zahlreiche weitere, locker angefügte
Argumente übergehen mußte, läßt sofort erkennen, daß W. die bekannte
These H. LIETZMANNs und anderer von der Ungeschichtlichkeit der Ver-
handlung gegen Jesus vor dem Sanhedrin und vom Recht der jüdischen
Behörde auf Verhängung und Vollstreckung der Todesstrafe[5] verbunden
hat mit der z. B. von D. FLUSSER[6] vertretenen Anschauung, daß Jesu
Lehre in keinerlei Gegensatz zur herrschenden pharisäischen Lehre ge-

  [4] P. WINTER, On the Trial of Jesus[2], 8. 12. 18. 109. 124. 127 f. 96. 42 f. 65.
82. 67–69. 79. 192. 34. 43. 28. 54. 35 f. 33 f. 185 f. 161. 176. 174. 189.
  [5] H. LIETZMANN, Der Prozeß Jesu, SPAW. PH 14, 1931, 313 ff. = H. L.,
Kleine Schriften II, TU 68, 1958, 251 ff.

standen habe, so daß eine Ablehnung Jesu durch die pharisäischen Führer
gar nicht stattgefunden haben könnte. Dieses Resultat wird nun aber
nicht erreicht durch eine literarische und geschichtliche Analyse der Berichte der einzelnen Evangelien, sondern durch das Herausgreifen einzelner Texte, die in wechselnder methodischer Weise auf ihren angeblichen ältesten Kern reduziert und dann der Argumentation eingefügt
werden. Weder die These von dem Recht zur Verhängung und Vollstreckung der Todesstrafe durch die jüdischen Behörden der Zeit Jesu
noch die Annahme der Einfügung des Berichts über die Verhandlung
gegen Jesus vor dem Sanhedrin durch Markus noch gar die Ausführungen über das Fehlen jeden Widerstands gegen Jesu Lehre und Person
unter den Zeitgenossen Jesu (mit Ausnahme der sadduzäischen Tempelaristokratie) sind auf diese Weise wirklich bewiesen, und die Folgerungen aus dem angeblich fehlenden Interesse am Namen des Hohepriesters
zur Zeit Jesu und aus dem Bereitsein des Pilatus am frühen Morgen sind
ebenso willkürlich wie die Behauptung, Jesus sei aus Vorsorge gegen einen
möglichen Aufstand von den Römern verhaftet worden. D. h., so richtig
der Hinweis auf die entscheidende Rolle des Pilatus bei der Verurteilung
und Hinrichtung Jesu ist, so fragwürdig ist die Leugnung jeder selbständigen Beteiligung jüdischer Stellen bei der Bemühung um die Ausschaltung Jesu und jeden Widerstands gegen Jesus und seine Lehre von seiten
führender jüdischer Kreise. Das Verständnis für die persönlichen Motive
der Argumentation Winters und die Achtung für seine tiefe Verehrung
Jesus gegenüber können nicht daran hindern festzustellen, daß dieses
Buch methodisch verfehlt ist und nur in sehr beschränktem Maße zur Erkenntnis der Voraussetzungen und des Ablaufs des Prozesses gegen Jesus
verhelfen kann.

Von der Auseinandersetzung mit den Büchern von Blinzler und Winter oder wenigstens mit den von ihnen exemplarisch vertretenen Anschauungen sind die meisten der in den letzten 15 Jahren erschienenen
zusammenfassenden Arbeiten zum Prozeß und der Kreuzigung Jesu bestimmt, auf die ich nun in chronologischer Reihenfolge eingehe. W. KOCH
bietet nicht mehr als eine alle Evangelien gleich bewertende Nacherzählung dessen, was die Evangelisten berichten; infolgedessen wird der
johanneische Bericht über das Gespräch zwischen Jesus und Pilatus ausdrücklich als zuverlässig verteidigt und behauptet, daß Pilatus bewußt
»einen unschuldigen Angeklagten hat geißeln lassen«, und weder die
sonstigen Nachrichten über Pilatus noch die Schwierigkeiten des Prozesses vor dem Synedrium kommen überhaupt zur Sprache. Völlig aus
der Luft gegriffen sind Behauptungen wie die, daß »die Feinde Jesu ...

---

[6] S. ThR 41, 1976, 214 ff.

Jesus vor allem wegen seiner Wundertaten den Prozeß gemacht haben«,
daß Jesus das letzte Mahl »in einer Grotte am Fuße des Ölbergs« gehalten habe und daß Paulus »etwa 5 Jahre jünger als Jesus« gewesen
sei. Um einen ernst zu nehmenden »Versuch eines Tatsachenberichts« handelt es sich bei diesem Buch darum nicht[7]. Und die vom selben Verfasser
herausgegebene Wiedergabe einer Fernsehdiskussion bietet, was die
Äußerungen von J. Blinzler und P. Winter betrifft, nur eine Zusammenfassung von deren Anschauungen, allein auf den Beitrag von G. Klein
ist später einzugehen. H. CONZELMANN will zwar von »Historie und
Theologie in den synoptischen Passionsberichten« handeln, stellt aber
gleich zu Beginn fest, daß »der Umfang dessen, was wir als sicheren
Tatbestand feststellen können, minimal ist« und daß »die Unsicherheit
der Rekonstruktion« bei der Frage nach der Vorlage der Passionsgeschichte des Markus festzuhalten sei, ja daß »der Komplex Einzug in
Jerusalem/Auftreten Jesu im Tempel ein Beispiel für die Unfruchtbar-
keit der historischen Fragestellung bietet«. Dementsprechend wird dann
erklärt, daß beim Bericht des Markus über das Verhör Jesu vor dem
Sanhedrin »ein historischer Haftpunkt nicht vorhanden ist« und ebenso
beim Verhör vor Pilatus »keine historische Basis (in einem Augenzeugenbericht) besteht«; C. weiß sogar, daß »der Titulus am Kreuz erst von
Markus in den Bericht eingefügt worden ist, womit gerechnet werden
muß«[8]. Bei solcher Skepsis bleibt für den nach der Geschichte Fragenden
nichts Greifbares übrig.

Schon früher habe ich auf zwei Bücher des Religionshistorikers S. G. F.
BRANDON hingewiesen[9], in denen er die Thesen vertrat, Jesus sei als Zelot
von den Römern hingerichtet worden, die Jerusalemer Christen seien
radikale Nationalisten gewesen und mit den kämpfenden Juden im
Jahre 70 untergegangen, das Markusevangelium sei im Jahre 71 in Rom
geschrieben mit dem Ziel des (falschen) Nachweises, daß die Christen
mit der Erhebung der Juden gegen die Römer nichts zu tun hatten. Soweit B. diese Thesen in seinem Buch über den Prozeß Jesu wiederholt,
brauche ich meine Einwände dagegen nicht erneut vorzubringen und
kann mich hier auf die Ausführungen zum Prozeß Jesu beschränken.
Markus mußte danach in Übereinstimmung mit der Absicht seines Buches
»einen Weg finden, den Anstoß der Verurteilung [Jesu] durch Pilatus
zu beseitigen« und darum »jedes Stück der jerusalemer Tradition aus-
lassen, das deutlich machte, es handle sich bei der Anklage [gegen Jesus]
um Aufruhr«. Dabei war doch die Tempelreinigung »gegen die priester-

---

[7] W. KOCH, Der Prozeß Jesu, 142 ff. 140. 116. 17. 21. Titelblatt.
[8] H. CONZELMANN, Historie und Theologie..., 37. 40. 44. 47 f.
[9] ThR 22, 1954, 151 ff.; 41, 1976, 230 ff.

liche Aristokratie gerichtet gewesen . . ., die mit den römischen Beherr-
schern Israels kollaborierte«, so daß es »äußerst unwahrscheinlich ist, daß
Jesus allein handelte und auf keinen Widerstand stieß, wie Markus berichtet«, »es muß die Möglichkeit in Rechnung gestellt werden, daß
Jesu Vorgehen im Tempel . . . dazu bestimmt war, Kontrolle über den
Tempel zu gewinnen und den von Rom ernannten Hohepriester abzu-
setzen«. Dieser mißglückte Versuch »bedeutete eine schwere Bedrohung
der Herrschenden«, aber die Judenchristen bemühten sich, »die Anklage,
daß Jesus den Tempel bedroht habe, zurückzuweisen im Interesse ihrer
Darstellung Jesu als Messias Israels«. »Ein politischer Anspruch war
deutlich die von den jüdischen Führern bevorzugte Anklage, die von den
Römern übernommen und von den Judenchristen berichtet wurde . . .
Daß dieser Titel Jesus zugeschrieben wurde, bedeutet unausweichlich, daß
in seiner Lehre und seinem Verhalten . . . etwas war, das diese Zuschreibung vernünftig und passend machte«. Nun erwähnt Mk 15, 7, daß »ein
Barabbas genannter Mann mit den Aufständischen in Gewahrsam genommen war, die bei dem Aufstand einen Mord begangen hatten«, und
daraus folgert B.: die »Bezugnahme des Markus auf den ›Aufstand‹ verrät seine Kenntnis eines wohlbekannten Ereignisses in dieser Zeit«, die
»vorschnelle Erwähnung des Barabbas . . . zeigt sein Beschäftigtsein mit
einem Rebellenführer, dessen Schicksal, wie er wußte, mit dem Jesu bei
dieser schicksalhaften Gelegenheit verbunden war«, »das Zusammentreffen oder sehr nahe Zusammentreffen von Jesu Angriff im Tempel mit
einem Aufruhr in der Stadt . . . muß sicher als bedeutsam angesehen werden«, »wir können . . . berechtigterweise schließen, daß dieser Aufruhr
religiös inspiriert war, wie es für Jesu Handlung im Tempel galt«. B.
stellt die Frage: »Konnten die beiden Bewegungen, die zu etwa der
gleichen Zeit sich ereigneten, auch in Grundsatz und Absicht verbunden
sein?«, und aus der Bejahung dieser Frage ergibt sich dann die Feststellung: weil »Jesus, als Messias begrüßt und mit dem Titel eines Königs
versehen, verständlicherweise als der Gefährlichere der Beiden erschien,
beschloß Pilatus, ihn zum Exempel für das Schicksal zu machen, das
jeden erwartete, der gegen den Caesar die Königswürde begehrte«. Angesichts seines Messiasanspruchs, seiner Ablehnung der Tributzahlung an
den Kaiser und seines Angriffs auf die Tempelordnung muß Jesus mit
Konsequenzen gerechnet haben: daß sein Verhalten bewaffneten Aufstand bedeutete und bewaffnete Abwehr hervorrufen mußte. Und Jesu
Kontrolle der Bewaffnung der Jünger auf dem Weg nach Gethsemane
(Lk 22, 38) »konnte nur *eine* Bedeutung haben: Jesus beabsichtigte, Widerstand gegen Verhaftung im Geheimen zu leisten«[10].

[10] S. G. F. BRANDON, The Trial . . ., 81 f. 84. 89. 93. 101–103. 148.

Auch wenn hier nur diese »Rekonstruktion« der Voraussetzungen der
Verhaftung und Verurteilung Jesu auf ihre Haltbarkeit geprüft werden
soll, ist doch sofort deutlich, daß B. von einer vorgefaßten Meinung aus
seiner Phantasie freien Lauf läßt: daß die sog. »Tempelreinigung« die
Absicht hatte, die Kontrolle über den Tempel zu gewinnen, widerspricht
ebenso allem, was wir von Jesus wissen, wie der angeblich politische
Charakter seines Messiasanspruchs, und die Verknüpfung des Ereignisses
der Tempelreinigung mit einem gleichzeitigen bewaffneten Aufruhr des
Barabbas ist ebenso erfunden wie die dem Pilatus zugeschriebene Entscheidung, daß Jesus als der gefährlichere Aufrührer hingerichtet werden
müsse. Das Buch von Brandon hat darum zum Verständnis des Prozesses
Jesu nichts Haltbares beigetragen[11].

Der Aufsatz von E. BRANDENBURGER zeigt einerseits auf, um was es
sich bei der Kreuzesstrafe handelt (»Zwischen Orient und Okzident ein
grundlegender Unterschied im ... Strafvollzug ... Wirklich sicher zu belegen ist für den Orient das Aufhängen ... des ... Leichnams. Im Okzident bezweckt das Aufhängen immer die Hinrichtung eines noch Lebenden«; »In Palästina kommt zur Zeit Jesu für die Verurteilung zur Kreuzigung ... nur die römische Besatzungsmacht in Frage«, zumal »die
Kapitalgerichtsbarkeit in Judäa während der Besatzungszeit einzig dem
Imperiumträger eignete«), zieht daraus andererseits die Folgerungen für
den Prozeß Jesu (»Maßgebend war die auf ›Kreuz‹ lautende richterliche
Entscheidung des Pilatus«; »Das direkte Verlangen der Juden speziell
nach der Kreuzigung Jesu ist angesichts der Wertung dieser römischen (!)
Strafe im Judentum kaum denkbar«, was »ein Zusammenspiel von jerusalemer Oberschicht und Römern bei der Inszenierung des Geschehens
nicht ausschließt«)[12]. Das ist alles gut und einleuchtend, aber naturgemäß
nicht umfassend begründet und in der Hauptsache nur eine Zusammenfassung von Bekanntem. Auch W. R. WILSON bietet in gut lesbarer Form
(die Anmerkungen im Anhang bieten die wissenschaftliche Untermaue-

---

[11] Vgl. die ausführlicheren Kritiken von H. R. BALZ, ThLZ 95, 1970, 30 ff.;
A. N. SHERWIN-WHITE, Gn. 43, 1971, 589 ff. (»Dieses Buch ist ein erstklassiges
Beispiel für in extremem Maß betriebene ›Tendenzkritik‹, S. 597); D. R. CATCH-
POLE, The Trial of Jesus, 1971, 118 ff.; K. SCHUBERT, Kairos 14, 1972, 71 ff. –
Das 1969 erschienene Buch von H. VAN DER KWAAK, Het Proces van Jezus,
Assen 1969 war mir nicht zugänglich; die Besprechungen von J. BLINZLER, ThRv
66, 1970, 382 ff.; J. MAIER, Bib. 51, 1970, 280 ff.; A. STROBEL, ThLZ 95, 1970,
665 ff. zeigen aber, daß es sich offenbar um eine sowohl redaktionsgeschichtlich
wie historisch vorgehende sorgfältige und weithin überzeugende Untersuchung
der Berichte und Vorgänge mit besonderer Berücksichtigung der »Schuldfrage«
handelt.
[12] E. BRANDENBURGER, Σταυρός ..., 21. 24. 29 f.

rung) für den Durchschnittsleser eine Darstellung dessen, was wir wissen können: »Wir können nicht einfach die Zuverlässigkeit unserer Evangelienberichte als gegeben hinnehmen«, aber »wir können zuversichtlich sein, daß die Evangelienberichte über Jesu Prozeß und Tod auf eine zuverlässige geschichtliche Tradition begründet sind«, obwohl »die Evangelisten die Ereignisse umgeformt haben, um zu zeigen, daß die Schuld an Jesu Tod völlig bei den Juden lag und daß der römische Statthalter von Jesu Unschuld überzeugt war«. »Die Synoptiker zeigen deutlich, daß es *die Tempelautoritäten,* nicht die Pharisäer, waren, die Jesu Tod suchten«, es gibt aber »einen Schlüssel, der das korrekte Verständnis des jüdischen Vorgehens gegen Jesus aufschließt, nämlich die Einsicht, daß der nächtliche ›jüdische Prozeß‹, den Markus beschreibt, völlig ungeschichtlich ist«, Jesus »stand unter Anklage vor dem römischen Statthalter, und die Grundlage der Verfolgung war seine Gefahr für den römischen Staat«, »Pilatus richtete Jesus hin, weil er ihn für schuldig hielt«, doch »obwohl die Verurteilung Jesu ungerecht war, kann sie wohl im formalen Sinn legal gewesen sein«. Nun ist die pauschale Erklärung der Verhandlung vor dem Sanhedrin gegen Jesus als ungeschichtlich problematisch, und es wird darum auch nicht klar, was Pilatus veranlaßte, gegen Jesus vorzugehen (durch die Streichung der Verhandlung vor dem Sanhedrin »sind wir mit einem Schlag imstande, die alte Anschauung aufzugeben, daß die Juden zuerst Jesus wegen einer religiösen Anklage verurteilten und dann die Anklage zu einer politischen umdrehten, um eine Verurteilung vor Pilatus zu erreichen«)[13], aber im übrigen ist Wilsons Darstellung einleuchtend und lesenswert. Das gilt nicht für den Aufsatz von W. HORBURY, der nach einer Aufzählung der verschiedenen grundsätzlichen modernen Standpunkte zur Leidensgeschichte alle denkbaren Gründe für die Richtigkeit der einzelnen Berichte aufzählt, aber selber keine Entscheidungen fällt.

Trotz seiner Kürze ist das Taschenbuch von G. S. SLOYAN eine selbständige Leistung. Basierend auf redaktionsgeschichtlicher Fragestellung geht er von den Feststellungen aus, daß »die Geschichte der Berichte relativ greifbarer ist ... als die Geschichte der Ereignisse selbst« und daß »Jesus ganz sicher vor Pontius Pilatus erschien und von ihm verurteilt wurde«; er bemüht sich dann um den Nachweis, daß die nächtliche »Konfrontation zwischen Jesus und dem Hohepriester von zweifelhafter Geschichtlichkeit ist«, weil »gezeigt werden kann, daß Markus eine Tradition von einem Verhör durch irgendwelche priesterlichen Repräsentanten besaß, das er aus ungeschichtlichen Gründen in die Nacht ver-

---

[13] W. R. WILSON, The Execution of Jesus, 36. 83. 101. 114. 130. 143. 168. 124.

legte«. Auch die Antwort Jesu auf die Frage des Hohepriesters Mk 14, 62
ist sekundär eingefügt, während »irgendein Verhör Jesu vor irgendeiner priesterlichen Gestalt ... der Frage danach genügen wird, was wirklich geschah«. »Die Kreuzesinschrift ... legt nahe, daß Jesu politischer
Standpunkt und vielleicht seine Messiaswürde beim Prozeß [vor Pilatus]
zur Sprache kamen«, »Jesu geschichtliche Gegner waren bestimmte Leute
[aus dem Kreis] der Hohepriester und ihrer Anhänger«, und obwohl
Pilatus Jesus hinrichten ließ, »hindert nichts ... daran zu sagen, daß
seine berichtete Unsicherheit auf einem Körnchen geschichtlicher Wahrheit beruhen kann«[14]. Auch hier scheint mir die völlige Eliminierung des
Verhörs vor dem Hohenpriester fragwürdig, im übrigen aber ist diese
Darstellung gut begründet und lesenswert. Das Gleiche gilt für das kon-
servativere Taschenbuch von F. BOVON. Nach seiner Meinung war »die
Verhaftung [Jesu] eine jüdische Angelegenheit«, die Versammlung des
Sanhedrin fand »am Morgen nach der Verhaftung« statt, »bei der Verhandlung« gegen Jesus hat »die Haltung Jesu gegenüber dem Tempel
eine Rolle spielen müssen«, der Sanhedrin »konnte im weiteren Sinn des
Wortes von Lästerung sprechen«, doch hat er »nur eine Untersuchung
über die Schuld Jesu geführt und festgestellt, daß der Angeklagte hingerichtet zu werden verdiene«; »Pilatus führte einen wirklichen Prozeß«,
entschied aber »unter dem Druck des Volkes«, um »sich auf alle Fälle vor
einer späteren Beschwerde zu schützen«, seine Festsetzung der Strafe
»erklärte im gleichen Augenblick die Strafbarkeit und die Schuld«[15]. Das
ist alles erwägenswert, wenn auch nicht in allen Fällen, etwa bei der
Annahme des Handelns des Pilatus unter dem Druck der jüdischen
Menge, überzeugend.

Das Buch von H.-R. WEBER über das Kreuz ist dadurch eingeschränkt,
daß bewußt »die schwierige Frage des Prozesses (oder der Prozesse) Jesu
aus dem Rahmen dieser Untersuchung fällt«, aber dadurch ausgezeichnet,
daß der Verf. lehrreiche Übersichten über die Übereinstimmungen und
die Abweichungen der Evangelien in der Leidensgeschichte im Verhältnis
zum Markusbericht (S. 213 ff.) und über die moderne Rekonstruktion
eines ältesten Kreuzigungsberichtes (S. 74 ff.), schließlich ein gutes Literaturverzeichnis zu den einzelnen Problemen (S. 223 ff.) bietet. Bei seinen allgemeinverständlichen Ausführungen zum Ereignis der Kreuzigung
und zu den ältesten Kreuzigungtraditionen geht W. von der methodischen Voraussetzung aus, daß »die Erinnerung ... nicht ohne weiteres
mit historischer Exaktheit gleichgesetzt werden darf«, daß vielmehr »die
Kreuzigungsberichte der Evangelien ... Interpretation des erinnerten

[14] G. S. SLOYAN, Jesus on Trial, 14. 35. 62. 46. 60. 65. 128. 131.
[15] F. BOVON, Les derniers jours..., 44. 52. 54. 59. 50. 64. 68 f.

Ereignisses der Kreuzigung sind«; von da aus ergibt sich, daß »offensichtlich das Leben und Handeln Jesu sowohl zu einem Konflikt mit den
jüdischen Autoritäten ... als auch zur Verurteilung durch Pilatus geführt
hat«, wobei die Behauptung irreführend sei, »Jesus sei zwischen zwei
Zeloten gestorben. Wohl aber muß man damit rechnen, daß er zwischen
zwei religiös-politischen Rebellen gekreuzigt wurde«. Was die Frage der
Deutung des Todes Jesu anbetrifft, stellt W. fest: »Ob Jesus sich selber
tatsächlich als der leidende Gottesknecht verstanden und dies die Jünger
gelehrt hat, kann nicht mehr entschieden werden«[16]. Da sich das Hauptinteresse des Buches auf die Deutung des Todes Jesu bei Paulus und den
Evangelisten richtet, ist sein Beitrag zur Frage nach dem Geschehen des
Todes Jesu nur beschränkt, aber in diesem Rahmen beachtenswert.

Vor kurzem ist die 1964 zuerst erschienene zusammenfassende Erörterung der Leidensgeschichte durch E. Lohse unverändert als Taschenbuch
wieder aufgelegt worden. Nach L. setzt mit der Erzählung von der Verhaftung Jesu »ein alter Bericht ein, der noch nicht auf vorher erzählte
Begebenheiten Bezug nahm«; aus dem dazu noch nicht gehörigen Bericht
von der Tempelreinigung geht hervor, daß diese Handlung »als eine prophetische Zeichenhandlung verstanden werden soll«, wobei »die Oberprie-
ster offenbar begriffen, daß der Stoß gegen sie geführt ist«. »In der vormarkinischen Überlieferung ist bereits von zwei Prozessen Jesu die Rede,
die kurz nacheinander stattfanden – einer vor der obersten jüdischen Behörde, der andere vor dem Statthalter«. Nun durften aber, wie Joh 18, 31
sagt, »die Juden Todesurteile nicht verhängen und ausführen«, und »der
Statthalter hat nicht lediglich ein von der jüdischen Behörde ihm zur
Begutachtung vorgelegtes Urteil bestätigt und zur Ausführung freigegeben«. Überdies »ist die Darstellung, die die Evangelisten von der Verhandlung gegen Jesus geben, ... aus verschiedenen Stücken zusammengefügt worden«, und »wie die Frage des Hohepriesters, so ist auch deren
Beantwortung vom christlichen Bekenntnis her formuliert worden«, darum »ist die Folgerung unausweichlich, daß die Schilderung des Prozesses,
wie wir sie bei Markus lesen, nicht als historischer Bericht gewertet werden kann, sondern eine Bildung der christlichen Gemeinde darstellt«.
»Der historische Ablauf ... ist jedoch hinter dem Bericht ... noch durchaus zu erkennen ... Die Vorgänge werden sich so abgespielt haben, daß
das Synedrium ... Jesus festnahm, ihn kurz verhören ließ und dann dem
Statthalter überwies, damit dieser ihn als politisch verdächtigen Mann
hinrichten lassen sollte ... Sicher ist, daß die jüdische Behörde und der
römische Prokurator sich zur Zusammenarbeit bereitgefunden haben, als

---

[16] H.-R. Weber, Kreuz, 44. 39. 46. 20. 94.

es galt, Jesus von Nazareth an das Kreuz zu bringen«. »Der Statthalter
hat vermutlich nicht lange gezögert, dem Ansinnen der Juden zu entsprechen und Jesus hinrichten zu lassen«. »Am Grab Jesu haftet kein
besonderes Interesse der Erzählung«[17]. Sieht man von der pauschalen
und auch hier m. E. problematischen Eliminierung des Berichts über die
Verhandlung vor dem Sanhedrin ab, so bietet Lohse eine gut begründete
und einleuchtende Darstellung des erkennbaren Ablaufs der Ereignisse
und des Werdens der Überlieferung, die voll empfohlen werden kann.

Zuletzt hat F. Mussner im Zusammenhang seines »Traktats über die
Juden« unter der Fragestellung »Wer trägt die Schuld am gewaltsamen
Tod Jesu?« eine kurze Zusammenfassung der Probleme um Prozeß und
Kreuzigung Jesu gegeben. Er geht von der Feststellung aus, »daß der
Römer Pontius Pilatus Jesus kreuzigen ließ ..., wenn auch nach den
neutestamentlichen Berichten von ihm kein förmliches Todesurteil ausgesprochen wurde«, fügt aber hinzu: »Ebensowenig sollte man daran
zweifeln, daß eine Art Voruntersuchung durch die jüdischen Synedristen
gegen Jesus stattgefunden hat«, »unmittelbaren Anlaß zu einem behörd-
lichen Vorgehen gegen Jesus hat die ›Tempelreinigung‹ gegeben«. Das
Hauptinteresse Mussners aber liegt auf der Frage, welcher Art die Beteiligung des Hohenrates an dem Vorgehen gegen Jesus war, und er
sucht nachzuweisen, daß »ein unüberhörbarer und unerhörter Anspruch
Jesu ... sowohl Pharisäer als auch Sadduzäer auf den Plan rief ... Dieser
Anspruch ging m. E. in die Richtung dessen, was in dem Titel ›Sohn
Gottes‹ zum Ausdruck kommt«. M. schließt aus »der Zeugenwolke« (Mk
15, 39; Mt 26, 63; 27, 40–43; Lk 22, 70; Joh 19, 7), »daß man kaum bestreiten kann, daß der Sohn-Gottes-Anspruch Jesu bei seinem Verhör vor
dem Synedrium eine wichtige Rolle gespielt haben muß«, auf Grund dessen »konnten der Hohepriester und die bei ihm versammelten Synedristen
zu keiner anderen Meinung kommen, als daß Jesus von Nazareth ein
Gotteslästerer sei; sie mußten ihn auf Grund dessen des Todes schuldig
erachten«. Es ist nun freilich mehr als fraglich, ob man Jesus den Anspruch
auf Gottessohnschaft zuschreiben kann (die genannten Stellen sind m. E.
geschichtlich nicht beweiskräftig), zumal M. selber zugestehen muß, daß
»die Ansätze für die Umfunktionierung« des »Religionsprozesses« in
einen »politischen Prozeß« »mit der Messiasfrage an Jesus gegeben waren«. Und wenn M. dann (mit R. Pesch) sagt, daß »die Hauptverantwortung für Jesu Hinrichtung die jüdische Behörde trägt«, so muß er hinzufügen, daß nach dem Neuen Testament »die eigentliche ›causa‹ des gewaltsamen Todes Jesu der unergründliche Ratschluß Gottes ist«, weshalb

---

[17] E. Lohse, Die Geschichte des Leidens..., 68. 35 f. 71. 78. 84–86. 91. 98.

»es überhaupt problematisch ist, historisch nach denen zu suchen, die
›schuld‹ am gewaltsamen Tod Jesu sind«[18]. Aber wäre es dann in der Tat
nicht besser, die Frage in dieser Form überhaupt nicht zu stellen?

Spezialuntersuchungen zum Prozeß Jesu

Wenden wir uns nun den Arbeiten zu, die sich im besonderen mit dem
Prozeß Jesu beschäftigen, so spielt gerade die genannte Frage weithin
eine oftmals die methodische Klarheit der Untersuchung behindernde
Rolle. Der Althistoriker A. N. SHERWIN-WHITE wirft der Erforschung des
Prozesses gegen Jesus »ernsthaftes Mißverständnis der Bräuche römi-
scher provinzialer Verwaltung und Rechtsprechung« vor. Nach diesen
Bräuchen »waren alle Verbrechen, deren Strafe harte Arbeit in Bergwer-
ken, Verbannung oder Tod war, dem Statthalter vorbehalten«, für die
Provinzen gab es kein Strafgesetzbuch, der »technische Ausdruck für
Provinzialprozesse war *extra ordinem*«, und in den Evangelienberichten
über den Prozeß vor Pilatus sind »die grundlegenden Elemente eines
römischen Provinzialprozesses ›außerhalb des Systems‹ alle vorhanden«.
»Der Prozeß gegen Christus war [freilich] darin einzigartig, daß der
Angeklagte keinen Versuch machte, sich selbst zu verteidigen«, und es
entspricht römischem Brauch, daß »Pilatus seine Fragen gegenüber dem
schweigenden Christus wiederholte«. Der Verf. ist aber auch der Meinung, daß wir »keinen Grund haben, die Zuverlässigkeit des Berichts
über den Prozeß vor dem Sanhedrin zu bezweifeln«, »es gab eine Verurteilung durch den Sanhedrin auf Grund einer theologischen Anklage,
die nicht ausgeführt werden konnte, und eine Verurteilung durch Pilatus,
die ausgeführt wurde«. Gerade weil die Evangelisten an römischer ge-
richtlicher Verfahrensweise nicht interessiert waren, »ist die relative technische Genauigkeit eindrücklich«[19]. Diese Ausführungen über den römischen Provinzialprozeß sind sicher wichtig und lehrreich, und was
Sherwin-White über den Prozeß vor dem Sanhedrin sagt, ist möglicherweise richtig, doch sind die von Sh. vertretenen Anschauungen nur in
einem sehr allgemeinen Sinn gerade durch die Kenntnis römischer Rechts-
vorstellungen zu sichern. Auch der Jurist A. STEINWENTER will den Prozeß Jesu mit Hilfe der Rechtsgeschichte klären. Nach seiner Meinung »war

---

[18] F. MUSSNER, Traktat über die Juden, 293 f. 295. 297. 302. 304.
[19] A. N. SHERWIN-WHITE, The Trial of Christ..., 98–100. 104 f. 110 f. –
T. A. BURKILLS Kritik an früheren Ausführungen von Sh.-W. macht zwar auf
unkritische Annahmen von Sh.-W. aufmerksam, bietet aber keine klare eigene
Darstellung.

das Synedrium ... auch in Kapitalfällen zur Durchführung der Haupt-
verhandlung und zur Urteilsfällung allein zuständig, aber zur Vollstreckung eines Todesurteils bedurfte es einer Überprüfung des Urteils
durch den römischen Prokurator«. Die Gegner Jesu im Synedrium erblicken »in Jesu Bejahung der Gottessohnschaft und der Beanspruchung
höchster religiöser Würde eine Schmähung Jahwes«, die »scheinbare Ver-
schiebung« auf ein politisches Delikt bei der Übergabe an Pilatus ist
begreiflich. Der Prokurator »war nur gebunden an den im Vorprozeß
fixierten Sachverhalt«, Pilatus entschließt sich aber, »offenbar weil er den
religiösen Hintergrund des Prozesses ahnt«, nicht ohne weiteres zur Verurteilung und läßt sich erst »durch Drohung mit einer Denuntiation beim
Kaiser«[20] zur Bestätigung des Synedriumsurteils und zur Anordnung des
Vollzugs bewegen. Das ist nun freilich schwerlich eine haltbare Argumentation: Pilatus hat zweifellos nicht einfach ein Urteil des Sanhedrins
überprüft und vollstreckt, und daß Jesus nicht auf Grund seines Anspruchs auf Gottessohnschaft verurteilt wurde, habe ich schon festgestellt.
Die fehlende Kritik an den evangelischen Berichten macht diese Darstellung geschichtlich unbrauchbar. Und über die Ausführungen des Juristen
J. M. D. Derrett kann ich nicht anders urteilen. Der Spezialist für indisches Recht und Verfasser zahlreicher kenntnisreicher, aber auch sehr
eigenwilliger Interpretationen neutestamentlicher Texte, von dessen (ver-
fehltem) Jesusbuch schon die Rede war[21], stellt als »orientalischer Jurist«
die Frage, ob Paulus mit Recht glauben konnte, daß sich die Schilderung
des Gottesknechts bei Deuterojesaja »wirklich auf den Menschen Jesus
bezog, den er Christus nennt«, und liest zur Beantwortung dieser Frage
aus den Berichten über den Prozeß Jesu folgendes heraus: Gegen Jesus
ist vor dem Hohepriester »noch nicht im strengen Sinn ein Prozeß geführt
worden«, und Pilatus konnte das, was die Juden gegen Jesus vorbrachten,
nicht verstehen; aber daß »er von Kaiphas bestochen war, scheint sicher«.
Die Menge »glaubt, daß Jesus der Messias ist, sie wissen, daß das Leiden
des Unschuldigen Erlösung bedeutet, sie glauben, daß die Passazeit die
Zeit der Erlösung ist, und warten ungeduldig auf die Beseitigung der
römischen Macht. Blut muß vergossen werden, damit diese übernatürlichen Ereignisse kommen, und so sehen sie sehnsüchtig Jesu ›Opfer‹ durch
die heidnischen Vollstrecker entgegen«. Die Juden hätten Jesus steinigen
können, aber »die Tatsache, daß sie heftig darauf drängten, daß der Fall
an Pilatus überging, zeigt, daß sie mindestens so sehr auf Jesu Beseitigung
durch Pilatus aus waren ... als auf die Tötung Jesu als solche«. Konnte

---

[20] A. Steinwenter, Bibel und Rechtsgeschichte, 5. 7 f. 9.
[21] S. ThR 40, 1975, 334 ff.

»dieser Prozeß und die folgende Kreuzigung dann die Geschichte vom Gottesknecht bestätigen? Und konnten die Ereignisse eine metaphorische Interpretation ertragen, wie sie Jesaja uns bietet? Die Antwort ist ohne Zögern: ja«, zumal Jesu Handlung und Worte beim letzten Mahl »deutlich ihn selbst und sein Opfer mit dem leidenden Gottesknecht verknüpfen«[22]. *Quod erat demonstrandum!* – die Herkunft der paulinischen Erlösungslehre ist »erklärt«, aber es ist schwerlich nötig, im einzelnen aufzuzeigen, daß diese Darstellung des Ablaufs des Prozesses Jesu keinerlei Anhalt an den Quellen hat.

Die im Zusammenhang von Untersuchungen zur Sprache Jesu vorgetragenen Ausführungen der Althistoriker F. ALTHEIM und R. STIEHL zum Prozeß Jesu haben nur *ein* Ziel: gegen H. Lietzmann und P. Winter zu zeigen, daß der Bericht des Markus über den Prozeß Jesu als ganzer zuverlässig ist, weil »Petrus ... alles Recht darauf hat, als zuverlässiger und gewissenhafter Zeuge zu gelten« (S. 90). Ohne eine wirkliche Analyse des Markustextes und ohne Scheidung zwischen Überlieferung und Redaktion lassen sich freilich die Einwände der genannten Forscher gegen die geschichtliche Zuverlässigkeit des Markusberichtes nicht überzeugend widerlegen. Auch A. BAJSIČ nimmt die Zuverlässigkeit aller Evangelienberichte an und sucht von dieser Voraussetzung aus die Bedeutung der Diskussion zwischen Pilatus und der Volksmenge über die Freilassung eines Gefangenen aufgrund einer jährlichen Passaamnestie verständlich zu machen: »Es wird bestimmt niemand bezweifeln, daß Pilatus sich sehr für die Freilassung Jesu einsetzte«; »da er wußte ..., daß Jesus in Wirklichkeit keine politisch gefährliche Person war«, während »Barabbas wirklich in die Kategorie der Subversiven gehörte und dazu noch einen Mord begangen hatte«, »hatte Pilatus Grund genug, den Versuch zu machen, die Entlassung Barabbas' durch die Osteramnestie möglichst zu verhindern«; darum »entschied sich Pilatus für die Einmischung Jesu in die Osteramnestie«, und »wenn Pilatus aus politischer Machination Jesus völlig unbefugterweise in die Osteramnestie einmischt und so sein Leben aufs Spiel setzt«, ist die Mahnung der Frau des Pilatus verständlich, und »alle die Widersprüche im Charakter und Betragen des Prokurators lösen sich von selbst auf«. Pilatus hat also »das Leben Jesu für seine politischen Interessen verspielt«, »die Leichtfertigkeit, mit der er dies tat, und die Verachtung der fundamentalen Rechte des Angeklagten machen ihn zu einem der Hauptschuldigen an dem Schicksal Jesu«[23]. Nun ist freilich die Geschichtlichkeit der jährlichen Passaamnestie ebenso problematisch wie

---

[22] J. D. M. DERRETT, An Oriental Lawyer ..., 18. 32. 34 f. 38. 43.
[23] A. BAJSIČ, Pilatus ..., 9. 12. 17 f. 23. 20. 27 f. Vgl. auch die Einwände von J. BLINZLER, Der Prozeß Jesu[4], 269 Anm. 26; 310 Anm. 30; 323 Anm. 20.

das angebliche sich Einsetzen des Pilatus für den als unschuldig erachteten Jesus angesichts dessen, was wir sonst von Pilatus wissen; daß Pilatus Jesus in die angeblichen Verhandlungen mit der Menge »eingemischt« habe, um die Freigabe des Barabbas zu verhindern, ist überdies reine Erfindung, und darum führt diese Rekonstruktion zu keinen haltbaren geschichtlichen Erkenntnissen.

Wie ich schon oben (S. 303) bemerkt habe, kann in der Wiedergabe der durch W. Koch eingeleiteten Fernsehdiskussion nur die jeweilige Antwort von G. KLEIN auf die Fragen des Herausgebers zum Prozeß Jesu interessieren: »Die jüdische Theokratie ließ Jesus verhaften, um ihn durch die Römer beseitigen zu lassen«; »Das Verhör, bei dem Hannas eine entscheidende Rolle spielte, war ... das einzige, das jüdischerseits überhaupt stattfand«; »Jesus ist den Römern von der jüdischen Behörde, womöglich unter falschen politischen Anschuldigungen, in die Hände gespielt worden«; die »zunehmende Entlastung des Pilatus verrät das Bemühen der Christen, mit dem römischen Staat in ein erträgliches Verhältnis zu kommen«; »Wenn auch der Vollzug der Exekution Jesu eindeutig auf das Konto der Besatzungsmacht geht, so hat doch ohne Zweifel die jüdische Religionsbehörde den Stein ins Rollen gebracht«; »Das Zusammenspiel von Juden und Römern bei der Beseitigung Jesu verbietet es, das Maß der Schuld an diesem Justizmord säuberlich zwischen diesen beiden Instanzen zu verrechnen ... Die Frage nach der Schuld der damals Beteiligten führt ... vom Entscheidenden ab«[24]. Das ist mit einer Ausnahme alles einleuchtend: daß das nur im Johannesevangelium berichtete Verhör vor Hannas das einzige jüdische Verhör gewesen sei, ist eine völlig unbegründbare Annahme.

Eine sehr ungewöhnliche Erklärung des Prozeßgeschehens hat der israelische Jurist H. H. COHN gegeben[25]. Er geht, die Synoptiker und Johannes in gleicher Weise als Quelle benutzend, von den Voraussetzungen aus, »daß der jüdische Gerichtshof zur Zeit Jesu noch die Rechtsprechung in Kapitalfällen nach jüdischem Recht besaß einschließlich der Verhängung und Vollstreckung von Todesurteilen«, und daß Jesu Zugeständnis, er sei der König der Juden, »nach römischem Recht ausreichte zur Verurteilung des Angeklagten«. Er stellt ferner fest, daß der Statthalter »kein Recht zur Begnadigung ... und zur Übertragung seiner Macht [in Bezug auf das *ius gladii*] auf irgend jemand Anderen, einschließlich örtlicher Gerichtshöfe, hatte«, daß wir »keinen Beleg ... für ein Gewohnheitsrecht

---

[24] G. KLEIN, in: W. KOCH, Zum Prozeß Jesu, 14. 16 f. 22 f. 35. 44. 48.

[25] H. H. COHN hat die Gedanken dieses Aufsatzes später noch ausführlicher vorgetragen in dem mir unzugänglichen Buch »The Trial and Death of Jesus« (New York 1971). Vgl. dazu P. RICHARDSON, JBL 91, 1972, 264 ff.

396

[45 (1980) 314]

des Volkes haben, daß ihnen ein Gefangener am Passafest freigegeben werde« und daß »jede aktive Teilnahme der Juden an dem Prozeß vor Pilatus gesetzlich unhaltbar und logisch und psychologisch unwahrscheinlich ist«. Soweit sind die Ausführungen Cohns ernstlich zu beachtende Feststellungen. Er betont aber nun weiter, daß eine Anklage vor dem Prokurator »niemals anders als durch einen einzelnen Ankläger vorgebracht worden ist«, die Evangelien aber nicht von einer Anklage durch den Hohepriester als alleinigen Ankläger sprechen, und daß »die Vorstellung, daß die Menge des Volkes in Jerusalem in jenen Tagen dazu gebracht werden konnte, einen Menschen wie Jesus den Römern auszuliefern oder seine Kreuzigung durch sie zu verlangen, so ungeschichtlich und so unrealistisch ist, daß sie ans Absurde grenzt«. Daraus ergibt sich ihm, daß »die jüdische Polizei von den römischen Truppen die Erlaubnis erhielt, Jesus bis zu seinem Prozeß vor Pilatus am nächsten Morgen in Gewahrsam zu nehmen«, und die nächtliche Versammlung unter Führung des Hohepriesters kann nur einen Zweck gehabt haben: »die Hinrichtung eines Juden (und eines Pharisäers), der Zuneigung und Liebe des Volkes genoß, zu verhüten«, »Jesus mußte überredet werden, sich als nicht schuldig zu bekennen, und Zeugen mußten gefunden werden, die seine Unschuld bewiesen«. Aber Jesu positive Antwort auf die Frage nach seiner Messiaswürde »veranlaßte den Hohepriester und den Sanhedrin, verzweifelt aufzugeben«; »wenn der Hohepriester in dieser Nacht seine Kleider zerriß, so darum, weil es ihm nicht gelang, Jesus zur ... Mitwirkung zu bewegen, und wegen des bevorstehenden Verhängnisses«. »Der Evangelienbericht, daß der Sanhedrin Jesus, als er seine ›Lästerung‹ hörte, zum Tode verurteilte, ist so sicherlich ungeschichtlich«, »die Übergabe Jesu an den römischen Prokurator zum Prozeß ... bedeutet das Ende der Tätigkeit der jüdischen Autoritäten«, »die Juden waren an der Kreuzigung Jesu nicht beteiligt«[26]. Es ist leicht zu sehen, daß hier der apologetische Wunsch, jegliche Beteiligung jüdischer Autoritäten an der Hinrichtung Jesu wegzuinterpretieren, einerseits zu der durch nichts in den Quellen gerechtfertigten Vorstellung von der Verhaftung Jesu im Auftrag der Römer und andererseits zu der völlig frei erfundenen Behauptung von dem Versuch des Hohepriesters geführt hat, Jesus vor der Verurteilung durch Pilatus durch die Leugnung seines persönlichen Anspruchs zu veranlassen. Dieser Teil der Ausführungen Cohns kann darum nur als (*bona fide!*) der Phantasie entsprungen bezeichnet werden. Zu einem verwandten Resultat sucht, unabhängig von Cohn, F. E. MEYER mittels der These

---

[26] H. H. COHN, Reflections..., 335, 337 f. 341. 339. 347. 340. 348. 350 f. 353. 357. 359. 374.

zu gelangen, daß συνέδριον in Mk 14, 55 ff. nicht den Sanhedrin bezeichne, sondern, entsprechend der Aufzählung in Apg 4, 5, einen »staatspolitischen Kronrat«; »Jesus hat niemals vor dem später ›Sanhedrin‹ genannten Beth Din ha-Gadol gestanden, er ist nach seiner Verhaftung vor den Kronrat der Sadduzäer gebracht worden« und »von diesem Gremium ... an den Prokurator Pilatus ausgeliefert worden«, wobei die Gründe für dieses Verhalten nur vermutet werden können: die Beratung des Kronrats geht um die Frage, ob sich »der gegen die Auslieferung grundsätzlich geschützte jüdische Volks- und Glaubensgenosse tatsächlich als dieses Schutzes unwürdig erweist«. Erst als Jesus den Messiasanspruch bejaht, hielten die Sadduzäer die Auslieferung an Pilatus »für notwendig – die Pharisäer hätten es wahrscheinlich abgelehnt«[27]. Aber auch dieser Erklärungsversuch ist unhaltbar: die Existenz eines nirgendwo bezeugten »Kronrats der Sadduzäer« läßt sich durch Apg 4, 5 nicht beweisen, und daß dieses angebliche Gremium sich bemühte festzustellen, ob die Auslieferung Jesu an die Römer nicht verhindert werden sollte, ist ohne jeden Anhalt an den Texten.

C. H. DODD macht darauf aufmerksam, daß alle Evangelien, wie auch die sonstigen Nachrichten, »nur von der römischen Kreuzigungsstrafe wissen«, die »auf Grund des Urteils eines römischen Gerichtshofs vollstreckt wurde«, und zwar wegen des Anspruchs Jesu auf Königtum. »Die Besonderheit des Falles, den Pilatus zu beurteilen hatte, ist, daß dieser angebliche nationalistische Prätendent auffälligerweise durch die jüdischen Führer selber angeklagt wurde. Darüber stimmen alle Evangelienberichte überein, und nur eine radikale Skepsis, die jede historische Kritik unwirksam macht, versucht das zu leugnen«. Die Verhandlung vor dem Synedrium diente dazu, »die Anklage festzulegen, die vor dem zuständigen Gerichtshof vorzubringen war«, nämlich »den Anspruch, König der Juden zu sein«; doch durften die Hierarchen vor der jüdischen Menge nicht »den Anschein erwecken, daß sie einen populären Führer, möglicherweise einen Messias, der heidnischen Macht auslieferten«, »die Öffentlichkeit mußte sehen, daß Jesus ein vom höchsten Gerichtshof der Nation legal wegen eines ernsten religiösen Vergehens verurteilter Verbrecher war«[28], darum wurde der Nachdruck auf die Anklage wegen Blasphemie gelegt. Nun wird man in der Tat nicht bestreiten können, daß die Anklage gegen Jesus vor Pilatus von jüdischer Seite ausging und sich auf einen angeblich politischen Anspruch Jesu gründete; daß man aber, um die Jesus freundliche Menge auf seine Seite zu bringen, für die Öffentlichkeit die Blas-

---

[27] F. E. MEYER, Einige Bemerkungen..., 547–549. S. dazu auch die Bemerkungen von J. BLINZLER, Der Prozeß Jesu⁴, 138 Anm. 4.
[28] C. H. DODD, The Historical Problem..., 88. 90. 93. 100.

phemieanklage vorschob, ist eine unbegründbare Konstruktion. Und nicht anders kann geurteilt werden über die »neue Hypothese, die vernünftig und gut genug ist, alle Hinweise betreffs des Prozesses Jesu einzubeziehen« und »alle Fragen zu beantworten«: nach T. Horvath »scheint sicher, daß der Sanhedrin das Recht auf Todesstrafe hatte«, die Führer der Juden aber wollten Jesu Anspruch, der Messias zu sein, durch eine »Konfrontation zwischen Jesus und den Römern« prüfen, »indem sie die Macht des einen gegen die des andern ausprobierten«, »einer der beiden sollte zu Grunde gehen, wobei der Überlebende als der Herr Israels dastand«. Aber Jesus »starb und bot das gewünschte Zeichen nicht dar«, gab vielmehr »ein anderes Zeichen, das für alle Zeiten und zur Natur der von ihm gebrachten Rettung paßte: er erstand von den Toten am dritten Tage«[29]. Bedarf es des Nachweises, daß diese »neue Hypothese« keineswegs »alle Fragen beantwortet«, weil sie völlig aus der Luft gegriffen ist? Und was soll man zu der von H. Z. Maccoby vorgetragenen »zugestandenermaßen spekulativen« Theorie sagen? Danach »unterstützte in der ursprünglichen vor-markinischen Erzählung die in Jerusalem versammelte Menge Jesus, im Gegensatz zu den ›Hohepriestern‹«, wie sie es beim Einzug Jesu nach Jerusalem getan hatte: »die Menge außerhalb des Palastes des Prokurators forderte schreiend die Befreiung Jesu«. Aber die Evangelisten wollten die Schuld der jüdischen Führer und Massen beweisen, und so verfielen sie auf die Behauptung, daß die Menge »die Befreiung eines *anderen* Jesus, genannt Jesus Barabbas«, forderte, »mit anderen Wortes, Jesus von Nazareth und Jesus Barabbas sind in Wirklichkeit derselbe Mensch«. Als dieses Nebeneinander von zwei Jesus »später etwas bizarr zu sein schien«, wurde der erste Name des Jesus Barabbas unterdrückt und der Anspruch der Freigabe eines Gefangenen am Passafest erfunden (S. 55 f.). Man faßt sich an den Kopf: meint der Verf. wirklich, mit reiner Phantasie das Rätsel des Stimmungsumschwungs der Jerusalemer Menge gegenüber Jesus und das Problem der Rolle des Jesus Barabbas (nach der Lesart in Mt 27, 16 f.) im Zusammenhang der Passaamnestie lösen zu können?

1970 erschien zum 60. Geburtstag von C. F. D. Moule ein Sammelband zu den Fragen des Prozesses Jesu, von dem hier nur diejenigen Aufsätze besprochen werden können, die sich mit dem historischen Problem des Prozesses im engeren Sinn beschäftigen[30]. E. Bammel (»Von jenem Tage

---

[29] T. Horvath, Why Was Jesus . . ., 181. 184. 179. 182–184.

[30] Die übrigen Arbeiten können hier nur genannt werden: P. Richardson, Die Israelvorstellung in den Leidenserzählungen; M. Barker, Joh 11, 50; J. E. Allen, Warum Pilatus? (Joh 18, 31 besagt ursprünglich, daß die Juden Jesus nicht auf gesetzliche Weise töten konnten!!); J. Pobee, Der Ausruf des Cen-

an waren sie entschlossen«, Joh 11, 53) sucht nachzuweisen, was schwerlich überzeugen kann, daß in Joh 11, 47–50. 53–57 eine von den Synoptikern unabhängige Tradition über den Prozeß Jesu vorliegt. D. R.
CATCHPOLE behandelt »Das Problem der Geschichtlichkeit der Gerichtsverhandlung vor dem Sanhedrin« mit den (m. E. überzeugenden) Resultaten, daß Jesu Lehre durchaus zu einem jüdischen Prozeß gegen ihn führen konnte und daß die Juden wahrscheinlich damals Kapitalurteile
fällen, aber nicht vollstrecken konnten, und der (m. E. problematischen)
These, daß der lukanische Prozeßbericht ursprünglicher sei als der des
Markus, was nach C. alles gegen die Bestreitung der Geschichtlichkeit der
Gerichtsverhandlung vor dem Sanhedrin spricht. H. MERKEL (»Die Verfluchung des Petrus«) macht auf das Fehlen eines Objekts zu ἀναθεματίζειν
= »verfluchen« in Mk 14, 71 aufmerksam und bietet zum mindesten erwägenswerte Gründe für die Annahme, daß von einem Fluch des Petrus
gegen *Jesus* die Rede sein solle, was zweifellos für die Geschichtlichkeit
dieses Berichts sprechen würde. J. C. O'NEILL interpretiert »die Anklage
auf Lästerung in Jesu Prozeß vor dem Sanhedrin« dahin, daß die straf-
bare Lästerung Jesu darin bestehe, daß Jesus den Anspruch auf Messiaswürde erhebt, ehe Gott ihn dazu erklärt hat, wofür es freilich keinen
Beleg gibt. H. W. HOEHNER beantwortet die Frage: »Warum übergab
Pilatus Jesus an Antipas?« dahin, daß Pilatus von dieser gesetzlich nicht
erforderlichen Übergabe die Freilassung Jesu durch Antipas erwartete,
wobei die Geschichtlichkeit dieser nur von Lukas berichteten Einschaltung
des Antipas nicht nachgeprüft wird. J. BLINZLER erörtert »Die jüdische
Steinigungsstrafe in der neutestamentlichen Zeit« mit dem interessanten
Resultat, daß die zur Zeit des Neuen Testaments geübte Art der Steinigung zeigt, daß das Strafrecht der Mischna damals noch nicht galt. Schließlich möchte E. BAMMEL durch eine allzu kurze Betrachtung der »Kreuzigung als Strafe in Palästina« nachweisen, daß die Kreuzigung seit dem
2. Jahrhundert v. Chr. auch durch jüdische Gerichte verhängt werden
konnte, was in dieser uneingeschränkten Form kaum zutrifft. Der ganze
Band trägt zweifellos zur Aufhellung einiger Einzelfragen des Prozesses
Jesu bei.

Zwei unabhängig voneinander im gleichen Jahr erschienene Untersu-
chungen haben das Problem der Geschichtlichkeit der Verhandlung gegen
Jesus vor dem Sanhedrin entscheidend gefördert. G. SCHNEIDER stellt die
Frage: »Gab es eine vorsynoptische Szene ›Jesus vor dem Synedrium‹?«

---

turions (Mk 15, 39) – ein Ausruf der Niederlage; W. HORBURY, Der Prozeß Jesu
in jüdischer Tradition; G. W. MACRAE, Die Ego-Proklamation in gnostischen
Quellen; R. MORGAN, »Nichts Negativeres …« Eine abschließende unwissen-
schaftliche Nachschrift zu geschichtlicher Forschung über den Prozeß Jesu.

und weist gegen die vor allem im Anschluß an H. Lietzmann (s. o. Anm. 5)
wiederholt vertretene Verneinung dieser Frage auf Grund literarkritischer und sachlicher Argumente zunächst darauf hin, daß »die historisch-
sachliche Voraussetzung Lietzmanns – das Synedrium habe zur Zeit Jesu
das volle Recht besessen, ›jüdische Religionsverbrecher und Gotteslästerer
mit dem Tode zu bestrafen‹ – inzwischen als widerlegt gelten« kann, und
betont dann, daß Mk 15, 1 bei richtiger Übersetzung (»Und alsbald in
der Frühe, nachdem die Hohepriester … Beschluß gefaßt hatten, banden
sie Jesus, führten ihn ab und überlieferten ihn an Pilatus«) »nicht von
einer erneuten Synedrialversammlung spricht« und daß »erst Markus die
Synedrialszene redaktionell in die Verleugnungsszene eingefügt hat«. In
dieser Synedrialszene »kann das Tempellogion aus alter Tradition stammen; es wäre dann aber möglicherweise erst durch den Evangelisten in
die Verhörszene vor dem Hohepriester eingearbeitet worden«. Daraus
ergibt sich, daß das Verhör in Frage und Antwort um die Messiasfrage
ging« und »daß in der Synedrialszene das offene Bekenntnis [Jesu] den
Skopus darstellt«. Sch. wendet sich nun der »lukanischen Version der
Szene vom Synedriumsverhör« (Lk 22, 66–71) zu mit dem Resultat, »daß
Lk 22, 66–68 im wesentlichen auf einer nichtmarkinischen Vorlage beruht, Lk 22, 69–71 hingegen im ganzen auf die Markusvorlage zurückgeht und aus ihr nachgetragen ist«, daß es also »eine vorlukanische Verhörgeschichte gegeben hat«, in der »die Elemente fehlten, die den heutigen Markusbericht zu einer *Prozeß*geschichte machen: das Zeugenverhör … und die redaktionelle Schlußbemerkung über das Todesurteil«.
Markus hat also in die bei Lukas noch sichtbare »ältere Tradition der
Verhörszene« die Zeugeneinvernahme und »die Angabe über das Todesurteil« eingefügt und »die Verhörszene in die Nacht verlegt«[31]. An diesen
Ausführungen ist zunächst der Nachweis wichtig, daß Markus keineswegs
zwei verschiedene Verhandlungen vor dem Sanhedrin annimmt und daß
der Skopus seines Berichts über die Synedrialverhandlung das offene
Bekenntnis Jesu ist. Die Annahme der sekundären Einfügung des Zeugenverhörs ist diskutabel, aber nicht zwingend, und zu der Behauptung, daß
sich bei Lukas eine vorlukanische Überlieferung erkennen lasse, die von
einem Prozeß und einem Urteil des Synedriums über Jesus nichts weiß,
wird gleich im Zusammenhang mit dem Buch von Catchpole etwas zu
sagen sein. Auf alle Fälle aber hat Schneider entscheidende Einwände gegen die oft vertretene völlige Eliminierung der Verhörszene vor dem
Synedrium vorgebracht.

[31] G. SCHNEIDER, Gab es eine vorsynoptische Szene …?, 24 Anm. 3. 28. 27.
29. 31 f. 35. 37 f.

Darin und in der Bewertung der dem Lukas vorliegenden Überlieferung berührt sich Schneider mit dem methodisch merkwürdigen Buch von
D. R. CATCHPOLE. Die Merkwürdigkeit besteht darin, daß eine vorzüglich dokumentierte Geschichte der jüdischen Erforschung der Leidensgeschichte Jesu mit der Erörterung über die ältesten Quellen für den Prozeß
Jesu kombiniert ist, was die Berichterstattung über dieses beachtliche Buch
in unserem Zusammenhang erschwert. Die umfangreichen 1. und 2. Kapitel verbinden die interessante Darstellung der jüdischen Forschung seit
Moses Mendelssohn mit immer wieder dazwischen eingefügter Kritik (so
finden sich etwa S. 107–112 beachtliche Argumente gegen die Behauptung
der Übereinstimmung Jesu mit den Anschauungen der Pharisäer), doch
muß ich mich hier auf die Kap. 3 und 4 beschränken, die »Das Problem
des Sanhedrinverhörs bei Lukas« und »Die gesetzliche Lage des Prozesses Jesu« behandeln. C. geht davon aus, daß »die stärksten gegen einen
Sanhedrinprozeß erhobenen Einwände sich auf den Markusbericht beziehen«, während »sehr wenige der Schwierigkeiten bei Markus auch für
Lukas zutreffen«: Jesu Wort gegen den Tempel, die Gleichsetzung von
Messias und Gottessohn, die »Gotteslästerung« ohne Verwendung des
Gottesnamens, die Nachtsitzung des Sanhedrins fehlen bei Lukas, nach
Lukas findet überhaupt kein »förmlicher Prozeß« statt; diese Beobachtungen und weitere Untersuchungen zum Sprachgebrauch und der redak-
tionellen Methode des Lukas zeigen nach C.: in Lk 22, 66–71 liegt »eine
Erzählung vor, die nicht nur in fast allen Hinsichten ohne Beziehung zu
Markus ist, sondern auch geschichtlich eine bessere Quelle ist mit weit-
gehender Übereinstimmung mit den zeitgenössischen Verhältnissen in bezug auf Gesetz und Theologie«. »Die lukanische Leidensgeschichte ist von
entscheidender Bedeutung für die Einschätzung der Traditionsgeschichte.
Sie repräsentiert einen anderen Weg für die Bildung der Erzählung von
den letzten Stunden Jesu ... Sie zeigt, daß der Markusbericht stärkerer
Veränderung im Laufe der Zeit unterworfen worden ist«, und aus dieser
Einsicht ergibt sich für C. folgender Ablauf der Ereignisse: »Jesus wurde
nach seiner Festnahme durch jüdische Amtspersonen zum Haus des Hannas gebracht, wo er ausgefragt, geprüft und wo ihm inoffiziell Gewalt
angetan worden ist. Am folgenden Morgen wurde er vor eine Zusam-
menkunft des Sanhedrin gebracht ... und sein Fall auf Grund des Anspruchs auf göttliche Sohnschaft entschieden. Danach ging der Fall an
Pilatus über und verblieb dort«[32]. Das alles wird mit großer Sorgfalt und
breiter Literaturbenützung begründet, und man sieht leicht, daß Catch-
poles Darstellung durch die Kombination der aus dem Lukasevangelium

---

[32] D. R. CATCHPOLE, The Trial of Jesus, 153 f. 203. 220. 271.

rekonstruierten älteren Überlieferung mit Stücken der johanneischen Darstellung zustande kommt. Nun ist, wie noch unten bei der Besprechung von R. Pesch zu betonen sein wird, der Nachweis einer besonderen und noch dazu geschichtlich zuverlässigeren Überlieferung über den Prozeß (bzw. die Leidensgeschichte) Jesu bei Lukas schwerlich in überzeugender Weise zu erbringen, und die Kombination dieses Berichts mit johanneischen Nachrichten unter Zurückschiebung des Markusberichts ist ebenfalls problematisch. Aber wenn so auch m. E. fraglich bleiben muß, ob die von C. vertretene Quellenbeurteilung und die darauf aufgebaute Geschichtskonstruktion haltbar sind, so bleibt seine Untersuchung der lukanischen Überlieferung auf alle Fälle lehrreich, ganz abgesehen davon, daß die von ihm nachgezeichnete Geschichte der naturgemäß apologetisch belasteten jüdischen Erforschung der Leidensgeschichte Jesu Veranlassung dazu sein kann, eigene Vorurteile zu erkennen und möglichst weitgehend auszuschalten.

P. VALENTIN sucht die Differenzen zwischen den Berichten über die Vorführung Jesu vor den Sanhedrin bei Markus, Lukas und Johannes dadurch auszugleichen, daß er drei aufeinander folgende Szenen rekonstruiert: Jesus wird festgenommen und von Hannas verhört, wobei Jesus schweigt; Jesus wird von Kaiphas und anderen Mitgliedern des Sanhedrin verhört, wobei falsche Zeugen auftreten, Jesus schweigt weiter; Jesus wird am frühen Morgen zur feierlichen Versammlung des Sanhedrin gebracht, wo er die Frage des Hohepriesters beantwortet. Diese ohne jede Analyse der Berichte vorgenommene Konstruktion, die eine willkürliche Aufteilung von Mk 14, 55–64 in zwei getrennte Szenen einschließt, kann freilich nicht zu einem geschichtlich brauchbaren Resultat führen. Und J. G. SABOSAN bringt für die Behauptung: »Moderne Geschichtswissenschaft hat gezeigt, daß die Hauptverantwortung für die Kreuzigung [Jesu] bei den Römern lag, daß die jüdischen ›Führer‹, die da hinein verwickelt waren, in Wahrheit nicht Repräsentanten ihres Volkes, sondern römische Puppen waren, die eher römische als jüdische Politik betrieben« (S. 89), nicht mehr an Beweisen bei als die Feststellungen, daß damals »die Hauptverantwortung bei den römischen Autoritäten lag, die die wahren Herren der Lage waren« (S. 76), und daß »der Markusbericht über die Rolle der Menge vor Pilatus und ihr Schreien um die Freigabe des Barabbas ernste Schwierigkeiten bereitet« (S. 84). Das trifft zwar zu, aber damit ist weder geklärt, ob und inwiefern die jüdischen Autoritäten die Initiatoren des Vorgehens gegen Jesus waren, noch um was es sich bei dem Prozeß vor Pilatus überhaupt handelte, und so ist auch diese Art der »Entschuldigung« geschichtlich unbrauchbar. Und S. LÉGASSE beansprucht zwar, durch eine traditionsgeschichtliche Analyse der synopti-

schen Berichte über die Verhandlung gegen Jesus vor dem Sanhedrin
»einige Sackgassen versperrt und die Aufmerksamkeit des Lesers auf die
Stellen gelenkt zu haben, die geeignet sind, die geschichtliche Untersuchung zu fördern«, aber der nicht immer klare Aufsatz wiederholt nur
die oft aufgestellten Behauptungen, daß das Jesus in den Mund gelegte
Wort von der Tempelzerstörung »eine unabhängige Tradition ist, die
sekundär im Zusammenhang des Prozesses verwendet wird«, und daß
die Antwort Jesu auf die Frage nach seiner Messias- und Gottessohn-
würde »eine Art christologisches Kompendium« sei, er vertritt ferner die
(natürlich diskutable) Annahme, Markus berichte von *zwei* Sitzungen
des Sanhedrin, woraus folge, daß »der morgendliche Zusammentritt der
Sanhedristen einen festen Tatbestand darstellt, der von den Historikern
ernst genommen werden muß«[33]. Welche geschichtlichen Einsichten diese
traditionsgeschichtliche Analyse nun ermöglicht, davon ist aber überhaupt
nicht die Rede.

E. BAMMEL hat in seiner Untersuchung über die Blutgerichtsbarkeit in
der römischen Provinz Judäa auf Grund jüdischer Quellen wahrscheinlich
gemacht, daß die Angabe von Joh 18, 31, daß den Juden zur Zeit Jesu
»die in der eigenverantwortlichen Hinrichtung sich ausdrückende volle
Blutgerichtsbarkeit nicht zukam« (S. 49)[34], der geschichtlichen Wirklichkeit nahesteht, wenn er auch nicht wirklich klären konnte, von wann an
diese Rechtlage bestand. E. RIVKIN geht von der Feststellung aus, daß
nach Josephus ›Sanhedrin‹ »eine Versammlung bezeichnet, einberufen
durch eine politische oder autoritative Person, um dieser bei der Ausführung ihrer politischen Maßnahmen zu helfen«: »außer wenn der
Sanhedrin politisch war, konnte es keinen gemeinsamen Boden für Pharisäer und Sadduzäer geben«. Diesen Sinn von συνέδριον findet R. auch bei
Markus: »Markus verbindet den Hohepriester mit einem Sanhedrin, der
seinerseits mit dem Prokurator Pontius Pilatus in Verbindung steht«.
Nach der Mischna aber heißt die »legislative, exekutive und richterliche«
Versammlung, die keinerlei Anpassung an die sadduzäische Auffassung
von dem ausschließlich geschriebenen Gesetz duldete, ›Beth Din‹ = »Senat,
Exekutive, Gerichtshof«; kein Hohepriester hatte kraft Amts den Vorsitz
in dieser Versammlung, und so ergibt sich, daß »kein Zusammenhang
zwischen dem Sanhedrin, der Jesus aburteilte, und dem Beth Din-System«
bestand, »die griechische Übersetzung für Beth Din in Jesu Tagen war
immer βουλή und niemals συνέδριον«. Die Evangelisten reden also »von
einem durch den Hohepriester zusammengerufenen Sanhedrin«, der »fest-

---

[33] S. LÉGASSE, Jésus devant le Sanhédrin, 197. 175. 179. 196.
[34] S. die Zustimmung von M. HENGEL, Zwischen Jesus und Paulus, ZThK 72,
1975, 188 Anm. 131.

stellen sollte, ob Jesus ... gefährlich genug war, um dem Prokurator übergeben zu werden«. Aus der Verwechslung des συνέδριον zu nennenden Sanhedrin, also einer politischen Versammlung, mit dem religiös-rechtlichen Beth Din, der βουλή genannt werden müßte, ist nach der Meinung des Verf. »eine Tragödie der Irrtümer« entstanden[35]. Das ist nun freilich eine sehr problematische Argumentation; denn einerseits setzen die Aufzählungen bei Mk 14, 53. 55; 15, 1 deutlich voraus, daß das Jesus verhörende und ein Urteil über ihn fällende Gremium die oberste jüdische Recht sprechende Behörde ist, andererseits kann R. nicht belegen, daß die richtige Übersetzung für diese Behörde βουλή wäre. Daß die das jüdische Volk gegenüber dem Prokurator repräsentierende Behörde nichts mit dem Prozeß gegen Jesus zu tun hatte, läßt sich auf dem Wege der Annahme einer falschen Übersetzung des Behördentitels nicht beweisen, und die (natürlich unsinnige!) Belastung *der* Juden mit der Schuld am Tode Jesu läßt sich auf diese Weise nicht als unberechtigt erweisen.

Aber ebensowenig kann die Juristin C.-I. FOULON-PIGANIOL mit ihrer These überzeugen, daß das vor Pilatus anwesende jüdische Volk »eine wirkliche richterliche Rolle im Prozeß [gegen Jesus] gespielt hat, die Rolle eines richterlichen Urteils«, »das Volk wird ein Prozeßbeteiligter von dem Augenblick an, in dem der Sanhedrin seine Funktion erfüllt hat«. Man darf »in der Haltung des Volkes nicht einfach eine Rolle der Pression sehen, sondern muß seine wirkliche richterliche Rolle erkennen«: ähnlich wie im Prozeß gegen Jeremia (Jer 26. 8 ff.) »hat der Sanhedrin keine Verurteilung ausgesprochen«, das Volk aber hat »die Funktion des Richtens im technischen Sinn«, nur »die Art der Exekution ist verändert infolge der römischen Okkupation«[36]. Nun setzen aber die Evangelienberichte keineswegs voraus, daß »das Volk« ein Recht auf Urteilsfällung hat, ganz abgesehen davon, daß völlig unklar bleibt, auf welche Weise ein solches Urteil gefällt werden konnte, und die kritischen Fragen, ob eine jüdische Menge wirklich einen Juden den Römern zur Kreuzigung ausliefern konnte und ob der römische Statthalter sich dem Urteil einer zufällig anwesenden Gruppe von Angehörigen eines unterworfenen Volkes beugen konnte, werden überhaupt nicht gestellt. Daß eine größere Gruppe von Juden und nicht die jüdische Behörde die Verurteilung Jesu durch Pilatus veranlaßt hat, läßt sich auf diese Weise wirklich nicht nachweisen.

Beachtlich sind dagegen die Überlegungen, die G. THEISSEN an das Wort von der Zerstörung und dem Wiederaufbau des Tempels (Mk 14, 58)

---

[35] E. RIVKIN, Beth Din ..., 185–187. 190. 192. 196. 199.
[36] C.-I. FOULON-PIGANIOL, Le rôle ..., 630 f. 633. 635.

anknüpft, das im Verlauf des Prozesses gegen Jesus vor dem Sanhedrin
Jesus zugeschrieben wird. Th. macht einerseits darauf aufmerksam, daß
dieses Jesuswort »sich nicht aus jüdischen Traditionen ableiten läßt« und
daß »die Kombination von Tempelzerstörung und -erneuerung in einem
Wort traditionsgeschichtlich singulär ist«, daß die Tempelweissagung sich
aber auch nicht aus dem Urchristentum ableiten läßt, weil »die Christen
ihren Gegnern freiwillig Munition geliefert hätten, wenn sie das Wort
eines ihrer Propheten Jesus in den Mund gelegt hätten«. Th. stellt dazu
mit Recht die Frage, ob die 1. Pers. Sing. (»ich werde zerstören . . .«) nicht
»auf eine verleumderische Umformung zurückgeht«, »die Jesus in Miß-
kredit bringen konnte«, und weist darauf hin, daß »das Wort gut zur
Naherwartung Jesu paßt«. Er zeigt andererseits, daß »die Opposition
gegen den Tempel . . . vor allem in der *Landbevölkerung* verwurzelt war«,
daß »die Tempelopposition Jesu dagegen keine grundsätzliche Distanzierung gegenüber der Stadt kennt«. Th. will mit diesen Ausführungen aber
nicht mehr sagen, als daß »die entsprechenden Passagen historisch möglich sind«, da »kein Grund zu der verbreiteten Gewißheit besteht, es
handle sich weithin um historisch ganz unzuverlässige Texte«, stellt jedoch abschließend fest, daß »wir vielleicht eine manchen lieb gewordene
Vorstellung korrigieren müssen, die Vorstellung, daß Jesus nur mit der
Tempelaristokratie und den Römern in Konflikt geraten sei«[37]. Das leuchtet alles sehr ein, doch wird natürlich durch diese Ausführungen nicht
erwiesen, daß das Tempelwort in der Tat im Prozeß gegen Jesus eine
Rolle gespielt hat, die Einwände dagegen (s. etwa S. Légasse) sind dadurch
aber fragwürdiger geworden.

Es trifft sich gut, daß am Schluß dieser chronologisch angeordneten
Übersicht über die Forschungen zum Prozeß Jesu auf zwei zusammenfassende Darstellungen hingewiesen werden kann. R. PESCH bietet im
2. Band seines großen Markuskommentars zwei Exkurse über die vormarkinische Passionsgeschichte und den Prozeß Jesu (mit reichen Litera-
turverzeichnissen)[38]. Nach dem ersten dieser Exkurse »hebt sich das Material der Passionsgeschichte vom restlichen Evangelium stilistisch ab«,
diese vormarkinische Passionsgeschichte setzt ein mit 8, 27, dem Messiasbekenntnis von Caesarea Philippi, »mit 8, 27 liegt einwandfrei ein einen
längeren Erzählzusammenhang eröffnender Erzählanfang vor«, »ab 8, 27
ergibt sich nach Ausscheiden der von Markus in den Passionszusammen-

---

[37] G. THEISSEN, Die Tempelweissagung Jesu, 142–144. 151. 158 f.
[38] Eine frühere Fassung des Exkurses über die vormarkinische Passionsgeschichte, auf die der Exkurs immer wieder zur Ergänzung verweist, ist R. PESCH,
Die Überlieferung der Passion Jesu, in: Rückfrage nach Jesus, hg. v. K. Kertelge,
QD 63, 1974, 148–173 (in ThR 40, 1975, 314 Anm. 1 nur genannt).

hang eingebrachten Einzeltraditionen ... eine deutliche Verkettung des erzählten Geschehens bis zum österlichen Abschluß der Passionsgeschichte in 16, 1–8«. Diese vormarkinische Passionsgeschichte, die bereits von der aus der Urgemeinde stammenden Abendmahlsüberlieferung 1. Kor 11, 23–25 vorausgesetzt wird, »müßte demnach in den ersten Jahren der Existenz der jerusalemer Gemeinde entstanden sein«, und das Fehlen der Nennung des amtierenden Hohepriesters, dessen Kenntnis vorausgesetzt wird, »legt den Schluß (nahezu zwingend) nahe, daß Kajafas als Hohepriester noch amtierte«, so daß diese Passionsgeschichte vor 37 n. Chr. entstanden sein muß. Dementsprechend ist »der Überlieferungswert der vormarkinischen Passionsgeschichte im ganzen sehr hoch zu veranschlagen«. Dagegen ist die Annahme einer »lukanischen Sondertradition äußerst fraglich, ja unwahrscheinlich«, und so »bleiben wir für die historische Rückfrage nach dem Prozeß Jesu ganz auf die Darstellung der vormarkinischen Passionsgeschichte angewiesen«. Auf Grund dieser Quelle ergibt sich nach P. für die Kenntnis des Prozesses Jesu folgendes: »Da sich die Zeitangaben aus dem Zusammenhang der vormarkinischen Passionsgeschichte literarkritisch nicht eliminieren lassen, sondern zur ursprünglichen Überlieferung gehören«, »ist Jesus am Paschafest, am 15. Nisan, an einem Freitag, gestorben«; »Jesu prophetische Tempelaktion und deren polemische Rechtfertigung vor einer wohl amtlichen Kommission (Mk 11, 27–12, 9) bilden den Hauptanlaß für das Vorgehen der jerusalemer Führung gegen den galiläischen Propheten«, da »Jesus alle Gruppen der jüdischen Führung gegen sich eingenommen hatte«; »Entscheidende Voraussetzung der sich in der Paschanacht und am ersten Festtag überstürzenden Ereignisse ist zweifellos der Judasverrat« (»Es legt sich der Schluß nahe, daß Judas erst während des Paschamahles oder danach auf dem Weg nach Getsemani den vorgesehenen Aufenthaltsort erfuhr«!); durch die Verhaftung Jesu in der Paschanacht »hatte sich die jüdische Behörde *nolens volens* in ›Zugzwang‹ gebracht«, und darum ist »die Verhandlung des Synedrions gegen Jesus noch in der Paschanacht in einem oberen Saal des Palastes des Hohenpriesters ... glaubwürdig«, »von einer ungesetzlichen Verhandlung wird man kaum sprechen dürfen, zumal man die Annahme eines Ausnahmeverfahrens ... nicht ausschließen kann«; »Daß die Zeugen sich ... als unbrauchbar erwiesen, spricht eher gegen als für eine genaue, vorgeplante Regie«, »ob das Synedrion ein förmliches Todesurteil fällte, bleibt unklar«; »Die Anfertigung des Anklagebeschlusses des Synedrions (Mk 15, 1) verlagert die Anklage entgegen der Urteilsfindung des Synedrions vom religiösen auf das .. politische Feld«, »die Behörde tritt bei Pilatus in einem eigenständigen, neuen Verfahren als Ankläger mit einer neuen Beschuldigung auf«, »doch ist die öffentliche Verhandlung durch die mit ihrer Amnestieforderung eintreffende Menge unterbrochen worden«; gegen »die Existenz der jährlichen Paschaamnestie ... können keine gravierenden Einwände erhoben werden«, »Pilatus scheint von der Schuld Jesu nicht überzeugt gewesen zu sein«, aber »dadurch, daß er Jesus in die Amnestiediskussion einbezog, begab er sich der Möglichkeit eines Freispruchs«; »Das verbreitete Bild einer verhetzten jüdischen Menge, die an Jesu Tod Schuld trägt, entspringt einer antijudaistischen Fehldeutung der ältesten Überlieferung, die Hauptverantwortung für Jesu Hinrichtung trägt die jüdische Behörde«.

Es ist leicht zu sehen, daß hier eine klar durchdachte Verteidigung des von Markus berichteten Ablaufs des Prozesses Jesu vorliegt, deren Haltbarkeit völlig abhängt von der Annahme einer in früheste Zeit zurückgehenden und von christlicher Theologie und legendärer Entwicklung kaum beeinflußten »vormarkinischen Passionsgeschichte«. Nun spricht in der Tat vieles für einen alten zusammenhängenden Bericht über das Leiden Jesu (gegen die Aufspaltung der Passionsüberlieferung in der neueren Forschung wehrt sich Pesch mit Recht), aber ich bezweifle, daß sich diese Passionsgeschichte bis Mk 8, 26 zurückverfolgen und als ganze genau ausscheiden läßt, und Peschs Beweisführung für die Entstehung dieser Passionsgeschichte vor 37 n. Chr. muß ich für phantastisch halten (die Ablehnung einer lukanischen Sondertradition scheint mir dagegen berechtigt). Infolgedessen lassen sich die Einwände gegen die geschichtliche Richtigkeit des ganzen als vormarkinisch in Anspruch genommenen Markusberichtes (etwa: das Passadatum, die Möglichkeit einer gewohnheitsmäßigen Passaamnestie, die Beeinflußbarkeit des Jesus für unschuldig haltenden Pilatus durch eine plötzlich auftretende jüdische »Menge«) auf diese Weise so wenig einfach beiseite schieben, wie Peschs Behauptungen von dem in Zugzwang geratenen Synedrium und von dem durch das Eingreifen der Menge unterbrochenen Prozeß vor Pilatus wahrscheinlich zu machen sind. Peschs »Grundauffassung vom traditionsgebundenen-konservativen Redaktor Markus« ist ebenso problematisch wie seine implizite Entlastung des Pilatus, der nur »dem Drängen der Menge nachgab«[39]. Aber auch wenn man diese Darstellung des Prozesses Jesu daher mit sehr kritischen Augen lesen muß, stellt sie eine kenntnisreiche und sehr lesenswerte Zusammenfassung der neueren Diskussion dar.

J. GNILKA hat sich in seinem (kürzeren) Exkurs zum Prozeß Jesu eine bescheidenere Aufgabe gesetzt, nämlich den angeblichen oder wirklichen Gegensatz zwischen dem Prozeß gegen Jesus und dem jüdischen Prozeß-

---

[39] R. PESCH, Das Markusevangelium II, 6. 12. 21. 406. 412. 323. 412–416. 418–420. 462. 420 f. 10. 422.

recht der Zeit zu klären. Nach seiner Meinung ist davon auszugehen, daß
vor dem Jahr 70 »nicht das mischnisch-pharisäische, sondern das sadduzäische Recht beachtet wurde« und daß »dem Statthalter vom Kaiser die
volle und ungeteilte Blutgerichtsbarkeit übertragen wurde«. »Die Initiative im Vorgehen gegen Jesus muß den Sadduzäern zugeschrieben werden«, obwohl »Meinungsverschiedenheiten zwischen Jesus und den Pharisäern nicht übersehen werden können«, »das Synhedrion wird [aber] ein
förmliches Todesurteil kaum gesprochen haben«. »Man wird anzunehmen
haben, daß sich beim Hohenpriester nach der Verhaftung Jesu maßgebliche Synhedristen versammelten, um in einer Voruntersuchung die An-
klagepunkte für den Pilatusprozeß zu sammeln. Ohne Beteiligung der
jüdischen Hierarchie, insbesondere des amtierenden Hohenpriesters, kann
die Hinrichtung Jesu nicht gedacht werden«. Das alles ist natürlich nicht
neu, bedeutet aber eine vorsichtige und überzeugende Darstellung der
geschichtlichen Wahrscheinlichkeit.

Spezialuntersuchungen zur Kreuzigung Jesu

Nur wenige Arbeiten haben sich mit der Kreuzigungsstrafe als solcher
beschäftigt. Bei der Frage nach der juristischen »Schuld« an der Verurteilung Jesu zur Kreuzesstrafe begegnete immer wieder das Argument, daß
diese Strafe eine ausschließlich römische Strafe gewesen sei, die nur von
den Römern verhängt werden konnte. Nun macht J. M. Ford, veranlaßt
durch einen Aufsatz von Y. Yadin, aber darauf aufmerksam, daß in der
(erst 1977 von Yadin vollständig veröffentlichten) »Tempelrolle« von
Qumran zu lesen ist: »Wenn ein Mann Nachrichten über sein Volk wei-
tergibt und er verrät sein Volk an ein fremdes Volk und fügt seinem Volk
Böses zu, dann sollt ihr ihn ans Holz hängen, so daß er stirbt. Auf Grund
von zwei Zeugen und auf Grund von drei Zeugen soll er getötet werden,
und (zwar) hängt man ihn ans Holz. Wenn ein Mann ein Kapitalverbrechen begangen hat und flieht zu den Völkern und verflucht sein Volk,
die Israeliten, dann sollt ihr ihn ebenfalls an das Holz hängen, so daß
er stirbt«[40]; und sie stellt weiter fest, daß man mit diesem Text zusam-
menhalten müsse die Charakterisierung des Alexander Jannäus im Nahum-
Midrasch von Qumran 1, 6 f.: »welcher Menschen lebendig aufhängte«[41].
Die Verf. stellt daneben die Tatsachen, daß in Apg 2, 23. 36; 3, 15; 4, 10;
5, 30; 10, 39 von den Juden gesagt wird, daß sie Jesus ans Kreuz häng-

---

[40] Tempelrolle 64, 7–9, Übersetzung von J. Maier, Die Tempelrolle vom
Toten Meer, UTB 829, 1978, 64, vgl. 124 f.
[41] S. E. Lohse, Die Texte aus Qumran, 1964, 263. 293 f.

ten, daß »die Synoptiker die jüdische Verantwortlichkeit für die Wahl
der Kreuzigung als Hinrichtungsweise unterstützen« und daß in Joh 19,6
den Juden die Kreuzigung Jesu überlassen wird, und sie schließt aus dem
allen, daß »die Behörde, die Jesus verurteilte, es im selben Geist getan
haben mag wie Alexander Jannäus«, so daß der Text der »Tempelrolle
die Geschichtlichkeit der [Angaben von] Apostelgeschichte, Synoptikern
und Johannesevangelium zu stützen scheint«. Das ist nun freilich eine
keineswegs überzeugende Argumentation, weil der kritische Vergleich
der Angaben über die Kreuzigung Jesu in den Evangelien und der
Apostelgeschichte eindeutig zeigt, daß die Verantwortung für die Verurteilung Jesu zur *Kreuzes*strafe in zunehmendem Maße von den Römern
auf die Juden verlagert wird. Welche Bedeutung den von Ford angeführten Qumran-Texten in unserm Zusammenhang wirklich zukommt, zeigen
dagegen M. HENGEL und J. A. FITZMEYER. In seinem umfassenden Aufsatz zeigt M. HENGEL[42] zunächst, daß wegen der von Origenes als »schänd-
lichster Tod« bezeichneten *Kreuzigung* Jesu »der Kern der christlichen
Botschaft, den Paulus als λόγος τοῦ σταυροῦ charakterisiert, nicht nur der
römischen Staatsräson widersprach, sondern überhaupt gemein-antiker
Religiosität und hier wieder besonders dem Gottesbild aller Gebildeten«.
»Ein ›gekreuzigter Gott‹ war nur als eine bösartige Götterparodie möglich«, konnte »aber niemals sterben«: »Die außerordentliche Seltenheit
des Themas der Kreuzigung in der mythischen Tradition, sogar in der
hellenistischen und römischen Zeit, zeigt die tiefe Abneigung gegen diese
grausamste aller Strafen in der literarischen Welt«. Die Kreuzigung »galt
in der Antike als eine Exekutionsweise barbarischer Völker überhaupt«,
»es handelte sich um eine äußerste Schändung des Betroffenen«, die »auch
den Griechen nicht völlig fremd war«. Da »die Annagelung an Händen
und Füßen in römischer Zeit die Regel war«, ist die Behauptung »unverständlich, die Kreuzigung sei ihrem Wesen nach eine unblutige Todesart
gewesen«. Bei den Römern »wurde die Kreuzigung wegen ihrer Härte
fast nur gegen die *humiliores* angewandt«, und »der besonderen *Grausamkeit* dieser Strafe war man sich nur zu wohl bewußt«, »Kreuzigung
war weit verbreitet und häufig, vor allem in römischer Zeit, aber die
gebildete literarische Welt wollte nichts mit ihr zu tun haben und schwieg
in der Regel darüber«. Bei den Römern »wird die Kreuzigung« für λῃσταί,
d. h. Aufständische, »neben dem *bestiis obici* zur typischen Todesstrafe«,
und ihre »Verhängung ... in den Provinzen stand in freier Verfügungs-
gewalt der jeweiligen Statthalter«, sie war darüber hinaus bei den Rö-

---

[42] Die in Broschürenform erschienene englische Übersetzung enthält einige
Zusätze, die im folgenden besonders gekennzeichnet sind.

mern »die typische Sklavenstrafe«, und H. macht mit Recht darauf aufmerksam, daß für jeden antiken Leser des Philipperbriefs zwischen der
Annahme der Gestalt eines Sklaven und dem Tod am Kreuz »ein direkter Zusammenhang zu erkennen war«, und wir hören auch bei Dio Cas-
sius davon, daß ein Sklave in Rom »öffentlich ans Kreuz geschlagen
wurde, nachdem er zuvor auf einer Tafel die Ursache seiner Tötung über
das Forum getragen hatte«. Was nun den jüdischen Bereich anbetrifft, so
weist H. darauf hin, daß auf Grund der Tempelrolle erwiesen ist, »daß
in hellenistisch-hasmonäischer Zeit ... für das Verbrechen des Hochverrats die Kreuzigung als Todesstrafe praktiziert wurde, übernommen aus
der nichtjüdischen Umwelt«, daß aber »um so mehr auffällt, daß Herodes
mit dieser Hinrichtungstradition gebrochen hat« und »das Kreuz nie zum
Symbol des jüdischen Leidens wurde«[43]. Das ist alles genau belegt und
überzeugend, so daß dieser Aufsatz, der primär der paulinischen »Rede
vom Kreuz« konkreten Inhalt geben will, auch dazu helfen sollte, sich
der Furchtbarkeit der an Jesus vollzogenen Strafe konkreter bewußt zu
werden. Eine gute Ergänzung zu Hengels Ausführungen bietet J. A. Fitzmyer durch den ausführlichen Nachweis, daß die Tempelrolle deutlich
vom Aufhängen eines lebenden Verbrechers spricht, was nur auf Kreuzigung bezogen werden kann, so daß diese Qumranschrift die Kreuzigung
»ins Auge zu fassen scheint als essenische Strafe für die Verbrechen des
Verrats und der Flucht vor dem fälligen Prozeß« (S. 507). Dieser Nachweis widerspricht freilich der Feststellung Hengels nicht, daß die Kreuzigung seit Herodes im jüdischen Bereich nicht mehr geübt wurde, da die
Tempelrolle vor 125/100 v. Chr. anzusetzen ist[44]. Fitzmyer weist ferner
darauf hin, daß die Handhabung der Kreuzigung in Palästina jetzt
archäologisch nachgewiesen ist, womit sich dann H.-W. Kuhn in einer
fast übergenauen Weise in seinem Beitrag zur Dinkler-Festschrift befaßt
hat. 1968 hat man in einem Ossuar in Jerusalem Knochenreste eines ca.
24–28jährigen Mannes gefunden, der unzweifelhaft gekreuzigt worden
war, und die mit der Hilfe eines Anatomen vorgenommene Untersuchung
dieser Knochenreste ergab: Beide Fersen waren bei der Kreuzigung zu-
sammengenagelt worden, die Arme waren offenbar am Unterarm ange-
nagelt, die Beine auf Grund von Gewaltanwendung gebrochen. Da die
Hinrichtung zwischen dem Beginn des 1. Jahrhunderts n. Chr. und etwa
65 n. Chr. anzusetzen ist, handelt es sich also um eine Kreuzigung, die

---

[43] M. Hengel, *Mors turpissima crucis...*, bzw. Crucifixion (= E), 125. 127.
131 f. E 14. 137 f. 142. 144. 146. E 38. 154–156. E 62. 160. 176 f.
[44] So J. Maier, s. Anm. 40, 6.

zeitlich nicht weit von der Jesu entfernt gewesen sein kann, »die Annagelung gerade der Füße bei einer Kreuzigung ist mit dem Fund jetzt
eindeutig belegt« (S. 328), ebenso das für die Mitgekreuzigten Jesu in
Joh 19, 31 ff. erwähnte *crurifragium*. Die Bestattung des Hingerichteten
in einem *privaten* Grab ist allerdings nur sehr bedingt eine Parallele, da
die Knochenreste des Hingerichteten mit Namen Jochanan erst nachträglich in einem Ossuar in einem Privatgrab beigesetzt wurden. Die Realität
des grausamen Geschehens einer Kreuzigung ist durch den von H.-W.
Kuhn sorgfältig beschriebenen Fund für uns konkreter vorstellbar geworden.

Mit der Beisetzung des Gekreuzigten befaßt sich das hier noch anhangsweise zu besprechende Buch von I. BROER. Er will die Frage beantworten,
»ob denn die Urgemeinde eine sichere Kenntnis davon hatte, was mit
Jesu Leichnam nach seiner Kreuzigung geschah«, da »die Evangelien nicht
in jedem Falle ... die Historizität für sich haben – aber auch nicht gegen
sich!«. Der Vergleich der evangelischen Berichte über die Grablegung
Jesu miteinander ergibt, »daß wir für die historische Rückfrage nach dem
Begräbnis Jesu allein auf den Markus-Bericht bzw. dessen Vorlage angewiesen sind«, und da »die Grablegungsgeschichte von der im jetzigen
Zusammenhang nachfolgenden Geschichte von der Auffindung des leeren
Grabes unabhängig ist«, kann sie »daher losgelöst von dieser untersucht
werden«. Bei der Untersuchung der Grablegungsgeschichte des Markus 15,
42–47 ergibt sich, daß die Notiz 15, 47 über die zusehenden Frauen zwar
traditionell ist, aber »nicht von Anfang an zu der Grablegungsgeschichte
gehört hat«; auch die Notizen über die Rückfrage des Pilatus wegen des
Gestorbenseins Jesu und über das Wälzen des Steins vor die Tür des
Grabes (15, 44 f. 46 c) sind von Markus eingefügt, und Broer riskiert es,
auf Grund dieser Feststellungen die von Markus vorgefundene Tradition
im Wortlaut abzudrucken (S. 173). Angesichts dieser »Geschichtserzäh-
lung« erklärt B. dann weiter, daß »nicht deutlich wird, warum gerade
Joseph von Arimathäa Jesus begraben hat«, und daß die »Nichterwäh-
nung des Waschens und der Salbung des Leichnams Jesu ein Anzeichen
dafür sein könnten, daß unserer Geschichte keine konkreten Anschauungen vom Begräbnis Jesu zugrunde liegen«, gibt aber dann doch zu, daß
»sich mit hoher Wahrscheinlichkeit ergeben dürfte, daß die Nennung des
Joseph zuverlässig ist« und daß »die *Möglichkeit* nicht geleugnet werden
kann, daß sich in der Erwähnung des Freitags [als Motiv für die Handlung des Joseph] historische Erinnerung niedergeschlagen hat«. Abschließend ergibt sich dann, daß die Texte »eine positive Beantwortung der
Frage nicht zulassen, ob die Urgemeinde Jesu Grab kannte«, obwohl aus
»allgemeinen Erwägungen ... manches dafür spricht, daß die Urgemeinde

das Grab Jesu kannte«[45]. Es ist leicht zu sehen, daß in dieser mit reicher Literaturbenützung sorgfältig vorgehenden Untersuchung der erstaunliche Anspruch, mit Hilfe starker Eliminierung den Wortlaut des dem Markus vorliegenden Berichts rekonstruieren zu können, sich verbindet mit einem Schwanken zwischen Skepsis und Zutrauen zum geschichtlichen Wert dieser Überlieferung. Da mich die Rekonstruktion des überlieferten Textes nicht überzeugt, weil ich weder die Notwendigkeit der vorgenommenen Eliminierungen noch die Möglichkeit anerkennen kann, trotzdem den überlieferten Wortlaut des Berichts wiederzugewinnen, scheint mir auch die skeptische Beurteilung des geschichtlichen Wertes dieses Textes nicht überzeugend zu sein. Daß die Urgemeinde über den Namen des Joseph hinaus eine Kenntnis von der Tatsache der Grablegung Jesu hatte, ist m. E. durch B. nicht widerlegt, während ich andererseits, ebenfalls aus »allgemeinen Erwägungen«, gegen B. annehmen möchte, daß die Urgemeinde Jesu Grab nicht kannte. Aber auch wer den Resultaten Broers nicht zu folgen vermag, wird aus der sorgfältigen Erörterung aller Einzelheiten des Berichts über die Grablegung Nutzen ziehen können.

Jesu Stellungnahme zu seinem bevorstehenden Tod

Für den Christen stellt sich angesichts des Prozesses und der Kreuzigung Jesu unausweichlich neben das Problem dieses geschichtlichen Geschehens als solchen die Frage nach Jesu Stellungnahme zu dem ihn bedrohenden und ergreifenden Todesgeschick, und so ist im Zusammenhang mit zusammenfassenden Darstellungen Jesu und anhand von Einzelarbeiten schon in früheren Teilen dieses Berichts mehrfach von Jesu Stellung zu seinem bevorstehenden Tod die Rede gewesen[46]. M. B. CHAMBERS geht in der ältesten der hier zu dieser Frage noch zu besprechenden Arbeiten von R. Bultmanns bekanntem Satz in seiner Akademieabhandlung von 1960 aus: »Schwerlich kann diese Hinrichtung als die innerlich notwendige Konsequenz seines [Jesu] Wirkens verstanden werden; sie geschah vielmehr auf Grund eines Mißverständnisses seines Wirkens als eines politischen. Sie wäre dann – historisch gesprochen – ein sinnloses Schicksal. Ob oder wie Jesus in ihm einen Sinn gefunden hat, können wir nicht wissen. Die Möglichkeit, daß er zusammengebrochen ist, darf man sich nicht verschleiern«[47]. Die Verf. betont zu diesem Satz sicher richtig, daß Bultmann

---

[45] I. BROER, Die Urgemeinde ..., 2. 7. 280. 136. 115. 188. 194.198. 290. 283 f. 294.

[46] S. ThR 41, 1976, 257. 311. 314 f. 345. 357; vor allem 43, 1978, 259–265.

[47] R. BULTMANN, Das Verhältnis der urchristlichen Christusbotschaft zum historischen Jesus, SHAW. PH 1960, 3 = R. B., Exegetica, Tübingen 1967, 445 ff.: das Zitat S. 12 bzw. 453.

»diese Möglichkeit von dem nach dem historischen Jesus Fragenden ernst genommen zu werden wünscht«, und führt diese Skepsis auf Bultmanns Sorge zurück, »daß der Versuch, eine materiale Übereinstimmung zwischen den Tatsachen in Jesu Leben und Tod und dem Inhalt des Kerygmas aufzuzeigen, unausweichlich zu einer Legitimierung des Kerygmas führt«. Ursache für diese Sorge ist nach ihr eine »zu absolute Trennung zwischen Tatsache und Wert« bei Bultmann und dementsprechend eine »Unterbewertung des geschichtlichen Wertes der Evangelienberichte«, während »geschichtlicher christlicher Glaube als seine notwendige Bedingung eine gewisse Anzahl geschichtlicher Tatsachen hat« und es sich nur fragt, »*wie viel* geschichtliches Wissen die notwendige Bedingung für den Glauben darstellt«. »Echter historischer Zweifel, d. h. legitimer Zweifel des Historikers über einen bestimmten Beweispunkt, kann niemals prinzipieller Zweifel sein«. Daraus ergibt sich aber im konkreten Fall die Feststellung, daß es sich hier bei Bultmann um »prinzipiellen Zweifel« handelt, weil er »uns auffordert, andere Möglichkeiten über die letzten Tage Jesu ins Auge zu fassen, für die es keinerlei Beweis gibt«. »Wenn Bultmann vorschlägt, daß wir vor der Möglichkeit nicht die Augen schließen sollen, daß Jesus zusammenbrach, schlägt er vor, daß wir den Redlichkeit beanspruchenden Charakter des Berichts übersehen« und damit »zwischen ›reiner Tatsache‹ und ›Interpretation‹ unterscheiden statt zwischen historischen Feststellungen und dem Anspruch auf offenbarende und Kraft verleihende Bedeutung«[48]. Nun kann es hier nicht darum gehen zu prüfen, ob die Verf. Bultmann grundsätzlich richtig interpretiert hat – ich möchte das bejahen –, wohl aber ist zu fragen, ob sie darin recht hat, daß Bultmanns Forderung eines prinzipiellen Zweifels gegenüber der evangelischen Schilderung der Stellungnahme Jesu zu dem ihn bedrohenden und ergreifenden Leiden unberechtigt ist. Da man für solchen Zweifel höchstens den Ruf von Ps 22, 2 im Munde Jesu am Kreuz (Mk 15, 34) anführen kann und, wie gleich zu besprechende Arbeiten zeigen, gute Gründe für eine völlig andere Einstellung Jesu vorgebracht werden können, hat die Verf. sicherlich recht, wenn sie die Forderung eines prinzipiellen Zweifels in dieser Frage als unberechtigt abweist.

Wenig hilfreich ist freilich der Aufsatz von P. E. Davies. Er geht von der Feststellung aus, daß Jesu Worte vom Lösegeld und beim Abendmahl (Mk 10, 45; 14, 22–24) »eine sehr schmale Basis in Jesu eigenen Worten für die Opfertheorie über Jesu Tod bieten«, stellt dann aber nicht nur fest, daß Jesus auf Grund erfahrener Verfolgung und des Todes des Täufers »sich selbst in die Rolle des leidenden Propheten versetzte«, son-

---

[48] M. B. Chambers, Was Jesus . . ., 122. 126. 128. 130 f. 138.

dern auch, daß die Leidensweissagungen zeigen, »daß Jesus sein eigenes
Leiden und Sterben voraussah«, ja daß »die Möglichkeit nicht auszuschließen ist, daß Jesus seinen Tod in irgendeiner Weise als ein Lösegeld
für die Sünden oder als ein Opfer zugunsten des Volkes gedeutet haben
kann«. Das ist recht widersprüchlich, und der Schlußsatz, »daß sich Jesus
ein gehorsamer Diener Gottes zu sein erwählte, auch wenn das das Schicksal eines Propheten bedeutete«[49], dürfte vermutlich zutreffen, ist aber
wesentlich weniger, als was vorher als möglich angenommen wurde, und
ist auf alle Fälle durch diese Ausführungen nicht bewiesen. Um so eindeutiger sind dann aber die jetzt noch zu nennenden Arbeiten. Schon
früher habe ich auf den 1976 erschienenen Aufsatz von R. PESCH über
»Das Abendmahl und Jesu Todesverständnis« hingewiesen und meine
Einwände dagegen vorgebracht[50]. Pesch hat dann in einer für »jeden
interessierten Leser« bestimmten Schrift »Wie Jesus das Abendmahl hielt«
seine Sicht ohne direkte Bezugnahme auf die wissenschaftliche Diskussion,
aber genau begründet erneut dargestellt. Da ich das früher Gesagte nicht
wiederholen will, sei hier nur auf diejenigen Punkte eingegangen, die für
Peschs Deutung des Todesverständnisses Jesu entscheidend sind. Aus dem
für die Rückfrage nach dem geschichtlichen letzten Mahl Jesu allein maßgeblichen Text des Markus (das gilt nach P. auch für das Kelchwort, »die
Entwicklung von der markinischen zur paulinischen Fassung des Deute-
worts zum Becher ist plausibel erklärbar, eine umgekehrte Entwicklung
nicht«) entnimmt P., daß »die Paschaliturgie nicht erwähnt, aber voraus-
gesetzt ist«, »Deutungen der Mahlelemente gehören zur Paschaliturgie«;
»Jesus *setzt* die besondere Bedeutung seiner Person *voraus*, wenn er sagt:
›Dies ist mein Leib‹. Die Jünger konnten verstehen: Dies bin ich, *der
Messias* ..., Jesus spricht vom Sühnetod des Messias«. Und »mit der
Wendung ›Mein Blut‹ gibt Jesus zu verstehen, daß jetzt Gott durch seinen
Tod, den Tod des Messias, Sühne schaffen wird«, Jesus »nimmt die Schuld
Israels auf sich«. »Jesu Sühnetod wendet die Not seiner eigenen Verwerfung«, die »Deutung seines Todes als Sühnetod wird erst angesichts
seiner Verwerfung, also im Angesicht des Todes im Abendmahlssaale,
notwendig«, »Gott gewährt Israel in Jesu Tod Entsühnung selbst für die
Verwerfung seines Sohnes«[51]. Es ist aber, wie mir scheint, fraglich, ob
man die Bestimmtheit des letzten Mahles Jesu durch Passagedanken *voraussetzen* darf (erwähnt sind sie ja nicht!) und ob man bei den Jüngern
eine Anerkennung der Messiaswürde Jesu ebenfalls *voraussetzen* darf,
und wenn das beides nicht der Fall sein sollte, wird der Hinweis auf die

---

[49] P. E. DAVIES, Did Jesus Die . . ., 40. 43 f. 46 f.
[50] ThR 43, 1978, 262–264.
[51] R. PESCH, Wie Jesus das Abendmahl hielt, 57. 70. 72. 76 f. 83 f. 86.

Sühne durch den Tod des Messias fraglich; und der Gedanke, daß die
Deutung seines Todes als Sühnetod für Jesus erst im Abendmahlssaal
notwendig wird[52], scheint mir so wenig einen Anhalt am Text zu haben
wie der Gedanke, daß Gott Israel durch Jesu Tod Sühne gewährt für
die Verwerfung seines Sohnes. Ich kann darum Peschs Anschauung über
Jesu Deutung seines Todes als Sühnetod des Messias in den Abendmahlsworten nicht als geschichtlich erwiesen ansehen[53].

X. LEON-DUFOUR ist denn auch bei seiner Besprechung der Frage, wie
Jesus seinen ihn bedrohenden Tod verstand, wesentlich zurückhaltender.
Er weist zunächst darauf hin, daß »Jesus seinen Tod vorausahnen konnte
auf Grund seines Verhaltens« und daß Jesus in der 2. Hälfte seiner Wirksamkeit »auf zwei grundlegende Widerstände gestoßen ist, von seiten der
Menge und von seiten der religiösen Führer«. »Es ist sehr wahrscheinlich,
daß die alten Worte von der Tötung der Propheten auf Jesus persönlich
zurückgehen« und daß »Jesus feststellt, daß Johannes übel behandelt
worden ist, und vorausfühlt, daß man mit ihm ebenso umgehen wird«,
während es »nicht sicher ist, daß Jesus während seines öffentlichen Lebens,
Auge in Auge mit dem bedrohenden Tod, ausdrücklich vom Charakter
seines Todes als Opfer und Erlösung gesprochen hat«. Das ist alles zum
mindesten sehr erwägenswert, und zweifellos kann man der abschließenden Feststellung zustimmen: »Jesus hat den Tod nicht passiv über sich
ergehen lassen, er hat zugestimmt zu sterben«[54]. Über diese vorsichtige
Feststellung sucht H. SCHÜRMANN in dem Aufsatz »Jesu ureigenes Todesverständnis« hinauszukommen, der zwei frühere Aufsätze (in dem Buch
»Jesu ureigener Tod«, 1975)[55] aufnimmt und fortführt. Zur Beantwortung der Frage, »ob Jesus seinem Tod Bedeutung, näherhin speziell in
irgendeiner Weise Heilsbedeutung zugesprochen hat«, geht er von Jesu
persönlichem Anspruch aus: »Wenn die Basileia-Vorstellung Jesu auf
seinen Lebensdienst, auf seine Verkündigung und sein Wirken hin ›personalisiert‹ (und ›christologisiert‹) war, kann auch sein Todesdienst das
Heil der Basileia repräsentieren sollen«, stellt daneben aber die Feststellung: »Es ist nicht zu leugnen, daß es keine gesicherten Aussagen Jesu
gibt, nach denen Jesus seinen Tod unbezweifelbar heilsbedeutsam arti-
kuliert hat (auf die verschiedentlich erst jüngst wieder versuchten Nach-

---

[52] Das Lösegeldwort Mk 10, 45 hält Pesch für eine »sekundäre Bildung«, s.
Das Markusevangelium II, 162.
[53] Daß ich Peschs abschließende Verteidigung der Transsubstantiation mit dem
Hinweis darauf, daß »Jesu Worte Wandlungsworte« sind, erst recht nicht für
richtig halten kann, sei nur angefügt.
[54] X. LÉON-DUFOUR, Jésus face à la mort..., 805. 806 f. 812 f. 815. 819.
[55] D. dazu meine Bemerkungen in ThR 41, 1976, 345 und 43, 1978, 259 f.

weise jesuanischen Ursprungs für Mk 10, 45 ... verzichten wir besser)«.
Sch. bleibt aber nicht bei diesen vorsichtigen Feststellungen stehen, sondern möchte verschiedene Hinweise auf eine Heilsdeutung seines Todes
durch Jesus erkennen: »Daß Jesus als der ›absolute eschatologische Heilsbringer‹ sein Heilsangebot im Tode durchgehalten hat, ist die wahrschein-
lichere Annahme«, und so konnte Jesus angesichts des bevorstehenden
Gerichts »eigentlich sein Heilsangebot nur mit einem letzten Einsatz
durchhalten; die Treue zu seinem Auftrag, das Heil der Basileia zu repräsentieren, ging über seinen Leib hinweg«. Wenn Jesus überdies nach dem
eschatologischen Wort Mk 14, 25 »seinem Tod proexistent entgegenge-
gangen ist mit der Erwartung der Auferweckung und Erhöhung ..., dann
ist ... dieser *Tod als ein* (vielleicht stellvertretend sühnender) *Heilstod*
qualifiziert«. Außerdem sind die »*Gebe*gesten bzw. *die Gaben* seines Ab-
schiedsmahles *Dienst*gesten bzw. *Heils*gabe; sie artikulieren zeichenhaft
den Todesdienst und seine Heilsfrucht«. Und »auch wenn wir uns nicht
auf den Sinn der unterschiedlichen Deuteworte einlassen, können wir
sagen, daß sie von ihrem Substrat her, den dienenden Gebegesten und
Gaben Jesu – in dieser Stunde durch diesen eschatologischen Heilsbringer – dem Tod Jesu ausdrücklich eschatologische und staurologische Heilsbedeutung zugesprochen haben werden«. Und aus dem allen folgert Sch.:
»Die Heilsbedeutung des Todes Jesu gehört nicht erst in die nachösterliche Christusverkündigung; sie hatte bereits ihre ›Prästruktur‹ im Verhalten und in der Verkündigung Jesu«. Man sieht sofort, daß diese –
mehrfach recht kompliziert formulierten – Gedanken weitgehend auf als
wahrscheinlich oder auch als sicher erachteten *Schlüssen* beruhen und die
Texte überfordern. Denn daß »eine *Konvergenz* von Wahrscheinlichkeiten (die mehr ist als eine Kumulation von solchen) auch – bei aller kritischen Vorsicht – zu moralischer Gewißheit führen kann«, ist m. E. eine
irrige geschichtswissenschaftliche Annahme, und das Postulat: »Wer Jesus
ein Bewußtsein als absolutem eschatologischem Heilsbringer zuschreibt,
muß ihm nicht nur ein Wissen um die Heilsbedeutsamkeit seines Todes,
sondern konsequent auch ein ›ureigenes‹ Todesverständnis zusprechen«[56]
kann nicht zu einer *inhaltlichen* Bestimmung dieses postulierten Todesverständnisses führen. Schürmanns »konsequente« Argumentation kommt
darum über Möglichkeiten oder Wahrscheinlichkeiten nicht hinaus.

Noch weiter möchte P. STUHLMACHER in der Erkenntnis der Stellung
Jesu zu seinem Todesleiden kommen durch den Nachweis, daß es sich bei
dem unabhängig tradierten Spruch Mk 10, 45 (»Der Menschensohn ist

---

[56] H. SCHÜRMANN, Jesu ureigenes Todesverständnis, 274. 283. 285. 293 f. 297.
300 f. 280 Anm. 30. 305.

nicht gekommen, um sich dienen zu lassen, sondern um zu dienen und sein Leben hinzugeben als Lösegeld für Viele«) »um eine ... (in der Grundaussage) authentische Jesusüberlieferung« handelt, weswegen »die neutestamentliche Wissenschaft ... sagen kann, daß Jesus gewirkt, gelitten und stellvertretend den Tod erlitten hat als der messianische Versöhner«. Für diese These sprechen nach seiner Meinung im wesentlichen folgende Argumente: Da Mk 10, 45 nicht aus den Abendmahlstexten und nicht aus der Anlehnung an den griechischen Text von Jes 53 hergeleitet werden kann, kann der Spruch nicht »als eine Bildung der hellenistisch-judenchristlichen Gemeinde bezeichnet« werden; »Die klare Rückübersetzungsmöglichkeit sowohl ins Hebräische als auch ins Aramäische kann kein bloßer Zufall sein«; »Bei Daniel und im 1. Henoch wird der Menschensohn zum Herrscher und Gerichtsherrn eingesetzt«, freilich ist in Dan 7, 10 »vom Dienst der vieltausend Engel vor Gott die Rede«, und »in aeth. Henoch 45, 3 f.; 61, 8 f.; 62, 2 erscheint der Menschensohn selbst auf Gottes Gerichtsthron«, die Verbindung von »Menschensohntitel und dem Verbum διακονεῖν« steht daher »in unübersehbarem Gegensatz zur biblisch-jüdischen Menschensohnüberlieferung«, und da das Logion weder aus der urchristlichen Gemeindetheologie noch aus der biblisch-jüdischen Menschensohntradition ableitbar ist ..., vielmehr eine in sich unvergleichliche, gleichzeitig aber ganz semitische Bildung darstellt, können wir folgern: bei Mk 10, 45 handelt es sich aller Wahrscheinlichkeit nach um ein echtes Jesuslogion«. St. sieht aber auch einen »positiven Beweis für die Authentizität dieses Logions«: in Anlehnung an die Forschungen von W. Grimm[57] konstatiert er, daß »die Gemeinsamkeiten zwischen dem hebräischen Text von Jes 43, 3 f. und Mk 10, 45 erstaunlich groß sind ... und die Einsicht in die Unableitbarkeit des Lösegeldwortes bestätigen«; »Jesus tritt mit seinem Leben an die Stelle jener Völker, die für Israel sterben sollen, und zwar tritt er an ihre Stelle in freiem Gehorsam ... Seine Selbstaufopferung ist nicht nur Existenzstellvertretung für Israel, sondern auch für die Völker der Welt«. Jesus »prägt also das ihm überkommene Bild vom Menschensohn Weltrichter entscheidend um«, »in seiner Existenzstellvertretung für die Vielen ist Jesus das Opfer, das Gott selbst ausersieht, aber auch selbst auf sich nimmt und darbringt, um die Sünder vor der Vernichtung zu bewahren«. Ohne diese selbstverständlich genau begründete Beweisführung hier im einzelnen nachprüfen zu können, kann doch zu Stuhlmachers Argumenten zweierlei gesagt werden: a) Der semitische Sprachcharakter beweist nur das hohe Alter des Spruches, und »der unübersehbare Gegensatz« des Spruches »zur biblisch-jüdischen Men-

---

[57] S. dazu ThR 43, 1978, 248 ff.

schensohnüberlieferung« führt weder auf eine *gegensätzliche* Abhängigkeit des Spruches von dieser Überlieferung noch auf Jesus als den Urheber
dieses Gedankens. b) Die »erstaunliche Formulierungsparallele zwischen
Jes 43, 3 f. und Mk 10, 45«[58] reicht, wie ich schon früher gegen W. Grimm
bemerkte, schwerlich aus, um eine Beeinflußung des Spruches durch diesen
Jesajatext einleuchtend zu machen, und bewiese, selbst wenn sie überzeugend wäre, ebenfalls nichts für die Herkunft des Spruches von Jesus. Der
Gedanke des Todes Jesu als Lösegeld »für die Vielen« hat aber in der
sicher erkennbaren Verkündigung Jesu keine Parallele, und daß Gott
Jesus als Opfer aussieht, ist eine Überdeutung des Textes, die erst recht
einen Fremdkörper in der Verkündigung Jesu darstellt. Daß Mk 10, 45
die authentische Deutung seines Todes durch Jesus wiedergibt, hat St.
m. E. nicht nachweisen können.

M. HENGEL ist allerdings in seinem gleichzeitig erschienenen Aufsatz
über den stellvertretenden Sühnetod Jesu zu einem ganz ähnlichen Resultat gekommen. Zwar gilt sein Hauptinteresse der Beantwortung der
Frage: »Wie erhielt die Kreuzigung Jesu ihren Platz in der Mitte der
frühchristlichen Predigt?«, aber dabei ergibt sich notwendigerweise auch
die Frage: »Geht die urchristliche Aussage vom stellvertretenden Sühnetod Jesu ... in ihrem Kern vielleicht auf Jesu Reden und Handeln selbst
zurück?«, und dazu sagt H. folgendes: Wenn Aussagen über die Heilsbedeutung des Todes Jesu bei den Synoptikern zurücktreten (sie »begegnen uns auch dort *expressis verbis* an zwei höchst bedeutsamen Stellen:
Mk 10, 45 und dann in der Abendmahlsüberlieferung [Mk] 14, 24«), so
ist dieses »Zurücktreten dadurch begründet, daß sie in der Verkündigung
Jesu verständlicherweise keine zentrale Rolle spielten«. Da aber »die
Einwendungen gegen eine Herkunft der soteriologischen Deutung des
Todes Jesu aus der ältesten aramäischsprechenden Gemeinde ... keineswegs überzeugend sind« und »eine eigenständige unsoteriologische Deutung des Todes Jesu und seiner Auferstehung als älteste Überlieferung
gerade nicht nachgewiesen werden kann«, besteht »methodisch das Recht,
ja die Notwendigkeit, nach Jesus selbst zurückzufragen«. Daß Jesus »spätestens nach dem gewaltsamen Tode des Täufers mit seiner Hinrichtung
rechnete, sollte man nicht mehr bezweifeln«; »In der Nacht vor seinem
Tode hat Jesus mit seinen Jüngern das Passamahl gefeiert und dabei ...
in einer Art von Gleichnishandlung das gebrochene Brot auf das Zerbrechen seines Leibes und am Ende des Mahles den Wein im Segensbecher
auf das Vergießen seines Blutes hin gedeutet, durch das der neue endzeit

---

[58] P. STUHLMACHER, Existenzstellvertretung ..., 414. 426 f. 417 f. 419 f. 421 f.
424 f. 426. 420. 422.

liche Bund Gottes gestiftet und Sühne für alle gewirkt werde. Er hat
damit gleichzeitig seinen bevorstehenden Tod als endzeitliches Heilsgeschehen dargestellt, das ... für alle Menschen Versöhnung mit Gott
bewirkt ... Auch Mk 10, 45 gehört wohl als Jesuswort in den Zusammenhang jener letzten Nacht, mit dem er seine rätselhafte Zeichenhandlung verdeutlichte. Becherwort und Lösegeld verbindet der universale ...
Dienst ›für die Vielen‹ im Sinne von ›für Alle‹«. Hengel gibt für diese
Deutung des letzten Mahles Jesu (außer der Berufung auf die Anschauungen von J. Jeremias und R. Pesch) keine nähere Begründung, und für die
Verlegung von Mk 10, 45 in die letzte Nacht Jesu gibt es keinerlei Anhaltspunkte. So sehr ich H. darin zustimme, daß »bei einem völlig un-
messianischen Jesus die Entstehung des urchristlichen Kerygmas völlig
unerklärlich und rätselhaft bliebe« und daß Jesus »schwerlich nichts
ahnend dem in Jerusalem drohenden Tode in die Arme lief«[59], so wenig
läßt es sich wahrscheinlich machen, daß Jesus in der Nacht vor seinem
Tode seinen Jüngern eine völlig neue Deutung seines bevorstehenden
Todes gegeben hat, und über die schon mehrfach betonten Schwierigkeiten des auch von H. vertretenen Verständnisses der Deuteworte beim
Abendmahl hinaus bleibt der schwerlich zu beseitigende Widerspruch
dieses angeblich von Jesus selbst vertretenen Todesverständnisses zu seiner sonstigen Verkündigung bestehen, auf den besonders J. GNILKA und
A. VÖGTLE hingewiesen haben[60]. Auch M. Hengel hat so m. E. nicht zeigen können, daß eine bruchlose Kontinuität zwischen Jesu Bejahung
seines Todesauftrags als Teil seiner eschatologischen Heilssendung und
der nachösterlichen Deutung dieses Todes als sühnendes Heilsgeschehen
besteht.

Es bleibt mir nun nur noch die Aufgabe, in einem abschließenden Nachtrag über die seit Abschluß der Teile I–V erschienenen Arbeiten zu den
dort behandelten Gegenständen zu berichten.

---

[59] M. HENGEL, Der stellvertretende Sühnetod Jesu, 1. 9 f. 146. 145. 21. 145.
[60] S. ThR 43, 1978, 260–262.

Jesusforschung seit 1965: Nachträge 1975–1980

Literaturangaben zu I–II

G. T. Armstrong, The Real Jesus, Kansas City 1977. – J. Blank, Lernprozesse im Jüngerkreis Jesu, ThQ 158, 1978, 163–177. – M. Bouttier, Bulletin du Nouveau Testament 4. Jésus et les évangiles, ETR 54, 1979, 259–314. – M. Burrows, Jesus in the First Three Gospels, Nashville 1977. – M. C. Cook, Jesus and the Pharisees, JES 15, 1978, 441–460. – A.-M. Dubarle, Le témoignage de Josèphe sur Jésus d'après des publications récentes, RB 84, 1977, 38–58. – R. und W. Feneberg, Das Leben Jesu im Evangelium. Mit einem Geleitwort von K. Rahner, QD 88, 1980. – St. Fracz, Neomarxistisches Jesusbild, StZ 198, 1980, 176–182. – B. E. Gärtner, Der historische Jesus und der Christus des Glaubens. Eine Reflexion über die Bultmannschule und Lukas, Studien zum Neuen Testament und seiner Umwelt A, 2 = Theologie aus dem Norden, Linz 1977, 9–18. – R. M. Grant, Jesus. Deutsch v. H. J. Baron von Koskull, Bergisch Gladbach 1979. – D. Hill, Jesus and Josephus' »messianic prophets«, Text and Interpretation, FS M. Black, 1978, 143–154. – T. Holtz, Kenntnis von Jesus und Kenntnis Jesu, ThLZ 104, 1979, 1–12. – Ders., Jesus von Nazareth, Berlin 1979. – K.-J. Kuschel, Jesus in der deutschsprachigen Gegenwartsliteratur. Mit einem Vorwort von W. Jens, Zürich/Köln und Gütersloh 1978. – R. Latourelle, L'accès à Jésus par les évangiles, histoire et herméneutique, Recherches 20. Théologie, Tournai/Montréal 1978. – M. Lattke, Neue Aspekte der Frage nach dem historischen Jesus, Kairos 21, 1979, 288–299. – H. Leroy, Jesus. Überlieferung und Deutung, EdF 95, 1978. – J. P. Mackey, Jesus the Man and the Myth. A Temporary Christology, London 1979. – J. Maier, Jesus von Nazareth in der talmudischen Überlieferung, EdF 82, 1978. – I. H. Marshall, I Believe in the Historical Jesus, Grand Rapids 1977. – *Mary in the New Testament.* A Collaborative Assessment by Protestant and Roman Catholic Scholars. Edited by R. E. Brown, K. P. Donfried, J. A. Fitzmyer, J. Reumann, Philadelphia/New York/Ramsey/Toronto 1978. – V. Messori, Mensch geworden. Wer war Jesus?, übers. v. H. Machowetz, Graz/Wien/Köln 1978. – B. F. Meyer, The Aims of Jesus, London 1979. – H. K. Nielsen, Kriterien zur Bestimmung authentischer Jesusworte, Studien zum Neuen Testament und seiner Umwelt A 4, 1979, 5–26. – W. Pax, Mit Jesus im Heiligen Land, Hamburg/Trier 1980. – Ch. Perrot, Jésus et l'histoire, Collection »Jésus et Jésus Christ« 11, Paris 1979. – W. E. Phipps, Jesus, the Prophetic Pharisee, JES 14, 1977, 17–31. – W. Pötscher, Iosephus Flavius, Antiquitates 18, 63 f. (Sprachliche Form und thematischer Inhalt), Er. 73, 1975, 26–42. – A. Sand, Jesus im Urteil jüdischer Autoren der Gegenwart, Cath (M) 31, 1977, 29–38. – L. Schottroff, Das Magnificat und die älteste Tradition über Jesus von Nazareth, EvTh 38, 1978, 298–313. – L. Schottroff-W.Stegemann, Jesus von Nazareth – Hoffnung der Armen, UTB 639, 1978. – B. Sesboüé, Histoire et foi en christologie, NRTh 111, 1979, 3–23. –

M. Trautmann, Zeichenhafte Handlungen Jesu. Ein Beitrag zur Frage nach dem geschichtlichen Jesus, fzb 37, 1980. – W. Trutwin, Messias/Meister/Menschensohn. Ein Jesusbuch, Düsseldorf 1978. – G. Vermes, Jesus the Jew. A Historian's Reading of the Gospels. London 1973 (FB 1976). – W. O. Walker, Jesus and the Tax Collectors, JBL 97, 1978, 221–238. – *Wer ist doch dieser?* Die Frage nach Jesus heute, Theologisches Kontaktstudium des Fachbereichs Katholische Theologie der Universität München Bd. 4, München 1976 (darin: J. Gnilka, Das historische Problem der Rückfrage nach Jesus. Stand der Forschung, S. 7–17; Ders., Ureigene Worte und Taten Jesu, S. 18–29; H. Fries, Zeitgenössische Grundtypen nichtkirchlicher Jesusdeutungen, S. 62–91). – *Zugänge zu Jesus*, ThBer 7, 1978 (darin: W. Kern, Jesus – marxistisch und tiefenspychologisch, S. 63–100; J. Pfammatter, Katholische Jesusforschung im deutschen Sprachraum, S. 101–148; C. Thoma, Jüdische Zugänge zu Jesus, S. 149–176) *.

Wie am Ende des 6. Teiles dieses Jesusberichts versprochen, soll der abschließende Nachtrag über die seit dem Abschluß der einzelnen Teile erschienenen oder mir verspätet zugänglich gewordenen Arbeiten zu den 6 Teilen des Berichts informieren, wobei zunächst über die zu den beiden ersten Teilen nachzutragende Literatur berichtet werden soll.

I. Forschungsberichte, außerevangelische Quellen, Methodenfragen

Da ist zunächst auf eine Reihe von Literaturberichten hinzuweisen. Der Aufsatz von H. Fries (in dem Sammelband *»Wer ist doch dieser?«*) bietet einen gut verständlichen Überblick über die Jesus-People-Bewegung, den Jesus der Literaten und Philosophen einschließlich einiger Jesus-Romane und schließlich über »Jesus im zeitgenössischen jüdischen Denken«, doch enttäuscht der aus dem Ganzen gezogene Schluß insofern, als die zahlreich gestellten Fragen über die Bewertung dieser Jesusbilder keine wirkliche Antwort erhalten und als der Begriff »nichtkirchlich« in die Irre führt, weil es sich in vielen Fällen bei diesen Jesusdeutungen, vor allem bei den marxistischen und jüdischen, nicht um außerhalb der Kirche stehende Jesusdeutungen, sondern um radikal achristliche, jeden Glauben an Jesus ablehnende Begegnungen mit Jesus handelt. Beachtlich ist die Feststellung (S. 68), daß »Augstein ... fast als einziger im Bereich der Literatur insofern eine Ausnahme macht, als er in einer Sprache der Beschimpfung, Diffamierung und Beleidigung von Jesus spricht«.

Der Band der »Theologischen Berichte« der katholisch-theologischen

---

* Nicht besprochen werden konnte, weil nicht zur Besprechung geliefert: M. Smith, Jesus the Magician, New York 1978 (s. NTAb 22, 1978, 332 f.).

Fakultäten in Chur und Luzern mit dem Titel »*Zugänge zu Jesus*« bietet (neben zwei hier nicht zu berücksichtigenden Aufsätzen von D. Wiederkehr: »Christologie im Kontext« und K. H. Neufeld: »Versuche des Zugangs in neueren Jesusbewegungen«) Berichte über Zugänge zu Jesus von drei verschiedenen Ausgangspunkten aus. W. KERN referiert über marxistische und tiefenspychologische Deutungen Jesu; dabei zeigt sich zunächst E. Blochs Jesusdeutung als völlig willkürlich, während die humanistischen Jesusbilder von V. Gardavský, L. Kolakowski und M. Machoveč durchaus Beachtung verdienen. K. zeigt weiter an Beispielen »die geringe Ergiebigkeit der Freudschen Psychoanalyse für die Deutung Jesu« (S. 89), wertet dagegen »in C. G. Jungs Nachfolge« arbeitende Deutungen überhaupt nicht (seltsamerweise sind die hierher gehörigen Arbeiten von H. A. Zwergel und H. Wolff, s. dazu ThR 41, 1976, 235 ff., nicht berücksichtigt). Die abschließende Feststellung, daß die »marxistischen und analytischen Jesusdeutungen ... Ansatzpunkte und Zugangswege markieren, Jesus zu sehen und zu hören« (S. 100), scheint mir gerade nach den Ausführungen des Verf. nur in einem sehr eingeschränkten Sinne zuzutreffen. J. PFAMMATTER schildert umfassend die katholische Jesusforschung im deutschen Sprachraum 200 Jahre nach Reimarus; er sieht eine wichtige Caesur mit dem Erscheinen der 2. Auflage des »Lexikons für Theologie und Kirche« und dem Neubeginn der »Biblischen Zeitschrift« gegeben und wendet sich nach einem Referat über Arbeiten zu Kriterien der Jesusforschung und zur Logienquelle und über Gesamtdarstellungen Jesu besonders der Jesusforschung von A. Vögtle zu und konstatiert bei dessen »Lebenswerk im Dienste der Jesusforschung« seit seinem Jesusartikel im LThK von 1960 ein Abgehen von der von Vögtle selbst ausgesprochenen Warnung vor einer »Minimalisierung unseres Wissens über den historischen Jesus«. Das ist alles sehr lehrreich, zumal zahlreiche katholische Jesusdarstellungen besprochen werden, die ich nicht berücksichtigt habe; aber man fragt sich am Ende doch, ob es wirklich sinnvoll ist, gerade die katholische Jesusforschung der letzten 20 Jahre isoliert von den Arbeiten der aus anderen Konfessionen kommenden Forscher (und nur aus dem deutschsprachigen Raum) zu betrachten. Als letzter handelt C. THOMA von der jüdichen Jesusforschung seit M. Mendelssohn, aber der Aufsatz bietet keine wirklich umfassende Darstellung der Jesusfrage im Judentum, sondern erörtert unter Heranziehung einiger charakteristischer moderner· Jesusbücher jüdischer Verfasser die Frage, welche Bedeutung die Person Jesu für das gegenseitige Verständnis von Judentum und Christentum hat, was zwar dem Titel des Aufsatzes »Jüdische Zugänge zu Jesus« entspricht, aber keinen Überblick ermöglicht. Und das gilt erst recht für den etwa gleichzeitigen Aufsatz von A.

SAND, der nach einigen allgemeinen Bemerkungen eine »Aufreihung der jüdischen Literatur« über Jesus seit 1930 ohne »Anspruch auf Vollständigkeit« bietet, wobei die wenigen Bemerkungen zu den meisten der angeführten Titel allerhöchstens eine ungefähre Einordnung des betreffenden Werkes vermitteln.

Ein gutes Referat über die Jesusliteratur der letzten fünf Jahre bietet dagegen M. BOUTTIER mit klaren Urteilen über die jeweiligen Thesen, wobei B. sowohl begrüßt, daß Bultmanns Dogma von dem Graben zwischen dem Leben Jesu und der Verkündigung der Kirche in Frage gestellt wird, wie davor warnt, bei solcher Reaktion den kritischen Geist zu verlassen (S. 296). Auch ST. FRACZ gibt ein gutes Referat über das neomarxistische Jesusbild, das in Jesus »radikale Authentizität«, »restlose Selbstverwirklichung« und radikale Liebe anschaulich geworden sieht, und er ist darum der Meinung, daß »Jesus von Nazareth ... als 'Ort der Gotteserfahrung' und der Jesus der Atheisten als 'Beispiel der allerheiligsten menschlichen Werte' zu einem Ort der Begegnung und zu einem Grund der Verständigung werden« können (S. 181 f.).

Nur anhangsweise kann hier noch kurz auf das Buch über »Jesus in der deutschsprachigen Gegenwartsliteratur« von K.-J. KUSCHEL hingewiesen werden. Es bietet eine reiche Information über deutschsprachige Literatur der verschiedensten Art seit 1945, die sich auf irgendeine Weise mit Jesus beschäftigt oder von Jesus beeinflußt ist. Es ergibt sich dabei, daß in den vierziger und den beginnenden fünfziger Jahren Jesusromane Bestseller waren, daß diese Jesusromane aber »nicht nur theologisch, sondern auch literarisch eine fragwürdige Sache sind«, da »sich die Jesusfigur weder direkt noch indirekt noch in einer Mischform von beiden *in seiner Zeit* so lebendig machen läßt, daß theologisch wie literarisch die Gesamtwirklichkeit Jesu von Nazarets unverkürzt wiedergegeben werden könnte«. Aber was Kuschel dann an »Formen neuer Annäherung« in erzählender oder lyrischer Form vorführt, kann ich nur als erschreckend und deprimierend bezeichnen. Gewiß, es gibt, wie diese Darstellung zeigt, zahlreiche Texte, die »maßgebend bestimmt sind von Person und Sache Jesu Christi, moderne christliche Texte«; aber obwohl »bei aller Kritik der Literaten an der Kirche Jesus von Nazaret auffälligerweise immer geschont wird«, ist doch Jesus hier überall nur »Modell, Norm, Kriterium authentischen Menschseins«, und weder der vollmächtige Bote Gottes noch der Verkünder einer Frohbotschaft wird in dieser »christophorischen Literatur« [1] sichtbar, und wer diesem Jesus oder dem durch ihn geworfenen Schatten begegnet, wird höchstens gemahnt und in Frage

---

[1] K.-J. KUSCHEL, Jesus . . ., 55. 109. 303. 211. 313. 308.

gestellt, aber nicht befreit oder erlöst. Aber vielleicht ist es gerade für einen Theologen von Nutzen, mit dieser literarischen Wirklichkeit konfrontiert zu werden [2].

Wenden wir uns den Arbeiten zu den nichtchristlichen Quellen zur Jesusforschung zu, so ist zuerst auf die umfangreiche Untersuchung des Kölner Judaisten J. MAIER über »Jesus von Nazaret in der talmudischen Ueberlieferung« hinzuweisen. Anhand der gesamten bisherigen Literatur (»Grundzüge der Forschungsgeschichte« sind vorangestellt) untersucht M. sämtliche rabbinischen Texte, die mit dem Namen »Jeschü« oder mit einem angeblichen Decknamen auf Jesus Bezug nehmen sollen, mit dem Resultat: »Kontextanalyse, überlieferungs-, stoff-, motiv- und formgeschichtliche Beobachtungen sprechen . . . dafür, daß es keine einzige rabbinische 'Jesus-Stelle' aus tannaitischer Zeit (bis ca. 220 n. Chr.) gibt«, auch aus amoräischer Zeit »gibt es keine 'Jesus-Stelle', die als solche nicht eine umgemünzte ältere Tradition, welche mit Jesus Christus zunächst nichts zu tun hatte, darstellt«, »das rabbinische Interesse am frühen Christentum war weitaus geringer, als gemeinhin angenommen wird«. Der Grund dafür ist einfach: »Das Christentum war für das Problembewußtsein der Rabbinen innerjüdisch gesehen schwerlich mehr als eine bedenkliche Erscheinung unter anderen, erst durch die politische Rolle im römischen Reich hervorgehoben«. Dieses Resultat beruht auf einer so bisher nicht vorgenommenen sorgfältigen Analyse der Texte in ihrem Kontext und unter Berücksichtigung ihrer Parallelen, und diese Beweisführung ist m. E. in der Hauptsache überzeugend. Nur an *einem* Punkte scheint mir der Verf. über das Ziel hinauszuschießen. Zu dem bekannten Text bSanh 43a (»Es wird überliefert: Am Freitag und Vorabend des Passah hängte man Ješū und der Ausrufer ging 40 Tage vor ihm aus: 'Er geht hinaus, um gesteinigt zu werden, weil er gezaubert hat und Israel [zu Götzendienst] verleitet und verführt hat. Jeder, der etwas zu seiner Entlastung weiß, komme und bringe es für ihn vor'. Aber sie fanden für ihn keine Entlastung und hängten ihn am Freitag und Vorabend des Passah. Es sagte Ulla [4. Jh]: 'Meinst du denn, er wäre einer gewesen, für den man Entlastung hätte erwarten können? Er war doch ein Verleiter zum Götzendienst . . .!' Mit Ješū war es anders, da er der Herrschaft nahestand. Die Rabbanan überlieferten: Fünf Schüler hatte Ješū: Mata'j, Naqaj, Neṣär und Būnī und Tōdāh«; Übersetzung von J. Maier) erklärt Maier: »Die gelegentlich vertretene Annahme, es sei einmal eine andere Person gemeint gewesen, ist durchaus plausibel . . ., der Jesusname kann die spä-

---
[2] Seltsamerweise fehlen unter den behandelten Autoren R. Augstein, K. Holl, J. Lehmann.

teste Schicht darstellen ... Es ist am ehesten textgemäß, davon auzugehen, daß es sich um das Exempel eines wegen Götzendienstpraxis und Verleitung dazu gesteinigten und aufgehängten Delinquenten handelt«. Auch für die Jüngerliste gilt nach Maier: »Eine Namensliste wurde sekundär auf Jesusjünger gemünzt«[3]. Das Letztere ist natürlich möglich, zumal nur einer der Namen an einen der Jüngernamen des Neuen Testaments anklingt; aber für die Beseitigung des Jesusnamens im ersten Teil des Textes kann M. – im Gegensatz zu allen andern behandelten Stellen – keine überzeugende Begründung bieten, und über die Tatsache, daß der Text durch die Einleitung als tannaitisch, d. h. alt, gekennzeichnet wird, geht M. allzu rasch hinweg. So wenig man diesem Text, wenn er wirklich ursprünglich auf Jesus bezogen und alt gewesen sein sollte, historische Erkenntnisse entnehmen kann, so zeigt er m. E. doch, daß man in jüdischen Kreisen, etwa im 2. Jahrhundert, eine, wenn auch blasse und verdorbene, Erinnerung an einen Jesus, der hingerichtet wurde, gehabt hat, und das ist nicht ohne Bedeutung. Aber dieser Einwand soll das Urteil nicht einschränken, daß M. eine umfassende und weithin überzeugende Prüfung der traditionell mit Jesus in Zusammenhang gebrachten rabbinischen Texte vorgenommen und dadurch unser Wissen an diesem Punkt auf einen sicheren Boden gestellt hat.

Die in der überlieferten Form sicherlich nicht von Josephus stammende Äußerung über Jesus (Ant. 18, 63 f.), das sog. *Testimonum Flavianum*, läßt die Forscher nicht in Ruhe. Ähnlich wie E. BAMMEL[4] sucht W. PÖTSCHER »unter dem Gesichtspunkt einer möglichst geringen Veränderung des überlieferten Wortlauts« (S. 31) einen s. E. für Josephus möglichen Wortlaut zu rekonstruieren, den der Bearbeiter der überlieferten Textform nur durch »Beseitigung offenkundiger Fehler« (S. 42) christlichen Vorstellungen angepaßt hat. Aber auch zu *dieser* Rekonstruktion eines möglichen Urtextes ist zu sagen, daß sie nicht über die Möglichkeit hinauskommt, Josephus *könne* so geschrieben haben. Und A.-M. DUBARLE verteidigt in Auseinandersetzung mit den Vorschlägen von P. Winter, E. Bammel und W. Pötscher *seine* Rekonstruktion von 1973[5], ohne wirklich Neues vorzubringen. Ohne die Auffindung wirklich neuer Quellen wird man hier schwerlich über recht vage Möglichkeiten hinauskommen können.

Daß die Frage nach der Möglichkeit, dem Recht und der richtigen Methode der Rückfrage nach dem historischen Jesus auch in den letzten

---

[3] J. MAIER, Jesus von Nazareth ..., 268 f. 273. 9. 224 f. 228. 234.

[4] S. ThR 40, 1975, 298 f. Pötscher weist in einer nachträglichen Anmerkung zu seinem Aufsatz auf Bammels »sehr bemerkenswerten Beitrag« hin.

[5] S. auch dazu ThR 40, 1975, 298 f.

Jahren weiter diskutiert worden ist, versteht sich bei der Schwierigkeit der Problematik von selbst. J. GNILKA bietet freilich in seinem ersten Beitrag zu der populären Vorlesungsreihe »Wer ist doch dieser?« nur einen sehr allgemeinen Überblick über die Möglichkeit, die Kriterien und die Notwendigkeit der Rückfrage nach dem Jesus der Geschichte von den Überzeugungen aus, daß »der 'garstige Graben' zwischen historischem Jesus und verkündigtem Christus ... überbrückbar ist« und daß »die Kenntnis des historischen Jesus ... notwendig ist um der Identität der Sache willen« (S. 14. 17). L. SCHOTTROFF aber hat ihrer schon früher vertretenen Ansicht, daß »Jesusforschung keine sinnvolle Aufgabe mehr sein kann«, weil der Rückschluß »auf den historischen Jesus absolut fragwürdig bleibt« [6], in ihrem Aufsatz über das Magnificat eine neue Begründung hinzugefügt. Sie geht von der (durchaus diskutablen, aber hier nicht zu erörternden) Feststellung aus, daß das Magnificat nur als Einheit und im Munde der Maria verständlich sei und als solches »Ausdruck einer apokalyptischen Hoffnung ist, für die die Zukunft mit der Geburt Jesu begonnen hat«; »die Menschen, die mit diesem Psalm ihren Glauben ausdrücken, sind Christen, sie sind Juden, sie sind in sozialer und politischer Not«. Den Kontext dieses Psalms bilden einige Evangelienstoffe, »vor allem die Seligpreisungen in der ältesten Fassung (Lk 6, 20 f.; vielleicht auch die Wehesprüche Lk 6, 24–26)«. »Die erste Seligpreisung in der ältesten Fassung ... setzt voraus, daß Jesus der endzeitliche Messias ist, ... der Anfang vom Ende«, und aus methodischen Gründen hält Sch. »es für notwendig, diesen Text wie jeden Text der synoptischen Evangelien als Ausdruck des Glaubens und der Hoffnung von Christusgruppen zu verstehen, und für den Texten unangemessen, zwischen historisch echtem und unechtem Gut zu unterscheiden«. »Die Seligpreisungen sprechen die Königsherrschaft Gottes einer gesellschaftlichen Klasse zu«, die älteste Jesustradition spricht vom »Ausgleich der sozialen Geschicke«. »Die älteste Fassung des Jesusglaubens, die sich ermitteln läßt, reflektiert die Situation von Juden, deren Armut und politisch/gesellschaftliche Notsituation für sie das bestimmende Moment ihres Lebens war ... Hinter den Jesusglauben dieser Menschen ist historisch m. E. nicht zurückzukommen. Wer Jesus wirklich war, bleibt unerklärt«, »entscheidend ist, wenn man formgeschichtlich fragt, die Rückfrage nach der *gesellschaftlichen* Situation des Trägerkreises« [7]. Man wundert sich, wenn man das liest, über so viel unbegründet vorgetragene Voraussetzungen: woraus ergibt sich, daß die kleine Zahl der durch die ursprünglichen Seligprei-

---

[6] ThPr 8, 1973, 243 ff.; vgl. ThR 40, 1975, 307.
[7] L. SCHOTTROFF, Das Magnificat ..., 302. 306 f. 309 f. 311. Vgl. auch unten die Bemerkungen zu dem Buch von L. Schottroff und W. Stegemann

sungen repräsentierten Texte »die älteste Jesustradition« darstellen?, wodurch ist begründbar, daß die übrige Jesusüberlieferung sekundären Charakter trägt?, warum ist es den Texten unangemessen, zwischen echtem und unechtem Gut zu unterscheiden, und wie läßt es sich angesichts des Glaubenscharakters der ältesten Überlieferung begründen, daß eine formgeschichtliche Fragestellung nur nach der *gesellschaftlichen* Situation des Trägerkreises zu fragen hat? Auf eine derart dekretorische Weise läßt sich die Notwendigkeit und Möglichkeit der Rückfrage nach dem Jesus der Geschichte nicht aus der Welt schaffen!

Die übrigen hier zu besprechenden Arbeiten zum Methodenproblem drehen sich weiterhin um die Frage, warum und auf welche Weise die gerade für den theologischen Forscher unerläßliche Rückfrage nach dem Jesus der Geschichte zu stellen und zu beantworten ist. Der 1972/73 auf Schwedisch und 1977 auf Deutsch erschienene Aufsatz von B. GÄRT-NER wirft der »Bultmann-Schule« vor, daß dort nur von einer »Kontinuität zwischen der Botschaft von Jesus und der Botschaft von Christus« geredet wird statt von der »Kontinuität zwischen dem historischen Jesus und dem Christus des Glaubens«, wobei geleugnet werde, »daß Jesu Person das notwendige Bindeglied ist«, während doch in allen neutestamentlichen Traditionen vorausgesetzt ist, »daß die Relation zwischen dem historischen Jesus und dem auferstandenen Christus eine Personenidentität ist«. »Das Verbindungsglied aber zwischen dem geschichtlichen Jesus und dem Christus des Glaubens ist die Auferstehung«; in der Bultmannschule fehlt der Gedanke, »daß Jesus als Person von den Toten auferstanden ist«, während »das Neue Testament immer bezeugt, daß das Kerygma ... immer eine Begegnung mit einer Person bedeutet, mit Jesus, der immer noch lebt« [8]. Diese Kritik ist sicherlich nicht unbegründet, aber weder ist »die Bultmannschule« eine Einheit noch läßt sich das Problem der Beziehung zwischen dem historischen Jesus und dem Christus des Glaubens lösen, indem man die Kontinuität zwischen Botschaften durch die Personenidentität ersetzt. Dieser Aufsatz führt darum nicht weiter. Sehr beachtlich sind dagegen zwei umfangreiche Arbeiten über die Möglichkeit und Notwendigkeit der Frage nach dem historischen Jesus. I. H. MARSHALL, der sich schon früher kurz zu diesen Fragen geäußert hatte [9], steht in einer doppelten Front. Er sucht einerseits nachzuweisen, daß es »in der Diskussion mit Leuten, die den Glauben an die Inspiration der Bibel nicht teilen, nutzlos ist, geschichtliche Probleme durch Berufung auf eine Voraussetzung zu lösen, die sie nicht teilen«, daß

---

[8] B. E. GÄRTNER, Der historische Jesus ..., 9. 11 f. 13. 10. 15 f.

[9] ThR 40, 1975, 309; s. auch zu Marshalls Berichten über die Menschensohnfrage ThR 45, 1980, 50 f.

wir vielmehr »verpflichtet sind, am historischen Jesus interessiert zu
sein, wenn wir an die Fleischwerdung glauben«; er betont andererseits,
daß »nicht Formgeschichte als solche zu den skeptischen Resultaten geführt hat, die Bultmann vorbrachte«, daß es vielmehr »möglich ist, ein
geschichtlich überzeugendes Bild der Wirksamkeit Jesu zusammenzustellen,
und wir nicht auf ein paar Spuren von dem beschränkt sind, was er sagte
und tat«. M. stellt darum in einem 1. Teil unter breiter Berücksichtigung
auch der deutschen Forschung fest, daß »christlicher Glaube und geschichtliche Evangelienforschung in einer dialektischen Beziehung zu einander stehen. Der Glaube des Christen hat den Jesus zum Objekt, dessen irdisches Leben ein Gegenstand für historische Forschung ist«, daß aber »der
geschichtliche Jesus unzureichend ist als Grundlage des Christentums ohne
den Christus des Glaubens«, d. h. »Objekt des Glaubens [des Christen]
ist der Jesus, dessen Existenz und Wirksamkeit bestätigt und beleuchtet
worden ist durch historische Forschung, dessen Bedeutung aber nur voll
gesehen wird im Licht der Erfahrung des auferstandenen Herrn, die die
Deutung Jesu in den Evangelien und dem übrigen Neuen Testament
gefärbt hat«. Ein 2. Teil fragt dann auf dem Hintergrund einer Skizze
der Geschichte der Jesusforschung nach der Methode solcher Forschung,
wobei der Verf. an der formgeschichtlichen Methode starke, an der redaktionsgeschichtlichen Fragestellung geringere Kritik übt von der sicher
richtigen Voraussetzung aus, daß eine »Erzählung sowohl geschichtlich
sein als auch die kirchliche Situation widerspiegeln kann«. Bei der Besprechung der Kriterien für die Bestimmung des Alters der einzelnen
Jesustraditionen wendet er sich m. E. mit Recht gegen die alleinige Geltung des »Kriteriums der Unähnlichkeit« und vertritt die Arbeitshypo-
these, daß für »eine Tradition, die beansprucht zu berichten, was Jesus
sagte, gelten muß, daß sie dies tut, wenn nicht deutliche Zeichen für das
Gegenteil vorhanden sind«. Mit Recht wird dabei das »Kriterium der
Traditionskontinuität« betont, d. h. die Voraussetzung, »daß die Grundlage für ein in der Tradition berichtetes Wort Jesu ein wirkliches Wort
Jesu und die Grundlage für einen Bericht über Jesus eine Handlung
Jesu sein wird«, »außer es sind Tatbestände vorhanden, die diese Erklärung unwahrscheinlich machen«. Freilich muß »der Historiker bereit
sein, die Möglichkeit des Übernatürlichen zuzugestehen«, dann »besteht
guter Grund zu glauben, daß der ›historische Jesus‹ ... zuverlässig dargestellt wird durch den ›Jesus des Geschichtsforschers‹, den Jesus der historischen Rekonstruktion«. Es erstaunt angesichts dieses Standpunkts

---

[10] I. H. MARSHALL, I Believe ..., 19. 81. 126. 135. 106. 73. 246. 187. 200. 207.
235. 166. 227. 229. 94.

des Verf. nicht, daß er die traditionellen Verfassernamen der Evangelien ebenso für wahrscheinlich hält wie »eine im breiten Sinn chronologische Reihenfolge des Materials im Markusevangelium«. Es ist aber ebenso beachtlich, daß er der Feststellung nicht ausweicht, daß »Jesus sprach, als ob das Ende zu Lebzeiten seiner Jünger kommen könne«, und betont, daß »Jesu Ruf zur Entscheidung sicherlich *in seinem eigenen Bewußtsein* eine Christologie eingeschlossen haben muß«. Gewiß kommt bei dem allen die Frage zu kurz, warum denn historische Jesusforschung für den glaubenden Christen von heute unausweichlich ist; und sicherlich ist in einer *methodologischen* Untersuchnug die Feststellung unhaltbar, daß »Glaube und Unglaube durch übernatürliche Faktoren bestimmt sind«, weil »die Blindheit und Glaubenslosigkeit der Wirksamkeit des Satans zu verdanken sind« [10]. Aber auch wer manchen konservativen Anschauungen des Verf. nicht zustimmen kann, wird aus der sorgfältigen und klaren Erörterung der Methodenproblematik der Jesusforschung durch Marshall viel lernen können.

Ähnlich ist über die Untersuchung von R. Latourelle über den »Zugang zu Jesus durch die Evangelien« zu urteilen. L. geht von zwei Feststellungen aus: »Die Theologie kann nicht darauf verzichten, über die Beziehung des Glaubens zur Geschichte nachzudenken, denn wenn Jesus nicht existiert hat oder wenn er derartig gewesen wäre, daß er die Interpretation, die der Glaube über ihn gegeben hat, nicht begründen könnte, wenn er vielmehr ein Anderer, sehr Abweichender oder völlig Verschiedener gewesen wäre, stürzte das Christentum in seinem grundlegenden Anspruch zusammen« und: aufgrund der modernen Kritik bedeutet »die Evangelien zu interpretieren, die genaue Beziehung zwischen dem Text und dem Ereignis selbst (Handlungen und Worten Jesu) festzustellen«. Ein 1. Teil behandelt »Die Entwicklung der Kritik«, wobei der vor allem durch R. Bultmann repräsentierten »Phase der Radikalisierung« die vor allem durch J. Jeremias vertretene »Periode der Reaktion« gegenübergestellt wird, worauf die »Neue Hermeneutik« und die Antworten der systematischen Theologen folgen. Dabei stellt L. fest, daß Bultmanns »Gleichgültigkeit gegenüber der Geschichte Jesu noch mehr seiner Theologie des Glaubens zuzuschreiben ist als seiner geschichtlichen Skepsis«, während es der kritische Punkt der Stellungnahme von Jeremias ist, »die Offenbarung auf das ursprüngliche Bild und die ursprüngliche Botschaft Jesu von Nazareth zu reduzieren, unabhängig von der apostolischen Interpretation. Während Bultmann die Offenbarung auf das bloße Kerygma reduziert, reduziert sie Jeremias auf den bloßen Jesus der Geschichte«. Für die katholische Exegese hat sich aber nicht nur die Beachtung der drei Phasen der Traditionsgeschichte als unerläßlich erwiesen, ihr »er-

scheint auch die geschichtliche Kritik mehr und mehr als unentbehrlich«.
Nach einigen wenig bedeutsamen Ausführungen über das literarische Genus
der Evangelien und über die historische Methode im allgemeinen bietet
der umfangreichste dritte Teil dann den »Entwurf einer Darstellung« des
Buchthemas. »Die literarische Kritik wird niemals die feste und unbe-
zähmbare Überzeugung der ersten christlichen Generation beseitigen können: durch die Evangelien und durch die lebendige Tradition der Kirche
hindurch treffen wir in Wahrheit Jesus von Nazaret: Leben und Botschaft«. »Die Formgeschichte hat den Bruch zwischen Jesus und Christus
übertrieben« und übersehen, daß »schon vor Ostern eine Bindung des
Glaubens an das Wort und die Person Jesu bestand«, daß »die soziologische Kontinuität (der Jünger) schon eine Kontinuität der Bindung an
Jesus einschließt«. »Der Charakter der Dringlichkeit und Einzigartigkeit
dieser Botschaft bedeutet eine Garantie der Zuverlässigkeit [der Über-
lieferung], die allen rabbinischen Techniken weit überlegen ist«, obwohl
L. dann doch die These übernimmt, daß Jesus wahrscheinlich »seinen
Worten eine besondere Prägung gegeben hat in der ausdrücklichen Absicht, sie dem Gedächtnis der Jünger einzuprägen«. Aber Jesus ist nicht
»verantwortlich für alle tatsächlichen Formen unserer Evangelien. Das
qualvolle Bemühen um *ipsissima verba* ist vergeblich und durch die Tatsachen widerlegt«, es »handelt sich um eine Zuverlässigkeit [der Über-
lieferung], die vor allem den Kern und Sinn der Botschaft bewahrt«. Die
Erörterung der Echtheitskriterien deckt sich naturgemäß mit dem früher
besprochenen[11] Aufsatz des Verf. zu diesem Thema und kommt zu der richtigen Feststellung, daß »der *Beweis* oder die Demonstration der geschichtlichen Ursprünglichkeit der Evangelien auf dem *konvergenten*
Gebrauch der Kriterien beruht«. Aber dann heißt es zum Schluß nicht
nur, daß »die Last für den Beweis nicht denen zufällt, die Jesus am Ursprung der Worte und Taten erkennen, die in den Evangelien aufbewahrt
sind, sondern denen, die sie als Interpretationen oder Schöpfungen der
Urkirche ansehen«, sondern auch: »In dem Maße, in dem die Forschungen vorangehen, wächst das als ursprünglich erkannte Material
unaufhörlich, bis es das ganze Evangelium umfaßt (jusqu'à recouvrir
l'Évangile tout entier)«[12]. Man faßt sich an den Kopf: wenn der Verf.

---

[11] ThR 40, 1975, 331. Vgl. dort auch meine Bemerkungen zu dem »critère d'explication nécessaire«.
[12] R. LATOURELLE, L'accès à Jésus ..., 17. 22. 38. 45. 97. 142. 156. 161. 164 f.
182. 235. 237. – Im Detail finden sich einige Fehler: S. 32: Lessing hat nicht das
ganze Manuskript des Reimarus veröffentlicht; S. 33: Das Buch A. Schweitzers
über die »Geschichte der Leben-Jesu-Forschung« von 1906 trug noch nicht diesen Titel und ist nicht in München erschienen; S. 46: E. Käsemanns bekannter

diese Feststellung wörtlich meint, warum unterzieht er sich dann überhaupt noch der Mühe, mit Hilfe literarischer und historischer Kritik die
geschichtliche Ursprünglichkeit einzelner Überlieferungen nachzuweisen?
Aber vielleicht soll man die Zukunftsschau nicht allzu wörtlich nehmen,
und dann ist dieses Buch eine gute Einführung in die Probleme der Rückfrage nach dem geschichtlichen Jesus, auch wenn die Polemik sich allzu
sehr allein auf R. Bultmann richtet und wenn die These, Jesus habe seine
Botschaft bewußt in eine für die Weitergabe besonders geeignete Form
gefaßt, nach wie vor unbewiesen ist. Nützlich sind auch die umfangreichen
Literaturverzeichnisse zu den einzelnen Kapiteln und dem ganzen Buch.

Der Aufsatz von B. Sesboüé bietet in der Hauptsache einen kurzen
Überblick über die wechselnde Bedeutung der historischen Rückfrage nach
Jesus für die christologische Besinnung von den Anfängen bis zur Gegenwart, wobei sowohl gegen R. Bultmanns wie gegen W. Pannenbergs Positionen triftige Einwände erhoben und die beiden Tatsachen betont
werden, daß »der Glaube nicht auf notwendige Weise aus den geschichtlichen Hinweisen hervorgeht« und daß »die Geschichtswissenschaft als
solche nicht zur Legitimation des Kerygmas dienen kann«. Bei der Frage
nach Jesus Christus ist daher »das beste Vorverständnis das des Glaubens,
er sei eine feste Bindung oder verbleibe im Zustand der Frage«; wenn
aber »Christus wirklich Mensch ist, echt Fleisch geworden in unserer Geschichte, muß er einem im vollen Sinn geschichtlichen Zugang unterworfen
werden können« [13]. Das ist alles klar und einleuchtend, aber naturgemäß
sehr kurz und bietet nicht eigentlich etwas Neues. Das Interesse von M.
Lattke liegt auf dem »neuesten Stand der historischen Jesusfrage«,
darum sind aus seinen kurzen Ausführungen über Jesusforschung vom 18.
Jahrhundert bis einschließlich R. Bultmann nur die Feststellungen beachtlich, daß »selbst in der paulinischen Theologie und Christologie nicht nur
die Berechtigung, sondern ... sogar die deutliche Aufforderung zur ständigen Rückfrage nach den unverwechselbaren ... Konturen des gekreuzigten Nazareners liegt« und: »Wer sich vermeintlich positivistisch oder
objektivistisch bloß der vergangenen historischen Gestalt nähern will,

---

Vortrag von 1954 wurde nicht in Marburg, sondern in Jugenheim gehalten; S.
64: G. Ebeling war nie Professor in Marburg; warum wird M. Dibelius' Formgeschichte nur in der 1. Auflage zitiert (S. 157), warum wird Justin S. 139 in
einer lateinischen Übersetzung zitiert?

[13] B. Sesboüé, Histoire ..., 15. 18. 22 f. – Ein Versehen ist die Angabe, daß
D. F. Strauss' »Leben Jesu« von 1835 im Jahre 1864 »wieder herausgegeben
wurde«: »Das Leben Jesu kritisch bearbeitet« erschien in vier Auflagen zwischen
1835 und 1840, während das 1863 erschienene »Leben Jesu, für das deutsche
Volk bearbeitet« eine völlig andere Schrift ist.

wird, wenn er offen genug ist, rasch merken, daß Jesu Wort und Jesu
Verhalten theologisch sich überhaupt nicht erschließen«. Die abschließenden 10 Thesen zum neuesten Stand der Jesusfrage enthalten neben mehreren allgemeinen oder weithin anerkannten Feststellungen die m. E. richtigen Hinweise, daß »das Kreuz Jesu in seinem politisch-religiösen Gesamtzusammenhang geradezu das Kriterium schlechthin sein könnte«,
daß aber »bei der spezifischen Quellenlage und äußerst schwierigen Kri-
teriologie die Frage nach dem historischen Jesus ... kaum jemals eine
endgültige und voll abgerundete Antwort finden wird« [14]. Auch das ist
einleuchtend, kann aber (und will wohl auch) nicht mehr sein als eine
Problemskizze.

Der speziellen Frage nach den Kriterien für die Bestimmung authentischer Jesusworte hat sich erneut der 1976 in dänischer und 1979 in deutscher Sprache veröffentlichte Aufsatz von H. K. NIELSEN zugewandt. Unter Berücksichtigung einiger der neueren Arbeiten zu dieser Frage bespricht er die Kriterien der »doppelten Abgrenzung« von jüdischen und
christlichen Vorstellungen, des Zusammenhangs mit anderen als echt erkannten Jesusworten, der Bezeugung in verschiedenen Überlieferungsformen, der besonderen Sprache und des Ganzheitsbildes der Verkündigung Jesu, wobei der Wert und die Grenze der einzelnen Kriterien genau
bestimmt und sowohl mit Recht die alleinige Benutzung des Kriteriums
der »doppelten Abgrenzung« (auch »Kriterium der Unähnlichkeit« genannt) abgelehnt wie die Notwendigkeit des Zusammenwirkens der verschiedenen Kriterien betont wird. Daß man methodisch weder von dem
Grundsatz *in dubio pro tradito* noch von dem gegensätzlichen Grundsatz *in dubio contra traditum* ausgehen dürfe (S. 14), kann ich freilich
nicht für richtig halten: hier muß der Forscher eine Wahl treffen.

Diese ganzen methodischen Untersuchungen wären freilich als erledigt
beiseite zu legen, wenn das kurz vor Abschluß dieses Berichts erschienene
Buch der Brüder RUPERT und WOLFGANG FENEBERG über »Das Leben
Jesu im Evangelium« recht hätte, dem K. RAHNER in seinem Geleitwort
bescheinigt, »daß diese Arbeit keinen grundsätzlichen Widerspruch von
seiten der systematischen Theologie hervorrufen muß«, weil »eine katholische Christologie ruhig und ohne Ängstlichkeit bei Jesus von Nazareth
in der ganz konkreten Situation dieses Menschen anfangen darf« und
»nicht zu erschrecken braucht«, wenn der Forscher »Spuren einer Entwicklung im theologischen Bewußtsein Jesu zu entdecken glaubt«. Da die
beiden Aufsätze über »Formgeschichte und historischer Jesus« (R. F.) und
»Bewußtsein, Entwicklung und Denken Jesu« (W. F.) in wesentlicher

---

[14] M. LATTKE, Neue Aspekte ..., 295. 293. 299. 298.

Übereinstimmung »die Diskussion über die Grundfragen der formgeschichtlichen Fragestellung neu eröffnen« wollen, können beide Arbeiten *promiscue* besprochen werden. In Auseinandersetzung mit der gesamten neueren Jesusforschung deutscher Sprache, aber vor allem mit R. Bultmann und seinen Schülern im weiteren Sinne (fremdsprachliche Literatur begegnet nur ganz vereinzelt) und in scharfer Abgrenzung von W. Wrede, aber weitgehender (m. E. problematischer) Anknüpfung an A. Schweitzer vertreten die Verf. folgende Grundanschauungen: Die Wurzeln der negativen Aussage, daß man zwar »ein Jesusbuch«, aber »kein Leben Jesu« schreiben könne, »liegen in der Anerkennung der historisch-kritischen Methode und besonders der Formgeschichte«. Denn danach ist »die fehlende Eignung der Quellen für ein Leben Jesu zum mindesten in der deutschen Exegese weitgehend anerkannt«, »die Frage nach dem historischen Jesus ist prinzipiell nur als 'Rückfrage' denkbar«, »die Formgeschichte scheint nur ein Jesusbuch in Anführungszeichen zuzulassen, in dem in Wirklichkeit die soziologische Ebene, nämlich die palästinische Gemeinde ... dargestellt wird«. »Der Graben, den R. Bultmann zwischen dem irdischen Jesus und der nachösterlichen Situation aufgerissen hat, ... ist von der historisch-kritischen Forschung bisher nicht überbrückt worden«, Bultmanns »grundlegendes Verbleiben in der soziologischen Ebene ist formgeschichtlich konsequent. Von Jesus kann man nur in Anführungszeichen berichten, weil die Quellen individuelle Aussagen nicht zulassen«, »die Rückfrage nach dem historischen Jesus ist ausgeschlossen«. Auch die »christlichen Jesusbücher der vergangenen zehn Jahre« wollen »ungehindert ein liberales Jesusbuch schreiben, in dem der wirkliche historische Jesus zur Kritik des kirchlichen Christus eingesetzt und der Glaube von der Wissenschaft kritisiert wird«. Und während A. Schweitzers Leistung darin besteht, »daß er mit historischer Kritik den Versuch unternommen hat, die Entwicklung Jesu als dogmatisch bestimmte zu erfassen«, dabei aber »die Wirklichkeit Gottes beinahe vollständig vernachlässigt«, steht das »fremdartige Leben Jesu in einem diametralen Gegensatz zu den heutigen christlichen Jesusbüchern, so sehr, daß sich diese ... als Gegenprogramm darstellen«. Von diesem vernichtenden Urteil, das sich auch gegen katholische Jesusforschung richtet und vor falschen Beschuldigungen nicht zurückschreckt (zu der Feststellung: »Jesus weiß, daß mit seinem Gekommensein notwendig das ganz nahe Gekommensein der Gottesherrschaft gegeben ist« heißt es in einer Anmerkung: »die Grundeinsicht A. Schweitzers, die von den christlichen, der historisch-kritischen Methode verpflichteten Forschern beharrlich übergangen wird«!), wird nur »die jüdische Jesusliteratur« ausgenommen, die als »Korrektiv der historisch-kritischen Jesusliteratur« bezeichnet wird.

Dieser *massa perditionis* stellen nun die Verf. zwei Thesen entgegen:
a) »Die Evangelien sind genau so wie die Einzelperikopen als selbständige Formen zu sehen. Das bedeutet, daß man statt vom Rahmen von
der Form 'Evangelium' als eigener 'kleiner Einheit' sprechen muß«, »primär sind die Evangelien als kleine Einheit innerhalb der Traditionsgeschichte der jüdischen Gemeinde zu erklären«, »die Form des Evangeliums
muß im Judentum schon vor Jesus ausgebildet gewesen sein«, »Jesus hat
sein Leben mit dem in dieser Form ausgedrückten Glauben ineins gesetzt«. Darum kann »die Frage nach Jesus nicht mehr als Rückfrage hinter das dogmatische Bild von Jesus gestellt werden«, denn das Bild Jesu
in den Evangelien »stimmt mit dem wirklichen Leben Jesu überein, weil
es letztlich von Jesus selbst stammt«; »erst die Anwendung der Formgeschichte auf das Evangelium als Ganzes erlaubt ... die Ablehnung des
Historismus und ein bestimmtes Festhalten an der Leben-Jesu-Forschung«,
denn »die Quellen erlauben durchaus ein Charakterbild, Aussagen über
Jesu Selbstbewußtsein und seine innere und äußere Entwicklung«, sie
»enthalten neben der äußeren auch die innere Entwicklung seines Lebens
und damit Aussagen über sein Selbstbewußtsein«.

b) Zur inhaltlichen Füllung dieser These stellen die Verf. zwei Behauptungen auf: 1) »Die Passionsgeschichte kann als Schlüssel für eine Form-
bestimmung des Evangeliums dienen«: »In allen vier Evangelien ist der
Tod Jesu im Zusammenhang mit dem Passafest gesehen«, »die Form der
Passion ... entspricht strukturell der Festlegende des Passafestes«, denn
»Jesus war wie jeder orthodoxe Jude immer schon auf das Passafest mit
der darin erinnerten und vergegenwärtigten Heilstat Gottes in seinem
Leben ausgerichtet«, und »es war Jesu Tat, daß er als Sitz im Leben für
sein Sterben das Passafest wählte« und »seinen Tod damit in die Erwartung des Heilshandelns Gottes stellte, das auch den Tod überwindet«.
Damit ist »der Nachweis der Tatsächlichkeit eines explizit heilsmittlerischen Todesverständnisses Jesu« gegeben. 2) »Wenn die Gottesproble-
matik zum Fragehorizont gemacht wird, ist die Rückfrage nach dem
irdischen Jesus eine Frage nach seiner theologischen Vorgeschichte, d. h.
nach dem Alten Testament«, »Jesu Rolle als Messias und die Erwartung
des nahen Endes bringen eine gesteigerte Rückbindung und größere Sen-
sibilität für Tora, Dekalog und Schema, d. h. für Gott und seinen Willen«; »weil Jesus als Messias Jude im theologischen Sinne war, wußte
er sich eingespannt zwischen Tora und Naherwartung«, und so ist es
»unausweichlich, zu denken, daß Jesus in messianischem Bewußtsein auf
die ihm durch Gottes Offenbarung in den Schriften vorgegebenen Titu-
laturen als einzig mögliche begriffliche Objektivation seiner messianischen
Rolle zurückgriff«. Und weil »die Beschneidung als theologisch zentrale

Kategorie für Jesus ... selbstverständliche Voraussetzung seines Denkens
ist«, »hat Jesus gemerkt und gewußt, ... daß es seine Aufgabe war, ja
zu sagen ... zur Beschneidung, die ihn absondert und prägt hin auf
seine Beziehung zu Gott und Volk«, und weil Jesus wußte, »daß der
Bund zwischen Gott und seinem Volk ein Bund des Blutes ist«, »konnte
er gar nicht anders, als die Hingabe des eigenen Lebens und die Stiftung
seiner Kahal zusammenzusehen«. Aus all diesen Ausführungen ergibt sich,
daß die heutige Alternative »ein Jesus-Buch – ja, ein Leben Jesu – nein
... fragwürdig« und »die Ausweitung auf das Tun Jesu und in dessen
Gefolge auf sein Bewußtsein unvermeidlich ist«, »es ist an der Zeit, die
eschatologische Psychologie Jesu zu einer eschatologischen Theologie im
Leben Jesu zu erweitern«, denn »Jesus hatte ... eine explizite Christologie, die ... durchaus offen war für eine weitere Klärung und Explizie-
rung«; »Denken und Entwicklung des irdischen Jesus müssen in den
Evangelien bezeugt und festgehalten sein, da sie einziger Ermöglichungsgrund für nachösterliche Jesus-Jüngerschaft sind«, »die von der historisch-
kritischen Methode beinahe dogmatisch vorausgesetzte Urgemeinde ...
ist zu ersetzen durch die Hypostase Gottes im irdischen Jesus, durch Jesu
Bewußtsein und Selbstverständnis als Endzeitkönig«.

Daß diese Ausführungen die ganze heutige Jesusforschung durch eine
völlig neue Sicht der Evangelien in Frage stellen wollen, dürfte deutlich
geworden sein, doch sind gegen diese methodische Neubegründung
der Jesusfrage erhebliche Bedenken anzumelden [14a]. Einmal ist die Vorstellung von den ganzen Evangelien als »kleiner Einheit«, die bereits im
Judentum vorhanden war, völlig vage und unbewiesen, und auch wenn
man gegen die heute weithin angenommenen Anschauungen von den
Evangelisten als theologischen Schriftstellern begründete Vorbehalte machen kann, lassen sich »die Unterschiede der Evangelien untereinander
und die Eigenart jedes einzelnen« wirklich nicht »durch die verschiedenen
Aspekte erklären, die nun einmal ein in der Form des Judentums über-
lieferter Entwicklungsprozeß Jesu hat«. Ferner ist weder nachgewiesen,
daß Jesus schon immer auf das Passafest hin lebte und darum für sein
Sterben bewußt das Passafest wählte, noch gibt es irgend einen Beleg
dafür, daß für Jesus die Beschneidung eine theologisch zentrale Kategorie war, oder gar dafür, daß zwischen dem Beschneidungsblut und dem
Blutopfer Jesu im Sinne Jesu irgend ein Zusammenhang besteht. Und
woher wissen die Verf., daß Jesus »mit Sicherheit stark geprägt wurde
durch Judas, den Galiläer, den führenden Terroristen Palästinas bis

---

[14a] Vgl. schon meine Einwände gegen W. FENEBERGS methodischen Aufsatz
von 1975 in ThR 45, 1980, 45.

6 n. Ch.«, daß in Jerusalem »die Universität der Pharisäer liegt«, daß
der Tod des Täufers »für Jesus, der ganz von Gott und seinem Bewußtsein als Messias her denkt, bereits bedeutet, daß die Fortführung und
Vollendung seines Amtes das Bestehen und Bewältigen des Todes mit
einschließt«?[14b]. Und warum verschweigen die Verf. immer wieder, daß
manche der von ihnen vertretenen Anschauungen von diesem oder jenem
oder vielen der Anhänger der bösen »historisch-kritischen Methode« auch
geteilt wird? Die Kritik an als selbstverständlich angesehenen Voraussetzungen der heutigen Jesusforschung in diesem Buch sollte zu ernster
Selbstprüfung Anlaß geben, die von den Verf. vertretene eigene Lösung
der Jesusfrage ist schwerlich auf den Quellen begründet und haltbar.

Eine außerordentlich klare und wirklich förderliche »Skizze zum Verhältnis zwischen historisch-philologischer Erkenntnis und historisch-theo-
logischem Verständnis« Jesu hat schließlich T. HOLTZ in seinem Aufsatz
gegeben. Er geht von der richtigen Feststellung aus, daß »der formgeschichtliche Ansatz von Hause aus keineswegs die Konsequenz impliziert, die Jesusüberlieferung im wesentlichen nur als Reflexion der Geschichte der frühen Gemeinde anzusehen«, da »der Inhalt [jeder Über-
lieferung] der Form sachlich vorgegeben ist«, »und das kann eben auch
bedeuten, daß er zeitlich früher ist als seine gegenwärtige Form, in der
er sich darbietet«. H. macht dazu die richtige Beobachtung, »daß die zwei
wichtigen Einschnitte in der Geschichte der frühen Gemeinde, die wir
sicher erkennen können, nämlich die Lösung vom Jerusalemer Tempel
und der Kampf um die Beschneidung..., keine Spur in der Jesus-Überlieferung hinterließen«. Aufgrund dieser methodischen Beobachtungen
stellt H. dann in lehrreicher Weise zusammen, was wir über das Verhalten und die Grundanschauungen Jesu mit Sicherheit erkennen können,
und zieht daraus die überzeugende Folgerung, daß wir zwar »keine Biographie Jesu schreiben« und »das meiste von dem, was wir einigermaßen
gewiß wissen, doch nicht sicher zeitlich in den kurzen uns überschaubaren
Rahmen des Wegs Jesu einordnen können«, daß wir aber auf die Frage:
»Ist es viel, ist es wenig, was wir von Jesus wissen?«, »antworten müssen:
es ist erstaunlich viel«. Freilich müssen wir uns zugleich klarmachen:
»Wenn die Passionsüberlieferung überhaupt etwas Richtiges aufbewahrt
hat — und daran dürfte wenigstens für die Tatsachen eines letzten herausgehobenen Mahles Jesu mit seinen engsten Jüngern, seiner (so zu lesen!) Verhaftung in der darauf folgenden Nacht sowie der Jünger-

---

[14b] R. und W. FENEBERG, Das Leben Jesu ..., 9 f. 14 f. 19. 36. 50. 57. 199 f.
52. 56. 79. 250 f. 254. 201 Anm. 42. 260 mit Anm. 187. 83. 128 f. 108. 107. 172.
174. 176. 178. 131. 141. 156. 160. 180. 193. 255. 267. 275. 283–285. 92. 95. 115.
125. 224. 226 f. 271. 274. 277.

flucht ein begründeter Zweifel schwerlich möglich sein –, dann muß sich innerhalb von Stunden das Bild von ihrem Meister radikal verkehrt haben«. Denn die Zeugen Jesu, die zu Osterzeugen geworden sind, »begreifen unter der Ostererfahrung neu und ganz anders als bisher den Weg Jesu und seinen Weg mit ihnen als den Christusweg Gottes«, und darum »ist allein das Bild von Jesus, das die Erfahrung seiner Auferstehung in sich aufgenommen hat..., für diejenigen, die die Geschichte seiner Auferstehung erlebten, das wahre Bild Jesu«. So ergibt sich ein doppeltes Facit: »Erst die Auferstehung wertet seine [Jesu] Geschichte, aber es ist eben diese seine Geschichte, die gewertet wird«, und: »Kenntnis Jesu gibt erst das Begreifen seiner ganzen Geschichte von ihrem Ende her, das nicht im Kreuz, sondern in der Auferstehung gesetzt ist« [15]. Es ist deutlich, daß sich H. mit diesen Ausführungen konsequent auf den Standpunkt der neutestamentlichen Zeugen stellt, und auch wer diese Stellungnahme teilt, wird anmerken müssen, daß damit freilich das Verhältnis von geschichtswissenschaftlicher Rückfrage nach dem Jesus der Geschichte und von gläubiger Übernahme des Standpunktes der neutestamentlichen Zeugen noch offenbleibt.

II. Nichtwissenschaftliche und wissenschaftliche Gesamtdarstellungen

Als »nichtwissenschaftlich« im Sinne von »außerhalb der heutigen Wissenschaft stehend« sind hier zunächst zwei Bücher zu besprechen. G. T. ARMSTRONG erhebt den Anspruch, den »wirklichen Jesus« zu schildern, von dem die wenigsten etwas wissen, und das geschieht durch eine alle vier Evangelien in gleicher Weise als *Geschichts*bericht benutzende kombinierende Erzählung, die nur ganz gelegentlich moderne wissenschaftliche Literatur benutzt, und insofern könnte dieses Buch einfach als fundamentalistisches Mißverständnis der Evangelien charakterisiert und beiseite gelegt werden. Aber mit diesem unkritischen Zutrauen zur Überlieferung verbinden sich nun zwei wirklich bedenkliche Züge. Einmal trägt A. eine weit über die Spätschriften des Neuen Testaments hinausgehende altkirchliche Orthodoxie in das geschichtliche Bild Jesu ein: »Die Persönlichkeit, die... Fleisch wurde, geboren von der Jungfrau Maria ..., war dasselbe Individuum, das Adam schuf, Noach rettete ... und direkt zu seinen Propheten sprach. Jesus Christus von Nazaret war dieselbe Persönlichkeit der Gottheit oder Gottesfamilie, die mit ihrem Finger die zehn Gebote schrieb und Israel regierte«; Jesus wußte schon als Heranwachsender, daß er »vor seinem 34. Geburtstag an einem Pfahl hängen

---

[15] T. HOLTZ, Kenntnis von Jesus..., 3 f. 7. 9–11. Vgl. auch unten S. 340 f.

werde, nackt und tot«; Jesu Dämonenaustreibung bestätigt »die Tatsache, daß in ihrem vormenschlichen Leben die Persönlichkeit, die Jesus
von Nazaret wurde, der Gott des Alten Testaments, der wirkliche Schöpfer war, der alle geistigen Wesen geschaffen hatte«; bei der Tempelreinigung »erscheint Jesus ... als der *Besitzer* des Tempels und der direkte
Repräsentant von dessen eigentlichem Eigentümer, Gott dem Vater«;
»Als Geistwesen näherte sich Jesus [als der Auferstandene] mit der ganzen Macht über das Universum, die ihm wiedergegeben werden sollte,
seinem Vater und berichtete, daß das Werk, das ihm auszuführen
übergeben worden war, beendet sei«. Mit dieser historisierenden Pseudo-
orthodoxie verbindet sich aber nun zweitens eine Phantasie, die Erstaunliches zu berichten weiß: »Christus wurde nicht an Weihnachten geboren«,
sondern »im Herbst, obwohl das genaue Datum sorgfältig verheimlicht
ist«; »Maria war vollkommen gesund, ... der kleine Foetus, der sich in
ihrem Leibe bildete, wurde in jedem Augenblick nicht nur von Gottes
heiligem Geist, sondern auch von unsichtbaren engelischen Wesen behütet«;
es ist undenkbar, daß Jesus »an irgendwelchen Kinderkrankheiten litt«;
»Familien wie die Josephs waren ausreichend wohlhabend, einen hoch-
gebildeten Privatlehrer zu engagieren, oder sogar mehrere«; Jesus hatte
»eine makellose oder vollkommene menschliche Gestalt«, er trug das Haar
»etwas länger als die Haarmode der vierziger und fünfziger Jahre« und
einen vollen, »aber gut geschnittenen und gepflegten Bart«, seine Unter-
wäsche »wird aus leichter Baumwolle, Leinen und/oder Wolle, seine
Oberkleidung ziemlich sicher aus Wolle gewesen sein«, er »schätzte ein
Glas Wein von Zeit zu Zeit«. Ich breche mit diesen (leicht zu vermehrenden) Beispielen ab und erwähne nur noch, daß A. weiß, daß nach
Jesu Meinung (Mt 20, 1 ff.) »das kapitalistische System von Wettbewerb
und freiem Unternehmertum das beste ist« und daß »freies Unternehmertum Teil des ökonomischen Systems sein wird im Tausendjährigen
Reich, das nach Christi zweitem Kommen aufgerichtet werden wird«[16].
Vom »wirklichen Jesus« handelt dieses Buch wirklich nicht, ja die Kühnheit, den nach A. in Jesus erschienenen Gottvater mit freier Phantasie
als historische Wirklichkeit zu schildern, kann ich nur als erschreckend
und abstoßend bezeichnen.
In seinem 1976 in italienischer Sprache unter dem Titel »*Ipotesi su*

---

[16] G. T. ARMSTRONG, The Real Jesus, 14. 83. 126. 266. 5. 16. 19. 23. 49. 52. 54.
75. 139. – Der auf dem Schutzumschlag des Buches in den höchsten Tönen ge-
priesene Verf. ist der wegen seines Lebenswandels und finanzieller Mißstände
seither abgesetzte Anführer der fundamentalistischen »Worldwide Church of
God« (freundliche Auskunft von J. Reumann).

Gesù« veröffentlichten Buch (deutsche Übersetzung 1978) möchte der italienische Journalist V. Messori »zu erklären versuchen, warum ich angesichts der verwirrenden Vielzahl an Religionen ... der Überzeugung bin, daß nur er [Jesus] allein es wert ist, sich ganz für ihn einzusetzen«. Unter ständiger Berufung auf Pascal und ebenso ständiger Polemik gegen Voltaire, Engels, Renan, Loisy, Couchoud, Guignebert, Allegro, Buonaiuti stellt er nicht nur fest, daß »nur die Hypothese der Geschichtlichkeit zu erklären vermag, warum die Evangelien einmal *zuviel* und dann wieder *zu wenig* aussagen« und daß »der 'Felsblock' der Evangelien so kompakt ist, daß eine Unterscheidung von 'authentischen Ereignissen' und 'Zusätzen' aus dem Glauben fast unmöglich ist«, er weiß auch, daß »Jesus seit urdenklichen Zeiten, seit wir überhaupt geschichtliche Zeugnisse besitzen, geweissagt und angebetet worden ist«, daß »die Juden ihren geheimnisvollen Christus gerade in jenen Jahren erwarteten« und »es ein erwiesenes historisches Faktum ist, daß sich die ganze Aufmerksamkeit im 1. Jahrhundert unerklärlicherweise auf eine entlegene römische Provinz konzentriert«, ja »daß der Glaube an Jesus, den wir im jüdischen Milieu entstehen sehen und der die Grenze des menschlich Faßbaren überschreitet, ein absolutes Unikum darstellt, das man vergeblich zu erklären sucht«. Diese Bekämpfung kaum mehr beachteter radikaler Geschichtskritik mit unbeweisbaren Behauptungen ist begleitet von zahlreichen Fehlern und Phantasien (»Die Kirche von Rom geht auf jene Tausende von Juden zurück, die von Pompeius als Sklaven nach Rom verschleppt und später dort freigelassen worden sind«; die Jesaia-Rolle von Qumran ist ein Papyrus; bei der Anerkennung der vier authentischen Evangelien »wurden cirka 80 andere, sogenannte apokryphe Evangelien ausgeschieden«; Voltaire weiß offenbar nichts vom Petrusevangelium (1886 entdeckt!); das Lukasevangelium »spiegelt die Predigt an die Römer wider« usw.) [17], eine wirkliche Darstellung Jesu oder seiner Verkündigung findet sich dagegen in diesem Buch überhaupt nicht. Aus diesem geschwätzigen Miteinander von überflüssiger Apologetik und Irrtum ist wirklich nichts Brauchbares zu lernen.

Wenden wir uns den wissenschaftlich fundierten Gesamtdarstellungen in chronologischer Reihenfolge zu, so ist zunächst auf diejenigen Arbeiten hinzuweisen, die sich an ein breiteres Publikum wenden. J. Gnilka

---

[17] V. Messori, Mensch geworden ..., 14. 173. 188. 52. 96. 100. 133. 47. 52. 124. 199. – Daß der verdiente Grazer Neutestamentler J. B. Bauer das Buch »ein mitreissendes Glaubenszeugnis« nennt, das »wert ist, auch dem deutschsprachigen Leser zugänglich gemacht zu werden« (so auf dem Einband), ist mir völlig unverständlich.

bietet in seinem zweiten Beitrag zu der Vorlesungsreihe »*Wer ist doch
dieser?*« eine kurze Darstellung des Jesus, der »bei den jüdischen Zeitgenossen den Eindruck des Neuen und noch nie Dagewesenen hervorrief«
(S. 19), dessen Konflikt mit den Hierarchen« auf »den von Jesus verkündeten Gott, der ein freier und barmherziger Gott ist«, zurückgeht
(S. 22) und dessen »Wirken messianische Vollmacht bezeugt«, indem er
»an Gottes Stelle vor die Menschen trat« (S. 28). Das ist durchaus überzeugend, wenn auch natürlich die Verkündigung Jesu dabei nicht wirklich in den Blick kommt. – Ein eigentümliches Buch hat der vor allem
durch seine Qumranforschungen bekannte ehemalige Professor der »Biblischen Theologie« an der Yale University, M. Burrows, als Alterswerk
geschrieben. Er weiß genau, daß es »unmöglich ist, einen fortlaufenden
Bericht von Jesu Leben und Werk wiederherzustellen«, weil »die Evangelisten an Geographie nicht mehr interessiert waren als an Chronologie«,
trotzdem schildert er Jesu Wirken und Lehren, indem er der Reihenfolge
des Markus und gelegentlich des Lukas folgt, freilich auch immer sorgfältig auf die Abweichungen der beiden anderen synoptischen Evangelien
verweist. Bei dieser Schilderung kann der Leser vereinzelt den Eindruck
gewinnen, daß eine Angabe der Evangelien allzu unkritisch übernommen
wird (daß Maria im Herz behielt, was ihr über ihren Sohn gesagt wurde,
»kann auf einer authentischen Tradition beruhen, die möglicherweise auf
Maria selbst zurückgeht«, und es besteht »kein Grund zu bezweifeln,
daß ihr [Marias] Glaube an Jesus die Spannung [Jesu mit seiner Familie,
Mk 3, 31–35] überlebte«; die Erzählung vom zwölfjährigen Jesus »kann
sogar zutreffend sein«; Jesus »war überzeugt, daß nur durch seinen Tod
Gottes Herrschaft aufgerichtet werden könne«). Und bei manchen schwierigen Texten fehlt ein geschichtliches Urteil (das gilt z. B. für die Austreibung der Dämonen in die Schweine oder den Getsemane-Bericht;
und bei der Tempelreinigung fehlt eine klare Aussage, wie der Bericht zu
beurteilen sei). Aber das soll keineswegs besagen, daß sich B. grundsätzlich vor geschichtlicher Kritik scheut, es finden sich ganz im Gegenteil
zahlreiche eindeutig kritische Urteile über Berichte (etwa: den Bericht
von der Sturmstillung »können wir von einem modernen Gesichtspunkt
aus nur als eine fromme Legende betrachten, die möglicherweise, aber
nicht notwendig, einen Grund in Ereignissen hat, über die zu spekulieren zwecklos ist«; die Erzählung von der Münze im Fischmaul »kann
eine Schöpfung der 2. christlichen Generation sein, die damit ihre eigene
Haltung stützen wollte«) wie über Jesusworte (das Kirchenwort an
Petrus »ist eher zuerst von einem frühchristlichen Propheten geäußert
worden«; das 'johanneische Wort' vom Kennen des Vaters durch den
Sohn und umgekehrt [Mt 11, 27] »ist viel eher Ausdruck der späteren

Theologie der Kirche als der Lehre Jesu«) ¹⁸. Und mehrfach stellt B. fest, daß wir den ursprünglichen Sinn eines Wortes oder seinen ursprünglichen Wortlaut nicht mehr feststellen können. Das letzte Kapitel über den »Menschen Jesus« stellt vorsichtig und überzeugend zusammen, was nach unserm Wissen für Jesus charakteristisch war (seine Unterwerfung unter den Willen Gottes, seine Autorität ohne Allwissenheit, seine fehlende Scheu vor Befleckung durch Sünder und seine Zuneigung zu den gering Geachteten, seine Reaktion auf die Not anderer und sein Leben in der Gegenwart Gottes), und so bietet dieses Buch im ganzen eine zuverlässige und weithin überzeugende Darstellung dessen, was wir durch geschichtliche Fragestellung vom Jesus der Geschichte erkennen können; doch eignet es sich angesichts des etwas mühsamen Fortgangs des Berichts eher zur Information im Einzelfall (mit Hilfe des guten Stellenregisters) als zur fortlaufenden Lektüre.

Einen nützlichen »Zugang zu Jesus« hat W. Trutwin geschrieben. Er stützt sich »auf die heutigen Kenntnisse der Bibelwissenschaft« und charakterisiert von da aus überzeugend die Evangelien und ihren Zusammenhang, wobei die Beschreibung der Kindheitsevangelien des Matthäus und Lukas als »Glaubenszeugnisse der alten Kirche« besonders gelungen ist (wenn in diesem Zusammenhang die Jungfrauengeburt als »Verkündigung des Glaubens: Jesus ist der Sohn Gottes« verstanden wird, bleibt die historische Frage allerdings ausgeklammert). Bei der Schilderung der Verkündigung Jesu wird mit Recht festgestellt, »daß es in Jesu Verkündigung vom Reich Gottes und der Endzeit eine Spannung zwischen Gegenwart und Zukunft gibt«, die »sich nicht beseitigen und auflösen läßt«, die Frage nach der Naherwartung bleibt dann freilich in der Schwebe (die Feststellung, daß »Jesu Rede von der Endzeit ... auf eine gewisse Naherwartung schließen« lasse, wird abgeschwächt durch die Bemerkung, daß »die alte Kirche aus Jesu Worten die Nähe des Endes herausgehört hat«). Überzeugend sind auch die Charakterisierung von Jesu Stellung zum Gesetz (»Jesus lehnt eine Außerkraftsetzung des Gesetzes ebenso ab wie eine völlige Absolutsetzung«, aber »er überbietet das Alte Testament und setzt es mit einigen Forderungen sogar eindeutig außer Kraft«) und die Interpretation des letzten Mahles »ganz in Erwartung der kommenden Gottesherrschaft« ¹⁹; auch die Gleichnisse und Wunderberichte werden zutreffend charakterisiert. Zu einigen Fragen (etwa Gottesverkündigung und persönlicher Anspruch Jesu) vermißt man aus-

---

¹⁸ M. Burrows, Jesus ..., 45. 90. 29 f. 242. 131 f. 246 ff. 208 f. 130. 156. 147 f. 104.
¹⁹ W. Trutwin, Messias, Meister, Menschensohn ..., 9. 81. 89. 137. 92. 134. 98 f. 145. 21. 70. 106. 65. 82 f. 94 f. 87.

reichende Angaben, aber im ganzen kann diese im guten Sinn wissenschaftliche *und* allgemeinverständliche Darstellung dessen, was wir über den Jesus der Geschichte wissen können, als vorzüglich und hilfreich bezeichnet werden. Die reiche Illustration scheint mir freilich, soweit es sich nicht um Reproduktion alter und neuer christlicher Kunst handelt, oftmals überflüssig (etwa »Menschen in der Großstadt«, eine Toraschule, Trauben und Fische) und leider mehr als einmal geschmacklos zu sein (zum »Licht« im Johannesevangelium eine Sonne über einer Landschaft; zum Kindermord Mt 2, 16 ff. Photographien von der Ermordung Unschuldiger; Arme und Reiche, Weinende und Lachende, Satte und Hungrige zu den Seligpreisungen; zum Gleichnis vom Hochzeitsmahl ein beliebiges heutiges Hochzeitsmahl; ganz besonders zum Bericht von der Geburt Jesu eine moderne Kinderschwester, die einen Neugeborenen badet!). Warum am Schluß des Buches eine Besprechung der Offenbarung des Johannes angefügt ist, bleibt rätselhaft.

Der ehemalige englische Althistoriker und spätere Verfasser zahlreicher populärer Bücher zur Geschichte des Altertums R. M. GRANT hat nun auch ein Jesusbuch geschrieben, das unter Beiseitelassung alles dessen, »was man selbst glaubt oder nicht glaubt«, die Evangelien so behandeln möchte, »wie man auch andere alte historische Quellen behandeln würde – mit dem Ziel, das zu rekonstruieren, was wirklich geschehen ist«. Das geschieht unter Heranziehung der modernen wissenschaftlichen Literatur und vorsichtiger Quellenkritik, und so ist eine Darstellung entstanden, die in gut lesbarer Form wiedergibt, was wir wissen können. Unter Verzicht auf einen chronologischen Rahmen, da »es nicht möglich ist, die Reihenfolge der Ereignisse einigermaßen richtig zu bestimmen«, behandelt G. in drei Kapiteln zunächst die Verkündigung vom Gottesreich mit der Forderung Jesu und die Wunder, dann die Frage: »Für wen haltet ihr mich?«, schließlich den Tod Jesu und die Entstehung des Auferstehungsglaubens. Er anerkennt, daß nach Jesus »die Verwirklichung des Reiches Gottes *sehr nahe* war« und daß »seine Erwartung sich nicht erfüllte«, daß aber »das Einzigartige ... der Umstand war, daß er diesen Glauben mit der weiteren Überzeugung verband, das Reich Gottes habe schon begonnen sich zu verwirklichen«. Es war darum Jesu Absicht, die Menschen auf das Kommen jenes Reiches Gottes und die ersten Auswirkungen seines Erscheinens vorzubereiten, die er glaubte, selbst veranlaßt zu haben«. Jesu Heilungen sollten primär »ein Zeichen dafür setzen, daß das Reich Gottes begonnen habe«, doch sind »diese Geschichten kein Material, das der Historiker auf seinen Wahrheitsgehalt untersuchen kann«. »Jesus setzte sich für die Unterdrückten viel energischer ein, als dies andere Juden in der damaligen Zeit getan haben«, aber Jesus hat sich »allem Anschein nach nicht in erster Linie für die materielle Armut interessiert, sondern für die 'geistlich Armen'«, er ist »vielleicht ein recht wohlhabender Mann gewesen«. Von der zuletzt genannten (unbeweisbaren) Feststellung abgesehen, wird man G. weithin folgen können, und das gilt auch für die Ausführungen zum Prozeß und zur Hinrichtung Jesu. Stärkere Bedenken müssen m. E. die Ausführungen zum persönlichen Anspruch Jesu erwecken: so richtig es ist, daß Jesus »die tiefe Überzeugung« hatte, »er habe eine *einzigartige* Beziehung zu Gott«, aber nicht »den Anspruch erhoben hat . . ., ein Messias der weltlichen, davidischen Art zu sein«, so wenig läßt sich erweisen, daß Jesus »die Bezeichnung 'Sohn Gottes' . . . offenbar für sich in Anspruch nehmen wollte« und geglaubt hat, »sein Leiden und Sterben würden nach dem Willen Gottes die Sünden anderer Menschen sühnen können«, und erst recht war der Ausdruck »Menschensohn« für Jesus nicht »Ausdruck beider Seiten seiner Natur, der menschlichen und der göttlichen«. Auch wenn sonst noch vereinzelt Angaben begegnen, die schwerlich haltbar sind (Jesus glaubte keineswegs, daß »die Reue das Reich Gottes sehr viel näher bringen könne«), so ist diese ganze Darstellung Jesu wohl begründet und lehrreich, auch wenn dem Buch die letzte theologische Tiefe fehlt (Jesus hat schwerlich nur bewiesen, »daß der Humanismus in seinem umfassenderen, eigentlichen Sinn das Höchste leisten kann, was zu irgend einer Zeit in der Geschichte menschenmöglich ist«) [20]. Freilich ist die deutsche Übersetzung des Buches völlig unzureichend. Nicht nur daß der Übersetzer die Bezugnahmen des Verf. auf die englische Übersetzung deutschsprachiger Bücher (ich zähle 9 derartige Namen) und englische Abkürzungen (Fn = footnote für »Anmerkung«; Jn = John = Johannes; Ekkl = Jesus Sirach) hat stehen lassen, er benutzt auch falsche Übersetzungen (»Judaismus« für Judaism = Judentum; »Nazirites« statt Nasiräer; »Matthäus« statt Matthias) und das häßliche Unwort »alttestamentarisch«. Ob die falsche Angabe, Nazareth liege südöstlich von See Genezaret (S. 96), auf den Verf. oder den Übersetzer zurückgeht, kann ich nicht sagen. Es ist betrüblich, daß der Verlag das Buch einem derart inkompetenten Übersetzer anvertraut hat.

Zuletzt hat T. Holtz, von dessen methodischen Aufsatz oben die Rede war (S. 333), in einem schmalen Band für einen weiteren Leserkreis (am Schluß sind auch die wichtigsten Texte aus den Evangelien abgedruckt) dargestellt, was wir von dem Jesus der Geschichte wissen können. Nach einer guten Schilderung der Quellen und der Umwelt und dem Hinweis,

---

[20] M. Grant, Jesus, 8. 16. 28–30. 36. 47. 55. 79. 85. 89. 104. 133. 145. 186. 140. 68. 259. – Für die Übersetzungsfehler verzichte ich auf Seitenangaben

daß die Darstellungen über die Geburt Jesu »bei Matthäus und Lukas sich ausschließen«, betont H., daß »die Berührungspunkte zwischen dem Täufer und Jesus tiefgehender Natur waren«, »Jesus hat das Wirken des Täufers als seinem eigenen verbunden angesehen«, während »der Täufer Jesu Anspruch erst vernahm, als er sich von ihm getrennt hatte«. Jesus »sprach frei und direkt von Gott«, für ihn steht »der Anbruch des Reiches Gottes drängend nahe bevor«, wird aber auch »bereits gegenwärtige Wirklichkeit«, »Zeichen des Kommenden, das er verkündigt, ist nur er selbst«. Die Heilung des körperlich leidenden Menschen gehört in die Ausrichtung seiner Botschaft hinein ebenso wie die Gemeinsamkeit des Essens«, während sich in Erzählungen wie denen von der Sturmstillung oder der Verwandlung von Wasser in Wein »in besonderem Maße Glaubensüberzeugungen und Glaubenserfahrungen der frühen christlichen Gemeinden erzählerisch zu Geschichten verdichtet haben«. Die Forderung Jesu in der Bergpredigt ist »Zusage von Freiheit und Forderung zur Verwirklichung solcher Freiheit zugleich«, es geht Jesus »nicht um Rückzug aus der Welt auf das Heil des Einzelnen und seiner Seele, sondern um die Bewältigung der Welt und ihrer Not«. Zum Selbstverständnis Jesu stellt H. fest: »Es ist fast sicher, daß Jesus mit einem fest umrissenen Bewußtsein seiner Aufgabe und ihrer Begründung an die Öffentlichkeit trat und daß dieses Bewußtsein durchhielt bis zu seinem Ende«; die Antithesen der Bergpredigt sind »Ausdruck eines Selbstverständnisses Jesu, das nur als messianisches bezeichnet werden kann«; und so kann man Jesus auch »den Gebrauch des Titels Menschensohn nicht absprechen«, mit dem er sich »in irgend einer Weise identifiziert haben muß«, Jesu »Bewußtsein um eine unmittelbare und besondere Beauftragung durch Gott hat hier offenbar einen Ausdruck gefunden, der ihm angemessen zu sein schien«. »Sicher dürfen wir voraussetzen, daß Jesus nach Jerusalem zog mit dem Wissen und dem Willen, einer letzten Entscheidung entgegenzugehen«, und der Zweifel daran, daß »Jesus mit seinen Jüngern am Abend vor seiner Verhaftung eine Mahlzeit gehalten hat, in der er Brot und Wein in eine besondere Beziehung zu sich und seinem Weg setzte und so darreichte, ist unbegründet«. Wahrscheinlich erfolgte vor dem Hohen Rat nur eine Art Voruntersuchung, und »sicher ist, daß Pilatus Jesus ... als politischen Aufrührer zum Tode durch Kreuzigung verurteilte«, was voraussetzt, »daß Jesus sich zu seinem messianischen Anspruch bekannte«. Das wird alles in klarer und weithin überzeugender Weise ausgeführt und begründet, nur ganz gelegentlich scheint mir ein Fragezeichen angebracht zu sein (hat Jesus wirklich »seinen Tod als einen letzten Einsatz für das Leben der Welt« begriffen?, und kann man die Geschichtlichkeit der Person und Freilassung des Barabbas so ohne weiteres voraussetzen?) [21]. Ich stehe nicht an, dieses schmale Buch als die z. Z. beste allgemeinverständliche Jesusdarstellung in deutscher Sprache zu bezeichnen, es wäre sehr zu wünschen, daß das Buch auch in der Bundesrepublik Deutschland in einer Lizenzausgabe erschiene.

Wenden wir uns den Jesusbüchern zu, die sich primär an wissenschaftlich vorgebildete Leser wenden, so muß ich zunächst um ein paar Jahre zurückgreifen. In einer Anmerkung zum Literaturverzeichnis des 2. Teils dieses Berichts hatte ich (ThR 41, 1976, 198 Anm. 1) mitgeteilt, daß ich das 1973 erschienene Buch »Jesus the Jew« von G. VERMES nicht berücksichtigen könne, weil der Verlag kein Besprechungsexemplar zur Verfügung gestellt hatte. Inzwischen hat mir der Verf. freundlicherweise ein Exemplar der seither erschienenen Taschenbuchausgabe des Buches (es sind auch mehrere Übersetzungen erschienen) zur Verfügung gestellt, und so kann ich nachträglich auf dieses Buch eingehen, das merkwürdigerweise bisher in keiner der führenden deutschsprachigen Rezensionsorgane besprochen worden ist. Eines ist vorauszuschicken: das Buch will nach der Vorrede der 1. Teil einer Trilogie sein und feststellen, »welche Art eines Juden Jesus war«, während zwei m. W. noch nicht erschienene Bände »Das Evangelium des Juden Jesus« und die Umbildung des Menschen Jesus in den göttlichen Christus des christlichen Glaubens darstellen sollen. Infolgedessen ist von der Verkündigung Jesu in diesem Buch überhaupt nicht die Rede. V. will im Gegensatz zu dem christlichen Glaubensbild Jesu »die ursprüngliche, echte, *historische* Bedeutung der Worte und Ereignisse erforschen, die in den Evangelien berichtet sind«, und dabei das jüdische Parallelenmaterial »nicht als Hilfsmittel für das Neue Testament« benutzen, sondern »im Gegenteil Jesus und seine Bewegung in den größeren Zusammenhang Palästinas im 1. Jahrhundert eingliedern«. Dabei ergibt sich zunächst, daß Jesus ein »Gelehrter« war (späte talmudische Belege für einen sprichwörtlichen Gebrauch von »Zimmermann« in diesem Sinn sollen das beweisen) und daß Jesu »prophetische Autorität« mit der »schriftgelehrten Autorität« der Rabbinen nicht im Widerspruch stand. Wenn nach V. Jesus nur in *einem* Fall scheinbar im Gegensatz zum ererbten Judentum erscheint, nämlich in der Aufhebung des Unterschieds von reinen und unreinen Speisen (Mk 7, 14 ff.), so ist dieser »einzige scheinbare Lehrunterschied zwischen Jesus und dem Judentum durch eine absichtliche Verdrehung verschuldet, die der Redaktor des griechischen Markus einem wahrscheinlich echten Wort Jesu gegeben hat«. »Was grundlegende jüdische Glaubenssätze anbetrifft, so zeigt der ein-

---

[21] T. HOLTZ, Jesus aus Nazareth, 40. 46. 50 f. 54. 57 f. 62. 68 f. 74. 83. 85. 88 f. 90. 93. 97. 103 f. 106. Vgl. auch die zustimmende Besprechung von B. GERHARDSSON, ThLZ 106, 1981, 33 f.

zige ernstliche Zusammenstoß, der in den Evangelien zwischen Jesus und
den Machthabern berichtet wird, Jesus im Gegensatz zur Leugnung der
Auferstehung von den Toten durch die Sadduzäer«, »es gibt keinen Beleg für aktive und organisierte Teilhabe vonseiten der Pharisäer bei der
Planung und Durchführung des Sturzes Jesu«. Vielmehr »war Jesus in
den Augen der Jerusalemer Herrschenden politisch verdächtig, weil er
ein Galiläer war«, und aus dem gleichen Grund »war er auch religiös
verdächtig«. »Die Darstellung Jesu in den Evangelien als ein Mensch,
dessen übernatürliche Fähigkeit sich nicht aus geheimen Kräften, sondern
aus unmittelbarem Zusammenhang mit Gott ableitete, erweist ihn als
echten Charismatiker, den wahren Erben einer Jahrhunderte alten pro-
phetisch-religiösen Linie«, wobei der bekannte rabbinische Wundertäter
Ḥanina ben Dosa »beachtliche Ähnlichkeit mit Jesus aufweist«. So kann
V. zusammenfassend sagen, »daß Jesus nicht zu den Pharisäern, Essenern, Zeloten oder Gnostikern gehörte, sondern einer der heiligen Wundertäter Galiläas war«, »die älteste Evangelientradition führt . . . auf Jesus, den Gerechten, den ẓaddik, Jesus den Helfer und Heiler, Jesus den
Lehrer und Führer«. Diese grundsätzlichen Ausführungen werden unterstützt durch Untersuchungen der Jesus in den Evangelien zugeschriebenen
Titel: obwohl »die Theologen der Beobachtung widerstreben«, »stimmt
die Beurteilung von Freunden und Anhängern mit Jesu eigener Vorstellung über sich selbst überein«, daß Jesus »nicht nur von sich als von einem
Propheten dachte, sondern auch seiner prophetischen Bestimmung alle
Unbill zuschrieb, die ihm widerfahren würde«, »die Begriffe 'Prophet'
und 'Wundertäter' wurden von Jesus und seinen Anhängern synonym
gebraucht«; weil aber der Begriff »Prophet« als Personenbezeichnung
einen negativen Beiklang erhielt, »wurde der Titel überhaupt nicht mehr
für Jesus gebraucht, was seltsam ist angesichts der Tatsache, daß es die
Bezeichnung gewesen zu sein scheint, die er selbst bevorzugte«. Daß Jesus
als »Herr« angeredet wurde, »ist entgegen akademischer Meinung nicht
nur möglich, sondern sehr wahrscheinlich«, aber das »war die übliche
Anredeweise für einen Wundertäter«. Auch die Verhandlung vor dem
Synedrium ergibt nicht die Behauptung, »Jesus habe der Messias zu sein
beansprucht«, und während »keine Spur für einen titularen Gebrauch
von Menschensohn vorhanden ist«, gibt es genügend Belege für die Behauptung, daß »Menschensohn als Umschreibung für 'ich' zu den stili-
stischen Besonderheiten Jesu gehörte«. Und schließlich: Jesus »bezeichnete sich nicht als Sohn Gottes«, wohl aber besteht »die große Wahrscheinlichkeit, daß Jesus schon während seines Lebens durch bewundernde
Gläubige als Sohn Gottes bezeichnet und angeredet worden ist«, was »dem
Bild des galiläischen Wunder wirkenden Ḥasid« entspricht.

Da nach Meinung des Verf. »berufsmäßige Neutestamentler die Scheu-
klappen ihres Handwerks tragen« und ihre Urteile »symptomatisch sind
für die Art doktrinärer Lähmung, in die Evangelienforscher sich selbst
hineinargumentiert haben« [22], bin ich als Angehöriger dieser Gruppe im
Sinne des Verf. schwerlich dazu geeignet, ein sachliches Urteil über dieses
mit innerer Beteiligung und auf Grund breiter Kenntnis der jüdischen
Quellen geschriebene Buch abzugeben. Trotzdem erlaube ich mir ein Urteil, ohne diesen herabsetzenden Ton aufzunehmen. Zunächst einmal ist
zu sagen, daß die Ausschaltung der gesamten Verkündigung Jesu notwendigerweise zu einer Verzerrung des Bildes führt: daß Jesu
Handeln und persönlicher Anspruch in den Zusammenhang einer hochgespannten Naherwartung und Gegenwartsdeutung stehen und darum
auf alle Fälle den Charakter der Letztgültigkeit tragen, kommt so nicht
zum Vorschein. Und da V. über seine methodischen Voraussetzungen in
der Beurteilung von Echtheitsfragen keinerlei Auskunft gibt, bleibt seine
eklektische Quellenbenutzung unkontrollierbar. Auf diesem in doppelter
Hinsicht methodisch anfechtbaren Hintergrund ist nun im einzelnen zu
sagen: Daß Jesus ein »Gelehrter« war, der nur einmal mit einer sadduzäischen Anschauung, nie aber mit pharisäischen Vorstellungen in Konflikt geriet, ist falsch, sobald man die Gesamtheit der Überlieferung ernst
nimmt, die oben angeführte Interpretation des Begriffs »Zimmermann«
und die Bestreitung der Kritik Jesu am Unterschied zwischen »rein«
und »unrein« sind unhaltbar, und daß Jesus den Jerusalemer Behörden
einfach als Galiläer politisch und religiös verdächtig war, hat keinerlei
Anhalt an den Quellen. Beachtlich sind dagegen die Ausführungen über
die Verwandtschaft Jesu mit rabbinischen Wundertätern und mit der
Gestalt des Zaddik, obwohl gerade hier das Fehlen des eschatologischen
Rahmens der Handlungsweise Jesu ein verzerrtes Bild liefert. Daß Jesus
»Prophet« und »Wundertäter« synonym und den Titel »Prophet« bevorzugt gebraucht habe, ist einfach unrichtig, während es wohl stimmt,
daß man Jesus mit der ehrenden Anrede »Herr« begegnete, was mit der
späteren Anrufung des Auferstandenen als »Herr« nicht direkt zusammenhängt. Von der Fragwürdigkeit der Behauptung, daß es keinen titularen Gebrauch von »Menschensohn« gegeben, Jesus vielmehr diesen
Ausdruck als Umschreibung für »ich« gebraucht habe, ist schon in der
Auseinandersetzung mit zwei Aufsätzen des Verf. (ThR 45, 1980, 58. 61)
die Rede gewesen, und für die Feststellung, Jesus sei schon zu Lebzeiten
von Bewunderern als »Sohn Gottes« bezeichnet worden, gibt es keine
überzeugenden Beweise. D. h. dieses Bild Jesu, das im Gegensatz zur

[22] G. VERMES, Jesus the Jew, 10. 16. 42. 21 f. 28 f. 35 f. 57. 69. 72. 223. 225. 86.
88 f. 99. 115. 123. 149. 168. 201. 209. 19. 103.

vorgefaßten Meinung der Theologen »a historian's reading of the Gospels« sein will, ist in hohem Maße willkürlich und verdient nur in dem Vergleich Jesu mit bestimmten Berichten über jüdische Wundertäter ernste Beachtung, wobei man freilich die Überlieferung der herangezogenen jüdischen Texte kritisch prüfen muß. Im ganzen kann ich leider nur dem Urteil von L. E. Keck [23] beipflichten: »Jesus the Jew deserves better than this«.

In gewisser Hinsicht berührt sich der Aufsatz von W. E. Phipps (ich kehre damit zu den nach Abschluß der früheren Teile dieses Berichts erschienenen Arbeiten zurück) mit den Ansichten von Vermes. Nach Phipps »kann Jesu Botschaft und Wirksamkeit nicht sachgemäß verstanden werden, ohne ihn als pharisäischen Juden zu sehen«. Die Vorstellungen von der Gottesherrschaft, der Auferstehung und den Engeln, auch Jesu einfacher Lebensstil und seine Zuwendung zu den Armen entsprechen pharisäischen Anschauungen. Freilich: »Die Hauptdifferenz zwischen Jesus und der allgemeinen Stellungnahme der nur-männlichen pharisäischen Partei ist in der Art und Weise zu erkennen, in der Jesus *outsider* behandelte, Frauen, Heiden und den am-ha-aretz«, diese Unterschiede aber beruhen darauf, daß Jesus »sich vom Anfang bis zum Ende seiner öffentlichen Tätigkeit als Propheten ansah«, ja als »direkten Sprecher Gottes«, der »so kühn war, Anschauungen zu äußern, die unabhängig von und sogar im Gegensatz zu geschriebener Autorität waren«. D. h. »Jesus erneuerte die prophetische Polemik gegen zeremoniale Religion« und »entschied unabhängig, welche Traditionen gehalten werden sollten«. »Die Übereinstimungen und Abweichungen gegenüber allgemeinen pharisäischen Glaubenshaltungen können am besten dahin verstanden werden, daß Jesus ein Pharisäer war, der in lebhafter Wechselwirkung mit andern Pharisäern stand« [24]. Diese Ausführungen haben insoweit recht, als Jesus von pharisäischen Grundanschauungen ausging und manche Anschauungen mit den Pharisäern teilte, aber in seinem Verhalten zu den *outsiders* von ihnen abwich. Wenn Ph. dann aber mit Recht Jesu selbständige Stellung zur geschriebenen und erst recht zur ungeschriebenen Tradition betont, die sich mit prophetischer Kritik berührt, so übersieht er, daß diese Ablehnung der absoluten Autorität der doppelten Tradition sich mit der pharisäischen Grundanschauung keineswegs verträgt und daß Jesus gegen diese Grundhaltung eindeutig polemisiert hat. Darum ist die Vorstellung eines »prophetischen Pharisäers« eine ungeschichtliche

[23] Besprechung in JBL 95, 1976, 508 f. Dort auch eine Auseinandersetzung mit den unmöglichen Ausführungen von Vermes über die Jungfrauengeburt, die V. als »historisch« nachzuweisen sucht.

[24] W. E. Phipps, Jesus . . ., 18. 24. 26–28. 30.

Erfindung, und die Ausführungen von Phipps sind nur soweit hilfreich, als sie erneut zeigen, daß Jesus von pharisäischen Grundanschauungen ausgegangen ist.

Daß Jesus einem »Pharisäismus hillelitischer Prägung« zuzuordnen ist, ist auch die Meinung von H. LEROY in seinem Buch, das eine Erörterung des »Problems des historischen Jesus« einer Darstellung dessen voranstellt, was wir geschichtlich von Jesus wissen können. Freilich sind die einleitenden Ausführungen über »Das Problem des historischen Jesus« und »Kerygma und Historie« wenig hilfreich, weil sie nur ausführlich über die methodische Diskussion im Rahmen der »Bultmann-Schule« berichten. Interessant sind dagegen die Äußerungen über das literarische Problem der Synoptiker als Quellen für die Erkenntnis Jesu und über die Geschichte der Jesusüberlieferung, die »schon zu Lebzeiten Jesu eingesetzt haben mag«. L. stellt dabei etwas übertreibend fest, daß die »Einsicht, einen Traditionsstoff als authentisch auszuschließen, wenn er durch seinen Sitz im Leben nicht als jesuanisch in Betracht kommen kann«, »die einzige Hilfe ist, die die Formgeschichte bei der Frage nach authentischem Jesusgut der kritischen Forschung zu leisten vermag«, und er bemerkt richtig, daß das immer wieder so stark in den Vordergrund geschobene »Unähnlichkeitskriterium«, wenn es allein angewandt wird, »notwendigerweise ein unhistorisches Jesusbild vermittelt«. Richtig ist auch, daß »von Kreuz und Auferweckung als den entscheidenden Elementen der Traditionskorrektur gesprochen werden sollte«. Aber in diesem Zusammenhang führt L. nun eine seltsame Unterscheidung ein: ausgehend von der Tatsache, daß »im jüdischen Lehrbetrieb ... die Traditionen der Lehrhäuser häufig Familientraditionen waren«, hält er es »nicht für abwegig, die halachische Jesusüberlieferung in der Verwandtschaft [Jesu] anzusiedeln«, während »die Tradition des Schülerkreises sich mehr – freilich nicht ausschließlich – im haggadischen Rahmen bewegt zu haben scheint«, woraus sich »für die Frage nach dem historischen Jesus« ergibt, »daß mit dem Zurückdrängen ursprünglicher Jesushalacha gerechnet werden muß. Was von ihr jetzt noch ... erkennbar ist, gibt also nur einen Teilaspekt der Halacha Jesu wieder, und zwar den, der in den haggadischen Rahmen paßte, der im Schülerkreis möglich war«. Diese Unterscheidung ist aber völlig aus der Luft gegriffen: weder läßt sich diese Verteilung der Jesusüberlieferung auf die beiden Kreise der Verwandten und der Schüler Jesu nachweisen, noch ist diese Aufteilung der Überlieferung als solche überhaupt belegbar. Dagegen ist die die zweite Hälfte des Buches füllende Darstellung dessen, was wir über den Jesus der Geschichte wissen können, durchaus als gut informierend und vorsichtig kritisch zu bezeichnen. Richtig werden etwa dargestellt: »der Primat der Lehre Jesu vor seinen wunderbaren Taten«, der »unorthodoxe Umgang Jesu mit den Sündern« und seine Stellung als »Außenseiter«, Jesu Anerkennung des »Willens Gottes als Anspruch des Schöpfers auf den Menschen und seine Welt«, weswegen »sich Jesus sogar gegen die Autorität des mosaischen Gesetzes wenden kann«, die Tempelreinigung als »historischer Vorgang«, aber nicht »als Zeichen der revolutionären Gesinnung Jesu«. Fraglich scheinen mir die Behauptungen, daß »Jesus, der wohl selbst anfänglich taufte, sehr früh seine Tauftätigkeit eingestellt zu haben scheint«, ferner daß »die Sprengung des apokalyptischen Zeitschemas durch die jesuanische Basileiaverkündigung ... im Grunde die Relativierung der Geschichte überhaupt ist« und daß sich »das ʾAbbaʾ im Munde Jesu als typisch jesuanisch ... direkt bislang nicht beweisen« lasse [25]. Doch das sind Einzelheiten, die das anerkennende Urteil über den zweiten Teil des Buches nicht in Frage stellen sollen (am Ende findet sich ein gut ausgewähltes Literaturverzeichnis).

L. SCHOTTROFF hat die in ihrem Aufsatz über das Magnificat vertretenen methodischen Grundsätze (s. oben S. 323) im 1. Kapitel ihres gemeinsam mit W. STEGEMANN verfaßten Buches »Jesus von Nazareth-Hoffnung der Armen« weiter ausgeführt [26]. Danach sind, abgesehen vom Kreuzestod, »kaum historisch gesicherte Details über Jesus feststellbar«, doch war dieser Tod nicht die Folge eines politischen Mißverständnisses, weil »eine Bewegung wie die der Nachfolger Jesu für die politischen Führer dieses Landes als politische Gefahr wirken mußte«. »Historisch betrachtet läßt sich Jesus von seinen Nachfolgern nicht isolieren..., die Alternative echt = historischer Jesus – unecht = Gemeindebildung ... sollte den Umgang mit den Quellen nicht mehr bestimmen«. Jesus ist grundsätzlich nicht abgrenzbar gegen bestimmte Gruppen im jüdischen Volk, und er ist vor allem nicht abgrenzbar gegen seine ersten Nachfolger ... Statt vom historischen Jesus sollte man also ... besser von der ältesten Jesusbewegung reden«. Unter dieser Voraussetzueng »war Jesus vermutlich der Initiator einer Sammlungsbewegung von armen Juden«, und darum kommt es darauf an, »die sozialgeschichtliche Dimension der Nachfolge Jesu genauer in den Blick zu bekommen«. Dabei ergibt sich, daß die zu Jesu Nachfolgern gehörenden »Unterzöllner eine stark fluktuierende, sozial ungeschützte Personengrupe waren«; »die ʾSünderʾ sind Kriminelle, die auch in den Augen der Jesusanhänger schuldig sind«, die »Dirnen waren meist durch wirtschaftliche Not zur Dirne geworden«,

---

[25] H. LEROY, Jesus, 67. 34. 44. 46. 35. 37. 39 f. 92. 65. 68. 83. 102. 64. 76. 86.

[26] Das 2. Kapitel handelt von den »Wanderpropheten der Logienquelle«, das dritte vom Lukasevangelium unter dem Titel »Nachfolge Jesu als solidarische Gemeinschaft der reichen und der angesehenen Christen mit den bedürftigen und verachteten Christen«; auf beides ist hier nicht einzugehen.

und »in der griechischen Sprache ist der *ptōchos* der Bettelarme«. Auf diesem sozialgeschichtlichen Hintergrund ergibt sich dann als »Sinn der zentralen Texte der ältesten Jesustradition« Folgendes: »Der wichtigste Text der ältesten Jesustradition ist die Seligpreisung der Armen«, sie setzt voraus, »daß Jesus der endzeitliche Messias ist«, »sein Kommen ist der Beginn der Herrschaft Gottes«, »Gott wird herrschen, dann sind der Hunger und das Leiden an der Armut vorbei«, »die Wehesprüche gegen die Reichen ... ziehen von der Sache her zutreffende Konsequenzen aus«. Der Spruch von dem Kamel und dem Nadelöhr (Mk 10, 25) »fordert nichts von den Reichen, nicht Buße, nicht Besitzverzicht. Er sagt die Zukunft der Reichen voraus«. Das Gleichnis vom armen Lazarus »will die Hoffnung der Armen benennen, ohne daß die Schuld der Reichen angeklagt wird«, und nach dem Magnificat »ist nicht auszuschließen, daß Jesus schon zu Lebzeiten als Messias verehrt worden ist ... – aber als Messias der Armen, deren Schicksal er teilte«. Die Seligpreisung der Armen ist daher »aus einem religiösen (oder sonst geistesgeschichtlich verstandenen) Kontext nicht ableitbar«, »die Jesusbewegung behauptet, daß Gott auf der Seite derer ist, denen es in ihrem Leben am elendsten ergeht«; »damit war ein religiöser Anspruch erhoben«, der »die Ursache von Angriffen gegen die Jesusbewegung gewesen sein wird«. Freilich heißt es dann am Schluß dieser Ausführungen plötzlich doch: »Gott ist auch der Gott der Reichen – auch in den Augen der Armen«! [27] Es ist leicht zu sehen, daß hier nicht nur in höchst fragwürdiger Weise die älteste Jesusbewegung an die Stelle der Person Jesu gesetzt wird, sondern daß auch von der *Voraussetzung* aus, daß es sich bei dieser Bewegung primär um sozialgeschichtlich zu erfassende Vorgänge handelt, eine willkürliche Auswahl einer kleinen Zahl von als alt bezeichneten Texten zur Grundlage dafür dient, das Bild einer Armenbewegung zu zeichnen, bei dem die eschatologische Verkündigung Jesu, seine ethische Forderung, sein persönlicher Anspruch, seine Auseinandersetzung mit dem traditionellen Gesetzesverständnis, seine autoritative Jüngerberufung, seine Betonung der Stellung des Menschen vor Gott, das Doppelgebot der Liebe und vieles andere unter den Tisch fallen, wodurch ein völlig verzeichnetes ungeschichtliches Bild Jesu (oder auch der ältesten Jesusbewegung) entsteht. Selbst wenn die Interpretation des Begriffes »arm« in rein sozialem Sinn richtig sein sollte, was freilich zweifelhaft ist, so ist die Beschreibung der ersten Nachfolger Jesu (statt Jesu selbst) ebenso falsch wie die Beschränkung der Adressaten des Rufes Jesu (oder seiner ersten Nach-

---

[27] L. SCHOTTROFF-W. STEGEMANN, Jesus von Nazareth ..., 10. 9. 14. 18. 25 f. 30–32. 34. 36. 41 f. 45. 51. 53.

folger) auf die sozial Benachteiligten. Dieses Bild Jesu (wenn denn überhaupt von Jesus die Rede sein soll) kann nur als Zerrbild bezeichnet werden.

Mehrere Aufsätze aus dem gleichen Jahr 1978 befassen sich mit der Stellung Jesu in der jüdischen Religionsgeschichte seiner Zeit. Der Versuch von W. O. WALKER freilich nachzuweisen, daß »keineswegs behauptet werden kann, daß Jesus nicht eng mit den Zöllnern verkehrte, daß aber auch nicht mit Überzeugung behauptet werden kann, daß er mit ihnen verkehrte«, basiert auf zahlreichen willkürlichen und ultraskeptischen Behauptungen (gegen den Verkehr Jesu mit Zöllnern sollen abwertende Äußerungen Jesu über die Zöllner sprechen; die Anklage gegen Jesus, er verkehre mit Zöllnern, brauche nicht auf Tatsachen zu beruhen; 'Zöllner' sei eine falsche Umschrift des aramäischen Wortes für 'Sünder' usw.), die die sicheren Nachrichten der ältesten Tradition nicht außer Kraft setzen können. Auch M. C. COOK kommt bei der Untersuchung der Beziehung Jesu zu den Pharisäern zu einem skeptischen Resultat: »Das Problem Jesus und die Pharisäer ist gegenwärtig unlösbar«. Er begründet diese Skepsis einerseits mit der Differenz der Angaben über die Pharisäer vor der Zerstörung Jerusalems, andererseits damit, daß das Bild der Pharisäer in den Evangelien »faktisch eine Karikatur« darstellt und es unklar bleibt, inwieweit es sich bei den Gesprächen Jesu mit den Pharisäern wirklich um Streitigkeiten gehandelt habe, wo doch »Ähnlichkeiten bestehen zwischen einigen Lehren Jesu und einigen Lehren der späteren Rabbinen«. Aber zu solcher Skepsis besteht kein Grund, bei methodischer Traditionskritik lassen sich zum mindesten die Grundzüge der Übereinstimung Jesu mit den Pharisäern und seiner Opposition gegen sie durchaus sicher erkennen.

D. HILL ist der Meinung, daß die von Josephus beschriebenen »messianischen Propheten«[28] der 1. Hälfte des 1. Jahrhunderts zum Verständnis Jesu Wesentliches beitragen, d. h. die auch im Neuen Testament genannten Theudas (Act 5, 36), Judas der Galiläer (Act 5, 37) der Ägypter (Act 21, 38), deren keiner »dahin beschrieben wird, daß er ausdrücklich den Status oder Titel des Messias beansprucht habe«, die aber »implizite messianische Ansprüche erhoben« und glaubten, »ihrerseits an der unmittelbar bevorstehenden messianischen Befreiung der Nation beteiligt zu sein«. Jesu Verkündigung der unmittelbar bevorstehenden Gottesherrschaft ist nach Hill damit ebenso verwandt wie »sein Entschluß, nach Jerusalem zu gehen, und seine Worte über den Tempel«; mehrere dieser Propheten versprachen zu ihrer Beglaubigung Wunder, »und wir sollten wahrschein-

---

[28] Der Begriff ist von R. MEYER, ThWNT 6, 1959, 826 f. übernommen.

lich die Möglichkeit nicht gänzlich ausschließen, daß einige der Wunder
und Handlungen Jesu als beglaubigende Zeichen für seine autoritative
Lehre und für seinen Anspruch, ein charismatischer Prophet zu sein, gemeint und/oder verstanden worden sind«. »Jesu Bewußtsein einer göttlich gewollten Sendung an Israel ... war eine Wiederbelebung von
prophetischem Realismus und prophetischer Unabhängigkeit, und in dieser Richtung können wir Jesu 'messianisches Bewußtsein' verstehen (wenn
wir diesen Ausdruck zu gebrauchen wagen)«, dagegen »nicht (oder wenigstens ebenso sehr wie) im Vergleich mit den Erwartungen messianischer
Gestalten in jüdischer apokalyptischer Literatur« [29]. Es ist leicht zu sehen,
daß sich Hill bei dieser historischen Einordnung Jesu teilweise mit den
oben besprochenen Anschauungen von G. Vermes berührt, auf den er
selbst verweist, und daß in der Tat insofern eine Parallele zwischen den
von Hill angeführten »messianischen Propheten« und Jesus besteht, als
beide mit einem nahen Eingreifen Gottes rechnen und sich mit der Ankündigung dieses Eingreifens betraut wissen. Aber da H. sowohl die Got-
tesherrschaftpredigt Jesu und die damit verbundene Interpretation des
Gotteswillens als auch den diese Verkündigung begründenden Sendungsanspruch Jesu und seine futurisch-präsentische Menschensohnverheißung
beiseite läßt und Jesus »beglaubigende Zeichen« zuschreibt, entsteht ein
verzerrtes Bild der Person und Verkündigung Jesu, das schwerlich zu
einem besseren Verständnis des Jesus der Geschichte verhilft.

In dem letzten der hier zu nennenden Aufsätze will J. BLANK mit der
Frage nach den »Lernprozessen im Jüngerkreis Jesu« »zurück zum historischen Jesus und seiner Verkündigung gelangen«. Er macht zunächst
darauf aufmerksam, daß es im jüdischen Lernbetrieb »konstitutiv um das
Verhältnis von Lehren und Lernen« geht, wobei der Schüler »durch den
ständigen Umgang mit dem Rabbi und mit den Schüler-Genossen in den
Geist und in die Praxis der Tora hineinwachsen soll« und wobei »in diesem Lehrer-Schüler-Verhältnis zuletzt doch die Tora die eigentliche Autorität blieb«. Jesus aber »leitet sein Recht, zu reden und zu handeln,
von keiner der etablierten Autoritäten ab«, für ihn sind nicht nur »Gottes
Gebot und Tradition nicht identisch«, für Jesus ist auch »die Tora im
Unterschied zu den Rabbinen nicht mehr die fraglos letzte Instanz«, »es
ist letztlich Jesus allein, der durch sein Wort die Gewißheit vom Kommen des Reiches Gottes verbürgt«. Und darum ist beim Lernprozeß im
Jüngerkreis Jesu »die Person des Lehrers genau so wichtig wie der Inhalt
seiner Lehre« [30]. Das ist alles überzeugend, so daß dieser klare Aufsatz

[29] D. HILL, Jesus and Josephus ...,144. 148. 152. 149.
[30] J. BLANK, Lernprozesse ..., 163. 168 f. 171. 173. 175.

dazu verhilft, das Wesentliche an der Person Jesu und seiner Botschaft zu Gesicht zu bekommen.

Es ist die Absicht von CH. PERROT, »ausgehend von den ältesten christologischen judenchristlichen Darstellungen und ohne jemals zu vergessen, wie weit unsere kanonischen Texte in den Osterglauben eingetaucht bleiben, zu versuchen, den vorösterlichen Menschen Jesus sichtbar zu machen«, aber »wir werden versuchen, uns niemals direkt auf die Ebene Jesu selbst, in das Gebiet seines Bewußtseins zu begeben«. Zu diesem Zweck erörtert ein 1. Kapitel in nicht immer ganz verständlicher Weise die mit dem Problemkreis »Die Evangelien und die Geschichte« gestellten Fragen. Da wird betont, daß »die Quellenkritik einer der wesentlichen Pfeiler der historisch-kritischen Exegese bleibt« und daß es »notwendig ist, einen Text genau auf 'synchronischem' Boden, in einer sehr genau beschreibenden und punktuellen Untersuchung, also ohne irgend eine vorhergehende 'genetische' Fragestellung zu lesen«: »Wir müssen uns also zuerst auf den Boden der ersten bekennenden Gruppen, in ihrer Verschiedenheit und ihrer Äußerung durch verantwortliche Diener, stellen und dann sehen, wie die Gemeinden, in ihrer auf das Zeugnis gegründeten Erinnerung, die Entfernung erkannten, die sie vom Meister von Nazaret und dem Verkündiger der Gottesherrschaft trennte«. Müssen wir uns also nach P. dabei beruhigen (der Vf. würde sich damit in auffälliger Weise in die Nähe der methodischen Grundanschauung von L. Schottroff und W. Stegemann begeben!), daß »der Historiker von heute niemals wirklich die Logia des Herrn isolieren kann, als seien sie nicht das Produkt der christlichen Anamnese und der Gegenstand der Erinnerung der Kirche gerade im Dienst der gemeindlichen Aktualität«, weil »der vorösterliche Jesus, den einige als die »nackte Tatsache« bezeichnen möchten, ... in Wirklichkeit eine Schöpfung des Historismus ist«? Daß der Verf. aber ganz im Gegenteil keineswegs einen Verzicht auf die kritische Rückfrage nach dem »vorösterlichen Jesus« proklamieren will, zeigt nicht nur die oben zitierte Absichtserklärung bei der Abfassung seines Buches, sondern auch die Erörterung der »Kriterien der Geschichtlichkeit«, bei der zu dem von E. Käsemann und vielen Andern proklamierten »Kriterium der Unähnlichkeit« auffallenderweise erklärt wird: »Nur das kritische Prinzip Käsemanns kann ohne Einschränkung festgehalten werden«. Vor allem aber stehen die in sich widerspruchsvollen Ausführungen dieses methodischen ersten Teils in deutlichem Widerspruch zu dem 2. und 3. Teil des Buches, die von »Jesus und dem Judentum« und vom »Propheten der Gottesherrschaft und seinem Vater« handeln. Denn hier wird, durchaus mittels der Rückfrage hinter die »Erinnerung«, über den »vorösterlichen Jesus« Folgendes ausgeführt: Jesus ist »aus der

baptistischen Gruppe hervorgegangen«, »von Johannes getauft, tauft
Jesus seinerseits ... in einer ersten täuferischen Wirksamkeit gleichzeitig
mit dem Täufer«, dadurch »bilden beide Jüngergruppen«, und »auf der geschichtlichen Ebene geschieht das Entscheidende ... im Übergang des
Baptisten Jesus ... zu dem Propheten, Exorzisten und Wundertäter
Jesus, der schließlich die baptistische Übung aufgibt«. Von da aus erklärt
sich die Kreuzesinschrift »Jesus der Nazoräer« (nach Joh 19, 19) und die
Infragestellung des Tempels, die Jesus mit den Baptisten teilte. »Alle den
Pharisäern eigentümlichen Vorstellungen sind weitgehend von Jesus aufgenommen und weiterentwickelt worden«, aber während auch im Judentum »die göttliche Herkunft gewisser Elemente der Tora in Frage gestellt
wurde«, »beruft sich Jesus nicht auf die Tora, auf die Überlieferung oder
a fortiori auf einige Schriftgelehrten von einst ..., er beruft sich direkt
auf Gott« und handelt im Gegensatz zu jüdischen Exorzisten »in seinem
eigenen Namen«, »die Verbindung zwischen Heilungswunder und Ankündigung der Gottesherrschaft ... kennzeichnet den Unterschied zwischen Jesus und der jüdischen Welt seiner Zeit, zwischen Jesus und dem
Täufer und schließlich zwischen Jesus und der Kirche«. Und zum Schluß
von recht unklaren Ausführungen über die Menschensohnfrage kann der
Verf. sagen: »Wenn der Ausdruck Menschensohn nicht in irgend einer
Weise eine wesentliche Rolle bei Jesus gespielt hätte, bliebe seine ganze
übrige Persönlichkeit rätselhaft ..., und der Historiker kann nur erinnern
an das erstaunliche *Ich* des nazoräischen Propheten, der schon seinen
Sieg ansagte in dem Menschensohn, der er sein wird«. Dahinter steht »die
Erinnerung an das erstaunliche Band zwischen Jesus und seinem Gott«,
das »seinen bevorzugten Ausdruck finden wird ... in dem Vokabular
der Vaterschaft und der Sohnschaft«, wobei »der Vorrang Gottes im
Verhältnis zu diesem Sohn völlig erhalten bleibt«. Mit diesen Ausführungen zum Verhältnis zwischen Jesus und Gott schließt die Darstellung
des »vorösterlichen Jesus«, und daß »der Bericht vom Tod und der Auferstehung Jesu des Herrn nicht einmal unsere Aufmerksamkeit erregte ...
und viele andere Gesichtspunkte auch eine eingehendere Behandlung verdient hätten« [31], ist dem Verf. bewußt und soll darum hier nicht bean-
standet werden, obwohl das weitgehende Fehlen von Ausführungen zu
Jesu Verkündigung der Gottesherrschaft, zu den Gleichnissen und zu Jesu
Verhalten gegenüber den Geringgeachteten usw. das Bild Jesu naturgemäß stark verzerrt. Es soll nur darauf verwiesen werden, daß der
Versuch, Jesus zum abgesprungenen Baptisten zu machen, als unhaltbar

---

[31] CH. PERROT, Jésus ..., 16. 72. 35. 32. 69. 48. 62. 64. 67. 121. 119. 128. 236.
132. 144. 139 f. 156. 158. 214. 225. 269. 279. 281. 291.

bezeichnet werden muß. Denn weder die johanneische Notiz von der zeitweisen Tauftätigkeit Jesu (Joh 3, 26), die bekanntlich gleich danach wieder bestritten wird (4, 2), noch der allein in der johanneischen Form der Kreuzesinschrift begegnende und in seinem ursprünglichen Sinn umstrittene Begriff Ναζωραῖος bieten die Möglichkeit, Jesus als Anhänger baptistischer Gedanken und Riten zu beschreiben, und darum kann auch die Trennung Jesu vom Täufer nicht als das für Jesus kennzeichnende Ereignis bezeichnet werden. Trotz der großen Belesenheit des Verf. und mancher interessanter und überzeugender Ausführungen zur Verkündigung Jesu kann ich das Buch von Perrot, dessen methodische Grundlegung mit seiner konkreten Ausführung nicht übereinstimmt und dessen Hauptgedanken sehr problematisch sind, nicht als für das Verständnis des »vorösterlichen Jesus« förderlich bezeichnen, und bei dem Fehlen eines Stellenregisters (das Themenregister ist kaum von Nutzen) läßt es sich leider auch nur beschränkt zum Nachschlagen verwenden.

Auch das Buch von B. F. MEYER verbindet ausführliche methodische Erörterungen mit einer neuen Darstellung Jesu unter dem Gesichtspunkt der »Zielsetzung« des Wirkens Jesu. Der 1. Teil (»Hermeneutische Streitfragen«) geht ausdrücklich von dem »grundlegenden Durchbruch« des katholischen Philosophen B. Lonergan aus (wozu ich mich nicht äußern kann) und stellt auf dem Hintergrund einer kenntnisreichen, aber stark negativen Schilderung der Forschungsgeschichte folgende methodische Forderungen zur Beantwortung der Hauptfrage, »ob Jesus geschichtlich als ein völlig authentischer Mensch erkannt werden kann oder ob die Gestalt Jesu bleibend mehrdeutig bleiben muß«: »Geschichtliche Interpretation setzt eine Extrapolation der eigenen Fähigkeiten des Interpreten hin zu der Sinngebung eines anderen Menschen an einem verschiedenen Punkt in der Geschichte voraus«, »Quellen im Sinne ihrer eigenen Absichten zu verstehen bedeutet nur, in Beziehung zu treten mit Gegebenheiten, die mehr oder weniger maßgeblich sind für eine letzte Aufgabe, nämlich die Entdeckung dessen, was geschichtlich Handelnde wirklich beabsichtigten, und die wirksamere Vermittlung dieser Entdeckung an eine gegebene Hörerschaft; das nennen wir 'geschichtliche Interpretation'«, und »die Absicht herauszustellen, *warum* irgend etwas vorankam und etwas Anderes nicht . . ., nennen wir 'geschichtliche Erklärung'«. Die entscheidende Frage in der Jesusforschung ist darum die nach »Absichten und Folgen, denn Geschichte schließt vor allem das Begreifen von Absichten im Zusammenhang mit den Kräften der Zeit ein«. Gerade das aber geschah in der Jesusforschung nicht, »die meisten Bemühungen in der Frage nach dem geschichtlichen Jesus schlugen fehl . . ., weil für die Forscher 'Aufklärungs'-Propaganda kulturelle Voraussetzung geworden

war«, ihr Irrtum war eine massive Blickfeldbeschränkung, die willkürlich die Jesusfrage die ganze Zeit ihrer Geschichte hindurch verzerrte«.
So hat »die *a priori* geschehende Leugnung von Wundern ... zu einer
gewissen Verstümmelung der vollen Entwicklung, des vollen Umfangs
und der vollen Kraft der eschatologischen Vorstellungen, Absichten,
Worte, Taten und der ganzen Zielrichtung Jesu geführt«, und »zur
gleichen Zeit die Dogmen zu verwerfen und den Sinn des historischen
Jesus sich anzueignen, erwies sich als ein ehrgeiziges, aber selbstzerstöre-
risches Unterfangen«. Auf Grund solcher Ausführungen sollte man meinen, der Verf. fordere die Aufgabe voraussetzungsloser kritischer Jesusforschung, aber das ist schwerlich seine Meinung, denn er proklamiert
ausdrücklich vier Prinzipien: »Geschichte ist Wissen«, »geschichtliches
Wissen beruht auf Folgerungen«, »die Technik der Geschichte ist Hypothese« und »Hypothesen verlangen Bestätigung« und erklärt: »Die beiden programmatischen Schlagworte – 'Ungeschichtlichkeit bis zum Erweis
des Gegenteils' und *In dubio pro tradito*' – sind unangemessen und bringen sich gegenseitig zu Fall« (wobei eine Anmerkung dann doch dem
2. Schlagwort größeren Wert beimißt!). Trotz der Polemik gegen die
bösen Folgen der Aufklärung will der Verf. also doch bei den Voraussetzungen moderner kritischer Geschichtsforschung verbleiben, und so kommt
die ganze komplizierte methodische Erörterung, soweit ich sehe, letztlich nur auf die berechtigte Feststellung hinaus, daß wirklich kritische Geschichtsschreibung die Möglichkeit des Außergewöhnlichen oder auch
Metahistorischen nicht *a priori* ausschließen und sich nicht bei der bloßen
Feststellung von Tatbeständen beruhigen darf. Wie man diese Forderungen angesichts des besonderen Charakters der Evangelien in die Tat
umzusetzen habe, wird aber überhaupt nicht erörtert.

Vielmehr macht der zweite Teil des Buches unter der Überschrift »Die
Absichten Jesu« von dem Mittel der Hypothese reichlich Gebrauch. Das
gilt für die beiden Hauptthesen dieser Darstellung. a) »Von grundlegendster
Bedeutung, sowohl vom Standpunkt der Exegese wie von dem der
geschichtlichen Rekonstruktion aus, ist die Unterscheidung zwischen Evangelientexten, die Jesu Verkündigung, Lehre und Handlungen vor der
Öffentlichkeit berichten, und andererseits denen, die Taten und Worte
darstellen, die ausschließlich für seine Jünger reserviert waren«. Dementsprechend teilt der Verf. der öffentlichen Lehre und dem öffentlichen
Handeln Jesu zu: die Verkündigung von der Gottesherrschaft (»Jesu
ganze Aufmerksamkeit war konzentriert auf den gegenwärtigen Augenblick als bedingt durch das unmittelbare Bevorstehen und die schon wirkende Gegenwart der Gottesherrschaft«), die eschatologische Forderung
(»Die Lehre Jesu umfaßt nicht nur eine eschatologische Ethik, sondern

eine Ethik der vergegenwärtigten Eschatologie; die Forderungen waren
bestimmt für eine Gemeinschaft von umgeschaffenen Menschen«, wobei
Jesus »die Tora nicht untergräbt, sondern bis zum äußersten einschärft«,
aber »die Autorität seiner Lehre war persönlich und nicht exegetisch«),
die Berufung der Zwölf in der Absicht, »Israel zu einer Entscheidung über
Glauben und Unglauben zu zwingen«, die Heilungen und Exorzismen
und die »Tischgemeinschaft mit Sündern als Vorausnahme des Heilsmahls
mit den Patriarchen in der Gottesherrschaft«. Daneben stellt nun M.
»esoterische Traditionen (Evangelientexte, die Jesus allein oder mit den
Jüngern allein schildern) und Jesu esoterische Lehre (Lehre, die für seine
Jünger reserviert war)«, und er möchte zeigen, »daß sich dies zu Jesu
öffentlicher Wirksamkeit verhält wie Thema zur Durchführung, in dem
Sinn, daß die esoterische Lehre Jesu öffentliches Wirken zur Ebene der
ausdrücklichen Thematisierung fortführte, und wie Lösung zum Rätsel,
in dem Sinn, daß sie auch die gesamte Breite der Bedeutung darbot«. Aus
der Kombination des »Rätsel«-Wortes vom Bau des Tempels in drei Tagen,
den »nur Gott selbst oder der transzendent zu seiner Rechten enthroni-
sierte Messias bauen konnte« (Mk 14, 58), mit der als geschichtlich anzusehenden Verheißung Jesu an Petrus bei Caesarea Philippi (»daß die
Markusform älter ist, ist in jedem Fall ganz unwahrscheinlich«!) und der
Tempelreinigung als »Erfüllungsereignis« leitet M. die esoterische Tradition
ab: »Jesus war der Erbauer des Gotteshauses«, dessen »messianische Bestimmung nur festgesetzt war als Folge und Umkehrung von Verfolgung, Leiden und Tod«. Und darum ist es »fast sicher, daß die Rolle,
die in der öffentlichen Verkündigung und Lehre das Kommen der Gottesherrschaft spielte, in der esoterischenLehre nach dem Bekenntnis von
Caesarea Philippi das Kommen des Menschensohns spielte«. b) Sowohl
für die öffentliche wie für die geheime Lehre gilt, daß »eine geradezu
verblüffende unerwartete Wiederherstellung Israels die geschichtliche
Form der Wirksamkeit Jesu kennzeichnete«: »Eine Trennung der 'Gottesherrschaft' und ihrer Verkündigung von der 'Wiederherstellung Israels' ist
a priori unwahrscheinlich«, »'deine Herrschaft' im Vaterunser hat ihre
Wurzeln ebenso wie 'seine Herrschaft' im Qaddīš in Traditionen und
Texten, die ihrerseits das Zusammenfallen von Gottes eschatologischer
Herrschaft mit der eschatologischen Wiederherstellung Israels widerspiegeln«, und »der entscheidende Grund, warum diese Dimension der
Verkündigung Jesu so oft übersehen worden ist, ist wahrscheinlich …
einfach in dem Forschungsklima zu finden, eine Übernahme aus dem
letzten Jahrhundert«. Dementsprechend wurde auch übersehen, »daß die
Gottesherrschaft als nahe bevorstehende die nahe bevorstehende Wiederherstellung Israels bedeutete und daß die Gottesherrschaft als schon Israel

in Worten und Taten Jesu erfassend bedeutete, daß Israel sich schon im
Prozeß der Wiederherstellung befand«. Das alles wird mit viel exegetischem Detail und unter voller Beherrschung der modernen Forschung
ausgeführt, doch läßt sich schwerlich übersehen, daß die beiden hier
nur in großen Zügen referierten Hauptthesen größten Bedenken begegnen müssen. Da ist zunächst zu sagen, daß die Unterscheidung zwischen
öffentlicher und esoterischer Lehre Jesu angesichts des Charakters der
evangelischen Tradition und der Arbeitsweise der Evangelisten methodisch undurchführbar und darum die Zuweisung der Texte zur einen oder
andern Hälfte der Wirksamkeit Jesu exegetisch nicht beweisbar ist, ganz
abgesehen davon, ob diese Unterscheidung überhaupt in Jesu Leben gehört. Und die von dieser Voraussetzung aus vorgetragene Rekonstruktion
der esoterischen Lehre von Jesus als dem Erbauer des eschatologischen
Gotteshauses und die damit verbundene Interpretation der Menschensohntexte hat überhaupt keinen Anhalt an den Quellen, von der völlig
willkürlichen Behandlung der Caesarea Philippi-Perikope ganz abgesehen. Und so richtig es ist, daß grundsätzlich sich Jesus nur an Juden
gewandt und seinen Anspruch an das ganze Volk der zwölf Stämme
gerichtet hat (von der Konstituierung des »Restes Israels« ist freilich weder beim Täufer noch bei Jesus die Rede!), so wenig ist irgendwo von der »Wiederherstellung Israels« die Rede, und schon gar nicht
beginnt von dieser Vorstellung aus »Jesu Wirksamkeit als Einheit verständlich zu werden«. Daß in diesem mit wissenschaftlicher Leidenschaft geschriebenen Buch daneben selbstverständlich vieles begegnet, das volle
Zustimmung verdient (ich nenne nur zwei Beispiele: »Jesus sah [nach
der Gefangennahme des Täufers] seine eigene neue Aufgabe der Verkündigung, Lehre und Heiltätigkeit als eine andere getrennte Phase im
eschatologischen Plan an« und: »Auch wenn die Texte nicht existierten,
die eine ausdrückliche Zeitgrenze für das Ende setzen, hätten wir dasselbe Problem mit der Eschatologie Jesu, denn problematisch ist die
implizite Zeitgrenze, die das Ganze durchzieht«) [32], soll mit diesen Einwänden nicht bestritten werden, und gute Register ermöglichen das
leichte Auffinden exegetischer Einzelheiten. Die grundlegenden Anschauungen des Buches können m. E. aber nicht als haltbar anerkannt
werden.

Einen völlig anderen Charakter trägt das Buch von J. P. MACKEY.
Obwohl der Verf. sein Buch im Untertitel »eine moderne Christologie«
nennt, handelt es sich um eine Untersuchung der Frage nach dem histo-

---

[32] B. F. MEYER, The Aims of Jesus, 16. 111. 17. 77 f. 19. 58. 102 f. 88–91. 83.
277 Anm. 8. 129. 165. 142. 144. 151. 154. 174. 184. 189. 198. 201. 216. 209. 173.
133–135. 221. 234. 221. 245.

rischen Jesus. Die einleitende methodische Erörterung bezeichnet es im
Zusammenhang eines reichlich summarischen Überblicks über die Geschichte der Jesusfrage seit Reimarus als Vorurteile, »daß Dokumente,
die Glauben Ausdruck geben, deswegen normaler rationaler Quellenkritik nicht zugänglich seien« und daß »Mythos im Gegensatz zur
Geschichte stehe«; infolgedessen war »Kählers Verständnis des Glaubens der neutestamentlichen Schriftsteller ungefähr ebenso irrig wie
die Vorstellung des Reimarus von ihrer schöpferischen Fähigkeit«. Aus
der Forschungsgeschichte »kann nur erschlossen werden, daß vorgefaßte
Meinungen jede Art von erwartetem Erfolg beeinträchtigen und daß alle,
die sich an die Jesusfrage heranmachen, ihre vorgefaßte Meinung durch
ihre Quellen in Frage stellen lassen müssen«. Dem wird man zustimmen
können, doch bedurfte es schwerlich einer umständlichen methodischen
Erörterung, um zu diesem Resultat zu gelangen. Wenn sich der Verf.
dann der geschichtlichen Jesusfrage selbst zuwendet, schlägt er vor,
»daß der beste Ausgangspunkt für die Jesusfrage das Ereignis ist, mit
dem das geschichtliche Leben Jesu endete, sein Tod«, weil »der Tod Jesu
in jeder Hinsicht zentral ist«. Er betont dann richtig, daß es eine »zuverlässige Tradition für eine Antipathie zwischen Jesus und gewissen
jüdischen Führern gibt« und daß »darum kein Zweifel besteht, daß
jüdische Führer bei Jesu Tod eine Hand im Spiele hatten«. »Sowohl die
jüdischen wie die römischen Ankläger Jesu sahen in ihm so etwas wie
einen messianischen Prätendenten«, und daß Jesus nach der Verurteilung
durch ein römisches Gericht nach römischer Weise *gekreuzigt* wurde, erklärt sich am besten, wenn Jesus nach der Meinung dieser Ankläger »den
Status der Amtsträger der Marionettenregierung gefährdete, deren Le-
bensentscheidung es war, mit den Römern zusammenzuarbeiten«. Jesus
muß »etwas gesagt und getan haben, was ihn nach der Anschauung derer,
die es anerkannten, zu dem Anspruch berechtigte, der Messias, der Gottessohn, der Retter und noch viel mehr zu sein, was aber nach der Meinung derer, die es nicht anerkennen konnten, ihn nur als Feind ihrer
Religion ... und damit als Feind des Volkes erwies«. Das ist eine durchaus folgerichtige und erwägenswerte Beschreibung der geschichtlichen Voraussetzungen des Todes Jesu, aber offensichtlich ist es dem Verf. nicht
eigentlich um diese geschichtlichen Feststellungen zu tun, sondern um den
»Mythos, der um die Tatsachen herumwuchs«: er weist auf die verschiedensten Vorstellungen hin, mit denen die frühe Christenheit den Sinn
des Todes Jesu beschrieben hat, und stellt fest, »daß es vielleicht der
schlimmste Fehler wäre, irgend eine dieser Vorstellungen ... wörtlich zu
nehmen«, es handle sich vielmehr um Mythos, der nichts Anderes ist als
»ein Symbol oder eine Reihe von Symbolen, die in Form einer Erzählung

dargestellt sind«. Nun ist »der durchschnittliche grausame Tod eines
Verurteilten nicht der Ausgangspunkt, den man normalerweise für eine
mythische Interpretation auswählt«, vielmehr ist »der Glaube an Jesus
... nur möglich gemacht worden durch die Auferstehung Jesu«. So
schließt sich denn ein Kapitel über die Auferstehung an, das nachzuweisen
sucht, daß »es ein Fehler wäre zu denken, daß die Auferstehung Jesu
für Paulus das Geschehnis der persönlichen Auferstehung Jesu von den
Toten bedeutete, das vor einiger Zeit stattfand«, vielmehr »meint die
Aussage des Paulus, daß Jesus auferstanden ist, daß Jesus der Herr oder
Geist in seinem Leben und dem Leben seiner Bekehrten ist«, und »das
Verständnis der Auferstehung Jesu in den Evangelien und der Apostelgeschichte ist von dem nicht zu unterscheiden, was wir bei Paulus finden«.
D. h. »in jeder neutestamentlichen Aussage über die Auferstehung Jesu
... haben wir es mit der Sprache von Bild und Symbol zu tun«, »die
Form der Erzählung macht das Symbol nur zum Mythos«, und so »scheint
die Auferstehungspredigt *der* Mythos des Todes Jesu zu sein«, »der Mythos des Menschen Jesus«. Erst mit dieser die neutestamentlichen Aussagen unter Vergewaltigung der Texte spiritualisierenden Interpretation
ist der Verf. beim Kapitel über »Das Leben Jesu« angelangt, das freilich
nur ganz im Vorbeigehen von der Person Jesu in der Geschichte handelt
(»Der geschichtliche Jesus war ein Mann des Glaubens«, über dessen
Autorität geschichtlich nichts Sicheres ausgesagt werden kann), im übrigen
aber eine spiritualisierende Interpretation der Verkündigung Jesu vor-
trägt: die Gleichnisse Jesu zeigen, daß »die Herrschaft Gottes eine Erfahrung ist, die uns in dieser Welt zugänglich ist«; »Jesus weckte die Erfahrung aller lebenden und existierenden Dinge als gnädige Gabe an uns«;
»die sogenannten Wundergeschichten haben die Absicht zu betonen, daß
die Erfahrung der Gottesherrschaft ... eine Erfahrung einer Macht oder
eines Heils in unserm Leben ist, die uns die Übel bei unseren Mitmenschen
heilen und uns um ihre Nöte kümmern läßt«, »der geschichtliche Jesus
nahm es auf sich, allen Menschen ohne Unterschied oder Besonderheit
die Erfahrung zu vermitteln, von Gott geschätzt und anerkannt zu
sein« [33]. Ist es nötig zu betonen, daß diese spiritualisierende Interpretation der Verkündigung Jesu, die von jeder Verwurzelung Jesu im zeitgenössischen Judentum ebenso absieht wie von seiner eschatologischen
Botschaft und seiner Forderung, zu keiner geschichtlichen Einsicht in die
Person und Verkündigung des wirklichen Jesus gelangen kann, ganz

---

[33] J. P. MACKEY, Jesus ..., 45. 34. 46 f. 52. 64. 71. 66. 73. 75. 78. 83 f. 98. 104.
110. 112 f. 117. 171. 130. 142. 158. 172. Das Buch ist inzwischen in deutscher
Übersetzung erschienen: Jesus. Der Mensch und der Mythos. Eine zeitgemäße
Christologie, München 1981.

abgesehen davon, daß es dem Leser nicht einsichtig wird, inwiefern der
Ausgang vom Tode Jesu den Verf. dazu führt, zu einem anderen Verständnis Jesu als andere Forscher zu gelangen, das deren Ansichten geschichtlich überlegen wäre? Dieses Buch führt nicht zu haltbaren geschichtlichen Erkenntnissen.

Schließlich ist auf die äußerst minutiösen Untersuchungen der »Zeichenhafte Handlungen« Jesu durch M. Trautmann hinzuweisen. Nachdem die Verf. in einem erstaunlich selbstsicheren Forschungsüberblick
allen bisherigen Forschern vorgehalten hat, daß sie »mehr oder weniger
eng und methodisch nicht reflektiert und abgesichert philosophisch-dogma-
tische Ansätze mit historisch-kritischer Methodik verquicken« und keine
»detaillierte, konkrete methodische Konzeption« erkennen lassen, bezeichnet sie es als ihre Absicht, »die Frage zu klären, ob es Handlungen
Jesu gibt, deren Relevanz die rein pragmatische Bedeutung des faktisch
Geschehenden übersteigt«, Handlungen, »die nachweislich in der Umwelt
Jesu als zeichenhaft und in ihrer Zeichenhaftigkeit begreiflich waren oder
begreiflich gemacht werden sollten«; »die Handlungen Jesu sind daraufhin abzufragen, ob und inwieweit sie sich in geprägte vergangene oder
zeitgenössische Handlungsmodelle einordnen lassen«, doch ist »der Blick
stets auch für mögliche Innovationen, Analogieloses und Nicht-Ableit-
bares in Jesu Tun offen zu halten«. Da aber »eine zeichenhafte Handlung nur schwer in ihrem Sinnüberschuß genau bestimmt werden kann«,
»kommt erkenntnistheoretisch ... dem die Handlung erläuternden Wort
Prävalenz zu«. Von der Untersuchung sollen allerdings die Abendmahls-
handlung, die Speisungsgeschichten und die Wundergeschichten ausgeschlossen werden, »da sie den Rahmen dieser Arbeit sprengen würden«.
Die Aufzählung der untersuchten Texte (Tempelreinigung, Zöllnergastmahl, Konstituierung des Zwölferkreises, Heilung des Gelähmten, »die
zeichenhafte Bedeutung der Dämonenaustreibung Jesu nach Lk 11, 20«,
die Sabbatheilungen Jesu, die Verfluchung des Feigenbaums, der Einzug
nach Jerusalem) zeigt freilich, daß die Auslassung der Wundergeschichten nicht konsequent durchgehalten wird. Die genannten Texte werden
unter breiter Berücksichtigung der modernen Literatur jeweils auf ihre
Bedeutung in der ältesten erreichbaren literarischen Quelle, Markus oder
Q, und bei den bearbeitenden Seitenreferenten untersucht, es wird dann
der Versuch unternommen, die vorliterarische Redaktion und von da aus
die »älteste Tradition« zu rekonstruieren und schließlich deren Geschichtlichkeit und ursprünglichen Sinn zu erschließen. Da diese Untersuchungen hier nicht im einzelnen referiert werden können, begnüge ich
mich mit der Aufzählung der Resultate: Als ältester Bericht über die
Tempelreinigung läßt sich allein Mk 11, 15 (das Betreten des Tempels

durch Jesus, die Austreibung der Verkäufer und das Umstürzen der
Tische der Geldwechsler und Taubenverkäufer) festhalten, »diese Erzählung ... läßt keinen Sinnüberschuß der Handlung direkt erkennen«.
»Das berichtete Verhalten Jesu im Tempel wird mit größter Wahrscheinlichkeit als Tat des historischen Jesus gelten dürfen«, es kann sich aber
nur »um ein geringfügiges und unsensationelles Ereignis gehandelt haben«, das »zeichenhaft eine Relativierung des zeitgenössischen Tempel-
kults, wenn nicht eine Aufhebung desselben darstellte«. Nun spielt bekanntlich im Prozeß Jesu ein tempelkritisches Wort Jesu eine Rolle, das
»eine extrem tempelkritische Schärfe enthalten haben muß« und wohl
»ursprünglich im Zusammenhang der Tempelreinigung beheimatet war«.
Aus dieser (erschlossenen!) »Kombination von Handlung und Wort Jesu
am Tempel« erschließt die Verf. dann, daß die Tempelreinigung eine
»zeichenhafte Vorweg-Abildung und -Verwirklichung des zukünftigen
Untergangs des Tempels« war, die auch »auf ein letztlich positives
Tempelgeschehen aufmerksam machen« sollte. Die Tempelreinigung hat
also keinen »messianischen Sinn«, doch handelt Jesus »ohne Verweis auf
göttliche Autorisierung«. – Während die Verbindung von Zöllnerberu-
fung und Zöllnergastmahl sekundär ist, ist »die Tischgemeinschaft Jesu
mit Zöllnern im Hause des Levi ... authentische Handlung des irdischen
Jesus«, die »zeichenhaft das eschatologische Heilsangebot Gottes an die
Sünder realisiert«. – Während der Bericht über die Einsetzung der Zwölf
nicht als geschichtlich nachweisbar ist, ist die Verankerung des Zwölferkreises im Leben Jesu sehr wahrscheinlich, und »es spricht alles dafür,
daß Mt 10, 6 (»Geht zu den verlorenen Schafen des Hauses Israel«) auf
Jesus von Nazaret selbst zurückgeht« und sich »auf die Zwölf bezog«:
»Konstituierung der Zwölf und ihre Aussendung zu einem »Haus Israel«
realisieren zeichenhaft den Anbruch des Reiches Gottes ... als *die* Heils-
größe für das gesamte Israel«. – »Die älteste Tradition« des Berichts über
die Heilung des Gelähmten (Mk 2, 1–12 ohne das eingeschobene Streitgespräch) »wird höchstwahrscheinlich schon die Verbindung der Sündenvergebung mit der Heilung enthalten haben« und gibt »eine Erinnerung
an ein konkretes Vorkommnis im Leben Jesu wieder«, das »die vermit-
telnde Bedeutung der Person Jesu und einen einzigartigen Anspruch Jesu,
daß in *seinem* heilkräftigen Tun und seinem Wort eschatologische umfassende Heilung vor-realisiert wird, impliziert«. – Das Wort Lk 11, 20
(»Wenn ich mit dem Finger Gottes die Dämonen austreibe, ist die Gottesherrschaft über euch gekommen«) zeigt, daß »in den Dämonenaustreibungen Jesu das Reich Gottes als im Anbruch begriffen sichtbar und erfahrbar werden soll«, und auch »die Sabbatheilungen sind zeichenhafte
Abbildungen des Heilswillens Gottes«, wobei Jesus »beansprucht, den

definitiven Willen Gottes bezüglich des Sabbats zun wissen«. – Hinter
der Erzählung von der Verfluchung des Feigenbaums steht eine Erzählung, in der Jesus angesichts eines Feigenbaums ohne Früchte sagte: »In
Ewigkeit soll niemand mehr von dir Frucht essen«, und diese »künftige
Fruchtlosigkeit soll die Geschichte und das Geschick Israels bezeichnen«. –
Die »älteste Überlieferung »vom Einzug Jesu nach Jerusalem schließlich
»enthielt garnicht die Aussage von einem Ritt Jesu auf einem Esel«,
»eine zeichenhafte oder gar messianische Handlung Jesu stellte das historische Einzugsereignis nicht dar«. Aus dem allen ergibt sich nach der
Verf., »daß zeichenhafte Handlungen Jesu mit der eschatologischen Entscheidung Gottes als identisch zu begreifen sind«, wobei Jesus »absolut
souverän« handelt; »in Jesu zeichenhaften Handlungen expliziert sich
ein analogieloses Selbstverständnis ... Jesus handelt in der Tat so, als
stünde er an Gottes Stelle« [34].

Die bedeutsame Untersuchung Trautmanns hat zweifellos nachgewiesen, daß sich in der evangelischen Überlieferung eine Reihe von Handlungen Jesu erkennen läßt, die einen »Sinnüberschuß« aufweisen, weswegen es zum Verständnis des geschichtlichen Jesus unerläßlich ist, auch
die Handlungen Jesu in die Untersuchung einzubeziehen. Das Referat
über die Urteile gegenüber den einzelnen Texten dürfte aber ebenso gezeigt haben, daß die Verf. an den Berichten in erstaunlichem Umfang
und mit großer Sicherheit radikale Reduzierungen vornimmt, die m. E.
keineswegs immer überzeugend sind, daß sie aber dann die so gewonnene
ursprüngliche Überlieferung einer ebenso radikalen Interpretation unterwirft, die den als ursprünglich erklärten Resten der Texte mehr an Sinn-
gehalt abverlangt, als sie herzugeben vermögen, wobei im Falle der
Tempelreinigung noch eine durchaus problematische Textkombination
vorgenommen wird. Man wird darum in jedem Fall die Beweisführung
auf ihre Angemessenheit und Überzeugungskraft prüfen müssen, aber im
ganzen stellt dieses Buch eine wirkliche Förderung unserer geschichtlichen
Kenntnis Jesu dar, und die zusammenfassenden Ergebnisse der Verf.
verdienen m. E. volle Zustimmung.

Anhangsweise möchte ich noch auf zwei Bücher hinweisen, die nur am
Rande zur Geschichte Jesu gehören, aber doch in diesem Zusammenhang erwähnt werden sollten. Zwölf protestantische, anglikanische und
römisch-katholische amerikanische Theologen haben nach zahlreichen ge-

---

[34] M. Trautmann, Zeichenhafte Handlungen ..., 59. 61. 71–73. 75. 63. 113.
118 f. 121. 124. 126 f. 130. 160. 162. 225. 221. 230. 251. 267. 317 f. 332. 370 f.
375. 387. 402. – Die Leimung des Buches ist so schlecht, daß schon nach einmaliger
Lektüre ein Teil der Blätter lose ist, und zahlreiche Seiten sind, jedenfalls in meinem Exemplar, falsch eingebunden.

meinsamen Diskussionen in den Jahren 1976/78 das Buch »*Maria im Neuen Testament*« veröffentlicht, das es sich zum Ziel gesetzt hat, Aussagen über die »Maria der Geschichte« zu machen, und dem entsprechend kommt in diesem Buch die ganze Breite der eindeutig von Maria handelnden oder von der frühkirchlichen Tradition auf Maria bezogenen Texte des Neuen Testaments zur Sprache, und zwar in großer Sorgfalt und Verantwortung. Doch soll hier nur auf die Feststellungen hingewiesen werden, die im engeren Sinn geschichtliche Aussagen über die Mutter Jesu machen. Da heißt es einerseits: »Wir sehen keinen Weg, auf dem eine moderne wissenschaftliche Beschäftigung mit den Evangelien die Geschichtlichkeit der jungfräulichen Empfängnis feststellen (oder andererseits widerlegen) kann«, andererseits wird betont: »Man sollte nicht annehmen, daß Maria ausdrücklich Kenntnis über Jesus als den 'Sohn Gottes' während seiner Lebenszeit hatte«, und »da Maria von Anfang an ein Mitglied der nachösterlichen Gemeinde war, ist es unwahrscheinlich, daß ihr früheres Unverständnis für ihren Sohn einfach eine Erfindung des Markus oder der von ihm wiedergegebenen Tradition ist ... Grundlage scheint gewesen zu sein, daß Maria in Wirklichkeit Jesus nicht als Jüngerin während seiner Wirksamkeit folgte« [35]. Diese Feststellungen werden so eindeutig gegen alle denkbaren Einwände und Traditionen abgesichert, daß man diese interkonfessionelle exegetische Gemeinschaftsarbeit nur dankbar begrüßen kann.

Der seit 20 Jahren in Jerusalem wirkende Franziskanerpater W. Pax hat einen Bildband vorgelegt, der die Heimat Jesu zeigen soll, von der er geprägt war. Zu diesem Zweck begleitet er die Abbildungen mit einem Text, der die verschiedenen Gegenden Palästinas beschreibt, in denen Jesus gewirkt hat. Die geographischen Schilderungen und Hinweise auf Landessitten sind lehrreich, wenn sie auch mit den Abbildungen nicht in Beziehung gesetzt sind. P. verknüpft aber diese Informationen mit einer Schilderung der Geschichte Jesu, die nicht nur *sämtliche* Angaben aller vier Evangelien als normalen Geschichtsbericht verwendet und dabei Sicherheit vortäuscht, wo sie nicht besteht (Jesus ist 7 v. Chr. geboren und 30 n. Chr gestorben, er lebte 30 Jahre in Nazaret, die Schwiegermutter des Petrus war malariakrank usw.), sondern auch legendäre Züge in einer Weise verwendet, daß bei dem Leser der Eindruck geschichtlich

---

[35] *Mary in the New Testament*, 8. 96. 119. 284. – Korrekturnachtrag: Inzwischen ist die deutsche Übersetzung erschienen: *Maria im Neuen Testament* ..., Stuttgart 1981 (dort die etwas anders übersetzten Zitate S. 20. 85. 100. 222). Bei der Umstellung der Zitate aus englischen Übersetzungen deutscher Bücher auf die Originale sind zweimal die Bezugnahmen auf die englische Übersetzung des ThWNT stehengeblieben (Anm. 259. 287)

gesicherter Tatbestände erweckt wird (Jesus ist in einer Grotte geboren,
die man beschreiben kann; am Ölberg sieht man das Grab der Maria,
»die von hier in den Himmel aufgenommen wurde«; auf dem Weg von
Nazaret nach Jerusalem kann man sehen, »wo Josef und Maria bei ihrer
Rückreise das Fehlen des zwölfjährigen Jesus bemerkten«; in der Grabes-
kirche steht ein kleiner Felsblock, »auf dem der Engel saß, der den
Frauen die Auferstehung verkündigte«). Manche Angaben sind überdies
aus der Luft gegriffen oder falsch (bei der Johannestaufe »tauchten auf
ein Zeichen des Täufers alle gemeinsam unter«; Jesus hat den Karmel
»auf seinen Fahrten stets gemieden, da er heidnisches Gebiet war«; als
Jesus 12 Jahre wurde, »verband man die Wallfahrt [nach Jerusalem] mit
der Feier 'Bar-Mitzwah'« – aber die bar-mizwah-Institution ist eine
Schöpfung des Mittelalters!). D. h. diese Schilderung Jesu in seiner hei-
matlichen Umgebung verzichtet nicht nur auf jede historische Kritik an
den Evangelienberichten, sie verleiht auch bloßer frommer Überlieferung
den Anschein des Geschichtlichen. Und die teilweise informativen, teilweise verschwommenen Aufnahmen von Landschaften und Gebäuden,
bei denen der Betrachter freilich nicht erfährt, aus welcher Zeit die Gebäude stammen, sind vermischt mit sonstigen Bildern, die z. T. ohne jeden
Nutzen sind (etwa ein Granatapfel, Fische, eine Menschenmenge von
oben, ein krähender Hahn, in einer Sakristei abgestellte Holzfiguren),
zum andern römisch-katholische oder orthodoxe Frömmigkeit illustrieren,
aber zum Verständnis Jesu nichts beitragen (daß es auch evangelische
Christen in Palästina gibt, erfährt der Leser nur am Rande; und warum
fehlt eine Aufnahme eines Grabes mit einem Rollstein?). Nur mit Kopf-
schütteln liest man den Satz: »Eine Tatsache, die für Christen oft kaum
verständlich ist, ist der Pluralismus der Juden« (S. 108); hat der Verf.
nicht bedacht, daß er einige Seiten später (S. 140) von den »so vielen
verschiedenen Gruppen« von Christen zu sprechen haben wird, die sich
»um das Grab scharen«? Zum Verständnis Jesu trägt dieser Band leider
kaum etwas bei, und es ist mir unverständlich, warum die Agentur des
Rauhen Hauses in Hamburg den Vertrieb dieses Buches übernommen hat.

Die 2. Hälfte dieses Nachtragsberichts soll die zu den Teilen 3–6 des
Berichts erschienene Literatur behandeln.

Nachtrag zu S. 342 oben: Der Wunsch ist bereits erfüllt, das Buch ist 1981 im
Verlag Benziger, Zürich/Einsiedeln/Köln erschienen.

III. Die Lehre Jesu

H. Bald, Eschatologische oder theozentrische Ethik? Anmerkungen zum Problem einer Verhältnisbestimmung von Eschatologie und Ethik in der Verkündigung Jesu, VuF 24, 1, 1979, 35–52. – Ch. Burchard, Jesus für die Welt. Über das Verhältnis von Reich Gottes und Mission, in: Fides pro mundi vita, Fsch. H.-W. Gensichen, hg. v. Th. Sundermeier, MWF 14, 1980, 13–27. – Ch. E. Carlston, Proverbs, Maxims and the Historical Jesus, JBL 99, 1980, 87–105. – B. D. Chilton, God in Strength. Jesus' Announcement of the Kingdom, Studien zum Neuen Testament und seiner Umwelt B 1, 1979 (zu beziehen Harrachstr. 7, A 4020 Linz). – H. Feld, Das Verständnis des Abendmahls, EdF 50, 1976, 18–56 (A. Das Abendmahl im Neuen Testament: II. Die vier Abendmahlsberichte, III. Alter und gegenseitige Abhängigkeit der in den Abendmahlsberichten festgehaltenen Traditionen, IV. Das letzte Mahl Jesu). – J. P. Galvin, Jesus' Approach to Death: an Examination of Some Recent Studies, TS 41, 1980, 713–744. – T. F. Glasson, Jesus and the End of the World, Edinburgh 1980. – W. Grundmann, Weisheit im Horizont des Reiches Gottes. Eine Studie zur Verkündigung Jesu nach der Spruchüberlieferung Q, in: Die Kirche des Anfangs, Fsch. H. Schürmann, Freiburg/Basel/Wien 1978, 175–199. – F. Hahn, Das Abendmahl und Jesu Todesverständnis, ThRv 76, 1980, 265–272. – R. Hamerton-Kelly, God the Father. Theology and Patriarchy in the Teaching of Jesus, Ouvertures to Biblical Theology, Philadelphia 1979. – M. Hengel, Jesus und die Tora, ThBeitr 9, 1978, 152–172. – P. Hoffmann, »Eschatologie« und »Friedenshandeln« in der Jesusüberlieferung, in: Eschatologie und Frieden II, Eschatologie und Frieden in biblischen Texten, hg. v. G. Liedke, Heidelberg 1978, 179–223 *. – P. Lapide, Insights from Qumran into the Languages of Jesus, RdQ 8, 32, 1975, 483–501. – G. Lohfink, Gott in der Verkündigung Jesu, in: Heute von Gott reden, hg. v. M. Hengel und R. Reinhardt, München/Mainz 1977, 50–65. – I. H. Marshall, Last Supper and Lord's Supper, Exeter 1980. – H. Merklein, Erwägungen zur Überlieferungsgeschichte der neutestamentlichen Abendmahlstraditionen, BZ 21, 1977, 88–101. 235–244. – Ders., Die Gottesherrschaft als Handlungsprinzip. Untersuchung zur Ethik Jesu, FzB 34, 1978. – L. Oberlinner, Todeserwartung und Todesgewißheit Jesu. Zum Problem einer historischen Begründung, SBB 10, 1980. – R. Pesch, Das Abendmahl und Jesu Todesverständnis, QD 80, 1978. – J. Piper, »Love your ennemies«. Jesus' love

---

* Korrekturnachtrag: Jetzt besser in: Eschatologie und Friedenshandeln, SBS 101, 1981, 115 ff.

command in the synoptic gospels and in the early Christian paraenesis. A history
of the tradition and interpretation of its uses, SNTSMS 38, 1979. – S. RUAGER,
Das Reich Gottes und die Person Jesu, Arbeiten zum Neuen Testament und
Judentum 3, Frankfurt/Bern/ Cirencester 1979. – E. RUCKSTUHL, Neue und alte
Überlegungen zu den Abendmahlsworten Jesu, in: Studien zum Neuen Testa-
ment und seiner Umwelt 5, 1980, 79–106. – J. SCHLOSSER, Le règne de Dieu
dans les dits de Jésus, Partie I. II, EtB 1980. – H. SCHÜRMANN, Jesu Todesver-
ständnis im Verstehenshorizont seiner Umwelt, ThGl 70, 1980, 141–160. –
R. H. STEIN, The Method and Message of Jesus' Teachings, Philadelphia 1978. –
W. TRILLING, Die Botschaft Jesu. Exegetische Orientierungen, Freiburg/Basel/
Wien 1978. – H. VORGRIMLER, Zur Eschatologie Jesu, in: H. V., Hoffnung auf
Vollendung. Aufriß der Eschatologie, QD 90, 1980, 32–45. – St. WESTERHOLM,
Jesus and Scribal Authority, CB. NT 10, 1980.

Seit der Besprechung von Gesamtdarstellungen der Lehre Jesu und von
Arbeiten, die sich schwerpunktmäßig mit Jesu eschatologischer und sittlicher Verkündigung, mit seiner Gottesverkündigung und Gesetzesanschauung und seiner Stellung zu seinem Tod in diesem Sammelbericht befaßten[1], sind über alle diese Themen zahlreiche weitere Arbeiten erschienen,
auf die hier in der genannten Reihenfolge eingegangen werden soll, nachdem einleitend auf drei allgemeinere Aufsätze hingewiesen wurde.
P. LAPIDE möchte auf dem Hintergrund der sprachlichen Situation im
Palästina des 1. Jahrhunderts nachweisen, daß Jesus »in Hebräisch predigte, betete und prophezeite«, »Aramäisch« hauptsächlich für nicht
religiöse Zwecke benutzte« und »Griechisch zu Pontius Pilatus, zu dem
Centurio und vielleicht zur ›kanaanäischen Frau‹ sprach«, ja daß »der
Titulus über dem Kreuz zweifellos in Griechisch abgefaßt war« (S. 494.
499 f.). Diese mit völlig unzureichender Berücksichtigung der neueren
Literatur aufgestellten Behauptungen sind aber keineswegs bewiesen, und
schon die Einreihung der Gebetsanrede »Abba« unter die »nicht religiösen Zwecke« zeigt die Unhaltbarkeit dieser sprachlichen Aufteilung.
Auch W. GRUNDMANNs Untersuchung über »Weisheit im Horizont des
Reiches Gottes« hilft zum Verständnis Jesu nicht weiter, weil jede Unterscheidung zwischen der Spruchquelle und der geschichtlichen Verkündigung Jesu selbst fehlt und auch nicht klar wird, ob die ganze Spruchquelle oder nur deren zur Weisheitsform gehöriger Teil besprochen werden soll. Natürlich schildert die Überlieferung Jesus auch als »prophetischen Weisheitslehrer«, und ebenso ist es richtig, daß durch die Seligpreisungen am Beginn der Bergpredigt/Feldrede für »die Menschen, die
im Vergeltungsdenken als Gestrafte gelten«, »im Tun Gottes an den
Seliggepriesenen, ... das ihnen ein neues Ergehen verschafft, ein neuer

---

[1] ThR 41, 1976, 225–363; 43, 1978, 245–265; 45, 1980, 330–337.

Tun-Ergehens-Zusammenhang gesetzt ist« (S. 175. 189). Und natürlich
trifft auch zu, daß »die Weisheit ihren bestimmten funktionalen Stellen-
wert im Bereich der Verkündigung des Reiches Gottes hat« (S. 198), aber
diese Feststellungen führen nicht zu wirklichen geschichtlichen Erkenntnissen, weil sie weder kritisch gesichert noch in den Zusammenhang der
Gesamtverkündigung Jesu eingeordnet werden. Interessant ist dagegen,
was CH. E. CARLSTON über Sprichwörter und Weisheitssprüche bei Jesus
ausführt. Er betont nicht nur richtig, daß wir aufhören sollten, »uns so
einseitig auf das Einzigartige und Besondere in Jesu Botschaft zu konzentrieren«, und daß »der Zusammenhang zwischen dem Kommen des
Eschaton und Jesu eigener Wirksamkeit uns daran hindert, *a priori* alle
Weisheitselemente in Jesu Lehre als ›nicht eschatologisch‹ und darum
unecht auszuscheiden«. C. macht vor allem darauf aufmerksam, »welche
Arten von sprichwörtlichen Aussagen Jesus nicht zugeschrieben werden«,
und diese mit zahlreichen Parallelen unterbaute Aufzählung zeigt einerseits etwa, daß »für Jesus Gleichheit zwischen den Geschlechtern nicht so
sehr ein fernes gesetzgeberisches Ziel, als vielmehr ein selbstverständlicher
Tatbestand war«, andererseits daß »christliche Exegeten etwas offener
werden sollten für die schöpferischen Möglichkeiten der allgemein menschlichen Elemente in Jesu Leben und Lehre«[2]. Der Aufsatz verdient sorgfältiges Studium.

Die erste der hier zu nennenden Gesamtdarstellungen, das Buch von
W. TRILLING über »Die Botschaft Jesu«, enthält in erweiterter Form drei
früher veröffentlichte Aufsätze, von denen der dritte (»Die Wahrheit
von Jesusworten in der Interpretation neutestamentlicher Autoren«) hier
nicht zu besprechen ist. Der 1. Aufsatz dient dem Nachweis, daß »Jesu
Gottesverkündigung seine Botschaft von der Gottesherrschaft formiert
und trägt«: »Die Art, in der Jesus von der Gottesherrschaft spricht, erklärt sich aus der Art, wie er von Gott spricht.« Aus dieser Einsicht
folgt, daß »die Gottesherrschaft, da sie eben die Herrschaft *Gottes* ist,
ihrem Wesen nach futurisch-eschatologisch, ... aber eben auch präsentisch ist, da sie sich bereits jetzt ereignet, aber *als* die futurische ereignet«.
Diese Grundgedanken sind sicherlich richtig, freilich nicht so neu, wie
der Verf. behauptet, doch ist damit keineswegs als falsch erwiesen, daß
die (von Trilling nicht bestrittene) »Naherwartung *die* maßgebende Dimension, der *Rahmen* und die *inspirierende Motivation* dieser Botschaft
ist«; und daß in den viel diskutierten »Terminworten« (Mk 9, 1; 13, 30;
Mt 10, 23) »die Stimme der nachösterlichen Gemeinde zu vernehmen ist
und nicht die Stimme Jesu«, scheint mir ebenso fraglich zu sein wie die

---

[2] C. E. CARLSTON, Proverbs . . ., 104. 103. 91. 97. 105.

Gleichsetzung der beiden Aussagen »Die Gottesherrschaft ist zu euch gekommen« und »Die Gottesherrschaft ist nahe herbeigekommen« (Lk
11, 20; Mk 1, 15). Richtig sind aber die Feststellungen, daß Jesu Kritik
an der »Sorge um die eigentliche Existenz« ihr Motiv hat in der Aufforderung: »Das Handeln des Menschen soll vom Handeln Gottes bestimmt
sein und sich nach ihm richten« und daß Jesus die »Gratis-Vergebung
Gottes in seinem *Verhalten* demonstriert hat«. Auf dem Hintergrund
dieser lehrreichen und bedenkenswerten Ausführungen sucht dann der
2. Aufsatz nachzuweisen, daß »die historische Wahrscheinlichkeit, daß
Jesus eine Kirche ›gedacht‹, ›gewollt‹ oder ›gegründet‹ habe, äußerst gering« und darum »die Suche nach ›Vorstufen‹ einer Kirche . . . beim ›irdischen Jesus‹ in sich frag-würdig und problematisch« sei, was sicherlich
zutrifft; wenn dann trotzdem von »impliziter Ekklesiologie« die Rede ist,
weil »Gott den mit Jesus gesetzten Anfang seiner Basileia fortführt«[3], so
kann der Leser nicht erkennen, ob der Verf. diese »implizite Ekklesiologie« in der Verkündigung des irdischen Jesus selbst angelegt findet oder
damit eine, freilich legitime, nachösterliche Entwicklung beschreiben will.
Aber diese Einwände sollen die Feststellung nicht aufheben, daß dieses
Buch für das Verständnis der Verkündigung Jesu hilfreich ist.

Das Buch von R. H. STEIN über »Die Methode und Botschaft der Lehre
Jesu« bietet eine vor allem·für den akademischen Unterricht gedachte
Überschau über alle Seiten der Verkündigung Jesu, die (bei starker Anlehnung an J. Jeremias) in der Aufzählung der Belege »absichtlich nicht
den Versuch unternimmt festzustellen, welche Beispiele Jesus und welche
den Evangelisten oder der Kirche zugeschrieben werden sollten«. Das
führt gelegentlich zu kritisch problematischen Behauptungen (»Jesus
muß Zeit darauf verwandt haben, seine Lehre zu ordnen und ihre Form
vorzubereiten . . . Aus seinem Gebrauch verschiedener Arten von Parallelismus ergibt sich deutlich, daß er seiner Lehre eine Form gab, die leicht
zu behalten sein sollte«; »Jesus ist der einzige Sohn, der Sohn [Gottes]
von Natur«; »Jesus gebraucht als eine Selbstbezeichnung den Titel
›Sohn‹«), und ganz vereinzelt findet sich auch einmal eine auch bei konservativer Haltung textfremde Auslegung (in dem Ruf am Kreuz Mk
15, 34 redet Jesus Gott darum nicht mit ›abba‹ an, weil er, »die Sünde
der Welt tragend, eine Trennung von Gott fühlte, eine Trennung, die
die Sünde verursacht . . ., eine wirkliche, augenblickliche Trennung, in
der Jesus die menschliche Sünde vor einen heiligen und gerechten Gott
trug«). Im übrigen aber bietet Stein eine sorgfältig begründete und weit-

---

[3] W. TRILLING, Die Botschaft Jesu, 10. 39. 53. 25. 61. 54. 108 Anm. 32. 33 f. 46.
68. 70 f. S. zu Trillings früherem Buch: »Fragen zur Geschichtlichkeit Jesu«
ThR 41, 1976, 229 f.

gehend überzeugende Darstellung der Verkündigung Jesu. Dabei wird
z. B. mit Recht betont, daß die Gottesherrschaft, »in dynamischem Sinn
verstanden, ebenso eine gegenwärtige Wirklichkeit sein kann, die in einzigartiger Weise in und durch die Wirksamkeit Jesu gekommen ist, wie
eine zukünftige vollkommenere Verwirklichung dieser Herrschaft«, und
daß dieses Verständnis der Gottesherrschaft »gestützt wird durch die Beobachtung, daß Jesus eine Zwischenzeit zwischen seiner irdischen Wirksamkeit und der Vollendung erwartete«. Ebenso wichtig scheinen mir die
Feststellungen zu sein, daß Jesus »nicht eine Lehre von der allgemeinen
Vaterschaft Gottes vertrat«, daß »Jesus glaubte, daß er eine Autorität
besitze, durch die er die ursprüngliche und grundlegende Absicht des Gesetzes zur Geltung bringen könne«, daß »der stärkste ›geschichtliche‹ Beweis, daß Jesus den Anspruch erhob, der Messias zu sein, die unleugbare
Tatsache ist, daß er als ein messianischer Prätendent von den Römern
gekreuzigt wurde«, schließlich daß Jesus den Titel »Menschensohn« gebrauchte, weil keine »klare, wohlbekannte ›Menschensohnchristologie‹
existierte, die [politisch] hätte mißverstanden werden können«, während
diese Selbstbezeichnung »gut Jesu Herrschaft und einzigartige Beziehung
zu Gott offenbarte«[4]. Diese Beispiele zeigen, daß Steins Buch, kritisch
gelesen, zwar keine neuen Erkenntnisse, aber einen guten Zugang zur
Verkündigung Jesu bietet.

Während sich Stein an einen breiteren Leserkreis wendet, will die Lun-
der Dissertation von St. WESTERHOLM über Jesu Stellung zur Autorität
der Schriftgelehrten in streng wissenschaftlicher Untersuchung einerseits
»das Phänomen aufklären, durch das schriftgelehrtes Gesetz zum Gesetz
der [Heiligen] Schrift hinzugefügt und auf derselben Ebene gesehen
wurde«, andererseits »Jesu Anschauung von der Autorität der Schriftgelehrten untersuchen und seine Stellung zu der in seiner Zeit umstrittenen Streitfrage [betreffs des Gesetzes] aufhellen«. Nach einer lehrreichen
und besonnenen Erörterung der Kriterien für die Geschichtlichkeit der
Evangelienüberlieferung behandelt ein 1. Teil (»Der Schöpfer der Ha-
lakha«) die Pharisäer und ihre Schriftgelehrten und deren Gesetzesanschauung, wobei sich bei Beachtung der Chronologie der Quellen ergibt, daß wir »aus Josephus und dem Neuen Testament erschließen können, daß die Pharisäer eine außerbiblische Tradition, die von ihnen überliefert und in gewissem Umfang von ihren führenden Autoritäten geschaffen war, als gültig ansahen«, doch »finden sich höchstens Andeutun-
gen der Anschauung, daß die Tradition dem Mose am Sinai übergeben

---

[4] R. H. STEIN, The Method and Message..., XIII. 31 f. 86. 131. 83. 77 f. 85.
104. 125. 147.

worden ist«. Ebenso zeigen die ältesten rabbinischen Quellen, daß pharisäische Halakhot »als ebenso autoritativ und bindend angesehen wurden wie die Bestimmungen, die direkter aus den offenbarten Schriften abgeleitet werden«. Der Hauptteil des Buches untersucht dann unter reicher Heranziehung der wissenschaftlichen Literatur Jesu Stellung zu den Fragen des Zehnten, der rituellen Reinheit, des Sabbats, der Eide und der Ehescheidung. Dabei ergibt sich, daß durch Jesus »weder Fasten noch Verzehnten direkt kritiziert wird . . ., doch sind solche Taten nach Jesu Anschauung keine Vorbedingung für eine rechte Stellung vor Gott«; was die Frage der rituellen Reinheit anbetrifft, beweist Jesu »Essen mit den eindeutigsten ›Sündern‹«, daß »er sich nicht bemühte, die schriftgelehrten Regeln an diesem Punkt zu beachten«, und der auf Jesus zurückgehende Spruch Mk 7,15 (»Nichts, was von außen in den Menschen eingeht, kann ihn unrein machen, sondern das, was aus dem Menschen herausgeht, macht den Menschen unrein«) »stellt Jesus außerhalb der Grenzen det pharisäischen Bewegung, da er eines ihrer wichtigsten Anliegen verwirft«. Doch war Jesu Gegensatz zu den Pharisäern »nicht begründet durch eine Unterscheidung zwischen Anordnungen, die schriftgelehrten Ursprungs, und solchen, die direkter auf die Schrift zurückbezogen waren. Es handelt sich vielmehr um einen Unterschied in seinem Verständnis des göttlichen Willens, der zum Konflikt mit den Pharisäern führte«. Das zeigt sich auch im Blick auf das Sabbatgebot: dieses Gebot wird von Jesus »nicht durch die kasuistische Festlegung jeder Bestimmung einer gesetzlichen Anordnung zur Anwendung gebracht, sondern durch die Überlegung, wie in einer gegebenen Situation die Bedürfnisse der Menschen erfüllt werden können«. Alle Eide aber, »obwohl im Alten Testament erlaubt, sind [für Jesus] ein Zeichen menschlicher Sündhaftigkeit und können nicht in Übereinstimmung mit dem göttlichen Willen sein«, und »Jesu Verbot der Ehescheidung ist nicht zu verstehen als eine Anordnung, die um ihrer selbst willen Unterwerfung verlangt, sondern als Hinweis auf ein Gebiet möglichen menschlichen Verhaltens, das für denjenigen unmöglich ist, der Gottes Willen versteht und radikal befolgt«. Aus dem allen folgt, daß Jesus, auch wenn er »nicht radikal mit . . . jeder Übung brach, die keinen Anhalt an der Schrift hatte«, »kein Pharisäer war und die Autorität der Schriftgelehrten nicht als verpflichtend anerkannte«; »Der Mittelpunkt der Wirksamkeit Jesu war nicht sein Verständnis des Gesetzes Gottes, sondern die Botschaft von einem göttlichen Eingreifen in die Geschichte des Gottesvolkes«, und »die Gebote, Gott und den Nächsten zu lieben, sind in der Tat eine sachgemäße Zusammenfassung der moralischen Lehre Jesu«. Das alles ist m. E. völlig überzeugend, und Einwände sind nur ganz vereinzelt zu erheben (die

Anweisung Mt 23, 2 f. zur Befolgung der Aussagen der Schriftgelehrten
und Pharisäer kann schwerlich im Sinne einer »argumentativ zugestan-
denen Konzession« von Jesus geäußert worden sein)[5]. Die Untersuchung
von Westerholm fördert unser Wissen von der Verkündigung Jesu erheblich und sollte sorgfältig studiert werden.

Bei den Arbeiten, die sich hauptsächlich mit der eschatologischen Verkündigung Jesu befassen, ist der Gegensatz im Verständnis der Überlieferung besonders groß. Die 1975 in dänischer Sprache erschienene Dissertation von S. RUAGER, die O. BETZ in einem Vorwort zur deutschen
Übersetzung »wichtig und hilfreich« nennt, geht »von der Arbeitshypo-
these aus, daß zwischen Jesu Verkündigung vom Reiche Gottes und seiner
eigenen Person eine fortwirkende Wechselwirkung bestanden haben
muß«. Von der Überzeugung aus, daß »der Ursprung der Tradition bei
Jesus liegt und nicht bei einem soziologisch begründeten Bedürfnis« der
Gemeinde und daß »die hermeneutische Regel gilt, daß ein überliefertes
Jesuswort als echt zu betrachten ist, wenn keine wichtigen Argumente
dagegen angeführt werden können«, befragt der Verf. den Taufbericht,
den markinischen Erzählungsstoff und die Gleichnisse und gleichnishaften Handlungen Jesu nach dem Zusammenhang zwischen Jesu Reich
Gottes-Verkündigung und seinem persönlichen Anspruch. Dabei ergibt
sich zunächst, daß »die Evangelien im Grunde genommen unverständlich
bleiben, wenn man von dem Messiasbewußtsein Jesu absieht«. Die Betrachtung des Taufberichts zeigt dann, daß »Jesus in der Taufe dazu geweiht wird, der leidende Gottesknecht zu sein, der stellvertretend die
Schuld seines Volkes auf sich nimmt«, wobei R. freilich zugeben muß,
daß zwar »nichts ausschließt, daß der Gedanke an die Schriftstelle
Deuterojesaja Kap. 42 Jesus zu diesem Zeitpunkt gegenwärtig gewesen
ist«, daß sich dies aber »natürlich auch nicht beweisen läßt«. Weniger
vorsichtig formuliert sind dann die Resultate, die R. dem markinischen
Erzählungsstoff und den Gleichnissen entnimmt: wenn Jesus »sich in besonderer Weise von den soziologisch Ausgestoßenen angezogen fühlt«, ist
das »ein bezeichnender Zug in der Messianität Jesu, wie sie ... umriß-
artig zuvor bei Deuterojesaja in der Gestalt des leidenden Gottesknechtes
sichtbar wird«; das Gleichnis von der Selbstwachsenden Saat (Mk 4,
26–29) »führt ganz natürlich zurück zu den Ebed-Jahve-Liedern bei
Deuterojesaja, die eben gerade ein besonders ausgeprägtes Sendungs-
motiv enthalten«, und die Freisprechung des Sünders im Gleichnis vom
Pharisäer und Zöllner »ist das messianische Urteil in seiner ursprüng-

---

[5] ST. WESTERHOLM, Jesus and Scribal Authority, 1. 18. 23. 57. 71. 83. 102. 99.
112. 125 f. 90. 131. 130. 127.

lichen Gestalt, und zwar dadurch, daß Jesus als der auftritt, der ›die
Armen mit Gerechtigkeit richtet und den Elenden im Lande recht Urteil
spricht‹ (Jes 11, 4a)«. Die Gleichnisse zeigen also, daß Jesus »für sich eine
Vollmacht beanspruchte, die weit über das hinausging, was für einen
Propheten kennzeichnend ist«. Diese Vollmacht zeigt sich auch in der
Tischgemeinschaft mit Zöllnern und Sündern, und mit dem von Jesus
befohlenen Ruf an ganz Israel durch die Zwölf »ist dann indirekt auch
der Messiasanspruch erhoben«. Es ist leicht zu sehen, daß diese Untersuchung durch zwei methodische Züge gekennzeichnet ist, die sie problematisch machen: obwohl R. »bewußt nach dem historischen Jesus
zurückzufragen sucht«[6], findet in Wirklichkeit keine solche Rückfrage
statt, die in Auswahl behandelte Evangelienüberlieferung wird vielmehr
ohne weiteres als Wiedergabe des geschichtlichen Sachverhalts behandelt
(vgl. etwa die biographische Verwertung des Taufberichts); und zum
geschichtlichen Verständnis der so beurteilten Überlieferung wird ständig
eine bewußte Bezugnahme Jesu auf Deuterojesaja behauptet, die in keinem Fall wirklich nachgewiesen und in vielen Fällen sehr fragwürdig
ist. Obwohl die Absicht des Verf., den Zusammenhang zwischen der
Reich-Gottes-Verkündigung Jesu und der Bewertung seiner Person auf-
zuspüren, sicherlich berechtigt und hilfreich ist, ergibt die von ihm angewandte Methode keine gesicherten geschichtlichen Einsichten und hilft
darum zum Verständnis des Jesus der Geschichte m. E. nicht weiter.

Auch B. D. CHILTON fragt in seiner unter der Leitung von E. Bammel
verfaßten Cambridger Dissertation: »Wenn Jesus öffentlich verkündigte,
daß das Gottesreich nahe war, was war dann mit ›Reich Gottes‹ gemeint?« Zur Klärung dieser Frage untersucht er unter »zentraler Anwendung der redaktionskritischen Methode« in einer äußerst umständlichen und nicht immer klaren Weise »eine bewußt begrenzte Auswahl
von Material« mit folgenden Resultaten: Auf Grund des Vergleichs mit
targumischen Texten »ist es schwer vorzustellen, wie ein Spruch stärkere
Zeichen einer ursprünglichen Herkunft in der kirchlichen Tradition
haben könnte« als Mk 1, 15 (»Die Zeit ist erfüllt und das Gottesreich
genaht«), der Spruch »empfiehlt sich stark als Herrenspruch«, bei seinem
Verständnis »haben wir aber nicht in den Begriffen von Aeonen oder
Epochen zu denken, sondern die Zeit als den Augenblick zu sehen, in
dem Gott handelt«; Mt 8, 11 f. (»Viele werden kommen von Osten und
Westen und mit Abraham, Isaak und Jakob im Himmelreich zu Tische
liegen«) »ist besser zu verstehen als ein frühchristlicher Prophetenspruch«;

---

[6] S. RUAGER, Das Reich Gottes . . ., 11. 23. 31. 46. 62. 71. 103. 130. 149. 166.
185. 77.

die hinter den voneinander abweichenden Fassungen des »Stürmerspruchs« Lk 16, 16 par. anzunehmende Form des Spruches hat den Sinn:
»Das Gottesreich bringt sich selbst zur Geltung, und jedermann macht
es sich zu Nutzen«, und das besagt: »Die Auswirkung des Gottesreiches,
von Gottes wirklicher Gegenwart, die den Menschen ergreift, fordert eine
entsprechende Antwort«; das Wort Lk 12, 32 (»Fürchte dich nicht, du
kleine Herde, denn es hat euerm Vater gefallen, euch das Reich zu
geben«) »scheint nicht direkt der Aussage Jesu zu entsprechen«; in der
überlieferten Form von Mk 9, 1 schließlich (»Einige von denen, die hier
stehen, werden den Tod nicht schmecken, bis sie das Gottesreich als in
Kraft gekommenes gesehen haben«) fehlte noch das Wort »als gekommenes«, und da »eine organische Verbindung dieses Spruches mit der [bei
Markus folgenden Erzählung von der] Verklärung besteht«, ergibt sich,
daß in Mk 9, 1 gar nicht von Jüngern Jesu die Rede ist, die den Tod
nicht schmecken werden, sondern vielmehr »von Wesen, die wie die
Engel, Moses, Elia, Jeremia, Esra und Henoch den Tod nicht schmecken«;
und da schließlich in Mk 9, 1 »der Ausdruck ›nicht ... bis‹ eine emphatische Negation ausdrückt, deren zeitlicher Aspekt nicht wörtlich gepreßt
werden darf«, so bezieht sich die Aussage über die Herrschaft Gottes nur
auf Gottes Herrscher-Sein. Aus diesen exegetischen Feststellungen ergibt
sich dann: »Wenn Jesus das Reich ankündigte, machte er nichts Geringe-
res bekannt als den Gott, der war und ist und kommen wird«, und »auf
der Ebene [der eigenen Aussagen] des Herrn bezieht sich das Gottesreich
in erster Linie auf Gottes Selbstoffenbarung und abgeleitet auf die Freude
des Menschen in Gottes Gegenwart«. »So endet die Untersuchung mit der
Feststellung, daß es Jesu Anliegen war zu verkündigen: Gott in Kraft«,
und die Bitte um das Kommen des Gottesreiches im Vaterunser »kann im
Zusammenhang mit der vorhergehenden Bitte als eine Bitte um die
Selbstoffenbarung Gottes verstanden werden«[7]. Daß diese exegetisch
argumentierende Wegdeutung jedes zeitlichen Moments in der Verkündigung Jesu von der Gottesherrschaft eine Vergewaltigung der Texte darstellt, kann m. E. keinem Zweifel unterliegen; und daß eine so tiefgrei-
fende Umdeutung der Überlieferung nicht nur durch einen so kleinen
Ausschnitt aus der Überlieferung überzeugend begründet werden kann,
dürfte auch unzweifelhaft sein. Auf Grund dieser grundlegenden methodischen Einwände kann ich dieses mit großer Gelehrsamkeit gearbeitete
Buch leider nur als völlig verfehlt bezeichnen, und der Hinweis auf formale Mängel[8] ist daneben unwesentlich.

---

[7] B. D. CHILTON, God in Strength, 11. 22. 18. 90. 95. 89. 197. 229. 250. 267.
269. 272. 285. 287. 290.

[8] Das Literaturverzeichnis ist unzureichend; zitierte Titel lassen sich vielfach

Das gleiche Ziel, Jesus jegliche eschatologische Naherwartung abzusprechen, verfolgt T. F. GLASSON mit seinem Taschenbuch über »Jesus
und das Weltende«, allerdings mit einer wesentlich solideren Methode.
G. geht von der Feststellung aus, daß »während der verflossenen etwa
70 Jahre sich die Anschauung mehr und mehr verbreitet hat, daß Jesus
das Ende der Welt in der nahen Zukunft erwartete und daß er darauf
in seiner Botschaft über die Herrschaft Gottes Bezug nahm«, und G.
fügt dem hinzu: »Meine Stellungnahme ist, daß die fragliche Anschauung irrtümlich und daß sie eine Quelle großer Schwäche in unserer
Darbietung des Christentums ist.« G. schildert dann die nach seiner
Meinung »beklagenswerte Wirkung von A. Schweitzers Schriften über
Jesus, die einen großen Teil unnötiger Verwirrung angerichtet haben«,
um weiter festzustellen, daß die Bilderreden des äthiopischen Henochbuches »nicht legitim als Darbietung vorchristlicher Lehre« verwendet
werden dürfen, und mit der Ausscheidung der Bilderreden »ist die letzte
verbliebene Bastion verschwunden«, »das apokalyptische Gebäude ist
eingestürzt; nicht ein Stein bleibt übrig«. Die Betrachtung »entsprechender Aussagen in den Evangelien« ergibt dann: »Aus einer Anzahl
von Gründen wäre es äußerst prekär, von Mk 13, 30 [»Dieses Geschlecht
wird nicht vergehen, bis dies alles geschieht«] aus zu schließen, daß
Jesus das Weltende innerhalb einer Generation erwartete«; die Verheißung, daß einige nicht sterben werden, ehe sie die Gottesherrschaft
in Kraft haben kommen sehen (Mk 9, 1), setzt voraus, daß diese Menschen später doch sterben werden, es soll ihnen nur ergehen wie dem
Simeon (Lk 2, 26) dem »verheißen wurde, daß er den Gesalbten des
Herrn sehen werde, bevor er stürbe«; und Mt 10, 23 (»Ihr werdet mit
den Städten Israels nicht fertig werden, ehe der Menschensohn kommt«)
spiegelt wohl frühchristliche Diskussion wider. Andererseits zeigen die
Ansage eines neuen Tempels, die Abendmahlsworte und die Wahl der
Zwölf, daß »die Schau Jesu nicht begrenzt war auf ein paar Jahrzehnte«. Daher »zwingt uns nichts zu der Anschauung, daß Jesus den
Ablauf der menschlichen Geschichte in einer Generation erwartete«,
und »es gibt keinen eindeutigen Beleg für die Parusieerwartung in der
Lehre Jesu«. Gewiß »ist Raum in der Lehre Jesu für eine Endvollendung«,
aber »über die Frage, wie lange die Periode gedacht war, in der der neue
Bund in seinem Blut herrschen sollte, haben wir keine klare Angabe«. So
kann G. abschließend sagen: »Nach meiner Meinung ist das Verständnis
der Gottesherrschaft, das hier vertreten wird, unendlich wahrscheinlicher

---

nur mit Hilfe des Autorenregisters verifizieren; mein Buch »Verheißung und
Erfüllung« wird abwechselnd nach der deutschen und der englischen Ausgabe
zitiert.

als die ›apokalyptische‹ Theorie. Daß es in seinen Hauptlinien in Übereinstimmung ist mit dem, was Christen immer für die Lehre Jesu gehalten haben, ist keineswegs ein Nachteil.«[9] Diese radikale Bestreitung jeglicher Beeinflussung Jesu durch die Apokalyptik und jeder Naherwartung Jesu und der Versuch, die Entstehung der Parusieerwartung in der Zeit zwischen Jesu Tod und der Abfassung des 1. Thessalonicherbriefes verständlich zu machen (davon ist hier nicht zu handeln), sind freilich nicht neu: Glasson hat diese Anschauungen schon vor mehr als 30 Jahren in seinem Buch »The Second Advent« vorgetragen und hat die Fragestellung jetzt nur unter Heranziehung der seitherigen Diskussion auf die Lehre Jesu beschränkt. Ich kann daher hier nur wiederholen, was ich damals zu Glassons Ausführungen gesagt habe[10]: hier wird »Wunschexegese« getrieben, die Erwartung des endzeitlichen Kommens des himmlischen Messias läßt sich als eine jüdisch-apokalyptische Erwartung nicht bestreiten, und daß Jesus nicht nur mit dem nahen Gericht und der in Bälde eintretenden Gottesherrschaft gerechnet hat, sondern auch sein Kommen als Menschensohn in Kürze erwartete, ergibt sich m. E. aus einer unvoreingenommenen Prüfung der Überlieferung, die G. auch in diesem Buch nicht als ganze behandelt hat. Die Leugnung der futurischen Naherwartung Jesu durch G. ist auch durch sein neues Buch nicht besser begründet worden.

Ein völlig anderes Verständnis der eschatologischen Verkündigung Jesu als bei Chilton und Glasson zeigt sich aber in den beiden hier noch zu besprechenden Arbeiten. H. VORGRIMLER bietet im einleitenden Kapitel einer systematischen Darstellung der Eschatologie eine Skizze der eschatologischen Verkündigung Jesu. Danach »stand Jesus in einer gesteigerten Naherwartung der Endzeit« und »erwartete offensichtlich, daß sich das Reich Gottes in absehbarer Zeit (in Bälde) vor aller Welt manifestieren werde«; das Reich Gottes ist aber auch »schon gegenwärtig, im Tun Gottes erfahrbar, . . . das Reich Gottes und seine Heilsbedeutung für die Menschen sind an die Person Jesu gebunden«. »Auslösendes Moment dieser Reich-Gottes-Erkenntnis war bei Jesus offenbar eine religiöse Erfahrung, in der er ›den Satan wie einen Blitz vom Himmel fallen‹ (Lk 10, 18) . . . sah«. »Die Verwirklichung des Reiches Gottes ist eine neue Praxis im individuellen und gesellschaftlichen Bereich, . . . seine Vollendung und Offenbarung in Herrlichkeit wird Sache Gottes, nicht Ergebnis menschlichen Tuns sein.« »Die ›Terminworte‹« (Mk 9, 1; 13, 30; Mt 10, 23) können freilich »nach bestbegründeter Exegese nicht Jesus

[9] T. F. GLASSON, Jesus . . ., 1. 25. 41. 50. 41. 53 f. 56. 58. 79. 55. 100. 137 f.
[10] ThR 22, 1954, 144 ff.

selbst zugeschrieben werden«, und die Erklärung für die Nicht-Erfüllung der Naherwartung Jesu liegt darin, »daß Jesus, der sich faktisch nur seinem Volk zugewandt hatte, die Annahme seiner Botschaft durch das Volk als Bedingung für das Offenbarwerden des Reiches Gottes anzusagen hatte, eine Bedingung, die nicht erfüllt wurde«. »Am Ende seines Lebens war Jesus der festen Überzeugung, daß trotz seines gewaltsamen Todes das Reich Gottes kommen werde«[11]. Das ist als Ganzes durchaus überzeugend; doch scheint mir fraglich, ob man der Lk 10, 18 berichteten Vision eine solch grundlegende Bedeutung für das Verständnis Jesu zuschreiben darf[12], und der Versuch Vorgrimlers, Jesu »Irrtum« in der Erwartung des nahen Endes dadurch zu entgehen, daß er die Echtheit der »Terminworte« unter Berufung auf andere Exegeten bestreitet und lieber von einem Irrtum Jesu betreffs der Annahme seiner Botschaft durch das Volk sprechen möchte, ist schwerlich geglückt. Aber dieser Einwand ändert nichts an der Feststellung, daß diese Skizze zu einem klaren Verständnis der Hauptpunkte der eschatologischen Verkündigung Jesu verhilft.

Neben dieser Skizze wirkt die umfangreiche Untersuchung von J. Schlosser über die Gottesherrschaft in den Jesusworten (2 Bände mit insgesamt 747 S. in Schreibmaschinenschrift) wie ein Riese neben einem Zwerg. Gewiß erklärt sich der große Umfang des Werkes zu einem Teil aus verschwenderischem Umgang mit dem Platz bei den zahlreichen Anmerkungen und den (dankenswerten) Registern, die gut ²/₅ des Werkes umfassen, doch zeigt der große Umfang auch, mit welcher (gelegentlich allzu komplizierten) Sorgfalt und mit welcher Fülle von Literatur der Verf. sein Thema angeht. Sch. möchte »auf eine im strengen Sinn des Begriffs exegetische Weise« »die Texte befragen, um dort den Sinn zu entdecken, den Jesus dem Ausdruck ›Königsherrschaft Gottes‹ gab«; und da die Gleichnisse vom Gottesreich »erstaunlich selten in den traditionell als die ältesten und wichtigsten Strömungen angesehenen Überlieferungen, nämlich in Q und der markinischen Tradition, begegnen« und da damit gerechnet werden muß, daß die Beziehung mancher Gleichnisse auf die Gottesherrschaft sekundär ist, beschränkt Sch. seine Untersuchung auf die Jesusworte, die »direktere, unmittelbarere und umfassendere Zeugen für die Predigt Jesu über das Gottesreich sind«. In zwei großen Teilen werden darum die in Betracht kommenden Logien über »Das gegenwärtige und zukünftige Kommen des Reiches« und über »Die Anders-

---

[11] H. Vorgrimler, Hoffnung auf Vollendung, 34. 36. 35. 37. 40 f. 36. 45.

[12] Diese Ansicht vertrat U. B. Müller, Vision und Botschaft, ZThK 74, 1977, 416 ff.; s. dazu meine Bemerkungen ThR 43, 1978, 253 f. Der Aufsatz Müllers wird merkwürdigerweise von V. nicht genannt.

artigkeit des Reichs« befragt, und die Untersuchung wird dann durch eine Zusammenfassung abgeschlossen. Die wichtigsten Resultate sind dabei folgende: bei der Ansage: »Die Gottesherrschaft ist nahegekommen« (Mk 1, 15), »kann es sich nur um eine ganz nahe Zukunft handeln«, aber »obwohl die Philologie es nicht erlaubt, ἤγγικεν ἡ βασιλεία τοῦ θεοῦ mit ›Die Gottesherrschaft ist da‹ zu übersetzen, muß der Ausspruch Mk 1, 15 auf dieselbe Linie gestellt werden wie die Logien, die die wirksame Gegenwart des Reiches ansagen«; »die in Mk 1, 15 angekündigte Gegenwart des Reichs ist in Lk 11, 20 [»Die Gottesherrschaft ist zu euch gekommen«] als verwirklicht verkündigt«. Das im Vaterunser erbetene Kommen des Reiches »kann nur ein ›totales Kommen‹, eine ›endgültige, souveräne und plötzliche Verwirklichung am Ende der Tage‹ sein, und der Begriff βασιλεία kann nur die dynamische Souveränität Gottes sein, deren Offenbarung man für die letzte Zeit erwartet, das eschatologische Reich *in actu*«; »Wenn Jesus vom Kommen des Reiches spricht, hat er direkt das Ereignis im Auge, durch welches sich Gott als König offenbaren wird«. »Das Reich ist [in der ›Kindersegnung‹, Mk 10, 13 f. 16] wie bei der Seligpreisung der Armen (Lk 6, 20 par.) ... eine zukünftige Wirklichkeit. Aber obwohl es Gegenstand der Verheißung und Erwartung bleibt, kündigt sich das eschatologische Heil schon an und findet sogar seine beginnende Verwirklichung in der annehmenden Geste Jesu.« Und weil (nach Mt 11, 12) »das Reich da ist, ist derjenige, der den Auftrag hat, es zu verkündigen und in seinem gnadenhaften Handeln zu vermitteln, radikal verschieden von Johannes dem Täufer: er kann nur der eschatologische Gesandte Gottes sein«. So kann zusammenfassend gesagt werden: »Gott selbst hat begonnen, durch seinen Gesandten zu handeln, er wird auch dieses Werk zu Ende führen. Die Erfahrung des gegenwärtigen Reiches garantiert sein zukünftiges Kommen, die aktuelle Verwirklichung intensiviert die Erwartung der kommenden Vollendung ... Fern davon, die Wirklichkeit der Naherwartung zu relativieren, intensiviert das Beharren Jesu auf der eschatologischen Bedeutung der Gegenwart die Erwartung.« So »vereinigen sich Theologie und Eschatologie allein auf Grund der Tatsache, daß das Reich ständig als Reich *Gottes* dargestellt wird«, »es gibt keine theozentrischere Eschatologie«. Das alles kann man nur als eine zutreffende Wiedergabe der ältesten Jesusüberlieferung bezeichnen, doch kann nicht übersehen werden, daß sich daneben auch problematische Exegesen finden: das Wort: »Ich sage euch, unter den von Frauen Geborenen ist kein größerer aufgestanden als Johannes der Täufer, der Kleinere aber in der Gottesherrschaft ist größer als er« (Mt 11, 11 par.) will mit dem »Kleineren« schwerlich (trotz exegetischer Vorgänger) Jesus bezeichnen; das berühmte Wort von der »Gottesherrschaft zwischen euch« (Lk 17, 20 f.) kann man nicht auf den Doppelsatz: »Das Reich Gottes kommt nicht, siehe das Reich Gottes ist zwischen euch« reduzieren und dann aus der Konfliktsituation der letzten Monate Jesu deuten; ebensowenig ist die Hypothese überzeugend, daß das in diesem Bericht schon mehrfach erwähnte Wort Mk 9, 1 »ursprünglich die Unterscheidung zwischen Lebenden und Toten nicht enthielt, sondern nur erklärte: Die hier Anwesenden werden den Tod nicht schmecken, ehe sie das Reich Gottes mit Macht haben kommen sehen«; und auch die Reduktion des »Stürmerspruchs« auf Mt 11, 12 (»Seit den Tagen des Täufers Johannes bis jetzt wird die Gottesherrschaft vergewaltigt und Gewalttäter suchen sie zu rauben«) und seine Deutung in dem Sinn der Gegner Jesu: »Die Zöllner und Sünder reißen das Reich an sich, während sie dazu kein Recht haben«[13] ist schwerlich haltbar. Und die praktische Gleichsetzung der nahen Zukunft der Gottesherrschaft von Mk 1, 15 mit den Gegenwartsaussagen ist zum mindesten mißverständlich, weil die konkrete Zeitvorstellung Jesu nicht ernst genommen wird. Doch sind das Einzelheiten, die das überzeugende und exegetisch sorgfältig begründete Gesamtbild der Reich-Gottes-Verkündigung Jesu, wie sie Sch. erarbeitet hat, nirgendwo in Frage stellen.

Wenden wir uns den Arbeiten zur ethischen Unterweisung Jesu zu, so ist zunächst H. MERKLEINS bedeutsame Untersuchung über »Gottesherrschaft als Handlungsprinzip« zu nennen. M. möchte nachweisen, »daß die Ethik Jesu eine Konsequenz und Implikation seiner eschatologischen Botschaft ist«. Er geht darum, allerdings auf Grund einer quellenmäßig zu schmalen Basis, nämlich der markinischen Zusammenfassung der Predigt Jesu (Mk 1, 15), von der Feststellung aus, daß in der »in allen Schichten der synoptischen Tradition« bezeugten Basileia-Botschaft »die Verkündigung des historischen Jesus selbst durchschlägt«, daß »sich in ἤγγικεν ἡ βασιλεία τοῦ θεοῦ das eigentliche Thema der Verkündigung des historischen Jesus selbst erhalten hat« und daß darum »die sittliche Botschaft Jesu sowohl formal wie auch ... material von seiner Eschatologie her zu verstehen ist«. Dabei wird man nach M. zunächst am futurischen Charakter der Basileia-Botschaft Jesu festhalten müssen«, und auch »die tatsächlich vorhandene Naherwartung« bestreitet M. nicht, doch vertritt auch M. das heute weithin anerkannte wissenschaftliche Dogma von der Unechtheit der einen zeitlichen Termin voraussetzenden Jesusworte und stellt fest: »Die Nähe der Basileia wird von Jesus noch nicht näher re-

---

[13] J. SCHLOSSER, Le règne de Dieu..., 42. 67 f. 108 f. 139. 257. 393. 492. 527. 677. 682 f. 159. 201. 209. 349. 522.

flektiert, und schon gar nicht wird ein Termin zum Thema seiner Verkündigung gemacht.« Aber diese Einsicht von der Gottesherrschaft als
einer »primär futurischen, d. h. noch ausstehenden Größe«, so daß »die
Aussagen über ihre Gegenwart sich von ihrer Zukunft her bestimmen
und nicht umgekehrt«, wird dann von M. dadurch entwertet, daß zu der
Verkündigung des Nahegekommenseins der Gottesherrschaft (Mk 1, 15)
erklärt wird: »Mk 1, 15 ist primär nicht eine Thematisierung der zeitlichen Nähe der Gottesherrschaft, sondern die eschatologische Verkündigung der bereits gefallenen eschatologischen Entscheidung Gottes«, »Gott
ist zum Heil entschlossen«. Und so kommt es dann auch zu der der
eben zitierten Formulierung widersprechenden Feststellung, »daß Jesu
Basileia-Ansage nicht primär aus der erwarteten Nähe, sondern aus dem
bereits gefallenen Heilsentschluß Gottes resultiert«. Damit wird deutlich,
daß diese Erörterung des Verhältnisses von Zukunfts- und Gegenwartsaussagen Jesu zwar erkennt, daß »die Proklamation dieser göttlichen
Entscheidung an die Menschen bereits eschatologische Tat Gottes [in
Jesus] und als solche ... schon eschatologisches Heil ist« und daß »die
eschatologische Qualität der Proklamation von Mk 1, 15 dem Prokla-
mator selbst eschatologische Qualität verleiht«, daß dabei aber die Tatsache zu kurz kommt, daß dieses »Gekommensein« der Gottesherrschaft
in Jesus (Lk 11, 20 par.) die Gegenwart als eschatologisches *Geschehen*
in unauflösliche Verbindung setzt zu dem notwendigerweise noch ausstehenden nahe futurischen *Geschehen* des *Kommens* der Gottesherrschaft, d. h. des Offenbarwerdens Gottes als Endzeitherrscher.

Erfreulicherweise hindert diese unzureichende Klärung der eschatologischen Grundanschauung Jesu den Verf. nicht daran, den Zusammenhang der sittlichen Forderung Jesu mit seiner eschatologischen Verkündigung weitgehend überzeugend darzustellen. M. betont einerseits, daß für
Jesus »die Basileia, deren Verkündigung untrennbar mit der Person Jesu
verbunden ist, grundsätzlich das einzig entscheidende Handlungsprinzip
darstellt« und daß dementsprechend die Antithesen der Bergpredigt
»ihrer Intention nach der Autorität der Tora die Autorität Jesu gegen-
überstellen«, was freilich »ein positives Aufnehmen der Tora in den
Argumentationszusammenhang der Basileia-Botschaft keineswegs ausschließt«. Weil Gott, wie die Seligpreisungen zeigen, die »auf die religiös-
moralische Qualität der Angesprochenen nicht mit einem Wort eingehen«,
»bereit ist, die Basileia unabhängig vom Tun des Gesetzes dem Menschen zu schenken«, ist »der Gehorsam Reaktion auf die vorgängige Gabe
Gottes«, »Ethik Jesu ist wesentlich ein Handeln aufgrund der erfahrenen
Güte Gottes«, »angesichts der Gottesherrschaft kann der Mensch nur die
Haltung des Sich-beschenken-lassenden einnehmen«. Damit ist anderer-

seits gegeben, daß »das zuvor ermöglichte Handeln gerade als solches
nicht unverbindlich ins Belieben des Menschen gestellt ist, sondern zugleich gesolltes Handeln ist«; »Die radikale Entschlossenheit Gottes zum
Heil des Menschen, wie sie sich in der Basileia-Proklamation äußert, ...
fordert und ermöglicht zugleich als Qualität menschlichen Handelns das
radikale Bedachtsein auf das Wohl des Mitmenschen«. Von hier aus zeigt
M. in überzeugender Weise an Beispielen die »Konkretisierungen jener
geforderten radikalen Zuwendung zum Menschen«, die »nicht als ›Gesetz‹
zu verstehen sind«, und weist darauf hin, daß »die Botschaft von der
Gottesherrschaft sowohl in formaler wie auch materialer Hinsicht das
Prinzip des von Jesus geforderten Handelns ist«, was im einzelnen hier
nicht mehr ausgeführt werden kann. Natürlich wird jeder Leser da und
dort ein exegetisches Fragezeichen setzen (der »Stürmerspruch« Lk 16, 16
par. kann m. E. nicht besagen: »Die sich jetzt gewaltsam Bahn brechende
Basileia fordert von dem, der ihrer teilhaftig werden will, ebenso gewaltsamen ... Einsatz«; und in Mt 5, 28 (»Jeder der eine Frau ansieht,
um sie zu begehren, hat schon mit ihr die Ehe in seinem Herzen gebrochen«) wendet sich Jesus schwerlich »an den Mann und fordert von
ihm ein radikales Bedachtsein auf das Wohl des anderen Ehemannes«)[14].
Doch sind das Kleinigkeiten, und als ganzes hilft dieses Buch in hohem
Maße zu einem vertieften Verständnis der ethischen Forderung Jesu.

H. BALD urteilt freilich in seinem Aufsatz über das Verhältnis von
Eschatologie und Ethik bei Jesus anders über das Buch von Merklein.
Denn nachdem er den sorgfältig referierten Anschauungen von Bultmann, Conzelmann, Schürmann, Vögtle und Goppelt die im einzelnen
verschieden akzentuierte gemeinsame Anschauung entnommen hat, »daß
die Ethik Jesu vom Gottesgedanken her verstanden werden müsse«, erhebt er gegen Merkleins Anschauung, Jesu Ethik sei »Implikation seiner
Botschaft von der Gottesherrschaft«, die Frage, ob bei Jesus »nicht doch
Theologie eschatologisch angewandt, Schöpfung zum ›Erkenntnisgrund‹
der Eschatologie wird«, tadelt mit Recht die zentrale Verwendung von
Mk 1, 15 durch Merklein zur Darstellung der eschatologischen Verkündigung Jesu und fragt schließlich, ob man »das Problem des Zeitfaktors in

---

[14] H. MERKLEIN, Die Gottesherrschaft..., 15. 25. 34. 42. 115. 151. 154. 165.
157. 168. 166. 63. 257. 106. 55. 139. 205. 129. 218. 221. 268. 242. 89. 265. – Ein
paar nicht ohne weiteres zu verbessernde Fehler seien hier genannt: Die S. 27
Anm. 91 genannten Forschungsberichte fehlen im Literaturverzeichnis und sind
darum unauffindbar; S. 51 Anm. 28 ist »Bibl« unverständlich: gemeint ist »Bill«
= Billerbeck, aber diese Abkürzung fehlt im Literaturverzeichnis; S. 133 Z. 26 f.
ist unverständlich; in der Tabelle S. 174 f. wird 6, 28b zu Unrecht doppelt angeführt.

der Verkündigung Jesu dadurch auflösen könne, daß man die Nähe als sachliche Erfahrung der eschatologischen Güte, des bereits gefallenen Heilsentschlusses Gottes interpretiert«. Nach seiner Meinung wird bei Jesus »nicht aus dem eschatologischen Handeln Gottes auf sein Schöpferhandeln geschlossen, sondern aus dem Schöpfungshandeln Gottes wird die Gewißheit seines gegenwärtigen wie zukünftigen Handelns abgeleitet«, Jesus »verkündigt jetzt den Willen Gottes, der in seinem eschatologischen Kommen nicht aufgeht«[15]. Aber diese Alternative ist falsch: natürlich ist es der Schöpfergott, dessen eschatologisches Eingreifen in die Gegenwart und dessen baldige Aufrichtung seiner endzeitlichen Herrschaft Jesus verkündigt und bringt, aber die Gültigkeit der autoritativen Forderung JESU hängt an der Realität des von Jesus verkündigten und gewirkten eschatologischen Gotteshandelns, und darum ist Merkleins Interpretation der Begründung der ethischen Forderung Jesu richtiger.

Diese eschatologisch-gegenwärtige Grundlegung der sittlichen Forderung Jesu hat auch P. HOFFMANN in seinem (mißverständlich betitelten) Aufsatz über »Eschatologie und Friedenshandeln in der Jesusüberlieferung« nachgewiesen: »Die Dynamik apokalyptischer Naherwartung« ist bei Jesus »dem jeweils Nächstliegenden – dem Nächsten – zugeleitet und wird erst dadurch zu einer die Geschichte bewegenden Kraft«, »die Zukunftsaussagen dienen insgesamt dazu, die Bedeutung der Gegenwart Jesu herauszustellen«; »Gottes zuvorkommende Güte ist von nun an allein Grund und Maßstab menschlichen Verhaltens«, und die geforderte »Änderung des Verhaltens des Einzelnen schloß zugleich eine Änderung zwischenmenschlicher, letztlich auch gesamtgesellschaftlicher Verhaltensformen ein«[16]. Diese klar formulierten und überzeugenden Ausführungen ziehen freilich nur Linien der Darstellung der ethischen Verkündigung Jesu in dem Buch »Jesus von Nazareth und eine christliche Moral« von P. Hoffmann und V. Eid (1975) aus, und ich verweise darum für eine Beurteilung im einzelnen auf meine früheren Ausführungen zu diesem Buch[17].

Einer ethischen Spezialfrage ist die Münchner Dissertation von J. PIPER über das Gebot der Feindesliebe gewidmet. Das eigentliche Interesse des Verf. liegt allerdings auf der doppelten Frage nach der Herkunft der urchristlichen paränetischen Tradition die Feindesliebe betreffend und der nach der Verwertung von Jesu Gebot der Feindesliebe in den Evangelien, worauf hier nicht einzugehen ist. Die Mitte des Buches aber nimmt die Frage nach der Herkunft des Jesus zugeschriebenen Gebots der Fein-

---

[15] H. BALD, Eschatologische oder theozentrische Ethik?, 47. 50. 52.
[16] P. HOFFMANN, »Eschatologie« . . ., 189 f. 214. 223. 221.
[17] ThR 41, 1976, 296. 317 f.

desliebe und nach dessen Sinn im Zusammenhang der Botschaft Jesu ein.
Die Analyse der aus der Spruchquelle stammenden Antithesen von der
Wiedervergeltung und der Feindesliebe (Mt 5, 38–48) ergibt, daß »nach
der nächstliegenden Erklärung und mit den geringsten Problemen Mt 5,
38. 39a [das Verbot des Widerstands gegen den Bösen] von Anfang an
in antithetischer Form existierte«, während die Antithese Mt 5, 43, 44a
(von der Feindesliebe), »auch wenn Jesus dieses Gebot niemals in der
Form ›Ihr habt gehört . . ., aber ich sage euch‹ ausgedrückt hat, trotzdem
in dieser Form den antithetischen Akzent genau wiedergibt, den das
Gebot ›Liebt eure Feinde‹ in Jesu Predigt gehabt haben muß«. Auch
»braucht es nicht bezweifelt zu werden, daß Jesus ›Liebt eure Feinde‹
gebot«, weil »wir nichts so Deutliches und Unzweideutiges in Jesu Umgebung fanden und es nicht denkbar ist, daß die frühe Kirche diese
Aussage erfinden und sich so eine solche lästige Forderung aufbürden
sollte«. Und das besagt: »Jesus verzichtet bedingungslos auf das ἀντί-
Prinzip der Vergeltung und betont die positive Verantwortung der Liebe
ausgerechnet dem gegenüber, der sie am wenigsten zu verdienen scheint,
dem Feind.« Nun »widerspricht [freilich] Jesu Gebot der Feindesliebe
und seine Erfüllung den natürlichen Neigungen des menschlichen Herzens« und »ist so ein Ruf nach einem neuen Herzen«, aber Jesus weiß,
daß dieses Gebot »unmöglich ist, wenn man nicht schon in die Gottesherrschaft eingetreten ist oder besser: von den Kräften dieser Herrschaft
in Besitz genommen wurde«. »Wenn [aber] das Reich nur zukünftig
ist und die Menschen sich selbst überlassen sind, sich dafür bereit zu
machen, wird niemand in das Reich eintreten. Jesus indessen ruft den
Menschen zur Umkehr, weil Umkehr in der Gegenwart möglich ist. Gott
ist jetzt in Jesu Wirklichkeit am Werk, um Umkehr zu bewirken und
so Gehorsam zu ermöglichen«, »die Bedingungen für den Eintritt in das
kommende Reich werden ermöglicht durch die verborgene, machtvolle
Gegenwart des Reiches in Jesus«. P. zeigt also den inneren Zusammenhang des Gebots der Feindesliebe mit der Verkündigung vom kommenden und gegenwärtigen Gottesreich, und er betont daneben auch, daß
»das Alte Testament allein das Verständnis der Feindesliebe in der neutestamentlichen Paränese nicht völlig erklärt«, »Jesu Liebesgebot ist unverständlich ohne seine Beziehung zum himmlischen Vater«: »Die Natur
Gottes bestimmt den Inhalt des Liebesgebots«, »die Umkehr versetzt den
Menschen in eine neue Beziehung zu Gott und den Menschen«, und »es
ist die allmächtige Güte Gottes, die die Erfüllung des Liebesgebots ermöglicht«[18]. Das alles ist weitgehend überzeugend und wird durch sorg-

---

[18] J. PIPER, Love your enemies . . ., 53. 55 f. 58 f. 88. 91. 79 f. 85. 35. 85. – Merk-

fältige Exegese den Texten entnommen, so daß diese Ausführungen das Verständnis eines wesentlichen Aspekts der ethischen Verkündigung Jesu zu sichern helfen.

Eine weitere ethische Spezialfrage hat CH. BURCHARD kurz behandelt, die Frage nämlich, in welcher Weise Jesu Verkündigung Veranlassung für die Weitergabe dieser Verkündigung gewesen ist. Er bietet zu diesem Zweck eine Skizze der eschatologischen Verkündigung Jesu: Reich Gottes bedeutet bei Jesus »die am Ende der Tage für immer einsetzende Herrschaft Gottes, die gleichwohl in bestimmter Weise schon da ist«, Jesus hat den »theologisch kaum benutzten Begriff« des Reiches Gottes verbunden »mit Redeweisen, die für die Hoffnung auf einen neuen Äon charakteristisch sind, so das ›Kommen‹«, das Reich Gottes ist somit »alles andere als ein Sprachereignis«, »Gegenwart und Zukunft verhalten sich nicht wie Anbruch und Vollendung oder Zeichen und Ankunft, sondern wie ein erster Herrscherbesuch und ein zweiter oder vielmehr wie Besuch und Niederlassung«. Daraus ergibt sich dann, »daß die Bürger des Reiches sich zunächst als befreite, beschenkte, erfreute, auf mehr hoffende Menschen definieren, und erst auf dieser Basis als angeredete, zu Verstehen und Verhalten gerufene«, und so »hat Jesus die Zukunft offenbar nicht als womöglich weltweite Ausdehnung seines Wirkens gedacht. Die Aussendung ist kaum der Anfang von Mission als laufende Einrichtung«. Wohl aber ist Jesus »Anlaß und Grund von Mission geworden, ... weil Menschen sich durch ihn zu Mission veranlaßt sahen und sie mit ihm begründeten«.[19] Das ist alles durchaus überzeugend und zeigt ebenfalls die sachliche Verknüpfung der Forderung Jesu mit seiner eschatologischen Verkündigung.

Eng mit den eben besprochenen Arbeiten gehören die Untersuchungen der Gottesverkündigung Jesu zusammen. Diese Frage geht G. LOHFINK ganz allgemein an, indem er bei der Frage einsetzt, die zwischen K. Holl und R. Bultmann strittig war: »Jesus als der Verkündiger eines neuen Gottesbegriffs« oder »Jesu Glaube als jüdischer Glaube, in dem nicht der Gottesbegriff neu ist, sondern Jesu prophetische Verkündigung der Nähe der Gottesherrschaft«; L. möchte aber nicht primär diese Frage beantworten, sondern zeigen, daß »alles, was Jesus predigt, und alles, was er tut, von Gott spricht – aber in einem Spannungsfeld, das sich jedem harmonisierenden Ausgleich widersetzt«. L. weist darum hin auf

---

würdigerweise wird der Matthäuskommentar von E. Lohmeyer immer unter dem Namen des Herausgebers W. Schmauch zitiert; überflüssig sind die allzu zahlreichen Zitate aus der modernen wissenschaftlichen Literatur, und störend sind die zahlreichen Akzentfehler in den griechischen Texten.

[19] CH. BURCHARD, Jesus für die Welt, 13 f. 17–20.

die Spannung zwischen dem »Gott des Gerichts und dem Gott des Erbarmens«, »zwischen dem nahen und dem fernen Gott, zwischen dem
lieben Gott und dem verborgenen, sich entziehenden Gott«, »zwischen
dem Gott, der alles selbst tut und der doch alles vom Menschen fordert,
zwischen der βασιλεία als Gabe und der βασιλεία als Aufgabe«, zwischen
dem »Gott Israels, aber doch zugleich dem Gott aller Menschen, dem
Gott aller Armen, aller Weinenden und all derer, die den wahren Willen
Gottes tun«, zwischen dem »Gott der Zukunft« und dem »Gott der
Schöpfung«. Damit zeigt sich, daß weder K. Holl noch R. Bultmann
recht hatten, daß vielmehr Jesu Gottesverkündigung entscheidend dadurch gekennzeichnet ist, daß »Gott im eminenten Sinn als der Gott
Jesu erscheint«, der »sich definitiv als der Gott Jesu erwiesen hat«, und
»das heißt: die Gottesverkündigung Jesu provoziert notwendig Christologie«. Aber daneben gilt auch, daß Jesus »aus den vielfältigen Gottes-
erfahrungen Israels mit einer faszinierenden Sicherheit ... ganz bestimmte, entscheidende Erfahrungen herausgespürt und in seiner Verkündigung konzentriert hat, ... daß er offenlegte, was verschüttet und
überspielt worden war«[20]. Das alles ist überzeugend, und ich stehe nicht
an, diesen kurzen Aufsatz als bedeutsamen Beitrag zum Verständnis der
Verkündigung Jesu zu bezeichnen.

Mit der Gottesverkündigung Jesu befaßt sich vordergründig auch die
Schrift von R. HAMERTON-KELLY über »Gott den Vater«, aber das
eigentliche Interesse des Verf. geht in eine andere Richtung. Ausgehend
von der Rolle der Vaterfigur bei S. Freud und P. Ricoeur fragt H. zunächst nach Gott dem Vater in der alttestamentlichen Überlieferung und
stellt fest, daß im Verhältnis Gottes zu Israel sowohl das Symbol des
Vaters wie das der Mutter begegnet: »Die direkte Symbolisierung Gottes
als Vater in den prophetischen Texten wird passender beschrieben als
Symbolisierung Gottes als Elternteil, trotz des Gebrauchs des Wortes
›Vater‹.« »Das Frühjudentum unterscheidet sich vom Alten Testament
durch die Anrufung Gottes als Vater, aber diese Anrufung ist nicht das
Zeichen einer persönlichen Vertraulichkeit mit Gott von der Art, die das
Kennzeichen für Jesu Gebrauch von ›Vater‹ in seinen Gebeten ist.«
»›Vater‹ war Jesu besondere Benennung Gottes«, »indem Jesus seinen
Jüngern das Vaterunser gab, ließ er sie zu dem Vorrecht göttlicher Sohn-
schaft und Tochterschaft zu, zu dem Recht, Gott ›Abba‹ zu nennen«.
Soweit kann man dem Verf. durchaus folgen. Aber nun stellt H., unter
ausdrücklicher Behauptung der Echtheit der Texte, weiter fest, daß die
Bezeichnung Gottes durch Jesus als ›mein Vater‹ in Mt 11, 27 und 16, 17

---

[20] G. LOHFINK, Gott in der Verkündigung Jesu, 51 f. 55 f. 59. 61. 64 f.

»eine esoterische Lehre für die Jünger allein« darstelle, so daß »Abba« auch »Jesus als den Sohn offenbart, in dem die Fülle Gottes für uns gegenwärtig ist«, betont aber vor allem, daß Jesus »die unheilvollen Wirkungen des Patriarchalismus« und damit »die Form der patriarchalischen Familie im Namen Gottes des Vaters brach und das natürliche Recht der Frauen zu gleicher Menschheit wie die Männer anerkannte«, d. h. »Jesus relativierte, was im Patriarchat absolute Verpflichtungen gegen Vater und Familie waren, im Namen des himmlischen Vaters«. Das zeigt nach H., daß »Jesus, indem er das Vatersymbol wählte, um den Inhalt von Gottes Herrschermacht oder Königtum darzustellen, die Botschaft der Gnade gerade auf die Familiensituation anwenden wollte«, wobei nach H. »zu wünschen wäre, daß Jesus ein weniger scheinbar ›sexistisches‹ Symbol für Gott gewählt hätte«[21]. Nun ist es bekanntlich fraglich, ob wir kritisch haltbare Belege für die Bezeichnung Gottes als »mein Vater« durch Jesus haben, und so unzweifelhaft es richtig ist, daß Jesus, besonders im Hinblick auf die Ehescheidung, die gleichen Rechte von Frau und Mann betonte, so wenig läßt sich m. E. nachweisen, daß sich Jesu Botschaft ausdrücklich gegen das in seiner jüdischen Umgebung herrschende Patriarchat richtete, und schon gar nicht kann man diese Behauptung mit der Verwendung des Vaterbegriffs für Gott begründen. Mangelnde historische Kritik und die Abhängigkeit von der Psychoanalyse und der »feministischen Theologie«[22] verfälschen so die exegetischen Resultate, und so kann diese Arbeit nur in sehr beschränktem Maße als haltbarer Beitrag zum Verständnis der Verkündigung des Jesus der Geschichte gelten.

Über Jesu Stellung zum alttestamentlichen Gesetz hat M. HENGEL einen Aufsatz geschrieben, der (unabhängig) im wesentlichen zu den gleichen Resultaten kommt wie das oben besprochene Buch von St. Westerholm. H. geht von der Tatsache aus, »daß die Frage nach der Tora in der Verkündigung Jesu durchaus nicht in der Weise im Mittelpunkt steht wie in Qumran oder dann im späteren rabbinischen Judentum«, Jesus tritt vielmehr »nicht mit dem Anspruch auf, letzter Rufer, sondern – messianischer – Vollender zu sein«, wodurch nicht erst in der Urgemeinde, sondern schon bei Jesus der »traditionelle Rahmen des antiken Judentums zerbrach«. H. schildert auf diesem Hintergrund Jesu Stellung zu Eheschließung, Feindesliebe, Rein und Unrein, dem Sabbatgebot usw. mit dem Resultat, daß wir z. B. bei Jesu Stellung zu Rein und Unrein »auf einen grundsätzlichen Bruch mit dem palästinischen

---

21 R. HAMERTON-KELLY, God the Father, 49. 54. 71. 77 f. 75. 56. 60. 102.
22 S. dazu H.-J. SCHREY, Ist Gott ein Mann?, ThR 44, 1979, 227 ff.

Judentum seiner Zeit stoßen«, und weist abschließend darauf hin, daß
das von Jesus berichtete Doppelgebot der Liebe (Mk 12, 28 ff. par.) mit
der Zusammenstellung von Dt 6, 5 und Lev 19, 18 »ein absolutes *Novum*
ist und daß die ausschließliche Konzentrierung des ganzen Gotteswillens
auf diese beiden Gebote jüdischem Denken in Palästina wie in der Dia-
spora widerspricht«. Das alles ist sehr überzeugend, und wenn H. abschließend feststellt, daß »Jesus damit als der messianische Ausleger
der Tora erscheint«, der »den wahren ursprünglichen Gotteswillen für
die anbrechende Gottesherrschaft entfaltet«[23], so ist das m. E. ebenfalls
richtig, aber im Gegensatz zu den vorhergehenden Einzelnachweisen
nicht mehr wirklich exegetisch begründbar.

Gehen wir schließlich zu den Arbeiten über, die sich mit Jesu Stellung zu seinem bevorstehenden Tod und in diesem Zusammenhang mit
dem letzten Mahl Jesu befaßt haben, so ist zunächst auf zwei Referate
über die neueste Forschung hinzuweisen[24]. J. P. GALVIN hat bei seiner
guten Darstellung der Anschauungen katholischer Exegeten (H. Schürmann, R. Pesch, A. Vögtle) und Systematiker (W. Kaspar, E. Schillebeeckx, K. Rahner) primär amerikanische, des Deutschen unkundige
Leser im Auge; sein eigentliches Interesse ist aber nicht historisch, sondern systematisch, er wirft den behandelten Forschern darum vor allem
vor, daß viele Fragen offen bleiben, und leitet aus seiner Übersicht über
die neueste Forschung die Feststellung ab, daß »der Tod Jesu zu seiner
Botschaft gehört, nicht als Teil ihres direkten Inhalts, aber als persönliche Annahme der Folgen seiner Predigt« (S. 742). Die Frage selbst
nach der Stellung Jesu zu seinem Tod wird aber nicht erörtert.

Das gilt ähnlich auch für den Aufsatz von E. RUCKSTUHL, der freilich
entgegen seinem Titel keine Übersicht über die neueste Abendmahls-
forschung bietet, sondern nur über die Anschauungen von R. Pesch ausführlich referiert und sich mit ihnen auseinandersetzt. R. bestreitet wohl
mit Recht, daß der bei Paulus überlieferte Abendmahlstext von der bei
Markus überlieferten alten Leidensgeschichte abhängig ist. Er begründet
dann einerseits, warum nach seiner Meinung »schon das Brotwort Jesu
angesichts des auf ihn zukommenden ... Todes einen Hinweis auf diesen
Tod enthalten haben muß«, und hält es »für überwiegend wahrscheinlich, daß Jesus sein ›für viele‹ mit dem Brotwort verbunden hatte«; er
sucht anderseits zu zeigen, daß das Becherwort ursprünglich lautete:

---

[23] M. HENGEL, Jesus und die Tora, 153. 156 f. 155. 164. 170 f.

[24] Einen instruktiven, die historischen Fragen aber weitgehend offen lassen-
den Bericht über die Forschungssituation zu Beginn der siebziger Jahre hat
H. FELD im einleitenden Kapitel seines Buches »Das Verständnis des Abendmahls« gegeben, der hier nur erwähnt werden soll.

»Dieser Becher ist mein Blut«; und wenn »Jesus ... sonst nie vom Bund
gesprochen hat«, ist das »nicht auffälliger als die Tatsache, daß Jesus
sehr wahrscheinlich anläßlich des Letzten Abendmahls erstmals auch
seinen Tod als Sühne für die Vielen gedeutet hat«[25]. Das sind alles diskussionswürdige Thesen, die mir freilich problematisch scheinen. Die
hier interessierende Frage, ob Jesus in den Abendmahlsworten seinem
Tod eine besondere Heilsbedeutung zugeschrieben hat, wird aber ohne
Diskussion als selbstverständlich positiv beantwortet vorausgesetzt, und
darum führt dieser Aufsatz in dieser Frage nicht weiter.

Die Untersuchung von H. MERKLEIN über die Überlieferungsgeschichte
der neutestamentlichen Abendmahlstradition gehört nur in einem beschränkten Maße zu dem hier interessierenden Problemkreis der Frage
nach Jesu Stellung zu seinem bevorstehenden Tod. Denn das Interesse
des Verf. ist auf die Herausstellung der »zu rekonstruierenden Ursprungsform« des Berichts über das letzte Mahl Jesu gerichtet, »die nicht unbedingt historisch – als Abendmahl des historischen Jesus (= Urform) –
ausgewertet werden darf«. Nach M. gehen die beiden Traditionsstränge,
die wir bei Markus und Lukas/Paulus finden, »auf einen gemeinsamen
Ursprung zurück«; bei der Suche nach diesem »gemeinsamen Ursprung«
erweist sich »überlieferungsgeschichtlich das lukanisch-paulinische Kelchwort älter als das markinische«, ja »Lk/Pl basieren auf nur geringfügig
weiterentwickelten Stadien der Ursprungsform«. Nun ist es nach M.
»schwierig, die Abendmahlsworte Jesus ganz abzusprechen«, andererseits
muß »das Paschamahl ... als Interpretationsschema fraglich bleiben«
und ist »die Authentie von Mk 14, 25 [»Ich werde nicht mehr von dem
Gewächs des Weinstocks trinken ...«] kaum zu bestreiten«, »Jesus rechnet [also] mit seinem baldigen gewaltsamen Tod« und »verheißt über
seinen Tod hinaus das neue Trinken des Bechers in der (wohl bald hereinbrechenden) Basileia«. Im Gegensatz dazu »qualifiziert das Kelchwort bereits das jetzige Trinken als die eschatologische καινὴ διαθήκη«,
und darum »ist wahrscheinlicher, daß das Kelchwort Jesu mit Mk 14, 25
zu identifizieren ist«, die Urform des Abendmahlsberichts ist dann »durch
ein weiteres Kelchwort ... erweitert worden«, der Gedanke vom »Neuen
Bund« ist also »die erste nachösterliche Interpretation des Abendmahls
Jesu«. Mit dieser Rekonstruktion der »Urform« des Abendmahlsberichts
ist natürlich entschieden, daß Jesus seinen Tod beim letzten Mahl »als
einen notwendigen Schritt im eschatologischen, auf die Basileia hinzielen-
den Handeln Gottes versteht«[26], aber die Vorstellungen vom Neuen

---

[25] E. RUCKSTUHL, Neue und alte Überlegungen ..., 89. 101. 104. 96.
[26] H. MERKLEIN, Erwägungen ..., 93. 92. 95. 98. 101. 236–238. 240. 236.

Bund und vom Sühnecharakter des Todes Jesu sind in dieser »Urform« nicht enthalten. Aber gerade wenn man Merkleins Anschauung, daß die lukanisch-paulinische Form des Kelchworts die ursprünglichere ist, teilt, ist die Annahme, gerade dieses Kelchwort sei nachträglich zu dem eschatologischen Kelchwort Jesu (Mk 14, 25) hinzugefügt worden, äußerst unwahrscheinlich, und so scheint mir diese Rekonstruktion der Überlieferung des Abendmahlsberichts die Frage nicht sicherer zu beantworten, ob Jesus seinem Tod beim letzten Mahl eine *besondere* Bedeutung zugeschrieben hat.

Das ist aber sehr dezidiert die schon früher vertretene und von mir besprochene[27] Anschauung von R. Pesch und H. Schürmann, die sich beide noch einmal zu diesem Problem geäußert haben. R. Peschs Schrift über »Das Abendmahl und Jesu Todesverständnis« greift nicht zufällig den Titel von Peschs erstem Aufsatz zu dieser Frage wieder auf, denn es handelt sich um eine in Auseinandersetzung mit der gesamten Literatur und besonders mit seinen Kritikern sich vollziehende sorgfältige Begründung der dort zuerst und danach wiederholt vertretenen Auffassung, daß sich »für die Rückfrage nach dem Todesverständnis Jesu allein die älteste Quelle unter den Abendmahlstraditionen, das berichtende Erzählstück aus der vormarkinischen Passionsgeschichte Mk 14, 22–25, als Ausgangspunkt anbietet«, das »den historischen Kredit teilt, den die Passionsgeschichte (heute wieder) verdient«. Damit ist gegeben, daß »sich das erzählte Geschehen ohne Schwierigkeit in den Ablauf eines Paschamahles einfügt«, und von dieser Voraussetzung aus ergibt sich für das Brotwort: »Das Deutewort konnte von den Jüngern kaum anders denn als messianische Selbstdeutung Jesu und Teilhabe an der Gemeinschaft mit ihm als dem Messias verstanden werden« und für das Becherwort: »Jesus deutet durch den Wein sich selbst: der Messias wird sterben«, und da »der rote Wein im Becher leicht eine symbolische Deutung auf ›Blut‹ zuließ«, erfordert die Bindung von »Gottes *berit* an Jesu Blut, den Tod des Messias, ... eine sühnetheologische Deutung des ›Bundesblutes‹«. Den Konflikt aber »zwischen der unbedingten Heilszusage, die Jesus als letzter Bote Gottes Israel überbringt, und der Verweigerung Israels, die scheinbar Gottes Boten ... scheitern ließ, löst Jesus, indem er seinen Tod als den Tod des eschatologischen Heilsboten, als Heils- = Sühnetod für Israel versteht«. Ohne diese »geschichtlich-faktische Vorgabe der Deutung seines Todes als Sühnetod durch Jesus selbst bleibt die nachösterliche Entwicklung der Jesusbewegung unverständlich«. Daß diese (hier

---

[27] ThR 43, 1978, 262–264; 45, 1980, 332 f. – 41, 1976, 345; 43, 1978, 259 f.; 45, 1980, 333 f.

nur in ihren Grundzügen referierte) Argumentation in Wirklichkeit eine aus vielen Gründen unhaltbare Konstruktion ist, habe ich früher ausgeführt und kann ich hier nicht wiederholen. Ich kann aber darauf verweisen, daß F. HAHN in seiner sehr gründlichen Besprechung des Buches weitere entscheidende Einwände gegen Pesch vorgebracht hat: »Das gesamte Problem des Verhältnisses der vier Abendmahlsberichte des Neuen Testaments wird wiederum auf rein literarischer Ebene abgehandelt«, während »man daneben den ... Einfluß der mündlichen Tradition nicht *a limine* ausschaiten darf«; die Probleme, daß es sich bei der Parallelisierung von »Leib« und »Blut« nicht um ein »im Hebräischen oder Aramäischen geläufiges Begriffspaar« handelt und daß »Blutgenuß für Juden ein *pudendum* war«, sind »nicht geklärt, sondern eher überspielt worden«, und »die These, Mk 14, 22–25 füge sich ›ohne Schwierigkeit in den Ablauf eines Paschamahles‹ ein, bleibt unbewiesen«, vor allem aber: man vermißt »die Behandlung der ... Frage nach dem ausgesprochen theozentrischen Verkündigungsinhalt der Botschaft Jesu und seiner eigenen Stellung und Funktion als eschatologischem Gottesboten«. Dem allen kann ich nur zustimmen und etwa noch anfügen, daß entgegen der Meinung Peschs das Fehlen eines Hinweises auf »den Verzehr des Paschamahles« keineswegs »ohne Bedeutung ist« und daß ebenso keineswegs »vorausgesetzt werden kann, daß der rote Wein im Becher leicht eine symbolische Deutung auf ›Blut‹ zuließ«[28], weil weder der Genuß von rotem Wein beim Paschamahl zur Zeit Jesu feststand noch die symbolische Deutung von Rotweingenuß auf Blutvergießen naheliegt. Ich komme daher um das Urteil nicht herum, daß die mit großer Gelehrsamkeit, aber mit ebenso großer Sicherheit vorgetragene Interpretation der Abendmahlsworte Jesu und damit seines Todesverständnisses durch Pesch auch durch diese neue Beweisführung nicht überzeugender begründet worden ist.

Auch H. SCHÜRMANN hat die von ihm mehrfach behandelte Frage nach dem Todesverständnis Jesu noch einmal aufgegriffen und möchte in dem Aufsatz von 1980 dem gegen seine Interpretation erhobenen Einwand begegnen, daß »Jesus die Heilsbedeutung seines Todes schwerlich denken, aus Verständigungsgründen jedenfalls nicht artikulieren könne, weil der Verstehenshorizont der Umwelt dafür keinen Ansatz geboten haben soll«. Da Jesus, wie Sch. mit guten Gründen feststellt, »schon recht früh mit der *Möglichkeit* seines gewaltsamen Todes rechnen konnte«, »muß er sich auch über Sinn und Bedeutung desselben Ge-

---

[28] R. PESCH, Das Abendmahl und Jesu Todesverständnis (1978), 51. 83. 85. 92. 94 f. 107. 114. 85. 95.

danken gemacht haben«. Da in der Umwelt Jesu die Vorstellungen vom
»Geschick der Propheten in Israel« und vom »Leiden des Gerechten«
bestanden, konnte Jesus »auch in der *Öffentlichkeit* mehr oder weniger
deutlich von der Möglichkeit seines Sterbens sprechen« und »die Er-
rettung vor dem Tode oder auch aus dem Tode als ›Leiden des Gerechten‹ mit dem Kommen der Basileia zusammendenken und in letzter
Stunde ... zumindest im vertrauten Jüngerkreis auch zur Sprache bringen«. »Wenn man im Zentrum der Verkündigung Jesu Abhängigkeit von
Dt-Jes nachweisen kann, warum dann nicht auch von den Gottesknechts-
liedern?«; aber ebenso »*kann* Jesus der Gedanke, sein [*sic*!] Tod könne
als Märtyrertod Heils-, vielleicht gar Sühnebedeutung haben, aus seiner
von Kultvorstellungen geprägten Umwelt zugekommen sein«, und »diese
Annahme liegt vielleicht etwas näher«. Neben diese *Möglichkeiten* stellt
Sch. dann abschließend einerseits die Frage: »Könnte das eschatologische
Heil der Basileia, das Jesus verkündete und das sich in dieser Verkündigung und in den Taten Jesu sowie in seinem Dasein repräsentierte, sich
nicht auch in Tod und Auferstehung Jesu präsentieren?«, andererseits die
Feststellung: »Wir sollten nicht lange nach expliziten soteriologischen
Äußerungen Jesu suchen, wenn er sich als der absolute Heilbringer und
Repräsentant der Basileia proexistent verstanden [erg.: hat] und wenn
er mit diesem überkonzeptionellen Verständnis dem Tode entgegengegan-
gen ist.« Und Sch. schließt diese Überlegungen mit der Aussage: »Mehr
wird ein Exeget mit historisch-kritischer Methode nicht leisten können
und mehr sollte er auch nicht beibringen wollen.«[29] Es ist nun leicht zu
sehen, daß Sch. bei diesen Ausführungen nicht über den Aufweis von
Möglichkeiten hinauskommt, und da er für ihre Untermauerung nicht
nur auf seine früheren Veröffentlichungen zu dieser Frage, sondern auch
auf einen (bis jetzt noch nicht erschienenen) Aufsatz über »Jesu Todesverständnis im Kontext seiner Basileiaverkündigung« verweist, muß die
m. E. für das ganze Problem entscheidende Frage nach der Übereinstimmung der überlieferten soteriologischen Deutung seines Todes durch
Jesus mit seiner Basileia-Verkündigung hier unberücksichtigt bleiben.
Immerhin kann ich unter Verweis auf meine früheren Ausführungen zu
Schürmanns Gedanken[30] nur wiederholen, daß Sch. bei bewußter, aber
nicht wirklich durchgehaltener Beiseitelassung der Austeilungsworte
Jesu beim letzten Mahl über Möglichkeiten oder höchstens Wahrscheinlichkeiten nicht hinauskommen kann. Eine wirklich geschichtswissenschaftlich begründete Erkenntnis über Jesu etwaige Deutung seines bevorstehenden Todes kommt so nicht zustande.

---

[29] H. SCHÜRMANN, Jesu Todesverständnis ..., 141 f. 145 f. 148 f. 154–158.
[30] A. Anm. 27 a. O.

Zuletzt haben sich zu dieser Frage noch zwei stark voneinander abweichende Meinungen zu Wort gemeldet. I. H. MARSHALLS Absicht ist es, »einen einfachen, aber umfassenden Überblick über die laufende Untersuchung des letzten Mahles Jesu und des Herrenmahles im Neuen Testament zu geben«, und so ist sein Interesse vor allem auf die Rekonstruktion der Abendmahlsworte Jesu und auf die Geschichte der urchristlichen Mahlfeier gerichtet; das dazwischen stehende Kapitel über »Die Bedeutung des letzten Mahles« ist daneben etwas mager ausgefallen. Die Rekonstruktion des Geschehens beim letzten Mahl Jesu ist von starkem Zutrauen zur geschichtlichen Zuverlässigkeit der Überlieferung getragen (»Wir sind auf festem Boden, wenn wir den Bericht des Paulus über das letzte Mahl direkt in die ganz frühen Tage zurückverfolgen, und das verstärkt natürlich unser Zutrauen zum geschichtlichen Wert dieses Berichts«; »Der Ursprung der Einsetzungsworte war nicht in einer liturgischen Formel, sondern in einem Geschichtsbericht«) und hält sich, bei Berücksichtigung der gesamten neueren Forschung, hauptsächlich an J. Jeremias und R. Pesch (»Es kann wohl behauptet werden, daß die Tradition von Anfang an indirekt und vielleicht direkt bezeugte, daß das Mahl einen Paschacharakter hatte«; »Jesus hielt ein Paschamahl zu einem früheren Zeitpunkt als dem offiziellen jüdischen Datum«; »Wir können zuversichtlich sagen, daß Jesus vom Brot sagte, es repräsentiere seinen Leib, daß er den Becher mit seinem Bundesblut oder mit dem neuen Bund in seinem Blut verglich und daß er davon sprach, sich selbst hinzugeben oder sein Blut zu vergießen für die Vielen«); nur in *einem* wichtigen Punkt weicht M. vorsichtig von Jeremias und Pesch ab: »Bei reiflicher Überlegung bin ich geneigt, die größere Ursprünglichkeit [beim Becherwort] dem lukanisch/paulinischen Wortlaut zuzugestehen.« Während ich in diesem letzten Punkt M. zustimme, scheinen mir nach wie vor erhebliche Zweifel gegenüber dem Paschacharakter des letzten Mahles Jesu und gegenüber dem Gedanken des Vergießens des Blutes für Viele notwendig zu sein, doch kann davon hier nicht weiter die Rede sein. Wichtig ist hier nur, welche Deutung Jesus seinem Tod in den Abendmahlsworten nach Marshalls Meinung gegeben hat. M. geht von den zwei Vorstellungen aus, die mit dem Paschamahl verbunden gewesen seien: »Das Paschaopfer ... hatte erlösende und sühnende Assoziation« und: es »kann gut sein«, daß die Vorstellungen, »der Messias werde während der Paschanacht kommen«, »ins 1. Jahrhundert zurückgehen und unter die Vorstellungen gerechnet werden sollten, die mit der Paschafeier verbunden waren«. Auf diesem Hintergrund stellt M. dann fest, daß »die Austeilung des Brotes und Weines als Symbol für eine Gabe an die Jünger gesehen werden kann,

... und indem die Jünger annahmen, was Jesus ihnen gab, nahmen sie die symbolische Bedeutung der Gaben an und stimmten seinem Angebot [*offer*] zu«. Was das Brotwort anbetrifft, so läßt M. offen, welche Opferbedeutung Jesus der Hingabe seines Selbst zumaß, angesichts des Becherwortes ist es aber nach M. »unmöglich, die Aussage von dem Gedanken an den Tod Jesu zu befreien, ... und der Gedanke eines Opfertodes ist kaum weniger vermeidbar«. Jesus »interpretiert hier also seinen eigenen Tod als stellvertretendes Opfer für die Sünden des Volkes, damit sie Anteil erhalten an dem Neuen Bund«. Und so wird denn über das in seiner Echtheit viel bezweifelte Wort Mk 10, 45 (»Der Menschensohn kam nicht, um sich bedienen zu lassen, sondern um zu bedienen und sein Leben als Lösegeld für Viele zu geben«) auch ohne weiteres gesagt: »Dieser Satz bereitet deutlich den Weg für die Aussprüche Jesu beim letzten Mahl«[31]. Man sieht sofort, daß dieses Buch auf Grund einer vorsichtigen, aber dann doch stark konstruktiven Interpretation der Abendmahlsworte Jesu ein Verständnis seines Todes als Sühnopfer zuschreibt, was nur den überzeugen kann, der die dahinter stehenden geschichtskritischen und religionsgeschichtlichen Voraussetzungen teilt.

Die methodische Differenz zwischen diesem Buch und der Habilitationsschrift von L. OBERLINNER über »Todeserwartung und Todesgewißheit Jesu« kann man sich kaum größer denken. Denn O. beschränkt sich nicht nur ausdrücklich »auf den Problemkreis der historisch-kritisch hinterfragten Todeserwartung bzw. Todesgewißheit Jesu« unter bewußter Ausschaltung »der Frage nach einer möglichen heilsmittlerischen Deutung seines zukünftigen gewaltsamen Sterbens durch Jesus selbst«, er untersucht auch diese eingeschränkte Frage unter sorgfältiger Auseinandersetzung mit der gesamten neueren Forschung mit einer radikal geschichtskritischen Methode. Da »uns ein *unmittelbarer* Zugang zu Jesu Selbstbewußtsein – auch und besonders im Bezug auf sein Sterben – verwehrt ist«, kann die Frage nur lauten: »Hat Jesus für sich selbst einen gewaltsamen Tod erwartet und läßt sich gegebenenfalls klären, ob diese Erwartung von Beginn seines Wirkens an feststand oder ob sich im Verlauf seines öffentlichen Wirkens ... eine Situation ergab, die ihm seine Hinrichtung als unausweichlich erscheinen lassen mußte?« O. schiebt damit die Frage nach Jesu etwaiger Deutung seines bevorstehenden Todes ausdrücklich beiseite, da »die beiden Themenkomplexe Todeserwartung und Todesdeutung als zwei je für sich zu eruierende und zu wertende Sachverhalte zu betrachten« sind. Er verzichtet auch (m. E. mit Recht) »auf die Annahme, Jesus habe in einem seinem Wirken *vorausgehenden*

---

[31] I. H. MARSHALL, Last Super ..., 33. 35. 62. 75. 51. 77 f. 84 f. 91 f. 98.

Offenbarungserlebnis die Eröffnung des ihm von Gott bestimmten Leidensweges des dtjes. Gottesknechtes erfahren«, hält es aber auch für »gewagt, vom Faktum des Täufertodes auf eine entsprechende Erwartung Jesu schließen zu wollen«, »die Gründung der Todeserwartung Jesu auf sein Erleben des Täufertodes« sei »eine psychologische Konstruktion, die ... nicht gerade wahrscheinlich ist«. Auch ist »die Annahme äußerst gewagt und wenig wahrscheinlich, daß die Pharisäer ... Jesu Heilungstat [nach Mk 3, 6] mit einem förmlichen Todesbeschluß beantwortet hätten.« Die Weherufe über die galiläischen Städte, die Jesu Wunder nicht beachteten (Mt 11, 21–24 par.), sind unecht und »können darum nicht als Belege für einen umfassenden Mißerfolg der Predigt Jesu, somit als Anhaltspunkt für eine Krise ... dienen«, ebenso geben Jesu Aussagen über das Schicksal der Propheten »im Sinn der Ansage seines gewaltsamen Todes unmittelbar nichts her« und »sind als *Begründung* der Todeserwartung und -gewißheit deshalb unzureichend«, »die ursächliche Bindung der Leidensgewißheit Jesu an die Erfahrung des Mißerfolgs stellt sich [also] als einseitige Auslegung dar«. Auch gab es nach O. in der Zeit der galiläischen Wirksamkeit Jesu keine pharisäische Opposition gegen Jesus, die Jesus zur Erwartung seines gewaltsamen Todes hätte veranlassen können; gewiß schuf die Tischgemeinschaft Jesu mit Zöllnern und Sündern »eine unüberbrückbare Kluft, die seitens der engagierten jüdischen Gläubigen einen absoluten Trennungsstrich zwischen sich und Jesus zur Folge haben mußte ... Jedoch führte dies notwendig zum Todesbeschluß? Man darf das doch bezweifeln!« Und »ganz sicher muß man in der kritischen Beurteilung von Gesetzen durch Jesus in einzelnen Fällen ... ein für jüdische Ohren skandalöses Ansinnen sehen«, »und doch wird man zögern müssen, die Linie von der Gesetzeskritik Jesu zum Kreuz ohne Bedenken zu ziehen«. Jesus *mußte* also keineswegs »mit seinem gewaltsamen Tod rechnen«, »es läßt sich aus der Evangelien-Überlieferung keine mit ›Todesgewißheit‹ umschreibbare Erwartungshaltung Jesu sichern«. »Erst im Rahmen der Jerusalemer Ereignisse sind die letztlich ausschlaggebenden Gründe für die definitive Entscheidung gegen Jesus mit der Konsequenz seiner Beseitigung zu finden«: »Es erscheint sowohl denkbar als auch wahrscheinlich, daß ein [kritisches Tempel-] Wort Jesu als konkreter Ansatzpunkt für das Eingreifen des Synedriums und als Grund für die Anklage ... diente«, und der eschatologische Ausblick Jesu beim letzten Mahl (Mk 14, 25) »scheint die Gewißheit seines gewaltsamen Sterbens mit großer Sicherheit zu belegen«. Und das besagt: »Sowohl die Todesgewißheit als auch die Todesankündigung [Jesu] ist ganz wesentlich begründet zu sehen in diesem einmaligen Geschehen in Jerusalem, also auf dem Hintergrund des erst hier getroffenen Vernichtungsurteils«, »Jesus stirbt für seine [Gottes-]Botschaft, sein Tod liegt in der Konsequenz seines Wirkens«, seine Todesgewißheit war »bis zum Schluß nur eine Gewißheit unter dem Vorbehalt des ›Wenn‹ des Willens Gottes«[32].

Man wird dieser durch ihre kritische Ehrlichkeit imponierenden Untersuchung sicherlich zugestehen müssen, daß O. nachgewiesen hat, daß wir für eine von Anfang an bestehende Absicht Jesu, seinen gewaltsamen Tod als Erfüllung des Gotteswillens herbeizuführen, ebensowenig geschichtliche Belege haben wie für die damit verbundene Deutung seines Todes durch Jesus als sühnendes Heilsgeschehen. Aber die Wegerklärung aller Hinweise Jesu auf eine ihm begegnende Feindschaft während seiner galiläischen Wirksamkeit scheint mir ebensowenig haltbar zu sein wie die Bestreitung eines geschichtlichen Zusammenhangs zwischen seiner Gesetzeskritik und seiner gesetzeswidrigen Verhaltensweise und der ihm nicht erst in Jerusalem begegnenden feindlichen Ablehnung durch führende Kreise des damaligen Judentums. Daß erst in Jerusalem und nur von seiten der Sadduzäer Jesus eine feindliche Gegnerschaft gegenübertrat, die ihn veranlassen konnte und mußte, mit einem gewaltsamen Tode zu rechnen, ist eine sich nicht aus den Quellen ergebende Behauptung, und die kritische Bestreitung aller Hinweise auf seinen drohenden Tod durch Jesus scheint mir gewaltsam. Ich kann darum nicht finden, daß Oberlinner bewiesen hat, daß die Erwartung oder auch Gewißheit seines bevorstehenden Todes, von den allerletzten Tagen abgesehen, im Zusammenhang des Wirkens und der Verkündigung Jesu keine Rolle gespielt haben; aber der, zugestandenermaßen schwierige, Versuch, Jesu Stellung zu seinem von ihm, wenn Gott es will, als unausweichlichen Auftrag erwarteten Tod geschichtlich zu klären, wird in Zukunft von diesem Buch auszugehen und sich mit der darin vertretenen, doch wohl überskeptischen, Haltung auseinanderzusetzen haben.

Es bleibt mir noch die Aufgabe, in einem letzten Teil dieses Nachtrags über die nachträglich erschienenen Arbeiten zu den Themen der 4.–6. Teile meines Berichts zu informieren.

---

[32] L. OBERLINNER, Todeserwartung..., 4. 20. 22. 29. 36. 57. 70. 93. 100. 109. 157 f. 162. 166. 123. 125. 131. 135. 137 f. 165.

Literaturangaben zu IV – VI

T.Aurelio, Disclosures in den Gleichnissen Jesu. Eine Anwendung der disclosure-Theorie von I. T. Ramsey, der modernen Metaphorik und der Theorie der Sprechakte auf die Gleichnisse Jesu, Regensburger Studien zur Theologie 8, 1977. – G. Barth, Art. Bergpredigt I. Im Neuen Testament, TRE 5, 1980, 603–618. – G. Beckerlegge, Jesus' Authority and the Problem of His Self-Consciousness, HeyJ 19, 1978, 365–382. – U. Berner, Die Bergpredigt. Rezeption und Auslegung im 20. Jahrhundert, GTA 12, 1979. – O. Betz/W. Grimm, Wesen und Wirklichkeit der Wunder Jesu. Heilungen – Rettungen – Zeichen – Aufleuchtungen, Arbeiten zum Neuen Testament und Judentum 2, Frankfurt/Main-Bern-Las Vegas 1977. – M. Casey, Son of Man. The interpretation and influence of Daniel 7, London 1979. – J. D. Crossan, Finding is the First Act. Trove Folktales and Jesus' Treasure Parable, SBL Semeia Suppl., 1979. – Ders., Paradox Gives Rise to Metaphor. Paul Ricoeur's Hermeneutics and the Parables of Jesus, BR 24/25, 1979/80, 20–37. – Ch. Dietzfelbinger, Vom Sinn der Sabbatheilungen Jesu, EvTh 38, 1978, 281–298. – D. Dormeyer, Die Passion Jesu als Ergebnis seines Konflikts mit führenden Kreisen des Judentums, in: Gottesverächter und Menschenfeinde? Juden zwischen Jesus und frühchristlicher Kirche, hg. v. H. Goldstein, ppb 1979, 211–238. – J. A. Fitzmyer, Another View of the „Son of Man" Debate, Journal for the Study of the New Testament 4, 1979, 58–68. – W. Harnisch, Die Metapher als heuristisches Prinzip. Neuerscheinungen zur Hermeneutik der Gleichnisreden Jesu, VuF 24, 1, 1979, 53–89. – A. J. B. Higgins, The Son of Man in the Teaching of Jesus, SNTSMS 39, 1980. – N. A. Huffman, Atypical Features in the Parables of Jesus, JBL 97, 1978, 207–220. – M. Jas, Hénoch et le fils de l'homme. Datation du livre des paraboles pour une situation de l'origine du Gnosticisme, RRef 110, 1979, 105–119. – P. R. Jones, The Modern Study of the Parables, SWJT 22, 1980, 7–22. – R. Kearns, Vorfragen zur Christologie II. Überlieferungsgeschichtliche und Rezeptionsgeschichtliche Studie zur Vorgeschichte eines christologischen Hoheitstitels, Tübingen 1980. – W. S. Kissinger, The Parables of Jesus. A History of Interpretation and Bibliography, ATLABS 4, 1979. – H.-J. Klauck, Allegorie und Allegorese in synoptischen Gleichnistexten, NTA, NF 13, 1978. – J. Lambrecht, tandis qu'Il nous parlait. introduction aux paraboles. Traduit par Soeur Marie Claes, Paris/Namur 1980. – N. J. McEleney, The Principles of the Sermon on the Mount, CBQ 41, 1979, 552–570. – F. J. Moloney, The End of the Son of Man?, DR 98, 1980, 280–290. – H. K. Nielsen, Ein Beitrag zur Beurteilung der Tradition über die Heilungstätigkeit Jesu, Studien zum Neuen Testament und seiner Umwelt A, 3 = Probleme der Forschung,

Wien/München 1978, 58–90. – A. SATAKE, Zwei Typen von Menschenbildern in
den Gleichnissen Jesu, AJBI 4, 1978, 45–84. – G. SELLIN, Allegorie und „Gleichnis". Zur Formenlehre der synoptischen Gleichnisse, ZThK 75, 1978, 281–335. –
A. STROBEL, Die Stunde der Wahrheit. Untersuchungen zum Strafverfahren
gegen Jesus, WUNT 21, 1980. – M. A. TOLBERT, Perspectives on the Parables.
An Approach to Multiple Interpretations, Philadelphia 1979. – H. WEDER,
Die Gleichnisse Jesu als Metaphern. Traditions- und redaktionsgeschichtliche Analysen und Interpretationen, FRLANT 120, 1978. – Zeichen und Gleichnisse. Evangelientext und semiotische Forschung. Für die Gruppe von Entrevernes hg. v.
J. DELORME, ppb 1979.

IV. Bergpredigt – Gleichnisse – Wunderberichte

Zur Bergpredigt hat U. BERNER in ihrer Göttinger Dissertation eine Forschungsgeschichte für das 20. Jahrhundert vorgelegt. Der Leser erfährt
freilich erst durch die Vorbemerkung der Verf., daß „eine fast ausschließliche Beschränkung auf die deutsche protestantische Forschung erfolgen
mußte", was dann doch nur für den 1. Teil des Buches über „Die theologische Auslegung der Bergpredigt im 20. Jahrhundert" gilt. Für den 2.
Teil („Die historisch-kritische Erforschung der Bergpredigt im 20. Jahrhundert") wird dagegen auch fremdsprachige und katholische Literatur
verwertet, die auch in das umfangreiche Literaturverzeichnis aufgenommen
ist[1]. Diese sachlich nicht gerechtfertigte Zweiteilung des Buches, die Einschiebung zahlreicher Exkurse und die Erörterung wichtiger Fragen in den
an den Schluß des Buches gesetzten Anmerkungen machen die Lektüre des
Buches mühsam, und bei dem Fehlen eines Personenregisters ist es praktisch
unmöglich, die Ausführungen zu einem bestimmten Autor wiederzufinden.
Dem 1. Teil schickt die Verf. auf 8 Seiten eine in dieser Kürze wenig hilfreiche Übersicht über „Die Auslegung der Bergpredigt in den ersten neun-
zehn Jahrhunderten" voraus, der 1. Teil behandelt dann, durchaus sachgemäß, die theologische Deutung der Bergpredigt in den Epochen von
1900–1914, im 1. Weltkrieg, von 1918–1933, während der nationalsozia-
listischen Periode, in der unmittelbaren Zeit nach dem 2. Weltkrieg, seit
der staatlichen Neugründung und „in der pluralen Theologie der Gegenwart". Diese Darstellung ist in mancher Hinsicht informativ, wobei die
Ausführungen über die Irrwege des Bergpredigtverständnisses im 1. Weltkrieg und zur Zeit des Nationalsozialismus, über die Auseinandersetzung

---

[1] Soweit ich sehe, fehlt hier nur: H. MOSBECH, The Ethics of the Sermon on
the Mount, Spiritus et Veritas, Festschr. K. Kundzins, 1953, 121–134.

der tschechischen Marxisten mit der Bergpredigt und über das Verständnis
der Bergpredigt als Bollwerk gegen die Gefahr aus dem Osten besonders
interessant sind. Wirkliches Lob zollt die Verf. nur dem Buch von P. Hoffmann und V. Eid über „Jesus von Nazareth und eine christliche Moral"
(1975)[2], da nur hier erreicht sei, was „in protestantischer Auslegung der
Bergpredigt nicht zu finden ist", nämlich „eine ‚ethisch politische' Auslegung der Bergpredigt, die gleichzeitig auch den Text sprechen läßt und so
den Graben zwischen theologischer und historischer Auslegung überwindet". Der 2. Teil wendet sich der historisch-kritischen Arbeit an der Bergpredigt zu, wobei ebenfalls chronologisch die Zeit vor und nach dem 1.
Weltkrieg, nach dem 2. Weltkrieg und die Gegenwart unterschieden werden und in Exkursen das Verständnis der Bergpredigt bei Hans Windisch
und bei jüdischen Forschern[3] gesondert behandelt wird. Freilich ist es die
Konsequenz der abgetrennten Behandlung der „historisch-kritischen" Arbeit, daß die Bedeutung dieser Arbeit für die im 1. Teil behandelte theologische Deutung der Bergpredigt nicht erkennbar und der neutestamentlichen Disziplin generell „mangelnde Fähigkeit zur Synthese der detail-
lierten historischen Ergebnisse" vorgeworfen wird, weil „der gegenwärtigen historischen Bergpredigtauslegung .. eine integrierende Zuwendung
der historischen Kritik zur Bergpredigt" fehle; die Auslegung müsse vielmehr „auch normativ sein, das heißt Entscheidungen nach von einem Text
– zum Beispiel der Bergpredigt – vorgegebenen Richtlinien herbeiführen".
Infolge der Auseinanderreißung von historisch-kritischer Forschung und
theologischer Interpretation kommt eine wirkliche Geschichte des Bergpredigtverständnisses im 20. Jahrhundert nicht zustande, und das Problem
der Rückwirkung der Forderungen der Bergpredigt auf Jesus wird nur
ganz sporadisch berührt. So bleibt nur die chronologisch geordnete Übersicht über die verschiedensten Anschauungen und Forschungsergebnisse
nützlich, wenn auch, wie gesagt, beim Fehlen eines Personenregisters die
Heranziehung des Buches zur Information im einzelnen kaum möglich ist.
Wirklich ärgerlich sind aber an diesem Buch zwei Dinge: 1) Ein „Biogra-
phischer Anhang (in Auswahl)" soll Information über die behandelten
Autoren bieten; dabei wird zwar dem Leser mitgeteilt, daß Luther „Reformator Deutschlands" war und eine „Lehrtätigkeit als Schriftausleger" ausübte, daß Calvin „Neben Luther der bedeutendste Reformator", Ph. J.
Spener „theol. Führer des luth. Pietismus" und F. C. Baur „Begründer der
‚Tübinger Schule'" waren, im übrigen aber sind die Angaben in sehr vielen

---

[2] S. dazu ThR 41, 1976, 317 f.
[3] Hier hätte auch I. ABRAHAMS, Studies in Pharisaism and the Gospels I. II,
1917. 1924 berücksichtigt werden sollen.

Fällen völlig unzureichend oder falsch; dafür nur ein paar Beispiele: P. Bonnard wirkte in Lausanne, nicht in Lyon; H. W. Beyer war nicht nur in Greifswald, sondern auch in Leipzig Professor wie R. Herrmann auch in Breslau; K. Kertelge hat nicht nur promoviert, sondern ist auch Professor in Münster; H. Schürmann ist nicht „kath. Theologe aus Erfurt", sondern „in Erfurt" und vorher in Münster; R. Bultmann ist nicht nur von Bedeutung durch sein Entmythologisierungsprogramm, und das Hauptwerk von J. Klausner heißt nicht „Jesus Christus". Was nützt die alleinige Angabe, daß H. J. Holtzmann „Lehrer A. Schweitzers" und daß J. Schneider „geb. 1895 ev. Theologe" war? Über die im Text behandelten H. Huber, G. Schneider, F. Traub fehlt jede Angabe usw. usw. Alle diese Lücken hätten leicht geschlossen und die Fehler vermieden werden können, wenn die Verf. nur die allgemein zugänglichen Nachschlagewerke zu Rate gezogen hätte! 2) Im Corpus des Buches begegnet eine erhebliche Zahl eindeutiger Fehler: Georg Wünsch war zwar (in Heidelberg) Schüler, nicht aber „Nachfolger von Ernst Troeltsch in Marburg" (Troeltsch war nie in Marburg); nicht Strack, sondern ausschließlich Billerbeck beschreibt „seine theologische Voraussetzung" in Strack-Billerbecks Kommentar, wie J. Jeremias oft genug betont hat; F. Delitzsch hat wahrlich nicht „aus dem liberal religionsgeschichtlichen Interesse der Zeit" rabbinische Texte zum Neuen Testament gesammelt; nicht bei Harnack, sondern bei Troeltsch steht „Absolutheit des Christentums" in einem Buchtitel; nicht Wernle hat die Bezeichnung Q eingeführt, sie begegnet schon vor ihm bei J. Weiß[4]; anläßlich einer Bezugnahme auf den Artikel „Bergpredigt" in der 2. Auflage des Lexikons für Theologie und Kirche heißt es: „Erst nach Freigabe der historisch-kritischen Forschung durch das 2. Vaticanum konnte in der letzten Auflage des LThK festgestellt werden . . .": aber dieser 2. Band des LThK[2] ist 1958 erschienen, während das 2. Vaticanum erst 1962 eröffnet wurde, und für die „Freigabe der historisch-kritischen Forschung" in der römisch-katholischen Kirche war schon die Encyclica *Divino afflante spiritu* von 1943 grundlegend; daß R. Gyllenberg Finne und nicht Schwede war[5], hätte ein Blick in RGG oder EKL gezeigt. Angesichts dieser gravierenden Mängel kann man nur feststellen, daß die Verf. (trotz der Vermittlung einiger nützlicher Informationen in diesem Buch) nicht bewiesen hat, daß sie wissenschaftlich zu arbeiten gelernt hat.

Der mit einer guten Bibliographie ausgestattete Lexikonartikel von G. Barth kann hier nur kurz erwähnt werden, da er ausschließlich die Fragen

---

[4] S. W. G. Kümmel, Einleitung in das Neue Testament[17]=[20], 37 Anm. 47.

[5] U. Berner, Die Bergpredigt, 10. 70. 101 f. 107. 39. 78. 125 Anm. 89. 192 Anm. 40. 222 Anm. 32. 153.–S. 126 Anm. 1 steht als Ortsangabe „Zurück" statt „Zürich"!

des Aufbaus und Inhalts der Bergpredigt und der Interpretation ihres
Stoffes durch den Evangelisten erörtert und mit einer kurzen „Auslegungs-
und Wirkungsgeschichte" abschließt; die Frage der Herkunft des Stoffes
der Bergpredigt von Jesus klingt nur einmal an mit der Feststellung, daß
„man die Entstehung der Antithesen kaum anderswo als bei Jesus selbst
zu suchen haben wird" (S. 607), und zur Frage nach dem Verständnis der
radikalen Forderungen der Bergpredigt heißt es nur, daß sie „nach wie
vor umstritten" sei (S. 615)[6].

So bleibt nur noch auf den Aufsatz über die Leitlinien der Bergpredigt
von N. J. McEleney hinzuweisen. Der Verf. sucht darin a) nachzuweisen,
daß die beiden Verse Mt 5,17 und 20 [„Ich bin nicht gekommen, das Gesetz .. aufzulösen .." und „Wenn eure Gerechtigkeit nicht die der Schriftgelehrten und Pharisäer übertrifft .."] die „grundlegenden Strukturprin-
zipien sind, die die Sammlung des Materials in die Bergpredigt des Matthäus beherrschen", und b) die Frage zu beantworten, „ob diese Prinzipien
einfach die matthäische Theologie wiedergeben oder authentisch die Stellung und Äußerungen Jesu selbst". Denn unter diese beiden Verse können
wir nach seiner Meinung den ganzen Stoff einerseits der Antithesen 5,21—
48, andererseits der Ausführungen über die bessere Gerechtigkeit in 6,1–7,
12 subsumieren. McEleney sucht darum zu zeigen, daß „der allgemeine
Tenor der drei Aussagen 5,17–19 auf die Bewahrung des Gesetzes hinaus-
läuft", was niemand bezweifeln wird, zugleich aber auch nachzuweisen,
daß diese Verse „nicht wirklich in Gegensatz stehen zu allem, was Jesus
an Abänderungen am Gesetz in den Antithesen eingeführt haben mag",
was schwerlich überzeugen kann. Daß der Verf. von dieser Anschauung
selber nicht ganz überzeugt ist, zeigen dann freilich die Feststellung, daß
die Aussage von der „Erfüllung" des Gesetzes durch Jesus in 5,17 b „keine
große Beziehung zu den Antithesen hat", und die daraus gezogene Folgerung, daß das ursprüngliche Jesuswort nur besagt, daß „Jesus nicht gekommen sei, das Gesetz zu zerstören", während es „die weitere Erklärung, daß
er zur Erfüllung des Gesetzes nicht gekommen sei, nicht einschloß". Doch
reicht diese an sich willkürliche Streichung nicht aus, um das abschließende
Urteil überzeugend erscheinen zu lassen, daß „sich nichts in dem Material
von 5, 17–19 findet — besonders wenn wir die redaktionellen Zufügungen

---

[6] Als ausschließlich redaktionsgeschichtliche Arbeiten müssen hier auch unberücksichtigt bleiben: H. D. Betz, Die Makarismen der Bergpredigt. Beobachtungen zur literarischen Form und theologischen Bedeutung, ZThK 75, 1978, 3–19; G.
Bornkamm, Der Aufbau der Bergpredigt, NTS 24, 1978, 419–432; Ch. Dietzfelbinger, Die Antithesen der Bergpredigt im Verständnis des Matthäus, ZNW
70, 1979, 1–15.

abziehen –, das nicht vollkommen in die Bedingungen der Wirksamkeit Jesu paßt, wie wir sie sonst aus den Evangelien kennen"[7]. Gerade das ist zu bestreiten, und so trägt dieser Aufsatz nicht dazu bei, den geschichtlichen Zusammenhang der Antithesen und ihrer matthäischen Deutung mit der Verkündigung Jesu aufzuklären.

Der ungewöhnlich breite Fluß von Arbeiten zur *Gleichnisforschung*, über die ich 1978 zu berichten hatte[8], hat seither nicht nachgelassen. Da ist zunächst auf drei forschungsgeschichtliche Arbeiten hinzuweisen. W. S. KISSINGER hat seiner Forschungsgeschichte und Bibliographie zur Bergpredigt[9] ein paralleles Werk zur Gleichnisforschung folgen lassen. Auch hier ist die (mit Register 200 S. umfassende) Bibliographie ein sehr nützliches Hilfsmittel. K. verzeichnet zuerst die Arbeiten, die sich mit den Gleichnissen allgemein beschäftigen, dann die zu den einzelnen Gleichnissen bis 1977, und zwar nicht nur in den wissenschaftlichen Hauptsprachen, sondern auch in zahlreichen weiteren Sprachen; eine Nachprüfung hat ergeben, daß ihm nur relativ wenige Titel entgangen sind[10]; natürlich sind umfangreichere Ausführungen zu den Gleichnissen, die sich in Arbeiten mit einem andern Thema finden, nur ausnahmsweise auch verzeichnet. Die der Bibliographie vorausgehende Auslegungsgeschichte von Irenaeus bis zur Gegenwart referiert bis zum Ende des 19. Jahrhunderts einen Stoff, den der deutsche Leser bei A. Jülicher unter einem stärker historischen Gesichtspunkt finden kann, der Bericht über die Gleichnisforschung im 20. Jahrhundert ist dagegen nützlich, vor allem für die neueste amerikanische Gleichnisforschung, der der Verf. offenbar mit großer Sympathie begegnet. Freilich entsteht im ganzen durch das einfache Nebeneinanderstellen der einzelnen Forscher (mit umfangreichen Zitaten) mehr eine Katene als eine wirkliche Forschungsgeschichte, und manche wichtigen Gleichnisforscher (etwa W. Michaelis, J. Dupont, G. Eichholz) begegnen nur in der Bibliographie, da sie wenig methodische Reflexion bieten. Trotz dieser Grenzen ist das Buch von Kissinger sehr hilfreich. Der Aufsatz von P. R. JONES

---

[7] N. J. McELENEY, The Principles . ., 554. 558 f. 560. 566 f.

[8] ThR 43, 1978, 120–142.

[9] ThR 43, 1978, 109 f.

[10] Ich nenne, ohne die Titel genau wiederzugeben: Die Lexikonartikel von R. BULTMANN, RGG II², 1928, 1239 ff. und J. SCHMID, LThK IV², 1960, 958 ff.; G. HARDER, ThViat 1948/49, 51 ff. (zu Mk 4, 26 ff.); H. BRAUN, in: Der Humanismus und die Auslegung klassischerTexte, 1965, 4 ff. (zu Mt 20, 1ff.); H. SCHÜRMANN, in: Ursprung und Gestalt, 1970, 29 ff. (zu Lk 8, 4–21); K. HAACKER, NT 14, 1972, 219 ff. (zu Mk 4, 11); O. KUSS, MThZ 23, 1972, 53 ff. (zu Mt 13, 44–46); G. SELLIN, ZNW 65, 1974, 166 ff.; 66, 1975, 19 ff. (zu Lk 10, 25–37); R. PESCH, Festschr. B. Welte, 1976, 140 ff. (zu Lk 15, 11–32).

beschränkt sich nach einem Hinweis auf A. Jülicher und J. Jeremias
(„*The Big Two*") auf die „neueren Strömungen" in der Gleichnisforschung,
referiert kurz über E. Fuchs und E. Linnemann und dann ausführlicher
über die neueste amerikanische Forschung mit einer deutlichen Vorliebe
für J. D. Crossan. Diese Ausführungen bieten eine gute Information. Was
der Verf. dann noch als „persönliche Beobachtungen" anfügt, sind Reflexionen über das Vorkommen bestimmter Vorstellungen (Herr und Sklave,
König, Vater usw.) in den Gleichnissen Jesu, die schwerlich weiterhelfen.
Auch W. HARNISCH vertritt in seinem Literaturbericht die Meinung, daß
„bedeutsame Fortschritte auf dem Gebiet der Gleichnisinterpretation von
den Amerikanern erzielt worden sind", und behandelt darum im 1. Abschnitt im ausdrücklichen Anschluß an N. Perrin (1976, s. ThR 43, 1978,
136 f.) „die Lage der Forschung aus amerikanischer Sicht", da „sich Perrins
Darstellung als die nach Jüngel aufschlußreichste Einführung in den gegenwärtigen Stand der Gleichnisexegese empfiehlt". Die weiteren Abschnitte
referieren dann ausführlich über die Anschauungen von J. D. Crossan
(s. ThR 43, 1978, 134–136), über die im Folgenden zu besprechenden Bücher von H. J. Klauck und T. Aurelio und abschließend über die (in diesem Referat nicht zu besprechenden) Anschauungen des Philosophen P.
Ricoeur, dessen Beitrag „an denkerischer und darstellerischer Kraft ver-
gleichbaren theologischen Arbeiten überlegen" sei, sodaß „dieser philoso-
phische Beitrag zur biblischen Hermeneutik einer sich in historischen Quis-
quilien verfangenden exegetischen Disziplin zu denken geben sollte" [11].
Doch enthält Harnischs Referat keine Ausführungen über die eigene methodische Stellung (s. dazu ThR 43, 1978, 132 f.), sodaß dieser Aufsatz nur
zur Orientierung über die besprochenen Anschauungen hilfreich ist.

Wenden wir uns den konkreten Untersuchungen zur Gleichnisexegese
zu, so ist zunächst auf drei im gleichen Jahr 1978 erschienene und thematisch eng verwandte Bücher hinzuweisen, zunächst auf T. AURELIOS Regensburger Dissertation über „*Disclosures* in den Gleichnissen Jesu". Der englische Begriff *disclosure* (nach Aurelio „vielleicht mit ‚Erschließung' zu
übersetzen") im Haupttitel und die Hinweise im Untertitel des Buches
zeigen, daß der Verf. das Verständnis der Gleichnisse mit Hilfe mehrerer
literarischer Theorien fördern möchte, wobei er „für eine Integration der
Methoden plädiert, weil jede Methode Werte und Grenzen zeigt". A. geht
aus von der These des englischen Religionsphilosophen I. T. Ramsey, daß
„die ganze religiöse Rede eine *disclosure* Sprache ist, die das Beobacht-
bare und das ‚mehr' einschließt", d. h. „ein ‚Aha-Erlebnis'" bewirkt; denn
„die Charakteristik der religiösen Rede und insbesondere der Gleichnisse,

---

[11] W. HARNISCH, Die Metapher . ., 53. 60. 89.

metaphorische Rede zu sein, ist eine klare Parallele zur Theorie der *disclosure*-Modelle von Ramsey". A. stellt daneben im Anschluß an moderne Metaphern-Theorien die Behauptung, daß der von Jülicher und nach ihm „so oft vertretene Gegensatz zwischen Metapher und Vergleich nicht zu Recht besteht", weil „alle anderen metaphorischen Redeformen von der Metapher abzuleiten sind". Infolgedessen „kann man nicht mehr behaupten, Jesus hätte nicht in Allegorien sprechen können, weil die Allegorie dunkel ist, das Gleichnis dagegen anschaulich". Schließlich stellt A. fest: die Metapher als *disclosure* ist ein „Sprechakt" mit dem Ziel, „daß der Hörer *sich selber* und seine Situation in der Erzählung entdeckt und dann dem Gleichnis folgt"; damit ist gegeben, „daß die Theorie des *tertium comparationis* unhaltbar ist", statt vom *tertium comparationis* „ziehen wir vor, von einem Appell zu reden". „Die These des argumentativen Charakters der Gleichnisse ist wirklich fehl am Platze", „die Gleichnisse zwingen zu einer Stellungnahme zu *Jesus*. Jesus will den Hörer nicht um ein *tertium comparationis* sammeln, sondern um ihn, Jesus selbst". Obwohl nach A. „jedes Gleichnis polysem ist und aufgrund dieser Polysemie verschiedene Deutungen erhalten kann", bezeichnet er es doch als „ein Grundgebot für die Gleichnisauslegung, die Gleichnisse als Sprechakte *Jesu* anzusehen", „man kann mit einer gewissen Sicherheit von einer Urdisclosure Jesu reden, . . nur derjenige kann Gottesreichgleichnisse bilden, der die Urdisclosure hat", „die allgemeinste Voraussetzung für die Gleichnisse als Sprechakte ist, daß Jesus wirklich glaubte, daß das Gottesreich mit ihm anbricht, sodaß er es ansagen, verheißen konnte". Darum „formt und prägt die Bildempfängergeschichte [d. h. die Ansage des Gottesreichs] die Bildspendergeschichte [d. h. das Gleichnis]", und so „sollte man gerade den sogenannten ‚ungewöhnlichen' Zügen eine besondere Aufmerksamkeit schenken, um die Bildempfängergeschichte zu erkennen". Von diesen (hier verkürzt wiedergegebenen) methodischen Voraussetzungen aus interpretiert A. dann fünf willkürlich ausgewählte Gleichnisse, ohne daß klar würde, inwiefern seine theoretischen Voraussetzungen den Verf. gerade zu *diesen* Deutungen veranlassen. Denn daß man das Gleichnis vom Pharisäer und Zöllner nicht als Beispielerzählung, sondern „durchaus als ein Gleichnis des Gottesreiches betrachten kann", daß bei den Arbeitern im Weinberg „die Arbeiter und nicht der Hausherr die Protagonisten und somit das Subjekt der Erzählung sind" und „der gleiche Lohn . . als Symbol dessen aufzufassen ist, was alle Arbeiter schon gehabt haben, nämlich als Symbol der Arbeit selber", ferner daß in Mk 12,1 ff. „der Heros der Geschichte . . der Besitzer des Weinbergs ist, der gibt und wieder wegnimmt" – diese m. E. *sehr* fraglichen exegetischen Feststellungen sind keineswegs zwingende Folgerungen aus den Theorien des Verf. Da weder die Beeinflussung der Bildhälfte durch die Sachhälfte (der Verf. spricht freilich von „Bildspendergeschichte" und „Bildempfängergeschichte"!) noch das durch die Gleichnisse erstrebte Engagement des Hörers noch der „unlösbare Zusammenhang zwischen Jesus und dem Reich Gottes"[12] neue Erkenntnisse sind, ist m. E. völlig unklar, inwiefern die Heranziehung der Theorien der *disclosure* und des Sprechaktes etwas zum besseren Verständnis der Gleichnisse Jesu beitragen, während ich die Bestreitung des Unterschieds zwischen Vergleich und Metapher und des Rechts zur Frage nach dem *tertium comparationis* nur als falsch bezeichnen kann. Ich kann darum nicht erkennen, daß die mit linguistischen Fachausdrücken überladene Arbeit von Aurelio das Verständnis der Gleichnisse Jesu in irgend einer Weise fördert.

Auch H. J. KLAUCK, der sein Buch Allegorie und Allegorese in synoptischen Gleichnistexten" mit einer gut informierenden Forschungsgeschichte einleitet[13], erklärt in Auseinandersetzung mit Jülichers Unterscheidung zwischen dem Vergleich, der „auf einer Ähnlichkeitsrelation beruht", und der Metapher, „dem Modellfall uneigentlicher Rede, weil sie die Sache durch das Bild ersetzt", ohne jede Diskussion: „Daß Jülicher mit dieser Einschätzung der Metapher fehlgeht, dürfte auf der Hand liegen", es „sollte deutlich sein, daß die Opposition von Vergleich und Metapher ein Postulat Jülichers darstellt, das von seinem primären Interesse, dem Kampf gegen die Allegorie, diktiert ist". Da nach der Meinung des Verf. bis heute „die von Jülicher begründete Abwertung der Allegorie dominiert", möchte er das Problem der Allegorik klären, indem er zunächst „Die Allegorik im antiken Schrifttum" untersucht. Aus diesem umfangreichen und lehrreichen Teil ergibt sich, daß in der vor allem im 1. Jahrhundert nach Christus ausgebildeten „hellenistischen Theorie der Allegorese wesentliche Elemente dessen enthalten sind, was Jülicher an der allegorischen Exegese moniert: ein ästhetisches (und historisches) Desinteresse, anachronistische Einträge von einem umgreifenden Vorverständnis her, das Moment der esoterischen Kommunikationsform und der dechiffrierenden Interpretation .. Es fehlt [in dieser hellenistischen Theorie aber] vor allem die Ableitung der Allegorese aus der literarischen Form der Allegorie". Das Alte Testament und

---

[12] T. AURELIO, Disclosures ..., 30. 13. 30. 78. 81. 86. 98. 119. 232, 112, 236. 96. 128. 133. 121. 102 f. 164. 170. 172. 195. 257. – Die zahlreichen sprachlichen Unmöglichkeiten des (italienischen) Verfassers hätten die Herausgeber nicht stehen lassen dürfen! S. 91 f. sind Zitate aus A. Jülicher und E. Linnemann falsch wiedergegeben und ohne den Blick ins Original unverständlich; S. 118 findet sich die textkritisch unhaltbare Behauptung, daß Mk 1,14 f. mit 16,15 f. eine *inclusio* bilde; S. 19 Z. 5 v. u. gibt nur einen Sinn, wenn statt „nicht unentbehrlich" gelesen wird „nicht entbehrlich".

[13] Vgl. auch den ThR 43, 1978, 121 erwähnten früheren Forschungsbericht des Verf. in BiLe 13, 1972, 214 ff.

das Frühjudentum kennen allegorisierende Bild- und Traumdeutungen, in Qumran findet sich „die Identifizierung von Textelementen und deutenden Aussagen .. durch ein Pronomen"; im alexandrinischen Judentum begegnet ausgesprochene Allegorese und auch die Reflexion darüber, während die rabbinischen Gleichnisse „nicht ausschließlich im Dienst der Exegese stehen" und „in die herkömmlichen Kategorien der Gleichnisforschung .. nur schwer einzuordnen" sind. Ein dritter Teil („Literaturwissenschaftliche Aspekte") stellt zunächst fest, „daß für den Gleichnisexegeten kein Grund besteht, für die umstrittene Scheidung von Allegorie und Symbol zu optieren", bestreitet „die verbreitete Behauptung, die Allegorie vertrage sich nicht mit realistischer Schilderung", und weist darauf hin, daß „eine Metapher, die einem klar strukturierten Bildfeld angehört, von einem Netz oder Bündel möglicher Assoziationen umgeben ist". Abschließend stellt der Verf. fest, daß „ein Kommentar, der von der intentionalen Textur [eines Textes] absieht und eigene Einsichten und Überzeugungen im Text bestätigt findet, allegorisch ist". „Der vierte, umfangreichste Teil ist den Textuntersuchungen gewidmet", und „um rein subjektive Entscheidungen zu vermeiden, .. werden alle Texte des Markusevangeliums behandelt, die im weiteren Sinn als Gleichnisse anzusprechen sind, dazu die Parallelen des Matthäus und Lukas". Dabei werden in allen Fällen nach einer Analyse des Textes die jeweilige Form und Gattung und das verwendete Bildfeld bestimmt, um auf diesem Hintergrund die zugrundeliegende Tradition und die Redaktion in den Evangelien zu erkennen. Bei diesen weithin überzeugenden Exegesen spielt freilich auffälligerweise die theoretische Grundlegung der ersten Hälfte des Buches kaum eine Rolle. Von den im einzelnen hier nicht zu referierenden Resultaten scheinen mir einerseits die Feststellung wichtig zu sein, daß die in Mk 4, 11 f. sich zeigende „Vorstellung, daß Jesus zu der Volksmenge in unverständlichen Gleichnissen spricht, um sie zu verstocken und ins Verderben zu führen, mit dem Gesamtaufriß des Markusevangeliums schlechterdings unvereinbar ist", andererseits die Beobachtung, daß „in der Tradition eine zunehmende Allegorisierung zu beobachten ist", wobei „die treibenden Motive christologischer, paränetischer und ekklesiologischer Art sind", schließlich die Einsicht, daß sich in einzelnen Fällen „ein kreativer Umgang Jesu mit vorgegebener metaphorischer Sprache erkennen läßt". Und bei der Erörterung der Parabel von den bösen Winzern zeigt sich, daß auch K. dieses Gleichnis nur unter der (m. E. aus methodischen Gründen fraglichen) Voraussetzung auf Jesus zurückführen kann, daß er „mit der Überlagerung einer selbständigen Vorlage rechnet"; und wenn K. dann an diesem Beispiel „das Ungenügen der Antithese von Parabel und Allegorie" erweisen will, so ist das eben nur möglich, weil er durch kritische Reduktion „eine erzählende Parabel" konstruiert, bei der „im Laufe der Traditionsgeschichte der Allegorieanteil verstärkt wird". Nachdem in dem kurzen abschließenden Teil zunächst gezeigt wird, daß sich „in der Wundertradition stellenweise ein Allegorisierungsprozeß beobachten läßt, der mit der Allegorisierung innerhalb der Gleichnisüberlieferung in mancher Hinsicht identisch ist", betont K. in einer „Zusammenfassung" „die theoretische Unterscheidung von Allegorie und Allegorese", wirft Jülicher vor, „daß er die Allegorese undifferenziert aus der Allegorie ableitet und beide miteinander verwirft", während das Allegorische doch „zu den Aufbauelementen der jesuanischen Gleichnisse gehört". Infolgedessen genügt der bloße Allegorieverdacht nie, um ein Gleichnis Jesu abzusprechen", und „ohne die Allegorisierung besässen wir die Gleichnisse Jesu heute nicht mehr" [14]. Abgesehen davon, daß Klauck Jülichers (m. E. unbestreitbar richtige) Unterscheidung von Vergleich und Metapher ohne weiteres als falsch erklärt und darum von „allegorischen Elementen" in den Gleichnissen Jesu zu sprechen gezwungen ist, finden sich in diesen wenigen Schlußseiten des Buches die keineswegs neuen, aber wichtigen Einsichten, daß Jesu Gleichnisse metaphorische Züge aufweisen, die keineswegs gegen die Herkunft von Jesus zu sprechen brauchen, und daß es die Aufgabe der historischen Kritik sein muß, die fortschreitende Allegorisierung dieser Gleichnisse schon in den Evangelien zu erkennen und für das Verständnis der Gleichnisverkündigung *Jesu*, soweit wie möglich, rückgängig zu machen. Dazu hätte es freilich der umfangreichen literaturtheoretischen Ausführungen nicht bedurft, und so besteht der eigentliche Wert dieses Buches in seiner beachtlichen exegetischen Untersuchung der Gleichnistexte des Markusevangeliums.

H. WEDER geht in seiner Untersuchung über „Die Gleichnisse Jesu als Metaphern" noch weiter in der Ablehnung der zunächst gepriesenen Anschauung Jülichers („Seine Einsichten und Theoreme haben auch in allerjüngster Zeit nichts an Beachtung und Bedeutung eingebüßt"): „Die von Jülicher . . vorgenommene Unterscheidung von Vergleichung und Metapher ist in vielerlei Hinsicht überholt"; „die von Jülicher eingeführte Unterscheidung von Bild- und Sachhälfte ist aufzugeben", ebenso „ist die Suche nach einem *tertium comparationis* aufzugeben"; „Die von Jülicher eingeführte Unterscheidung von Gleichnis und Allegorie ist hinfällig, weil jene Unterscheidung sich an den sprachlichen Vorstufen beider Formen, nämlich Vergleichung und Metapher, orientiert"; „Eine ‚allegorische' Auslegung des Gleichnisses macht dieses nicht zur Allegorie"; „Jülicher macht

---

[14] H.-J. KLAUCK, Allegorie und Allegorese . ., 7. 29. 63. 88. 112. 133. 136. 143. 147. 1. 244. 259. 166. 308. 315. 353. 355–358. 361.

die Gleichnisse zu Vehikeln für *allgemeine* Wahrheiten über Gott und die
Welt", er „verkennt im Grunde den *geschichtlichen Charakter* der Gleichnisse Jesu und *mit diesem* konsequenterweise auch ihren eschatologischen
Charakter", und „folgt man Jülicher, so können die christologischen Implikationen der Gleichnisse nicht entdeckt werden". Auf dem Hintergrund
dieses Scherbengerichts ist es „das Hauptinteresse dieser Arbeit, die unse-
lige Alternative zwischen dem historischen Jesus und dem kerygmatischen
Christus aufzubrechen" und „die Gleichnisse vom Wesen der Metapher
her zu verstehen". In starkem Anschluß an E. Fuchs, E. Jüngel und P. Ricoeur vertritt W. die Anschauung, daß die in den Gleichnissen „zur Sprache kommende Wahrheit *nicht anders als bildlich* gesagt werden *kann*"
und es darum „kein Drittes gibt, das zwischen der Basileia und dem
Gleichnis vermittelt. Vielmehr ist die Basileia nur *im* Gleichnis und nur *als*
Gleichnis da", „die Gleichnisse Jesu stellen die Nähe der Gottesherrschaft
allererst her", sie sind „schon als *Sprachform* ein Ereignis der Gnade Gottes". Dem entspricht dann durchaus „der methodische Grundsatz, daß die
Gleichnisse im Kontext des Lebens Jesu auszulegen sind", aber keineswegs
die Feststellung: „Die aus jenem Geschehen [nämlich der Auferweckung
des Gekreuzigten durch Gott] ermöglichte Grundmetapher ‚Jesus ist Christus' ist das Wahrheitskriterium der Gleichnisse Jesu" und erst recht nicht
die Behauptung, daß „die durch Ostern notwendige Interpretation .. zur
Erhellung des Verständnisses der Gleichnisse herangezogen werden muß".
Wendet man sich nach diesen methodischen Ausführungen der den Hauptteil des Buches ausmachenden „Traditions- und redaktionsgeschichtlichen
Untersuchung der Gleichnisse Jesu" zu, in der seltsamerweise „die Beispielgeschichten .. ausgeklammert werden", so begegnet man einer Bemühung
um die älteste Gleichnistradition, die erstaunlich sicher sekundäre Über-
arbeitungen feststellen zu können meint und dabei etwa beim Gleichnis
vom Unkraut unter dem Weizen oder der Parabel vom Schalksknecht zu
ganz willkürlichen Verkürzungen führt, sich weitgehend aber in traditionellem Rahmen bewegt. Dabei sind vor allem drei exegetische Resultate
auffällig: a) „Die Kategorie der Naherwartung kann nicht auf Jesus angewandt werden", „die Nähe der Gottesherrschaft ist nicht in der Kategorie des Zeitraums auszusagen, sondern als Nähe, die direkt zur Gegenwart ist"; b) Im Gleichnis vom Schalksknecht „darf das über den Knecht
hereinbrechende Gericht gar nicht mehr erzählt werden, denn es relativiert
die zuvorkommende Gerechtigkeit Gottes"; c) Im Gleichnis von den zehn
Jungfrauen ist „die Figur des Bräutigams Metapher für Gott, .. die Parabel bringt Gott als kommenden zur Sprache". Diese (m. E. völlig unhaltbaren) Resultate ergeben sich aber keineswegs aus der theoretischen Grundlegung des Verf., und die Exegese bleibt im übrigen „im großen und gan-

zen in den gewohnten Bahnen der Exegese" und „scheint gerade die Notwendigkeit und Verläßlichkeit der alten Methode zu unterstreichen" [15].
D. h. der exegetische Teil des Buches ist auch dann von Wert, wenn man
(wie der Rezensent) die theoretische Grundlegung für falsch und die Polemik gegen Jülicher für verfehlt hält. Ganz unklar ist mir schließlich geblieben, inwiefern die umständliche Bemühung des Verf. um die Aufdek-
kung des ursprünglichen Sinnes der in den Evangelien fortgebildet überlieferten Gleichnisse den Nachweis dafür erbringen soll, daß „die Beschränkung auf die Suche nach dem *historischen* Jesus allein weder historisch
noch theologisch sachgemäß ist" [16]. Dem Urteil, „daß mit diesem Werk ein
weiterer Markstein in der Entwicklung der Auslegung und Inanspruchnahme der Gleichnisse Jesu gesetzt worden ist" [17], kann ich mich darum
in keiner Weise anschließen; angesichts der methodischen Fragwürdigkeit
und der exegetischen Problematik kann ich die Untersuchung Weders nur
in sehr eingeschränktem Maße als förderlich bezeichnen.

Beachtlich sind dagegen drei im Jahre 1978 veröffentlichte Aufsätze.
N. A. HUFFMAN macht überzeugend darauf aufmerksam, daß in vielen
(aber nicht in allen) Gleichnissen Jesu „atypische", d. h. auffällige oder
übertreibende Züge vorkommen, daß „die Gleichnisse mit atypischen Elementen bei weitem die wirksamsten, sich am stärksten einprägenden und
.. charakteristischsten" sind und daß „die atypischen Züge als Jesu ge-
wöhnlicher Weg zu interpretieren sind, den unweltlichen Charakter dès
Kommens der Gottesherrschaft zu offenbaren". A. SATAKE stellt „zwei
Typen von Menschenbildern in den Gleichnissen Jesu" einander gegenüber.
In dem einen Typ (etwa Die Arbeiter im Weinberg oder Der Verlorene
Sohn) wird der Gegensatz zwischen den „zwei Menschen(-gruppen) nicht
von einem ethischen Gesichtspunkt her qualifiziert .. Die Umwertung geschieht so, daß die Minderwertigen jetzt gleich wie, oder sogar besser als
die andern behandelt werden" (S. 57). Beim andern Typ (etwa Die anvertrauten Talente oder Der gute und der schlechte Hausverwalter) „werden
den Hörern zwei theoretisch denkbare Möglichkeiten zur Auswahl gestellt, .. die Wende bringt eine dritte Person, die bis dahin abwesend war"
(S. 68). S. ist der Meinung, daß der erste Gleichnistyp für Jesus charakteristisch sei, während beim zweiten „die Voraussetzung der Parusieverzögerung auf die Entstehung in verhältnismäßig späten Zeiten hinweist", so
daß diese Gleichnisse „auf keinen Fall auf Jesus zurückgehen können"

---

[15] So urteilt mit Recht A. FUCHS, Studien zum Neuen Testament und seiner
Umwelt 4, 1979, 168.
[16] H. WEDER, Die Gleichnisse Jesu .., 11. 59. 64 f. 69 f. 75. 17. 16. 5. 58. 64 f.
80. 90. 85. 95. 94. 245. 215. 244 f. 295.
[17] M. PETZOLDT, ThLZ 106, 1981, 658.

(S. 69). Das letztere ist nun freilich eine Folgerung, die in keiner Weise
überzeugt, aber der Hinweis auf den verschiedenen Zielpunkt beider
Gleichnistypen ist dankenswert.

Nachdem ich mich seinerzeit veranlaßt sah, den Aufsatz von G. SELLIN
über „Lukas als Gleichniserzähler" als „völlig verfehlt" abzulehnen [18],
kann ich jetzt zu meiner Freude auf einen Aufsatz desselben Verfassers
über „Allegorie und Gleichnis" hinweisen, der m. E. im gegenwärtigen
Wirrwarr der Gleichnisdiskussion einen Lichtblick darstellt und wirklich
klärend weiterhilft. S. stellt zunächst fest, daß „Adolf Jülicher die bis
heute grundlegenden Kriterien einer formalen Betrachtung der Gleichnisse vorgestellt hat": „Jülichers Distinktion [zwischen Allegorie und
Gleichnis] wird auf jeden Fall festzuhalten sein", „Jülichers Begriffspaar
Sachhälfte/Bildhälfte und die Rede vom *tertium comparationis* sind bei-
zubehalten", aber „die ‚Sachhälfte' ist nicht als abstrakte Wahrheit zu
bestimmen, sondern als Kontext oder Situation"; und im Gegensatz zu
dem Versuch, „Jülichers Distinktion von Allegorie und Gleichnis aufzu-
weichen", erklärt S.: „Außer Mk 12,1 ff., dem Gleichnis von den bösen
Weingärtnern, das wohl kaum auf Jesus selbst zurückgeht, begegnen innerhalb der synoptischen Evangelien allegorische Elemente nur als nachträgliche Gleichnis-Deutungen .. oder Zufügungen". Auf dem Hintergrund
dieser eindeutigen Feststellungen vertritt nun S. folgende Feststellungen:
a) Jülicher hat „das Erzählerische nicht als eigenmächtige Kategorie erkannt", „Erzählung beruht [aber] auf der Macht der Fiktion", „innerhalb
der Erzählung herrscht Isotopie, d. h. .. die in sich homogene, ein geschlossenes System von Ort und Zeit darstellende Handlung", „der Hörer
[aber] muß auf einer anderen Ebene erst eine neue Isotopie schaffen, um
zu verstehen". b) Die Metapher ist nicht der Allegorie zuzuordnen, sie
„ist stattdessen der Baustein des Gleichnisses", „das Gleichnis ist eine ‚auf
ein Satzganzes erweiterte' Metapher". Die Metapher „ist nicht Ergebnis
einer Substitution, sondern einer Spannung, Überschneidung, einer Auf-
einanderprojektion von zwei Ebenen", darum ist das „*tertium* .. ein
neues Vorstellungsbild, .. eine entdeckte Analogie". c) Die Allegorie aber
„beruht auf dem semantischen Modell der Substitution. Ihr Grundelement
ist das *Symbol*", sie „ist in einer Welt der Esoterik zu Haus", „sie bringt
keine neue Information, ruft aber dem Wissenden in Erinnerung, was er
schon weiß". d) Gleichnisse sind als „Metaphern grundsätzlich in ihrer
Funktion im Kontext zu exegesieren", sie „setzen in der Sachhälfte die
Erfahrung der eingebrochenen Gottesherrschaft voraus", sie sind nicht „aufgrund ihrer Sprachform als Gleichnisse schon das Ereignis des Gottesrei-

---

[18] ThR 43, 1978, 140 f.

ches". e) „Beispielerzählungen haben keine metaphorischen Züge mehr",
aber auch sie „setzen einen kognitiven Umsetzungsprozeß voraus". f) Weil
der schriftliche Kontext für die Exegese die „sekundäre Form der Situation
ist", bedeutet das den „Vorrang der redaktionsgeschichtlichen vor der traditionsgeschichtlichen Auslegung"[19]. Dieser letzte Punkt ist allerdings nur
insofern annehmbar, als die Exegese von dem literarischen Kontext ausgehen und von da aus zur vorliterarischen Tradition fortschreiten muß, wenn
sie nach der Gleichnisrede *Jesu* fragen will, im übrigen aber sind die Anschauungen Sellins äußerst erwägenswert, freilich vorläufig nur angedeutet und nicht an Beispielen ausgeführt; eine umfassendere Darstellung dieser Anschauungen wäre darum sehr dankenswert.

Auch 1979 sind drei Bücher zur Gleichnisinterpretation erschienen, von
denen ich auf eines freilich nur hinweisen kann. Denn in dem 1977 in
französischer Sprache zuerst erschienenen Buch „Zeichen und Gleichnisse"
einer französischen Gruppe, die Gleichnisse und Wunderberichte mit der
Methode der „Semiotik" untersuchen will, werden einige Gleichnisse Jesu
in kleinste Stücke aufgelöst und die Beziehung dieser Stücke zu einander
in komplizierter Weise konstruiert, ohne daß dabei der Sinn der Texte
besser erhellt oder gar ihre Botschaft besser hörbar gemacht würde. Da ich
nicht erkennen kann, daß auf diese Weise überhaupt nutzbringende Erkenntnisse gewonnen werden und weil dadurch erst recht nicht die Verkündigung Jesu in den Gleichnissen besser aufgehellt wird, muß ich es
kopfschüttelnd bei diesem Hinweis bewenden lassen. Auch M. A. TOLBERT
will die Gleichnisse „als literarische Texte mit einer gewissen zeitlosen
Dimension" betrachten und sich der Wendung der neueren Gleichnisforschung „von einer ausschließlich geschichtlichen zu einer breiter gegründeten literarischen Perspektive" anschließen. Dem widerspricht freilich,
daß sie erklärt: „Diese Untersuchung wird sich hauptsächlich auf die .. Untersuchungen stützen, die sich mit den Gleichnissen als Gleichnissen *Jesu*
beschäftigen", doch folgt sie dieser Absicht nur halbherzig. Sie stellt nämlich
fest, daß die Evangelienkontexte „oft die Gleichniserzählungen selbst beschädigen und fast ebenso viele Schwierigkeiten dem Interpretationsvorgang zufügen, als sie ihn erleichtern", und erklärt, daß „der Gebrauch hypothetischer Texte sicher berechtigt ist, wenn das letzte Ziel darin besteht,
Informationen über den geschichtlichen Jesus herauszufinden", doch sei angesichts der damit gegebenen Schwierigkeiten „für eine Untersuchung, die
.. primär literarisch sein will, eine vorhandene Evangelienfassung vorzuziehen". Aus der Tatsache, daß in der modernen Gleichnisforschung sehr

---

[19] G. SELLIN, Allegorie und Gleichnis, 281. 284. 288. 283 f. 288. 327 f. 300. 313.
300. 299. 300. 304. 311. 313. 319. 324. 331 f. 324. S. Nachtrag S. 383.

verschiedene Interpretationsarten vertreten werden, schließt sie: „Die
Gleichnisform selbst muß in irgend einer Weise für vielfache Auslegungen
offen sein", aber „die verschiedenen Auslegungen sind alle in gleicher Weise
gültig, und ein metakritisches System muß angewendet werden, um zwischen konkurrierenden Auslegungen zu entscheiden, um die richtige Auslegung festzustellen". Wer nun aber erwartet, daß die Verf. eine solche
Entscheidung in die Wege zu leiten versucht, sieht sich enttäuscht: sie führt
„ein semiotisches Modell" vor, nach dem „verschiedenartige Auslegungen
der Gleichnisse .. die notwendige Folge der Gleichnisform selbst sind",
und „ein rhetorisches Modell", nach dem die Gleichnisse „für eine volle
Ausarbeitung ihrer Bedeutung von ihrem Kontext abhängig sind", „irgend
eine Art von Kontext muß ergänzt werden". Sie betont weiter, daß bei
der Gleichnisauslegung „der Interpret nicht nur den spezifischen Kontext .., sondern auch den besonderen Schwerpunkt oder Gesichtspunkt
auswählt, der den ganzen Vorgang lenkt. Für die Gleichnisse ist der Ausleger in der Tat der Mitschöpfer *(cocreator)*". Und so vergleicht sie zum
Schluß zwei Deutungen des Gleichnisses vom Verlorenen Sohn „innerhalb
des Kontextes einer literarisch-kritischen Anwendung Freudscher psycho-
analytischer Theorien", bei denen es entweder um „den Wunsch der Wiederherstellung einer Einheit, einer Harmonie unter den streitenden Elementen im Leben eines Menschen" oder um „die schmerzliche Natur emo-
tionaler Zwiespältigkeit" geht, und nach ihrer Meinung „muß die erste Interpretation als angemesseneres und wahrscheinlicheres Verständnis des
Gleichnisses angesehen werden" [20]. Aber selbst wenn man wie die Verf.
die Gleichnisse Jesu primär als literarische Größen im Rahmen der Evangelien interpretieren will, fällt bei diesem Interpretationsbeispiel der Zusammenhang mit dem näheren und weiteren Kontext im Lukasevangelium
völlig unter den Tisch, und die Voraussetzung der „Vielsinnigkeit" *(po-
lyvalency)* der Gleichnisse läßt nicht nur dem Exegeten *völlig* freie Hand,
sondern nimmt auch den Gleichnissen jede Autorität, sei es im Rahmen der
Botschaft eines Evangeliums, sei es als Teil der Verkündigung Jesu. Die
Konsequenz dieses Buches ist die völlige Relativierung *jeder* Auslegung
der Gleichnisse Jesu und damit zugleich die Behauptung ihrer theologischen
Bedeutungslosigkeit.

Von J. D. CROSSANS zeitlos-existentialistischer Gleichnisdeutung, die
auch die Beispielerzählungen als Gleichnisse zu verstehen fordert, war
schon früher die Rede [21]. Crossan hat sich seither noch einmal grundsätz-

---

[20] M. A. TOLBERT, Perspectives .., 13. 20. 23. 61. 72. 30. 39. 48. 69f. 94. 101.
111. 114.
[21] ThR 43, 1978 136 ff.

lich zur Gleichnisdeutung geäußert und dem Gleichnis vom Schatz im Acker eine ganze Monographie gewidmet. In dem methodischen Aufsatz vertritt er im Anschluß an P. Ricoeur die These, daß „Jesu Gleichnisse als religiöse Rede .. das Außerordentliche im Ordentlichen" enthüllen; im Gegensatz zu den chronologisch späteren Gleichnissen der Rabbinen ist bei Jesus „das zu Illustrierende gewöhnlich das Gottesreich, nicht ein moralisches Problem oder eine Schwierigkeit der Heiligen Schrift, d. h. das Geheimnis von Gottes Beziehungen zu uns", und während bei den rabbinischen Gleichnissen „selten irgend ein Zweifel über die Bedeutung besteht, scheint das Gegenteil für Jesus wahr zu sein".So weit sind Crossans Ausführungen durchaus bedenkenswert; wenn er aber weiter ausführt, daß „Jesu Paradoxheit die Folge davon ist, daß er die Bildlosigkeit des Gottes Israels in die Sprache selbst überführt" und daß Jesus ankündigte, „daß Gott nicht *mehr* in den Formen und Arten sprachlicher Kunst gefangen werden konnte als in den Formen und Gestalten plastischer Kunst", so ist das Spekulation. Sie setzt sich fort in der mit umfassender Materialbenutzung durchgeführten Untersuchung des Gleichnisses vom Schatz im Acker. Zwar macht C. von der Theorie aus, daß „Jesu Geschichte vom Verborgenen Schatz in interessanter Weise untersucht werden kann durch die Ortsbestimmung ihres gewählten Gegenstands innerhalb einer großen synchronischen und synoptischen Landkarte von volkstümlichen Schatzgeschichten der ganzen Welt", die beachtenswerten Beobachtungen, daß jüdische Schatzgeschichten „einen verborgenen Schatz nicht unter der Erde suchten", daß „nicht tabu und Aberglaube das Gewinnen in jüdischen Schatzgeschichten bestimmen, sondern Bund und Gesetz" und daß keine Parallele in der ganzen Welt „so weit im Zusammenhang eines verborgenen Schatzes geht als das Verkaufen *allen* Besitzes". Aber welchen Nutzen diese umständliche Untersuchung des Motivs vom verborgenen Schatz in der volkstümlichen Überlieferung der ganzen Welt für das Verständnis des Gleichnisses Jesu hat, wird keineswegs einsichtig. Denn die Bestimmung des Motivs dieses Gleichnisses als „Suche nicht, und du wirst finden", die Bestimmung seines Sinnes durch: „Wenn man alles aufgibt .. und wenn dies ‚alles' ernst zu nehmen ist, muß man auch das Gleichnis selbst aufgeben", die Feststellung, daß „Jesus nicht an praktischer, sondern an .. grundlegender Moral interessiert war" und daß diese „grundlegende Moral .. unser Wohnen bei Gott betrifft", schließlich die abschließende These, daß „das Schatzgleichnis eine Metaparabel, ein paradoxes Kunstgebilde *(artifact)* ist, das genau in dem Umfang Erfolg hat, in dem es versagt" [22] –

---

[22] J. D. CROSSAN, Paradox .., 28. 31–33 – Finding .., 2. 53. 71. 79. 74. 94. 113 f. 120.

das alles sind Behauptungen, die m. E. problematisch oder falsch sind und
sich auf keinen Fall klar aus dem herangezogenen umfangreichen Vergleichsmaterial ergeben. Ich kann darum nicht sehen, daß aus diesem in
komplizierter Terminologie abgefaßten Buch etwas Haltbares für das Verständnis dieses Gleichnisses Jesu zu lernen ist, obwohl der Verf. das ausdrücklich als seine Absicht erklärt.

Das letzte hier anzuzeigende Buch führt auf den nüchtern betrachteten
Boden der Texte zurück. Das 1976 in flämischer Sprache veröffentlichte
Buch von J. LAMBRECHT ist 1980 in einer französischen Übersetzung erschienen, die nur in den sehr umfassenden Literaturangaben ergänzt ist[23].
Nach einer kurzen Darstellung der modern-kritischen Gleichnisanschau-
ung, die die „Herabsetzung der Metapher, wie sie noch Jülicher vertrat",
ablehnt und dem Gebrauch metaphorischer Rede in den Gleichnissen das
Ziel zuschreibt, „zu einer ganz neuen Sicht der Wirklichkeit anzuregen",
die bisher vorliegenden strukturalistischen Gleichnisstudien dagegen als
„wenig ermutigend" bezeichnet, bietet L. die Auslegung einer als Beispiel
gedachten Auswahl von Gleichnissen (Lk 15, die Gleichnisse im Markusevangelium, Mt 25, der Gute Samariter), die unter Berücksichtigung aller
wesentlichen neueren Literatur die kritische Frage nach der ältesten Überlieferung jedes Gleichnisses und nach der Art ihrer Ergänzung oder Veränderung in den Evangelien mit einer sorgfältigen und eindringenden Exegese und dem Hinweis auf die bleibende Botschaft der Gleichnisse verbindet. Aus diesen hier nicht im einzelnen zu referierenden Exegesen sei nur
hingewiesen auf die Feststellungen, daß das Gleichnis vom Guten Samariter eine „wirkliche Beispielerzählung" darstellt, die „als apologetischer
Akt . . auch einen christologischen Charakter besitzt", ferner daß nichts
beweist, daß im Munde Jesu „das Sämannsgleichnis [Mk 4,3 ff.] ein Got-
tesreichsgleichnis war", daß schließlich im Gleichnis von den anvertrauten
Pfunden „Jesus mehr als ein Lehrer ist . . Er ist vor allem der Gesandte
Gottes, gesandt das zu retten, was verloren war". Besonders wichtig
scheint mir aber, was freilich über den Gegenstand dieses Berichts hinaus-
führt, der sich durch die Behandlung der Gleichnistexte des Markus hin-
durchziehende und m. E. überzeugende Nachweis, daß zwar „die Verstok-
kungstheorie in 4,10 ff. bewußt markinisch ist, auch wenn der Evangelist
sehr wohl durch eine kirchliche Haltung beeinflußt sein kann", daß aber
andere Texte des Markusevangeliums zeigen, „daß Markus nicht in sich
logisch zu sein scheint im Hinblick auf den Gebrauch der Gleichnisse durch

---

[23] Eine englische Übersetzung war 1978 an entlegener Stelle (Theological Publications in India, Bangalore) erschienen. – Der nichts aussagende Buch-Titel ist
Lk 24,32 entnommen.

Jesus", man also nicht von einer „genauen Gleichnistheorie bei Markus" [24] reden kann. Das Gleichnisbuch von Lambrecht verdient sorgfältiges Studium.

Zum Abschluß dieses Teiles der Nachträge zu meinem Bericht ist noch auf ein Buch und zwei Aufsätze hinzuweisen, die sich mit dem Problem der synoptischen Wunderberichte befassen. Die nach dem Titelblatt von O. Betz und W. Grimm stammende Untersuchung über „Wesen und Wirklichkeit der Wunder Jesu" ist nach der Angabe des Vorworts von O. Betz durch „Herrn Grimm selbständig durchgeführt", während O. Betz offensichtlich nur die Veröffentlichung ermöglicht hat. Es ist die Absicht W. GRIMMS, dem „abwertenden Mißverständnis der Wunder Jesu" durch den Nachweis entgegenzuwirken, daß die Wunder nicht „religionsgeschichtlich der hellenistischen Volksfrömmigkeit" zuzuordnen seien, sondern „auf dem alttestamentlich-jüdischen Hintergrund zu sehen" sind. G. geht dabei von der richtigen Feststellung aus, daß „allen Fragen nach der Faktizität ein tiefes Verstehen der Wundergeschichten als geformter Erzählungen" vorausgehen muß, und beansprucht „die Entdeckung prinzipiell verschiedenartiger Wunder*typen*", da nämlich „Zeichenwunder einerseits und Heilungswunder bzw. Dämonenaustreibungen andererseits zwei völlig verschiedene Vorgänge sind": „letztere hat Jesus als messianische Aufgabe übernommen, erstere hat er leidenschaftlich abgelehnt". Zur Vorbereitung dieses Nachweises wird zunächst gezeigt, daß im Alten Testament Zeichen und Theophanien begegnen, wobei „in der Theophanie Gott ganz unmittelbar begegnet, im Zeichen auf eine zweifach vermittelte Weise: a) über die Person des Gesandten, b) über das durch diesen vorgeführte Zeichen;" „mit dem Zeichenwunder gibt der Gesandte Gottes dem zweifelnden Volk eine Art Hilfe zum Glauben", während „die Theophanien die Wirklichkeit Gottes so evident machen, daß es keiner Entscheidung zum Glauben bedarf". Im Blick auf die neutestamentlichen Wundergeschichten lehnt G. Bultmanns Unterscheidungen zwischen Wunder und Mirakel und zwischen Heilungswunder und Naturwunder ab und unterscheidet seinerseits, „ausgehend vom Alten Testament, zwischen vier ihrer Natur nach grundsätzlich verschiedenen Typen von neutestamentlichen Wundern", nämlich eschatologischen Heilungen, eschatologischen Rettungen, Zeichenwundern und Theophanien oder Aufleuchtungen. Was die Heilungen anbetrifft, möchte G. nachweisen, daß „Jesus seine wunderbare Heiltätigkeit sowohl als Erfüllung der Prophetie Jesajas als auch in gewisser Analogie zu Elias und Elisas Wundern versteht". Nun kann für den, der die Antwort Jesu an den Täufer (Mt 11,2 ff. par.) für ein echtes Jesus-

---

[24] J. LAMBRECHT, tandis . ., 29. 100. 104. 137. 235. 127. 164. 180.

wort hält (ich teile diese Ansicht[25]), kein Zweifel darüber bestehen, daß
Jesus in seinen Heilungstaten die Erfüllung prophetischer Endzeitver-
heißungen gesehen hat, eine Bezugnahme auf die Elia- und Elisa-Tradition
ist dagegen nirgends in den synoptischen Jesusworten angedeutet. Und
wenn G. weiter nachweisen möchte, daß „in den Evangelien Rudimente
einer Anschauung vorliegen, die die Erfüllung von Jes 35,3–6;42,2;58,6;
61,1–2 unter dem Vorzeichen einer Apokatastasis der versehrten und her-
abgeminderten Geschöpfe als letzte, ‚sabbatliche' Vollendung des Schöp-
fungswerks Gottes erzählt", so scheint mir dieser Nachweis nicht gelungen
zu sein; denn daß die „dürre Hand" in Mk 3,3 und die Lähmung in Mk
2,1 ff. sich auf die „erschlafften Hände" und die „wankenden Knie" von
Jes 35,3 zurückbeziehen, ist völlig unbeweisbar, ganz abgesehen davon,
daß es sich dabei ja nur um die Sprache des erzählenden Evangelisten und
nicht um ein Jesuswort handelt; und die Feststellung des Verf.: „Man
mußte die Schrift schon gut kennen, um auf den ‚Grund' von Jesu Handeln und Verkündigen durch die erzählten ‚Phänomene' durch-zu-schauen
und durch-zu-hören" ist dahin auszuweiten, daß die Zeitgenossen Jesu
diesen „Grund" schwerlich schauen und hören *konnten*, selbst wenn er im
Bewußtsein Jesu vorhanden gewesen sein sollte, was m. E. äußerst fraglich
ist. Und die Feststellung, daß die Auferweckung eines *Mädchens* durch
Jesus (nach Mk 5,35 ff.) „eine provokatorische Neuheit mit einem eman-
zipatorischen Aspekt" darstelle, die „im Elia-Elisa-Zyklus noch nicht vorstellbar" sei, hat erst recht keinen Anhalt am Text. Wichtig und richtig
sind dagegen die Beobachtungen, daß „Gebetsheilungen .. in der Jesusüberlieferung fehlen" und daß Jesu Heilungen „weder Legitimationswunder
noch Vorzeichen, vielmehr selbst schon das eschatologische Heil sind", woraus sich freilich nicht ableiten läßt, daß „das ‚leichte' Wort Jesu dem
prompt wirkenden Schöpfungswort Gottes entspricht". G. wendet sich
dann den „Rettungswundern" zu, die „als endzeitliche Entsprechungen der
urzeitlichen Exodus-Heilstaten zu interpretieren" seien: „Speisung der
Fünftausend und Stillung des Seesturms mit wunderbarem Seewandel bilden einen festen Traditionsblock .. Das entspricht dem alttestamentlichen
Hintergrund, wo freilich das Schilfmeerwunder (Ex 14) der wunderbaren
Brotspeisung (Ex 16) vorausgeht". Das ist nun freilich äußerst gewaltsam
und würde, wenn es zuträfe, wieder nur etwas für die Träger der Überlieferung aussagen. Obwohl G. hier in der Frage der Geschichtlichkeit sehr
unsicher ist („Die Tatsachen des Fehlens der ‚Rettungswunder' in Q und

---

[25] So W. G. Kümmel, Jesu Antwort an Johannes den Täufer, SbWGF 11, 4,
1974, bes. S. 155 f. (= W. G. K., Heilsgeschehen und Geschichte 2, MThSt 16,
1978, 177 ff., bes. 198 f.).

in den synoptischen Summarien . . erwecken begründete Zweifel an ihrer
historisch-objektiven Faktizität"), sieht er den Sinn dieser Evangelienberichte darin, daß „unser Leben der Art nach so gerettet werden soll, wie
in den Evangelien an einem anschaulichen und einprägsamen Beispiel pro-
totypisch erzählt wird", wofür freilich die Texte wieder keinen Anhalt
bieten. Richtig ist aber, was der folgende Abschnitt ausführt, daß Jesus
„sich erbarmend dem einzelnen notleidenden Menschen zuwandte" und
„niemals die Initiative zu einem Semeion ergriff, als müßte er sich damit
vor sich selbst und vor der Menge bestätigen". Das letzte Drittel des Buches handelt dann von „Theophanien oder Aufleuchtungen", wobei Beachtliches zur Weihnachtsgeschichte gesagt wird und die Furcht der Frauen
in Mk 16,8 eine m. E. zutreffende Deutung erfährt („Furcht, Flucht und
Schweigen ist die angemessene Reaktion der Menschen auf die unerhört
neue Offenbarung Gottes")[26]; schließlich ist noch von den johanneischen
Semeia die Rede, wovon hier nicht zu sprechen ist. Die Ausführungen
Grimms zu den wunderhaften Handlungen Jesu führen aber im ganzen
m. E. nicht zu einem besseren Verständnis der Heilshandlungen Jesu, weil
von der falschen Alternative „hellenistisch oder alttestamentlich-jüdisch"
aus eine gewaltsam typologische Interpretation der Texte vorgenommen
wird, ohne daß zuerst die Frage nach dem geschichtlichen Charakter und
dem Sinn der Einzelüberlieferung und nach der redaktionellen Arbeit
der Evangelisten gestellt wird und weil ohne diese Voraussetzung die
Frage nach der möglichen Wahrnehmung des vom Verf. postulierten Sinnes der Handlungen Jesu durch die Beteiligten überhaupt nicht gestellt
werden kann.

Der ursprünglich 1973 in dänischer Sprache veröffentlichte Aufsatz von
H. K. Nielsen möchte die kritische Stellung R. Bultmanns gegenüber den
synoptischen Heilungsberichten einerseits dadurch bekämpfen, daß er auf
die beachtlichen Momente hinweist, die für die Geschichtlichkeit einer
Heilungstätigkeit Jesu sprechen, andererseits an drei ausgewählten Berichten des Markusevangeliums zeigen, „daß die Heilungstätigkeit aller
Wahrscheinlichkeit nach einen ganz zentralen Platz im Werk des irdischen
Jesus hatte" (S. 66). Die Untersuchung dieser Markustexte geschieht dann
freilich in einem durchaus traditionell kritischen Sinn, der etwa für den
Kern von Mk 1,21–28 alte Tradition und für den Bericht von der Heilung der Frau mit dem Blutfluß Mk 5,25 ff. hellenistischen Ursprung
annimmt. D. h. Nielsen bekämpft radikale historische Skepsis und verteidigt gemäßigte Kritik, aber das ist weder neu noch weiterführend. Wei-

---

[26] O. Betz/W. Grimm, Wesen und Wirklichkeit . ., Vf 8 f. 18. 30–33. 36 f. 41
49. 48–51. 54. 58. 55. 64. 75 .88.

terführend ist dagegen, was Сн. Dietzfelbinger über den „Sinn der Sabbatheilungen Jesu" zu sagen hat. Da Jesus nach den Berichten eindeutig „am Sabbat heilen *wollte*" und „in den Sabbatheilungen einen zentralen Ausdruck seines Auftrags gesehen haben muß", stellt sich die Frage: „Inwiefern sind die Sabbatheilungen eine aus der Wirklichkeit der angesagten und anbrechenden Gottesherrschaft hervorwachsende Kritik an den Sabbatvorschriften des Rabbinats?". Da nach des Verfassers Meinung nur Mk 3,1–6 ein sehr alter Bericht über eine Sabbatheilung Jesu ist – freilich auch dies ein „typisierter Bericht, in dem sich eine Mehrzahl von Sabbatheilungen Jesu verdichtet hat" –, ergibt sich aus dem Kern dieses Berichts, dem Jesuswort 3,4, daß man am Sabbat Gutes tun müsse mit dem Ziel der Rettung des Lebens, daß Jesus dem Gebot rabbinischer Sabbatheiligung gegenüber „das Recht eines grundsätzlich anderen Sabbatverständnisses beansprucht". Während die rabbinische Sabbatdeutung „das Risiko des Lebensfeindlichen auf sich nahm um des einen großen Zieles willen: Das heilige Volk Gottes zu sein bzw. zu werden", wird bei Jesus mit dem Wort Mk 2,27 („Der Sabbat ist um des Menschen willen geschaffen und nicht der Mensch um des Sabbat willen") „der Sabbat zu dem Tag, an dem in hervorgehobener Weise Gottes Zur-Herrschaft-Kommen angesagt und vom Menschen wahrgenommen und empfangen werden soll". Daraus folgt dann für Jesus: „Wenn der Sabbat in hervorgehobener Weise der Tag Gottes ist . ., dann muß an ihm auch in hervorgehobener Weise Gottes Werk am Menschen geschehen . . Hier liegt der Grund dafür, weshalb Jesus das Verschieben einer Heilung am Sabbat – medizinisch vertretbar und kultisch verlangt – nicht akzeptieren konnte und durfte"; „damit heiligt Jesus den Sabbat, wie *er* ihn verstand: er gibt ihm seinen eigentlichen Sinn zurück"[27]. Gewiß kann man in der geschichtlichen Beurteilung der Überlieferung weniger radikal urteilen als der Verf., sein theologisches Verständnis der Sabbatheilungen Jesu stellt eine wirkliche Förderung unseres Verständnisses Jesu dar und verdient sorgfältige Beachtung.

V. Der persönliche Anspruch Jesu

Auch die nach Abschluß meines Berichts über die Arbeiten zum persönlichen Anspruch Jesu[28] erschienenen Untersuchungen haben sich mit einer Ausnahme ausschließlich mit dem Menschensohnproblem befaßt. Die Ausnahme ist der Aufsatz von G. Beckerlegge über „Jesu Autorität und das

---

[27] Сн. Dietzfelbinger, Vom Sinn . ., 281. 284 f. 287. 290. 294. 296 f.
[28] ThR 45, 1980, 40 ff.

Problem seines Selbstbewußtseins". B. geht davon aus, daß für den Christen von heute im Blick auf den historischen Jesus „die Notwendigkeit besteht, die Bedeutung der geschichtlichen Dimension voll anzuerkennen", und stellt von da aus fest, daß „jede Beschäftigung mit Jesus, die seine Menschheit und seine Vernunftbegabtheit anerkennt, auf der Voraussetzung beruht, daß Jesus ein Selbstbewußtsein hatte". Im Gegensatz zu Bultmann, der „kategorisch leugnet, daß die Evangelien für eine Untersuchung dieser Frage Quellenmaterial liefern", möchte B. „einen Zugang zum Selbstbewußtsein Jesu finden, der nicht abhängt von der kontinuierlichen Tradition, die jedem Titel anhaftet", und verweist darum auf die evangelischen „Erzählungen, die Beispiele berichten, bei denen die Natur der Autorität Jesu in der Art und dem Ziel seiner Sendung gesehen wird". Nach diesen Berichten war „ein Hauptcharakteristikum der Sendung Jesu die Art und Weise, in der sich Jesus weigerte, die vorhandene Reihe der Erwartungen und Rollen zu erfüllen, die in seiner Gesellschaft anerkannt war", „seine Weigerung vor Kompromissen und deren Folgen war das geschichtliche Zeichen der Autorität Jesu"[29]. Das ist sicherlich richtig, aber die methodische Weigerung, christologische Titel in der Jesusüberlieferung auch nur zu befragen, und das völlige Fehlen jeden Hinweises auf die zentrale eschatologische Verkündigung Jesu verhindern, daß diese Untersuchung über die inhaltsleere Behauptung eines Autoritätsanspruchs Jesu hinauskommt.

Zur Menschensohnfrage ist zunächst auf drei Bücher von Autoren hinzuweisen, auf deren frühere Äußerungen zu dieser Frage ich bereits eingegangen bin. M. CASEY hatte in zwei Aufsätzen[30] bestritten, daß es im Judentum eine Menschensohnvorstellung gab, und behauptet, Jesus habe diesen Ausdruck nur als umschreibende Selbstbezeichnung gebraucht. C. hat diese Anschauungen nun in umfassender Weise unter reicher Literaturbenutzung und mit einer fast beneidenswerten Selbstsicherheit zu untermauern gesucht, indem er anhand aller in Betracht kommenden Quellen Antwort auf drei Fragen sucht: a) Wie wurde Dan 7 in der Alten Welt interpretiert . .? b) Wie stark wurde es in der ältesten Periode des Christentums benutzt? c) Welcher Zusammenhang bestand zwischen seiner Interpretation und Verwendung und dem Menschensohnproblem im Judentum und Christentum?", und indem er so „eine vollständige Lösung des Menschensohnproblems vorschlug". Nach dem eigenen Verständnis von Dan 7 ist der „Menschengleiche", der aus den Wolken auf die Erde kommt, „ein Symbol der Heiligen des Höchsten, . . nicht ein wirkliches Wesen, das

[29] G. BECKERLEGGE, Jesus' Authority . ., 368. 370. 375. 377–380.
[30] ThR 45, 1980, 58. 65.

außerhalb von Daniels Traum existiert". „Die Tatsache, daß der Mensch
traditionell den Tieren überlegen ist, erklärt, warum der Verf. die Gestalt des Menschengleichen als Symbol für die Juden wählte", und „die
himmlische Herkunft des Menschengleichen ist richtig und angemessen für
ein Symbol des erwählten Gottesvolkes". Da es „keine Menschensohnvorstellung im Judentum gab", ist „die mythologische Erklärung der menschengleichen Gestalt abzulehnen", Dan 7 „enthält keine ‚Menschensohn-
Vorstellung'", und „die korporative Interpretation der menschengleichen
Gestalt befähigt uns, eine zusammenhängende und einheitliche Darstellung des Symbolismus und der Struktur des ganzen Kapitels Dan 7 zu
geben". C. sucht weiter zu zeigen, daß „ein Umriß der eigenen Deutung
des Verf. von Dan 7" „durch einen engen Traditionsstrom, der durch die
ausgetrockneten Synagogen und Klöster einer intellektuellen Wüste floß",
bewahrt worden war und daß dieser Traditionsstrom vom 4. Jahrhundert
an bei den syrischen Kirchenvätern begegnet, „er muß ihnen übermittelt
worden sein durch die jüdischen Gemeinden in Syrien", doch „ist die Existenz dieser Tradition bisher nicht beachtet worden". Im Gegensatz zu
dieser „Syrischen Tradition" wurde in der „Westlichen Tradition" „die
Interpretation des ursprünglichen Verfassers durch aktualisierende Exegese verändert": „Die meisten patristischen Schriftsteller .. beziehen Dan
7,13.14 auf das zweite Kommen Jesu", und bei den Rabbinen findet sich
(mit unwesentlichen Ausnahmen) „die messianische Interpretation der
menschengleichen Gestalt .. in eschatologischem Zusammenhang". Freilich
bestreitet C., daß schon Akiba in dem Menschengleichen den Messias gesehen habe (die bekannte Deutung der beiden Throne von Dan 7,13: „einer
für den Alten der Tage, einer für David" [Ḥag 14 a] bezieht C. gegen alle
Wahrscheinlichkeit auf Gott und David selber), und darum könne man
„die messianische Interpretation nicht so früh wie in die Zeit Jesu datieren", und alle Texte, die eine messianische Deutung von Dan 7,13 bezeugen, „bieten keinen Beleg für die Existenz einer Menschensohnvorstellung
im Judentum". Freilich, „sobald der Ausdruck ‚Menschensohn' aus seiner
semitischen Umgebung gelöst wurde, konnte er nicht länger als Ausdruck
für ‚Mensch' funktionieren, und es bestand die Möglichkeit für westliche
christliche Interpreten, soviel sie wollten in ihn hineinzulesen". C. wendet
sich nun den Apokryphen und Pseudepigraphen zu und stellt zunächst
fest: „Durch die Bilderreden [der Henochapokalypse] hin ist der Terminus ‚Menschensohn' kein Titel", der Henochkreis „erhob Henoch zur Stellung des eschatologischen Richters und Erlösers", und „als er das Buch
Daniel las, fand er seinen Mann in Dan 7,13 .. Das erklärt, warum der
Verf. der Bilderreden den Ausdruck ‚Menschensohn' statt eines anderen

Wortes für Mensch zur Beschreibung seines himmlischen Helden gebrauchte. Er gebrauchte ‚Menschensohn' nicht als Titel, sondern als gewöhnlichen
Ausdruck für ‚Mensch'". Eine Bezugnahme auf Dan 7 findet sich nach
C. dann nur noch in 4 Esra, der die menschengleiche Gestalt „als ein Individuum interpretiert" und als „ein Symbol des Messias", doch ist hinter
dem lateinischen *homo* nur 'adām oder 'enāš zu vermuten[31]. „Es ist daher
wahrscheinlich, daß der Ausdruck ‚Menschensohn' in 4 Esra nicht vorkam". Aus dem allen folgt; „Die Menschensohnvorstellung im Judentum
ist ein Produkt moderner Gelehrsamkeit", und „der Ursprung des evangelischen Ausdrucks ὁ υἱὸς τοῦ ἀνθρώπου muß in Entwicklungen gesucht
werden, für die Jesus oder seine Nachfolger verantwortlich waren".

Nur kurz ist dann von der Johannesapokalypse und den neutestamentlichen Briefen die Rede (die Apokalypse „identifizierte die menschengleiche Gestalt von Dan 7,13 mit Jesus und sah seine Parusie dort vorausge-
sagt", kennt [aber] den Evangelien-Ausdruck ὁ υἱὸς τοῦ ἀνθρώπου nicht";
die Briefe zeigen keine Spur einer Kenntnis von Dan 7), während ein Drittel des Buches einer sorgfältigen Untersuchung aller Stellen der Evangelien
und der Apostelgeschichte gewidmet ist, die einen Einfluß von Dan 7 verraten könnten. Das Resultat dieser Untersuchung, auf die im einzelnen einzugehen zu weit führen würde, lautet: Jesus muß als Aramäisch sprechender Mensch den Ausdruck „Menschensohn" „als normale aramäische Bezeichnung für ‚Mensch' gehört und benutzt haben, das einfache Vorkommen des Ausdrucks ὁ υἱὸς τοῦ ἀνθρώπου kann nicht als ausreichender Beleg
für den Einfluß von Dan 7,13 angesehen werden". Da „der Ausdruck
‚Menschensohn' nicht schon ein Titel im Judentum war, kann Jesus keine
Menschensohnvorstellung bei seiner Deutung und Verwendung von Dan
7 gebraucht haben". „Die kleine Gruppe von Menschensohnaussagen, in
denen der Einfluß von Dan 7 wirklich erkennbar ist, .. entstammt der
exegetischen Tätigkeit der frühen Kirche", „Jesus selbst sprach nicht von
seinem zweiten Kommen", die westliche christliche Deutung von Dan 7
auf das Kommen des Menschensohns Jesus „begann in der Tätigkeit christlicher Exegeten einige Zeit nach dem Tod und der Auferstehung Jesu".
Wohl aber hat Jesus entsprechend aramäischem Sprachgebrauch (C. schließt
sich hier ausdrücklich den Anschauungen von G. Vermes an) bar 'enāš sowohl zu „allgemeinen Aussagen" über den Menschen als auch zu „Aussagen
über sich selbst" gebraucht, und C. interpretiert von dieser Voraussetzung

---

[31] Sib V, 414 f.; „Von den himmlischen Landen herab kam ein seliger Mann
und hielt in den Händen ein Szepter, das ihm Gott verliehen" (Übersetzung von
A. Kurfess, Sibyllinische Weissagungen, 1951, 143) wird beiseite geschoben, weil
„der Ausdruck ‚Menschensohn' nicht begegnet".

aus die neun nach seiner Meinung auf Jesus zurückgehenden Worte, von denen hier nur zwei Beispiele genannt seien: a) Mk 2,10 („Damit ihr aber seht, daß der Menschensohn Vollmacht hat, auf der Erde Sünden zu vergeben") „war eine allgemeine Feststellung, aber Jesus gebrauchte sie bewußt, um etwas über sich selbst in Übereinstimmung mit normalem aramäischem Sprachgebrauch zu sagen", denn „4Q Or Nab zeigt, daß auf volkstümlicher Ebene der weit verbreitete Glaube an die Notwendigkeit der Sündenvergebung zur Heilung eines Menschen seinen Ausdruck fand in der Aussage, daß Heiler Sünden der Menschen vergaben"; die in der allgemeinen Aussage mitenthaltene Erklärung Jesu, „daß er die Macht hatte, auf Erden Sünden zu vergeben", wurde bei der Übersetzung ins Griechische durch ὁ υἱὸς τοῦ ἀνθρώπου festgehalten, „aber die ursprüngliche aramäische Redeweise ging verloren" – b) Hinter Mk 14, 21 („Der Menschensohn geht hin, wie über ihn geschrieben steht, aber wehe jenem Menschen, durch den der Menschensohn überliefert wird") „liegt eine allgemeine Feststellung: ‚Ein Mensch geht zu seinem Tod, wie über ihn geschrieben ist'. Es ist am einfachsten anzunehmen, daß dies eine Rechtfertigung für den bloßen Tatbestand des Todes durch die Schrift in sich schließt .. Jesus kündigt an, daß er sterben muß wie alle Menschen durch göttliche Anordnung gemäß den Schriften .. Auf der Ebene einer allgemeinen Feststellung ist das [V. 21 b] eine Verurteilung von Verrätern .., Jesus gebraucht sie, um zu erklären, daß Judas ein böses Ende nehmen werde". „Sobald diese Aussage in Griechisch vorlag, konnte ὁ υἱὸς τοῦ ἀνθρώπου leicht als Titel Jesu verstanden werden .. und nur als eine Aussage von und über Jesus allein, nicht länger als eine allgemeine Feststellung erscheinen". So kann C. abschließend sagen: „Der Ausdruck bar 'enāš hat seinen *Sitz im Leben* im Leben Jesu, aber ὁ υἱὸς τοῦ ἀνθρώπου als ein Titel hat seinen *Sitz im Leben* in der Wirksamkeit der frühen Kirche" [32].

Es ist gut verständlich, daß im Blick auf dieses in seiner Geschlossenheit und argumentativen Klarheit imponierende Buch F. J. MOLONEY in seinem Besprechungsaufsatz die Frage stellt: „Das Ende des Menschensohns?". Frägt man freilich nach der Tragfähigkeit der Argumentation Caseys, wird man die Frage Moloneys allerdings schwerlich bejahen können. Sicherlich ist richtig, daß das Danielbuch eine kollektive Interpretation der Gestalt des Menschengleichen vertritt; aber kann man die *Entstehung* dieser Gestalt einfach aus der Überlegenheit des Menschen über die Tiere und ihr Kommen aus dem Himmel als symbolischen Ausdruck für das erwählte Gottesvolk erklären? Soll man wirklich für begreiflich

---

[32] M. CASEY, Son of Man, 1. 3. 25 f. 28. 35. 38. 48. 29. 69. 51. 58. 51. 71. 77. 80. 87 f. 90. 96. 100. 106 f. 120. 124 f. 139. 150. 157. 207. 213. 217 f. 228–231.

halten, daß die rabbinische Interpretation der menschengleichen Gestalt
in Dan 7,13 Übernahme der *christlichen* Deutung dieses Textes war? Und
daß die Interpretation Akibas zu den beiden Thronen in Dan 7,13 in
Ḥag 14 a von David und nicht vom Messias reden wollte, ist überdies,
wie schon gesagt, äußerst unwahrscheinlich. Daß der Ausdruck Sohn des
Menschen (und ähnlich) in der Henoch-Apokalypse keinen titularen Sinn
habe, widerspricht eindeutig dem Text, und daß im semitischen Urtext des
4 Esra nur 'adām oder 'enāš, aber nicht ben 'adām oder bar 'enāš gestanden habe, ist völlig unbewiesen. Obwohl diese Behauptung ja nicht völlig
neu ist[33], stimmt es daher schwerlich, daß die Menschensohnvorstellung im
Judentum „ein Produkt moderner Gelehrsamkeit" sei. Was dann die Untersuchung der evangelischen Menschensohntexte und die Erklärung der
Entstehung dieses Begriffs in den Evangelien anbetrifft, so ist die durch
Casey übernommene Behauptung von Vermes und Anderen, man habe im
Aramäischen der Zeit Jesu den Ausdruck bar 'enāš = „Mensch" ohne weiteres zur Bezeichnung der eigenen Person verwenden können, schwerlich
haltbar, wie ich schon früher betont habe[34]. Den Versuch Caseys schließlich, die Entstehung der von ihm als echt anerkannten Jesusworte mit dem
Begriff Menschensohn aus dem doppeldeutigen Gebrauch des Wortes bar
'enāš = Mensch durch Jesus zu erklären, muß ich als völlig gescheitert ansehen, wie sich an den beiden oben genannten Beispielen leicht zeigen läßt.
Daß Jesus in Mk 2,10 im Anschluß an volkstümliche Vorstellungen habe
sagen wollen, daß er wie andere Heiler das Recht habe, Sünden zu vergeben, ist schon an sich im Zusammenhang der Verkündigung Jesu undenkbar, und das sehr fragmentarisch erhaltene „Gebet des Nabonid" aus
Qumran (4Q Or Nab) besagt keineswegs, daß „Heiler die Sünden der
Leute vergaben"[35]. Daß Mk 14,21 primär davon die Rede sei, daß der
Mensch sterben muß, wie über ihn geschrieben steht, ist schon insofern
unmöglich, als die Zitatformel „es ist geschrieben" ja auf das Sterben eines
bestimmten Menschen verweisen muß, und der Hinweis auf den mit diesem Tod verbundenen Verrat paßt erst recht nicht zu der Deutung auf
das Sterben aller Menschen. Casey hat es denn auch wohlweislich unterlassen, das auch von ihm zu den echten Jesusworten gezählte Wort Mt
11,19 („Der Menschensohn kam essend und trinkend, und sie sagen: Siehe,
ein Fresser und Weintrinker, Freund der Zöllner und Sünder") in der gleichen Weise primär als allgemeine Aussage über den Menschen zu interpretieren! Angesichts aller dieser Unmöglichkeiten hat Casey das Men-

---

[33] ThR 45, 1980, 63 ff.
[34] ThR 45, 1980, 57 ff.
[35] S. den Text bei R. MEYER, ThLZ 85, 1960, 831.

schensohnproblem zweifellos nicht endgültig gelöst, wie er beansprucht, doch sollte dieses Buch bei der weiteren Diskussion zu dieser Problematik nicht übergangen werden. Auch für F. J. MOLONEY ist durch Caseys Ausführungen der Menschensohn keineswegs „am Ende", auch M. bestreitet, daß die Juden keine Menschensohnvorstellung kannten, und weist mit Recht darauf hin, daß auch bei Casey die Tatsache unerklärt bleibt, warum der Ausdruck „der Sohn des Menschen" in den Evangelien nur im Munde Jesu begegnet. Moloneys eigener Versuch, Dan 7 als eine der Schriftstellen zu erweisen, mit deren Hilfe Jesus die Notwendigkeit seines Leidens erklärte, ist dagegen kaum überzeugend.

A. J. B. HIGGINS hatte 1964 in seinem Buch „Jesus und der Menschensohn" und dann in zwei Aufsätzen[36] die These vertreten, daß Jesus nur vom eschatologischen Menschensohn gesprochen, aber keine Gleichsetzung zwischen seiner Person und dem Menschensohn vertreten habe, er habe vielmehr indirekt mit diesem Ausdruck auf seine eschatologische Funktion als Richter und Fürsprecher hingewiesen. Sein neues Buch „ist nicht die Darbietung einer frischen oder ungewöhnlichen Theorie, sondern die Verteidigung, Fortführung und Entwicklung [der früheren These] auf dem Hintergrund neuer bedeutsamer Arbeit". Die Untersuchung der Jesusworte, die den Begriff Menschensohn enthalten, geordnet nach solchen, die eine Parallelüberlieferung mit oder ohne diesen Begriff aufweisen, ergibt, daß „weder das Vorhandensein noch das Fehlen von Menschensohn [in den Parallelüberlieferungen]als stichhaltiges Kriterium für größere Ursprünglichkeit und damit für mögliche Echtheit eines Jesuswortes dienen kann", wohl aber sind „alle Bezugnahmen auf das ‚Kommen' des Menschensohns sekundär", und in den Worten, die vom gegenwärtigen Menschensohn reden (etwa „Der Menschensohn hat Vollmacht, auf Erden Sünden zu vergeben", Mk 2,10), „gebraucht Jesus bar nāšā im Sinn von ‚ein (bestimmter) Mensch', ‚jemand, (den ihr kennt)' mit dem Hinweis auf sich selbst; die frühe Kirche kam dazu, diese Worte als Menschensohnaussagen im ‚messianischen' Sinn anzusehen", d. h. es ist der Glaube der Kirche, nicht Jesu, der ausgedrückt wird nicht nur in den Worten über die Wirksamkeit des Menschensohns auf Erden und denen, die sein Leiden, seinen Tod und seine Auferstehung voraussagen, sondern auch in den Worten über den Menschensohn als einen kommenden". So bleiben als echte „Kernworte" Lk 11,29 f. (der Menschensohn als Zeichen für dieses Geschlecht), 12,8 f. (das Bekenntnis des Menschensohns beim Gericht), 17, 24. 26 f. 28–30 (der Tag des Menschensohns) und Parallelen, und aus ihnen ergibt sich: für Jesus sind „das kommende Reich und der [Gerichts-]Tag

---

[36] S. dazu ThR 45, 1980, 53 f.

des Menschensohns unausweichliche unmittelbar bevorstehende Handlungen Gottes, direkt verbunden als zwei Seiten derselben Erscheinung"; die Menschensohnvorstellung wird von Jesus verwendet „als funktionale Anpassung, um seinen zukünftigen Status und seine richterliche Rolle zu beschreiben"; „der Menschensohn wird beim großen Gericht Richter sein, aber nicht der einzige Richter und auch nicht der Vorsitzende Richter", „für Jesus ist der Menschensohn nicht eine personhafte Gestalt, sondern eine symbolische Beschreibung seiner eigenen erwarteten Würde, seines Status und seiner Funktion als Richter", „keine Selbstbezeichnung", „der einzige aus Jesu eigenem Sprachgebrauch abgeleitete christologische Titel". Ganz zum Schluß heißt es dann plötzlich: „Der Menschensohn ist nicht nur der Richter der Bösen, er ist auch der Heilsbringer" [37], aber für diese Behauptung kann der Verf. nur die Anerkennung derer beim Gericht anführen, die Jesus anerkannt haben. Es ist leicht zu sehen, daß die kritische Reduktion der echten Menschensohnworte auf die wenigen Aussagen über den Menschensohn als Richter, die Wegerklärung der Gegenwartsaussagen durch die Übernahme der These vom Gebrauch dieses Begriffs als inhaltslose Selbstbezeichnung und die Interpretation des Begriffs als bloß funktionale Aussage unter Bestreitung jeder Art von Selbstbezeichnung zu diesem verkümmerten Bild führen, das m. E. weder der vorsichtig kritisch betrachteten Überlieferung noch der Stellung des Begriffs im Gesamtzusammenhang der Verkündigung Jesu angemessen ist. Das Buch von Higgins ist daher als Repertorium der neueren Diskussion (das Literaturverzeichnis ist ausgezeichnet!) und als Verteidigung der auf ausschließlich futurische Aussagen sich beschränkenden Lösung des Menschensohnproblems von Wert, aber schwerlich eine allseits überzeugende Lösung dieses Problems.

R. KEARNS hatte in einem ersten Band seiner unter dem nichtssagenden Titel „Vorfragen zur Christologie" erscheinenden Untersuchungen zum Menschensohnproblem nachweisen wollen, daß es zur Zeit Jesu ein ins Aramäische eingedrungenes und umgebildetes Fremdwort barnāš gegeben habe, das die verschiedensten Bedeutungen im Sinne von „Machthaber" und dergl. hatte, aber nicht „Mensch" bedeutete. Mein Urteil, daß diese schon in sich äußerst fragwürdige These „für das Verständnis des sprachlichen Hintergrunds für den synoptischen Gebrauch des Ausdrucks ‚der Sohn des Menschen' schwerlich etwas beitrage" [38], muß ich leider angesichts des inzwischen erschienenen zweiten Bandes dieser Reihe wiederholen, der

---

[37] A. J. B. HIGGINS, The Son of Man . ., 1. 116. 78. 156 Anm. 147. 124. 123. 72. 84. 124–126.
[38] ThR 45, 1980, 61 f.

zwei der vier versprochenen Studien („überlieferungsgeschichtlich" und „rezeptionsgeschichtlich") bietet. Denn die mit komplizierten selbstgeschaffenen formgeschichtlichen Termini vollzogene Ausgliederung der den Terminus brnš „als Epitheton eines eschatologisch epiphan werdenden Hoheitswesens" enthaltenden Überlieferungsstücke aus Daniel und 4 Esra ist im höchsten Maße hypothetisch; und die Hypothese, daß „die Prägung des thematisierten Wortes brnš zum Epitheton des apokalyptischen Hoheitswesens .. nicht im Judentum, sondern in einem religionsgeschichtlich noch näher einzugrenzenden Ort des palästinischen Heidentums stattfand" und begrenzt aufgenommen wurde in den Bilderreden des Henoch, bei Daniel und im 4 Esra (S. 97. 100), und zwar „in gebrochener Gestalt" (S. 106), ist keineswegs bewiesen, würde aber, falls sie zuträfe, keineswegs erklären, in welchem Sinn Jesus dieses Epitheton vorgefunden und aufgenommen haben könne. Es ist bedauerlich, daß so viel Gelehrsamkeit nicht durch eine gesunde Methode und Selbstkritik im Zaum gehalten wird!

Es bleibt zum Abschluß dieses Teils meiner Nachträge noch auf zwei Aufsätze hinzuweisen. G. VERMES hatte 1978 seine vorher schon mehrfach vertretene These erneut verteidigt, daß es im Judentum keinen Titel „Menschensohn" gegeben habe und daß die diesen Begriff aufweisenden Evangelientexte „auf einen umschreibenden Gebrauch von bar nāš/bar nāšā im Sinn einer indirekten Bezugnahme auf den Redenden" zurückgehe[39]. J. A. FITZMYER, der sich schon früher mit dieser Anschauung von Vermes auseinandergesetzt hatte[40], hat in seinem Aufsatz von 1979 Vermes noch einmal geantwortet und festgestellt, daß es nur im *späten* Aramäisch (nach 200 n. Chr.) ein Beispiel für diesen „umschreibenden Gebrauch" von bar nāš/bar nāšā gibt, daß dieser Sprachgebrauch für die Zeit Jesu daher nicht nachgewiesen ist. Fitzmyer läßt aber weiterhin die Frage unentschieden, ob der seltsame griechische Ausdruck ὁ υἱὸς τοῦ ἀνθρώπου in den Evangelien im titularen Sinn, der nicht auf die Bedeutung „ein Mensch" = „man" zurückgehen *kann*, einem von Jesus gebrauchten titularen Sprachgebrauch entspricht. D. h. F. hat erneut eine von verschiedenen Seiten vertretene Erklärung des Begriffs „Menschensohn" im Munde Jesu als irrtümlich nachgewiesen, er hat aber keinen positiven Beitrag zu dessen Verständnis beigesteuert. Und das gilt erst recht für den Aufsatz von M. JAS, der die Feststellung wiederholt, daß die Bilderreden der Henoch-

---

[39] ThR 45, 1980, 58; vgl. auch 46, 1981, 342. 344. Der von mir 1980 besprochene Aufsatz im JJS 29, 1978, 123–134 war vorher in einer etwas kürzeren, aber sachlich identischen Form unter dem Titel „The Son of Man Debate" im Journal for the Study of the New Testament 1, 1978, 14–32 erschienen; J. Fitzmyer setzt sich mit dieser etwas älteren Fassung auseinander.

[40] ThR 45, 1980, 61.

Apokalypse in Qumran nicht begegnen, und dem die Behauptung hinzufügt, daß die Bilderreden „auf den Menschensohn als auf jemand bekannten hinweisen. Darum bedient sich aller Wahrscheinlichkeit nach das Buch der Bilderreden der Evangelien und nicht umgekehrt". „Das Buch der Bilderreden wäre [also] eine jüdische Polemik, die, um Christus besser anzugreifen, ihn relativiert hätte, indem es seine Attribute und seine Besonderheit auf die Person des Henoch übertrug". Diese Schrift könne sogar schon „in den Jahren 30–40 n. Chr." geschrieben worden sein, es handle sich um „eine Mythologisierung der christlichen Theologie in der 1. Hälfte des 1. Jahrhunderts". Das ist nun freilich eine völlig unhaltbare Hypothese: daß die Bilderreden nicht christlich sein können. ist so oft nachgewiesen worden, daß es nicht erneut zu geschehen braucht, und das Rätsel des Begriffs „Menschensohn" im Munde Jesu bleibt erst recht ungelöst, wenn „kein vorchristlicher Text vom Menschensohn als von einem Messiastitel spricht" und Jesus sich einfach „mit dem Menschensohn der Daniel-Vision identifiziert" haben soll, „weil er die Sendung Israels erfüllte" [41]. Mit solchen aus der Luft gegriffenen Behauptungen läßt sich die nach wie vor umstrittene Frage nach der Herkunft und dem Sinn des Begriffs „Menschensohn" im Munde Jesu nicht beantworten.

VI. Der Prozeß und der Kreuzestod Jesu

Zu diesem letzten Teil meines Berichts sind nur zwei Arbeiten nachzutragen. D. DORMEYER möchte klären, welcher Art der Konflikt Jesu mit seinen jüdischen Zeitgenossen war, um auf diesem Hintergrund „die Frage nach dem historischen Verlauf" der Passion Jesu besser beantworten zu können. Da ist einerseits der Konflikt mit den Pharisäern und Schriftgelehrten über „Gesetzesauslegung und Gottesverständnis", wobei die Abweichung Jesu vom pharisäischen Thoraverständnis „kaum einen tödlichen Konflikt mit Jesus ausgelöst hätte", während Jesu „Gotteslästerung" durch die Sündenvergebung (Mk 2,1 ff.) und „Jesu Unterscheidung zwischen dem gesamten Gesetz und der Intention Gottes das Gottesverständnis der Pharisäer in seinen Grundlagen angreift" und von Anfang an zu einem unsicheren Todesbeschluß der Pharisäer führt. „Erst der wesentlich geringfügigere Konflikt Jesu mit den Sadduzäern (Mk 11,15–19 [die Tempelreinigung]) wird für die Pharisäer Anlaß, mit dieser Partei eine Koalition zu schließen und gegen Jesus endgültig vorzugehen". Aus diesem Verständnis des Konfliktes Jesu mit den führenden Kreisen des Judentums

[41] M. JAS, Hénoch . ., 112 f. 119. 107.

ergibt sich nun folgende Erkenntnis über den historischen Verlauf der Passion Jesu: die Tempelreinigung war zwar nur eine „Zeichenhandlung" Jesu, aber die Sadduzäer „interpretierten sie als Handlungsweise eines Aufrührers" und „klagten Jesus nach einem Verhör vor dem Synedrium bei Pilatus an"; denn „wenn der Hohe Rat hinrichten lassen wollte, konnte er sein Vorhaben nur über den römischen Prokurator verwirklichen". „Für beide Parteien im Hohen Rat, die Sadduzäer und die pharisäischen Schriftgelehrten, stand der Messiasanspruch Jesu (den er ja auch zu Lebzeiten nicht erhoben hat) nicht im Mittelpunkt. Die Schriftgelehrten werden sich vielmehr der Anklage der Hohenpriester gegen Jesus angeschlossen haben, weil sie zum einen die Gefährlichkeit der Tempelreinigung sahen, zum andern aber auch auf diesem politischen Weg die grundsätzliche Auseinandersetzung um das Gesetz und das Gottesverständnis beenden konnten". D. h. „die Tempelreinigung bleibt als entscheidender historischer Anhaltspunkt übrig, der Verhör und römischen Prozeß nach sich zieht", aber vor Pilatus „lassen die Sadduzäer die Tempelreinigung aus und erheben gegen Jesus die Anklage, in zelotischer Absicht ein politisches Königtum angestrebt zu haben". Trotz des schweren Konflikts Jesu mit den palästinensischen Pharisäern „wird der Anteil der pharisäischen Partei am Tod Jesu von den Synoptikern überzeichnet, .. maßgeblich haben nur die Sadduzäer die Passion Jesu veranlaßt". „Ob Pilatus bei der Nachprüfung der Anklage gezögert oder ohne weitere Nachforschungen das Todesurteil gefällt hat, läßt sich nicht mehr rekonstruieren. Die Passaamnestie ist jedenfalls in der evangeliaren Fassung unhistorisch"[42]. Es ist leicht zu sehen, daß auch dieser Versuch einer Rekonstruktion des Passionsgeschehens letztlich an der Frage nach der „Schuld" an der Verurteilung Jesu zum Tode interessiert ist und diese Schuld in erster Linie den Sadduzäern anzulasten sich bemüht. Das geschieht aber dadurch, daß der Bericht von der Tempelreinigung in der Deutung des Markusevangeliums zum Schlüsselereignis für die sich bildende Koalition zwischen Pharisäern und Sadduzäern gemacht wird, wozu der Text des Markusevangeliums keinerlei Anhalt bietet, ganz abgesehen davon, daß eine kritische Analyse dieses Berichts, die freilich fehlt, zeigen müßte, daß sich weder das Geschehen eindeutig erkennen noch die markinische Deutung der Handlung Jesu auf die erneute Öffnung des Tempelvorhofs für die Heiden als wahrscheinlich erweisen läßt. Angesichts des Fehlens einer kritischen Analyse der Markuspassion und einer auch nur andeutungsweisen Erörterung der prozessualen Problematik kann darum dieser Aufsatz nicht mehr zeigen, als daß in der Tat verschiedene Motive die Feindschaft der verschiedenen jüdischen Kreise gegen Jesus

---

[42] D. Dormeyer, Die Passion Jesu .., 213. 217 f. 228 f. 225. 231. 226. 233 f.

erweckt haben und daß erst ihr Zusammenwirken die Auslieferung Jesu an
den allein für Kapitalverbrechen zuständigen Prokurator veranlaßt hat.

Eine sehr beachtliche Untersuchung der prozessualen Problematik hat
dagegen A. STROBEL vorgelegt. Sein „Anliegen ist es, das juristische Text-
material umfassend und übersichtlich zu erschließen" und so „einen scheinbar undurchschaubaren Sachkomplex methodisch überzeugend aufzuarbei-
ten und zu verstehen". Infolgedessen werden die evangelischen Texte
nicht als ganze analysiert und einander konfrontiert, vielmehr führen die
Untersuchungen der Strafverfahren vor dem Synedrium und vor dem
Statthalter zur jeweiligen vergleichenden Erörterung der einzelnen Evan-
gelienabschnitte. Im Blick auf „Das Strafverfahren vor dem Synhedrium"
wendet sich St. zunächst gegen die seit H. Lietzmann oft vertretene These,
„die Markus-Darstellung des jüdischen Religionsprozesses (Mk 14,53–65)
sei ohne jeden historischen Zeugniswert", indem er zunächst nachweist,
daß „die Überlieferung der Evangelien einstimmig dahin lautet, daß Jesus
in den Palast des Hohepriesters gebracht wurde, der [aber] .. niemals als
Versammlungsraum des Synhedriums in Frage kommen konnte". „Wir
können rückschließen auf die ursprüngliche Traditionsschicht, in der anscheinend das Verhör im hochpriesterlichen Palast und die entscheidende
Verhandlung im Versammlungsraum des Synhedriums noch getrennt waren", während bei Markus „Zeugenverhör, Befragung Jesu und eventuell
sogar Synhedriumssitzung in keiner Weise unterschieden sind, obwohl die
Sache es verlangt". Ferner ist die These „von der damaligen uneingeschränkten Blutsgerichtsbarkeit des Synhedriums nicht haltbar", „das
Recht, die Todesstrafe zu vollziehen, lag ausschließlich bei dem Prokurator, also bei Pilatus, dem bevollmächtigten Vertreter des Kaisers". Auf
dem Hintergrund dieses Nachweises stellt sich nun die Frage, wie über die
unbestreitbare Tatsache zu urteilen ist, „daß die markinische Darstellung
[des Vorgehens des Synedriums gegen Jesus]im völligen Widerspruch zu
Einzelbestimmungen des jüdischen Kapitalprozeßrechts steht, wie wir es
auf Grund der Mischna für diese Zeit unschwer rekonstruieren können".
Während freilich, wie schon gesagt, eine Nachtsitzung des Synedriums
gar nicht stattgefunden hat, fanden die Rechtssätze, daß „zwischen Beweisführung und Urteilsführung (sic!) mindestens ein Tag" verstreichen
mußte und daß „weder am Rüsttage des Sabbats noch am Rüsttage eines
Feiertags verhandelt werden durfte", im Falle Jesu keine Anwendung,
und das besagt: „Entweder der Bericht des ältesten Evangelisten enthält
wesentliche Schwächen oder es handelt sich im Falle Jesu um einen Krimi-
nalfall nicht durchschnittlicher Art, wie ihn übrigens das mischnische Recht
durchaus kennt". St. sucht nun zu zeigen, daß „das jüdische Strafverfahren
gegen Jesus nur dann einsichtig ist, interpretieren wir es .. auf den Fall

eines religiösen Sonderdelikts hin, dessen man Jesus bezichtigen konnte",
wobei „das sadduzäische und das pharisäische Recht .. in allen den ‚Verführer' des Volkes (oder Pseudopropheten) betreffenden Sach- und Rand-
fragen identisch gewesen sein dürfte". Die Untersuchung des Prozeß-
berichts zeigt dann, daß „eine eschatologische tempelkritische Äußerung
.. im Zeugenverhör letztlich nicht als anklagewürdig verifiziert werden
konnte", daß Jesus aber „von dem Inhalt des negativ abgeschlossenen Zeugenverhörs keine Kenntnis besaß". In der dann am Morgen stattfindenden
Befragung Jesu vor den Sanhedrin erweckt Kaiphas mit seiner ersten Frage an Jesus: „Antwortest du nichts zu dem, was diese gegen dich bezeugen?" „den Eindruck der Schuld, um ein eindeutiges Ergebnis zu erzielen",
Jesu Ja zur Messiasfrage aber hat „seine Erhöhung und sein Erscheinen als
Menschensohn zum Inhalt", wobei er „so eng wie in einem Akt Erhöhung und Parusie verbindet". „Indem Jesus sich .. ungeheuerlicherweise
als Richter auch über dieses Hohe Gericht, vor dem er sich zu verantworten
hatte, ankündigte, beleidigte und verletzte er die heiligsten Gefühle und
Überzeugungen der Verantwortlichen des Volkes". Nun war „der Begriff
des ‚Verführers' in neutestamentlicher Zeit längst juristisch definiert",
Jesus „war anscheinend als ‚Verführer' des Volkes eingestuft", es „bestand
die Verpflichtung, gegen einen solchen Verdächtigen besonders streng vorzugehen", und „die Verantwortlichen konnten sich über alle humanen
Rechtssicherungen, die das damalige jüdische Verfahren kennzeichnen,
hinwegsetzen", Kaiphas „mußte aus seiner bedingungslosen Bindung und
Treue zum Gesetz in tragischer Weise auch das Gesetz an Jesus vollstrek-
ken", „von einem Justizmord des jüdischen Volkes darf man nicht sprechen". Aber warum hat auch der Prokurator, der „die letzte Entschei-
dungsgewalt über Leben und Tod des Angeklagten besaß", Jesus zum
Tode verurteilt? St. geht von der Tatsache aus, daß „die Überlieferung
der Evangelien, vor allem die des Lukas und Johannes, dort von großer
Aussagekraft sein dürfte, wo sie Zeugnis gibt von der Umformung der
jüdischen, auf Religionsvergehen lautenden Anklage hin zur politischen
Anklage des Hochverrats". Pilatus freilich, der „ein gesundes Mißtrauen
gegen die jüdischen Ankläger hatte" und in Jesus nur einen „für das öffentliche Leben gefahrlosen Schwärmer" sah, war ein schwacher und unent-
schlossener Mensch, der sich „je länger je mehr den Argumenten der jüdischen Ankläger nicht entziehen konnte". Dazu kam nun, daß „ein Gefangener, dessen Freilassung die Behörde oder das Volk wünschte, durch den
Statthalter am jüdischen Fest des Passa amnestiert werden mußte", und
Pilatus befürchtete, bei dieser Gelegenheit den inhaftierten Terroristen
Barabbas freilassen zu müssen. Da kam dem Statthalter der Einfall, dadurch, daß „er das Volk zwischen Barrabas und Jesus wählen ließ", „das

Versprechen der Freigabe des Barrabas . . rückgängig" machen zu können, er „unterschätzte aber die Stimmung im Volk". Freilich muß St. zugeben, daß „die eigentlich taktischen Gründe des Pilatus an keiner Stelle der neutestamentlichen Überlieferung eindeutig beschrieben sind", meint aber, daß „sie sich aus dem Gesamtkonzept unschwer ergeben". „Wenn Pilatus Jesus schließlich doch dem Tod am Kreuz auslieferte, ihn also als Staatsverbrecher hinrichten ließ, dann allein deswegen, weil er seine Einsicht und seine Überzeugung aus charakterlicher Schwäche nicht durchzuhalten vermochte"[43]. Das Buch schließt dann mit einer kurzen Reflexion über den theologischen Ertrag des Prozesses Jesu, auf die hier nicht einzugehen ist.

Die notwendigerweise nur die Hauptlinien herausstellende Wiedergabe der Rekonstruktion des Prozesses gegen Jesus durch Strobel dürfte gezeigt haben, daß er eine in sich geschlossene und wohl durchdachte Darstellung bietet, an der keine zukünftige Beschäftigung mit diesem Fragenkomplex wird vorbeigehen können. Und der Nachweis, daß die kritische Eliminierung der Verhandlung der jüdischen Behörden gegen Jesus unbegründet ist, daß aber mit großer Wahrscheinlichkeit nicht zwei Sitzungen des Synedriums stattgefunden haben, sondern daß eine Zeugenvernehmung im Haus des Hohepriesters der im Sitzungssaal des Synedriums stattfindenden Vernehmung und Verurteilung Jesu durch diese oberste Gerichtsbehörde vorausging, scheint mir ebenso gelungen zu sein wie die Feststellung, daß Pilatus aufgrund der Anzeige des Synedriums eine eigene Untersuchung geführt und ein selbständiges Urteil gefällt hat. Auch die Argumente für die These, daß Jesus als Volksverführer verurteilt worden ist und daß darum die für einen solchen Fall geltenden strengeren Vorschriften angewandt wurden, sind zum mindesten erwägenswert. Daß Jesus in seiner Antwort auf die Frage des Hohepriesters (St. setzt die Zuverlässigkeit dieser Überlieferung ohne weiteres voraus) seine Erhöhung und Parusie als zusammen unmittelbar bevorstehend angesagt habe, ist freilich eine Behauptung, die sich aus dem Text sowenig ergibt wie aus der sonstigen Überlieferung der eschatologischen Erwartung Jesu, wie ich bei der Besprechung der früheren Schrift Strobels über „Kerygma und Apokalyptik" schon festgestellt habe[44]. Die stärksten Bedenken muß ich aber gegen Strobels Darstellung des Vorgehens des Pilatus erheben. Einerseits hat St. die Einwände gegen die Geschichtlichkeit der den Prokurator bindenden Passaamnestie und damit auch gegen seine Verpflichtung zur Freilassung eines bestimmten Inhaftierten nicht zerstreuen können, anderer-

---

[43] A. STROBEL, Die Stunde der Wahrheit, VII, 17. 66. 12. 20 f. 46–48. 61. 57. 65 f. 68. 74. 93. 92. 84. 81. 85 f. 139. 95. 114. 99. 117. 105. 120. 127 f. 131. 140.
[44] ThR 41, 1976, 303.

seits hat St. nicht überzeugend nachweisen können, daß ein römischer
Prokurator gezwungen war, sich der Akklamation einer nicht-römischen
Volksmenge zu fügen. Vor allem aber kann ich die These, daß Pilatus
durch die dem anwesenden Volk angebotene Alternative „Jesus oder Barabbas" hoffen konnte, die ihm unerwünschte Freilassung des Terroristen
Barabbas zu vermeiden, daß er sich aber über die Stimmung im Volk getäuscht habe, nur als eine durch keine Quellenangabe zu stützende Konstruktion ansehen, und es trifft einfach nicht zu, daß diese angebliche Tak-
tik des Pilatus sich „aus dem Gesamtkonzept unschwer ergibt" [45]. D. h.
auch St. hat m. E. die den Pilatus bei seiner Entscheidung für die Hinrichtung Jesu leitenden Motive, falls Pilatus wirklich an der politischen
Gefährlichkeit Jesu gezweifelt haben sollte, nicht überzeugend aufklären
können. Diese Einwände betreffen gewiß wesentliche Punkte des histo-
risch-juristischen Bildes, das St. vom Prozeß gegen Jesus zeichnet, aber
diese Feststellung soll das Urteil nicht zurücknehmen, daß dieses Buch ein
wichtiger und bei kritischer Lektüre hilfreicher Beitrag zum Verständnis
des Prozesses gegen Jesus ist.

Wenn ich hiermit die über 15 Jahre sich erstreckende Berichterstattung
über Jesusforschung von 1965–1980 abschließe, so möchte ich hoffen, daß
der Hinweis auf die neben der erschreckenden Fülle fragwürdiger oder
ganz wertloser Arbeiten doch auch zu nennenden zahlreichen förderlichen
und wertvollen Arbeiten manchen Leser zur Lektüre solcher Werke veranlaßt und so zur besseren Kenntnis des Jesus der Geschichte Hilfe geleistet hat.

---

[45] Strobel beruft sich in diesem Zusammenhang auf einen Aufsatz von A. BAJSIČ,
dessen Unhaltbarkeit ich schon ThR 45, 1980, 312 f. festgestellt habe.

Korrekturzusatz zu Anm. 19: Der Aufsatz von Sellin ist wieder abgedruckt in:
Die neutestamentliche Gleichnisforschung im Horizont von Hermeneutik und
Literaturwissenschaft, hg. v. W. Harnisch, WdF 57, 1982, 367–429. Da dort leider
die ursprünglichen Seitenzahlen nicht reproduziert sind, gebe ich hier die parallelen
Seitenzahlen an: 281 = 367. 284 = 370. 288 = 375 f. 283 f. = 370. 288 = 376.
327 f. = 420 f. 300 = 389. 313 = 404. 300 = 389. 299 f. = 388 f. 304 = 394. 311
= 402. 313 = 404. 319 = 410. 324 = 416. 331 = 424. (Der Satz „Auch Beispiele
setzen einen kognitiven Umsetzungsprozeß voraus" fehlt im Wiederabdruck).
324 = 416.

Jesusforschung seit 1981

I. Forschungsgeschichte, Methodenfragen

Über die Jesusforschung der Jahre 1950–1980 habe ich in der ThR ausführlich berichtet.[1] Wenn ich hiermit diesen Bericht mit der Besprechung der seit 1981 erschienenen Literatur fortsetze, so sehe ich mich angesichts der Überfülle der Literatur, abweichend von der früheren Handhabung, aber in Übereinstimmung mit dem Bericht über die Literatur zum Urchristentum, gezwungen, mich auf die selbständigen Veröffentlichungen zu beschränken und »Aufsatzliteratur nur noch in Ausnahmefällen zu berücksichtigen«.[2] Auch bei solcher Beschränkung ist Vollständigkeit nicht erreichbar. Im übrigen halte ich mich an die in den früheren Berichten gehandhabte Einteilung, wobei man über die Zuteilung eines Buches gelegentlich auch anderer Meinung sein kann, und gehe innerhalb dieser Teile, soweit möglich, chronologisch vor.

BAUMOTTE, M. (Hg.), Die Frage nach dem historischen Jesus. Texte aus drei Jahrhunderten. Reader Theologie, Basiswissen-Querschnitte-Perspektiven, Gütersloh 1984. – CROSSAN, J. D., Sayings Parallels. A Wordbook for the Jesus Tradition. Designed and edited by J.D.C.-Foundations and Facets: New Testament, Philadelphia 1986. – EICHHOLZ, G., Die Frage nach dem historischen Jesus in der gegenwärtigen Forschung, in: Ders., Das Rätsel des historischen Jesus und die Gegenwart Jesu Christi (TB 72), 1984, 79–157. – HAGNER, D. A., The Jewish Reclamation of Jesus. An Analysis and Critique of Modern Jewish Study of Jesus. With a foreword by G. Lindeskog, Grand Rapids 1983. – KISSINGER, W. S., The Lives of Jesus. A History and Bibliography, New York/London 1985. – KUSCHEL, K.-J., Der andere Jesus. Ein Lesebuch moderner literarischer Texte, Zürich/Einsiedeln/Köln und Gütersloh 1983. – *Methoden der Evangelienexegese*, ThBer 13, 1985. – PAINTER, J., Theology as Hermeneutics. Rudolf Bultmann's Interpretation of the History of Jesus = Historic texts and interpreters in Biblical scholarship, Sheffield 1987. – PALS, D. L., The Victorian »Lives« of Jesus (TUMSR 7), 1982. – RIESNER, R., Jesus als Lehrer. Eine Untersuchung zum Ursprung der Evangelien-Überlieferung (WUNT II, 7), 1981. – STEIN, R. H., The »Criteria« for Authenticity,

---

[1] ThR 31, 1965/66; 40, 1975; 41, 1976; 43, 1978; 45, 1980; 46, 1981; 47, 1982. Diese Berichte sind (mit einem Nachwort von mir) wieder veröffentlicht (hg. v. H. Merklein) in den BBB 60, 1985. Da dort die ursprünglichen Seitenzahlen angegeben werden, erübrigt sich ein Hinweis auf die Seitenzahlen dieser Neuausgabe.

[2] ThR 48 (1983) 101.

in: Gospel Perspectives, hg. v. R. T. France u. D. Wenham, Sheffield 1980, I, 225–263. – STUBHANN, M., Der Christus Jesus. Aufgabe des kritischen Verstandes – Ziel des glaubenden Herzens. Eine Informations- und Diskussionsschrift, Salzburg 1981. – THOMPSON, W. M., The Jesus Debate. A Survey and Synthesis, New York/Mahwah 1985. – *Vaterunser-Bibliographie*, hg. v. M. Dornreich. Jubiläumsgabe der Stiftung Oratio Dominica, Freiburg 1982. – WEISS, H.-F., Kerygma und Geschichte. Erwägungen zur Frage nach Jesus im Rahmen der Theologie des Neuen Testaments, Berlin 1983.

Die *Forschungsgeschichte*[3] ist in den letzten Jahren vor allem unter speziellen Fragestellungen behandelt worden. Doch gilt das für den zuerst zu nennenden Aufsatz von G. EICHHOLZ nur in eingeschränktem Maße. Die 1968 gehaltene Vorlesung über »Das Rätsel des historischen Jesus«, zum 75. Geburtstag von Eichholz († 1973) von G. Sauter herausgegeben[4], erörtert die Frage nach dem historischen Jesus, weil es nach E.s Meinung dabei »um nicht weniger als um den Rang und die Relevanz des Geschichtlichen für den Glauben, genauer: um den Rang und die Relevanz der Geschichte Jesu von Nazareth als einer im Horizont des Handelns Gottes für uns geschehenen Geschichte geht«. E. setzt nach kurzem Hinweis auf Lessing, Herder und A. Schweitzer bei M. Kähler ein, der »die Leben-Jesu-Bewegung mit der Intention der neutestamentlichen Texte in Konflikt geraten sah«. Er weist dann auf die Einsicht der formgeschichtlichen Forschung hin, daß uns »in der Überlieferung kein anderer Jesus als der im Kerygma der Urkirche verkündigte Jesus« begegnet, und betont, daß R. Bultmanns »existentiale Interpretation nicht ohne weiteres als Konsequenz der formgeschichtlichen Arbeit verstanden werden kann«. Wenn bei Bultmann »die Historie zur zweitrangigen Ebene« wird, so ist »das Problem des Historischen keiner theologischen Lösung näher gebracht.«. Gegen G. Ebelings Feststellung, daß »in Jesus der Glaube zur Sprache gekommen ist«, wendet E. ein, daß im NT »Gottes Geschichte mit den Menschen unserm Glauben voraufgeht und uns allererst zum Glauben ruft«, während E. Käsemann »die Trennung von Kerygma und Historie nicht mitvollziehen und

---

[3] Auf folgende Aufsätze zur Forschungsgeschichte sei nur hingewiesen: H. MERKEL, Jesus im Widerstreit, in: Glaube und Gesellschaft. FS W. Kasch, Bayreuth 1981, 207–217 (zur jüdischen Jesusforschung); G. GHIBERTI, Überlegungen zum neueren Stand der Leben-Jesu-Forschung, MThZ 33 (1982) 99–115; J. REUMANN, Leben-Jesu-Forschung in Eretz Israel, Erls 16 (1982) 186*–192* (in Englisch. Merkwürdigerweise fehlen hier G. DALMAN, Orte und Wege Jesu, 1919 und C. KOPP, Die heiligen Stätten der Evangelien, 1959); E. SCHWEIZER, Jesusdarstellungen und Christologien seit Rudolf Bultmann, in: Rudolf Bultmanns Werk und Wirkung, hg. v. B. Jaspert, Darmstadt 1984, 122–148 (wichtig; greift über die Frage nach dem Jesus der Geschichte in die gegenwärtige Christologie hinaus).

[4] Die zweite in diesem Band veröffentlichte Vorlesung über Theologische Ethik unter dem Titel »Christus und der Bruder« muß hier unberücksichtigt bleiben.

deshalb das Kerygma nicht von der Historie – konkreter: vom historischen Jesus – lösen kann«. D. h. Käsemann »schärft ein, daß wir Bultmanns hermeneutischen Prämissen gegenüber umzulernen haben und die theologische Relevanz der Historie wieder ganz neu begreifen müssen«.[5] Das ist alles einleuchtend, und es ist deutlich, daß sich E. der Grundanschauung Käsemanns anschließt; aber mehr als eine geschickte Darlegung der Diskussionslage vor 20 Jahren können diese Ausführungen von E. nicht sein und wollen es wohl auch nicht sein.

Einen im deutschen Sprachgebiet kaum bekannten Bereich der Jesusliteratur hat der Amerikaner D. L. PALS vorgestellt, nämlich die umfangreiche Produktion englischer Leben-Jesu-Bücher in den Jahren 1860–1910. Die zahlreichen, in vielen Auflagen verbreiteten Werke, von denen auch der Kenner britischer ntl. Forschung höchstens die Namen kennt, hier aufzuzählen wäre ohne Nutzen[6], sie sind ausnahmslos streng konservativ und ohne Berücksichtigung der kontinentalen kritischen Forschung geschrieben. Zwar erschien 1883 das zweibändige Werk des zum Christentum bekehrten und in England ansässig gewordenen österreichischen Juden Alfred Edersheim »Life and Times of Jesus the Messiah«, das P. als »britische Gelehrsamkeit nach deutschem Maßstab« bezeichnet, aber »die entschiedene Weigerung, Kritik zu üben über bestimmte strenge Grenzen hinaus, hatte die tiefstgreifende Wirkung auf die viktorianische Jesusforschung von den Tagen von Strauss bis zum Ende des Jahrhunderts«, und dementsprechend wurden aus dem Deutschen nur »beruhigende Bücher übersetzt, skeptische beiseite gelegt«. P. nennt drei Ursachen für diesen Sachverhalt: »Bei den deutschen Kritikern findet sich eine Lösung von traditioneller Orthodoxie, die einfach bei den britischen Forschern nicht zu finden ist«; während »die Kombination verschiedener Umstände – die Nachwirkung der Aufklärung, das Ideal der ›Wissenschaft‹, akademische Freiheit, Meinungsvielfalt und Beweglichkeit – die deutschen Universitäten im Bereich der reinen Gelehrsamkeit zu den besten in Europa machte«, diente in England »statt des Professors, der in öffentlichen Vorlesungen die Studenten an die Front seiner Wissenschaft führte, der Tutor als Drehangel der studentischen Unterweisung«; die führenden britischen Forscher »hatten enge Bindungen nicht nur zu ihrer Wissenschaft, sondern auch zum Glauben und zur breiten Mitgliedschaft der Kirchen«. »Erst in dem Jahrzehnt von 1880 bis ungefähr 1893 wandte sich die Mehrheit der Gelehrten und ein erheblicher Teil der gebildeten Laien in den britischen Kirchen einer kritischen Sicht der

---

[5] G. EICHHOLZ, Das Rätsel des historischen Jesus, 83. 101. 120. 123. 130. 138. 145. 150. 152. 157.

[6] Eine genauere Inhaltsangabe bietet G. STRECKER, ThLZ 110 (1985) 452–455.

Heiligen Schrift zu, wenigstens grundsätzlich«, aber noch 1901 wirkte Paul Schmiedel mit seinem Artikel über die Evangelien in der Encyclopaedia Biblica »verheerend auf denjenigen, der in alter Weise ein Leben Christi zu schreiben beabsichtigte«. Doch hatte sich zu Beginn des 20. Jh.s »auch in konservativen Kreisen die Erforschung des Lebens Christi durchgreifend geändert«, »in der neuen wissenschaftlichen Ära gingen Wissenschaft und Gesellschaft getrennte Wege«[7], und so gab etwa 1910 der führende Oxforder Neutestamentler William Sanday seinen Plan auf, ein Leben Jesu zu schreiben. Es fehlen mir die Kenntnisse, die Beurteilung des forschungsgeschichtlichen Sachverhalts durch P. auf ihre Richtigkeit zu prüfen, ich sehe aber keinen Grund, sie anzuzweifeln, und auf alle Fälle ist seine Untersuchung sehr lehrreich und erklärt bis zu einem gewissen Grad die bis heute beibehaltene Vorsicht der britischen Forschung in der Aufnahme kontinentaler Jesusforschung, vor allem der formgeschichtlichen Grundanschauung.

Die Stiftung *Oratio Dominica*, deren Zweck es ist, »die Gedanken des Vaterunsers in der christlichen Verkündigung als das einigende Band der Christenheit zu stärken und der Einigung dienlich zu sein«, hat zu ihrem zwanzigjährigen Bestehen eine Vaterunser-Bibliographie herausgegeben, die »für den Zeitraum 1945–1975 möglichste Vollständigkeit« anstrebt und »die Titel der Jahre 1976–1981, soweit feststellbar«, ebenfalls aufgenommen hat, aber darüber hinaus bis ins Altertum zurückgreift. Freilich enthält der Band außer dieser 135 S. umfassenden Bibliographie eine zweite, die »alle vokalen und instrumentalen Vertonungen des Vaterunser umfaßt, die vorwiegend seit Ende des Zweiten Weltkriegs herausgegeben wurden«, samt einem Verzeichnis der Schallplatten mit Vaterunser-Kompositionen; und dieser zweiten Bibliographie hat E. JAHNKE eine Abhandlung über »Die mehrstimmige Vertonung des lateinischen Vaterunser in der Zeit von 1500–1700« vorangestellt. Das ist nun freilich eine sehr seltsame Kombination, die dem Titel des Bandes schwerlich entspricht, und zu diesem musikwissenschaftlichen bzw. musikalischen Teil des Buches kann ich mich nicht äußern. Die Bibliographie zum Vaterunser selber ist, soweit ich das nachprüfen kann, weitgehend vollständig[8] und zweifellos für den Exegeten ebenso hilfreich wie für den Prediger oder Religions-

---

[7] D. L. PALS, The Victorian »Lives« of Jesus, 104. 118. 129. 137. 143. 146. 152. 169. 198f. – P. Schmiedel wird fälschlich als Schweizer bezeichnet (1979. 185); O. Pfleiderer erscheint immer als Pfliederer (179. 205. 218).

[8] Wirkliche Vollständigkeit gibt es freilich nicht; aus meinen zweifellos nicht vollständigen Notizen kann ich z. B. nachtragen: H. J. CADBURY, Superfluous Kai in the Lord's Prayer and Elsewhere, *Munera Studiosa*. FS W. H. P. Hatch, 1946, 41ff.; W. SCHMAUCH, Art. Vaterunser EKL 3 (1959) 1610f.; G. H. BAKER, The Use of the Lord's Prayer in the Primitive Church, JBL 84 (1965) 153ff.

lehrer. Daß sie dem Ziel der Einigung der Christenheit »auf hervorragende Weise« dienlich sei, wie ein Rezensent[9] erwartet, ist mir allerdings weniger wahrscheinlich.

K.-J. KUSCHEL hat vor einigen Jahren ein Buch über »Jesus in der deutschsprachigen Gegenwartsliteratur« geschrieben, auf dessen erschreckenden Gehalt ich früher hingewiesen habe.[10] Der Verf. hat nun auf Wunsch von Lesern dieses Buches eine Sammlung von Texten moderner Schriftsteller herausgegeben, »vornehmlich aus der Zeit nach 1945«, die »den anderen, den verkannten und vergessenen Jesus« aufzeigen sollen (12). Ein Vergleich dieser Sammlung mit dem früheren Buch zeigt, daß in der Hauptsache dort behandelte Texte abgedruckt werden (dieselben Gedichte sind mehrfach in beiden Büchern wiedergegeben), daß aber auch Texte von etwa 14 in dem früheren Buch nicht vorkommenden Schriftstellern aufgenommen sind. Wer sich die Mühe macht, diese Textsammlung durchzulesen (und es ist eine Mühe!), wird nur vereinzelt ein Licht auf Jesus fallen sehen, in der Hauptsache handelt es sich um rein negative Kirchen- und Christentumskritik, vieles ist auch völlig unverständlich. Das Buch ist wohl lehrreich, aber auf keinen Fall hilfreich.

Mit den drei nun zu besprechenden Büchern kehren wir zur theologischen Forschungsgeschichte zurück. D. A. HAGNER setzt sich mit der Inanspruchnahme Jesu durch die moderne jüdische Forschung auseinander, und zwar betontermaßen »als evangelikaler Christ, der ... an der Inspiration der biblischen Schriften festhält und versucht, die historisch-kritische Methode in einer Weise zu gebrauchen, die dem studierten Gegenstand gegenüber fair ist«. Er geht von der Feststellung aus, daß man heute, »trotz gewisser Unterschiede zwischen einzelnen Gelehrten, von einer klar unterscheidbaren jüdischen Beschäftigung mit dem Leben Jesu und den christlichen Anfängen reden« kann, zählt die in Betracht kommenden Werke jüdischer Gelehrter von C. G. Montefiore bis G. Vermes auf, um sich nach einer Skizze jüdischer Stellungnahmen zu Jesus bis zur 2. Hälfte des 19. Jh.s den Anschauungen jüdischer Forscher des 20. Jh.s zu zentralen Aspekten der Lehre und Person Jesu zuzuwenden, wobei er vorausschickt, daß »der Jesus, den jüdische Gelehrte als rekonstruierbar ansehen, von der Definition her der jüdische Jesus ist, d. h. Jesus als eine jüdische Gestalt, die völlig im Zusammenhang des Judentums des 1. Jahrhunderts steht«, und daß darum alles, »was nicht mit dem modern-jüdischen Bild des Judentums im 1. Jahrhundert übereinstimmt, nicht wahr sein kann für den geschichtlichen Jesus«. Bei der Besprechung der Haltung Jesu zum Gesetz betont nach H. »die Mehrheit der jüdischen Forscher, in Übereinstimmung mit

---

[9] H. J. SIEBEN, ThPh 58 (1983) 572f.
[10] ThR 46 (1981) 320f.

ihrer Behauptung des Jüdischseins Jesu, stark Jesu Treue dem Gesetz gegenüber«, wobei »die jüdischen Gelehrten, die besonders eifrig in der Beanspruchung Jesu für das Judentum sind, oft zu extremen Maßnahmen greifen
müssen, um Jesu Lehre mit dieser Schablone in Einklang zu bringen«. D. h.,
»jüdische Gelehrte können nur mit erheblicher Schwierigkeit leugnen, daß in
Jesu Lehre und Taten etwas völlig Neues inbegriffen ist«, und H. stellt darum
zusammenfassend fest, daß »das Problem ›Jesus und das Gesetz‹ nicht befriedigend geklärt werden kann, ohne sich klar zu werden über Jesu persönlichen
Anspruch und seine Identität als der Messias Israels«. Bei der Betrachtung von
Jesu Botschaft zu Eschatologie und Ethik und zur Gottesherrschaft »geben die
meisten jüdischen Gelehrten die zentrale Bedeutung der Gottesherrschaft für
Jesus zu, betonen aber, daß er nur lehrte, daß die Gottesherrschaft bevorstehend sei, nicht daß sie schon gegenwärtig sei in seiner und durch seine Wirksamkeit«. Gewiß »finden jüdische Gelehrte wenig Schwierigkeit, die ethische
Lehre Jesu zu billigen«, sie betonen aber, daß »die Verbindung von Gottes-
und Nächstenliebe bei Jesus nichts Neues gewesen« sei und daß »ein großer
Teil der ethischen Lehre Jesu ohne Beziehung ist zu oder gelöst werden kann
von dem Glauben an das nahe Weltende«, sie fügen allerdings hinzu, daß »das
Judentum keinen Platz hat für die absolute Forderung Jesu« und »daß wir in
der rabbinischen Literatur keine Parallele zu dem auffälligen Paradox finden
›Liebet eure Feinde‹ «. Jesu Polemik gegen die pharisäische Frömmigkeit aber
kann sich »nur gegen eine sehr kleine Minorität« gerichtet haben. H. stellt
dieser jüdischen Interpretation der ethischen Forderung Jesu die Feststellung
gegenüber, daß »Jesu ethische Lehre bis zu einem großen Maß jüdisch ist,
jedoch häufig über das hinausgeht, was im Rahmen rabbinischer Perspektiven
möglich ist«, nur »im Zusammenhang mit der neuen Verkündigung der Gegenwart der Gottesherrschaft kann die ethische Lehre Jesu . . . verstanden werden«. Betrachtet man ferner »die religiöse Lehre Jesu«, so »bestreiten jüdische Gelehrte, daß Jesus etwas über Gott den Vater lehrte, das völlig neu
war«, doch war Jesus nach H. sich »in einzigartiger Weise der Vaterschaft
Gottes bewußt« und »wich in seiner Anrede Gottes als ›Vater‹ und in seinem
Gebrauch von *Abba* von seinen Zeitgenossen ab«. »Die Mehrzahl der modernen jüdischen Forscher stellt fest, daß Jesus sich für den Messias hielt«, daß »er
sich in diesem Punkt aber täuschte«; und »natürlich findet sich bei jüdischen
Forschern ein Widerstreben, irgendwelche Einzigartigkeit Jesu und seiner
Lehre zuzugestehen«, aber »wenn Jesus, wie jüdische Gelehrsamkeit behauptet, keine Einzigartigkeit beanspruchte oder sich irrte, indem er das tat, bleibt
seine Lehre zu einem großen Teil rätselhaft«. D. h., »die völlige Inanspruchnahme der Lehre Jesu durch jüdische Forschung kann nicht erreicht werden,
ohne bestimmte Tatbestände zu übersehen oder beiseite zu schieben«. So kann

H. zusammenfassend feststellen, daß »weitgehend dank jüdischer Forschung die Jüdischkeit Jesu heute neu anerkannt ist«; auch »raten jüdische und christliche Forscher in gleicher Weise zu größter Vorsicht bei jeder Verwendung rabbinischer Literatur zur Erhellung des Neuen Testaments«, aber trotz der »immer angriffiger gewordenen Beanspruchung Jesu« durch jüdische Forscher muß nach H. festgestellt werden, »daß die jüdische Beanspruchung Jesu nur teilweise erfolgreich gewesen ist«, »Judentum und Christentum können einander näher kommen, aber sie können nicht identisch werden«.[11]

Das wird alles sehr klar und fair ausgeführt und weitgehend mit englischsprachiger Literatur belegt. Der christliche Forscher kann aus diesem Buch viel lernen, und der jüdische Forscher wird schwerlich Hagners Ausführungen als unsachlich oder ungebührlich polemisch empfinden können. Freilich muß hinzugefügt werden, daß trotz der Heranziehung einiger deutschsprachiger Literatur nicht nur wichtige Literatur zu dieser Problematik in deutscher Sprache unberücksichtigt geblieben ist[12], ein wesentliches Manko ist das völlige Fehlen von Hinweisen auf die Diskussion um E. Stauffers Forderung einer Entjudaisierung der Jesusüberlieferung in den Evangelien und überhaupt auf die Diskussion innerhalb der christlichen Theologie über die Stellung Jesu im Judentum seiner Zeit in der europäischen Forschung der letzten 20 Jahre.[13] Eine Einordnung der jüdischen Jesusforschung in die Gesamtheit der Jesusforschung der letzten Jahrzehnte kommt so nicht zustande, aber in den selbstgewählten Grenzen ist H.s Buch sehr hilfreich.

Ein sehr beachtliches Hilfsmittel zum Verständnis der Frage nach dem Jesus der Geschichte hat M. BAUMOTTE mit seiner Darbietung von Texten aus drei Jahrhunderten geschaffen. Das Buch bietet Auszüge aus wichtigen Arbeiten zu dieser Frage von H. S. Reimarus (1778) bis T. Koch (1984), und zu allen Exzerpten, die zu einem großen Teil nach den Originaldrucken photokopiert sind, gibt B. gute Einführungen, die die Texte in ihre geschichtliche Situation einordnen. B. bietet dabei nicht nur Texte, die das Problem des Verständnisses

---

[11] D. A. HAGNER, The Jewish Reclamation . . . 13. 26. 78. 82. 88. 119. 130. 132. 135. 168. 143. 165. 160. 148. 180. 169. 210. 212. 243. 257. 271. 244. 277. 279. 284. 295. 294. – Irrtümlich ist die Angabe, daß Martin Buber sich »nicht mit den spezifischen Fragen der Interpretation der Lehre Jesu befaßt« habe (37); vgl. M. Buber, Zwei Glaubensweisen, 1950.

[12] Ich nenne nur L. GOPPELT, Christentum und Judentum im 1. und 2. Jahrhundert, 1954; J. MAIER, Gewundene Wege der Rezeption. Zur neueren jüdischen Jesusforschung, HerKor 30 (1976) 313ff.; G. BAUMBACH, Fragen der modernen Jesusforschung an die christliche Theologie, ThLZ 102 (1977) 625ff.

[13] Ich nenne nur drei Titel: A. NISSEN, Gott und der Nächste im antiken Judentum. Untersuchungen zum Doppelgebot der Liebe (WUNT 15), 1974; F. MUSSNER, Traktat über die Juden, 1979; St. WESTERHOLM, Jesus and Scribal Authority (CB.NT 10), 1980.

Jesu und der Evangelien direkt behandeln, sondern auch indirekt in diesen
Zusammenhang gehörige oder fernliegende Texte (ich nenne als wenige Beispiele: J. H. Tieftrunk, 1790; J. F. Röhr, 1813; L. Tolstoi, 1883; F. Baumann,
1894; K. Kautsky, 1908; D. Sölle, 1965; E. Bloch, 1959); angesichts dieser
Breite des Spektrums kann auch der mit dem Stoff Vertraute aus dieser Textsammlung viel lernen. Über die Auswahl bei einer solchen Sammlung kann
man immer verschiedener Meinung sein, aber manche Lücke ist mir unverständlich: Warum fehlen völlig kath. Autoren wie H. Küng, E. Schillebeeckx
oder A. Vögtle und jüdische Forscher wie J. Klausner, D. Flusser oder G. Vermes? Warum wird H. Braun auf 12 Seiten dargeboten, G. Bornkamm aber überhaupt nicht? Warum begegnen aus älterer Zeit weder H. E. G. Paulus noch
K. Hase(!), aus neuester Zeit weder J. Jeremias noch L. Goppelt, aus dem
englischsprachigen Bereich weder C. H. Dodd noch N. Perrin? Es ist bedauerlich, daß keiner dieser Autoren begegnet, doch möchte ich noch auf einen
seltsamen Sachverhalt hinweisen: Bei einer größeren Anzahl von Autoren
bietet B. nicht längere zusammenhängende Auszüge, sondern eine größere
Anzahl kleiner Exzerpte, deren Seitenzahl im Quellenverzeichnis genau angegeben wird. Das ist durchaus sachgemäß, aber bei einer Anzahl dieser Autoren
(Lessing, Eichhorn, Herder, Baur, Holtzmann, Kähler, Wellhausen, Otto, Dibelius) stimmt diese Auswahl einschließlich der Kennzeichnung der Lücken
und kurzer Erklärungen samt den Seitenzahlen haargenau mit dem überein,
was in meinem (im Verzeichnis der weiterführenden Literatur genannten)
Buch »Das Neue Testament. Geschichte der Erforschung seiner Probleme«
sich findet; wäre es nicht fair gewesen, auf diese Übernahme hinzuweisen?
Doch sollen diese kritischen Hinweise nicht in Frage stellen, daß diese Quellen-
sammlung sehr lehrreich und gerade auch dem Anfänger zu empfehlen ist.

Der Titel des Buches von W. M. THOMPSON »Die Jesusdebatte« ist irreführend: Das Buch handelt nur in seinem mittleren Teil von der Frage nach dem
Jesus der Geschichte und ist im übrigen »ein einführender Überblick und eine
Deutung der gegenwärtigen Entwicklungen in der Frage nach Jesus« und
»eine völlig neue und selbständige Darstellung der Christologie und Soteriologie«[14], worauf ich hier nicht eingehen kann. Der allein hier zu besprechende
Beitrag des Buches zur Jesusfrage im engeren Sinn geht von der Feststellung
aus, daß es »vier grundlegende Phasen der Frage nach Jesus« gibt: die Entstehung der Frage, die Zeit der Skepsis (als deren Hauptvertreter R. Bultmann
dargestellt wird), die Erneuerung der Frage durch E. Käsemann und die kath.
Beteiligung an der Frage, wobei natürlich die fortdauernde konservative Frage-

---

[14] S. die kritische Besprechung des ganzen Werkes durch P. POKORNY, ThLZ 111 (1986)
620–622.

stellung ebenso wie der Beitrag der jüdischen Forschung unter den Tisch fallen. Als Resultat dieser Geschichte ergibt sich die Einsicht, »daß der frühe Versuch, das Kerygma zugunsten eines ›geschichtlichen Jesus‹ auszustoßen, ein Fehler war«, da »die ganze christliche Gemeinde endgültig entscheidet, was bleibend eine zuverlässige Deutung der Tradition selbst ist«; so »hat die Jesusfrage eine bescheidene Rolle zu spielen, ist aber nicht unsere theologische Norm«. Von dieser Voraussetzung aus erörtert Th. dann recht unsystematisch die historische Jesusfrage. Er stellt etwa richtig fest, daß »ein pharisäischer Hintergrund uns nur ein Stück auf dem Weg des Verständnisses des geistlichen Ausbruchs führen kann, den Jesus darstellte«, daß nach Jesu Botschaft »das Gottesreich sicher Individuen umfaßt, sie aber in ein neues Netzwerk sozialer Beziehungen einbindet«, daß die »zweiseitige Antwort ,von Bekehrung und Glaube-Liebe natürlich in enger Beziehung steht zu der zweiseitigen Natur der neuen Gemeinde als ›noch nicht und schon‹ «, daß für Jesus »die geschaffene Welt ein Gleichnis des Gottesreiches ist«, daß es »nicht unglaubwürdig ist, daß Jesus über seinen Tod hinaus auf die göttliche Rechtfertigung seines Wirkens und seines Todes traute«; sehr fraglich sind dagegen die Behauptungen, es sei »möglich, daß Jesus verheiratet war«, daß Jesus »die Zeit nicht quantitativ, als Abfolge von Tagen und Stunden, sondern qualitativ, nach ihrem Gehalt« beurteilt habe, daß Jesu Gebrauch des Menschensohntitels »einen starken Verbindungsfaden zwischen dem irdischen Jesus und der späteren Kirche« darstellt. Doch fehlt bei allen diesen Feststellungen der innere Zusammenhang, so daß ein einigermaßen verständliches Bild des irdischen Jesus auf diese Weise nicht zustande kommt. So führt auch die zusammenfassende Feststellung bei der Erörterung der »Ostererfahrungen«: »Die wesentliche Übereinstimmung unserer Quellen [besteht] in dem Glauben, daß Jesus ein umgestaltendes Erlebnis erfahren hat, das ihn befähigte, noch über den Tod hinaus zu leben«[15] nicht zu einer wirklichen Einsicht in die hinter den differierenden Osterberichten zu erkennende Wirklichkeit. Ich kann darum den Beitrag, den dieses Buch zur Geschichte der Jesusfrage und zur Beantwortung dieser Frage leistet, nicht hoch einschätzen.

In früheren Berichten habe ich auf zwei nützliche Bücher des Amerikaners W. S. KISSINGER hingewiesen, in denen er eine Geschichte und vor allem eine Bibliographie der Forschung zur Bergpredigt und zu den Gleichnissen Jesu vorlegte.[15a] K. hat jetzt ein entsprechendes Buch über die Leben-Jesu-Forschung vorgelegt. Dessen erste Hälfte bietet einen »geschichtlichen Überblick«

---

[15] W. M. THOMPSON, The Jesus Debate, 1. 3. 90. 103. 105. 149. 164. 185. 193. 201. 211. 162. 188. 214. 226.

[15a] ThR 43 (1978) 244 f.; 47 (1982) 503.

über die Jesusforschung von den altkirchlichen Harmonien bis zur Redaktions-
geschichte, der zuverlässig über alle wesentlichen Bücher berichtet, wobei
sich K. bis zum Beginn unseres Jh.s stark an A. Schweitzer anlehnt. Wie in
den früheren Bänden fehlt bei diesem katenenartigen Referat die eigentliche
Geschichte des Forschungsgangs, einzelne Forscher sind reichlich breit
(Renan, Drews) behandelt, andere wichtige fehlen (J. Jeremias, L. Goppelt,
C. H. Dodd), aber im ganzen bietet diese Forschungsgeschichte einen guten
Überblick, vor allem für englischsprachige Leser. Die den zweiten Teil des
Buches einnehmende Bibliographie (97 S.; ich übergehe das abschließende
Verzeichnis von Jesusbüchern für Jugendliche) enttäuscht dagegen. Während
in den früheren Bänden nur unwesentliche Lücken festzustellen waren, sind in
diesem Band die Lücken gravierend. K. will in dieser Bibliographie Bücher
über die Lehre Jesu nicht verzeichnen (S. XII), hält sich aber keineswegs an
diese Absicht. Aber auch wenn man diesen strengen Maßstab an seine Bibliographie anlegt, fehlt sehr viel. Der Verf. hat offenbar weder G. Pfannmüller,
Jesus im Urteil der Jahrhunderte ([2]1939) noch die Forschungsberichte von
E. Grässer (VF 1973, Heft 2), J. Reumann (IJT 23, 1974) und mir (ThR
1965/66ff.) und in dem Sammelband »Zugänge zu Jesus« (ThBer 7, 1978)
benutzt, und so fehlen, um nur ganz weniges zu nennen, aus älterer Zeit etwa
W. Heitmüller (1913) und P. Wernle (1916) und aus den von mir besprochenen
Werken seit 1950 etwa 58 Bücher, darunter so wichtige wie C. H. Dodd (1971),
C. L. Mitton (1974), G. Vermes (1973), und auch sonst finden sich mancherlei
Ungereimtheiten.[15b] Selbstverständlich findet der Interessierte trotzdem in dieser Bibliographie manche ihm sonst entgangenen Titel (hätte ich diese Bibliographie seinerzeit zur Verfügung gehabt, hätte ich wahrscheinlich eine ganze
Reihe mir entgangener Bücher zusätzlich berücksichtigen müssen), aber als
ganze ist sie sehr lückenhaft und darum unzureichend und kann sich mit den
früheren Arbeiten Kissingers nicht messen.

Nur kurz ist schließlich noch auf das Buch von J. PAINTER hinzuweisen,
dessen Untertitel »Rudolf Bultmanns Interpretation der Geschichte Jesu«
falsche Erwartungen erweckt. Das Buch ist eine auf breiter Kenntnis der
Schriften Bultmanns und der sich mit Bultmann auseinandersetzenden Literatur beruhende Darstellung und Verteidigung der hermeneutischen Theologie

---

[15b] Nur drei Beispiele: Von R. Ottos früher Schrift »Leben und Wirken Jesu nach
historisch-kritischer Auffassung« wird nur die englische Übersetzung genannt; für
R. Bultmanns Jesusbuch von 1926 wird nur diese Urausgabe genannt, es fehlen die
beiden deutschen Neuausgaben und die Übersetzungen, während für E. Renan neben
den verschiedenen Ausgaben des Originals mehrere Übersetzungen mit ihren zahlrei-

Bultmanns. Diese Bultmann-Interpretation trifft m. E. weitgehend zu, doch
beanspruche ich für dieses Urteil keine Kompetenz, zumal die Nachprüfung
der einzelnen Ausführungen anhand der reichlich angeführten Hinweise auf
Bultmanns Schriften nur selten möglich ist, weil für alle wesentlichen Arbeiten
Bultmanns nur die Seitenzahlen der englischen Übersetzungen angegeben werden, obwohl der Verf. auch die deutschen Originale benutzt hat und vielfach
die Zuverlässigkeit der englischen Übersetzungen kritisiert. P. stellt zwar richtig fest, daß nach Bultmann »über Leben und Persönlichkeit Jesu wenig gesagt
werden kann, . . . dagegen mehr über die Lehre Jesu« (102) und daß »Bultmann
festgestellt hat, daß er die tatsächliche Geschichte Jesu keineswegs übersehe
und daß christlicher Glaube das Paradox erklärt, daß die Geschichte Jesu das
eschatologische Ereignis ist« (40), aber mit den Untersuchungen Bultmanns,
die direkt Jesus und seine Verkündigung und den geschichtlichen Wert der
synoptischen Tradition zum Gegenstand haben, hat sich P. in diesem Buch
nicht befaßt. D. h. die Frage, inwieweit die Jesusdarstellung Bultmanns den
Quellen entspricht. bzw. inwiefern sie kritisch zu beurteilen ist, kommt überhaupt nicht in den Blick, und so werden die für Bultmanns Verständnis Jesu
wichtigen Aufsätze über die Frage nach dem messianischen Bewußtsein Jesu
und über die Echtheit von Mt 16, 17–19 (ZNW 1920; ThBl 1941) nicht einmal
in der sonst reichen Bibliographie der Arbeiten Bultmanns genannt. D. h. von
»Rudolf Bultmanns Interpretation der Geschichte Jesu« ist in diesem Buch
nicht wirklich die Rede.

Wenden wir uns nun der *Methodenfrage* zu, so ist zunächst auf den Aufsatz
von R. H. STEIN über die Echtheitskriterien bei der Frage nach dem Jesus der
Geschichte hinzuweisen. Stein stellt unter Bezugnahme auf die in englischer
Sprache geführte Diskussion dieses Problems[16] (deutschsprachige Literatur
wird leider überhaupt nicht herangezogen) 11 Kriterien zusammen, die als
Argumente zur Feststellung alter bzw. auf Jesus zurückzuführender Tradition
genannt worden sind. Es zeigt sich, daß für das so viel verhandelte »Kriterium
der Unähnlichkeit« (*dissimilarity*) einer Äußerung Jesu im Vergleich mit dem
zeitgenössischen Judentum oder dem ältesten Christentum gilt, daß »nur die
stärksten negativen Befunde die Echtheit eines Wortes oder Motivs zu widerlegen hoffen können, das dem Kriterium der Unähnlichkeit Genüge tut«, und

---

chen Auflagen verzeichnet sind; »K. Hilty, Carl Hilty, der Christ, seine Gestalt und
Lebenslehre, 1948« hat mit »Leben Jesu« so wenig zu tun wie »L. E. Elliott-Binns,
Galilean Christianity, 1956«.

[16] Vgl. meine Hinweise ThR 31 (1965/66) 42–45; 40 (1975) 328–333; 43 (1978) 235.
Eine gute Bibliographie der mit den Kriterien befaßten Arbeiten findet sich in dem gleich
zu nennenden Buch von R. RIESNER, Jesus als Lehrer, 87 Anm. 35.

daß durch das Zusammentreffen mehrerer Kriterien »die Wahrscheinlichkeit
der Echtheit wächst und die Last des Beweises bei denen liegt, die eine negative Ansicht mit Bezug auf die Echtheit vertreten« (252). St. bespricht alle von
früheren Autoren genannten Kriterien klar und mit vorsichtiger Kritik, und
wenn eine solche Diskussion auch etwas trocken wirkt und nur durch eine
etwas breitere Heranziehung zahlreicher konkreter Beispiele Leben bekäme,
sollte sich doch jeder, der sich mit Jesusforschung beschäftigt, durch diese
sorgfältige Zusammenstellung zur Besinnung auf seine methodischen Voraussetzungen anregen lassen.[17]

Eine umfassende methodische Neubesinnung auf die Voraussetzungen der
Rückfrage nach dem Jesus der Geschichte hat R. RIESNER in seiner umfangreichen Diss. über »Jesus als Lehrer« vorgelegt.[18] Da »die Frage nach Jesus im
wesentlichen eine Frage nach dem historischen Informationsgehalt der kanonischen Evangelien« ist, sucht er »die Frage nach dem Ursprung der Evangelienüberlieferung« zunächst durch die Untersuchung des Ursprungs der Jesusüberlieferung und dann durch die Untersuchung der diese Überlieferung
begründenden Lehrtätigkeit Jesu zu beantworten. Da für das Verhältnis der drei
synoptischen Evangelien die Zweiquellenhypothese »nicht stringent begründet
werden« kann, fordert er »als ein Gebot methodischer Vorsicht, gegenwärtig
auf die ausschließliche Anwendung eines einzigen Lösungsmodells zu verzichten« und die Synoptiker »wie voneinander unabhängige Quellen zu behandeln«. Im Gegensatz zur Beurteilung der mündlichen Evangelienüberlieferung
durch die klassische Formgeschichte stellt R. fest, daß sich die »Erfindung und
Überformung der Jesusüberlieferung durch praktische Gemeindebedürfnisse
nicht verifizieren läßt« und daß »die einzigartige Autorität der Worte Jesu es
als sehr fraglich erscheinen läßt, daß man ihn im Urchristentum so ohne
weiteres zum Urheber von Traditionen machte, die ursprünglich anonym
waren oder von andern Lehrern stammten«. Vielmehr »wollten die für die
synoptische Überlieferung Verantwortlichen genuine Jesustradition weiterge-
ben«, der » ›Sitz im Leben‹, an dem eine Tradition ›gebraucht‹ wird, ist nicht

---

[17] Das dem Titel nach hier auch zu berücksichtigende Werk von W. THÜSING, Die
neutestamentlichen Theologien und Jesus Christus. I. Kriterien aufgrund der Rückfrage
nach Jesus und des Glaubens an seine Auferweckung, Düsseldorf 1981 gehört in den
Zusammenhang der Neutestamentlichen Theologie, da es von den Kriterien für die
Einheit der differierenden theologischen Entwürfe im NT handelt (s. die Besprechung
von F. MUSSNER, ThRv 78, 1982, 20ff.).

[18] Da R. Riesner in dem Aufsatz »Der Ursprung der Jesus-Überlieferung« (ThZ 38,
1982, 493–513) nur die Grundzüge seines Buches zusammenfaßt, genügt ein Hinweis
auf diesen Aufsatz (s. auch A. LINDEMANN, ThR 49, 1984, 231f.).

für den Ort der Entstehung und Formung des Stoffes zu halten«; »die Konzentration der Jesus-Überlieferung auf eine Person weist auf ein Traditionsbewußtsein zurück, das sich gerade hinsichtlich seiner Bewahrung von *ipsissima
verba* wesentlich vom rabbinischen Traditionsbewußtsein unterscheidet«. D. h.,
»man muß eine Tradierung von Jesus-Überlieferungen annehmen, die neben
deren paränetischer Anwendung *sui generis* war«. Es ist vielmehr »die Frage, ob
der Prozeß gepflegter Überlieferung erst nach den Osterereignissen begann«,
vielmehr ist »die Vernachlässigung der Personalkontinuität bei der Evangelienüberlieferung durch die klassische Formgeschichte ... mit Recht als ein schwerer Mangel hervorgehoben worden«, »die ›Apostelschüler‹ scheinen ... eine
wichtige Rolle bei der Weitergabe gerade auch von Jesusüberlieferungen gespielt zu haben«, und es gilt einerseits, daß »die substanzielle Echtheit synoptischer Überlieferung vorausgesetzt werden« darf, wie andererseits, daß »man
für die überwiegende Mehrzahl der synoptischen Stoffe eine schriftliche Fixierung vor 70 annehmen« kann.

Aber was können wir über »die historischen Möglichkeiten der Überliefe-
rung von Jesus« wissen? Ausführlich und instruktiv stellt RIESNER zur Beantwortung dieser Frage zunächst »die jüdische Volksbildung« in Elternhaus,
Synagoge und Schule dar und folgert daraus »eine Elementarschulbildung
Jesu«, da »die Verbindung zwischen Zimmermannshandwerk und besonderer
Bibelkenntnis bis in die Zeit Jesu zurückreichen kann«, schließt aber »eine
schriftgelehrte Ausbildung für Jesus aus«. R. wendet sich dann der »Autorität
Jesu« zu, stellt fest, »daß Jesus ... als Lehrer angeredet wurde«, daß »Josephus
von Jesus als Lehrer gesprochen hat«(!) und daß »Jesus die Beziehung zwischen sich und seinen Jüngern mit einem Lehrer-Schüler-Verhältnis vergleicht«, betont dann aber sofort, daß sich Jesus »in verhüllter Form als der
endzeitliche Heilsbringer zu erkennen gab«, seinen Worten »eine Autorität
zuschreibt, die weit über die irgendeines zeitgenössischen Lehrers hinaus-
reicht« und seine Worte »unausgesprochen auf dieselbe Stufe hob wie das Wort
Gottes«. Als Hinweis auf diesen Anspruch nennt R. die Tatsachen, daß »Jesus
sich im Verhör ... zu einem messianischen Anspruch bekannte«, daß »›Menschensohn‹ ein Stichwort der esoterischen Jüngerbelehrung gewesen zu sein
scheint« und daß Jesus »sein Geschick als das der personifizierten Weisheit
beschreibt«. Die Konsequenz aus diesem Anspruch war, daß man Worte Jesu
»tradierte, weil es Worte des Messias Jesus waren, deren Bedeutung vielleicht
ja erst die Zukunft erschloß«, daß »es um Gebotsworte Jesu geht, die zu lernen
sind«. R. weist dann in den Kapiteln über »Die öffentliche Lehre« und »Die
Jüngerlehre« in Fortführung von Argumenten von B. Gerhardsson und J. Jeremias einerseits darauf hin, daß »viele Worte Jesu ... mit der ganz bewußten
Absicht des Memorierens geprägt wurden«, daß Jesus, »wenn die Hörer seine

Mᵉschalim weiter meditieren sollten, kaum etwas Anderes übrig blieb als sie ihnen durch Wiederholung einzuprägen«, daß Jesus »Sorge dafür tragen mußte, daß [seine mit Amen eingeleiteten Worte] gelernt wurden, um befolgt werden zu können«, ja daß Jesus durch seine Aufrufe zum Hören, die er vermutlich »noch wesentlich öfter aussprach als in unseren Quellen steht«, »in besonderer Weise auf Lehrsummarien und Mᵉschalim hingewiesen haben könnte, um seine Hörer zum Memorieren anzuregen«. R. weist andererseits auf die besondere Belehrung der Jünger durch Jesus hin: »Auf Kontroversen mit Außenstehenden konnte er sie [nur] vorbereiten, wenn er ihnen von Zeit zu Zeit die Lehrsummarien zu umkämpften Themen wiederholte«, »auswendig lernen ist [ja] die einzige ›Methode‹, mündliche Überlieferungen einigermaßen zuverlässig zu bewahren«, und so »hätte Jesus seine Jünger ausdrücklich vom Memorieren seiner herausgehobenen Worte abhalten müssen, wenn es gegen seinen Willen gewesen wäre«; außerdem war ja »die Aussendung [der Jünger] für die vorösterliche Traditionsbildung ein entscheidendes Datum«, »ein Bemühen um das Bewahren der *ipsissima verba Jesu* ergab sich . . . für die Jünger nicht nur aus ihrer Funktion als Boten, sondern auch aus dem Grundsatz, daß der Schüler möglichst mit den Worten seines Lehrers antworten sollte«, »durch die Aussendung kam auch eine erste bewußtere Tradierung von Jesusgeschichten in Gang«; überdies war für »die ortsfesten Sympathisanten Jesu die Abwesenheit Jesu schon ein vorösterliches Problem, das zur Traditionsbildung drängte«, und »es ist nicht *a priori* auszuschließen, daß sich einzelne der ortsfesten Anhänger Notizen machten«. Kurz: »Am Anfang des Christentums stand ein Lehrer , der nicht allein alttestamentliche, sondern auch die Lehrweisen seiner hellenistisch-jüdischen Umgebung anwandte«, und so handelt es sich bei der Jesus Überlieferung »um bewußt gepflegte Lehrtradition«.

Daß diese schon durch ihre erstaunlich breite Literatur- und Quellenverarbeitung beachtliche Untersuchung RIESNERS angesichts ihrer spürbar apologetischen Grundtendenz viel Anerkennung fand[19], ist nicht erstaunlich; doch haben andere auch grundsätzliche Einwände erhoben[20], und ich kann mich dem nur anschließen. Gewiß kann ich R.s Bemühen, an die Stelle einer skepti-

---

[19] Vgl. nur die Besprechungen von A. FUCHS, Studien zum Neuen Testament und seiner Umwelt A 6f. (1981f.) 237ff.; F. MUSSNER, BZ 27 (1983) 276f.; J. P. HEIL CBQ 45 (1983) 702f.; B. GERHARDSSON, ThLZ 108 (1983) 500ff.; R. PENNA, Gr. 64 (1983) 565f.; E. E. ELLIS, JBL 103 (1984) 656ff.

[20] W. FENEBERG, StZ 200 (1982) 857ff.; F. LENTZEN-DEIS, Bib. 64 (1983) 289ff.; C. J. A. HICKLING, Hey J 24 (1983) 443.

schen Grundeinstellung zu dem geschichtlichen Wert der synoptischen Überlieferung die Haltung einer »kritischen Sympathie« zu setzen (R. übernimmt
diese Formulierung zustimmend von mir), nur beipflichten, und sein Hinweis
darauf, daß die von Jesus beanspruchte eschatologische Autorität in der Tora-
interpretation das Interesse an der zuverlässigen Weitergabe seiner Verkündigung fördern mußte, ist sicher richtig. Auch die Bestreitung des (mit Recht
auch von andern Forschern angezweifelten) »mehr oder weniger ›proletari-
schen‹ Ursprungs des Christentums«, der Hinweis auf die Elementarschulbildung Jesu und die Aufforderung, die Beurteilung Jesu als eines »prophetischen Lehrers« durch seine Zeitgenossen nicht zu übersehen, verdienen
Zustimmung. Aber eine ganze Reihe grundsätzlicher Einwände müssen m. E. im
übrigen gegen R.s Argumentation erhoben werden: 1) Es geht nicht an, angesichts differierender Meinungen über die Art des literarischen Verhältnisses der
synoptischen Evangelien zueinander »die Synoptiker wie von einander unabhängige Quellen zu behandeln«; denn an einem literarischen Zusammenhang
der drei Synoptiker kann doch nicht ernstlich gezweifelt werden, und eine nach
der Meinung des Forschers gut begründete Hypothese über diesen
Zusammenhang muß eine (im Einzelfall auch in Frage zu stellende) Voraussetzung sein für die Untersuchung von Texten, die in zwei oder drei der synoptischen Evangelien parallel begegnen. 2) Die Behauptung, daß sich keine »Überformung der Jesusüberlieferung durch praktische Gemeindebedürfnisse
verifizieren« lasse, trifft nicht zu; mag die von R. vor allem bekämpfte »klassische Formgeschichte« (hier ist hauptsächlicher Angriffspunkt R. Bultmann
mit einigen seiner Schüler) die Einwirkung praktischer Gemeindebedürfnisse
auf die synoptische Tradition auch allzu ungeprüft in Rechnung gestellt haben,
so läßt sich doch unbezweifelbar nachweisen, daß solche Interessen die Formung und Umformung der synoptischen Tradition stark beeinflußt haben (ich
erinnere neben Mt 5,32; 19,9 nur etwa an Mt 18,15–17; Mk 10,12; Lk 16,9).
3) Entgegen der Behauptung, »für die überwiegende Mehrzahl der synoptischen Stoffe [sei] eine schriftliche Fixierung vor 70 anzunehmen«, ist eine
Datierung von Matthäus und Lukas nach 70 nach wie vor die einzig mögliche
Annahme. 4) Die von R. angeführten Texte beweisen auch dann, wenn sie im
vollen Umfang auf Jesus zurückgehen sollten (was keineswegs sicher ist),
nicht, daß »Jesus sich mit der göttlichen Weisheit identifiziert« habe. 5) Die
Argumente, die beweisen sollen, daß die große Mehrzahl der Worte Jesu im
Hinblick auf das Memorieren durch die Jünger formuliert sei, ja, daß Jesus die
Jünger direkt vom Auswendiglernen hätte abhalten müssen, reichen zur Siche-
rung dieser Annahme keineswegs aus (schon gar nicht der Weckruf »Wer
Ohren hat zu hören, der höre«!). 6) Daß die mit Recht von R. festgehaltene
Aussendung der Jünger zur Verkündigung die Veranlassung zur bewußten

Tradierung von Jesus*geschichten* gewesen sei, ist eine durch nichts belegbare These. 7) Die Vermutung, daß sich »ortsfeste Anhänger Jesu« »Notizen machten«, ist völlig unbegründbar, die Annahme der Verwendung griechischer Kurzschrift ist sogar falsch.[21]

Zu diesen grundsätzlichen Einwänden kommt eine nicht geringe Anzahl problematischer Exegesen RIESNERS, von denen ich nur wenige nennen kann. Daß die Behauptung eines »emphatischen Ich« in den Worten Jesu (von dem anders gelagerten Fall der Antithesen abgesehen) unhaltbar ist, hat V. Howard exakt nachgewiesen und nicht »zu relativieren versucht«[22]; das Wort vom notwendigen Tun und Lehren »dieser geringsten Gebote« (Mt 5,19) läßt sich nicht durch die phantastische Deutung auf »die Weisungen Jesu« als echtes Jesuswort erweisen; der statistische Nachweis, daß »bei mindestens 80% der als ursprünglich selbständig zu beurteilenden Jesus-Worte eine dichterische Formung vorliegt«, ist aus der Luft gegriffen; die These, daß »die Zwölf ... die Empfänger esoterischer Belehrung in der Zeit nach der galiläischen Krise waren«[23] ‚läßt sich angesichts des literarischen Charakters der Synoptiker nicht verifizieren. D. h., R.s Bemühen, einer skeptischen Haltung gegenüber der synoptischen Tradition durch den Hinweis auf bewahrende Momente bei der Weitergabe der Verkündigung Jesu zu begegnen, wird mit mancherlei überzeugenden Argumenten, aber auch mit einer großen Zahl fragwürdiger Thesen und problematischer Exegesen begründet, so daß dieses Buch mit kritischer Vorsicht gelesen und als Nachschlagewerk benutzt werden sollte.

Einen völlig anderen Charakter trägt das im gleichen Jahr erschienene Buch von M. STUBHANN, das sich »eine Informations- und Diskussionsschrift« nennt. Es ist ausdrücklich nicht für den Fachmann geschrieben und möchte für den interessierten Nicht-Theologen »eine gewisse Versöhnung zwischen der Bibelwissenschaft ... und der kirchlichen Verkündigung bzw. den Verkündern herbeiführen«. Darum wird zunächst die Geschichte der »Bibelkritik« und vor allem der Jesusforschung von der frühen Kirche bis zur Redaktionsgeschichte von heute dargestellt, werden dann die von der historisch-kritischen Forschung angewandten Methoden beschrieben (Textkritik, Literarkritik, Formgeschichte, Redaktionsgeschichte), um schließlich methodische Probleme der Jesusforschung zu erörtern. Das geschieht alles in klarer Sprache, nicht ohne

---

[21] So K. BERGER, Hellenistische Gattungen im Neuen Testament, ANRW II, 25, 2, 1248.

[22] S. R. RIESNER, 303 Anm. 38 gegen V. HOWARD, Das Ego Jesu in den synoptischen Evangelien, MThSt 14, 1975.

[23] R. RIESNER, Jesus als Lehrer, lf. V. 4. 88. 37. 39. 40. 55. 54. 57. 70. 20. 63. 28. 96. 232. 219. 240. 254. 265. 256. 301. 349f. 302. 335. 338. 352. 343. 360. 368. 379. 374. 371. 429. 440. 455. 470. 474. 487. 491. 502. 85. 64. 232. 298. 88. 37. 28. 491. 493. 459. 393. 484.

Weitschweifigkeit, und unter Heranziehung umfangreicher Literatur.[24] Auf die
die erste Hälfte des Buches ausfüllende zuverlässige[25] Information über Forschungsgeschichte und Methodik brauche ich nicht im einzelnen einzugehen,
wohl aber auf die in der zweiten Hälfte geführte Diskussion mit den speziellen
Problemen der Jesusforschung. Da wird zunächst einmal betont, daß »die
Notwendigkeit der Rückfrage zum geschichtlichen Jesus nicht mehr in Frage
gestellt werden sollte«, daß aber »das ›rein historische‹ Bild Jesu, seine bloß
rezitierte Rede, seine ›statistisch‹ erhobenen Wundertaten, Jesus, der bloße
Mensch, mich nicht rettet und mich nicht verpflichtet«. Bei der konkreten
Rückfrage ergeben sich »Taten, die kaum von einem historischen Zweifel
angegriffen sind«, wozu St. auch »ein besonders ausgeprägtes, bewußt zur
Schau getragenes und gegen alle Widerstände und alles Mißverstehen bis in den
Tod und ›Untergang‹ durchgehaltenes Sendungsbewußtsein« rechnet.
»Das Wundergeschehen findet in der Wundererzählung seine Artikulierung«,
»Jesus alle Titelverwendungen (und womöglich gleich grundsätzlich) abzu-
sprechen, geht sicher über die Nachweismöglichkeit hinaus«, und »Christo-
logie ohne Christusbewußtsein Jesu (in welcher Form und wie bekundet, mag
dabei Streitfrage bleiben, ist aber nicht wichtig!) kann es letztlich nicht geben«.
Und was Ostern anbetrifft, so »geht es primär nicht darum, ob Auferstehung
verkündet wird, sondern ob sich Auferstehung ereignet hat«. Man »muß also
wieder den ›ganzen Jesus Christus‹ suchen, nicht bloß einen historischen
Jesus, nicht nur einen kerygmatischen Christus, sondern eben . . . Jesus, den
Christus«, und »wenn christlicher Glaube nicht auf Jesus verzichten kann, darf
es gewiß auch nicht die Wissenschaft, die sich christliche Theologie nennt«.
Das wird alles sehr einleuchtend und weitgehend auch überzeugend ausge-

---

[24] Mehrere Literaturangaben sind auch mit Hilfe des umfangreichen Literaturverzeich-
nisses nicht auffindbar: S. 96 Anm. 126f.: G. Link, Geschichte Jesu; S. 138
Anm. 4: J. Schreiner, Methode; S. 221 Anm. 177. 181: J. Lyons in »Neue Perspecti-
ven«; S. 304 Anm. 82: A. Stöger, Mit sanfter Zähigkeit; S. 459 Anm. 2: A. W. F. Blunt,
Gospels. – S. 214 Anm. 167: J. Dupont, Salvation (1979) meint: J. D., The Salvation of
the Gentiles, in: Essays on the Acts of the Apostles; S. 123 Anm. 194 muß es statt
»Johannes Schneider, Theologie des Vertrauens« heißen: »Johannes Schreiber«.
[25] Ein paar Fehler sind dabei unterlaufen: S. 22 Anm. 9: In Loccum besteht nicht
»noch ein evangelisches Männerkloster mit einem Abt«; S. 51: Luther hat nicht »das
16. Kapitel des Römerbriefs als ursprünglich nicht zu diesem gehörig« erklärt; S. 68:
Die Zweiquellentheorie ist nicht »durch G. H. A. Ewald richtig publik gemacht worden«; S. 78: Peter Jensen war nicht »ein Straßburger Archäologe«, sondern ein Marburger Altorientalist; S. 111: Gösta Lindeskog ist kein »jüdischer Gelehrter«; S. 166: Zur
»literarkritischen Schule« gehört Hermann (nicht Heinrich) v. Soden (so richtig S. 72),
dagegen ist S. 543 im Literaturverzeichnis fälschlich Hermann statt Hans von Soden als
Verfasser der Schrift »Die synoptische Frage und der geschichtliche Jesus« genannt;
S. 242 Anm. 15: Mogens (nicht Morgen) Müller (richtig S. 533).

führt, wobei R. Bultmann doch wohl allzu sehr im Mittelpunkt der Polemik steht (dem St. aber »Glauben« bescheinigt und den er einen »Mann der Theologie und der Kirche« nennt). Wenn St. dann freilich am Ende des Buches feststellt, daß »Exegese auf der einen Seite der Unbehindertheit und Respektierung ihrer wissenschaftlichen Forschungsfreiheit bedarf, auf der anderen Seite der Selbstkontrolle und der freiwilligen und selbstverständlichen Bindung an die Glaubenstradition und an das kirchliche Lehramt«, und hinzufügt, daß wir »den geschichtlichen Jesus (ja auch den geschichtlichen, nicht bloß den ›dogmatischen‹) nicht ›außerhalb der Kirche‹ finden können«[26], so wird der evang. Leser ihm darin nicht folgen können. Doch mindert diese Feststellung das Urteil nicht, daß vor allem der Nicht-Theologe in diesem Buch eine hilfreiche Information über Notwendigkeit und Wesen der Frage nach dem Jesus der Geschichte finden kann.

Streng theologisch ist dagegen die Untersuchung von H.-F. WEISS über »Kerygma und Geschichte«. W. möchte unter reichlicher Bezugnahme auf die Literatur (bis 1979) in einer manchmal etwas mühsam voranschreitenden Argumentation auf die bisher unzureichend beantwortete Frage » ›Heil in Jesus von Nazaret‹ *oder* ›Heil im auferstandenen Gekreuzigten‹?« den »Versuch einer Antwort« geben. Er geht von der Betrachtung der Evangelien aus und stellt zunächst für Markus fest, daß hier »zwischen ›Evangelium‹ [Mk 1,1] und Geschichtsdarstellung eine Wechselbeziehung gesetzt wird«, »das Kerygma erscheint an eine bestimmte einmalige Geschichte gebunden – und zugleich: Jene einmalige Geschichte . . . wird erst durch das Kerygma in ihrer ›eschatologischen‹ Bedeutung erschlossen. Formelhaft gesagt: Einerseits wird die Überlieferung von Jesus ›kerygmatisiert‹; andererseits wird die Verkündigung Jesu ›historisiert‹ «. Ebenso wird bei Matthäus und Lukas »die dargestellte Geschichte Jesu auf die Christusverkündigung der nachösterlichen Gemeinde hin ausgerichtet«, und selbst bei Johannes »bleibt alle Verkündigung des gegenwärtigen Christus an die vergangene Geschichte des irdischen Jesus gebunden«. Bei Paulus aber »spielt im Zusammenhang seiner zentralen kerygmatischen und theologischen Aussage die Überlieferung vom irdischen Jesus keine maßgebliche Rolle«, und »als eine organische Entfaltung des ältesten urchristlichen Kerygmas läßt sich die Evangelienschreibung nicht verstehen«. Doch zeigt die Existenz der untereinander wieder verschieden motivierten Evangelien, daß »die Gemeinde, um sachgemäß den auferstandenen und gegenwärtigen Christus predigen zu können, immer zugleich eines bestimmten Bildes vom *irdischen* Jesus bedarf«, und so ergibt sich schon aus dem Nebeneinander

---

[26] M. STUBHANN, Der Christus Jesus . . ., 15. 322. 241. 355. 334. 379. 389. 397. 420. 445. 449. 316. 465. 498.

von Evangelien und Briefen im NT die Frage: »Welche Relevanz hat der
›irdische Jesus‹ für das urchristliche Christuskerygma?«. Die Erörterung der
Beziehung von Kerygma und irdischem Jesus zeigt dann, daß »die für die
Evangelien charakteristische Kerygmatisierung wie auch Mythisierung der
Geschichte nichts anderes ist als die Weise, die eschatologische Relevanz dieser
Geschichte . . . zum Ausdruck zu bringen«, allein unter dem Vorzeichen des
Bekenntnisses zum Auferstandenen ist »dessen vergangene Geschichte zur
Gegenwart der österlichen Gemeinde hin offen«. W. schließt aus diesem Sach-
verhalt auf »ein weitgehend unverbundenes Nebeneinander beider Traditions-
linien in der urchristlichen Traditionsgeschichte«, »Paulus steht mit seinem
Evangelium in der Tradition der ›hellenistischen Gemeinde‹, in der die Evangelientradition offensichtlich von Anfang an nur eine geringe Rolle gespielt hat«.
Daraus folgt nun für »das Problem der Christologie«, daß die »historische Frage nach Jesus als solche nicht in der Konsequenz des Kerygmas selbst
liegt«. Freilich findet W. in den Evangelien (unter kritischer Beiseiteschiebung
aller christologischen Hoheitstitel und der Antithesen) den »Vollmachtsanspruch dessen, der in der Ganzheit seines Redens, Tuns und Verhaltens Gott
selbst, Gott in seinem Wesen darstellt und repräsentiert«, doch liegt »zwischen
dem Vollmachtsanspruch Jesu im Sinn einer ›impliziten‹ Christologie und der
›expliziten‹ Christologie, wie sie sich im Bekenntnis der nachösterlichen Urchristenheit äußert, eine Zäsur, die es verbietet, an dieser Stelle einfach von
Kontinuität zu sprechen«, denn »als Ursprungsdatum der Christologie der
nachösterlichen Gemeinde . . . ist Ostern zugleich die Rechtfertigung des *irdischen* Jesus, Bestätigung des Gekreuzigten und seiner Sache«. Darum »nötigt
uns gerade dieses Bekenntnis der nachösterlichen Gemeinde . . . zur Rückfrage
nach Jesus«. Aus dem allen ergibt sich zusammenfassend, daß »das Historische
als solches, genauer: der historische Jesus, dessen geschichtliches Erscheinungs-
bild der Historiker . . . zu rekonstruieren vermag, nicht Maß und Norm
des Kerygmas ist«, doch »hat gerade als Osterglaube christlicher Glaube ein
unaufgebbares Interesse an der Geschichte«.[27]
Dem kann man sicher in der Hauptsache zustimmen, aber dreierlei muß ich
doch einschränkend hinzufügen: 1) Wenn m. E. die (heute ja weit verbreitete)
Anzweiflung jeglicher Hoheitstitel im Munde Jesu und die Beiseiteschiebung
der Antithesen der Bergpredigt geschichtswissenschaftlich fraglich sind, dann
kann jede »Kontinuität« zwischen dem von Jesus erhobenen eschatologischen
Anspruch und der durch Ostern zum Bekenntnis erhobenen Christologie nicht
so leichthin bestritten werden. 2) Die Annahme eines weitgehend unverbunde-

---

[27] H.-F. WEISS, Kerygma und Geschichte, 20. 23–26. 32f. 43. 47. 51f. 62. 64. 70. 81.
86. 89f. 103f. Vgl. auch die Besprechung von N. WALTER, ThLZ 111 (1986) 505f.

nen Nebeneinanders der Evangelientradition und des vorpaulinischen und paulinischen Kerygmas ist nur möglich, wenn man dieses Problem ausschließlich vom Gesichtspunkt der literarischen Bezeugung her betrachtet, sie verliert aber jede Wahrscheinlichkeit, wenn die Frage nach der personalen Kontinuität zwischen den Jüngern Jesu und den Gliedern der ältesten christlichen Gemeinde gestellt und die gerade von W. so richtig betonte Verschränkung zwischen »Historisierung« des Kerygmas und »Kerygmatisierung« der Überlieferung ernst genommen wird. 3) Die Notwendigkeit einer Rückfrage nach dem Jesus der Geschichte kann doch für den Theologen von heute nicht nur mit der sicher richtigen Notwendigkeit einer Rückbeziehung des Kerygmas auf den irdischen Jesus begründet werden, sie beruht doch in erheblichem Maße auch auf dem für uns unaufgebbaren Geschichtsbewußtsein des Menschen der Zeit nach der Aufklärung, und auf dieses Problem ist W. gar nicht eingegangen. So ist dieses Buch eine lehrreiche Besinnung vor allem auf die inner-ntl. Wurzeln unserer Frage nach dem Jesus der Geschichte, bedarf aber nicht unwesentlicher Ergänzung.

Nützliche Information bieten auch die unter dem Titel »*Methoden der Evangelien-Exegese*« gesammelten Literaturberichte. G. SCHELBERT informiert über »Ein Vierteljahrhundert Anerkennung und Anwendung der Formgeschichte«, wobei die »Bestreitung der mündlichen Überlieferungsstufe für das markinische Erzählgut« als »abenteuerlich« bezeichnet und das Ausgehen vom Textganzen als unerläßlich erklärt wird (»Der Weg vom synchronischen zum diachronischen Aspekt ist unumkehrbar«). D. MARGUERAT versucht, den Uninformierten über »Strukturale Textlektüren des Evangeliums« zu informieren; danach interessiert die strukturale Exegese »nicht die Geschichte des Textes, sondern der Text selbst«, ihre »eindeutig ›antihistorische‹ Ausrichtung« erhebt »keinerlei hermeneutischen Anspruch«. Ich gestehe, daß mir Sinn und Notwendigkeit dieser Methode auch durch M.s Ausführungen nicht verständlicher geworden sind und daß ich ihren antihistorischen Ansatz für ebenso verfehlt halten muß wie ihren Verzicht auf jegliche hermeneutische Fragestellung. Auf den Bericht von H. J. VENETZ über den »Beitrag der Soziologie zur Lektüre des Neuen Testaments« habe ich schon früher kurz hingewiesen[28]; ich bezweifle allerdings, daß es »den sozialgeschichtlichen Methoden teilweise gelungen ist, die Grenzen der etwas steril gewordenen historisch-kritischen Methode zu überwinden«, obwohl ich den Nutzen sozialgeschichtlicher Gesichtspunkte bei der Erforschung der urchristlichen Geschichte in meinem Bericht von 1985 durchaus betont habe. K. FÜSSEL behandelt Arbeiten zur »Materialistischen Lektüre der Bibel«; es scheint mir aber sehr fraglich, ob sich aus diesen

---

[28] ThR 50 (1985) 363 Anm. 38.

Arbeiten ergibt, »daß es nun auch für die traditionelle Lektüre nicht länger
möglich ist, sich als die einzig gültige anzusehen.«. Abschließend bespricht
F. Mussner unter dem Titel »Rückfrage nach Jesus. Bericht über neue Wege
und Methoden« einige Arbeiten (darunter auch R. Riesner), die Kompositions-
analyse und Strukturvergleichung auf die Jesustradition anwenden, und
folgert daraus: »Ohne Anwendung der ›milieuuntersuchenden Methode‹ bei
der Rückfrage nach Jesus wird man nicht wirklich auf Jesus von Nazareth
stoßen« und: »Bei der ›Rückfrage nach Jesus‹ . . . ist der Traditions*prozeß* zu
rekonstruieren, der vom Erstsprecher Jesus über die Primärzeugen zum
Letztsprecher über Jesus in der Urkirche nach dem Neuen Testament geführt
hat.«[29] Dem ist sicher zuzustimmen, aber haben das die Forscher bisher nicht
grundsätzlich auch schon getan, vielleicht nicht immer mit ausreichend geklär-
ter Methode? Auf alle Fälle ist aus den in diesem Sammelband vereinigten
Arbeiten mancherlei zu lernen.[30]

Zum Schluß dieses ersten Teils des Berichts sei noch auf ein Hilfsmittel
hingewiesen. J. D. Crossan hat in englischer Übersetzung »Wortparallelen«
der Jesustradition zusammengestellt, die »horizontales Lesen« der verschiedenen Fassungen einer Texteinheit ermöglichen sollen. Unter den Rubriken
»Gleichnisse, Aphorismen, Dialoge, Erzählungen« sind die Einzelworte,
Wortgruppen und Erzählungseinheiten mit ihrem jeweiligen unmittelbaren
Kontext aus den kanonischen und apokryphen Evangelien und der sonstigen
urchristlichen Literatur nebeneinander gestellt oder gegebenenfalls ohne Parallelen abgedruckt. Das alles geschieht mit sehr viel freiem Raum, und vergleicht
man stichprobenweise eine Reihe solcher Texteinheiten mit der Synopse der
vier Evangelien von K. Aland, so findet man den größten Teil dieser Parallel-
texte dort auch abgedruckt, und zwar möglichst im Originaltext; neu sind in
diesem neuen Buch nur die am Ende der einzelnen Teile dargebotenen Texte
aus den in den letzten Jahren veröffentlichten gnostischen Handschriften. Es
mag sein, daß dieses Hilfsmittel für Benutzer hilfreich ist, denen eine griechische Synopse nicht zugänglich ist und die es nicht stört, daß die evangelischen
Texte ohne ihren weiteren Kontext isoliert dargeboten werden. Wer mit einer
griechischen Synopse zu arbeiten gewohnt ist, wird von diesem Buch kaum
einen Nutzen haben.

---

[29] *Methoden der Evangelien-Exegese*, 33. 43. 46. 81. 117. 158. 178. 172.

[30] Vgl. zur Ergänzung auch die Abschnitte über Methodendiskussion, Materialisti-
sche und sozialgeschichtliche Exegese und Sprachwissenschaftliche Exegese und die Besprechung des Buches von M. E. Boring, Sayings of the Risen Jesus, SNTS.MS 46,
1982 innerhalb des »Literaturberichts zu den Synoptischen Evangelien« von A. Lindemann, ThR 49 (1984) 229–243. 274–276.

II. Gesamtdarstellungen

ANDERSON, N., Jesus Christ: The Witness of History, Leicester 1985. – BAMMEL, E./C. F. D. MOULE (Hgg.), Jesus and the Politics of His Day, Cambridge 1984. – BETZ, O., Der Messias Israels. Aufsätze zur biblischen Theologie (WUNT 42), 1987; Teil II: Jesus, S. 77–254. – BLANK, J., Der Jesus des Evangeliums. Entwürfe zur biblischen Christologie, München 1981. – BÖCHER, O., Johannes der Täufer, TRE 17 (1988) 172–181. – BÖSEN, W., Galiläa als Lebensraum und Wirkungsraum Jesu. Eine zeitgeschichtliche und theologische Untersuchung, Freiburg/Basel/Wien 1985. – BO-MAN, TH., Einer namens Jesus. Wie ihn die Jünger erlebt haben. Mit einem Vorwort von A. Vögtle (HerBü 842), 1981. – BRUCE, F. F., The Real Jesus. Who is he? (The Jesus Library), London/Sydney/Auckland/Toronto 1985. – BURCHARD, CH., Jesus von Nazareth, in: Die Anfänge des Christentums. Alte Welt und neue Hoffnung, Stuttgart/Berlin/Köln/Mainz 1987, S. 12–58. – EBERTZ, M. N., Das Charisma des Gekreuzigten. Zur Soziologie der Jesusbewegung (WUNT 45), 1987. – FALK, H., Jesus the Pharisee. A New Look at the Jewishness of Jesus, New York/Mahwah 1985. – FRANCE, R. T., The Evidence for Jesus (The Jesus Library), London/Sydney/Auckland/Toronto 1986. – GOERGEN, D., The Mission and Ministry of Jesus = A Theology of Jesus, Vol. I, Wilmington 1986. – GOURGES, M., Le défi de la fidélité: L'expérience de Jésus (Lire la Bible 70), Paris 1985. – HARPER, M., The Healings of Jesus (The Jesus Library), London/Sydney/Auckland/Toronto 1986. – HARVEY, A. E., Jesus and the Constraints of History, Philadelphia 1982. – HOFFMANN, R. J./G. A. LARUE (Hgg.), Jesus in History and Myth, Buffalo, N. Y. 1986. – KRAFT, H., Die Entstehung des Christentums, Darmstadt 1981, S. 44–206. – LAPIDE, P., Er predigte in ihren Synagogen. Jüdische Evangelienauslegung (Gütersloher Taschenbücher/Siebenstern 1400), 1980; ⁴1985. – DERS., Er wandelte nicht auf dem Meer. Ein jüdischer Theologe liest die Evangelien (Gütersloher Taschenbücher/Siebenstern 1410), 1984. – DERS., Wurde Gott Jude? Vom Menschsein Jesu, München 1987. – LEHMANN, J., Das Geheimnis des Rabbi J. Was die Urchristen versteckten, verfälschten und vertuschten, Hamburg/Zürich 1985 – MAYER, A., Betroffen vom zensierten Jesus. Signale eines neuen religiösen Aufbruchs, Olten/Freiburg 1985. – MENDELSSOHN, H. von, Jesus – Rebell oder Erlöser. Die Geschichte des frühen Christentums, Hamburg 1981. – MERKLEIN, H., Studien zu Jesus und Paulus (WUNT 43), 1987, S. 109–276 (= B. Studien zu Jesus und den Anfängen der Christologie). – MICHAELS, J. R., Servant and Son. Jesus in Parable and Gospel, Atlanta 1981. – MUSSNER, F., Die Kraft der Wurzel. Judentum–Jesus–Kirche, Freiburg/Basel/Wien 1987, S. 75–150. – Neugebauer, F., Jesu Versuchung. Wegentscheidung am Anfang, Tübingen 1986. – NEUMANN, J., Der galiläische Messias, Eine Untersuchung über Leben, Wirken und Tod des historischen Jesus und den Ursprung des Glaubens an die Auferstehung Jesu, Hamburg 1986. – RICHES, J., Jesus and the Transformation of Judaism, New York 1982. – ROSENBERG, R. A., Who was Jesus? Lanham/ New York/London 1986. – SANDERS, E. P., Jesus and Judaism, Philadelphia 1985. – SCHWEIZER, E., Jesus Christ. The Man from Nazareth and the Exalted Lord, Macon, Georgia 1987. – DERS., Jesus Christus I. Neues Testament, TRE 16 (1988) 670–726. – SEGUNDO, J. L., The Historical Jesu of the Synoptics = Jesus of Nazareth Yesterday and Today vol. 2., Maryknoll, N. Y./Melbourne/London 1985. – SHEEHAN, TH., The First Coming. How the Kingdom of God Became Christianity, New York 1986. – SMITH, M., Jesus der Magier, München 1981. – THEISSEN, G., Der Schatten des Galiläers. Historische Jesusforschung in erzählender Form, München 1986. – VERMES, G., Jesus and the World of Judaism, London 1983. – VOLKEN, L., Jesus der Jude und das Jüdische im Christentum. Mit einem Geleitwort von E. Zenger, Düsseldorf 1983; ²1985. – WENZEL, H., Rabbi Jesus aus Nazareth und das Christentum, Berlin 1986. – WITHE-RINGTON, B., Women in the Ministry of Jesus. A Study of Jesus' Attitude to Women and their Roles as Reflected in His Earthly Life (SNTSMS 51), 1984. – ZAHRNT, H., Jesus aus Nazareth. Ein Leben, München/Zürich 1987.

Meinem früheren Bericht entsprechend halte ich es auch hier für zweckmäßig, die Besprechung der »im strengen Sinn als außerhalb der heutigen Wissenschaft« stehenden Jesusbücher den im eigentlichen Sinn »wissenschaftlichen« Arbeiten voranzustellen, obwohl ich mir der Subjektivität solcher Unterscheidung natürlich bewußt bin.[1]

HARALD VON MENDELSSOHN verfolgt nach seiner eigenen Angabe die Absicht, »weder von einem christlichen noch von einem jüdischen Standpunkt aus, sondern – nach bestem Bemühen – aus historischer Sicht« zu schreiben, und die Anlage des Buches (die vorausgestellte Schilderung des Judentums in

---

[1] Folgende Bücher wurden nicht zur Besprechung zur Verfügung gestellt und können darum hier nicht besprochen werden (soweit auffindbar, nenne ich eine Besprechung oder Inhaltsangabe von anderer Seite): BEAUDE, P. M., Jésus de Nazareth (Bibliothèque d'histoire du Christianisme 5), Paris 1983 (vgl. NTAb 29, 1985, 32f.) – BUCH-ANAN, G. W., Jesus: The King and His Kingdom, Macon 1984 (vgl. J. M. Court, ET 96, 1984/5, 149) – CORNFELD, G. (Hg.), The Historical Jesus. A Scholarly View of the Man and His World, New York 1982 (vgl. NTAb 27, 1983, 328 u. D. A. Hagner, The Jewish Reclamation of Jesus, 1984, 39, Anm. 46) – DUNN, J. D. G., The Evidence for Jesus, Philadelphia 1986 (vgl. ET 97, 1985/6, 131f.) – HABERMAS, G. R., Ancient Evidence for the Life of Jesus, Nashville 1984 (vgl. NTAb 29, 1985, 294f.) – POLLOK, J., The Master: a Life of Jesus, London 1984. – WILSON, I., Jesus. The Evidence, San Francisco 1984 (vgl. NTAb 30, 1986, 104) – WINTER, D., The Search for the Real Jesus, London 1982 (vgl. ET 94, 1982/3, 317). – Zwei hergehörige Bücher sollen in der ThR von anderer Seite besprochen werden: B. FORTE, Jesus von Nazareth: Geschichte Gottes – Gott der Geschichte, Mainz 1983 und H. BRAUN, Jesus – Der Mann aus Nazareth und seine Zeit. Um 12 Kapitel erweiterte Studienausgabe, Stuttgart 1984 (der Jesusteil ist unverändert, s. dazu ThR 41, 1976, 128–130) – Band II, 25,1 des Sammelwerks

der Umwelt Jesu, zahlreiche Anmerkungen und ein umfangreiches Literatur-
verzeichnis) könnte in diese Richtung weisen. Aber bei näherem Zusehen wird
der Leser rasch zum Zweifel an wirklicher historischer Methode gezwungen.
Einerseits entnimmt M. aus unzweifelhaft unbrauchbaren Quellen erstaunliche
Feststellungen: Die Mt 27,32 erwähnte Zwangsverpflichtung des Simon von
Kyrene, den Kreuzbalken zu tragen, soll andeuten, »daß Jesus in irgend einer
Weise gehbehindert war, wie es auch im frühmittelalterlichen jüdischen Buch
›Toldoth Jeschu‹ . . . behauptet wird«, denn »die Lähmung eines Beins war ein
Zeichen königlicher Würde«; das Grabtuch von Turin soll ein Hinweis darauf
sein, »daß dieser Gekreuzigte nicht tot sein konnte«, als er vom Kreuz abge-
nommen wurde; nach dem mittelalterlichen »Josippon« ist »es nicht abwegig,
in Johannes dem Täufer den Hohepriester der Widerstandsbewegung zu
sehen«, »aller Wahrscheinlichkeit nach ist Jesus durch Johannes gesalbt worden«; nach einer islamischen Tradition »konnte sich Jesus medizinische Kenntnisse [in Ägypten oder Indien] erworben und damit wirklich spektakuläre
Heilungen vorgenommen haben«. Andererseits vertritt M. allein aufgrund
von unabweisbaren Vermutungen ebenso unhaltbare Feststellungen: Angesichts der »halb verborgenen Spuren, daß auch Jesus und seine Gefolgschaft
dem jüdischen Widerstandskampf gegen die Römer angehörten, muß die Aufforderung des Johannes [des Täufers] zur Buße als geistige Vorbereitung auf die
kommende Befreiung verstanden werden«; die Absolutheit der Forderungen Jesu »weist klare Parallelen zum essenischen Schrifttum auf. Es ist daher
nicht von der Hand zu weisen, daß wir es hier mit essenischem Einfluß zu tun
haben«, und so waren die Gestalten mit weißen Gewändern am Grab Jesu
Essener, »die ja stets weiß gekleidet waren. Als feststand, daß Jesus die Kreuzigung überlebt hatte, werden sie alles drangesetzt haben, um ihn zu retten und
zu pflegen«, und nach der Genesung bestand die einzige Möglichkeit für
Jesus, einer neuen Hinrichtung zu entgehen, »in einem Versteck im Ausland,
und hier bot die essenische Gemeinde in Damaskus viele Vorteile«, und »man
kann vermuten, daß Jesus weiter gen Osten, nach Parthien gewandert ist«. Im
übrigen ist M. der Meinung, daß es »praktisch aussichtslos ist, Jesu Wirken in
Galiläa zu rekonstruieren«, weil »die Geschichte Jesu niedergeschrieben wurde
nach der paulinischen Umdeutung: Jesus war bereits zum Erlöser geworden«,
»die römerfeindlichen Geschichten in den Evangelien sind wahrscheinlich bei
der Endredaktion übersehen worden«, »wir wissen auch nicht, was Jesus
tatsächlich gesagt und gelehrt hat«. Wenn M. trotzdem einerseits weiß, »daß

»Aufstieg und Niedergang der römischen Welt«, Berlin/New York 1982, der den Fragen
des Lebens und der Umwelt Jesu gewidmet ist, habe ich ThR 52 (1987) 403–409
besprochen.

Jesus zur Widerstandsbewegung gegen die Römer gehört hat«, andererseits
behauptet, daß er »ein gesetzestreuer Lehrer seines Volkes war, der die Berufung zum Messias in sich spürte und den Tod freiwillig auf sich nahm, um
seinem Volk zu helfen«, so zeigt sich in dem allen eine völlig unmethodische
und auf jede Quellenkritik verzichtende Benutzung der Evangelien. Auch
wenn man über zahlreiche Fehler hinwegsieht (wiederholt heißt der Kirchen-
vater Origines; der Papst heißt Damasius; Celsus war »ein jüdischer Schriftsteller«; die katholische Kirche hält »immer noch daran fest«, daß der Hebräerbrief von Paulus geschrieben sei, usw.)[2], läßt sich das Urteil nicht umgehen,
daß dieses aus »historischer Sicht« geschriebene Buch historisch wertlos ist.

JOHANNES LEHMANN hat aus seinen von mir früher besprochenen Büchern
(s. ThR 41, 1976, 201f.; 48, 1983, 115f.) »Jesusreport« und »Die Jesus
G.m.b.H.« unter dem Titel »Das Geheimnis des Rabbi J.« ein neues Buch
gemacht, das zum allergrößten Teil die früheren Bücher wörtlich wiederholt;
die wenigen Einschübe (z. B. 66f., 80–87, 132–156), die weitere Beziehungen
des Urchristentums zu Qumran und zur Gnosis herzustellen suchen, lohnen
nicht, sich mit diesen »Geschichtsklitterungen« erneut zu beschäftigen. ANTON
MAYERS Schrift »Betroffen vom zensierten Jesus« ist eine Verteidigung gegen
die ausführlich verzeichneten und zitierten Kritiker seines Buches »Der zen-
sierte Jesus« (1983), das ich früher als geschichtlich nicht brauchbar bezeichnet
habe (ThR 50, 1985, 354–357; diese Besprechung lag dem Verf. bei der Abfassung seines neuen Buches noch nicht vor). Da das neue Buch bloße Apologetik und keine neuen Gedanken bietet, genügt dieser Hinweis.[3]

JOHANNES NEUMANN möchte in seiner kurzen Untersuchung »historisch
zuverlässige Informationen über Jesus erarbeiten«. Er geht dabei aus von der
in der neueren Evangelienforschung vertretenen »Neubestimmung ... der
Evangelien als einer Literaturform, die der römisch-hellenistischen Biographie
eng verwandt ist«, weswegen »den Evangelien generell ein hoher historischer
Quellenwert zugestanden« wird, und stellt von dieser Voraussetzung aus fest,
daß Jesus »am Anfang ... als Prophet auftrat«, sich aber seit dem Petrusbe-
kenntnis »als der Messias versteht, der in seiner Person der Mittler zwischen
Gott und den Menschen ist«. Dabei ist Jesus innerhalb des Judentums »den
Hellenisten zuzurechnen«, er »stellte sich bewußt gegen die Pharisäer, die den
Galiläern eine ihnen fremde Form des Judentums aufzwingen wollten«. Aber
nicht auf diesen historischen Feststellungen, über die man durchaus diskutie-

---

[2] H. VON MENDELSSOHN, Jesus ..., 11.75.78.82.115.91.143.152.157f.106.109.130.
120.149.10.288.220.273. Vgl. auch die Besprechung von S. FRANK, FrRu 34 (1982) 64f.

[3] Vgl. außer den von Mayer verzeichenten Rezensionen noch: SCH. BEN-CHORIN,
Jesus, der Proletarier, ZRGG 37 (1985) 260–265; C. KAZMIERSKI, Has the New Testament Censored Jesus?, BThB 16 (1986) 116–118.

ren kann, liegt das Interesse des Verf.s., sondern auf der in der zweiten Hälfte
des Buches vertretenen These, »daß Jesus in Jerusalem nicht gewirkt hat und
hier nicht gestorben ist«. Es hat nämlich nach N. »zwei voneinander unabhängige Prozesse« gegeben und »auch zwei Hinrichtungen, von denen Jesus eine
überlebte«. »Der jüdische Prozeß Jesu fand in Galiläa statt und führte zur
Steinigung« Jesu durch die Pharisäer (dieser Prozeß »läßt sich von der Anklage bis zur Steinigung mit Texten der Evangelien belegen«); »Jesus war
jedoch nicht tot, sondern konnte sich ... von der Hinrichtungsstätte weg-
schleppen ... und traf mit den Jüngern wieder zusammen«, für die das Überleben Jesu »die Tat Jahwes« war. Jesus »nimmt das [sich daraus ergebende]
Messiasangebot des Petrus an«, es kommt zu einem Aufstand in Samarien (von
einem solchen Aufstand im Jahre 35/6 berichtet Josephus), und »es dürfte für
die römischen Truppen keine schwierige Aufgabe gewesen sein, das jesuanische Gottesreich zu vernichten und Jesus und andere Mitglieder der Jesusbewegung ... zu kreuzigen«.[4] Das ist nun freilich eine völlig unhaltbare Konstruktion. Denn selbst wenn es zuträfe – was bekanntlich nicht der Fall ist –,
daß Jesus ein »politischer Messias« sein wollte, so gibt es für den angeblichen
jüdischen Prozeß und die nicht zum Tode führende Steinigung Jesu nicht den
geringsten Quellenbeleg (Lk 4,29f. kann wirklich nicht als Beleg für eine
vollzogene Steinigung Jesu dienen!), und die Wegerklärung der Kreuzigung
Jesu in Jerusalem ist ebenso unmöglich wie die Identifizierung der Kreuzigung Jesu mit dem Samaritaneraufstand von 35/6. Die Thesen von den beiden
nicht miteinander in Zusammenhang stehenden Prozessen gegen Jesus und
vom Entkommen Jesu bei einer Steinigung sind willkürlich und unhaltbar.

HELMUT WENZEL ist der Überzeugung, daß in der bisherigen Jesusliteratur
nicht alles Erforderliche gesagt worden sei, daß sich aber »eine kurze Darstellung der wichtigsten Vorgänge aus den letzten Jahren Jesu geben läßt, wie
sie ... mit hoher Wahrscheinlichkeit verlaufen sind«. Das geschieht nun freilich, trotz umfangreicher Erörterung der Quellenlage, ohne methodisch klare
Quellenbenutzung. Da wird einerseits gefordert, »der Verteilung der Ereignisse ... das Johannesevangelium zugrunde zu legen, weil nur dieses drei
Osterfeste erwähnt«, und von dieser Voraussetzung aus wird die Abfolge der
Ereignisse dargeboten (einschließlich der Verklärung!); andererseits wird im
Blick auf die Synoptiker von der durchaus plausiblen Voraussetzung ausgegangen, »daß als historisch das anzusehen ist, wogegen sich keine ernstlichen
Bedenken geltend machen lassen«. Dann wird aber von diesen Voraussetzungen aus beliebig drauflos phantasiert, ohne daß Quellenbelege vorhanden
wären: Jesu »mangelnder Sinn für formale Frömmigkeit läßt darauf schließen,

---

[4] J. NEUMANN, Der galiläische Messias, 6.13.75.26.32.36.45.47f.50.57.66.69.

daß er nicht orientalid war«; »Jesus wird gesund, . . . mittelgroß und ziemlich
schlank gewesen sein«; »wahrscheinlich hieß Jesu Vater ›Johanan‹« (nach den
mittelalterlichen Toledot); »Mutter und Brüder [Jesu] . . . hatten sich auch
taufen lassen« (nach dem Nazaräerevangelium); »es kann keinem Zweifel
unterliegen, daß Jesus verheiratet war«; und so weiß W. denn auch, daß beim
letzten Mahl Jesus »zweifellos auch Frauen anwesend waren, . . . wohl wenigstens seine Ehefrau, Maria von Magdala usw.«, und daß Jesu Ehefrau »die
andere Maria« war, »Jakobus der Jüngere und Josef waren . . . seine ältesten
Söhne«. Aber nicht nur solche biographischen »Nachrichten« erfährt der
Leser, sondern z. B. auch, daß »das Vaterunser auf Johannes den Täufer zurückgeht«, daß Jesu Anschauung, den Menschen mache unrein, was aus ihm
herauskommt, »aus dem Buddhismus übernommen ist«, daß es »zwischen
Maria Magdala als der vertrautesten Jüngerin und Petrus zu einer Rivalität
gekommen sein mag«, daß es »wahrscheinlich bereits bei Jesu Aufenthalt in
Jerusalem während des Pfingstens 29 zu Angriffen auf ihn gekommen war«,
weshalb »Jesus nun ständig von einem größeren Gefolge Bewaffneter begleitet
worden sein wird«.[5] Es lohnt sich nicht, weitere derartige »wichtige Vorgänge« aufzuzählen; die genannten Beispiele dürften das Urteil als berechtigt
erscheinen lassen, daß dieses auf einer breiten Lektüre basierende Buch infolge
fehlender Disziplin bei der Benutzung der Quellen keine geschichtlich haltbaren Einsichten zu vermitteln vermag.

Wenden wir uns den als »wissenschaftlich« zu bewertenden Büchern zu, so
ist zuerst auf drei neue Taschenbücher von PINCHAS LAPIDE hinzuweisen, von
dem ich schon früher vier mit Jesus befaßte Bücher besprochen habe.[5a] In der
1980 erschienenen »Jüdischen Evangelienauslegung« bezeichnet L. als die
Aufgabe eines »jüdischen Neutestamentlers« »die Suche nach dem ›fünften‹
Jesus; nicht dem der vier griechischen Evangelisten, sondern dem ursprünglichen, vorkirchlichen [Jesus]«. Denn Jesus war »Kernjude und Volljude, im
besten Sinne des Wortes«, daher gilt es, die wohlgemeinten, aber oft übertriebenen Verherrlichungen der griechischen Evangelisten zu relativieren . . ., um
Jesus wieder zurück auf die Erde zu bringen«. Drei Beispiele sollen die Erfüllung dieser Aufgabe eines jüdischen Neutestamentlers illustrieren. Nach den
Berichten über die Fragen an Jesus nach der Zahlung der kaiserlichen Kopfsteuer und der Tempelsteuer (Mk 12,13ff. par; Mt 17,24ff.) »fordert Jesus zu
einem kompromißlosen Bruch mit der bestehenden politischen Ordnung auf«
und »erkannte einer fremden Besatzungsmacht die Steuergewalt ab«. Denn

---

[5] H. WENZEL, Rabbi Jesus . . ., III.190.197.13.61f.64.78.86.213.88f.137.139f.157.201.
[5a] ThR 41 (1976) 206f.360–362; 51 (1986) 92–97.

Jesus war zwar »kein Zelot noch ein Revolutionär«, aber »nicht ganz ohne Kontakt mit den militanten Aktivisten im zeitgenössischen Israel«, »Befreiung vom Heidenjoch« ist eines der Hauptziele der Heilslehre Jesu. Zwar »war Jesus gegen nackte Waffengewalt«, doch »wer Jesus zum weltfremden Moralprediger und Jenseits-Theologen umfunktionieren will . . ., der begeht eine Schmähung Jesu, die an Rufmord, wenn nicht an Antijudaismus grenzt«, weil Jesus »nirgends jüdischer ist als in seinem Widerstand gegen die Unterjochung«. Freilich »wollte er sein Volk befreien, nicht verbluten lassen« und »übernahm die Verantwortung für das Blutvergießen, gegen das er so unermüdlich . . . gepredigt hatte. Und so gab er sein Leben für die Seinen dahin und starb den grausamen Opfertod am Heidenkreuz«. Wesentlich kürzer behandelt L. dann die Erzählung vom Ährenausraufen (Mk 2,23ff. par) und die Frage nach dem ersten Gebot (Mk 12,28ff.). Bei der Frage nach dem Ährenraufen ist »nur, wenn die Lebensgefahr für die Jünger Jesu . . . zwingend war, das Plädoyer Jesu stichhaltig«, da »Jesus grundsätzlich die genaue Einhaltung des Sabbats als Bibelgebot anerkennt« und auch seine Gegner Jesus »beim besten Willen bei keinem . . . Verstoß gegen Torah und Halacha ertappen konnten«. Und aus dem Gespräch über das erste Gebot ergibt sich nach L., daß für Jesus wie für jeden Juden die »Doppelliebe [zu Gott und dem Nächsten] seit eh und je als *ein* Gebot gilt« und Jesus nicht »das Gesetz auf ein einziges zu schrumpfen beabsichtigte«.[6] Das sind nun freilich trotz der sehr selbstbewußten Argumentation problematische Exegesen: Weder ergibt sich aus den Synoptikern, daß Jesus für die Befreiung vom Heidenjoch eintrat und für das dabei gegen seinen Willen entstandene Blutvergießen am Kreuz starb, noch daß Jesus keinerlei Gesetzesübertretung nachgewiesen werden konnte. Die Zusammenschau von Mk 12,13ff. und Mt 17,24ff. ist L. nur dadurch möglich, daß er den Bericht über die Frage nach der Verpflichtung zur Tempelsteuer ohne Anhalt am Text auch auf die kaiserliche Kopfsteuer bezieht, und ebenso wird die Annahme einer für die Jünger bestehenden Lebensgefahr in Mk 2,23ff. erst eingetragen, wie der Tatbestand übergangen wird, daß die *Art* der Zusammenschau der Gebote der Gottes- und der Nächstenliebe durch Jesus in Mk 12,28ff. gerade keine Parallele im zeitgenössischen Judentum hat. Der Nachweis , daß der »Kernjude« Jesus sich ganz im Rahmen des zeitgenössischen Judentums gehalten hat, ist L. darum auch hier schwerlich gelungen.

Soweit das zweite hier zu behandelnde Buch LAPIDES die Feststellungen über Jesu Stellung zur römischen Fremdherrschaft und über seine grundsätz-

---

[6] P. LAPIDE, Er predigte in ihren Synagogen, 20.25.27.42.46–48.51.50.55.66.68.85. 95.

liche Haltung zur Tora wiederholt, braucht nicht erneut darauf eingegangen zu
werden. Wenn L. dann seine Besprechung der Erzählung über Jesu Seewandel
auf die Feststellung baut, »daß Jesu ›Seewandeln‹ ursprünglich als Folge einer
optischen Täuschung der Jünger entstand, die später . . . durch ein sprachliches
Mißverständnis . . . zum Wunder verherrlicht worden ist«, so ist diese wirklich
nicht neue rationalistische Erklärung sowenig überzeugend wie die Behauptung, »die letztgültige Wahrheit, die sich hinter der Episode vom sogenannten
Seewandel verbirgt«, sei, daß Jesus »vom Anfang seiner öffentlichen Tätigkeit
an ein Verfolgter war«. Sehr beachtlich ist dagegen die Auslegung des Vaterunsers als eine »Blütenlese aus dem Gebetbuch der Synagoge«, wobei allerdings die Behauptung, die Bitte »Dein Reich komme!« enthalte »eine unverkennbar antirömische Spitze«, sicherlich falsch ist. Ebenso beachtlich ist die
Argumentation, daß Jesu Psalmruf am Kreuz »Mein Vater, warum hast Du
mich verlassen?« »Gott nicht in Frage stellt«, daß vielmehr alle Quellen dafür
»plädieren, daß Jesus sich weder in der Todesangst zu Gethsemane noch in
seiner Agonie auf Golgatha von Gott verlassen wußte«.[7] Aus diesem Band ist
also Wesentliches für das Verständnis des Juden Jesus zu lernen.

Ähnliches gilt für das dritte hier zu nennende Buch mit dem Titel »Wurde
Gott Jude?«. Freilich zögere ich ein wenig, dieses (mit allzuviel Papierver-
schwendung gedruckte) Buch in die Reihe der als »wissenschaftlich« zu bezeichnenden Jesusbücher einzureihen. Denn dieses auf dem Einband mit Recht
als »ein Buch der Sympathie« gekennzeichnete Buch scheut sich, etwa bei der
Besprechung der Zachäus-Perikope und der Beziehung Jesu zu seiner Mutter,
nicht vor erbaulicher Ausschmückung der Evangelienberichte. Und bei der
Auswahl der den 32 kurzen Abschnitten vorangestellten Texte werden nicht
nur synoptische und johanneische Texte völlig gleichwertig als historische
Belege verwendet, es fehlt überhaupt jede Quellenkritik. Und daß L. die in den
beiden andern hier besprochenen Büchern vertretenen Grundanschauungen
auch hier vertritt, ist selbstverständlich. Aber sieht man von diesen (natürlich
keineswegs nebensächlichen) Tatbeständen ab, so gelingt es L. durchaus, eindrücklich darauf hinzuweisen, daß Jesus »in allen unverzichtbaren Attributen
seines Menschseins zeitlebens ein wahrer Jude war und blieb«. Hinweise auf
Jesu Liebe und Humor, auf seine Bereitschaft, sich von der Kanaanäerin
belehren zu lassen, auf seine Toleranz sind überzeugend. Und wenn man auch
gelegentlich L.s Ausführungen nicht billigen kann (daß »das Kalenderjahr der
Christen . . . mit seiner [Jesu] ›Judewerdung‹ [bei der Beschneidung] beginnt«,
ist ein falsches Postulat; daß die Namen der Brüder Jesu »einen messianischen

---

[7] P. LAPIDE, Er wandelte nicht auf dem Meer, 21.49.52.67.93.106.

564   [54 (1989) 9]

Beigeschmack« haben, läßt sich nicht nachweisen)[7a], so ist sein wiederholter
Hinweis auf Jesu Judesein dankenswert. Nur: ist das wirklich so neu, wie L.
uns glauben machen will?

JOSEF BLANK hat in dem Band »Der Jesus des Evangeliums« neun früher
veröffentlichte Aufsätze zur biblischen Christologie zusammen herausgegeben,
von denen der einleitende Aufsatz über »Exegese als theologische Basiswissen-
schaft« und die abschließenden vier Aufsätze zur johanneischen Christologie
hier nicht zu berücksichtigen sind. Von den restlichen fünf Arbeiten zur Jesusforschung habe ich über die Untersuchung »Lernprozesse im Jüngerkreis
Jesu« früher zustimmend referiert (ThR 46, 1981, 350f.), und auf die Erörterung über Mk 12,1–12 in der FS R. Schnackenburg (1974) hat O. MERK
bereits kurz hingewiesen (ThR 42, 1977, 76). So bleiben hier nur drei Aufsätze
zu besprechen, die »Das Problem der neutestamentlichen Christologie«, das
»Jesusbild der christlichen Exegese von heute« und die »eschatologische Konzeption des historischen Jesus« zum Gegenstand haben. B. betont, daß der
»einheitliche Grund der gesamten neutestamentlichen Christologie Jesus von
Nazareth, der Gekreuzigte und Auferstandene«, ist, daß es aber angesichts der
»verschiedenen Jesusbilder« der Evangelisten »kein exklusives und normatives
Jesusbild« gibt. Fragen wir hinter diese verschiedenen Jesusbilder nach dem
historischen Jesus zurück, so ergibt sich, daß Jesus in das »Meinungsspektrum
des Frühjudentums hineingehört«, daß er sich aber »keiner der vier bekannten
Religionsparteien zuordnen läßt«. B. bietet dann eine vorzügliche Skizze der
»Historia Jesu nach dem annäherungsweisen Konsens der kritischen Forschung
heute« und stellt dabei fest, daß man »auf jeden Fall die Eschatologie bzw. die
Apokalyptik zum Schlüssel eines Gesamtverständnisses machen müssen
wird«.[8] Naturgemäß ergibt sich angesichts des zusammengesetzten Charakters
dieses Buches kein allseitiges Bild des Jesus der Geschichte; was B. ausführt, ist
aber weitgehend überzeugend und verdient sorgfältige Beachtung.

Der Norweger THORLEIF BOMAN, dessen Versuch, die Zuverlässigkeit der
Jesusüberlieferung mit Hilfe der Volkskunde zu erweisen, ich früher ablehnen
mußte (ThR 40, 1975, 323), hat 1975 ein Jesusbuch veröffentlicht, das nach
seinem Tode leicht verkürzt in deutscher Übersetzung herauskam. B. möchte
»die Spannung zwischen dem historischen Jesus und Christus des Glaubens« lösen durch »Wiederauffinden der verlorengegangenen Identität zwi-

---

[7a] P. LAPIDE, Wurde Gott Jude? 37.27f.9.33.45.53.66.17.20. – S. 17 steht versehentlich Gal 2,28 statt 2,7. Daß Luther angenommen habe, Maria Magdalena sei Jesu Gattin
gewesen (S. 32), ist falsch, wie mir Gerhard Müller bestätigte; die dort angeführte Stelle
der Tischreden ist unauffindbar.
[8] J. BLANK, Der Jesus des Evangeliums, 55.78.85f.88.91. Vgl. auch die ThR 41 (1976)
135f. u. 332 besprochenen früheren Ausführungen Blanks zur Jesusfrage.

schen dem historischen Jesus und dem Christus des Glaubens, wie sie zur Zeit
der Apostel bestand«, d. h. Jesus soll so gesehen werden, »wie die Apostel ihn
sahen und erlebten«. Das geschieht, indem alle vier Evangelien ohne jede
historische Kritik als Geschichtsquellen benutzt werden, wobei freilich nach
B.s Meinung »es nicht genügt, einen guten Verstand und eine objektive Kenntnis der Tatsachen zu haben, um Jesu Person . . . zu verstehen. Man muß gewillt
sein, in seinem eigenen Leben die Erkenntnisse zu verwirklichen und sie als
gültig anzunehmen«. Infolgedessen gehen konservative Geschichtsdarstellung
und persönliches Bekenntnis ungetrennt durcheinander. So wird z. B. einerseits
geschichtlich festgestellt, daß sich Jesus »über die Schrift stellte, weil er die
unmittelbare Verbindung mit Gott hatte«, oder daß Jesus »allein den Namen
Messias anerkannte, als er die Jünger fragte: ›Was sagt ihr, wer ich bin?‹«,
andererseits wird erklärt, was nur bekannt werden könnte: »Als Jesus am
Kreuz starb, war . . . Gottes Reich auf Erden für ewige Zeiten begründet«,
oder: Jesu Wirksamkeit »hatte ihren Ursprung in Gott«. Wenn zu dieser
Vermischung von unkritischer historischer Feststellung und Bekenntnis noch
historisch fragwürdige Behauptungen kommen (»Petrus konnte im Gespräch
mit Paulus bestätigen, daß sie Jesus niemals eine Sünde hätten begehen sehen«,
oder: »Alle drei Worte [Jesu am Kreuz] gehen auf ein und dasselbe Wort: ›*Eli
atta*‹ [mein Gott bist du] zurück«)[9], dann kann der geschichtswissenschaftlich
fragende Theologe bei aller Anerkennung der tiefen Jesusverehrung B.s dem
Urteil nicht ausweichen, daß diese Darstellung kein geschichtliches Bild Jesu
bietet.

Für die umfangreiche Jesusdarstellung von HEINRICH KRAFT im Zusammenhang seiner Untersuchung der »Entstehung des Christentums« ist
zweierlei kennzeichnend: ein starkes Zutrauen zur geschichtlichen Zuverlässigkeit der Jesusüberlieferung aufgrund der Annahme, es lasse sich in vielen
Fällen eine dem Markus- und dem Johannesevangelium gemeinsame und
darum sehr alte Überlieferung feststellen, und die fast völlige Beschränkung
des Interesses auf die Person, das Wirken und das Schicksal Jesu unter weitge-
hendem Absehen vom Inhalt der Verkündigung und vom Handeln Jesu. Im
Rahmen dieser ungewöhnlichen Beschränkung bietet K. eine selbständige und
mit zahlreichen ungewöhnlichen Interpretationen durchsetzte »Geschichte
Jesu«. Dafür nur wenige Beispiele. K. findet »das erste öffentliche Auftreten
Jesu, von dem wir überhaupt eine Nachricht haben«, in seiner »Ansprache an
Hörer des Täufers am Jordanufer«; aus der Perikope von der Tempelsteuer

---

[9] TH. BOMAN, Einer namens Jesus, 13f.40.64.91.82.86.100.134. Wenn A. VÖGTLE in
seinem Vorwort zu diesem Buch von »einer Fülle neuer Beobachtungen und Einzeler-
kenntnisse« spricht, »die die Evangelien- und Jesusforschung nur dankbar aufnehmen
kann«, so kann ich dem leider nicht zustimmen.

(Mk 17,24–27) erschließt K., »daß man ursprünglich Kapernaum als Vaterstadt Jesu angesehen hat«; da Antipas »in der Naherwartung, die Jesu Predigt erregte, und im raschen Anwachsen seiner Anhängerschaft eine Gefahr für seine politischen Ziele gesehen haben dürfte«, »konnte Jesus von dem Augenblick an, in dem seine Arbeit ihre ersten Erfolge zeigte, seine Verkündigung nur auf fortgesetzter ruheloser Wanderschaft ausüben«; die Verklärungsgeschichte erzählte »die Berufungsvision« der drei Jünger, »nämlich die prophetische Schau des auferstandenen Herrn«; Jesus »kam zu der Überzeugung, daß Gott das bevorstehende Passa als den Zeitpunkt für die Vollendung seines Leidens und den Beginn des Gottesreiches festgesetzt habe«, weil die Vision vom Satanssturz (Lk 10,18) »in Jesus die Überzeugung geweckt hat, nun sei der Augenblick gekommen, in dem er den Weg nach Jerusalem anzutreten habe«; »die Tempelreinigung diente dazu, den Ort der Offenbarung des Gottesreichs in einen würdigen Zustand zu versetzen«. Sind alle diese beispielhaft genannten Behauptungen m. E. äußerst unwahrscheinlich oder unmöglich, so finden sich selbstverständlich daneben auch zahlreiche unbestrittene oder überzeugende Feststellungen: »die Versuchung war ein Geschehen in der Seele Jesu«; »die Grenze zwischen Jüngern und Volk wurde fortgesetzt durch Jesus und durch das Volk durchbrochen«; bei Jesus war »die Erwartung über die bisherige Nähe [des Gottesreiches] bis zur Unmittelbarkeit gesteigert«; Jesus »hat seine Leiden bewußt auf sich genommen«.[10] D. h. Krafts Darstellung der Geschichte Jesu kann nicht ohne sorgfältige Prüfung der für die einzelnen Feststellungen vorgebrachten Argumente gelesen werden und verzichtet im übrigen darauf, die Rolle der Person Jesu in seiner Botschaft und diese Botschaft überhaupt ernstlich ins Auge zu fassen.

J. RAMSEY MICHAELS will »die Frage nach Jesu ›Religion‹ wieder aufnehmen« aufgrund der »Annahme, daß, was Jesus lehrte, das ist, was er selbst zuerst durch Erfahrung lernte«. Der Taufbericht zeigt, »daß Jesus ein Visionär war«, und so geben Jesu Gleichnisse wieder, »was er selbst von Gott gehört oder gesehen hat«; wenn Jesu Gleichnisse Geschichten sind, die der Vater ihm erzählte, dann hat er sie nicht geschaffen oder erfunden«. Und »wie Jesus Gleichnisse nicht erfindet, sondern hört, so bewirkt er nicht, daß ein Wunder geschieht, sondern beobachtet einfach, daß es geschieht«. Wenn M. dann im Anschluß an die neuere amerikanische Gleichnisforschung etwa feststellt, daß die Gleichnisse vom verborgenen Schatz und von der Perle »die Geschichte erzählen, wie Gott uns findet, eher als wie wir ihn finden«, oder daß im Gleichnis vom verlorenen Schaf »Jesus der Hirte ist«, so ergibt sich solches

---

[10] H. KRAFT, Die Entstehung des Christentums, 34.85.113.135.151.153.191.103.117. 150.192.

Verständnis ebenso wenig aus der genannten Voraussetzung, wie sich daraus
konservative Geschichtsurteile (»Geschichtliche Aufeinanderfolge ist der ausreichende Grund für das Ineinander der beiden Erzählungen« [von der Heilung der blutflüssigen Frau und der Auferweckung der Tochter des Jairus]; »es
besteht kein Grund, die Geschichtlichkeit der drei Berichte von Totenerwek-
kungen zu bezweifeln«) oder exegetisch fragwürdige Behauptungen (»Jesu
Ruf in die Jüngerschaft schloß die Wahl des Coelibats ein«; »Jesu Zukunftsschau schloß nicht nur seinen Tod, seine Auferstehung und sein Kommen in Herrlichkeit ein, sondern auch . . . eine neue Gemeinschaft der Nachfolger Jesu, denen er Sieg über Tod und Hölle versprach«) folgern lassen.[11] D. h.
die Glaubensaussage, die dem Buch zugrunde liegt und selbstverständlich
keine geschichtswissenschaftlichen Erkenntnisse begründen kann, hat in Wirklichkeit für die Ausführungen des Verf.s über Wirken und Lehren Jesu keine
wirkliche Bedeutung. Aber da M. für diese Ausführungen kein klares quellen-
kritisches Urteil erkennen läßt und nicht zwischen Tradition und Evangelist
unterscheidet, bietet dieses Buch kein geschichtlich haltbares Bild des Jesus der
Geschichte.

Der New Yorker Althistoriker MORTON SMITH hatte in seinem Buch »Clement of Alexandria and a Secret Gospel of Mark« (1973) aufgrund eines von
ihm gefundenen angeblichen Briefes von Clemens Alexandrinus und der darin
enthaltenen Fragmente eines ursprünglichen oder nachträglich erweiterten
Markusevangeliums Jesus als einen vom Geist besessenen Magier beschrieben,
der einen (vermutlich homosexuellen) Taufritus vollzog. Ich habe seinerzeit
sowohl die Herkunft des ganz spät überlieferten Fragments von Clemens wie
vor allem die Zugehörigkeit der Erweiterungen des Markusevangeliums zu
einem vom Evangelisten selbst stammenden Markustext angezweifelt und sehe
keinen Grund, diese Meinung zu ändern.[12] S. hat fünf Jahre später sein Buch
»Jesus der Magier« vorgelegt, das 1981 in deutscher Übersetzung erschien.[13]
Da nach seiner Meinung »die Werke, in denen ›Jesus der Magier‹ dargestellt
war, die Christen im Altertum vernichtet haben« und »die Zensur bewirkte,
daß die meisten Bezugnahmen auf magisches Vorgehen in den Evangelien
verstreut und vereinzelt dastehen . . . und [darum] ihre wahre Bedeutung unerkannt blieb«, sieht S. es als seine Aufgabe an, »das verlorengegangene Bild aus
den erhaltenen Fragmenten und ähnlichen Quellen neu zusammenzusetzen«.

---

[11] J. R. MICHAELS, Servant and Son, XI.37.102.104.166.131.215.199.203.258.302.

[12] ThR 40 (1975) 71–75. Smith hat in HThR 75 (1982) 451 meine Kritik als »Schande
für die Theologische Rundschau und für die objektive Tradition der deutschen Kritik«
bezeichnet.

[13] Das amerikanische Original war mir seinerzeit nicht zugänglich und konnte daher
nicht besprochen werden, s. ThR 46 (1981) 318 Anm.

Er stellt zu diesem Zweck die Meinungen der Außenstehenden über Jesus zusammen und schildert dann die Merkmale eines Magiers in den Berichten über Jesus von der Voraussetzung aus, daß »die Unterscheidung zwischen dem ›Christus des Glaubens‹ und dem ›Jesus der Geschichte‹ eine grobe Übertreibung und oftmals ein irreführender apologetischer Kunstgriff ist«, daß man also die Evangelienberichte insgesamt ohne weiteres als Quellen benutzen darf. Von hier aus ergibt sich für S. zunächst, daß »prophetische, alttestamentarische *(sic!)* und pharisäische Züge im Jesus-Bild der Evangelien ipso facto verdächtig« und »die Beweise für eine Opposition gegen Jesus aufgrund seiner Gesetzeslehre unzulänglich« sind. Vielmehr »stellten die Hauptlinien in allen vier Evangelien Jesus als einen Wundertäter vor«, seine »große Gefolgschaft . . . paßt zu den Wundererzählungen«, »seine Lehre erweist sich als Konsequenz und Erweiterung seiner Wunder«. Diesen grundsätzlichen Feststellungen entsprechen nun nach S. viele Züge der Überlieferung, die Jesus als Magier erweisen: Mk 6,14ff. zeigt, daß »man überzeugt war, Jesus habe den Geist des Täufers ›gehabt‹ . . . und sei von ihm besessen gewesen«; die Hohenpriester »übergaben Jesus dem Pilatus unter der Anklage von Magie und Aufwiegelung«; Jesu »Wunder wurden allgemein als Werke der Magie erklärt«, und »man war allgemein der Überzeugung, daß die magischen Kräfte die Grundlage seines Anspruchs, ein Gott zu sein, gebildet hätten«; »die Art des Lebens [Jesu] . . . spiegelt das Leben eines erkennbaren historischen Typus wider: des umherziehenden Magiers oder heiligen Menschen«; »Jesu Wandeln auf dem Wasser ist verwandt mit seinem wunderbaren Entweichen und damit, daß er unsichtbar oder unberührbar wird. Alles Lieblingskunststücke von Magiern«; »die Eucharistie setzte Jesus ein, um seine Jünger mit sich zu vereinen – sowohl gefühlsmäßig wie körperlich«; »Magier lehrten ihre Schüler, wie zu beten sei, wie es auch Jesus und Apollonios [von Tyana] getan haben sollen«.[14] Diese Beispiele dürften zur Genüge zeigen, daß dieses Jesusbild »überzeugend ist am Ende nur unter den Voraussetzungen, von denen der Autor mit großer Selbstverständlichkeit ausgeht«.[15] Auch wenn man dem mit großer Quellenkenntnis arbeitenden Historiker Smith nicht die Absicht unterschieben braucht, »das Christentum zu diskreditieren«[16], so leidet es doch

---

[14] M. SMITH, Jesus der Magier, 7.249.7.18.253.45.30.47.234.64.81.118f.189.208.237. 225.

[15] So H.-F. WEISS in seiner Besprechung, ThLZ 108 (1983) 731–734. Vgl. auch die Urteile von S. FREYNE, CBQ 41 (1979) 658–661; O. C. EDWARDS, AThR 61 (1979) 515–517; J.-A. BÜHNER, Jesus und die antike Magie. Bemerkungen zu Morton Smith, Jesus der Magier, EvTh 43 (1983) 156–175; D. J. GOERGEN, The Mission and Ministry of Jesus (s. Lit.), 173f., Anm. 34.

[16] O. C. EDWARDS, wie Anm. 15, 517.

keinen Zweifel, daß S. der Verkündigung Jesu völlig verständnislos gegenübersteht, daß er keinerlei Unterschied macht in der Heranziehung synoptischer und johanneischer Texte und die Frage nach der Gültigkeit der späteren
griechischen Zauberpapyri für die Vorstellungswelt des palästinischen Judentums des 1. Jh.s überhaupt nicht stellt. Niemand wird bestreiten, daß magische
Vorstellungen zum Weltbild Jesu und seiner Jünger gehören, aber die Fragen,
welche Rolle diese Vorstellungen im Denken Jesu und seiner Jünger spielten
und welche synoptischen und johanneischen Berichte alt und zuverlässig überliefert sind, werden vom Ausgangspunkt des Verf.s aus überhaupt nicht gestellt. Auch wenn man daher das von S. beigebrachte religionsgeschichtliche
Material ernsthaft daraufhin prüfen müssen wird, ob und wieweit es zum
Verständnis Jesu in seiner Umwelt berechtigtermaßen herangezogen werden
sollte, das Gesamtbild Jesu, das S. von seinen unhaltbaren Voraussetzungen
aus entwirft, ist zweifellos ungeschichtlich.

A. E. HARVEYS Buch »Jesus und die Zwänge der Geschichte«, das im englischen Sprachbereich ein ungewöhnlich starkes Echo gefunden hat[17], ist auf
dem Kontinent, soweit ich sehe, überhaupt nicht beachtet worden. Die Besonderheit dieses Buches liegt in seiner methodischen Grundanschauung: H. geht
von den Voraussetzungen aus, daß »wir jeden Grund zu der Annahme haben,
daß der Jesus, den die Evangelisten schildern, der Jesus ist, der wirklich
existierte«, und daß wir die evangelische Überlieferung an den Kriterien der
Übereinstimmung und der Unähnlichkeit (im Verhältnis zu jüdischen und
urchristlichen Vorstellungen) prüfen müssen; darüber hinaus vertritt er aber die
Ansicht, daß jeder Mensch »den Zwängen unterworfen ist, die ihm durch
die Kultur auferlegt sind, in der er sich vorfindet«, daß darum Jesus »im
Rahmen dieser Zwänge eine bestimmte Zahl von Wahlmöglichkeiten . . . offen-
stand« und man unter Berücksichtigung dieser Zwänge »die Angaben der
Evangelien zu einem wohlbegründeten Urteil über die Frage benutzen kann,
welche Wahlmöglichkeiten wirklich von ihm ergriffen worden sind«. Da »niemand leugnen könnte, daß Jesus unter Pontius Pilatus gekreuzigt wurde«,
ergibt sich zunächst bei der Frage nach den hinter diesem Faktum stehenden
»politischen Zwängen«: Jesu Verurteilung durch die Römer »unter der Anklage des Aufruhrs muß als historisch gesichert angesehen werden«, die Übergabe an Pilatus durch die Juden aber »läßt an etwas ganz und gar Ungewöhnli-

---

[17] S. die Besprechungen von S. RODD, ET 93 (1981/2) 193–195; M. E. BORING,
CBQ 45 (1983) 688–690; C. F. D. MOULE, JThS 34 (1983) 241–247; A. N. SHERWIN-
WHITE, The Messianic Mission, Journal for the Study of the New Testament 17 (1983)
4–9; J. D. G. DUNN, Jesus and the Constraint of Law, ebd. 10–18; E. P. SANDERS

ches in den Umständen denken«; wenn »die jüdischen Führer durch Jesu implizite Beanspruchung von Autorität sich veranlaßt fühlten, Entscheidendes gegen ihn zu unternehmen«, es aber »unmöglich war, eine Verurteilung Jesu vor einem offiziellen [jüdischen] Gericht zu erreichen«, »blieb als einziger Weg offen, Jesus dem Gericht des römischen Gouverneurs zu übergeben«. Fragen wir dann nach Jesu Antwort auf den »Zwang des Gesetzes«, so ist »die Möglichkeit auszuschließen, daß Jesus bewußt das Gesetz ignorierte oder sich dem Vorwurf aussetzte, es übertreten zu haben«; Jesu Sabbatheilungen, »obwohl kein anerkanntes Gesetz verletzend, konnten durchaus Bestürzung und Ärger bei denen verursacht haben, die instinktiv empfanden, daß solche Handlungen nicht ausgeführt werden *sollten*«; da aber »das ganze jüdische Leben auf der Voraussetzung der Gültigkeit und Bedeutung des geschriebenen Gesetzes beruhte, ist es äußerst unwahrscheinlich, daß Jesus einen Angriff auf diese grundlegende Institution beabsichtigte; Jesus setzt seine eigene Autorität nicht über das Gesetz selbst, sondern über das Gesetz verbunden mit einer bestimmten angefügten Deutung«, doch »war Jesus der erste und einzige jüdische Lehrer, der in einer einzigen Lehrart die Rollen des Gesetzeskundigen und des Propheten verband«. Was den durch die jüdische Erwartung eines zeitlichen Endes gegebenen Zwang anbetrifft, so ist sicher, daß Jesus »das Gottesreich als eine unmittelbar bevorstehende Wirklichkeit verkündete«; wenn Jesus darüber hinaus voraussagte, daß einige seiner Hörer das Kommen des Gottesreiches vor ihrem Tode erleben würden (Mk 9,1), so ist diese ja nicht eingetretene Voraussage »ein einzigartig genauer Ausdruck des Zwanges, den die prophetische Stellungnahme mit sich bringt«; von einer Spannung zwischen »schon« und »noch nicht« in Jesu Zukunftserwartung zu reden, ist freilich der Ausdruck »einer akademischen Spannung, der keine Realität entspricht«. Bei der Erörterung der Wunder betont H., daß auch bei kritischer Betrachtung »ein wesentlicher Bestandteil von Material übrigbleibt, das in besonderer Weise zu Jesus gehört und keine engen Parallelen in der Alten Welt hat«, und daß Jesu Heilungen »die Möglichkeit der Überwindung der Zwänge und Begrenzungen ... aufzuzeigen scheinen, die ... als Hindernis auf dem Wege der Menschheit zu einer besseren Welt empfunden wurden«. H. wendet sich dann den beiden Erzählungen vom Einzug in Jerusalem auf einem Esel und von der Tempelreinigung zu und bemerkt zum Einzug, daß Jesus sich »dem normalen Zwang verweigert, der ihn veranlaßt hätte, Jerusalem zu Fuß zu betreten«, und zur Tempelreinigung, daß »in dieser symbolischen Handlung das göttliche

---

Jesus and the Constraint of Law, ebd. 19–24; B. F. MEYER, JBL 103 (1984) 652–654; D. HILL, SJTh 37 (1984) 123–125; D. C. DULING, Int 38 (1984) 70–73; N. T. WRIGHT, ›Constraints‹ and the Jesus of History, SJTh 39 (1986) 189–210.

Gericht über eine besondere Benutzung des Tempels ausgedrückt wurde«. Beide Handlungen Jesu sind »Beispiele für die bewußte und ostentative Wahl einer politischen Handlungsweise«; seine Anhänger sagten deshalb von Jesus (im Anschluß an Jes 61,1: »Der Geist des Herrn ruht auf mir, weil mich der Herr gesalbt hat«): »Er war der für die Predigt der Gottesherrschaft ›Gesalbte‹ oder ›Beauftragte‹ . . ., er war Christus«, und Jesus wurde so »zu seinen Lebzeiten von anderen Personen, die den Eigennamen Jesus führten, durch den Zusatz ›der Gesalbte‹ unterschieden, und dieser [Zusatz-]Name blieb weiterhin an ihm haften«. Erklärt sich so die Bezeichnung des irdischen Jesus als »Messias«, d. h. der Gesalbte (griech. Christus) auf einfache Weise, so beanspruchte Jesus »einen besonderen Grad von [Gottes-] ›Sohnschaft‹«, jedoch in verdeckter Weise, wie es dem »von ihm gewählten Stil« angesichts »des Zwangs des Monotheismus« entsprach.[18]

Das ist nun freilich ein merkwürdiges Buch. H. beherrscht die Quellen und die Literatur hervorragend und argumentiert sehr selbständig. Aber der methodische Anspruch, mit Hilfe der Beobachtung der auch für Jesus geltenden geschichtlichen Zwänge zu sichereren Resultaten zu gelangen als die bisherige Forschung, erweist sich rasch als Selbsttäuschung oder Irrtum. Denn der Verf. geht nicht nur »über einen oft vorher betretenen Grund und mit derselben Ausrüstung«[19], der Begriff der »geschichtlichen Zwänge« ist nur begrenzt anwendbar, weil Jesus »bewußt und absichtlich die Zwänge, oder wenigstens einzelne von ihnen, durchbrach, die ihm durch seinen jüdischen Hintergrund auferlegt waren«.[20] D. h., die Ausführungen H.s stehen methodisch auf keinem sichereren Boden als andere Untersuchungen, und die Voraussetzung, Jesus könne sich nur im Rahmen der zeitgenössischen Zwänge verhalten haben, ist ein falsches a priori. Prüft man dann die Ausführungen im einzelnen, so finden sich selbstverständlich richtige und überzeugende (das gilt etwa für die Frage nach den Gründen für die Übergabe Jesu an die Römer zur Aburteilung, für Jesu Verkündigung des unmittelbar bevorstehenden Gottesreichs, für die Deutung des Einzugs nach Jerusalem und der Tempelreinigung als prophetische Handlungen), aber zahlreiche Argumentationen können m. E. nur als sehr problematisch bezeichnet werden (es ist angesichts der Quellennachrichten durchaus nicht unwahrscheinlich, daß Jesus seine Autorität über das Gesetz setzte; die Spannung zwischen »schon« und »noch nicht« in Jesu Predigt ist keineswegs »akademisch«; H.s Erklärung der Entstehung des Beinamens »der Christus« für Jesus kann ich nur als phantastisch bezeichnen; und die Frage

---

[18] A. E. HARVEY, Jesus and the Constraints of History, 5.8.6.9.11.18.26.33.30.41.38. 53.55.59.87.95.91.100.129.131.135.142.81.169–171.

[19] C. F. D. MOULE, wie Anm. 17, 247.

[20] N. T. WRIGHT, wie Anm. 17, 199.

einer von Jesus beanspruchten besonderen Gottessohnschaft ist von H. keineswegs überzeugend beantwortet). Und das Fehlen einer Erörterung des Problems einer Selbstbezeichnung Jesu als »Menschensohn« ist eine schwerwiegende Lücke.[21] So lohnt sich die kritische Auseinandersetzung mit H.s Jesusbild durchaus, als Ganzes kann es aber nicht als methodisch sicherer und als überzeugend bezeichnet werden.

Auch das Buch von JOHN RICHES über »Jesus und die Umbildung des Judentums« hat im englischen Sprachbereich ein starkes Echo gefunden[22], ist aber bei uns kaum beachtet worden. R. geht aus von der Frage des Reimarus, »was Jesus selbst für sich in seiner Lehre und in seinen Handlungen für einen Zweck gehabt habe«[23], und folgert aus einer kurzen Übersicht über die Forschungsgeschichte bis an die Gegenwart heran, daß »wir unterscheiden müssen zwischen der Kernbedeutung eines bestimmten Wortes oder einer Wortgruppe und den herkömmlichen Assoziationen in einer bestimmten Gemeinschaft, die derart modifiziert und verändert werden können, daß der Ausdruck ganz verschiedene Bedeutungen annimmt, die doch in einer bestimmten Tradition verständlich bleiben«. Im Anschluß an moderne ethnologische und linguistische Theorien ergibt sich als die Aufgabe der Interpretation der »Übergang vom Wissen dessen, was geäußert wurde, zum Wissen dessen, was gesagt wurde«; es muß »unterschieden« werden zwischen dem, was gesagt wurde, und der Bedeutung der Äußerung, so daß man den begrifflich faßbaren Inhalt und die soziale und politische Absicht und Wirkung einer bestimmten Äußerung frei bedenken kann«. Nach einer guten Erörterung der synoptischen Frage und der formgeschichtlichen Methode und der naturgemäß aus der Sekundärliteratur schöpfenden Skizze der Entwicklung des Judentums bis zur Zeit Jesu wendet sich R. »Jesu Predigt vom Reich« zu, die »ihn deutlich in die Reihe derer stellt, die eine Erneuerung und Wiederherstellung des Judentums beabsichtigen«. »Der Bruch des Täufers mit einer Betonung der rituellen Vorschriften der Tora ist wichtig für das Verständnis der Reich-[Gottes]-Sprache Jesu«; denn »Jesus veränderte die konventionellen Assoziationen des Begriffs ›Reich‹ durch den Kontext, in dem er ihn zu gebrauchen sich entschloß«,

---

[21] Daß alle vier Evangelien berichten, die Kreuzesinschrift sei in drei Sprachen geschrieben gewesen (S. 13), ist falsch; O. Weinreichs »Antike Heilungswunder« wird versehentlich als »Heiligungswunder« zitiert (S. 100.103.108).

[22] J. GALOT, Gr. 62 (1981) 759; C. RODD, ET 92 (1980/81) 161f.; R. S. BARBOUR, SJTh 35 (1982) 74–76; G. B. CAIRD, JThS 33 (1982) 252f.; I. H. MARSHALL, Journal for the Study of the New Testament 15 (1985) 118–120; E. J. FISHER, CBQ 45 81983) 699f.; R. J. GRUENLER, JBL 102 (1983) 334–336 (das Buch ist in England schon 1980 erschienen, mir lag die amerikanische Ausgabe von 1981 vor).

[23] Dieses Zitat deutsch nach M. BAUMOTTE, Die Frage nach dem historischen Jesus, Gütersloh 1984, 13.

»Jesus behält die Kernbedeutung des Begriffs [Reich Gottes] bei, nämlich daß das Kommen des Reiches bedeutet, daß Gott seine Herrschaft über sein Volk aufrichten wird . . ., er modifiziert das aber, insofern jetzt von diesem Reich gesagt wird, es werde aufgerichtet durch die Heilung der Kranken und die Predigt an die Armen«, »Jesu Ankündigung des Kommens des Gottesreichs im Zusammenhang mit seinen spontanen festlichen Mahlzeiten mit den Armen und den Ausgestoßenen deutet an, daß eine Reihe von konventionellen Assoziationen des Begriffs ›Reich‹ getilgt werden«, was »zu tiefem Widerstand von seiten derjenigen führen konnte, für die Jesu Anschauung eine schreckliche Bedrohung der Hoffnungen bedeutet, die der Begriff so mächtig erweckte«. Diese Modifizierung konventioneller Gedankenverbindungen der zeitgenössischen Vorstellung vom Gottesreich »hat Konsequenzen für andere bedeutsame theologische Begriffe«, vor allem im kultischen Bereich. Jesu Kenntnis des Willens Gottes ist nicht begründet auf eine inspirierte Interpretation des *Gesetzes*, sondern auf sein eigenes Verständnis des *Gotteswillens* . . ., das nicht streng abgeleitet ist vom Gesetz.« So legt Jesus keine Grenze des Gotteswillens fest, sondern »ersetzt das System scharfer Grenzen durch eine Reihe persönlicher Normen, die zugleich stärker fordernd und erfüllend sind«; er »lehnte levitische und pharisäische Reinheitsregeln ab«, und das nach R. echte Wort Mk 7,15 (»Nichts, was von außerhalb des Menschen in ihn eingeht, kann ihn beflecken, sondern das, was aus dem Menschen herausgeht, befleckt den Menschen«) »weist ausdrücklich mosaische Reinheitsgesetze zurück«. Und wie es für Jesus keine Grenze für Gottes Forderung gibt, so »scheint Jesus ausdrücklich zu leugnen, daß Gott seinem Erbarmen Grenzen setzt«; seine Absicht ist, »die Menschen von der Spekulation über die endgültige Auflösung des Konflikts zwischen gut und böse abzulenken zur Betrachtung und dem Dienst gegenüber der gegenwärtigen Wirklichkeit von Gottes Gnade«. R. wendet sich schließlich den eschatologischen Anschauungen Jesu zu, stellt fest, daß Jesus vom kommenden Menschensohn »als von einer anderen Person als er selbst« spricht und seine Rolle darin sieht, »Gottes Gerechtigkeit und Vergebung durch prophetisches Wort und Handeln und durch die Verkündigung von Gottes Willen zu vermitteln und die Menschen aufzurufen, ihm in seinem Kampf gegen Feindschaft und Dunkel zu folgen«. Und »indem Jesus den Weg der vergebenden Liebe verkörperte oder symbolisierte, wies er auf sich nicht einfach als ein von den Menschen zu befolgendes Beispiel oder als Quelle der Inspiration, sondern gerade als den Punkt, wo Gottes Liebe sie trifft«.[24]

---

[24] J. RICHES, Jesus and the Transformation of Judaism, 4.18.29.43.87.97.100.103. 106.108.112.129.136.159.163.176.184.188. – S. 11 kann der Leser nicht erkennen, ob die Schrift »Jesu Predigt in ihrem Gegensatz zum Judentum« von J. Weiss oder (in Wirk-

Das ist nun wirklich »ein Buch von fähiger Gelehrsamkeit und ungewöhnlicher Originalität«[25], das angesichts der Selbständigkeit der Gedanken und der Beherrschung der modernen Forschung den Vorwurf der »Abgestandenheit einer früheren, stärker apologetischen Ära christlicher Gelehrsamkeit«[26] nicht verdient. Gewiß legt R. stärker, als es heute vielen Forschern lieb ist, den Ton auf das Neue in der Verkündigung Jesu im Vergleich mit dem zeitgenössischen Judentum; und gewiß vermißt man in seinen Ausführungen den eindeutigen Aufweis der inneren Beziehung zwischen Jesu Verkündigung vom nahen und sich schon anbahnenden Gottesreich und seiner sonstigen Verkündigung; und gewiß sind R.s Ausführungen über Jesu Autoritätsanspruch und seine Stellung zur Menschensohnvorstellung unzureichend. Aber eine umfassende Darstellung der Person und Verkündigung Jesu bietet dieses Buch überhaupt nicht (und will es wohl auch nicht bieten). Doch hat R. die Notwendigkeit, die auf einem grundsätzlichen Gegensatz beruhende Ablehnung Jesu durch die Mehrheit seiner jüdischen Zeitgenossen und vor allem die führende Schicht seines Volkes in Jesu Predigt und Verhalten begründet zu sehen, mit überzeugender Vorsicht nachgewiesen; sein Buch darf als weiterführend bezeichnet werden und verdient und belohnt sorgfältige Beachtung.

GEZA VERMES, dessen Buch »Jesus der Jude« ich früher besprochen habe[27], hat unter dem Titel »Jesus und die jüdische Umwelt« zehn früher erschienene Aufsätze in revidierter Form veröffentlicht. Fünf dieser Aufsätze behandeln grundsätzliche Fragen der Bedeutung jüdischer Studien für das Verständnis des NTs und sind hier nicht zu berücksichtigen (bedenkenswert ist immerhin die Überlegung, daß »wir es zustande bringen können, die [uns nur in einer sekundären sprachlichen Überlieferung bekannten] Ideen eines Lehrers zu verstehen, den ipsissimus sensus, auch ohne die eigentlichen Worte, in denen sie formuliert waren«; und ein Historiker, der Christ ist, wird die Behauptung ablehnen, »daß weiterhin kein Bedürfnis besteht für Werke, in denen das Neue Testament die Mitte der Bühne einnimmt«); auf den Aufsatz über »den gegenwärtigen Stand der Menschensohndebatte« habe ich schon früher kurz hingewiesen (ThR 45, 1980, 348). Aber die ersten vier Aufsätze über »Jesus der Jude« und »Das Evangelium des Juden Jesus« sind eine dankenswerte Ergänzung des Jesusbuches von V. Natürlich wird das Verständnis Jesu als »Charismatiker, Lehrer, Heiler und Exorzist«, als »Mann Gottes« und »gesetzestreue

---

lichkeit) von W. Bousset stammt; S. 79 steht der Plural *mereis* irrtümlich statt *merides*; wo ist bezeugt, daß »für Johannes [den Täufer] das Ende kommen sollte mit der Ankunft der himmlischen Gestalt des Menschensohns« (S. 156)?

[25] R. S. BARBOUR, wie Anm. 22, 76.
[26] E. J. FISHER, wie Anm. 22, 700.
[27] ThR 46 (1981) 446–449.

Person . . . wie jedermann sonst in Galiläa« wiederholt und festgestellt, daß »a
priori in einer palästinischen Umgebung die Verwerfung jeder Unterscheidung
zwischen reiner und unreiner Speise völlig unvorstellbar ist«. Aber darüber
hinaus weist V. darauf hin, daß »die Evangelisten, wenn sie sich die Aufgabe
stellten, die Geschichte von Jesu Leben zu erzählen, das darum [taten], weil
sie, was sie auch sonst noch beabsichtigt haben mögen, Geschichte erzählen
wollten«, so daß für uns »eine konkrete Basis besteht, auf der man Geschichte
rekonstruieren kann«. Ebenso wichtig ist die Feststellung, daß mit Bezug auf
das Gesetz »das Hauptkennzeichen von Jesu Frömmigkeit in seiner außeror-
dentlichen Betonung der wirklichen innerlichen religiösen Bedeutung der Gebote liegt«, was »das völlige Fehlen des Interesses Jesu an den wirtschaftlichen
und politischen Wirklichkeiten seiner Zeit« mit sich bringt. Und nachdenkens-
wert ist auch, worin V. die Abweichung der frühen Christenheit von Jesus
sehen möchte: in der Vernachlässigung der »Jüdischkeit Jesu«, in der »Beiseiteschiebung des Gesetzes«, in dem Ersatz der Gottesreicherwartung durch die
Kirche und der theozentrischen Frömmigkeit Jesu durch christologische Spiri-
tualität.[28] Auch wenn man diesen Feststellungen nicht ohne Modifikation wird
folgen können, ist das Studium dieser Aufsätze durchaus hilfreich.

Der Beziehung Jesu zum Judentum ist auch das Buch von LAURENZ VOL-
KEN »Jesus der Jude und das Jüdische im Christentum« gewidmet. V. geht von
den Feststellungen aus, daß »die größte Spaltung, die das Christentum betrifft, . . . die Lostrennung . . . vom jüdischen Mutterboden ist«, daß »heutzutage aber hüben und drüben wenigstens zum Teil das Judesein Jesu als Tatsache erkannt wird«. Aber obwohl »Jesus die Sammlung Israels im Auge hatte«,
hatte er »bald eine festgefügte Gruppe von Jüngern um sich«; die »in die Zeit
der Jesusgemeinschaft zurückgehende« Bezeichnung der Jünger Jesu als Nazoräer = Nazarener dient früh als »Bezeichnung der jüdischen Jüngerschaft
Jesu«, und »diese Nazoräer gelten vor der jüdischen Öffentlichkeit als Sekte«;
»von Antiochia aus kam es allmählich . . . zum Abschied vom Judentum«, »der
eigentliche Prozeß der Trennung zwischen Judentum und Christentum wik-
kelte sich zwischen Juden und Juden[christen] ab«. Obwohl sich Jesus »durch
sein Verhältnis zur Tora« und »auch in nationaler Hinsicht als Jude erwies«,
»empfinden Juden seine erstaunliche Vollmacht, zusammen mit seinem unerhörten Selbstbewußtsein, als ›unjüdisch‹«; Jesus radikalisiert die Tora »aus
eigener Autorität« und »stellt die Tora für die Endzeit wieder her«.[29] Alle diese
Aussagen werden aus allen vier Evangelien und der Apostelgeschichte als
Quellen ohne jede Quellenkritik begründet, aber weder Jesu Stellung zur Tora

---

[28] G. VERMES, Jesus and the World of Judaism, 81.86.5.27.44.46.21.25.47.50.55f.
[29] L. VOLKEN, Jesus der Jude . . ., 24.26.39.42.55.71.134.136.148.

noch zu den Rettererwartungen seiner Zeit werden zusammenhängend untersucht, und inwieweit die vom Verf. angenommene Gruppenbildung Jesu die
Wurzel für die frühe Lösung der Judenchristen vom Judentum war, kommt
überhaupt nicht zur Sprache. So sind aus dieser methodisch unzureichenden
Untersuchung schwerlich gesicherte geschichtliche Erkenntnisse, schon gar
nicht für Jesus selbst, zu gewinnen.

Ein literarisch merkwürdiges Buch haben E. BAMMEL und C. F. D. MOULE
unter dem Titel »Jesus und die Politik seiner Tage« herausgegeben. Die Mehrheit der 26 Untersuchungen setzt sich direkt oder indirekt die Widerlegung
der Deutung Jesu als eines politischen Revolutionärs zum Ziel, vor allem in
Auseinandersetzung mit den Arbeiten des englischen Religionshistorikers
S. F. G. Brandon, mit dessen Arbeiten ich mich früher auseinandergesetzt
habe[29a]; aber zahlreiche Aufsätze behandeln allgemeine zeitgeschichtliche Fragen oder sind dem Thema nur schwer einzuordnen. Da es unmöglich und
teilweise auch nicht sinnvoll wäre, auf alle Aufsätze hier einzugehen, beschränke ich mich auf die Charakterisierung einiger mir besonders wichtig
erscheinender Untersuchungen und begnüge mich für den Rest mit einem
bloßen Hinweis. Für die Einordnung der Gedanken Brandons ist sehr hilfreich
die vorzügliche gelehrte forschungsgeschichtliche Untersuchung von E. BAM-
MEL (»Die Revolutionstheorie von Reimarus bis Brandon«), der nachweist,
daß »Brandon auf den Schultern von [R.]. Eisler steht« und daß seit Reimarus
»die Zeloteninterpretation [Jesu] als Mittel und Rechtfertigung für die Trennung Jesu vom Christentum dient«. Gute direkte Auseinandersetzungen mit
Brandon bieten J. P. M. SWEET (»Die Zeloten und Jesus«) und G. M. STYLER
(»Argumentum e silentio«). Dieser Auseinandersetzung dienen indirekt auch
einige allgemeine zeitgeschichtliche Untersuchungen: E. BAMMEL (»Die
Armen und die Zeloten«) weist nach, daß die zelotische Bewegung nicht in
Zusammenhang steht mit der Armentheologie und daß die Tempelreinigung
Jesu »das Ende des Kultus symbolisiert, aber keine politische oder revolutio-
näre Handlung ist«; G. W. H. LAMPE (»A. D. 70 in christlicher Gedanken-
welt«) zeigt, daß »die Literatur der christlichen Bewegung relativ wenige
Bezugnahmen auf den Fall Jerusalems aufweist«; überzeugend zeigt E. BAM-
MEL (»Der titulus«), daß für die Anzweiflung der Geschichtlichkeit der Kreuzesinschrift kein Anlaß besteht, während die Argumentation desselben Verf.s,
daß »die Hauptbelege eher auf eine jüdische als auf eine römische Hinrichtung
[Jesu] führen«, alles andere als überzeugend ist; nützlich ist auch der Hinweis
von B. REICKE, daß »es nicht den geringsten Hinweis auf irgend einen Zusammenhang zwischen jüdischen Aufständischen und christlichen Gläubigen

---

[29a] ThR 22 (1954) 151–153; 41 (1976) 230–233; 45 (1980) 385–387.

während der Jahre 33–54 gibt«. Der Widerlegung einer Beziehung Jesu zu den jüdischen Revolutionären dient auch eine größere Zahl von Einzelexegesen: F. F. BRUCE (»Gebt dem Caesar«) und die Feststellung von H. ST. J. HART, welche Münzen diese Antwort Jesu voraussetzt; W. HORBURY (»Die Tempelsteuer«); M. BLACK (»Nicht Frieden, sondern ein Schwert«); D. R. CATCHPOLE (»Der triumphale Einzug«); G. W. H. LAMPE (die beiden Schwerter«); K. SCHUBERT (»Der Markus-Bericht über die Verhandlung vor dem Sanhedrin«); G. SCHNEIDER (»Die politische Anklage gegen Jesus Lk 23,2«), während andere Exegesen nur sehr begrenzt diesem Ziel einzuordnen sind: E. BAMMEL (»Die Speisung der Menge«; daß der Speisungstag »einen Wendepunkt während der Wirksamkeit Jesu bedeutete«, scheint mir freilich unbeweisbar); E. BAMMEL (»Römer 13«). H. MERKEL (»Die Opposition zwischen Jesus und dem Judentum«) zeigt überzeugend, daß »ein Widerstreit zwischen Jesus und der Tora nur durch gewaltsame Exegese geleugnet werden kann«, daß aber »keine Rechtfertigungen für zelotische Gewaltakte gegen einen Mitmenschen möglich sind, wenn das Verhalten zum Mitmenschen so völlig durch Liebe bestimmt ist«. Auch C. F. D. MOULES Ausführungen über »Einige Beobachtungen über Tendenzkritik« dienen dem Nachweis, daß »unbewiesene Annahmen über Umstände und Absicht des Markusevangeliums und dessen Bereitschaft, bewußt Tatbestände falsch darzustellen, die Grundlage bilden, auf der Brandons radikale Rekonstruktion der Geschichte Jesu beruht«.[30]. Bei einigen weiteren Aufsätzen ist ein Zusammenhang mit dem Thema kaum festzustellen (F. F. BRUCE, Datum und Charakter des Markusevangeliums; G. W. H. LAMPE, Der Prozeß Jesu in den Acta Pilati; W. HORBURY, Christus als Räuber in alter antichristlicher Polemik; E. BAMMEL, Jesus als politischer Agent in einer Version des Josippon; W. GRUNDMANN, Tradition und Redaktion in Joh 11,47–57; J. A. T. ROBINSON, ›Sein Zeugnis ist wahr‹: Eine Prüfung des johanneischen Anspruchs). D. h., dieses gelehrte Buch bietet viel hilfreiche Information gegen das falsche Bild Jesu als eines Parteigängers der Zeloten, aber auch mancherlei, was dazu nicht paßt; immerhin helfen gute Register zu finden, was man sucht.

Einer Spezialfrage hat sich BEN WITHERINGTON in seiner Untersuchung über »Frauen in der Wirksamkeit Jesu« zugewandt. Ein allzu kurzer, die pseudepigraphische Literatur völlig übergehender Überblick über »Frauen und ihre Rolle in Palästina« führt zu der sicher nicht ausreichenden Feststellung, daß »zur Zeit des 1. Jahrhunderts der christlichen Ära eine negative Einschätzung [der Frau] unter den Rabbinern vorherrschend war«. Das 1. Kap. (»Frauen in der Lehre Jesu«) zeigt, daß Jesus »die traditionelle Familien-

---

[30] Jesus and the Politics . . ., 37.55.125.153.445.149.232.139.144.95.

struktur« mit der Verpflichtung zur »Ehrung von Mutter und Vater in
Wort und Tat« betonte, aber »die rabbinische Lehre verwarf, daß Ehe und
Fortpflanzung ein allen normalen Menschen auferlegtes göttliches Gebot«
seien, ohne daß »Eunuch sein für das Gottesreich eine höhere oder heiligere
Berufung wäre als lebenslange Ehe«; neu ist auch »die Vorstellung, daß ein
Mann Ehebruch begeht gegenüber seiner früheren Ehefrau, wenn er wieder
heiratet, oder daß er seine Frau durch Scheidung zur Ehebrecherin macht«. Im
2. Kap. (»Frauen und die Taten Jesu«) zeigt W., daß Frauen »von Jesus ohne
besondere Einschränkungen als Mitgeschöpfe Gottes behandelt wurden«, daß
»Jesus weder die Berührung der Frau mit 12 Jahren Blutfluß noch eines toten
Mädchens als befleckend« ansieht und »bestimmte rabbinische Lehren mit
Bezug auf Gespräche mit Frauen ablehnt«. Bei der anschließenden Frage nach
»Frauen in der Wirksamkeit Jesu« zeigt sich einerseits, daß Frauen »vollständige Jünger Jesu« sein können und »Jesus bereit war, [von Frauen] Dienstleistun-
gen anzunehmen, die entweder typisch oder gar unter dem Niveau der
gewöhnlichen weiblichen Aufgaben waren«, andererseits, daß Jesus »Versuche
zurückwies, den Wert einer Frau oder ihres Zeugniswortes herabzusetzen«.
Das ist alles richtig; was W. aber zu Beginn dieses Kapitels anhand johanneischer Texte, vor allem der Kana-Erzählung, über die Schwierigkeiten der
Mutter Jesu schreibt, »ihre geistliche Treue zu Jesus über ihre mütterliche
Liebe zu ihm und ihre anderen Söhne und Töchter zu stellen«[31], ist historisch
schwerlich haltbar. Und warum bei der Besprechung der Frauen in der Umgebung Jesu Maria Magdalena nur im Vorbeigehen erwähnt wird, ist unverständlich. Auch fehlt jede Besinnung über den inneren Zusammenhang des
Verhaltens und Urteils Jesu gegenüber Frauen mit der Gesamtverkündigung
Jesu. Im übrigen aber bietet W. einen guten und überzeugenden Überblick
über die Rolle und Beurteilung der Frauen in der Wirksamkeit und Verkündigung Jesu.

Das Buch des Rechtshistorikers SIR NORMAN ANDERSON über »Das Zeugnis der Geschichte« geht zwar von richtigen geschichtlichen Feststellungen aus
(etwa: »Der heidnische Beweis für die Geschichtlichkeit Jesu und seine Kreuzigung ... ist derartig, daß er in bezug auf jede andere Person unfraglich angenommen würde«; »Ich glaube nicht, daß Jesus in die Versuchung mit einem
angeborenen Gefühl der Unverwundbarkeit ging«), beschreibt aber im übrigen die Person Jesu anhand des ganzen (!) NTs von der Überzeugung aus, daß
»Jesus Christus selbst, nicht die Bibel, die höchste Offenbarung Gottes dar-

---

[31] B. WITHERINGTON, Women in the Ministry of Jesus, 10.13.31 f.28.57.74.65.109.
115.127.92. Vgl. die methodischen Einwände von J. MURPHY-O'CONNOR, RB 92
(1985) 454.

stellt«. A. weiß darum, daß »die intime Kenntnis Gottes als seines eigenen
Vaters Jesus in sehr frühem Alter klar geworden ist«, daß »die intime Beziehung zwischen Vater und Sohn die Quelle seiner Autorität war«, daß »die
Kreuzigung den überzeugenden Beweis dafür darstellt, daß Jesus glaubte, er
sei der Messias«, usw. [32] D. h., diesem Buch fehlt jede Quellenkritik, es ist
darum geschichtswissenschaftlich wertlos; ob es als Erbauungsschrift von Nutzen ist, vermag ich nicht zu sagen.

Auf der Höhe der Wissenschaft steht dagegen das Buch von WILLIBALD
BÖSEN über Galiläa als Wirkungsraum Jesu. Das durch viele Zeichnungen und
eingesetzte Textblöcke aufgelockerte Buch beschreibt das Land Galiläa und
seine Bewohner z. Z. Jesu und setzt unsere Kenntnis von Jesus zu diesen
Gegebenheiten vorsichtig in Beziehung. Dabei ergibt sich, daß Jesus Kafar-
naum »zum Mittelpunkt seines galiläischen Wirkens gemacht hat«, aber »am
Ende seiner Wort- und Tatverkündigung in Kafarnaum – wie in Galiläa – vor
einer negativen Bilanz steht«. »Jesus ist zu Lebzeiten als ›Der Mann aus
Nazaret‹ bekannt«, doch »läßt sich die Frage [der Herkunft Jesu] schwerlich
klar entscheiden«, und »der Bruch zwischen Jesus und seinem Heimatdorf
[Nazaret] hält sich bis zum Ende hin durch«. »Galiläische Frömmigkeit zur
Zeit Jesu ist liberal und traditionell zugleich; man lebt in der Freiheit von,
doch mit Blick auf Jerusalem als Zentrum jüdischer Rechtgläubigkeit.« So ist
»Jesu Wirken in der Synagoge ein unbestreitbarer Tatbestand«, aber »das
öffentliche Gemeindehaus wurde Jesus schon früh . . . als Ort der Predigt
verwehrt«. In einem umfangreichen Exkurs weist B. »Die Gleichnisse als
Spiegel der sozialen Wirklichkeit« nach[33], und so kann dieses Buch als vorzügliche und gut fundierte Hilfe für die geschichtliche Einordnung Jesu empfohlen werden.

Das Buch über den »wirklichen Jesus« des bekannten konservativen englischen Neutestamentlers F. F. BRUCE geht von der Voraussetzung aus, daß
»der Umriß der Wirklichkeit Jesu und die Hauptrichtung seiner Lehre mit
starkem Zutrauen aus dem Befund der vier Evangelien abgeleitet werden

---

[32] N. ANDERSON, Jesus Christ . . ., 21.76.44.74.82. Als Anhang bietet A. eine gute
Kritik des Buches von J. D. M. Derrett über die Auferstehung Jesu, das ich ThR 50
(1985) 158f. besprochen habe.

[33] W. BÖSEN, Galiläa als Lebensraum . . ., 94.97.117.121.145.205.228.231.189. – Ein
paar Versehen sind dem Verf. unterlaufen: S. 131, Anm. 117 muß es bei der Philostelle
›§‹ statt ›S.‹ heißen; S. 207, Anm. 27 muß es heißen: ›Philo, Quod omnis probus § 81‹
statt: ›Vita Mosis II, 27‹; S. 116, Anm. 23 lies »jesaianisch« statt »jesuanisch«; zwei
Literaturangaben sind nicht auffindbar (S. 203, Anm. 1: Meyers, The Cultural Setting . . . und S. 246, Anm. 16 u. 19: Maier, Tempel . . .). Wenn ich nichts übersehen habe,
fehlt ein Hinweise auf die neuerdings gefundene jüdische Inschrift mit der Erwähnung von
Nazaret (M. AVI-YONA, IEJ 12, 1962, 139).

kann« und daß »der Christus des Glaubens, vom Jesus der Geschichte getrennt, dazu neigt, eine bloße Erfindung der frommen Einbildung zu sein«.
Von dieser Voraussetzung aus bietet B. in der Hauptsache eine harmonisie-
rende Nacherzählung der Evangelienberichte, was z. B. zur Folge hat, daß in
der sonst überzeugenden Darstellung des Prozesses Jesu die vom 4. Evangelium gebotene Schilderung der Verhandlung vor Pilatus ohne weiteres als
Geschichtsbericht verwendet wird. Auffällig ist, daß B. bestreitet, daß der
Ausdruck »Menschensohn« »eine Wortverbindung war, die schon für Jesus
höhere Gedankenverbindungen weckte«, und feststellt, daß »Menschensohn
Jesu Art und Weise der Bezugnahme auf sich und seine Sendung war, . . . die er
mit jeder von ihm gewählten Bedeutung füllen konnte«, und daß B. der
Beschreibung des leeren Grabes im 4. Evangelium »etwas von Augenzeugenqua-
lität« zuerkennt, »besonders der Anordnung der Grabtücher, die zurückgelas-
sen waren«. Einleuchtend ist die Feststellung, daß für die Pharisäer Jesu
»deutliche Nichtbeachtung der Reinheitsregeln und vor allem die souveräne
Freiheit, mit der Jesus das Gesetz als Ganzes handhabe, eine Bedrohung der
eigentlichen Begründung von Israels religiösem Erbe darstellte«.[34] Im ganzen
aber kann dieses Buch nicht als geschichtliche Darstellung, sondern nur als
Glaubenszeugnis beurteilt werden.

Der New Yorker Rabbiner HARVEY FALK, der sein Buch über den Pharisäer
Jesus dem Andenken seiner beiden Großelternpaare gewidmet hat (»Who
Perished During the Holocaust«), wurde durch einen Brief des Talmudisten
Jakob von Emden (1679–1776) veranlaßt zu zeigen, daß Jesu Debatten mit
den Pharisäern in Wirklichkeit »Dispute waren, die im Talmud als Dispute
zwischen der Schule Šammais und der Schule Hillels berichtet sind«. Jakob
von Emden hatte in seinem Brief, den F. in Übersetzung darbietet, den Glauben geäußert, »daß Jesus und der Völkerapostel [Paulus] gänzlich innerhalb
der Halacha wirkten, indem sie eine Religion für die Heiden schufen, die
begründet war auf die Noachidischen Gebote«, und er hatte verschiedene
Stellen der Evangelien dahin gedeutet, daß sie zeigten, daß für beide »das
jüdische Gesetz für die Juden ewig bindend war«. In diesem Sinn sucht F. nun
nachzuweisen, daß »Jesus seine Nachfolger dahin belehrte, daß, während die
den Juden auferlegten 613 Gebote der Tora ihnen einen Anteil am ewigen
Leben sichern, . . . die Rettung der Heiden ein Handeln im Sinne des Hasidismus erfordert, d. h. die noachidischen Gebote darum einzuhalten, weil sie im
Gesetz des Moses enthalten sind«. Voraussetzung für diesen Nachweis ist, daß
Jesus »aus dem essenischen Hasidismus und dem Kreis der Schüler Hillels
hervorging« und »alle Kritik Jesu an den Pharisäern in Wirklichkeit gegen die

---

[34] F. F. BRUCE, The Real Jesus, 28.21.59.66.118f.134.

opponierende Schule Šammais gerichtet war, die zu jener Zeit die Übermacht
über die Pharisäer hatte«. »Jesus wollte niemals, daß seine jüdischen Volksgenossen ein Jota an ihrem traditionellen Glauben änderten«, und »blieb bis zu
seinem letzten Atemzug ein orthodoxer Jude«, er »suchte aber ebenso, der
nichtjüdischen Welt Heil zu bringen«[35], indem er ihr die Forderung der noachidischen Gebote verkündigte. Das ist nun freilich eine völlig unhaltbare Konstruktion. Weder die Annahme eines Zusammenhangs Jesu mit den Essenern
noch die Deutung seiner Polemik gegen die Pharisäer als gegen die Schule
Schammais gerichtet hat den geringsten Anhalt in den Quellen, noch trifft es
zu, daß Jesus als orthodoxer Jude die rettende Bedeutung der Übernahme der
noachidischen Gebote durch die Heiden vertreten und seine Jünger zu deren
Verkündigung ausgesandt habe. Und gerade weil die Absicht des Verf.s zu
begrüßen ist, zum besseren Verständnis zwischen Juden und Christen beizutragen, kann der wissenschaftlich fragende christliche Theologe nur mit Bedauern
feststellen, daß der von F. eingeschlagene Weg ungeschichtlich ist und darum
seiner Absicht nicht dienlich sein kann. Der von ihm gezeichnete Jesus hat
nicht existiert.[36]

Ganz anders verhält es sich bei den Reflexionen des Dominikaners MICHEL
GOURGES über »Die Herausforderung der Treue« *(fidélité)*. Er geht von der
Feststellung aus, daß »Treue keinen ersten Wert darstellt, aber einen zweiten«,
und fragt, wie sich diese »Wahl der Treue in der Erfahrung Jesu darstellt«,
wobei die Berichte der Evangelien durchaus auf ihre Verwertbarkeit geprüft
werden. Die Berichte über die Versuchung Jesu lassen sich nur als »innere
Erfahrung« verstehen, »der Jesus im Verlauf seines Lebens begegnet ist« und
die ihn vor eine Wahl stellte, bei der Jesus sich für die »Sendung als König-
Messias *und* als Prophet« entschied. Damit war Jesus »an eine doppelte Treue
gebunden: die Treue zu Gott, von dem er seine Sendung erhalten hat. Die
Treue zu den Menschen, zu deren Dienst er als Prophet und König-Messias
eingesetzt worden ist«. G. beschreibt dann das Wirken Jesu bis zum Tod als
Treue zu seiner göttlichen Sendung und zeigt ausführlich, daß Jesus in Getsemani »seine Wahl der Beständigkeit zeigt, indem er sich vertrauensvoll dem
Vater übergibt . . . Wie es auch immer auf der Ebene der strengen Geschichtlichkeit bestellt sein mag, dieses Gebet drückt zweifellos den tiefen Sinn dessen
aus, was Jesus leben mußte.« Und so »war Jesus treu einer Sendung, die sich
konkret entfaltete, in Gesten und Worten, in Lehre und Handlungen, in Wahl
und Entscheidung«; »die Treue, die das Kreuz annehmen ließ, ist dieselbe, die

---

[35] H. FALK, Jesus the Pharisee, IV.8.14f.85.115.86.185.

[36] Auch G. BAUMBACH, ThLZ 111 (1986) 589, urteilt: »Rez. . . . muß einwenden, daß
die hier vorgetragenen Thesen nicht einer historisch-kritischen Nachprüfung standhalten
können« (ähnlich A. CHESTER, ET 97, 1985/86, 213).

teilnehmen ließ am Festmahl mit den Sündern, an der Aufnahme der Kleinen, an der Freude der Heilung und Vergebung, Zeichen für das Kommen der angekündigten Gottesherrschaft«.[37] Das ist gewiß keine Geschichtsdarstellung, aber doch eine erbauliche Interpretation der geschichtlich geprüften Evangelienberichte und darum durchaus ein Beitrag zu einem persönlich engagierten Verständnis Jesu.

Eine streng historische Untersuchung bietet dagegen E. P. SANDERS in seinem viel diskutierten[38] Buch über »Jesus und das Judentum«, das man »unzweifelhaft eine der bedeutendsten Untersuchungen über Jesus in den letzten Jahren«[39] genannt hat. Daß S. ein mit den jüdischen und neutestamentlichen Quellen und der modernen Forschung vorzüglich vertrauter selbständiger Forscher ist, leidet keinen Zweifel, sein scharfes Gericht über die gesamte bisherige Forschung, ganz besonders über J. Jeremias, kann der um ein objektives Urteil bemühte Leser allerdings nur mit Unbehagen zur Kenntnis nehmen. Um so mehr stellt sich ihm die Frage, ob es S. gelungen ist, anders als seine Vorgänger »Geschichte und Exegese von der Kontrolle der Theologie zu befreien« und seinem Anspruch gerecht zu werden, daß »die grundlegenden Elemente meiner Darstellung ganz auf sich selber stehen können«. Die »Einleitung« zeigt, daß S. bei seinen Ausführungen entscheidend durch eine methodische Grundhaltung bestimmt wird: Da uns die Wortüberlieferung »keinen ausreichend sicheren Grund für die Erforschung der Probleme bietet«, weil »das Material einer Veränderung unterworfen war, wir aber nicht wissen, *wie* es verändert wurde«, soll der Wortüberlieferung »eine relativ sekundäre Rolle zuerkannt werden«; »sicheres Beweismaterial« besteht dagegen in »den Tatbeständen *[facts]* über Jesus, seine Laufbahn und ihre Konsequenzen, ... und diese Untersuchung ist primär auf Tatbestände über Jesus begründet und nur sekundär auf eine Untersuchung eines Teils der Wortüberlieferung«. Darum geht S. von den »beinahe unbestreitbaren Tatsachen« aus: Der Galiläer Jesus wurde vom Täufer getauft, predigte und heilte, berief Jünger und sprach von deren Zwölfzahl, beschränkte seine Wirksamkeit auf Israel, war in eine Streitigkeit über den Tempel verwickelt und wurde von den römischen Autoritäten gekreuzigt. Um von diesen wenigen sicheren Voraussetzungen aus zu

---

[37] M. GOURGES, Le défi de la fidélité, 13.18.36.44.53.100.137.139.

[38] Vgl. C. S. RODD, ET 96 (1984/85) 225–228; CH. ROWLAND, NBl 66 (1985) 412–417, P. S. ALEXANDER, JJS 37 (1986) 103–106; D. FLUSSER, JQR 76 (1986) 246–252; H. HÜBNER, Studien zum Neuen Testament und seiner Umwelt 11 (1986) 242–245; J. RICHES, HeyJ 17 (1986) 53–62; D. SENIOR, CBQ 48 (1986) 569–571; D. C. ALLISON, Jesus and the Covenant: A Response to E. P. Sanders, Journal for the Study of the New Testament 29 (1987) 57–78.

[39] P. S. ALEXANDER, wie Anm. 38, 103.

einem besseren geschichtlichen Verständnis Jesu zu kommen, wählt S. als
Beginn »die Tempelstreitigkeit, ... die einen ebenso guten Einstieg für das
Studium der Absicht Jesu und seiner Beziehung zu seinen Zeitgenossen bietet,
wie ihn ein wirklicher Augenzeugenbericht über den Prozeß bieten würde«. In
einem 1. Teil (»Die Wiederherstellung Israels«) stellt S. zunächst anhand des
herkömmlicherweise »Tempelreinigung« genannten Berichts (Mk 11,15–19)
und der Worte über die Tempelzerstörung (Mk 13,2; 14,58) als »überwältigend
wahrscheinlich« fest, »daß Jesus etwas im Tempel getan und etwas über seine
Zerstörung gesagt hat«. Jesu Handlung kann nichts »mit Reinigung des Gottes-
dienstes« zu tun gehabt haben, vielmehr »symbolisiert sie zum mindesten
einen Angriff«, und »›Angriff‹ ist nicht weit von ›Zerstörung‹, ›Zerstörung‹
[aber] blickt als Folge auf Wiederherstellung«. Und da »nach einer sehr sicheren geschichtlichen Tradition« »Jesus die Zerstörung und den Wiederaufbau
des Tempels androhte oder voraussagte«, »wäre seine Meinung sonnenklar: er
sagte die unmittelbare Erscheinung des Gerichts und des neuen Zeitalters
voraus«, und somit »würden sich dann das Wort und die Tat entsprechen«.
Man sieht: den *Sinn* der »*Tatsache*« kann S. nur durch die Heranziehung eines
von ihm als echt *angenommenen* und in seinem ursprünglichen Wortlaut sehr
unsicheren Jesuswortes eruieren, und so stehen bei ihm nebeneinander die
Sätze: »Schon bei der bloßen Behauptung der Zerstörung [des Tempels] können wir mit einiger Zuversicht annehmen, daß Jesus dahin verstanden worden
wäre, daß die Endzeit gekommen sei«, und: »Auf die Frage, ob der Sinn der
symbolischen Handlung selbstverständlich war, kann keine sichere Antwort
gegeben werden«.
Ein weiteres Zeichen dafür, daß Jesus eine »Wiederherstellungs-Eschatolo-
gie« vertritt, ist nach SANDERS die Vorstellung von »den Zwölf« [Jüngern],
die »praktisch sicher auf Jesus selbst zurückgeht« und beweist, daß Jesus »mit
einer Aufgabe befaßt war, die die Wiederherstellung Israels einschließen
sollte«. Dagegen gibt es »kein einzelnes solides Informationsstück über Jesus,
das zeigt, daß er ... zu allgemeiner Umkehr angesichts des kommenden Reichs
rief«. Die anschließende Frage nach dem Gottesreich (in Teil 2) zeigt, daß wir
nicht weiter kommen als zu der Feststellung: »Es ist möglich – nicht mehr –,
daß Jesus das Reich mit seinen eigenen Worten und Taten ›hereinbrechen‹
sah«. »Es wäre [zwar] waghalsig, Jesus die Gesamtheit der Vorstellungen von
einem Katastrophenende, in dem eine himmliche Gestalt Engel aussendet, um
die Gerechten von den Ungerechten zu trennen, abzusprechen«, aber »wir
können nicht deutlich sagen, was [für Jesus] gegenwärtig ist, und auch nicht
genau, was er sich als zukünftig vorstellte, ob eine neue Ordnung oder eine
kosmische Katastrophe«. Nur »das Tempelwort sticht hervor, weil es auf ein
konkretes zukünftiges Ereignis verweist und mit einer prophetischen Hand-

lung verbunden ist«. Daß Jesus durch Wunder »die Menge anzog, der er die
gute Botschaft der Rettung für ›Sünder‹ verkündete«, ist nach S. sicher, aber
»die Wunder selbst reichen nicht aus, uns zu sagen, was für ein religiöser
›Typus‹ Jesus war«. In der anschließenden umfangreichen Untersuchung des
»einen, wie wir sicher sagen können, kennzeichnenden Merkmals der Lehre
Jesu vom Reich, daß es die ›Sünder‹ einschließen werde«, wird zunächst
überzeugend die oft vertretene Gleichsetzung von »Sündern« mit den 'am-
meha-'arez (d. h. der breiten, »Leute des Landes« genannten Masse) widerlegt
und festgestellt, daß Jesu Appell an Sünder und Ausgestoßene nicht als
Appell an die ›Leute des Landes‹ verstanden werden kann«, daß vielmehr »die
Neuheit und Anstößigkeit der Botschaft Jesu darin bestand, daß die Übeltäter,
die ihn anerkannten, in das Reich eingeschlossen werden sollten, obwohl sie
nicht in dem allgemein geltenden Sinn Buße taten«. S. betont dabei, daß wir
allerdings keinen sicheren Bericht über Jesu Verkehr mit Zöllnern und Sündern haben (das Gleichnis vom Pharisäer und Zöllner ist ebenso in seiner
Echtheit anzuzweifeln wie das Gleichnis vom Verlorenen Sohn oder die Erzählung von Zachäus) und daß »Jesus den wirklich Sündhaften – . . . die die
Gebote des Gottes Israels verwarfen – Aufnahme in *seine* Gruppe (und nach
seinem Anspruch das Reich) anbot, *wenn* sie ihn anerkannten«. D. h. zusammenfassend: nach Jesu Reichserwartung »muß Gott auftreten und einen
neuen Tempel schaffen, das wieder hergestellte Volk Israel, und vermutlich
eine erneuerte soziale Ordnung, in der ›Sünder‹ einen Platz haben werden«.

So kann nun im 3. Teil (»Konflikt und Tod«) die Frage nach den Ursachen
des Todes Jesu gestellt werden. »Da nichts von dem, was Jesus im Zusammenhang mit dem Gesetz sagte oder tat, seine Jünger nach seinem Tod dazu
führte, das Gesetz nicht zu beachten«, setzt »diese große, alles andere überra-
gende Tatsache eine deutliche Grenze für das, was über Jesus und das Gesetz
gesagt werden kann«. Es gibt nur »ein Beispiel, bei dem Jesus Übertretung des
Gesetzes forderte, die Forderung an den Mann, dessen Vater gestorben war
(Mt 8,21 f.), das übrige Material der Evangelien verrät keine Übertretung bei
Jesus«. »Abgesehen von der Ehescheidungsperikope sind die Aussagen der
Bergpredigt, die sich auf das Gesetz beziehen, von fragwürdiger Echtheit«, der
Bericht vom Ährenraufen (Mk 2,23–28) ist »Gemeindebildung«, die Erzählungen von Sabbatheilungen »bieten kein Beispiel, in dem Jesus das Sabbatgesetz
übertritt«, weil »keine Tat ausgeführt wurde«, und das von vielen Forschern
(auch von mir) als besonders sicher echt angesehene Wort von der Verunreinigung des Menschen nur durch das, was aus dem Menschen herausgeht (Mk
7,15) »kann schwerlich echt sein«. So hat »einzig die Handlung und das Wort
[Jesu] gegen den Tempel feststellbare Folgen: wahrscheinlich die Kreuzigung
ebenso wie die Rede des Stephanus«. »Denn dadurch wurden die meisten

Juden, sogar die nur am Rande gesetzestreuen, tief verletzt«, und »die priesterliche Aristokratie waren die Hauptbetreiber der Hinrichtung Jesu«, während
es »keinen wesentlichen Konflikt zwischen Jesus und den Pharisäern gab«. »Die
Verhörszene ist in jeder Hinsicht unwahrscheinlich«, dagegen ist »der
Tempelstreit das letzte Geschehen vor Jesu Hinrichtung und wahrscheinlich
deren unmittelbare Ursache«. Jesu Stellung zum Gesetz dagegen war in keiner
Weise eine Ursache seines Todes, denn, wie es ganz zum Schluß heißt: »Jesus
vertrat [wie alle Juden] ›covenental nomism‹ . . . und nahm Gehorsam gegen
das Gesetz als Norm an«.[40]

Es ist leicht zu sehen, daß für eine sachgemäße Beurteilung dieses eindrucks-
vollen, aber »schwer zu lesenden«[41] Buches von SANDERS die Beantwortung
der beiden Fragen geboten ist, ob nicht die Worte Jesu, sondern nur die
»Tatsachen«, vor allem die Tempelhandlung Jesu, einen gesicherten Boden für
die Darstellung Jesu bieten und ob Jesus trotz der unbedingten Forderung des
Gesetzesgehorsams den das Gesetz übertretenden Sündern den Eingang in das
Gottesreich unter der einzigen Bedingung verhieß, daß sie ihn anerkannten.
Nun ist unzweifelhaft die Unterscheidung zwischen »facts« und Wortüberlieferung sehr problematisch, und »nach seinem selbstgewählten methodischen
Vorgehen konnte S. keinen unglücklicheren Einstieg wählen als die« sogenannte »Tempelreinigung«[42]; denn was bei diesem Ereignis geschah und welchen Sinn diese Handlung Jesu hatte, ist ja alles andere als eindeutig feststellbar, und S.s Deutung auf eine symbolische Handlung im Sinn von Angriff–
Zerstörung–Wiederherstellung ergibt sich keineswegs eindeutig aus dem Bericht. Aber auch die »Tatsachen« der Berufung von zwölf Jüngern und der
bewußten Beschränkung der Wirksamkeit Jesu auf Israel sind keineswegs
allgemein anerkannt. Und was die Wortüberlieferung anbetrifft, so ist S. mit
Unechtheitserklärungen allzu rasch zur Hand; eine methodisch reflektierte
Begründung dafür fehlt oftmals völlig. D. h., die methodische Basis dieser
Jesusdarstellung ist äußerst brüchig. Auf der anderen Seite gelingt es aber S.
nur unter diesen methodischen Voraussetzungen, Jesus als Vertreter eines
»covenental nomism« und einer »restoration eschatology« darzustellen, weil er
nach der Eliminierung der gesetzeskritischen Worte und Handlungen Jesu auf
dessen Stellung zum Gesetz aus dem Verhalten der ältesten Gemeinde zurückschließt und die Umkehrpredigt Jesu völlig bestreitet. Demgegenüber hat

---

[40] E. P. SANDERS, Jesus and Judaism, 333.330.16.15.13.5.11f.61.68.71.73.89.76.106.
140.146.152.164.172.385, Anm. 14.199.179.207.175.386, Anm. 24.385, Anm. 7.210.232.
268.267.263.266–268.270.289.291.305.336. – Ein gutes Referat über das Buch bietet die
Besprechung von C. S. RODD (s. Anm. 38).

[41] P. S. ALEXANDER, wie Anm. 38, 104.

[42] H. HÜBNER, wie Anm. 38, 244.

D. C. ALLISON überzeugend nachgewiesen, daß »Jesus covenental nomism ablehnte«, weil er »voraussetzte, daß die Menschen in Gefahr waren« und »Rettung [von Jesus] nicht länger als Treue zu Gottes Bund und als Gehorsam gegenüber der Tora angesehen wurden, sondern vielmehr als Annahme der Treue zum Weg Jesu«, so daß im Gegensatz zu Sanders »die weit verbreitete Überzeugung, daß Jesus Israel zur Umkehr rief, bestehen bleibt«.[43] Vor allem aber: in dem Bild Jesu, das S. zeichnet, verschwindet nicht nur die frohe Botschaft von dem Einbruch des eschatologischen Heilshandelns Gottes in der Botschaft und dem Handeln Jesu völlig, sondern auch die vollmächtige Verkündigung des den Menschen fordernden Gotteswillens. So kann im Blick auf die methodische Prüfung der Quellen dieses Bild Jesu keineswegs »auf sich selber stehen«, und so sehr eine gründliche Auseinandersetzung mit S.s bedeutendem Buch zu fordern ist, so eindeutig muß auch gesagt werden, daß sein Jesusbild ungenügend und irreführend ist.

Das aus dem Spanischen ins Englische übersetzte Buch des aus Uruguay stammenden Theologen JUAN LUIS SEGUNDO dient dem Nachweis, daß »der politische Schlüssel der angemessenste für eine geschichtliche Annäherung an die Worte und Taten Jesu von Nazaret ist«. So will nach einer breiten und nicht immer verständlichen methodischen Einleitung der Hauptteil des Buches den »geschichtlichen Jesus der Synoptiker« darstellen von der Voraussetzung aus, daß »alles, was durch Jesus von Nazaret gesagt und getan wurde, innewohnende politische Dimensionen hatte«. »Schon in Galiläa hatte der Konflikt den Punkt erreicht, wo diejenigen, die im Streit mit der von Jesus beschützten Gruppe standen, sich so bedroht fühlten, daß sie bereit waren, seine Ermordung zu planen«, und »Jesus bemüht sich [auch] nicht, das Mißverständnis, er sei ein politischer Agitator, zu zerstreuen, weil kein derartiges Mißverständnis vorliegt«. Dieser Voraussetzung entsprechend sieht S. in den Adressaten der Seligpreisungen »die Armen Israels ... ohne irgendwelche innere Beziehung zu moralischen, geistlichen oder religiösen Denkweisen menschlicher Gruppen«, und »hinter den zwei Worten ›die Armen‹ und ›die Sünder‹ liegt eine einzige Vorstellung«. Dementsprechend »setzt Jesus seine Jünger mit der religiös-politischen Aufgabe, die Mechanismen der ideologischen Unterdrückung zu entlarven, in Verbindung«, während er an die Sünder und die Armen keine Forderung richtet, und Jesus kann bei der Wahl des Begriffes »Reich Gottes« »den politischen Inhalt nicht übersehen haben, den dieser Begriff schon in den Vorstellungen der Leute hatte«.[44] Das alles wird trotz der methodischen Einlei-

---

[43] D. C. ALLISON, wie Anm. 38, 58.73.71. Vgl. auch H. MERKLEIN, Die Umkehrpredigt bei Johannes dem Täufer und Jesus von Nazareth, BZ NF 225 (1981) 29ff. = H. M., Studien zu Jesus und Paulus, 1987, 109ff.

[44] J. L. SEGUNDO, The Historical Jesus ..., 188.104.77.102.109.116.139.88.

tung ohne irgendwelche Quellenkritik und ohne jede religionsgeschichtliche
Reflexion ausgeführt, und die methodische Voraussetzung wird überhaupt
nicht an den Quellen geprüft. Aus diesem Buch ist darum für das geschichtliche Verständnis Jesu nichts zu lernen.

Im streng historischen Sinn stellt dagegen R. T. FRANCE die Frage nach
dem Beweismaterial für Jesus in Auseinandersetzung mit neueren skeptischen
Anschauungen: »Mein Auftrag in diesem Buch ist, mich mit derjenigen Art
von Beweismaterial zu beschäftigen, das in den Bereich des Geschichtsforschers gehört.« Ausführlich und kenntnisreich wird zunächst das nichtchristliche und das ntl. Quellenmaterial außerhalb der Evangelien besprochen mit
dem Resultat, daß von den nichtchristlichen Autoren nur Josephus unabhängig ist von dem, »was Christen zu der Zeit sagten, als er schrieb«, und daß
auch über den Wert der christlichen Quellen des 2. Jh.s erst entschieden werden kann, wenn »wir zu einer Entscheidung über den geschichtlichen Wert der
christlichen Schriften gelangt sind, die ihnen vorausgingen, nämlich die im
Neuen Testament gesammelten«. Da auch die Angaben des Paulus »nichts zu
einer Biographie Jesu hinzufügen«, bleiben als Quellen nur die vier kanonischen Evangelien. Da aber besteht »kein grundsätzlicher Unterschied zwischen
den Absichten und der Methode des Johannesevangeliums und der Synoptiker«, und wer »ein Vorverständnis der Evangelien als geschichtlich zuverlässiger Berichte hat, wird nicht leicht von irgendeinem angeblichen Fall von
Widerspruch oder Geschichtsfälschung überzeugt sein«, und »die Bemühung
um Harmonisierung in einem solchen Fall ist kein unverantwortliches Stecken
des Kopfes in den Sand«. Da es überdies »wahrscheinlich ist, daß Christen von
einem sehr frühen Datum an begannen, das niederzuschreiben, was sie von
Jesu Leben und Lehre wußten«, und »es wahrscheinlich ist, daß einige, und
vielleicht alle, Evangelien ... innerhalb der dreißig Jahre nach den Ereignissen
geschrieben wurden«, ergibt sich aus der Zusammenschau der kanonischen
Evangelien ein sicheres Bild Jesu als »eines wirklichen menschlichen Wesens«.[45] Nun wird dieser Beurteilung der Entstehung und des Alters der
kanonischen Evangelien und ihrer Verwendung als Quellen für den Jesus der
Geschichte derjenige nicht zustimmen können, der sich über den literarischen
und historischen Charakter dieser Schriften anders zu urteilen gezwungen
sieht; und darum müssen die Ausführungen von F. über die Evangelien als
Quelle für die Geschichte Jesu kritisch gelesen werden. Was F. dagegen über
die nichtchristlichen und die christlichen Quellen abgesehen von den kanonischen Evangelien schreibt, bietet eine vorzügliche und uneingeschränkt an-

---

[45] R. T. FRANCE, The Evidence for Jesus, 17.31.85.91.133.112.102.121.

zuerkennende Erörterung dieser Texte, deren Lektüre vor allem gegenüber grundsätzlich skeptischen Anschauungen nur empfohlen werden kann.

Daß die Abwehr solcher Anschauungen notwendig ist, zeigt der im gleichen Jahr erschienene Sammelband »Jesus in Geschichte und Mythos«, der die Vorträge wiedergibt, die bei dem »ersten internationalen Symposium« über »Jesus and the Gospels« in Ann Arbor (Michigan) 1985 gehalten wurden. Denn in dieser Sammlung äußerst divergierender Meinungen vertritt G. A. WELLS erneut[46] die These: »Das irdische Leben Jesu im Palästina des 1. Jahrhunderts wurde spät im 1. Jahrhundert erfunden«, »Grübeln über das Weisheitsbuch und andere jüdische Literatur könnten die frühen Christen zu der Annahme veranlaßt haben, daß ein präexistenter Erlöser die Kreuzigung erlitten habe, ehe er zu Gottes rechter Hand erhöht wurde«, »Pilatus drang in das christliche Denken relativ spät ein«. Und ebenso geht J. M. ALLEGRO in einer Untersuchung über »Jesus und Qumran« von der Feststellung aus, daß wir es bei den evangelischen Jesusberichten »mit Mythos, nicht Geschichte zu tun haben«. Andere Autoren leugnen zwar nicht, daß es einen Menschen namens Jesus gegeben habe, aber halten diesen Jesus für geschichtlich nicht auffindbar: Nach E. RIVKIN (»Josephus und Jesus«) wird »der lange gesuchte Weg zum geschichtlichen Jesus niemals durch den Blick auf die Evangelien gefunden werden«, sondern in den Schriften des Josephus (wobei R. schwerlich der Nachweis gelungen ist, daß es mit Hilfe des Josephus gelingen kann, »aus den verschwommenen Evangelienberichten den geschichtlichen vom nicht-geschichtlichen Jesus auszufiltern«); und der Mitherausgeber R. J. HOFFMANN hebt nicht nur in seiner einleitenden Skizze der Forschungsberichte B. Bauer und A. Kalthoff ungebührlich heraus, sondern bestreitet zwar, »daß nichts über Jesus bekannt war«, stellt aber fest, daß »der Jesus, über den die Evangelien schreiben, einfach der Gegenstand ihrer Interpretation, eine Schöpfung ihres Glaubens ist«. Wenn demgegenüber M. SMITH (»Der geschichtliche Jesus«) zur Widerlegung von G. A. Wells die Behauptungen: »Jesus der Wundermann ist völlig glaubwürdig«, »wahrscheinlich sind Jesu libertinistische Lehre und Praxis mit seinen überlieferten Erklärungen zu verbinden, daß das Reich Gottes schon gekommen sei« und: »Was *er* von sich dachte, sagte Jesus klugerweise nicht« nebeneinander stellt, und wenn J. HICK am Schluß des Bandes feststellt, »daß das Wachstum der Tradition auf eine geschichtliche Person zurückweist, die Jesus war«, und daß »es etwas Wichtiges zur christlichen Botschaft von der Wirklichkeit und Liebe Gottes hinzufügt zu wissen, daß die Person, die dies so mächtig lehrte, in relativer Armut lebte . . . und

---

[46] Vgl. meinen Hinweis auf sein Buch »The Jesus of the Early Christians« (1971) in ThR 40 (1975) 304.

bereit war, den gräßlichen Tod anzunehmen, der auf sie zukam«[47] – dann wird
der Leser durch solche divergierenden Äußerungen nicht befähigt, die radikal
oder gemäßigt skeptischen Anschauungen zu widerlegen. Und die in diesem
Band außerdem noch zu findenden Ausführungen, deren wissenschaftlicher
Wert sehr ungleich ist (z. B. über Jesu Meinung über den Staat [R. S. ALLEY],
über »Jesus und das Gesetz« [T. FRYMER-KENSKY], über »Jesus und seine
Brüder« [J. DART] bestätigen nur für diesen Band die Richtigkeit von Goethes
Urteil: »Wer vieles bringt, wird manchem etwas bringen«, zeigen aber auch,
daß aus diesem diskrepanten Vielerlei nur der Nutzen ziehen kann, der schon
einen klaren methodischen Boden unter den Füßen hat.

In dem »Die Sendung und das Wirken Jesu« betitelten 1. Band einer geplan-
ten fünfbändigen »Theologie Jesu« des Dominikaners DONALD J. GOER-
GEN begegnen wir dagegen einer einheitlichen wissenschaftlichen Untersuchung. G. geht von der vollen Menschlichkeit Jesu aus, die einschloß, daß
»Jesu menschliches Wissen nicht ohne Grenzen war, sogar in Bereichen, die für
ihn von vitalem Interesse waren«, beschreibt die Umwelt Jesu mit der Warnung, »die ›Gegner‹ Jesu rasch mit ›den Pharisäern‹ zu identifizieren«, stellt
fest, daß Jesus bei der Taufe »die Gabe des Geistes empfing und so als ein
Prophet für Israel gesalbt wurde, auch wenn es für ihn Zeit brauchte, die volle
Wirkung davon ganz zu verstehen«, und daß wir »geschichtswissenschaftlich
[nur] sagen können, daß Jesus eine Zeit in der Wüste verbrachte«, daß aber
»eine christliche Gemeinde mit ihrer erhöhten Nach-Auferstehungs-Erfahrung
die Tradition der Versuchungen schwerlich aus nichts entwickelt haben
würde«. »Nicht nur Jesu Zeitgenossen betrachteten Jesus als einen Propheten,
Jesus stellte sich selber als einen Propheten vor«, »beanspruchte [aber] niemals
in eindeutiger Weise, der Messias zu sein«; doch »müssen wir für die Möglichkeit offen sein, daß Jesu Selbstbewußtsein in einer neuen Weise messianisch
war«, »sein Anspruch war, daß seine Autorität und Macht von Gott kam«.
»Jesus verwarf eine Verbindung zwischen seiner Botschaft und der der Apokalyptiker«, und »die Existenz einer apokalyptischen Gestalt oder eines Titels
[Menschensohn] ist nicht erwiesen«, »die für Jesus charakteristische Redeweise
vom Menschensohn« »bleibt in gewissem Grade rätselhaft«, »der Ausdruck
bekommt seinen Inhalt durch Jesu Gebrauch« im Sinne »seines Bewußtseins
seiner Menschlichkeit, seiner Solidarität mit uns«. Jesu Rede von der Gottesherrschaft »ist eine umschreibende Weise, von Gott zu reden, Gott als nahe,
gegenwärtig oder kommend zu bezeichnen«; »Jesus lehrte keine unmittelbar
bevorstehende Parusie in dem üblichen Sinn«, »Jesu Lehre von Gott ist nicht
so sehr eschatologisch im strengen Sinn als theologisch, prophetisch«, und »was

---

[47] Jesus in History and Myth, 34.38.36.93.103.117.150.149.50.53.52.213.215.

Jesus erwartete, können wir nicht genau sagen«, »er hatte den festen Glauben und die Hoffnung auf seine eigene zukünftige Rechtfertigung durch Gott, *wie* dies geschehen werde, sagte er aber nicht«. »Jesu Lehre war nicht nur um die Gottesherrschaft konzentriert, sie war auch ethisch, um Liebe als das Zeichen der Souveränität Gottes auf Erden konzentriert«, dabei »sah Jesus sein eigenes Verhalten und sein Gesetzesverständnis nicht als Verletzung, sondern als Erfüllung der wahren Bedeutung des Gesetzes«, »seine Ethik war ein Verständnis des Gesetzes als einer Gabe seines treuen, mitfühlenden und großherzigen Gottes an das Volk Israel«.[48] Nun kann man natürlich gegen manche dieser mit Sachkenntnis und Vorsicht vorgetragenen Anschauungen Einwände erheben (ich halte G.s Beantwortung der Menschensohnfrage, seine uneschatologische Interpretation der Reichgottespredigt, seine Bestreitung der Naherwartung und einer Verletzung des Gesetzes durch Jesus für falsch), die ethische Komponente der Verkündigung Jesu kommt in dieser Darstellung sicher zu kurz, und manche Forscher vermißt man in der sonst reichlich herangezogenen Literatur ungern (ich nenne als beliebige Beispiele G. Bornkamm, J. Dupont, H. Merklein, R. Pesch, A. Vögtle). Aber trotz dieser Einwände ist das Buch von Goergen eine wissenschaftlich qualifizierte und weithin auch überzeugende Bemühung um den Jesus der Geschichte, deren Studium sich lohnt.

Auf einem völlig anderen Boden befinden wir uns in dem Buch von MICHAEL HARPER über die »Heilungen Jesu«. Das Buch ist geschrieben, »damit die Menschen ermutigt werden, an Gottes Macht zu heilen in der Welt von heute zu glauben«, und in der Überzeugung, daß »das Fehlen von Heilungen Zweifel an Jesu Anspruch geweckt hätte, der Messias und der Gottessohn zu sein«, und daß »das Christentum allein dasteht unter den Weltreligionen mit dem Anspruch, durch Gottes Gnade und die Macht des Heiligen Geistes die Fähigkeit zu besitzen, die Kranken zu heilen und Wunder zu tun«. Von dieser Voraussetzung aus werden die Evangelien ohne jede Kritik als zuverlässige Geschehnisberichte beurteilt, und es wird sowohl für die Dämonenaustreibungen wie für die sonstigen Heilungen und für die Totenerweckungen der Evangelien der Nachweis der Augenzeugenschaft geführt (so heißt es zur Erweckung des Sohnes der Witwe von Nain: »Die Geschichte klingt wahr, und es ist schwierig zu sehen, wie sie als zuverlässig festgehalten sein könnte, wenn die Augenzeugen sie unmittelbar widerlegt haben könnten«). Es liegt mir fern, gegen die Überzeugung des Verf.s zu polemisieren, daß »die Zeichen

---

[48] D. J. GOERGEN, The Mission and Ministry of Jesus, 43.105.114f.117.127.151.160. 169f.179.188.193.225.237.239.241.249.254.280.

und Wunder die Grundlage des Gottesreiches aufzeigen«[49], aber auch wer die vom Verf. eingestreuten Berichte über moderne »Glaubensheilungen« als Tatsachenberichte anzunehmen bereit ist, wird zugeben müssen, daß Harper den Verkündigungscharakter der Evangelien zu Unrecht in einen Tatsachenbericht umfälscht (natürlich *bona fide*) und daß darum aus diesem Buch für den Jesus der Geschichte nichts zu lernen ist.

Ein merkwürdiges schmales Buch hat FRITZ NEUGEBAUER über »Jesu Versuchung« als »Wegentscheidung am Anfang« geschrieben, um nachzuweisen, daß »die Überlieferung von Jesu Versuchung ... die Wegentscheidung des Anfangs erkennbar macht«. Er macht zunächst darauf aufmerksam, daß die Überlieferung der Reihenfolge von Weissagung des Täufers auf den Weltenrichter zum »Angriff des Bösen« auf den »Überwinder und Zerstörer alles Bösen« »der Geschichte folgt und nicht einem Schema« und daß nicht »zu erklären nötig ist, ob Jesus [seinen Jüngern] die Erfahrung seiner Versuchung am Anfang erzählt haben könne, sondern begründet werden müßte, warum er sie verschwiegen haben sollte«; überdies zeige das Wort Mk 3,27 (»Niemand kann in das Haus des Starken hineingehen und seinen Hausrat rauben, wenn er nicht vorher den Starken gebunden hat«), daß »den Dämonenaustreibungen Jesu eine einmalige Kraftprobe vorausging, in der Jesus die Oberhand behielt«. Die in Mk 1,13 berichtete »Versuchung des messianischen Gottessohnes« »liegt jenseits vorgegebener Erwartung«, und wir stoßen somit »auf die Spuren der Geschichte in der Überlieferung«. Die minutiöse Untersuchung der »dreifach bestandenen«, d. h. »völlig bestandenen Versuchung« nach dem Bericht von Mt und Lk, auf die ich nur eklektisch eingehen kann, zeigt zunächst, daß Jesus nach der Taufe »nicht seine Offenbarung, sondern die Versuchung erfährt«, wobei deutlich »die Spuren der Ereignisse in die Überlieferung hineinragen« und »eine Anfangserfahrung und Urentscheidung« beschrieben wird, »nicht ein Produkt der Retrospektive«; »Jesus, vom Satan als Sohn Gottes angesprochen«, »antwortet mit dem Subjekt der Mensch«, der »nicht vom Brot allein leben *wird*«, womit »die Vermutung an Wahrscheinlichkeit gewinnt, Jesus habe ... vom Menschensohn gesprochen«. In der zweiten Versuchung, vom Tempelrand herunterzuspringen, »stellt der Sohn den Vater nicht vor vollendete Tatsachen«, und in der dritten Versuchung wird »die reale Versuchung der Macht von Jesus abgewiesen«, sie »trägt die Züge einer aktuellen Konfrontation am Anfang des Weges Jesu«. Es ergibt sich, daß »Jesu Aussagen von der Niedrigkeit seines Weges ... in der Versuchung entschieden werden«, »die Abwehr einer dem eigenen Machtstreben verfallenen Messiani-

---

[49] M. HARPER, The Healings of Jesus, 21.20.130.76.142.

tät bedeutet die Entscheidung für einen Messias, der Herr ist als der Dienende«. Es leidet nun keinen Zweifel, daß diese Untersuchung mit großem Scharfsinn, großer Sachkenntnis und beeindruckender persönlicher Betroffenheit durchgeführt wird; aber bedeutet das auch, daß N. die These erwiesen hat: »Wird die Überlieferung von Jesu Versuchung dem überlieferten Vorgang nicht entfremdet, so macht sie die Wegentscheidung des Anfangs erkennbar«?[50] Zu meinem Bedauern kann ich diese Frage nicht bejahen. Mag die Interpretation der Versuchungsberichte im einzelnen überzeugen (die Eintragung des Menschensohngedankens halte ich freilich für völlig verfehlt), daß die Versuchungsberichte immer wieder Spuren eines für Jesus entscheidenden Anfangs-*ereignisses* erkennen lassen, scheint mit nicht erwiesen, was sich freilich nur an der Nachprüfung der Einzelexegesen nachweisen ließe, und darum kann dieses Buch sicherlich zu einem vertieften Verständnis der Grundhaltung Jesu beitragen; der Nachweis, daß diese Grundhaltung in einem biographisch festlegbaren Anfangserlebnis Jesu gewonnen wurde, ist m. E. von N. nicht erbracht worden.

Das Buch des New Yorker Rabbiners ROY A. ROSENBERG bietet eine sehr wohlgesonnene Schilderung Jesu, die freilich ohne eigentlich historische Methode die synoptischen Berichte als Quellen benutzt und moderne wissenschaftliche Literatur nur ganz sporadisch heranzieht. Nach R. »teilte Jesus mit den Sektenleuten von Qumran die Überzeugung, daß das Zeitalter ›dieser Welt‹ zu Ende gehe«, er hatte »die Lehren des sektiererischen Judentums über den kommenden Erlöser aufgenommen«, seine Ablehnung der Ehescheidung und des Schwörens »ist dieselbe wie die der Essener«. Jesus »sprach in seinem eigenen Namen, ohne . . . seine Lehre von den Weisen der Vergangenheit abzuleiten«, er »verkündete nicht öffentlich, daß er der Messias sei«, und »entwickelte sein eigenes ›mündliches Gesetz‹ . . . eine Reihe von Forderungen, die über das hinausgingen, was die Tora forderte«. Da nach Jesus »der Tora zu gehorchen ist, solange diese Welt existiert«, bestand die Differenz mit den Pharisäern »nur über das ›mündliche Gesetz‹«, Jesus »wurde von den Autoritäten, den Hohepriestern und Pilatus, als Agitator angesehen, den man am besten beseitigen sollte«.[51] Es ist leicht zu sehen, daß R. in diesen (und ähnlichen) Ansichten ebenso Evangelientexten wie der modernen (unbewiesenen) Anschauung vom Zusammenhang Jesu mit Qumran unkritisch folgt und daß so ein Bild Jesu entsteht, in dem Richtiges und Falsches nebeneinander stehen, ohne daß der Leser imstande wäre, die vorgetragenen Anschauungen nachzu-

---

[50] F. NEUGEBAUER, Jesu Versuchung, 4.13.15f.25f.29.37.41.56.61.73.87f.116.18.4.
[51] R. A. ROSENBERG, Who Was Jesus?, 26.92.43.21.91.30f.71.

prüfen. Trotz der sympathischen Grundsteinstellung des Verf.s kann sich auf diese Weise kein geschichtlich gesichertes Bild Jesu ergeben.

Den »Gesichtspunkt des Historikers, nicht des Glaubenden« nimmt dagegen bewußt der amerikanische Philosoph THOMAS SHEEHAN in seinem Buch »Das erste Kommen. Wie das Reich Gottes Christentum wurde« ein, um zur Lösung der theologischen Krisis beizutragen, die entsteht durch »die prima facie erscheinende Diskrepanz zwischen dem, was Jesus von Nazaret offensichtlich von sich dachte (ein besonderer, aber sehr menschlicher Prophet) und was Durchschnittschristen von heute von ihm halten (der göttliche Gottessohn)«. Er beantwortet darum nach einer kurzen, aber guten Skizze der Jesusforschung von der Aufklärung bis zur Gegenwart im ersten Teil die Frage, »wie Jesus lebte und starb«, mit folgenden Resultaten: Jesus, »als erstes Kind eines Zimmermanns namens Josef und einer jungen Frau Mirjam oder Maria in Nazaret geboren«, »predigte und taufte eine Zeitlang im Süden Palästinas in Nachahmung seines Mentors«, des Täufers, was »in gewissem Maße den Bruch mit der herrschenden Orthodoxie bedeutete«, aber nach der Gefangennahme des Täufers »predigte er die Freude von Gottes unmittelbarer und befreiender Gegenwart, Grabgesang hatte Lyrik Platz gemacht«. »Für Jesus war die Vergangenheit vorbei, und die Zukunft hatte schon begonnen«, »der einzigartige, nicht chronologische Sinn von Zeit erklärt, warum Jesu Botschaft so wenig apokalyptische Bildsprache aufweist«. Jesus »identifizierte sich auch nicht mit dem apokalyptischen Menschensohn . . . Wenn er den Ausdruck ›Menschensohn‹ mit Bezugnahme auf sich selbst gebrauchte, benutzte er nur eine geläufige palästinisch-aramäische Umschreibung für ›ich‹. »Es ist auch deutlich, daß Jesus beim letzten Mahl seinen Jüngern versicherte, daß »er trotz Verwerfung und Scheitern in seinem Vertrauen unerschüttert blieb, daß der Vater seine Sendung rechtfertigen werde«, und »der einleuchtende Grund, den die Geschichte gegenwärtig für die Beurteilung Jesu angeben kann, war der, daß er als Verächter der Autorität des religiösen Establishments empfunden wurde«. Soweit feiert in dieser Darstellung Jesu das liberale, eschatologiefreie Jesusbild fröhliche Urständ, dessen Unhaltbarkeit A. Schweitzer nachgewiesen hatte, versetzt mit einigen existentialistischen Einschlägen (»Vergebung, wie Jesus sie predigte«, bedeutete »die Gabe der eschatologischen Zukunft . . . Gott war hier in einer neuen Zeitform [gedacht], the existential present-future«). Man könnte diese Jesusdarstellung einfach als überholt beseite legen, wenn es nicht schon im Zusammenhang der Darstellung der Verkündigung Jesu hieße: »Seine Verkündigung bedeutete den Tod der Religion und des Gottes der Religion und verkündete den Anfang der nachreligiösen Erfahrung: die Abdankung ›Gottes‹ zugunsten seiner Gegenwart unter den Menschen.« Dem entspricht, daß im 2. und 3. Kap. bestritten wird, daß bei der Auferstehung Jesu »etwas geschah«, »›Auferstehung‹ war einfach eine Weise der Jünger, ihre Überzeugung auszudrücken, daß Gott Jesus gerechtfertigt hatte und bald komme, um unter seinem Volk zu wohnen«; »der Anfang des Christentums war Simons deutender *Anspruch*, eine Offenbarung empfangen zu haben, daß die Worte und Taten Jesu endgültig von Gott gerechtfertigt worden seien«. Daraus folgt dann: »Die Alternative zur Erfindung einer Auferstehung ist die Annahme der Tatsache, daß Jesus, unabhängig davon, wo sein Leichnam endete, tot ist und tot bleibt«; Jesu Sendung war, Religion und ihren Gott zu beseitigen und radikales Erbarmen, das Leben der Gegenwart-Zukunft, an die Stelle zu setzen«. Und so ist denn das Christentum, das »das, worum es Jesus ging, zu Jesus selbst umkehrte«, »nicht die einzige Interpretation der Botschaft Jesu und, worüber man diskutieren kann, nicht die beste«; »die absolute Abwesenheit des Propheten und seines Gottes macht schließlich Platz für schweigendes, unangepriesenes, grundloses Erbarmen«, »es kommt darauf an, sich selbst als Frage zu entdecken«.[52] Es ist im Zusammenhang dieses Berichts nicht der Platz, die geschichtliche und vor allem theologische Unhaltbarkeit dieser Wegerklärung der Bedeutung Jesu als einer geschichtlichen Person und eines religiösen Ereignisses aufzuweisen, es genügt die Feststellung, daß Sh. in diesem Buch den »Gesichtspunkt des Historikers«, was die geschichtliche Person Jesu und die Entstehung der christlichen Gemeinde anbetrifft, bestimmt verfehlt hat.

Das letzte zu besprechende Buch aus dem Jahr 1986 ist ein durchaus ungewöhnliches: Der durch seine soziologischen Arbeiten zum Verständnis des Urchristentums vor allem bekannte[53] Heidelberger Neutestamentler GERHARD THEISSEN bietet sein in strenger historischer Forschung gewonnenes Jesusbild in einem doppelten literarischen Rahmen: Einmal wird von Jesus nicht direkt berichtet, er erscheint nur in den Erzählungen eines fiktiven Juden, der von Jesus gehört und ihn nur als Toten am Kreuz gesehen hat; zum andern verteidigt der Verf. sein sich so ergebendes Jesusbild in den den einzelnen Kapiteln angehängten und dem Buch vor- und nachgestellten Briefen an einen ebenfalls fiktiven »Kollegen Kratzinger«. Die Absicht der sich so ergebenden »Jesuserzählung« nennt Th. im einleitenden Brief: »Ich möchte in erzählender Form ein Bild von Jesus und seiner Zeit entwerfen, das sowohl dem derzeitigen Stand der Forschung entspricht als auch für die Gegenwart verständlich ist«, und fügt ausdrücklich hinzu: »In meinem Buch steht nichts, was ich nicht

---

[52] TH. SHEEHAN, The First Coming, 8.5.52.55.53.57.66.82f.198.66.61f.108f.113. 172f.221.173.223.
[53] S. zu diesen Arbeiten Theissens meine Bemerkungen ThR 50 (1985) 343–349.

auch an der Universität gelehrt habe.« Der erste fiktive Rahmen ist leicht
nachzuerzählen: Der jüdische Obst- und Gemüsehändler Andreas aus Sepphо-
ris liegt in einem römischen Gefängnis wegen angeblicher Teilnahme an einer
Demonstration gegen Pilatus; er kommt frei gegen das Versprechen, einen
Bericht über die religiöse Stimmung im Lande zu schreiben, vor allem über die
Essener und Johannes den Täufer. Nach Ablieferung eines Berichts wird er
weiter beauftragt festzustellen, ob Jesus aus Nazaret ein Risiko für den römischen Staat darstellt; bei diesen Recherchen wird er von Zeloten in die Höhle
von Arbela verschleppt und mit Hilfe seines zu den Zeloten gegangenen
Landsmannes Barrabas befreit. Er berichtet seinem römischen »Führer« Meti-
lius über Jesus das, was er verantworten zu können meint, führt mit diesem
und Pilatus Gespräche und hört dabei von der Verhaftung Jesu und der
Freilassung des Barrabas, hört schließlich durch einen Essener Baruch, den er
vorm Verhungern bewahrt hat, von der Entstehung der Urgemeinde. Der
zweite fiktive Rahmen (im letzten Brief wird erklärt, daß der »Kollege Kratzinger« auch ein »Geschöpf meiner Phantasie« ist) verteidigt die methodischen
Voraussetzungen des gebotenen Jesusbildes, wobei mir folgende Feststellungen beachtlich erscheinen: »Die in den Evangelien enthaltenen Jesusüberlieferungen haben einen historischen Hintergrund, was nicht heißt, daß sie mit der
historischen Wahrheit identisch sind«; »die Quellen sagen, daß Jesus mit
großer Wahrscheinlichkeit nicht zur Oberschicht gehörte und daß nicht ›die
Juden‹, sondern ein römischer Beamter für seine Hinrichtung verantwortlich
ist«; »die Geschichte vom Zöllnergastmahl setzt vermutlich Verhältnisse voraus, die zur Zeit Jesu vorhanden waren ... Könnte es also sein, daß die
Überlieferung vom Zöllnergastmahl eine historische Erinnerung gewährt?«;
»die Verheißung [der Ehrenplätze zur Rechten und Linken Jesu] hat kaum
nach Ostern entstehen können«; »ich zweifle, daß das Differenzkriterium prak-
tikabel ist ..., das Unableitbarkeitskriterium ist verkappte Dogmatik ... [Viel-
mehr:] Anspruch auf Echtheit haben Jesustraditionen, wenn sie im Rahmen
des damaligen Judentums möglich sind, aber zugleich einen besonderen Akzent haben, der verständlich macht, daß sich später das Urchristentum aus dem
Judentum entwickelt hat«. Und auch der Anhang über »Die wichtigsten Quellen zu Jesus und seiner Zeit« ist überzeugend. Sieht man auf das in allen
literarischen Formen des Buches, vor allem in den »Berichten« des »Andreas«
über Jesus Erzählte, so ergibt sich ein m. E. überzeugendes Jesusbild, aus dem
ich nur wenige Gedanken hervorheben möchte: Jesus »will die Gesetze ändern, dazu noch in unrealistischer Weise«; das Reich Gottes ist »keine rein
geistliche Größe ... Jesus erwartet politisch radikal veränderte Verhältnisse,
aber nicht, daß sie durch politische Veränderungen realisiert werden«; Ursache
für den Tod Jesu »sind die Spannungen zwischen Juden und Römern ..., aber

auch die Spannungen zwischen Aristokratie und einfachem Volk«.[54] Angesichts solcher überzeugenden Feststellungen ist es begreiflich, daß das Buch rasch warm begrüßt worden ist.[55] Ich kann mich solcher Empfehlung leider nur eingeschränkt anschließen. Nicht darum, weil in dem gebotenen Jesusbild mancherlei fehlt (die Naherwartung Jesu, sein persönlicher Anspruch, seine Heiltätigkeit, die Auseinandersetzung mit Pharisäern und Gesetzeslehrern), wohl aber darum, weil es dem nicht informierten Leser kaum gelingen kann, die sorgfältig (auch unter Hinweis auf zahlreiche Quellenbelege) erarbeiteten Feststellungen über Jesus und die Umwelt säuberlich vom fiktiven Rahmen zu trennen, vor allem aber darum, weil es mir verfehlt erscheint, mit Hilfe einer großen Zahl von erfundenen Personen und unter Hinweis auf eigene (der Verf. bekennt sich als »durch die rebellische Zeit von 1968 geprägt«) und erdachte Erfahrungen (das Zusammentreffen mit dem Kollegen Kratzinger »auf der jüngsten Neutestamentlertagung«) eine Darstellung Jesu zu bieten, die den (berechtigten) Anspruch auf wissenschaftliche Fundiertheit erhebt. Aber das ist natürlich ein subjektives Urteil.

Im Jahr 1987 sind drei Aufsatzsammlungen erschienen, die umfangreiche Abschnitte zur Jesusforschung enthalten und die ich zweckmäßigerweise zusammen vorausnehme. In drei Aufsätzen sucht OTTO BETZ Evangelientexte mit Hilfe von Qumrantexten verständlicher zu machen. Die in Qumran besonders lebendige Vorstellung vom »Heiligen Krieg« zeigt sich nach B. bei Jesus in dem »Stürmerspruch« Mt 11,12 (die Gewalttäter »sind sowohl feindliche Geistermächte als auch irdische Machthaber«), Jesus sucht dem »Starken [d. h. Belial] schon jetzt seine Beute abzujagen«; nach B. spricht ein Text aus den Hodajot »für die palästinische Herkunft« des Wortes von Petrus als Felsenmann (Mt 16,18) – beides dürfte richtig sein, führt aber nicht wesentlich über das schon Bekannte hinaus; die Deutung von Mt 24,51 (»der Herr wird ihn zweiteilen«) mit Hilfe eines Qumrantextes ist weniger überzeugend und betrifft schwerlich einen auf Jesus zurückgehenden Text. Zwei Aufsätze befassen sich mit Jesu »messianischem Selbstbewußtsein«. Einerseits stellt B. fest: »Das Bewußtsein seiner futurischen Messianität und die Integration des Messiasgedankens in das Bild des apokalyptischen Menschensohns war nach [A.] Schweitzer Werk des historischen Jesus. Man wird diesem Urteil kaum widersprechen können«; andererseits nimmt B. an, daß »Jesu Messiasbewußtsein den Schlüssel zum Verständnis seines irdischen Wirkens darstellt« und daß

---

[54] G. THEISSEN, Der Schatten des Galiläers, 11.97.108.166.195, Anm. 41.199.79.136. 239.

[55] Ich weise hin auf die mir bekannt gewordenen Rezensionen von L. FLAIG, Frankfurter Allgemeine Zeitung, 24. 3. 1987, S. 8; CH. MACHALET, EvErz 38 (1987) 229f.; W. NEIDHART, ThZ 43 (1986) 300; W. TRILLING, ThLZ 112 (1987) 437ff.

»das messianische Handeln Jesus ans Kreuz gebracht hat«.[56] Demgegenüber
wird man fragen müssen, ob man von Jesu *messianischem* Selbstbewußtsein
sprechen kann, aber im wesentlichen haben beide Aufsätze recht. Zwei Aufsätze betreffen den Schriftgebrauch Jesu; ich frage mich freilich, ob B. nicht in
zu vielen Fällen einen Einfluß von »Jesu Lieblingspsalm« 103 entdecken
möchte; und daß man den von Jesus gebrauchten Brotsegen rekonstruieren
könne, scheint mir nicht erwiesen. Am bedeutsamsten ist m. E. der abschließende Aufsatz »Jesu Evangelium vom Gottesreich« mit seiner Neubegründung der Annahme, daß Jesus sich »im Sinne der Stellen Jes 52,7; 61,1 f. als ein
mebasser [Freudenbote] verstanden hat«.[57] Trotz mancher Überzeichnungen ist
aus diesen Untersuchungen von O. Betz viel für das Verständnis Jesu zu
lernen.

Die aus den letzten acht Jahren stammenden Aufsätze von HELMUT MERK-
LEIN ergänzen sein früher von mir besprochenes Buch »Die Gottesherrschaft
als Handlungsprinzip« (1978)[58] und das im folgenden Berichtsteil noch zu
besprechende Buch »Jesu Botschaft von der Gottesherrschaft« (1983).[59] In dem
Aufsatz » Die Umkehrpredigt bei Johannes dem Täufer und Jesus von Nazaret« zeigt M., daß Johannes »die Umkehrforderung nicht nur zeitlich radikalisiert«, »ganz Israel gehört zur Menge der Sünder«, aber die Umkehrforderung
wird »nicht durch die Forderung der Rückkehr zur Tora konkretisiert«; auch
nach Jesus »haben alle Umkehr nötig«, auch bei Jesus »wird nicht zur Rückkehr zur Tora gerufen«, Umkehr »setzt [aber] das ausgeschlagene Heil voraus«, »Umkehr ist Leben aus dem geschenkten Heil« und »nicht mehr mit dem
Umkehrbegriff der zeitgenössischen Sprachkompetenz zu fassen«. Das ist
ebenso überzeugend wie die Antwort auf die Frage: »Politische Implikationen
der Botschaft Jesu?« (»Die Gottesherrschaft betrifft und verwandelt auch nach
Meinung Jesu die irdische Wirklichkeit«, aber angesichts der »unmittelbaren
zeitlichen Nähe« der Gottesherrschaft »liegt der Entwurf sozialer und politischer Veränderungsstrategien alles andere als nahe«) und wie die Ausführungen über »Basileia und Ekklesia« (»Jesu Verkündigung zielt auf die Sammlung ... des eschatologischen Israel«, nach Ostern »weitet sich das escha-

---

[56] Diese (einseitige) Deutung des Prozesses Jesu hat O. Betz auch in seinem Beitrag
zu dem Sammelband ANRW II, 25, 1 über »Probleme des Prozesses Jesu« vertreten,
s. meinen Hinweis in ThR 52 (1987) 405.

[57] O. BETZ, Jesus. Der Messias Israels, 89.95.125.137.157.168.185.239. Der Aufsatzband soll als ganzer von anderer Seite besprochen werden.

[58] S. ThR 47 (1982) 481–484.

[59] Zwei Aufsätze habe ich früher besprochen: zu »Erwägungen zur Überlieferungsgeschichte der neutestamentlichen Abendmahlstradition« s. ThR 47 (1982) 158 f.; der Aufsatz »Zur Entstehung der urchristlichen Aussage vom präexistenten Sohn Gottes« gehört nicht in den Zusammenhang dieses Berichts, s. den Hinweis ThR 48 (1983) 119.

tologische Israel zum Gottesvolk der Kirche, das Juden und Heiden umfassen soll«). Gegen die Aufsätze über den »Tod Jesu als stellvertretender Sühnetod« (»Es ist glaubwürdig, daß Jesus seinen zu erwartenden Tod als Lebenshingabe für ›die Vielen‹ im Sinne der Gottesknechtsüberlieferung von Jes 53 gedeutet hat«) und über »Die Auferweckung Jesu und die Anfänge der Christologie« (»Jesus hat vom Menschensohn gesprochen – ohne sich direkt damit zu identifizieren«)[60] habe ich dagegen Einwände zu erheben. Den Aufsatz »Jesus, Künder des Reiches Gottes«, der nach dem Vorwort des Buches »ein Gesamtbild der Botschaft des historischen Jesus zu erstellen versucht«, möchte ich schließlich als eine vorzügliche Zusammenfassung unseres Wissens über Jesu Botschaft bezeichnen, wobei meine seinerzeit gegen Merkleins Buch von 1978 erhobenen Einwände m. E. weiterhin gelten. Im ganzen ist aus Merkleins sehr gut begründeten Untersuchungen Wesentliches zu lernen.

Zahlreiche in diesem Bericht besprochene Bücher befaßten sich mit der Frage nach dem Verhältnis Jesu zum Judentum seiner Zeit (Lapide, Riches, Vermes, Volken, Falk, Sanders, Rosenberg).[61] Diese Frage hat auch seit langem FRANZ MUSSNERS exegetische Arbeit beherrscht und zu seinem »Traktat über die Juden« (1979)[62] geführt, dem M. nun eine Aufsatzsammlung (»Die Kraft der Wurzel«) hat folgen lassen, deren umfangreichster Teil »Jesus« behandelt. Die sieben unter dieser Überschrift veröffentlichten Aufsätze, von denen nur einer vorher veröffentlicht war, befassen sich sowohl mit der Verkündigung Jesu selber wie mit der Reaktion der Urkirche auf Jesus und werden zweckmäßigerweise zusammen besprochen. Mit Recht macht M. darauf aufmerksam, daß »Jesus die Grenze [zwischen Juden und Heiden] voll respektiert« und den »Willen zur Wiederherstellung des Gottesvolkes« durch die Aussendung der Zwölf manifestiert, ferner daß »die Gesetzesfrage« und »die ›Tempelreinigung‹ im Religionsprozeß des Hohen Rates gegen Jesus überhaupt keine Rolle spielen«. Noch wichtiger sind die Feststellungen, daß Jesu Einstellung zur Reinheitsfrage »ihn aus dem Rahmen des Judentums fallen ließ«, daß »die Sabbathalacha Jesu aus seinem Autoritätsbewußtsein geboren«, ist, daß Jesu Sich-Stellen »nicht neben den Tempel, sondern über ihn« und sein »Anspruch auf die Vollmacht der Sündenvergebung aus dem Rahmen der jüdischen Überzeu-

---

[60] H. MERKLEIN, Studien zu Jesus und Paulus, 114f.121f.124.195.198.209.210f. 183f.244. V.

[61] Nur anmerkungsweise kann ich hier auf zwei wichtige hergehörige Aufsätze hinweisen: U. LUZ, Jesus und die Pharisäer, Jud. 38 (1982) 229–246 weist auf die quellenmäßigen Schwierigkeiten beim Versuch hin, Jesu Beziehung zu den Pharisäern zu bestimmen; D. J. HARRINGTON, The Jewishness of Jesus: Facing Some Problems, CBQ 49 (1987) 1–13 bietet einen guten Überblick über den Diskussionsstand.

[62] S. den Hinweis auf einen Abschnitt dieses Buches in ThR 45 (1980) 309f.

gungen« fallen und daß »im Prozeß gegen Jesus von Nazareth vor dem Hohen
Rat jüdische Glaubensüberzeugung gegen den Anspruch eines Handwerkers
aus . . . Nazareth stand«. Problematisch dagegen sind m. E. M.s Meinungen,
»daß man nicht daran zweifeln sollte, daß Jesus seinen Tod . . . als stellvertretenden Sühnetod ›für die Vielen‹ verstand« und daß »die Frage: Hat Jesus die
Kirche gewollt? . . . mit ›Ja‹ beantwortet werden« müsse. Was die Reaktion der
Urkirche auf Jesus anbetrifft, scheinen mir die Feststellungen wichtig zu sein,
daß »man in der Urkirche in Jesus so etwas wie einen Weisheitslehrer sah« und
daß »sich für den Christen . . . am Begriff ›Erlösung‹ das Neue zeigt, das durch
Jesus in die Welt gekommen ist«.[63] Als mißverständlich muß ich schließlich die
kurzen Ausführungen über die Frage »Warum mußte der Messias Jesus ein
Jude sein?« ansehen. Aber diese wenigen Einwände mindern das Urteil nicht,
daß auch Mussners Aufsatzsammlung eine wesentliche Hilfe zum Verständnis
des Jesus der Geschichte leistet.

Das Jahr 1987 hat neben diesen Aufsatzsammlungen drei zusammenfassende Darstellungen Jesu gebracht, auf die noch hinzuweisen ist. Der relativ
kurze Jesusabschnitt von CHRISTOPH BURCHARD im Rahmen einer Geschichte
des Urchristentums[64] geht von der Vermutung aus, daß »die Jesusbewegung
mit einer Sezession unter den Johannesjüngern . . . begann« und daß Jesus
»Johannes bei vielen Menschen, an die Jesus sich später wandte, voraussetzen
konnte«, doch war für Jesus »die Königsherrschaft Gottes teils schon Wirklichkeit, teils Verheißung«; »wer bewußt Anhänger Jesu wurde, traf eine Entscheidung nicht angesichts der Gottesherrschaft, sondern unter ihr«. Für Jesus
»galt die Tora, wo er nichts gesagt hatte«, »mit dem Scheidungsverbot verschärfte Jesus die Tora . . ., aber er setzte sie nicht außer Kraft«, »die Unterscheidung von heilig und profan ist [mit der Feststellung, daß den Menschen
nur verunreinigt, was aus ihm kommt] nicht aufgegeben«. Jesus geht es »um
die Integrität Israels«, »Jesuskreise . . . waren nicht angestrebt«, »die Verhältnisse zu ändern hat Jesus nicht verlangt«. Es ist »denkbar, daß Jesus die
Himmelsgestalt [des Menschensohns] ankündigte« und »sich als irdische Paral-
lelgestalt des Menschensohns verstanden« hat, »als Titel . . . eignete sich ›der
Sohn des Menschen‹ nicht gut«. Wahrscheinlich ist, »daß Jesus nach Jerusalem
ging, weil er . . . seinen Auftrag im Süden fortsetzen wollte«, und »es kann
durchaus sein, daß er auf einen gewaltsamen Tod gefaßt war« und daß »Jesus
die Jünger in der Nacht, da er verraten ward, nur auf seinen Tod vorbereitete.
Dann war es ein Abschiedsessen«. »Jesus ist keine Gerechtigkeit widerfahren,

---

[63] F. MUSSNER, Die Kraft der Wurzel, 117f.127f.102.109.107.138.136.85.148.78.150.

[64] Burchard hatte schon 20 Jahre früher einen Jesusartikel im »Kleinen Pauli« veröffentlicht (s. ThR 41, 1976, 230). Vgl. auch ThR 47 (1982) 486.

aber ein Justizmord war es auch nicht.«[65] Das ist alles weitgehend überzeugend, auch wenn Jesu Torakritik allzusehr beiseitegeschoben, der Gebrauch des Menschensohntitels doch wohl verharmlost wird und die ethische Verkündigung Jesu zu kurz kommt. Im ganzen aber darf Burchards Jesusdarstellung als zutreffend und gut informierend bezeichnet werden.

Der »Jesus-Christus«-Artikel der TRE von EDUARD SCHWEIZER enttäuscht insofern, als nur die letzten 15 (von 54) Seiten vom Jesus der Geschichte handeln; aber das entspricht der Tatsache, daß die TRE unter dem Stichwort »Christologie« auf »Jesus Christus« verweist. Dementsprechend bietet Sch. auf den ersten 39 Seiten nach einem kurzen »hermeneutischen Einstieg« eine vorzügliche, aber sehr komprimierte Darstellung der Christusvorstellungen in den Glaubensformeln und Hymnen und der einzelnen ntl. Schriften, auf die hier nicht einzugehen ist.[66] Es sei nur darauf hingewiesen, daß Sch. mit Recht als die hermeneutische Grundfrage ansieht, ob man von dem Bekenntnissatz der frühen Gemeinde [»daß der Mensch Jesus von Nazareth der Christus Gottes, wie umgekehrt, daß der Christus Gottes ein ganz bestimmter Mensch in seiner Einmaligkeit ist«] ausgehen soll oder von dem, was sich geschichtlich vom irdischen Wirken und Erleben Jesu erkennen läßt«; seine Antwort lautet: »Man könnte . . . methodisch bei der Geschichte Jesu einsetzen; eindeutiger und chronologisch der Entstehung des Neuen Testaments adäquater ist der Einsatz beim Kerygma«, aber ebenso: »Kerygma und Bericht vom Leben, Sterben und Auferstehen Jesu gehören zusammen« (oder noch deutlicher in der engl. Vorlesung: »Der irdische Jesus ist in der Tat das Kriterium alles Glaubens, vorausgesetzt daß 1) seine Kreuzigung und seine Begegnung mit den Jüngern nach Ostern betont eingeschlossen sind und daß 2) das Kerygma von Gottes einzigartiger Gegenwart in ihm die Grundlage unserer Annäherung ist«). Sch. betont weiter mit Recht sowohl, daß sich »Glaubensformel und Berichterstattung nicht auf verschiedene Gemeinden verteilen lassen«, daß »von Anfang an vom Wirken Jesu zwischen Geburt und Tod erzählt worden ist«, wie daß »die ganze Tradition uns ein erstaunlich deutliches Bild von Jesu Person und Werk bietet«. Bei der Darstellung der Verkündigung Jesu ergibt sich, daß »die Herrschaft Gottes für Jesus zunächst eine zukünftige Größe ist«, daß aber Jesus »von allen andern die Überzeugung abhebt von der mit ihm hereingebrochenen Gegenwart der Gottesherrschaft«. »In schockierender Freiheit gegenüber dem Wortlaut der Gebote läßt Jesus nur den dahinter stehenden Willen Gottes selbst gelten«, wobei »die in Jesus

---

[65] CH. BURCHARD, Jesus von Nazareth, 19f.23.26.28.42.47.50.33.32.52.56.55.

[66] Die in Amerika gehaltenen Vorlesungen über »Jesus Christ« vertreten naturgemäß dieselben Anschauungen, sind aber, weil nicht im gleichen Umfang auf strittige Fragen und Literatur verwiesen wird, leichter lesbar. Ich gehe hier nicht getrennt auf dieses

hereingebrochene Gottesherrschaft die Basis und Kraft [von Jesu Ethik] ist«.
Für Sch. »ist zur Zeit das Problem des Menschensohns unlösbar«; er hält »für
möglich, daß Jesus den an ihn herangetragenen [Messias-]Titel nicht abgelehnt, aber auch nicht ohne Einschränkung akzeptiert hat«, Jesus hat »die
bereitliegenden jüdischen Hoheitstitel nicht aufgenommen, weil erst die ge-
glückte Begegnung mit ihm sie mit Sinn füllte«.. Er »hat als der gelebt, dessen
Beziehung zum Vater einzigartig war«, »wahrscheinlich stand die Offenheit
Jesu für Gottes Zukunft und die Bereitschaft für seine Mitmenschen über
seinem Todesgang wie über seinem übrigen Handeln«. Auch wenn man natürlich gelegentlich anderer Meinung sein kann als Sch. (in der Menschensohnfrage urteile ich anders, und die Anschauung, »daß es sich nicht abschließend
formulieren läßt, was das Gleichnis besagt«, halte ich für Spekulation)[67] und
auch wenn bedauerlicherweise die geforderte Kürze den Verf. immer wieder zu
allzu komprimierten Formulierungen zwingt, darf diese Darstellung Jesu uneingeschränkt als vorzüglich bezeichnet und ihr sorgfältiges Studium empfohlen
werden.

HEINZ ZAHRNT, der im Zusammenhang der Diskussion über den Neubeginn der Frage nach dem Jesus der Geschichte in einem Taschenbuch (»Es
begann mit Jesus von Nazareth«, 1960) die methodische Problematik dieser
Frage gut dargestellt hatte[68], hat ein Menschenalter später ein Jesusbuch geschrieben, weil man »von Jesus aus Nazareth erzählen muß«, »kein Leben Jesu
im Sinne eines Lebenslaufes, wohl aber ein Bild seines Lebens«. Z. weiß, wie
er in den das Buch abschließenden »historisch-kritischen Exkursen« feststellt,
daß »es nicht möglich ist, ein Leben Jesu zu schreiben«, aber ebenso, daß »das
Christentum für alle Zeiten auf die Geschichte Jesu von Nazareth angewiesen
bleibt«; darum »kommt es auf die Erfassung und Weitergabe seines überall
zugrunde liegenden und durchscheinenden Wesens und Wollens an«; denn
»natürlich kann die Historie niemals feststellen, daß Gott in der Geschichte
Jesu von Nazareth gehandelt hat«, wohl aber »kann und muß sie, indem sie
aufzeigt, wer Jesus gewesen ist, was er gewollt und wie er sich verhalten hat,

---

Buch ein. Zur Ergänzung des hermeneutischen Abschnitts des TRE-Artikels ist auch
zu verweisen auf den in Anm. 3 des Teils I dieses Berichts genannten Aufsatz von
E. Schweizer.

[67] E. SCHWEIZER, Jesus Christus, 671.676.723. Jesus Christ 12.684.683. Jesus Christ
13.712.717.719.713.722.724.722.721. – Die Aufteilung der reichen Literaturangaben auf
das Ende der einzelnen Abschnitte und des ganzen Artikels macht das Auffinden mühsam. Wenn ich infolgedessen nichts übersehen habe, fehlen merkwürdigerweise neben
Unwichtigem folgende Titel: E. BAMMEL – C. F. D. MOULE (Hgg.), Jesus and the
Politics of His Day, 1984; TH. BOMAN, Einer namens Jesus, 1981; L. VOLKEN, Jesus der
Jude und das Jüdische im Christentum, 1983.

[68] S. den Hinweis in ThR 31 (1965/66) 21.

den von ihm erhobenen Offenbarungs*anspruch* aufdecken, falls er einen solchen
erhoben hat . . . Denn dieser Offenbarungsanspruch . . . muß auf ihn selbst
zurückgehen und seinen Grund in seinem eigenen Verkündigen und Verhalten
haben. Anders machte man den Glauben der Gemeinde . . . zur entscheidenden
Offenbarungsquelle.« Und Z. fügt ausdrücklich hinzu: »Es ist eine Illusion zu
meinen, man könne von Jesus reden und dabei den Namen Gottes verschweigen.« Von diesen Voraussetzungen aus schildert Z. nach einer Skizze der
Umwelt Jesu unter breiter Anführung evangelischer Texte in lebendiger Sprache die Verkündigung und das Wirken Jesu, seinen Prozeß und Tod, schließlich die Entstehung des Auferstehungsglaubens und der Urkirche. Er hält sich
dabei weitgehend an die Reihenfolge des Markusevangeliums, fügt dem aber
nicht nur den Stoff der beiden anderen synoptischen Evangelien, sondern auch
wiederholt johanneische Texte ein, die so einfach als Geschichtsberichte erscheinen (Nikodemosgespräch, Verhandlung vor Pilatus, Besuch von Griechen bei Jesus, Blindenheilung in Joh 9, ein Jesuswort wie Joh 6,37). Auch
einige synoptische Texte, deren Geschichtlichkeit weitgehend bezweifelt wird,
werden ohne weiteres in die Erzählung einbezogen (Antrittspredigt in Nazaret
nach Lk 4, Speisung der 5000), und nur ganz selten wird darauf hingewiesen,
daß die Geschichtlichkeit eines Textes zweifelhaft ist (»Längst nicht alle Worte
[der Bergpredigt] stammen von ihm selbst; viele sind erst später von seiner
Gemeinde geprägt und ihm in den Mund gelegt worden«; das Gleichnis von
den bösen Winzern »hat die Gemeinde erst später von Jesus erzählt«; »die
sieben Kreuzesworte bieten sicher keine wörtlich zuverlässige Überlieferung«); und trotz der genannten Einbeziehung des johanneischen Berichts
über den Prozeß vor Pilatus erklärt Z.: »Der Prozeß Jesu läßt sich in seinem
Verlauf nicht mehr genau rekonstruieren.«

In diesem auffällig unkritischen Rahmen bietet ZAHRNT eine weitgehend
sehr überzeugende Darstellung der Verkündigung Jesu, von der ich nur wenige Beispiele nennen kann: »Jesus scheint nur ›aus sich selbst‹ zu reden . . .
Seine Legitimation ist einzig die Macht seines Wortes«; »Gott zur Sprache zu
bringen – dazu weiß Jesus sich beauftragt und ermächtigt«; »Jesus war wohl
ein frommer Jude, aber er war kein jüdischer Patriot«, »Jesus ist kein Reformjude – seine Botschaft enthält grundsätzlich Neues«; »Jesus hebt [mit Mk 7,15]
das ganze auf Mose zurückgeführte Zeremonialgesetz . . . aus den Angeln«,
»die Schriftgelehrten und Pharisäer fragen nach der Praktikabilität eines Gebots, Jesus dagegen nach Gottes ursprünglicher Absicht«; und obwohl nach
Z. »Jesus ohne Titel, Amt oder großen Namen Gott vor den Menschen
vertritt«, gesteht Z. doch zu, daß Jesus »den Menschensohntitel als Selbstbezeichnung bevorzugt hat«; Jesus »hat damit gerechnet, daß die derzeit lebende
Generation bereits die letzte sei«, und somit »hat Jesus sich, was den Zeitpunkt

des endgültigen Anbruchs des Reiches Gottes betrifft, verschätzt«, »damit
wird die Frage nach dem Zeitpunkt des endgültigen Eintreffens des Reiches
Gottes ... gleichgültig«; »in Jesu Freundschaft mit den Zöllnern und Sündern
bildet sich Gottes Menschenfreundlichkeit ab«; »Jesus selbst hat das Todesgeschick durch sein Verkündigen und Verhalten provoziert ..., er mußte damit
rechnen, seine Botschaft mit seinem Leben bezahlen zu müssen«. Diese wenigen Beispiele dürften zeigen, daß Z.s Darstellung der Verkündigung und des
Wirkens Jesu eindrücklich und überzeugend genannt werden darf. Doch muß
ich in zweierlei Hinsicht Bedenken anmelden: Schon bei der Besprechung der
jüdischen Gesetzesauffassung heißt es: »Die Erfüllung des Gesetzes insgesamt
wurde aus einer Lust zu einer Last, zu einem drückenden Joch«, alles in allem
war es eine mühselige Religion, in der der Buchstabe mehr galt als der Geist«;
»bezeichnend für die zeitgenössische jüdische Frömmigkeit war nicht die Nähe
Gottes, sondern seine Ferne«. Diesem Bild der zeitgenössischen jüdischen
Religion wird Jesu Botschaft gegenübergestellt: »Wo Liebe, als Gottes- und
Nächstenliebe unlösbar miteinander verkoppelt, zum entscheidenden Motiv
und Maßstab des menschlichen Verhaltens wird, dort ist der ursprüngliche
Sinn von Gottes Gebot wiederhergestellt. Zugleich wird damit aber auch die
zeitgenössische jüdische Gesetzesfrömmigkeit nach Wesen und Praxis in ihrem
Kern getroffen«; »am Anfang des Weges zu Gott steht nicht die unbedingte
Forderung Gottes ... und damit eine Leistung des Menschen, sondern die
unbedingte Zusage Gottes ... und damit Gottes Gnade. Diese Umkehrung
markiert Jesu entscheidenden Überstieg über das zeitgenössische Judentum.«
Daß dieses Bild der jüdischen Religion zur Zeit Jesu eine Verzeichnung darstellt, hat die neuere Forschung christlicher und jüdischer Forscher nachgewiesen; und gerade wenn man – wie ich es tue – der zitierten Anschauung Z.s
zustimmt, daß »Jesus kein Reformjude war«, sondern »seine Botschaft grundsätzlich Neues enthält«, muß man bedauern, daß Z. in seinem Bild des Judentums und damit auch des Gegensatzes Jesu zu diesem Judentum, dem er
entstammt und in vielem verbunden bleibt, einer falschen, überholten Anschauung verhaftet ist. Und noch ein zweites Bedenken muß ich anmelden:
wenn Z. im Laufe seines Berichts über den Menschen Jesus sagt: »Darum ist
Jesus nicht bloßer Mensch, sondern der wahre Mensch« oder »So betrachtet,
bedeutet das Todesgeschick Jesu von Nazareth die Erfüllung der Religionsgeschichte«[69], so erkennt der theologisch Vorgebildete sofort, daß es sich in

---

[69] H. ZAHRNT, Jesus aus Nazareth, 9f.278.275.284.282f.10.89ff.214ff.191.132.107.
133.123.164.184.296.291.67.70.82.161.157.117.78.181.94f.114.75.26.37.72.154.75.228.   –
Irrtümlich wird S. 178 die Dekapolis als »westlich« von Galiläa gelegen bezeichnet.
Bedauerlich ist, daß Z., dessen Kenntnis der neueren Forschung der Kenner immer
wieder bemerkt, dem Leser keinerlei Hinweis auf andere Literatur gibt.

diesen (und ähnlichen) Sätzen um Glaubensaussagen, nicht um historische
Urteile handelt. Aber der so nicht vorgebildete Leser hätte m. E. darauf aufmerksam gemacht werden müssen, daß der Verf. in diesen Fällen seine Glau-
bensanschauung in seinen Bericht einfließen läßt. Aber so wenig diese Einwände verschwiegen werden durften, so sehr gilt im übrigen von diesem
Buch, was ich oben zu dem von M. Gourges gesagt habe: Zahrnt hat »eine
erbauliche Interpretation der geschichtlich geprüften Evangelienberichte« geschrieben, deren Lektüre durchaus hilfreich ist.

Nach Fertigstellung dieses Berichts sind mir noch zwei Ende 1987 erschienene Arbeiten bekannt geworden, auf die ich zum Schluß hinweisen möchte.
OTTO BÖCHER informiert in dem »Johannes der Täufer«-Artikel der TRE
vorzüglich darüber, was die Quellen uns über Johannes berichten und was sich
nach kritischer Prüfung über die Person des Täufers und seine Nachwirkung
sagen läßt. Nach B. hat der Täufer, der »am ehesten als jüdische Prophetenge-
stalt« aufzufassen ist, »sich selbst als Elias redivivus verstanden«, seine Predigt
»gruppiert sich um die Vorhersage des Messias und seines Gerichts, um die
Ankündigung des Heils für die Frommen und des Unheils für die Frevler
sowie um die Forderung eines Wandels nach den Forderungen Gottes«. »Aus
der spätestens im 1. Jh. v. Chr. entstandenen Proselytentaufe . . . wird bei Johannes der Initiationsritus für die Zugehörigkeit zum wahren . . . Israel der
Endzeit«, »den Geist glaubte Johannes vermutlich selber mit Hilfe seiner
eschatologischen Wassertaufe zu vermitteln«, »vermochte aber die von ihm
angekündigte messianische Gestalt nicht in Jesus zu erkennen«. Jesus »hat
seinen Lehrer hoch verehrt« und »wesentliche Elemente von Lebensstil und
Botschaft Johannes des Täufers übernommen; dazu gehören vor allem Ehe-
und Heimatlosigkeit«. Zunächst wurden in der Urkirche »Johannes und Jesus
als Prophetenpaar angesehen«, aber »allmählich hat die Jesusbewegung mit
ihrer Christologie die Täuferverehrung zurückgedrängt«, und »die Johannestaufe wird im Neuen Testament . . . entsakramentalisiert«. »Dennoch ist die
christliche Taufe das wichtigste, bis heute lebendige Erbe Johannes des Täufers.« Nun habe ich gegen die Rückführung der Johannestaufe auf die Proselytentaufe und erst recht auf deren Datierung ins 1. vorchristliche Jh. starke
Bedenken, auch scheint es mir fraglich, ob der Täufer mit der Taufe den Geist
zu vermitteln glaubte und ob »der gewaltsame Tod des Johannes . . . Jesus als
Legitimation der göttlichen Sendung des Täufers gegolten haben dürfte«.[70]

---

[70] O. BÖCHER, Johannes der Täufer, 173, 25f.31; 176, 15–18; 172, 48–51; 175, 26f;
177, 29f.28; 178, 1–3.25.35f.; 179, 43f.; 178, 44f.; 177, 51f. – Auf den TRE-Artikel über
»Joseph (Mann Marias)« von E. PLÜMACHER (Bd. 17, 245f.) weise ich nur hin.

Aber im übrigen bietet B. eine ausgezeichnete Hilfe zum Verständnis des Täufers und seiner Bedeutung für Jesus und das Urchristentum.

Das Buch des Soziologen MICHAEL N. EBERTZ führt durch seinen Titel »Das Charisma des Gekreuzigten« in die Irre; denn vom Gekreuzigten ist nur ganz am Schluß des Buches in wenigen Sätzen die Rede, das Buch handelt vielmehr von Jesus und der »Jesusbewegung« als »soziologischer Eingriff in eine Domäne der Theologie«. Selbstverständlich ist gegen soziologische Fragestellungen gegenüber dem NT und dem Urchristentum nichts einzuwenden[71], der Verf. hat sich auch mit einer umfangreichen historischen und theologischen Literatur vertraut gemacht. Freilich machen der ständige übermäßige Gebrauch von Fremdwörtern und Fachausdrücken[72], komplizierte und überlange Sätze, die man »konstruieren« muß, um sie verstehen zu können[73], der durchgehende Wechsel zwischen dem (herabsetzend klingenden) »der Jesus« und dem normalen »Jesus« und ärgerliche Fehler[74] die Lektüre dieses Buches für den Theologen mühsam, doch darf sich das Urteil über den wissenschaftlichen Wert des Buches durch solche formalen Einwände nicht beeinflussen lassen. Nach einer methodologischen Diskussion über den von Max Weber übernommenen Begriff der »charismatischen Herrschaft«, die der soziologisch nicht Vorgebildete weder verstehen noch beurteilen kann, erörtert E. den Charakter der »charismatischen Gruppe um Jesus von Nazareth« und den politischen, den »sozioökonomischen« und den »sozioreligiösen Kommunikations- und Handlungszusammenhang« dieser Gruppe, um unter der Überschrift »Kontercharismatische Prozesse« mit kurzen Bemerkungen über den Widerstand gegen Jesus zu schließen. Ordnet man die in diesen vier Kapiteln geäußerten Gedanken (unter Beiseitelassen der im ganzen überzeugenden Ausführungen zur politischen, sozialen und religiösen Lage Palästinas und besonders Galiläas zur Zeit Jesu) sachlich zusammen, so ergeben sich in Kürze

---

[71] Vgl. meinen Literaturbericht »Zur Sozialgeschichte der Urkirche« in ThR 50 (1985) 327–363 und H.-J. VENETZ, Der Beitrag der Soziologie zur Lektüre des Neuen Testaments, ThBer 13 (1985) 87–121.

[72] Ein Beispiel (S. 241): »Daß eine solche von der Jesusbewegung vertretene Normmanipulation tendenziell eine Individuierung und Situativierung, eine radikale Entinstitutionalisierung und Entrechtlichung des religiösen Normengefüges bedeutete, da sich das Liebesgebot der Ausbildung von Tatbestandsdifferenzierungen und Normkodifizierungen sowie der Normierung von Sanktionsinhalten und -verfahrensweisen sperrt, . . . liegt auf der Hand«.

[73] Vgl. etwa S. 112, Z. 11 v. u. – 113, Z. 8.

[74] Wiederholt wird »textkritisch« fälschlich statt »literarkritisch« oder »Geschichtskritik« gebraucht (53; 220, Anm. 153; 248, Anm. 302); ab S. 19 wird 'am-ha-'ares immer falsch mit doppeltem »'« umschrieben, im Register umgekehrt falsch mit doppeltem »'«; S. 203, Z. 1 steht falsch paidaía statt des in Anm. 32 richtig umschriebenen paideía; S. 236 steht zweimal nēpioi statt nēpioi.

folgende Erkenntnisse: »Die Geschichte der charismatischen Gruppe um Jesus von Nazareth« setzt voraus, daß Jesus »so etwas wie eine ›charismatische Karriere‹ hinter sich hatte«. Für den »– möglicherweise unehelichen – Sohn kinderreicher Eltern« (einerseits heißt es »unter dieser – historisch ungesicherten – Annahme«, andererseits »soll diese nicht undelikate Frage ... hier als solche stehen bleiben«) »gibt es angesichts seiner späteren Konversion in die Johannesbewegung ... gute Gründe, nicht davon auszugehen, daß die Erfahrung seiner Mitmenschen, seiner Welt und damit seiner selbst in dauerhafter Fraglosigkeit und Ungebrochenheit geblieben war«. »Anläßlich einer prophetischen Erweckungsveranstaltung der Täuferbewegung ... wurde Jesus von einer alternativen Welt- und Lebensauffassung beeindruckt und ›ergriffen‹«, er wurde »wenigstens zeitweise Schüler des Täufers und assistierte ihm als solcher bei Taufe und Predigt« und »unterzog sich einer Initiationsprüfung ... mit dem Gang in die Wüste«, fand aber dann »sein eigenes Publikum« und »gab entschieden einige johanneische Methoden der Heilsvorbereitung auf, was ganz deutlich wird im Abzug aus der Wüste, an der Einstellung bestimmter asketischer Praktiken und an der Unterlassung des Taufens«. Der »Versuch, sein von seiner Zuhörerschaft bestätigtes Selbstbildelement, auch zu Führungsaufgaben charismatisch befähigt zu sein, noch zusätzlich durch Mitglieder des charismatischen Täuferensembles sozial abzusichern (Beleg: Joh 1,37ff.!), war offenbar erfolgreich«. Den weiteren Berufungen »ist eine strikt asymmetrische Kommunikationsstruktur gemeinsam ..., nicht sie ›wählen‹ den Meister, sie werden von ihm gewählt«. »Die enge Gefolgschaft um Jesus hatte der sozialen Herkunft nach ihren Schwerpunkt in den unteren ländlichen Mittelklassen«, »Personen in einer marginalen Situation und damit auch Träger eines ... Stigmas gaben die Rekrutierungsbasis für den Jüngerkreis um Jesus ab«. Im Innern der charismatischen Gruppe »wurde das von Jesus bereits bei der Jüngerrekrutierung definierte ... dichotome Über- und Unterordnungsverhältnis handelnd fortgesetzt«, die Jünger führen »zu seinen [Jesu] Lebzeiten ... keine relativ selbständigen expressiven bzw. spezifisch charismatischen Tätigkeiten aus«. »Bereits zu Lebzeiten des Jesus gab es neben seiner charismatischen Jüngergruppe jüdisch-palästinische Frauen und Männer, mit denen er ... nur gelegentlich im direkten Sozialkontakt stand ... Sie haben Jesus statt unmittelbare mittelbare Nachfolge in Form von Unterstützungsleistungen gewährt«, »eine spezifisch ›gegenwartsorientierte‹, rein charismatische, den Erfordernissen der charismatischen Gruppe und ihres Führers angepaßte Mäzenatsbeziehung«. »Die Proklamierung und Mobilisierung der Naherwartung von Gottes Herrschaft und Reich ... hatte einen impliziten politischen Bezug ... als Reaktion auf die fremden, das heißt heidnischen ... politischen Machtansprüche«, »dieses bevorstehende Reich galt als ein König-

reich, das der administrativen Zerteilung Israels . . . ein Ende setzte«, Jesus
»vertrat einen äußerst radikalen theokratischen Standpunkt mit einer impliziten Spitze gegen die Träger der Fremdherrschaft«; freilich »hat sich die politische
Konfliktzone in den überlieferten christlichen Quellen wohl aus missionarischen und apologetischen Selbsterhaltungs- und Durchsetzungsgründen . . .
nur schwach niedergeschlagen«. Allerdings vertrat Jesus »das Unterlassen physischen Widerstands«, die »Jesusbewegung handelte sozial primär religiös«,
»Anhaltspunkte für ökonomisch motivierte sozial-revolutionäre Strategien . . .
lassen sich in der Jesusbewegung nicht finden«, »die Jesusbewegung steht . . .
außerhalb der gewaltlichen Regulierungen dieser Welt«, »die Liebesnorm wird
von der Jesusbewegung zur herrschaftskritischen Gegennorm auf- und ausge-
baut«. Auf diesem Hintergrund erklärt sich, daß »der jesuanische Kampf dem
pharisäisch-rabbinischen Herrschaftsanspruch gilt«, »daß die Jesusbewegung
auf eine Umgewichtung der Normhierarchie durch eine Aufwertung der ethischen Gesetze der Tora zuungunsten der Reinheitsgesetze zielte« und daß
»Jesus offensichtlich beabsichtigte, sich als religiöse Gegenautorität zu den
Pharisäern und Schriftgelehrten, aber auch zur jüdischen Priesterschaft zu
profilieren«. Freilich »war es Jesus auch im Binnenraum seiner eigenen charismatischen Gruppe nicht gelungen, politische und ökonomische Interessen
auszuschalten«, und »auf die Nichterfüllung der apokalyptischen Prophezeiung
des unmittelbaren Einbruchs des göttlichen Reiches läßt sich wahrscheinlich
der Zusammenbruch des charismatischen Legitimitätsglaubens zurückführen«,
und so »wurde Jesus Opfer von Konflikten, in die er eingriff und die er
anheizte, ohne sie unter Kontrolle zu haben«.

Es ist zweifellos ein eindrückliches Bild Jesu, das EBERTZ zeichnet, und er
weist selber darauf hin, daß neben H. Kee vor allem M. Hengel Jesus als
charismatischen Propheten und Führer gesehen hat.[75] Vieles von dem, was E.
ausführt, ist überzeugend und lehrreich. Ich nenne nur die Art der Jüngerge-
winnung Jesu, die Herkunft der Jünger aus der unteren ländlichen Mittel-
klasse, das »dichotome Über- und Unterordnungsverhältnis« im Jüngerkreis,
die Existenz von Jesusjüngern, von deren Unterstützung der engere Jüngerkreis lebte, das Fehlen sozialrevolutionärer Züge und die Forderung der Gewaltlosigkeit in der Verkündigung Jesu, die »Umgewichtung« auf ethische
zuungunsten der Reinheitsgesetze usw. Aber daneben sind doch auch entscheidende Züge dieses Jesusbild sehr problematisch. Wenn E. annimmt, Jesus
müsse vor seinem Auftreten eine »charismatische Karriere«, eine »partielle

---

[75] S. die Hinweise ThR 41 (1976) 181f.; 50 (1985) 349. Merkwürdigerweise ist E.
entgangen, daß G. Vermes Jesus betont als jüdischen Charismatiker geschildert hat
(s. ThR 46, 1981, 447).

Krise« und eine Initiationsprüfung durchgemacht haben, er habe eine Zeitlang
dem Täufer bei dessen Taufen und Predigt assitiert und dann »einige johanneische Methoden der Heilsvorbereitung« aufgegeben, er habe nach dem Aufbruch nach Jerusalem »nach einer Vision den unmittelbaren Auftakt der Gottesherrschaft erwartet« und sei »zum Aufbruch nach Jerusalem nicht nur durch
eine Vision, sondern auch und gerade durch zumindest einige seiner Jünger
gedrängt« worden, »die symbolische Aktion zur ›Reinigung des Tempelvorhofs‹ [werde] sich kaum ohne jesuanische Zugeständnisse an zelotische Tendenzen innerhalb der Jüngerschaft verstehen lassen« und man könne sich
»dem Eindruck einer von der Jesusbewegung forcierten antipharisäisch-rabbi-
nischen ›Politik des Neides‹ zur Mobilisierung der Anhänger kaum entziehen« –,
so gibt es für diese teilweise durch soziologische Postulate begründeten Annahmen keine ausreichenden exegetischen Begründungen; und den dann
gleich wieder in Frage gestellten Hinweis auf Jesu angebliche uneheliche Geburt, den E. nur mit einer äußerst fraglichen Hypothese von E. Stauffer
begründen kann, hätte er besser unterlassen. Die Annahme eines »impliziten
politischen Bezugs« der Reichspredigt Jesu mit einer Spitze gegen die Fremdherrschaft ist gänzlich ohne Anhalt an den Quellen. Und das ist überhaupt der
gravierendste Mangel dieser Arbeit: E. benutzt die evangelischen Texte ohne
jede Quellenkritik, die Folge ist z. B., daß das sicher sekundäre Wort des
Täufers »Ich habe es nötig, von dir getauft zu werden« (Mt 3,14) und der zum
mindesten historisch fragwürdige Bericht, Jesus habe mit den Fingern die
Ohren und die Zunge eines Taubstummen berührt (Mk 7,33), ohne weiteres
als geschichtliche Nachrichten benutzt werden. Und die ethische Verkündigung Jesu kommt so wenig wirklich zur Sprache wie die Bedeutung der
Person Jesu im Zusammenhang seiner Verkündigung (trotz der schwebenden
Erörterung der Frage, ob Jesus sich mit dem Menschensohn identifiziert
habe).[76] D. h., dieses Buch trägt zweifellos zum besseren Verständnis des charismatischen Charakters Jesu und seines Jüngerkreises bei, aber angesichts der
unmethodischen Quellenbenutzung und der zahlreichen soziologischen Postulate können seine Ausführungen nur nach sorgfältiger Prüfung der einzelnen
Annahmen als geschichtliche Information übernommen werden.

---

[76] M. N. EBERTZ, Das Charisma des Gekreuzigten, VII.56f.85.58.62.64.68f.72.78.
81.87.90.103.105.131.137.126.139.165.143f.239.229.233. 250.260.257.12, Anm. 62.56.59.
65.64.69.89.100f.235f.57.85.132.37.66.146.248f. – Neben zahlreichen Druckfehlern sind
mir ein paar Versehen aufgefallen: S. 141, Anm. 157 muß es Schenker (statt Schlenker)
und S. 249, Anm. 302 Heiler (statt Heller) heißen; die Literaturangaben »Grässer und
Merk« (S. 131, Anm. 108) und »Brooten« (S. 147, Anm. 184) sind nicht auffindbar;
S. 144 fehlt die Anm. 170; S. 248, Anm. 302 muß in dem Zitat von Colpe »philolo-
gisch« (statt philosophisch) stehen.

III. Die Lehre Jesu

ANDERSON, N., The Teaching of Jesus (The Jesus Library), London/Sydney/Auckland/ Toronto 1983. – BAIRD, J. A., Rediscovering the Power of the Gospels. Jesus' Theology of the Kingdom, Wooster/Ohio 1982. – BAYER, H. F., Jesus' Predictions of Vindication and Resurrection. The Provenance, Meaning and Correlation of the Synoptic Predictions (WUNT 2.R. 20), 1986. – BEASLEY-MURRAY, G. R., Jesus and the Kingdom of God, Grand Rapids/Exeter 1986. – BOOTH, R. B., Jesus and the Laws of Purity. Tradition History and Legal History in Mark 7 (Journal for the Study of the New Testament, Supp. Ser. 13), Sheffield 1986. – BORG, M. J., Conflict, Holiness and Politics in the Teachings of Jesus (Studies in Bible and Early Christianity 5), New York/Toronto 1984. – BRUCE, F. F., Dies ist eine harte Rede. Schwer verständliche Worte Jesu erklärt, Wuppertal 1985. – CHILTON, B. (Hg.), The Kingdom of God in the Teaching of Jesus. Ed. with an Introd. by B. Ch. (Issues in Religion and Theology 5), Philadelphia/London 1984. – CHILTON, B., A Galilean Rabbi and His Bible. Jesus' Use of the Interpreted Scripture of His Time (Good News Studies 8), Wilmington 1984. – DUPONT, J., Le Dieu de Jésus, NRTh 109 (1987) 321–344. – FIEDLER, P., Die Tora bei Jesus und in der Jesusüberlieferung, in: Das Gesetz im Neuen Testament, hg. v. K. Kertelge, Freiburg/ Basel/Wien 1986, 71–87. – FLUSSER, D., Entdeckungen im Neuen Testament, Bd. I. Jesusworte und ihre Überlieferung, hg. v. M. Majer, Neukirchen/Vluyn 1987. – GRE-LOT, P., Les paroles de Jésus Christ = Introduction à la Bible, Ed. nouvelle (Le Nouveau Testament 7), Paris 1986. – GUILLET, J., Was glaubte Jesus?, Salzburg 1982. – HERBST, K., Was wollte Jesus selbst? Vorkirchliche Jesusworte in den Evangelien, Bd. I.II, Düsseldorf 1979. 1981. – HIERS, R. H., Jesus and the Future. Unresolved Questions for Understanding and Faith, Atlanta 1981. – HOFFMANN, P., »Er weiß, was ihr braucht . . .« (Mt 6,7). Jesu einfache Rede von Gott, in: »Ich will euer Gott werden.« Beispiele biblischen Redens von Gott, SBS 100 (1981) 153–176. – KRETZ, L., Witz, Humor und Ironie bei Jesus. Mit einem Vorwort von M. Galli, Olten/Freiburg/Br. 1981 (= ²1982). – KRETZ, L., Der Reiz des Paradoxen bei Jesus. Mit einem Vorwort von K. Marti, Olten/Freiburg/Br. 1983. – LUZ, U., Jesus und die Pharisäer, Jud. 38 (1982) 229–246. – MERKLEIN, H., Jesu Botschaft von der Gottesherrschaft. Eine Skizze, SBS 111, 1983. – MERKLEIN, H., Die Einzigkeit Gottes als die sachliche Grundlage der Botschaft Jesu, Jahrbuch für Biblische Theologie 2 (1987) 13–32. – MOO, D. J., Jesus and the Authority of the Mosaic Law, Journal for the Study of the New Testament 20 (1984) 3–49. – MUSSNER, F., Was lehrt Jesus über das Ende der Welt?, Freiburg/Basel/ Wien 1987. – NORDSIECK, R., Reich Gottes – Hoffnung der Welt. Das Zentrum der Botschaft Jesu, NStB 12, 1980, – OAKMAN, D. E., Jesus and the Economic Questions of

His Day (Studies in Bible and Early Christianity 8), Lewiston/Queenston 1986. – PE-
DERSEN, S., Die Gotteserfahrung bei Jesus, StTh 41 (1987) 127–156. – RÄISÄNEN, H.,
Jesus and the Food Laws: Reflections on Mark 7,15, Journal for the Study of the New
Testament 16 (1982) 79–100. – SCHLOSSER, J., Le Dieu de Jésus. Étude exégétique,
LeDiv 129, 1987. – SCHÜRMANN, H., Das Gebet des Herrn als Schlüssel zum Verstehen
Jesu, Leipzig ⁶1981. – SCHÜRMANN, H., Gottes Reich – Jesu Geschick. Jesu ureigener
Tod im Licht seiner Basileia-Verkündigung. Freiburg/Basel/Wien 1983. – SCHWARZ, G.,
»Und Jesus sprach«. Untersuchungen zur aramäischen Urgestalt der Worte Jesu
(BWANT 118), 2. verb. Aufl. 1987. – SIMONIS, W., Jesus von Nazareth. Seine Botschaft
vom Reich Gottes und der Glaube der Urgemeinde. Historisch-kritische Erhellung der
Ursprünge des Christentums, Düsseldorf 1985. – SIMONIS, W., Das Reich Gottes ist
mitten unter euch. Neuorientierung von Jesu Lehre und Leben, Düsseldorf 1986. –
STEIN, R., Difficult Sayings in the Gospels: Jesus' Use of Overstatement and Hyper-
bole, Grand Rapids 1985.

Es scheint mir zweckmäßig, die in diesem Berichtsteil zu besprechenden Ar-
beiten¹ in sachlich verwandte Gruppen zusammenzufassen und nur innerhalb
dieser Gruppen chronologisch vorzugehen. Ich beginne mit einigen Büchern,
die gesammelt Einzeltexte besprechen, lasse den zusammenfassenden Darstellungen die Untersuchungen folgen, die bevorzugt nach der eschatologischen
Verkündigung Jesu und nach Jesu Stellung zu Gesetz und Judentum fragen,
um mit einigen Arbeiten zum Gottesbild Jesu zu schließen.

Der Altphilologe L. KRETZ möchte, enttäuscht »über den Tonfall feierlicher
Andacht, . . . wenn eines der Worte Jesu gelesen und ausgelegt wurde«, in zwei
Büchern nachweisen, daß in vielen Worten Jesu Witz zu hören, sie darum
»paradox« formuliert waren, und M. von Galli und K. Marti bescheinigen
dem Verf. in ihren Geleitworten, daß er »bekannt mache mit der *lebendigen*

---

¹ Einige Arbeiten lagen nicht zur Besprechung vor und konnten darum nicht berück-
sichtigt werden: D. ABERNATHY, Understanding the Teaching of Jesus. Based on the
Lecture Series of N. Perrin »The Teaching of Jesus«, New York 1983 (vgl. M. E. BO-
RING, CBQ 46, 1984, 777f.). – J. F. ALEXANDER, Your Money or Your Life: A New
Look at Jesus' View of Wealth and Power, San Francisco 1986. – J. D. CROSSAN, In
Fragments. The Aphorisms of Jesus, San Francisco 1984 (vgl. W. H. KELBER, JBL 104,
1985, 716ff.). – Von anderer Seite sollen besprochen werden: R. DILLMANN, Das Ei-
gentliche der Ethik Jesu, TThR 23, 1984; W. GRIMM, Jesus und das Danielbuch. I: Jesu
Einspruch gegen das Offenbarungssystem Daniels (Mt 11,25–27; Lk 17, 20–21) (Arbeiten
zum Neuen Testament und Judentum 6/I), Frankfurt/Bern 1984; D. WENHAM, The
Rediscovery of Jesus' Eschatological Discourse (Gospel Perspectives 4), Sheffield 1984.
– Als erbaulich kam nicht in Betracht: X. LÉON-DUFOUR, Als der Tod seinen Schrecken
verlor. Die Auseinandersetzung Jesu mit dem Tod und die Deutung des Paulus, Olten/

Gestalt Jesu einst und heute« und ein »überaus hilfreiches Buch« geschrieben
habe. Aber sind diese Urteile berechtigt? Ist z. B. der Weckruf: »Wer Ohren hat
zu hören, der höre« ein »kleiner Scherz«, ist bei der »übertreibenden Darstellung des Mitteilungsdranges« der Frau, die einen Groschen verloren hatte,
»Humor festzustellen«, ist der zweite Teil des Gleichnisses vom Verlorenen
Sohn »voller Spott«, ist die Frage Jesu nach einer Münze im Zusammenhang
der Zinsgroschenfrage »eine kühne und groteske kleine Posse«, ist das, was
Jesus zum Schluß des Gleichnisses von den Arbeitern im Weinberg (Mt
20,1 ff.) den Besitzer zu den Arbeitern sagen läßt, »eine knappe, aber lächelnde
Predigt gegen die Bevorzugungsansprüche der Jünger«? Woher weiß der
Verf., daß »ein beinahe unmerkliches Lächeln über das Gesicht Jesu geht«, als
er an das Gleichnis von den anvertrauten Talenten das Wort anfügt: »Wer hat,
dem wird gegeben . . .« (Mt 25,29) (wobei die Zugehörigkeit dieses Spruchs
zum Gleichnis ohne weiteres vorausgesetzt wird), oder daß Jesus, als er vom
Mühlstein redete, der einem Menschen um den Hals gehängt werden soll (Mt
18,6), »ein kleines beinahe übermütiges Aufblitzen in den Augen hatte«? Und
wenn der Verf. dem Schriftgelehrten, der Jesu Verbindung der beiden Liebesgebote zustimmend wiederholt (Mk 12,28ff.), »gespielte Schmeichelei« und
»frömmelnde Verhöhnung« zuschreibt[2], so ist das doch eine böswillige Verdrehung des Textes. Ich kann darum in diesen beiden Büchern trotz der zweifellos
existentiellen Betroffenheit des Verf. keine haltbare Hilfe zum Verständnis Jesu
erkennen.

Ganz anders ist über F. F. BRUCES Besprechung von 70 schwer verständlichen Jesusworten zu urteilen. Obwohl der bekannte konservative englische
Neutestamentler[3] darauf verzichtet »zu untersuchen, ob die behandelten Worte
authentische Jesusworte sind oder nicht«, bemüht er sich doch wiederholt,
durch eine problematische Interpretation ein Jesuswort historisch unanstößig
erscheinen zu lassen (zwei Beispiele: in der Vaterunser-Bitte »Führe uns nicht
in Versuchung »wird Gott gebeten, seine Kinder *in* der Versuchung zu bewahren«; »wenn Jesus sagte, er sei gekommen, ›nicht Frieden zu bringen,
sondern das Schwert‹, dann sprach er nicht vom *Zweck* seines Kommens,
sondern von seiner Wirkung«). Gelegentlich stellt B. fest, daß eine sichere
Exegese eines Jesuswortes nicht möglich sei (so zu Mk 9,1; Lk 18,8), und nicht
jede Exegese wird jeden Leser überzeugen (daß Jesus in Mk 2,27.28 betonen

---

Freiburg 1981. – Nur hinweisen kann ich auf die Forschungsberichte von E. W. STEGE-
MANN, Aspekte neuerer Jesusforschung, EvErz 39 (1987) 10–27 und M. J. BORG, A
Renaissance in Jesus Studies, ThTo 45 (1988) 280–292 (nur über USA-Forschung).

[2] L. KRETZ, Reiz des Paradoxen . . ., 11; Witz, Humor und Ironie . . ., 8; Reiz, 8; Witz,
12. 52. 56. 90; Reiz, 35. 30. 92; Witz, 112.

[3] Zu seinem Jesusbesuch s. ThR 54 (1989) 24f.

wolle, daß er »auch Repräsentant der Menschheit ist«, scheint mir z. B. sehr fraglich).[4] Im ganzen aber bietet B. überzeugende oder wenigstens erwägenswerte Auslegungen der als »schwer« empfundenen Jesusworte, und da das Buch ein Bibelstellenverzeichnis hat, kann es als Verstehenshilfe gute Dienste leisten. Das im Titel verwandte Buch von R. H. STEIN behandelt ebenfalls unter Beiseitelassung der Echtheitsfrage schwierige Jesusworte, aber nur unter dem Gesichtspunkt der »Übertreibung«. In 13 Abschnitten werden mit Beispielen die Verstehensmöglichkeiten »übertreibender« Äußerungen erörtert, was im allgemeinen überzeugt, aber gelegentlich auch zu Bedenken Anlaß gibt (daß »das Fehlen von Einschränkungen bei Jesusworten über das Gebet bedeutet, daß wir es hier mit Übertreibungen zu tun haben« [55], ist schwerlich überzeugend). Doch kann auch dieses Buch mit Hilfe seines Stellenregisters eine exegetische Hilfe sein.

Einen völlig anderen literarischen Charakter zeigen zwei Bücher mit gesammelten Texten. Die Sammlung von Aufsätzen zu den Evangelien des bekannten israelischen Neutestamentlers D. FLUSSER enthält neben Arbeiten, deren Thematik nicht in den Zusammenhang dieses Berichts gehört[5], sieben Arbeiten, die das geschichtliche Verständnis Jesu und seines Prozesses betreffen. Wer Flussers Jesusbuch von 1968 kennt[6], findet in dieser Sammlung die Grundzüge seines Jesusverständnisses wieder: »Zwischen Jesus und dem Judentum bestand kein entscheidender Gegensatz«, im Ringen um den wahren Sinn der Bibelworte »setzt sich Jesus wahrscheinlich in Gegensatz zu den Sadduzäern, aber nicht generell zu den Pharisäern«; die Annahme, »daß das in den Evangelien vorliegende Material nicht zuverlässig sei, weil es gesammelt wurde, um . . . den Glauben an den Christus zu verkünden, ist unrichtig und unwissenschaftlich«; »es gab bei Jesus eine Phase, in der er dachte, er sei nicht der erwartete Richter, doch gelangte er gegen Ende seines Lebens zu der Ansicht, daß er selbst sich als Messias offenbaren werde«. In Flussers Jesusbuch blieb allerdings sein Urteil über das literarische Verhältnis der Evangelien zueinander unklar, jetzt dagegen sieht er im Anschluß an R. L. Lindsey das Markusevangelium von einer auch Lukas und Matthäus zur Verfügung stehenden Quelle *und* vom Lukasevangelium abhängig, der Markustext ist daher »etwas Sekundäres«, und dem entsprechend heißt es (bei der Betrachtung der Leidensgeschichte): »Lukas ist verläßlich, und Markus verzeichnet die Tatsa-

---

[4] F. F. BRUCE, Dies ist eine harte Rede, 9. 64. 111. 132. 162. 22. Der Druckfehler »Origines« (40. 48. 217) ist offenbar unausrottbar.

[5] Z. B. über die christliche Theologie des Judentums, den Schluß des Matthäusevangeliums, eine judenchristliche Quelle des Johannesevangeliums, die Herkunft von Sanctus, Gloria, Trishagion.

[6] S. dazu ThR 41 (1976) 126–128.

chen.« Von diesen Voraussetzungen aus erörtert F. eine Reihe von Texten, von
denen ich zwei Beispiele nenne: Bei dem bekannten Spruch »Wo zwei oder drei
versammelt sind in meinem Namen, da bin ich mitten unter ihnen« (Mt 18,20)
kann es sich um ein Jesuswort handeln: Jesus »war überzeugt, daß seine
Person und seine Botschaft für die Welt lebensnotwendig seien«, wahrscheinlich hat Jesus »ein verlorengegangenes Hillelwort auf sich bezogen«.Und: Im
Blick auf die Berichte über den Prozeß Jesu stellt F. fest: »Die Menge stand die
ganze Zeit an Jesu Seite«, »die spottenden und schmähenden Juden sind durch
Manipulation und Erfindung« des Markus entstanden.[7] Nun ist die literarische
Theorie von Lindsey schwerlich zutreffend[8], und gegen die o. g. Grundzüge
des Jesusverständnisses Flussers gelten m. E. weiter die von mir früher[9] erhobenen Einwände; zu den beiden genannten Beispielen ist zu sagen, daß die Interpretation von Mt 18,20 durchaus erwägenswert ist, auch wenn die Argumentation mit einem verlorenengegangenen Hillel-Wort in der Luft schwebt; die
Ausführungen über die Haltung der jüdischen Menge zu dem angeklagten
Jesus aber beruhen ausschließlich auf F.s unhaltbarer Bewertung des Lukasevangeliums und fallen mit dieser literarischen Theorie; seine Sammlung verhilft daher nur bei kritischer Vorsicht zu weiterführenden geschichtlichen Einsichten.

Leider kann ich über das Buch von G. SCHWARZ nicht anders urteilen. Der
Verf. hatte schon in zahlreichen Aufsätzen den ursprünglichen Sinn eines
Jesuswortes durch Rückübersetzung in die aramäische Muttersprache Jesu
wiederzufinden gesucht. Unter Einbeziehung dieser Vorarbeiten legt Sch. in
diesem Buch aufgrund des zweifellos richtigen Nachweises, daß Jesus in der
Hauptsache aramäisch gesprochen hat, die »Emendation und Rückübersetzung« von 25 synoptischen Jesusworten vor, wozu er sich ein im Anhang
abgedrucktes »Äquivalenz-Glossar« der griechischen Vokabeln in den evangelischen Jesusworten mit den älteren und jüngeren aramäischen Quellen erarbeitet hat. Er ist überzeugt, daß »die Geschichte der Auslegung der Worte und
Gleichnisse Jesu – wegen des fehlerhaften überlieferten Textes – weithin eine
Geschichte des Scheiterns ist«; »eine Rückübersetzung kann nur gelingen,
wenn man den überlieferten griechischen Text (falls nötig) wiederherzustellen
sucht«. Er setzt dabei voraus, »daß Jesus . . . *immer* exakt parallel konstruierte«,
daß jedes bei der Rückübersetzung sich ergebende Wortspiel kein »Zufall
gewesen sein« kann, daß aus dem rekonstruierten Rhythmus »wahrscheinliche
Adressaten« erkannt werden können und daß Jesus nicht nur Endreime und

---

[7] D. FLUSSER, Jesusworte . . ., 17. 23. 138. 136. 41. 66. 206. 105–107. 200. 202.

[8] Vgl. den kurzen Hinweis bei W. G. KÜMMEL, Einleitung in das Neue Testament, 21
(= 17) 1983, 21, Anm. 5.

[9] Wie Anm. 6.

Wortspiele (was auch andere schon angenommen haben), sondern auch »aus mnemotechnischen Gründen« bestimmte Buchstabengruppen am Wortanfang bei der Formulierung seiner Worte bevorzugt verwendet hat. Auf diese Weise gelangt Sch. zur völligen Neukonstruktion zahlreicher Jesusworte. Zwei Beispiele: aus »Fürchtet euch nicht vor denjenigen, die den Leib töten, die Seele aber nicht töten können; fürchtet euch vielmehr vor dem, der Seele und Leib in der Gehenna zugrunde richten kann« (Mt 10,28) wird: »Nicht vor denjenigen habt Ehrfurcht, die den Leib töten können! Sondern vor jenem habt Ehrfurcht, der die Seele töten kann!«; der überlieferte Satz »Gebt das Heilige nicht den Hunden und werft eure Perlen nicht den Schweinen vor« (Mt 7,6) soll zurückgehen auf »Eure Ohrringe sollt ihr nicht Hunden anlegen, und eure Halsketten sollt ihr nicht Schweinen umhängen«. Solche Rekonstruktionen werden genauestens, auch in Auseinandersetzung mit anderen Versuchen, begründet und beanspruchen, »nicht bloße Willkür im Umgang mit dem Text, sondern eine innere Notwendigkeit« zu sein (während etwa bei Bultmann »bloße Behauptungen« vorlägen). Aufgrund solcher Rekonstruktionen ergibt sich dann für Sch. etwa auch, daß das (aus sachlichen Gründen oft angefochtene) Wort, daß kein Strichelchen vom Gesetz vergehen werde (Mt 5,18), »unbedingt in die Verkündigung Jesu gehört« und daß ohne die nur bei Matthäus überlieferte dritte Vaterunserbitte (»dein Wille geschehe . . .«) das Vaterunser »ein Torso und als solcher Jesus nicht zuzumuten wäre«.[10] Ich erhebe nicht den Anspruch, die sprachliche Richtigkeit oder gar Zwangsläufigkeit der von Sch. hergestellten aramäischen Texte beurteilen zu können, wohl aber muß ich feststellen, daß die Sch. bei seinen Rekonstruktionen leitenden Maßstäbe des exakten Parallelismus, des Rhythmus, der (von Sch. »Präeminenz« genannten) Alliteration und der Zwangsläufigkeit der Annahme bestimmter aramäischer Vokabeln reine Postulate sind, mit deren Hilfe nur hypothetische, keineswegs sichere Rekonstruktionen zustande kommen können. So kann diese Sammlung von hypothetischen Interpretationen bei der Interpretation von Jesusworten nur mit kritischer Vorsicht herangezogen werden; daß wir damit zu unbedingt sicheren Resultaten gelangt seien, ist ein falscher Anspruch.

Bei den zusammenhängenden Darstellungen der Verkündigung Jesu ist zunächst auf die zweibändige Sammlung von Einzelinterpretationen hinzuweisen. K. HERBST möchte »die Übermalungen und ikonenhaften Vergoldungen der Evangelisten von den alten Texten ablösen«, um herauszufinden, »was er selbst damals wollte«, und so »die wahrscheinlich-echten Jesusworte zu schei-

---

[10] G. SCHWARZ, »Und Jesus sprach«, 299. 242. 213. 241. 134. 147. 255. 243. 177. 76f. 222.

den von den wahrscheinlich-unechten, wobei . . . die Aussageabsicht *(ipsissima intentio)* ausschlaggebend ist«. Er bespricht darum einzeln nacheinander die Jesusworte in der Markusüberlieferung, in der Redenquelle und dem Sondergut bei Matthäus und Lukas und bietet zu einer großen Zahl dieser Interpretationen im Anhang begründende Anmerkungen. Die dabei zugrunde gelegten methodischen Grundsätze (»Ein überliefertes Jesuswort gilt so lange als echt, bis hinreichende Indizien seine Unechtheit erweisen«; »Die spezifisch-jesuanischen Inhalte seiner Botschaft waren so, daß sie als unvereinbar mit der geltenden Tradition erschienen«; »Umkehrbereite Juden konnten Jesu Worte verstehen und als von Jahwe kommend akzeptieren«) sind durchaus zu billigen, aber bei der Anwendung dieser Grundsätze auf die Texte zeigt sich rasch, daß H. von bestimmten Vorentscheidungen ausgeht, deren Richtigkeit er einfach voraussetzt. Ich nenne nur drei Beispiele: »Die Gottesherrschaft wird nicht bald kommen, sondern ist schon gekommen«, und so heißt es denn zu Jesus Forderung, bereit zu sein, weil man nicht weiß, wann der Dieb kommt (Lk 12,39f. par.): »Das Jesuswort ist bei Lukas durch Anfügung eines Denn-Satzes apokalyptisch gedeutet: ›Denn der Menschensohn kommt zu einer Stunde, die ihr nicht vermutet‹. Ebenso bei Matthäus« – »Im Denken Jesu ist kein Platz für einen messianischen Herrscher«, daraus folgt, daß »die jesuanischen Menschensohnworte alle in dieselbe Richtung zielen: Ich bin ein schlichter, machtlos den Menschen ausgelieferter, aber von Gott gehaltener Mensch«, »apokalyptische Menschensohnworte wurden nachträglich Jesus in den Mund gelegt« – »Jesus zieht den klaren Trennungsstrich zwischen dem mosaischen Gesetz . . . und der Freudenbotschaft von der Gottesherrschaft«, darum kann der Spruch »Leichter vergehen Himmel und Erde, als daß vom Gesetzestext ein einziges Buchstabenhäkchen herunterfällt«, nicht von Jesus stammen, und H. hilft sich, indem er vor Lk 16,17 »denn sie sagen« einschiebt und so diesen Satz die Juden statt Jesus sagen läßt.[11] Ich bestreite keineswegs, daß H. auch zahlreiche Jesusworte überzeugend interpretiert, aber das Fehlen einer disziplinierten kritischen Methode und die Wegerklärung unerwünschter Gedanken durch willkürliche Interpretationen bewirken, daß diese Sammlung von Einzelinterpretationen nicht immer zu zuverlässigen Resultaten kommt, und ein in sich zusammenhängendes Verständnis der Botschaft Jesu kommt sowieso nicht zustande.

H. SCHÜRMANN zeigt in einer auch für Nicht-Theologen verständlichen

---

[11] K. HERBST, Was wollte Jesus selbst? I, 7. 9; II, 256. 258. 280. 243; I, 206. 104–106; II, 74f. 240f. – Der evangelische Leser wundert sich, daß in dem in einem katholisch orientierten Verlag erschienenen Buch eines kath. Priesters (so nach dem Umschlag) die Ablehnung der Säuglingstaufe, der päpstlichen Unfehlbarkeit und des Zölibatsgesetzes (II, 89. 128. 164) unbeanstandet vertreten wird.

Auslegung des Vaterunsers, daß »Jesu Gebet uns . . . den besten Verstehenshorizont für das ureigen Jesuanische gibt«. Aus der sehr sorgfältigen Exegese
hebe ich nur die Feststellungen hervor, daß »Jesus vom ›Vater‹ besonders dann
redet, wenn er das neue Heilshandeln Gottes beschreibt, das nunmehr mit dem
Kommen Jesu anhebt«, daß für Jesus »das Kommen des Gottesreichs ein und
alles ist«; »Jesus verkündet bevorzugt das mit dem Gottesreich anhebende
Heil«, weil das »Zukünftige paradoxerweiser nicht mehr nur Zukunft, sondern
schon Vergangenheit und *Gegenwart* geworden ist«; »Gottes Herrschaft und
Reich ist im Kommen . . ., weil Jesus ›gekommen‹ ist«; »Gott wirkt herrscher-
lich im Kommen und Wirken Jesu«, in diesem Gebet »beten solche, denen die
Vergebung Gottes schon zugesichert ist«. Diese Zitate dürften zeigen, daß
dieses schmale Buch wirklich zum Zentrum der Verkündigung Jesu führt;
auch wenn man gelegentlich ein Fragezeichen setzen möchte (daß »die sogenannten ›Terminworte‹ nachösterlich sein dürften«[12], halte ich nach wie vor für
fraglich), so kann dieses Buch doch als Einführung in das Verständnis der
grundlegenden Züge der Verkündigung Jesu nachdrücklich empfohlen
werden.

J. A. BAIRD ist der Überzeugung, daß die zentrale Krankheit des heutigen
Protestantismus in der »extremen geschichtlichen Skepsis« begründet ist, daß
es aber »besser als je zuvor möglich ist, ein ausreichend zuverlässiges Bild des
Lebens und der Lehre Jesu wiederzugewinnen, auf das man sich verlassen
kann«, da die Interpretation der Evangelisten »minimal ist und gewöhnlich
erkannt werden kann«; mit Hilfe des Computers, der Bestimmung der jeweiligen Hörer und der Überzeugung, daß die apostolische Autorität kontrollie-
rend wirkte, möchte er »die wundervolle Integrität und Einheitlichkeit der
Theologie Jesu [herausstellen], die sich um seine zentrale Vorstellung dreht,
das Reich Gottes«. »Reich Gottes [aber] beschreibt in seiner einfachsten und
wesentlichsten Bedeutung Gott als Geist und Macht«, »für Jesus war das Reich
Gottes eine Erfahrung von Gottes souveräner Gegenwart *innerhalb* der
menschlichen Seele«. Jesus »warnt ausdrücklich vor der Annahme eines unmittelbaren *eschaton*«, Jesu Rede von der Nähe des Reiches Gottes usw. »muß
verstanden werden in den Begriffen der ewigen Unmittelbarkeit der Dimension des Geistes, wo Zeit und Raum zusammenfallen in der Ewigkeit der
Gegenwart Gottes«.[13] B. baut in diesen Ausführungen auf den Anschauungen
von zwei früheren Büchern; ich habe gegen diese Anschauungen schon früher
betont, daß weder die Eliminierung der futurischen Eschatologie und die
Spiritualisierung der Reich-Gottes-Vorstellung noch die Aufteilung der Worte

---

[12] H. SCHÜRMANN, Das Gebet des Herrn . . ., 11. 29. 54f. 61. 65. 70. 176. 113. 191.
[13] J. A. BAIRD, Recovering . . ., 14. X. 17. 33. 42. 97. 234.

Jesu auf verschiedene Hörergruppen haltbar sind.[14] Darüber hinaus ist es angesichts des völligen Fehlens von Quellenkritik und von Trennung zwischen Exegese und Hermeneutik unmöglich, geschichtlich begründete von rein subjektiven Urteilen über die Überlieferung der Jesusüberlieferung in diesem Buch zu unterscheiden, und so kann ich leider nur feststellen, daß aus diesem Buch keine geschichtlich brauchbare Einsicht in die Verkündigung Jesu zu gewinnen ist.

J. GUILLET geht von der Feststellung aus: »Es gibt nicht eine Stelle im Neuen Testament, die ausdrücklich darauf hinweist, daß Jesus geglaubt hat«, schließt sich aber trotzdem der Meinung an: »Wenn Jesus wahrer Mensch ist, so ist es gar nicht möglich, daß er nicht auch glaubt.« Aus dieser Antinomie ergibt sich, daß die Beantwortung der Frage des Buchtitels einen schwebenden Charakter trägt. So heißt es einerseits: »Sollte man den Glauben ausgerechnet aus Jesu Gebet ausklammern?«, »in Getsemani betet Jesus – wie wir – aus dem Glauben«, »Jesu Glaube schmälert nicht die Unmittelbarkeit seiner Gottesschau«; so wird andererseits festgestellt: »Wenn Jesus sich derart sicher ist, daß das Reich Gottes vor unserer Tür steht, so heißt das nichts anderes, als das er unmittelbaren Zugang hat zu . . . seinem Vater«; »in der Art und Weise, wie Jesus sich selbst jenseits von Tod und Zeit in einer Gestalt des Himmels [d. h. dem Menschensohn] wieder erkennt, liegt eine Gewißheit, die mit Glauben nichts mehr zu tun hat«. Diese in der Tat unauflösbare Doppelheit der möglichen Antworten auf die Frage des Buchtitels zeigt, daß die Frage falsch gestellt ist: dem richtigen Postulat, Jesus müsse als Mensch geglaubt haben, steht die Tatsache gegenüber, daß die Quellen schweigen, weil sie an dieser anthropologisch-psychologischen Frage nicht interessiert sind. D. h. wir kommen anhand der Quellen (G. benutzt alle vier Evangelien in gleicher Weise als historische Quellen) zwar zur Feststellung einer einzigartigen »Sicherheit Jesu«[15], doch können wir diese von G. gut beschriebene Beobachtung nicht zur psychologischen Frage nach einem »Glauben« Jesu weiterführen, und darum ergeben sich aus diesem sympathischen Buch keine geschichtswissenschaftlich sicheren Einsichten.

Weithin erbaulich ist auch die Darstellung der Lehre Jesu durch den Juristen N. ANDERSON. Das ergibt sich nicht nur aus der unkritischen Gleichstellung von Synoptikern und Johannesevangelium als Quellen und aus der Aus-

---

[14] J. A. BAIRD, The Justice of God in the Teaching of Jesus, 1963; J. A. BAIRD, Audience Criticism and the Historical Jesus, 1967. Vgl. dazu W. G. KÜMMEL, Heilsgeschehen und Geschichte, 1965, 457ff. (passim) und ThR 40 (1975) 95ff.

[15] J. GUILLET, Was glaubte Jesus?, 11. 7. 48. 104. 127. 39. 114. 34. – Auf den S. 88–91 ist derselbe Text zweimal abgedruckt. Vgl. meine Besprechung eines früheren Jesusbuches von Guillet in ThR 41 (1976) 243f.

sage, daß »der Heilige Geist die Evangelisten leitete bei der Auswahl des
Materials und ihrer Anpassung des Wortlauts, ihrer Deutung seiner Bedeutung und ihrer gelegentlichen Zufügung von eigenen Reflexionen«, sondern
auch aus Feststellungen wie der, daß die bei Matthäus sich findenden Ausnah-
meklauseln zum Verbot der Ehescheidung (Mt 5,32; 19,9) »der impliziten
Anschauung« Jesu entsprechen, oder der, daß die lukanische Erzählung von
der Himmelfahrt Jesu »der Bericht von etwas ist, das wirklich stattgefunden
hat«. Die von diesen Voraussetzungen aus gebotene Darstellung der Lehre
Jesu enthält Überzeugendes (»Warnungen vor dem kommenden Gericht fehlten nicht in Jesu Lehre, aber die beherrschende Betonung lag auf der messianischen Rettung, die schon begonnen hatte«; in den »Antithesen« »stellt Jesus
der Art und Weise, wie das Gesetz bisher verstanden oder mißverstanden
worden war, die wahre Richtung gegenüber, in die es wies, bestimmt durch
seine eigene Autorität als ›Erfüller‹«) neben Fragwürdigem (»Der Gebrauch
der Gleichnisse diente dazu, die Feindlichen, Stolzen und Gleichgültigen zu
scheiden von denen, die lernen und verstehen wollten«; »Kein Beispiel ist in
den Evangelien berichtet, in dem Jesus selbst das mosaische Gesetz brach«)[16],
aber angesichts der unkritischen methodischen Voraussetzungen kommt es zu
keiner geschichtswissenschaftlich begründeten und inhaltlich zusammenhängenden Darstellung.

Eine streng wissenschaftliche, auf umfassender Literaturkenntnis aufbauende Untersuchung hat dagegen M. J. BORG vorgelegt. Er will den »Konflikt zwischen Jesus und seinen Zeitgenossen im Rahmen von Israels Konflikt
mit Rom« verständlich machen und betont darum zunächst, daß aufgrund «der
Ideologie der Heiligkeit als Reinheit und Absonderung« »der Widerstand
gegen Rom *alle* jüdischen Gruppen durchdrang«. Jesus aber »leugnete die
Gleichsetzung von Heiligkeit und Absonderung«, was sich kundtat in der
»bewußt provokativen« Tischgemeinschaft mit Zöllnern und Sündern, in der
»Unterordnung des Sabbats unter Taten des Erbarmens statt unter die Frage
der Heiligkeit«, in Jesu Kritik am jüdischen Verständnis der »Heiligkeit des
Tempels als Absonderung« und seiner Forderung, den Tempel als Gebetshaus
für alle Völker anzusehen. Jesu Ziel war »die Umbildung der kulturellen
Dynamik der Bemühung um Heiligkeit in eine kulturelle Dynamik, die Israel
der erbarmenden Wirklichkeit Gottes angleichen sollte«. Das ist weitgehend
richtig, als verfehlt muß ich dagegen Borgs Versuch ansehen nachzuweisen,
daß »in den eindeutig echten Worten Jesu der Ausdruck ›Reich Gottes‹ niemals
unzweifelhaft auf eine zeitlich verstandene Zukunft verweist«, und dem ent-

---

[16] N. ANDERSON, The Teaching of Jesus, 27. 132. 168. 35. 87. 41. 93. Vgl. zu einem
späteren Jesusbuch desselben Verf. ThR 54 (1989) 23f.

sprechend »den Ausdruck ›Reich Gottes‹ als Symbol für die Gegenwart und
Macht Gottes aufgrund mystischer Erfahrung«[17] zu interpretieren. So fehlt
dieser Sicht der Verkündigung Jesu der theologische Hintergrund, doch trägt
im übrigen Borgs Untersuchung erheblich zum geschichtlichen Verständnis
Jesu bei.

Ein merkwürdiges Jesusbuch hat der Dogmatiker W. SIMONIS geschrieben.
Er bejaht vehement die Aufgabe, »die verschiedenen neutestamentlichen Jesusbilder zu hinterfragen und auf den historischen Jesus zurückzugehen«, aber
während es sich nach seiner Meinung die bisherige Forschung »weithin immer
noch (oder wieder?) zu leicht macht, wenn es um die Frage nach dem authentisch Jesuanischen und Historischen geht«, gleicht seine Methode einem Kahlschlag. Dafür nur wenige Beispiele: »Alles spricht gegen die Annahme eines
vorösterlichen Zwölferkreises«; das Wort beim letzten Mahl vom erneuten
Trinken des Weins in der Gottesherrschaft (Mk 14,25) »steht geradezu im
Widerspruch zu Jesu basileia-Predigt«; »aus der tempelkritischen Haltung des
Stephanus oder der Hellenisten . . . wurde die Geschichte von der Tempelreinigung Jesu gebildet«; »daß Jesus von sich oder gar von einem anderen als
dem . . . zum Endgericht kommenden Menschensohn gesprochen hat«, ist ausgeschlossen; die drei Gleichnisse vom Verlorenen in Lk 15 sind Gemeindebildungen; daß »Jesus sich mit ›Zöllern und Sündern‹ solidarisiert . . . hätte, läßt
sich dem Schimpfwort ›Zöllner- und Sünderfreund‹ nicht entnehmen«; »es ist
historisch unvorstellbar, daß Jesus bei der Verkündigung der basileia Gottes
an ein bald kommendes Reich Gottes gedacht hätte«; »es ist mißverständlich,
von einem besonderen Autoritätsanspruch Jesu zu reden«. Doch soll dieser
kritische »Kahlschlag« ja dem »Zurückfragen nach Jesu eigenem Verkündigen
und Wirken« dienen, und Simonis' Antwort auf diese Frage dürfte an Deutlichkeit gewinnen, wenn ich das zweite, für einen breiteren Leserkreis bestimmte Buch des Verf. (»Das Reich Gottes ist mitten unter euch«) mit heranziehe. »Jesus hat keine Buß- und Fastenpredigten gehalten«, wohl aber den »
höchsten Anspruch erhoben . . ., den letzten Willen Gottes zu wissen *und* zu
verwirklichen«. Dabei ist Jesus »des Wollens, der Herrschaft Gottes sich in ihrem
Daß und ihrem Wie so sicher, daß allein in diesem ›Wissen‹ der ›Grund‹
seines Auftretens gelegen haben kann«. Dieses Wissen aber hat zum Inhalt,
»daß Gottes basileia sich in dieser Welt durchsetzen wird«, Gott »wagt es, auf
den Menschen zu setzen und ihm in seinem ganz alltäglichen Sein und Tun
zuzumuten: *durch* dich verwirklicht sich meine Herrschaft in der Welt«, »die
basileia verwirklicht sich . . . in dem, wie ihr euch untereinander verhaltet«;
»Jesus verkündet nicht ein Einst oder Irgendwann oder ein Bald«, er »holt

---

[17] M. J. BORG, Conflict, Holiness . . . 4. 65f. 98. 82. 151. 176. 197. 236. 260. 254.

gleichsam Gott aus dem Himmel auf die Erde«, »diese erfüllte Gegenwart ist zugleich Gottes Ewigkeit, denn in ihr geschieht ja der Wille Gottes.«[18] Nun ist leicht zu sehen, daß der Verf. die meisten der gegen seine Konstruktion sprechenden Texte (Naherwartung, Gegenwart der Gottesherrschaft an die Person Jesu gebunden, Jüngerkreis, Menschensohn, Gleichnisse vom Verlorenen u. s. w.) geschichtskritisch eliminiert hat; das rein präsentisch-immanente Verständnis des Gottesreichs, das er den wenigen übrig gebliebenen Texten entnimmt, ist m. E. aber unhaltbar, und ganz wesentliche Gedanken Jesu (ich erinnere nur an die Auseinandersetzung mit dem geltenden Gesetzesverständnis oder an das Doppelgebot der Liebe) kommen überhaupt nicht zur Sprache. Ich kann darum nicht umhin, dieses mit großer gedanklicher Kraft und innerer Beteiligung entworfene Jesusbild als geschichtlich unhaltbar zu bezeichnen.

Das Buch von P. GRELOT über »Die Worte Jesu Christi« hätte schon im 1. Teil dieses Berichts angezeigt werden können. Es handelt sich um eine Ergänzung der 1976/77 erschienenen Neubearbeitung einer »Einleitung in das Neue Testament«, die ich damals angezeigt habe.[19] Von der Grundanschauung aus, daß »die ursprüngliche Erinnerung an die Jesusworte . . . sich mit der kirchlichen Neuinterpretation verbunden hat, um literarisch die evangelische Tradition hervorzubringen«, fordert G., beide Gefahren einer ausschließlichen Beachtung des ›Ursprünglichen‹ oder der ›kirchlichen Lesung‹ zu vermeiden«, und bespricht in diesem Sinn die isolierten und die gerahmten Jesusworte, die Gleichnisse und die Gebete. G.s Urteil ist dabei trotz seiner konservativen Grundhaltung nicht unkritisch (das Christusbekenntnis des Petrus und der anschließende Lobpreis des Petrus in Mt 16,16b–19 sind z. B. nach ihm nachösterlich), er wendet sich ebenso gegen einen »übertriebenen Konservativismus« wie gegen die »Bultmannsche Kritik«.[20] Ein selbständiger Beitrag zum Verständnis der Verkündigung Jesu kommt dabei aber nicht zustande, doch ist es hilfreich, G.s Beurteilung der einzelnen mit Hilfe des Registers leicht aufzufindenden Texte jeweilen zu berücksichtigen.

D. E. OAKMAN will die Wirksamkeit Jesu auf dem Hintergrund der ökonomischen Probleme seiner Zeit verständlich machen und geht darum von zwei Hypothesen aus: Jesus war »begrenzt und geformt durch bestimmte ökonomische Fakten in seiner Umgebung . . ., durch seine Tätigkeit als ländlicher Hand-

---

[18] W. SIMONIS, Jesus, 20. 55. 85. 117. 156. 195. 232f. 252. 20; Reich Gottes, 45. 26; Jesus, 254. 264; Reich Gottes, 70; Jesus, 222; Reich Gottes, 48; Jesus, 267; Reich Gottes, 49.

[19] ThR 42 (1977) 91; ThLZ 104 (1979) 813–817.

[20] P. GRELOT, Les paroles de Jésus Christ, 41. 78. 185. 63. Die Polemik gegen »die radikalen Anschauungen, die im deutschsprachigen Protestantismus vorgetragen wurden« (131), darf als »Ausrutscher« übergangen werden.

werker ... und durch größere ökonomische Probleme im römischen Palästina«,
und: »Jesu Wort und Wirksamkeit kann teilweise verstanden werden als der
Versuch, neue ökonomische Werte und ein neues ökonomisches Verhalten zu
formulieren«. Da »die Bauern in Palästina unter dem Druck von wachsenden
mächtigen Institutionen und Menschen gezwungen waren, entweder den Kon-
sum einzuschränken oder in eine hoffnungslose Schuldenspirale zu geraten, die
zum Verlust des Familienlandes führte«, »verkündete Jesus in einer solchen
durch Konflikt bestimmten landwirtschaftlichen Situation den Beginn der
Gottesherrschaft«. So ist das Gleichnis vom Unkraut unter dem Weizen (Mt
13,24ff.) »sozialkritisch gegenüber der Land besitzenden Klasse«, und die
Saatgleichnisse insgesamt »deuten darauf hin, daß die Gottesherrschaft die
gegenwärtige Produktionsordnung untergräbt«. So »befürwortet Jesus implizit einen kollektiven landwirtschaftlichen Streik für die Sache des Gottesreiches« und fordert »Schulderlaß«, und so ist denn O. der Meinung, daß die Bitte
um Schulderlaß im Vaterunser »primär um Befreiung von den irdischen Fes-
seln der Verschuldung« bittet und damit die vorhergehende Bitte um das
tägliche Brot verstärkt, weil »verschuldet sein die Fähigkeit einer sozialen
Ordnung zerstört, das tägliche Brot zu beschaffen«. Das Reich Gottes war für
Jesus »sozusagen ein totales soziales Programm«, er »wendet den Traum von
Eden gegen das soziale Gebäude«.[21] Nun ist es natürlich berechtigt und nützlich, nach der sozialen Lage der galiläischen Bevölkerung zur Zeit Jesu zu
fragen, und O. übersieht nicht, daß Jesus es *auch* mit wohlhabenden Menschen
zu tun hatte. Aber seine aus religionsgeschichtlichen und streng exegetischen
Gründen unhaltbare Deutung der Vergebungsbitte des Vaterunsers zeigt beispielhaft, daß die soziologische Fragestellung den Verf. für die Beobachtung
der zentralen Züge der Verkündigung Jesu blind gemacht hat. So kann man
aus diesem Buch etwas über die sozialen Probleme der Umwelt Jesu lernen,
aber kein umfassendes Verständnis der Verkündigung Jesu gewinnen.

Auch die Arbeiten, die bevorzugt die eschatologischen Gedanken Jesu behandeln, bieten weitgehend eine Gesamtdarstellung der Verkündigung Jesu.
Ich muß hier zunächst auf ein noch 1980 erschienenes Buch zurückgreifen, das
mir erst verspätet bekannt geworden ist. Der mit der Jesusforschung völlig
vertraute Jurist R. NORDSIECK beschreibt, freilich ohne primäre und sekundäre Überlieferung klar zu unterscheiden, die Gottesherrschaft als »den Mittelpunkt der Verkündigung Jesu«. Er sieht richtig, daß auf dem futurischen
Charakter der Gottesherrschaft noch mehr Gewicht liegt als auf der Betonung
der Gegenwart des Reichs« und daß »die baldige Erwartung des vollendeten
Königreichs Gottes und des Menschensohns in seiner Mitte die eigentliche

---

[21] D. E. OAKMAN, Jesus ..., 2. 79f. 123. 128. 130. 168. 155. 207. 131.

historische Aktualität der Predigt Jesu ausmachte«, daß »die Zuwendung Gottes in unserer Gegenwart vorerst nur zeichenhaft sichtbar ist« und Jesus »exemplarisch das Reich Gottes verwirklichte«; auch das trifft zu, daß Jesus »an Gottes Stelle handelt, als sein Stellvertreter, der seine Herrschaft wahrnimmt«, so daß Jesus »das Reich Gottes nicht nur verkündigt, sondern auch verwirklicht und vorgelebt hat«. Aber wenn N. daneben feststellt: »Wir sollen ... alles tun, damit das Neue Sein des Reiches Gottes alsbald Gestalt gewinne«, »Jesu Predigt ... zielt auf Herstellung qualitativ anderer sozialer Beziehungen und Einrichtungen, die dem Reich Gottes gemäß sind«, und »unsere Zielvorstellung hat die Mitwirkung am Kommen der von Gott her nahenden Herrschaft ... zu sein«, so sind dagegen erhebliche Einwände zu erheben. Richtig ist auch, daß Jesus »aller Wahrscheinlichkeit nach von sich am häufigsten als ›Menschensohn‹ gesprochen hat«, daß aber auch »der endzeitliche Menschensohn schon jetzt als irdisch handelnder dargestellt wird«; wenn aber N. dann auch sagt: in der Endzeit »soll der wirkliche, echte Mensch ›erscheinen‹«, »es kommt entscheidend auf das Kommen, das Erscheinen des endzeitlichen Neuen Menschen und seiner Gemeinschaft an«[22], so ist das schwerlich zutreffend. D. h. in dieser Darstellung der Reichgottespredigt Jesu stehen richtige und fragwürdige Einsichten nebeneinander, und man wird aus diesem Buch wohl mancherlei lernen können, muß es aber mit sorgfältiger Kritik lesen.

R. H. HIERS hatte 1973 in seinem Buch »The Historical Jesus and the Kingdom of God« eine über J. Weiss und A. Schweitzer hinausgehende Verteidigung der »konsequenten Eschatologie« vorgelegt, die ich als nicht haltbar ablehnen mußte.[23] Sein neues Buch führt nicht darüber hinaus. In ausdrücklicher Übereinstimmung mit Weiss und Schweitzer vertritt er hier erneut die Anschauung, daß »der eschatologische Jesus der einzige Jesus ist, über den wir etwas aus den Quellen lernen könnten«, daß Schweitzer mit Recht »Jesu Lehre als Interimsethik beschrieben hat«, daß Jesu Predigt »apokalyptisch« war und es »keine Stellen gibt, in denen Jesus unzweideutig die Gottesherrschaft als gegenwärtig erklärte«.[24] So kann auch dieses Buch zwar zum Nachweis der futurisch-eschatologischen Grundeinstellung Jesu Hilfe leisten, als Darstellung der Gesamtverkündigung Jesu ist es aber verfehlt.

H. SCHÜRMANN hatte seit 1973 in vier Aufsätzen die Frage zu klären ge-

---

[22] R. NORDSIECK, Reich Gottes . . ., 17. 153. 156. 50. 96. 81. 67. 159. 120. 76. 79. 183. 185. Leider begegnet wiederholt die falsche Form »alttestamentarisch«.
[23] ThR 41 (1976) 327f.
[24] R. H. HIERS, Jesus and the Future, XIII. 17. 51. 87. 92. Daß A. Schweitzer 1901 J. WEISS noch nicht gelesen hatte, ist aufgrund eines Brieffundes nicht mehr haltbar, s. E. GRÄSSER, A. Schweitzer als Theologe, (BHTh 60) 1979, 109, Anm. 9.

sucht, was sich über Jesu Deutung seines bevorstehenden Todes kritisch sichern läßt. Ich habe seinerzeit über diese Aufsätze berichtet[25] und festgestellt,
daß Sch. bei seinem Versuch, Jesus eine *Heils*bedeutung seines Todes zuzuschreiben, über Möglichkeiten und Postulate nicht hinauskommt. Sch. hat die
beiden letzten dieser Aufsätze im 2. Teil des hier zu besprechenden Buches
»Gottes Reich – Jesu Geschick« wieder abgedruckt, ich gehe darauf nicht
erneut ein. Dagegen ist hier der 1. Teil des Buches zu besprechen, der unter
der Überschrift »Jesu Basileia-Verständnis« in drei Abschnitten »Jesu ureigenes Basileia-Verständnis«, »das Zeugnis der Redenquelle für die Basileia-Verkündigung Jesu« und »Beobachtungen zum Menschensohntitel in der Redenquelle« behandelt. Auf den letzten Abschnitt kann ich nur hinweisen: die
These, daß sich »die untersuchten Menschensohn-Worte der Redenquelle ausnahmslos kommentierend, interpretierend oder ergänzend an . . . einzelne Logien anlehnen« und »ihren ›Sitz im Leben‹ wohl alle in der auslegenden Mahn-
predigt (urchristlicher Propheten?) hatten«, kann ich nicht als zutreffend
ansehen. Sehr beachtlich ist dagegen der 2. Abschnitt, der »traditionskritisch«
15 Basileia-Worte der Redenquelle mit einer die Geschichtskritik allerdings
mehrfach übermäßig anwendenden Methode sorgfältig untersucht und dabei
zu folgendem Resultat kommt: »Die Basileia ist . . . als eschatologisch-universa-
les Heil verstanden«, aber ebenso als »dynamisch bereits kommend-angekom-
men«, »die zukünftige sieghafte Basileia wird bereits gegenwärtig zu-kom-
mend, in der wenig erfolgreichen Verkündigung an-stehend gesehen«, »die
Basileia-Vorstellung ist aber von der Vater-Vorstellung her durch und durch
personalisiert«. Dem kann man weitgehend zustimmen, dieser Abschnitt des
Buches ist ein wichtiger Beitrag zum Verständnis der Basileia-Predigt Jesu.
Wesentlich kritischer ist dagegen m. E. über den 1. Abschnitt (»Jesu ureigenes
Basileia-Verständnis«) zu urteilen, insoweit er über die Ergebnisse des 2. Abschnitts hinausgeht. Hier gibt Sch. auf die Frage: »Konnte Jesus das eschatologische und das staurologische Heil – das der nahenden Basileia und das seines
Märtyrertodes – zusammendenken?« nicht nur die Antwort: »Jesus mußte
angesichts seines Engagements mit der *Möglichkeit* eines gewaltsamen Todes
realistisch rechnen«, sondern er stellt auch fest: »Jesus mußte wohl von Anfang an seinen Basileia-Auftrag mit dem Gedanken der Erfolglosigkeit zusammendenken, ja mußte den Mißerfolg als innerlich notwendiges Ge-schick
der Basileia selbst verstehen«, und »wenn Jesus sein Todesgeschick als Basileia-
Geschick verstanden hat, konnte er zuversichtlich hoffen, dies würde Heil

---

[25] ThR 41 (1976) 345; 43 (1978) 259f.; 45 (1980) 333f.; 47 (1982) 160f.

bewirken«.[26] A. Vögtle[27] hat sorgfältig nicht nur die innere Widersprüchlichkeit, sondern auch die mangelnde exegetische Begründbarkeit dieser These nachgewiesen, so daß ein Hinweis auf Vögtles überzeugende Ausführungen hier genügen dürfte.

H. Merklein, der 1978 in seinem Buch »Die Gottesherrschaft als Handlungsprinzip« die Bedingtheit der ethischen Forderung Jesu durch seine Botschaft von der Gottesherrschaft überzeugend nachgewiesen hatte[28], hat dem eine Untersuchung dieser Botschaft selbst folgen lassen. Er zeigt zunächst, daß bei Jesus die Basileia einen »vom Ansatz her futurischen Charakter hat«, zugleich aber »ein Geschehen ist, das in Jesu Wort und Tat bereits angehoben hat«. In den Seligpreisungen sagt Jesus dem »Unheilskollektiv [Israel] . . . das Heil der Gottesherrschaft zu«, weil »Gott jetzt ein neues und zwar eschatologisch endgültiges Erwählungshandeln veranstaltet«. »Das eigentliche Problem Israels sind nicht seine politischen Feinde, sondern Satan«, und die Lk 10,18 berichtete Vision Jesu vom Fall Satans aus dem Himmel »widerspiegelt [wohl] jene Erfahrung, die den Anlaß und den subjektiven Ermöglichungsgrund für Jesu . . . spezifische Verkündigung von der Gottesherrschaft bildete«. »Das proklamierte neue, eschatologische Erwählungshandeln Gottes tilgt die Schuldvergangenheit Israels«. Auf diesem Hintergrund ist Jesu »eschatologische Weisung« zu verstehen. Jesu »Sicherheit bezüglich des eigentlichen Willens Gottes . . . ist wohl nur im Rahmen seiner eschatologischen Sendung beziehungsweise seines eschatologischen Wissens zu erklären«, »Jesus geht es nicht um eine weitergehende Einengung von Freiräumen, sondern um deren Aufhebung«, »die Bedingungslosigkeit des eschatologischen Erwählungshandelns Gottes wird zum entscheidenden Maßstab auch des mitmenschlichen Handelns«. Was Jesu Selbstverständnis anbetrifft, so betont M., daß »ein direktes ›Sohnes‹-bewußtsein Jesu exegetisch kaum nachzuweisen ist« und daß für keinen Hoheitstitel »mit genügender Sicherheit zu erweisen ist, daß Jesus selbst ihn für sich in Anspruch genommen hat«. Aber er stellt ebenso fest, daß die »Repräsentanz des eschatologisch handelnden Gottes nicht denkbar ist ohne ein *singuläres, unmittelbares Gottesverhältnis*«, und läßt für Jesus die Überzeugung gelten, daß er »eine Art irdischer Doppelgänger des himmlischen Menschensohnes« sei. Ich meine, daß man in der Menschensohnfrage zu einem eindeutigeren Urteil kommen kann, und auch sonst sind mir einzelne Annah-

---

[26] H. Schürmann, Gottes Reich – Jesu Geschick, 172f. 81. 88. 108. 116. 146. 15. 47. 49. 62. – Im Literaturverzeichnis steht fälschlich »Berkeley« statt »Berkey«.

[27] A. Vögtle, Grundfragen der Diskussion um das heilsmittlerische Todesverständnis Jesu, in: A. V., Offenbarungsgeschehen und Wirkungsgeschichte, Freiburg/Basel/Wien 1985, 148–154. 161–163.

[28] S. ThR 47 (1982) 481–483.

men M.s fraglich (daß »die Frage nach der Nähe der Gottesherrschaft nicht
einmal mehr in erster Linie mit zeitlichen Kategorien beantwortet werden
muß«, weil »die Nähe in erster Linie . . . sachlich gemeint sein muß«, entspricht
m. E. schwerlich den Texten; und »die Deutung des Todes im Sinn des Sühnetodes« geht ebenso schwerlich »auf Jesus selbst zurück«.[29] Aber von solchen
Einzelfragen abgesehen stehe ich nicht an, M.s Buch über Jesu Botschaft von
der Gottesherrschaft als eines der besten Jesusbücher der letzten Jahre zu
bezeichnen und sein Studium warm zu empfehlen.

B. CHILTON hat in seinem Buch »God in Strength« (1979) jedes zeitliche
Moment aus Jesu Verkündigung der Gottesherrschaft weggedeutet, was ich
als »Vergewaltigung der Texte« bezeichnen mußte.[30] Ch. hat fünf Jahre später
diese Anschauung erneut verteidigt, indem er in einer Aufsatsammlung den
(übersetzten) Arbeiten von R. Otto, W. G. Kümmel, E. Grässer und
M. Lattke vier Arbeiten von N. Perrin, T. F. Glasson, H. Bald und sich selbst
folgen ließ und die Autoren dieser vier Aufsätze in einem vorangestellten
Überblick über die Forschungsgeschichte seit A. Ritschl als die Vertreter eines
richtigeren Consensus bezeichnet. Die Sammlung der mehrheitlich ursprünglich deutschsprachigen Aufsätze ist sicher für englischsprachige Leser von
Nutzen, für den deutschsprachigen Leser ist nur die (einseitige) einleitende
Forschungsgeschichte von Interesse.

H. F. BAYER möchte zur Beantwortung der Frage verhelfen, ob das synoptische Bild, daß »Jesus die Notwendigkeit seines Todes voraussah und sich der
Auferstehung vom Tod sicher war«, »ein verläßliches Porträt Jesu ist«. Nach
einer sich auf wenige Forscher beschränkenden kurzen Problemgeschichte
untersucht B. zunächst »die Voraussagen der Rechtfertigung Jesu«: das futurische Abendmahlswort »Ich werde nicht mehr von der Frucht des Weinstocks
trinken . . . (Mk 14,25) setzt »eine unbestimmte Zeitdifferenz zwischen dem
bevorstehenden Todesereignis und der zukünftigen [Passa-] Feier voraus«; die
Metaphern von Becher, Taufe und Stunde »betonen den Ernst der gegenwärtigen Krise im Leben Jesu und daß diese Krise ein vorübergehendes Ereignis
ist, bei dem das Aufhören der Stunde der Taufe und des Zornesbechers als
conditio sine qua non der Rechtfertigung des Gerechten erwartet wird«; das

---

[29] H. MERKLEIN, Jesu Botschaft . . ., 24. 66. 49f. 44. 62. 80. 100. 110f. 89. 145. 150.
160. 52. 57f. 142. – Die (häufig vertretene) Anschauung, daß »die Sadduzäer nur den
Pentateuch anerkannten« (94, Anm. 5), scheint mir falsch zu sein (s. E. SCHÜRER, Geschichte des jüdischen Volkes im Zeitalter Jesu Christi II, ⁴1907, 480f.). – Merkleins
Aufsatz »Die Reich-Gottes-Verkündigung Jesu«, in: Säkulare Welt und Reich Gottes,
Graz/Wien/Köln 1988, 51–79 faßt die Hauptgedanken des hier besprochenen Buches
zusammen unter Voranstellung einer guten Darstellung der »Gottesherrschaft im Alten
Testament und im Frühjudentum«.
[30] ThR 47 (1982) 143f.

Zitat vom verworfenen Stein am Schluß des Gleichnisses von den Weinbergarbeitern (Mk 12,1–11) geht wie das Gleichnis selbst auf Jesus zurück und
»drückt implizit aus, daß Jesus göttliche Rechtfertigung als Folge seiner Verwerfung durch die jüdischen Führer erwartet«; die Voraussage des Jonazei-
chens (Mk 8,11–13 par. Lk 11,29f.) weist *implizit* auf die von Matthäus dann
ausdrücklich (16,1–4) genannte Parallele zwischen dem Schicksal des getöteten
und auferweckten Jesus und dem Schicksal Jonas im Walfisch; die vorösterliche Herkunft der drei Leidensweissagen im Markusevangelium »kann nicht
ausgeschlossen werden«, doch »hat unsere Forschung keinen endgültigen Beweis für die vorösterliche Herkunft der Aussagen erbracht«. Die Untersuchung der »Voraussagen der Auferstehung Jesu« zeigt, daß Jesus »eine körper-
liche Auferstehung von den Toten erwartet, die zur Unsterblichkeit führt«. Aus
dem allen folgt, »daß Jesus der überzeugendste Autor der untersuchten
Rechtfertigungs-/Auferstehungsvoraussagen ist«, »Jesus sieht seine Auferstehung zu Unsterblichkeit als entscheidendes Ereignis von grundlegender Bedeutung für das Kommen der ewigen Gottesherrschaft an«.[31] Es ist leicht zu
sehen, daß diese »traditionskritische« Untersuchung zwar zugesteht, daß sich
die vorösterliche Herkunft der ausdrücklichen Leidens- und Auferstehungs-
weissagungen nicht sichern läßt, im übrigen aber die Ansage seiner Rechtfertigung und Auferstehung durch Jesus zu sichern sucht, wobei zum mindesten
für das »Jonazeichen« und das Psalmzitat am Ende des Gleichnisses von den
Weinbergarbeitern erhebliche Zweifel an der Haltbarkeit dieser Argumentation bestehen. Überdies äußert sich B. selber nicht immer eindeutig darüber,
ob seine Beweisführung nur bis in die frühe Urgemeinde oder bis zu Jesus
selbst zurückführt, und eine Eingliederung der von ihm angenommenen Voraussage Jesu in die Gesamtverkündigung Jesu findet nicht statt. Die Beweisführung von Bayer kann darum nur mit großer kritischer Vorsicht zur Kenntnis
genommen werden.

G. R. BEASLEY-MURRAY ist der Meinung, daß »die Bedeutung von Jesu
Lehre über das Reich Gottes für das Verständnis Jesu auffällig übersehen
worden ist«, und möchte diese Lücke ausfüllen. Er untersucht in seinem
umfangreichen Werk (416 S. ohne Bibliographie und Register) relativ kurz
»das Kommen Gottes im Alten Testament« und »in den frühjüdischen Schriften«, untersucht aber gründlich die Worte und Gleichnisse Jesu über das
gegenwärtige und zukünftige Kommen des Gottesreichs und die Beziehung
von Menschensohn und Gottesreich, um mit einem Kapitel über die synopti-

---

[31] H. F. BAYER, Jesus' Predictions . . ., 1. 44. 89f. 109. 142f. 207. 217. 229. 242. 253. –
Nach S. 164 soll eine Äußerung Bultmanns von 1919/20 gegen eine Theorie Dinklers
von 1964 gerichtet sein! Die bibliographischen Angaben über zwei Aufsätze von Hengel
(261) sind völlig falsch.

schen Parusiereden zu schließen. Über die sorgfältige Untersuchung aller in
Betracht kommenden Texte zu berichten ist unmöglich, ich kann nur auf einige
dabei sich ergebende Grundanschauungen des Verf. hinweisen. Jesus spricht in
Mt 12,28 vom »Ankommen des Gottesreichs, nicht von seiner Vollendung«;
»für Jesus beginnt die Wirksamkeit des Gottesreiches mit dem Täufer, aber nur
Jesus selbst macht es gegenwärtig«; in den Wachstumsgleichnissen »werden
wir nicht nur auf eine eschatologische Zukunft, sondern auch auf eine eschatologische Gegenwart hingewiesen«; Mk 13,30 (»Dieses Geschlecht wird nicht
vergehen, bis alles geschieht«) paßt in die Zeit Jesu, während Mk 9,1 (»Einige
von den hier Stehenden werden den Tod nicht schmecken, bis sie die Gottesherrschaft in Kraft haben kommen sehen«) in die Zeit des Markus paßt; der
Menschensohn, der sein Leben als Lösegeld für die vielen hingibt (Mk 10,45,
»verbindet Gegenwart und Zukunft der Gottesherrschaft«; die Antwort Jesu
beim Verhör an den Hohepriester (Mk 14,62) »steht in engster Harmonie mit
der Lehre Jesu«. Diese Beispiele dürften zeigen, daß sich B.-M. bemüht,
möglichst viele Jesusworte auf Jesus zurückzuführen, und Kritik nur dort
übernimmt, wo Jesus ein Irrtum zugeschrieben werden müßte (wie bei Mk
9,1). So kann man das Buch durchaus mit Nutzen als »eines unserer besten
Handbücher über diesen Gegenstand«[32] von einem streng konservativen
Standpunkt aus heranziehen, aber gerade das, was B.-M. als den Mangel der
bisherigen Forschung beklagt, die Bedeutung der Lehre vom Gottesreich für
das Verständnis Jesu, kommt dabei zu kurz, weil die wenigen zusammenfassenden Seiten (338–344) zwar mit Recht betonen, daß »die entscheidende
Wende der Eschatologie von der alleinigen Zukunft zur Zukunft in der Gegenwart das Werk Jesu war, nicht das des Paulus oder Johannes«[33], aber den
inneren Zusammenhang dieser eschatologischen Botschaft mit dem persönlichen Anspruch Jesu, mit der Erwählung des jüdischen Volkes, mit der Forderung Jesu nicht aufzeigen. Das im einzelnen hilfreiche Buch verhilft darum
nicht zu einem zusammenhängenden Verständnis der Verkündigung Jesu.

Dem letzten in diesem Zusammenhang zu besprechenden Buch gegenüber
empfinde ich eine gewissen Verlegenheit. F. MUSSNER bietet in der 1958 zuerst
erschienenen und nun überarbeitet wieder aufgelegten Schrift eine für einen
weiteren Leserkreis bestimmte Auslegung der »Synoptischen Apokalypse«

---

[32] J. R. MICHAELS, JBL 107 (1988) 321.

[33] G. R. BEASLEY-MURRAY, Jesus and the Kingdom of God, X. 79. 97. 200. 193. 283.
299. 338. – Trotz der reichen Literaturbenutzung sind mehrere wichtige hergehörige
Arbeiten übergangen, z. B. L. Goppelt, Neutestamentliche Theologie I; E. Grässer, Die
Naherwartung Jesu; R. H. Hiers, The Historical Jesus and the Kingdom of God;
H. Merklein, Die Gottesherrschaft als Handlungsprinzip; J. Schlosser, Le règne de Dieu
dans les dits de Jésus (alle vor 1980 erschienen).

(Mk 13); da er überzeugt ist, daß »auch in den apokalyptischen Lehrstücken der synoptischen Evangelien weithin die genuine Stimme Jesu zu uns spricht«, hält er »nach wie vor den Titel seines Buches für legitim«. Diese Meinung vermag ich nur in sehr eingeschränktem Maße zu teilen, es ist aber hier nicht der Ort, im einzelnen auszuführen, welche Texte in diesem Markuskapitel m. E. auf Jesus zurückgeführt werden können und welche nicht. Ich muß mich daher darauf beschränken, auf die wichtigsten Erkenntnisse der Auslegung dieses Markuskapitels hinzuweisen. »Jesus hatte nur von der Zerstörung des Tempels gesprochen, die Apostel denken bei ihrer Frage auch an das Ende der Welt . . . Im Folgenden gibt Jesus nur auf diese ›apokalyptische‹ Frage Antwort«; »Kriege und Katastrophen der Geschichte und Natur . . . sind nach Jesus keine Vorzeichen des unmittelbar bevorstehenden Endes«, auch »der Spruch von der Verkündigung des Evangeliums bei allen Völkern . . . besagt nicht, dies sei das Zeichen für die unmittelbare Nähe des Endes«; »Niemand kennt die Stunde ›jenes Tages‹: das ist die Antwort Jesu auf die Frage der Apostel nach dem ›Wann‹«; »Von der Ordnung der Geschichte her kann das Ende der Welt schon morgen kommen«. Das scheint mir alles exegetisch richtig zu sein, dagegen halte ich die Deutung von Mk 13,30 (»Dieses Geschlecht wird nicht vergehen, bis dies alles geschehen ist«) auf »das in diesem Äon lebende, von Gott erwählte Volk der Juden«, das »nicht aus der Geschichte verschwinden wird, bevor ›dies alles geschehen ist‹«, für unmöglich und den Gedanken, daß »das Dasein des Judenvolkes durch alle Zeiten der Geschichte für die Völker ein untrügliches Zeichen für die Wahrheit und Wahrhaftigkeit der Worte Gottes und Jesu ist«[34], für spekulativ. Aber, wie gesagt: es handelt sich dabei um den Sinn des Textes und nicht ohne weiteres auch um die Frage nach der Botschaft Jesu selbst.

Die Frage nach der Stellung Jesu im und zum Judentum seiner Zeit ist in den letzten Jahren besonders energisch untersucht worden, mehrere dieser Arbeiten habe ich im 2. Teil dieses Berichts schon besprochen.[35] Hier möchte ich zunächst auf einige wichtige Aufsätze wenigstens kurz hinweisen. U. LUZ betont einerseits, daß die Pharisäer weniger in Galiläa als in Jerusalem gewirkt zu haben scheinen und keine einheitliche Größe darstellen, so daß wie »bei Jesus selbst ein komplexes und vielschichtiges Verhältnis zum Pharisäismus annehmen dürfen« (237), andererseits daß trotz gewisser Gemeinsamkeiten zwischen Jesus und den Pharisäern entscheidende Unterschiede bestehen: Jesu

---

[34] F. MUSSNER, Was lehrt Jesus . . ., 14. 20. 24. 30. 59. 69. 57 f.
[35] S. ThR 54 (1989) 6–9. 25 f. zu den Büchern von H. Falk, P. Lapide, F. Mussner, J. Riches, R. A. Rosenberg, E. P. Sanders, G. Vermes, L. Volken.

Übertretung der Reinheitsgesetze, sein provokatives Verhalten gegenüber dem Sabbatgesetz, vor allem aber, »daß das Gesetz für Jesus nicht mehr letzte Instanz ist« (244). Das ist weitgehend überzeugend. H. RÄISÄNEN bemüht sich um den Nachweis, daß Jesu Äußerung, nur das aus dem Menschen Herausgehende verunreinige ihn (Mk 7,15: »Wie radikal Jesus gegenüber dem Gesetz war, hängt weitgehend davon ab, ob er eine Feststellung wie Mk 7,15 machte oder nicht«, 91), nicht als echt erwiesen werden könne, zumal auch aufgrund der »Antithesen« nicht behauptet werden könne, »daß Jesus seinen persönlichen Anspruch über die Tora setzte« (86); der ausschließlich auf die Reinheit der Speisen zu beziehende Spruch Mk 7,15 sei vielmehr eine »theologische Rechtfertigung für den praktischen Schritt in die Heidenmission« (89). Ich kann mich von der Richtigkeit dieser Argumentation nicht überzeugen, und auch P. FIEDLER, der nicht nur Mk 7,15, sondern sogar die Beispielerzählung vom Pharisäer und Zöllner Jesus abspricht, hat m. E. nicht nachweisen können, daß »der irdische Jesus grundsätzlich auf dem Boden der Tora stand« (83). Hier siegt das Postulat der ungebrochenen »Jüdischkeit« Jesu über die Anerkennung der Überlieferung. Von der Voraussetzung einer grundsätzlichen Anerkennung der evangelischen Tradition aus stellt aber auch D. J. MOO fest, daß Jesus »die fortdauernde Gültigkeit der gesamten alttestamentlichen Schriften festhält« (28) und »keines der schriftlichen Gebote«, wohl aber deutlich »die anerkannte Halaka verletzte« (5). Seltsamerweise stellt aber Moo daneben die Behauptung, daß »Jesus eine Autorität über das Gesetz beanspruche, wie sie nur Gott besitzt«, und in Mk 7,15 »ein Prinzip darlegte, das bestimmt war, große Teile des Pentateuchgesetzes aufzuheben« (28). Wie der Widerspruch zwischen diesen beiden Grundanschauungen Moos aufzulösen ist, ergibt sich aus seinen Ausführungen nicht.

Zu diesem Fragenkomplex sind nun noch zwei Bücher zu nennen. B. D. CHILTON ist der Meinung, daß »die Bedeutung des aramäischen Targum zu Jesaja von neutestamentlichen Forschern nicht richtig eingeschätzt worden ist, so daß wir einfach bestimmte Schlüsselpunkte in Jesu Predigt übersehen haben«, und möchte nachweisen, daß »einige Deutungstraditionen, die später in den Targum eingefügt wurden, einen gestaltenden Einfluß auf den Wortlaut einiger Jesusworte hatten«. Er sucht das zunächst zu zeigen an dem bekannten Zitat Jes 6,9.10 in Mk 4,12 (»damit sie als Sehende sehen und nicht sehen ...«), das nach Ch. »vom Targum abhängt«; freilich muß dann das viel diskutierte ἵνα in Mk 4,12 nicht »damit«, sondern »so daß« bedeuten, »Jesus tadelt seine Hörer wegen ihrer Stumpfsinnigkeit, die der im Targum beschriebenen ähnlich ist«. Dieses und wenige andere Beispiele sollen zeigen, daß Jesus »in bestimmtem Maße genaue Vertrautheit auf seiten seiner Gegner mit dem Targum voraussetzt«, wobei »Jesus die targumische Tradition kritisch be-

nutzt«.[36] Diese Beweisführung ist freilich keineswegs überzeugend. Was das
Beispiel Mk 4,11 f. betrifft, so ist die (keineswegs neue) Abschwächung der
finalen Bedeutung von ἵνα schon oft als exegetisch falsch erwiesen worden;
von dieser Interpretation des Markustextes hängt aber die *Möglichkeit* einer
Beziehung zur targumischen Deutung des Jesajazitates ab. Wichtiger aber ist,
worauf mehrere Rezensenten hingewiesen haben[37], daß weder das Alter der in
dem späteren Jesajatargum verwerteten Tradition feststeht noch gezeigt werden konnte, daß Jesus mit dieser Tradition bekannt war oder gar die Bekanntschaft mit ihr bei seinen Hörern voraussetzen konnte. Es ist darum Ch.
schwerlich gelungen nachzuweisen, daß man Jesus nur richtig verstehen
könne, wenn man seine Bezugnahme auf die im Jesajatargum aufgenommene
Tradition voraussetzt.

R. P. Booth greift erneut die Frage nach der Ursprünglichkeit und dem
Sinn des Wortes Mk 7,15 über das, was den Menschen unrein macht, auf und
sucht diese Frage durch die Kombination von formgeschichtlicher und rechts-
geschichtlicher Methode zu beantworten. Bei der Analyse von Mk 7,1–23
kommt er zu dem Resultat, daß die »Reinheitsantwort (Mk 7,15) die ursprüngliche Antwort auf die Handwaschungsfrage (Mk 7,5b) ist«, sucht aber dann
nachzuweisen, daß »die Reinheitsantwort bedeutet, daß Dinge außerhalb eines
Menschen ihn nicht *so sehr* beflecken wie Dinge, die aus ihm kommen«; daraus
ergibt sich, daß diese »nach Prüfung durch traditionsgeschichtliche Kritik
authentische Antwort [Jesu] die gesamte Breite kultischer Reinheit entwertet«,
doch nur »in einem relativen Sinn«, was bedeutet, daß Jesus »normalerweise
das kultische Gesetz im Pentateuch beachtete, es aber nicht beachtete, wenn
moralische Anforderungen das erforderten«. B. sucht dann im zweiten Teil des
Buches nachzuweisen, daß »die Sitte zu Jesu Zeiten Händewaschen [vor dem
Essen] nur für die Mitglieder der [pharisäischen] *haburoth* vorschrieb«, so daß
Jesus diese Forderung für die Jünger mit Recht ablehnte. Die Antwort Jesu in
Mk 7,15 »muß relativ gedeutet werden, weil eine absolute Feststellung Jesu, daß
nichts Äußeres den Menschen befleckt, angesichts seiner gewöhnlichen
Achtung für den Pentateuch unwahrscheinlich ist«; d. h. »Jesus bestritt die
Vorstellung kultischer Unreinheit nicht«, Mk 7,15 muß »in dem weitesten Sinn
verstanden werden, daß nämlich kultische Reinheit in toto einem Menschen
nicht so sehr schadet wie moralische Unreinheit«.[38] Nun ist die rechtsgeschichtliche Ausführung über das Alter der Übung des Händewaschens ebenso überzeugend wie der Nachweis, daß keine grundsätzlichen Einwände gegen die

---

[36] B. D. Chilton, A Galilean Rabbi . . ., 10. 70. 91. 98. 142. 171.
[37] A. P. Hayman, SJTh 38 (1985) 446; J. M. Court, JThS 36 (1985) 444; P. S. Alexander, JJS 35 (1984) 241 f.; E. P. Sanders, JBL 106 (1987) 335.
[38] R. P. Booth, Jesus and the Laws of Purity, 67. 71. 113. 104. 112. 203. 218. 223. 219.

Herkunft der »Reinheitsantwort« Mk 7,15 von Jesus bestehen; ob die Zusammenschau beider Nachweise den ursprünglichen Sinn von Mk 7,15 und damit Jesu Stellung zu den Reinheitsgeboten klären kann, hängt freilich von der Richtigkeit der Analyse B.s von Mk 7,1–23 ab, und da scheint mir keineswegs der Nachweis überzeugend zu sein, daß die (auch früher schon vorgeschlagene) Deutung des »Reinheitsworts« als Beantwortung der Frage nach der Notwendigkeit des Händewaschens zu verstehen sei; ich meine vielmehr nachgewiesen zu haben, daß Mk 7,15 ein unabhängig von seinem Kontext in seinem ursprünglichen Sinn zu interpretierendes Einzellogion ist[39], wobei die Behauptung, Mk 7,15 müsse »relativ gedeutet werden«, willkürlich und nur dadurch möglich ist, daß B. aus Mk 7,15 »was in ihn eingeht« streicht und »von außerhalb« ändert in »außerhalb«. D. h. Booth hat nicht beweisen können, daß Mk 7,15 »relativ« zu verstehen sei und keine grundsätzliche Kritik an den atl. Reinheitsgesetzen enthalte.

Zum Schluß bleibt mir noch, über Arbeiten zum Gottesverständnis Jesu zu berichten. Auch hier möchte ich zunächst kurz auf einige wichtige Aufsätze hinweisen. P. HOFFMANN betont, daß »in der Sicht Jesu Gott dem Menschen entgegenkommt und ihn annimmt, so wie er ist« (164), »Gott legt nicht den Maßstab der Leistung an, sondern ist in seiner Güte einfach da« (167), weil Jesu »Leben Gnade erfahrbar machte, die Wahrheit seines Gebots konkret werden ließ« (176), »der Konflikt Jesu mit den führenden Vertretern seines Volks ist ein Streit um den Gott Israels« (154). Ähnlich macht J. DUPONT darauf aufmerksam, daß »Jesus reagiert gegen ein gewisses Gottesbild, das Gottes Rolle darauf zu beschränken tendiert, die genaue Beachtung der Tora zu sichern«; Jesus weigert sich dagegen, »daß man aus Gott den Garant einer Absonderung macht, die einer religiösen Gruppe ihre bevorzugte Stellung sichert«, Gott verlangt »das Herz des Menschen, sein ganzes Sein, da wo eine Aufteilung undenkbar ist« (342 f.). Auf einen wichtigen anderen Sachverhalt macht H. MERKLEIN in seinem wichtigen Aufsatz aufmerksam. Obwohl »der Gedanke der Einzigkeit Gottes in der Jesustradition eine auffallend geringe Rolle spielt« (14), »läuft [in den beiden ersten Bitten des Vaterunsers] das Kommen der Gottesherrschaft primär . . . auf die Durchsetzung der Einzigkeit Gottes hinaus« (19); und »wenn das eschatologische Heil in Analogie zum Schöpfungswalten Gottes geschieht, . . . dann müssen in diesem Heilshandeln alle eingeschlossen sein, Gerechte *und Sünder*, also auch die Heiden« (23); und

---

[39] W. G. KÜMMEL, Äußere und innere Reinheit des Menschen bei Jesus, in: Das Wort und die Wörter, FS G. Friedrich, 1973, 35ff. (= W. G. K., Heilsgeschehen und Geschichte II, 1978, 117ff.). Vgl. auch die anders argumentierende Kritik an der Analyse von Mk 7,1ff. durch Booth in der Rezension von R. H. GUNDRY, JBL 107 (1988) 325–327.

»weil Gott ein Einziger ist . . ., muß Jesus, sofern sein Tun als Anbruch der Gottesherrschaft zu qualifizieren ist, zwangsläufig mit Gott zusammengedacht und in die Nähe Gottes gerückt werden« (28). »Die Schlußfolgerung« ist darum durchaus gerechtfertigt, daß »die Einzigkeit Gottes die *sachliche* Grundlage der Botschaft Jesu darstellt« (32). S. PEDERSEN schließlich fragt nach Jesu Gottes*erfahrung*, und seine Antwort »läuft darauf hinaus, daß Jesu Gottesverständnis seinen Ursprung und damit seine Wesensbestimmung in Jesu Gotteserfahrung in Verbindung mit seiner Taufe bei Johannes besitzt« (131): Jesus hatte »bei seiner Taufe durch Johannes die Taufe von Sündern als den Ort der Gegenwart Gottes erfahren« (140) und darum »diejenigen in seine Gottesgemeinschaft einbezogen, die andere in seiner Zeit aufgrund *ihres* Gottesverständnisses gerade ausstießen« (139). Nun ist es sicher richtig, daß für Jesus »das Nächstenverhältnis aus dem Gottesverhältnis entspringt« (142) und daß darum »Umkehr nicht mehr . . . eine Voraussetzung für das Kommen des Reiches Gottes, sondern eine Konsequenz des schon eingetretenen Kommens des Reiches Gottes ist« (135); aber daß Jesus diese Gotteserfahrung bei der Johannestaufe gewonnen habe, ist eine durch die Texte nicht gedeckte Behauptung.

Eine umfassende Darstellung der Jesus leitenden Gottesanschauung hat dann J. SCHLOSSER in seinem Buch vorgelegt. Er stellt mit Recht ein »relatives Desinteresse der neutestamentlichen Exegese für die Theo-logie Jesu« fest und untersucht darum mit großer Sorgfalt »die Jesusworte, in denen mehr oder weniger ausdrücklich von Gott die Rede ist«. Dabei zeigt sich, daß Jesus »es offenbar vorzieht, ohne Umschweife und direkt von Gott zu reden«, dessen »gegenwärtiges Eingreifen [in der Sendung des Täufers und Jesu] eschatologische Qualität hat« (»Die tiefe Einheit der Gedanken Jesu über das Reich und seiner Theo-logie« ist nach Sch. stark zu unterstreichen). Eine gründliche Prüfung der Bezeichnung Gottes als Vater und des Gebrauchs von *abba* als Gottesanrede »zeigt deutlich, daß Jesus den Nachdruck auf die Vaterschaft Gottes denen gegenüber legt, die glauben und nachfolgen, gegenüber den Jüngern«; »es gibt keinen Beweis für den Schluß, daß Jesus *abb*a häufig gebraucht hat«, aber der Gebrauch von *abba* durch Jesus zeigt »die Unmittelbarkeit, mit der Jesus sich Gott gegenüberstellt weiß«. »Die Betonung, die durch Jesus auf die Gegenwart gelegt wird, und dementsprechend ein gewisses Desinteresse für die Vergangenheit, sind bei Jesus fühlbarer als in der jüdischen Umgebung«, und »ein Gott, der das Prinzip der Gleichheit zwischen Arbeit und Lohn nicht respektiert . . ., mußte als ein gefährlicher und beunruhigender Gott erscheinen«; »die Betonung der Liebe Gottes für die Bösen . . . ist zweifellos ein wenig schockierend für den, der ein scharfes Gefühl für Gerechtigkeit hat«. Jesus macht sich mit dieser Gottesbotschaft »teilweise zum Propheten eines Gottes, der vom allgemein anerkannten Gott verschieden ist«;

»in der Theologie wie in der Eschatologie ist die sozioreligiöse Ordnung ins Wanken gebracht, es vollzieht sich eine Umkehrung der Werte«, freilich erst, »wenn Gott sich als Gott offenbaren wird, wenn er kommt, um die Macht zu übernehmen, wird sich das auf die menschliche Ebene übertragen«.[40] Das trifft m. E. alles genau den exegetischen Tatbestand und ist eine wertvolle Ergänzung des früher besprochenen[41] Werkes von Schl. über das Reich Gottes in den Jesusworten. Ich freue mich, diesen Teil meines Berichts über Jesusforschung seit 1981 mit dem Hinweis auf ein so vorzügliches Buch beschließen zu können.

---

[40] J. SCHLOSSER, Le Dieu de Jésus, 13. 16. 29. 70. 262. 177. 205. 207. 73. 229. 260. 264

[41] ThR 47 (1982) 137. 147–149.

634

IV. Gleichnisse

BAASLAND, E., Zum Beispiel der Beispielerzählungen. Zur Formenlehre der Gleichnisse und zur Methodik der Gleichnisauslegung, NT 28 (1986) 193–219. – BAUDLER, G., Jesus im Spiegel seiner Gleichnisse. Das erzählerische Lebenswerk Jesu – ein Zugang zum Glauben, Stuttgart/München 1986. – BINDER, H., Das Gleichnis von dem Richter und der Witwe, Lk 18,1–8, Neukirchen-Vluyn 1988. – BOUCHER, M. I., The Parables (New Testament Message 7), Wilmington 1981. – BREECH, J., The Silence of Jesus; the Authentic Voice of the Historical Man, Philadelphia 1983. – DIETZFELBINGER, Chr., Das Gleichnis von den Arbeitern im Weinberg als Jesuswort, EvTh 43 (1983) 126–137. – DRURY, J., The Parables in the Gospels: History and Allegory, London 1985. – DSCHULNIGG, P., Rabbinische Gleichnisse und das Neue Testament. Die Gleichnisse der PesK im Vergleich mit den Gleichnissen Jesu und dem Neuen Testament (Judaica et Christiana 12), Bern/Frankfurt/M./New York/Paris 1988. – ERLEMANN, K., Das Bild Gottes in den synoptischen Gleichnissen (BWANT 126), Stuttgart 1988. – FLUSSER, D., Die rabbinischen Gleichnisse und der Gleichniserzähler Jesus. I. Das Wesen der Gleichnisse (Judaica et Christiana 4), Bern/Frankfurt/M./Las Vegas 1981. – FRANKEMÖLLE, H., Kommunikatives Handeln in Gleichnissen Jesu. Historisch-kritische und pragmatische Exegese. Eine kritische Sichtung, NTS 28 (1982) 61–90. – FUNK, W., Parables and Presence. Forms of the New Testament Tradition, Philadelphia 1982. – FUSCO, V., oltre la parabola. Introduzione alle parabole di Gesù, Rom 1983. – GERHARDSSON, B., The Narrative Meshalim in the Synoptic Gospels. A Comparison with the Narrative Meshalim in the Old Testament, NTS 34 (1988) 339–363. – HARNISCH, W., (Hg.), Gleichnisse Jesu. Positionen der Auslegung von Adolf Jülicher bis zur Formgeschichte (WdF 366), 1982. – HARNISCH, W., (Hg.), Die neutestamentliche Gleichnisforschung im Horizont von Hermeneutik und Literaturwissenschaft (WdF 575), 1982. – HARNISCH, W., Die Gleichniserzählungen Jesu. Eine hermeneutische Einführung (UTB 1343), Göttingen 1985. – HOPPE, R., Gleichnis und Situation. Zu den Gleichnissen vom guten Vater (Lk 15,11–32) und gütigen Hausherrn (Mt 20,1–15), BZ 28 (1984) 1–21. – JONES, P. R., The Teaching of the Parables, Nashville 1982. – KEMMER, A., Gleichnisse Jesu. Wie man sie lesen und verstehen soll (He Bü 875), 1981. – KJÄRGAARD, M. ST., Metaphor and Parable. A Systematic Analysis of the Specific Structure and Cognitive Funktion of the Synoptic Similes and Parables qua Metaphors (AThD 20), 1986. – PARSONS, M. C., »Allegorizing Allegory«: Narrative Analysis and Parable Interpretation, PRSt 15 (1988) 147–164. – PAULSEN, H., Die Witwe und der Richter (Lk 18,1–8), ThGl 74 (1984) 13–39. – RADL, W., Zur Struktur der eschatologischen Gleichnisse Jesu, TThZ 92 (1983) 122–133. – SCHOLZ, G., Gleichnisaussage und Existenzstruktur. Das Gleichnis der neueren Hermeneutik unter besonderer Berücksichtigung der christlichen Existenzstruktur in den Gleichnissen des lukanischen Sonderguts

(EHS.T 23, 214), 1983. – SCOTT, B. B., Jesus, Symbol-Maker for the Kingdom, Philadelphia 1981. – SNODGRASS, K., The Parable of the Wicked Tenants. An Inquiry into Parable Interpretation (WUNT 27), 1983. – STEIN, R. H., An Introduction to the Parables of Jesus, Philadelphia (1981). – VOUGA, F., Jesus als Erzähler. Überlegungen zu den Gleichnissen, WuD 19 (1987) 63–84. – WESTERMANN, C., Vergleiche und Gleichnisse im Alten und Neuen Testament, CThM 14 (1984) 105–135. – WILDER, A., Jesus' Parables and the War of Myths. Essays on Imagination in the Scripture. Edited with a preface by J. Breech, Philadelphia 1982. – YOUNG, B. H., Jesus and His Jewish Parables. Rediscovering the Roots of Jesus' Teaching (Theological Inquiries), New York/Mahwah 1989.

In den beiden abschließenden Teilen des Berichts über Jesusforschung seit 1981 werde ich in Abweichung von meinem früheren Bericht zwei Themen nicht behandeln: Über Forschungen zur Bergpredigt hat M. Hengel bereits berichtet[1], und die Literatur zu den Wunderberichten soll im Zusammenhang der Berichte zur Synoptikerforschung berücksichtigt werden.

»Der ungewöhnlich breite Fluß von Arbeiten zur Gleichnisforschung hat nicht nachgelassen« – diese Feststellung aus dem Jahr 1982[2] gilt auch für die letzten acht Jahre, über die ich in chronologischer und alphabetischer Reihenfolge berichten werde.[3] M. BOUCHER hatte 1977 eine »literarische Studie« über »Das geheimnisvolle Gleichnis« veröffentlicht, in der sie den Unterschied zwischen Gleichnis und Allegorie bestritt und den Geheimnischarakter als Absicht Jesu postulierte; demgegenüber mußte ich feststellen, daß diese fragwürdigen Ausführungen »zum Verständnis der Gleichnisrede Jesu nichts beitragen«.[4]

---

[1] M. HENGEL, Zur matthäischen Bergpredigt und ihrem jüdischen Hintergrund, ThR 52 (1987) 327–400.

[2] ThR 47 (1982) 353.

[3] Einige Bücher lagen nicht zur Besprechung vor und konnten darum nicht besprochen werden: Ph. PERKINS, Hearing the Parables of Jesus, New York 1981 (vgl. J. D. Crossan, CBQ 44, 1982, 688f.); J. R. DONAHUE, The Gospel in Parable. Metaphor, Narrative and Theology in the Synoptic Gospels, Philadelphia 1988 (s. NTAb 32, 1988, 370); B. B. SCOTT, Hear Then the Parable. A Commentary on the Parables of Jesus, Philadelphia 1989. – Von anderer Seite soll besprochen werden: E. ARENS, Kommunikative Handlungen. Die paradigmatische Bedeutung der Gleichnisse Jesu für eine Handlungstheorie, Düsseldorf 1983 (vgl. R. Pesch, ThRv 79, 1983, 371–373; H. Schmidt, ThLZ 108, 1983, 921–923). – Zur Ergänzung meiner früheren Literaturberichte in ThR 43 (1978) 120–142; 47 (1982) 353–366 vgl. neuestens: Ch. E. CARLSTON, Parable and Allegory Revisited, CBQ 43 (1981) 228–242; G. SCHOLZ, Gleichnisaussage und Existenzstruktur (s. Lit.), 1–139; E. ARENS, Metaphorische Erzählungen und kommunikative Handlungen Jesu. Zum Ansatz einer Gleichnistheorie, BZ 32 (1988) 52–71. – Zur gesamten Jesusforschung sei auf den ausgezeichneten Bericht (mit Bibliographie) von J. REUMANN hingewiesen: Jesus and Christology, in: The New Testament and Its Modern Interpreters, hg. v. E. J. Epp and G. W. McRae, Philadelphia(Atlanta 1988, 501–563.

[4] ThR 43 (1987) 137f.

Daß die Verf. im ersten Teil ihres neuen Buches diese Anschauungen wiederholt, war zu erwarten; merkwürdig ist dagegen, daß die (nach Sachthemen
geordnete) Auslegung der synoptischen Gleichnisse im 2. Teil des Buches sich
trotzdem in traditionellem Rahmen bewegt, dabei allerdings so unselbständig
und theologisch primitiv verfährt, daß dieses Buch trotz seiner weithin überzeugenden exegetischen Resultate kaum Beachtung gefunden hat.[5]

Starke Beachtung hat dagegen das Buch des bekannten israelischen Neutestamentlers DAVID FLUSSER gefunden.[6] F.s Anschauungen über Jesus und
die Evangelien sind aus seinen beiden früher besprochenen Jesusbüchern bekannt[7] (kein Gegensatz zwischen Jesus und dem Judentum, vor allem nicht zu
den Pharisäern; während Lukas im allgemeinen zuverlässig ist, verzeichnet
Markus die Tatsachen; im allgemeinen ist den Evangelienberichten zu trauen),
und ich wiederhole meine dagegen vorgebrachten Einwände hier nicht, sondern gehe nur auf die zu den Gleichnissen geäußerten Anschauungen ein. Es
gibt »keine überzeugenden Argumente, daß Jesus im Gegensatz zu andern
jüdischen Lehrern seine Gleichnisse aramäisch vortrug«, »man findet in den
Gleichnissen Jesu die gleiche Art von Motiven und den gleichen Aufbau wie
in den rabbinischen Gleichnissen«. »Man wird sich [darum] fragen müssen, ob
man die Gleichnisse eschatologischer verstehen darf, als es die ähnlichen rabbinischen Gleichnisse sind«, und »da Jesus selbst seinen Worten als solchen kein
besonderes charismatisches Gewicht beigemessen hat«, hat er auch in Mt 7,24
(»Jeder, der diese meine Wort hört . . .«) »nicht von ›meinen Worten‹ [gespro-
chen], sondern von den Worten des Gesetzes oder vom Wort Gottes.« »Die
Gleichnisse Jesu waren – wie die rabbinischen Gleichnisse – ursprünglich
moralische Paränesen, die in einer sittlichen Forderung gipfelten«, »Jesus
wollte den brüchigen Rahmen des Judentums erneuern, um den alten kostbaren
Inhalt zu erhalten«. Und obwohl F. der Meinung ist, daß «die Deutungen
der Gleichnisse in den Evangelien eigentlich fast immer ›richtig‹ sind«, erklärt
er dort, wo sich die Texte mit seinen Grundanschauungen stoßen, daß »Lukas
polemische Situationen erfindet, aus denen heraus er dann die Gleichnisse
versteht«, daß »die christologischen Züge der Gleichnisse sekundär sind« und
»die tendenziöse Verzerrung der Botschaft Jesu schon in den synoptischen

---

[5] Mir sind Hinweise auf dieses Buch nur in zwei Rezensionen begegnet: M. BOYS, CBQ
44 (1982) 672; J. M. REESE, BThB 13 (1983) 69f.

[6] Vgl. die Besprechungen von P.-G. Müller, FrRu 32 (1980) 19–22; M. Barth,
Jud. 37 (1981) 220–233; J. Dupont, BSLR 18 (1982) 86–88; H.-J. KLAUCK, ThRv 78
(1982) 23f.; C. Thoma, ThZ 38 (1982) 522–524; R. Oberforster, ZKTh 105 (1983)
206–211; Ch.Perkins, CBQ 45 (1983) 131–133; H. Weder, ThLZ 109 (1984) 195–209;
F. Vouga, ETR 60 (1985) 446.

[7] ThR 41 (1976) 214–216 und 55 (1990) 24f.

Evangelien beginnt«. Obwohl ich in F.s Sprache »Kathedertheologe« und
damit Vertreter der »hochgestochenen Deutungen moderner Exegeten«[8] bin,
kann ich der Auseinandersetzung mit seinen (hier notwendigerweise verkürzt
wiedergegebenen) Anschauungen nicht ausweichen. Es ist leicht zu sehen, daß
F. für die Einschätzung des geschichtlichen Wertes der einzelnen evangelischen
Überlieferungen keiner klaren Methode, sondern subjektiven Eindrücken
folgt, was z. B. in Verbindung mit der Übernahme einer »extravaganten synoptischen Theorie«[9] (von R. L. Lindsey) zu der »abenteuerlichen«[10] Konstruktion
eines so nirgendwo überlieferten »echten« Jesuslogions aus Jubelruf, Gleichnistheorie und Seligpreisung der Augenzeugen führt. Weiter ist deutlich, daß
die Leugnung des eschatologischen Rahmens zahlreicher Gleichnisse und der
Eliminierung aller christologischen Züge in den Gleichnissen eine Moralisie-
rung der Gleichnisse bewirkt, daß ferner die Annahme, Jesus habe seine
Gleichnisse in hebräischer Sprache gesprochen, allen sicheren Einsichten
widerspricht, vor allem aber, daß beim Fehlen einer umfassenden diachronischen Analyse der rabbinischen Gleichnisse die pauschale Feststellung in der
Luft schwebt, daß »man in den Gleichnissen Jesu die gleiche Art von Motiven
und den gleichen Aufbau wie in den rabbinischen Gleichnissen findet«. D. h.
angesichts des Fehlens einer klaren Methode, angesichts der willkürlichen
Isolierung der Gleichnisse Jesu von ihrem Urheber und angesichts der Problematik des die Ausführungen beherrschenden Jesusbildes ist F.s Anspruch
schwerlich berechtigt, »daß mein Buch einen neuen Ansatz bedeutet«.[11] Doch
wird man Flussers Buch (es ist durch Register gut erschlossen) zur Exegese
einzelner Gleichnisse mit Nutzen kritisch heranziehen.

A. KEMMER[12] bietet in seinem Taschenbuch für »einen weiteren Leserkreis«
eine klare und gut informierende Einführung in das richtige Verständnis der
Gleichnisse Jesu. Unter der Voraussetzung einer kritischen Sichtung der Überlieferung (etwa: die markinische Verstockungstheorie 4,10–12 ist Jesus »nachträglich in den Mund gelegt«; die Deutungen der Gleichnisse vom Ackerbo-
den, vom Unkraut und vom Fischnetz sind »von der Urkirche geschaffen«
bzw. »eine Schöpfung des Evangelisten«), der Unterscheidung von Bildhälfte
und Sachhälfte und des »grundsätzlichen Unterschieds zwischen Gleichnis und

---

[8] H. WEDER (s. Anm. 6), 195f. 198 spricht von »Pauschalurteil über die neutestamentliche Wissenschaft« und von »beleidigenden Äußerungen gegen diese Forschung«.

[9] So H. WEDER (s. Anm. 6), 196; vgl. unten zu B. H. Young bei Anm. 44.

[10] So H.-J. KLAUCK (s. Anm. 7), 24.

[11] D. FLUSSER, Die rabbinischen Gleichnisse . . ., 18.26.14.99f.121.224.20.172.225.
173.219.26.14. – S. 17 ist die Unform »alttestamentarisch« stehen geblieben; S. 261 Z. 1
muß es »unrichtig« statt »unwichtig« heißen.

[12] Eine Einführung in das NT desselben Verf.s habe ich ThR 42 (1977) 88 besprochen.

Allegorie« werden die Gleichnisse, nach Themen geordnet, überzeugend ausgelegt, wobei z. B. die Analyse der beiden Fassungen des Gleichnisses vom
»Anvertrauten Geld« besonders überzeugt und manche gute Beobachtungen
erfreuen (drei Beispiele: die drei Gleichnisse vom Verlorenen Lk 15 »enthalten
eine verborgene Christologie«; das Gleichnis vom Ungerechten Richter Lk
18,1 ff. ist »ursprünglich nicht als Anleitung zum rechten Beten gemeint, sondern will zeigen, wie Gott sich der Verachteten und Armen erbarmt«; das
Gerichtsgleichnis Mt 25,31ff. besagt nicht: »Also kommt es nur auf die Mitmenschlichkeit an«, »die Nächstenliebe ist also kein Ersatz für den Gottesglau-
ben und die Gottesliebe«). Zum Schluß heißt es richtig: »Wenn auch die
ursprünglichen Gleichnisse Jesu keine ausdrücklich auf ihn bezogenen Aussagen enthalten, ... so steht [doch] hinter vielen Gleichnissen ein unerhörter
Anspruch, eine nie dagewesene Kühnheit des Urteils«.[13] Als grundlegende
Hilfe für das Verständnis der Gleichnisse ist der schmale Band warm zu empfehlen.

B. B. SCOTT bekennt sich einleitend ausdrücklich ebenso als Schüler von
R. Bultmann und N. Perrin wie als Nachfolger der amerikanischen Gleichnisforschung von A. Wilder, R. Funk, D. O. Via und J. D. Crossan, gegen deren
Anschauungen ich früher Bedenken erhoben habe.[14] S. ist der Meinung, daß
»Perrins Analyse des ›Reichs‹ als Symbol und Funks Analyse des Gleichnisses
als Metapher die methodische Möglichkeit bieten, Jesu Sprache als ein einheitliches System zu sehen«. Da »das ›Reich‹ ein dehnbares Symbol in Jesu Sprache
ist«, hat Jesus »auf die Bitte um Klärung seiner Verkündigung des Reiches mit
Gleichnissen geantwortet«; denn »ein Gleichnis als Metapher verlangt, daß das
Gleichnis nicht [durch eine Erklärung] beseitigt wird«, »ein Gleichnis hat
keinen Sinn abgesehen von ihm selbst«. Während Jülichers »Unterscheidung
zwischen Gleichnis und Beispielerzählung von subjektiver Deutung abhängt«,
will S. unterscheiden zwischen »Erzählungen« und »einlinigen Gleichnissen«,
»beide Gleichnisgruppen sind Metaphern«. Von den je vier für beide Gruppen
besprochenen Beispielen kann ich nur auf je eines hinweisen: das erzählende
Gleichnis »Von Jerusalem nach Jericho« (üblicherweise »Der Barmherzige
Samariter« genannt) besagt: »Um in das Reich einzugehen, muß man in den
Graben geraten und Dienst erfahren von seinem Todfeind«. – »Das Reich mit
Sauerteig zu vergleichen bedeutet, daß das Reich eine umgekehrte Beziehung
zu dem hat, was üblicherweise als religiös angesehen wird ... Gott ist am Werk
ähnlich wie Sauerteig, er untergräbt das Alltägliche, kehrt es um«. Aufgrund
derartiger Interpretationen bietet S. dann »Grundlinien einer Grammatik der

---

[13] A. KEMMER, Gleichnisse Jesu, 16.25.117.15.79ff.45.67.60f.121.
[14] ThR 43 (1978) 122–124.128f.136f.; 47 (1982) 363–365.

Gleichnisse«, über die ich nicht referieren kann, weil sie mir unverständlich sind, bestreitet den zeitlichen Sinn des Gottesreiches bei Jesus, weil »das Reich als Symbol nicht *kommen* kann«, und schließt mit der Feststellung: »Es gibt keine *einzige* Interpretation der Sprache Jesu, ihr semantisches Potential will verschieden auf die Vorstellungskraft des Empfängers einwirken«.[15] Ich kann diesen Ausführungen gegenüber (soweit ich ihnen überhaupt zu folgen vermag) nur feststellen, daß ihr ahistorischer Charakter, ihr Absehen von der Verstehensmöglichkeit der Hörer Jesu und ihre Behandlung der Texte als Denkmodelle zu einer völligen Verzeichnung des Sinnes der Texte und damit der Botschaft Jesu führt; nach meiner Meinung geht diese Gleichnisforschung völlig in die Irre.[16]

R. H. STEIN[17] stellt zunächst fest, daß sich für den biblischen Begriff »Gleichnis« »keine genaue Definition« geben läßt und nur aus praktischen Gründen das Gleichnis als »eine Redeform, in der eine kurze oder ausgedehnte Vergleichung enthalten ist«, definiert werden kann. Auf die Frage: »Warum lehrte Jesus in Gleichnissen?« gibt St. eine doppelte Antwort: »Die Gleichnisse verbergen Jesu Botschaft den Außenstehenden, sie wurden aber privat, nach Jesu Erklärung für seine Nachfolger, Offenbarer seiner Botschaft« und: Jesus »lehrte auch in Gleichnissen, um seine Botschaft für seine Nachfolger und Außenstehende zu beleuchten und um seine Zuhörer zu entwaffnen«. Die Geschichte der Auslegung zeigt nach St., daß mit Jülichers »Gleichnisreden« »die allegorische Gefangenschaft der Gleichnisse ein für allemal zu Ende ging«, doch »kann man nicht a priori sagen, daß ein Gleichnis keine allegorischen Elemente enthalten kann«. »Die Autorität der Gleichnisse ... kommt aber nicht von einer ›magischen Kraft‹ ihrer literarischen Form, sondern im Gegenteil von der Autorität des Gleichnisredners und der Wahrheit, die in seinen Gleichnissen enthalten ist«, und darum »kann das, was Jesus heute mit seinen Gleichnissen sagen will, nicht unabhängig von der Frage behandelt werden, was er im ersten ›Sitz im Leben‹ [der Gleichnisse] sagen wollte«. Von diesen Voraussetzungen aus interpretiert St. in vier Kapiteln eine größere Zahl von Gleichnissen und stellt z. B. fest, daß »das Gleichnis vom guten Samariter von Anfang an mit der Frage verbunden war: wer ist (oder was bedeutet es zu sein) ein Nächster?«, und daß das Gleichnis vom ungerechten Verwalter besagt: »Handle jetzt, damit du in die ewigen Wohnungen aufgenommen

---

[15] B. B. SCOTT, Jesus, Symbolmaker..., 1f.3f.5.10f.15.24.29.76.138.171.

[16] Vgl. aber die wesentlich positiveren Bewertungen durch A. Wilder, JBL 102 (1983) 497–500; C. R. Holladay, Interp. 37 (1983) 214f.; J. M. Reese, CBQ 45 (1983) 511f.

[17] Zu seinen beiden früheren Jesusbüchern vgl. ThR 47 (1982) 139f. und 55 (1990) 24.

wirst«. Der »Gott der Gleichnisse ist nicht nur gnädig und freundlich, er ist auch heilig und gerecht«. Natürlich kann man gelegentlich einer Interpretation Steins gegenüber Zweifel hegen (das Gleichnis vom Sämann Mk 4,3ff. z. B. soll schwerlich »die Notwendigkeit einer angemessenen Aufnahme der Botschaft vom Gottesreich lehren«)[18], im ganzen ist dieses Buch jedoch eine vorzügliche »Einführung« in das Verständnis der Gleichnisse Jesu mit einer m. E. sachgemäßen Warnung vor Irreführung durch moderne Interpretationsmethoden.

In einem früheren Bericht habe ich dem stark von E. Fuchs beeinflußten Gleichnisverständnis von R. W. FUNK vorgeworfen, daß »der grundlegende Zusammenhang zwischen Jesus und dem Gleichnis als unwesentlich beiseite geschoben« und das Gleichnis »als zeitlose literarische Größe und damit ungeschichtlich interpretiert« werde.[19] F. hat nun in der ersten Hälfte seines Buches »Parables and Presence« sein Gleichnisverständnis durch die Zusammenstellung mehrerer Aufsätze verdeutlicht.[20] Seine entscheidenden Gedanken sind: »Die größeren erzählenden Gleichnisse bieten reiche Belege, daß sie in Griechisch verfaßt wurden«, »es ist nicht unmöglich, daß Jesus sowohl Griechisch wie Aramäisch sprach«, »als Sprachgeschehen verschaffen die Gleichnisse Jesus Gegenwart«. Die Gleichnisse vom Schatz und der Perle »spiegeln . . . die negative Verschmelzung zeitlicher Aspekte wider: die neue Wirklichkeit des Reiches ist überraschenderweise gegenwärtig und gehört doch zur Zukunft als etwas, in das man entschlossen eintreten soll«; »die bedrohliche Nähe des Reiches ist die metaphorische Brücke, die Gegenwart und Zukunft verbindet, . . . in Jesu naivem Zeitverständnis ist der gegenwärtige Augenblick nichts anderes als das Zusammenfallen von Vergangenheit und Zukunft im Horizont der Wirklichkeit des Reichs«; »bei der Weitergabe wurde der zeitliche Horizont des Reichs, wie ihn Jesus vorfand, an die weltliche Zeitvorstellung angepaßt«. F. betont dabei ausdrücklich, in Abgrenzung von anderen (auch von mir), daß wir bei seiner Deutung »nicht notwendigerweise Jesu Botschaft entzeitlichen«, der Historiker müsse »frei sein von der Tyrannis dessen, was jedermann als selbstständlich ansieht«. Auf diesem Hintergrund heißt es dann zum Gleichnis vom guten Samaritaner, daß ein jüdischer Hörer »die passive Rolle des Opfers im Graben« und dessen »Unfähigkeit, sich gegen die Hilfe durch den Samaritaner zu wehren«, heraushört und dadurch »begreift, um was es

---

[18] R. H. STEIN, An Introduction . . ., 22.34f.53.55.69.75.111.147.113.

[19] ThR 43 (1978) 128f.

[20] Kap. 4 des Buches ist in der gleich zu besprechenden Sammlung »Die neutestamentliche Gleichnisforschung . . .«, S. 224–247 nach einer früheren Fassung übersetzt. Der 2. Teil des Buches behandelt Paulus, die Johannesbriefe und Fragen des Sprachverständnisses und ist hier nicht zu berücksichtigen.

beim Reich geht«. Die Gleichnisse zeigen, daß im Reich Gottes »dem Menschen das, was er als ihm zustehend erwartet, ständig verweigert wird; für den aber, der nichts erwartet, kommt das Reich als eine Gabe«.[21] Nun ist es m. E. völlig unbewiesen, daß die Gleichnisse von Anfang an in Griechisch formuliert waren, und die Behauptung des Zusammenfallens von Gegenwart und Zukunft in Jesu Verkündigung vom Gottesreich halte ich nach wie vor für irrig. Die Auslegung des Gleichnisses vom guten Samaritaner auf die passive Erfahrung des unter die Räuber Gefallenen, die wir ähnlich schon bei B. B. Scott fanden, ist selbst bei völliger Außerachtlassung des Kontextes unhaltbar. Ich kann daher zu meinem Bedauern auch über dieses Gleichnisbuch nur urteilen, daß es in die Irre führt.

W. HARNISCH, von dessen eigenem Gleichnisbuch später die Rede sein wird, hat in zwei Bänden Texte zur Geschichte und Methodik der heutigen Gleichnisproblematik herausgegeben. Dabei bietet der erste Band, der Positionen »von A. Jülicher bis zur Formgeschichte« zusammenstellt (alles in deutscher Sprache), wenig Probleme. Auch der informierte Leser wird hier manches finden, was nicht so leicht zugänglich oder allgemein bekannt ist, etwa den häufig zitierten Aufsatz von A. Olrik über »Die epischen Gesetze der Volksdichtung« (1909) oder die methodischen Erörterungen zur Gleichnisauslegung von D. Buzy (1916). Natürlich kann man über die Auswahl verschiedener Meinung sein (ich vermisse z. B. N. A. Dahl, The Parables of Growth, StTh 5, 1951, 132 ff. und halte die Aufsätze von I. Madsen und W. R. Schoedel für entbehrlich), aber im ganzen ist die Auswahl vor allem für diejenigen hilfreich, die die älteren Bücher nicht mehr kennen.[22] Aktueller, aber auch problematischer ist der zweite Band mit Texten zur »Gleichnisforschung im Horizont von Hermeneutik und Literaturwissenschaft«. Die Texte von E. Fuchs bis G. Sellin (1954–1978) zeigen die weit auseinandergehenden Anschauungen der Vertreter dieser neuen Methoden der Gleichnisbetrachtung. Einige dieser Aufsätze bin ich zu verstehen nicht imstande (etwa L. Marins »Versuch zur strukturalen Analyse von Mt 13,1–23« oder E. Güttgemanns' »Narrative Analyse synoptischer Texte«). Und überhaupt ist m. E. die »noch unabgeschlossene Neuorientierung der Gleichnisinterpretation« (so W. Harnisch im Vorwort) äußerst problematisch. Aber gerade darum ist diese Sammlung als Information über die neuen Forschungsrichtungen dankenswert.

P. R. JONES gibt zwar im einleitenden Kapitel seines Gleichnisbuches einen

---

[21] W. R. FUNK, Parables and Presence, 27.IXf.72.79.33.51.

[22] Den S. 390 ff. abgedruckten Aufsatz von W. Harnisch selber über »Die Sprachkraft der Analogie« habe ich ThR 43 (1978) 133 kurz besprochen. – S. 90 Z. 10 findet sich der unausrottbare Druckfehler »Origines«. – Leider fehlen in beiden Sammelbänden die

guten Überblick über die neuen Methoden der Gleichnisforschung[22a] und be-
zieht sich auch immer wieder auf diese Literatur, seine eigenen Ausführungen
bewegen sich aber weitgehend in traditionellen exegetischen Bahnen: »Die
Gleichnisse in ihrer ursprünglichen Bedeutung werden heute besser verstanden, als das in vielen Jahrhunderten geschah – möglicherweise seit dem ersten
Jahrhundert, in nicht geringem Maße dank Joachim Jeremias«; Jülicher und
Jeremias »sind die bedeutendsten Gestalten in der Gleichnisforschung dieses
Jahrhunderts«. Nach einer guten methodischen Einleitung bietet J. eine Exegese der wichtigsten Gleichnisse Jesu, wobei auf eine unter umfassender
Heranziehung der Literatur erarbeitete sorgfältige Auslegung der Gleichnisse in
ihrem geschichtlichen Kontext jeweils durchaus beachtliche Überlegungen
zur »gegenwärtigen Bedeutung« folgen. Natürlich kann man dieser oder jener
Exegese gegenüber Bedenken anmelden (es ist mir fraglich, ob »hinter allen
drei [Deutungen des Sämannsgleichnisses] eine Erklärung des Herrn steht«,
und die Bezeichnung des Gleichnisses vom Barmherzigen Samariter als »Bei-
spielerwählung« hat nicht »die Tendenz, das Gleichnis theologisch und literarisch einzuschränken«), aber im ganzen sind die Auslegungen überzeugend
und sehr eindringlich, und J. betont mit Recht, daß manche Gleichnisse – er
nennt als Beispiele den Unfruchtbaren Feigenbaum und den Barmherzigen
Samariter – vom Hörer »eine Antwort auf die Sendung des Gleichniserzählers«[22b] erwarten. Das Buch von Jones belohnt sorgfältiges Studium.

Auf die hermeneutische Bedeutung der künstlerischen Form der Gleichnisse
Jesu hatte schon früher A. N. WILDER in einem Kapitel seines Buches »Die
Sprache der Evangelien« (1964) hingewiesen, worüber ich berichtet habe.[23]
Dieses Kapitel ist zusammen mit einer kurzen Selbstbiographie W.s, einem
Aufsatz über narrative Theologie im AT und einem Aufsatz über das Gleichnis
vom Sämann im ersten Teil einer Sammlung von Aufsätzen W.s wieder abgedruckt (hg. v. J. Breech).[24] Der Hg. stellt in seinem Vorwort die Behauptung
auf, daß »Wilders Feststellung, daß die Gleichnisse als Metaphern in dem Sinn
wirken, daß sie offenbarend sind, eine Revolution einleitete für das Verständnis

---

Seitenzahlen der ursprünglichen Veröffentlichungen. – Eine lehrreiche und nicht unkritische Einführung in die neueren Methoden der Gleichnisforschung bietet auch der 1982
erschienene Aufsatz von H. FRANKEMÖLLE, auf den ich nur hinweisen kann.

[22a] Auf einen früheren Forschungsüberblick von Jones habe ich ThR 47 (1982) 353f.
hingewiesen.

[22b] P. R. JONES, The Teaching of the Parables, 11.14.73.222.120.229.

[23] ThR 43 (1978) 109.128. Vgl. zur Bedeutung Wilders als des »Vaters des nordameri-
kanischen literarischen Studiums des Neuen Testaments« R. MORGAN with J. BARTON,
Biblical Interpretation, Oxford 1988, 245. 247f.

[24] Der zweite Teil des Buches (»Die Symbolik Jesu und der Krieg der Mythen«) ist
hier nicht zu berücksichtigen.

der Sprache Jesu«; die Richtigkeit dieser Behauptung erweist sich freilich in
W.s Auslegung des Gleichnisses vom Sämann (Mk 4,3 ff.) nur in bestimmter
Hinsicht. W. geht nämlich von der Feststellung aus: »Wenn das Gleichnis nicht
als (ausgeweitete) Metapher verstanden wird, wird der Leser nach einer
Lehre oder einem Thema suchen statt nach einem offenbarenden Anstoß des
Begreifens«; »die Gleichnisform [aber] als besondere Sprechweise . . . offenbart
eher, als daß sie überredet«, »das Gleichnis deutet Jesu Handlung in seiner
Situation und wird zugleich von ihm als dem Redner bestätigt«. Damit ist aber
gegeben, daß »das Gleichnis weiterhin ein eigenes Leben hat, das laufend
Verfälschungen seiner tieferen Bedeutung in Frage stellt und korrigiert«. Nun
hat W. sicher recht, wenn er den offenbarenden Charakter des Gleichnisses als
eines Ganzen betont, aber die Loslösung des Gleichnisses aus seinem einmaligen historischen Boden und seine Betrachtung als selbständig lebende literarische Größe birgt die Gefahr, den von dem einmaligen geschichtlichen Ort des
Gleichnisses nicht ablösbaren Sinn dieses Jesuswortes in Beliebigkeit aufzulösen. Immerhin hat W. diese Gefahr gesehen, wenn er warnt, daß »eine struktu-
ralistische Analyse eines Gleichnisses . . . seine ›Grammatik‹ beleuchten, aber
seine ›Information‹ oder Botschaft verfehlen kann«.[25] Auch Wilders Äußerungen zur Gleichnisdeutung müssen darum kritisch gelesen werden.

Der Hg. dieser Aufsatzsammlung, J. BREECH, hat seinerseits ein Jesusbuch
veröffentlicht, das sich so grundlegend auf die Exegese einiger Gleichnisse
stützt, daß es in diesem Zusammenhang besprochen werden muß. B. geht von
der (bekanntlich umstrittenen) Behauptung aus, daß »die ersten Christen nicht
zwischen dem auferstandenen Herrn Jesus und dem irdischen Jesus unterschieden« und darum »auch nicht zwischen den Worten des auferstandenen
Herrn und den Sprüchen des irdischen Jesus«; er will darum in seinem Buch
»eine Auswahl von acht Sprüchen und zwölf Gleichnissen« behandeln, da
»praktisch alle Fachleute . . . übereinstimmen, daß wenigstens diese Sprüche
und Gleichnisse echt sind«. Die unter starker Heranziehung moderner profa-
ner Literatur vorgehende Auslegung der acht »Kernsprüche« setzt voraus, daß
wir für das Verständnis Jesu »nicht gefordert sind denken zu lernen wie Menschen des 1. Jahrhunderts, vielmehr die besonderen Gebiete menschlicher
Erfahrung begreifen zu lernen, auf die Jesu Worte unsere Aufmerksamkeit
lenken«. So stellt Jesus nach B. beispielsweise fest: »Der wahre Grund für die
Feindschaft gegen die asketische Haltung des Täufers und gegen Jesu Essen
und Trinken ist nicht religiös, sondern . . . gruppenpsychologisch. . . . Die Individuen, die sich der Eingliederung in den ›Stamm‹ verweigern, werden als
Abfallende behandelt und . . . als untermenschlich gebrandmarkt«. D. h. das

---

[25] A. WILDER, Jesus' Parables . . ., 11.91.96 f. 18.

Wort von den spielenden Kindern (Mt 11,16–19) und das Wort von der Gewalt gegen das Gottesreich (Mt 11,12 par.) zeigen, daß »Freiheit Haß und sogar Gewalt erregt«. »Jesus predigt nicht das Gottesreich und kündet auch nicht sein zukünftiges Kommen an«; nach Lk 17,20f. »gebraucht Jesus [zwar] die Sprache vom ›Reich‹«, aber er »schweigt völlig zu den Erwartungen seiner Hörer«, »das Symbol [des Reichs] bezieht sich vielmehr auf eine Macht, die ein Faktor in menschlicher Erfahrung ist«, das Reich »ist eine Macht, die be- stimmte Arten menschlichen Seins hervorbringt – solche, die durch die Frei- heit von Personen gekennzeichnet sind. Und wenn Jesus diese Macht als ›Gott‹ bezeichnet (Mk 10,15), ergibt sich die Folgerung, daß sie endgültig ist«. »Die Brotbitte zeigt, daß das Vaterunser in den Zusammenhang von Jesu Tischge- meinschaft gehört«, »die Bitte um das Kommen des Reichs kann nicht Aus- druck der Hoffnung sein, daß ein mythologisches Reich bald die Erde umgestal- ten wird, ... sie ist vielmehr ein Ausdruck der Hoffnung, daß die Macht, die Individuen als freie Personen aufrechterhält, während der Tischgemein- schaft aktiv sein wird«. »Die Analyse der Kernsprüche Jesu zeigt, ... daß der hervorstechendste Zug der Wirksamkeit Jesu sein Essen und Trinken mit Freunden war«, bei dem Jesus »seine Tischgenossen lehrte, offen zu sein für den Empfang der Macht, die das Sein von freien Personen hervorbringt«. »Jesus unterließ es, die ethischen, religiösen, sozialen und politischen Folge- rungen« aus diesen Kernsprüchen zu ziehen und »die Menschen zu lehren, *wie* man leben sollte«, er erzählte aber Gleichnisse, »die anderen die Möglichkeit boten, am Bewußtsein eines freien Wesens teilzuhaben«.

In dieser Absicht bespricht BREECH die zwölf nach seiner Meinung auf Jesus zurückgehenden Gleichnisse, von denen acht nur *sichtbare* Geschehnisse beschreiben (B. nennt sie »photodramatic«), vier dagegen sichtbare Handlun- gen *und* hörbare Worte berichten (»phonodramatic«). »Der Zusammenhang zwischen dem Gottesreich, als Kirche verstanden, und diesen Geschichten ist [erst] durch die ältesten christlichen Lehrer und Missionare hergestellt wor- den«, in den »photodramatischen« Gleichnissen wird nur beschrieben, »wie eine Person im Zusammenhang mit irgendwelchen Dingen handelte«, »ohne irgendwelche Werturteile«, und die »phonodramatischen« Erzählungen erwek- ken im Hörer »gewisse Erwartungen, die nur teilweise erfüllt werden«, »das Schweigen Jesu als Geschichtenerzähler bietet den wichtigsten Kontext für das Verständnis der Bedeutung der Erzählung«. Für die bei der Auslegung der »phonodramatischen« Gleichnisse angewandte Methode kann ich hier nur ein Beispiel anführen: »Der Mann, der unter die Räuber fiel« (Lk 10,29ff.). Lukas hat das Gleichnis »ohne jeden erzählenden Kontext« erhalten; die Vorstellung, »daß der Samaritaner Mitleid hatte«, gibt die Anschauung des Lukas wieder, daß »die Erzählung von jemand handelt, der ein Beispiel dafür ist, was es heißt,

ein Nachbar zu sein«, und »diese Interpretation hat das Verständnis des gleichnisses für 19 Jahrhunderte beherrscht«. Auch die Ortsangabe und die Personen-
angaben sind »sekundäre christliche Zufügungen« (»meine Gründe, das zu
glauben, sind primär stilistisch, aber auch literarkritisch«); der dritte Mann hat
nicht Kummer um den Geschlagenen, sondern handelt, um ihm die Möglichkeit zu verschaffen, seine eigene Geschichte wieder aufzunehmen«; »was der
dritte Mann tut, ist nicht bestimmt durch religiöse oder moralische oder praktische Überlegungen«, er »macht nur eine Art menschlichen Seins wirklich, die
der freie Ausdruck des Zutrauens zur eigenen Kraft des Lebens ist«, »die
Erzählung funktioniert nur ... als Erzählung, ... Gott kommt in der Erzählung so wenig vor wie irgendwelche religiösen und moralischen Systeme«.
Und so heißt es dann im Schlußabschnitt des Buches nicht nur, daß »Jesus
grundlegend über sich selbst geschwiegen« habe und »die kosmologischen,
mythologischen oder religiösen Vorstellungen seiner Zeitgenossen nicht
teilte«, sondern auch, daß Jesus »in der Antwort auf alle Fragen, was man
denken, wen man verehren, wie man leben soll, schweigend bleibt«. »Jesus
versucht nicht die Wirklichkeit der alltäglichen, irdischen, menschlichen Existenz auszuhöhlen durch die Behauptung der überragenden Wirklichkeit einer
transzendenten Sphäre«, »Jesu Gleichnisse wirken, indem sie den Hörer einladen, in die persönliche Art und Weise des Menschlich-Seins einzutreten«.
      Es ist leicht zu sehen, daß hier nicht nur die Beschränkung auf einen
Minimalbestand von als echt anerkannten Jesusworten und die kritische Bearbeitung dieser Texte in ihrem Wortlaut den für die Darstellung Jesu als
brauchbar anerkannten Stoff willkürlich reduzieren, sondern daß auch die
Loslösung Jesu aus der Vorstellungswelt seiner geschichtlichen Umwelt, die
Leugnung einer »transzendenten Sphäre« (»Die Macht, die Jesus ›Gott‹ nennt,
ist eine Macht in menschlicher Erfahrung, die den Kräften entgegentritt, die
die Grundlage menschlichen Lebens als eines menschlichen zu vernichten
drohen«[26]) und die existentialistische Umdeutung der Jesusworte zu einem
völlig verzerrten Verständnis der Verkündigung Jesu und vor allem seiner
Gleichnisse führen. Nicht nur fehlen alle Jesusworte, die von der eschatologischen Zukunft sprechen (etwa Mk 13,32; 14,25; Lk 17,34f.), sondern auch
Gleichnisse wie die Ungleichen Brüder (Mt 21,28ff.), die Zehn Jungfrauen (Mt
25,1ff.), das Unkraut unter dem Weizen (Mt 13,24ff.), der Bittende Freund (Lk
11,5ff.) und jegliche Jüngerberufung und -unterweisung. Das Verständnis des
Vaterunsers als Tischgebet ist ebenso willkürlich wie die pauschale Bestreitung
aller Gleichniseinleitungen als auf Jesus zurückgehend. Es ist daher begreif-

---

[26] J. BREECH, The Silence of Jesus, 7.9.11.27.31.35.37.39.45.53f.62–64.73.86.103.
159f.163.179.177.181.173.217f.220f.26.

lich, daß dieses Buch trotz einiger warmer Zustimmung[27] auf scharfe Kritik
gestoßen ist[28], und ich kann mich dieser Kritik nur anschließen und feststellen,
daß dieses mit Leidenschaft geschriebene Buch zu keinem haltbaren Verständnis des Jesus der Geschichte verhilft.

Einen radikal anderen Charakter hat die »Einleitung in die Gleichnisse« von
V. Fusco, der »die These Jülichers von der dialogisch-argumentativen Funktion der Gleichnisse Jesu freilegen und bewerten« will. Er zitiert darum zunächst unter reicher Heranziehung der Literatur in zahlreichen Sprachen die
methodische Diskussion über das Verständnis der Gleichnisse von Jülicher bis
zur Gegenwart und stellt dabei vor allem in Kritik der linguistischen und
hermeneutischen Theorien fest, daß »die moderne Gleichnisauslegung, die mit
Jülicher von der Forderung ausgegangen war, die mit Hilfe der Allegorese ...
erreichte Vieldeutigkeit zu beseitigen, zu deren paradoxer und unerwarteter
Wiederherstellung führte«, eine »Vieldeutigkeit, die unaufhörlich neue Deutungen hervorbringt und sie zur selben Zeit unerbittlich zerstört«. »Ein Text
[aber] kann mich nicht befragen, wenn ich nicht vorher verstehe, was er sagt«,
und darum muß unsere erste Fragestellung lauten: »Was bedeutet es, ein
Gleichnis als *Gleichnis* zu verstehen, dabei vorläufig die andere Frage einzuklammern, was es für ein Gleichnis bedeutet, daß es von *Jesus* stammt«. Bei der
Analyse der Gleichnisse führt nur die Betrachtung eines Gleichnisses als »dialogisch-argumentative Form erzählenden Charakters« weiter, »das Gleichnis
will nicht eine ›Deutung‹ übermitteln«, sondern eine Wirkung erzielen. Darum
hat das Gleichnis zwei Elemente: »Einerseits ein Bericht (gewöhnlich ein
fiktiver), der benutzt wird, auf der anderen Seite der reale [Bericht], um dessentwillen er benutzt wird«, und darum »kann eine Erzählung, gelöst von dem
Vergleichsziel, nicht als Gleichnis angesehen werden«, und »der fiktive und der
reale Bericht müssen ausreichende Ähnlichkeit miteinander haben«. So ist »das
Gleichnis ›übertragbar‹, aber nicht ›ersetzbar‹«.« »Der entscheidende Unterschied« des Gleichnisses von der Parabel aber ist zu erkennen »in der *argumen-*

---

[27] »Sicherlich die eindringlichste Studie und Interpretation der Gleichnisse Jesu, die
ich gesehen habe. Die Übersetzungen der rekonstruierten Gleichnisse sind wahrscheinlich so nah an der ipsissima vox Jesu, als wir jemals sein werden« (H. Koester auf dem
Buchumschlag); »Faszinierende Studie, die weite Leserschaft und tiefes Nachdenken
verdient« (K. H. Kelber, Interp. 39, 1985, 199f.); »Das Buch bietet eine vielversprechende Vorahnung des Beitrags, der durch eine literarische Annäherung an unsere Texte
geleistet werden kann« (A. Wilder, USQR 39, 1984, 225–236 [Zitat 235], der freilich
auch starke Einwände erhebt).

[28] R. M. Fowler, JBL 104 (1985) 535–538 (»an ahistorical Jesus«); F. Vouga,
ETR 60 (1985) 144f.; vor allem E. P. Sanders, Jesus and Judaism, 1985, 127f. (»aggressive ahistorism«; »Breech scheint zu denken, daß Jesus jedermann zum Narren hielt und
völlig rätselhaft war«).

tativen Natur des Gleichnisses«, und das Vorhandensein »traditioneller Bilder in den Gleichnissen paßt ausgezeichnet zum argumentativen Ziel des Gleichnisses«, »die paradoxesten Gleichnisse zeigen die argumentative Abzweckung mit besonderer Deutlichkeit«. F. wendet sich von hier aus gegen Jülichers Absonderung der »Beispielerzählungen« von den Gleichnissen: Auch die Beispielerzählungen wollen »ein Urteil hervorrufen«; »gerade wenn man von Jülichers Vorstellung vom Gleichnis als einem argumentativen Mechanismus ausgeht, erweist sich die Kategorie der Beispielerzählungen als inadäquat«. F. betont schließlich, daß »eine reine und einfache Identifikation zwischen Evangelium und Gleichnis nicht aufrechterhalten werden kann«, »die Gleichnisse setzen die nicht Gleichnis-förmige Predigt Jesu voraus und verweisen auf sie«, »für Jesus ist das Gleichnis nicht das Heilsgeschehen, sondern verweist darauf«, »das Gleichnis sollte nicht als ›Mittelpunkt‹ des Evangeliums angesehen werden, sondern vielmehr als seine ›Grenze‹, der Ort, an dem das Evangelium, ohne etwas von seiner Transzendenz zu verlieren, wirklich in Dialog mit den Menschen tritt«.[29] Das alles wird in klarer Argumentation und in umfassender Kenntnis auch der neuesten Literatur ausgeführt und ist m. E. fast ausnahmslos überzeugend (ob man die Kategorie der »Beispielerzählungen« Jülichers wirklich aufgeben soll, ist mir noch immer fraglich). Ich stehe nicht an, Fuscos Gleichnisbuch als eines der besten zu bezeichnen, und kann nur bedauern, daß es nur in der Vielen unzugänglichen ital. Sprache vorliegt.

Die Frage von G. Scholz (529 S.!) nach der in den Gleichnissen, speziell denen des lukanischen Sonderguts, sich zeigenden »Existenzstruktur« stellt nach einer breiten Befragung der neueren Gleichnisforschung als das Resultat für das in den Gleichnissen sich zeigende christliche Existenzverständnis fest: »Es gibt nur *ein* christliches Existenzverständnis, das sich durch alle Zeiten durchhält«, aber »verschiedene Akzentuierungen und Modifikationen der christlichen Existenzstruktur«, um diese These dann in einem »exegetischen Teil« an den Gleichnissen des lukanischen Sonderguts zu exemplifizieren. Für diese Exegese kann ich nur zwei m. E. besonders charakteristische Beispiele anführen. Die Beispielerzählung vom Barmherzigen Samariter hat ihren »Sitz im Leben« in der »apologetisch-polemischen Situation der Urgemeinde«; darin »daß ein verhaßter Samariter das Geforderte tut . . ., liegt nicht das Hauptgewicht der Polemik«; »indem der Christ erkennt, daß er als Nächster gefordert

---

[29] V. Fusco, oltre la parabola, 12.39.42.46.59.81.68.155.71.80.90.98.114.138. 140. 143.162.165. Vgl. auch die sehr anerkennende Besprechung von H.-J. Klauck, ThRv 81 (1985) 103f.

ist, gewinnt er seine Existenz, d. h. entspricht er der Situation«. Das Gleichnis vom Verlorenen Sohn zeigt, daß »die *Beziehung* Gott-Mensch darzustellen den ersten Christen im Gespräch mit den Juden wichtig ist«; »nach dem hier sich ausdrückenden christlichen Existenzverständnis ist Existenzverlust eigene Schuld«, »seine Existenz gewinnen bedeutet: geschenkhaft mit einem neuen Leben bekleidet werden«, »das Gleichnis ist, zumindest in seiner ursprünglichen Verwendung, nicht christologisch oder soteriologisch zu deuten«, »die Missionssituation im Blick auf das Judentum spricht deutlich aus diesem Gleichnis. Ob der Erzähler . . . auch an die Heidenmission gedacht hat, darüber läßt sich nur spekulieren«. Zusammenfassend wird dann festgestellt, »daß die Gleichnisse des lukanischen Sonderguts in ein Stadium gehören, in dem eine Christologie, die Person *und Werk* Christi umfaßt, erst in den Anfängen ausgebildet ist«, und daß »Christus als ›Exeget des Gotteswillens‹ keine Autorität *neben* Gott ist, sondern als solcher sowohl im Gehaltensein wie auch im Entwurf auf Gott weist.[30] Es ist deutlich, daß Sch. in dieser Untersuchung durchgehend an der Frage nach den Gleichnissen *im Munde Jesu* und in dessen Verkündigungszusammentragung nicht interessiert ist, sondern nur an dem in den Gleichnissen zum Ausdruck kommenden ›Existenzverständnis‹ der ersten Christen. Auch wenn man diese Fragestellung an sich für sachgemäß hält (ich halte die Frage nach einem ›Existenzverständnis‹ evangelischen Texten gegenüber für unsachgemäß), so kommt der Gleichniserzähler Jesus und seine in den Gleichnissen zum Ausdruck kommende Botschaft in dieser Untersuchung überhaupt nicht in den Blick, und darum ist diese Arbeit ohne die unerläßliche geschichtliche Perspektive und für das Verständnis der Gleichnisse *Jesu* ohne Nutzen.

Über den historischen Charakter des Gleichnisses von den bösen Weingärtnern (Mk 12,1ff. par.) gehen die Meinungen seit langem weit auseinander. K. SNODGRASS hat sich unter Heranziehung der ganzen relevanten Literatur die Aufgabe gestellt, nachzuweisen, »daß die Gründe für die Bestreitung der Herkunft des Gleichnisses von Jesus unzureichend sind« und »nicht auf irgend einem Bestandteil des Gleichnisses selbst beruhen«. Voraussetzung für dieses Urteil sind nicht so sehr die Feststellung, daß »ein Gleichnis eine Allegorie sein

---

[30] G. SCHOLZ, Gleichnisaussage und Existenzstruktur, 197.209f.262.264f.CLXV. CLXIV.305. – S. 270 unten steht versehentlich 1. Kor statt 2. Kor 5,17. – Daß Lk 12,37 »Der Herr wird sich umgürten und sie sich niederlegen lassen« bedeutet: »Der Herr wird bei seiner Wiederkunft die Gebetsriemen zum Tischgebet anlegen«, ist äußerst unwahrscheinlich.

kann«, als die Nachweise, daß das Gleichnis »in Übereinstimmung steht mit
dem Alltagsleben ... in der palästinensischen Kultur«, daß »das Verhalten der
Pächter im Gleichnis nur allzu gewöhnlich für Hörer im 1. Jahrhundert erscheinen mußte«, daß »die Erwartung des Vaters, daß der Sohn respektiert
werden werde, verständlich ist«, »daß Jesus sich in einer besonderen Sohn-
Vater-Beziehung zu Gott empfand« und daß »der Titel ›Sohn Gottes‹ dem
palästinensischen Judentum nicht fremd war«. S. ist darum überzeugt, daß »keiner der Einwände Kümmels haltbar ist«.[31] S. setzt bei diesen Nachweisen (m. E.
mit Recht) voraus, daß »ein Versuch, eine Urform aus den verschiedenen
Berichten zu rekonstruieren, weder möglich noch berechtigt ist« und daß »der
matthäische Bericht die älteste Fassung dieses Gleichnisses darstellt«.[32] Dieser
letzte Punkt ist auch bei Rezensenten auf Ablehnung gestoßen, die im übrigen
Snodgrass' These überzeugend finden[33], und ich teile diese Ablehnung. Daß S.
die von anderen und mir erhobenen Einwände gegen die Herkunft des Gleichnisses von Jesus widerlegt hat, kann ich nicht finden, aber diese Untersuchung
geht unter Berücksichtigung der gesamten Literatur so sorgfältig und kenntnisreich vor, daß ich nicht anstehe, sie als einen wertvollen Beitrag zur geschichtlichen Einordnung und Deutung dieses Gleichnisses zu bezeichnen.

C. Westermann stellt im Hauptteil seines Buchs alle Vergleiche in den
einzelnen Schriften des ATs zusammen (worauf hier nicht einzugehen ist) und
folgert aus diesem Überblick: »Die Vergleiche sind ein Wesenselement dessen,
was das Alte Testament von Gott bzw. von dem zwischen Gott und Mensch
Geschehenden sagt, sie haben theologische Relevanz«, sie begegnen besonders
»in dialogischen Texten« und haben eine »intensivierende Funktion für die
Sprache des Prophetenwortes wie für die der Psalmen«. Auch im NT »richten
sich die Gleichnisse nicht an den Glauben, sondern fordern zu selbständigem
Urteil heraus«, haben aber keine »illustrierende, veranschaulichende Funktion«
und können als Metaphern »nur aus ihrem Textzusammenhang erklärt werden«. Darum »entspricht das sogenannte tertium comparationis der Erzählgestalt des Gleichnisses nicht. Die Erzählung selbst soll sprechen, nicht ein aus

---

[31] Gemeint ist mein Aufsatz »Das Gleichnis von den bösen Weingärtnern« in der FS
für M. Goguel, 1950, jetzt leichter zugänglich in W. G. Kümmel, Heilsgeschehen und
Geschichte, MThSt 3 (1965) 207ff.

[32] K. Snodgrass, The Parable of the Wicked Tenants, 108.24.40.36.38.82.86.41.56.

[33] E. Franklin, ET 95 (1983/84) 185; J. Smit Sibinga, NT 26 (1984) 383. – Auf zwei
im Jahre 1983 erschienene Aufsätze kann ich nur hinweisen: Ch. Dietzfelbinger zeigt
überzeugend, daß Jesus im Gleichnis Mt 20,1ff. »sich mit dem Motiv ›Güte verletzt
Gerechtigkeit nicht‹ gegen die gefährliche Anklage wendet, daß er die Tora verletze«
(S. 135); und W. Radl entnimmt Mt 22,1ff. par. (unter Zuschreibung von Mt

ihr gewonnener Gedanke«. »Die Gleichnisse Jesu sind nur ernst genommen,
wenn man jedes einzelne in seiner Besonderheit fragt, was es sagen will«, »aus
der Anrede erhalten die Vergleiche und Gleichnisse im AT und NT ihre
Funktion«.[34] Das ist sicherlich im wesentlichen richtig, wobei mir freilich
fraglich ist, ob ein sich ausschließender Gegensatz zwischen »Erzählgestalt«
und »tertium comparationis« besteht. Der Nachweis ist aber auf alle Fälle
dankenswert, daß die Gleichnisrede Jesu *eine* Wurzel im AT hat und als Teil
einer dialogischen Rede als ganze auf den Hörer wirken will.

Das Buch von J. DRURY läßt die Absicht des Verf.s in seinem Titel erkennen: »die Gleichnisse in den Kontexten der Bücher zu verstehen, in denen sie
begegnen«. Da »die historische Untersuchung nach dem wirklichen Jesus nach
mehr als einem Jahrhundert kluger und sorgfältiger Arbeit einen toten Punkt
erreicht hat«, »kann ein Gleichnis Jesu nicht wiederhergestellt werden ohne
ständige Bezugnahme auf unangreifbar echtes Werk Jesu, und dieses notwendige Kriterium haben wir nicht«. Darum will D. »*auf* die Texte sehen statt
durch sie hindurch« und die Gleichnisse, im Gegensatz zu J. Jeremias, nicht
»aus ihrem erzählenden Kontext nehmen und dann Erklärungen und Rekonstruktionen suchen«. Es widerspricht diesem Ausgangspunkt, daß D. dann
doch immer wieder ausdrücklich nachzuweisen sucht, daß einzelne Gleichnisse
von den Evangelisten stammen, was etwa nach dem Nachweis der lukanischen
Formulierung des Gleichnisses vom Verlorenen Sohn zu der Feststellung
führt: »Wenn Jesus der Verfasser dieses Gleichnisses ist, folgt daraus ein Argument für Jesus als Verfasser des Lukasevangeliums«. Eine Konsequenz dieser
Betrachtungsweise sind natürlich auch die Feststellungen, daß »das Gleichnis
vom Sämann, seine Erklärung und die Ausführungen über die Funktion der
Gleichnisse davor (Mk 4,3 ff.) zusammengehören als ein zusammenhängendes
Ganzes« und daß »das allegorische Gleichnis ein Hauptausdrucksmittel der
Erklärung der Geschichte ist«.[35] Nun kann man durchaus nach dem Sinn der

---

22,1 ff.25,1 ff. an die Gemeinde), »daß Jesus nicht das Sichbereithalten als Bedingung für
das einmal kommende Heil eingeschärft, sondern die bedingungslose Einladung zum
schon bereit stehenden ›Mahl‹ ausgesprochen hat«.

[34] C. WESTERMANN, Vergleiche und Gleichnisse . . ., 104.121f.130.134. Westermanns
Aufsatz, Die Vorgeschichte der Gleichnisse Jesu im Alten Testament (in: C. W., Ges.
Stud. 3, TB 3, 1984, 185–197) betont, daß »ein Gleichnis nur als ganzes sagen kann, was
es sagen will« (S. 196), hat aber neben dem besprochenen Buch keine selbständige
Bedeutung. – Auch für 1984 weise ich auf zwei Aufsätze hin: R. HOPPE interpretiert
vorzüglich die beiden Gleichnisse von der »den Menschen einfordernden Güte Gottes«
als »werbenden Anspruch Jesu an seine Hörer, seine Person und seine Botschaft vom
kommenden« Gott zu bejahen« (S. 20f.); und H. PAULSEN fragt nach der ältesten Form
des Gleichnisses vom Richter und der Witwe, aber nicht nach dem Sinn des Gleichnisses
im Munde Jesu.

[35] J. DRURY, The Parables in the Gospels, 1.3.40.42.58.68.

Gleichnisse in ihrem jeweiligen Evangelienkontext fragen und auch nach dem Verhältnis paralleler Überlieferungen zueinander (D. ist der Meinung, daß Lukas von Matthäus abhängig sei), aber weder die völlige Ausblendung der Frage nach dem Gleichniserzähler Jesus noch die Behauptung, die Frage nach dem Jesus der Geschichte sei gescheitert, sind m. E. methodisch haltbar, und da dieses Buch nicht nach den Gleichnissen *Jesu* fragt, erübrigt sich im Zusammenhang dieses Berichts ein Eingehen auf Drurys Deutung der einzelnen Gleichnisse.

W. HARNISCH, von dessen Sammlungen zur Forschungsgeschichte schon die Rede war, möchte in seinem Buch über die Gleichniserzählungen »den Neuentwurf einer Sprachlehre der Gleichnisverkündigung Jesu zur Diskussion« stellen. Er geht von der Voraussetzung aus, daß die Parabel Jesu »ein poetisches Kunstwerk ist« und daß »die moderne Gleichnisforschung ... weitgehend den metaphorischen Charakter der Parabel Jesu verkennt«. »Das Gleichnis ... erzählt eine Geschichte«, darum ist »der exegetische Terminus ›Bildhälfte‹ irreführend«. Es handelt sich bei den erzählenden Gleichnissen um einen »dramatischen Aufriß in drei Akten« mit zwei in der Regel auf besondere Weise hervorgehobenen Partizipanten« und einer dramatischen Nebenfigur; »die Gleichniserzählung ist in sich selbst begründet« und »unabhängig von dem Bezugssystem einer sie tragenden Zeitgeschichte«; »weder figürliche noch ästhetische Kriterien rechtfertigen die Aufstellung einer eigenen Klasse von Beispielgeschichten«. Ausführlich erörtert H. dann »das metaphorische Wesen der Parabel Jesu« von der Voraussetzung aus, »daß es sich bei der Metapher ... um *eigentliche Rede* handelt, die dank einer Verfremdung entsprechend wirkt«; »das Bedeutungspotential der Parabel Jesu erschließt sich nur von Fall zu Fall, und zwar in einem offenen hermeneutischen Diskurs, der sich darum bemüht zu umschreiben, was die Erzählung zu einer den Hörer beteiligenden Anrede, und das heißt: zu einem Gleichnis, werden läßt«; »der Hörer, dem Jesu Erzählung als eine ihn treffende Anrede widerfährt, soll sich im Akt der Rezeption zu einem Glauben ermutigen lassen, der das sprachlich Eröffnete als eine ... auf *Gott* verweisende Möglichkeit wahrnimmt«. H. bietet dann fünf »exegetische Paradigmen«, von denen ich nur auf eines hinweisen kann. Die Frage nach der Bedeutung der »Parabel vom Schalksknecht« (Mt 18,23–34) wird nach H. »noch in der jüngsten Exegese mit Hilfe des Verfahrens der *Allegorese* beantwortet«, »die Konstruktion der erzählten Welt (Bildhälfte) muß den Belangen einer vorgängigen Aussageidee (Sachhälfte) Rechnung tragen«; dieses Verfahren ist aber »hermeneutisch fragwürdig«, »der Verweisungsbezug der Parabel läßt sich auf der Ebene der Verkündigung Jesu ... anhand der szenischen Eigenart der Konfiguration als ganzer entdecken«: »die großzügige Tat des Königs« gibt sich »als das sichtbare Indiz einer wunderbaren Möglichkeit zu verstehen, die ihre Macht gerade darin erweist, *daß sie Zeit gewährt* ... Der König macht ... *zugunsten der Liebe* von der Zeitvorgabe der Liebe Gebrauch. Er vertraut darauf, daß die dem Freigesprochenen eröffnete Zeit den Belangen der Liebe vorbehalten bleibt ... Gott läßt sich am Ort der Liebe identifizieren, die Zeit gewährt, wo eine lieblose Welt ihrer bedarf« Abschließend ergibt sich dann: »Jesu Parabel macht den Hörer mit Gott vertraut, indem sie ihn mit der Liebe vertraut macht, und zwar so, daß die Liebe als bezwingende Macht des Möglichen in Erscheinung tritt, die dem Zwang der Werk-Welt gewachsen ist«.[36] Die in diesem Beispiel sich zeigende Exegese kann nun freilich nur den überzeugen, der die im methodischen Teil des Buches ausgeführten Voraussetzungen billigt: daß Jesu Gleichnisse Kunstwerke metaphorischen Charakters sind, daß es sich bei der Metapher um eigentliche Rede handelt, weswegen die Nebeneinanderstellung von Bildhälfte und Sachhälfte ebenso falsch ist wie die Annahme einer besonderen Gruppe von »Beispielerzählungen«, und wenn man wie H. die Gleichnisse Jesu nicht nur als ganze, was zweifellos richtig ist, sondern auch unter Absehen von der zentralen Verkündigung Jesu existentialistisch interpretiert. Da ich diese beiden Voraussetzungen nicht zu teilen vermag, kann ich Harnischs Exegese nicht als geschichtlich zutreffend anerkennen und muß dieses mit gedanklicher Leidenschaft und in Auseinandersetzung mit der ganzen modernen Gleichnisforschung geschriebene Buch als in die Irre führend bezeichnen. Damit ist freilich nicht auch gesagt, daß sich eine gründliche Auseinandersetzung mit diesem Buch nicht lohne.

Auch das Buch von G. BAUDLER zeigt in seinem Titel »Jesus im Spiegel seiner Gleichnisse« die Absicht des Verf.s: er fragt nicht so sehr nach der den Gleichnissen innewohnenden Botschaft als vielmehr nach ihrem Zeugnis für Jesus selbst: »Jesus gibt in den Gleichnissen betroffen und begeistert seiner Erfahrung Ausdruck, daß die ›*malkût Jahwe*‹ anzubrechen beginnt«. B. geht darum von der Feststellung aus, daß »der *irdische* Jesus nicht gleichbedeutend ist mit dem *historischen* Jesus, wie ihn die neuzeitliche Geschichtsforschung ... ins Blickfeld zu rücken suchte«, »der *irdische* Jesus [sei vielmehr] als der zu erschließen, der sich in Tod und Auferstehung als ewiger Gottessohn offenbart«. »Erst im Zusammenhang dessen, was die Urgemeinde *von Jesus* erzählt, wird das, was *Jesus selbst* erzählt, lebendig und gewinnt jenen Charakter des Anspruchs ..., der für seine Gleichnisse charakteristisch ist«. B. betont den Charakter der Gleichnisse als Anrede: »Die lange behauptete veranschaulichende Funktion der Gleichnisse ist falsch«, »die *generelle* Funktion der Gleich-

---

[36] W. HARNISCH, Die Gleichniserzählungen Jesu, 5.12f.16.23.77f.64.91.140.158. 167.265–267.270f.308.

nisse Jesu ... besteht nicht darin, etwas zu veranschaulichen, sondern innerhalb eines Dialogs die *Selbstmitteilung* des Sprechers und damit die Anrede an den Gesprächspartner zu *intensivieren*«. »Jesus sagt dem Menschen ... nicht etwas über etwas, und sei dieses ›Etwas‹ auch ›Gott‹ oder das ›Reich Gottes‹, sondern er sagt *sich selbst* ihnen zu«. »*Alle* Gleichnisse ... wirken [darum] als ›sprachliche Selbstanzeige‹ Jesu, so daß sich im Profil der Gleichnisfigur seine eigenen Züge abzeichnen«; »das erzählerische Gesamtwerk [Jesu] muß etwas von der offenbarenden Kraft des Auferstehungsgeschehens in sich bergen und den Leser und Hörer einladen zum Bekenntnis zu Jesus als dem großen ›Handlungsgleichnis‹ Gottes«. B. interpretiert von dieser methodischen Voraussetzung aus Jesu Gleichnisse als »Weckgleichnisse«, »Kampfgleichnisse« und »Passionsgleichnisse«, wofür ich nur je ein Beispiel anführen kann. Zu den Gleichnissen von der Kostbaren Perle und vom Grünenden Feigenbaum (Mt 13,45f.; Mk 13,28) sagt B.: »Wie der wachsame Bauer bemerkt, daß die Zweige seines Feigenbaums saftig werden ... und ihm daran aufgeht, daß der Sommer nahe ist, so wird auch der, der wie der Kaufmann wachen Auges nach schönen Perlen sucht, in Jesu Leben und Wirken und dann auch in seinem eigenen Leben die nahende Ankunft des ›Sommers‹, die Zeit der Fülle und Erfüllung entdecken«. – »Das Gleichnis [vom Verlorenen Sohn, Lk 15,11ff.] steht lebensgeschichtlich in der Mitte des jesuanischen Erzählwerks: Es markiert den Punkt, wo sich die Gegner zwar schon engagiert formieren ..., aber doch noch die Chance besteht, ... die Gegner in die am Jordan aufgebrochene Erfahrung von der anbrechenden ›*malkût Jahwe*‹ mit einzubeziehen. Das Gleichnis ist der ungeheuer dichte Ausdruck dieses Bemühens ..., es bildet ... den Höhepunkt des jesuanischen Erzählwerks«. – Das Gleichnis vom Betrügerischen Verwalter (Lk 16,1–7) »ist Jesu Antwort auf die gegen ihn gerichteten Vorwürfe und die nun unabweisbar gewordene Todesdrohung ... Es spiegelt die Entscheidung Jesu wider, auch angesichts des über ihn verhängten Todes und des damit verbundenen Scheiterns ... seiner Sendung treu zu bleiben und den am Jordan begonnenen Weg zu Ende zu gehen«. Aus seinen Auslegungen zieht B. die zusammenfassende Feststellung, »daß es vor allem zwei Pole sind, um die sich die Gedanken- und Gefühlswelt der Gleichnisse bewegt: Gott »als ›abba, lieber Vater‹« und »eine Motivation zum Handeln, ein bewegender und vorwärtsdrängender Lebensatem« (»Pneuma«); »die Gleichnisse Jesu bilden zusammen die Geschichte vom Gottespneuma, das als Lebens- und Liebesatem die Menschen erfassen und sie aus Knechten zu geliebten Söhnen und Töchtern machen will«, »in den Gleichnissen geht es um die ... *ganzheitliche* Begegnung des Menschen mit Jesus als dem Christus«. Es liegt angesichts dieser mit umfassender Literaturbenutzung und eindringender Exegese geschriebenen Untersuchung, die nach der ausdrücklichen Absicht des Verfassers »religionspädago-

gisch, und damit theologisch motiviert und ausgerichtet ist«[37], der Vorwurf
nahe, es werde »die Spannung zwischen der historisch-kritisch erarbeiteten
Sicht von Leben und Wirken Jesu, also auch seiner Gleichnisverkündigung, . . .
und dem Chalcedonense [d. h. dem Bekenntnis zur menschlichen *und* göttlichen
Natur Jesu] überspielt«[38]; denn man muß natürlich als Historiker erhebliche
Bedenken gegen den methodischen Ausgangspunkt B.s anmelden, erst im
Zusammenhang der Erzählung der Urgemeinde vom auferstandenen Jesus
Christus erhielten die Gleichnisse Jesu den für sie charakteristischen Anspruch;
ebenso ist kritisch zu bemerken, daß in dieser Gleichnisauslegung der futurische Charakter der Gottesreichsverkündigung Jesu völlig unter den Tisch fällt
und daß die Vorstellung vom die Menschen erfassenden Gottespneuma sich in
dieser eindeutigen Form in der Verkündigung Jesu nicht findet. Und natürlich
wird man den Versuch einer biographischen Einordnung der Gleichnisse Jesu
mit Vorbehalt aufzunehmen haben (B. fügt selber einen Exkurs mit dem Titel
»Darf ich Jesus psychologisieren?« ein). Aber andererseits zeigt sich doch in
diesem Buch das in der neueren Gleichnisforschung kaum noch begegnende
Bemühen, die Gleichnisse in konkretem Zusammenhang mit der sonstigen
Verkündigung Jesu und mit seinem persönlichen Wirken zu sehen, und B. hat
dazu m. E. ernst zu nehmende Beobachtungen gemacht. D. h. so sehr man
diesem Buch kritisch begegnen muß, so sehr bedeutet es doch auch einen
wirklichen exegetischen Fortschritt und verdient aufmerksame Beachtung.

In die dünne Luft hoher Abstraktion gelangt man mit der Untersuchung
von M. S. KJÄRGAARD über »Metapher und Parabel«. Seine Absicht ist der
»Versuch, einen kleinen Teil des sehr großen Potentials zu verwirklichen, das
im Dialog zwischen Theologie und moderner Sprachphilosophie besteht«. Auf
über 100 Seiten wird in Auseinandersetzung mit einer breiten philosophischen
und literaturtheoretischen Literatur nachgewiesen, daß »es nicht möglich
scheint, eine präzise theoretische Definition der Form der Metapher zu bewirken«, »daß alle Metaphern nicht reduzierbar sind«; Metaphern sind vielmehr
»durch den Kontext bestimmte Ausdrücke, die nicht auf wörtlichen Sprachgebrauch reduziert werden, wohl aber als entweder suggestive oder konstatie-
rende Äußerungen gebraucht werden können«. Ebenso breit wird dann in
kritischer Erörterung der Gleichnisforschung von A. Jülicher bis zur Gegen-

---

[37] G. BAUDLER, Jesus im Spiegel seiner Gleichnisse, 47.21.24.31.54.56.132.136.145.
159.177.230.258f.286.294.37. – Ich übergehe die zahlreichen der Argumentation einge-
fügten katechetischen Überlegungen; in den Anm. 152, 203, 207 wird »Petzold« zitiert,
dessen Buch man kaum auffinden kann, weil es im Literaturverzeichnis fehlt und nur in
Anm. 20 genauer angeführt ist; auch in diesem Buch fehlt der Druckfehler »Origines«
nicht (S. 243).

[38] So P. FIEDLER, ALW 29 (1987) 410.

wart nachgewiesen, »daß ein unerfülltes Bedürfnis für eine systematische Analyse der Annahme besteht, daß Gleichnis und Parabel Metaphern« seien. Das dieses Bedürfnis aufgreifende abschließende Kapitel »Gleichnis, Parabel und Metapher« kommt dann in oftmals sehr dunkler Argumentation zu folgenden beiden Resultaten: »Es ist berechtigt festzustellen, daß Jesu Gleichnisse und Parabeln ... die theoretischen Anforderungen an eine Metapher erfüllen«, »Jülichers Versuch [dagegen], das Gleichnis und die Parabel als Vergleiche zu definieren, muß darum zurückgewiesen werden«, »die Beispielerzählungen [jedoch] erfüllen die konstitutiven Forderungen an eine Metapher nicht«; »Der Dialog zwischen Jesus als Erzähler und dem Hörer oder Leser über die Ordnung des Gottesreichs und die Ablehnung oder Annahme dieser Ordnung ist ein in jedem ... Gleichnis widergespiegelter Dialog«. Abschließend heißt es dann: »Die synoptischen Gleichnisse und Parabeln haben qua Metaphern eine besondere funktionale Struktur und eine besondere kognitive Funktion«.[39] Das alles wird ohne jede Exegese erörtert, Gleichniseinleitungen wie »Die Gottesherrschaft ist wie ein Mensch ...« (Mk 4,26) werden ebenso wie die Vorstellung von der Gottesherrschaft ohne jede traditions- oder religionsgeschichtliche Fragestellung argumentativ benutzt, und die Frage der Herkunft allegorisierender Interpretationen von Jesus taucht überhaupt nicht auf. Ich muß darum feststellen, daß derartige abstrakte Erörterungen – auch ganz abgesehen davon, ob man die moderne These von den Gleichnissen Jesu als Metaphern für richtig hält oder nicht – zu keinen *geschichtlich* brauchbaren Ergebnissen führen können und daß darum aus diesen Ausführungen für das Verständnis der Gleichnisse Jesu nichts zu lernen ist.

H. BINDERS »mit einer solchen philologischen und exegetischen Akribie in der heutigen neutestamentlichen Forschung selten gewordene Untersuchung«[40] des Gleichnisses vom »Richter und der Witwe« (Lk 18,1–8) stellt die heute weithin anerkannte Methodik der Gleichnisauslegung völlig in Frage. Daß B. die das Gleichnis einleitenden und ausleitenden Verse Lk 18,1.6–8 als redaktionell ansieht und aus der vor das Gleichnis gestellten eschatologischen Rede 17,22–37 erschließt, daß der Redaktor des Lukasevangeliums »unserem Gleichnis einen eschatologisch-apokalyptischen Rahmen geben wollte«, sind

---

[39] M. St. KJÄRGAARD, Metaphor and Parable, 5.42.105.132.197.212f.215f.235.239. – Auf zwei 1986 und 1987 erschienene Aufsätze kann ich nur hinweisen: E. BAASLAND sucht, wie neuestens viele Forscher, zu zeigen, daß sich »die These der Beispielerzählung als einer besonderen Gattung kaum festhalten läßt« und daß »für die Interpretation der Gleichnisse das Erzählgerüst entscheidend ist« (S. 200.211); und F. VOUGA bestreitet, daß »Jesus das Gottesreich angekündigt hat«; die Gleichnisse sind sekundär mit dem Gottesreich in Verbindung gesetzt, sie sind ursprünglich »dramatische Darstellungen der Spielfelder der menschlichen Existenz« (S. 82) – eine m. E. völlig verfehlte These.

[40] So (übertreibend) F. Hahn in seinem Vorwort.

diskutable Hypothesen. Wenn B. aber dann von der ja keineswegs sicher bewiesenen Hypothese aus, daß dem Redaktor des Lukasevangeliums »ein zusammenhängendes und in sich geschlossenes Sonderevangelium zur Verfügung stand«, erschließt, daß die viel umstrittene Antwort Jesu auf die Frage nach dem Wann des Kommens der Gottesherrschaft (Lk 17,20f.) und unser Gleichnis (18,2–5) »auch im Vorevangelium unmittelbar aufeinander folgten«, so ist das alles andere als einleuchtend. Wenn B. weiter behauptet, daß Jesus ursprünglich »nicht auf das Wann, sondern auf das Wie des Eintreffens der Gottesherrschaft antwortet« und diese Antwort übersetzt: »Die Herrschaft Gottes kommt nicht mit (strengen) Vorschriften«, »die Herrschaft Gottes ist [vielmehr] ein Drinnensein euererseits«, so ist diese Interpretation m. E. unhaltbar. Wenn B. schließlich das Gleichnis eine »unter Zuhilfenahme von Metaphern gestaltete Geschehensfolge, die allegorisch ausgelegt werden will«, nennt und darum annimmt, daß sich Jesus ironisch »als angeklagten und anklagbaren Richter hinstellt« und »die Witwen transparent [sieht] für die Nachfolger, die Geduld üben müssen«, so daß »das Verhältnis zwischen Richter und Witwe durchsichtig werden will für die Beziehung zwischen Jesus und seinen Jüngern«[41], so kann ich keine Begründung für diese Exegese im Text erkennen. Zu meinem Bedauern muß ich diese so umsichtig vorgehende Untersuchung aufgrund ihrer methodischen Irrtümer als verfehlt ansehen.

Der Vergleich der Gleichnisse Jesu mit denen der Rabbinen, der uns zu Beginn dieses Berichts bei D. Flusser begegnete, ist neuestens in zwei Untersuchungen wieder aufgenommen worden. P. DSCHULNIGG hat sich aufgrund der Feststellung, daß »neben wenigen Vorläufern im Alten Testament wirkliche Analogien zu den Jesusgleichnissen nur die rabbinischen Gleichnisse« bieten, die Aufgabe gestellt, die in der *Pesiqtā de Rav Kahānā* genannten Midrasch-Sammlung[42] enthaltenen Gleichnisse mit den Gleichnissen Jesu zu vergleichen. Er weist in grundsätzlichen Ausführungen darauf hin, daß »die Gleichnisse aus der Pesiqta vom 1. Jh. bis zum Anfang des 5. Jh. n. Chr. reichen«, also »100 bis 400 Jahre jünger sind als die Jesusgleichnisse«, daß aber angesichts der Stabilität der Gattung Gleichnisse »ein Vergleich mit den früheren Jesusgleichnissen angemessen« sei. Eine grundsätzliche Trennung von Gleichnis und Allegorie lehnt er ebenso ab wie die Annahmen einer besonderen Gattung von »Beispielerzählungen« und der Nebeneinanderstellung von

---

[41] H. BINDER, Das Gleichnis vom Richter und der Witwe, 29.9.39.51.57.75.79.86.91.

[42] C. THOMA und S. LAUER, Die Gleichnisse der Rabbinen I: Pesiqtā de Rav Kahānā (Judaica et Christiana 10), Bern 1986; der Leser des Buches von Dschulnigg muß diese Textausgabe zur Hand haben (vgl. zu dieser Ausgabe die Selbstanzeige von C. THOMA, Prolegomena zu einer Übersetzung und Kommentierung rabbinischer Gleichnisse, ThZ 38, 1982, 514–531).

»Bildhälfte« und »Sachhälfte«; er möchte statt dessen lieber von dem Nebeneinander von »Rhema« und »Thema« sprechen. Der den Hauptteil des Buches
umfassende Vergleich der 82 Gleichnisse der Pesiqta mit den Jesusgleichnissen
(auf 487 S.!) behandelt jeweils einerseits die formalen Parallelen (Motive, Dar-
stellungsmittel, griechische Fremdwörter, Verhältnis von Rhema und Thema),
andererseits den Inhalt. Freilich fragt sich der Leser bei den formalen Parallelen
vergeblich, welchen Erkenntniswert es hat zu erfahren, ob bzw. wie häufig die
Begriffe und Ausdrücke eines bestimmten Pesiqta-Gleichnisses (etwa Nr. 31,
nämlich König, Knecht, hinausgehen, bringen, Fisch, übel riechen, essen,
hundert, Prügel, schlagen, Geld geben, bezahlen) in den Jesusgleichnissen
begegnen und welche ausschließlich formalen Analogien (Zweizahl, Dreizahl
u.s.w.) zwischen dem »Gleichnis von den erwachsenen Töchtern« (Nr. 32)
und dem Jesusgleichnis von den »Anvertrauten Geldern« (Mt 25,14–30 par.)
bestehen; und erst recht kann der Leser nicht erkennen, welchen Sinn im
Zusammenhang dieser Untersuchung etwa breite Ausführungen haben über
»Die Hand Gottes im Neuen Testament«, über »Licht« im Johannesevangelium, über die Vierzahl in ntl. Gleichnissen (anhand des Vorkommens von vier
Räumen in einem Pesiqta-Gleichnis) oder gar über die Echtheit und das Gesetzesverständnis des Jakobusbriefes. Aber mag der geduldige Leser alle diese
nutzlosen oder nicht hergehörigen Breiten des Buches in Kauf nehmen, zwei
grundsätzlichen Fragen kann er nicht ausweichen. 1) Daß die frühestens im
5. Jh. aufgezeichneten Gleichnisse der Pesiqta teilweise bis ins 1. Jh. zurückgehen und jedenfalls ohne weiteres als geschichtliche Parallelen zu den Gleichnissen Jesu betrachtet werden können, hat D. nicht nachweisen können. Daß das
Vorhandensein einer Entscheidungsfrage am Ende einiger Pesiqta-Gleichnisse
»der bei den synoptischen Fällen am Ende gern geübten Literarkritik den
Boden« entziehe, ist daher z. B. eine unhaltbare Folgerung. 2) Aber selbst
wenn dieser Vergleich problemlos wäre: inwiefern trägt er zum besseren Verständnis der Gleichnisse Jesu bei? Daß »die Gleichnisse Jesu ... indirekt auch
auf das Geheimnis des Erzählers selbst und seine personale Hoheit verweisen«
und daß »Jesu Botschaft außerhalb von Gleichnissen mit seiner Botschaft in
Gleichnissen in der Grundausrichtung übereinstimmt«, sind Einsichten aufgrund der evangelischen Überlieferung, zu deren Gewinnung die Gleichnisse
der Pesiqta nichts beitragen. Und natürlich stimmt es, daß »in der unterschiedlichen Zuordnung der Gleichnisse zu Tora und Basileia die entscheidende
Differenz zwischen den Gleichnissen der Rabbinen und Jesu getroffen« wird[43],
aber diese Einsicht ergibt sich schon aus der in den Evangelien erkennbaren

---

[43] P. DSCHULNIGG, Rabbinische Gleichnisse ..., 16.25f.566.462.37.200f.206–211.
337–340.372–376.455f.257.262–264.554.15.609.586.

Auseinandersetzung Jesu mit seinen jüdischen Gesprächspartnern. Darum trägt diese ungeheuer fleißige Untersuchung, auch abgesehen von der historischen Problematik, zum besseren Verständnis der Gleichnisse Jesu kaum etwas bei.

In einen breiten Horizont stellt die Gleichnisse Jesu die Untersuchung von B. H. YOUNG. Der Schüler D. Flussers teilt dessen oben besprochene Anschauungen (»Es besteht eine hohe Wahrscheinlichkeit, daß Jesus seine Bildgeschichten in Hebräisch erzählte und daß sie in Hebräisch überliefert wurden«; mit Lindsey und Flusser setzt Y. ein hebräisches Urevangelium voraus, dessen Bestandteile von den Evangelisten frei angeordnet wurden, wobei Markus von Lukas und einer reorganisierten Quelle, Matthäus von Markus und derselben Quelle abhängig sind), doch wendet Y. diese Voraussetzungen reichlich unsystematisch bei der Rekonstruktion einzelner Jesusgleichnisse an. Sein eigentliches Interesse besteht aber in einem doppelten Nachweis: a) »Die Neutestamentler haben oft die rabbinischen Gleichnisse nicht beachtet«, während doch gerade die Gleichnisse »Jesus in engeren Kontakt mit seinem Volk bringen« (Spannungen bestanden nur »zwischen Jesus und dem priesterlichen Establishment«); b) »Jesu Botschaft vom Himmelreich war hauptsächlich auf die Macht seiner Wirksamkeit, auf den Gehorsam gegenüber dem göttlichen Willen und auf die Menschen, die seine Jünger wurden, konzentriert«, die Gleichnisse vom Senfkorn und vom Sauerteig »illustrieren das gemeinsame Thema des stufenweisen Wachstums des Reiches«, erst in einem frühen Stadium der synoptischen Tradition wurden die getrennten Themen des eschatologischen Gerichts und des Gottesreiches miteinander verbunden«.[44] Diese Gedanken werden unter Heranziehung einer großen Zahl rabbinischer Gleichnisse und in Auseinandersetzung mit einer reichen Literatur ausgeführt, und die dabei vorgetragenen Exegesen einiger Gleichnisse sind durchaus interessant. Aber da die mit Flusser geteilten methodischen Voraussetzungen der Untersuchung ebensowenig haltbar sind wie die Eliminierung der Eschatologie aus der Basileia-Verkündigung Jesu, kann das Buch nur zur Exegese der besprochenen Gleichnisse Jesu, kritisch gelesen, von Nutzen sein (gute Register ermöglichen das).

Es ist sicher eine dankenswerte Aufgabe, nach dem in den Gleichnissen Jesu erkennbaren Gottesbild zu fragen, was K. ERLEMANN unternimmt. Die Voraussetzungen, von denen diese Untersuchung ausgeht, sind freilich ungewöhnlich. Niemand wird bestreiten, daß »die Rekonstruktion der ›Urgestalt‹ der Gleichniserzählungen sich als ein in methodischer Hinsicht äußerst problembehaftetes Unterfangen erweist« und daß »von den Gleichnissen in der überliefer-

---

[44] B. H. YOUNG, Rediscovering . . ., 42.144f.317.319.291.221.206.221. – E. Fuchs wird fälschlich als R. Bultmanns Nachfolger in Marburg bezeichnet (S. 12); S. 184 Anm. 20 sind für eine Lesart falsche Textzeugen angeführt.

ten Form« auszugehen ist, weil die Verkündigung Jesu eben nur in ihrer
schriftlich fixierten Form greifbar ist«. Wenn der Verf. aber deshalb »die synoptischen Gleichniserzählungen [nur] in ihrem literarischen Kontext erfassen«
will und »die Rückfrage nach dem historischen Jesus« als »Rahmen« seiner
Untersuchung ablehnt, so ist diese methodische Voraussetzung ebenso problematisch wie der Ausschluß der »Beispielerzählungen« aus den zu analysierenden Quellen, weil hier »keine gleichnishafte Rede von Gott« vorliege. Auch
daß die Bestreitung der »Unterscheidung zwischen ›Allegorie‹ und ›Gleichnis‹
in ihrer von Jülicher geprägten Form hinfällig geworden« sei, ist eine m. E.
problematische methodische Voraussetzung. Wenn dann aufgrund dieser methodischen Voraussetzungen neun Gleichnisse auf ihr Gottesbild hin befragt
werden, so ergibt sich beispielsweise: a) Im Gleichnis von den Arbeitern im
Weinberg (Mt 20,1ff.) »kommen als Adressaten auf der Gemeindeebene Gemeindeglieder der ›ersten Stunde‹ in Betracht, die den später Hinzugekommenen ... die Anerkennung verweigern«, Matthäus wendet sich aber nicht gegen
»das frühjüdische Bild von Gott«; b) Im Gleichnis vom »Schlauen Verwalter«
(Lk 16,1–13) »sind hinter den fiktiven Adressaten die Glieder der lukanischen
Gemeinde zu sehen, bestehend aus Heidenchristen und Judenchristen«,
»Thema der Gleichniserzählung im Kontext ist die Frage, wie man sich mittels
Geld und Besitz das Heil sichern kann«. Die »Systematische Zusammenfassung« läßt dann »Gott als ›letzte Instanz‹ erkennen, »der sich zu verschiedenen
Zeiten verschieden verhalten kann«; »eine Eigenart des Gottesbildes, das in
den synoptischen Gleichniserzählungen entfaltet wird, sind die stark anthropopathischen Züge«, das Gottesbild »beleuchtet bestimmte Gemeindeprobleme
vor dem Hintergrund des Handelns bzw. der Basileia Gottes« und »dient der
Aufarbeitung aktueller Gemeindeprobleme«. »Neu ist die Verbindung partikularistischer und universalistischer Tendenzen im Bild Gottes«, »das Bild Gottes
in den Gleichnissen ist geprägt von unaufgelösten Spannungen gegensätzlicher Vorstellungen«.[45] Nun ist angesichts der genannten methodischen Voraussetzungen selbstverständlich, daß wir in E.s Gleichnisinterpretation nur der

---

[45] K. ERLEMANN, Das Bild Gottes ..., 21.52.55.24.41.36.28.103.114.160.158.
244.252.256.261.264.280.279. – Auch für 1988 ist auf zwei Aufsätze hinzuweisen:
B. GERHARDSSON macht überzeugend darauf aufmerksam, daß die erzählenden Gleichnisse der synoptischen Evangelien nur im Zusammenhang der eindeutigen sonstigen
Verkündigung Jesu sachgemäß interpretiert werden können; und M. C. PARSONS verteidigt die in der neuesten amerikanischen Gleichnisforschung sich zeigende (m. E. verfehlte) allegorisierende Gleichnisexegese.
Nachtrag: Zu den ThR 54 (1989) 27 Anm. 38 genannten Auseinandersetzungen mit
E. P. Sanders' Buch »Jesus and Judaism« ist nachzutragen der mir erst sehr verspätet

dem Gleichnis jeweils in seinem evangelischen Zusammenhang gegebenen
Sinndeutung begegnen, daß angesichts des grundsätzlichen Fehlens kritischer
Rückfrage daher der mit größerer oder geringerer Wahrscheinlichkeit zu erkennende Sinn des Gleichnisses in der Verkündigung Jesu nicht in den Blick
kommt. Die Folge ist dann aber auch, daß der »Systematischen Zusammenfassung« die Einordnung der Gleichnisse in den Gesamttenor der Verkündigung
Jesu fehlt und es dadurch wie auch durch die Beiseitelassung der Beispielerzählungen zu gravierenden Fehldeutungen kommt (ich weise nur auf die genannte
Interpretation des Gleichnisses vom Ungetreuen Verwalter Lk 16,1–8a von
16,8–12 her hin). Es gibt eben kein historisch haltbares »Gottesbild *der*
Gleichnisse« ohne Einbettung in die Gesamtverkündigung Jesu (ebensowenig
wie eine »Theologie der Bergpredigt«!). Darum ist aus diesem Buch für das
Verständnis der Gottesverkündigung *Jesu* nichts zu lernen.

---

durch den Verf. zugänglich gemachte vorzügliche Aufsatz von C. F. D. MOULE, The
Gravamen against Jesus, in: Jesus, the Gospels, and the Church, FS W. R. Farmer,
Macon 1987, 177–195.

V. Der persönliche Anspruch sowie der Prozeß und Kreuzestod Jesu

BETZ, O., Jesus und das Danielbuch. Bd. II: Die Menschensohnworte Jesu und die Zukunftserwartung des Paulus (Daniel 7,13-14) (Arbeiten zum Neuen Testament und Judentum 6/2), Frankfurt/Bern/New York 1985. – DERS., Probleme des Prozesses Jesu, ANRW II, 25, 1 (1982) 565–647. – DERS., The Temple Scroll an the Trial of Jesus, SWJT 30 (1988) 5–8. – BROWN, R. E., The Burial of Jesus (Mark 15; 42–47), CBQ 50 (1988) 233–245. – CARAGOUNIS, Ch. C., The Son of Man. Vision and Interpretation (WUNT 38), 1986. – CASEY, P. M., Aramaic Idiom and Son of Man Sayings, ET 96 (1985) 233–236. – DERS., The Jackals and the Son of Man (Matt. 8.20//Luke 9.58), Journal for the Study of the New Testament 23 (1985) 3–22. – DERS., General, Generic and Indefinite: The Use of the Term »Son of Man« in Aramaic Sources and in the Teaching of Jesus, ebd. 29 (1987) 21–56. – COLLINS, A. Y., The Origin of the Designation of Jesus as »Son of Man«, HThR 80 (1987) 391–407. – COPPENS, J., Le Fils de l'Homme Néotestamentaire (= La relève apocalyptique du messianisme royal III), BEThL 55, 1981. – DERS., Le Fils de l'Homme vétéro- et intertestamentaire (= La relève apocalpytique du messianisme royal II), BEThL 61, 1983. – FLUSSER, D., Die letzten Tage Jesu in Jerusalem. Das Passionsgeschehen aus jüdischer Sicht, Bericht über neueste Forschungsergebnisse, Stuttgart 1982. – FRICKE, W., »Standrechtlich gekreuzigt«. Person und Prozeß des Jesus aus Galiläa, Buchschlag bei Frankfurt 1986. – FULLER, R. H., The Son of Man: A Reconsideration. In: The Living Text, FS E. W. Saunders, New York 1985, 207–217. – GERLEMAN, G., Der Menschensohn (Studia Biblica 1), Leiden 1983. – GNILKA, J., *Jesu ipsissima mors*. Der Tod Jesu im Lichte seiner Martyriumsparänese (Eichstätter Hochschulreden), München 1983. – HORBURY, W., The Messianic Associations of »The Son of Man«, JThSt 36 (1985) 34–55. — JACKSON, D. R., The Priority of the Son of Man Sayings, WThJ 47 (1985) 83–96. – KEARNS, R., Vorfragen zur Christologie III, Religionsgeschichtliche und traditionsgeschichtliche Studie zur Vorgeschichte eines christologischen Hoheitstitels, Tübingen 1982. – DERS., Das Traditionsgefüge um den Menschensohn. Ursprünglicher Gehalt und älteste Veränderung im Urchristentum, Tübingen 1986. – DERS., Die Entchristologisierung des Menschensohnes. Die Übertragung des Traditionsgefüges um den Menschensohn auf Jesus. Tübingen 1988. – KELLNER, W., Der Traum vom Menschensohn. Die politisch-theologische Botschaft Jesu. Mit einem Vorwort von N. Lohfink, München 1985. – KIM, S., »The ›Son of Man‹« as the Son of God (WUNT 30), 1983. – KOLPING, A., »Standrechtlich gekreuzigt«. Neuere Überlegungen zum Prozeß Jesu, ThRv 83 (1987) 265–276. – KÜMMEL, W. G., Jesus der Menschensohn?, SbWGF 20, 3, 1984. – KUHN, H.-W., Die Kreuzesstrafe während der frühen Kaiserzeit. Ihre Wirklichkeit und Wertung in der Umwelt des Urchristentums, ANRW II, 25, 1 (1982) 684–793. – LAPIDE, P., Wer war schuld an Jesu Tod? (Gütersloher Taschenbücher/Siebenstern 1419), 1987. – LEIVE-STADT, R., Jesus in His Own Perspective. An Examination of His Sayings, Actions, and Eschatological Titles. Aus dem Norwegischen übers. v. D. E. Aune, Vorwort v. M. Hengel, Minneapolis 1987. – LINDARS, B., Jesus Son of Man. A Fresh Examination of the Son of Man Sayings in the Gospels in the Light of Recent Research, London 1983. – MERRITT, R. L., Jesus Barabbas and the Paschal Pardon, JBL 104 (1985) 57–68. – MOULE, C. F. D., The Gravamen Against Jesus. In: Jesus, the Gospels, and the Church, FS W. R. Farmer, Macon/Ga. 1987, 177–195. – MÜLLER, M., Der Ausdruck »Menschensohn« in den Evangelien. Voraussetzungen und Bedeutung. Aus dem Dänischen übers. v. M. Wesemann (AThD 17), 1984. – MUSSNER, F., Die Kraft der Wurzel. Judentum-Jesus-Kirche, Freiburg/Basel/Wien 1987 (darin: Der Anspruch Jesu, S. 104–124; Glaubensüberzeugung gegen Glaubensüberzeugung. Bemerkungen zum Prozeß Jesu, S. 125–136). – PAULUS, Ch. und D. COHEN, Einige Bemerkungen zum Prozeß Jesu bei den Synoptikern, ZSRG.R 102 (1985) 437–452. – PESCH, R., Der Prozeß Jesu geht weiter (HerBü 1507), 1988. – Der Prozeß gegen Jesus. Historische Rückfrage und theologische Deutung, hg. v. K. Kertelge (QD 112), 1988. – RITT, H., »Wer war schuld am Tod Jesu?«. Zeitgeschichte, Recht und theologische Deutung, BZ 31 (1987) 165–175. SCHNIEWIND, J., Der Herr der Welt. Das Selbstbewußtsein Jesu nach den drei ersten Evangelien – Weltgeschichte und Weltvollendung. Zwei Aufsätze mit Einführung von O. Michel, Theologie und Dienst 32, Gießen/Basel 1983. – SCHWARZ, G., Jesus »der Menschensohn«. Aramaistische Untersuchungen zu den synoptischen Menschensohnworten Jesu (BWANT 119), 1986. – STUHLMACHER, P., Warum mußte Jesus sterben?, ThBeitr 16 (1985) 273–285. – SVEDLUND, G., Notes on *bar nash* and the Detrimental Effects of the Transformation into the Title »The Son of Man«, Or Suec 33–35 (1984–1986) 401–413. – TOLL, Ch., Zur Bedeutung des aramäischen Ausdruckes *bar nāš*, ebd. 421–428. – VÖGTLE, A., Eine überholte »Menschensohn«-Hypothese? In: Wissenschaft und Kirche, FS E. Lohse (Texte und Arbeiten zur Bibel 4), Bielefeld 1989, 70–95. – WATSON, F., Why Was Jesus Crucified?, Theol. 88 (1984/5) 105–112.*

Im Blick auf die Untersuchungen zum persönlichen Anspruch Jesu, die vor allem das Menschensohnproblem betreffen[1], ist zunächst darauf hinzuweisen, daß R. KEARNS seinen früher besprochenen zwei Bänden[2] zur Menschensohn-

---

* Nicht zur Besprechung zur Verfügung gestellt wurden folgende Bücher, die ich darum nur nennen kann: RIVKIN, E., What Crucified Jesus?, Nashville 1984 (vgl. W. WIEFEL, ThLZ 112, 1987, 344f.); STAIMER, E., Wollte Gott, daß Jesus starb? Jesu erlösender Weg zum Tod, München 1983 (vgl. P. FIEDLER, ALW 27, 1985, 347). – Von anderer Seite besprochen werden soll: DREYFUS, F., Jésus savait-il qu'il était Dieu?, Paris 1984 (vgl. R. BROWN, BThB 15, 1985, 74–79; J. MURPHY-O'CONNOR, The École Biblique and the New Testament: A Century of Scholarship (1890–1990), Novum Testamentum et Orbis Antiquus 13, Freiburg, Schweiz/Göttingen 1990, 131–137).

[1] Zur Forschung bis 1980 vgl. ThR 45 (1980) 40–84; 47 (1982) 369–378; Überblicke zur neuesten Menschensohnforschung bieten: C. COLPE, Neue Untersuchungen zum Menschensohn-Problem, ThRv 77 (1981) 353–372; W. O. WALKER, The Son of Man: Some Recent Developments, CBQ 45 (1983) 584–607; J. R. DONAHUE, Recent Studies on the Origin of »Son of Man« in the Gospels, CBQ 48 (1986) 484–498.

[2] ThR 45 (1980) 61–63; 47 (1982) 376f.

frage drei weitere Bände hat folgen lassen. Der 3. Band der »Vorfragen zur Christologie« enthält zunächst eine »Religionsgeschichtliche Studie«, die nach einer Übersicht über die bisherigen Hypothesen zur Herkunft der Menschensohnvorstellung feststellt, daß gemäß der These von C. Colpe der syrische Gott Hadad »der Urahn des Menschensohns« und diese »kanaanäische Hypothese als religionsgeschichtliche Erklärung des Ursprungs der Gestalt des apokalyptischen Hoheitswesens tragfähig« sei; nur müsse noch »das Epitheton [Menschensohn] aus dem Traditionsgefüge um Hadad terminologisch« hergeleitet werden. Zu diesem Zweck zeigt K., daß seit dem 14. Jh. v. Chr. für Hadad das Epitheton *ba'al* nachweisbar ist; da aber *ba'al* im Westaramäischen nur »Ehemann« bedeutete, wählte man für *ba'al* als Epitheton Hadads »im palästinischen Raum die aramäische Entsprechung *brnš*« in der »Bedeutung ›Herr‹«, die »pseudoetymologisch« als *br'nš* = Mensch gedeutet wurde. Damit nimmt K. die im 1. Band seines Werks vertretene, m. E. unhaltbare Erklärung des Begriffs »Menschensohn« auf, und da nach K.s eigener Angabe auch »die Übersetzung des Epithetons Hadads [nämlich *ba'al*] mit *brnš* nur mittelbar nachweisbar ist« erweist sich diese Erklärung der Herkunft des Titels »Menschensohn« als völlig aus der Luft gegriffen. Wenn er dann in der »Traditionsgeschichtlichen Studie« desselben Bandes »das Phänomen der apokalyptischen Umformung der Hadadtradition« und die damit verbundene Übernahme des Epithetons »*brnš*« »in der Bedeutung ›(Welten)-Herr‹« als Bezeichnung des »apokalyptischen Hoheitswesens« nachweisen will, so kann das nur als eine auf einer unhaltbaren Hypothese aufgebaute weitere unbewiesene Hypothese bezeichnet werden.[3]

Betreffen die drei unter dem Titel »Vorfragen der Christologie« stehenden Bände die Vorgeschichte des Menschensohntitels im NT, so wenden sich die beiden noch zu besprechenden Bände dem »Traditionsgefüge um den Menschensohn« selbst zu, von dessen »ursprünglicher Gestalt und ältester Veränderung im Urchristentum« der 4. Band handelt. Jesus selber kommt dabei freilich nicht in den Blick, denn »die Entwicklung des Traditionsgefüges um den Menschensohn fand unabhängig von dem Wirken oder der Lehre Jesu oder von den Überlieferungen der jesuanischen Bewegung statt«, und »erst im griechischsprachigen Raum wurde das bereits kontaminierte Traditiongefüge in die jesuanische Tradition übernommen«. Diese Feststellungen im Vorwort zum 4. Band werden allerdings nicht bewiesen; die 1. Studie dieses Bandes (»Zum ursprünglichen Gehalt des Traditionsgefüges um den Menschensohn«) dient vielmehr dem Nachweis, daß »jüngste Forschungsergebnisse [es sind die

---

[3] R. KEARNS, Vorfragen zur Christologie III, 27f.61.72f.79.74.98. Vgl. auch die Besprechung von R. J. OWENS, CBQ 46 (1984) 756–758.

des Verf.s!] gezeigt haben, daß es einen titularen Gebrauch vom aramäischen *brnš* im palästinischen Raum gegeben hat« und daß »eine ungebrochene traditionsgeschichtliche Kontinuität zwischen der apokalyptischen Hadad-Tradition und dem Traditionsgefüge um den Menschensohn« besteht, daß aber in dem »Traditionsgefüge um den Menschensohn [abweichend von der apokalyptischen Hadad-Tradition] auch eine welthafte Epiphanie des Menschensohnes stattfindet«. Die sich daran anschließende »Studie zur ältesten Veränderung des Traditionsgefüges um den Menschensohn« dient dann dem Nachweis, daß »durch die Kontamination des Traditionsgefüges um den Menschensohn mit dem eschatologischen Geschichtsbild des ägyptischen Hellenismus die ursprüngliche Wesensart des Menschensohns aufgehoben wurde ... Durch die Kontamination ging die ursprüngliche Gestalt des Traditionsgefüges mit aufeinander bezogener welthaftiger und transzendental-eschatologischer Epiphanie des einen Menschensohns verloren«.[4] Diese Thesen werden mit großer Gelehrsamkeit unter Heranziehung einer Fülle von religionsgeschichtlichem Material und umfangreicher wissenschaftlicher Literatur, aber ohne Berücksichtigung chronologischer Fragen rein kombinatorisch erörtert, und ich kann mich nur dem Urteil anschließen, daß »Texte disparaten Charakters, räumlicher und zeitlicher Herkunft zusammengestellt sind, um die Theorie zu stützen. Was könnte man auf diese Weise nicht beweisen?« und daß es »äußerst zweifelhaft bleibt, ob das Material zur Eschatologie im hellenistischen Ägypten von irgend einer wirklichen Bedeutung für die Menschensohntradition ist«.[5]

Der 5. Band (mit dem Titel »Die Entchristologisierung des Menschensohnes«) bietet schließlich zwei Studien »zu den jüngeren Veränderungen des Traditionsgefüges um den Menschensohn als Voraussetzung für dessen Übertragung auf Jesus« und »zur Übertragung des veränderten Traditionsgefüges um den Menschensohn auf Jesus«. Hier werden die synoptischen Menschensohntexte mit Hilfe einer keineswegs immer überzeugenden Argumentation in ältere und jüngere Traditionen geschieden und dann ein doppelter Nachweis zu führen gesucht: 1) »Das Traditionsgefüge um den Menschensohn wurde zum einen mit der Tradition des gewaltsam getöteten und postmortal verherrlichten Gerechten und zum anderen mit der Tradition der sich als Strafgericht offenbarenden Gottesherrschaft derart kontaminiert, daß zum einen der gerechte und zum anderen der heilige Gebieter als Menschensohn vorkam«; »der Menschensohn trat an die Stelle des heiligen Gebieters als Zeichen der Gottesherrschaft«. 2) »Im griechischen Sprachraum wurde das Traditionsgefüge um den Menschensohn in seinen jüngeren Veränderungen auf Jesus übertragen«.[6]

[4] R. KEARNS, Das Traditionsgefüge um den Menschensohn, 1.53.55.88.
[5] Ch. C. CARAGOUNIS, ThLZ 112 (1987) 344; J. J. COLLINS, JBL 107 (1988) 538.
[6] R. KEARNS, Die Entchristologisierung des Menschensohnes, 34.50.59.

Auch angesichts der Ausführungen dieses 5. Bandes kann der Leser nicht umhin, sich über die Belesenheit, aber ebenso über die mit souveräner Sicherheit argumentierende Kombinationsbereitschaft zu wundern, und es ist mir äußerst zweifelhaft, daß mit dieser Mehode eine haltbare Traditionsgeschichte der evangelischen Menschensohntexte zustande kommt. Für das Verständnis *Jesu* ist jedenfalls – betrüblicherweise – aus den fünf Bänden von Kearns nichts zu lernen.

Bei seinem Tod (1981) hinterließ der bekannte Löwener Alttestamentler Joseph COPPENS, der sich bereits in zahlreichen Aufsätzen mit dem Menschensohnproblem beschäftigt hatte, die Manuskripte zu zwei Büchern, von denen das über den ntl. Menschensohn praktisch fertiggestellt war, das über den Menschensohn im AT und in der zwischentestamentlichen Literatur von seinem Schüler J. Lust erst druckfertig gemacht werden mußte; aus sachlichen Gründen nehme ich die Besprechung dieses etwas später erschienenen Bandes voraus. Die umfangreiche Erörterung des »danielischen Menschensohns« vertritt die Anschauung, daß dieser nur »eine menschliche Gestalt« ist, keine »das Menschsein übergreifende Gestalt«, und »daß bis jetzt die neutestamentlichen Schriften und die Bilderreden [des äthiopischen Henoch] die einzigen [Texte] sind, die den *br 'nš* von Dan 7,13 als *die* Persönlichkeit par excellence der eschatologischen Ära interpretieren«; bei Daniel ist »das Symbol des Menschensohns zu gleicher Zeit eine Anspielung auf das Kommen der Herrschaft der englischen Heere und auf das durch die Verfolgung regenerierte jüdische Volk«. Die anschließende Erörterung des »Menschensohns bei Henoch« urteilt in Auseinandersetzung mit einer breiten Literatur, , daß »der Menschensohn der Bilderreden von Dan 7,13.14 abhängt, ... die neuen, der danielischen Gestalt fremden Züge stammen in erster Linie aus der Verschmelzung dieser Figur mit der des ›Erwählten‹«. Die Bilderreden sind jüdischer Herkunft, »im ersten christlichen Jahrhundert entstanden«, es besteht »keine formale Abhängigkeit eines evangelischen Textes von den Bilderreden«, »die neutestamentlichen Schriften haben ebenso wie die Bilderreden aus dem apokalyptischen Milieu geschöpft«. Eine Durchprüfung der nachbiblischen jüdischen Texte außerhalb der Bilderreden ergibt, daß »die sich auf den danielischen Menschensohn beziehenden jüdischen Texte zu wenig zahlreich sind, um den Schluß zu erlauben, daß diese Gestalt eine sichtbare Rolle in der messianischen Erwartung der Zeitgenossen Jesu spielte«.[7] Nun kann man sowohl über die Herkunft des danielischen »Menschensohns« wie über das Vorkommen einer eschatologischen Menschensohngestalt im Frühjudentum anders urteilen als C., aber seine

---

[7] J. COPPENS, Le Fils d'homme vétéro – et intertestamentaire, 108.110.112.133.154. 146.183.

sorgfältige Besprechung der Texte und seine faire Auseinandersetzung mit der
Literatur machen das Buch zu einer wertvollen und in vielem überzeugenden
Informationsquelle.

Das von COPPENS noch für den Druck fertiggestellte Buch über den ntl.
Menschensohn läßt zwar erkennen, daß der Verf. nicht mehr alle Abschnitte
gleich sorgfältig hat bearbeiten können, läßt aber seine Anschauung völlig klar
erkennen (zu Beginn des Bandes findet sich eine vorzügliche Bibliographie zur
Menschensohnfrage). »Die Mehrheit der Exegeten schreiben dem ›Menschensohn‹ mit Recht die Bedeutung eines wirklichen Titels zu«, und »es ist nicht
zweifelhaft, daß Jesus den Ausdruck ›Menschensohn‹ als Titel benutzt hat«.
Dabei »scheint sich Jesus beim Gebrauch dieses Ausdrucks in eschatologischem Zusammenhang direkt auf den danielischen Menschensohn (Dan 7,13)
bezogen zu haben«. Denn »zur Zeit Jesu war diese Ausdrucksweise zweideutig ... Sie bezeichnet ›einen Menschen‹ oder ›den Menschen‹ im allgemeinen,
oder sie rief, sie präzisierend, die danielische Gestalt ins Bewußtsein«, Jesus
aber, »nachdenkend über das Kommen der Gottesherrschaft im Lichte des
Danielbuchs, wurde dazu geführt, das Kommen der Gottesherrschaft mit dem
Kommen des Menschensohns zu verbinden«, und »der danielische Menschensohn wurde aus einem reinen Symbol in die Rolle einer wirklichen Person, des
Gründers des Reichs, übergeführt«. So bieten Jesu Aussagen über »eine Person, deren Kommen das Ende der Zeit und das Kommen des Gottesreichs
kennzeichnet, die größte Echtheitsgarantie«, doch ist es nicht ausgeschlossen,
daß Jesus »gelegentlich den Titel [Menschensohn] gebraucht hat, um gewisse
Handlungen seiner irdischen Wirksamkeit als eine gewisse Vorausnahme der
Gottesherrschaft zu unterstreichen«, doch muß man sagen, daß »Jesus während seiner irdischen Laufbahn die Verpflichtung empfand, sich von einer
völligen Identifizierung mit dem Menschensohn zu unterscheiden«.[8] Das wird
alles mit großer exegetischer Sorgfalt begründet, und auch wenn m. E. die
Annahme fraglich ist, daß Jesus den titularen Gebrauch von Menschensohn
selbst geschaffen hat, ist diese Erörterung der evangelischen Menschensohntexte weiterhin überzeugend und sorgfältiger Berücksichtigung wert.

Das Buch von R. LEIVESTADT über den persönlichen Anspruch Jesu, 1982 in
norwegischer Sprache erschienen, wird darum an dieser Stelle besprochen,
obwohl die engl. Übersetzung erst 1987 erschienen ist. L. nennt als seine
Absicht: »Ich versuche in diesem Buch, das klassische Thema ›Jesu Messiasbewußtsein‹ erneut zu behandeln«, d. h. die Frage, »ob Jesus bewußt eine bestimmte Rolle spielte«. L. geht dabei keineswegs unkritisch vor, wohl aber von
der Voraussetzung aus, daß »Traditionen als echt anzusehen sind, solange keine

---

[8] J. COPPENS, Le Fils de l'homme néotestamentaire, 10.20.118.134.20f.126.

dringenden Gründe bestehen, sie anzuzweifeln«. Nach einer guten Darstellung der jüdischen Umwelt Jesu und des Täufers stellt L. fest, daß die Taufe »für Jesus eine religiöse Erfahrung war, die er als göttliche Berufung oder Erwählung verstand«. Angesichts der vielfältigen jüdischen Vorstellungen über »Rollen im eschatologischen Drama« ist es L. sicher, daß weder der Täufer noch Jesus »leicht vermeiden konnten, mit Fragen [nach ihrer eschatologischen Rolle] durch ihre Umgebung, Freunde wie Feinde, konfrontiert zu werden«, und so hat sich Jesus auch eindeutig »als Messias identifiziert«, und das konnte nur bedeuten, »daß er der Messias war in dem Sinn, daß er erwählt war, der Messias zu werden. Er war der *messias designatus*«. Während das »sogenannte Dankgebet Mt 11,25-27 par.« und Mk 13,32 (»Jenen Tag kennt niemand . . ., auch nicht der Sohn, sondern nur der Vater«) unecht sind, kann man aufgrund der Gebetsanrede *abba* nicht schließen, daß Jesus sich als Sohn Gottes in einem einzigartigen Sinn ansah«, wohl aber ergibt sich aus dem Gleichnis von den bösen Weingärtnern (Mk 12,1 ff.), daß »Jesus sich mit dem Messias identizierte«. »Jesus zeigt ein völlig grenzenloses Vertrauen, daß . . . seine Worte unbedingt Autorität genießen, aber er beansprucht für sich keine besondere Stellung . . . und sicherlich keinen Messiastitel«, auch die Zusage der Sündenvergebung durch Jesus führt nicht darauf, daß Jesus »sich in eine absolut einzigartige Position versetzte«. Bei der Erörterung der Menschensohnfrage wiederholt L. seine früher mehrfach vertretene Anschauung[9], daß es keinen Menschensohntitel gab, daß Jesus auch nicht die Selbstbezeichung »Menschensohn« »aus der Schrift ableitete«, daß es vielmehr »am angemessensten erscheint, diese Selbstbezeichnung als einen Ausdruck dafür zu verstehen, daß Jesus sich nicht selbst als eine Person von besonderer Bedeutung an sich betrachtete«. »Wenn Jesus mit der Überzeugung begann, daß er der versprochene Messias sei, ist die Annahme vernünftig, daß Märtyrertum nicht Teil seiner ursprünglichen Erwartung war«; als aber »deutlich wurde, daß sein Weg zur Kreuzigung führte, ist es wahrscheinlich, daß Jes 53 es für ihn möglich machte, die Überzeugung aufrecht zu erhalten, daß er der Messias sei«. Diese Annahme paßt nun freilich nicht zu der an früherer Stelle des Buches gemachten Aussage, es sei »alles andere als sicher, daß Jesus selbst seine Berufung und sein Schicksal im Licht der Gottesknechtlieder auslegte«, und darin zeigt sich die Problematik, die diesem zweifellos bedeutenden Buch innewohnt: Auch wer (wie ich) über die Menschensohnfrage anders urteilt als L., kommt um die Feststellung nicht herum, daß der Anspruch, zum Messias bestimmt zu sein, sich mit der von L. behaupteten Anschauung Jesu, persönlich keine Rolle zu spielen, nicht in Einklang bringen läßt. Und wenn L. mit Recht erklärt, daß

---

[9] Vgl. meine Hinweise ThR 45 (1980) 331. 353f.; 52 (1987) 408.

Jesus »als *messias designatus* die frohe Botschaft zu verkünden hatte, daß das Gottesreich nahe bevorstehe«, dann kann man nicht angesichts der mit den Worten »ich aber sage euch« eingeleiteten Antithesen (Mt 5,21 ff.) ablehnen, aus solchen Aussagen »irgend etwas über Jesu Anschauung über sich selbst abzuleiten«.[10] D. h., so dankenswert es ist, daß L. vorsichtig kritisch die Notwendigkeit betont, Jesus einen »messianischen« Anspruch zuzuschreiben, so wenig ist L. imstande, die die gesamte Verkündigung Jesu charakterisierende Bedeutung dieses Anspruchs und ihren eschatologischen Charakter verständlich zu machen. L.s Ausführungen sind daher ein wichtiger Hinweis auf die Bedeutung des persönlichen Anspruchs Jesu für das Verständnis seiner Botschaft, haben die Besonderheit dieses Anspruchs aber schwerlich überzeugend verständlich gemacht.

G. GERLEMAN will »eine alternative Lösung des Menschensohnproblems präsentieren, die sich von der bisherigen bereits durch den Ausgangspunkt scharf unterscheidet«. Dieser Ausgangspunkt ist der sprachliche Sinn des dem griechischen ›der Sohn des Menschen‹ zugrunde liegenden und von Jesus gebrauchten aramäischen Begriffs *bar nāšā'*; *bar* könne im Aramäischen außer »Sohn« auch die »Abgesondertheit« bezeichnen, und so bedeute Barjesus Apg 13,6 »der vom Heil Geschiedene« und Barjona Mt 16,17 »von der Taube verschieden«; dementsprechend bezeichne in der Jesusüberlieferung *bar nāšā'* den »vom Menschen Verschiedenen«. Aber diese Bezeichnung »ist offenbar im Hinblick auf eine bestimmte Person geprägt«, und die Frage nach der damit gemeinten Person führt auf »die Vorstellung von David als dem Andersartigen und von anderen Menschen Verschiedenen«. Eine umfängliche Untersuchung der synoptischen Texte führt zu der weiteren Erkenntnis, daß »nicht nur die Verkündigung Jesu, sondern auch der äußere Rahmen für seine Wirksamkeit erkennen lassen soll, daß David in Person zur Erde zurückgekehrt ist«. So ergibt sich zusammenfassend: »Als sich Jesus *bar nāšā'* nennt, meint das nicht, daß er sich als einen beliebigen Andersartigen bezeichnet, sondern daß er sich mit dem paradigmatisch Andersartigen, d. h. David, in Person identifiziert«, und »auch wenn die Bezeichnung ›Menschensohn‹ fehlt, besteht die Affinität zwischen Jesus und David«.[11] Nun ist die von G. vertretene sprachliche Deutung von *bar nāšā'* als »der Andersartige« ebenso unhaltbar wie die diese Deutung stützende Interpretation der Eigennamen Barjesus und Barjona, und die von G. hergestellten Parallelen zwischen Einzelheiten der David- und der

---

[10] R. LEIVESTADT, Jesus in His Own Perspective, 11f.17.39.87.99.111f.113.120. 137.100.162.170f.69.176.110. Auf die 1982 in ANRW II, 25, 1, erschienenen Aufsätze zur Menschensohnfrage habe ich ThR 52 (1987) 408 hingewiesen.

[11] G. GERLEMAN, Der Menschensohn, Vorwort. 5f.10.14.18.62f.72.

Jesusüberlieferung »überfordern die Leichtgläubigkeit des Lesers bis zur Grenze«.[12] Vor allem aber bleibt bei dieser Konstruktion zweierlei völlig unklar: Setzt Jesus voraus, daß seine Jünger und seine Hörer die Identifikation mit dem wiedergekehrten David ohne jeden direkten Hinweis verstehen konnten? Und: haben schon die Septuaginta des Danielbuches und die Bilderreden der Henochapokalypse wie dann die Evangelien diesen ursprünglichen Sinn des auch von Jesus gebrauchten aram. Begriffes *bar nāšā'* so völlig mißverstanden, daß erst ein Forscher des 20. Jh.s ihn wieder entdecken mußte? M. E. hat die Hypothese G.s keinerlei Anhalt an den Texten, es erübrigt sich daher ein Eingehen auf exegetische Einzelheiten.

Der koreanische Theologe Seyoon KIM hatte in seiner Diss. über den Ursprung des paulinischen Evangeliums im Vorbeigehen die These vertreten: »Wenn Jesus sich selbst als den ›Menschensohn‹ mit Bezugnahme auf Dan 7,13 bezeichnet, enthüllt und verhüllt er sein wahres Sein als Gottessohn«.[13] Diese These hat Kim in einer (aus biographischen Gründen kurzgefaßten) Untersuchung ausgeführt. Er geht von der unbestreitbaren Tatsache aus, daß »alle vier Evangelien den Menschensohn mit dem Gottessohn gleichsetzen«, »die Gleichsetzung [aber] überall indirekt ist«; »hätte die frühe Kirche die Gleichsetzung aufgrund ihrer Ostererfahrung hervorgebracht . . ., wäre eine direktere Verbindung zwischen den Titeln in den Evangelien zu erwarten«. Da »›der Menschensohn‹ Jesu Selbstvezeichnung war«, es aber »vor dem neuen Testament keinen messianischen Titel ›der Menschensohn‹ gab«, Jesus darum »keinen anderen Menschensohn kannte als den danielischen« und »zur Zeit Jesu die messianische Deutung [des danielischen Menschensohns] höchstens eine Randerscheinung gewesen sein muß«, ergibt sich: »Wenn Jesus sich als ›den Menschensohn‹ bezeichnete, bezog er sich auf die danielische Gestalt ›wie ein Menschensohn‹« und »sagte: ›Ich bin *der* Menschensohn, den Daniel in einer Vision sah‹«, wobei »Jesus die Selbstbezeichnung mit der doppelten Absicht gebraucht haben kann, seine Identität denen verdeckt zu offenbaren, die Ohren hatten zu hören, und vor denen zu verbergen, die keine Ohren hatten zu hören«. K. sucht dann weiter zu zeigen, daß Jesus in den Abendmahlsworten »von seiner Sendung als ›der Menschensohn‹ spricht: er ist die von Daniel ›wie ein Mensch‹ in einer Vision gesehene himmlische Gestalt, und als solcher . . . führt er das eschatologische Gottesvolk herbei«. Wenn Jesus ferner in einzigartiger Weise »durch den Gebrauch von abba für Gott sein Bewußtsein als der einzige Gottessohn ausdrückt«, so zeigt sich darin »das gleiche Selbstverständnis« wie in der Menschensohnbezeichnung. Auch im Gleichnis vom

---

[12] So B. LINDARS, ThLZ 110 (1985) 104. Skeptisch urteilt auch B. F. MEYER, CBQ 47 (1985) 353f. und R. PESCH, ThRv 81 (1985) 274f.

[13] S. KIM, The Origin of Paul's Gospel (WUNT II, 4), 1981, 250.

letzten Gericht (Mt 25,31ff.) ist »›der Menschensohn‹ der Gottessohn, der Gottes Volk schafft und sammelt«, und in seinen Menschensohnworten »hat Jesus darauf verwiesen, daß er der Gottessohn war, der durch seine Hingabe als sühnendes und Bund-schaffendes Opfer in Erfüllung der Wirksamkeit des Ebed-Jahwe das eschatologische Gottesvolk schaffen und dadurch die basileia Gottes zur Wirklichkeit werden lassen sollte«. Es ist nun leicht zu sehen, daß K. die Übernahme des Menschensohnbegriffs aus Dan 7,13 durch Jesus und die Bestreitung einer »Mensch« genannten Heilbringergestalt zur Zeit Jesu nicht beweist, sondern voraussetzt, und daß der breiter geführte Nachweis, daß Jesus den Titel »Gottessohn« in Anspruch nahm, weder aufgrund der *abba*-Anrede Jesu an Gott noch aus den Abendmahlsworten noch aus Mt 25,31ff. gelingen konnte. Der Versuch, mit Hilfe eines Qumrantextes (4 Q ps Dan Aᵃ) und eines Septuaginta-Papyrus ein mögliches messianisches Verständnis von Dan 7,13 im Judentum der Zeit Jesu nachzuweisen, ist so wenig überzeugend wie die Annahme von »Jesu schöpferischer Kombination von Dan 7 und Jes 42–52«[14], und so ist aus diesem Buch schwerlich etwas Haltbares zu lernen außer der Feststellung, daß Jesus die Bezeichnung »Menschensohn« in einem seinen hoheitlichen Auftrag kennzeichnenden Sinn gebrauchte.[15]

Über meine an dieser Stelle zu nennende Abhandlung »Jesus der Menschensohn?« ist mir keine ausführliche Besprechung bekannt geworden, die ich zitieren könnte, darum wiederhole ich hier nur (leicht gekürzt) meine Inhaltsangabe auf dem Umschlag des Heftes: »Wenn es zutrifft, daß das in Jesu Muttersprache nur ›Mensch‹ bezeichnende Wort nicht als bloße Umschreibung für eine Ich-Aussage gebraucht werden konnte und daß es im frühen Judentum die Erwartung eines ›Mensch‹ genannten endzeitlichen Heilbringers und Richters gegeben hat, so ergibt die kritische Prüfung der Jesusüberlieferung, daß Jesus sein gegenwärtiges Wirken mit der Vorstellung vom gegenwärtigen ›Menschen‹ beschrieben und das baldige Kommen des ›Menschen‹ angesagt hat, wobei diese Aussagen den ›Menschen‹ und Jesus so nahe zusammenbringen, wie das im Rahmen jüdischer Vorstellungen denkbar war, während sich keines der Evangelienworte, die vom bevorstehenden Leiden des ›Menschen‹ sprechen, auf Jesus zurückführen läßt. Die Aussagen über den gegenwärtigen und den kommenden ›Menschen‹ fügen sich dagegen vollkommen in die

---

[14] S. KIM, The »Son of Man« . . ., 5.14.19.26.35f.65.89.97.

[15] Ähnlich urteilt P. J. ACHTEMEIER, JBL 105 (1986) 332–334; sehr positiv wird das Buch bewertet von R. RIESNER, Bib. 67 (1986) 129–132. – Merkwürdigerweise hat Kim übersehen, daß J. M. FORD, »The Son of Man« – a Euphemism?, JBL 87 (1968) 257–266 (s. ThR 45, 1980, 364) eine seiner Theorie verwandte Anschauung vertreten hat. Und seltsam ist der Fehler »Gregorian« statt »Georgian« für eine Übersetzung der Didache auf S. 5 und 69.

Gesamtverkündigung Jesu ein. Die Frage der Berechtigung dieses Anspruchs Jesu kann der Historiker nicht beantworten; wer aber die Botschaft von der Auferstehung des Gekreuzigten glaubend bejaht, wird die Berechtigung dieses Anspruchs anerkennen.«

Total anders urteilt über das Menschensohnproblem dagegen B. LINDARS in seinem (in meiner Schrift benutzten) Buch »Jesus Menschensohn«. L. hatte sich 1975 in einem Aufsatz[16] gegen die Leugnung einer apokalyptischen Menschensohnfigur im Frühjudentum gewandt, die Existenz eines Menschensohn-*titels* aber abgelehnt und »Menschensohn« als charakteristische Redeweise Jesu im Sinne eines Hinweises auf seine persönliche Stellung bezeichnet. Von dieser Ansicht rückt L. in seinem Buch von 1983 ab, das er als »einen Versuch [bezeichnet], den toten Punkt in der Auseinandersetzung über den Menschensohn im Neuen Testament zu durchbrechen«. L. vertritt nun nicht nur die Anschauung, daß »der titulare Gebrauch von ›Menschensohn‹ außerhalb der Evangelien nicht bezeugt ist«, sondern auch, daß G. Vermes nachgewiesen habe, »daß *bar enash(a)*, generisch gebraucht, in dieser Form eine Selbstbezeichnung Jesu sein kann«.[17] D. h., wenn Jesus vom Menschensohn redet, handelt es sich »nicht um einen Titel, der seinen Hörern geläufig gewesen wäre«, Jesus »muß generisch gesprochen haben, so daß ein Sinn bestand, in dem seine Worte sich nicht ausschließlich auf ihn beziehen mußten«, obwohl »der Verweis auf ihn selbst beabsichtigt war«, es handelt sich um »eine Spracheigentümlichkeit Jesu«. Infolgedessen »ist es das charakteristische Merkmal der unechten Jesusworte, daß der Ausdruck [Menschensohn] als ausschließliche Selbstbezeichnung gebraucht wird«, und es bleiben von den Menschensohnworten der Evangelien als echte Jesusworte nur sechs Worte bei Markus und Q und ein den Leidensweissagungen zugrunde liegendes Jesuswort übrig. Zu welchem Verständnis dieser Worte L. von diesen Voraussetzungen aus kommt, mögen zwei Beispiele zeigen. a) In Mt 11,18f. par. (»Johannes der Täufer kam, aß kein Brot und trank keinen Wein, und ihr sagt: er hat einen Dämon; der Menschensohn kam, aß und trank, und ihr sagt: siehe ein Fresser und Weintrinker«) ist nach L. »die persönliche Beziehung auf Jesus offensichtlich. Aber das generische bar enasha [= Menschensohn] erhebt die Angelegenheit auf die Ebene eines Prinzips« im Sinne von: »wenn jemand anderes kommt«, Jesus »bringt eine entwaffnende Ironie hervor«. – b) Nach L. hat Mk 2,10f. par. (»damit ihr aber wißt, daß der Menschensohn Vollmacht hat, auf Erden Sünden zu vergeben, sagt er zu dem Gelähmten ...«) den Sinn: »Damit ihr aber wißt, daß ein Mensch Vollmacht haben kann, Sünden zu verge-

---

[16] B. LINDARS, Re-enter the Apocalyptic Son of Man, NTSt 22 (1976) 52–72; s. dazu ThR 45 (1980) 68f.

[17] Vgl. zu dieser Anschauung von Vermes ThR 45 (1980) 58; 47 (1982) 377.

ben ...«, »die Schriftgelehrten müssen zugeben, daß es *einige* Leute gibt, die Gottes Auftrag zum Heilen und zur Sündenvergebung haben. Zu solchen Leuten gehört Jesus selbst«.[18] Daß die Texte sich gegen diese Interpretationen sperren, ist eindeutig, aber das ist nur die Folge der als eiserner Maßstab gebrauchten (und m. E. falschen) Voraussetzungen, daß Menschensohn im Aramäischen als Selbstbezeichnung gebräuchlich gewesen sei und als Titel nicht begegne. D. h. Lindars' These ist meines Erachtens alles andere als überzeugend, und von einer Überwindung des toten Punktes in der Menschensohnforschung kann schwerlich die Rede sein.

Von den beiden 1983 unter dem Titel »Der Herr der Welt« wieder veröffentlichten Aufsätzen von J. SCHNIEWIND ist nur der erste (»Das Selbstzeugnis Jesu nach den drei ersten Evangelien«) hier zu besprechen.[19] Sch. bemüht sich um den Nachweis, daß »bei unseren Evangelien der entscheidende Punkt, nämlich das Selbstzeugnis Jesu, in der Überlieferung sicher nicht verschoben worden ist«. »Wenn die Jünger sofort nach Jesu Tod in ihm den Messias sahen, so muß sich das zu seinen Lebzeiten angebahnt haben«; der Bericht von Jesu Zusage der Sündenvergebung (Mk 2,1ff.) zeigt, daß »Jesus der Messias sein will, das aber nicht deutlich heraussagt«; und wenn Jesus »sich den ›Menschensohn‹ nennt, so ist das ebensosehr eine Verhüllung wie eine Enthüllung«. Jesus »spricht von sich als dem, der auf den Wolken des Himmels kommt«, und »nennt sich den *Sohn* Gottes«, er »wußte, daß die ewige Entscheidung über die Menschen mit ihm gegeben ist«, und »wir können nicht zweifeln, daß Jesus von seiner Auferstehung gesprochen hat«. Darum gilt: »Entweder wir lehnen den Jesus, der so unendlich Großes von sich sagt, ab; oder aber wir geben ihm Recht«.[20] Es ist deutlich, daß Sch. trotz aller kritischen methodischen Ausführungen eine die synoptischen Aussagen weitgehend unkritisch kombinierende Darstellung des persönlichen Anspruchs Jesu bietet, die in vielen Punkten sicherlich Richtiges sieht, als ganze aber nicht ohne kritische Abstriche als Wiedergabe des geschichtlichen Sachverhalts hingenommen werden kann.

Schon früher habe ich anhand eines Aufsatzes auf die problematische These

---

[18] B. LINDARS, Jesus Son of Man, VII.160.19.27.189.86.33.45f. – L. behandelt in diesem Buch auch den Gebrauch des Menschensohntitels in Q und den vier Evangelien und die Rolle des Menschensohns in der Geschichte der urchristlichen Christologie, worauf hier nicht einzugehen ist. – Zur Kritik Lindars' vgl. auch den wichtigen Aufsatz von M. BLACK, Aramaic Barnāshā and the ›Son of Man‹, ET 95 (1983/4) 200–206.

[19] Der 2. Aufsatz »Weltgeschichte und Weltvollendung« (1952 zuerst gedruckt, aber eindeutig vor dem »dritten Reich« geschrieben) bietet eine die ntl. Aussage stark vereinheitlichende Erörterung christlichen Enderwartungsdenkens.

[20] J. SCHNIEWIND, Der Herr der Welt, 8.10f.15.17.19. Daß dieser Aufsatz (laut Bibliographie) 1922 zuerst gedruckt wurde, wird nicht angegeben.

von M. MÜLLER hingewiesen[21], daß die griech. Redeweise der Evangelien von dem »Sohn des Menschen« auf Jesus zurückgehen könne, aber keinen Rückschluß auf das Selbstverständnis Jesu erlaube. M. hat diese These nun in einem (aus dem Dänischen übersetzten) Buch genauer begründet. Er geht dabei von den beiden Voraussetzungen aus, daß der Ausdruck »Menschensohn«, »so wie er jetzt in den Evangelien steht, überall in der gleichen Bedeutung und von seinem Kontext her verstanden werden muß« und daß »es in dieser Untersuchung in erster Linie um eine Klärung der Bedeutung des Ausdrucks ›Menschensohn‹ in dessen jetzigem Kontext geht«, so daß die Frage untergeordnet bleiben muß, »ob und gegebenenfalls wie der historische Jesus selbst den Ausdruck ›Menschensohn‹ benutzt und verstanden hat«, doch bleibt diese Frage keineswegs unbeantwortet. M. zeigt zunächst, daß es sich in Dan 7 bei »dem Ausdruck ›Menschensohn‹ um ein reines Symbol handelt« und »die messianische Auslegung von Dan 7,13f. in nichts durch den Text gestützt wird«, daß ebenso die Bilderreden der Henochapokalypse und das 4. Esrabuch als »mögliches Zeugnis von der Existenz einer besonderen ›Menschensohn‹-Vorstellung im Spätjudentum« wegfallen, so daß es »außerhalb des Neuen Testaments kein Zeugnis dafür gibt, daß der Ausdruck ›Menschensohn‹ eine an sich verständliche Messiasbezeichnung gewesen sein sollte oder mit einer bestimmten Assoziationsreihe verbunden gewesen wäre«. In den Evangelien »wurde das Bild aus Dan 7,13-14 nicht nur für das Wiederkunftsthema eingesetzt, sondern diente auch dazu, Jesus als den auf den Thron Gottes Erhöhten zu verkündigen«, d. h. die Bedeutung des Hinweises auf die Danielstelle »muß in jedem einzelnen Fall vom Kontext her erschlossen werden«, und »die Annahme einer vorliegenden apokalyptischen ›Menschensohn‹-Vorstellung entbehrt jeglicher Grundlage«. In den »nicht an die Bildersprache von Dan 7,13-14 anknüpfenden« Jesusworten aber zeigt sich überall eine »indirekte, aber dennoch eindeutige Umschreibung für den Sprecher«, wobei »nicht der Ausdruck ›Menschensohn‹ uns erzählt, wer Jesus ist, sondern Jesus uns erzählt, wer der ›Menschensohn‹ ist.[22] Die Haltbarkeit dieser mit überreicher Literaturbenutzung begründeten Thesen hängt natürlich von der Richtigkeit der beiden als bewiesen angesehenen Feststellungen ab, daß es keinen jüdischen Heilbringertitel »der Mensch« gegeben habe und es erwiesen sei, daß der Ausdruck »der Mensch« als Selbstbezeichnung geläufig gewesen sei. Beides ist m. E. nicht der Fall, und darüber hinaus bleibt bei der These M.s unerklärt, warum die alte Überlieferung und damit die synoptischen Evangelien diese

---

[21] ThR 45 (1980) 59.

[22] M. MÜLLER, Der Ausdruck »Menschensohn« . . ., 4f..3.19.38.88.123.155.168.257f. – Müllers Aufsatz »The Expression ›the Son of Man‹ as Used by Jesus«, StTh 38 (1984) 47–64 ist eine Zusammenfassung der Jesus betreffenden Resultate des Buches.

alltägliche unbetonte Redeweise Jesu überhaupt aufbewahrt und in einer so ungriechischen Form wiedergegeben haben, wenn diese Redeweise nichts über das Selbstverständnis Jesu aussagte. Die Ausführungen Müllers sind daher m. E. schwerlich zutreffend.

Während ich in einem früheren Bericht[23] einige Aufsätze von O. BETZ zu den Fragen des Selbstbewußtseins Jesu als lehrreich bezeichnen konnte, kann ich zu meinem Bedauern seine Ausführungen über »Die Menschensohnworte Jesu« in seinem Buch »Jesus und das Danielbuch« nicht ebenso beurteilen. B. stellt einleitend fest: »Jesu Menschensohnworte sind Hoheitsaussagen, die auf eine einzigartige Vollmacht weisen«, »Jesus hat sich seit seiner Taufe durch Johannes als den von Gott Gesalbten, den Messias, verstanden, aber vor seiner Offenbarung und Inthronisation in Jerusalem sich als ›den Menschensohn‹ bezeichnet«, »die ihm jetzt schon gegebene Vollmacht hat er im Sinn von Dan 7,14 ... als eine ›humane‹, den Menschen dienende Macht gebraucht«, »wobei zur davidisch-messianischen Erwartung ... der im frühen Judentum messianisch verstandene Gottesknecht ... trat«. »In den Evangelien erscheint ›der Menschensohn‹, steht also ein determiniertes bar 'aenaschā' im Hintergrund. Gerade die determinierte Form war für Jesus kennzeichnend, wie die einheitliche Übersetzung ὁ υἱὸς τοῦ ἀνθρώπου zeigt«. Das wird alles einfach konstatiert, obwohl alles bekanntlich sehr umstritten ist, doch möchte ich das Recht zu solcher rein thetischen Grundlegung nicht in Frage stellen. B. sucht nun auf diesem Hintergrund zu zeigen, daß Jesus die dem Menschensohn nach Dan 7,14 verliehene Vollmacht mit Ps 103 verbunden hat, diese »Vollmacht des Menschensohns erweist sich auch bei seinem souveränen Handeln am Sabbat«. B. untersucht ausführlich die beiden Sabbaterzählungen Mk 2,23-3,6 und sucht nicht nur nachzuweisen, daß »das Gotteswort Jes 56,2 [»Wohl dem Menschen, der daran festhält, den Sabbat zu halten und nie zu entweihen und seine Hand vor jeder bösen Tat zu bewahren«] als Bindeglied zwischen den beiden Sabbatperikopen gedient habe«, sondern vor allem, daß das oft als problematisch empfundene Nebeneinander der beiden Sabbatworte Mk 2,27 und 28 (»Der Sabbat ist um des Menschen willen geworden ..., daher ist der Menschensohn Herr auch über den Sabbat«) sachlich begründet sei: »Der Menschensohn macht sich als Herr über den Sabbat zum Helfer und Retter des Menschen, für den dieser Ruhetag eingesetzt worden ist«, »das schöpferische, restaurierende Handeln des Menschensohns am Sabbat, wie es Mk 3,5 ... berichtet wird, setzt die Aufforderung des göttlichen Vaters an den Präexistenten und Mittler der Schöpfung voraus: ›Wir wollen Menschen machen!‹«. In dem viel diskutierten Jesuswort Mt 10,23 (»Ihr werdet mit den Städten Israels nicht fertig werden,

---

[23] ThR 54 (1989) 41f.

bis der Menschensohn kommt«) ist Dan 7,13 mit dem Judaspruch Gen 49,10
(»Es wird das Szepter nicht von Juda weichen . . ., bis der Schīloh kommt«)
verbunden, »das Wort ›Schīlóh‹ ist mit dem Menschensohn von Dan 7,13
gleichgesetzt«, »auch schon Johannes der Täufer lebte nach der von Gen 49,10,
Dan 7,13 f. geprägten Erlösererwartung«. Schließlich »weisen auch die Worte
vom leidenden Menschensohn deutliche Merkmale der ipsissima vox Jesu
auf«.[24] Diese von immenser Bibelkenntis zeugende und mit großer Sicherheit
vorgetragene Interpretation der Verkündigung und des Selbstzeugnisses Jesu
(ich habe nur die wichtigsten Gedanken referiert) ist nun aber m. E. alles
andere als sicher. Auch wenn man weitgehend auf eine Scheidung von Tradition und Redaktion verzichtet und die Geschichtlichkeitsfrage durchgehend positiv beantwortet (was schwerlich in diesem Umfang angeht), sind weder der
Anschluß Jesu an Dan 7,13 noch erst recht seine Bezugnahme auf Gen 49,10,
und Jes 56,2 eindeutig erwiesen, und die Versuche, die Zusammengehörigkeit
der beiden Berichte Mk 2,23 ff. und 3,1 ff. von diesen Voraussetzungen aus zu
erklären und auch dem Täufer die Kombination zweier atl. Texte zuzuschreiben, kann ich nur als Überinterpretationen ansehen. Die mit großem exegetischem Ernst vorgetragene Deutung der Verkündigung des Täufers und Jesu
auf dem Boden der Kombination einiger atl. Texte ist darum sehr problematisch, das Buch von Betz kann nur mit sorgfältiger Kritik gelesen werden.

W. KELLNER will zeigen, daß in »einigen Jesusworten, die vom ›Menschensohn‹ reden, . . . ein großer Traum aufgenommen, verdeutlicht und ernst genommen wird«, weil »die Welt Träume braucht, in denen sie Ziele vor sich
sieht«. Eine ausführliche Untersuchung von Dan 7 führt zu der Einsicht, daß
die 7,13 genannte Gestalt »gleichwie ein Menschensohn« »kaum etwas anderes
sein kann als eine neue Art der Regierung«, »die neue Art zu leben wird
›menschlich‹ sein«. Die sich anschließende umfangreiche Erörterung von
»Menschensohn-Worten im neuen Testament« soll zeigen, »daß auf einige
Jesusworte, die vom ›Menschensohn‹ reden, neues Licht fällt, wenn man
annimmt, der ›Begriff sei Zitat aus Daniel 7«; K. hält auch »die Vermutung,
Jesus habe sich bewußt vom Menschensohnbild Henochs distanziert, [für]
zum mindesten erwägenswert«. K. bespricht von diesen Voraussetzungen aus
neun Menschensohnworte Jesu, von denen ich nur zwei Beispiele anführen
kann. a) In dem Bild »Wie der Blitz aufblitzt . . ., so wird der Menschensohn
sein an seinem Tage. Vorher aber muß er vieles leiden . . .« (Lk 17,24 f.) »liegt
der Ton auf der Helligkeit, dem Licht, das die letzten Winkel der Erde aus-
leuchtet«, aber »bevor die Menschlichkeit sich ganz durchsetzt, müssen wir

---

[24] O. BETZ, Jesus und das Danielbuch II, 15.17 f.23.26.37.41.51.63.79.94.101.103. –
Auf die im letzten Kap. des Buches vorgetragene Interpretation paulinischer Parusietexte
ist hier nicht einzugehen.

noch mit einer Zunahme des Unmenschlichen rechnen«, »die Versicherung, der Weg führe durch Nacht zum Licht, ist ... zunächst Aussage über das Schicksal eines ganzen Volkes«, es war aber »korrekt, wenn Jesus das Menschensohnwort auf sich selber anwandte«. b) Die Antwort Jesu auf die Frage des Hohepriesters: »Ihr werdet den Menschensohn sehen ...« (Mk 14,62) besagt: »Allein schon das Sichtbarwerden des Menschensohnes, das heißt die Tatsache, daß einem Menschen klar wird, was wirklich menschlich ist ..., entlarvt Einrichtungen wie diesen Gerichtshof als unmenschlich«, Jesus »beruft sich selbst und für sich selbst auf den Menschensohn«, »der Augenblick, in dem die Menschensohnzeit beginnt, soll auch jener sein, in dem sich jeder der Größe und Würde seines menschlichen Ich bewußt wird und den Mut bekommt, von jedem ... Rücksicht auf diese Würde zu verlangen.« Zusammenfassend ergibt sich dann: »An einigen, vielleicht an allen in die ältere Zeit zurückgehenden Stellen läßt sich ›Menschensohn‹ als Programmwort verstehen«, »in der Zeit des Menschensohnes, also von nun an, soll für jede Politik die Würde des Menschen an oberster Stelle stehen«; weil Jesus so lebte, hat man ihn mit dem Menschensohn identifiziert«; freilich heißt es daneben auch: »Jesus wollte Menschensohn sein, wie jetzt alle Menschensohn sein sollen«. »Die frühe Gemeinde [aber] nahm um des Blickes nach vorn willen zugleich mit der Überlieferung vom gekommenen Menschensohn auch das Danielwort vom kommenden wieder auf«, und »aus dem Bild wurde eine mythologische Aussage«.[25] Versucht man, aufgrund dieser Interpretationen sich ein klares Bild davon zu machen, in welchem Sinn Jesus vom Menschensohn gesprochen hat, so gerät man in Verlegenheit. Es zeigt sich nicht nur, daß die futurischen Menschensohnworte als Gemeindebildung ausgeschaltet sind (Mk 8,39; 9,1; Mt 10,23; 12,32; 19,28; 24,44 werden überhaupt nicht besprochen), das Verständnis von Menschensohn in den besprochenen Worten schwankt zwischen dem abstrakten Sinn des Traums von der neuen »menschlichen« Menschheit

---

[25] W. KELLNER, Der Traum vom Menschensohn, 68.17.54f.68.75.144–146.154f. 183.185.188. 196f. – Auf einige im Jahr 1985 erschienene Aufsätze weise ich nur hin: M. CASEY (ET 96, 1985) verteidigt gegenüber M. Black (s. o. Anm. 18) den Gebrauch von »Menschensohn« als Selbstbezeichnung Jesu und (JSNT 23, 1985) diese Exegese im besonderen für Mt 8,20 par.; Caseys späterer Artikel (JSNT 29, 1987) führt zu dem Resultat: »Ein Kern echter ›Menschensohn‹-Worte sind Beispiele für den Sprachgebrauch, etwas über sich selbst zu sagen«. – Nach R. H. FULLER ist »Menschensohn« im Judentum ein Titel, bei Jesus aber nur Selbstbezeichnung. – W. HORBURY nimmt an, daß eine messianische Auslegung von Dan 7,13 spätestens zu Beginn des 1. Jh.s n. Chr. entstand und »Menschensohn« leicht als ein Hinweis auf den Messias verstanden werden konnte. – D. R. JACKSON hält (gegen J. Jeremias) in Paralleltexten mit und ohne »Menschensohn« die Texte mit diesem Titel für ursprünglicher und nimmt an, daß Jesus den Titel »Menschensohn« in Rückgriff auf Dan 7 für sich selbst prägte.

und der zögernd anerkannten Beziehung der Menschensohnvorstellung durch
Jesus auf sich selbst hin und her; die direkte Bezugnahme Jesu auf Daniel und
polemisch auf das Menschensohnbild der henochischen Bilderreden wird behauptet, aber nicht bewiesen, die Frage nach der Verstehensmöglichkeit des
Menschensohnbegriffs in der angenommenen Bedeutung durch die Hörer
Jesu wird überhaupt nicht gestellt, die Frage nach dem Sinn des Menschensohnbegriffs in der Verkündigung des Jesus der Geschichte und das Bemühen
um die Hörbarmachung dieser geschichtlichen Verkündigung für uns heute
gehen ungeklärt ineinander über, wobei das »hermeneutische« Bemühen über-
wiegt. Als Angehöriger der von K. nicht geschätzten Gruppe der »professio-
nellen Menschensohnforscher« und dadurch an einem »immer subtiler werdenden Gespräch« Beteiligter sehe ich mich außerstande, in K.s Ausführungen
»eine Deutung der jesuanischen Menschensohnaussagen [zu sehen], die die
Forschung aus der Sackgasse, in die sie geraten ist, herausholen, uns allen aber
vielleicht Botschaft und Selbstverständnis Jesu ganz neu erschließen könnte«
(so N. LOHFINK in seinem Vorwort). Kellners Vermischung von geschichtlich
ungesicherten und weithin unhaltbaren Interpretationen evangelischer Texte
mit engagierter Predigt kann zu keinen haltbaren Einsichten führen.

Eine methodisch streng wissenschaftlich angelegte Untersuchung (mit umfangreicher Bibliographie und ebensolchen Registern) ist dagegen das Buch
von Ch. CARAGOUNIS, der zwar nur einen »ersten Schritt« darbieten will, aber
doch eine umfassende Erklärung des Menschensohnproblems zu geben beansprucht. Ein 1. Kapitel weist auf dem Hintergrund der Forschungsgeschichte seit der Mitte des 19. Jh.s nach, daß entgegen der Theorie von Vermes, Casey, Lindars usw. »Menschensohn kein ›Ersatz‹ für ›ich‹« sein kann, daß
es »unvorstellbar ist, daß die frühe Kirche, die dieselbe Sprache wie Jesus
sprach, . . . Jesu Selbstbezeichnung völlig mißverstanden und sie fälschlich in
einen Titel verwandelt hätte«, woraus folgt, daß »die Umschreibungstheorie in
allen Fassungen eine Antwort auf das Menschensohnproblem in den Evangelien zu geben verfehlt hat«. Zwei weitere Kapitel bemühen sich daher, den
geschichtlichen Hintergrund für den Gebrauch des Menschensohntitels durch
Jesus aufzuklären. Da alle Annahmen einer religionsgeschichtlichen Herlei-
tung »keinen ernstlichen Anspruch [erheben können], der Hintergrund von
Dan 7,13 zu sein«, konzentriert sich die Untersuchung auf das AT. »Der
Ausdruck Menschensohn hat im Alten Testament vorherrschend eine negative
Bedeutung«; in Dan 7,13 sieht der Seher auch nur »eine Gestalt, die einem
Menschen *ähnlich* war« und die darum nicht »Symbol für die treuen Israeliten«
sein kann; der Menschensohn hat »eine nichtmenschliche Natur« und wird in
Dan 7 »als der Höchste gedeutet«; schon die Septuaginta identifiziere »›den
einen Menschensohnähnlichen‹ mit dem Alten«, »der ›Menschensohn‹ als Ge-

stalt neben dem Alten der Tage ... ist wahrscheinlich aus der Bilderssprache
von Ez 1 entwickelt«. Diese danielischen Vorstellungen werden von den (vorchristlichen) Bilderreden der Henochapokalypse übernommen, der Autor der
Bilderreden hat »die Bezeichnung ›Menschensohn‹ auf die Ebene eines messianischen Titels gehoben«. Und auch das 4. Esrabuch »hat die Gestalt des Menschensohns bei Daniel (und in Hen 37-71) messianisch verstanden«. D. h. »die
Vorstellung des Menschensohns war zu Zeit Jesu geläufig«, und »es besteht
kein Grund, Jesus a priori die Bekanntschaft mit dem Ausdruck und daher
auch die Möglichkeit der Anwendung auf sich selbst abzustreiten«. Das umfangreiche 4. Kap. (»Der neutestamentliche Menschensohn und der danielische
Menschensohn«) lehnt zunächst das viel gebrauchte »Kriterium der Unähnlichkeit zur Feststellung des echten Jesus als ungeeignet« und »die mißtrauische
Behandlung der Evangelien als Erbe des 19. Jahrhunderts« ab und stellt, ohne
Nachweis im einzelnen, fest, »daß wir in dem Ausdruck Menschensohn Jesu
eigene Selbstbezeichnung haben«. Was »in Daniels Visionen nur ein nicht
identifiziertes Wesen ist, von dem in Form eines Vergleichs gesprochen wird«,
hat »Jesus übernommen und auf sich angewandt nicht nur mit dem Inhalt, den
es bei Daniel hatte, sondern mit einem Inhalt, den er hinzufügte«. Die Erörterung je eines Beispiels für den irdischen, den leidenden und den erhöhten
Menschensohn in der Verkündigung Jesu führt zu dem »Schluß, daß es echte
Jesusworte in jeder der drei [herkömmlicherweise angenommenen] Klassen«
von Menschensohnworten gibt; in Jesu Menschensohnaussagen »können
Rückbeziehungen auf Daniel kein bloßes Zusammentreffen sein«, es zeigt sich
darin vielmehr »der sicherste Beweis für die lebenswichtige Bedeutung der
danielischen Vorstellung von Menschensohn und Gottesreich für die Lehre
Jesu«.
Eine unvoreingenommene Beurteilung dieser mit großem Fleiß und Ernst
erarbeiteten Untersuchung abzugeben ist schwierig. Weder trifft es zu, daß
»die exegetische Wissenschaft mit dieser monographischen Studie ... einen
maßgeblichen Schritt nach vorn gemacht hat«[26], noch kann man die Arbeit
beiseiteschieben mit den Feststellungen, »das Buch [komme] einer sorgfältigen
Neuformulierung der traditionellen Position nahe, die von neuen Einsichten
bedroht ist«[27], und sei »eine Kombination von Bindung und Unwissenheit«[28].
Zwar weist die Arbeit gravierende methodische Fehler auf: die Markuspriorität
ist keineswegs »ein Dogma des 19. Jahrhunderts«; das Johannesevangelium
kann keinesfalls ohne weiteres als Zeuge für die Behauptung angeführt werden, daß »der Ausdruck Menschensohn im jüdischen Bewußtsein einen deut-

---

[26]   A. FUCHS, Studien zum Neuen Testament und seiner Umwelt, A 12 (1987) 206.
[27]   B. LINDARS, ThLZ 112 (1987) 593.
[28]   M. CASEY, ET 98 (1986/7) 215.

lich messianischen Inhalt hatte«; das Argument: »Wenn Jesus nicht irgendwie zu dem Glauben gekommen war, daß seine Beziehung zu Josef nur formal oder legal war, gibt es keine befriedigende Erklärung, wie er dazu kommen konnte, sich mit dem transzendenten ›Menschensohn‹ von Dan 7,13f. zu identifizieren und wie er sich als den Messias betrachten konnte« kann ich nur als abenteuerlich bezeichnen; es trifft durchaus nicht zu, daß »die grundsätzliche Zuverlässigkeit der Prozeßberichte als bewiesen angesehen werden kann«.[29] Vor allem aber kann man Jesu Menschensohnanschauung nicht anhand von drei ausgewählten Jesusworten feststellen. Andererseits ist nicht nur zu loben, daß C. die Schwächen der neuesten Menschensohnforschung deutlich aufzeigt, auch ein Nachweis der strukturellen Abhängigkeit der Menschensohnaussagen der »Bilderreden« von Daniel und des Anschlusses Jesu an die bei Daniel zuerst begegnende transzendente Menschensohnvorstellung sind hilfreich und m. E. überzeugend. Man wird darum bei kritischer Vorsicht aus diesem Buch mancherlei lernen können, ohne darin eine allseits überzeugende Lösung der Probleme zu finden.

Im dritten Teil dieses Berichts habe ich dem Buch »Und Jesus sprach« von G. Schwarz gegenüber eingewandt[30], daß diese Rekonstruktion des ursprünglichen aram. Wortlauts einer Anzahl synoptischer Jesusworte wegen der dabei zugrunde gelegten Postulate nur zu unsicheren hypothetischen Resultaten kommen konnte. Sch. hat nun von den gleichen Voraussetzungen aus (Jesus »hat seine Worte durchweg poetisch gestaltet«; dementsprechend muß der griech. Grundtext wiederhergestellt werden »durch ein Zurückdenken in die Struktur des Aramäischen«; dieser rekonstruierte griech. Text muß dann ins Aramäische rückübersetzt und von da aus ins Deutsche übersetzt und interpretiert werden) »aramaistische Untersuchungen zu den synoptischen Menschensohnworten Jesu« vorgelegt, die die weiteren (als *bewiesen* erachteten) Voraussetzungen machen, »daß Jesus den Ausdruck bar nāšā *nicht* im titularen Sinn gebraucht hat« und daß durch G. Vermes »als hinreichend beglaubigt erwiesen« sei, »bar nāšā könne in bestimmten Sinnzusammenhängen für ›ich‹ stehen« und »auf keinen Fall einen ›messianischen Gehalt‹ haben«: »was Jesus hat sein wollen und was nicht, darüber läßt sich nichts sagen – weil wir darüber nichts wissen können«. Sch. referiert zunächst kritisierend die Ansichten von 25 Forschern seit A. Meyer (1896), wobei seltsamerweise so wichtige Namen wie Tödt, Borsch, Casey, Colpe, Lindars, Moule fehlen. Er erklärt dann die

---

[29] Ch. C. Caragounis, The Son of Man, V.26.30.33.41.57.61.74.62.81.110.123. 164.156.165.173.212.240f.221.138.225.139f. – Ärgerlich sind die zahlreichen Akzentfehler in den griechischen Texten.
[30] ThR 55 (1990) 25f.

bekannte Konkurrenz von »Menschensohn« und »ich« in Parallelfassungen
eines Jesuswortes »völlig ánders als bisher angenommen« aus der Absicht der
Evangelisten, »die teilweise Synonymität zwischen ›Menschensohn‹ und ›ich‹
zu erweisen«, und erklärt sich schließlich »verpflichtet, einen verderbten Text
auch für verderbt zu halten und zu versuchen, durch Emendation seiner griechischen Vorlage(n) der mutmaßlichen Urgestalt so nahe wie möglich zu kommen«, auch wenn »diese Methode von einigen Neutestamentlern mit Arg-
wohn, von anderen mit äußerster Skepsis betrachtet wird«. Im Hauptteil des
Buches bietet Sch. schließlich die »Emendation-Rückübersetzung-Interpreta-
tion« sämtlicher synoptischer Jesusworte, von denen nach seiner Meinung 12
sekundär, 25 echt sind. Schon diese Scheidung ist sehr seltsam: so soll Mt 24,44
par. Lk 12,40 (»Seid bereit, denn in einer Stunde, die ihr nicht kennt, kommt
der Menschensohn«) »kerygmatische Neubildung« sein, weil die beiden Zeilen
entgegen dem postulierten Gebrauch Jesu nicht »exakt parallel« konstruiert
sind, während Mk 9,9 (»sie sollten niemand erzählen, was sie sahen, außer
wenn der Menschensohn von den Toten auferstanden ist«) zeige, daß »Jesus
ein Phantast gewesen wäre, hätte er nicht die sichere Hoffnung gehabt, nach
seinem Sterben wiederaufzuleben – von Gott her«. Für die »Emendation« der
Menschensohnworte kann ich nur zwei Beispiele anführen. Mt 10,23 (»Wenn
sie euch verfolgen in dieser Stadt, flieht in eine andere; denn wahrlich ich sage
euch, ihr werdet mit den Städten Israels nicht zu Ende kommen, bis der
Menschensohn kommt«) soll zurückgehen auf: »Amen, ich sage euch, ihr sollt
nicht lehren in den Ortschaften Israels, bis ich zu euch kommen werde«, es
handele sich also um »eine zeitgebundene Weisung Jesu an die ausgesandten
Jünger: nicht zu lehren in den Ortschaften Israels, bis er, Jesus, wieder bei
ihnen wäre«, es kann darum »von einer ›unerfüllten Weissagung‹ Jesu, die ihn
zu einem falschen Propheten gemacht hätte, keine Rede mehr sein.« – Mt 16,28
(»Wahrlich ich sage euch, einige von denen, die hier stehen, werden den Tod
nicht schmecken, bis sie den Menschensohn in seiner Herrschaft kommen
sehen«) ist umgebildet aus dem Jesuswort: »Amen ich sage euch: es gibt einige,
die hier stehen, die werden den Kelch des Todes nicht schmecken, während sie
mich in meinem Lichtglanz sehen«; Jesus machte die drei an der sog. »Verklärung« beteiligten Jünger zu Teilhabern an »einem durchaus realen, sinnlich
wahrnehmbaren Vorgang, bei dem sein ›himmlischer‹ Leib sichtbar wurde«,
und sagte ihnen zu, »sie würden . . . nicht sterben, *während* sie ihn in seinem
›Lichtglanz‹ sahen« (Sch. betrachtet hier ohne weiteres die Matthäusfassung als
ursprünglicher als die Markusparallele [»bis sie die Gottesherrschaft in Kraft
haben kommen sehen«] und deutet das Jesuswort in der rekonstruierten Matthäusfassung von dem erst darauffolgenden Verklärungsbericht her). Es liegt
mir fern, die Sorgfalt zu bestreiten, mit der Sch. zu solchen »Resultaten«

gelangt, wohl aber muß ich (als einer der »skeptischen« Neutestamentler) feststellen, daß diese die Überlieferung z. T. erstaunlich weitgehend verändernden »Emendationen« einerseits auf zwei unbewiesenen Voraussetzungen beruhen (der ausnahmslosen, je nach Hörer und Inhalt verschiedenen poetischen Struktur der Worte Jesu und des »aus Demut oder Bescheidenheit« von Jesus angewandten, im Aramäischen üblichen Ersatzes einer ich-Aussage durch die Redeweise vom Menschensohn). Andererseits behandelt Sch. die synoptischen Parallelfassungen eines Jesuswortes durchgehend wie voneinander unabhängige Texte, übergeht also das Problem der literarischen Beziehungen der Synoptiker zueinander völlig und verzichtet ebenso vollständig auf jede Unterscheidung von Tradition und Redaktion. Trotz der Selbstsicherheit des Verf.s (»daß [in Mk 2,27f.] bar nāšā in allen drei Zeilen generisch gemeint ist . . ., steht unbestreitbar fest«) im Gegensatz zur Auslegungsgeschichte der Menschensohnworte, die »weithin eine Geschichte des Scheiterns ist«, kann ich nicht anerkennen, »daß das ›Menschensohnproblem‹ nichts weiter ist als ein christologisches Scheinproblem«[31], ich muß mich vielmehr dem Urteil anschließen, daß »die Operationen, die der Verfasser auf seinem Operationstisch ausführt, völlig atemberaubend und nicht überzeugend sind«[32], und kann nur urteilen,

---

[31] G. SCHWARZ, Jesus »der Menschensohn«, 87.10.42.52.80.89.128.260.184.183. 252f.318.163.94.V.

[32] Ch. C. CARAGOUNIS, ThLZ 113 (1988) 87. – Auf einige Aufsätze aus den Jahren 1986–1988 weise ich nur hin: G. SVEDLUND, will im Mund Jesu *bar nash* nur als Umschreibung für »ich« anerkennen, der christologische Begriff des »Menschensohns« sei erst nach Jesus entstanden. – Auch nach Ch. TOLL hat Jesus *bar nash* nur im Sinn von »ich« gebraucht, aber im Sinne von »fremd, andersartig«. – A. Y. COLLINS vertritt die Meinung: »Es ist wahrscheinlicher, daß Jesus von einem himmlischen Menschensohn sprach und daß, nach seinem Tod und unter Annahme seiner Erhöhung, einige seiner Nachfolger ihn in seinem erhöhten Sein mit dieser Gestalt identifizierten«. – F. MUSSNER (»Der Anspruch Jesu«) weist (von der Beurteilung einzelner Texte abgesehen) überzeugend darauf hin, daß Jesu »›neue Lehre mit Vollmacht‹ ihn letztlich vom pharisäisch orientierten Judentum trennte« und »nur wenn man den Anspruch Jesu zur Kenntnis nimmt, man verstehen kann, wieso und warum es zwischen ihm und den führenden Schichten im damaligen Judentum zu einem Zusammenstoß kam und kommen mußte.« – A. VÖGTLE sucht in Auseinandersetzung mit der gesamten neuesten Forschung zu zeigen, daß »aus der nachösterlichen Situation die Inanspruchnahme einer nicht allgemein verbreiteten und anerkannten Form der Heilbringererwartung verständlich« und »Verständnisschwierigkeiten nicht zu erwarten [seien], wenn ›der MS‹ als Bezeichnung der Richterfunktion erst nachösterlich verwendet wurde und von Anfang an klar war, daß kein anderer als der erhöhte Herr dieser MS sein wird«, daß somit E. Lohses Anschauung in seinem »Grundriß der neutestamentlichen Theologie« nicht widerlegt sei.

daß sich mit dieser Methode keine geschichtlich haltbaren Erkenntnisse gewinnen lassen.[33]

Wenden wir uns abschließend den Forschungen zum Prozeß und zum Kreuzestod Jesu[34] zu, so ist zunächst auf ein literarisch merkwürdiges Buch hinzuweisen. Die deutsche Übersetzung des 1980 in engl. Sprache veröffentlichten
und D. FLUSSER als Autor nennenden Buches »Die letzten Tage Jesu in Jerusalem« beruht nach der Angabe des Vorwortes auf einem Symposium in
Jerusalem, an dem fünf Professoren der Hebräischen Universität und der
baptistische Pfarrer R. Lindsey teilnahmen.[35] Infolgedessen werden ab und an
bestimmte Äußerungen auf einen dieser Teilnehmer zurückgeführt, die Darstellung als ganze verantwortet aber offenbar D. Flusser. Den Ausführungen
liegen denn auch die aus früheren Arbeiten F.s bekannten Grundanschauungen
zugrunde: »Das Lukasevangelium kann man als die entscheidende Quelle für
den Prozeß Jesu ansehen«, »das Markusevangelium ist uns nicht in seiner
originalen Form überliefert«, »Jesus lebte sein Leben lang in Übereinstimmung mit der Halacha«. Von diesen Voraussetzungen aus wird ausgeführt, daß
Jesus »seinen Tod in Jerusalem erwartete«, »nicht [aber] als Sühneopfer sterben
wollte«, daß Jesus versuchte, die Händler »auf dem Weg der Überredung zum
Verlassen der Tempelbezirke zu veranlassen«, und daß er »durch seine öffentlichen Voraussagen von der Zerstörung des Tempels in Konflikt mit den
offiziellen Tempelbehörden« geriet; »die Pharisäer waren gegen eine Übergabe
Jesu an die Römer«, es »hat keine Sitzung eines jüdischen Gerichtshofs« stattgefunden, und es wurde »von den Juden kein Todesurteil über Jesus ausgesprochen«; »die meiste oder die ganze Verantwortung am Tod Jesu trägt
Pilatus«; »es scheint historisch erwiesen zu sein, daß die Römer aus Anlaß des
Festes Gefangene frei ließen«; »nach meiner Meinung starb Jesus mit einem
herzbrechenden Schrei«.[36] Das alles wird aber nur ganz unzureichend begründet, frühere Literatur wird nicht angeführt, der Leser erfährt also auch nicht,
daß die These von der Ungeschichtlichkeit der Verhandlung gegen Jesus vor
dem Synedrium seit H. Lietzmann vielfach vertreten worden ist und da die
von F. übernommene Theorie Lindseys vom Verhältnis der Synoptiker zu-

---

[33] Das seit Monaten angezeigte Buch von V. HAMPEL, Menschensohn und historischer Jesu. Ein Rätselwort als Schlüssel zum messianischen Selbstverständnis Jesu
(Neukirchen-Vluyn) war bis Ende 1989 nicht erschienen und konnte darum nicht benutzt werden.

[34] Zur Forschung bis 1980 vgl. ThR 45 (1980) 293–337; 47 (1982) 378–383.

[35] Daß dieses Symposium schon 1968 stattfand und der engl. Text ohne Wissen der
Teilnehmer veröffentlicht wurde, berichtet Sch. BEN-CHORIN in seiner Besprechung
ZRGG 37 (1985) 63.

[36] D. FLUSSER, Die letzten Tage Jesu in Jerusalem, 10f.27.21.34.41.84.47.49.89.
95.101.103.123.

einander weithin abgelehnt wird. In einem Anhang vertritt F. die Anschauung, daß in einem in arab. Sprache erhaltenen christlichen Text die Urfassung des uns im griech. Josephustext in christlich erweiterter Form erhaltenen Christuszeugnisses *(Testimonium Flavianum)* erhalten sei; diese Anschauung ist aber schon mehrfach als unhaltbar erwiesen worden.[37] Angesichts der problematischen Grundpositionen F.s und des Fehlens einer wirklichen Quellenkritik und Beweisführung erübrigt sich eine Erörterung über die Haltbarkeit oder Fraglichkeit der einzelnen Thesen; aus dem methodisch so unsicheren Buch ist nichts Haltbares zu lernen.

J. GNILKA möchte in einem Vortrag »jene Interpretation erreichen, die Jesus selbst seinem Tod gegeben hat«, und fragt zu diesem Zweck nach einer »noch zu wenig beachteten Möglichkeit der Erhellung«, nämlich nach Jesu Martyriumsparänese. Einige Texte zeigen, »daß Jesus die über ihn und die Jüngerschaft hereinbrechenden Bedrängnisse im Kontext der endzeitlichen Drangsal gesehen« und »mit Anfeindungen gerechnet hat, die die Jüngerschaft in die Situation des Martyriums bringen können«. So weit wird man G. ohne weiteres folgen können; wenn er dem aber hinzufügt, daß »die Deutung des Todes Jesu als für die Vielen ... in der Abendmahlsüberlieferung ... den historischen und theologischen Voraussetzungen seiner Verkündigung zumindest nicht widerspricht«, und formuliert: »Als die Katastrophe über ihn hereinbrach, zog er ... sein Heilsangebot nicht zurück, sondern stand es im Sterben durch, indem er Gott seinen Tod als Sühnopfer für die Vielen anbot«[38], so gelten auch diesen Ausführungen gegenüber die Einwände, die ich früher gegen ähnliche Anschauungen erhoben habe[39], und der zuletzt zitierte Satzteil entspricht auf keinen Fall dem, was die synoptischen Jesusworte besagen.

---

[37] S. ThR 40 (1975) 70f. – Auf die Ausführungen über den Prozeß Jesu als »durchweg am Messiasanspruch orientiert« von O. BETZ und auf den für die geschichtliche Beurteilung der *Kreuzes*strafe wichtigen Aufsatz von H.-W. KUHN (beide in ANRW II, 25, 1, 1982) habe ich ThR 52 (1987) 405. 408f. hingewiesen.

[38] J. GNILKA, *Jesu ipsissima mors*, 3.5.8.10.13f.

[39] ThR 45 (1980) 330ff. – F. WATSON möchte nachweisen, daß Jesus wegen seiner Prophezeiung gegen den Tempel hingerichtet worden sei (die Barabbas-Episode wird mit Recht als ungeschichtlich bezeichnet), kann aber nicht erklären, warum eine solche Prophezeiung von Pilatus als politisch gefährlich angesehen wurde. – Auch R. L. MERRITT bestreitet die Geschichtlichkeit der Barabbas-Episode und möchte sie auf dem Hintergrund einer weit verbreiteten Sitte der Befreiung von Verbrechern im Zusammenhang mit religiösen Festen als bewußt apologetische Erfindung des Markus erklären (wofür es freilich keinen Beleg gibt). – Ch. PAULUS (unterstützt von D. COHN) macht wahrscheinlich, daß Jesus, der die Anklage nicht bestritt, als *confessus* von Pilatus verurteilt werden *mußte*. – P. STUHLMACHER zeigt einleuchtend, daß Jesus sterben mußte, weil sein öffentliches Wirken und seine Lehre in unerträglicher Weise gegen die religiöse Tradition seiner Zeit verstießen; meine Zweifel an Stuhlmachers These, Jesus habe

Das Buch des Rechtsanwalts W. FRICKE mit dem sprechenden Titel »Standrechtlich gekreuzigt«, das sofort ein starkes Echo gefunden hat[40], möchte mit seiner Untersuchung des Prozesses gegen Jesus den Nachweis führen, »daß der gegen die Juden erhobene Vorwurf des Gottesmordes historisch falsch, theologisch überflüssig und unter moralischem Gesichtspunkt verderblich ist«, indem er zeigt, »daß es ausschließlich die Römer gewesen sind, die den ›Fall Jesus von Nazaret‹ von der Verhaftung bis zur Vollstreckung des Todesurteils in eigener Regie geführt haben«. Obwohl er der Meinung ist, daß »die Evangelien und die übrigen Schriften des Neuen Testaments nicht in ihrer originalen Fassung erhalten sind«, »daß es in gewisser Weise ein Zufall wäre, wenn das, was dort [in den synoptischen Evangelien] als Jesu Worte festgehalten ist, auch tatsächlich von ihm gesagt worden wäre«, und daß »außer dem Faktum der Kreuzigung nichts bekannt ist, was in Jerusalem mit Jesus geschehen ist« (auch »was bei Jesus für ein Titulus verwendet wurde«, ist nicht bekannt), weiß F. einerseits merkwürdig viel, was sich nicht aus den Quellen ergibt: nach F. weisen alle Indizien darauf hin, daß Maria Magdalena »es war, die Jesus zur Frau erkoren hatte«; »man wird annehmen müssen, daß Jesus zusammen mit den beiden anderen Hingerichteten in eine Grube geworfen wurde«; »möglicherweise hatte der Markus-Evangelist eine soldatische Vergangenheit«; »die 15 Tage, in denen man [Petrus und Paulus] zusammen war, sind vermutlich so unerfreulich verlaufen, daß sie zum Ausgangspunkt des folgenden persönlichen Zwistes zwischen diesen beiden Männern wurden«; »Paulus hält Maria für so belanglos, daß er nicht einmal ihren Namen nennt, obwohl er vermutlich mit ihr in Jerusalem zusammengetroffen war«. Andererseits ergibt sich für F. aus der kritischen Erörterung der evangelischen Berichte einiges als völlig sicher: in der frühen Passionsgeschichte »war der ›Religionsprozeß‹ vor dem Synedrium noch nicht enthalten«; »die Geschichte von der Tempelreinigung ist eine Legende des Markus«; »schon die Festnahme Jesu erfolgte gar nicht durch die jüdischen Behörden, sondern durch die römischen«, doch »ist es auch durchaus denkbar, daß es einen kleinen offiziellen jüdischen Beitrag zum Prozeßgeschehen gegeben hat«; natürlich hing Jesus, dieser noch junge und sinnenfrohe Mann, der dem guten Essen, dem Wein und den Frauen zugetan war, an seinem Leben«, »er hatte Angst vor Leid und Verfolgung, weil er weiterleben wollte«, »Jesus hätte sich verteidigt«, aber »politische Aufrührer wurden ohne viel Federlesens, jedenfalls ohne förmliches Verhör und Dolmet-

---

seinen »Tod auf sich genommen, um für die Sünde der vielen Menschen, die ihn ablehnten, und für seine schwachen Jünger Sühne zu leisten« habe ich schon früher geäußert (ThR 45, 1980, 416–418).

[40] A. KOLPING, ThRv 83 (1987) 265–276; A. SCHÄFFER, Frankfurter Allgemeine Zeitung 23. 7. 1987, S. 6; J. ROLOFF, ThLZ 113 (1988) 746–748.

scher, gekreuzigt«. Auch über die Motive der Evangelisten weiß F. Bescheid: Wenn »die Evangelisten bestrebt sind, von der alleinigen Verantwortung der Römer abzulenken«, so »erwartete sie offenbar ein Leserpublikum, das sich im jüdischen Recht nicht auskannte und demzufolge bereit war, die Falschdarstellung kritiklos hinzunehmen«. Und wenn Lukas im Gegensatz zu Markus und Matthäus von keinerlei Nachtversammlung des Synedriums berichtet, ist er »bestrebt, die Verfahrensverstöße weniger kraß zutage treten zu lassen«.[41] Nun ist seit Lietzmann der Hinweis auf die juristische Problematik der nächtlichen Verhandlung gegen Jesus ebenso wenig neu wie die These, es habe keine solche Verhandlung gegeben; und daß die Verurteilung und Hinrichtung Jesu Angelegenheit der Römer gewesen ist, bedurfte keines neuen Nachweises. Dagegen gelingt es F. keineswegs, die Gründe für die behauptete überfallartige Festnahme und Hinrichtung Jesu durch die Römer und für die reine Erfindung einer Verhandlung gegen Jesus vor einer jüdischen Behörde verständlich zu machen. Vor allem aber: F. gewinnt seine Aussagen ohne jede methodisch vorgehende Quellenkritik und beruft sich für seine Behauptungen immer wieder auf sehr fragwürdige Autoren (etwa J. Lehmann, M. Craveri, R. Augstein usw.), von zahlreichen Fehlern[42] ganz zu schweigen. »Wir kommen an einer auslösenden Tätigkeit seitens der jüdischen Obrigkeit nicht herum, näherhin der jerusalemischen Tempelbehörde«[43], und darum trägt diese in ihrer Absicht lobenswerte Untersuchung angesichts einer fehlenden historisch gesicherten Methode und der damit verbundenen subjektiven Willkür zum Ver-

---

[41] W. FRICKE, Standrechtlich gekreuzigt, 256.175.20.38.129.144.105.166.30.42.35.27. 145.164.230f.209.184.

[42] Von vielen nur drei Beispiele: Von der Kreuzesinschrift in drei Sprachen ist Lk 23,38 nur im sekundären Text die Rede (143); die Gleichsetzung der »redaktionsgeschichtlichen« mit der »formgeschichtlichen« und der »historisch-kritischen« Methode ist falsch (66); die römische Gemeinde ist nicht »von Paulus gegründet« (168). – Die erst nach Ablieferung des Manuskripts mir bekannt gewordene Taschenbuchausgabe (Reinbek bei Hamburg, 1988) hat der Verf. (nach dem Vorwort) überarbeitet, an einigen Punkten richtiggestellt und ergänzt. Ein Vergleich mit der 1. Aufl. zeigt, daß der Verf. unter Berücksichtigung einiger Besprechungen und der neuesten Literatur in zahlreichen Fällen seine Ausführungen nur ergänzt oder besser formuliert hat; in einigen Fällen sind aber neue Gedanken eingefügt: die Missionsbefehle (Mt 28,19; Mk 13,10) »sind ins Evangelium eingefügt worden, um die Missionsreisen des Paulus zu rechtfertigen« (33); »es ist nicht auszuschließen, daß Petrus . . . im Jahre 44 durch König Agrippa als Zelot hingerichtet wurde« (37); »die verhängnisvolle These von der Schuld der Juden am Tod Jesu geht eindeutig auf Paulus zurück« (188); und während nach der 1. Aufl. Jesus »mit den . . . Zöllnern Freundschaften pflegt« (107), heißt es jetzt: »daß Jesus mit den . . . Zöllnern Freundschaft gepflegt habe, bezweifle ich« (120). Die Zufügung solcher zweifellos falschen Feststellungen tragen nicht zur Verbesserung des Buches bei.

[43] So A. KOLPING, s. Anm. 40, 272.

ständnis des geschichtlichen Problems der Verurteilung und Hinrichtung Jesu nichts Haltbares bei.

Im 2. Teil dieses Berichts[44] habe ich auf drei mit Jesus befaßte Bücher von P. LAPIDE hingewiesen. In dem hier zu besprechenden Taschenbuch möchte L. die »ältesten und mörderischsten Waffen im Arsenal des sich als ›christlich‹ gebärdenden Antijudaismus« beseitigen, den »sogenannten Judasverrat« und die »pauschale Anklage des Christusmordes von Judenhand«. Wenn man die über das Buch verstreuten Zitate christlicher Theologen (bis zur unmittelbaren Gegenwart) liest, die die bleibende Schuld *der* Juden am Tode Jesu behaupten, kann man sich nur beschämt an den Kopf greifen und der Forderung zustimmen, »aus dem Teufelskreis des Schuldsuchens endlich auszubrechen« (L. unterschlägt nicht, daß auch von maßgeblicher christlicher Seite derartige Forderungen begegnen). L. stellt zu diesem Zweck zunächst mit »vielen Forschern« die Frage: »Was hatte Judas eigentlich zu verraten«, hält jedoch »den Kern der Judasgeschichte [für] historisch« und wünscht, »daß diesem Apostel endlich Gerechtigkeit widerfahre«. Die Erörterung über den »sogenannten ›Prozeß‹ vor dem Hohen Rat« macht auf die ja nun schon oft festgestellte Tatsache aufmerksam, daß »der sogenannte Syndriumsprozeß ... dem Tatbestand der damaligen jüdischen Rechtspraxis widerspricht«, weswegen »die Mehrheit der Theologen heute dazu neigt anzunehmen, daß ein solcher Prozeß vor dem Hohen Rat niemals stattgefunden hat«, »die Szene Mk 14,55–65 ist also durch und durch erdichtet«. Daher weiß die Anklage vor Pilatus »weder von einer Gotteslästerung noch von einer vorhergehenden Verurteilung durch den Hohen Rat und auch nicht um die römische Genehmigung eines jüdischen Hinrichtungsbefehls«. Vielmehr »hat Pilatus das Todesurteil gefällt« und ist »*ursächlich* ins Credo gekommen«. Immerhin läßt L. offen, »ob vor dem römischen Prozeß ein jüdisches Verhör stattfand«, und erklärt, daß »ohne die Anzeige des Kaiphas ... Pilatus höchstwahrscheinlich die Verhaftung Jesu nicht veranlaßt hätte«.[45] Das alles sind diskutable Thesen, nur wird keine dieser

---

[44] ThR 54 (1989) 6–9.

[45] P. LAPIDE, Wer war schuld an Jesu Tod?, 9.118.37.42.65f.62.75f.86.91.103.108. – Die Reihe von Fehlern und Ungenauigkeiten, die J. ROLOFF, ThLZ 113 (1988) 746 zusammengestellt hat, läßt sich leicht erweitern. – L.s Hypothese, der Ruf der »Volksmenge für die Freilassung des ›Jesus Barabbas‹‹könne »den Nazarener gemeint haben«, später sei »der echte und einzige Jesus« »in zwei Jesusse gespalten« worden (84), kann ich nur als abstrus ansehen. – Auf drei Aufsätze der Jahre 1986 und 1987 weise ich nur hin: C. F. D. MOULE weist in Auseinandersetzung mit E. P. Sanders (s. ThR 54, 1989, 27–31) nach, daß es »schwierig ist zu glauben, daß Jesus dem Judentum keinen Anstoß bedeutete«, und daß dies wesentlich ist zur Aufdeckung dessen, »was die Kreuzigung Jesu verursachte«. – H. RITT wiederholt die (problematische) These, daß das Verhör Jesu vor maßgeblichen Repräsentanten des Synedriums »mit einem förmlichen Anklage-

Thesen wirklich exegetisch begründet. L. kennt keine synoptische Quellenkritik und keine redaktionsgeschichtliche Fragestellung, er zitiert Jesusworte und evangelische Berichte ungeprüft, ohne zwischen den Synoptikern und Johannes einen Unterschied zu machen; und selbstverständlich begegnen auch hier die aus L.s früheren Veröffentlichungen bekannten problematischen Voraussetzungen (Jesus ein streng gesetzlich denkender Jude, kein Gegensatz zu den Pharisäern). So entsteht ein geschichtlich unscharfes und in mancher Hinsicht problematisches Bild der Stellung Jesu im Zusammenhang des Judentums seiner Zeit und des Prozesses gegen ihn, und die selbstverständlich zu begrüßende Absicht des Verf.s, die These von der Kollektivschuld der Juden als unhaltbar zu erweisen, wird nur in beschränktem Maße erreicht – *wenn* Vertreter solcher Thesen ein Buch wie dieses überhaupt zur Kenntnis nehmen.

R. PESCH, auf dessen Rekonstruktion des Prozesses Jesu ich früher anhand der Exkurse seines Markuskommentars hingewiesen habe[46], hat in einem Taschenbuch mit einer erneuten Darstellung seiner geschichtlichen Anschauung eine theologische Interpretation dieses Prozesses verbunden; dabei hat er seine früheren Ausführungen durch die Übernahme der These A. Strobels[47] ergänzt, Jesus sei als »Verführer« nach dem für einen Verführer geltenden Sonderrecht verurteilt worden. Da nach P.s Meinung der Markusbericht mit der wenige Jahre nach Jesu Tod entstandenen »vormarkinischen Passionsgeschichte ... weithin identisch ist, von der Verhaftung bis zur Kreuzigung Jesu sogar ganz«, ergibt sich für P. (in großen Zügen) folgender Ablauf des Geschehens, wobei auch die Tageseinteilung des markinischen Berichts der geschichtlichen Wirklichkeit entspricht: durch die »prophetische Aktion im Vorhof der Heiden ... hat sich Jesus die Jerusalemer Tempelaristokratie zum Gegner gemacht«; als Verführer« mußte Jesus »mit List« verhaftet werden, wobei es »historisch nicht glaubwürdig ist, daß an der Verhaftung römische Soldaten beteiligt waren«. In der Nacht beginnt im Haus des Hohepriesters »ein Ausnahmeverfahren gegen den Verführer, wobei der Menschensohnanspruch Jesu »für das Synedrion Gotteslästerung ist«. Die Anklage gegen Jesus als Messiasprätendent bedeutete für Pilatus ein »todeswürdiges« Verbrechen, und »angesichts der beschworenen Aufruhrgefahr mußte sich der Prokurator mit dem

---

beschluß endete«, doch habe diese Voruntersuchung »keinen prozessualen Charakter gehabt«, während »ein römischer Prozeß geführt wurde«. – F. MUSSNER, (»Glaubensüberzeugung ...«) zeigt, daß »entscheidende Motive, gegen Jesus ... gerichtlich vorzugehen, im religiösen Bereich lagen, mit dem unerhörten Anspruch Jesu ... zusammenhingen«; »Im Prozeß gegen Jesus vor dem Hohen Rat stand jüdische Glaubensüberzeugung gegen den Anspruch eines Handwerkers aus ... Nazareth«.

[46] ThR 45 (1980) 323–325.
[47] ThR 47 (1982) 380–383.

Fall des angeblichen Rebellen sofort befassen« und »auf Ausnahmeregelungen berufen«. »Die öffentliche Gerichtsverhandlung wurde durch eine Volksmenge unterbrochen, die gekommen war, um vom Privileg der Paschaamnestie Gebrauch zu machen«. Da Pilatus »öffentlich die Anklage der jüdischen Behörde bestätigt hatte, daß Jesus König der Juden sein wolle«, »war er in eine selbstgemachte Falle geraten« und »mußte ... dem Verlangen der akklamierenden Volksmenge nachgeben«. »Schon um neun Uhr morgens am Karfreitag, dem 7. April 30 n. Chr., wurde Jesus gekreuzigt« und »gemessen am römischen Recht ... als Unschuldiger hingerichtet«. Ich kann hier meine Bedenken gegen das hohe Alter des vormarkinischen Passionsberichts, gegen die Geschichtlichkeit der Paschaamnestie, die Beeinflussung des Pilatus durch eine intervenierende jüdische Volksmenge und den in Zugzwang geratenen Pilatus, aber auch meine vorsichtige Zustimmung zur Heranziehung der Bestimmungen über die einem »Verführer« gegenüber anzuwendenden Ausnahmeregelungen nicht im einzelnen wiederholen, als ganze scheint mir Peschs Darstellung des Prozesses keineswegs sicher begründet zu sein. Eine Beurteilung der im 2. Teil des Buches anhand einzelner Verse des Johannesevangeliums dargebotenen »Revision des Prozesses Jesu ... als Aufgabe der Kirche, des Volkes Gottes und seiner Theologen«[48] ist im Rahmen dieses Berichtes nicht angebracht.

Zuletzt ist in diesem Zusammenhang auf den Bericht über die Arbeitstagung der deutsch-sprachigen kath. Neutestamentler im Jahre 1987 hinzuweisen, die sich mit dem »Prozeß gegen Jesus« befaßte, wobei ich auf die redaktionsgeschichtlichen Beiträge nur hinweisen kann. J. GNILKA (»Der Prozeß Jesu nach den Berichten des Markus und Matthäus mit einer Rekonstruktion des historischen Verlaufs«) betont zunächst, daß »die Barabbas-Episode als altes Element der Passionstradition anzusehen« sei, daß »Jesus von Pilatus zum Kreuzestod gebracht wurde«, »die jüdische Seite [aber] an dieser Hinrichtung beteiligt war« und daß »vermutet werden darf, daß Jesus von römischer Seite einen förmlichen Prozeß bekam«. »Der Vorwurf gegen Jesus war die Anmaßung des Königstitels als Verletzung der römischen Majestät«, wobei wir es in der Barabbas-Geschichte »mit dem besonderen Fall einer Begnadigung zu tun haben, die durch den Statthalter an dem Tag erfolgte, als Jesus getötet wurde«. Was die Beteiligung von jüdischer Seite anbetrifft, schließt sich G. der These an, »daß sich in jener Nacht beim Hohenpriester maßgebliche Synhedristen einfanden, um das Anklagematerial, das im entscheidenden römischen Prozeß vorzubringen war, einzusammeln«. Der Prozeß Jesu »wurde [also] in formaler Hinsicht mit den zu Gebote stehenden Rechtsmitteln ausgefochten«, ohne daß »irgend ein Beteiligter einen Rechtsirrtum beging«. Bieten diese, von der

---

[48] R. PESCH, Der Prozeß Jesu geht weiter, 27.37.44f.49.51f.55f.60.107.

Einbeziehung der Barabbas-Episode in die Geschichte abgesehen, weithin überzeugenden Ausführungen im ganzen nichts Neues, so führt die Untersuchung von K. MÜLLER über »Möglichkeit und Vollzug jüdischer Kapitalgerichtsbarkeit im Prozeß gegen Jesus von Nazaret« entscheidend weiter. Unter besonderer Berücksichtigung des Josephus weist M. nach, daß mit der Einsetzung des Herodes zum »Interessenvertreter des römischen Staates *gegenüber* den Juden« »das römische Recht als absolut bestimmend eingeführt« und »der Sanhedrin aus der Kapitalgerichtsbarkeit ausgeschaltet« wurde. »Der Prokurator hatte in Judäa das Recht über Leben und Tod in letzter Instanz«, und »eine Einmischung oder Beteiligung jüdischer Gerichte an den von Rom ... ganz okkupierten Kapitalprozessen kann es höchstens in sehr eng und genau begrenzten Ausnahmefällen gegeben haben«, z. B. »wenn die schlechterdings zentrale Institution in der Provinz Judäa, der Tempel zu Jerusalem mit seiner Ordnung, in Frage gestellt oder angegriffen wurde«. Und das ist nach Müllers Meinung bei Jesus der Fall gewesen: das »Wort Jesu gegen den Tempel« »hatte seinen ursprünglichen Standort innerhalb der Vorgänge um die ›Tempelreinigung‹«; und während »die ›Messiasfrage‹, die von den synoptischen Berichten über das Verhör Jesu vor dem Sanhedrin so nachdrücklich in die Mitte gerückt wird, ... eindeutig auf das Konto der späteren Gemeinde verbucht werden muß«, »erfüllte eine gegen den Tempel ... gerichtete prophetische Symbolhandlung und ... das prophetische Wort gegen den Tempel den Tatbestand der ›perduellio‹ [d. h. des Hochverrats]«, und »das reichte für die Mitglieder des Sanhedrin, um einen formellen Beschluß zur Auslieferung ... an das Gericht des Statthalters zu fassen«, der »die Anklage einer eigenständigen Untersuchung unterzog, an deren Ende das ausschlaggebende Urteil des römischen Statthalters stand«. Müller hat m. E. den überzeugenden Nachweis erbracht, daß das jüdische Gericht zur Zeit Jesu keine Kapitalgerichtsbarkeit besaß, daß allein der römische Statthalter ein Todesurteil fällen und vollstrecken lassen konnte. Die Kombination des Tempelworts Jesu mit der »Tempelreinigung« ist dagegen ebenso gewaltsam wie die Annahme, Pilatus habe die Haltung Jesu zum Tempel als Hochverrat beurteilen müssen; und was die Ausschaltung der Messiasfrage aus dem Verhör Jesu anbetrifft, kann ich nur F. MUSSNER zustimmen[49]: »M. E. hat noch niemand wirklich den Beweis erbracht, daß die Messiasfrage in der Synedriumsverhandlung gegen Jesus ... aus dem Bekenntnis der Urkirche stammt ... Man isoliert das Prozeßgeschehen vom vorausgehenden Wirken Jesu und übersieht dabei völlig, daß die Frage des Hohenprie-

---

[49] So in der wichtigen Besprechung von F. MUSSNER, ThRv 84 (1988) 353–358 (Zitat S. 356f.).

sters ... sich einstellen *mußte* angesichts des ... Anspruchs Jesu, der unerhört und einmalig war«.

Auf die übrigen Beiträge dieses Bandes kann hier nur hingewiesen werden: I. BROER, Der Prozeß gegen Jesus nach Matthäus; G. SCHNEIDER, Das Verfahren gegen Jesus in der Sicht des dritten Evangeliums; W. RADL, Sonderüberlieferung bei Lukas?; J. BLANK, Die Johannes-Passion; H. RITT, Plädoyer für Methodentreue; F. LENTZEN-DEIS, Passionsbericht als Handlungsmodell? Für die Fragestellung dieses Berichts sind aus diesen Aufsätzen von Bedeutung der überzeugende Nachweis, daß »Lukas an keiner der drei [von Markus und Matthäus im Prozeßbericht abweichenden] Stellen mehr oder bessere historische Information als Markus bietet« (W. RADL), und die diskussionswürdige Feststellung, daß »die Johannespassion ... über eine Reihe von Informationen verfügt, wie sie sich in den Synoptikern nicht finden« (J. BLANK).[50] Als Ganzes ist dieser Band lehrreich, und ich freue mich, meinen Bericht über Jesusforschung mit dem Hinweis auf ein weiterführendes Buch abschließen zu können.

---

[50] Der Prozeß gegen Jesus, 19.26.31.33.35.38f.45.47.55.66.78–80.82f.147.169. – Auf zwei im Jahre 1988 erschienene Aufsätze weise ich nur hin: O. BETZ will anhand der Tempelrolle von Qumran nachweisen, daß die Todesstrafe auch von Juden angewandt wurde und Jesus dementsprechend wegen Hochverrat gekreuzigt werden mußte, was mir nicht erwiesen zu sein scheint. – R. E. BROWN weist überzeugend nach, daß der Markusbericht über das Begräbnis Jesu geschichtlich unanstößig ist.

Nachwort

Die in diesem Band zusammengefaßten Berichte hatten sich das Ziel gesetzt, soweit wie möglich über die gesamte in selbständigen Publikationen und in Aufsätzen veröffentlichte wissenschaftliche oder vermeintlich wissenschaftliche Beschäftigung mit der Person, Verkündigung und Geschichte Jesu von Nazareth aus den drei Jahrzehnten von 1950 bis 1980 kritisch zu berichten. Äußere Umstände sind daran schuld, daß diese Berichterstattung nicht in völlig systematischer Reihenfolge geschehen konnte, vielmehr immer wieder Nachträge eingefügt werden mußten, doch dürfte das diesem Band vorangestellte Inhaltsverzeichnis ohne weiteres ermöglichen, die zusammengehörigen Abschnitte aufzufinden. Wer dieses Buch im Zusammenhang liest, wird zweifellos einem doppelten Eindruck nicht ausweichen können: die Fülle der Publikationen über alle geschichtlichen Aspekte des Jesus der Geschichte ist erschreckend und kaum übersehbar, obwohl eine absolute Vollständigkeit bei der Berücksichtigung der in deutscher, französischer und englischer Sprache veröffentlichten Literatur nicht erreicht werden konnte und sollte. Noch erschreckender aber ist die Fülle der einander widersprechenden und in vielen Fällen sich gegenseitig ausschließenden Anschauungen, die den Eindruck eines völligen Meinungswirrwarrs erwecken, insbesondere beim Verständnis der eschatologischen Anschauungen Jesu, bei der Interpretation der Gleichnisse und bei der ·Beurteilung des persönlichen Anspruchs Jesu. Und so könnte die Lektüre dieses Buches den Leser entweder zu der skeptischen Anschauung veranlassen, daß es offensichtlich nicht möglich ist, sich auf wissenschaftlichem Wege ein zuverlässiges und allgemeiner Anerkennung fähiges Bild des Menschen Jesus und seiner Verkündigung zu machen, weswegen es besser sei, diesen Versuch als nutzlos aufzugeben. Ebenso könnte aber die Kenntnisnahme der sich widersprechenden Forschungsresultate den Leser, vor allem wenn er Jesus Christus als seinen göttlichen Herrn bekennt, zu der Meinung führen, daß die geschichtswissenschaftliche Frage nach Jesus diesem Gegenstand überhaupt unangemessen sei und daß die Berichte der Evangelien mehr oder weniger uneingeschränkt als einfach hinzunehmende Darstellung der geschichtlichen Wahrheit anzusehen seien. Beide Stellungnahmen sind dem Leser in diesem Buch da und dort begegnet, beide Stellungnahmen sind aber eine falsche Folgerung aus dem Rückblick auf die Jesusforschung der letzten drei Jahrzehnte. Denn die seit Beginn unseres Jahrhunderts aufgekommene und dann durch die formgeschichtliche Evangelienforschung verstärkte Fragė, ob auf geschichtswissenschaftlichem Wege etwas Sicheres über Leben und Lehre Jesu zu ermitteln sei (J. SCHNIE-WIND, s. o. S. 1), kann, wie sich bei der Besprechung einer ganzen Reihe von in der Hauptsache überzeugenden Untersuchungen ergab, unzweifelhaft mit Ja beantwortet werden; und der Versuch, den Jesus der Geschichte einfach durch Nacherzählung der Evangelien aufzufinden, hat sich angesichts der Widersprüche zwischen den Evangelienberichten und der Unsicherheit in ihrem Verständnis an vielen Orten ebenfalls als unhaltbar erwiesen, wie die Betrachtung einiger in diese Richtung gehender Darstellungen ebenfalls zeigte. So ergibt sich trotz aller Widersprüche und Schwierigkeiten aus der Jesusforschung der letzten drei Jahrzehnte mit voller Sicherheit, daß sich ein Zugang zum Jesus der Geschichte nur mit den Mitteln der kritischen Geschichtsforschung gewinnen läßt.

Wohl aber drängen sich dem Leser dieses Überblicks über drei Jahrzehnte neuester Jesusforschung eine Reihe von Beobachtungen, Fragen und Aufgaben auf, die nicht zu umgehen sind und auf die ich im folgenden kurz hinweisen möchte. Da ist zunächst die Tatsache zu erwähnen, daß sich seit 1950 die wissenschaftliche Jesusforschung in doppelter Hinsicht stark erweitert hat, nämlich durch die katholische und die jüdische Jesusforschung. Nachdem „eine dunkle Wolke in der ersten Hälfte unseres Jahrhunderts fast die ganze katholische Bibelwissenschaft überschattete", wie der Jesuit J. A. FITZ-MYER feststellte (s. S. 94), hat sich seit der päpstlichen Enzyklika „*Divino afflante spiritu*" von 1943 und der „*Instructio de historica Evangeliorum veritate*" der päpstlichen Bibelkommission von 1964 die katholische Bibelforschung mit einer fast atemberaubenden Schnelligkeit die von der protestantischen Forschung entwickelten Methoden und Resultate zu eigen gemacht und arbeitet heute völlig gleichberechtigt mit der protestantischen Bibelforschung zusammen (von gelegentlichen dogmatisch bedingten Ausnahmen abgesehen, vgl. etwa S. 415 Anm. 53). Ich habe darum immer wieder über äußerst förderliche Arbeiten katholischer Forscher berichten können, ohne überhaupt noch auf die konfessionelle Herkunft dieser Forscher verweisen zu müssen, und erinnere nur beispielsweise an die zusammenfassenden Jesusbücher von J. BLANK, H. KÜNG, H. LEROY, G. LOHFINK, E. SCHILLEBEECKX, W. TRILLING, A. VÖGTLE, ohne damit die zahlreichen anderen wichtigen und weiterführenden Forschungsbeiträge katholischer Forscher geringer werten zu wollen. Besonders auffällig ist dabei, daß eine Anzahl katholischer Jesusforscher die kritische Reduktion der für die Darstellung Jesu festzuhaltenden Texte so weit vorgetrieben hat, daß ich Zweifel an der Sachgemäßheit solcher radikalen Kritik anmelden mußte (ich erinnere etwa an P. FIEDLER und D. ZELLER). D. h. die katholische Jesusforschung hat heute einen in jeder Hinsicht gleichwertigen Anteil an der wissenschaftlichen Frage nach dem Jesus der Geschichte.

Etwas anders steht es m. E. mit der jüdischen Jesusforschung, deren Umfang naturgemäß wesentlich geringer war als die katholische Jesusforschung, die darum aber keine weniger bedeutsame Rolle in der Jesusforschung der letzten Jahrzehnte gespielt hat. Der S. 297 f. erwähnte Bericht von G. BAUM-BACH hat auf die verschiedenen Richtungen der neueren wissenschaftlichen Beschäftigung mit Jesus von seiten jüdischer Forscher hingewiesen (vgl. auch das Nachwort zum Nachdruck des Buches von G. LINDESKOG, Die Jesusfrage im neuzeitlichen Judentum, Darmstadt ²1973, 370–373), die eigentlich bedeutsame Tatsache aber ist, daß die in meinem Bericht besprochenen Bücher von SCH. BEN CHORIN, A. FINKEL, D. FLUSSER, P. E. LAPIDE und G. VERMES keineswegs mehr eine ablehnende Haltung der Person und Lehre Jesu gegenüber einnehmen, daß diese Forscher vielmehr trotz sehr verschiedener Gesamtanschauung die gemeinsame Tendenz aufweisen, Jesus als frommen Juden darzustellen, der in keinerlei Gegensatz zu den Pharisäern stand. Diese Anschauung setzt freilich in verschiedener Weise voraus, daß die in der evangelischen Überlieferung unstreitig überlieferte Kritik Jesu am jüdischen Gesetz und seine Polemik gegen die Pharisäer ungeschichtlich oder mißverstanden sind, wie alle diese Forscher annehmen (worin sie auch Zustimmung bei manchen christlichen Forschern gefunden haben). Diese Meinung konnte ich nur als irrtümlich bezeichnen (s. S. 118 f., 127 f., 448 f.), und so dankenswert der nachdrückliche Hinweis jüdischer Forscher auf Jesu Judesein auch ist und auch von christlichen Forschern ernst genommen werden sollte, so sehr verlangt doch die Ablehnung des Jesus der Geschichte durch die Mehrheit seines Volkes, daß wir nach den Gründen für diese Ablehnung und damit nach dem Neuen fragen, das Jesus kennzeichnet und das ihn vom Judentum trennt (s. S. 298).

Neben den beiden genannten Erweiterungen der an der Jesusforschung Beteiligten drängen sich mir beim Rückblick auf die Jesusforschung seit 1950 drei weitere Eindrücke auf. Da ist zunächst auffallend, daß seit den fünfziger Jahren, abweichend von der Zeit davor, eine nicht abreißende lebhafte Diskussion über die Möglichkeit, Erlaubtheit und die Kriterien einer heutigen wissenschaftlichen Frage nach dem Jesus der Geschichte geführt worden ist. Dabei ergibt sich rückblickend der Eindruck, daß die Leugnung der Berechtigung oder gar Erlaubtheit solcher Frage sich nicht hat durchsetzen können, daß vielmehr weithin die Überzeugung herrscht, daß diese Frage nicht nur erlaubt und möglich, sondern sowohl geschichtswissenschaftlich wie auch theologisch unerläßlich ist, weil es „das Eigentliche des christlichen Glaubens ist, daß alles an Jesus von Nazareth hängt" (so TH. LORENZMEIER, s. S. 81). Und bei der unerläßlichen Diskussion der Kriterien für die Ausscheidung der zum Verständnis des Jesus der Geschichte brauchbaren ältesten Überlieferung hat sich doch wohl die Anschauung durchgesetzt, daß die immer wieder vertretene Vorherrschaft oder gar Alleingültigkeit des Kriteriums der Abweichung Jesu vom Judentum und frühen Christentum unhaltbar ist, weil von dieser Voraussetzung aus Jesu selbstverständlicher Zusammenhang mit der konkreten Wirklichkeit seiner jüdischen Umwelt ebenso wie der Zusammenhang des frühesten Christentums mit Jesus beseitigt und die Person und Lehre Jesu zu einer ungeschichtlichen Abstraktion verfälscht werden. Wenn man darum mit Recht die Notwendigkeit betont hat, einen sicheren Boden für die geschichtliche Darstellung Jesu durch das Zusammenwirken mehrerer Kriterien und Methoden zu schaffen, so muß doch hinzugefügt werden, daß die methodische Diskussion noch nicht zu einer wirklich zusammenfassenden und weithin anerkannten Darstellung des methodischen Problems geführt hat und daß darum dieser Fragenkomplex noch weiterer Klärung bedarf.

Ein zweiter für die letzten drei Jahrzehnte kennzeichnender Sachverhalt ist die Wiederbelebung und die weite Ausfächerung der Jesusforschung als ganzer. Zwar stimmt es sicher, daß es nicht nur auf katholischer Seite bis in die fünfziger Jahre keine nennenswerte geschichtswissenschaftliche Jesusforschung gegeben hat, sondern daß auch auf evangelischer Seite die Aufnahme der These M. KÄHLERS, daß der Christ nur am „geschichtlichen Christus der Bibel" interessiert sei, durch K. BARTH, R. BULTMANN und andere „eine Generation lang lähmend gewirkt hat" (so E. KÄSEMANN, s. S. 2). Der Eindruck freilich, daß die Frage nach dem „geschichtlichen Jesus" erst seit E. KÄSEMANNS Vortrag von 1953 über „Das Problem des historischen Jesus" wieder ernstlich aufgegriffen worden sei, war irrig, die sog. „neue Frage nach dem historischen Jesus" war vielmehr nur ein Ereignis innerhalb der „Bultmann-Schule", wie J. ROBINSON damals mit Recht feststellte, da die Frage nach dem historischen Jesus außerhalb des Einflusses von K. BARTH und R. BULTMANN nie aufgegeben worden war und ihre Notwendigkeit gerade zu Beginn der fünfziger Jahre von verschiedenen Seiten betont worden ist (s. S. 5). Wohl aber ist die Jesusfrage nach 1953 im Umkreis der Schüler R. BULTMANNS neu aufgegriffen worden und hat sich auch sonst „innerhalb und außerhalb der neutestamentlichen Fachwissenschaft stark belebt" (S. 61), wobei die große Zahl der nicht im strengen Sinn wissenschaftlichen Jesusbücher nicht nur erstaunlich ist, sondern auch ein ernsthaftes methodisches Problem darstellt. Gewiß kann man bei manchen dieser Bücher, die besonders großes Aufsehen erregt haben (etwa von R. AUGSTEIN oder J. CARMICHAEL), sagen, daß sie überhaupt nicht ernstlich bemüht sind, eine wissenschaftliche Methode anzuwenden, aber viele dieser Bücher wollen doch ernsthaft geschichtliche Kenntnis vermitteln, lassen aber trotzdem jede gesunde wissenschaftliche Methode vermissen. Es fällt natürlich nicht schwer, diesen Tatbestand jeweils festzustellen, und ich habe dem auch nicht ausweichen können, aber es muß doch auch gesagt werden, daß auch nicht wenige der von Fachleuten geschriebenen Jesusbücher unter dieses Urteil gestellt werden müssen (vgl. etwa die Bücher von K. BUCHHEIM, B. D. CHILTON, N. PERRIN, E. STAUFFER). Wenn auch nicht bestritten werden soll, daß bei solchem Urteil auch auf seiten des Berichterstatters ein Vorurteil den Blick trüben kann, so muß doch auf alle Fälle im Rückblick auf eine nicht geringe Zahl solcher Bücher die Pflicht betont werden, der sich jeder bewußt sein sollte, der sich als Geschichtsforscher oder als Theologe der wissenschaftlichen Frage nach dem Jesus der Geschichte zuwendet, nicht ohne strenge methodische Besinnung und in unbedingter Verantwortung der wissenschaftlichen Aufgabe gegenüber an die Arbeit zu gehen und weder dogmatischer noch antidogmatischer noch sonstiger weltanschaulicher Voreingenommenheit noch gar subjektiver Phantasie Raum zu geben.

Das führt mich zu dem dritten hier zu nennenden Eindruck, den ein Rückblick auf die Jesusforschung seit 1950 erwecken muß: die Jesusforschung ist nicht nur durch die Fülle der Bücher und Aufsätze unübersehbar und verwirrend geworden, sie erweckt auch auf einigen Gebieten den Eindruck eines völligen Meinungswirrwarrs. Das gilt, soweit ich sehe, in besonderem Maße für zwei Gebiete: Angesichts des Zustands der Gleichnisforschung sah ich mich veranlaßt, vom „gegenwärtigen Wirrwarr der Gleichnisdiskussion" zu sprechen (S. 511), und im Zusammenhang der Diskussion über die Menschensohnfrage sprach ich von der Versuchung, dieses Problem als unlösbar zu erklären (S. 374). Ich sehe keine Veranlassung, die Richtigkeit dieser Feststellungen nachträglich in Frage zu stellen, doch kann es hier nicht meine Aufgabe sein, einen Weg aus diesem Wirrwarr einerseits und eine Lösung dieses scheinbar unlösbaren Problems andererseits aufzuzeigen, zumal ich mich über diese beiden Fragen anderswo geäußert habe (s. meinen S. 242 genannten Aufsatz und meine seither erschienene Abhandlung „Jesus der Menschensohn?", SbWGF 20, 3, 1984). Wohl aber liegt mir daran, auf der einen Seite darauf aufmerksam zu machen, daß hier Problemkreise vorliegen, die dringend einer methodisch gesicherten Klärung bedürfen, und auf der anderen Seite zu betonen, daß die auf diesen Gebieten ins Kraut schießende Neigung, „etwas ganz Neues zu sagen oder zu hören" (Apg 17, 21), eine ernste Gefahr für die Zuverlässigkeit und theologische Brauchbarkeit wissenschaftlicher Jesusforschung bedeutet (der Fluß der zu solchen Bedenken Veranlassung gebenden Arbeiten zu diesen beiden Problemkreisen ist nach Abschluß der in diesem Band zusammengefaßten Berichte ja keineswegs versiegt!). Und Ähnliches könnte auch über andere Bereiche der Jesusforschung gesagt werden (etwa zur eschatologischen Verkündigung Jesu oder zur Auslegung der Bergpredigt).

Aber so sehr derartige Methodenlosigkeit und das Überwuchern ungezügelter Phantasie beim Blick auf die Jesusforschung der vergangenen drei Jahrzehnte zu Bedenken Anlaß gibt und den Berichterstatter häufiger zu energischer Ablehnung gezwungen hat, als ihm lieb war, so wenig sollte dieser negative Eindruck der beherrschende bleiben. Die Reihe der Arbeiten, die (trotz unvermeidlicher Kritik im einzelnen) als für unser Verständnis der Person, Verkündigung und Geschichte Jesu weiterführend und empfehlenswert beschrieben werden konnten, ist doch erfreulicherweise beachtlich, und es wäre ein Leichtes, eine umfangreiche Liste solcher Bücher und Aufsätze anhand meiner Besprechungen zusammenzustellen. Da eine solche Liste aber unvermeidlicherweise allzu subjektiv sein müßte, verzichte ich darauf und stelle abschließend nur noch die Frage, ob sich etwa trotz aller Differenzen bei der Rückschau auf die Fülle der besprochenen Literatur an einigen

Punkten eine von der großen Mehrheit der Forscher geteilte Übereinstimmung hat feststellen lassen. Mit aller Vorsicht wage ich da drei Punkte zu nennen. 1) Die Einsicht in den Charakter der evangelischen Überlieferung zwingt zu der Feststellung, daß es unmöglich ist, eine biographische Darstellung Jesu zu schreiben und die als historisch brauchbar erkannten Überlieferungen in eine chronologische Reihenfolge zu setzen. Was wir erkennen können, sind einerseits die Hauptzüge der Verkündigung Jesu in Abhängigkeit von und in Auseinandersetzung mit den Grundanschauungen des gleichzeitigen Judentums, andererseits die Züge seines Lehrens und vor allem seines Verhaltens, die ihn in scharfen Gegensatz zu führenden Kreisen seines Volkes brachten und zu seinem gewaltsamen Tode führten. 2) Es ist weitgehend anerkannt, daß die Verkündigung Jesu grundlegend beherrscht ist von der Erwartung der kommenden Gottesherrschaft, auch wenn die Art dieser Erwartung (Naherwartung oder nicht?, Gegenwart und Zukunft der Gottesherrschaft) umstritten ist. Mit dieser Erwartung hängen der streng theozentrische Charakter der Verkündigung Jesu ebenso zusammen wie die Radikalität seiner ethischen Forderung, und es bedarf daher einer klaren hermeneutischen Reflexion, um den Anredecharakter dieser Verkündigung für den Menschen von heute verständlich zu machen. 3) Es ist schließlich weitgehend anerkannt, daß die Verkündigung Jesu nicht verstanden werden kann ohne Beachtung der grundlegenden Tatsache, daß dieser Verkündigung ein absoluter Autoritätsanspruch Jesu zugrunde liegt, der in enger Verbindung mit Jesu Aktualisierung der Erwartung der *Gottes*herrschaft steht. Gewiß ist äußerst umstritten, in welche Form dieser Anspruch Jesu gekleidet war (das oft wiederholte Dogma, daß keine der im zeitgenössischen Judentum vorhandenen Heilbringervorstellungen zum Ausdruck dieses Anspruchs angemessen war, scheint mir freilich nicht nur willkürlich, sondern auch angesichts der Überlieferung unhaltbar und zeitgeschichtlich unrealistisch zu sein); daß die Frage nach dem Charakter und der Bedeutung dieses Anspruchs im Zusammenhang der Verkündigung Jesu unausweichlich und eine Antwort auf diese Frage für das Verständnis Jesu entscheidend ist, ist jedoch weithin anerkannt, und es scheint mir für den Fortschritt der geschichtlichen Jesusforschung unerläßlich, bei der Beantwortung dieser Frage zu einer einheitlicheren und geschichtlich überzeugenden Meinung zu finden. Daß an diesem Punkt die persönliche Stellung des Forschers zu Jesus und seine Bejahung oder Ablehnung des urchristlichen Glaubens an die Auferweckung Jesu von den Toten eine entscheidende Rolle spielt, ist unvermeidlich und sollte nicht verdrängt werden, wenn auch der wissenschaftlich fragende Forscher sich dessen bewußt bleiben muß, daß seine persönliche Stellungnahme wohl das Verständnis und die Beurteilung, nicht aber die Auffindung des geschichtlichen Sachverhalts beeinflussen darf.

So ergibt sich aus dem reflektierenden Rückblick auf die Jesusforschung der vergangenen drei Jahrzehnte, daß diese Aufgabe noch keineswegs erledigt und daß die Forschung durchaus noch nicht zu einem bleibend gültigen Resultat gekommen ist. Ob dieses Ziel je erreicht werden kann, wage ich nicht zu sagen, aber nicht nur der Geschichtsforscher wird immer wieder den Versuch machen müssen, nach der für die Geschichte der letzten beiden Jahrtausende entscheidend wichtigen Person des „Religionsstifters" Jesus von Nazareth zu fragen, gerade auch der christliche Theologe, der in diesem Menschen seinem himmlischen Herrn begegnet, muß es als eine der wichtigsten, aber auch der erregendsten ihm gestellten Aufgaben ansehen, sich der geschichtlichen Wirklichkeit dieses Menschen mit allen ihm zur Verfügung stehenden Mitteln und mit aller notwendigen Verantwortung zu nähern, und was frühere Generationen dazu erkannt oder auch verdunkelt haben, muß ihm Hilfe und Warnung sein. Dazu wollte die in diesem Band gesammelte kritische Rückschau eine Hilfe bieten.

Bibliographische Ergänzungen

S. 2 : Wieder abgedruckt in: W. G. KÜMMEL, Heilsgeschehen und Geschichte, MThSt 3, 1965, 418. 420 f.

S. 3, Z. 4 f. : Wieder abgedruckt in: R. BULTMANN, Exegetica, Tübingen 1967, 445–469.

S. 3, Z. 8 f. : Wieder abgedruckt in: H. CONZELMANN, Theologie als Schriftauslegung, BEvTh 65, 1974, 18–29.

S. 3, Z. 9 f. : Wieder abgedruckt in: G. DELLING, Studien zum Neuen Testament und zum hellenistischen Judentum, Berlin/Göttingen 1970, 160–175.

S. 3, Z. 35–37 : Wieder abgedruckt in: J. JEREMIAS, Abba, Göttingen 1966, 145–152.

S. 3, Z. 45 : Wieder abgedruckt in: W. G. KÜMMEL, Heilsgeschehen und Geschichte, MThSt 3, 1965, 417–428.

S. 4, Z. 4 f. : Wieder abgedruckt in: E. LOHSE, Die Einheit des Neuen Testaments, Göttingen 1973, 29–48.

S. 4, Z. 14–18 : Wieder abgedruckt in: F. MUSSNER, Praesentia Salutis, KBANT 1967, 42–80.

S. 5, A 1, Z. 1 : Ebenso J. JEREMIAS, Die Gleichnisse Jesu, ⁶Göttingen 1962, 18.

S. 6, Z. 18 : Der Titel des Aufsatzes in der Piperfestschrift fehlt im Literaturverzeichnis S. 4: J. ROBINSON, The Formal Structure of Jesus' Message, in: Current Issues in New Testament Interpretation, Festschr. O. PIPER, New York 1962, 91–110.

S. 29, A 1, Z. 5 : Füge hinzu: E. SCHWEIZER, Der Menschensohn, ZNW 50, 1959, 201 = E. SCHWEIZER, Neotestamentica, Zürich/Stuttgart 1963, 74; R. H. FULLER, The Foundations of New Testament Christology, London 1965, 18.

S. 57, Z. 34 : Wieder abgedruckt in: H. BRAUN, Qumran und das Neue Testament I. II, Tübingen 1966.

S. 63, Z. 35–38 : Wieder abgedruckt in: W. G. KÜMMEL, Heilsgeschehen und Geschichte 2, MThSt 16, 1978, 177–200.

S. 65, Z. 4 f. : Wieder abgedruckt in: P. STUHLMACHER, Schriftauslegung auf dem Wege zur Biblischen Theologie, Göttingen 1975, 50–58.

S. 65, Z. 6 f. : Wieder abgedruckt in: G. THEISSEN, Studien zur Soziologie des Urchristentums, WUNT 19, ²1983, 79–105.

S. 71, A 2 : Siehe aber unten S. 229.

S. 75, Z. 16 : M. SMITH hat in dem Aufsatz: Clement of Alexandria and Secret Mark. The Source at the End of the First Decade, HThR 75, 1982, 449–461 alle Besprechungen des Buches zusammengestellt und kommentiert; zu meinen Ausführungen sagt er: „Kümmel began by crediting Quesnell [s. o. S. 74] and went on to assemble, as evidence against authenticity, an assortment of second hand trivialities and several substantial objections I had already answered in CLEMENT. His reiteration of these, without any attention to the answers or to the linguistic evi-

dence for Clement's authorship, was a disgrace both to the THEOLO-
GISCHE RUNDSCHAU and to the objective tradition of German
criticism" (S. 451).

S. 105, Z. 17 f. : Wieder abgedruckt in: J. A. FITZMYER, A Wandering Aramean, Missoula 1979, 1–27.

S. 105, A 2 : Auch dieser Aufsatz im gleichen Aufsatzband, 85–113.

S. 110, A 1 : Siehe aber S. 446–449.

S. 173, Z. 16 f. : Wieder abgedruckt in: H. SCHÜRMANN, Jesu ureigener Tod.
Exegetische Besinnungen und Ausblick, Freiburg/Basel/Wien 1975,
16–65. Vgl. unten S. 323.

S. 173, Z. 22–24 : Wieder abgedruckt in: P. STUHLMACHER, Versöhnung,
Gesetz und Gerechtigkeit, Göttingen 1981, 9–26.

S. 212, A 2, Z. 1–3 : Wieder abgedruckt in: W. G. KÜMMEL, Heilsgeschehen
und Geschichte 2, MThSt 16, 1978, 117–129.

S. 217, A 2 : Wieder abgedruckt ebenda, 176 Anm. 97.

S. 222, Z. 26–28 : Der Aufsatz von Fitzmyer ist wieder abgedruckt in: J. A.
FITZMYER, A Wandering Aramean, Missoula 1979, 115–142.

S. 222, Z. 28–30 : Der Aufsatz von Ellis ist wieder abgedruckt in: E. E.
ELLIS, Prophecy and Hermeneutic in Early Christianity, WUNT 18,
1978, 237–253.

S. 222, Z. 38 f. : Siehe zu BURCHARD unten S. 251.

S. 222, Z. 40 f. : Siehe zu SUGGS unten S. 252–253.

S. 241, Z. 17–20 : S. 133–162 des Buches von FUNK in deutscher Übersetzung in: W. HARNISCH (Hrg.), Die neutestamentliche Gleichnisforschung im Horizont von Hermeneutik und Literaturwissenschaft,
WdF 575, 1982, 20–58.

S. 242, Z. 21–24 : Wieder abgedruckt in: W. G. KÜMMEL, Heilsgeschehen
und Geschichte 2, MThSt 16, 1978, 143–156 und in: W. HARNISCH
(Hrg.), a. a. O. 159–178.

S. 242, Z. 38 : Wieder abgedruckt in: E. LOHSE, Die Einheit des Neuen
Testaments, Göttingen 1973, 73–87.

S. 273, A 47 : Vgl. auch meine ausführlichere Besprechung des Buches in:
ThLZ 106, 1981, 189–191.

S. 332, Z. 12–14 : Wieder abgedruckt in E. SCHWEIZER, Neues Testament
und Christologie im Werden, Göttingen 1982, 104–120.

S. 376, Z. 26–28 : Wieder abgedruckt in: H. SCHÜRMANN, Gottes Reich –
Jesu Geschick, Freiburg/Basel/Wien 1983, 185–224.

S. 469, Z. 7 f. : Wieder abgedruckt in: ebenda, 225–251.

S. 481, A 13 : Vgl. zu SCHLOSSER auch: A. VÖGTLE, BZ 27, 1983, 125–128.

S. 493, Z. 12 f. : Siehe jetzt H. SCHÜRMANN, Gottes Reich – Jesu Geschick,
Freiburg/Basel/Wien 1983, Teil I.

Register der besprochenen Autoren

Die kursiv gesetzten Zahlen verweisen auf die Seiten mit den vollständigen bibliographischen Angaben.
Sofern die bibliographischen Angaben sich auf Sammelwerke beziehen, ist bei den mitverfassenden Autoren darauf verwiesen.